Thomas Pröpper

THEOLOGISCHE ANTHROPOLOGIE

II

Thomas Pröpper

THEOLOGISCHE ANTHROPOLOGIE

Zweiter Teilband

HERDER
FREIBURG · BASEL · WIEN

www.herder.de
Umschlaggestaltung: Finken & Bumiller, Stuttgart
Satz: Barbara Herrmann, Freiburg
Herstellung: fgb · freiburger graphische betriebe
www.fgb.de
Gedruckt auf umweltfreundlichem, chlorfrei gebleichtem Papier
Printed in Germany
ISBN 978-3-451-34123-6

Inhalt

2. Teilband

ZWEITER TEIL
DIE EXISTENZ DES MENSCHEN IN SÜNDE UND GNADE

A
DIE SÜNDE DES MENSCHEN

B
DIE GNADE GOTTES UND DER NEUE MENSCH

1. Teilband

ERSTER TEIL
DIE BESTIMMUNG DES MENSCHEN ZUR GEMEINSCHAFT MIT GOTT

ZWEITER TEIL

DIE EXISTENZ DES MENSCHEN IN SÜNDE UND GNADE

7. KAPITEL

Gegensatz und Verschränkung der Lehren von Sünde und Gnade

Vorüberlegungen, Grundlagen, Weichenstellungen

Bevor wir mit dem speziellen Unterteil A (Die Sünde des Menschen) beginnen, sind zunächst in einem eigenen Zwischenkapitel drei grundlegende Vorüberlegungen nötig. Die erste betrifft die Aufnahme der Sünden- und besonders der Gnadenlehre in die theologische Anthropologie, die zweite das Verhältnis bzw. die Reihenfolge der Sünden- und Gnadenlehre und die dritte, die dann schon zur Sündenlehre überleitet, das Verhältnis von Sünde und Schuld; indem ich hier die Begriffe einführe, die allem Weiteren zugrunde liegen, werde ich zugleich die sachlichen Vorentscheidungen beim Namen nennen, die später Konsequenzen haben werden.

1. Zum dogmatischen Ort der Gnadenlehre

Zunächst also zur Einordnung der Sünden- und Gnadenlehre in die theologische Anthropologie. Die systematische Begründung dafür habe ich schon im 2. Kapitel der Einleitung aus dem Grundansatz der Dogmatik entwickelt, doch bedarf sie angesichts der historisch gewachsenen Einteilung der Dogmatik noch der Bekräftigung. Wie ich ebenfalls im 2. Kapitel schon angedeutet habe, stellt die konsistente Gliederung der Dogmatik ja überhaupt vor verwickelte Probleme, weil die Prinzipien, die dabei befolgt wurden (oder auch noch werden), keineswegs einheitlich sind[1]. Da gibt es einerseits die eher erzählende, heilsgeschichtlich orientierte Anordnung der dogmatischen Traktate (angefangen von der Gottes- und Schöpfungslehre

---

1 Zur Gliederung der Dogmatik und ihren Problemen s. *K. Rahner*, Art. Dogmatik: $LThK^2$ 3, 446–454; *W. Kasper*, Art. Dogmatik: $NHThG^2$ 1, 310–320; *W. Beinert*, Art. Dogmatik: LKDog, 91–95; *P. Walter*, Art. Dogmatik: $LThK^3$ 3, 288–291; *G. Sauter*, Art. Dogmatik I: TRE 9, 41–77; *W. Pannenberg*, Wissenschaftstheorie und Theologie, Frankfurt 1973, 406–425; *G. Ebeling*, Studium der Theologie. Eine enzyklopädische Orientierung, Tübingen 1975, 130–145; *A. Ganoczy*, Einführung in die Dogmatik, Darmstadt 1983, bes. 198–203.

bis hin zur Eschatologie), andererseits aber auch immer wieder Versuche zu einer strengeren systematischen Durchdringung, die freilich ihrerseits – dem jeweiligen theologischen Ansatz entsprechend – sehr verschieden ausfallen können. Hinzu kommt, daß einige Traktate ihre Selbständigkeit eigentlich nur der historisch gewachsenen Problem- und Stoffülle verdanken oder auch (wie etwa die Sakramentenlehre) den eher praktischen Bedürfnissen des kirchlichen Lebens. Nun dürfte die Zuordnung der *Sündenlehre* zur theologischen Anthropologie wohl keine besondere Schwierigkeit machen, sondern eher einen Fortschritt darstellen, da Sünde – ob nun als Tat oder als Zustand betrachtet – in jedem Fall die Wirklichkeit des Menschen vor Gott bezeichnet und die einschlägigen Themen, solange es noch keine besondere theologische Anthropologie gab, über das Ganze der Dogmatik verstreut waren; zum Teil wurden sie auch an die Moraltheologie delegiert. Anders jedoch die *Gnadenlehre*, der in der traditionellen Gliederung der Dogmatik ein eigener Traktat gewidmet ist[2]. Übrigens bildet diese Verselbständigung der Gnadenthematik ein Spezifikum der Theologie des lateinischen Westens; sie hängt wesentlich mit der für sie typischen anthropologischen Konzentration des theologischen Fragens zusammen, in der sich zugleich eine bemerkenswerte Selbstreflexivität des gläubigen Subjekts dokumentiert. Vor allem zwei Problemfelder waren es, an denen sich – von *Augustinus* bis zur Neuzeit und Gegenwart – die theologische Reflexion immer wieder entzündet und aufgerieben hat: zum einen die Angewiesenheit auf die wirksame Gnade angesichts der tiefreichenden Macht der menschlichen Sünde, zum anderen (und in Folge davon) das problematische und kaum durchdringbare Verhältnis dieser wirksamen Gnade zur menschlichen Freiheit, deren zunehmendes Bewußtsein sich ja ebenfalls der geschichtlichen Erfahrung des Glaubens verdankte. Das ausgeprägte anthropologische Interesse der westlichen Theologie dürfte, nebenbei gesagt, auch einer der wichtigsten Faktoren gewesen sein, die der anthropologischen Wende des Denkens überhaupt vorgearbeitet haben, die sich (wie wir sahen) in der Neuzeit durchsetzte und dann ihrerseits die Theologie vor

2 Zur Geschichte der Gnadenlehre und zur Ausbildung des Gnadentraktats vgl. *K. Rahner*, Art. Gnadentheologie: $LThK^2$ 4, 1010–1014, 1010ff; *G. Kraus*, Art. Gnadenlehre: LKDog, 209–211; *G. Greshake/E.-M. Faber*, Art. Gnade. V. Theologie- und dogmengeschichtlich: $LThK^3$ 4, 772–779; *O. H. Pesch*, Frei sein aus Gnade. Theologische Anthropologie, Freiburg 1983, 85–101; *A. Ganoczy*, Aus seiner Fülle haben wir alle empfangen. Grundriß der Gnadenlehre, Düsseldorf 1989, 95–239; *G. Greshake*, Geschenkte Freiheit. Einführung in die Gnadenlehre (Neuausgabe), Freiburg 1992, 34–90.

neue Herausforderungen stellte: Denn erst und eben in dem Maß, wie das auf sich selbst reflektierende Subjekt die Autonomie seiner Vernunft und Freiheit erfasste und damit die Verselbständigung der Philosophie gegenüber der kirchlichen Bevormundung irreversibel wurde, erreichte die Polarität von Theologie und Philosophie überhaupt prinzipiellen Charakter und ihr Verhältnis zugleich die Brisanz, die zum spezifischen Merkmal und wesentlichen Antrieb der neuzeitlichen Geistesentwicklung wurde[3].

Verselbständigung des Gnadentraktats im lateinischen Westen

In der Theologie des griechischen *Ostens* blieben die Aussagen über die Gnade stets integriert in die Theologie der großen Heilsökonomie, die deshalb auch keine Unterscheidung von Soteriologie und Gnadenlehre kennt. Alles, was Gott zum Heile der Menschen vollbringt, ist ja Tat und Geschenk seiner Freiheit und somit Gnade; und was die Aussagen über den Menschen angeht, so bleiben sie – entsprechend der kosmischen Grundorientierung des griechischen Denkens – eingebunden in die umfassende Lehre von der erhebenden Vergöttlichung der Welt, die mit der Menschwerdung des Sohnes von Gott her begann. Für die Verselbständigung der Gnadenlehre dagegen, die sich im *Westen* abspielte, sind vor allem *vier Denk- und Problemschübe* entscheidend geworden. Da ist erstens *Augustins* Entdeckung der Radikalität der menschlichen Sünde – eine Entdeckung, die zugleich alle Aufmerksamkeit auf das Wirken der Gnade im Inneren des Menschen hinlenkte. Dabei wird die Gnade zur „inneren Gnade" – zu einer Wirklichkeit, die Gott selber unmittelbar mitteilt: ein intimes Geschehen zwischen Gott und dem einzelnen Menschen. Ihre enge Verbindung zum Heilswerk Jesu Christi und seiner geschichtlichen Vermittlung blieb bei Augustinus aber durchaus noch erhalten. Sie lockerte sich jedoch schon im Mittelalter erheblich infolge der streng systematischen Fassung, die *Anselm von Canterbury* seiner Satisfaktionslehre gab. Da sich diese Lehre nämlich ganz auf den stellvertretenden, ein für allemal vollbrachten Sühnetod Jesu als das zentrale Heilsereignis konzentrierte, kam es (und dies ist nun der zweite Aspekt) zur Trennung von objektiver und subjektiver Erlösung, d. h. von schon vollbrachter und nur noch anzueignender Erlösung. Als

3 Vgl. *Th. Pröpper*, Art. Theologie und Philosophie. II. Historisch-theologisch. III. Systematisch-theologisch: LThK[3] 9, 1451–1454.

Genugtuung für unsere Schuld gehört Christi Werk der Vergangenheit an – was fortan noch bleibt und geschehen muß, ist die Zuteilung seiner unendlichen Verdienste. So konnte später der „Gnadenschatz", aus dem die Kirche durch ihre Sakramente den Gläubigen austeilt, zur geläufigen Vorstellung werden. Daß die Gnade zur geschichtlichen Wirklichkeit drängt, durch geschichtliches Handeln vermittelt wird und in ihm ihre Darstellung finden soll, das geriet dabei aus dem Blick – und eben diese Ablösung trieb die Verselbständigung der inneren Gnade voran[4]. Hinzu kam andererseits und drittens, daß sich die mittelalterliche Scholastik doch zunehmend für die Wirkungen der Gnade im Menschen interessierte und deshalb zwischen der ungeschaffenen Gnade, die Gott selbst ist, und ihren Wirkungen im Menschen, die sie unter dem Titel „geschaffene Gnade" thematisierte, grundlegend unterschied. Da nun aber der Mensch bekanntlich als ein höchst komplexes Wesen sich darstellt, das nur in einer Vielfalt von polaren Spannungen angemessen bestimmt werden kann, mußte es in dieser Perspektive zu einer subtilen Auffächerung der Gnadenwirklichkeit kommen, für deren Verdeutlichung man – was wiederum nahelag, aber ebenfalls weitreichende Folgen hatte – die anthropologischen Kategorien des aristotelischen Denkens benutzte: so etwa, um nur ein Beispiel zu nennen, den Begriff der „habituellen Gnade" konzipierte, um mit ihm das in der Gnade erworbene Vermögen des Menschen zu heilswirksamen Handlungen zu bezeichnen. Jedem Aspekt des Menschen und seiner Vollzüge mußte eine differenzierte Erscheinungsgestalt der Gnade entsprechen, kurz: Der Stoff der Gnadenlehre schwoll an. Gleichwohl kennt auch die Hochscholastik, die

4 Zur Darstellung und kritischen Analyse der Anselmischen Theorie s. *H. Kessler*, Die theologische Bedeutung des Todes Jesu. Eine traditionsgeschichtliche Untersuchung, Düsseldorf [2]1971, 83–165; *Th. Pröpper*, Erlösungsglaube und Freiheitsgeschichte. Eine Skizze zur Soteriologie, München [3]1991, 75–88.100–103. – Den theologisch vertretbaren Sinn der Rede von der objektiven Erlösung stellt *W. Kasper*, Jesus der Christus, Mainz 1974, 244 heraus: Sie meint „die Vorgegebenheit des Heils vor dem subjektiven Akt unserer Heilsaneignung; und zwar ist das Heil so vorgegeben, daß es uns schon vorgängig zu unserer Entscheidung qualifiziert und diese Entscheidung erst möglich macht". Korrigiert ist damit die Auffassung, „als würde durch Jesus Christus die Welt auf irgendeine mirakulöse Weise verändert und als würden uns das Heil und die Erlösung ohne persönliche Entscheidung und ohne Glauben [...] übergestülpt"; und ebenso das Mißverständnis, als sei Erlösung vorgegeben als „Gnadenbehälter und Gnadenschatz". Vielmehr ist die Vorgegebenheit und Vermittlung des Heils „intersubjektiver Art": „Wie die Erbsünde durch die alte Menschheit vermittelt wird, so die Erlösung durch die neue Menschheit, durch die an Jesus Christus Glaubenden und glaubend von ihm Betroffenen".

Zeit der klassischen Gnadenlehre, noch keinen eigenen Gnadentraktat. Vielmehr wurden die einschlägigen Themen gesondert und an durchaus verschiedenen Stellen behandelt: so etwa im Zusammenhang mit der Frage nach der durch Christus vollbrachten Erlösung von der Sünde, sodann im Zusammenhang mit den Sakramenten als den kirchlich-ausdrücklichen Vollzügen der Begnadigung, ferner im Zusammenhang mit der Vorsehung und Prädestination, also im Traktat über Gott, oder auch im Zusammenhang mit der Aktualisierung der Gnade in Glaube und Liebe, also im Traktat über die Tugenden. Einen selbständigen Traktat „De gratia“ schuf erst die nachtridentinische Theologie, als sich (dies ist der vierte Schritt) die Probleme nochmals vermehrten: zum einen infolge der Auseinandersetzungen mit der reformatorischen Rechtfertigungslehre, zum anderen aufgrund der dramatischen Diskussionen, die im sogenannten „Gnadenstreit“ der Neuzeit am Gegensatz zwischen Gottes wirksamer Gnade und der menschlichen Freiheit entbrannten und bei denen man (übrigens ergebnislos, wie wir noch sehen werden) versuchte, mit der Verschärfung der alten Probleme, wie sie das neuartige Freiheitsbewußtsein bewirkte, durch eine weitere Differenzierung der vertrauten Begriffsapparatur noch einmal fertig zu werden.

Die vielfältigen (und nicht zuletzt praktisch-pastoralen) Folgen dieses Traktats, den dann die Schultheologie im wesentlichen nur noch tradierte oder weiter ausfeilte, will ich jetzt nicht erörtern. Sie betrafen vor allem das Verständnis der Gnade selbst. Sie war nun zu einem eigenen Thema, zu einer isolierten Sache geworden: eine hochdifferenzierte Wirklichkeit zwar, aber konzipiert in Kategorien, die man immer weniger verstand. Sie war zudem (als vornehmlich *innere* Gnade) mit der äußeren Heilswirklichkeit, dem Heilswerk Christi und auch den Sakramenten, nur noch auf indirekte Weise verbunden; denn statt als wirksamer und vor allem durch sich selbst sprechender Ausdruck der Gnade zu gelten und so ihrer Vermittlung in die menschliche Wirklichkeit zu dienen, fungierten die Sakramente (vorausgesetzt, sie wurden gültig gespendet) gleichsam nur noch als der Anlaß, bei dem der einzelne die durch Christus erworbenen Gnaden unmittelbar von Gott her empfing. Und daß nicht nur das offiziell-sakramentale, sondern überhaupt alles gläubige Handeln die Darstellung und Gegenwart der Liebe Gottes sein sollte, die uns auf diesem Weg geschichtlich erreicht und verändert, das wurde noch weniger sichtbar und kaum noch empfunden. Dem Mangel einer gnadentheologischen Sicht der gläubigen Praxis aber entsprach die zunehmende Moralisierung des christlichen Lebens, das gerade in seinem angestrengten Bemühen, „der Gnade würdig" zu werden, an Gebote verhaftet blieb und sich im Gehorsam erschöpfte. Kurz: der aufgeblähte Gnadentraktat verlor seinen Realitäts- und Erfahrungsbezug. Zu lernen waren jetzt die verschiedenen „Sorten der Gnade", die sich selber zu einem geheimnisvollen Etwas verdünnte: für die Erlangung der ewigen Seligkeit zwar unentbehrlich, aber zugleich so erfahrungs- und wirklichkeitslos, daß es über ihr Dasein einer besonderen Belehrung bedurfte.

Theologische Gründe und Konsequenzen einer Revision dieser Entwicklung

Es spricht deshalb nicht wenig für die neueren Tendenzen, der traditionellen Verselbständigung der Gnadenlehre wieder entgegenzuwirken und ihre Themen den anderen Traktaten der Dogmatik anzuvertrauen. Daß dafür besonders die theologische Anthropologie in Betracht kommt, versteht sich schon deshalb, weil die Wirklichkeit der Menschen (dies hat die Scholastik ja richtig gesehen) der ausgezeichnete Ort ist, an dem Gottes Gnade ankommen und so ihr gegenwärtig sichtbares Dasein und ihre konkrete Bestimmtheit haben will. Namentlich *Karl Rahner* hat wiederholt dafür plädiert, die Gnadenlehre als dogmatische „Anthropologie des erlösten und gerechtfertigten Menschen" zu entwickeln[5]. Nur wo die Wirklichkeit

5 *K. Rahner*, Art. Gnadentheologie (Anm. 2), 1012. Über den Ansatz einer solchen Gnadenlehre bzw. Anthropologie bemerkt Rahner: „Der Ausgangspunkt muß eine *theologische* Aussage über den ganzen und einen Menschen sein, von der aus die Unterscheidungen von Natur und Gnade und die möglichen Unterscheidungen innerhalb des Gnadenbegriffes als Einteilungsprinzipien eines solchen Traktates ursprünglich zu gewinnen sind. In diesem Sinn gehen wir [...] von der theologischen Aussage aus: Der christlich glaubende Mensch muß sich in und trotz seiner Geschöpflichkeit und obwohl er sich als von sich selbst und von seinem Ursprung her [...] als Sünder anerkennt, als der (geschichtlich) von Gott und dem wirksamen Wort seiner freien absoluten Selbsterschließung in Gottes eigenstes und innerstes Leben hinein Angerufene verstehen" (Art. Gnade. IV. Systematik: LThK^2 4, 991–998, 991). Eine mögliche Ausführung dieses Programms skizziert *K. Rahner*, Grundentwurf einer theologischen Anthropologie: HPTh II/1, 20–38. Zu Recht hat *K.-H. Menke*, Das Kriterium des Christseins. Grundriss der Gnadenlehre, Regensburg 2003, 21 allerdings auch vor einer Ersetzung der Gnadenlehre durch eine theologische Anthropologie, die gleichwohl für die Gnadenlehre unverzichtbar sei, und vor der Versuchung einer Reduktion der faktischen Heilsgeschichte auf ihre anthropologischen Voraussetzungen gewarnt. Denn in der Tat geht es in der Gnadenlehre „um das Gott-Mensch-Verhältnis *als solches*" (23). Und doch ist – meine ich – auch diese Relation, soll sie nicht selber ontologisiert werden, nur über ihre Relata thematisierbar und insofern

(und zwar die *ganze* Wirklichkeit) des Menschen in ihrer Vieldimensionalität und ihrem Beziehungsreichtum zu Gesicht kommt, besteht Aussicht, die Gnadenlehre aus ihrer formalen Abstraktheit zu lösen und den Begriff der Gnade wieder mehr sagen zu lassen als nur eine innere Wesenserhebung oder eine geheimnisvoll bewegende moralische Hilfe. Allerdings ist zugleich oder besser zuvor schon darauf zu achten, daß Gottes Gnade als Ereignis seiner Menschenzuwendung gedacht wird, also ihr *Geschehens- und Verhältnischarakter* im Blick steht und darum auch ihre äußere Vermittlung: angefangen bei Jesus Christus, sofern er selbst ja der ursprünglich geschichtliche Vollzug und die realisierende Gestalt der endgültigen Menschenzuwendung Gottes ist. Wenn Gottes Selbstoffenbarung in der Geschichte Jesu zum Grundansatz der Dogmatik und mit ihr der theologischen Anthropologie gewählt wird und dabei das Geschenk seiner Liebe (eben das Geschehen der Gnade) als Begegnung von Freiheiten gedacht wird, dürften beide Intentionen wohl erreichbar und von vornherein gewährleistet sein. Gerade dann aber sieht man sofort, daß die gnadentheologische Thematik auch in die Soteriologie und vor allem in die Gotteslehre gehört: in die Soteriologie nämlich insofern, als diese ja die Selbstoffenbarung Gottes, also die Mitteilung seiner Liebe, in ihrer Bedeutung für die Menschen entfaltet; und in die Gotteslehre insofern, als es eben Gott *selbst* ist, der *im* Geschehen seiner Liebe sich mitteilt – und zwar so, daß diese Mitteilung sowohl die Sendung des Sohnes als auch die Sendung des Geistes umfaßt, der Gottes bleibende Anwesenheit bei uns ist und unser Inneres zu ihm und zu Jesus Christus hin bewegt. Insofern wäre alles, was über den begnadeten Menschen zu sagen ist, zugleich als Wirken des Geistes, also in der Pneumatologie, darzustellen. Nur sollte man dann darauf achten, daß die theologische Zauberformel vom Wirken des Geistes nicht von der Aufgabe dispensiert, die spezifische Eigenart der individuellen und gemeinschaftlichen Vollzüge, die man als Wirkungen des Geistes bezeichnet, auch von der Seite ihrer menschlichen Erfahrbarkeit her zu beschreiben. In einem Verständnis der Gnade, das theologisch und anthro-

---

die primäre Einordnung der Gnadenlehre in die theologische Anthropologie durchaus legitimiert. Den von Menke signalisierten Gefahren versuche ich dabei gegenzusteuern, indem ich den Ausführungen über den Menschen im Gnadengeschehen eine trinitarische Explikation dieses Geschehens (Kap. 14) vorausgehen lasse und im übrigen durchweg (wohl stärker als Rahner) die kategoriale Seite der Selbstoffenbarung, die für deren Bestimmtheit konstitutiv ist, akzentuiere.

pologisch nicht verkürzt und schließlich nicht völlig beliebig werden soll, gehören beide Seiten unlösbar zusammen: zum einen die wirksame Gegenwart des Geistes, in dem Gott selber uns nahe ist und ohne den er auch uns selbst nicht wirklich erreichte, zum anderen die anthropologische Bestimmtheit der Gnade, die ihrerseits nicht nur aus der natürlichen und geschichtlichen Verfassung des Menschen (aus seiner leiblich-geistigen, intersubjektiven und gesellschaftlichen Konstitution) resultiert, sondern auch – und hier erweist sich die christologische Orientierung der theologischen Anthropologie – ihren bestimmenden Grund hat und ihr Maß behält in der Vermittlung und Ausprägung der Gnade durch die menschliche Gestalt Jesu Christi, der die ursprüngliche Ankunft der Liebe Gottes unter den Menschen ist. Die Aufgabe wird sein, gerade die Verbindung und das gegenseitige Bestimmungsverhältnis von beiden deutlich zu machen. Daß schließlich eine gnadentheologische Perspektive auch die übrigen Traktate der Dogmatik (Sakramentenlehre, Ekklesiologie, Eschatologie) prägen muß, dürfte ebenfalls einleuchten und braucht jetzt nicht weiter ausgeführt zu werden[6].

Wenn nun, wie kaum zu vermeiden, mit der Zuordnung der Gnadenlehre zur theologischen Anthropologie eine beträchtliche Entschlakkungs- und Abmagerungskur einhergeht, dann sollte man – sofern es die aufgeblähte traditionelle Begrifflichkeit betrifft – darüber keine theologischen Tränen vergießen. Man braucht hier wirklich nicht alles, was die Tradition an Distinktionen anhäufte, noch weiter mitzuschleppen – vorausgesetzt nur, es gelingt, ihre wesentlichen Einsichten zu fassen, sie festzuhalten und ihre Bedeutung für die Gegenwart (gegebenenfalls auch gegenwartskritisch) in vollziehbaren Kategorien zu vermitteln. Auf der anderen Seite könnten durch diese Zuordnung aber auch traditionelle Verengungen überwunden und eine erweiterte Sicht des Gnadengeschehens zurückgewonnen werden. Zu überlegen wäre etwa, ob nicht in ebendem Maße, wie auch die äußere Wirklichkeit und Vermittlung der Gnade zur Geltung gebracht wird, die Soteriologie wieder mit der Gnadenlehre ver-

---

6 Auch bezüglich der Zuordnung und Stellung der Gnadenlehre zu den übrigen dogmatischen Traktaten variieren die Vorschläge, zumeist entsprechend der jeweiligen Aufgabenbestimmung, erheblich. Vgl. etwa *K. Rahner*, Art. Gnadentheologie (Anm. 2), 1012ff; *O. H. Pesch*, Art. Gnade: NHThG^2 2, 252–265, 262ff; *B. J. Hilberath*, Gnadenlehre: *Th. Schneider* (Hg.), Handbuch der Dogmatik 2, 3–46, 4; *K.-H. Menke*, Das Kriterium des Christseins (Anm. 5), 13–23.

bunden, vielleicht sogar in sie integriert werden könnte. Auch die Eschatologie ließe sich wohl enger mit der Gnadenlehre, wenn sie in der Anthropologie ausgeführt wird, verbinden: wird doch mit dem für die Zukunft erhofften, die Schöpfung vollendenden Handeln Gottes, wie es die Eschatologie thematisiert, im wesentlichen „nur" (und mehr können wir doch auch im Grunde nicht sagen) das Versprechen eingelöst und in einer alle Dimensionen des Menschseins umfassenden Weise verwirklicht, das in Gottes endgültiger Zuwendung seiner Liebe in Jesus Christus schon enthalten und durch den Geist, das Angeld dieser Vollendung, in uns lebendig ist[7]. Nicht zuletzt würde die theologische Anthropologie, wenn in ihr das Geschehen, die Verwirklichung und Vermittlung der Gnade tatsächlich in einer alle Dimensionen und Bezüge des Menschseins betreffenden Weise durchbuchstabiert wird, eine Art Basistraktat für die Ekklesiologie und Sakramentenlehre abgeben können[8], zumal diese beiden Traktate ohnehin ständig Anleihen bei der theologischen Anthropologie machen und machen müssen, wenn sie ihre gnadentheologischen Aussagen nicht isolieren und von den grundlegenden Teilen der Dogmatik abschneiden wollen. Doch sollen dies alles nur Andenkungen sein. Vorerst ging es nur darum, die primäre Zuordnung der Gnadenlehre zur theologischen Anthropologie überhaupt zu begründen.

Angemerkt sei bei dieser Gelegenheit noch, daß wir natürlich auch bei unserer Behandlung der *Sündenlehre* die Eingrenzung einer weit umfassenderen Thematik vornehmen müssen. Das Böse, das Übel, das menschliche Leiden – es kommt in dieser theologischen Anthropologie nur insofern zur Sprache, als es mit dem Gottesverhältnis des Menschen zu tun hat. Daß damit die bedrängenden Probleme bei weitem nicht erschöpft sind, muß ich wohl nicht eigens betonen. Namentlich die Theodizeefrage, das schwerste aller theologischen Probleme, können wir nur insoweit berühren, als sie die Entwicklung der Sünden- und Gnadenlehre in den angedeuteten Dimensionen tatsächlich beeinflußt und erkennbar vorangetrieben hat oder sie doch vorantreiben könnte.

---

7 Damit ist die Aufgabe von Kap. 17 („Das Versprechen der Gnade") benannt.

8 Grundlegend wäre dabei der Begriff des gläubigen, der Zuwendung Gottes entsprechenden Handelns, sofern er die Aspekte des Zeugnisses, der Gemeinschaftsbezogenheit u. a. enthält und die Konzeption einer umfassenden Theorie der Glaubensüberlieferung ermöglicht (Kap. 16).

2. Zum Verhältnis von Sünden- und Gnadenlehre

Unsere zweite Vorüberlegung, die das sachliche Verhältnis von Sünden- und Gnadenlehre betrifft, zielt näherhin auf ihre Reihenfolge im Aufbau der theologischen Anthropologie. Hält man sich an die Erkenntnisordnung, dann müßte man – so sagte ich schon in der Einleitung – eigentlich mit der Gnadenlehre beginnen. Denn Sünde, als aktuelles Gottesverhältnis verstanden, wird ja als solches erst erkennbar, wo Gott in irgendeiner Weise schon offenbar ist, also seine Zuwendung wenigstens anfänglich geschieht und dies zugleich auch, wie dunkel oder deutlich auch immer, bewußt ist[9]. Ja, in vollem Ernst erkannt, so daß ein Mensch sie eingesteht und als die eigene Tat und Wirklichkeit übernimmt – in diesem Sinn wird Sünde wohl überhaupt nur erkannt und anerkannt werden können, wo Gottes Zuwendung schon als *gnädige* wahrgenommen wird und als Angebot der Vergebung begegnet. Denn wie auch sollte ein Mensch seine Sünde aushalten und eingestehen können, wenn er mit ihr auch sich *selbst* verurteilt erfährt[10]? In diesem Sinn gilt tatsächlich, was *Otto Hermann Pesch* konstatiert: „Die Sünde geht uns auf in dem Augenblick, wo wir aus ihr befreit werden“[11].

9 „Kein Mensch vermag aus eignem Vermögen und von sich selber her auszusagen, was Sünde ist […] Daher hebt das Christentum auch auf andre Art an, damit, daß eine Offenbarung von Gott her dazu gehöre“: *S. Kierkegaard*, Die Krankheit zum Tode (GTB 620), Gütersloh ^{2}1982, 94.

10 In christologischer Konzentration formuliert dies *D. Bonhoeffer*, Nachfolge (ed. *E. Bethge*), München 1966, 116f: „Umkehr gibt es nur auf dem Wege der Erkenntnis der Schuld an Christus“, und diese „erwächst nicht aus den Erfahrungen der Auflösung und des Verfalls, sondern für uns, die wir ihr begegneten, allein an der Gestalt Christi selbst“. Sie ist wirklich und heilsam nur im Umkreis des Evangeliums der Vergebung. Ähnlich *O.H. Pesch*, Frei sein aus Gnade (Anm. 2), 217f: „Kommt der Mensch so, vom Evangelium im Herzen getroffen, zum Glauben, dann allerdings wird er zwangsläufig auch sein Unheil mit anderen Augen anschauen. Wie ihm überhaupt jetzt die Augen über die Wahrheit der Wirklichkeit aufgehen, so auch über den wahren Charakter seiner Unheilserfahrung. Jetzt erst kann er Schuld überhaupt anerkennen, kann er vollends zugeben, daß er nicht der Mensch nach dem Willen Gottes ist, kann sich selbst verantwortlich machen für das Unheil, weil er es ohne Verzweiflung tun kann“.

11 *O.H. Pesch*, a.a.O. 174.

Gnade als Voraussetzung der Sünde und ihrer Erkenntnis

Welche Konsequenzen sich daraus für die Rede von Sünde in der Theologie und praktischen Verkündigungsarbeit ergeben, ist noch eingehend zu bedenken[12]. Jedenfalls wird sich zeigen, daß Sündenerkenntnis, wenn sie ernsthaft und vor allem heilsam sein soll, schon die Gnade voraussetzt. Ja, wir werden in der Sache sogar noch einen Schritt weitergehen und feststellen müssen: Sünde im eigentlichen Sinn, als formeller Widerspruch gegen Gott, kann auch überhaupt erst *geschehen*, wo Gottes Zuwendung begegnet. Dabei entspricht der Grad der Sünde dem Maß der vorhergehenden Zuwendung Gottes, und diese Zuwendung wiederum erweist sich für den Sünder zugleich als Chance und Gefahr und in jedem Falle als Krise: Sie kann ebenso Anlaß zur Umkehr sein wie auch zur Potenzierung der Sünde[13]. Zugleich zeigt sich, daß das Wesentliche der Sünde der Unglaube ist und deshalb der primäre Gegensatz zur Sünde nicht etwa die Tugend, sondern eben – wie nach *Luther* vor allem *Kierkegaard* betont hat – der Glaube[14]. Denn Unglaube heißt ja: Gott nicht wahrhaben wollen, sich seiner Nähe verschließen und das letzte Vertrauen des Herzens an etwas anderes hängen; Unglaube heißt: ohne Gott man selber sein wollen, ohne ihn die eigene Identität projektieren. Also ist Sünde, ganz schlicht ausgedrückt: daß Gott faktisch in meinem Leben nicht zählt. Ob und wieweit solcher Unglaube im Einzelfall auch als Sünde im Sinne persönlicher Schuld gelten muß, entzieht sich (Gott sei Dank, möchte ich sagen) unserem menschlichen Urteil. Denn dazu müßte man die positiven Möglichkeiten eines Menschen, glauben zu können, ja ebenso überblicken wie die Faktoren, die ihn daran hindern. Allerdings ist mit Glaube und Unglaube nun auch

---

12 S. u. Kap. 9.

13 Unter dem Leitwort „Analogie der Sünde" hat *H. U. von Balthasar* das Gesetz dieser „Steigerung" meisterhaft beschrieben: daß nämlich „die je-tiefere Einsicht in den Gott der liebenden Selbstoffenbarung auch die Sünde ihm gegenüber vergrößert" (Theodramatik III, Einsiedeln 1980, 153). Das offenbare Ja Gottes treibt das Nein des Sünders aus seiner Latenz erst hervor (399). Wie einerseits die Umkehr (nach schon geschehener Sünde) allein im lebendigen Glauben an einen Gott, der in vergebender Gnade sich mitteilt, erfolgen kann, so wohnt andererseits dem Bösen ein „Sog zum Je-Böseren", der Rechthaberei des Sünders ein „Zug zu einem absoluten Rechtbehalten [inne], so daß er auch alle verfügbaren Mittel zu diesem Ziel in Dienst nimmt" (152).

14 Mit Bezug auf Röm 14,23 nannte es Kierkegaard sogar „eine der für das ganze Christentum entscheidendsten Bestimmungen, daß der Gegensatz zu Sünde nicht Tugend ist, sondern Glaube" (Die Krankheit zum Tode [Anm. 9], 81).

nicht so leichtfertig umzugehen, wie es die Redeweise, man könne eben nicht glauben, gelegentlich verrät. Vielmehr ist grundsätzlich und ganz nüchtern damit zu rechnen, daß sich in der Unfähigkeit zu glauben das Nichtglauben*können* und das Nichtglauben*wollen* in der Regel auf kaum noch erhellbare Weise durchdringen und daß zur Strategie der Sünde gerade auch die verstellende Lüge und die Selbstbeschwichtigung gehören, das Niederhalten der Wahrheit, wie Paulus es Röm 1,18 nannte: der Versuch also, Gott nicht wahrhaben zu müssen und diese Ablehnung, dieses Wegblicken von ihm, der dennoch nahe ist, sich selbst zu verschleiern[15]. So ergibt sich eine eigentümliche Dialektik, die sich mit *Gerhard Ebeling* etwa folgendermaßen beschreiben läßt: Zur Eigenart der Sünde gehört einerseits, daß der Sünder sie nicht wahrhaben will, eben weil er Gott nicht wahrhaben will. Würde er sie wahrnehmen und wahrhaben, wäre er schon nicht mehr im eigentlichen Sinne Sünder: Er stünde zumindest schon auf der Schwelle des Glaubens. Allerdings kann man auch gerade umgekehrt sagen: Erst dann *ist* er in Wahrheit Sünder, eben weil er vor Gott seine Sünde eingesteht und bekennt[16]. Aber dann wird sie ihm ja auch schon vergeben. Es sei denn (und auch diese Möglichkeit ist ja nicht auszuschließen), daß der Augenblick der Wahrheit über sich selbst, der in der Begegnung des Sünders mit der Gnade impliziert ist und dessen Schmerz und Beschämung ein Mensch wohl nur ertragen kann, wenn er sich die Gnade gefallen läßt und ihr völlig vertraut – es sei denn, wollte ich sagen, daß dieser Moment ihn nun doch wieder auf sich selber zurückfallen läßt und in die Steigerung seiner Ablehnung hineintreibt.

Wir müssen das, was ich hier nur andeuten konnte, später noch eingehender bedenken. Vorerst jedenfalls dürfte deutlich genug sein, daß nicht

---

15 Es wäre ein Selbstbetrug oder doch zumindest naiv, den Anteil der Lüge an der Sünde wie auch den Anteil der Freiheit am Hineingleiten in die Lüge und ihre Gefangenschaft nicht sehen zu wollen. Sie muß nur häufig genug geschehen, um endlich zur unentrinnbaren Lebenslüge zu werden. Geschehen eben in Gestalt des „Niederhaltens der Wahrheit", als – wie *H. U. von Balthasar* formuliert – „ein primäres Bewußtsein dessen, was ursprünglich wahr ist und gelten sollte, und die dauernde Selbstbeschwichtigung, daß es unwahr ist und nicht gilt" (Theodramatik III [Anm. 13], 150). Und dabei ist „immer beides gleichzeitig da und wirksam: der Akt des Verhüllens und sein Ergebnis: das Verhüllt- und Nicht-mehr-sichtbar-Sein" (ebd.). Es gibt doch die Weigerung, wissen zu wollen, was man durchaus schon weiß oder doch wissen könnte. Es gibt tatsächlich die allmähliche, oft kaum merkliche und trotzdem durchaus gewollte Selbstabsetzung als Subjekt freien, verantwortlichen Handelns.

16 Vgl. *G. Ebeling*, Dogmatik des christlichen Glaubens 1, Tübingen 1979, 365.

nur die Gnade – kritisch, richtend und heilend zugleich – sich auf die faktisch schon vollzogene Sünde bezieht, sondern daß umgekehrt auch die Sünde, eben sofern sie das sich verweigernde Verhalten eines Menschen zur Wirklichkeit Gottes ist, schon in irgendeiner Weise die Zuwendung Gottes voraussetzt – und dies sogar so wesentlich, daß man sagen darf, daß der jeweilige Grad der Sünde dem Maß und der Bestimmtheit der göttlichen Zuwendung entspricht. Angesichts der verwickelten Wechselbeziehungen, die hier herrschen, könnte man es wohl ratsam finden, die Thematik von Sünde und Gnade in einem einzigen Zusammenhang zu behandeln. Trotzdem möchte ich, schon aus Darstellungsgründen, an meiner Entscheidung, den zweiten Hauptteil der theologischen Anthropologie wiederum in zwei Teile zu gliedern, festhalten, zumal der sachliche Gegensatz von Sünde und Gnade ja ebenfalls sein Recht fordert und sich die Hauptprobleme auch eindeutig zuordnen lassen. Allerdings werden wir dann auch kaum vermeiden können, schon bei der Sündenlehre des öfteren zum Geschehen der Gnade „hinüberzuschielen", was dann später die angenehme Folge haben wird, uns bei den entsprechenden Partien der Gnadenlehre kürzer fassen zu können. Auch bei der gewählten *Reihenfolge* von Sünden- und Gnadenlehre möchte ich es lassen – und sei es auch nur, weil sich mein ganzes theologisches Empfinden dagegen sträubt, die theologische Anthropologie, statt der Gnade das letzte Wort zu geben, mit dem Mißton der Sünde enden zu lassen.

Die nicht erst als sündige, sondern wesenhaft der Gnade bedürftige Freiheit

Allerdings hat diese Reihenfolge auch ihre Gefahren. Vor allem könnte sie den Eindruck suggerieren, als ob Gottes Gnadenhandeln sich darin erschöpfe, Vergebung der Sünde zu sein und Befreiung aus ihrer Macht. Dies ist es faktisch zwar auch (und ist es, sichtbar am Weg Jesu, mit tödlichem Ernst), aber es ist auch noch mehr. Denn das Geschehen des Kreuzes, in dem Gottes Zuwendung angesichts der sie negierenden Gewalt der Sünde ihr unbedingtes Maß offenbarte und den Ernst seiner Feindesliebe und Vergebungsbereitschaft bewährte, ist doch selbst nur ein Schritt, wenn auch der äußerste und in seiner Konsequenz erschütternde Schritt auf dem Weg zur Eröffnung und Verwirklichung der Gemeinschaft mit den Menschen, auf die Gottes Gnadenwille von Anfang an zielte. Gerade im Bewußtsein der westlichen Christenheit hat sich nun aber tief die Vorstellung eingenistet, Gottes Heils- und Gnadenhandeln sei primär (wenn nicht ausschließlich) Erlösung der Menschen von ihrer Sünde. Auch in diesem Punkt ist der nachhaltige Einfluß der Satisfaktionslehre *Anselms* unübersehbar, denn hinter der *schuldtilgenden* Bedeutung des Kreuzes, auf die sich ihr Gedankengang konzentrierte, traten die übrigen soteriologischen Motive zunehmend zurück. In den Kirchen des Ostens dagegen blieb bis heute die Auffassung lebendig, nach der die Gnade als vergöttlichende Erhebung des Menschen erscheint: als Erfüllung, ja sogar Überbietung seines wesenhaften Verlangens. Zwar sind Ausdrücke wie „wesenhafte Erhebung" oder gar „Vergöttlichung" für das Gemeinte ziemlich mißlich und – sofern sie den Unterschied zwischen Gott und Mensch zu verwischen scheinen – auf jeden Fall mißverständlich, Spuren einer nicht mehr vollziehbaren metaphysischen Denkform, doch bleibt ihr Kern unaufgebbar und trifft sich präzise mit dem, worauf mir im ersten Teil dieser theologischen Anthropologie alles ankam: daß nämlich der Mensch schon *wesenhaft* Gottes bedürftig sei, allerdings (dies war schließlich die entscheidende Pointe) wesenhaft eines *freien* Gottes bedürftig. Aber auch so verstanden ist es doch schon unsere Freiheit und nicht erst ihre Selbstverfehlung und Sünde, worin unsere Angewiesenheit auf die Gnade ihren Grund hat. Deutlicher, als es im Allgemeinbewußtsein der Fall ist, müßte deshalb bei der Rede von der menschlichen Heils- und Erlösungsbedürftigkeit werden, daß sie zwei Bedeutungsebenen umfaßt. Sie liegt nämlich darin (um *Hans Kessler* zu zitieren), daß der Mensch „als ganzer (1) in sich unvollendet [...], weil auf Gott hin geschaffen ist und seine Vollendung nur dialogisch durch die Selbsterschließung Gottes und in der universalen Gemeinschaft der Liebe mit und in ihm finden kann; daß er (2) durch vorgefundene wie eigene Schuld und Sünde [...] von Gott getrennt, in sich selber verkrampft und unfähig zu selbstloser Liebe ist (aus sich und für sich selbst sein will) und so erst der Versöhnung mit Gott, der Vergebung und Heilung bedarf (Erlösungsbedürftigkeit in engeren Sinn), um überhaupt vollendet werden zu können"[17] – und eben auf diese, nur von Gott her mögliche Vollendung bezieht sich unsere Erlösungsbedürftigkeit im weiteren, wesenhaften Sinn. Dasselbe noch einmal mit *Otto Hermann Pesch* formuliert: „Der Mensch ist angewiesen auf *Erfüllung*, weil er *Mensch* ist; und er ist angewiesen auf *Rettung*, weil er sich *verfehlt* hat"[18]. „Der Mensch hat,

---

17 *H. Kessler*, Art. Erlösung/Soteriologie: NHThG^2 1, 360–373, 369.
18 *O. H. Pesch*, Frei sein aus Gnade (Anm. 2), 72.

aus Gründen seines Wesens wie seiner faktischen Situation, ein *Geschenk – notwendig*“[19].

Wenn dies erst einmal klar ist, wird es m. E. auch unausweichlich, in der alten Streitfrage Position zu beziehen, ob die Menschwerdung Gottes nur wegen der Erlösung von der Sünde notwendig war (das war die Auffassung der thomistischen Richtung) oder ob (so die Meinung der Scotisten) Gottes Sohn auch dann Mensch geworden wäre, wenn die Sünde der Menschen nicht geschehen wäre[20]. Natürlich kann man derartige Möglichkeitsspekulationen als Glasperlenspiele der Theologen belächeln. Doch weisen sie in diesem Fall auf ein ernstes Problem. Für *Anselm von Canterbury* war die Menschwerdung Gottes ja deshalb notwendig, weil einzig der Gottmensch die unendlich wertvolle Sühneleistung erbringen konnte, wie sie die Sünde (als Verletzung der Ehre des unendlichen Gottes) verlangte. Zwar finden sich bei Anselm auch noch andere Motive, doch läuft das systematische Gefälle seiner Satisfaktionschristologie eindeutig auf diesen Punkt zu: „Denn dazu war er Mensch, daß er stürbe“, heißt es ausdrücklich[21]. Auch mit diesem Gedanken hat Anselm das durchschnittliche Glau-

19 A. a. O. 282.

20 Dabei wird die Auffassung der Thomisten gewöhnlich als „harmatiozentrisch“, die der Scotisten als „christozentrisch“ bezeichnet. Vgl. *W. Dettloff*, Art. Erlösung, dogmengeschichtlich und systematisch: HThG I, 308–319, 317f.

21 *Anselm von Canterbury*, Cur Deus homo / Warum Gott Mensch geworden (ed. *F. S. Schmitt*), Darmstadt 1956, 131. Zur Diskussion über Anselms Satisfaktionslehre (mit den Positionen von H. Kessler, G. Greshake, H. U. von Balthasar, D. Wiederkehr, W. Kasper, P. Hünermann, J. Werbick u. a.) s. *Th. Pröpper*, Erlösungsglaube und Freiheitsgeschichte (Anm. 4), 77–98. – Übrigens bestreite ich durchaus nicht Anselms Verdienste: daß er die skandalöse traditionelle Loskauftheorie überwand und gegenüber den Zeitgenossen die für sie anstößige Inkarnation plausibel zu verteidigen wußte; daß er auf die verantwortliche Freiheit des Menschen und ihre Beteiligung im Heilsgeschehen verwies; daß er um das Verhältnis von Gerechtigkeit und Barmherzigkeit Gottes mit großem Ernst gerungen hat und daß in seinem Werk auch die Hinweise auf das Beispiel Jesu und das tragende Wissen um Gottes Liebe nicht fehlen. Grundsätzlich problematisch aber bleibt Anselms Fixierung des Heilsgeschehens auf Jesu Tod, für den ja – eben weil es der Gottmensch sein mußte, der sein Leben dahingab – die Inkarnation nur die Voraussetzung war; verhängnisvoll ebenso die (folgenreiche) Bestimmung des Heilssinnes von Jesu Tod durch den isolierten (schon von der geschöpflichen Rechtsordnung her feststehenden) Genugtuungsgedanken (*aut satisfactio aut poena*); bedenklich ferner die Forcierung der Schwere der menschlichen Schuld, die sich allein an der Unendlichkeit des an seiner Ehre beraubten Gottes selber bemißt (vgl. Cur Deos homo, 75.77) und unerträglich vor allem die Konditionierung von Gottes unbedingter Vergebung: „Wer nicht bezahlt, spricht vergebens: ‚vergib‘“ (a. a. O. 71). Keines dieser Elemente läßt sich durch eine

bensbewußtsein nachhaltig geprägt – mit zumindest sehr ambivalenten Folgen. Und schon deshalb scheint es mir theologisch geboten, sich wenigstens im Nachhinein zu den Ereignissen, die Gott zur Verwirklichung seines Heilswillens heraufführte, um ein Verständnis ihrer Sinnhaftigkeit, d. h. ihrer Angemessenheit für Gottes Absicht, zu bemühen und so die traditionellen Engführungen des christlichen Heilsglaubens zu überwinden. Und ich meine, das ist durchaus auch möglich (und erst, wer sich hier um ein tieferes Nachdenken bemüht hat, wird zu der überzeugten und dankbaren Zustimmung fähig sein, auf die Gott in seinem Handeln für uns Menschen gehofft hat).

Warum also, so die Frage, hat Gott diesen Weg zu unserem Heile gewählt: die Menschwerdung seines Sohnes? Weil, so meine (schon im 2. Kapitel angedeutete) These, weil Gottes Liebe, wenn sie uns Menschen wirklich erreichen und dabei ihre unbedingte Entschiedenheit für uns gewiß werden sollte, uns auch auf menschliche Weise begegnen und nahekommen mußte. Nur durch einen Menschen, der mit ihm ursprünglich eins war und mit Gottes Handeln sein eigenes Tun erkennbar identifizierte, konnte Gott *selbst* uns begegnen und nur durch ihn die *Bedingungslosigkeit* seiner Liebe ihren eindeutig sprechenden Ausdruck finden, so wie es durch Jesus geschah. Für *diese* Absicht hätte eine nur äußere Vermittlung seiner Liebe, etwa durch rettende Ereignisse, Hilfe in Not, Naturwunder usw. durchaus nicht genügt: sie wären doch immer noch vorläufig geblieben. Schon allgemein gilt ja, daß Liebe nicht anders offenbar werden kann, als daß sie geschieht und sich äußert. Von *unbedingter* Liebe aber kann erst die Rede sein, wenn ein Mensch sich selbst in ihr mitteilt, d. h. von dem Ausdruck, den er ihr gibt, nicht mehr getrennt, sondern mit ihm (wenn auch nicht unterschiedslos) identisch und selbst durch ihn anwesend ist. Also konnte auch *Gottes* unbedingt für uns Menschen entschiedene Liebe für uns zugänglich und unsere eigene Wahrheit nur werden, indem sie und in ihr Gott selbst in unsere Wirklichkeit eintrat, d. h. in der Existenz eines Menschen und seiner Geschichte die Gestalt fand, die ihrer Unbedingtheit

---

wohlwollend-abmildernde Interpretation relativieren, denn jedes war unverzichtbar, damit Anselm „sola ratione“ das intendierte apologetische Beweisziel erreichte. Schon vom Ansatz muß sich deshalb die Theologie distanzieren. Und ebenso entschieden die Tradition kritisieren, soweit sie – obwohl sie Anselms Notwendigkeitsdialektik zumeist nicht mehr folgte – sich doch die von ihm geprägten Motive, insbesondere den nunmehr verselbständigten Schlüsselgedanken der durch die Satisfaktion konditionierten Vergebung, als soteriologische Grundbegriffe vorgeben ließ.

entsprach und so Gottes reale Gegenwart für uns wurde – einschließlich der Bereitschaft dieses Menschen für das Äußerste, was ihm in der Schutzlosigkeit seiner Liebe an Ablehnung widerfahren und angetan werden könnte. Denn auch diese Möglichkeit stand der schöpferischen Liebe Gottes (obwohl sie für sich selbst, d. h. um grundlose Liebe zu sein und sich selbst den Menschen zu gönnen, dieses Äußersten durchaus nicht bedurfte) in der Konsequenz ihres Weges zu den Menschen angesichts ihrer tatsächlichen Sünde doch offen: daß sie nämlich in der Hingabe des Sohnes ihren rückhaltlosen Ernst und durch die Errettung ihres getöteten Zeugen aus dem Tod ihre Treue erwies und ihre Unwiderruflichkeit dadurch besiegelte. Cur Deus homo? Warum also wurde Gott Mensch? Weil Gottes unbedingt für die Menschen entschiedene Liebe bei ihnen sein wollte, aber nur auf diese menschlich bestimmte Weise bei ihnen ankommen *konnte*. Und genau in diese Richtung zielte auch schon die Antwort der Scotisten. Gott wollte freie Geschöpfe als Teilhaber seiner Liebe, formulierte *Duns Scotus*; dies ist der tiefste Grund nicht nur für die Schöpfung, sondern der primäre Grund auch der Inkarnation: „vult habere alios condiligentes“[22]. Übrigens kann ich mich in dieser Sache auch auf die Theologie *Karl Rahners* berufen, die eine eindeutig scotistische Grundorientierung aufweist: „Heilsgeschichte als Geschichte der Vergebung und Versöhnung dem schuldigen Menschen gegenüber wird umfaßt und integriert durch ein Verhältnis Gottes zur Welt, das im voraus zu Schuld auf inkarnatorische Geschichte Gottes selbst in seiner Welt angelegt ist und Schuld in der Welt nur zuläßt als Möglichkeit der Radikalisierung dieses [...] tragenden Verhältnisses Gottes zur Welt, der Liebe [also], in der sich Gott selbst verschwendet“[23].

Aber noch ein weiterer Aspekt dieser Problematik verdient unsere Beachtung. Theologische Ansätze nämlich, die den Sinn von Gottes Heils- und Gnadenhandeln auf die Erlösung von der Sünde beschränken, kommen häufig über eine bloße Restitutionstheologie nicht hinaus. Oder aber, so in der Neuzeit, sie ordnen dieses Handeln in einen gleichsam evolutiven Entwicklungsprozeß ein, in dem nur hervortritt und realisiert wird, was potentiell schon im Menschen vorhanden war. Wenn nun aber durch Gottes Gnade in Jesus Christus nur verwirklicht oder wiederhergestellt wird,

---

22 *Duns Scotus*, Op. Oxon. III 32, 1,6.

23 *K. Rahner*, Die zwei Grundtypen der Christologie: Schriften zur Theologie X, Einsiedeln 1972, 227–238, 233.

was durch die Sünde zwar gestört war oder verlorenging, aber vorher (nämlich im Urstand vor dem Sündenfall) schon einmal gegeben oder doch wenigstens – so die neuzeitliche Variante – im Wesen des Menschen schon angelegt war, dann muß die Sünde theologisch möglichst stark gemacht werden, weil sonst ja die wesentliche Bedeutung Jesu Christi für die Vermittlung des Heils nicht mehr einsichtig wäre.

Ich will mich, um diese Logik zu illustrieren, mit einem Hinweis auf die theologische Entwicklung in der Neuzeit begnügen. Denn gerade an ihr läßt sich exemplarisch der Vorgang studieren, wie für Jesus Christus, den die Überlieferung ja nicht bloß als den wahren, Gott entsprechenden Menschen, sondern zugleich auch als die freie Zusage Gottes *an* die Menschen und deshalb als den bleibenden Grund ihres Glaubens und ihres Heiles bekannte – wie also für ihn schließlich nur noch die Funktion eines Vorbildes übrig bleibt: eines Vorbildes, das aus historischen und pädagogischen Gründen zwar nützlich, vielleicht sogar faktisch erforderlich war, aber zu guter Letzt doch entbehrlich wird, weil in ihm doch nur realisiert, gefördert und auf den Weg gebracht wurde, was unsere eigene Wesensmöglichkeit ist. Auf diesen Sinn lief schon *Lessings* berühmte Konzeption von der „Erziehung des Menschengeschlechts" hinaus: ist für ihn doch die „Ausbildung geoffenbarter Wahrheiten in Vernunftswahrheiten [...] schlechterdings notwendig, wenn dem menschlichen Geschlechte damit geholfen sein soll. Als sie geoffenbaret wurden, waren sie freilich noch keine Vernunftswahrheiten; aber sie wurden geoffenbaret, um es zu werden"[24]. Und in demselben Sinn hat ja auch *Kant* Jesus als das Urbild des moralischen, Gott wohlgefälligen Menschen durchaus gewürdigt, aber keinerlei Hemmung verspürt, sogleich auch die einleuchtende Konsequenz anzufügen, daß es für dieses Ideal eigentlich gar keines Vorbildes aus der Erfahrung bedürfe, denn es liege als solches ja schon in unserer Vernunft[25]. Der frühe *Fichte* hingegen entwickelte die These, daß eine völlig ins Sinnliche verstrickte, für die Stimme des Gewissens taub gewordene Menschheit allein durch die Erscheinung „eines ganz heiligen Wesens" in der Sinnenwelt, in dem wir „die Uebereinstimmung mit dem [moralischen] Gesetze nicht mehr bloss als etwas [erblicken], das seyn *soll*, sondern als etwas, das *ist*", und so „die Nothwendigkeit, [eben] so zu seyn, dargestellt" finden,

---

24 *G. E. Lessing*, Die Erziehung des Menschengeschlechts: WW 3 (ed. *K. Wölfel*), Frankfurt 1967, 559f. Vgl. o. Kap. 3 bei Anm. 330.
25 Vgl. o. Kap. 3 bei Anm. 329.

an ihre Bestimmung erinnert werden könne und dies gegebenenfalls auch müsse[26]. Aber auch die derart „bedingte Notwendigkeit“ einer geschichtlichen Offenbarung änderte doch nichts mehr an der apriori gültigen moralischen Reduktion ihres möglichen Inhalts und der fraglosen Dominanz der „Vernunftreligion“ über sie. Größere Skrupel hatte da schon *Schleiermacher*, zwar nicht der junge Romantiker, wohl aber der ältere, der kirchlich gesonnene Schleiermacher. Seine Glaubenslehre bietet m. E. das klassische Beispiel für die dogmatische Nothelferrolle der Sünde[27]. Schon in der Einleitung versucht er ja (wir haben das ausführlich behandelt) den philosophischen Nachweis, daß ein ursprüngliches Gottesbewußtsein zum Wesen des Menschen gehöre, da es in der Bestimmtheit des unmittelbaren Selbstbewußtseins, im Gefühl schlechthinniger Abhängigkeit, nachweislich impliziert sei. In der Gnadenlehre wird dann, ganz auf der eingeschlagenen Linie, Jesus Christus als das Urbild eines schlechthin kräftigen Gottesbewußtseins, d. h. einer alle Lebensmomente durchdringenden Frömmigkeit dargestellt. Wenn nun aber (die Frage drängt sich doch auf) in Jesus nur auf vollkommene Weise hervortritt, was doch in allen als Anlage schlummert – warum eigentlich soll er dann für uns noch Bedeutung haben, ja sogar eine bleibende, unüberholbare Bedeutung besitzen? *Daß* er sie habe, stand für den orthodoxen Schleiermacher fest. Ausdrücklich definiert er das Wesen des Christentums dadurch, daß in ihm alles bezogen sei auf die durch Jesum von Nazareth vollbrachte Erlösung (§ 11). Aber *warum* alles von ihm abhängig und auf ihn bezogen? Eben deshalb, so Schleiermachers (der Konzeption Fichtes durchaus noch verhaftete) Lösung, weil zwischen Wesensmöglichkeit und Wesensverwirklichung des Menschen die Sünde zur Herrschaft gelangt ist und ihre Macht über alle übrigen Menschen so groß bleibt, daß unser Gottesbewußtsein stets angewiesen sein

---

26 *J. G. Fichte*, Versuch einer Kritik aller Offenbarung: WW 5 (ed. *I. H. Fichte*), Berlin 1971, 9–174, 88.

27 *F. D. E. Schleiermacher*, Der christliche Glaube nach den Grundsätzen der evangelischen Kirche im Zusammenhange dargestellt (ed. *M. Redeker*), Berlin 1960. Ich fasse die einschlägigen Ausführungen Schleiermachers zusammen und gebe als Beleg nur die Paragraphennummern an. Ausführlich zum Thema: *Th. Pröpper*, Schleiermachers Bestimmung des Christentums und der Erlösung. Zur Problematik der transzendental-anthropologischen Hermeneutik des Glaubens: ThQ 168 (1988) 193–214, bes. 202–209; *M. Junker*, Das Urbild des Gottesbewußtseins. Zur Entwicklung der Religionstheorie und der Christologie Schleiermachers von der ersten zur zweiten Auflage der Glaubenslehre, Berlin 1990.

wird auf den geschichtlichen Lebenszusammenhang mit Jesus Christus, der durch den Eindruck seiner unsündlichen Vollkommenheit die Gläubigen in die Kräftigkeit seines Gottesbewußtseins aufnimmt und in diesem Sinn unsere Erlösung bewirkt (§§ 88 u. 100). Ob mit dieser Auskunft der entscheidende Einwand, den schon *Ferdinand Christian Baur* vorbrachte, überzeugend zu entkräften war, darf man mit Recht wohl bezweifeln. Denn wozu eigentlich – so Baur – dem menschlichen Subjekt ein anderes gegenüberstellen, „durch dessen Thätigkeit ihm allein mitgetheilt werden soll, was doch an sich zur Natur des Selbstbewusstseins gehört"?[28]

Auf weitere Varianten von Schleiermachers Modell, die sich bis in die Gegenwart auffinden lassen[29], will ich jetzt nicht eingehen. Aufmerksamkeit aber verdienen noch die Folgen, nicht zuletzt die praktischen Folgen, die aus der beschriebenen Argumentationsweise resultieren: Die Sünde muß groß gemacht werden, damit die Gnade erstrahlen und ihre Notwendigkeit gespürt werden kann. Wo aber das Bewußtsein der Sünde im Schwinden oder gar schon abhanden gekommen ist, da muß es dann eben geweckt, notfalls auch eingeredet werden. Und wiederum, angesichts dieser Auswirkungen, zeigt sich, wie dringlich eine Revision der Theologoumena ist, in denen die offenkundigen Fehlentwicklungen der Verkündigung und Glaubenspraxis wurzeln. Für unseren gegenwärtigen Zusammenhang heißt das: Die Bedeutung der Gnade für den Menschen ist nicht primär oder gar ausschließlich durch den Bezug auf das Faktum der Sünde, sondern im Rückgang auf die menschliche Grundverfassung zu vermitteln, durch die Aufmerksamkeit also für die Bedürftigkeit, die Hoffnungen und Nöte, die schon im *Wesen* des Menschen begründet sind – begründet letztlich, um es formal auszudrücken, in der *antinomischen Konstitution menschlicher Freiheit*, sofern sie bedingt und unbedingt zugleich ist: unbe-

28 *F. C. Baur*, Geschichte der christlichen Kirche 5 (ed. *E. Zeller*), Leipzig ^{2}1877, 203. Noch eine weitere Anfrage, die Schleiermachers „Rückschlußverfahren" (von der Wirkung in den Gläubigen auf Jesus als Ursache) betraf, mußte in Verlegenheit bringen: „Mit welchem Rechte wird [...] angenommen, daß das, was in allen Einzelnen, die zur christlichen Gemeinschaft gehören, nur auf relative Weise ist, in dem Stifter derselben auf absolute Weise ist" (a. a. O. 210)?

29 Vgl. etwa das entscheidende Gewicht der Sündlosigkeit Jesu für die Interpretation des Dogmas von Chalkedon bei *H. Verweyen*, Gottes letztes Wort, Grundriß der Fundamentaltheologie, Regensburg (3. vollst. überarbeitete Aufl.) 2000, 360f (mit Bezug auf *P. Knauer*, Der Glaube kommt vom Hören. Ökumenische Fundamentaltheologie, Freiburg ^{6}1991, 141).

dingt in ihrem Ausgriff nach Erfüllung und Sinn, aber begrenzt durch ihre Ohnmacht, über ihn zu verfügen. Zugleich würde sich eine tiefere Sicht auch der Sünde eröffnen, tiefer deshalb, weil sie nicht nur als Widerspruch gegen Gott, sondern auch als Verfehlung der Bestimmung des Menschen gedacht wäre: Denn Sünde wäre dann immer (und jedenfalls auch) als der Versuch zu verstehen, diese wesentliche Aporie, die wir sind (bedürftig einer Erfüllung, die doch nur geschenkt werden kann), trotzdem aus eigenem Vermögen und in alleiniger Zuständigkeit lösen zu wollen. Ein von vornherein aussichtsloser Versuch allerdings, wie sich bis ins Alltägliche zeigt. Denn alles, was Menschen sich selber, den anderen und nicht zuletzt der erschöpften natürlichen Umwelt antun: im beständigen Kampf um Anerkennung, in der rivalisierenden Sorge um Einfluß und Geltung, im Versuch eigener Selbstvergewisserung durch die Aneignung von Sachen und die Ausbeutung von Menschen, im Willen zur Übermächtigung von allem, was sich nicht fügt oder Angst macht, und der schonungslosen Selbstbehauptung auf Kosten der Gedemütigten und Verletzten, nicht zuletzt auch im beständigen Schwanken zwischen Selbstüberanstrengung und nachfolgender Depression, zwischen projektiver Übererwartung an den Anderen und dann der vorwurfsvollen Enttäuschung, daß er auch nur ein Mensch ist – das alles hat doch, meine ich, eine gemeinsame Wurzel darin, daß unsere Bedürftigkeit, die Sehnsucht der Menschen, weiter reicht als ihre Macht. Daß sie zugleich aber diese Wahrheit, ihre eigene Wahrheit, geradezu chronisch nicht wahrhaben wollen und lieber gnadenlos bleiben, als sie vor sich selbst zuzulassen. Und hier, meine ich auch, liegt nicht primär ein moralisches, sondern ein Glaubensproblem, wobei übrigens der dramatische Unglaube, der Gott gleichsam ins Angesicht widerspricht, wohl eher der extreme Grenzfall und der Mangel an Glauben, das Sichwegschleichen von Gott, die Regel sein dürfte. Die meisten Menschen sind gar nicht abgrundtief böse, sie sind nur kleinlich, engherzig, träge, vielleicht auch verrannt oder blockiert und sehr oft nicht glücklich. Vor allem ist es die Angst, die mit der Freiheit selbst da ist und ihr Bewußtsein abgründig begleitet, was sie bei sich selbst festhält und was sie gerade dann, wenn ein großzügiger Entschluß, ein zuvorkommender Schritt, ein riskanter, selbstloser Einsatz anstünde, doch lieber auf Sicherheit gehen läßt. Noch in der Gewaltsamkeit, in der Verbissenheit und Verhärtung, in die sich ein Daseinswille hineinsteigern und womöglich am Ende sogar befestigen kann, war das eigentlich Treibende oft nur diese Angst. Man muß die Sünde nicht größer und furchtbarer machen, als sie ohnehin ist. Hilfreicher wäre es manchmal, hinter den provozierenden Gesichtern des Bösen die Aporien einer Existenz wahrzunehmen, die sich dazu verurteilt hat oder verurteilt glaubt, ohne Gnade leben zu müssen …

3. Sünde und Schuld: Begriffsbestimmung und phänomenologische Annäherung

Unsere dritte Vorüberlegung ist durch das bisher Gesagte schon vorbereitet und kann zugleich als Überleitung zur Sündenlehre dienen. Es geht um die Begriffe Sünde und Schuld, um ihren Unterschied, aber auch schon ihre Beziehung zueinander, so daß zugleich auch schon das dieser Beziehung zugrundeliegende Verhältnis von Glaube und Ethik in den Blick kommt. Allerdings sollen die Erläuterungen nur erst vorläufig sein: Sie sollen einerseits die Orientierung bei allem noch Folgenden erleichtern, müssen andererseits aber auch selbst im Weiteren noch differenziert, vertieft und angereichert werden. Gleichwohl sind mit dieser (wie mit jeder) vorläufigen Begriffsbestimmung doch auch schon Festlegungen verbunden: nicht nur Festlegungen gegenüber dem schwankenden theologischen Wortgebrauch und dem tatsächlichen historischen Bedeutungswandel der Begriffe Sünde und Schuld, sondern auch Vorentscheidungen in der Sache, die später ebenfalls noch bekräftigt werden sollen und dann bei der Beurteilung der Probleme, die in der Sündenlehre anstehen, durchaus ins Gewicht fallen werden.

Geschichte und Inhalt der Begriffe Sünde und Schuld

Sünde ist – soviel steht nach dem Bisherigen schon fest – wesentlich eine *religiöse* Kategorie, ein Begriff des gläubigen Bewußtseins und der Theologie. Denn er betrifft ja das Verhältnis des Menschen zur Wirklichkeit Gottes, sofern es von der Seite des Menschen her gestört und negativ qualifiziert ist. Sünde ist, schreibt deshalb *Gerhard Ebeling*, „in eminentem Sinne ein Relationsbegriff. Er wird gegenstandslos, wenn sein Bezugspunkt verloren geht“[30]. Daß auch von Sünde gegen den Nächsten und sogar von Versündigung an sich selbst die Rede sein kann, hängt doch immer daran (wenn es mehr als eine leere Redensart sein soll), daß all solches Tun eines

30 *G. Ebeling*. Dogmatik des christlichen Glaubens 1 (Anm. 16), 360.

Menschen „in seinem Zusammensein mit Gott gesehen ist. Sünde ist in derselben Weise ein nur in Relation zu Gott verwendbares Wort, wie dies [etwa auch] vom Begriff der Schöpfung oder der Auferstehung der Toten gilt"[31]. Wegen dieses Beziehungscharakters habe ich das Wesentliche der Sünde bereits als Unglaube bestimmt, und Unglaube hieß (in praktischer Bedeutung): daß Gott faktisch im eigenen Leben nicht zählt, weil man nicht sein Vertrauen auf ihn setzt, nicht sein Herz an ihn hängt, wie *Luther* definierte[32]; oder mit *Kierkegaard* formuliert: vor Gott ohne Gott man selbst sein wollen[33]. Und Kierkegaard betonte: „Das, worauf der Nachdruck liegt, ist [eben diese Bestimmung]: *vor Gott*, oder daß die Gottesvorstellung mit dabei ist"[34]; sie erst ist es, die das verfehlte Selbstverhältnis eines Menschen (und dann alle seine Verhältnisse und Beziehungen) zur Sünde qualifiziert. Allerdings ist dieses „vor Gott" nur möglich, weil zuvor Gott für den Menschen da ist und ihn dadurch qualifiziert, daß er ein „Selbst Gott gegenüber ist"[35]. So gewinnt der Mensch die unendliche Bedeutung, für Gott bedeutsam zu sein; und damit wiederum hängt zusammen, daß in dieser Beziehung (wie man zutreffend sagt) der Mensch als er *selber* gemeint und somit als ganzer beansprucht ist und daß deshalb seine Sünde nicht nur in einzelnen Taten, sondern in der Grundausrichtung besteht, die er seiner Existenz gibt und die sich in den einzelnen Taten nur manifestiert.

---

31 Ebd.
32 *M. Luther*, Der große Katechismus (Calwer Luther-Ausgabe 1: Siebenstern-TB 7), München/Hamburg 1964, 22: „‚Einen Gott haben' heißt also nichts anderes, als ihm von Herzen vertrauen und glauben; [...] allein das Vertrauen und Glauben des Herzens [macht] einem etwas sowohl zu Gott als zu einem Abgott [...] Denn die zwei gehören zusammen, Glaube und Gott. Das nun, sage ich, woran du dein Herz hängst und worauf du dich verlässest, das ist eigentlich dein Gott".
33 Im Blick auf die Voraussetzung der Offenbarung einerseits und die Aufgabe andererseits, die der Mensch sich selbst ist, sofern er sich zu der Synthesis (von Unendlichkeit und Endlichkeit, von Möglichkeit und Notwendigkeit), als die er existiert, zu verhalten und sie zu vollziehen hat, aber dies ohne Glaube nur verzweifelt vermöchte, lautet Kierkegaards vollständige Definition: „Sünde ist, nachdem man durch eine Offenbarung von Gott her darüber aufgeklärt worden, was Sünde ist, vor Gott verzweifelt nicht man selbst sein wollen oder verzweifelt man selbst sein wollen" (Die Krankheit zum Tode [Anm. 9], 96). Entsprechend lautet die Formel für „den Zustand des Selbst [...], wenn die Verzweiflung ganz und gar ausgetilgt ist: indem es sich zu sich selbst verhält, und indem es es selbst sein will, gründet sich das Selbst durchsichtig in der Macht, welche es gesetzt hat" (a. a. O. 10).
34 A. a. O. 75.
35 A. a. O. 77.

Darin liegt die „*totalisierende* Wirkung“[36] der Bestimmung „vor Gott“: daß vor ihm nicht beliebig aufzählbare Sünden entscheiden, sondern die Grundhaltung des Menschen. *Gustav Mensching* hat gezeigt, daß der Unterschied zwischen aktuellen, konkretisierten Sünden einerseits und der essentiellen oder generellen Sündenidee andererseits in vielen Religionen begegnet, der Unterschied also zwischen den Sünden im Plural und *der* Sünde im Singular, die in den prophetischen Religionen als Ichsüchtigkeit verstanden, als Unglaube identifiziert wird[37] und sich hier auch zu der Erfahrung vertieft, daß der Mensch sie aus eigener Kraft nicht zu überwinden vermag. Spätestens hier aber beginnen auch die schweren sachlichen Probleme, wie nicht zuletzt die Vielfalt der in diesem Zusammenhang begegnenden Ausdrücke zeigt: Grundsünde, Macht der Sünde, Existenz- oder Wesenssünde, vorgegebene Unheilssituation, Erbsünde oder wie immer – wie ist sie zu verstehen? Als naturale Konstitution des Menschen? Oder als geschichtliches Verhängnis? Oder als Ergebnis schon eigener Entscheidungen, also eigene Schuld?

Was aber heißt *Schuld*? Schon auf den ersten Blick ist festzustellen, daß sich im allgemeinen Sprachgebrauch der Schuldbegriff aus dem religiösen Kontext gelöst hat und als genuin *ethischer* Begriff gilt. Historisch ist er jünger als der religiöse Sündenbegriff im Sinne der Abwendung von Gott und jünger auch als der rechtliche Schuldbegriff, sofern dieser zunächst nur einen objektiven Gesetzesbruch bezeichnet. Daß Schuld überhaupt zu einem ethischen Phänomen werden konnte, setzte also die Entwicklung eines Verständnisses von Sittlichkeit voraus, das eine Eigenständigkeit sowohl gegenüber der juridischen Legalität als auch gegenüber der unmittelbaren Geltung göttlicher Gebote und Verbote besitzt[38] – ein Verständnis, das philosophisch zwar lange vorbereitet war, sich aber erst infolge der Aufklärung und Säkularisierung allgemein durchsetzte, nachdem es von *Kant* im Gedanken der Autonomie auf den Begriff gebracht worden war[39]. In sachlicher Hinsicht ist für den Schuldbegriff der Anteil entschei-

36 *H. Häring*, Art. Sünde und Schuld. B. Systematisch-theologisch: *V. Drehsen* u. a. (Hg.), Wörterbuch des Christentums, Gütersloh/Zürich 1988, 1205–1208, 1206.

37 Vgl. *U. Tworuschka*, Art. Sünde und Schuld. A. Religionsgeschichtlich: *V. Drehsen* u. a. (Hg.), Wörterbuch (Anm. 36), 1204–1205, 1204 (mit Bezug auf *G. Mensching*, Die Idee der Sünde, Leipzig 1931).

38 Vgl. *D. Mieth*, Art. Sünde und Schuld. C. Ethisch: *V. Drehsen* u. a. (Hg.), Wörterbuch (Anm. 36), 1208–1209.

39 Bestimmend für Kants Verständnis von Autonomie (in der „Grundlegung zur Metaphysik der Sitten“) ist die „Idee des Willens jedes vernünftigen Wesens als eines allgemein

dend, den der *subjektive* Aspekt des Verhaltens gewinnt. Zwar hat Schuld immer auch eine objektive Seite: Sie ist ja Verfehlung dessen, was sittlich richtig und somit geboten ist; doch von Schuld im spezifischen Sinne kann man erst sprechen, wenn Verantwortlichkeit für die Normverletzung vorausgesetzt werden kann: ihre Zurechenbarkeit also, ihre Imputabilität. Solche Verantwortlichkeit impliziert nun vor allem das *Bewußtsein* der Schuld, d. h. einerseits das freie Sichverhalten des verantwortlichen Menschen zu sich selbst und seinem Handeln (nur dadurch ist es ja sein *eigenes* Handeln), andererseits die Einsicht in das Gesollte, in seinen Inhalt und in seinen Verpflichtungscharakter. Damit wiederum hängt es zusammen, daß Schuld nur in beschränktem Maße objektivierbar und jedenfalls von außen nur schwer feststellbar ist: Authentische Schulderfahrung ist nur als *Selbstbeurteilung* möglich. Der betroffene Mensch muß selbst in Freiheit das Urteil darüber vollziehen, was an seinen Einstellungen und Handlungen subjektiv „böse" und objektiv „falsch" ist; allerdings ist er dabei auf das sittlich Richtige verpflichtet und verpflichtet natürlich auch, sich verantwortlich zu orientieren und sein moralisches Urteilsvermögen zu bilden. Kurz: *Schuld* ist Verfehlen des sittlich Gebotenen „trotz seiner sich anbietenden Möglichkeit", also *zurechenbare Verfehlung*, und Schuld*bewußtsein*, ethisch gesehen, „ein *am sittlich Richtigen orientierter Gewissensspruch*"[40].

Soviel zur vorläufigen Begriffsbestimmung von Sünde und Schuld. Die Problematik kommt in Bewegung, wenn wir genauer nach dem Verhältnis beider fragen: Ist Sünde, als negatives Gottesverhältnis, auch Schuld? Und ist Schuld, als ethisches Phänomen verstanden, auch Sünde?

---

gesetzgebenden Willens" (B 70). Demnach wird der Wille dem Gesetz „so unterworfen, daß er auch als selbstgesetzgebend" anzusehen ist (B 71). Also ist Autonomie „die Beschaffenheit des Willens, dadurch derselbe ihm selbst (unabhängig von aller Beschaffenheit der Gegenstände des Wollens) ein Gesetz ist" (B 87) – allein durch seine Form nämlich, die „Form der Allgemeinheit" (B 70). Von hier aus gewinnt Kant den positiven Begriff der Freiheit: Denn was kann „die Freiheit des Willens sonst sein, als Autonomie: d.i. die Eigenschaft des Willens, sich selbst ein Gesetz zu sein? Der Satz aber: der Wille ist in allen Handlungen sich selbst ein Gesetz, bezeichnet nur das Prinzip, nach keiner anderen Maxime zu handeln, als die sich selbst auch als ein allgemeines Gesetz zum Gegenstande haben kann. Dies ist aber gerade […] das Prinzip der Sittlichkeit: also ist ein freier Wille und ein Wille unter sittlichen Gesetzen einerlei" (B 98). Endlich ist „unser eigener Wille", wenn er moralisch handelt, auch „der eigentliche Gegenstand der Achtung, und die Würde der Menschheit besteht eben in dieser Fähigkeit, allgemein gesetzgebend, obgleich mit dem Beding, eben dieser Gesetzgebung zugleich selbst unterworfen zu sein" (B 86f).

40 *D. Mieth*, Art. Sünde und Schuld (Anm. 38), 1208.

Doch bevor wir diese Fragen aufnehmen und ihnen, um der ihrer Bedeutung angemessenen Gründlichkeit willen, in einem eigenen Kapitel nachgehen, möchte ich das, was mit den bisherigen Bestimmungen nur erst abstrakt bezeichnet wurde, noch etwas konkretisieren. Dabei halte ich mich an die Phänomenologie der Schuld- und Sündenerfahrung, die *Paul Ricœur* in seiner „Symbolik des Bösen" (1971) und vielen anderen Arbeiten vorgelegt hat[41]. Interessieren soll uns zum einen die Entwicklung von der äußeren Erfahrung des Bösen zu ihrer Verinnerlichung, die Ricoeur sensibel nachzeichnet, und zum anderen seine Beleuchtung dieser Erfahrung im Blick auf ihre ethische und ihre religiöse Qualifizierung.

Die Symbolik von Makel, Sünde und Schuld: Interiorisierung des Bösen

Aber wo nun mit einer Beschreibung der Erfahrung der Schuld und des Bösen beginnen? Wir sahen doch schon, daß eigentliches Schuldbewußtsein von außen gar nicht zugänglich ist. Ricoeur setzt deshalb beim Phänomen des *Bekenntnisses* oder auch des Geständnisses ein, in dem sich das Schuldbewußtsein ursprünglich ausdrückt. Und sein Ziel ist, von hier aus durch „Sympathie und Vorstellungskraft" (384) einen Zugang zu der zugrundeliegenden Erfahrung zu finden. Der auffallendste Zug der Bekenntnissprache besteht nun darin, daß sie Symbolausdrücke verwendet und offenbar auf sie angewiesen ist. So findet sich zunächst, in der archaischen Symbolik, die Darstellung der Sünde als *Makel oder Flecken*, d. h. als Verunreinigung, die der Mensch sich an einer bestimmten Stelle (und zwar an der Außenseite) zuzieht. In höherentwickelten Literaturen, wie denen der Babylonier und vor allem der Hebräer, wird die Sünde in anderen Symbolen dargestellt: so etwa als Verpassen des Zieles, Beschreiten eines falschen Weges, also im Schema der Abschweifung und der Verirrung, oder auch – noch personenbezogener – als Aufstand, als Starrköpfigkeit, als Untreue wie beim Ehebruch oder auch als Taubheit. Bemerkenswert ist nun, daß der Symbolcharakter dieser Vorstellungen durchaus bewußt ist und

41 Vgl. zum folgenden *P. Ricoeur*, Symbolik des Bösen. Phänomenologie der Schuld II, Freiburg/München 1971, 1–181; einen zusammenfassenden Aufriß dieses Teils bietet *ders.*, Schuld, Ethik und Religion: Conc 6 (1970) 384–393; auf diesen Aufsatz beziehen sich die Seitenangaben im Text. Zum Thema vgl. auch *F. Böckle*, Fundamentalmoral, München [4]1985, 108–113.122–131.

doch ihr Bedeutungspotential nicht ohne weiteres rationalisiert werden kann: Noch heute sprechen wir ja von einer Ansteckung etwa durch den Geist des Profits oder des Rassismus. So hat auch Flecken niemals nur einen von außen verursachten punktuellen Makel bezeichnet, Unreinheit niemals nur buchstäblich Schmutz – genauso wie umgekehrt Abwaschungsriten und Reinigungsopfer auf der Ebene des Leiblichen immer schon Handlungen darstellen, in denen durchaus die Person als ganze involviert ist (385).

Die Symbolik der *Sünde* nun, wie sie in der babylonischen und vor allem der hebräischen Literaur, aber auch in den griechischen Tragödien oder den orphischen Schriften begegnet, ist insofern reicher als die des Fleckens, als sie dem Bild der unreinen Berührung das eines verletzten *Verhältnisses* entgegensetzt – des Verhältnisses zwischen Gott und dem Menschen vor allem, aber auch zwischen Mensch und Mitmensch und ebenso des einzelnen Menschen zu sich selbst (385). Doch bleibt, wenn auch in einer charakteristischen Transformation, die Kontinuität zur archaischen Symbolik durchaus gewahrt: so vor allem in der Vorstellung einer Macht, die den Menschen beherrscht, desgleichen in den Bildern der Gefangenschaft, die das Bewußtsein der Entfremdung und der Vergeblichkeit ausdrücken.

Die Idee der *Schuld* endlich stellt die „äußerste Form der Verinnerlichung" (386) dar, die bereits im Übergang von der Symbolik des Makels zur Sünde zu beobachten war. Flecken waren noch eine äußere Verunreinigung, Sünde bereits Bruch eines Verhältnisses, wobei ein solcher Bruch allerdings auch dann vorliegen kann, wenn ich gar nichts davon weiß; in diesem Fall bezeichnet Sünde die durchaus reale, aber doch nur objektive menschliche Situation. Schuld dagegen hat „eine eindeutig subjektive Note: ihr Symbolsinn ist innerlicher". Namentlich die Bilder einer drückenden Last und ebenso der Gewissensbisse, die von innen her nagen, indizieren das Vordringen auf die Ebene des Existentiellen. Hinzu kommt das Motiv des Gerichts; eine öffentliche Einrichtung, in den inneren Bereich übertragen, wird zur Metapher des moralischen Bewußtseins: „in seiner tiefsten Verinnerlichung ist das moralische Bewußtsein ein Blick, der wacht, richtet und verurteilt; Schuldgefühl ist daher das Bewußtsein, von diesem inneren Gericht angeklagt und belastet zu sein [...] Selbstverurteilung [also] durch ein auf sich selbst gerichtetes Bewußtsein" (386). Zugleich mit der Verinnerlichung der Schuld geht eine „Tendenz zur *Individualisierung*" einher; in Israel sind die Propheten der Exilszeit die Wegbereiter dieses Fortschritts, im alten Griechenland vollzogen die tragischen Dichter den Übergang von der ererbten Schuldverstrickung zur Schuld des einzelnen Heroen. Überdies (dritter Aspekt) erhält die Schuld in dem Augenblick, in dem sie sich individualisiert, *Abstufungen*; der gleichmachenden Erfahrung der kollektiven Sündensituation wird die graduell unterscheidende Erfahrung der Schuld gegenübergestellt: Jeder Mensch ist „ganz und von Grund auf (zwar) Sünder, dabei aber mehr oder weniger schuldig" (386).

Ricoeur beurteilt die Verinnerlichung, die Individualisierung und Graduierung der menschlichen Erfahrung des Bösen, die im Schuldbewußtsein erreicht ist, durchaus als Fortschritt: Sie bedeutet ja „die Erhebung zu einem moralisch verantwortlichen Subjekt" (387); zugleich aber bemerkt er auch eine spezifische *Pathologie* des moralisch sensibilisierten Bewußtseins, deren Haupterscheinungen ich jetzt nur noch nennen will: Es sind die Skrupelhaftigkeit des Gewissenhaften und die mit ihr verbundene zwanghafte Vergesetzlichung des Lebens – beides mit der Tendenz zur Eskalation in eine doppelte Richtung: entweder zu den Aporien der Rechtfertigung durch Gesetzeserfüllung, wie sie *Paulus* beschrieben hat: ein Gewissen, erdrückt durch das niemals erfüllbare Gesetz und darin, schlimmer noch, gefangen in der Lüge seines Selbstgerechtigkeitsanspruchs; oder auch es kommt zum lähmend-bedrückenden Bewußtsein der Allgegenwart einer anonymen Verdammung, die (so etwa in den Romanen *Franz Kafkas*) als unaufhebbares, niemals durchschautes Verhängnis erfahren wird: eine Anklage ohne Ankläger, ein Gericht ohne Richter, ein Urteil ohne Urheber und Begründung (387) …

Es könnte nun vielleicht scheinen, als ob die Bewegung von der Exteriorität zur Interiorität der Erfahrung des Bösen, die Ricoeurs phänomenologische Analysen rekonstruieren, als eine aufsteigende Sequenz von Bewußtseinsformen gemeint sei, bei der auf der letzten Stufe, dem moralischen Bewußtsein, der religöse Bezug völlig verabschiedet sei. Näher besehen jedoch, täuscht dieser Eindruck. Worauf es ankam, ist allein, daß es sich um verschiedene Aspekte oder auch Schichten der Schulderfahrung handelt, die in dem jeweiligen Schema (Makel, Sünde, Schuld) nur ihren spezifischen Ausdruck finden und eine besondere Akzentuierung erfahren, ohne sich jedoch von den anderen zu lösen. Wir fanden ja, wie etwa die archaische Symbolik, wenngleich transformiert, sich durchaus in der Sünden- und Schulderfahrung durchhält. Außerdem sieht Ricoeur (wie übrigens viele andere Autoren) deutlich, daß die Personalisierung der Sündenerfahrung, wie sie in exilsprophetischer Zeit durchbricht, einer vertieften Gotteserfahrung korreliert und durch sie bedingt ist; die verschiedenen Aspekte der Schulderfahrung (in diesem Fall der religiöse Bezug und die Verinnerlichung) interferieren also und verstärken sich gegenseitig. Und schließlich deuten die Pathologien des moralischen Bewußtseins, die Ricoeur diagnostiziert, unübersehbar darauf hin, daß ein rein ethisches Verständnis des Bösen, wenn es tatsächlich das letzte Wort sein sollte, den Menschen zerbrechen läßt und ihn zu zerstören droht. Dies alles kann uns noch deutlicher werden, wenn wir uns auch noch die Analysen vor Augen führen, die Ricoeur zunächst der rein ethischen Dimension der Erfahrung des Bösen und dann, im Anschluß daran, ihrer religiösen Dimension widmet.

Ethische Reflexion über das Böse und die Sprache der Religion

Zu einem *ethischen* Problem wird das Böse aufgrund einer zweifachen Beziehung: einerseits zum Bewußtsein der *Freiheit*, andererseits zum Phänomen der *Verpflichtung*. Das verwickelte Beziehungsgeflecht, das hier waltet, versucht Ricoeur in einem dreifachen Reflexionsgang aufzuhellen. Ausgangspunkt ist wiederum das Bekenntnis, sofern es nicht nur einen objektiven Sachverhalt ausspricht, sondern zugleich ein performativer Akt ist, in dem geschieht, was gesagt wird: Im aktuellen Bekenntnis nehme ich den Ursprung des Bösen auf mich selbst. Den „Ursprung des Bösen auf sich nehmen", bedeutet nun aber *erstens*: „die Freiheit bestätigen und anerkennen" (387). Beide Begriffe implizieren sich gegenseitig: Das Böse wird als Werk der Freiheit qualifiziert, die Freiheit als Fähigkeit zum Bösen. Ich verzichte damit auf jedes Alibi, das etwa in der Behauptung liegen könnte, das Böse existiere nach Art einer Substanz oder Sache und habe den gleichen Status wie Dinge, die von außen beobachtet werden können – eine Behauptung, die nicht allein in phantastischen dualistischen Ontologien wie etwa dem Manichäismus begegnet, gegen den *Augustinus* ankämpfte, sondern die auch in Gestalt psychologischer oder soziologischer Determinismen (so etwa in einigen Richtungen der Verhaltensforschung) durchaus mit wissenschaftlichem Anspruch auftreten kann. „Den Ursprung des Bösen in die eigene Verantwortung nehmen bedeutet, die Behauptung, das Böse sei [... nur] ein Effekt in einer Welt feststellbarer Dinge – mögen es physische, psychische oder soziale Wirklichkeiten sein –, als Schwäche abtun. Ich erkläre: *Ego sum qui feci[t]* – Ich bin es, der es getan hat" (387). Auf der Zeitlinie betrachtet, bedeutet diese Selbstzuschreibung einer Handlung zunächst, daß ich ihre Folgen für die Zukunft auf mich nehme: den zu erwartenden Tadel, die anfallenden Sanktionen, die Wiedergutmachung des Schadens. Doch indem ich mich in die Konsequenzen meines Handelns hineinstelle, beziehe ich mich zugleich zurück auf den Augenblick *vor* meiner Handlung und erkläre mich als den, der sie nicht bloß faktisch ausgeführt hat, sondern der auch *anders* hätte handeln *können*. Wer die Konsequenzen auf sich nimmt, weiß sich als frei und er erkennt diese Freiheit als das, was bereits in der belastenden Handlung am Werk war: „Der den Tadel auf sich nehmen *wird*, ist derselbe, der *in der Gegenwart* die Handlung auf sich nimmt und der zuvor gehandelt *hat*" (388). In dieser Erstreckung der Verantwortung von der Vergangenheit über die Gegenwart zur Zukunft dokumentiert sich die *Identität des moralischen Subjekts* in der Zeit.

Die *zweite* Reflexion betrifft den Zusammenhang zwischen dem Bösen und der *Pflicht*. Mein Bewußtsein nämlich „ich hätte auch anders gekonnt" ist eng verbunden mit der Erkenntnis: ich hätte auch anders *gesollt*. Vielleicht verhält es sich sogar umgekehrt: „Weil ich mein Sollen erkenne, erkenne ich auch mein Gekonnthaben" (388). *Kant* und *Fichte* haben diesen Sachverhalt auf die berühmte Formel gebracht: Du kannst, denn du sollst[42] – eine zugegebenermaßen äußerst rigorose Formulierung, die nun allerdings auch gar nicht als objektiver Beweis für mein faktisches Vermögen gedacht war, sondern nur den fundamentalen Sachverhalt indizieren sollte, daß ich mich als ein Wesen erfahre, das nicht allein unter dem nötigenden Antrieb von Verlangen oder Furcht handeln kann, sondern sich durch die Fähigkeit auszeichnet, sein Tun durch die Vorstellung eines verpflichtenden Gesetzes zu bestimmen. Mit der Entdeckung dieser „Fähigkeit, dem Gesetz zu folgen […], entdecke ich [zugleich aber] die *erschrekkende* Fähigkeit, auch *gegen* dieses Gesetz zu handeln" (388). Damit erscheint meine Freiheit, die wir bisher nur überhaupt als Ursprung meiner

42 *I. Kant*, Die Religion innerhalb der Grenzen der bloßen Vernunft, B 60: „wenn das moralische Gesetz gebietet, wir *sollen* jetzt bessere Menschen sein: so folgt unumgänglich, wir müssen es auch *können*". Ebenso *J. G. Fichte*, Ueber den Grund unseres Glaubens an eine göttliche Weltregierung: WW 5 (ed. *I. H. Fichte*), Berlin 1971, 175–189, 183: „Indem ich jenen mir durch mein eigenes Wesen gesetzten Zweck ergreife, und ihn zu dem meines wirklichen Handelns mache, setze ich zugleich die Ausführung desselben durch wirkliches Handeln als möglich […] Man bemerke hierbei […] die absolute Nothwendigkeit des Vermittelten […] Jene Annahme ist unter Voraussetzung des Entschlusses, dem Gesetze in seinem Innern zu gehorchen, schlechthin nothwendig […] Dann bemerke man die Ordnung des Gedankenganges. Nicht von der Möglichkeit wird auf die Wirklichkeit fortgeschlossen, sondern umgekehrt. Es heisst nicht: ich soll, denn ich kann; sondern: ich kann, denn ich soll".

Handlung in Betracht zogen, nun auch als Willkür und freie Wahl im Sinne der „Fähigkeit zu einander Entgegengesetztem" (389): eben als Vermögen des Guten und des Bösen, wie *Schelling* sie definierte[43]. Auch die Zurechnung der vergangenen Handlung erhält erst durch ihr Verhältnis zum Sollen und Können ihre moralische Qualifizierung. Und vor allem das Böse gewinnt jetzt seine spezifische Bestimmung. Bisher sahen wir nur, daß es keine für sich bestehende Sache, weder eine physische noch eine psychische Realität ist, sondern gleichsam „nur in dem Akt existiert, in dem ich es auf mich nehme, übernehme, mir anrechne". Jetzt zeigt sich, daß es *als* Böses dadurch konstituiert wird, daß meine Handlung sich nicht am verpflichtenden Gesetz orientiert, sondern die Maxime, der ich tatsächlich folge, von anderen Motiven bestimmt ist. Ethisch gesehen, ist das Böse somit als Verkehrung der Ordnung zu begreifen, in der die tatsächliche Maxime meines Handelns zum moralischen Gesetz stehen sollte (389).

Besonderes Interesse verdient nun, daß sich die Reflexion in einem *dritten* Schritt noch weiter treiben läßt. Ricoeur versucht ihn im Anschluß an die Ausführungen „Über das radikale Böse" in *Kants* Religionsschrift. Denn es stellt sich ja die Frage, ob sich nicht eine gemeinsame Wurzel aller einzelnen bösen Handlungen und Maximen auffinden läßt, ob es (mit anderen Worten) ein „philosophisches Äquivalent" gibt zu dem, was der Sündenfallmythos erzählt, und also die ihm zugrundeliegende Erfahrung sich philosophisch zugänglich machen läßt[44]. Eine gemeinsame Wurzel aller bösen Handlungen aber muß es schon deshalb geben, weil die Bereitschaft, sich überhaupt Ausnahmen vom moralischen Gesetz zu gestatten und es im Einzelfall zu verletzen, ja bereits selber eine *Maxime* des Willens darstellt, und zwar, da sie vom Gesollten von vornherein Abstriche zuläßt, eine *böse* Maxime[45]. Zugleich ist deutlich, daß dieser Anfang und Ursprung des Bösen wiederum kein objektivierbares empirisches Faktum noch die Wirkung solcher Fakten sein kann; denn damit würde das Böse ja aufhören, eine Seins-

---

43 Vgl. o. Kap. 5.3.

44 Ich vereindeutige Ricoeurs Ausführungen im folgenden mit stärkerem Bezug auf Kants Religionsschrift.

45 Vgl. *I. Kant*, Die Religion innerhalb der Grenzen der bloßen Vernunft: „Der Satz: der Mensch ist *böse*, kann […] nichts anders sagen wollen, als: er ist sich des moralischen Gesetzes bewußt, und hat doch die gelegentliche Abweichung von demselben in seine Maxime aufgenommen" (B 26f). Also ist er „dadurch böse, daß er […] die Triebfeder der Selbstliebe und ihrer Neigungen zur Bedingung der Befolgung des moralischen Gesetzes macht" (B 34).

weise und Selbstbestimmung der Freiheit, also böse zu sein. Sie kann, als Grunddisposition der *Freiheit*, nur aus der Freiheit selbst *stammen*. Was aber ist dieses Ins-Dasein-Treten des Bösen, der Ursprung aller einzelnen bösen Maximen? Die Reflexion steht hier vor einem Rätsel, da sie es als vorfindliches Faktum nur hinnehmen kann; sie kann lediglich entdecken, „daß die Freiheit sich bereits im bösen Sinne entschieden hat" (390). Das Böse ist also immer schon da, in ihm findet die Freiheit sich bereits vor. Und hier erreicht die Reflexion dann auch ihre Grenze – eine zweifache Grenze: einerseits die Grenze meiner Erkenntnis, da ich den Anfang meiner bösen Freiheit nicht kenne; andererseits die Grenze meiner Freiheit: ihre Unfähigkeit zum bedingungslos Guten oder (genauer ausgedrückt) ihre schon entschiedene Neigung zum Bösen. Eine seltsame Unfähigkeit allerdings, da ich mir im Bekenntnis durchaus bewußt bin, daß ich für sie verantwortlich bin, und auch in ethischer Perspektive nur sagen kann und sagen muß, daß meine Freiheit sich bereits selber dem Bösen geöffnet und insofern unfrei gemacht hat. Ricoeur sieht in diesem Eingeständnis „das größte Paradox der Ethik" (390). Denn was wir früher festgestellt hatten, bleibt ja gültig: Das Böse ist das, was ich hätte nicht tun können; zugleich aber zeigt es sich nun als Gefangenheit, in der sich die Freiheit schon findet. Die Freiheit entdeckt, daß sie selbst der Befreiung bedarf.

Damit ist nun alles gesagt, was ethische Reflexion über das Böse zu sagen hat. Sie bezeichnet es, um es knapp zusammenzufassen, erstens als ein Werk der Freiheit, bestimmt es zweitens als eine Umkehrung der Ordnung, die für das Verhältnis der Handlungsmaxime zum moralischen Gesetz gilt, und sie entdeckt drittens eine unergründliche Neigung der Freiheit, in der sie, obwohl verantwortlich, sich selber entzogen ist.

„Die *Religion* spricht in einer anderen Sprache über das Böse" (391). Ich will jetzt nur kurz noch vier der spezifischen Bestimmungen nennen, die das Böse in religiöser Perspektive gewinnt. *Erstens* stellt die Sprache des Glaubens das Böse *vor Gott* hin: „Gegen Dich, gegen Dich allein, habe ich gesündigt, ich habe Böses getan in Deinen Augen". Solche Anrufung, die das moralische Bekenntnis zum Sündenbekenntnis qualifiziert, mag auf den ersten Blick als eine Verstärkung des Bewußtseins des Bösen erscheinen. Einerseits ist sie das auch, da erst vor Gott als tieferes Wesen des Bösen die Sünde aufgeht; es wäre andererseits aber eine moralistische Verfälschung, wenn der Blick auf das Böse fixiert bleibt. Denn vor Gott hingestellt, steht das Böse bereits im Horizont der Verheißung; schon mit der

Anrufung beginnt die Erneuerung der Verbindung, die gestört oder gar zerbrochen war. Der Glaube, den *Kierkegaard* die „Leidenschaft für das Mögliche" genannt hat[46], da er Gott, bei dem alles möglich ist, traut – dieser Glaube ergreift im Bekenntnis vom Bösen bereits Besitz; und auch die Reue, die sich in einem bloß moralischen Bewußtsein so leicht als brütende Reflexion über das Vergangene in der Gewissensqual festbeißt – auch sie hat ihre Erwartung bereits auf die Zukunft gerichtet ... *Zweitens* verändert die religiöse Sprechweise den eigentlichen *Inhalt* des Bösen. Gilt es dem moralischen Bewußtsein wesentlich als Übertretung, als Verkehrung der gebotenen Ordnung des Handelns, so gewinnt es, vor Gott hingestellt, eine tiefere, das Selbst des Menschen betreffende Qualität: Es besteht jetzt „weniger in der Übertretung eines Gesetzes als in einem Anspruch des Menschen, [ohne Gott] Herr seines Lebens zu sein" (392). Im Licht der ermöglichten Beziehung zu Gott erscheint es als Verkehrung eben dieser Beziehung und wird zugleich als Widerspruch aufgedeckt gegen die dem Wesen des Menschen selbst eingestiftete Wahrheit, auf Gott hingeordnet und Gottes bedürftig zu sein. Der Wille, nach dem Gesetz zu leben oder (genauer gesagt) durch moralische Leistung die eigene Identität zu begründen und den Sinn des Lebens zu sichern, erscheint nun selber als „ein Ausdruck des Bösen – und zwar der tödlichste von allen, da er am meisten im Verborgenen bleibt" (392) und sich mit der Unmöglichkeit belastet, verdienen und selber erwirken zu wollen, was doch wesentlich nur geschenkt werden kann. Und wann immer der Mensch über sich selbst hinausgreift, kann als „Kern des Bösen [...] die Unwahrhaftigkeit verfrühter Synthesen und gewaltsamer Totalisationen" erscheinen (392) ... Damit eröffnet der Glaube – *drittens* – die anthropologisch bedeutsame *Unterscheidung von Evangelium und Gesetz* und fügt so die Ethik in einen sie übersteigenden *Sinnhorizont* ein. Solche Eröffnung bedeutet Ermutigung ethischen Handelns, zugleich aber auch kritische Begrenzung: Begrenzung vor allem der Tendenz des moralischen Bewußtseins, mehr zu versprechen, als es einlösen kann: den Gewinn des wahren, erfüllten, endgültigen Lebens; Kritik

---

46 *S. Kierkegaard*, Die Krankheit zum Tode (Anm. 9), 37f: „Soll man beten, so muß ein Gott sein, ein Selbst [...] und Möglichkeit im prägnanten Sinne, denn Gott ist dies daß alles möglich ist oder daß alles möglich ist, ist Gott; und nur der, dessen Wesen solchermaßen erschüttert ward, daß er verstanden hat, alles ist möglich, [...] nur er hat sich eingelassen mit Gott". „Dies ist der Kampf des *Glaubens*, welcher, wenn man so will, verrückt für Möglichkeit kämpft. Denn Möglichkeit ist das Eine, was rettet" (35f).

deshalb ebenso an seinem Drang zum Totalitären, in dem die Hoffnung zwar immer noch wirksam ist, aber zur Gewaltsamkeit pervertiert, weil sie keine Verheißung mehr hat (und der Moralist alles, was er erhoffen darf, selber hervorbringen muß) … *Viertens* ermöglicht es der Glaube, „den *Schritt von der Verurteilung zur Barmherzigkeit* zu tun". Der Moralist stellt das Prädikat „böse" in Gegensatz zum Prädikat „gut". Er verurteilt das Böse und er muß es; er lastet es der Freiheit an und hält sie bei ihm fest und erschrickt über ihre Gefangenschaft. „Der Glaube blickt in eine andere Richtung; der Ursprung des Bösen ist nicht sein [eigentliches] Problem", auch nicht die schuldbehaftete Freiheit; „sein Problem ist das Ende des Bösen": die Befreiung von ihm. Mit den Propheten stellt er es in die Perspektive der Verheißung, mit Jesus vor die Gegenwart des vergebenden Gottes und mit Paulus unter das Maß der größeren Gnade (392f).

Ich werde das, was ich im Anschluß an Ricoeur (und zum Teil schon weitergehend) zu der Erfahrung des Bösen in religiöser Perspektive und auch zuvor schon zu den Grenzen und Aporien des Ethischen angedeutet habe, in späteren Zusammenhängen noch weiter ausführen und in seiner Bedeutung konkretisieren. Vorerst sollte es nur dazu dienen, die vorläufige Erläuterung der eingeführten Begriffe abzurunden und eine Antwort auf die beiden schon signalisierten Fragen vorzubereiten, die das genauere Verhältnis von Schuld und Sünde betreffen und deren Behandlung, sofern sie das prinzipielle Problem der Beziehung von Glaube und Ethik miteinschließt, ein eigenes Kapitel verlangt. Mit ihm wollen wir jetzt die Sündenlehre eröffnen.

A
DIE SÜNDE DES MENSCHEN

8. KAPITEL

Sünde und Schuld, Glaube und Ethik

Auslotung ihrer genuinen Differenz und ihres komplementären Vollzugs

1. Das ethische Wesen der Sünde und die religiöse Qualifizierung der Schuld

Das Verhältnis von Schuld und Sünde – dies werden wir bald sehen – ist keineswegs nur von theoretischem Interesse. Doch gerade darum (wegen der praktischen Folgen) ist es so präzise wie möglich zu klären. Dies jedoch kann nicht gelingen, ohne das zugrundeliegende Verhältnis von Ethik und Glaube zu bestimmen – und diese Bestimmung wiederum hängt entscheidend davon ab, wie der leitende Begriff des Ethischen gefaßt wird. Mit ihm werden die Vorentscheidungen wirksam, die ich im vorigen Kapitel zwar schon genannt, aber in ihrer vollen Tragweite noch abgeblendet habe. Um direkt zum Kern des Problems vorzustoßen, können uns als Leitfaden die beiden Fragen dienen, die ich jetzt aufnehmen möchte: *Ist Sünde, sofern sie wesentlich das Gottesverhältnis des Menschen betrifft, auch Schuld? Und ist Schuld, sofern sie ein ethisches Phänomen ist, auch Sünde*? Vielleicht werden manche diese Fragen als seltsam empfinden – sie werden ja auch nur selten in aller Schärfe gestellt und in ihren Konsequenzen bedacht. Tatsächlich sind sie, dem konkreten Lebensvollzug gegenüber, Abstraktionen und unter Umständen sogar unangemessen und anachronistisch. Abstraktionen sind sie schon deshalb, weil das praktisch-moralische Verhalten von Menschen, die in einem religiösen Sinnzusammenhang leben, sich in der Regel auch an ihm orientiert, von ihm sich unmittelbar getragen und beansprucht weiß. Schuld wird hier immer schon als Sünde erfahren. Historisch konnten deshalb auch die genannten Fragen überhaupt erst entstehen, als sich das moralische Bewußtsein aus dem religiösen Kontext emanzipierte – ein Vorgang, den man für die biblische Überlieferung nun freilich gewiß noch nicht behaupten kann. Die Probleme stellen sich erst, dann aber unausweichlich und mit weitreichenden Konsequenzen, wenn sich das moralische Bewußtsein als *autonomes* erfaßt und nun die Grundnormen des Handelns und ihren Verpflichtungscharakter nicht mehr durch den unmittelbaren Rekurs auf religiöse Prämissen (den

Willen Gottes und seine Gebote) begründet, sondern aus Prinzipien herleitet, die im moralischen Subjekt selber aufgesucht werden. Dies heißt nun allerdings nicht (um diese Mißverständnisse sogleich abzuwehren), daß das Bewußtsein unbedingter moralischer Verpflichtung nicht intersubjektiv und auch religiös vermittelt sein könnte (wie sehr dies faktisch der Fall ist, wird durch Entwicklungspsychologie und Kulturgeschichte ja hinreichend belegt); es heißt ebensowenig, daß die religiös begründeten Pflichten mit den autonom begründbaren nicht inhaltlich übereinstimmen könnten (was nun freilich, wie etwa das Beispiel religiöser Menschenopfer besonders krass zeigt, keineswegs immer schon als gegeben vorausgesetzt werden kann); und es heißt natürlich erst recht nicht, daß Menschen und ihr Handeln erst dann ethische Qualität erreichten und moralisch genannt werden könnten, wenn sie um ihre Autonomie ausdrücklich wüßten oder gar entsprechende Reflexionen und Begründungen angestellt hätten.

Ist Sünde Schuld? Das Kriterium persönlicher Verantwortung und Zurechenbarkeit

Und jetzt die *erste Frage*: *Ist Sünde* (als negative Qualifizierung der Gottesbeziehung durch den Menschen) *auch Schuld*? Setzen wir einmal voraus, daß es sich als Verpflichtung des Menschen, als eine in seinem Wesen gründende Verpflichtung aufzeigen lasse, der Zuwendung Gottes, wenn sie tatsächlich geschieht, auch zu entsprechen und sich von ihr beanspruchen zu lassen. Und setzen wir außerdem voraus, daß die religiös begründeten konkreten Weisungen, die aus dieser Beanspruchung folgen, ihrem Inhalt nach ebenfalls als genuin sittliche (oder zumindest als sittlich erlaubte) gelten können. Aber dies nun auch angenommen, muß doch immer noch eine weitere Voraussetzung erfüllt sein, um die Sünde (oder bestimmte einzelne Sünden) als Schuld bezeichnen zu können. Denn es zeigte sich ja, daß der Schuldbegriff wesentlich durch das Moment der Verantwortung und der Zurechenbarkeit, also auch der Freiheit und des Bewußtseins der Verfehlung konstituiert ist.

Für die biblische Überlieferung wird man dieses Verständnis nun freilich (jedenfalls in weitestem Umfang) als gegeben betrachten können. Namentlich in der prophetischen Tradition wurde – wie wir noch sehen werden[1] – die Zusammengehörigkeit von Schuld und persönlicher Verant-

1 S. u. Kap. 10.1.

wortung ausdrücklich reflektiert und ging seitdem dem Glaubensbewußtsein nie wieder verloren. Von vielen wird es geradezu als das Charakteristikum prophetischer Frömmigkeit angesehen, daß in ihr das Verständnis der Sünde „versittlicht“ wurde und seine Schärfe eben dadurch erhielt, daß es die personale Haftbarkeit des Menschen in sich aufnahm[2]; und mit dieser Personalisierung der Sünde des Menschen in seinem Gegenüber zu Gott hing es wiederum zusammen, daß die Sünde nicht auf einen speziellen Sektor des Lebens parzelliert blieb, sondern nun alle Beziehungen und Lebensverhältnisse des Menschen einbezog und bestimmte. Ja, man wird sogar hinzufügen dürfen, daß es gerade die biblisch bezeugte Erfahrung des Menschen in seinem Situiertsein vor Gott und in seiner Berufung zur Gottespartnerschaft war, was diese tiefere Selbsterfassung des Menschen und das Bewußtsein seiner verantwortlichen Freiheit zu sich selber vermittelt hat[3]. Allerdings lassen sich in der sogenannten „Achsenzeit“, wie namentlich *Karl Jaspers* hervorgehoben hat, parallele Tendenzen zu einer Vertiefung und Individualisierung des Schuldbewußtseins durchaus auch in anderen Kulturen konstatieren: so vor allem im griechischen, im persischen und indischen, aber auch im chinesischen Kulturraum[4]; dennoch spricht vieles für das bereits von *Hegel* geäußerte Urteil, daß es (zumindest faktisch) vor allem die biblisch begründete, also die jüdisch-christliche Tradition war, die eben dadurch, daß sie dem einzelnen Menschen vor Gott unendliche Bedeutung und persönliche Verantwortung zuerkannte, der

---

2 Vgl. *G. Ebeling*, Dogmatik des christlichen Glaubens 1, Tübingen 1979, 372.

3 Vgl. etwa *W. Pannenberg*, Gottesgedanke und menschliche Freiheit, Göttingen 1972, 46: „Die Geschichte der Menschheit zeigt, daß erst von der jeweiligen Erfahrung göttlicher Wirklichkeit her Freiheit gegenüber dem Vorhandenen und die entsprechende Stufe der Verwirklichung menschlicher Personalität gewonnen wurde. Die Geschichte der menschlichen Personalität erscheint als eine Funktion der Religionsgeschichte, das heißt der Veränderungen menschlicher Gotteserfahrung“.

4 In Absetzung von Hegels christlich motivierter Konzeption der Universalgeschichte bezeichnet Jaspers als „Achsenzeit“ den Zeitraum 800–200 v. Chr., sofern in ihm von vielen Neuansätzen her (in China sind es Konfuzius und Laotse, in Indien die Upanishaden und Buddha, im Iran Zarathustra, in Palästina die Prophetie und in Griechenland die Dichter und Philosophen) geistige Bewegungen entstehen, welche die Zeit der frühen Hochkulturen beenden und neue Ideen bringen, von denen die Vereinheitlichung der Welt als Geschichte ihren Ausgang nimmt. Gemeinsame Merkmale sind: Entmythisierung, Vergeistigung, ein mit dem Traditionsverlust einhergehendes neues Selbstbewußtsein des Menschen und eine darauf gründende kulturelle Aktivität. Vgl. *K. Jaspers*, Vom Ursprung und Ziel der Geschichte, München 1949, bes. 19ff; dazu *W. Lohff*, Art. Achsenzeit: HWP 1, 74f.

Entdeckung der menschlichen Freiheit zum prinzipiell nicht mehr revidierbaren Durchbruch verhalf und damit welthistorische Bedeutung erlangte[5] – übrigens mit allen Ambivalenzen, die wir heute deutlicher sehen: da diese Entdeckung ja auch die Erfahrung der Abgründigkeit menschlicher Freiheit wachrufen mußte und zugleich mit ihrem Anspruch auf Selbstbestimmung auch ihre Risiken und endlich, als Folge ihres tatsächlich beschrittenen Weges, ihre Kosten präsentierte[6]. Aber wie dem auch sei: Sofern gerade der biblisch begründete Glaube die Zusammengehörigkeit von Sünde und persönlicher Verantwortung hervorhebt und an dieser Verbindung grundsätzlich festhält, wird man Sünde auch als Schuld bezeichnen können.

Allerdings sind an dieser These nun doch zwei Einschränkungen vorzunehmen. Zum einen nämlich findet sich auch in der biblischen Überlieferung durchaus noch die archaische Vorstellung einer Verfehlung, die lediglich an objektiven Geboten und Verboten gemessen und demgemäß unabhängig von persönlicher Zuständigkeit sanktioniert wird. Der Mensch kann also das Gottesverhältnis verletzen, ohne daß er es weiß und im ei-

5 Vgl. *G. W. F. Hegel*, Vorlesungen über die Philosophie der Geschichte (Theorie-Werkausgabe 12), Frankfurt 1970, 31: „In den Griechen ist erst das Bewußtsein der Freiheit aufgegangen, und darum sind sie frei gewesen; aber sie, wie auch die Römer, wußten nur, daß einige frei sind, nicht der Mensch als solcher [...] Darum haben die Griechen [...] Sklaven gehabt und ist ihr Leben und der Bestand ihrer schönen Freiheit daran gebunden gewesen [...] Erst die germanischen Nationen sind im Christentum zum Bewußtsein gekommen, daß der Mensch als Mensch frei ist, die Freiheit des Geistes seine eigenste Natur ausmacht. Dies Bewußtsein ist zuerst in der Religion, in der innersten Region des Geistes aufgegangen; aber dieses Prinzip auch in das weltliche Wesen einzubilden, das war eine weitere Aufgabe, welche [...] auszuführen eine schwere lange Arbeit der Bildung erfordert". Ähnlich und noch präzisierend *ders.*, Vorlesungen über die Geschichte der Philosophie I (Theorie-Werkausgabe 18), Frankfurt 1971, 68f: „Die Selbständigkeit des Ich in sich, sein Fürsichsein war ihm [Platon] fremd. Der Mensch war noch nicht so in sich zurückgegangen, hatte sich noch nicht für sich gesetzt. Das Subjekt war freilich freies Individuum [...] Der Athener wußte sich frei, ein römischer Bürger, ein *ingenuus* war frei. Daß aber der Mensch an und für sich frei sei, seiner Substanz nach, als Mensch frei geboren – das wußte weder Platon noch Aristoteles, weder Cicero noch die römischen Rechtslehrer [...] Erst in dem christlichen Prinzip ist wesentlich der individuelle persönliche Geist von unendlichem, absolutem Werte; Gott will, daß allen Menschen geholfen werde. In der christlichen Religion kam die Lehre auf, daß vor Gott alle Menschen frei, daß Christus die Menschen befreit hat, sie vor Gott gleich, zur christlichen Freiheit befreit sind. Diese Bestimmungen machen die Freiheit unabhängig von Geburt, Stand, Bildung usf., und es ist ungeheuer viel, was damit vorgerückt worden ist".

6 Ausführlicher dazu *Th. Pröpper*, Erlösungsglaube und Freiheitsgeschichte. Eine Skizze zur Soteriologie, München ^{3}1991, 139–156 („Zur Dialektik der Freiheitsgeschichte").

gentlichen Sinne dafür verantwortlich ist. Doch werden wir diesen Aspekt, zumal er zunehmend zurücktritt, wohl vernachlässigen dürfen[7]. Wichtiger ist der zweite Sachverhalt, der ebenfalls schon von der biblischen Überlieferung, aber in analoger Weise auch von anderen religiösen Traditionen bezeugt wird und im übrigen, wie wir bereits sahen, sogar der philosophischen Reflexion zugänglich ist. Es ist (um es noch vorläufig und bewußt offen zu formulieren) die Erfahrung der Herrschaft und der Mächtigkeit der Sünde – einer Herrschaft, unter der sich jeder Mensch bereits findet und sich als Gefangenen der Sünde, ja faktisch selbst schon als Sünder erkennt. Und eben diese Erfahrung, wohl am eindringlichsten von *Paulus* beschrieben und später von *Augustinus* als Erbsünde konzipiert, hat für das Denken der westlichen Theologie geradezu schicksalhafte Bedeutung gewonnen und bis heute immer neue Verstehensversuche veranlaßt. Wir werden uns damit eingehend beschäftigen und die einschlägigen Konzeptionen sorgfältig diskutieren müssen. Jetzt kommt es mir nur darauf an, mit aller Klarheit ein Kriterium zu benennen, das dabei in jedem Fall zu beachten sein wird. Grundsätzlich und von vornherein sind nämlich, was den ethischen Status dieser vorfindlichen Sündigkeit des Menschen angeht, nur drei Möglichkeiten denkbar. Entweder ist sie einfach mit der naturalen Verfassung jedes Menschen, mit seiner natürlichen Disposition und Ausgangslage identisch: dann jedoch ist sie nicht Schuld. Oder aber sie ist als geschichtliches Verhängnis, als reale Folge der Schuld Anderer zu begreifen: in diesem Falle ist sie zwar Schuld, aber doch nicht persönliche Schuld des Betroffenen, der sich unter dieser verhängnisvollen Macht bereits findet. Oder aber (dritte Möglichkeit) man rechnet damit, daß die Macht der Sünde, mag sie nun in der natürlichen Konstitution des Menschen verwurzelt, geschichtliches Verhängnis oder auch beides zugleich sein – daß diese Macht doch erst dadurch zur tatsächlichen Herrschaft über den einzelnen und sein Verhalten gelangt, daß dieser ihr zustimmt, ihrem Einfluß sich öffnet und sie dadurch zur Herrschaft über sich selber gelangen *läßt*. In diesem Falle wäre allerdings von einer persönlichen Schuld des Betroffenen zu sprechen – und zwar insofern und in ebendem Maße, als er die Herrschaft der Sünde über sich selbst durch eigene Einwilligung mit konstituiert (und so ihre Macht auch über andere noch verstärkt). Daß der Anfang solcher Schuld (auch der eigenen) schon immer erfolgt ist und uns selber entzogen – auf diese und andere Schwierigkeiten werden wir noch zu sprechen kommen.

---

7 Vgl. u. Kap. 10.1.

Vorerst kommt es nur auf die prinzipielle Klarstellung an. Wohlgemerkt: Ich leugne nicht die Macht der Sünde, die wir an uns selber erfahren; ich leugne nicht einmal die Aussage des *Paulus* im Römerbrief (5,12), daß faktisch jeder Mensch Sünder ist. Ich leugne ebensowenig, daß jede menschliche Schuld Folgen für Andere hat – Auswirkungen, die wir überdies nur sehr begrenzt überblicken und deren Gewalt sogar so weit reichen kann, daß die Freiheit Anderer nicht nur verletzt und bedrückt wird und ihrerseits am Guten gehindert, sondern auch erst gar nicht zu sich selber erwacht. Dabei liegt der Ernst dieser Feststellung gerade darin, daß die weitreichenden Folgen menschlicher Schuld doch durchaus in die menschliche Verantwortung fallen und insofern das Schuldhafte unseres Tuns nicht zuletzt in der Gedankenlosigkeit liegt, mit der wir die Folgen unseres Handelns ausblenden und an unser Bewußtsein nicht herankommen lassen. Die Verstrickung aller in der gemeinsamen Schuldgeschichte zu übersehen und die eigene, gleichsam negative Solidarität mit allen in der universalen Schuldsituation Gefangenen zu verleugnen, eine Solidarität, in der die meisten Opfer und Täter zugleich sind – das wäre in der Tat abstrakter Individualismus, es wäre überdies (um *Ernst Bloch* zu zitieren) „irrsinniger Optimismus“[8]. Was ich bestreiten und ausschließen möchte, ist allein der Gedanke, daß Schuld als solche übertragen und Anderen angerechnet werden könnte. Sie kann es ebensowenig, wie der ursprüngliche Entschluß einer Freiheit ersetzt werden kann. Und sie kann es weder in der Weise, daß sie Anderen ohne ihren Willen und vor ihrer eigenen Entscheidung aufgeladen wird (wie in der augustinischen Erbsündenlehre), noch in der Weise, daß sie ein Stellvertreter freiwillig übernimmt (wie in der Satisfaktionslehre Anselms). In beiden Fällen wäre unbedingt die Einsicht *Kants* geltend zu machen, daß es sich bei moralischer Schuld nicht um eine „transmissible Verbindlichkeit“ handelt, die „wie eine Geldschuld“ auch von einem Anderen bezahlt werden könnte, sondern um die „allerpersönlichste“ Schuld, „die nur der Strafbare, nicht der Unschuldige, er mag auch noch so großmütig sein, sie für jenen übernehmen zu wollen, tragen kann“[9]. Es gibt nur einen Weg, auf dem Schuld getilgt werden kann: die frei gewährte Vergebung (d. h. den Freispruch des Schuldigen insofern, als er mit seiner Schuld doch

8 *E. Bloch*, Atheismus im Christentum. Zur Religion des Exodus und des Reichs (rde 347–349), Reinbek 1970, 117.

9 *I. Kant*, Die Religion innerhalb der Grenzen der bloßen Vernunft, B 95.

nicht selbst für immer verurteilt, sondern aus ihrer Haft in die Ursprünglichkeit seines Handelns wieder freigelassen wird), sodann die freie, das Eingeständnis der eigenen Schuld implizierende Annahme solcher Vergebung und endlich die mit dieser Annahme verbundene wirkliche Umkehr.

Von der *Macht* der Sünde allerdings kann es Befreiung durch Andere und dabei auch stellvertretende Übernahme der Schuld*folgen* geben[10]. Oft ist dieses sogar der einzige Weg der Befreiung: daß nämlich ein Mensch, um für andere einen Neuanfang möglich zu machen, in ihre Schuldsituation eintritt, deren Auswirkung an sich selber erträgt und so, am Ort der Schuldigen selber, das reale Verhängnis durchbricht und den Schuldgefangenen eine neue Möglichkeit zu leben eröffnet. Allerdings kommt auch solche Befreiung erst an ihr Ziel, wenn der Befreite die neue Möglichkeit für sich selbst auch ergreift. Und eben in dieser doppelten Weise, als Vergebung der Schuld und als Befreiung aus der Macht ihrer Folgen, ist ja auch *Gottes Gnade* der Sünde der Menschen begegnet, sichtbar und geschichtlich unwiderruflich in Leben, Tod und Auferweckung Jesu. Er, der Sündlose, ist für uns zur Sünde geworden und hat ihren Fluch auf sich geladen, formuliert *Paulus* (Röm 8,3; 2 Kor 5,21; Gal 3,13). Doch heißt dies gerade nicht, daß Jesus selbst im formellen Sinne zum Sünder geworden und die wirklichen Sünder als verantwortliche Subjekte entlassen worden wären; es heißt nur, aber dies mit tödlichem Ernst, daß er Gottes Vergebungswillen, eben seine Liebe zu den Sündern, bis ins Äußerste, d. h. auch noch im Erleiden des Widerspruchs der Sünde, realisierte und so ihre Entschiedenheit auf geschichtlich endgültige Weise offenbar machte: als bleibendes, offengehaltenes Angebot fortan für jeden, der sie nur annehmen will (in welcher Situation auch immer), und als wirksame Ermächtigung gleichsam für die von der Sündenmacht Gefangenen und Verblendeten, im Angesicht solcher Liebe ihr verfehltes Menschsein zu erkennen, aber nun aus *ihr* sich selbst zu bestimmen und so als neue Menschen sich zu konstituieren. In diesem Sinn also war Jesu Tod die Sühne der menschlichen Sünde: nicht als Genugtuungsakt, den Gottes verletzte Ehre als Preis für sein Erbarmen und als Bedingung für seine Gnade verlangte, sondern als Erscheinungsgestalt dieser Gnade selbst, die eben da-

10 Zur Ausführung der im folgenden nur angesprochenen Motive, insbesondere zur Interpretation der soteriologischen Begriffe und Interpretamente s. *Th. Pröpper*, Erlösungsglaube (Anm. 6), 43–67.82–85.97f.238–248.

durch, daß Jesus die tödliche Macht und äußersten Folgen der Sünde an sich selber bis an das Ende durchlebte, bei den Gottfernen *an*kam und für immer offenbar machte, daß von ihr – soweit es an Gott liegt – nichts mehr zu trennen braucht. Ein Gott dagegen, der fremde Schuld anrechnen würde, sei es den Späteren die Schuld Adams oder dem stellvertretenden Erlöser die Schuld aller Anderen, er wäre nicht akzeptabel – inakzeptabel jedenfalls für ein Bewußtsein, das die unbedingte Evidenz des Ethischen und die Unvertretbarkeit verantwortlicher Freiheit erst einmal erfaßt hat. Denn ein solcher Gott wäre nicht nur nicht gnädig, er wäre selbst nicht einmal moralisch. Namentlich *Ernst Bloch* hat diesen Gedanken des öfteren provozierend und klar formuliert[11], und ich denke, man wird ihm zustimmen müssen. Was aus dieser Weichenstellung dann für die Diskussion der Erbsündenlehre folgt, werden wir sehen müssen.

Die Bedingung einer aufweisbaren ethischen Verpflichtung zur Offenheit für die mögliche Zuwendung Gottes

Festhalten können wir also: *Sünde kann Schuld nur sein, soweit sie zurechenbar ist.* Das ist die erste Bedingung. Um aber beide, Sünde und Schuld, nun wirklich gleichsetzen zu können, muß auch noch die weitere bzw. erstgenannte Voraussetzung erfüllt sein, daß eben das, was in der Sünde verletzt wird, moralisch geboten gewesen wäre. Die jetzt anstehende Frage kann also nur lauten: Ist es denn überhaupt eine *Verpflichtung* des Menschen (Pflicht im *moralischen* Sinne), der Zuwendung Gottes, wenn sie tatsächlich geschieht, auch zu entsprechen? Solange der letzte Grund moralischen Sollens noch unmittelbar und direkt auf Gott selber zurückgeführt wird, macht diese Voraussetzung natürlich keine Probleme. Anders jedoch, wenn die Selbständigkeit der Ethik und mit ihr die *Autonomie* des moralischen Bewußtseins erfaßt ist und deshalb nicht nur der Inhalt ethischer Normen ohne Rekurs auf den göttlichen Willen begründet, sondern auch – und hier liegt die neuzeitliche Zuspitzung des Problems – der *Verbindlichkeitsgrund* ethischer Verpflichtung im moralischen Subjekt auf-

---

11 So etwa mit seiner Aussage, daß nach „Hiobs harten Fragen" jede Theodizee „eine Unredlichkeit" wäre (Atheismus im Christentum [Anm. 8], 116); desgleichen mit seinen scharfen Verdikten zur „dämonischen Jurisprudenz" der Opfertodlehre (Das Prinzip Hoffnung [stw 3], Frankfurt 1973, 1494).

gesucht wird. Dann zu argumentieren, man müsse der Zuwendung Gottes entsprechen, weil Gott es so wolle und dem Willen Gottes doch wohl gehorcht werden müsse, wäre ein offenkundiger *circulus vitiosus*. Warum also *sollen* wir Gottes Willen bejahen, warum in seine Zuwendung, wenn sie uns geschenkt wird, einstimmen und sie erwidern? Ich weiß, daß diese Frage, in solcher Ausdrücklichkeit gestellt, vielleicht provoziert, und doch entscheidet sich m. E. an ihr, ob man die Autonomie des Ethischen ernsthaft bejaht oder ob man, weil man um den eigenen Glauben Angst hat, ihr doch bloß verbale, halbherzige Zugeständnisse macht. In der Tat bin ich der Ansicht (und werde sie noch explizieren), daß eine redliche Theologie heute nur noch die Wahl hat, den ersten Weg zu gehen, und daß somit die genannte Frage gestellt werden muß. Zugleich kommt mit ihr zur Entscheidung, ob die Wahrheit des Glaubens nicht nur als sinnvoll für den Menschen, sondern mit Recht auch als ihn *beanspruchend* gelten kann.

Also will ich nun versuchen, in *vier Schritten* zu einer Antwort zu kommen, wobei mir klar ist, ein mit tausend Problemen vermintes Gelände zu betreten, weil ein solcher Versuch nicht nur der theologischen Ethik ins Gehege kommt, sondern sich faktisch auch in die ethischen Grundlagen- und Normbegründungsdiskussionen einmischt, die in der Philosophie geführt werden. Diese Bezüge im einzelnen aufzuzeigen und zu erörtern, ist jetzt natürlich unmöglich. Es soll genügen, vier Sätze aufzustellen und zu kommentieren, mit denen wir, wie ich meine, zu einer Antwort auf die gestellte Frage gelangen können. Da es dabei um Grundnormen ethischen Handelns geht, aber die unbedingte Verbindlichkeit ethischen Sollens nur zu begründen ist, wenn sie auf ein Prinzip zurückgeführt wird, das seinerseits unbedingt ist, und da zudem dieses Prinzip, wenn die Begründung autonom sein soll, im Menschen selber gelegen sein muß, kann unser Ausgangspunkt nur die menschliche Freiheit sein (Durch diesen Rückgang auf die Freiheit, durch den m. E. allein die für die Ethik konstitutive Unterscheidung von Gut und Böse eingeholt und die Frage nach dem Verbindlichkeitsgrund moralischen Sollens geklärt werden kann, unterscheidet sich der folgende Weg auch noch vom transzendentalpragmatischen Ansatz *Karl-Otto Apels*, der zwar als Entwurf einer postkonventionellen Moral und wegen seiner im Rahmen des „linguistic turn" energisch aufrechterhaltenen Letztbegründungsansprüche zu Recht viel Beachtung findet, für die Grundlegung einer Ethik, die diesen Namen verdient, aber dennoch (wie ich meine) nicht ausreicht, weil er sich mit der Identifikation von pragmatisch nicht hintergehbaren Regelbedingungen der Kommunikation begnügt oder es doch beim bloßen Faktum ihrer Anerkennung beläßt[12]). Ich werde deshalb an die Analyse der Freiheit (aus dem 6. Kapitel) erinnern, nun aber so, daß ich mich auf ihren ethischen Ertrag, also die erreichbaren Grundnormen moralischen Handelns, konzentriere und deshalb nochmals den Weg der Selbstverwirklichung der Freiheit verfolge bis zu der Stelle, an der sich unsere gegenwärtige Frage nach dem ethischen Charakter der Sünde entscheiden muß[13]. Denn nun geht es nicht nur darum, welcher In-

---

12 Gegenüber *K.-O. Apel*, Das Apriori der Kommunikationsgemeinschaft und die Grundlagen der Ethik: *ders.*, Transformation der Philosophie. Bd. 2: Das Apriori der Kommunikationsgemeinschaft (stw 165), Frankfurt 1973, 358–435 hat namentlich *H. Krings*, Empirie und Apriori. Zum Verhältnis von Transzendentalphilosophie und Sprachpragmatik: *ders.*, System und Freiheit. Gesammelte Aufsätze, Freiburg/München 1980, 69–98 zu Recht auf der Frage bestanden, wie *unbedingte* Geltung gedacht werden kann. Nach Krings zielt nämlich die Methodenstrategie der Transzendentalpragmatik darauf ab, „das Empirische durch die Einführung des Begriffs der ‚Idealität' zu apriorisieren und das Apriori durch die Methode der Rekonstruktion dessen, was tatsächlich als Geltungsansprüche anerkannt sein muß, zu empirisieren" (75). Um den Kontakt zu den nomologischen Wissenschaften nicht preiszugeben, wird Kants Begriff des „reinen" Apriori vermieden: „Das Apriori ist nicht empiriejenseitig, sondern selber quasi-empirisch. Das hat in praktischer Hinsicht zur Folge, daß einerseits Kants entschiedene Frage nach der Sittlichkeit nicht mehr gestellt wird bzw. gestellt werden kann, daß aber andererseits die Frage[n] nach materialen Regeln der Kommunikation und nach Handlungsnormen gestellt werden bzw. werden können" (77). Sprachpragmatik wäre also, mit einem Ausdruck Schellings, Apriorismus des Empirischen, „da sie zwar eine gewisse Anzahl von Priora, nicht aber ein reines erstes Prius ausmacht. Sie demonstriert quasi aposteriori ihr Apriori" (80). Metafragen wie die, was denn die Bedingung der Möglichkeit von Anerkennung und Geltung überhaupt sei und ob ohne eine transzendentallogisch vorausliegende Anerkennung des Anderen als möglichen Partners einer verständigungsorientierten Sprechsituation die Anerkennung eines bestimmten Geltungsanspruches nicht grundlos wäre, bleiben methodisch ausgeschlossen oder münden im Grenzfall in einen Zirkel ein: „Der Konsens als Ziel ist das Begründende der (zu rekonstruierenden) Bedingungen, und die (als erfüllt unterstellten) Bedingungen sind das Begründende des Konsenses" (86). Gleichwohl ist die Frage zu stellen und auf ihr zu beharren, wie Regeln auch für solche Situationen begründbar seien, die nicht durch die Anerkennung von Regeln schon definiert sind: „Wie kann von Regeln der verständigungsorientierten Argumentation übergegangen werden zu Regeln des guten Handelns?" (89) Denn zu dieser Frage zwingt das Problem der Unterscheidung von Gut und Böse, durch die sich ethisches Handeln allererst konstituiert: „Gefordert ist die Konstruktion der Regel, d. h. die Einsicht in die Genese und Struktur jener fundamentalen Regelhaftigkeit, die bei der Postulierung oder Annahme von Geltungsansprüchen schon vorausgesetzt ist. Warum gilt überhaupt etwas und nicht vielmehr nichts?" (91) Durch diese Frage und den Versuch, sie durch Rückführung auf ein Unbedingtes zu lösen, d. h. die Konstitution von Geltung durch es zu denken, geht Transzendentalphilosophie über die Transzendentalpragmatik hinaus.

13 Für die Konzeption des folgenden Weges mit seinen vier Schritten habe ich – wie

halt die Freiheit wahrhaft erfüllen, d. h. als der ihrem Wesen angemessene, ihrer eigenen Unbedingtheit entsprechende Gehalt gelten kann, sondern überdies um die Einsicht, daß diese angemessene Wahl ihr zugleich auch *geboten* ist – und zwar geboten ebenfalls durch die Unbedingtheit des eigenen Wesens, unter dessen *Anspruch* sie sich erfährt.

Der *erste* Satz lautet: *Freiheit soll sein.* Diese zunächst vielleicht verwunderliche Formulierung bringt doch nur die fundamentale Erfahrung auf den Begriff, daß der Mensch kein Wesen ist, das einfachhin ist (gleichsam schon fertig vorhanden ist), sondern das einzigartige Wesen, das *zu sein hat*[14]. Indem er zum Bewußtsein seiner Freiheit erwacht, sieht er sich in eine ursprüngliche Distanz zu der Wirklichkeit versetzt, in der und als die er bereits existiert. Zu ihr kann er nun aus dieser Distanz in ein freies Verhältnis eintreten, kann auf der Basis der gegebenen Möglichkeiten die konkrete Gestalt seines Lebens entwerfen, eine eigene Identität projektieren und sie wirklich ausbilden – er kann es, aber er muß es auch, wenn seine Freiheit nicht im Haltlosen verschweben und ungenutzt bleiben soll. Aber selbst in diesem Fall würde er wählen. Denn die Unausweichlichkeit, wählen zu müssen, ist die einzige Notwendigkeit, die mit der Freiheit unlösbar verknüpft ist. Insofern ist der Mensch, wie *Sartre* formulierte, tatsächlich zur Freiheit verdammt[15]. Er hat gar nicht die Möglichkeit, sich nicht zu entscheiden, denn das Sich-nicht-Entscheiden wäre nur Ausdruck eines Sich-nicht-entscheiden-Wollens und somit ebenfalls schon eine Entscheidung der Freiheit, auch wenn sie in diesem Fall darauf hinausläuft, auf ihren bewußten Gebrauch zu verzichten und sich vom Zufall abhängig zu machen[16].

Aber betrachten wir noch etwas genauer, was im eben Gesagten beschlossen liegt. Freiheit wird bewußt als ursprüngliche Fähigkeit der Distanzierung und ist darum zu denken als ursprüngliches Sichentschließen, als grenzenloses Sichöffnen und spontanes Sichverhalten – und sie ist mit

---

schon bei der Freiheitsanalyse im 6. Kapitel – die transzendentale Freiheitslehre von *H. Krings* ausgewertet und weitergeführt. Eine knappe Darstellung dieses Weges bietet bereits *Th. Pröpper*, Autonomie und Solidarität. Begründungsprobleme sozialethischer Verpflichtung: *E. Arens* (Hg.), Anerkennung der Anderen. Eine theologische Grunddimension interkultureller Kommunikation (QD 156), Freiburg 1995, 95–112.

14 Ähnlich *F. Böckle*, Fundamentalmoral, München [4]1985, 46f.

15 Vgl. o. Kap. 1 nach Anm. 86.

16 Vgl. dazu die Erörterung der skeptischen, stoischen und ironischen Daseinseinstellung im 1. Kapitel.

alledem unbedingt: durch nichts außer ihr zu erklären. Zugleich aber ist sie (als solche und für sich betrachtet) noch leer, ohne wirklichen Inhalt und insofern das freie Ich, wenn es sich selber erfaßt und seiner selbst sich ausdrücklich bewußt wird, nur erst unbestimmte, abstrakte Identität. Zwar ist es in seiner Freiheit grenzenlos geöffnet, aber vorerst nur mögliche Realität, bloße Bestimmbarkeit also, die freilich die Voraussetzung dafür bildet, sich selbst frei und real bestimmen zu können. Also ist Freiheit (mit einem Wort) als *Fähigkeit der Selbstbestimmung* zu denken; *wirkliche* Selbstbestimmung ist sie erst durch die tatsächliche Affirmation eines Inhalts. In diesem Prozeß ihrer Selbstverwirklichung nun erscheint sie in einer zumindest dreifachen Rolle: Sie ist erstens das durch sich selbst Bestimmbare; sie ist zweitens das (durch die Affirmation eines Inhalts) sich selber Bestimmende; und sie fungiert drittens (oder sollte es doch wenigstens) in ihrer formalen Unbedingtheit als das Kriterium, an dem jede konkrete Gestalt ihrer Verwirklichung zu bemessen ist. Und erst dies Dritte, daß die schon existierende Freiheit in der „absoluten Wahl", wie es *Kierkegaard* nannte, sich zu sich selber entschließt[17] und auf ihr eigenes Wesen als Maßstab ihrer Selbstverwirklichung verpflichtet, garantiert ihre *Autonomie* (sie ist *selbst* ihr Gesetz), es indiziert zugleich aber auch ihre Endlichkeit (sie ist sich, weil in ihrem eigenen Wesen sich schon vorfindend, *Gesetz*) – im Be-

17 Gemeint ist der Akt, der als Wahl der Freiheit der Freiheit der Wahl logisch vorausliegt und allererst den Unterschied von Gut und Böse eröffnet. Vgl. *S. Kierkegaard*, Entweder/Oder II/2 (GTB 603), Gütersloh ^{2}1987, 180: „Mein Entweder/Oder bezeichnet zuallernächst nicht die Wahl zwischen Gut und Böse, es bezeichnet jene Wahl, mit der man Gut und Böse wählt, oder Gut und Böse abtut. Die Frage geht hier darum, unter welchen Bestimmungen man das ganze Dasein betrachten und selber leben will […] Es ist daher nicht so sehr die Rede davon, daß man zwischen dem Wollen des Guten und dem Wollen des Bösen wählt, als vielmehr davon, daß man das Wollen wählt, hiermit aber ist wiederum das Gute und das Böse gesetzt". Nur „indem man unbedingt wählt, kann man das Ethische wählen. Durch die absolute Wahl ist somit das Ethische gesetzt" (a. a. O. 189). Sie vollzieht sich als Selbstwahl – und ihre Absolutheit besteht eben in der Identität des Wählenden und Gewählten. In ihr kommt die Freiheit zu sich, indem sie sich zu sich entschließt; das Ich wählt „sich selbst": „Der Mensch wird nicht ein andrer denn er zuvor gewesen, nein, er wird er selbst; das Bewußtsein schließt sich zum Ringe, und er ist er selbst" (a. a. O. 188). Zu bemerken ist freilich, daß Kierkegaards Beschreibung primär die Konstitution des Ich als Subjekt seines Handelns und der Moralität thematisiert, aber kaum und jedenfalls noch nicht ausdrücklich das Verständnis von Autonomie herausstellt und sich zu eigen macht, das durch den Gedanken der Selbstwahl, sofern sich in ihr die formal unbedingte Freiheit auf sich selbst auch als *Kriterium* ihrer Verwirklichung verpflichtet, doch ebenfalls eröffnet ist.

griff der Auto-nomie sind beide Aspekte vereint. Denn Autonomie besagt eben dies: daß die *Freiheit sich selber Gesetz* ist, als existierende *sich selbst als Aufgabe gegeben*. Wäre menschliche Freiheit nicht nur in formaler, sondern in jeder Hinsicht unbedingt, wäre sie also absolute, vollkommene Freiheit, dann könnte der Mensch ein unbedingtes Sollen gar nicht erfahren, denn dann wäre sie mit ihrem faktischen Dasein auch schon am Ziel. Das Phänomen ursprünglich ethischer Evidenz, also die Erfahrung unbedingter moralischer Verpflichtung, läßt sich m. E. überhaupt nur dadurch erklären, daß dem Menschen als bedingt existierender Freiheit zugleich die Unbedingtheit ihres Wesens bewußt wird und sich dabei die Differenz zwischen der in diesem Wesen gründenden Bestimmung und seiner vorfindlichen Existenz als Anspruch geltend macht, an dem er sein Handeln orientieren soll. Und auf dieselbe Weise ist wohl auch (jedenfalls philosophisch) das Gewissensphänomen zu begreifen: als der an die existierende Freiheit, also den konkreten Menschen (in seinem wissenden Beisichsein) ergehende Anruf der eigenen Wesensbestimmung[18] ... Soviel also zum ersten Satz: Freiheit soll sein. Er benennt noch keine inhaltliche Norm moralischen Handelns, wohl aber das *ethische Grunddatum der Selbstaufgegebenheit der Freiheit* und sichert damit die Autonomie und unbedingte Gültigkeit aller Sätze, die aus diesem Grunddatum sich herleiten lassen.

Im *zweiten* Schritt geht es darum, die oberste *inhaltliche* Norm ethischen Handelns zu finden. Sie ergibt sich durch die Reflexion auf die möglichen Gehalte der Freiheit. Ist Freiheit nämlich, wie wir sahen, bei ihrer realen Selbstbestimmung dem Maßstab des eigenen Wesens verpflichtet, dann kann der Unbedingtheit ihres Sichöffnens letztlich nur ein Inhalt gemäß sein, der sich seinerseits durch formale Unbedingtheit auszeichnet: die andere Freiheit also, die Freiheit der Anderen. Erst im Entschluß für andere

18 Diesem Verständnis kommt *Dietrich Bonhoeffer* nahe, wenn er das Gewissen als den aus der Tiefe der Person „sich zu Gehör bringende[n] Ruf der menschlichen Existenz zur Einheit mit sich selbst" definiert: „Es erscheint als Anklage gegen die verlorene Einheit und als Warnung vor dem sich selbst Verlieren" (Ethik, München 1966, 257). Aber da er mit dieser „formalen Bestimmtheit" ein Verständnis von Autonomie nur im Sinne der Selbstrechtfertigung für erreichbar ansieht, geschieht der Übergang zum Glauben abrupt und ohne Vermittlung: „Die große Veränderung tritt [...] in dem Augenblick ein, in dem die Einheit der menschlichen Existenz nicht mehr in ihrer Autonomie besteht, sondern – durch das Wunder des Glaubens – jenseits des eigenen Ich und seines Gesetzes, in Jesus Christus gefunden wird [...] Jesus Christus ist mein Gewissen geworden" (a. a. O. 258f).

Freiheit wird die Unbedingtheit freier Affirmation angemessen betätigt und realisiert, erst in dieser Äußerung und Selbstbestimmung existiert und vollzieht sich menschliche Freiheit im vollen Sinne *als* Freiheit, während sie im Bereich der bedingten und stets übersteigbaren Objekte einen ebenbürtigen Inhalt nicht finden, sondern sich selbst nur als perennierendes Streben verzehren, sich in die schlechte Unendlichkeit verlaufen und als „nutzlose Leidenschaft" aufreiben könnte. Der *zweite* Satz muß also lauten: *Freiheit soll andere Freiheit unbedingt anerkennen.* Mit diesem Satz haben wir die Einsicht unserer früheren Analyse aufgenommen, daß verschiedene Freiheiten nur im Verhältnis gegenseitiger Anerkennung die ihnen angemessene und sie erfüllende Wirklichkeit finden können. Doch haben wir dieser Einsicht jetzt einen strengeren ethischen Ausdruck gegeben. Die Forderung der *unbedingten* Bejahung anderer Freiheit gilt nämlich keineswegs bloß in den glücklichen Fällen, wo ein Wechselverhältnis gegenseitiger Anerkennung zustande kommt und gelingt. Wollte man solche Gegenseitigkeit, wie es etwa im Rechtsverhältnis geschieht und auf dieser Ebene (wo es nur um das Zusammenbestehen verschiedener Freiheiten in der Wirklichkeit geht) auch durchaus zu Recht gefordert wird – wollte man sie zur Bedingung des eigenen intersubjektiven Verhaltens überhaupt erheben, dann würde der eine womöglich nur ständig auf den anderen warten und so die schöpferische *Konstitution* von Freiheitsverhältnissen bis zum Sankt Nimmerleinstag verschoben. Moralisch gebotene *un*bedingte Anerkennung reicht weiter und sie beginnt bereits früher, denn sie will in *jedem* Fall (also gerade unter Verzicht auf Bedingungen) das Freisein des Anderen und d. h. nun konkret auch das Frei*werden* des Anderen, *aller* Anderen. Der Ernst der ethischen Forderung liegt somit darin, daß die unbedingte Bejahung anderer Freiheit auch dort noch geboten ist, wo sie einseitig und ohne Erwiderung bleibt, und daß sie deshalb den Schmerz möglicher Antwortlosigkeit ebenso einschließt wie die Bereitschaft zu den Risiken und Opfern innovatorischen Handelns. Insofern wäre der aufgestellte Satz noch durch zwei weitere zu erläutern. Der erste könnte lauten: *Begegne jeder möglichen Freiheit (also jedem Menschen) so, daß du sie schon anerkennst und zuvorkommend als wirkliche behandelst.* Und der zweite: *Gib niemals einen Menschen auf und verweigere ihm deine Anerkennung nicht, auch wenn er sie nicht mehr oder noch nicht erwidert oder nicht erwidern kann*[19].

---

19 Die Relevanz beider Imperative liegt auf der Hand, denn beide machen gegenüber einem abstrakten Liberalismus realistisch ernst damit, daß Menschen von Natur aus kei-

Übrigens stimmt unser Grundsatz, der die Freiheit auf die unbedingte Anerkennung jeder anderen (wirklichen und möglichen) Freiheit verpflichtet, präzise mit der Forderung überein, die *Kant* in seiner dritten, also der (von seinen Kritikern oft übersehenen) durchaus schon inhaltlich bestimmten Fassung des kategorischen Imperativs formuliert hat und die eben besagt, daß ein Mensch niemals als Mittel, sondern jederzeit als Zweck an sich selbst zu behandeln sei[20]. Ich denke, daß auch die Universal- bzw. Transzendentalpragmatik von *Habermas* und *Apel* das Prinzip der unbedingten Bejahung anderer Freiheit noch voraussetzt – es jedenfalls dann voraussetzen muß, wenn sie (was ich gegenüber Apel schon geltend gemacht habe) nicht nur Pragmatik, sondern auch Grundlegung ethischer Praxis sein will. *Helmut Peukert* jedenfalls hat den Ansatz von Habermas in diese Richtung weitergetrieben, indem er die freie gegenseitige Anerkennung als normativen Kern jeder Interaktion, ja als „Bedingung der Möglichkeit des Menschseins" identifizierte und dabei gerade auch den Ernstfall innovatorischen Handelns, das Sinn eröffnet, wirkliche Freiheit ermöglicht und im Horizont universaler Solidarität „ein Moment des Unbedingten enthalten kann", hervorhob[21]. Was Peukert in seinem Programm einer „Ethik intersubjektiver Kreativität" (wie er sie nennt) intendiert, ist weit mehr als bloß das gleichgültige Geltenlassen des jeweils Anderen und seiner Rechte. Eine normativ dimensio-

---

neswegs schon frei, wohl aber zur Freiheit bestimmt sind. So verpflichtet der erste auch zu innovativem und advokatorischem Handeln und macht die Anerkennung eines menschlichen Lebens unabhängig von der Bedingung der schon vollzogenen Aktualität seines Selbstbewußtseins und seiner sich selbst bestimmenden Freiheit. Der zweite verlangt, daß ethisches Handeln an der menschlichen Bestimmung zur Freiheit auch noch im äußersten, aussichtslos scheinenden Fall orientiert bleiben muß: zum einen deshalb, weil es sich – wie wir bald sehen werden – gegen die Möglichkeit der Verwirklichung jener Bestimmung jenseits menschlicher Möglichkeiten nicht abschließen darf; zum anderen und grundsätzlich aber, weil die unbedingte Bejahung das unbedingte Seinsollen des Bejahten intendiert und sich damit in Widerspruch zum Gedanken seiner definitiven Vernichtung setzt. Vgl. dazu u. Kap. 8.3 bei Anm. 154–163.

20 *I. Kant*, Grundlegung zur Metaphysik der Sitten, BA 66f: „Handle so, daß du die Menschheit, sowohl in deiner Person, als in der Person eines jeden andern, jederzeit zugleich als Zweck, niemals bloß als Mittel brauchest". Dieser Formel (des Zweckvorzugs vernünftiger Wesen) gehen in Kants Gedankengang die Grundformel des kategorischen Imperativs und dessen in Analogie zum Naturgesetz gebildete Fassung voran (BA 52).

21 Vgl. *H. Peukert*, Wissenschaftstheorie – Handlungstheorie – Fundamentale Theologie. Analysen zu Ansatz und Status theologischer Theoriebildung, Düsseldorf 1976, 250–282 (Zitate 260.273).

nierte humane Interaktion, so Peukert, zielt vielmehr „auf die Genese von Subjekten. Sie ist auch advokatorisch, stellvertretend notwendig, sie versucht denjenigen zum Wort zu verhelfen, die nicht mehr oder noch nicht reden können"[22].

Schließlich ist hier auch der Ort, einem häufig geäußerten Mißtrauen zu begegnen – einem Mißtrauen freilich, das angesichts der Herrschaft der instrumentellen Vernunft, die sich faktisch im Laufe der Neuzeit etablierte[23], nur zu verständlich ist. Es betrifft die ethische Tragfähigkeit des Autonomie- und Freiheitsprinzips und gipfelt zumeist in dem Vorwurf, ein autonomer Ansatz der Ethik müsse notwendig die ursprüngliche Dignität intersubjektiver Verpflichtung verfehlen, da er den Mitmenschen zur Funktion des eigenen Selbstseins degradiere und jedenfalls die Anerkennung des Anderen in seiner Andersheit nicht mehr erreiche. Ein solches Verdikt, meine ich, kann nur äußern, wer das eigentliche Pathos der vorausgegangenen Überlegungen und ihren wesentlichen Ertrag übersieht: ihre Spitze nämlich gegen jeden autarken Individualismus und insbesondere die Einsicht, daß doch gerade die Selbstverpflichtung der Freiheit die Anerkennung des Anderen in der Unbedingtheit seiner Freiheit und somit auch die Freilassung in seine ursprüngliche Andersheit fordert. Wo dies wirklich geschieht, wird von Funktionalisierung wohl kaum noch die Rede sein können. Und radikaler als dadurch, daß man die Differenz des Anderen zum eigenen Subjektsein in der Ursprünglichkeit seiner Freiheit begründet und auf sie sich verpflichtet, kann man doch seine Andersheit gar nicht achten[24], ja nicht einmal denken – es sei

22 *H. Peukert*, Über die Zukunft von Bildung: Frankfurter Hefte, FH-extra 6 (1984) 129–137.134.

23 Vgl. die diesbezüglichen Ausführungen in Kap. 3 („Revision der ‚biblischen Anthropozentrik'?").

24 Ich möchte an dieser Stelle nicht verhehlen, daß ich der (gegenüber dem Subjekt- und Autonomiedenken) oft allzu forcierten Rede von Differenz, Andersheit usw. etwas mißtraue. Könnte es manchmal womöglich nicht eine verbale Ersatzhandlung sein? Denn daß ein Mensch seinen Wunsch nach Identität, Glück und Ganzheit tatsächlich aufgibt, scheint mir weder gefordert noch ehrlich vollziehbar zu sein. Wohl aber muß er mit allen Konsequenzen begreifen, daß er *ohne* die unbedingte und deshalb auch freilassende Anerkennung der anderen gerade *nicht* er selbst werden, seine Identität nicht gewinnen und nicht glücklich sein kann. Was dafür an Einsatz und (richtig verstandener) Selbstverleugnung gelernt und eingeübt werden muß, ist in der Regel nicht wenig und schon schwierig genug. Und natürlich gehört dazu die Bereitschaft, die Einseitigkeit anerkennenden Handelns zu wagen und zu ertragen. Aber wenn diese nicht mehr an einem Gelingen der Gemeinschaft, so unabsehbar es sein mag, orientiert bleibt, könnte sie leicht auch in einen masochistischen Rigorismus abgleiten.

denn, man glaubt sie achten und von ihr reden zu müssen, ohne überhaupt noch etwas Bestimmtes zu denken.

Vermutlich beruhen die Mißverständnisse auch darauf, daß man die Ebenen vermischt oder verwechselt, auf denen die Betrachtung der moralischen Erfahrung sich jeweils bewegt, daß man (präziser gesagt) die transzendentallogische Begründung moralischen Sollens nicht hinreichend von der Beschreibung der tatsächlichen Genese sittlicher Evidenz unterscheidet. Denn allerdings – dies ist einzugestehen, ja zu betonen – wird das aktuelle Bewußtsein unbedingter Verpflichtung faktisch immer durch mitmenschliche Begegnung *vermittelt* und vom Anderen her eröffnet: Im Anblick des Fremden, im Angerufensein meiner Freiheit durch ihn geht ihr die Evidenz des Ethischen auf; und natürlich ist es der Andere *selbst*, der meine Anerkennung beansprucht und ihr realer, direkter Terminus sein wird. Was *Emmanuel Lévinas*, eindringlicher als jeder andere, über die Exteriorität des Anderen in phänomenologischer Perspektive gesagt hat, scheint mir deshalb, als Einweisung in die ethische Erfahrung verstanden, ohne Abstriche gültig: daß der Andere, sein aus der Objektwelt hervortretendes Antlitz mich gleichsam beschlagnahmt, meine Interessen irritiert und meine (alles andere für mich identifizierende) Rückkehr in mich selbst wie auch den Zusammenhang der Welt, die auf mich als entwerfendes und verfügendes Subjekt hin zentriert war, jäh unterbricht; und daß ich diese Beanspruchung wie eine Heimsuchung, ja sogar als „Geiselschaft" erfahre – in einer eigentümlichen Selbstvergessenheit überdies, bei der alle Aufmerksamkeit dem Begegnenden gilt[25]. Und dennoch, meine ich, kommt solche Beanspruchung doch nur dadurch zustande

---

25 Eine Darstellung von Lévinas' Denken, die besonders auch den spezifischen Sinn seiner zentralen Begriffe – Der (oder das) Andere, Anderheit, Differenz und Exteriorität, Identität (das Selbe), Totalität und Unterbrechung, Diachronie, Antlitz, Epiphanie des Anderen, Spur des Anderen, Absolutheit (Jenseits), Transzendenz, Heimsuchung, Unterwerfung und Geiselschaft, Heteronomie und Verantwortlichkeit, Subjekt (sub-iectum, Akkusativ), das Ich als Passivität, Illeität (der Dritte), der (oder das) Unendliche, Idee des Unendlichen – zu erschließen hätte, kann ich hier ebensowenig versuchen wie eine Auseinandersetzung mit ihm. Es muß genügen, einige dafür wichtige Titel zu nennen: *E. Lévinas*, Totalität und Unendlichkeit. Versuche über die Exteriorität, Freiburg/München 1987; *ders.*, Wenn Gott ins Denken einfällt. Diskurse über die Betroffenheit von Transzendenz, Freiburg/München ^{2}1988; *ders.*, Die Spur des Anderen. Untersuchungen zur Phänomenologie und Sozialphilosophie, Freiburg/München ^{3}1992; *ders.*, Jenseits des Seins oder anders als Sein geschieht, Freiburg/München 1992. Zur Lévinas-Rezeption für die katholische Theologie verweise ich summarisch auf die Arbeiten von *Josef Wohl-*

und jedenfalls erst an ihr Ziel, daß ich mich selber zumindest beanspruchen *lasse*; ohne diese Einstimmung, mag sie auch noch so unwillkürlich und unausdrücklich erfolgen, erreichte mein Verhältnis zu ihm doch gar nicht ethische Dignität. Vor allem aber hinterläßt die nur phänomenologische Beschreibung noch ein Desiderat, das dann einen anderen, eben einen transzendentalen Reflexionsgang erfordert. Denn mit ihr ist die unbedingte *Verbindlichkeit* des Anspruchs, den ich vom Anderen her vernehme, ja keineswegs auch schon *einsichtig* geworden. Wie ist sie überhaupt denkbar? Und wie zu begründen? Methodisch sehe ich dafür keinen anderen Weg, als bei der Freiheit desjenigen, der sich beansprucht *erfährt*, einzusetzen (denn sie ist das einzige Unbedingte, dessen er *unmittelbar* gewiß ist und sein kann) und dann eben zu zeigen, daß er gerade darin sich selber entspricht, daß er vom Anderen sich beanspruchen läßt. Nur so, im Ausgang von der selbstverpflichteten Freiheit, läßt sich die geltungstheoretische Aufgabe lösen. Es bringt deshalb für die ethische Grundlagendiskussion überhaupt nichts, den Ansatz der Autonomie als monologischen Subjektivismus zu perhorreszieren und gegen ihn die Prinzipien der Alterität und der Kommunikation auszuspielen. Denn dann wird man sie, wenn dieser angeblich unvermittelbare Gegensatz erst einmal fixiert ist, auch nur noch auf positionelle Weise vertreten und nur auf heteronome Weise noch einklagen können. Allerdings ist, angesichts seiner historischen Pervertierung, auch der Autonomiegedanke nicht mehr ohne kritische Prüfung verwendbar. Aber selbst noch der dringliche Streit darüber, was denn nun zu Recht Autonomie genannt zu werden verdiene, setzt die Anerkennung des (richtig verstandenen) Autonomieprinzips schon voraus. Alles hängt dabei an der Frage, ob die Selbstverpflichtung der Freiheit die Bejahung des Anspruchs, der mir vom Anderen her aufgeht, impliziert oder nicht. Genau das wäre zu zeigen. Und nur ein solcher Ansatz wird auch die Mittel beibringen, die pervertierten Verwirklichungsgestalten der Freiheit, deren erdrückende Folgen wir erleben, begründet kritisieren zu können. Denn einleuchten wird diese Kritik erst dadurch, daß sie eben die Unbedingtheit der Freiheit und damit das Eigenste jedes Menschen als Basis beansprucht, ihn also in sein Wahrheitsgewissen freilässt und auf das hin anspricht, was ihm die unvertretbar eigene, autonome Zustimmung ermöglicht. Die Alternative zu alledem könnte nur sein, die Ethik von

---

muth und *Erwin Dirscherl*, insb. *J. Wohlmuth*, Im Geheimnis einander nahe. Theologische Aufsätze zum Verhältnis von Judentum und Christentum, Paderborn 1996.

der freien Vernunft abzukoppeln und auf die einsichtige Begründung unbedingter Verpflichtung überhaupt zu verzichten.

Ich komme zum nächsten Schritt. Mit unserem Satz, der die unbedingte Anerkennung von Freiheit fordert (und damit aller Menschen, sofern sie wesentlich zur Freiheit bestimmt sind), haben wir die inhaltliche Grundnorm ethischen Handelns formuliert. Allerdings ist sie nun keineswegs etwa als ein Prinzip zu verstehen, aus dem die bestimmteren Normen des Handelns unmittelbar deduziert werden könnten. Wohl aber hat sie als das *oberste Beurteilungskriterium* zu gelten, an dem jede einzelne Norm und der Prozeß der Normfindung selber zu messen und auszurichten sind. Was konkret das Freisein von Menschen fördert oder behindert, hängt immer auch von kontingenten historischen Gegebenheiten ab. Hier hat die sittliche Urteilskraft ihr Betätigungsfeld, das sachgerechte Erkenntnisbemühen, im Zweifels- und Konfliktfall der ethische Diskurs, nicht zuletzt auch die situative Aufmerksamkeit. Bedenkt man nun aber (in Übereinstimmung mit unserer früheren Analyse), daß wirkliche Anerkennung stets die Struktur des *Symbols* hat, die unbedingte Bejahung sich also durch bedingte, endliche Inhalte, Handlungen oder Verhältnisse vermittelt, die das Seinsollen der anderen Freiheit ausdrücken und (wenigstens anfanghaft) auch realisieren, und achtet man ferner darauf, daß zu diesen symbolischen Wirklichkeiten nicht etwa nur die Blumen zum Geburtstag oder der Besuch eines Kranken gehören, sondern ebenso die Ordnungen des Rechts, des Marktes, der Arbeit und überhaupt alle umfassenden Systeme, die für den Bestand der Freiheit grundsätzlich ebenso wesentlich sind, wie sie faktisch die Freiheit von Menschen behindern oder sogar auslöschen können – dann läßt sich doch noch ein *dritter*, wenngleich ebenfalls nur allgemeiner Satz formulieren. Er könnte lauten: *Jede Freiheit trägt Mitverantwortung für die Gestaltung einer Welt, durch deren Verhältnisse die Anerkennung aller Menschen Ausdruck findet und das Seinsollen ihrer Freiheit gefördert wird.*

Erst durch diesen Satz, der die objektiv-institutionelle Vermittlung von Freiheiten in den Blick rückt, wird die Brücke zur gesellschaftlichen Wirklichkeit geschlagen. Wesentlich scheinen mir drei Aspekte. Erstens die prinzipiell *mediale* Auffassung aller Ordnungen und Systeme als objektivierte, strukturierende Gestalten menschlicher Interaktion: als solche sind sie nicht sakrosankt oder gar Selbstzweck, sondern den Kriterien humaner Praxis unterworfen; vor allem sind sie sämtlich historischen Ursprungs und deshalb, trotz ihrer Eigendynamik und Sachzwänge, im Prinzip auch revidierbar. Wichtig ist zweitens das Bewußtsein der unaufhebbaren *Dialektik von Freiheit und System*[26]. Die Wesensbestimmung der Freiheit erschöpft sich nicht in den Ordnungen, in denen sie Bestand hat und mit anderen koexistiert. Nur im Widerspruch zu den Systemen, die sie als Bedingung der eigenen und der gemeinsamen Existenz setzt, kann sie deshalb ihre Unbedingtheit und die Unbedingtheit anderer Freiheit behaupten; dies gilt umso mehr, als die historisch gewordenen Verhältnisse den idealtypischen nicht entsprechen und die Idee der Gerechtigkeit nur verzerrt realisieren; ein System, das den Widerspruch gegen sich ausschließen wollte, wäre daher ebenso inhuman wie eine Freiheit, die sich jeder Einbindung entzöge. Wesentlich ist drittens die *Orientierung* der notwendigen Veränderungen *am unbedingten Seinsollen jeglicher Freiheit.* Eine Wirtschaftsethik z. B., die dieses Kriterium zugunsten systeminterner Funktionalität absorbierte, verdiente nicht mehr ihren Namen. Der Begriff von Anerkennung, den ich starkgemacht habe, hat gerade darum Konsequenzen für das gesellschaftliche Handeln, weil er die Ethik des Rechts konstruktiv auf eine Ethik des Guten bezieht und einen Begriff von Solidarität zur Folge hat, der keinen einschränkenden Bedingungen unterliegt. Anerkennung, sagte ich schon, ist ja mehr als bloß das gleichgültige Geltenlassen des jeweils Anderen und seiner faktisch-legalen Rechte; die korrektive Funktion, die die Solidaritätsidee gegenüber dem klassischen Liberalismus erfüllte[27], bleibt deshalb weiterhin aktuell: aktuell jedenfalls in einer Gesellschaft, in der die subjektive Teilnahmslosigkeit aller gegen alle das Pendant zu ihren objektiven Verbrechen bildet, die sie sich gleichzeitig verschleiert.

Und jetzt der *vierte* Schritt – mit ihm münden unsere Überlegungen zur autonomen Ethik wieder in den Hauptgedankengang dieses Abschnittes ein. Die Frage war ja, ob sich auch noch eine sittliche Verpflichtung des Menschen aufzeigen läßt, die sein *Gottesverhältnis* betrifft. Nun hatten wir in der Freiheitsanalyse allerdings die *Idee* Gottes erreicht. Sie ergab sich angesichts des antinomischen Befundes, daß Menschen, wenn sie sich selbst und andere Freiheit unbedingt und ernsthaft bejahen, etwas intendieren und sogar schon beginnen, was sie dennoch selbst nicht vollenden und einlösen können: das unbedingte Seinsollen der Freiheit, das wir stets eben

26 Vgl. *H. Krings*, System und Freiheit. Beiträge zu einem ungelösten Problem: *ders.*, System und Freiheit (Anm. 12), 15–39.
27 Vgl. *K. Hilpert*, Art. Solidarität: NHThG 5, 68–75.

nur symbolisch, also nur begrenzt und prinzipiell vorläufig ins Werk setzen können. In der Idee Gottes, so sagte ich damals, wird deshalb die Wirklichkeit gedacht, die Menschen voraussetzen müssen, wenn das unbedingte Seinsollen, das sie im Entschluß ihrer Freiheit zu sich selbst für sich und für Andere intendieren, als wirklich begründbar und somit überhaupt als möglich gedacht werden soll. Sind sie also ethisch verpflichtet, Gott zu bejahen? Wohlgemerkt: Freiheit *soll* sein (das war das ethische Ausgangsdatum), die eigene Freiheit und die der Anderen, und zwar soll sie unbedingt sein, dem Maßstab ihres eigenen Wesens entsprechend. Also muß sie, wenn sie überhaupt Freiheit bejaht, doch wohl auch Gott, die vollkommene Freiheit, bejahen. Denn, um es sogleich in der zwingenden Form des logischen Schlusses zu sagen: Wenn einzig Gott das unbedingte Seinsollen zu verbürgen vermag, das die menschliche Freiheit im Akt der Bejahung von Freiheit intendiert, und wenn sie zugleich zu dieser Bejahung ethisch verpflichtet ist, dann würde sie mit der Ablehnung Gottes sich ja in Widerspruch setzen zu dem, was sie selbst will, wenn sie tut, was sie – sich selbst und anderer Freiheit verpflichtet – tun *soll.*

Insofern, scheint es, wäre also die gestellte Frage durchaus zu bejahen. Wenn da nicht bloß noch eine Schwierigkeit wäre. Denn wir sahen bei der Freiheitsanalyse ja auch, daß sie eben nur bis zur *Idee* Gottes gelangt. Und natürlich gilt dasselbe für die ethische Reflexion, sofern sie streng philosophisch bleiben will. Zwar kann sie Gott denken als den, der allein zu vollenden vermag, was zu beginnen in jedem Fall unsere Pflicht ist! Gottes Existenz jedoch und seine Entschiedenheit für uns kann sie ebensowenig garantieren wie den Sinn moralischen Handelns – genauer noch: sie kann das zweite nicht, weil sie das erste nicht kann. Und sie konnte das zweite (den Sinn moralischen Handelns verbürgen) eigentlich auch schon zu dem Zeitpunkt nicht mehr, als sie sich das erste (die Erkenntnis Gottes) nicht mehr zutraute. Das sehen wir heute, wo die traditionellen Sinnreserven allmählich aufgezehrt sind, deutlicher als etwa noch *Kant* und *Fichte*; *Camus* hat es durchreflektiert und seine Ethik als absurde verstanden: als humane Revolte gegen die Absurdität[28]. Es ist ja möglich, daß alle Liebe

28 Vgl. dazu die Ausführungen über Camus in Kap. 1. – Am eindrucksvollsten finde ich Camus' Ethik der Solidarität – eine Ethik aus der Weigerung und dem Unvermögen, „allein glücklich zu sein" (*A. Camus*, Die Pest [rororo 15], Reinbek 1959, 123) – in diesem Roman „Die Pest" dargestellt und dabei im Dialog zwischen dem Arzt Rieux und seinem Freund Tarrou auch das Bewußtsein ihrer Absurdität zur Sprache gebracht: „„Ich weiß

von Menschen nur der Protest ist gegen ein Schicksal, von dem sie dennoch eingeholt wird, und alle Anstrengung um mehr Gerechtigkeit und Humanität nur eine Episode, über die das evolutive oder auch entropische Universum zuletzt ironisch hinweggehen wird. Kann nun aber ethische Reflexion über Gottes Existenz und sein Verhältnis zu uns nichts entscheiden, dann kann sie auch seine Bejahung nicht fordern. Wir können Gott nicht finden, wie wir uns zu Menschen aufmachen. Denn im Verhältnis zwischen Gott und dem Menschen liegt die absolute Initiative bei Gott. Wir können uns zu ihm realiter nur verhalten, wenn er uns schon nahe- und zuvorgekommen *ist*, in welcher Weise seiner Gegenwart auch immer. Von uns aus könnten wir uns nur offenhalten für ihn[29], vielleicht auch ihn suchen – aber wo dies tatsächlich geschieht, vielleicht sogar mit allen Kräften geschieht, war unser Angerufensein durch Gott doch wohl faktisch schon früher, so wie es *Augustinus* bezeugt: „Ich rufe Dich an, mein Gott, [...] ich rufe nach Dir, laß mich nicht ohne Dich, der Du schon gekommen warst, eh ich rief, und wieder und wieder mit Deinen Rufen mich drängtest, daß ich es hören solle von ferne, mich umwenden, rufen nach Dir, der mich rief"[30]. Und ähnlich *Henri de Lubac*: „Zuweilen meinen wir Gott zu suchen. Doch stets ist es Gott, der uns sucht, und oft läßt er sich finden durch einen, der ihn nicht suchte"[31]. Ja, ich denke, im wirklichen Suchen und Verlangen nach Gott hat bereits seine Gnade begonnen (und in *diesem* Sinn, eben des Angerufenseins durch Gott, rechne auch ich mit einem „übernatürlichen Existential") ... Kurz: Die autonome Ethik kann in eigener In-

---

weder, was meiner wartet, noch, was nach all dem kommen wird. Im Augenblick gibt es Kranke, die geheilt werden müssen [...] Ich verteidige sie, so gut ich kann, [...] ich [habe] mich einfach immer noch nicht daran gewöhnt, sterben zu sehen. Mehr weiß ich nicht. Aber schließlich [...] da die Weltordnung durch den Tod bestimmt wird, ist es vielleicht besser für Gott, wenn man nicht an ihn glaubt und dafür mit aller Kraft gegen den Tod ankämpft, ohne die Augen zu dem Himmel zu erheben, wo er schweigt'. ‚Ja', stimmte Tarrou zu, ‚ich verstehe. Nur werden Ihre Siege immer vorläufig bleiben, das ist alles'. Rieux' Gesicht schien sich zu verdüstern. ‚Immer, ich weiß. Das ist kein Grund, den Kampf aufzugeben'. ‚Nein, das ist kein Grund. Aber nun kann ich mir vorstellen, was die Pest für Sie bedeuten muß'. ‚Ja', sagte Rieux, ‚eine endlose Niederlage'. Tarrou schaute den Arzt einen Augenblick fest an, dann stand er auf und ging mit schweren Schritten zur Türe [...] ‚Wer hat Sie das alles gelehrt, Herr Doktor?' Die Antwort kam augenblicklich: ‚Das Elend'."

29 „Daß wir ihn nicht erreichen können, ist unsere Entdeckung", heißt es bei Meister Eckhart. Zitat nach *H. de Lubac*, Über die Wege Gottes, Freiburg 1958, 161.

30 Aug. conf. XIII, 1.

31 *H. de Lubac*, Über die Wege Gottes (Anm. 29), 163.

stanz lediglich noch die hypothetische Aussage aufstellen, es sei menschliche Pflicht, Gott zu bejahen, *wenn* seine Zuwendung tatsächlich geschieht. Allerdings ist auch schon dieses Resultat gar nicht wenig, da es unmittelbar einsichtig macht, daß eine *definitive Verschlossenheit* gegen Gott in jedem Fall der menschlichen Freiheit zuwider und insofern auch ethisch zu verurteilen wäre. Aber auch unsere ursprüngliche Ausgangsfrage findet jetzt eine Antwort. Denn diese Frage lautete ja gar nicht, ob es überhaupt Pflicht sei, Gott zu bejahen, sondern ob die Sünde auch Schuld sei, wobei Sünde, als aktuelles Gottesverhältnis, wenn auch als negativ qualifiziertes, bereits *per definitionem* die Zuwendung Gottes voraussetzt. Im Begriff der Sünde, als Selbstverweigerung gegenüber Gott und seiner Gnade verstanden, wird also die hypothetische Prämisse des eben aufgestellten Satzes schon als gegeben betrachtet. Und insofern können wir nun tatsächlich und ohne weitere Umstände sagen: *Sünde ist Schuld, Schuld auch im ethischen Sinne.* Wenn überhaupt Sünde als aktuelles Gottesverhältnis möglich ist und tatsächlich geschieht, dann ist sie auch Schuld[32].

Ist Schuld auch Sünde? Die Voraussetzung einer wirklichen Abweisung Gottes und der Möglichkeiten seiner Liebe

Ich lasse dieses Ergebnis vorerst einmal stehen, um sogleich unsere *zweite Ausgangsfrage* aufzunehmen, auf die wir nun ebenfalls eine Antwort versuchen können (wobei es aber jetzt nur auf den wesentlichen Punkt ankommen soll). Die Frage lautete: *Ist Schuld, als genuin ethisches Phänomen verstanden, auch Sünde*? Unmittelbar (ich betone: unmittelbar) wird man diese Frage nun allerdings nicht bejahen können – jedenfalls nicht in einem autonomen ethischen Ansatz, weil in ihm Schuld ja als Selbstwiderspruch des Menschen gedacht ist, als Verfehlung der auf sich selber verpflichteten, sich selbst aufgegebenen Freiheit: Schuld als solche ist nicht schon Sünde. Es bleibt also dabei, daß es allein die unverfügbare Zuwendung Gottes ist, was die Möglichkeit

32 Daß damit für den Einzelfall noch gar nichts entschieden ist, brauche ich wohl nicht zu wiederholen. Denn um in jeder Hinsicht von Schuld sprechen zu können, müssen ja auch die Bedingungen der persönlichen Zurechenbarkeit erfüllt und die positive Möglichkeit, glauben zu können, gegeben sein. Beides aber können Menschen niemals von anderen mit Sicherheit wissen. Im gegenwärtigen Zusammenhang ist also der Satz, daß Sünde Schuld sei, nur im Sinn einer prinzipiellen, normativen Aussage gemeint.

der Sünde überhaupt erst eröffnet (wie deutlich diese Zuwendung auch immer geschehen und erfaßt sein mag). Es ist, um *Kierkegaard* zu wiederholen, die Bestimmung „vor Gott", die noch hinzukommen muß, um menschlicher Schuld die spezifische Qualität der Sünde zu verleihen.

Dies ist nun allerdings nicht so zu verstehen, als würden die ethischen Pflichten durch Gottes Zuwendung unmittelbar zu positiv gesetzten göttlichen Geboten, obwohl sie nun durchaus zu Kriterien avancieren, an denen die Humanität des Glaubens sich praktisch zu bewähren hat. Natürlich können wir hier die Probleme einer materialen theologischen Ethik nicht diskutieren; es mag der Hinweis genügen, daß die christliche Ethik sich jedenfalls zu keiner Zeit gescheut hat, die Ergebnisse humaner ethischer Reflexion in sich aufzunehmen: angefangen von den Tugendkatalogen in den neutestamentlichen Briefen bis hin zu den gegenwärtigen Anstrengungen für Gerechtigkeit, Frieden und Bewahrung der Schöpfung. Doch wodurch die Verletzung ethischer Pflichten zur Sünde wird, ist damit keineswegs schon begriffen. Dies wird erst erkennbar und präzise bestimmbar im Blick auf die innere Logik des gläubigen Handelns selbst[33]. Schon für die Weisungen der Thora ist ja zu beachten, daß sie nur richtig verstanden sind, wenn sie vollzogen werden als gleichsam praktische Antwort auf das Handeln des gemeinschaftswilligen und heilschaffenden Gottes, der Israel aus der Knechtschaft herausgeführt hat und ihm als sein Bundesgott zugewandt bleibt. Dasselbe gilt für die Weisungen, die in der Basileia-Verkündigung Jesu enthalten sind. So etwa werden die Spitzenforderungen der Bergpredigt nicht einfach als positives Gesetz ausgesprochen, sondern – und dieser Punkt ist nun entscheidend – als praktische Folge der Verheißung und Selbstzusage Gottes, die ihnen unmittelbar vorausgeht[34]. Was also ethische Schuld zur eigentlichen Sünde qualifiziert, ist im wesentlichen die Weigerung des Menschen, auf diese Zusage zu setzen und aus ihr und den durch sie eröffneten Möglichkeiten sich selbst und sein Handeln zu bestimmen. Gläubige Praxis, so verstehe ich es, ist *darstellendes Handeln*: ein Handeln, durch das die Glaubenden auf symbolische, niemals erschöpfende Weise praktisch bezeugen und dadurch anderen vermitteln, was sie selber empfangen haben und

33 Dazu Näheres in Kap. 16. Vgl. vorerst *Th. Pröpper*, Erlösungsglaube und Freiheitsgeschichte (Anm. 6), 220–224; *ders.*, Evangelium und freie Vernunft. Konturen einer theologischen Hermeneutik, Freiburg 2001, 49–54.258–261.

34 Eine nur imperativische Weiterführung der Verkündigung Jesu würde gerade die durch ihn vermittelte Erfahrung der Befreiung und Erlösung verspielen. Zum Thema vgl. *P. Hoffmann/V. Eid*, Jesus von Nazareth und eine christliche Moral (QD 66), Freiburg 1975.

ständig empfangen und zugleich aufgrund der in Jesu Geschichte schon angebrochenen Verheißung erhoffen. Und nicht materiale Differenzen konstituieren das Spezifikum christlicher Ethik gegenüber der autonomen, sondern daß sie alles ethische Tun in den Horizont dieser im Glauben schon wirksamen Verheißung rückt. Dabei wird weder die autonome Begründung der ethisch geforderten Handlungen abgelöst oder ersetzt (was moralisch geboten war, bleibt auch moralisch geboten), noch wird Gott anstelle des Menschen zu ihrem Subjekt, und auch ihre Symbolstruktur bleibt gewahrt; doch gewinnen diese Handlungen jetzt zusätzlich die Bedeutung und ihr Darstellungs- und Symbolcharakter die weitere Bestimmung, nicht nur Ausdruck und Verwirklichungsgestalt der Anerkennung von Menschen durch Menschen, sondern überdies wirksam bezeugende Zeichen der verheißungsvollen Bejahung zu sein, in der Gott selbst zu erfüllen beginnt, was Menschen von sich aus nur intendieren konnten, nun aber vollmächtig darstellen dürfen: eben Gottes für die Menschen entschiedene Liebe. Zu Recht bezeichnet deshalb *Otto Hermann Pesch* dieses neue Handeln des Glaubens als den „Beginn jenes Heils, das der Glaube verheißt“[35] – ein Gedanke, den auch *Edward Schillebeeckx* ausführt: Christliche Ethik, so Schillebeeckx, ist eine Ethik, die „auf Gottes heilsschöpferischem Handeln beruht, das heißt auf dem Recht Gottes, der Gerechtigkeit unter den Menschen verwirklichen will. Das Leben, als eschatologische Gabe, wird uns als neue Schöpfung geschenkt, und deshalb können wir auch nach den Forderungen des Gottesreiches leben. Das ethische Leben, in seinen mikro- und makro-ethischen Dimensionen, ist der *erkennbare* Lebensinhalt, die historische Manifestation oder das Sichtbarwerden des Nahens des Reiches Gottes“[36]. Es ist also nicht einfach mit der Basileia identisch, wohl aber erfährt das natürliche Ethos durch Gottes zuvorkommendes Handeln in Jesus Christus eine reale Kontextveränderung, die seinen Charakter als nur natürliche Anstrengung des Menschen grundlegend transformiert: „Christliche Ethik ist christologisch und eschatologisch begründet: Dadurch tritt sie in die Perspektive der wirksamen Hoffnung“[37].

Die praktische Relevanz dieser Hoffnung wird man nun freilich umso höher einschätzen, als sie den Menschen gilt, wie sie sich tatsächlich finden

---

35 *O. H. Pesch*, Frei sein aus Gnade. Theologische Anthropologie, Freiburg 1983, 371.
36 *E. Schillebeeckx*, Christus und die Christen. Die Geschichte einer neuen Lebenspraxis, Freiburg 1977, 580.
37 A. a. O. 580f.

(nämlich faktisch immer schon unter der Macht und dem Einfluß der Sünde), während die Unerbittlichkeit ethischen Sollens von dieser faktischen Situation absieht, ja absehen muß und insofern abstrakt bleibt. Wenn wir genauer zusehen, so noch einmal *Schillebeeckx*, dann sehen wir, „daß der Mensch zwar *Möglichkeit*-zum-Guten ist, aber daß der geschichtlich-konkrete Ausgangspunkt eines jeden Ethos [...] *der schon verletzte Mensch ist*: Unordnung, sowohl im eigenen Herzen als auch in der Gesellschaft". Die ethische Aufforderung des Glaubens ist daher „ein *herausforderndes Geschehen*: unsere konkrete Geschichte selbst: Menschen in Not; die Menschheit in Not. Ethisch gut ist infolgedessen – *konkret* – das, was das Böse überwindet; das, was gut-macht, [...] gutmachen im Sinn von Befreiung und Versöhnung"[38]. Kurz: Die wesentliche Bedeutung der theologischen Kategorie Sünde ist konkret darin zu erkennen, daß sie die ethische Verfehlung in einen umfassenden Zusammenhang rückt: nämlich einerseits (um es mit *Jürgen Werbick* zu sagen) „in den Zusammenhang einer umgreifenden, alles durchdringenden Sündenmacht, in die der Mensch immer schon einwilligt und die er immer schon fortzeugt", und andererseits „in den Zusammenhang der in Jesus Christus nahegekommenen und seither im Kommen begriffenen Gottesherrschaft, die in der schöpferischen, gerechtwerdenden Liebe auf die Menschen übergreifen und sie aus der Verstrickung [...] herauslösen will"[39]. Angesichts dieses Angebots, das die reale Möglichkeit neuen Handelns eröffnet, kommt es zur Alternative zwischen Glaube und Sünde: „Was von den Menschen her unmöglich scheint, das ist von Gott her möglich; und die Menschen können an Gottes Möglichkeiten Anteil gewinnen, wenn sie darauf vertrauen, daß die Liebe nicht nur ihr brüchiges, zum Scheitern verurteiltes Beginnen, sondern Gottes Werk ist"[40]. Damit wird der Begriff Sünde, bisher nur als negatives Gottesverhältnis bezeichnet, auch inhaltlich präzisierbar: Er bezeichnet „den Widerspruch zwischen dem gleichgültigen oder kleinmütigen Zurückweichen vor den Zumutungen der Liebe und dem Glauben an den Gott der Liebe, der in der Liebe zu den Menschen kommen will; er meint also [...] das mangelnde Vertrauen auf die Verheißungen der Liebe und damit auf Gott selbst, der für diese Verheißungen einsteht". Also meint der Begriff Sünde „nicht zuletzt dies: die Deutung menschlichen Versagens von den Möglich-

38 A. a. O. 639.
39 *J. Werbick*, Schulderfahrung und Bußsakrament, Mainz 1985, 49.
40 A. a. O. 45.

keiten Gottes her“[41]. Mit diesen Aussagen sind wir am Ziel. Und ich denke, präziser kann man es kaum formulieren: *Sünde ist die Bestimmung und die Deutung ethischer Schuld von den Möglichkeiten Gottes her, sofern wir im Glauben Anteil an ihnen gewinnen könnten.*

2. Plädoyer für einen autonomen Ansatz der Ethik

Zum Abschluß der vorausgegangenen grundlegenden Überlegungen bin ich noch die versprochene Begründung dafür schuldig, warum ich mich überhaupt so ausführlich auf das Verhältnis von Sünde und Schuld, von Glaube und Ethik eingelassen habe und dabei so entschieden für einen autonomen ethischen Ansatz votiere. Eine angemessene Diskussion über das Reizthema Autonomie wäre nun allerdings endlos, ich will mich deshalb in diesem Abschnitt mit drei (in unserem Zusammenhang naheliegenden) Argumenten begnügen. Im nächsten Abschnitt sollen dann noch einige Hinweise folgen, die zwar eher in die umgekehrte Richtung tendieren, mir aber insofern erforderlich scheinen, als sie realistisch doch auch die faktische Angewiesenheit der Ethik (gerade der autonomen) auf die Sinnvorgaben der Religion und des Glaubens in Erinnerung bringen und dabei bisher nur Angedeutetes noch verdeutlichen können.

Härtetest für den theologischen Mitvollzug der anthropologischen Wende des neuzeitlichen Denkens

Zunächst also die Argumente für meine Option, von seiten der Theologie *die Autonomie des Ethischen vorbehaltlos anzuerkennen. Erstens* sollte Klarheit darüber herrschen, daß die Stellung zur Autonomieproblematik geradezu den Testfall dafür bildet, ob man die anthropologische Wende des neuzeitlichen Denkens wirklich bejaht hat und ihren Herausforderungen nicht ausweicht. Die besondere Härte dieses Problems liegt ja darin (und eben dies macht es zum theologischen Testfall), daß sich der Glaube angesichts des Autonomieanspruchs der sittlichen Freiheit nicht bloß (wie es auch sonst der theologische Mitvollzug der anthropologischen Wende verlangt) vor inhaltliche Vermittlungsprobleme gestellt sieht, sondern daß er

41 A. a. O. 45f.

sich grundsätzlicher noch und bis zum Erweis des Gegenteils fast unvermeidlich dem schwersten Verdacht ausgesetzt findet, den man im Namen der Freiheit erheben kann: Ist der Anspruch Gottes an den Menschen, der in der Einladung seiner Liebe impliziert ist und den der Glaubende nicht nur vor sich selbst nicht verleugnen, sondern doch auch seinen Zeitgenossen gegenüber nicht einfach kleinlaut oder gefällig unterschlagen kann – ist dieser Anspruch nicht blanke Heteronomie? Läßt seine Verbindlichkeit sich gegenüber den Ansprüchen der Freiheit überhaupt noch vertreten? Wohlgemerkt: Ich rede nicht von einer willkürlichen, gänzlich bindungslosen Freiheit jenseits von Gut und Böse, sondern von eben der Freiheit, der sich ein Mensch in seinem Handeln verpflichtet weiß, also seine Zuständigkeit für die inhaltliche Erkenntnis des sittlich Gebotenen ergriffen und in sich selbst auch den Verbindlichkeitsgrund ethischen Sollens entdeckt hat. Unter dieser Voraussetzung aber wird die Berufung auf den Willen Gottes in ethischen Fragen nicht nur entbehrlich, sondern der Verpflichtungsanspruch des göttlichen Willens seinerseits begründungsbedürftig und damit die Aufgabe dringlich, angesichts des prinzipiellen Heteronomieverdachts die Anerkennung des die Menschen beanspruchenden Gottes selbst noch als sittlich verbindliche auszuweisen.

Daß diese geltungstheoretische Zuspitzung des Problems theologischerseits durchweg wahrgenommen und angemessen erörtert würde, wird man wohl schwerlich behaupten können. Häufig begnügt man sich damit, an *Thomas von Aquin* anzuknüpfen, seine schöpfungstheologisch fundierte Konzeption von der relativen Eigenständigkeit der Welt zu aktualisieren und dann mit dem Hinweis auf die Eigengesetzlichkeit der Welt und die auf sie verpflichtete Gestaltungsfreiheit des Menschen die Autonomiefrage schon für abgegolten zu halten. So etwa stellte die bahnbrechende und als befreiend empfundene „Autonome Moral" von *Alfons Auer*, obwohl sie bei ihrem Erscheinen (1971) für heftige Aufregung sorgte, doch eigentlich nur den überfälligen und sachlich eher harmlosen Versuch dar, gegenüber dem damals noch geläufigen moraltheologischen Positivismus die der Welt selbst eingestiftete Rationalität für die materiale Normfindung zur Geltung zu bringen und dann „die Einsichten in die[se] Wirklichkeit unter dem Aspekt ihrer Verbindlichkeit" zu artikulieren[42]; für die Geltungs- und Sollensproblematik genügte Auer dabei noch der Hinweis, daß der Mensch „die Tendenz der Welt auf ihre je bessere Verwirklichung

42 *A. Auer*, Autonome Moral und christlicher Glaube, Düsseldorf 1971, 160.

hin in seinem Bewußtsein als unausweichliche Verbindlichkeit" erfahre[43]. Und was die ebenfalls sehr einflußreiche Position von *Franz Böckle* angeht, so läßt er sich in seiner „Fundamentalmoral" (1977) zwar ein gutes Stück weit auf das Freiheitsdenken ein, bricht aber dann der entscheidenden Herausforderung doch lieber die Spitze ab, indem er den Gedanken, „daß ein bedingtes Subjekt durch sich selbst oder durch andere bedingte Subjekte unbedingt beansprucht wird", schlicht als „Widerspruch" beurteilt, die Notwendigkeit einer „theonomen Legitimation des sittlichen Anspruchs" somit schon als erwiesen betrachtet[44] und sich deshalb befugt sieht, diesen „unbedingte[n] Anspruch, den der Mensch in seiner Freiheit erfährt", unverzüglich „aus der Beanspruchung des kontingenten Menschen durch den absoluten Gott" herzuleiten[45]. Was Böckle an den Reflexionen der neuzeitlichen Philosophie interessiert, ist deshalb primär, daß „gerade das immer neue und vertiefte Durchdenken der Subjektivität [...] zu einer vertieften Einsicht in ihre Endlichkeit" führt[46] – ein Befund, den er dann ohne Zögern für eine schöpfungstheologische Auswertung beansprucht, die den „unbedingten Sollensanspruch" und die „Abhängigkeit eines personalfreien Selbst" ausdrücklich konfundiert: „Das Dasein unter dem Sollensanspruch erweist sich theologisch als die notwendige Verfassung des Menschen, der sich nicht sich selbst verdankt, sondern sich als Kreatur konstituiert weiß"[47]. Zugleich stellt er gegenüber dem naheliegenden „Heteronomieverdacht" klar, daß eine solche „Unterstellung des Menschen unter den transzendenten Anspruch Gottes des Menschen gesetzgeberische Autonomie nicht aufhebt, sondern entsprechend der Schöpfungsrelation transzendental trägt"[48], und erläutert dies an der „Grundlegung sittlicher Autonomie" im Gesetzestraktat der Summa Theologiae des *Thomas von Aquin*, dergemäß die ratio als ordnende Instanz „das Handeln auf das Ziel (als sein erstes Prinzip) hinlenkt" und menschliches Handeln „nur durch diese seine Vernunftbestimmtheit menschlich" und „sich-selbst-bestimmendes Handeln [ist], weil es sich selbst zum Ziel bestimmt, ja selbst das Ziel setzt", wobei das „letzte, das umfassende Ziel [...] allerdings nicht zur Disposition" steht, wohl aber die aktiv-schöpferische, das Handeln selbst

43 A. a. O. 36.
44 *F. Böckle*, Fundamentalmoral (Anm. 14), 91.
45 A. a. O. 85.
46 A. a. O. 74.
47 A. a. O. 84.
48 A. a. O. 86.

organisierende menschliche ratio – natürlich immer im Rahmen ihrer grundlegenden „Ausrichtung auf das Gute schlechthin“ – „zur regula et mensura der menschlichen Handlungen“ wird und darin sogar „in ebenbildlich-abbildhafter Weise an der göttlichen ratio“ partizipiert[49]. Keineswegs also werde durch die „spekulative Rückführung“ der wertenden Vernunft auf ihren transzendenten Grund ihre Struktur selber verändert, vielmehr bekomme „der Anspruch zur vernünftigen Selbstverwirklichung durch die Begründung in der lex aeterna [erst] einen unbedingten Charakter […] Der Sollensanspruch wird als totale Abhängigkeit (Geschöpflichkeit) in der Unabhängigkeit der Selbstbestimmung (Personalität) verstanden“[50]. „Wir brauchen Gott nicht“, erklärt Böckle, „um Erlaubnisse oder Verbote zu geben; aber wir sind überzeugt, daß erst die Anerkennung der Schöpfung und das Wissen um unsere Geschöpflichkeit die Pflicht zum vernunftmäßigen Vollzug der Freiheit begründet“[51]. Eine vermittels des Schöpfungsglaubens theonom legitimierte Autonomie also – und diese verstanden als Befähigung zur Selbstorganisation des Handelns in der Ausrichtung auf das feststehende Ziel. Aber so einfach, denke ich, kommt man an Kant nicht vorbei und zu Thomas zurück. Möglicherweise hat dies *Karl Rahner* schon in „Hörer des Wortes“ doch klarer empfunden, denn die Zielsetzung dieses Frühwerks bestand ja erklärtermaßen darin, nicht nur das Hörenkönnen, sondern auch das Hören*müssen* des Men-

49 A. a. O. 87–90.
50 A. a. O. 91.
51 A. a. O. 20. – Diese Zielrichtung seiner Ausführungen spricht Böckle schon einleitend aus: „Es ist für eine theologische Ethik eine bare Selbstverständlichkeit, daß sie den letzten Grund sittlicher Verpflichtung des Menschen in einer radikalen Beanspruchung des Menschen durch Gott sieht“ (a. a. O. 19). In dieselbe Richtung weist das abschließende Urteil über Kant: „Nach dem *Grund des Sollenscharakters noumenalen Seins* für den Menschen befragt, vermag Kant keine metaphysisch zureichende Antwort zu geben“ (a. a. O. 55). Eine nochmalige Darstellung seiner Position bietet *F. Böckle*, Werte und Normbegründung: CGG 12, 37–89, bes. 54–57. Die entscheidenden Sätze lauten: Theologische Ethik „nimmt ihren Ausgangspunkt vom Schöpfungsglauben und zeigt, wie die philosophische Einsicht vom Nicht-in-sich-selbst-Haben des umfassenden Sinns durch das Verständnis des Menschen als Kreatur positiv gedeutet werden kann. Diese Deutung weist auf, daß eine theonome Letztbegründung des Sollens sittliche Autonomie als menschliche Eigenverantwortung für die Ausgestaltung und Begründung von Normen nicht aufhebt, sondern geradezu herausfordert […] Im Verständnis des Schöpfungsglaubens ist der unbedingte Sollensanspruch nichts anderes als die Abhängigkeit eines personalfreien Selbst, das in dieser seiner Freiheit total beansprucht ist, über sich in Freiheit zu verfügen“ (54).

schen auf eine mögliche Offenbarung Gottes in der Geschichte zu zeigen – und zwar (hier zeigte sich der konsequente Mitvollzug der anthropologischen Wende) dieses Hörenmüssen schon allein philosophisch als eine Verpflichtung zu erschließen, die an den Menschen aus dem eigenen Wesen ergeht[52]. Auch wenn Rahners Lösung im einzelnen nicht überzeugt und namentlich (wie wir sahen) die Brisanz der Freiheitsthematik noch unterschätzte – er war doch auf den Kern des Problems direkt zugegangen.

Differenzierter und über Auer und Böckle hinausweisend scheint mir die Exposition des Problems bei *Dietmar Mieth*, der in seinem Autonomie-Artikel (1991) – da Autonomie „im Sinne des Dialogs mit den irdischen Wirklichkeiten ein noch unpräziser Begriff" sei – *Kants* Verständnis von Autonomie „im Sinne der Identität von Freiheit und Norm" ausdrücklich aufnimmt[53] und eine weiterführende Unterscheidung und Zuordnung von autonomer Ethik und Praxis des Glaubens bietet, dergemäß die letzte die selbständigen Einsichten der ersten in den eigenen Sinnhorizont integriert. Gleichwohl scheint auch für Mieth weniger die eigentlich geltungstheoretische Frage nach der Begründung unbedingten Sollens als vielmehr das Interesse an der „methodisch richtigen Erkenntnis" der sittlichen Vernunft im Mittelpunkt zu stehen[54]. Allerdings verweist er darauf, daß nach der Aufklärung im nun primär auf den Bereich des Sollens bezogenen Autonomiebegriff „die Eigengesetzlichkeit von Sachbereichen zur ‚Selbstgesetzlichkeit' der menschlichen Person hin überschritten wird", daß die „spezifische Gesetzlichkeit des Sollens und die spezifische Erkenntnismethode der Ethik" an die „Erfahrung der Verantwortung" als den „Grund der Ethik" gebunden sind[55] und man deshalb – wie er in der Neuauflage des Artikels (2005) hinzufügt – „beim autonomen Subjekt von der Fähigkeit zur freien ‚Selbstverpflichtung' sprechen" kann[56]. Dementsprechend wird das Grundwort Autonomie formal als „methodische Selbständigkeit der sittlichen Vernunft" und material als „Selbstzwecklichkeit der menschlichen Person" und somit als „Übereinstimmung der beiden Prinzipien ‚secundum rationem agere' und ‚secundum personam agere'" definiert und dabei der Aspekt der „Selbstverpflichtung" nachdrücklich mit dem der

---

52 Vgl. *K. Rahner*, Hörer des Wortes. Zur Grundlegung einer Religionsphilosophie, München ^{2}1963, 28f u. ö.

53 *D. Mieth*, Art. Autonomie: NHThG 1, 139–148, 144.

54 Vgl. a. a. O. 145.

55 A. a. O. 143.

56 *D. Mieth*, Art. Autonomie: NHThG (Neuausgabe 2005) 1, 139–147, 143.

„Gemeinschaft aller Rechte" verbunden[57]. Daß Mieth mit diesen Ausagen nicht nur auf die methodische Selbständigkeit sittlicher Erkenntnis, sondern auch eine autonome Begründung des *Sollensanspruchs* der gefundenen Normen zielt, scheint mir gut denkbar, aber nicht sicher.

Eindeutig vollzogen ist dieser Schritt jedoch von einigen jüngeren Theologinnen und Theologen. So von *Maureen Junker-Kenny*, die bei ihrem Versuch, im kritischen Dialog mit *Jürgen Habermas'* „Argumentationsethik" und ihren Rezipienten einen für verschiedene theologische Disziplinen grundlegenden Begriff christlicher Praxis zu entwickeln, u. a. eingehend die problemverkürzenden Folgen der Ersetzung des Bewußtseins- und Subjektivitätsparadigmas durch das Sprach- und Intersubjektivitätsparadigma sowie der mangelnden Unterscheidung der „Ebenen von empirischer und transzendentaler Analyse" bei Habermas beleuchtet[58] und dann ihm, aber auch der Theologie gegenüber darauf insistiert, daß eine „Ethik wechselseitiger Anerkennung [...] durch ein nur transzendental zu erschließendes unbedingtes Sollen zu begründen" und „in der Instanz autonomer Vernunft" für dessen Geltungsanspruch „eben die Freiheit als unbedingte Bedingung" zu eruieren sei[59]. Desgleichen von *Stephan Goertz*, der in einer moraltheologischen Studie mit Bezug auf die Soziologie *Franz-Xaver Kaufmanns* „Interdisziplinarität und Modernisierung als Provokationen theologischer Ethik" behandelt, in ihrem konstruktiven Teil für die Bestimmung des *subjectum morale* auch das Freiheitsdenken – sofern es im Begriff der transzendentalen Freiheit die Gedanken der Willensfreiheit und Selbstgesetzlichkeit zusammenhält – heranzieht, dabei klar seine Valenz für den Ansatz einer (auch in geltungstheoretischer Hinsicht) autonomen Moral registriert und es im weiteren auf seine interdisziplinäre Anschlußfähigkeit und besonders die Frage hin untersucht, ob es „der Soziologie eine bestimmte Funktion inner-

57 A. a. O. 146f. – Daß Mieth hier das „secundum personam" noch eigens durch den „Kontext des christlichen, des relationalen Menschenbildes und Personbegriffes" bestimmt (147), scheint es von diesem abhängig zu machen, während in einem konsequent autonomen Ansatz, der durch das Prinzip Freiheit sowohl die oberste sittliche Norm als auch ihren Verpflichtungscharakter begründet, der Übergang vom Gedanken der Selbstverpflichtung zu den Einsichten der Selbstzwecklichkeit und Relationalität der Person wie auch der Gemeinschaft aller Rechte schon gewährleistet wäre.

58 Vgl. *M. Junker-Kenny*, Argumentationsethik und christliches Handeln. Eine praktisch-theologische Auseinandersetzung mit Jürgen Habermas, Stuttgart 1998, bes. 69–150.

59 A. a. O. 153f.125f.

halb einer auf dem Freiheitsbegriff basierenden theologischen Ethik zuweisen kann"[60]. *Christoph Hübenthal* schließlich hat sogar den Versuch einer *Grundlegung* der christlichen Sozialethik vorgelegt, die das Begründungsdefizit, das sich nach der Abkehr „von einer bloß systematisch-naturrechtlichen Reformulierung der kirchlichen Sozialdoktrin" auftat, als Herausforderung annimmt, sich bewußt in der Tradition *Kants* positioniert und namentlich das transzendentale Freiheitsdenken als Basis – insbesondere für die Verhältnisbestimmung von Ethik und Theologie sowie den Übergang von der theologischen Ethik überhaupt zur Sozialethik – kreativ nutzt[61]. Eingehend wird hier *philosophisch* gezeigt, wie „die Moral des autonomen Freiheitsvollzugs auf *letztgültigen Sinn* verweist", und damit in eins die Möglichkeit eröffnet, die *theologische* Ethik hinsichtlich ihres spezifischen *Guten* als eine *„strebensethische Disziplin"* zu verstehen, die wissenschaftlich reflektierte Anleitungen formuliert, wie Christen ihre aus der unwiderruflichen Zusage letztgültigen Sinnes im Jesusgeschehen gewonnene Identität ausbilden und der „symbolisch [...] vermittelten Sinngewißheit praktisch Ausdruck verleihen können", während sie unter *„sollensethischen Gesichtspunkten"* als *philosophische* Disziplin zu betreiben bleibt, „die einerseits über die Moralität der Glaubenspraxis auf allen Ebenen wachen muss, andererseits aber auch für andere Praxisbereiche und Institutionen normative Orientierungen zu bedenken hat"[62]. Zugleich rückt mit dem freiheitstheoretischen Begriff des *Symbols* – primär als „Handlung, die Freiheit und Materialität in sich vereinigt", verstanden und dann auch auf „komplexe, insbesondere institutionelle Handlungsformen" bezogen – die *„sichtbare Außenseite* der Moralität" und mit ihr die Sphäre des Rechts und der objektiven Gerechtigkeit in den Blick, die das Objekt der Sozialethik bildet[63]. Wie Hübenthal dann – weil die symbolische Anerkennung anderer Freiheit sich in Handlungen, die stets das *Handlungsvermögen* des anderen fördern und schützen, verwirklicht – von der Begründung des moralischen Rechts aller Subjekte auf solche ihrem Handlungsvermögen dienenden Handlungen der anderen zu den sozialethischen Fragen ihrer institutionellen Sicherstellung

60 Vgl. *S. Goertz*, Moraltheologie unter Modernisierungsdruck. Interdisziplinarität und Modernisierung als Provokation theologischer Ethik. Im Dialog mit der Soziologie Franz-Xaver Kaufmanns, München 1999, bes. 201–218 (Zitat 210).

61 Vgl. *Ch. Hübenthal*, Grundlegung der christlichen Sozialethik. Versuch eines freiheitsanalytisch-handlungsreflexiven Ansatzes, Münster 2006 (Zitat 5).

62 A. a. O. 204f.

63 A. a. O. 207f.

und Förderung sowie zur „Ausarbeitung einer vernünftig begründeten Gerechtigkeitsvorstellung“ als dabei leitendem Kriterium gelangt und endlich noch die „Skizze einer sozialen Grundordnung“ entwirft[64], will ich jetzt nicht mehr verfolgen. Wesentlich für uns ist jedoch, daß es gerade der auch in geltungstheoretischer Hinsicht *autonome* Ansatz ist, der nicht nur den kategorischen Sollensanspruch auch der sozialethischen Einsichten auszuweisen erlaubt und ihre moralische Dignität überhaupt erst verbürgt, sondern zuvor schon innerhalb der einen theologischen Ethik die differenzierte Zuordnung von philosophisch argumentierender Sollensethik und im Glauben begründeter Strebensethik ermöglicht. Denn er basiert ja auf einem „Verständnis der Person [...], das diese zugleich als autonomen Träger moralischer Verantwortung und als alleinige Quelle der Verpflichtung für andere“ sowie auf universal gültige „moralische Inhalte“ betrachtet, aber auch ihre „Verweisrelation auf letztgültigen Sinn“ freilegt und mit beidem den „Begründungserfordernissen des neuzeitlichen Denkens“ entspricht[65].

Indessen bin ich nicht sicher, wie weit Positionen wie die drei eben skizzierten überhaupt die moraltheologische Szene repräsentieren. Zwar ist, soweit ich sehe, die Idee einer autonomen Moral auf breiter Linie rezipiert und wird von vielen inzwischen fast selbstverständlich vertreten – vertreten jedoch oft nur in dem schon von Auer und Böckle anvisierten und sich gut in die Tradition der katholischen Moraltheologie einfügenden Sinne, daß für die sittliche Erkenntnis eben die praktische Vernunft zuständig ist. Oder es werden – unter dem Druck der anstehenden materialethischen, insbesondere der bioethischen Fragen sowie des insgesamt steigenden Ethikbedarfs unserer Gesellschaft – in den einschlägigen Diskursen zwar unbedingte moralische Geltungen (etwa für die Selbstzwecklichkeit der Person) beansprucht und ihre konkrete Bedeutung entschieden entfaltet, aber das Autonomie-Thema selbst kaum mehr forciert und nicht geltungstheoretisch verschärft[66].

Aufschlußreich für gegenwärtig in die nur noch schwer überschaubare Moraltheologie eindringende oder zurückkehrende Tendenzen ist vielleicht auch *Eberhard Schockenhoffs* Aufsatz „Die Moraltheologie zwischen

64 A. a. O. 209.283.350.
65 A. a. O. 363.370.
66 Vermutlich wurde diese Entwicklung auch von der Enzyklika *Veritatis splendor* (6.8.1993) beeinflußt (vgl. Nr. 28–46).

Glaubensethik und autonomer Moral", der schon im Untertitel seine Entschlossenheit bekundet, „Wege zur Überwindung einer falsch gestellten Alternative" zu weisen[67] und die Aporie, „in der Glaubensethik und autonome Moral [...] wie unversöhnliche Widersprüche gefangen erscheinen", durch den Versuch aufzulösen, „die Grundanliegen beider Seiten aufzugreifen und miteinander zu versöhnen" (122f). Markant wird als „unverzichtbares Wahrheitsmoment eines autonomen Begründungsansatzes" der „eigenständige Geltungsstatus moralischer Urteile" benannt und betont, „dass dem Gottesgedanken keine *konstitutive* Bedeutung für die Erkenntnis sittlicher Normen und die Begründungsaufgaben einer normativen Ethik zukommt" (123): „Die praktische Vernunft ist das vollständige und ausschließliche *principium diiudicationis* der Moral". Zugleich aber wird – mit Berufung auf den hermeneutischen Einfluß, den die „lebensgeschichtliche Situiertheit" und ein entsprechendes „sittliches Vorverständnis [...] in Form von anthropologischen Basisannahmen" auf die Tätigkeit der praktischen Vernunft (namentlich in der jüdisch-christlichen Ethik mit ihrer „innere[n] Einheit von Glaube und Leben, Erkenntnis und Handeln" und ihrem komplementären Gebrauch der Begriffe Wahrheit und Liebe) ausüben – vor dem „Missverständnis" gewarnt, „als könne die Moral als eine in sich geschlossene Größe konzipiert werden", die dann zu ihren „wechselnden weltanschaulichen oder religiösen Kontexten [...] in ein sekundäres, nur äußerliches Verhältnis tritt" (124f). Also ist die erste These – „Jede christliche Ethik ist in einem bestimmten Sinn autonome Moral" – sogleich „durch die komplementäre, nur scheinbar paradoxe Aussage [zu] ergänzen: Jede christliche Ethik ist Glaubensethik, oder sie ist nicht christliche Ethik" (128). Da Schockenhoff nun einen Ausgleich durch Ermäßigung der Ansprüche der einen oder der anderen Seite als unbefriedigend ablehnt und dies nicht nur „in materialer Hinsicht" oder im Sinne einer Kompetenzaufteilung für die „materiale Erkenntnisseite" einerseits und

67 *E. Schockenhoff*, Die Moraltheologie zwischen Glaubensethik und autonomer Moral. Wege zur Überwindung einer falsch gestellten Alternative: L'antropologia della teologia morale secondo l'enciclica „Veritatis Splendor". Atti del Simposio promosso dalla Congregazione per la Dottrina della Fede, Città del Vaticano 2006, 120–143, 120. Im folgenden beziehe ich mich allein auf diesen Aufsatz (Zitatbelege im Text). Zu vergleichen wären *E. Schockenhoff*, Theologie der Freiheit, Freiburg 2007; *ders.*, Grundlegung der Ethik. Ein theologischer Entwurf, Freiburg 2007. Beide Arbeiten konnte ich nur noch flüchtig zur Kenntnis nehmen, ohne jedoch auf etwas dem genannten Aufsatz Widersprechendes zu stoßen.

ihre „motivationale Verstärkung“ andererseits meint, sondern auch die Auffassung, wonach „die autonom erkannte sittliche Forderung ihre ‚letzte‘ Verbindlichkeit erst aus dem Glauben“ erhalte, als „logischen Zirkelschluss“, der die Gehorsamspflicht gegenüber Gott schon voraussetzt, unmißverständlich zurückweist und daher „beide Seiten so stark wie möglich gemacht“ sehen möchte, zieht er als Basis für eine Lösung den *Partizipationsgedanken* heran (129ff): Wird nämlich die Tätigkeit der praktischen Vernunft nach Joh 1,9 als „Teilhabe an jenem wahren Licht verstanden, das in die Welt kam, um jeden Menschen zu erleuchten“, dann ist der Gegensatz von Theonomie und Autonomie bereits überwunden und die Möglichkeit eröffnet, die Zuordnung des autonomen Prinzipien- und Handlungswissens zur offenbarungsbegründeten Erkenntnis als Offenheit des ersten zur Aufnahme und überbietenden Vollendung durch die zweite zu begreifen – so wie es Schockenhoff dann an der aufgrund der „gemeinsamen Leitfrage nach dem Glück“ möglichen Rezeption der aristotelischen Tugendlehre durch *Thomas v. A.* und ähnlich an seinem Rückgriff auf *Aristoteles*’ Freundschaftskonzeption zur Deutung der Liebe und des christlichen Handelns als Gottesgemeinschaft auch eingehend vorführt (132f 135f). Dabei sieht er natürlich, daß heute weder „eine ontologische Rückführung der Geltung autonomer Vernunfterkenntnis in ihren göttlichen Grund“ vermittels des Partizipationsgedankens plausibel (132) noch für die Argumentationsfigur der „überbietenden Erfüllung“ ein dem aristotelischen Denken vergleichbarer Anknüpfungspunkt abrufbar ist (138). Aber statt nun nach einer verbindlichen Neubestimmung der gemeinsamen menschlichen Basis zu suchen und die dafür unverzichtbare philosophische Kriteriologie zu erstellen, beschränkt Schockenhoff den Anteil der Moraltheologie am ethischen Diskurs der Gesellschaft darauf, zum einen „nach dem konsensfähigen Minimum an ethischen Werteinsichten und normativen Forderungen zu forschen“, wie sie sich in den menschenrechtlichen Grundforderungen und entsprechenden Rechtsordnungen, ohne die „eine eigenverantwortliche Lebensführung gemäß den unterschiedlichen Konzeptionen des guten Lebens“ gar nicht möglich wäre, konkretisieren, und zum anderen – in kommunitaristischer Terminologie ausgedrückt – „die ‚starken‘ Anschauungsformen des Guten zu artikulieren, die auf dem Boden des Evangeliums erwachsen und der Lebensführung der Christen ein umfassendes Ziel vor Augen stellen“, und dabei die der Sinnvorgabe des Glaubens gemäße „Begründungslogik“ zu entfalten (138ff). Diese aber sei „im formalen Aufriss einer Güter- und Tugendethik“

angemessener zu explizieren als „im Rahmen einer auf den Normbegriff fixierten Argumentationsweise“, bei der die „Eigendynamik des Glaubens [...] vom Zentrum in die Randzonen sittlicher Praxis abgedrängt“ werde. Deshalb auch müsse die „Hauptkritik [...] am Ansatz einer autonomen Moral“ sich eben darauf richten, daß sie ihr berechtigtes „Bestreben, die menschliche Vernunft so stark wie möglich zu machen“, innerhalb der „Engführungen einer normativen Ethik“ verfolge (140f). Was Schockenhoff im weiteren – mit gut kommunitaristischer Berufung auf die „geschichtlich situierte Vernunft“ und nicht ohne Polemik gegen die angeblich „individualistischen Ethikansätze kantischen Typs“ und die „monologische Reflexion“ des „einsamen Ich“ – über das „strukturelle Eigenprofil“ christlicher Ethik und das „gemeinsame Eintreten in die Lebensform Jesu“ noch ausführt (141ff), kann ich als Beschreibung der im Glauben begründeten und ihn bezeugenden Praxis wohl akzeptieren – und hätte doch gern noch gewußt, ob und wie (bzw. wie weit) die Ansprüche der christlichen Ethik denn überhaupt noch zu universalisieren und zuvor schon die doch für alle (unbedingt) normativen „Mindeststandards“ eigentlich in der Instanz der autonomen Vernunft ausweisbar seien und wie es dabei um unser Leitproblem stehe, das ja auch Schockenhoff eingangs gestreift hat.

Dieses Problem aber lautet, spätestens seit *Kant*: Läßt sich, wenn auch der Verbindlichkeitsgrund moralischen Sollens im Menschen selbst liegt, der Anspruch Gottes an ihn, der in der Einladung des Evangeliums impliziert ist, noch als ethische Verpflichtung begründen? Durch die bloße Berufung auf das im Glauben sinnvollere Leben ist diese Begründung jedenfalls nicht zu leisten. Und erst recht nicht mehr mit dem unmittelbaren Rekurs auf eine Gehorsamspflicht, die schon im Geschöpfsein des Menschen beschlossen sein soll. Denn abgesehen davon, daß diese angesichts der philosophischen Problemlage bezüglich der Gotteserkenntnis unausgewiesen bleiben müßte, hätte der so motivierte Gehorsam auch kaum schon ethische Dignität: Ein Gott, der nur durch seine überlegene Schöpfermacht zu beeindrucken wüßte, käme für die autonome Freiheit zu spät. Es mag ja klug sein, sich dem Mächtigeren zu fügen – aber ist es darum auch schon moralisch? Und es mag auch von Dankbarkeit zeugen – ab ist es darum schon Pflicht? „Ich *bin* meine Freiheit“, erwidert *Sartres* Orest dem Höchsten der Götter, der ihn mit großem Aufwand einzuschüchtern versucht, „dein ganzes Weltall genügt nicht, um mir Unrecht zu geben“[68]. Allerdings

68 *J.P. Sartre*, Die Fliegen: *ders.*, Dramen, Reinbek 1961, 7–65, 60.

wäre (wie ich schon in der Einleitung sagte) gegenüber der Position Sartres selbst, der im Namen der Freiheit jede vorgegebene Verbindlichkeit ablehnt, doch immerhin die Frage zu stellen, ob die Freiheit nicht wenigstens auf sich selber, auf die ihr selbst eingezeichnete Bestimmung verpflichtet ist. Nur sollte man dann wissen, daß man sich mit diesem Argument bereits auf den Boden des Autonomieprinzips begeben hat. Und dann lautet die Frage, an der sich alles entscheidet, ob der Mensch einsehen kann, daß er gerade darin sich *selber* entspricht, daß er von Gott sich beanspruchen läßt. Nur dann wäre seine autonome Würde als Subjekt der Moralität gewahrt, nur dann die geschuldete Anerkennung wahrhaft frei.

Allerdings muß man darauf gefaßt sein, daß allein schon diese Fragestellung manchen Gemütern als Ungeheuerlichkeit erscheint; sie ist dennoch alles andere als blasphemisch, denn es sprechen für sie ja auch genuin *theologische* Motive. Um jetzt nur an das mir wichtigste zu erinnern: *Gott selber* hat seinen Anspruch an die menschliche Freiheit nicht mit Macht durchgesetzt, sondern er hat sie für sich zu gewinnen gesucht und deshalb sich selbst an ihre unbedingte Würde gebunden. Er hat die Freiheit, die er suchte, anerkannt und geachtet – und dies so ernsthaft und konsequent, wie wir es im Verhalten Jesu und der entschiedenen Treue seines Weges erkennen: bis an sein ohnmächtiges Ende ... Ein starkes Argument, denke ich. Nicht nur ein Gedanke, der sich – einmal erfaßt – auf das Ganze der Theologie, gerade auch die Gotteslehre, ausdehnen muß, sondern ebensosehr ein Motiv, das für die „Augen des Glaubens“[69] auf alles ein neues Licht wirft und seinen existentiellen Vollzug von Grund auf verändern kann. Dieses „Wunder der göttlichen Gesinnung“, wie *Schelling* es nannte, über das hinaus Größeres nicht geschehen kann[70] – immer wieder hat es ja Erstaunen, Erschütterung, Verstehenwollen, Dankbarkeit ausgelöst. Das Christentum lehrt, schrieb *Kierkegaard*, daß „jeder einzelne Mensch, was er auch im übrigen sein mag, [...] da ist vor Gott – dieser einzelne Mensch, der vielleicht stolz sein würde, wenn er einmal in seinem Leben mit dem König gesprochen hätte; dieser Mensch, der sich nicht wenig einbilden würde, mit diesem und jenem auf vertrautem Fuß zu leben; dieser Mensch ist vor Gott da, kann mit Gott reden“; und für diesen Menschen „kommt Gott auf die Welt, läßt sich gebären, leidet, stirbt; und dieser leidende Gott, er bittet beinahe und fleht die-

69 Vgl. *P. Rousselot*, Die Augen des Glaubens, Einsiedeln 1963.
70 *F. W. J. Schelling*, Philosophie der Offenbarung II, Darmstadt 1966, 169.

sen Menschen an, diese Hilfe doch anzunehmen, die er anbietet! Wahrlich, gibt es etwas, worüber man den Verstand verlieren könnte, so doch wohl dies! Jeder, der nicht demütigen Mut hat, daß er dies zu glauben wagt, er ärgert sich"[71] ... „Die anstößigste Wahrheit", so auch *Jean Sulivan*: „Gott ist schwach in der Welt [...] Jedermann weiß, Gott ist stark, Schöpfer des Himmels und der Erden, allmächtiger Herr", aber „Liebe kann sich nur in der Schwäche ausdrücken. Denn es ist nicht leicht, sich zu erkennen zu geben, wenn man Gott ist" – gibt es sogar für ihn doch „nur ein einziges Tor, um ins Herz des Menschen zu gelangen: die Freiheit"[72]. Welche Logik hier waltet, hat *Charles Péguy* eindringlich formuliert:

> Es ist unvermeidlich, allgemeines Gesetz:
> Einer, der liebt, hängt ab von dem, den er liebt.
> In solch eine Lage hat Gott sich begeben,
> seine Gnade hat es gewählt, auf uns zu hoffen.
> So weit hat er es kommen lassen,
> daß er etwas befürchtet, erwartet vom letzten der Menschen.
> Gleich wie das elendeste aller Geschöpfe
> ungehindert und roh
> Jesus in sein Gesicht schlagen konnte,
> so kann auch das letzte aller Geschöpfe
> Gott Lügen strafen
> oder die Wahrheit ihn sprechen lassen.
>
> Furchtbares Vorrecht, abgründiges Erbarmen.
> Gott bedarf unser, sein Geschöpf kann ihm fehlen.
> Nicht antworten seiner Hoffnung.
> Ausbleiben. Nicht da sein.
> Erschreckende Freiheit des Menschen.
> Alles kann fehlgehen durch uns.
> Gott selber hat sich in diese Lage versetzt.
> Wie unvorsichtig, welch ein Vertrauen ...[73]

---

71 Zitat nach *K. Ihlenfeld* (Hg.), Te Deum heute, Witten und Berlin 1965, 223.

72 *J. Sulivan*, Die Schwäche Gottes. Ein Buch für Sklaven und Rebellen, Graz/Köln 1960, 86f.

73 *Ch. Péguy*, Das Mysterium der Hoffnung, Wien-München 1952, 119–124 (Textauszug).

Aber liegt in diesem Vertrauen nicht auch ein Appell, dem wir ohne Gemeinheit und Scham nicht mehr ausweichen können? Denn unsere Abwehr und all unsere Fragen, die ihn erledigen sollten – sie nützen nicht mehr, wenn unser Blick dem Durchbohrten, ans Kreuz Geschlagenen begegnet und wir zu begreifen beginnen. „Denn wie, wenn einer unserer Hiebe sich auf das blutende Antlitz verirrte?“[74]

Gott wollte ja nicht irgendetwas von uns, Bewunderung bloß oder Gehorsam, sondern unsere Liebe und das heißt: *uns selbst in unserer Freiheit.* Deshalb hielt er die Macht seiner Gottheit zurück und wurde Mensch, nicht bloß zum Schein oder nur als Verkleidung, sondern – um wirklich bei uns zu sein – tatsächlich Mensch. Und indem er sich so von uns abhängig machte, gab er *uns* die Möglichkeit, ihm, *Gott* gegenüber *großzügig* zu sein. So ernst hat er uns genommen ...

Und wenn dem nun wirklich so ist, dürfen *wir* dann den Menschen und seine Freiheit geringer einschätzen, als Gott selber es tut? Muß dieser Gedanke, je klarer wir ihn fassen, nicht *alles* Denken bestimmen und ebenso unser Handeln ausrichten? Muß also – und damit kehre ich zum Thema zurück – dann auch die *Theologie* nicht für ein Denken optieren und ihm trauen, das sich eben der Unbedingtheit der Freiheit verpflichtet?

Übrigens bestreite ich mit meiner Option für die Autonomie der Ethik ja keineswegs, daß sich die autonome Freiheit in *theologischer* Perspektive natürlich als von Gott auf sich selbst hin *erschaffene* auffassen läßt – und dies durchaus mit philosophischem Anhalt. Schon daß sie sich in ihrem Dasein vorfindet und sich selber nicht einfach besitzt, sondern als gegebene Aufgabe erfährt, indiziert ja deutlich ihr geschöpfliches Wesen. Desgleichen bestreite ich nicht, sondern habe vielmehr zu zeigen versucht, dass diese Freiheit in philosophischer Perspektive als *zur Theonomie finalisierte* auch erkannt werden kann: Gerade die Anerkennung ihrer Autonomie machte es ja möglich, nicht nur ihre wesenhafte Hinordnung auf Gott, sondern auch noch die ihr verpflichtend aufgegebene Offenheit für ihn auf eine nicht-zirkuläre Weise zu begründen. Was ich bestreite, ist nur, daß ihre theonome Bestimmung als tatsächliche im philosophisch-

---

74 Aus einem Brief von *Georges Bernanos*, zitiert nach *H. U. von Balthasar*, Bernanos, Köln/Olten 1954, 46. Und bei *Léon Bloy* habe ich einmal gelesen: „Die Freiheit, jene erstaunliche, unbegreifliche Gabe – sie ist doch nichts anderes als dies, die Achtung, die Gott für uns hegt [...] Nicht durch seine Macht wird er sich verteidigen, sondern allein durch seine Geduld und durch seine Schönheit“ (Zitat aus dem Gedächtnis).

ethischen Diskurs unmittelbar geltend gemacht werden könnte. Unberührt bleibt davon die Möglichkeit, in theologischer Rede zu sagen, daß es zuerst und zuletzt doch Gott selbst ist, der als Schöpfer der menschlichen Freiheit durch ihr Wesensgesetz zu ihr spricht. Aber theologisch ebenso wesentlich ist nun auch, daß er die geschaffene Freiheit sich selbst übergibt und sie bedingungslos freiläßt. Gerade darin erweist sich die wahrhaft göttliche Souveränität seiner Herrschaft: daß er unbedingte Freiheit neben sich wollte – eine Freiheit, die erst wahrhaft zu ihm, ihrem *Gott*, kommt und nicht anders zu ihm kommen *soll*, als daß sie zugleich zu sich *selbst* kommt. Immerhin schreibt *Paulus* im Römerbrief mit Bezug auf die Heiden, daß Gottes Wille, die Forderung des Gesetzes, ihnen „ins Herz geschrieben ist" (2,15) und sie insofern „sich selbst Gesetz" sind (2,14). „Solche Selbstgesetzlichkeit", kommentiert *Walter Kasper*, „ist exakt das, was sittliche Autonomie meint"[75]. Im selben Sinn spricht das II. Vatikanum davon, daß alle Menschen, ihrer Würde gemäß, „von ihrem eigenen Wesen gedrängt" werden, die Wahrheit zu suchen, und es zieht daraus – endlich! – die Konsequenz, daß jeder Mensch, um „dieser Verpflichtung auf die seinem eigenen Wesen entsprechende Weise" nachkommen zu können, in seiner Freiheit unbedingt anerkannt werden muß (DH 2). Es wäre deshalb ein Kurzschluß, das Theonomie- dem Autonomieprinzip gleichsam auf derselben Ebene entgegenzusetzen und dann ihre Versöhnung dadurch herbeiführen zu wollen, daß man die Ansprüche beider wie in einem Kompromiß äußerlich einschränkt; auf diese Weise würde das Schema der Konkurrenz, in dem die Neuzeit die Beziehung von göttlicher und menschlicher Freiheit allzu häufig gedacht (und verfehlt) hat, nur endgültig zementiert. Nicht obwohl, sondern *weil* er frei ist, ist der Mensch auf Gott hingeordnet und kann dies eben im Maße der Bewußtheit seiner Freiheit als *eigene* Bestimmung erfahren. Und er wird dann, wenn er Gott findet, indem er zu sich selbst findet, Gott auch *näher* sein, „als wenn er Gott nur faktisch anerkennt, ohne sein Menschsein erschlossen zu haben"[76]. Es ist ja keineswegs bloß die historisch auferlegte Problemlage, was mich beim Plädoyer für die Anerkennung der autonomen Freiheit und Ethik bewegt, sondern wenigstens ebensosehr die Erwartung, daß der Glaube selbst dabei nur gewinnen, d. h. ein menschlich wahrhaftiger, erwachsen-freimütiger, *authentischer*

75 *W. Kasper*, Theonomie und Autonomie. Zur Ortsbestimmung des Christentums in der Welt: *ders.*, Theologie und Kirche, Mainz 1987, 149–175, 154.

76 *J. Möller*, Freiheit und Erlösung: ThQ 162 (1982) 275–288, 279.

Glaube werden kann. Beim großen *Nikolaus Cusanus* findet sich, übrigens in einem Gebetstext als Gottes Aufforderung vernommen, der erstaunliche Satz: „Sei du dein, so werde ich dein sein“[77]. Also muß es, was die Vermittlung des Glaubens angeht, zu allererst darum gehen, daß ein Mensch sich wahrhaft seiner Freiheit verpflichtet. Der Streit darüber, was zu Recht Freiheit und Autonomie heißen darf, ist damit keineswegs schon erledigt, sondern gewinnt so überhaupt erst seine Dringlichkeit und seinen Ernst. Denn der Theologie bleibt dann nur noch die Wahl, diesen Streit in der Zuständigkeit der autonomen Vernunft und im Namen der menschlichen Freiheit zu führen und an ihnen als unübergehbaren Instanzen sich zu bewähren oder aber einzugestehen, daß sie menschlich bedeutungslos ist.

Die philosophisch mögliche und theologisch geforderte Deutung der Sünde des Menschen als Selbstwiderspruch

Das *zweite* Argument besteht nur in der Anwendung des Gesagten auf die Sündenthematik. Mit der Option für die autonome Freiheit und Ethik legt sich die Theologie nämlich verbindlich und mit erheblichen praktischen und pastoralen Konsequenzen darauf fest, die Sünde nicht nur als Widerspruch gegen Gott, sondern zugleich auch als *Selbstwiderspruch des Menschen* zu betrachten und diese Deutung, die zunächst ja nur eine theologische Behauptung darstellt, dann auch tatsächlich zu bewähren. Natürlich hat die Theologie diesen Aspekt der Selbstverfehlung zu keiner Zeit übersehen[78], doch ist es wiederum bezeichnend, daß er erst in der Neuzeit in das Zentrum des Sündenbegriffs tritt: grundlegend bei *Kant* und dann klassisch durchgeführt in *Kierkegaards* Analysen der Sünde als Verzweiflung[79]. Denn wäre es anders, wäre also die Sünde nicht ein Widerspruch, der auch

---

77 *Nikolaus von Kues*, De visione Dei, Kap. VII. „O Herr“, so der Beter weiter, „Du hast es in meine Freiheit gelegt, daß ich mein sein kann, wenn ich es nur will. Gehöre ich darum nicht mir selbst, so gehörst auch Du nicht mir. Du machst die Freiheit notwendig, da Du nicht mein sein kannst, wenn ich nicht mein bin. Und weil Du das in meine freie Entscheidung gelegt hast, zwingst Du mich nicht, sondern erwartest, daß ich mein eigenes Sein erwähle“ (ebd.).

78 Immerhin konnte im Rahmen seiner Denkvoraussetzungen auch schon *Thomas v. A.* formulieren: „Gott wird von uns nur dadurch beleidigt, daß wir gegen unser [eigenes] Gutes handeln“ (S.c.G. 3, 122).

79 *S. Kierkegaard*, Die Krankheit zum Tode (GTB 620), Gütersloh ^{2}1982.

den Menschen selber und seine wesentliche Bestimmung betrifft, dann könnte er, der autonome Mensch, auch nicht mit der Verantwortung für sie behaftet werden – oder eben doch nur in einer Weise verantwortlich gemacht werden, die auf eine Anschuldigung bloß von außen, auf eine heteronome Zumutung hinauslaufen müßte, die er mit Recht von sich abweist.

Über dieses, das prinzipielle Argument, haben wir ausführlich gesprochen. Doch hat die These, die Sünde sei Selbstwiderspruch des Menschen, nun auch noch einen konkreteren, erfahrungsbezogenen Sinn, da jede Verfehlung der Wesensbestimmung nicht ohne Auswirkungen auf den realen Lebensvollzug bleiben kann. Nicht nur ihr Schuld-, sondern auch ihr Unheilscharakter wird damit behauptet – eine Voraussetzung mit ebenfalls weitreichenden Folgen. Wäre es nämlich anders, wäre die Sünde nicht eine Grundverkehrtheit des Menschen, die dann auch seine konkrete Wirklichkeit heimsucht: ein schlimmes, durchaus erfahrbares Übel – dann würde man den Menschen die Not ihrer Sünde erst einreden müssen, um ihnen sodann den Trost des erlösenden Glaubens bieten zu können: mit all den ruinösen Folgen für die Betroffenen, die man in *Tilmann Mosers* Buch „Gottesvergiftung“[80] oder auch schon bei *Dietrich Bonhoeffer* nachlesen kann, der in ähnlichem Zusammenhang von „religiöser Vergewaltigung“ sprach[81]. Auch wenn das eigentliche Wesen der Sünde, wie wir festgestellt haben, erst in der Aktualität des Gottesverhältnisses konstituiert wird und nur im Licht des Glaubens erkannt werden kann, ist sie deshalb doch keineswegs nur gleichsam der Schatten, den der Glaube auf die Selbstbeurteilung des Menschen zurückwirft, sondern als schuldhafte Verfehlung seiner Wesensbestimmung, als Abschließung in sich selbst und Verfallenheit an sich selber, auch wirksam schon dort, wo die Möglichkeit des Glaubens noch nicht gegeben ist oder aber – wenn sie sich auftut – niedergehalten und weggedrängt wird. Zu Recht hat deshalb *Wolfhart Pannenberg* in seiner „Anthropologie“ gegenüber *Karl Barth* darauf insistiert, daß die Rede des

80 *T. Moser*, Gottesvergiftung, Frankfurt ^{3}1977. „Freut euch, wenn euer Gott freundlicher war“, lautet das Motto (5).

81 *D. Bonhoeffer*, Widerstand und Ergebung. Briefe und Aufzeichnungen aus der Haft (ed. *E. Bethge*), München (Neuausgabe) 1985, 305f: „Sollen wir uns eifernd, piquiert oder entrüstet ausgerechnet auf diese zweifelhafte Gruppe von Menschen stürzen, um unsere Ware bei ihnen abzusetzen? Sollen wir ein paar Unglückliche in ihrer schwachen Stunde überfallen und sie sozusagen religiös vergewaltigen? Wenn wir das alles nicht wollen [...], was für eine Situation entsteht dann für uns, für die Kirche?“

Glaubens von der Sünde und ihrem Unheil realen Anhalt am Lebensvollzug und der Selbsterfahrung des Menschen haben müsse: „Was [...] soll man sagen zu einer Botschaft, die Versöhnung und Befreiung verkündet von einem Übel, dessen bedrückende Gewalt und katastrophale Folgen nicht unleugbar vorhanden sind, sondern erst geglaubt werden müssen, damit man sich von ihm befreien lassen kann?“[82] Allerdings bleibt nüchtern damit zu rechnen (und dies erschwert jede Aufhellung erheblich), daß es zur Strategie des Sünders gehört, nicht nur seine Abwendung von Gott, dessen Nähe er spürt, sich selbst zu verschleiern, sondern auch den eigenen Zustand nicht wahrhaben zu wollen. Aber auch das schließt doch, so wiederum Pannenberg, nicht aus, „daß die Wirklichkeit des eigenen Lebens gegen ihn zum Zeugen angerufen werden kann“[83]. Und wenn nicht die Wirklichkeit des eigenen Lebens, so doch in jedem Fall und mit aller Deutlichkeit die Schäden, die sein verfehltes Selbstverhältnis für das Leben Anderer bewirkt. Aber ich denke, auch für die Schäden im eigenen Leben von Menschen, die mit sich selber im Zwiespalt sind, sollte man aufmerksam sein: nicht um in ihnen herumzuwühlen und aus ihnen Vorwürfe zu schmieden, sondern um sie als Symptome tieferliegender, aber sehr oft gemiedener Probleme wahrzunehmen, die dennoch zur Bearbeitung anstehen und nicht selten eben aus dem Selbstverhältnis eines Menschen resultieren. Und um dann, ohne sich aufzuspielen, vielleicht ein Stück dabei helfen zu können, Verkrampfungen zu lösen und Verirrungen zu revidieren – denn Menschen können einander durchaus dabei helfen, sie selber zu werden. Was damit gemeint ist, habe ich im vorigen Kapitel schon angedeutet, als ich dafür plädierte, hinter den Verzerrungen und den oft so provozierenden Gesichtern des Bösen die Aporien einer Existenz wahrzunehmen, die sich dazu verurteilt hat oder verurteilt glaubt, ohne Gnade leben zu müssen. Denn immer ist Sünde, anthropologisch gesehen, der von vorneherein aussichtslose Versuch des Menschen, das Problem der Freiheit, als die er existiert, aus eigenem Vermögen lösen zu wollen: aussichtslos nämlich als Verfehlung der eigenen Bestimmung und deshalb Schuld *und* Unheil – beides zugleich.

Nimmt man Sünde als menschlichen Selbstwiderspruch ernst, dann lassen sich wohl auch einige Theologoumena etwas besser verstehen, die sonst eher peinliche Verlegenheit bereiten: Ich meine vor allem die Rede

82 *W. Pannenberg*, Anthropologie in theologischer Perspektive, Göttingen 1983, 89.
83 A. a. O. 90.

von *Strafe und Gericht*. In der Tat ist es kaum möglich, ja unerträglich, sich den Gott der Liebe, der das Heil aller will, zugleich als einen zürnenden Gott vorzustellen, der willkürliche Strafen von der Art äußerer Sanktionen verhängt und ein Gericht im Sinne unerbittlicher Vergeltung vollzieht. So wenig die biblisch gut bezeugte Rede vom „Zorn Gottes" unterschlagen und abgeschwächt werden darf[84], so entscheidend ist doch für ihr Verständnis, daß er schon im Ersten Testament als „Eifer Jahwes" für sein Volk, als Modus seiner Liebe erscheint. Jede „Wandelbarkeit" Gottes und seiner „Affekte" ist also auf dem Hintergrund seiner unwandelbaren Treue zu sehen. Allerdings dächte man zu gering vom Ernst seiner Liebe, wenn man ihn die Sünde nicht ernstnehmen ließe: Gottes Nein muß den Widerspruch zu seiner Liebe treffen, so wie dieser ihn betrifft. Und doch wäre es nicht das Nein seiner *Liebe*, wenn es dabei noch anderes wollte als die Erneuerung des Sünders und die Heilung des Schadens. Also kann *Strafe* doch im wesentlichen nichts anderes sein als das selbstgeschaffene Verhängnis der Sünde und das Unglück ihrer Folgen. Und ebenso das *Gericht* nichts anderes als der im Nahen Gottes offenbar werdende Selbstwiderspruch des Menschen: die klare, nun endgültig unausweichliche Einsicht in die Unmöglichkeit, allein durch sich selbst man selbst sein zu wollen – eine Klarheit, die ohne das offenstehende Angebot der Vergebung wohl kaum ausgehalten und durchschritten werden könnte, sondern tatsächlich die vollendete Verzweiflung sein müßte[85]. Aber auch wenn dies Letzte erspart bleibt und Vergebung gewährt

---

84 Gegen solche Abschwächung und eine allzu wohlfeile Rede von „Gottes unbedingter Güte" bei manchen Pfarrern, Lehrern u. a., die „unter dem Begriff des Heils den Kult ihrer eigenen Phantasien und Sehnsüchte pflegen" – eine Rede, meine ich vor allem, die eben dadurch unrichtig wird, daß sie vom Ernst jeder wahrhaften Liebe wenig begriffen hat – wendet sich *R. Miggelbring*, Der zornige Gott. Die Bedeutung einer anstößigen biblischen Tradition, Darmstadt 2002 (Zitat 10).

85 Auf der Linie dieser Gedanken kann auch zugänglich werden, was mit Jesu stellvertretender Sühne als Übernahme des Gerichts über die Sünde gemeint ist. Denn ihre Bedeutung ist dann darin zu sehen, daß er am Ort der Sünde und ihr wahres Unheil durchleidend das menschliche Ja realisierte, ohne das sein Sterben nicht die Ankunft der vergebenden Liebe Gottes auch noch bei ihren Feinden gewesen wäre und die Situation der Sünder nicht so hätte gewendet werden können, daß sie zum Eingeständnis ihrer Sünde und zur veränderungsbereiten Übernahme ihrer Wirklichkeit befähigt wurden. Mit seiner Übernahme der Wirklichkeit der Sünder vollzieht Jesus (als der Sündlose) zwar nicht die Sünde (als formelles Nein gegen Gott), wohl aber erfährt er (als der bis zuletzt Solidarische) „das Hoffnungslose ihres Widerstands gegen Gott und das gnadenlose Nein der göttlichen Gnade gegen diesen Widerstand" – ein Nein jedoch, das eben durch sein freiwilliges und gehorsames Ja, das an die Stelle der Verneinung der göttlichen

wird – den Schmerz dieser beschämenden Wahrheit über sich selbst muß jeder durchschreiten, denn er ist notwendiges Moment jeder wahrhaftigen Vergebung, und deshalb bleibt auch der Gedanke eines letzten Gerichts unaufgebbar, in dem der Wunsch des Sünders, die Berge möchten über ihn fallen und ihn verdecken, sich nicht mehr erfüllt[86]. Die Peiniger werden der Vergebung bedürfen: der Vergebung nicht nur durch Gott, sondern gerade auch durch die Opfer, über die sie triumphierten; denn nur so kann die Freiheit der Opfer geachtet und ihre Würde wiederhergestellt werden, woran Gott selber gelegen sein wird[87]. Ob es deshalb allerdings notwendig ist, auch mit der Wirklichkeit einer ewigen Verdammnis zu rechnen, die man theoretisch ja ebensowenig ausschließen kann wie die abgründige Befestigung der Freiheit im Bösen – das ist eine andere Frage, die ich jetzt nicht

---

Liebe durch die Sünder tritt und sie überholt, „buchstäblich gegenstandslos" wird (*H. U. von Balthasar*, Theodramatik III, Einsiedeln 1980, 325f). Es ist also durchaus möglich, gerade vom Verständnis des Kreuzes Jesu als der äußersten Offenbarungsgestalt der Liebe Gottes zum Gedanken der stellvertretenden Übernahme des Gerichts zu gelangen. Denn in dieser Offenbarung geschieht ja, was offenbar wird: Gottes vergebende Liebe. Vergebung aber wäre nicht ernsthaft und wirksam, wenn sie den Schuldigen seiner realen Situation überließe. Aufgrund des wahren Gottesverhältnisses Jesu, das er am Ort der Gottferne, inmitten der realen, ihn treffenden Gottlosigkeit vollzieht und bis zuletzt durchhält, konnte deren wahre Verzweiflung überhaupt erst (in seiner subjektiven Gottverlassenheit) erfahren, zugleich aber ausgehalten, die Sünde ihrer Unwahrheit (als Wahl des Selbst gegen Gott) überführt und den Sündern (eben mit Gottes aufrechterhaltener Liebe) die Möglichkeit einer Identität eröffnet werden, die sie zur Übernahme ihrer Schuldwirklichkeit instand setzt und zur Versöhnungsarbeit bereit macht. So wird Jesu Erleiden des Fluches der Sünde den Sündern zum rettenden, gnädigen Gericht. Es begründet die Hoffnung, daß auch im „Jüngsten Gericht", da der Gekreuzigte unser Richter sein wird, noch Gottes Vergebungsbereitschaft begegnet und vor definitiver Verzweiflung bewahren kann. Zugleich schenkt es Vertrauen, daß dieser Vergebungswille schon jetzt, in jeglicher Situation und jedem Augenblick gilt: nicht als billiges Wohlwollen, mit dem sich womöglich noch kalkulieren läßt (denn dies würde uns zum Gericht), wohl aber als Befähigung, uns der eigenen Wirklichkeit ohne Verzweiflung und eben deshalb auch ohne Beschönigung und Verdrängung zu stellen und bei der Arbeit an uns selber nicht mutlos zu werden.

86 Vgl. Lk 23,30.

87 *Kierkegaard* nannte alle durch menschliche Schuld Verletzten und Geopferten gerade auch im Blick auf die für die Vollendung notwendige Vergebung „eine Zwischeninstanz, eine berechtigte, die nicht übergangen werden darf" (Stadien auf des Lebens Weg 2 [GTB 611], Gütersloh 1982, 405). Es ist klar, daß sich damit die eschatologische Hoffnung ausweitet und steigert. Denn sie richtet sich dann darauf, daß Gott nicht nur selbst zur Vergebung unwiderruflich bereit ist, sondern auch alle Menschen, die Schuld von anderen erlitten, zur Vergebungsbereitschaft befähigt und zum (freien) Vergebenwollen bewegt.

erörtern will[88]. Auf jeden Fall aber kann ich und darf wohl auch von der Hoffnung nicht lassen, daß der Gott der Liebe in seiner unerschöpflichen Innovationsmacht auch die Möglichkeit hat, doch noch alle für sich zu gewinnen und ein Heil ohne den Skandal einer ewigen Hölle zu schaffen. Anders jedoch der Gedanke des *Gerichts*: er ist notwendiges Implikat der Vollendung. Denn keine Versöhnung ohne Gerechtigkeit, keine Gerechtigkeit ohne Gericht, kein Gericht ohne den brennenden Schmerz der uns einholenden Wahrheit. Aber was mit ihr zum Austrag kommt und offenbar wird, ist doch primär der Selbstwiderspruch des Menschen, der seinem Widerspruch gegen Gott immanent ist. Nicht Gott, schreibt *Piet Schoonenberg* in seiner „Theologie der Sünde", nicht Gott „straft die Sünde, sondern die Sünde straft sich selbst"; denn nur „seiner eigenen Sünde findet der Sünder sich gegenüber, nicht Gottes Rache [...] Gott ist ein Gott des Lebens und der Liebe, und er will diese allen schenken; auch auf den sündigen Menschen bleibt diese Liebe gerichtet, aber durch seine eigene Verhärtung wird sie zu einem verzehrenden Feuer"[89].

Allerdings hat der Gedanke, daß die Sünde sich selbst straft, nun auch deutliche Grenzen. Zumindest wäre sogleich zu ergänzen, daß die zerstörende Wirkung, die der Sünde allerdings immanent ist, doch zumeist Andere, eben Unschuldige trifft. Im Blick auf den Schuldigen selbst dagegen fällt es viel schwerer, diesen Gedanken überzeugend zu verifizieren. Wenn man Menschen erlebt, die bei ihren Gemeinheiten so abgebrüht sind, daß sie nichts mehr anrühren, geschweige denn verunsichern kann, oder auch nur die vielen, die alltäglich die Giftpfeile ihrer gezielten Bosheiten loslassen und sich dabei offenbar ganz munter, ja geradezu pudelwohl fühlen – dann können einem schon Zweifel kommen, daß die Sünde sich selbst strafen soll. Schon die Psalmen beklagen ja das Unglück des Gerechten, während die Frevler sich ins Fäustchen lachen und obendrein noch ihren Spott über den Unglücklichen ausschütten. Und dennoch: Das prinzipiell lebenverhindernde, letztlich todbringende Wesen der Sünde ist evident. Für die zerstörten Lebensmöglichkeiten der Anderen bedarf das keiner Erläuterung. Aber auch der sündige Mensch selbst bringt sich um die Erfahrung eines erfüllten menschlichen Lebens, weil er sich vom Grund allen Lebens

88 S. dazu u. Kap. 17. Zum Thema auch *Th. Pröpper*, Fragende und Gefragte zugleich. Notizen zur Theodizee: *ders.*, Evangelium und freie Vernunft. Konturen einer theologischen Hermeneutik, Freiburg 2001, 266–275.
89 *P. Schoonenberg*, Theologie der Sünde, Einsiedeln 1966, 76f.

abkehrt. Deshalb ist die Sünde, schreibt *Gerhard Ebeling*, von vorneherein „buchstäblich eine hoffnungslose Sache“[90], und sie ist am hoffnungslosesten gerade dort, wo auf sie alle Hoffnung gesetzt wird. Es muß ja unweigerlich Folgen haben, woran jemand das letzte Vertrauen des Herzens hängt. Ist er es selbst, wird er alles in die Perspektive der Verfügbarkeit rükken und sich als Herr einer eigenen Welt zu etablieren versuchen, ohne doch die Furcht, daß sie einstürzen könnte, jemals ganz loswerden zu können. Und eben dies trennt ihn vom wirklichen Leben, denn es absorbiert seine Kräfte, macht sein Denken mißtrauisch, seine Beziehungen angstbesetzt, verhindert das unbefangene Sicheinlassen auf Fremdes und Neues, verhindert vor allem die Wahrnehmung, von der ebenso, wie sie Anderen gerecht zu werden ermöglicht, auch die Fähigkeit abhängt, sich selbst noch Beglückendes widerfahren zu lassen. Beides hat *Simone Weil* mit der „Aufmerksamkeit“, d. h. mit der Fähigkeit der Seele verbunden, „den Geist verfügbar, leer und [...] offen zu halten [...], um das Wesen, das sie betrachtet, so wie es ist, in seiner ganzen Wahrheit, in sich aufzunehmen“: „Die Unglücklichen bedürfen keines anderen Dinges in der Welt mehr als solcher Menschen“, und zugleich: „Die kostbarsten Güter in der Welt soll man nicht suchen, sondern erwarten“[91]. *Bert Brecht* hat in seinem kurzen Gedicht „Die Maske des Bösen“ geradezu „mitfühlend“, wie er sagt, den Eindruck beschrieben, daß es offenbar sehr anstrengend sein muß, böse zu sein: die geschwollenen Stirnadern, der düstere Blick, der verbissene Ausdruck – alles weist darauf hin, daß er Gewalt nicht nur anderen, sondern auch sich selber antut[92]. Und *Nietzsche* hat sogar die Vermutung geäußert, daß die meisten Menschen nur deshalb nicht lügen, weil auch das konsequente Lügen viel zu anstrengend wäre: Jede Lüge verlangt ja, um durchgehalten zu werden, ihre Perfektionierung zum Lügensystem[93]. Richtig daran ist jedenfalls, daß die Sünde eine Art Gegenwelt intendiert, von deren Zwängen sich der Sünder abhängig macht und die ihn abschneidet

90 *G. Ebeling*, Dogmatik des christlichen Glaubens 1 (Anm. 2), 375.

91 *S. Weil*, Das Unglück und die Gottesliebe, München 1953, 103f.107f.

92 *B. Brecht*, Die Gedichte, Frankfurt 1981, 850.

93 *F. Nietzsche*, Menschliches, Allzumenschliches I (Nr. 54): KSA 2, 73: „Wesshalb sagen zu allermeist die Menschen im alltäglichen Leben die Wahrheit? – Gewiss nicht, weil ein Gott das Lügen verboten hat. Sondern [...] weil es bequemer ist; denn die Lüge erfordert Erfindung, Verstellung und Gedächtnis. (Wesshalb Swift sagt: wer eine Lüge berichtet, merkt selten die schwere Last, die er übernimmt; er muss nämlich, um eine Lüge zu behaupten, zwanzig andere erfinden)“.

von der Erfahrung des Lebens. Denn der Rhythmus des Empfangens und Schenkens, in dem menschliche Freiheit sich gewinnt und entfaltet, ist durch den Willen zur Selbstsicherung nur zu zerstören, niemals ersetzbar. Und wahr ist deshalb wohl auch, daß die latente Verzweiflung, die in der Verbissenheit der Sünde schon lauert, sich nicht für immer beschwichtigen lassen wird. Aber wiederum: Auch dieser Aspekt läßt sich nicht überstrapazieren. Zu oft erreicht die Bosheit ihr Ziel und triumphiert über ihren Erfolg. Für unsere menschliche Perspektive geht die bilanzierende Rechnung nicht auf. Die Frage, auf welche Erfahrungen wir setzen und welche Wahl wir bevorzugen wollen, fällt zuletzt auf uns selber zurück. Wer ernsthaft den Glauben gewählt hat und mit ihm unterwegs ist, wird allerdings wohl auch alles Rechnen vergessen. Ihm wird die praktisch gewonnene Gewißheit genügen, daß er die Perspektiven und Möglichkeiten des Menschseins, die auf diesem Weg sich erschlossen, für nichts anderes mehr eintauschen möchte …

Ermöglichung verbindlicher ethischer Diskurse und Kritik

Das *dritte* Argument für die Anerkennung der autonomen Freiheit und Ethik will ich nur kurz noch erwähnen, da es ausführlicher die theologische Ethik angeht. Es geht um das, was man die *Verbindlichkeit ethischer Diskurse* nennen könnte. Wenn solche Diskurse nämlich mehr sein sollen als bloß die rationale Durchklärung und Zergliederung des Normenbestandes, der in bestimmten Lebenswelten ohnehin schon als üblich gilt und faktisch befolgt wird –, wenn solche Diskurse überdies mehr sein sollen als nur der verständigungsorientierte Ausgleich konfligierender Interessen, Wertvorstellungen und Verhaltensansprüche –, wenn es sich also (positiv ausgedrückt) um Diskurse handeln soll, die das Ziel ethisch verpflichtender Orientierung noch nicht aufgegeben haben, dann setzt diese Zielsetzung auf jeden Fall doch voraus, daß man sowohl mit der Möglichkeit der unbedingten Verbindlichkeit von Sollensansprüchen rechnet als auch mit der Möglichkeit ihrer argumentativen Begründung. Dies wiederum setzt voraus, daß sich Prinzipien benennen lassen, durch die sich alle im Vollzug ihrer Freiheit verpflichtet wissen können. Mit dieser Anerkennung der Freiheit als unübergehbarer Instanz der Beurteilung dessen, was für sie verpflichtend sein kann, ist nun aber der Sache nach auch ihre Autonomie – zumindest faktisch und implizit – schon anerkannt. Daß dies auch ausdrücklich geschieht, läge dann umso näher, als sich als nächster, entscheidender Schritt und aussichtsreichster Weg zur Lösung der genannten Aufgabe anbieten würde, in ihr, der Freiheit, auch den Verbindlichkeitsgrund moralischer Verpflichtung zu entdecken und zugleich die höchste inhaltliche Norm zu fundieren. Damit meine ich *nicht*, um dies nochmals zu betonen, daß aus dieser obersten Norm, die zwar (als unbedingte Forderung der Anerkennung der anderen) schon inhaltlich bestimmt ist, aber bei allen weiteren Normen doch nur als Beurteilungskriterium fungieren kann, eine material gehaltvolle Ethik deduziert werden könnte. Für eine solche bleibt es vielmehr unverzichtbar, daß die vielfältigen, stets situativ und geschichtlich bedingten Vorstellungen des Guten und ebenso die verschiedenen Intuitionen des Gesollten in den ethischen Diskurs tatsächlich eingeführt werden[94]. Desgleichen meine ich nicht, daß dieser Diskurs erst anfangen kann, wenn die autonome Freiheit als Moralprinzip bereits ausdrücklich anerkannt ist. Angesichts des herrschenden, alles relativierenden ethischen Pluralismus, der mit der kulturalistischen und szientistischen Infragestellung jedes ethischen Universalismus einhergeht und das Projekt einer universalistischen Ethik heute mit enormen Begründungsproblemen belastet, wird man froh sein müssen, wenn der Verlauf der öffentlichen Diskussionen sich dem normativen Mindeststandard annähert, der von der Diskursethik in den konstitutiven, pragmatisch unhintergehbaren Regeln vernünftiger Argumentation (Gewaltverzicht, Macht des besseren Arguments, Gleichberechtigung aller potentiellen Diskurspartner, Offenheit diskursiver Argumentation für neue Infragestellungen oder Beiträge) herausgearbeitet wurde. Überdies jedoch, denke ich, kommt es dann darauf an, daß in solchen Diskursen nicht nur partikular-kontextuell generierte Moralgehalte zur allgemeinen Zustimmung vorgelegt werden, sondern auch substantielle normative Gehalte eingebracht und *in* ihnen vertreten werden, die durch eine Verfahrensethik wie die Transzendentalpragmatik nicht mehr begründbar sind, sondern eine Argumentation fordern, die sowohl ihren kategorischen Sollensanspruch als auch dessen autonomen Charakter auszuweisen vermag und deshalb auf ein Unbedingtes im Menschen zurückgeht, das für jeden vollziehbar ist und somit die gemeinsame Basis bilden

94 Vgl. *H. Schelkshorn*, Christliche Ethik im Sog argumentativer Vernunft. Diskurstheoretische Bemerkungen zur moraltheologischen Debatte um eine „autonome Moral im christlichen Kontext“: *A. Holderegger* (Hg.), Fundamente der Theologischen Ethik. Bilanz und Neuansätze, Freiburg i.Ue./Freiburg i. Br. 1996, 237–260.

kann[95]. Auch die Transzendentalpragmatik, so sagte ich schon früher, müßte eigentlich, wenn sie Ethik (im strengen Sinn unbedingter Verpflichtung) und eben nicht nur Pragmatik sein will, diesen (vielleicht mit der Anerkennung der Diskursnormen und -partner oft schon unausdrücklich verbundenen) Schritt zur Anerkennung des Prinzips der autonomen Freiheit vollziehen. An ihr hängt jedenfalls die Möglichkeit *verbindlichen*, also auf allgemein und unbedingt gültige Normen zielenden ethischen Argumentierens. Und natürlich erst recht – wie ebenfalls schon früher betont[96] – die Möglichkeit verbindlicher und argumentationsbereiter ethischer Kritik.

An dieser Möglichkeit müßte nun aber gerade auch die Theologie interessiert sein. Sie müßte es schon deshalb und wenigstens insoweit, als sie für praktische Weisungen des Glaubens sittlichen Charakter und allgemeine Beachtung beansprucht. Sie müßte es überdies und besonders auch insofern, als sie aufgrund der Glaubenstradition dafür sensibilisiert ist oder doch sensibel sein sollte, advokatorisch die Rechte derjenigen zu Gehör zu bringen und öffentlich einzuklagen, die von den laufenden Prozessen beschädigt oder abgehängt werden. Und sensibel nicht zuletzt auch für die Gefahr, daß sich gesellschaftliche Plausibilitäten und Verhaltensstandards einspielen, die den faktisch noch gültigen (und ohnehin schon minimalen) Bestand humaner Orientierungen gefährden und somit ethische Kritik erforderlich machen. Natürlich wird man, was die Effektivität ethischer Diskurse angeht, allzu hochfliegenden Erwartungen mit nüchterner Skepsis begegnen; und zutreffend ist sicherlich auch die These, daß sich das herrschende Bewußtsein, jedenfalls zunächst und auf wirksame Weise, wohl nur durch eine alternative Praxis aufbrechen läßt, die verdeckte humane Möglichkeiten exemplarisch vor Augen führt. Und doch, denke ich, bedürfen solche Innova-

95 Vgl. *Ch. Hübenthal*, Grundlegung (Anm. 61), 364–389. – Zu Recht konstatiert auch *H. Schelkshorn*, Christliche Ethik (Anm. 94), 249: „Mit der Begründung der Diskursnormen ist die Diskussion um mögliche Moralbegriffe und Gerechtigkeitsvorstellungen nicht, wie Apel unterstellt, entschieden, sondern eröffnet". Und er zieht die Konsequenz: „Wenn die […] Annahme stichhaltig ist, daß die Diskursnormen erst im Verbund mit einem Vorverständnis von Moralität überhaupt einen Diskurs *als* praktischen Diskurs qualifizieren, und wenn weiterhin zutrifft, daß die Konsensustheorie kein *Kriterium* des Guten bzw. Gerechten vorgibt, sondern als regulative Idee die Suche nach möglichen moralischen Kriterien leitet, dann sind praktische Diskurse darauf angewiesen, daß substantielle Lebensformen ihre Grundverständnisse von Moral und darin verankerte Kriterien des Guten bzw. Gerechten argumentativ *einbringen* und eben nicht, wie Habermas nahegelegt hat, weitgehend einklammern" (a. a. O. 257).

96 Vgl. o. Abschnitt 1.

tionen, zumal wenn sie sittliche Forderungen einklagen und dabei deren Geltungsanspruch durch ein bloß positionelles Auftreten nicht relativieren wollen, auch der argumentativen Vermittlung. Auf keinen Fall kann es genügen, allein das institutionelle Gewicht der Kirchen in die Waagschale zu werfen und damit nur die Tendenzen noch zu verstärken, die den öffentlichen Prozeß der Normfindung immer mehr von den jeweiligen Einfluß- und Machtkonstellationen abhängig werden lassen, statt auf den Weg vernünftigen Argumentierens zu setzen. Kurz: Wenn viele ethische Weisungen des Glaubens, wie sie beanspruchen, humane Verpflichtungen darstellen, dann müssen sie als solche auch einleuchten und ausgewiesen werden können. Und wenn sich die Christen (um *Johann Baptist Metz* zu zitieren[97]) auf „das Subjektsein *aller*" verpflichtet wissen und aufgrund der Erinnerung ihres Glaubens an der universalen Ausrichtung menschlicher Solidarität keine Abstriche zulassen wollen, dann haben sie sich eben damit auch auf das (richtig verstandene) Prinzip autonomer Freiheit verpflichtet und sollten alles daran setzen, es auch argumentativ zu vertreten.

3. Die Aporien ethischer Existenz und die Sinnvorgabe des Glaubens

Nachdem ich, engagiert und ausführlich genug (wie ich hoffe), für die theologische Anerkennung der autonomen Freiheit und Ethik plädiert habe, sind nun doch auch noch die beiden angekündigten realistischen Hinweise fällig, die an *die faktische Abhängigkeit der Ethik von religiösen Sinnvorgaben* erinnern. Unsere Überlegungen zum Verhältnis von Sünde und Schuld, Glaube und Ethik waren in der Tat Abstraktionen – Abstraktionen schon deshalb, weil im konkreten Lebensvollzug das moralische Handeln normalerweise in den jeweils leitenden Sinnhorizont (mag er nun religiös sein oder nicht) eingefügt ist und die mögliche Unterscheidung beider nur selten aktualisiert und bewußt wird. Trotzdem war es nötig, die genuine Evidenz des Ethischen, die Unbedingtheit der Freiheit und die Autonomie der selbstverpflichteten Freiheit so klar wie möglich hervortreten zu lassen, um das jeweils Spezifische von Sünde und Schuld, Glaube und Ethik überhaupt bestimmen zu können und beide Seiten dann in ihr angemessenes Verhältnis zu setzen. Von allem, was dazu gesagt wurde, ist im folgenden nichts zurückzunehmen.

---

97 Vgl. *J. B. Metz*, Glaube in Geschichte und Gesellschaft. Studien zu einer praktischen Fundamentaltheologie, Mainz 1977, 64–67.

Stärkung der gefährdeten Konstitution selbstverpflichteter Freiheit und ihrer moralischen Kompetenz

Abstraktionen waren unsere Überlegungen aber auch deshalb, weil sie ständig den Eindruck erweckten, als sei das Faktum selbstverpflichteter Freiheit schon immer gegeben und ohne weiteres als abrufbare Basis ethischer Argumentation in Anschlag zu bringen. In der Tat hängt die Evidenz des Freiheitsdenkens, das ich starkgemacht habe, an der Aktualität des Freiheitsvollzugs – an der Voraussetzung näherhin, daß ein Mensch in seiner unausweichlichen Freiheit sich zu ihr auch *entschließt* und das heißt: sich in eins mit der Übernahme seines Daseins auf ihr unbedingtes Wesen als Maßstab seiner Selbstbestimmung verpflichtet und dann zu allen weiteren Konsequenzen und Einsichten steht. Nur so wird er verbindlich „er selbst", verantwortungsbereit für sein Tun, gewinnt reale Identität, wird Subjekt einer eigenen Geschichte. *Kant* hat diesen ursprünglichen Akt als Konstitution moralischer Freiheit, *Kierkegaard* ihn als „absolute Wahl" und „Selbstwahl" beschrieben (*Jaspers*, *Sartre* u. a. sind ihm gefolgt)[98]. Man braucht dabei gar nicht primär an ein einmaliges, hochreflektiertes, womöglich dramatisches oder gar ergreifend-feierliches Geschehen zu denken („in der einsamen Stille der Nacht") – unvertretbar jedoch und deshalb auch nicht erzwingbar ist dieser Akt allemal. Er muß somit in eigener Ursprünglichkeit schon vollzogen sein, um überzeugende Überlegungen an ihn knüpfen zu können. Unter dieser Voraussetzung also kam es zunächst darauf an, daß die Freiheit in dieser Ursprünglichkeit ihres Selbstvollzugs durch nichts außer ihr erklärt werden kann und daß einzig die Unbedingtheit ihres Wesens, auf die sie sich verpflichtet, auch ihre Autonomie garantiert. Abgeblendet und zurückgestellt wurde dabei allerdings (und dies ist nun der *erste Hinweis*), daß *die menschliche Freiheit*, unbeschadet ihrer Ursprünglichkeit, *doch zu sich selber vermittelt ist* und daß gerade der Akt der Selbstwahl, in dem sich ein Mensch (wenn auch zumeist in einer schon konkretisierten und insofern eher impliziten Weise) als moralisches Subjekt konstituiert, von faktischen Vorgaben und Bedingungen, vor allem von intersubjektiven Begegnungen abhängt. Er muß von anderen Zuwendung, Zutrauen, auch Zumutungen schon erfahren haben, von ihnen angerufen, aufgefordert und darin in seiner Freiheit gemeint und schon anerkannt sein, um zu ihr

---

98 Zu Kierkegaard vgl. o. bei Anm. 17. Zu Kant s. *K. Konhardt*, Die Unbegreiflichkeit der Freiheit. Überlegungen zu Kants Lehre vom Bösen: ZPhF 42 (1988) 379–416.

sich entschließen zu können. Aber auch die realen gesellschaftlichen Zustände müssen dem förderlich sein: Unzählige wachsen ja in Verhältnissen auf, in denen ihre Freiheit schon bedrückt, gebrochen, oft sogar ausgelöscht ist, noch ehe sie zu sich selber erwacht. Bereits *Fichte*, den man gemeinhin nur als den Protagonisten einer steilen Ich-Philosophie kennt, hat (lange vor den Dialogikern und in vielem auch klarer als sie[99]) den fundamentalen Sachverhalt herausgearbeitet, daß die einzelne Freiheit nur dadurch, daß sie von anderer Freiheit angesprochen und aufgefordert wird, in die Aktualität ihres Selbstvollzuges gelangen kann: „Der Mensch", heißt es in seiner „Grundlage des Naturrechts" (1796), „wird nur unter Menschen ein Mensch; [...] sollen überhaupt Menschen seyn, so müssen mehrere seyn. Dies ist [...] eine aus dem Begriff des Menschen streng zu erweisende Wahrheit"; denn das „vernünftige Wesen kann sich nicht setzen, als ein solches, es geschehe denn auf dasselbe eine Aufforderung zum freien Handeln"[100]. Was Fichtes Aufforderungslehre in den Blick nahm und transzendentalgenetisch analysierte, haben Entwicklungs- und Sozialpsychologie später empirisch belegt und minutiös rekonstruiert. Noch wichtiger für unseren Zusammenhang aber ist das unbestrittene historische Faktum, daß die Entwicklung des Freiheitsbewußtseins auch mit spezifisch *religiösen* Erfahrungen einherging. Besonders für die Personalisierung der Schulderfahrung in der prophetischen Überlieferung habe ich dies schon herausgestellt: daß es gerade die Erfahrung des Menschen in seinem Situiertsein vor Gott und in seiner Berufung zur Gottespartnerschaft war, was diese tiefere Selbsterfassung des Menschen und das Bewußtsein seiner verantwortlichen Freiheit zu sich selber vermittelt hat, und daß es dann im weiteren, wie bereits *Hegel* betonte, gerade die biblisch begründete jüdisch-christliche Tradition war, die eben dadurch, daß sie dem einzelnen Menschen vor Gott unendlichen Wert und persönliche Verantwortung zuerkannte, der Entdeckung der Unbedingtheit (und schließlich auch der Autonomie) menschlicher Freiheit zum weltgeschichtlichen Durchbruch verhalf. Namentlich *Wolfhart Pannenberg* läßt keine Gelegenheit aus, an diese Korrelation von Gotteserfahrung und menschlicher Subjektwerdung zu erinnern[101]. Aber auch *Johann Baptist*

99 Zur „Philosophie des Dialogs" s. *M. Theunissen*, Der Andere. Studien zur Sozialontologie der Gegenwart, Berlin 1965, 241–373.

100 *J.G. Fichte*, Grundlage des Naturrechts nach Principien der Wissenschaftslehre: WW III (ed. *I.H. Fichte*), Berlin 1971, 1–385, 38f.

101 Vgl. o. bei Anm. 3.

Metz hat diesen Zusammenhang wohl im Blick, wenn er – allerdings mit ganz anderer Akzent- und Zielsetzung als Pannenberg – immer wieder die prophetische Befürchtung ausspricht, daß nach dem schon längst erklärten Tod Gottes zuletzt auch der Tod des Menschen bevorsteht. „Die Prozesse der europäischen Moderne", so Metz, „die zur profanen Europäisierung der Welt führten, sind offensichtlich nicht nur [...] Prozesse der gesellschaftlichen Entmächtigung und Auflösung von Religionen; sie entpuppen sich immer mehr auch als Prozesse der Entmächtigung und Auflösung des Menschen, wie er uns bisher vertraut und anvertraut war und wie ihn die Aufklärung noch unbeschädigt unterstellen konnte"[102].

Metz' Aussagen weisen zugleich auf die neue Problemlage hin: Nicht nur ob die Entdeckung und Selbsterfassung menschlicher Freiheit faktisch von religiösen Erfahrungen abhängig war, ist jetzt die Frage (denn das ist unbestritten), sondern ob und wie lange das Bewußtsein selbstverpflichteter Freiheit sich auf dem Niveau, das historisch schon einmal erreicht war, noch durchhalten wird – und zwar durchhalten auch noch dann, wenn die geschichtlich noch subkutan wirksamen Sinnvorgaben der christlichen Überlieferung erst einmal völlig verabschiedet und womöglich vergessen sein werden. Natürlich ist diese Frage nicht apriori entscheidbar; sie bleibt Sache künftiger historischer Erfahrung. Dabei verdient es nun allerdings Beachtung, daß die Geschichte der tragischen Entzweiung zwischen christlichem Glauben und neuzeitlicher Freiheit, die im Spätmittelalter einsetzte und deren Ursachen ich jetzt nicht erörtern will, inzwischen eine eigentümliche Wendung genommen hat, die wie eine Ironie der Geschichte anmutet: Während nämlich auf der einen Seite Theologie und Kirche (namentlich die katholische) die emanzipierte Freiheit zunächst ihrem Schicksal überließ und sich selbst für Jahrhunderte (um den Preis eines kaum abschätzbaren Realitäts- und Bedeutungsverlustes) in einem apologetischen Supranaturalismus verschanzte, sich dann aber schließlich doch eines Besseren besann, die wesentlichen Resultate der neuzeitlichen Freiheitsprozesse akzeptierte, sich ihre humanen Intentionen zu eigen machte

---

102 *J. B. Metz*, Memoria passionis. Ein provozierendes Gedächtnis in pluralistischer Gesellschaft, Freiburg 2006, 79. Vgl. *ders.*, Glaube in Geschichte und Gesellschaft (Anm. 97), 58f: „Der biblisch-christliche Gottesgedanke ist [...] kein Überbau-Gedanke zur bereits gebildeten Identität des Subjekts, sondern ein identitätsbildender Gedanke, eingreifend in die Basis der Existenz [...]: der Kampf um Gott und der Kampf um das freie Subjektseinkönnen aller verläuft nicht gegensinnig, sondern gleichsinnig proportional".

und nun heute mit der Aufarbeitung der einschlägigen Folgeprobleme beschäftigt ist, ist auf der anderen Seite an die Stelle des Freiheits- und Vernunftpathos, das die Aufklärung beflügelte, inzwischen längst eine skeptische Ernüchterung, ja sogar eine lähmende Depression getreten. Nicht nur hat die vielbesprochene Dialektik der Aufklärung, der Vorgang also, daß die instrumentelle Vernunft zunehmend den Ehrentitel „Vernunft" für sich usurpierte und dann, statt die hohen Versprechungen von Freiheit und universaler Solidarität einzulösen, unzähligen Menschen nur neue Abhängigkeiten von den hergestellten Verhältnissen bescherte – nicht nur hat dieses fatale Ergebnis inzwischen auch die ursprünglichen *Ideale* der Aufklärung für viele obsolet werden lassen, sondern es scheint auch, daß die traditionellen Sinnressourcen des Glaubens, von denen die Neuzeit durchaus noch zehrte und die sich eben nicht, wie sie meinte, durch die Vernunft gewährleisten lassen[103] – es scheint, daß auch sie allmählich erschöpft und womöglich bald aufgebraucht sind und dann sicher auch kaum noch auf rationalem Weg rekonstruiert werden können. *Nietzsche* war noch der Meinung, daß die Nachricht vom Tod Gottes vielleicht noch Jahrhunderte brauche, um wirklich zu den Menschen, den Tätern, zu gelangen[104]; jedenfalls sei der über sich selbst noch nicht klare, uneingestandene Nihilismus ein schwächlicher Nihilismus und nur deshalb so munter, weil er in Wirklichkeit immer noch von den Voraussetzungen lebe, zu denen er schon längst nicht mehr stehe[105]. Und *Ernst Bloch* hat den Optimismus, mit dem

---

103 Wie sich etwa *Descartes* der Güte Gottes vergewissert, haben wir in Kap. 5.2 gesehen. Bei *Leibniz* steht sogar das Ergebnis seiner *Theodizee* (nämlich die Rechtfertigung der bestehenden als der besten aller möglichen Welten) mit den rationalistisch-metaphysischen Prämissen (also der apriori gesicherten Existenz des allmächtigen, allwissenden und allgütigen Gottes) schon fest und wird im weiteren eigentlich nur noch illustriert.

104 So heißt es am Ende der Rede des „tollen Menschen", der den Tod Gottes ausruft: „Ich komme zu früh, sagte er dann, ich bin noch nicht an der Zeit. Diess ungeheure Ereigniss ist noch unterwegs und wandert, – es ist noch nicht bis zu den Ohren der Menschen gedrungen. Blitz und Donner brauchen Zeit, das Licht der Gestirne braucht Zeit, Thaten brauchen Zeit, auch nachdem sie gethan sind, um gesehen und gehört zu werden. Diese That ist ihnen noch immer ferner, als die fernsten Gestirne, – und doch haben sie dieselbe gethan!" (Die fröhliche Wissenschaft 125: KSA 3, 481f).

105 Für sich selbst hat Nietzsche beansprucht, „als der erste vollkommene Nihilist Europas" zu reden, „der aber den Nihilismus selbst schon in sich zu Ende gelebt hat" und somit „zurückblickt, wenn er erzählt, was kommen wird" (NF 1887–1889: KSA 13, 190). Generell meint Nihilismus in seinen Prognosen den Vorgang, „daß die obersten Werthe sich entwerthen" – von Nietzsche bereits als „normaler Zustand" erkannt: „es fehlt das Ziel; es fehlt die Antwort auf das ‚Warum?'" (NF 1885–1887: KSA 12, 350). Dabei kon-

der „sogenannte moderne Mensch“ die früheren Hoffnungen und ihre satteren, sein Ichgefühl unbewußt stützenden Wunschbilder beerbte, an deren Begründung er doch nicht mehr glaubte, als „flachen Mut“ und als „Zechen auf fremde Kreide“ bezeichnet und ein „hilfloses Grauen“ für den Augenblick befürchtet, an dem das dürftige, aber vorerst nur verbale „Be-

---

vergieren die Formen des *unvollständigen* Nihilismus – „wir leben mittendrin“ – noch in dem „Versuche, dem Nihilismus zu entgehn, ohne jene Werthe [die bisherigen Ideale] umzuwerthen“, aber sie „bringen das Gegentheil hervor, verschärfen das Problem“ (a. a. O. 476). Sofern sie noch irgendwie vom Glauben an die Wahrheit zehren und damit den Übergang zum vollkommenen Nihilismus ebenso provozieren wie verhindern, werden sie als *schwacher* Nihilismus bezeichnet: „Diese Verneinenden und Abseitigen von Heute, [...] diese harten, strengen, enthaltsamen, heroischen Geister, welche die Ehre unsrer Zeit ausmachen, alle diese blassen Atheisten, Antichristen, Immoralisten, Nihilisten, diese Skeptiker, Ephektiker, Hektiker des Geistes [...], diese letzten Idealisten der Erkenntnis, in denen allein heute das intellektuelle Gewissen wohnt [...] Das sind noch lange keine freien Geister: denn sie glauben noch an die Wahrheit [...] Es ist immer noch ein metaphysischer Glaube, auf dem unser Glaube an die Wissenschaft ruht, – auch wir Erkennenden von Heute, wir Gottlosen und Antimetaphysiker, auch wir nehmen unser Feuer noch von jenem Brande, den ein Jahrtausende alter Glaube entzündet hat, jener Christen-Glaube, der auch der Glaube Plato's war, dass Gott die Wahrheit ist [...] Aber wie, wenn gerade dies immer mehr unglaubwürdig wird, wenn [...] Gott selbst sich als unsre längste Lüge erweist?“ (Zur Genealogie der Moral: KSA 5, 398–401). Der notwendig aus diesen Formen hervorgehende *vollkommene* Nihilismus – als die „zu Ende gedachte Logik unserer großen Werthe und Ideale“ nun ihre tatsächliche Entwertung (NF 1887–1889: KSA 13, 190) – ist als *passiver* Nihilismus, als bloße und oft auch verkleidete „Zersetzung“ noch ein „Zeichen von Schwäche: die Kraft des Geistes kann ermüdet, erschöpft sein, so daß die bisherigen Ziele und Werthe unangemessen sind und keinen Glauben mehr finden“, wogegen der *aktive* Nihilismus einerseits „ein Zeichen von Stärke“ ist: „die Kraft des Geistes kann so angewachsen sein, daß ihre bisherigen Ziele [...] unangemessen sind“, andererseits aber auch „ein Zeichen von nicht genügender Stärke, um produktiv sich nun auch wieder ein Ziel, ein Warum, einen Glauben zu setzen. Sein Maximum von relativer Kraft erreicht er als gewaltthätige Kraft der Zerstörung“ (NF 1885–1887: KSA 12, 350f). Der *radikale* Nihilismus schließlich „ist die Überzeugung einer absoluten Unhaltbarkeit des Daseins, wenn es sich um die höchsten Werthe, die man anerkennt, handelt“ (a. a. O. 571); seine „extremste Form“ wäre: „daß jeder Glaube, jedes Für-wahr-halten nothwendig falsch ist: weil es eine wahre Welt gar nicht giebt. Also: ein perspektivischer Schein, dessen Herkunft in uns liegt (insofern wir eine engere, verkürzte, vereinfachte Welt fortwährend nöthig haben)“ (a. a. O. 354). Es ist deutlich, daß Nietzsches Diagnosen der Logik des Werte setzenden und wieder zerstörenden Willen-zur-Macht-Prozesses folgen. Die besondere Ironie aber ist, daß gerade die Moral, die so lange „das große Gegenmittel gegen den praktischen und theoretischen Nihilismus“ darstellte, auch die Wahrhaftigkeit großzog, die sich endlich gegen sie wendet und schon den beschriebenen Prozeß stimulierte (a. a. O. 211): „Man sieht, was eigentlich über den christlichen Gott gesiegt hat: die christliche Moralität selbst, der immer strenger genomkenntnis zum Nichts“ uns tatsächlich einholt[106]. Was sein wird, wenn dieser Fall eintritt, und was dies dann für das Bewußtsein von Subjektivität und Freiheit bedeutet – steht durchaus noch dahin. Aber auch jetzt schon ist es angesichts der realen Entfremdung bei gleichzeitigem Verlust letzter Sinnperspektiven in eine prekäre Lage geraten. Auch wenn man sich verbietet, sich einer neognostischen Stimmung zu überlassen und den historischen Verstrickungs- und Verblendungszusammenhang zu einem gleichsam metaphysischen Schicksal zu hypostasieren, sind doch die Symptome unübersehbar, die auf eine *Regression des Freiheitsbewußtseins* deuten. Und sie sind wirklich bedrückend. Tod des Subjekts, Anonymisierung der Schuld, Manipulation der Leitbilder und Werte, kolonisiertes, fragmentiertes Bewußtsein, diffuse und fragile menschliche Identitäten, Schwinden moralischer Kompetenz – die Stichworte sind bekannt. Man kann es nicht einmal als unmöglich ausschließen, daß es den gesellschaftlichen Verhältnissen und ihren Agenturen gelingt, den Menschen überhaupt ihr unbedingtes Fragen abzugewöhnen. Die Kompensationen, die ihnen die „Erlebnisgesellschaft“ dafür bietet, sind vor allem ästhetischer Art: eine augenblicksorientierte, genußvolle Stilisierung aller Lebensvollzüge, bei der die Freiheit zur individuellen Beliebigkeit verkümmert und Geltungsfragen zu Geschmacksfragen werden.

Natürlich wäre eine monokausale Diagnose der Lage, in der wir uns befinden, verfehlt; zu viele Faktoren sind in ihr wirksam. Besonderes Gewicht hat sicher der oft beschriebene soziologische Befund[107], daß die fortschreitende Differenzierung der Industriegesellschaft, bei der sich die traditionalen Milieus und Lebenszusammenhänge auflösten, zwar einerseits einen enormen Individualitätsschub und Freiheitszuwachs bewirkte, auf der anderen Seite aber die nun ganz individuell zu leistende Aufgabe der

---

mene Begriff der Wahrhaftigkeit, die Beichtväter-Feinheit des christlichen Gewissens, [...] sublimiert zum wissenschaftlichen Gewissen, zur intellektuellen Sauberkeit um jeden Preis“; es ist eben diese „zweitausendjährige[n] Zucht zur Wahrheit, welche am Schlusse sich die Lüge im Glauben an Gott verbietet“ (Die fröhliche Wissenschaft 357: KSA 3, 600). Durch die Affirmation der „ewigen Wiederkehr des Gleichen“ wird Nietzsche versuchen, diesen in sich zu Ende gelebten Nihilismus zu überwinden.

106 *E. Bloch*, Das Prinzip Hoffnung (stw 3), Frankfurt 1973, 1360f.

107 Vgl. etwa *U. Beck*, Risikogesellschaft. Auf dem Weg in eine andere Moderne, Frankfurt 1986; *ders./E. Beck-Gernsheim* (Hg.), Riskante Freiheiten. Individualisierung in moderner Gesellschaft, Frankfurt 1994; *K. Gabriel*, Christentum zwischen Tradition und Postmoderne, Freiburg 1992, 121–202.

Identitätsbildung für Unzählige (insbesondere die Jüngeren) zur Überforderung werden ließ, zumal sie gleichzeitig in allen Bereichen (Arbeitswelt, Bildung, Konsum) neue Abhängigkeiten und strukturelle Anpassungszwänge schuf und nicht zuletzt die gesellschaftlichen Vorgaben für die Identitätsbildung völlig abstrakt und anonym geworden sind: so daß nun der einzelne, zersplittert in Rollen und aufgeteilt in Funktionen, seine Gespaltenheit nicht mehr zu versöhnen vermag, ja das Bedürfnis, eine eigene Identität auszubilden, oft kaum noch verspürt. Folgenreich ist zudem, daß das allgemeine Krisenbewußtsein angesichts der systemisch nicht bewältigten, frei flottierenden Kontingenzen ein Potential von Angst und Unsicherheit (nach *Ulrich Beck* das Schlüsselproblem der „Risikogesellschaft"[108]) erzeugte und mit ihm – entgegen allen Prognosen einer religionslosen Zukunft – einen Bedarf an Religion produziert, der weithin – durchaus marktkonform – durch bloß kompensatorische, ethisch defizitäre und gesellschaftlich abstinente Religionsformen gedeckt wird, in denen sich die Pathologien der Moderne zwar spiegeln, aber keinen Widerstand finden. Immer mächtiger zeigen sich Symptome eines „Verschwindens des Menschen", die aus den weit zurückliegenden historischen Weichenstellungen resultieren. „Das Waren- und Tauschprinzip", registriert Metz, „hat inzwischen über den ökonomischen Bereich hinaus längst die seelischen Grundlagen unserer Gesellschaft erreicht und die Herzen der Menschen [...] kolonialisiert: Alles scheint austauschbar, auch die zwischenmenschlichen Beziehungen, und auch bei unseren geschichtlichen Erinnerungen regiert immer weniger die moralische Verantwortung, immer mehr hingegen die als Objektivität ausgegebene Unschuld"[109]. Desgleichen „ist unser modernes Wissenschaftswissen nicht am subjekthaften Fundament des Wissens interessiert; Subjekt, auch Freiheit, Individuum usw. sind, streng wissenschaftlich gesprochen, Anthropomorphismen", die – ebenso wie die Rede von „dem Menschen" – von der „sekundären Schicksalssprache" des Szientismus als „semantische Altlast" nur noch mitgeschleppt werden[110]. „Unter der quasi mythischen Totalität der technischen Rationalität droht eine Intelligenz ohne Pathos, eine Intelligenz, die keiner eigensinnigen Sprache bedarf, weil sie widerspruchslos funktioniert, eine Intelligenz, die kein Gedächtnis kennt, weil sie ja von keinem Vergessen bedroht ist: der Mensch

108 *U. Beck*, Risikogesellschaft (Anm. 107), 66.
109 *J. B. Metz*, Memoria passionis (Anm. 102), 79f.
110 Vgl. a. a. O. 82.

als computerisierte Intelligenz ohne Leidempfindlichkeit und ohne Moral"[111]. Und Metz ergänzt: „Dieser schleichende, sanfte Tod des Menschen wird umso erfolgreicher vonstatten gehen, je mehr wir ihn nicht als Bedrohung und Unterdrückung erleben, sondern als – Entlastung"; Kultur- und Informationsindustrie zielen ja „nicht nur auf reichere, wahrnehmungsgesteigerte Subjektivität, sie befördern auch eine neue Art von *Subjektmüdigkeit*, indem sie immer mehr von der Anstrengung subjekthafter Sprache und der selbst gedeuteten Geschichte dispensieren. Die Informationsflut dient augenscheinlich nicht nur der Aufklärung, sondern auch einer neuen, gewissermaßen sekundären Unmündigkeit, die viel schwerer zu überwinden ist als jene erste Unmündigkeit, gegen die die Aufklärung antrat, ganz einfach deswegen, weil der sekundär Unmündige gar nicht an der Unmündigkeit zu leiden scheint, die er sich da antut"[112]. Hinzu kommt noch – und dies beunruhigt mich fast noch mehr –, daß sich die laufenden realen Prozesse mit Strömungen des Denkens verbinden, die dem ohnehin schon bedrängten Freiheitsbewußtsein und Wahrheitsgewissen das letzte Zutrauen zu sich nehmen. Erwähnt sei nur die Leichtigkeit, mit der der definitive Pluralismus fast nur als Freiheitsgewinn gefeiert, die universalen Visionen der Neuzeit als totalitär diffamiert und die Ansprüche einer Vernunft, die sich in den regionalen Sprachspielen nicht einsperren will, belächelt und abgewehrt werden. Und erwähnt vor allem die Kritik der Moral, des Subjekts und des Glaubens an die Freiheit, die *Nietzsche* der Religionskritik des 19. Jahrhunderts noch folgen ließ und die heute allerorts nachgeredet wird. Aber selbst Nietzsche, der die Destruktion des Subjekts womöglich schon gründlicher als seine gegenwärtigen Nachfahren betrieb, gelang doch die trockene Gelassenheit nicht, mit der heute der „Tod des Subjekts" konstatiert wird[113]: erst eine Erfindung der späten Neuzeit sei es gewesen, eine

111 A. a. O. 80.

112 A. a. O. 80f. Vgl. auch *J. B. Metz*, Zum Begriff der neuen Politischen Theologie 1967–1997, Mainz 1997, 142–148.

113 Die klassische Stelle, deren Hauptaussage inzwischen in vielen Varianten und weiteren Theoriezusammenhängen begegnet, ist *M. Foucault*, Die Ordnung der Dinge, Frankfurt 1971, 462: „Eines ist auf jeden Fall gewiß: der Mensch ist nicht das älteste und auch nicht das konstanteste Problem, das sich dem menschlichen Wissen gestellt hat. Wenn man eine ziemlich kurze Zeitspanne und einen begrenzten geographischen Ausschnitt herausnimmt – die europäische Kultur seit dem sechzehnten Jahrhundert –, kann man sicher sein, daß der Mensch eine junge Erfindung ist [...]: es war die Wirkung einer Veränderung in den fundamentalen Dispositionen des Wissens. Der Mensch ist eine Erfindung, deren junges Datum die Archäologie unseres Denkens ganz offen zeigt.

Überlebensfiktion der Evolution nur, die nun wieder verschwinde (das Weitere hänge weniger von dem selbstreflexiven Menschen als der Dynamik der selbstreferentiellen Systeme ab). Ich will dies alles jetzt nicht weiter verfolgen. Auf jeden Fall aber verdient noch der Hinweis *Max Horkheimers* Beachtung, der die Erosion des moralischen Bewußtseins ausdrücklich mit dem Verschwinden des religiösen Sinnhorizonts in Verbindung gebracht hat und deshalb auch das Ende ernsthafter Philosophie prophezeite: „Man wird das Theologische abschaffen. Damit verschwindet das, was wir ‚Sinn' nennen, aus der Welt. Zwar wird große Geschäftigkeit herrschen, aber eigentlich sinnlose, also langweilige. Und eines Tages wird man auch die Philosophie als eine Kinderangelegenheit der Menschen betrachten. Vielleicht schon in naher Zukunft"[114]. Die Logik des Vorgangs, die Horkheimer andeutet, leuchtet jedenfalls ein: Ist es nicht naheliegend, daß die menschliche Freiheit, wenn die Verheißung und Hoffnung, die allein ihr entsprach und ihre unbedingte Sinnintention wachhielt, erst einmal verloren ist – ist es nicht naheliegend, daß sie dann eben auch ihre *Ansprüche* an sich selber zurückschraubt und sich schließlich, sei es betont munter oder auch traurig-still resigniert, in den Horizont des Bestehenden schickt? Und kann es dann noch erstaunen, daß in unzähligen Fällen auch das Gewissen nichts weiter mehr ist als der getreue Spiegel der Verhältnisse, in die alle eingefügt sind und in denen sie sich mit ihren individuellen Lebensansprüchen, die sie weiterhin unter dem emphatischen Titel der Freiheit reklamieren, doch nur noch möglichst günstig zu positionieren versuchen?

Die heute also anstehende Frage lautet: *Wie wird Freiheit, die sich selber verpflichtet weiß, faktisch konstituiert*? Konservative Theoretiker schlagen vor, angesichts der rapiden gesellschaftlichen Erosion die traditionellen Institutionen zu stärken – mit verlockenden Avancen an die christlichen Kirchen, sofern diese sich nur bereitfinden wollen, für den moralischen Bedarf der Gesellschaft Sorge zu tragen, die bedrohlichen Sinndefizite des etablierten

---

Vielleicht auch das baldige Ende. Wenn diese Dispositionen verschwänden, so wie sie erschienen sind, wenn durch irgendein Ereignis, dessen [...] Form oder Verheißung wir im Augenblick noch nicht kennen, diese Dispositionen ins Wanken gerieten, wie an der Grenze des achtzehnten Jahrhunderts die Grundlage des klassischen Denkens es tat, dann kann man sehr wohl wetten, daß der Mensch verschwindet wie am Meeresufer ein Gesicht im Sand". Vgl. *H. J. Türk*, Postmoderne, Mainz/Stuttgart 1990; *J. Altwegg/A. Schmidt*, Französische Denker der Gegenwart. Zwanzig Porträts, München 1987.

114 *M. Horkheimer*, Die Sehnsucht nach dem ganz Anderen. Ein Interview mit Kommentar von *H. Gumnior*, Hamburg 1970, 88f.

Systems zu kompensieren und insbesondere Beistand bei den von ihm nicht mehr absorbierbaren Kontingenzerfahrungen des Lebens zu leisten: bei individuellem Glücksverlust, Alter, Krankheit und Tod[115]. Die Frage ist nur, ob eine derart reduzierte Rollenzuweisung nicht auf die Zumutung hinausläuft, die „Irrationalität einer auf Machtsteigerung beruhenden gesellschaftlichen Mechanik zu legitimieren"[116] und gerade das innovatorische Potential der eigenen Glaubenserinnerung zu verraten. Gewiß, ein religiöser Glaube, der nicht zu trösten vermöchte, verdiente nicht seinen Namen. Aber darf man denn Gottes Liebe als stärkende Hoffnung den Menschen verkünden, ohne sie zugleich für Gottes universalen Gerechtigkeitswillen in Anspruch zu nehmen? Darf man ihnen die identitätsstiftende Sinnvorgabe des Glaubens zusagen, ohne sie auch zur Einmischung in die Verhältnisse zu bewegen, die faktisch die Subjektwerdung von Menschen verhindern? Was Kirche und Theologie der Gesellschaft in der gegebenen historischen Situation schulden, ist nicht zuerst die Sinnberuhigung der durch die laufenden Prozesse Verunsicherten und Frustrierten, sondern ihre Befähigung zur Wahrnehmung eigener moralischer Kompetenz. Nicht anders, denke ich, können die Kirchen ihre Mitverantwortung für die moralische Substanz der Gesellschaft verstehen, nicht anders aber auch ihren genuinen Verkündigungsauftrag erfüllen. Daß dabei Appelle und bloße Worte nicht genügen, ist ebenfalls klar: Gerade weil die Wahrheit des Glaubens, die sie, die Christen, als Sinngrund menschlicher Freiheit bezeugen, erst in der autonomen Zustimmung dieser Freiheit zum Ziel kommt, muß ihr Zeugnis auch die praktische Frei*setzung*

---

115 Vgl. etwa *H. Lübbe*, Religion nach der Aufklärung, Graz/Wien/Köln 1986, 154: „Die Religion hat ihren lebenspraktischen Ort da, wo es ganz sinnlos wäre, im Bemühen, Kontingenz in Sinn zu transformieren, auf unsere mannigfachen Vermögen, Wirklichkeiten handelnd zu verändern, zu rekurrieren. Kurz: In religiöser Lebenspraxis verhalten wir uns zu derjenigen Kontingenz, die sich der Transformation in Handlungssinn prinzipiell widersetzt". Auf dieser Linie ist dann die Theodizee sogar „den intellektuellen Bemühungen zuzuordnen, die Religion überflüssig zu machen" (a. a. O. 195). Ein sinnloses Unternehmen ist sie eben deshalb, „weil es moral- und lebenszerrüttende Folgen hätte, die Anerkennung des Sinns des Lebens auf die Basis eines Urteils über seine moralische Rechtfertigungsfähigkeit stellen zu wollen. Im Scheitern der Theodizee erweist sich die Sinnwidrigkeit aller Versuche, Lebenssinn handlungssinnanalog denken und leben zu wollen. Entsprechend ist auch die Frage der Theodizee nicht eine religiös unvermeidliche Frage. Sie ist vielmehr eine religiös überflüssige Frage" (a. a. O. 204). Gegen diese Position s. *Th. Pröpper*, Fragende und Gefragte zugleich (Anm. 88).

116 *H. Peukert*, Kontingenzerfahrung und Identitätsfindung. Bemerkungen zu einer Theologie der Religion und zur Analytik religiös dimensionierter Lernprozesse: *J. Blank/ G. Hasenhüttl* (Hg.), Erfahrung, Glaube und Moral, Düsseldorf 1982, 76–102, 84.

menschlicher Freiheit einschließen. Denn nur in dem Maße, wie Menschen ihre Bestimmung zur Freiheit tatsächlich verwirklicht und sich selbst dadurch „wahrgemacht" finden, können sie den Glauben wirklich aus eigener Überzeugung bejahen. Insofern, so zeigt sich, läßt sich die hermeneutische Aufgabe der Glaubensvermittlung tatsächlich vom praktisch-moralischen Interesse an der Subjektwerdung aller nicht trennen. Die Konsequenz für Theologie und Kirche kann deshalb nur heißen, nach realen Vermittlungsprozessen des Glaubens zu suchen, durch die Menschen in ihrer konkreten Situation sich unbedingt anerkannt und zur verbindlichen Übernahme ihrer Freiheit ermutigt erfahren.

Indessen bedarf dieses Ergebnis noch einer Ergänzung. Denn so gewiß die der Wahrheit des Glaubens entsprechende Praxis der Anerkennung die fundamentale Dimension der Glaubensüberlieferung darstellt und nicht nur unverzichtbar für ihre Glaubwürdigkeit ist, sondern eben dadurch, daß sie Menschen zur Übernahme ihrer Freiheit ermutigt, auch zur Aktualisierung ihrer Ansprechbarkeit, die sie zu „Hörern des Wortes" macht, beiträgt – sie muß doch, um wirklich vernehmbares *Zeugnis* zu sein, sich selbst auch von der Wahrheit, die sie bezeugen will, und somit dem Grund, von dem sie herkommt, getragen und orientiert wird, erkennbar *unterscheiden*. Wie diese Wahrheit, von der die Gläubigen leben, ihrem eigenen Tun verheißungsvoll schon zuvorkommt und stets noch unerschöpflich vorausliegt, so wissen sie auch, daß sie in derselben Bestimmtheit, Fülle und Wirksamkeit auch den anderen, d. h. *allen* Menschen zugedacht und ihnen deshalb ihr Zeugnis geschuldet ist. Dabei dürfen sie weder das explizite Bekenntnis vermeiden noch die gedankliche Anstrengung scheuen, die für seine Sinnerschließung gefordert ist. Und wenn sie dafür auch in der Regel nach „Anknüpfungspunkten" bei ihren Zeitgenossen erst suchen müssen, so bleibt es doch jederzeit möglich, daß ihnen – von einzelnen oder der Öffentlichkeit – Erwartungen schon entgegengebracht werden, die sie aufnehmen können und auf jeden Fall mit verdienter Aufmerksamkeit wahrnehmen müssen, um sich zu ihnen ins Verhältnis zu setzen.

So ist vor allem auch das Verhältnis von Religion und säkularer Moderne zu bedenken, wie es *Jürgen Habermas* seit seiner Friedenspreisrede vom Herbst 2001 aus seiner Sicht neu justiert hat[117]. Hatte er nämlich in sei-

117 Vgl. zum folgenden *J. Habermas*, Glauben und Wissen. Friedenspreis des Deutschen Buchhandels 2001, Frankfurt 2001 (= F); *ders.*, Zwischen Naturalismus und Religion. Phi-

nem Hauptwerk, der „Theorie des kommunikativen Handelns" (1981), noch im Gefolge von *Max Webers* Rationalisierungstheorem damit gerechnet, daß „die Autorität des Heiligen sukzessive durch die Autorität eines jeweils für begründet gehaltenen Konsenses ersetzt" und „die *bannende* Kraft des Heiligen [...] zur bindenden Kraft kritisierbarer Geltungsansprüche zugleich sublimiert und veralltäglicht" wird[118], und dann seit Ende der 80er Jahre im Zuge der Erkenntnis, daß eine postmetaphysische Moral zwar den Geltungsanspruch normativer Urteile begründen, für ihre unbedingte Bindungskraft aber nicht aufkommen könne, statt jener linearen Vorstellung vom zunehmenden Bedeutungsverlust der Religion immerhin schon eine fortdauernde Koexistenz von religiöser und säkularer Vernunft als möglich erwogen und sich entsprechend für das unaufgebbare „semantische Potential" der Religionen interessiert, so steht er nun dafür ein, daß in der „postsäkularen Gesellschaft, die sich auf das Fortbestehen religiöser Gemeinschaften in einer sich fortwährend säkularisierenden Umgebung einstellt" (F 13), die Religion nicht nur ein vorübergehendes Gastrecht, sondern volle Bürgerrechte erhält[119]. „Alle Mitglieder des demokratischen Gemeinwesens sind aufgerufen, die Ressourcen ihrer Weltanschauungen in den öffentlichen Diskurs einzubringen, ihr Ohr für die Potentiale der anderen zu öffnen und sich für gegenseitige Übersetzbarkeit zu interessieren"[120]. In den Diskussionen, die *John Rawls* mit seiner restriktiven Konzeption des „öffentlichen Ver-

---

losophische Aufsätze, Frankfurt 2005 (zitiert mit bloßer Seitenangabe im Text); aus diesem Band bes. die Beiträge: Vorpolitische Grundlagen des demokratischen Rechtsstaates? (106–118), Religion in der Öffentlichkeit. Kognitive Voraussetzungen für den „öffentlichen Vernunftgebrauch" religiöser und säkularer Bürger (119–154) und Die Grenze zwischen Glauben und Wissen. Zur Wirkungsgeschichte und aktuellen Bedeutung von Kants Religionsphilosophie (216–257). – Zur Diskussion: *R. Langthaler/H. Nagl-Docekal* (Hg.), Glauben und Wissen. Ein Symposium mit Jürgen Habermas, Wien-Berlin 2007; *M. Junker-Kenny*, Zwischen Integrität und Übersetzung. Christliche Überzeugungen in der Konstitution praktischer Freiheit im Bedingungsgefüge spätmoderner Gesellschaften: *M. Böhnke/M. Bongardt/G. Essen/J. Werbick* (Hg.), Freiheit Gottes und der Menschen, Regensburg 2006, 359–380; *M. Reder/J. Schmidt* (Hg.), Ein Bewußtsein von dem, was fehlt. Eine Diskussion mit Jürgen Habermas (es 2537), Frankfurt 2008; *Th. M. Schmidt*, Der Begriff der Postsäkularität: Jahrbuch Politische Theologie 5. Politische Theologie – gegengelesen, Münster 2008, 244–254; *H.-J. Höhn*, Rettende Aneignung? Die Vernunft und die Logik der Religion: Jahrbuch Politische Theologie 5, 255–262.

118 *J. Habermas*, Theorie des kommunikativen Handelns. Bd. 2: Zur Kritik der funktionalistischen Vernunft, Frankfurt 1981, 118f.

119 Vgl. *Th.M. Schmidt*, Der Begriff der Postsäkularität (Anm. 117), 246–248.

120 *M. Junker-Kenny*, Zwischen Integrität und Übersetzung (Anm. 117), 359.

nunftgebrauchs" auslöste, hat Habermas seine Position profiliert. Denn während Rawls als gute Gründe in der zivilgesellschaftlichen Diskussion nur diejenigen, die von der eigenen lebensprägenden Gesamtsicht der Welt absehen, zuläßt und damit nicht nur den Gläubigen zumutet, „ihre Identität gleichsam in öffentliche und private Anteile aufzuspalten" (F 21; 136), sondern sich auch mit einem Konsens begnügt, der nur auf den gemeinsamen Schnittmengen sich überlappender Begründungen basiert, müssen für Habermas, der an der vernünftig-einsichtigen Aufweisbarkeit der „normativen Grundlagen des demokratischen Verfassungsstaates" festhält (107), sich gute Gründe im Diskurs selbst erst als solche erweisen, der angezielte Konsens auf „geteilten Gründen" beruhen und die „Folgelasten", die aus der Religionsfreiheit und der durch sie erreichten „Pazifizierung des weltanschaulichen Pluralismus" resultieren, symmetrisch verteilt sein (F 21; 117.125). Aus den Prämissen, daß die „Annahme einer gemeinsamen Menschenvernunft [...] die epistemische Grundlage für die Rechtfertigung einer säkularen Staatsgewalt" einschließlich der Trennung von Kirche und Staat bildet und daß ebenso das demokratische Verfahren seine „legitimationserzeugende Kraft" seinem eigenen diskursiv-deliberativen Charakter und zugleich der Tatsache verdankt, daß „sich die Adressaten der Gesetze zugleich als deren Autoren verstehen können" (125f.140), folgert auch Habermas den Ausschluß religiöser Rechtfertigungen vom Prozeß der Gesetzgebung und die Verpflichtung der staatlichen Institutionen auf eine allen Bürgern zugängliche Sprache (127ff.140); die Forderung hingegen, daß *alle* Gläubigen „ihre politischen Stellungnahmen auch unabhängig von ihren religiösen oder weltanschaulichen Überzeugungen begründen", weist er als „säkularistische Überverallgemeinerung", welche die „gebotene *institutionelle* Trennung von Religion und Politik [...] in eine unzumutbare *mentale und psychologische* Bürde" für die religiösen Bürger verwandelt, zurück (133ff). Aber natürlich müssen auch diese das „Prinzip der weltanschaulich neutralen Herrschaftsausübung" achten und somit akzeptieren, daß jenseits der „institutionellen Schwelle" zwischen informeller Öffentlichkeit und staatlichen Organen „nur säkulare Gründe zählen". Also muß ihnen daran liegen, die eigenen religiösen Überzeugungen selbstreflexiv mit säkularen Auffassungen zu verknüpfen und so schon im vorparlamentarischen Raum die „Übersetzungsarbeit" zu leisten, von der ihr Einfluß auf die institutionalisierten Entscheidungsprozesse dann abhängt (136f).

Die Zulassung auch nicht übersetzter religiöser Äußerungen zur politischen Öffentlichkeit rechtfertigt sich nun freilich nicht nur aus den genannten normativen Gründen – vielmehr hat der liberale Staat selbst ein *Interesse* daran. Zunächst einmal, weil die Anerkennung eines fortdauernden Pluralismus einschließlich der Differenz von Glauben und Wissen ja nur so lange „vernünftig" bleibt, wie auch religiösen Überzeugungen „ein epistemischer Status zugestanden wird, der nicht schlechthin irrational ist" (118). Das säkulare Bewußtsein jedenfalls, seiner eigenen „Fehlbarkeit" eingedenk, wird sich des „Urteils über religiöse Wahrheiten" enthalten und erst recht nicht bestimmen, *was* jeweils „von den Gehalten religiöser Traditionen – über das gesellschaftlich institutionalisierte Weltwissen hinaus – wahr oder falsch ist" (114.147; F 15). Insbesondere aber muß dem liberalen Verfassungsstaat an der Freigabe religiöser Stimmen in der politischen Öffentlichkeit deshalb liegen, „weil er nicht wissen kann, ob sich die säkulare Gesellschaft sonst von wichtigen Ressourcen der Sinnstiftung abschneidet" (137; F 22) – und dieses Interesse, „mit allen kulturellen Quellen schonend umzugehen, aus denen sich das Normbewusstsein und die Solidarität von Bürgern speisen", drängt umso mehr, als eine „entgleisende Modernisierung der Gesellschaft im Ganzen […] sehr wohl das demokratische Band mürbe machen und die Art von Solidarität auszehren [könnte], auf die der demokratische Staat, ohne sie rechtlich erzwingen zu können, angewiesen ist" (116.111f)[121]. Prägnant diagnostiziert Habermas: „Die Arbeitsteilung zwischen den integrativen Mechanismen des Marktes, der Bürokratie und der gesellschaftlichen Solidarität ist aus dem Gleichgewicht geraten und hat sich zugunsten wirtschaftlicher Imperative verschoben" (247); dabei dringt die Sprache des Marktes „heute in alle Poren ein und presst alle zwischenmenschlichen Beziehungen in das Schema der selbstbezogenen Orientierung an je eigenen Präferenzen" (F 23). Aus Bürgern werden „vereinzelte, selbstinteressiert handelnde Monaden", die „ihre subjektiven Rechte wie Waffen gegeneinander richten". Zugleich übernehmen die Märkte zunehmend Steuerungsfunktionen in bisher normativ zusammengehaltenen Lebensbereichen – und durch den damit einhergehenden „entmutigenden Funktionsverlust einer demokratischen Meinungs- und Willensbildung" sowie „die schwindende Hoffnung auf die politische Gestaltungskraft der internationalen Gemeinschaft" werden Entpolitisie-

121 Damit geht Habermas nuanciert auf die vieldiskutierte Böckenförde-Frage ein, ob der freiheitliche, säkularisierte Staat nicht von normativen Voraussetzungen zehrt, die er selbst nicht garantieren kann. Vgl. *E. W. Böckenförde*, Die Entstehung des Staates als Vorgang der Säkularisation: *ders.*, Recht, Staat, Freiheit, Frankfurt ^{2}1992, 92–114, 112.

rung und der „staatsbürgerliche Privatismus" nochmals verstärkt (112). Hinzu kommt, daß eine „szientistisch beschränkte Konzeption der Vernunft" und die „Eingewöhnung neuer Technologien" eine „Art Naturalisierung des Geistes" befördern, deren Fluchtpunkt „ein wissenschaftliches Bild vom Menschen in den extensionalen Begrifflichkeiten von Physik, Neurophysiologie oder Evolutionstheorie" ist, das nicht nur das „Selbstverständnis der erlebenden Subjekte im Umgang mit sich selbst" in Frage stellt und verändert, sondern es auch „vollständig entsozialisiert": eine „in den Alltag einwandernde naturalistische Selbstobjektivierung sprach- und handlungsfähiger Subjekte" also, die wiederum „mit jeder Idee von politischer Integration unvereinbar [ist], die Bürgern einen *normativen* Hintergrundkonsens unterstellt" (147f.248; F 17).

Angesichts solcher Erosionen wundert nicht das Interesse, das Habermas an den religiösen Überlieferungen nimmt, sofern diese noch „hinreichend differenzierte Ausdrucksmöglichkeiten und Sensibilitäten für verfehltes Leben, für gesellschaftliche Pathologien, für das Misslingen individueller Lebensentwürfe und die Deformation entstellter Lebenszusammenhänge", aber auch positiv für „moralische Intuitionen, insbesondere im Hinblick auf sensible Formen eines humanen Zusammenlebens" besitzen (115.137). Damit könnten sie „allgemeine Resonanz finden, sobald sich für ein fast schon Vergessenes, aber implizit Vermisstes eine rettende Formulierung einstellt"; denn, so Habermas: „Eine Säkularisierung, die nicht vernichtet, vollzieht sich im Modus der Übersetzung" (F 29). Beispiele solcher Übersetzung, die den „ursprünglich religiösen Sinn zwar transformiert, aber nicht auf eine entleerende Weise deflationiert oder aufgezehrt" haben, sieht er in der Aneignungsarbeit der neuzeitlichen Philosophie, wie sie „sich in normativ beladenen Begriffsnetzen wie Verantwortung, Autonomie und Rechtfertigung, wie Geschichte und Erinnerung, Neubeginnen, Innovation und Wiederkehr, wie Emanzipation und Erfüllung, wie Entäußerung, Verinnerlichung und Verkörperung, Individualität und Gemeinschaft niedergeschlagen" hat; und natürlich gehört vor allem die „Übersetzung der Gottesebenbildlichkeit des Menschen in die gleiche und unbedingt zu achtende Würde aller Menschen" dazu (115f). Aber er weiß auch um die Gehalte, die noch nicht übersetzt (oder vielleicht unübersetzbar?) sind, und nennt trotzdem die bleibenden Irritationen: „Als sich Sünde in Schuld, das Vergehen gegen göttliche Gebote in den Verstoß gegen menschliche Gesetze verwandelte, ging etwas verloren. Denn mit dem Wunsch nach Verzeihung verbindet sich immer noch der unsentimentale Wunsch, das anderen zugefügte Leid ungeschehen zu machen.

Erst recht beunruhigt uns die Irreversibilität *vergangenen* Leidens – jenes Unrecht […], das über jedes Maß menschenmöglicher Wiedergutmachung hinausgeht. Die verlorene Hoffnung auf Resurrektion hinterlässt eine spürbare Leere"[122]. Und in manchen Augenblicken sogar scheinen die „ungläubigen Söhne und Töchter der Moderne […] zu glauben, einander mehr schuldig zu sein und selbst mehr nötig zu haben, als ihnen von der religiösen Tradition in Übersetzung zugänglich ist – so, als seien deren semantische Potentiale noch nicht ausgeschöpft" (F 24f).

Ist nun aber vernünftigerweise nicht auszuschließen, daß solche Potentiale – „in eine allgemein zugängliche Sprache übersetzt" – „ihre profanen Wahrheitsgehalte preisgeben" und „eine inspirierende Kraft für die *ganze* Gesellschaft entfalten", so ist die anstehende Übersetzungsarbeit als eine „kooperative Aufgabe" zu leisten, bei der die Bürde, die den religiösen Bürgern bei ihren Stellungnahmen in der eigenen religiösen Sprache durch den „Übersetzungsvorbehalt" auferlegt ist, „durch die normative Erwartung ausgeglichen [wird], dass sich die säkularen Staatsbürger für einen möglichen Wahrheitsgehalt religiöser Beiträge öffnen und auf Dialoge einlassen" – auf Dialoge und Diskussionen, in denen beide Seiten „sich *gegenseitig* Gründe für ihre politischen Stellungnahmen" schulden und gefordert sind, nach einer gemeinsamen Sprache zu suchen, sich auch in „die Perspektive der jeweils anderen" zu versetzen, den „Einspruch von Opponenten […] als eine Art aufschiebendes Veto" zu betrachten und die übrigen Diskursregeln zu befolgen (149.137f; F 22). Die kognitiven Voraussetzungen und epistemischen Einstellungen, die der damit anvisierte „*komplementäre* Lernprozess" (116) erfordert, werden von Habermas eingehend sondiert. Wesentlich ist, daß beide Seiten – „die Traditionen der Aufklärung ebenso wie die religiösen Lehren" – selbstreflexiv ihre jeweilige Grenze bestimmen (107) und die jeweils auferlegten Verzichte oder Aufgaben, damit die „politische Integration der Bürger" über einen „bloßen Modus Vivendi" hinauskommt, aus *eigener Einsicht* vollbringen: so etwa die Haltung der religiösen Bürger sich nicht „in einer kognitiv anspruchslosen Anpassung des religiösen Ethos an *auferlegte* Gesetze der säkularen Gesellschaft" erschöpft, sondern „die

122 Vielleicht darf man in diesen Sätzen auch Habermas' Antwort auf die Fragen erkennen, die *Helmut Peukert* seit langem (1976) an ihn richtet: ob nämlich ein entschlossenes kommunikatives Handeln, wenn es sich mit der Vernichtung der Opfer der Geschichte abfinde, nicht an den eigenen Widersprüchen zerbricht. Vgl. *H. Peukert*, Wissenschaftstheorie – Handlungstheorie – Fundamentale Theologie (Anm. 21), 273–282.

universalistische Rechtsordnung und die egalitäre Gesellschaftsmoral von innen [...] an das Gemeindeethos angeschlossen werden" (117); und ebenso die säkulare Seite Toleranz nicht im „laizistischen Sinn eines schonenden Indifferentismus" übt oder Religionsfreiheit mit „dem herablassenden Wohlwollen einer säkularisierten Obrigkeit" gewährt und sie „nur als kulturellen Naturschutz für aussterbende Arten" betrachtet, sondern das „Fortbestehen der Religion in einer sich weiterhin säkularisierenden Umgebung" ebenfalls „gleichsam von innen als eine *kognitive Herausforderung*" ernst nimmt (145.125.113). Um auf jeden Gewissenszwang verzichten und den angestammten „Anspruch auf Interpretationsmonopol und umfassende Lebensgestaltung" aufgeben zu können (117), mußten und müssen die *gläubigen* Bürger eine dreifache Reflexion auf ihre Stellung in der pluralistischen Gesellschaft vollziehen: „Das religiöse Bewusstsein muss erstens die kognitiv dissonante Begegnung mit anderen Konfessionen und anderen Religionen verarbeiten. Es muss sich zweitens auf die Autorität von Wissenschaften einstellen, die das gesellschaftliche Monopol an Weltwissen innehaben. Schließlich muss es sich auf die Prämissen des Verfassungsstaates einlassen, die sich aus einer profanen Moral begründen" (F 14; 143). Umgekehrt wird, da „ein säkularistisches Bewusstsein [...] für den kooperativen Umgang mit religiösen Mitbürgern nicht ausreichend" ist, vom *säkularen* Bewußtsein die „Einübung in einen selbstreflexiven Umgang mit den Grenzen der Aufklärung erwartet", was für den „religiös unmusikalischen Bürger" die Aufforderung bedeutet, vernünftigerweise mit dem Fortbestehen eines Dissenses von Gläubigen und Nichtgläubigen zu rechnen, „das Verhältnis von Glauben und Wissen aus der Perspektive des Weltwissens *selbstkritisch* zu bestimmen", auf jede „politische Verallgemeinerung einer säkularistischen Weltsicht" (namentlich auch „naturalistischer Weltbilder") zu verzichten sowie „religiöse Beiträge zu politischen Streitfragen [...] in kooperativer Wahrheitssuche auf einen Gehalt zu prüfen", der übersetzbar und für alle einsehbar ist (117f.144f). Nur wenn religiöse *und* säkulare Bürger die beschriebenen komplementären Lernprozesse durchlaufen, ist das demokratische Staatsbürgerethos allen gleichmäßig zumutbar. Deshalb plädiert Habermas für ein „postmetaphysisches Denken", das sich unter agnostischen Prämissen einerseits des Urteils über religiöse Wahrheiten enthält und auf einer „strikten Grenzziehung zwischen Glauben und Wissen" besteht und sich andererseits „gegen eine szientistisch beschränkte Konzeption der Vernunft" (und ein „säkularistisch beschränktes Bewusstsein") wendet – und deshalb auch gegen „den Ausschluss der religiösen Lehren aus der Genealogie der Vernunft", zu der neben dem Erbe der abendländischen Metaphysik auch die interne Beziehung zu den ebenfalls in der Achsenzeit wurzelnden Weltreligionen gehört und deren Rekonstruktion Fixierungen auflösen kann (146ff). Denn eine solche „philosophische Vergewisserung der Genealogie der Vernunft spielt für die Selbstaufklärung des säkularen Bewusstseins [...] eine ähnliche Rolle wie die Rekonstruktionsarbeit der Theologie für die Selbstaufklärung des religiösen Glaubens in der Moderne" (150).

Habermas' Einstellung zur Religion angesichts der Gefahr einer „entgleisenden Modernisierung" verdiente besondere Beachtung, weil sie gerade an dem moralisch relevanten und kritisch-innovativen Potential der religiösen Traditionen interessiert ist. Auch meine weitgehende Zustimmung möchte ich äußern, die vor allem Habermas' Festhalten an *moralischen* Grundlagen des demokratischen Gemeinwesens, seine Klärung der jeweils für das Staatsbürgerethos erforderlichen kognitiven Leistungen und epistemischen Einstellungen und natürlich auch seine überaus faire und sensible Behandlung der religiösen Überlieferungen betrifft. Noch klärungsbedürftig aber scheint mir die Frage, was mit „rettender Aneignung" und „kooperativer Übersetzung" genau gemeint ist bzw. unter Habermas' Prämissen gemeint sein *kann*. Und so auch die Frage nach dem *Grenzverlauf* zwischen Glauben und Wissen. Es ist ja deutlich, daß Habermas die Reichweite seines agnostisch-nachmetaphysischen Denkens äußerst begrenzt und daran alle epistemischen Ansprüche mißt. Zwar billigt er religiösen Überzeugungen einen epistemischen Status zu, „der nicht schlechthin irrational ist" (118), doch zählen als „kognitiv" nur diejenigen „semantischen Gehalte, die sich in einen vom Sperrklinkeneffekt der Offenbarungswahrheiten entriegelten Diskurs übersetzen lassen" (255). Nun aber entziehen sich, so Habermas, gerade „religiös verwurzelte existentielle Überzeugungen [...] durch ihren gegebenenfalls rational verteidigten Bezug auf die dogmatische Autorität eines unantastbaren Kerns von infalliblen Offenbarungswahrheiten der Art von *vorbehaltloser* diskursiver Erörterung, denen sich andere ethische Lebensorientierungen und Weltanschauungen" aussetzen (135). Philosophie kann diesen „opaken Kern der religiösen Erfahrung" bestenfalls umkreisen: bleibt er doch „dem diskursiven Denken so abgründig fremd wie der von der philosophischen Reflexion auch nur eingekreiste, aber undurchdringliche Kern der ästhetischen Anschauung" (150). Wie aber kann dann noch eine Übersetzung, die rettet, geschehen? Muß ein Inhalt des Glaubens, aus seinem ursprünglichen Begründungs- und Bestimmungszusammenhang gelöst, sich nicht selber verändern? Natürlich ist Habermas diese Problematik bewußt. So erkennt er ja selbst den Preis für *Hegels* „begreifende Aufhebung der Religion" ins philosophische Wissen zum einen in Hegels Rückkehr in die Metaphysik und zum anderen darin, daß „der Fatalismus eines in sich kreisenden Geistes [...] genau die eschatologische Dimension eines neuen Anfangs [verschließt], auf den sich doch die Erlösungshoffnung der Gläubigen richtet" (239). Beinahe ebenso treffend benennt er den Preis, den womöglich schon *Schleiermacher* für seine „elegante Versöhnung von Religion und Moderne, Glauben und Wissen" bezahlte und der jedenfalls in seiner Tradition (bis zu *Harnack* u. a.) dann hervortritt: „Die gesellschaftliche Integration der Kirche und die Privatisierung des Glaubens berauben den religiösen Bezug zur Transzendenz seiner innerweltlichen Sprengkraft" (243)[123]. Unverkennbar ist aber nun auch, daß „Übersetzungen", die Habermas *affirmiert* oder selbst unternimmt, von seinen epistemischen Prämissen und primär moralischen Aneignungsinteressen bestimmt sind. So deutlich im Falle der Postulatenlehre *Kants*, die Habermas nicht etwa als Sinnvergewisserung der praktischen Vernunft[124], sondern als Übersetzung jüdisch-christlicher Überlieferungsgehalte „in eine innerweltliche Utopie" interpretiert (230)[125]. Seine Friedenspreisrede wiederum beschließt er mit einer

123 Meine Zustimmung zu Habermas' Urteil über Schleiermacher bleibt etwas zurückhaltend, weil ich dessen theologisch-philosophische Leistung nicht einfach darin sehe, daß er „die religiöse Grunderfahrung [...] philosophisch begründet" (246), und zudem stärker als Habermas betonen möchte, daß die später im Kulturprotestantismus hervortretenden Tendenzen bei Schleiermacher nur erst angelegt und noch durch gegenläufige Motive begrenzt sind. Vgl. dazu die Ausführungen in Kap. 5.3 (und die dortige Literatur).

124 Diese Deutung werde ich noch in diesem Kapitel behandeln.

125 Etwas später heißt es sogar: „Die Transzendentalphilosophie hat im Ganzen den praktischen Sinn, den transzendenten Gottesstandpunkt in eine funktional äquivalente *innerweltliche* Perspektive zu überführen und als moralischen Gesichtspunkt zu bewahren" (236). Eine gründliche Auseinandersetzung mit Habermas' Interpretation Kants, insbesondere der Postulatenlehre bietet *R. Langthaler*, Zur Interpretation und Kritik der Kantischen Religionsphilosophie bei Jürgen Habermas: *ders./H. Nagl-Docekal* (Hg.), Glauben und Wissen (Anm. 117), 32–92. Kants wichtigste Übersetzungsleistung sieht Habermas allerdings darin, daß er „die Willkürfreiheit zur Autonomie erweitert und damit – nach der Metaphysik – das erste große Beispiel für eine säkularisierende und zugleich rettende Dekonstruktion von Glaubenswahrheiten gegeben" hat: „Bei Kant findet die Autorität göttlicher Gebote in der unbedingten Geltung moralischer Pflichten ein unüberhörbares Echo" (F 23). Dabei ging es Kant aber auch – so wird man dies wohl verstehen dürfen – um die Auffindung des *Prinzips* kategorischen Sollens.

Auslotung des Gottebenbildlichkeitsgedankens, die exakt der in der biblischen und dann dogmatisch vertieften Gottebenbildlichkeitsaussage ausgesprochenen Intention christlicher Schöpfungslehre und Anthropologie, wie sie im 3. Kapitel unser Thema war, entspricht, um an sie dann aber allein die eigene (für die aktuellen Debatten äußerst wichtige) Begründung für ein striktes Eingriffsverbot in das genetische Material ungeborenen Lebens anzuschließen (F 29ff)[126]. Durch den religiösen Denker *Kierkegaard* schließlich findet er die eigene „Grenzziehung zwischen Vernunft und Religion [...] vonseiten des Offenbarungsglaubens" bekräftigt. Denn bei ihm, so Habermas, „gerät die Autonomie der Vernunft in den Schatten der schlechthin heterogenen Macht des unerkennbaren, allein historisch bezeugten, sich selbst mitteilenden Gottes" (244). Und pointiert fügt er hinzu: „Die Philosophie zehrt nur so lange *auf vernünftige Weise* vom religiösen Erbe, wie die ihr orthodox entgegengehaltene Quelle der Offenbarung für sie eine kognitiv unannehmbare Zumutung bleibt. Die Perspektiven, die *entweder* in Gott *oder* im Menschen zentriert sind, lassen sich nicht *ineinander* überführen" (252)[127].

Es scheint mir nicht leicht entscheidbar zu sein, wo Habermas letztlich den Grund für die hermetische Abriegelung der Religion gegenüber

---

126 Vgl. *M. Striet*, Grenzen der Übersetzbarkeit. Theologische Annäherungen an Jürgen Habermas: *R. Langthaler/H. Nagl-Docekal* (Hg.), Glauben und Wissen (Anm. 117), 259–282, 266ff.

127 Es fällt auf, daß Habermas Kierkegaard – offenbar um die eigene These von der „unüberbrückbaren Heterogenität" des Glaubens gegenüber dem nachmetaphysischen, „innerweltlich ansetzenden philosophischen Denken" zu profilieren und Kierkegaard als denjenigen würdigen zu können, durch dessen „Herausforderung [...] die Philosophie erst ein ernstlich dialektisches Verhältnis zum Bereich der religiösen Erfahrung" gewinnt (251) – sehr steil und schon geradezu im Sinne des frühen, „dialektischen" *Karl Barth* interpretiert, der „an der christlichen Glaubensbotschaft das Nicht-Integrierbare [...], die unversöhnliche Opposition von Glauben und Wissen" herausarbeitet (246). Dabei sieht Habermas durchaus (mit Hinweis auf Kierkegaards Figur des „Sokrates" sowie „Die Krankheit zum Tode"), daß nach Kierkegaard „die Vernunft nur mit ihren eigenen Waffen zu schlagen ist", und benennt auch den Skopus von Kierkegaards Analysen der Verzweiflung: die durchsichtige Gründung des zu sich selbst sich verhaltenden Selbst in der Macht, die es setzte (244f). In der Tat liegt es nahe, die Analysen der „Krankheit zum Tode" als Apologie des Glaubens in Gestalt einer Aporetik des Selbstseins ohne Gott zu lesen, die zudem von Beginn an die Anthropologie offenlegt, die sie ausweisen möchte. Könnten solche Analysen nicht doch ein Brückenschlag sein? Und warum überhaupt soll gerade das der Vernunft völlig Entzogene (statt etwa nur das in seiner Freiheit ihr Unverfügbare) Potentiale für sie bergen?

der diskursiven Vernunft loziert: ob im Kern der existentiellen Glaubenserfahrung oder in ihren kognitiven Gehalten. Auf die Sache gesehen ist es jedenfalls, denke ich, weit weniger eine „diskursive Exterritorialität" infallibler Offenbarungswahrheiten (135) als vielmehr die Heterogenität, d. h. eigene Ursprünglichkeit der Wahrheit des Glaubens im kontingenten Offenbarungsgeschehen, was die irreduzible Differenz von Wissen und Glauben begründet[128]. Und schon deshalb kann die Theologie in diese Wahrheit nicht gleichsam „hineinargumentieren" – ganz abgesehen davon, daß sich der Glaube zwar (anders übrigens als die ästhetische Anschauung) auf kognitive Gehalte bezieht, aber wesentlich auch Entscheidungsakt ist und als solcher eine eigene Gewissheit gewinnt. Keineswegs aber hat die Offenbarung deswegen einen „Sperrklinkeneffekt", durch den die Glaubenswahrheit inkommunikabel würde. Denn eine philosophisch argumentierende Theologie kann durchaus die Möglichkeit der Existenz Gottes und seiner Selbstoffenbarung vernünftig vertreten, den Inhalt der Glaubenswahrheit gedanklich bestimmen und nicht zuletzt auch ihre humane Relevanz und Bedeutsamkeit vorbehaltlos explizieren – vorausgesetzt nur, daß man unter Philosophie (frei mit *Schopenhauer* gesprochen) noch die Kunst und Bereitschaft versteht, „keine Frage auf dem Herzen zu behalten" und kein Reflexionsverbot aufzurichten. Gewiß brauche ich diese Erschließungsarbeit der Theologie hier nicht ein weiteres Mal zu erläutern. Aber zu ihr gehört dann eben auch noch – und darauf kommt es jetzt an – die *vernünftige Einsicht*, daß sich die Bindung der Glaubenswahrheit an ihren Ursprung nicht ohne Schaden für ihren Inhalt aufheben läßt. Was ich über die wesentliche Entsprechung von Inhalt und Form der Offenbarung im 2. Kapitel schon ausgeführt habe, ist hier erneut geltend zu machen. Natürlich wird sich die Theologie freuen und dankbar sein, wenn ihr bei ihrer Bedeutungserschließung des Glaubens profanes Denken entgegenkommt, wenn ihr semantisches Potential für die Philosophie heuristischen oder inspirierenden Wert hat und wenn ihre moralischen Intuitionen sogar in der Instanz autonomer Vernunft rekonstruiert werden können. Zugleich aber

---

128 So auch *H.-J. Höhn*, Rettende Aneignung? (Anm. 117), 259: „Religion beansprucht gegenüber der Vernunft ‚Heterogenität', d. h. eine eigene ‚Ursprünglichkeit'. Für etwas einzustehen, das mit den Mitteln der Vernunft unableitbar ist, macht die Eigenständigkeit des Religiösen aus. Dass sich diese Unableitbarkeit in einer für Vernünftige nachvollziehbaren Weise einsichtig machen lässt, ist die Voraussetzung dafür, dass das Religiöse nicht zum Stellvertreter des Irrationalen und Vernunftwidrigen wird".

kann sie sich selbst und allen anderen nicht verhehlen, daß solchen moralischen Intuitionen ohne die in Gottes Zuwendung begründete Verheißung Entscheidendes fehlt, das sie doch ebenfalls vermitteln möchte und andere von ihr vielleicht auch erwarten: das Sinnvertrauen des Glaubens und seine motivierende Kraft. Also muß es im Gespräch mit Habermas (und der Philosophie überhaupt) wohl entscheidend noch darum gehen, ob die Vernunft – wie *Maureen Junker-Kenny* es ausdrückt – „noch Vernunft ist, wenn sie sich dem Anspruch der gläubigen Überlieferung öffnet und akzeptiert, dass sie auf eine Vorgabe antwortet, die zu initiieren nicht in ihrer Macht lag. Die Theologie wird darauf bestehen, dass eine nicht in sich verkapselte Vernunft die Möglichkeit offenhalten muss, sich etwas zukommen zu lassen, d. h. sich einer möglichen Anrede von außerhalb ihrer Souveränität zu öffnen. Die Vorstellung von einer selbstgenügsamen Vernunft, an deren Tür die Glaubensgehalte klopfen und Einlass begehren, wäre zu verlassen auf die eines seiner Grenzen bewussten Geistes, der durch Gottes Handeln seine Ansprechbarkeit entdecken kann“[129]. Für die Theologie aber heißt das, daß sie die Bedeutung der Glaubenswahrheit für andere nach Kräften (und möglichst sogar kooperativ *mit* Nichtchristen) erschließt, aber dabei auch den Raum freilegt und offenhält für das *Zeugnis*, das dann im *Bekenntnis* und der *Praxis* des Glaubens geschieht.

Fassen wir diese im Eingehen auf das gegenwärtige, der Krise der Moderne sich stellende Denken von Habermas erreichten Überlegungen mit den schon vorausgegangenen zusammen, so führt der erste Hinweis zur Angewiesenheit der autonomen Ethik auf die Sinnvorgaben des Glaubens zu dem Ergebnis: Christliche Verkündigung muß an der Konstitution verantwortlichen Subjektseins schon deshalb interessiert sein, weil die Wahrheit, für die sie einsteht, erst in der autonomen Zustimmung menschlicher Freiheit zum Ziel kommt und deshalb ihre reale Freisetzung impliziert. Nur wenn sie den damit gestellten praktischen Aufgaben nicht ausweicht, kann sie auch ihren spezifischen Beitrag zur Moralität der Gesellschaft wirksam und glaubwürdig leisten. Diese Besonderheit ihres Auftrags aber liegt darin, daß sie eben die Sinnvorgabe vergegenwärtigt und wachhält, sie bezeugt und in ihrer Bedeutung erschließt, von der die menschliche Freiheit, um ihr volles Wesensmaß zu erfassen, historisch abhängig war und wohl auch, um Mut zu sich selbst zu behalten, abhängig bleibt. Die Gefahr jedenfalls, daß sie hinter ihre eigenen Möglichkeiten zurückfällt und an sich selbst re-

129 *M. Junker-Kenny*, Zwischen Integrität und Übersetzung (Anm. 117), 377.

signiert, wird man inzwischen nicht mehr ausschließen können – eine Gefahr übrigens, die wesentlich zu ihr gehört. Denn gerade weil ihr in ebendem Maße, wie sie zu sich selbst sich entschließt und auf ihr eigenes Wesen verpflichtet, auch ihre Angewiesenheit auf eine ihr nicht mehr verfügbare Erfüllung bewußt wird und dieses Bewußtsein, *ohne* die Sinnvorgabe des Glaubens, auf Dauer schwer zu ertragen ist, wird sie es endlich vergessen und loswerden wollen – und sei es auch um den uneingestandenen Preis, mit ihm zugleich auch ihre Ansprüche an sich selbst aufzugeben.

Grundaporien im Vollzug ethischen Handelns

Der *zweite Hinweis* zur Angewiesenheit der Ethik auf die Sinnvorgabe des Glaubens betrifft die *Aporien, die sich im Vollzug des ethischen Handelns selber auftun können.* Vorausgesetzt ist hier also, daß ein Mensch als verantwortliches Subjekt sich schon konstituiert hat, sich moralisch verpflichtet weiß und diese Verpflichtung auch praktisch zu verwirklichen sucht. *Zwei Grundaporien*, die dabei aufbrechen können, verdienen besondere Beachtung – und sie entstehen gerade dort fast unvermeidlich, wo die Existenz eines Menschen primär oder gar ausschließlich ethisch orientiert ist.

Mißbrauch und Perversion der Moral und die humane Relevanz der Rechtfertigungslehre

Die *erste Aporie* ergibt sich aus dem grundlegenden, wenn auch keineswegs immer bewußten Mißverständnis darüber, was von moralischem Handeln letztlich zu erwarten ist, oder anders gesagt: Sie ergibt sich aus der mangelnden Unterscheidung zwischen dem, was Sache der Ethik, und dem, was Sache des Glaubens ist[130]. Gerade Menschen, die durch ihren moralischen Ernst imponieren, sind nämlich durch die naheliegende Versuchung gefährdet, von ihrem Handeln sich den Gewinn wahren menschlichen Lebens zu versprechen und eben deshalb diesem Handeln auch die ganze Last der Sinnproblematik aufzubürden, die in der Erfahrung der Nicht-Notwendigkeit unseres Daseins, im Wesen der endlichen Freiheit beschlossen liegt; und das angedeutete Mißverständnis besteht dann darin,

130 Zu dieser Unterscheidung vgl. *G. Ebeling*, Dogmatik 1 (Anm. 2), 362.

die Grenzen des Ethischen zu übersehen und nicht wahrhaben zu wollen, daß alle ethische Verpflichtung sich doch immer nur darauf erstreckt und erstrecken kann, was dem eigenen Tun aufgegeben und von ihm abhängig ist und deshalb auch wirklich in unsere Zuständigkeit fällt. Aber schon das eigene Dasein haben wir uns nicht selber gegeben, wir können es (dankbar oder nicht) nur übernehmen. Ebenso bleibt die Zuwendung Anderer, die uns erfüllt und beglücken kann, wesentlich unverfügbar; und selbst wenn man sagen wollte, Menschen seien doch zur unbedingten Anerkennung Anderer verpflichtet, bleibt solche Anerkennung dennoch der unableitbare Entschluß ihrer Freiheit, den wir wiederum nur annehmen können. Hinzu kommt aber noch die wesentliche Einsicht, daß solche Anerkennung, auch wenn sie geschieht, das unbedingte Seinsollen eines Anderen zwar wünschen und intendieren, es wohl auch anfänglich realisieren, es aber niemals vollenden und somit auch nicht im eigentlichen, d. h. endgültigen Sinne begründen, nicht gewährleisten kann. Allerdings können Menschen den Sinn ihres Daseins füreinander „darstellen“ und vermitteln, aber sie können es doch auf begründete Weise nur dann, wenn dieser Sinn schon eröffnet ist und vorausgesetzt werden darf. Ihn aus eigener Zuständigkeit verbürgen, herbeiführen und sichern zu wollen, ihn womöglich sogar in einem Maße garantieren zu wollen, das der Abgründigkeit der Frage, die Menschen sich selbst in ihrer Zufälligkeit sind, standhalten könnte – das wäre in der Tat eine Selbstüberschätzung und Selbstüberforderung, deren Folgen für uns und Andere nur zerstörend sein könnten.

Die Erfahrung der eigenen Grenze, die damit angezeigt ist, ist durchaus bedrückend, ja sogar demütigend und schmerzhaft, weil sie unsere Ohnmacht so evident und so spürbar werden läßt. So etwa, um ein vielleicht gar nicht so seltenes Beispiel zu nennen, wenn wir mit einem Menschen zu tun haben, für den der lauernde Zweifel an sich selbst, der in jedem Menschen am Werk ist, sich zur offenen Verzweiflung gesteigert hat – einem Menschen also, der mit sich selber am Ende ist, weil er die eigene Existenz als überflüssig empfindet und nicht mehr weiß, warum es noch gut sein sollte, daß er überhaupt da ist. Es ist dann schon viel, wenn wir es (trotz unserer Hilflosigkeit) aushalten, wenigstens bei ihm zu bleiben, und es womöglich gelingt, daß der glimmende Docht seines Zutrauens in das eigene Leben nicht völlig erlischt. Ob er aber tatsächlich Vertrauen faßt, ob er sich selber wirklich bejaht oder bejaht glauben kann, das zu bewirken liegt schlechterdings außerhalb unserer Verfügung. „Man kann [wohl] sagen“, schreibt *Edward Schillebeeckx* einmal, „daß allein die Liebe erlösend ist, weil sie wesentlich die Existenz jemandes gutheißt [...] Liebe heißt Parteinahme für die Existenz eines anderen". Aber, so fügt er hinzu, unsere menschlich-geschöpfliche Liebe ist darin doch immer nur „eine Bejahung der schöpferischen Liebe Gottes, aus der sie ihre Wahrheit bezieht"[131] – ihre Wahrheit nämlich im Sinne der ihre Intention verbürgenden Begründung.

Dies ist in der Tat unsere Lage, unsere grundlegende Aporie: Menschen können die letzte Fraglichkeit ihres zufälligen Daseins nicht aus eigenem Vermögen entscheiden – und zwar können sie es für Andere ebensowenig wie für sich selbst, ja am wenigsten für sich selbst. Umso größer gerade deshalb aber auch die Versuchung, die Radikalität und Unruhe dieser Frage, die mit der eigenen Grenze konfrontiert, aus dem bewußten Leben so vollständig wie möglich zu verbannen – mit dem ironischen Resultat nun allerdings, daß sie als unbewußter Antrieb nur umso wirksamer wird. Wir wissen es doch genau und erleben es jeden Tag, wie Unzählige durch ihr gesamtes Tun und Verhalten nur die eine verbissene Anstrengung ausdrücken, vor sich selbst und vor Anderen die Berechtigung ihrer Existenz zu beweisen und doch bitte nicht übersehen zu werden – ein tiefsitzender und vor allem tiefunglücklicher Antrieb, der auch und gerade unsere moralischen Anstrengungen okkupiert, noch unsere edelsten Taten verdirbt und die besten Absichten zweideutig werden läßt. Dieses dauernde Schielen nach Beifall: ob man mich auch gebührend bemerkt?[132] Oder dies unglücklich-verbissene „ich werde es allen beweisen". Wie oft wird Gutes nur deshalb getan, um Andere beschämen zu können. Und noch die Selbstkritik eine Aufforderung, mich doch endlich zu loben. Wir wissen es, wir durchschauen uns, wir finden es häßlich – aber läßt es sich ändern?

Was mit alledem vor unseren Blick rückt, ist nichts anderes als der *anthropologische Ort der Rechtfertigungslehre*: die Erfahrung der Unmöglichkeit nämlich, sich durch eigene Anstrengung erwirken zu wollen, was doch wesentlich nur geschenkt und zwar allein von Gott geschenkt werden kann und

131 *E. Schillebeeckx*, Christus und die Christen (Anm. 36), 817.

132 Dazu *B. Pascal*, Pensées (ed. *E. Wasmuth*), Darmstadt ^{8}1978, 88 (Nr. 150): „Derart ist die Eitelkeit im Herzen des Menschen verankert, daß ein Soldat, ein Troßknecht, ein Koch, ein Tagedieb sich rühmen und Bewunderer haben wollen; und selbst die Philosophen wollen sie. Und die, die dagegen schreiben, wollen den Ruhm, gut geschrieben zu haben; und die, die sie lesen, wollen den Ruhm, sie gelesen zu haben; und ich, der ich das schreibe, habe vielleicht diesen Wunsch und vielleicht die, die es lesen werden ..."

deshalb geglaubt werden muß. Rechtfertigungsglaube bedeutet (und darin besteht seine anthropologische Relevanz), daß der Mensch sich befreit wissen kann von dem verblendeten Zwang, die letzte Gutheißung seines Daseins (eben sein *absolutes Bejahtsein* und die *reale Gültigkeit* seines unbedingten Seinsollens) selber gewährleisten zu müssen – ein selbstauferlegter, aber zerstörender Zwang, weil seine unstillbare, angstgetriebene Dynamik den Menschen wesentlich und daher hoffnungslos überfordert und gerade auch sein moralisches Tun pervertiert: pervertiert zum Mittel einer verbissenen, aber letztlich vergeblichen Selbstvergewisserung[133].

Die Gestalten, in denen diese Perversion des Ethischen manifest wird, will ich jetzt nur kurz noch erwähnen, weil ich einiges davon schon angedeutet habe und die Thematik später noch einmal aufnehmen möchte. Natürlich entfaltet, wenn das moralische Handeln sich mit der Sinnfrage belastet, vor allem das *Gesetz* seine erdrückende Dialektik (ich meine jetzt nicht ein bestimmtes Gesetz, sondern alle konkreten und allgemein anerkannten Normen moralischen Handelns). Denn dieses Gesetz, an sich als Anweisung zur Förderung menschlichen Lebens gedacht und als solche auch überaus sinnvoll, wird jetzt als Kriterium benutzt, durch dessen Erfüllung der moralische Mensch seine Gerechtigkeit unter Beweis stellt, seine *Be*rechtigung unter Beweis stellt. In der Vergesetzlichung des Lebens, die unweigerlich daraus folgt, wirken verschiedene, durchaus ambivalente Strebungen zusammen: Einerseits wäre ja der moralische Wille nicht ernsthaft, wenn er nicht so konkret wie möglich sein wollte (deshalb wäre es auch zu billig, sich über jeden Gesetzeseifer nur lustig zu machen); andererseits aber ist dabei auch das zumeist unbemerkte oder doch uneingestandene Bestreben am Werk, das geforderte Gute, um es erfüllen zu können, auch überschaubar zu machen und d. h. im Klartext: es zu begrenzen; doch wird auch diese Absicht wieder durchkreuzt und jede Beruhigung verhindert, weil zugleich und fortwährend die tiefere Tendenz wirksam bleibt, die auf *un*bedingte Rechtfertigung aus ist und deshalb eine unstillbare, ins Endlose treibende Dynamik entfaltet, die sich durch keine Erfüllung von Geboten mehr befriedigen läßt. Das Ergebnis ist ein beständiges Schwanken zwischen den Extremen der Vermessenheit und der Verzweiflung: Während man sich einerseits geradezu in Selbstgerechtigkeit sonnt,

133 Natürlich resultieren entsprechende Aporien und zerstörende Überforderungen auch dann, wenn die Begründung des Daseinssinnes vom *Anderen* erbracht oder *für* ihn geleistet werden soll.

steigert man sich andererseits in skrupelhafte Ängste hinein[134]. Der Moralist schließt sich ein in ein Labyrinth von Geboten, denen er unaufhörlich neue hinzufügt, ohne jemals mit ihnen fertig zu werden; und so schnürt er, als Gefangener seiner Tugend, nicht nur sich selber den freien Atem und Lebensraum ab, sondern verliert auch, auf sich selber fixiert, schließlich jede Wahrnehmungsfähigkeit dafür, was Andere in ihrer Situation wirklich brauchen und was ihnen tatsächlich hilft …

Nicht weniger verhängnisvoll aber auch der Drang zum Perfekten, ja zum Totalitären, der das bloß moralisch orientierte Bewußtsein kennzeichnet: Was wir erwarten und hoffen können, müssen wir ja *machen*, und vor allem: es muß *richtig* sein, *wie* wir es machen. Deshalb die Unnachsichtigkeit gegenüber jeder menschlichen Schwäche, die Bereitschaft zum Urteil, ja zur Verurteilung Anderer und überhaupt die Einteilung aller Welt in Gute und Böse; deshalb die Totalisierung der eigenen Einsicht und die Unfähigkeit, mit der Fraglichkeit eigener Entscheidungen zu leben und alternative Wege des Handelns zu dulden; deshalb die gewaltsame Ungeduld, der harte Ton in den Anklagen und Forderungen an Andere und vor allem das absolute Verbot, selber versagen zu dürfen. Hier, denke ich, sind wir am entscheidenden Punkt: *Ein nur moralisches Dasein ist prinzipiell gnadenloses Dasein*, gewaltsam nicht nur zu Anderen, sondern auch zu sich selbst. In seine entscheidende Krise gerät es deshalb, wenn es mit der Tatsache eigener Schuld konfrontiert wird – eine Krise, die dann – auch wenn und gerade wenn zunächst der Weg der Vertuschung und Selbstlüge versucht wird[135] – als Katastrophe erlebt wird. Denn am harten Faktum offenkundiger eigener Schuld erfährt es eben die Grenze, die sich durch kein moralisches Wollen mehr beseitigen läßt. Das gepflegte Selbstbildnis zerbricht, und der beschämende Schaden, der den Anspruch auf Vollkommenheit und Integrität hartnäckig widerlegt,

---

134 Vgl. die genauen Ausführungen zu Schulderfahrung, Skrupeln und Leistungsdenken bei *J. Werbick*, Schulderfahrung und Bußsakrament (Anm. 39), 34–40.

135 Vgl. *B. Pascal*, Pensées (Anm. 132), 64f (Nr. 100): „Das Ich kann nicht hindern, daß das, was es liebt, voll von Mängeln und Elend ist: […] es wünscht sich vollkommen und findet sich voller Unvollkommenheiten; es wünscht sich von Menschen geliebt und geachtet, und findet, daß seine Mängel nur ihre Abneigung und Verachtung verdienen. Diese Verlegenheit, in der es sich findet, zeugt in ihm die ungerechteste und verbrecherischste Leidenschaft, die man ersinnen kann, denn sie zeugt einen tödlichen Haß gegen die Wahrheit, die es bemäkelt und es von seinen Fehlern überzeugt. Es wird sie zu vernichten wünschen, und da es nicht fähig ist, sie selbst zu zerstören, zerstört es sie, soweit es dies vermag, in seinem Bewußtsein und in dem der andern".

ist auf moralischem Wege dann nicht mehr zu heilen. Nichts fällt deshalb einem verhärteten Moralisten so schwer wie die Einsicht, Schuld eingestehen zu müssen. Er wird es (da kann man sicher sein) zu vermeiden oder doch wenigstens aufzuschieben versuchen und keinen Aufwand scheuen dafür. Denn dieses Eingeständnis wäre ja gleichbedeutend mit der Notwendigkeit, den eigenen Daseinsentwurf zu revidieren. Er müßte es lernen zu bitten und seine Angewiesenheit zu bejahen: seine Angewiesenheit auf ungeschuldete Zuwendung, seine Angewiesenheit auf Vergebung. Und sogar grundsätzlicher noch: er müßte endlich die wesentliche Wahrheit zulassen, daß er die Fraglichkeit seiner Existenz nicht selber entscheiden und sein Dasein nicht endgültig gutheißen kann.

Mag sein, daß die Krise eigener Schuld als Chance ergriffen wird, in einer bis an die Wurzel des Selbst reichenden Bewegung der Umkehr den eingefahrenen Lebensentwurf tatsächlich zu revidieren. Kann aber auch sein, daß diese Krise nur Anlaß wird, sich in der moralistischen Grundhaltung zu versteifen und sie endgültig zu pervertieren. Denn *eine* Möglichkeit bleibt noch immer: Mußte ich mich selbst schon als Versager erleben, so wird dies peinliche Bewußtsein doch immerhin dadurch gemildert, daß auch die Anderen es sind und überhaupt *niemand* meinen hohen Ansprüchen genügt. Man muß nur scharf genug hinsehen und den Zeitgenossen, um die Befriedigung auch genießen zu können, die nötige Aufklärung über sich zuteil werden lassen. In seinem letzten Roman „Der Fall" hat *Camus* diesen Ausweg, diese Perversion des unglücklichen moralischen Bewußtseins, meisterhaft durchgespielt[136]. Es ist die abgeklärte, eisig-ironische Lebensbeichte eines ehemals angesehenen Anwalts, der in einer beiläufigen, aber entscheidenden Situation, in der sein ganzer Einsatz gefordert gewesen wäre, vorüberging und seitdem, bis in die Träume, von einem Lachen verfolgt wird, das ihn vor sich selbst decouvriert und dauerhaft verurteilt. Also ist er (wie er sich ausdrückt) „Bußrichter" geworden, Johannes Clamans (Ankläger) mit Namen – eben weil er sein Wissen nur aushält, indem er auch die Anderen ihres Versagens, ihrer erbärmlichen Mediokrität überführt. Im neblig-trüben Amsterdam mit seinen Hafenspelunken waltet er nun seines selbstübertragenen Amtes, indem er seine zufälligen Gäste in verschlungene, geistreich-vertrauliche Gespräche verwickelt, bis endlich herauskommt, was er hervorlocken wollte. „Ich aber", heißt es dann, „bemitleide, ohne loszusprechen, verstehe, ohne zu vergeben" (118). Nur ein-

136 *A. Camus*, Der Fall (rororo 1044), Reinbek 1968 (Seitenangaben im Text).

mal der flüchtige Gedanke an Vergebung, an eine Religion, die als „große Weißwäscherei" durchaus wünschenswert wäre, an einen Gott sogar, dessen „Nützlichkeit [...] darin bestünde, die Unschuld zu verbürgen" (92) – doch bleibt diese Perspektive schon deshalb verschlossen, weil die Christen das Kreuz ihres Erlösers zu oft nur als Krücke benutzten, um sich ebenfalls zu Richtern über alle Welt aufzuschwingen. Auf der „toten Unschuld" wimmelt es von ihnen: „mit der Vergebung auf den Lippen und dem Richtspruch im Herzen" – er aber ist „für immer gegangen" (96). Aber es geht auch, muß ja ohne ihn gehen. Kein Gott vonnöten, „um Schuldhaftigkeit zu schaffen [...] Unsere von uns selbst wacker unterstützten Mitmenschen besorgen das zur Genüge" (92). Auch Clamans also nur ein Beispiel, ja selbst Opfer des Klimas einer Unversöhntheit, die alle gefangenhält, Spiegel einer gnaden- und verheißungslosen Gesellschaft, in der der moralische Impuls noch am ehesten als Rechtfertigungs- und Verurteilungszwang überdauert – im latenten Wissen um eigene Schuld ohne Aussicht auf wirkliche Heilung, erträglich allein in der gegenseitigen Verurteilung aller: „Zum Richten sind wir heutzutage immer bereit [...] Nur spricht man niemand mehr frei" (65.96).

Aber selbst wenn die Aussicht auf Vergebung sich öffnet und ihr Angebot tatsächlich begegnet, selbst dann noch kann es geschehen, daß der moralische Rechtfertigungswille ein letztes Mal all seine Kräfte sammelt und sich in jene äußerste Gestalt der Selbstbehauptung hineinsteigert, die *Kierkegaard* in seinen Analysen der Sünde als Verzweiflung als die „Verzweiflung des Trotzes" beschrieben hat[137]. Denn was nun eigentlich das Leichteste sein sollte, sich nämlich die Vergebung einfach gefallen zu lassen, wird für den moralisch Verhärteten dennoch das Schwerste, weil er dann ja von seiner Sicherungsstrategie ablassen, sich selber buchstäblich loslassen und vor allem vor Gott sich aushalten müßte, so wie er ist. Eben deshalb die Gefahr einer Eskalation seiner Angst bis zur Verzweiflung des Trotzes, die darin gipfelt, daß er nicht nur an die Möglichkeit der Vergebung zu glauben sich nicht getraut, sondern zuletzt gar keine Vergebung mehr *will* und auch darin noch *Recht* haben will.

Es beginnt damit, daß der Schuldiggewordene sich über sein Versagen untröstlich zeigt („das kann ich mir niemals verzeihen"), daß er gleichsam seine Schwäche fixiert. „Anstatt aber nun richtig abzubiegen von der Ver-

137 *S. Kierkegaard*, Die Krankheit zum Tode (Anm. 79), 60–74 (Seitenangaben im Text).

zweiflung fort und zum Glauben hin, indem er sich vor Gott unter seine Schwachheit demütigt, vertieft er sich in die Verzweiflung und verzweifelt über seine Schwachheit [...] Wie ein Vater, der seinen Sohn enterbt, so will das Selbst sich nicht zu sich selbst bekennen, nachdem es so schwach gewesen. Verzweifelt kann es diese Schwachheit nicht vergessen, es haßt gewissermaßen sich selber, es will sich nicht gläubig unter seine Schwachheit demütigen, um solchermaßen sich selbst wiederzugewinnen, nein, verzweifelt will es sozusagen von sich selbst nichts hören, von sich selbst [...] nichts wissen" (61f). Würde dann vielleicht ein Mitwissender zu ihm sagen: „das ist ja Stolz, du bist ja eigentlich auf dein Selbst stolz" – so würde er, mit sich selbst wieder allein, sich gewiß bald damit beruhigen, daß es doch schon deshalb sich nicht um Stolz handeln könne, weil „er ja eben über seine Schwachheit in Verzweiflung geraten sei" (64f). Gleichwohl: er wird sein Wissen nicht los, mag er sich mit ihm auch tief in sich selber verschließen oder es durch Ausbrüche nach außen und vielerlei Zerstreuungen betäuben. Bis er endlich – der letzte Schritt – nun doch er selber sein will, er selbst *mit* seiner Schwäche sein will – jetzt aber so, daß sie ihm Anlaß wird „am ganzen Dasein Ärgernis zu nehmen [...] Denn hoffen auf die Möglichkeit der Hilfe hin [...], daß alles möglich ist bei Gott, nein, das will er nicht" (71). Und in der Tat: es stimmt ja nur halb, daß ein Leidender nichts lieber wolle, als sich helfen zu lassen. Er will es in der Regel nur dann und nur so, wie er selber es wünscht. „Wenn es aber im tieferen Sinne Ernst mit der Hilfe wird, [...] diese Demütigung, die Hilfe unbedingt entgegennehmen zu müssen auf jegliche Weise" (72) – nein, jetzt ist es zu spät, es war einmal, daß er gern alles darangegeben hätte, um seine Qual loszuwerden, jetzt hält er sie fest, jetzt will er mit ihr, mit seiner Schwäche er selbst sein: als Einwand gegen das Dasein selbst, gegen die Güte des Daseins, als lebendiger Beweis sozusagen, um noch einmal Recht zu behalten und Gott ins Unrecht zu setzen. „Es ist, um es im Bilde zu beschreiben, wie wenn einem Schriftsteller ein Schreibfehler unterliefe, und dieser würde sich seiner als eines solchen bewußt [...] es ist, wie wenn nun dieser Schreibfehler gegen den Verfasser Aufruhr machen wollte, aus Haß wider ihn ihn zurechtweisen wollte, und in wahnwitzigem Trotz zu ihm sprechen: nein, ich will nicht ausgestrichen werden, ich will stehen bleiben als Zeugnis wider dich, ein Zeugnis davon, daß du ein mäßiger Schriftsteller bist" (74) ...

Ich breche die Beschreibung hier ab, wir spüren wohl, daß wir an Abgründe stoßen. Angedeutet sollte durch den Rückgriff auf Camus und Kierkegaard nur werden, welche Gefahren die Krise in sich birgt, die das

Bewußtsein eigener Schuld gerade für ein *nur* moralisch begründetes Dasein heraufführt, und zu welchen Pervertierungen seine wesentliche Aporie, sich letztlich nicht selbst gutheißen zu können, eskalieren kann, solange es auf sich selber beharrt und den Übergang zum Glauben nicht findet. Und wie schwer gerade für Menschen, die ernsthaft moralisch sein wollen, das im Grunde doch so Leichte und Nächstliegende werden kann: das Zutrauen in Gottes Vergebung, das Gefallen an seiner Gnade. Und doch gibt es, um entschieden moralisch leben und zugleich mit sich einig und für andere frei werden und nicht zuletzt auch sachgerecht (d. h. durch sich selbst nicht gehindert) arbeiten zu können, wohl keinen anderen Weg als diese Einstimmung in Gottes Gnade, die unser Selbstsein tragen will. In einem der Cahiers von *Charles Péguy* heißt es:

> „Eure Gewissensprüfung und eure Reue
> Sollen euch nicht verhärten [spricht Gott].
> Sondern sie seien Entkrampfungen, und eure Gewissensprüfungen
> und eure Reue und eure Zerknirschungen, selbst wenn
> sie am bittersten sind,
> Seien lösende Bußen und Zerknirschungen der Vergebung,
> Ein Ergeben in meine Hände und ein Verzichten.
> Doch ich kenne euch ja, ihr seid immer die gleichen.
> Große Opfer wollt ihr mir bringen, sofern ihr sie selber euch
> auswählt.
> Statt mir kleine zu bringen, wie ich sie haben möchte.
> So seid ihr nun einmal, ich kenne euch.
> Ihr tätet alles für mich, außer dem Wenigen dieser Ergebung,
> Die für mich alles ist“[138].

Und das „Tagebuch eines Landpfarrers“ von *Georges Bernanos* schließt mit dem Eintrag: „Das, was damals in mir gelitten hat, ist nicht mehr und kann nicht mehr sein [...] Es ist vorbei. Das eigentümliche Mißtrauen, das ich gegen mich, gegen meine Person hegte, beginnt sich zu verflüchtigen, und das wohl für immer. Dieser Kampf ist zu Ende. Ich verstehe ihn nicht mehr [...] Es ist leichter als man glaubt, sich zu hassen. Die Gnade besteht darin, daß man sich vergißt. Wenn aber aller Stolz in uns gestorben wäre, dann

138 *Ch. Péguy*, Das Mysterium der unschuldigen Kinder, Wien 1958, 26 (Zitat leicht gestrafft).

wäre die Gnade der Gnaden, sich selbst demütig zu lieben als irgendeinen, wenn auch noch so unwesentlichen Teil der leidenden Glieder Christi"[139].

Die Antinomie moralischer Praxis und der wohltuende Unterschied zwischen dem, was Aufgabe des Menschen, und dem, was allein Sache Gottes ist

Die *zweite Grundaporie*, an der sich die Angewiesenheit der Ethik auf religiöse Sinnvorgaben zeigt, ist insofern eine Variante der ersten, als sie es ebenfalls mit der letzten Sinnproblematik menschlichen Daseins zu tun hat – nun aber so, daß nicht etwa die Ethik sich selber die Lösung dieser Sinnproblematik auflädt und deshalb an ihre Grenzen zu erinnern wäre, sondern umgekehrt so, daß gerade bei der konsequenten Verwirklichung des tatsächlich moralisch Geforderten die *Sinnbedürftigkeit der Ethik selber* bewußt wird. In der neueren fundamentalethischen Diskussion ist diese Problematik durchaus virulent. Und zwar stellt sie sich umso eher, je gründlicher reflektiert wird: Warum überhaupt Moral? Warum eigentlich soll Moral sein und sollen *wir* moralisch sein? Die Frage ist durchaus doppeldeutig. Sie kann zunächst nur wieder die *Begründung* unbedingten Sollens betreffen. Und in diesem Fall kann, jedenfalls in einem autonomen Begründungsansatz, die Antwort nur lauten: Moralisches Handeln soll sein, weil Freiheit sein soll – und zwar in der ihr selber entsprechenden, durch ihr eigenes Wesen gebotenen Weise. Sodann kann jene Frage aber auch Ausdruck des unabweisbaren Bedürfnisses sein, das unbedingte moralische Sollen nicht nur zu begründen, sondern es auch zu *verstehen*. In diesem Fall betrifft sie nicht den Geltungsgrund, sondern eben den *Sinn* moralischen Handelns im Gesamtgefüge des Daseins. Gerade wenn die Selbständigkeit der Ethik und ihre Autonomie erfaßt sind und man an der Unbedingtheit moralischen Sollens keinerlei Abstriche zuläßt, gerade dann wird man ja vor dem realen Schicksal und dem existentiellen Dilemma, das der moralischen Praxis in der tatsächlichen Welt droht, kaum noch die Augen verschließen können. Denn, so formuliert *Helmut Peukert* diese zentrale Aporie ethischer Praxis, „man kann daran zugrunde gehen, daß man das Gute tun will"[140]. Gutsein, unbedingt entschiedenes, einsatz-

---

139 *G. Bernanos*, Tagebuch eines Landpfarrers (Fischer-TB 116), Frankfurt/Hamburg 1956, 364.

140 *H. Peukert*, Sprache und Freiheit. Zur Pragmatik ethischer Rede: *F. Kamphaus/R. Zerfaß* (Hg.), Ethische Predigt und Alltagsverhalten, München/Mainz 1977, 44–75, 70.

bereites und vor allem innovatorisches Gutsein, erweist sich als riskant, als aufreibend, kostenreich und gefährlich, womöglich sogar (an Beispielen fehlt es ja nicht) als lebensgefährlich – man kann dabei unglücklich werden: Moralisch zu sein garantiert nicht das Glück, garantiert es am wenigsten dem moralisch Handelnden selbst. Was zu dieser Aporie prinzipiell gesagt werden kann, hat bereits *Kant* mit maßgeblicher Klarheit durchdacht. Kaum jemals, so faßt *Ricoeur* sein Urteil über Kants diesbezügliche Ausführungen zusammen, kaum jemals wurde schärfer gesehen, daß die Versöhnung von Freiheit und Natur, die Synthese von Sittlichkeit und Glück nur eine erhoffte sein könne und eines transzendenten Urhebers bedürfe[141]. Wie sehr diese Hoffnung, die Kant als Vernunftglauben verstand und im Bedürfnis der Vernunft nach unbedingter Einheit fundiert sah, tatsächlich dem menschlichen Sinnbedürfnis entspricht, hat *Max Horkheimer* einmal mit Bezug auf eine Stelle bei *Victor Hugo* an einem sehr alltäglichen Beispiel verdeutlicht:

> „Eine alte Frau geht über die Straße, sie hat Kinder erzogen und Undank geerntet, sie hat gearbeitet und lebt nun im Elend, sie hat geliebt und ist nun alleingelassen, aber, fern von allem Haß hilft sie, wo sie kann.
> Jedermann sieht sie ihren Weg gehen und sagt: Das muß ein Morgen haben“[142].

Aber gehen wir schrittweise vor und bleiben wir bei *Kant*, bei seiner von der Antinomie der praktischen Vernunft ausgehenden Überlegung, die als Postulatenlehre bekannt ist (und auf die ich im 5. Kapitel schon vorgegriffen habe[143]). Daß zunächst der Verbindlichkeitsgrund moralischen Sollens

141 Vgl. *P. Ricoeur*, Die Freiheit im Licht der Hoffnung: *ders.*, Hermeneutik und Strukturalismus. Der Konflikt der Interpretationen I, München 1973, 199–226, 216ff.
142 Zitat nach *D. Mieth*, Gotteserfahrung und Weltverantwortung. Über die christliche Spiritualität des Handelns, Darmstadt 1982, 200. Auch *Kant* beschreibt es einmal als geradezu unvermeidliches Urteil der darauf reflektierenden Menschen: „daß es im Ausgange nimmermehr einerlei sein könne, ob ein Mensch sich redlich oder falsch, billig oder gewalttätig verhalten habe, wenn er gleich bis an sein Lebensende, wenigstens sichtbarlich, für seine Tugenden kein Glück, oder für seine Verbrechen keine Strafe angetroffen habe. Es ist: als ob sie in sich eine Stimme wahrnähmen, es müsse anders zugehen“ (KU B 438).
143 Da ich dort auf den Ansatz der Postulatenlehre, den Begriff des „höchsten Guts“ und den schwer bestimmbaren kognitiven Status des „reinen praktischen Vernunftglaubens“ schon eingegangen bin, darf ich mich jetzt mit der zentralen Argumentation und

im Menschen selbst liegen müsse und jede andere Begründung, und sei es auch durch die Berufung auf den göttlichen Willen, die Ursprünglichkeit und die Autonomie der Ethik verfehle – von dieser grundlegenden Entdekkung rückte Kant nie wieder ab. Aus demselben Grunde blieb er dabei, daß auch jede Rücksicht auf andere Motive, jeder Kompromiß mit unserem verständlichen Verlangen nach Wohlergehen und Glück die Grundlegung der Ethik verderbe und die Unbedingtheit ihrer Forderungen korrumpiere. Man hat diese Konsequenz immer wieder (von *Schiller* bis heute) als Kantischen Rigorismus verspottet[144] – und doch war sie nur der Ausdruck für sein Bemühen, das Phänomen des Ethischen überhaupt angemessen zu begreifen und dabei der ursprünglichen Erfahrung unbedingter Verpflichtung so treu wie möglich zu bleiben. Auch hat Kant, indem er das menschliche Glücksbedürfnis so entschieden als *Prinzip* autonomer Sittlichkeit ausschloß, es damit doch keineswegs abgewertet und diskreditiert, sondern im Gegenteil das von allen erstrebte Glück als natürliches Endziel der Menschen anerkannt und es deshalb als unabdingbaren Bestandteil des „höchsten Guts" aufgefaßt, das zu befördern unbedingte Pflicht sei[145]. In diesem

---

einer freien Verdeutlichung der für den gegenwärtigen Abschnitt relevanten Gedanken begnügen.

144 Erinnert sei nur an *Schillers* Spottgedicht „Gewissensskrupel": „Gerne dien ich den Freunden, doch tu ich es leider mit Neigung, / Und so wurmt es mir oft, daß ich nicht tugendhaft bin". *F. Schiller*, Sämtliche Werke. Bd. I (ed. *A. Meier*), München/Wien 2004, 299.

145 „Nun war es Pflicht für uns, das höchste Gut zu befördern", heißt es ausdrücklich (KpV A 226); und an späterer Stelle: „Es ist Pflicht, das höchste Gut nach unserem größten Vermögen wirklich zu machen" (KpV A 259). Zur Klarheit ist jedoch daran zu erinnern, daß sich der *Gegenstand* der praktischen Vernunft erst *nach* der Aufstellung des Moral*prinzips* erörtern läßt, wobei es die Vernunft (als Vermögen des Unbedingten) selbst ist, die das Problem aufwirft, indem sie „in ihrem praktischen Gebrauche [...], als reine praktische Vernunft, zu dem praktisch-Bedingten (was auf Neigungen und Naturbedürfnis beruht) ebenfalls das Unbedingte" sucht, nämlich „die unbedingte Totalität des *Gegenstandes* der reinen praktischen Vernunft, unter dem Namen des *höchsten Guts*" (KpV A 194). Dieses ist somit „das höchste durch Freiheit mögliche Gut in der Welt" (KU A 419). Da aber „das höchste in der Welt mögliche [...] physische Gut" die Glückseligkeit ist, kommt diese nun in die Betrachtung hinein. Zwar kann sie mitnichten als Moralprinzip (Bestimmungsgrund des moralischen Willens) gelten, wohl aber als die „subjektive Bedingung", unter der sich „der Mensch [...] einen Endzweck setzen kann": ist sie doch „ein in sie [die Menschen] durch ihre Natur (als endlicher Wesen) gelegter unwiderstehlicher Zweck, den die Vernunft nur dem moralischen Gesetze als unverletzlicher *Bedingung* unterworfen, oder auch nach demselben allgemein gemacht wissen will, und so die Beförderung der Glückseligkeit, in Übereinstimmung mit der Sittlichkeit, zum End-

Punkt dachte er weit menschlicher als etwa *Hegel*, der große Antipode, der seinerseits souverän über das Individuum und sein Glücksverlangen hinwegging und dem einzelnen nur immer wieder die Aufopferung in das Ganze zu empfehlen wußte. Gerade weil Kant beides so klar unterschied und dennoch keines von beiden aufgab, weder das Verlangen nach Glück noch die Unbedingtheit der Pflicht, konnte das Problem ihrer Vereinigung überhaupt so bedrängend ins Blickfeld rücken.

In der Tat hat er sich, wie er selbst forderte, „auf den realen Unterschied [zwischen beiden] tief eingelassen“[146]. Unmöglich ist zunächst die einfache Gleichsetzung von beiden. Moralität und Glück sind nicht identisch (ihre Verbindung nicht *analytisch*), wie Kant mit antiken Beispielen klarmacht[147]: Weder ist das Glücklichsein oder das Glücklich-sein-Wollen schon Tugend, noch die Moral schon das Glück. Um sich mit der ersten, der epikureischen Ansicht, Moralität sei nichts anderes als eben die Technik und Kunst eines glücklichen Lebens, im Ernst anfreunden zu können, hätte Kant seine wichtigsten Einsichten wieder über Bord werfen müssen; aber er war zugleich doch auch ein zu nüchterner Realist, um die Gegenthese der stoischen Richtung, das moralische Bewußtsein in der Erfüllung der Pflicht sei schon sich selbst Glück genug, nicht als wirklichkeitsfremde Illusion zu durchschauen. Der Epikureer verdirbt die Reinheit der Tugend, der Stoiker muß sein Glücksbedürfnis verdrängen, das doch durch die Stimme der eigenen Natur vernehmlich genug zu ihm spricht. Aber auch eine *synthetische* Verbindung von beiden ist nicht möglich, jedenfalls nicht gegeben, beide *folgen* auch nicht auseinander (so wie im Bereich der Natur die Wirkung aus ihrer Ursache folgt): Denn weder gewinnt menschliches Handeln durch die Orientierung am Glück schon moralische Qualitäten, noch ist umgekehrt vom moralischen Handeln ohne weiteres das Glück zu erwarten. Der faktische Weltlauf, in dem die Gemeinheit über Unschuldige triumphiert und konsequentes Gutsein als dumm gilt, beweist doch eher das

---

zwecke macht“ (KU A 419–421). So ergibt sich der differenzierte Begriff vom höchsten Gut, in dem die Glückseligkeit der Moralität als ihrer Bedingung zwar unter-, aber auch beigeordnet und entsprechend das *oberste* Gut (Sittlichkeit) vom *vollendeten* (höchsten) Gut (Sittlichkeit + Glückseligkeit) unterschieden wird (vgl. KpV A 199).

146 KpV A 201. Zum folgenden vgl. vor allem KpV A 198–237.

147 „Der Stoiker behauptete, Tugend sei das *ganze höchste Gut*, und Glückseligkeit nur das Bewußtsein des Besitzes derselben [...] Der Epikureer behauptete, Glückseligkeit sei das *ganze höchste Gut*, und Tugend nur die Form der Maxime, sich um sie zu bewerben, nämlich im vernünftigen Gebrauche der Mittel zu derselben“ (KpV A 202).

Gegenteil – ganz zu schweigen vom ehernen Gang der Natur, die gegenüber Guten und Bösen gleichgültig ist: Wer auf Selbsterhaltung bedacht ist, tut besser daran, sein Verhalten an *ihren* Gesetzen statt am Moralgesetz auszurichten. Aber wenn dies nun alles so ist – ist dann die Vereinigung von Glück und Moral nicht überhaupt unmöglich? *Ist* sie aber unmöglich – ist dann Moralität nicht selber ein sinnloses Unternehmen, das phantastischen Zwecken nachjagt und von der Einbildung lebt, gut sein zu können und dennoch glücklich zu werden?[148] Ist sie aber sinnlos – warum dann noch länger sich abmühen mit ihr? Kant hat all diese Gedanken erwogen, aber die angedeutete Konsequenz nicht gezogen. Die Evidenz des Ethischen stand für ihn nicht zur Disposition. Ebenso unvollziehbar war ihm der Gedanke, daß das höchste Gut, obwohl unbedingt geboten, in sich unmöglich und somit alles moralische Bemühen letztlich sinnlos sein könne. Die Auflösung der beschriebenen Antinomie *mußte* also gelingen[149]. Sie konnte aber und sie kann, wenn die bisherigen Überlegungen stimmen, nicht anders mehr gelingen als allein durch die Voraussetzung der Existenz Gottes – eben der Existenz eines Gottes, der als moralischer Urheber der Welt auch die Macht hat, diese Welt zu vollenden und dabei die Sehnsucht der Menschen nach Glück mit ihrer Bestimmung zur Freiheit und Moralität zu versöhnen. Er ist es, der gleichsam indirekt die Glückseligkeit als Folge unserer Glückswürdigkeit, d. h. als Folge des uns unbedingt gebotenen moralischen Handelns verbürgt und damit die anders nicht denkbare letzte Übereinstimmung von Naturordnung und Sittengesetz garantiert[150].

---

148 Vgl. KpV A 204f.

149 Die Antinomie besteht darin, daß „entweder die Begierde nach Glückseligkeit die Bewegursache zu Maximen der Tugend, oder die Maxime der Tugend […] die wirkende Ursache der Glückseligkeit" sein muß, aber beides unmöglich erscheint (KpV A 204). Die Lösung eröffnet sich durch eine Differenzierung des Begriffs Wirkung: „Der erste von den zwei Sätzen, daß das Bestreben nach Glückseligkeit einen Grund tugendhafter Gesinnung hervorbringe, ist *schlechterdings falsch*; der zweite aber, daß Tugendgesinnung notwendig Glückseligkeit hervorbringe, ist *nicht schlechterdings*, sondern […] nur *bedingter Weise* falsch". Denn es ist „nicht unmöglich, daß die Sittlichkeit der Gesinnung einen, wo nicht unmittelbaren, doch mittelbaren (vermittelst eines intelligibelen Urhebers der Natur) und zwar notwendigen Zusammenhang, als Ursache, mit der Glückseligkeit, als Wirkung in der Sinnenwelt habe", so daß sich „eine natürliche und notwendige Verbindung zwischen dem Bewußtsein der Sittlichkeit, und der Erwartung einer ihr proportionierten Glückseligkeit, als Folge derselben, wenigstens als möglich denken" läßt (KpV A 206f.214).

150 Vgl. KpV A 223–226.

Kants Zuordnung von Glaube und Ethik setzt ihre klare Unterscheidung voraus[151]. Das Autonomieprinzip bleibt in Geltung, Gott wird keineswegs etwa zu guter Letzt doch noch durch die Hintertür eingeschmuggelt, um die Moral zu begründen oder gar moralische Disziplin zu garantieren: als „Chef der Weltfirma" gleichsam, wie *Robert Musil* einmal bissig bemerkte[152]. Doch gerade weil Kant bei der unbedingten Würde der autonomen, durch sich selber bestimmten Freiheit einsetzte und unbeirrt an ihrem Verpflichtetsein festhielt, mußte er redlicherweise auch ihre Grenze reflektieren: ihre Ohnmacht über die Welt, in der sie gut zu sein hat, und ihr definitives Scheitern am Tod. Die Möglichkeit einer *absurden* Ethik allerdings hat Kant nie ernsthaft erwogen. Er hätte sie, anders als später *Camus*[153], wohl auch kaum für vollziehbar gehalten. Die Sinnhaftigkeit der Moral war für ihn vielmehr so fraglos, daß sie ihrerseits sogar zur Basis der Gottesgewißheit avancierte. In diesem Punkt aber sind ihm schließlich auch diejenigen nicht mehr gefolgt, die doch wie er die himmelschreiende Antinomie moralischer Praxis empfanden. Statt von Vernunftglaube und moralischer Gewißheit hat *Max Horkheimer* nur noch von „Sehnsucht" gesprochen, von einer „Sehnsucht nach dem ganz Anderen", die er als Ausdruck verstand für die „Hoffnung, daß es bei diesem Unrecht, durch das die Welt gekennzeichnet ist, nicht bleibe, daß das Unrecht nicht das letzte Wort sein möge"[154]. Aber auch solche Hoffnung wollte er noch eingeschränkt wissen: Nur auf der „Furcht, daß es diesen Gott nicht gebe"[155], mochte er, zurückhaltend und skeptisch, bestehen – wohl wissend, daß sie theoretisch nicht überwindbar ist: „Der Gedanke, daß die Gebete der Verfolgten in höchster Not, daß die der Unschuldigen, die ohne Aufklärung ihrer Sache sterben müssen, daß die letzten Hoffnungen auf eine übermenschliche Instanz kein Ziel erreichen und daß die Nacht, die kein menschliches Licht erhellt, auch von keinem göttlichen durchdrungen wird, ist ungeheuerlich [...] Aber ist Ungeheuerlichkeit je ein stichhaltiges Argument gegen die Be-

151 Markant beginnt Kant die Vorrede zu seiner Religionsschrift: „Die Moral, so fern sie auf dem Begriffe des Menschen, als eines freien, eben darum aber auch sich selbst durch seine Vernunft an unbedingte Gesetze bindenden Wesens, gegründet ist, bedarf weder der Idee eines andern Wesens über ihm, um seine Pflicht zu erkennen, noch einer andern Triebfeder als des Gesetzes selbst, um sie zu beobachten" (A III).

152 *R. Musil*, Der Mann ohne Eigenschaften, Hamburg 1952, 505.

153 Zu Camus s. o. Anm. 28.

154 *M. Horkheimer*, Die Sehnsucht nach dem ganz Anderen (Anm. 114), 61.

155 A. a. O. 76.

hauptung oder Leugnung eines Sachverhalts gewesen, enthält die Logik das Gesetz, daß ein Urteil falsch ist, wenn seine Konsequenz Verzweiflung wäre?"[156] Die theoretische Möglichkeit, die Horkheimer hier offenhält, hätte wohl auch Kant nicht bestritten, sie aber dennoch, in der Instanz der praktischen Vernunft, für ausgeschlossen gehalten. „Daß keine innerweltliche Besserung ausreichte, den Toten Gerechtigkeit widerfahren zu lassen; daß keine ans Unrecht des Todes rührte, bewegt die Kantische Vernunft dazu, gegen Vernunft zu hoffen. Das Geheimnis seiner Philosophie ist die Unausdenkbarkeit der Verzweiflung. Genötigt von der Konvergenz aller Gedanken in einem Absoluten, beließ er es nicht bei der absoluten Grenze zwischen dem Absoluten und dem Seienden, die zu ziehen er nicht minder genötigt war"[157]. So deutet *Adorno* Kants „großartig zweideutiges" Denken, um dann jedoch zu erklären: „Die Möglichkeit, für welche der göttliche Name steht, wird festgehalten von dem, der nicht glaubt. Erstreckte einst das Bilderverbot sich auf die Nennung des Namens, so ist es in dieser Gestalt selbst der Superstition verdächtig geworden. Es hat sich verschärft: Hoffnung auch nur zu denken, frevelt an ihr und arbeitet ihr entgegen"[158]. Gleichwohl nennt auch Adorno eine Erfahrung, die – ohne apologetisch verfügbar zu sein – „von Entmythologisierung nicht getroffen würde": es ist „die Erfahrung, daß der Gedanke, der sich nicht enthauptet, in Transzendenz mündet, bis zur Idee einer Verfassung der Welt, in der nicht nur bestehendes Leid abgeschafft, sondern noch das unwiderruflich vergangene widerrufen wäre"[159]. *Helmut Peukerts* Untersuchungen, die dem Problem in neuem Zusammenhang nachgehen[160], münden sogar in die Frage, ob die

---

156 *M. Horkheimer*, Kritische Theorie. Bd. I (ed. *A. Schmidt*), Frankfurt 1968, 372.

157 *Th. W. Adorno*, Negative Dialektik, Frankfurt 1966, 376.

158 A. a. O. 392.

159 A. a. O. 393. Etwas später heißt es sogar: „Nicht absolut geschlossen ist der Weltlauf, auch nicht die absolute Verzweiflung; diese ist vielmehr seine Geschlossenheit. So hinfällig in ihm alle Spuren des Anderen sind; so sehr alles Glück durch seine Widerruflichkeit entstellt ist, das Seiende wird doch in den Brüchen, welche die Identität Lügen strafen, durchsetzt von den stets wieder gebrochenen Versprechungen jenes Anderen. Jegliches Glück ist Fragment des ganzen Glücks, das den Menschen sich versagt und das sie sich versagen" (a. a. O. 394).

160 Vgl. *H. Peukert*, Wissenschaftstheorie – Handlungstheorie – Fundamentale Theologie (Anm. 21). Peukerts Dialektik der kommunikativen Vernunft, die als Aporetik einer bloß normativ sich verstehenden kommunikativen Vernunft das „Paradox anamnetischer Solidarität" eruiert, läßt sich durchaus als Aktualisierung von Kants Dialektik der praktischen Vernunft im Kontext der ausgedehnten wissenschafts- und handlungstheo-

Praxis eines Menschen, der einen anderen als für ihn Handelnden erinnert und bejaht und doch die Feststellung seiner unwiderruflichen Vernichtung treffen müßte, an dieser Antinomie nicht selber zerbricht[161]: „Die eigene Existenz wird von der Solidarität her, der sie sich verdankt, zum Selbstwiderspruch. Die Bedingung ihrer eigenen Möglichkeit wird zu ihrer Zerstörung“[162]. Eine weitreichende Formulierung, denke ich, die zugleich aber weiß, daß dieses Problem von keiner umfassenderen Theorie mehr geklärt werden kann, sondern auf den Weg einer Praxis verweist, deren existentieller Vollzug die umstrittene Wirklichkeit des rettenden Gottes bezeugt und jeder metatheoretischen Aufhebung ihrer Erfahrungen widersteht. In der Tat läßt sich – bedenkt man die genannten Stimmen – gegen *Horkheimers* Frage einwenden, ob sie die faktisch unausweichlichen Sinnintentionen und vielleicht sogar Sinnimplikate moralischen Handelns nicht doch unterschätzt. Kann man den Gedanken der Vernichtung, der definitiven Vernichtung eines Menschen (zumal eines Unschuldigen) denn wirklich ernsthaft vollziehen und weiterhin – als Mensch leben? Kann man es anders, als daß man diesen Gedanken im selben Augenblick, wo man ihn faßt, auch schon abdrängt und wieder vergißt? Und *darf* man ihn überhaupt vollziehen – „dürfen“ streng moralisch verstanden? Heißt nicht, wie *Gabriel Marcel* mit kaum abweisbarer Evidenz formulierte, „dem Tod eines Menschen zustimmen [...] ihn dem Tod ausliefern“[163]? Und wird solche Zustimmung, wenn sie geschieht, nicht unwillkürlich, ja unabweisbar wie ein Verrat erlebt? Gibt es somit überhaupt eine andere Möglichkeit ent-

---

retischen Entwicklungen des 20. Jahrhunderts lesen (vgl. o. Kap. 2 Anm. 88). Die entscheidende Aporie tritt hervor, wenn man die Konzeption der unbegrenzten Kommunikationsgemeinschaft mit ihren elementaren Bestimmungen der Reziprozität und universalen Solidarität auf ihre geschichtliche Dimension hin entfaltet: Wie kann man, wenn doch die unbedingte Solidarität mit allen anderen die Möglichkeit eigenen Menschseins konstituiert, „die endgültige, nicht revidierbare Verlorenheit der Opfer des geschichtlichen Vorgangs, dem man sich selbst verdankt, überhaupt in der Erinnerung behalten und dabei glücklich sein, seine Identität finden?“ (a. a. O. 281).

161 Vgl. a. a. O. 308f.

162 A. a. O. 282.

163 *G. Marcel*, Das ontologische Geheimnis. Drei Essais (reclam 8643/44), Stuttgart 1961, 79. Im französischen Original kann Marcels oft zitierter Satz „Einen Menschen lieben [...] heißt: du aber wirst nicht sterben“ (ebd.) auch den Sinn haben „Einen Menschen lieben [...] heißt: du aber sollst nicht sterben“ – ein Oszillieren zwischen Futur und Imperativ, Indikativ und Optativ, Antizipation und Intention, das unsere Problematik präzise spiegelt.

schiedener Treue zu den Gestorbenen und Vernichteten, als für sie zu beten, d. h. in ihrem Namen Gott anzurufen?

Es gibt sie, denke ich, tatsächlich *nicht*. Und dennoch ist damit lediglich bewiesen, wie sehr und wie wesentlich solche Hoffnung der menschlichen Freiheit entspricht. Niemand jedoch, kein Mensch jedenfalls, kann verbürgen, daß der Ruf zu Gott nicht ins Leere geht: Das Sinnbedürfnis der freien Vernunft garantiert noch nicht seine Erfüllung. Das gilt für das Sinnbedürfnis der praktischen Vernunft ebenso wie für das Bedürfnis nach absoluter Begründung, das der theoretischen immanent ist. An dieser Stelle muß also auch ich mich von Kants Vernunftglauben trennen. Dies sehen wir heute, nach zweihundert Jahren fortschreitender Säkularisierung, klarer als er: *Nicht die Sinngewißheit moralischen Handelns begründet den Glauben, wohl aber stärkt die Sinnvorgabe des Glaubens die Sinnhoffnung der Moral.* Und tragender Grund des *Glaubens* kann letztlich nur Gottes *Selbsterweis* sein. Von dieser Einschränkung unberührt jedoch bleibt Kants ebenso fundamentale wie redliche Einsicht, daß moralisches Handeln, *wenn* es denn sinnvoll sein soll, über diesen Sinn jedenfalls selber nicht mehr verfügt. Und ebenso gültig die mit dieser Einsicht eindeutig festgestellte Unterscheidung zwischen dem, was Sache des Menschen ist, und dem, was allein Sache Gottes sein kann.

Und so möchte ich die Überlegungen dieses Abschnitts, der die Angewiesenheit der Ethik auf die Sinnvorgaben des Glaubens verdeutlichen sollte, *in drei Sätzen zusammenfassen.* Denn diese Angewiesenheit und mit ihr die praktische Relevanz des Glaubens zeigte sich unter drei wesentlichen Aspekten. *Erstens* eröffnet der Glaube, wenn er praktisch bezeugt wird, die Möglichkeit, daß sich Menschen letztgültig anerkannt wissen können, sich dadurch zu ihrer Freiheit gerufen und zu ihrer verbindlichen Übernahme ermutigt erfahren und so als selbstverpflichtete Subjekte moralischen Handelns sich überhaupt zu konstituieren vermögen. *Zweitens* begrenzt der Glaube die Ansprüche der Ethik, aber er tut es *zugunsten* der Ethik. Denn er entlastet sie von der letzten Sinnproblematik menschlichen Daseins und befreit sie von den Aporien des Rechtfertigungszwanges. Weil es Gott ist, der unser Dasein gutheißt und nur *er* es mit begründeter Endgültigkeit gutheißen *kann*, entscheidet über Gewinn und Verlust wahren menschlichen Lebens zuerst und zuletzt nicht moralische Leistung oder moralische Schuld, sondern der Glaube. *Drittens* eröffnet der Glaube den Horizont der größeren Möglichkeiten Gottes und wahrt so die Unterscheidung zwischen dem, was verpflichtende Aufgabe des Menschen, und dem, was allein Sache Gottes sein kann: Gott steht ein für den Sinn unseres Daseins und wird es vollenden, wir verantworten unser Handeln und die Wege, zu denen wir selbst uns bestimmen. Und auch diese Unterscheidung kommt der Ethik zugute, weil sie uns ermutigt zu tun, was wir als Menschen tun können. Und weil *Gott* tut, was Menschen *nicht* können, ermutigt sie ethisches Handeln insbesondere dazu, dem lähmenden Anschein letzter Vergeblichkeit zu widerstehen und nicht aufzuhören, das gebotene Gute zu beginnen.

9. KAPITEL

Ursprüngliche Evidenz oder falsches Bewußtsein?

Problematisierungen der Schuld- und Sündenerfahrung

Bevor wir in den nächsten Kapiteln die biblischen Zeugnisse und das Denken der Tradition über die Sünde und ihre Macht aufnehmen und erörtern, scheint es mir unumgänglich, daß wir uns zunächst in diesem Kapitel, wenigstens mit einigen Streiflichtern, der Situation vergewissern, aus der heraus wir die Glaubensüberlieferung befragen und in die hinein ihr Zeugnis zu vermitteln ist. Wir müssen die Probleme kennen, an denen der Glaube seine Relevanz erweisen soll. Das bedeutet nicht, ihn den herrschenden Plausibilitäten einfach anzupassen. Die Rede von der Sünde wird immer eine Zumutung sein – eine Zumutung allerdings mit dem Anspruch, dem Menschen zugute zu kommen. Überhaupt und grundsätzlich ist Glaubensvermittlung ja ein kritischer Vorgang, kritisch nach beiden Seiten: Einerseits sind in der Überlieferung selbst Wesentliches und Unwesentliches zu unterscheiden und die historischen Verzerrungen der Glaubenswahrheit zu revidieren, andererseits aber stellt das Andere und Neue, das der Glaube zu sagen hat, auch das gegenwärtig herrschende Bewußtsein in Frage. Dem Menschen, wie er tatsächlich existiert, begegnet das Evangelium immer als Heil und Gericht. Das Angebot der Gnade impliziert faktisch die Zumutung der Einsicht in die eigene Sünde und die Forderung wirklicher Umkehr.

Thema dieses Kapitels aber ist nun gerade die Problematisierung und das faktische Schwinden des Schuld- und Sündenbewußtseins. Natürlich – dies bleibt zu beachten – sind beide nicht einfach identisch. Zwar kann es kein Sünden- ohne Schuldbewußtsein geben, doch ist nicht jedes Schuldbewußtsein auch Sündenbewußtsein. Trotzdem werde ich im folgenden nicht immer beide streng auseinanderhalten. Denn zum einen tun dies auch die Kritiker nur selten (sie wollen zumeist beide gleichzeitig treffen); zum anderen bedeutet die Problematisierung des Schuldbewußtseins, auf das die radikalere Kritik sich vorzüglich richtet, als solche auch immer eine Infragestellung des Sündenbewußtseins, während umgekehrt von den Argumenten, die sich gegen die religiösen Voraussetzungen des Sündenbewußtseins richten, das Schuldbewußtsein nicht notwendig getroffen wird, wohl aber zu beobachten ist (und im 8. Kapitel zu bedenken war), daß faktisch dort, wo das Gottes- und Sündenbewußtsein verlorenging, sehr leicht auch das ethische Schuld- und Verantwortungsbewußtsein geschwächt wird und abzunehmen droht.

Massierung des erfahrenen Bösen, Verblassen der Worte Sünde und Schuld

Beginnen wir mit einem Blick auf die gegebene Situation. Schon beim ersten Hinsehen fällt auf, daß sie von widerstreitenden Tendenzen geprägt ist: Während sich im innerkirchlichen Bereich, vor allem in Verkündigung und Liturgie, eine kaum problematisierte Rede von Schuld und Sünde weiterhin durchhält, begegnet umgangssprachlich zumindest das Wort Sünde nur noch in abgeschwächter oder gar ironischer Verwendung[1]. Wir sprechen von Verkehrssündern oder Umweltsünde, von Sündenbock und Sündenregister, wir sagen „sündhaft teuer“ oder auch „schön wie die Sünde“ – alles semantische Verschiebungen, die auf einen weitreichenden Bewußtseinswandel deuten. Auch der Christ lebt heute, konstatiert *Gerhard Ebeling*, „in einer Umwelt, für deren Aufbau und Lebensrhythmus die Vorstellung der Sünde keine Rolle mehr spielt. Es ist eine Welt, die weder die Sprache besitzt, Sünde auszusprechen, noch Orte der Vollmacht, um von Sünde loszusprechen, und die darüber hinaus beides nicht zu vermissen scheint“[2]. In einem Brief an seine Tochter schrieb bereits 1949 *Gottfried Benn*: „Niemals hat mich die Frage Schuld und Sünde und Jenseits überhaupt beschäftigt, diese Fragen waren für mich einfach nicht vorhanden. Ich kann mir absolut nichts dabei denken“[3].

Schon dieser erste Befund ist eigentlich erstaunlich – erstaunlich insofern, als die *Realität*, auf die sich die Rede von Sünde und Schuld doch bezieht, nicht nur von allen erfahren, sondern durchaus auch als das Nicht-sein-Sollende erlebt wird. Lapidar bemerkt *Walter Schulz* in seiner „Philosophie in der veränderten Welt“: „Daß die Gestalten der Ordnung wechseln, ist klar. Aber die Differenz zwischen Ordnung und deren Negation ist ein Urphänomen des menschlichen Lebens“; die Begriffe Gut und Böse zei-

1 Vgl. *M. Sievernich*, Schuld und Sünde in der Theologie der Gegenwart, Frankfurt ^{2}1983, 16f.

2 *G. Ebeling*, Theologie zwischen reformatorischem Sündenverständnis und heutiger Einstellung zum Bösen: *ders.*, Wort und Glaube. Bd. III: Beiträge zur Fundamentaltheologie, Soteriologie und Ekklesiologie, Tübingen 1975, 173–204, 197.

3 Zitat nach *M. Sievernich*, Schuld und Sünde (Anm. 1), 16.

gen an, „daß der Mensch selbst die Ordnung als das Gute nur herstellen kann im Gegenzug gegen seine eigene Tendenz zu deren Negation, das heißt dem Bösen"[4]. Dieses Böse darf und dürfte nicht sein, aber es ist. Und *Hermann Häring* kommentiert: „Keiner will es gelten lassen, aber alle wirken an ihm mit", ja sogar: „Je entschiedener wir uns gegen das Böse wehren, desto mehr geraten wir in den Bann seiner Methoden: Verschleierung, Verängstigung, Gewalt. Optimistisch sprach *Goethe* noch vom übelwollenden, aber stets das Gute schaffenden Geist – die Legende vom Gott dienstbaren [...] Satan. Uns liegt die Umkehrung des Zusammenhangs näher. Wir wollen das Gute, schaffen aber im Weltzusammenhang das Böse mit: Besitz als verdeckten Diebstahl, Gerechtigkeit durch ungerechtfertigte Gewalt, Sicherheit durch unermeßliche Tötungsbereitschaft, Gesundheit durch schleichende Vergiftung, vielleicht eine ganze Kultur, die vom Zynismus durchsetzt ist und nichts so sehr zu fürchten lehrt als den Menschen [...] Das Böse darf und dürfte nicht sein, *aber es ist*"[5]. Der moralische Protest, der sich in diesem Bewußtsein des Nichtseinsollens des Bösen verrät, verrät aber auch etwas über die Zuständigkeit: Der Mensch selber ist immer schon involviert. Es gibt ja weder das Böse an sich noch gibt es „ein Weltelement, das in sich oder gar rundum böse wäre. Allerdings, immer ist jemand oder etwas böse. Das Böse erscheint also im Prädikat, als Eigenschaft. Es ist in Ereignissen, Handlungen und deren Wirkungen zu Hause [...] hat mit Handeln und Erleiden, mit menschlichen und sozialen Beziehungen zu tun. Als böse wird erfahren, was bedroht, Ordnungen auflöst, Leben zerstört, Entwicklungen in Katastrophen enden läßt. Es bedeutet im Kern Angriff auf Dasein und Leben. Seine Richtung ist der Tod. Augustinus nennt es in aller Kürze und wohl auch präzis: das was schadet"[6].

Das Böse darf und dürfte nicht sein, aber es ist. Und es ist das, was schadet und menschliches Leben zerstört: Tod in vielen Gestalten. Da quälen sich Menschen mit ihrer eigenen Biographie, schleppen Verwundungen mit sich, die niemals geheilt sind und ihre freie Entfaltung verhindern. Kinder werden geboren, um nach kurzem Elend und in Scharen zu sterben, Kinder auch, die noch als Erwachsene ihre Eltern verwünschen. Da gehen Beziehungen in die Brüche, kaum daß sie glücklich begannen; und darauf die Einsamkeit, die Anklagen und Schuldgefühle, das Hin und Her von

---

4 *W. Schulz*, Philosophie in der veränderten Welt, Pfullingen 1972, 721.
5 *H. Häring*, Das Problem des Bösen in der Theologie, Darmstadt 1985, 1.
6 A. a. O. 2.

Selbstrechtfertigung und Selbstquälerei. Da machen sich Menschen gegenseitig kaputt: das heimliche Sichbeobachten und Beherrschenwollen und das Mißtrauen, das alles Gelingen zerstört. Da werden Interessen rücksichtslos durchgesetzt: Kampf aller gegen alle; der fürchterliche Konkurrenz- und Rivalitätsdruck: Wenn ich versage, bin ich erledigt. Die vielen Zwänge, unter denen wir stöhnen und die uns zu Mitspielern werden lassen in Prozessen, die wir eigentlich nicht wollen. Und wieviel mutwillig beschädigtes Glück, schuldiggebliebene Wahrheit, verratene Liebe, aufgekündigte Treue, triumphierende Gemeinheit, nackte Gewalt. Ganz zu schweigen von den bedrückenden Problemen im großen: dem Massensterben der Namenlosen, der rapiden Zerstörung der Erde, dem Elend der Unterernährten, der Brutalisierung so vieler Lebensbereiche …

Das Problem, das im Glaubwürdigkeitsschwund und Verblassen des Wortes Sünde und zunehmend, wenn die Anzeichen nicht trügen, auch im Schwinden des Schuldbewußtseins besteht, erhält seine Zuspitzung also durch die Tatsache, daß *an realer Erfahrung des Bösen kein Mangel* ist[7]. Unser letztes, gerade erst vergangenes Jahrhundert zeichnet sich durch den traurigen Ruhm aus, jedes bisherige durch Massierung und Steigerung entsetzlicher Greuel zu überbieten. Das soll jetzt nicht ausgeführt werden, es ist nicht mein Ziel, diese Greuel zu beschwören. Daß dieser Flut der Erfahrung des Bösen aber eine fast völlige Ebbe der Sünden- und weitgehend auch der persönlichen Schulderfahrung korrespondiert, das gibt doch zu denken. Zur Erklärung genügt sicher nicht die gern beschworene und tatsächlich ständig noch wachsende „Unübersichtlichkeit“ der Verhältnisse, in denen wir, ohne die Folgen unseres Tuns zu überblicken, mitspielen müssen und die Verantwortlichkeiten verschwimmen – so wie *Friedrich Dürrenmatt* schon 1955 die „Wurstelei unseres Jahrhunderts“ beschrieb: „Alle können nichts dafür und haben es nicht gewollt. Es geht wirklich ohne jeden“[8]. Und wohl ebensowenig genügt der an sich zutreffende Hinweis, daß eben die Massierung und Steigerung des Bösen (bedingt durch Faktoren wie die Bevölkerungsexplosion, das maßlose Anwachsen der Machtmittel oder die Globalisierung aller Informationen) das Bewußtsein abstumpfe und sich naturgemäß lähmend auswirke. Beides ist gewiß richtig, reicht aber als Erklärung nicht aus. Unübersehbar sind allerdings die vielfältigen Strategien der Abwehr. Man behilft sich mit einem nur noch partiell orien-

---

7 Vgl. *G. Ebeling*, Dogmatik des christlichen Glaubens I, Tübingen 1979, 360ff.

8 *F. Dürrenmatt*, Theaterprobleme, Zürich 1955, 47f.

tierten, durch Scheuklappen gesicherten Optimismus oder einer mehr oder minder kaschierten Resignation. Man kompensiert die Angst durch das Ergattern und Absichern eines möglichst großen Stücks am Wohlstandskuchen, durch die Anhäufung von Sachen, die Verfeinerung der Genußfähigkeit und ästhetische Inszenierung des Privaten, vielleicht sogar die Pflege eines intelligenten Zynismus[9] oder auch durch einen ungeduldigen Aktivismus, der den Verhältnissen die Schuld gibt und ebenso wie sein Pendant, ein verängstigter Konservatismus, die Welt in Gut und Böse aufteilt, wobei bezeichnenderweise aber auch diese Vokabeln (Gut und Böse) zunehmend ihre Brauchbarkeit verlieren: Denn als gut gilt fast immer die eigene Sache, das Böse wird gleichgesetzt mit den Anderen oder mit anonymen Verhältnissen und Mächten – Identifikationen des Bösen, die zwar immer auf Aspekte seiner realen Erfahrung verweisen, aber leicht auch (genauso wie früher Teufel und Dämonen) die Funktion der Selbstentlastung übernehmen. Kurz: Es ist nicht etwa Mangel, sondern eher ein Übermaß an Erfahrungen, was die Rede von Schuld und Sünde erschwert – Erfahrungen allerdings, die man bereits kanalisiert und sich zurechtgelegt hat und nicht wirklich an sich heranläßt.

Das Beunruhigende unserer Problematik besteht auch nicht so sehr darin, daß sich die moralischen Auffassungen im einzelnen verändern. Gegenüber den Fixierungen im herkömmlichen Moral- und Sündenverständnis waren gewisse sittliche Emanzipationsvorgänge und Lockerungsübungen durchaus zu begrüßen, auch wenn man das Problem nicht herunterspielen sollte, daß der stürmische Abbau überkommener Bindungen vorerst kaum durch Neuorientierungen aufgefangen wird, von denen eine wirklich ethisch gestaltende Kraft ausgehen würde. Immerhin ließen sich gegenüber einem bloßen Lamento vom allgemeinen moralischen Zerfall die Beispiele zunehmender Sensibilität für soziale Ungerechtigkeit und gesellschaftliche Mißstände anführen und auf die wachsende Bereitschaft zum persönlichen Einsatz hinweisen. Allerdings sind es, bei Licht besehen, doch stets nur wenige Einzelne, die sich uneigennützig und dauerhaft zu einem Engagement verpflichtet wissen, das über die private Lebenssphäre hinausreicht. Und selbst die mikrosozialen Beziehungen dürften weit häufiger durch Interessen, Gewöhnung und affektive Kräfte (Sympathie, Mitleid usw.) reguliert und zusammengehalten werden, als daß sie sich zur

9 Nicht zu vergessen auch der brutale Zynismus wie der des Porschefahrers mit dem Wagenaufkleber: Eure Armut kotzt mich an.

Reife unbedingter Entschiedenheit füreinander vertieften und von ihr getragen wären. Und damit, denke ich, kommen wir zum entscheidenden Gesichtspunkt. Das eigentlich Beunruhigende ist nämlich, daß heute *das Phänomen des Ethischen selbst undeutlich* wird. Das Kernproblem, urteilt *Gerhard Ebeling*, „liegt in dem Verlust einer Sprache, die [noch] unbedingt Angehendes auszusagen vermöchte"[10]. Und mit ihr, möchte ich ergänzen, im Verlust von *Erfahrungen*, die uns noch unbedingt angehen, beanspruchen und bewegen: ein Leben aus Eisschränken, Internet, Kreuzworträtseln und Handelsbilanzen; eine Öffentlichkeit, die alle Grenzsituationen, die mitten im Leben der Einzelnen aufbrechen, konsequent tabuisiert und verleugnet; die alles durchdringende Vorherrschaft einer Sprache, die vom Objektwissen geprägt ist und die Sprechenden selber kaum involviert; ein Kommunikationsbetrieb, der Meinungen vermarktet (denn was ist schon Wahrheit?); eine Geschäftigkeit, die sich dem Vorletzten verschrieben hat, als sei es das Letzte; eine Kultur der Teilnahmslosigkeit aller gegen alle, die im Haben ihr Sein, im Genuß ihren Sinn und im Tauschwert ihre regulative Idee hat, der sie auch noch den Umgang mit Menschen unterwirft …

Daß in solcher Atmosphäre, wo schon das Wort „unbedingt" belächelt wird[11], zunächst der Begriff *Sünde* zum Fremdkörper wurde, kann nicht verwundern. Sünde ist ja, wie wir sahen, ein Relationsbegriff; er wird gegenstandslos, wenn sein Bezugspunkt, also die Beziehung zu Gott, verlorengeht. Gott aber ist (um es mit *Paul Tillich* zu sagen[12]) eben das, was uns unbedingt angeht (mit letzter Unbedingtheit angeht). Welche Bedeutung kann er noch haben, wenn das Unbedingte im Menschen selber erlischt? Insofern ist es zwar richtig, aber dennoch zu einfach, mit dem Hinweis auf den allgemeinen Säkularisierungsprozeß für den Sinnverlust des Wortes Sünde einlinig das Schwinden des Gottesbewußtseins haftbar zu machen, als sei dieser Prozeß

10 *G. Ebeling*, Dogmatik des christlichen Glaubens I (Anm. 7), 360.

11 Von einer „zeitgenössischen Tabuisierung alles Unbedingten" hat *Hansjürgen Verweyen*, Gottes letztes Wort. Grundriß der Fundamentaltheologie, Düsseldorf 1991, 91–96 gesprochen und dabei – primär im Blick auf den auch in die Theologie eingedrungenen „Relativismus der Hermeneutik und analytischen Sprachphilosophie", aber auch mit Bezug etwa auf die Reflexionen *Maurice Blondels* über den „Dilettantismus" sowie ausdrücklich als Ergänzung der Beobachtungen *Vittorio Hösles* zur Genese des „Relativismus als Prinzip der öffentlichen Meinung" – die Entwicklungen in den westlichen Ländern beleuchtet, aus denen die inzwischen geradezu „unbedingte Abneigung vor allem Unbedingten" resultierte.

12 Vgl. *P. Tillich*, Wesen und Wandel des Glaubens (Ullstein Buch 318), Frankfurt/Berlin 1963, 9ff.

ein Naturereignis gewesen; zumindest sollte man (neben anderen historischen Faktoren) damit rechnen, daß die hergestellten Verhältnisse eine Erfahrungsverarmung bewirkt haben, in deren Folge die Dimension der wesentlichen Bedürftigkeit des Menschen blockiert, die Unruhe seines unbedingten Fragens und Suchens beschwichtigt und stillgelegt wurde und deshalb auch kein Bedürfnis nach Gott mehr besteht. Nur selten vollzog und vollzieht sich der Tod Gottes durch dramatische Empörung, sondern viel alltäglicher und fast unmerklich dadurch, „daß sich der Mensch von Gott nichts mehr verspricht“[13], von ihm sich nichts mehr erwartet. Sicher hat nun zu den Erfahrungen, in denen sich die menschliche Angewiesenheit auf Gott aktualisierte und auf intensive Weise verdichtete, das Bewußtsein ethischer Schuld und Verpflichtung gehört, so wie umgekehrt die religiöse Erfahrung und die Verheißung des Glaubens die volle Dimension des Ethischen aufschloß, vertiefte und stärkte. Beide Richtungen dieser wechselseitigen Dependenz haben wir im 8. Kapitel erörtert – und so wird es angesichts ihrer gegenseitigen Vermittlung nicht wundern, daß mit dem Schwinden der einen Erfahrung auch die jeweils andere geschwächt wird[14]. Jedenfalls ist es bezeichnend, daß inzwischen auch die *ethischen* Grundbegriffe wie der der unbedingten Pflicht oder des Gewissens in denselben Glaubwürdigkeitsschwund hineingerissen sind, der das Gottes- und Sündenbewußtsein schon lange erfaßt hat. Es besteht durchaus die Gefahr, daß das Phänomen des Sitt-

13 *G. Ebeling*, Das Verständnis von Heil in säkularisierter Zeit: *ders.*, Wort und Glaube. Bd. III (Anm. 2), 349–361, 353.

14 Mit der Feststellung dieser Interdependenz möchte ich mich begnügen und so die Verengung, zu der *G. Ebelings* Prioritätensetzung in dieser Frage tendiert, vermeiden. Vgl. *ders.*, Theologie (Anm. 2), 199: „Im Blick auf die Entstehung dieser modernen Situation, in der Gottesglaube und Sünde miteinander aus dem Bewußtsein ausgeschieden werden, muß man sich allerdings fragen, wo hier die Priorität liegt: Ob mit dem Verblassen des Gottesgedankens und dem Ermatten des Glaubens der Begriff der Sünde seine Überzeugungskraft verlor; oder ob aus Ermangelung eines Sündenverständnisses, das die eigene Erfahrung traf und aufdeckte, der Gottesglaube seinen entscheidenden Bezug zur Erfahrung einbüßte und innerlich ausgehöhlt wurde. Man muß hier sicher mit einem komplizierten Ineinandergreifen dieser und weiterer Faktoren rechnen. Dennoch möchte ich vermuten, daß das primäre Movens nicht das Fraglichwerden Gottes war, sondern das Undeutlichwerden und Unverbindlichwerden des Redens von Sünde“. – Abgesehen von den prinzipiellen, im 7. Kapitel dargelegten Bedenken, den Glauben an Gott primär an das Sündenbewußtsein als seine *Voraussetzung* zu binden, scheint mir in Ebelings Sicht auch das Gewicht weiterer Gründe für das Fraglichwerden Gottes und das Ermatten des Glaubens – so etwa das neue Selbst- und Weltverhältnis des neuzeitlichen Menschen und vor allem das Theodizeeproblem – überdeckt.

lichen zu Spielregeln absinkt, die sich nach Gesichtspunkten der Nützlichkeit und Effektivität richten und letztlich von ideologischen Wertsetzungen, von Interessen und Vorurteilen gelenkt sind. An den Problemen etwa der Arbeits- oder der Steuermoral oder den Diskussionen über die bioethischen Fragen, über Stammzellenforschung oder Euthanasie oder auch an der Migrations- und Asylproblematik läßt sich die zunehmende Technisierung ethischer Fragen ja deutlich verfolgen …

Wahrnehmung der Situation und ihrer bestimmenden Faktoren!

Jedenfalls: Das Verblassen des Wortes Sünde (und immer mehr auch der Schuld) ist heute ein Faktum. Die Gläubigen können sich dem nicht einfach mit bekennerhaftem Trotz widersetzen, wenn sie nicht zugleich deutlich zu machen verstehen, was mit diesen Worten eigentlich gemeint ist. Allerdings ist es, was namentlich das Wort Sünde angeht, auch nicht mit irgendeiner Ersatzterminologie getan, die den Anstoß dieses Wortes abschwächt, anstatt ihn, wo es notwendig ist, angemessen zur Geltung zu bringen. Erst recht wäre moralische Entrüstung unangebracht, da sie nur in der Moralisierung des Sündenverständnisses verharren würde, die gerade (wie wir sehen werden) eine der Ursachen seiner Aushöhlung war. Vielmehr kann es allein darum gehen, die Situation nüchtern wahrzunehmen und nach ihren Ursachen und bestimmenden Faktoren zu fragen. Einiges habe ich dazu schon im vorigen Kapitel angedeutet, als ich vom Schwinden moralischer Kompetenz, der Anonymisierung der Schuld und den gesellschaftlichen Erschwernissen persönlicher Identitätsbildung sprach, aber auch von Fehlentwicklungen der christlichen Sündenlehre. Dies ist jetzt noch durch einige Aspekte zu ergänzen, die natürlich keine zureichende Diagnose der komplexen Zusammenhänge bieten wollen, vielleicht aber einige Spuren andeuten können.

Rückgewinnung des irdischen Lebens und Unschuld seiner Freuden

Historisch wird man den Beginn der Abkehr vom christlichen Sündenverständnis in der frühen *Aufklärung* ansetzen müssen und dabei den Anteil der christlichen Verkündigung selbst nicht unterschlagen können. *Bernhard Groethuysen* hat in seiner faszinierenden Studie „Die Entstehung der bürgerlichen Welt- und Lebensanschauung in Frankreich“ (1978) herausgearbeitet[15], wie eine Verkündigungspraxis, die das Schuldgefühl der Menschen ausbeutet und gegen ihr Selbstwertgefühl ins Feld führt, den christlichen Erlösungsglauben selbst um seine Überzeugungskraft bringt. Es schien ja so naheliegend, dem Freiheits- und Mündigkeitspathos des bürgerlichen Freigeistes die rettungslose Verstrickung des Menschen in die Sünde entgegenzuhalten, daß man sich der Zweischneidigkeit des Arguments kaum mehr bewußt war. Der Beschuldigte wird in die Rolle des Verteidigers gedrängt, und diese Verteidigung gelingt ihm umso besser, je maßloser die Beschuldigung ausfiel. War denn die Sünde des Menschen tatsächlich so verheerend, daß sie nicht nur die Leiden der Welt, sondern auch ewige Höllenqualen nach sich ziehen muß – außer Gott läßt Gnade vor Recht ergehen? Und entspricht es überhaupt der Güte dieses Gottes, die nicht zu leugnende Mittelmäßigkeit des normalen Menschen derartig zu dramatisieren? Allerdings galt es auch für die frühen Aufklärer als human, gesellschaftlich sinnvoll und Gott wohlgefällig, ein moralischer Mensch zu sein. Und natürlich auch als hilfreich, sich gelegentlich die vielen kleinen und mittleren Fehler vor Augen zu halten, um aus ihnen zu lernen. Aber braucht es dazu die Drohung mit einer „gerechten" ewigen Strafe? Und leistete diese Drohung nicht einem bloßen Wohlverhalten aus Angst, einer Sklavenmoral Vorschub? Also nahm der aufgeklärte Bürger seine moralische Unzulänglichkeit in die eigene Regie, während er Gott in die Rolle eines wohlwollenden Zuschauers seiner positiven Bemühungen verwies. Nicht mehr fühlte er sich als der unheilbar Kranke, dessen innerstes Wesen von der Sünde verdorben und zerfressen ist und der sich an allem, was er leidet, auch noch schuldig zu fühlen hat. Eher ist er jetzt Rekonvaleszent, der sich täglich wohler und besser fühlt und der – dies wird nun ebenso entscheidend – auch nicht mehr recht weiß, warum man es ihm eigentlich untersagen will, an den Freuden des Lebens teilzunehmen und es sich hienieden wohl sein zu lassen.

Die Rückgewinnung des irdischen Lebens und die Unschuld seiner Freuden – seinen poetischen Fürsprecher fand dieses Motiv in *Heinrich Heine. Dolf Sternbergers* Buch über ihn trägt den bezeichnenden Titel „Heinrich Heine und die Abschaffung der Sünde" (1972)[16]. Das Christen-

15 Vgl. *B. Groethuysen*, Die Entstehung der bürgerlichen Welt- und Lebensanschauung in Frankreich. Bd. 1, Frankfurt 1978, 194ff. Mit der folgenden Zusammenfassung halte ich mich eng an *J. Werbick*, Schulderfahrung und Bußsakrament, Mainz 1985, 8–10.

16 Vgl. *D. Sternberger*, Heinrich Heine und die Abschaffung der Sünde (st 308), Frankfurt 1976, 284–319.

tum, so Heine, „unfähig, die Materie zu vernichten, hat sie überall fletriert, es hat die edelsten Genüsse herabgewürdigt, und die Sinne mußten heucheln, und es entstand Lüge und Sünde“[17]. Gegen diese (wie er sie erlebte) jüdisch-christliche Gesetzes- und Jenseitsreligion, in der „durch die Verdammnis des Fleisches die unschuldigsten Sinnenfreuden eine Sünde geworden“ seien und die also die Sünde und Heuchelei überhaupt erst in die Welt gebracht habe, entwirft Heine die Utopie einer Freudenreligion: ein neues Zeitalter der zum Irdischen emanzipierten, gesundeten und glücklichen Menschheit in einem „Weltreich der Liebe, wo alle Traditionen der Sünde in Vergessenheit geraten“ sind[18]. Alle Motive dieser Freuden-Religion lassen sich, resumiert Sternberger, „in diesem Punkte versammeln: die Abschaffung der Sünde, nämlich des Sündenbewußtseins, das Ziehen des Pfahls aus dem Fleische, die Lösung vom Moralgesetz und die Entthronung des jenseitigen Gesetzgebers, die Stiftung rein menschlicher, autonomer Glückseligkeit“[19]:

> „Das alte Geschlecht der Heuchelei
> Verschwindet Gott sei Dank heut,
> Es sinkt allmählich ins Grab, es stirbt
> An seiner Lügenkrankheit.
>
> Es wächst heran ein neues Geschlecht,
> Ganz ohne Schminke und Sünden,
> Mit freien Gedanken, mit freier Lust –
> Dem werde ich Alles verkünden“[20].

Heine war es übrigens auch, der den Weg zu einer *künstlerischen Betrachtung, ja Verklärung des Bösen* wesentlich mitgebahnt hat. Schon die Dichtung der Aufklärungszeit war von der Verbindlichkeit der christlichen Lehre abgerückt und hatte den Menschen durch die Annahme einer prinzipiell positiv bewerteten Natürlichkeit entsündigt. An die Stelle des verführbaren und durch Versündigung ins Unheil stürzenden Menschen trat der allenfalls durch ein Übermaß an Affekten sich fehlerhaft verhaltende

17 Zitat a. a. O. 288.
18 Zitate a. a. O. 288f.
19 A. a. O. 288.
20 *H. Heine*, Deutschland. Ein Wintermärchen XXVII: *ders.*, Werke. Bd. 1: Gedichte (ed. *C. Siegrist*), Frankfurt 1968, 421–490, 486.

Mensch. Einflußreich wurde der von *Leibniz* entwickelte Gedanke, daß von Gott als dem vollkommensten Wesen alle Dinge eine begrenzte, ihrem Wesen jeweils entsprechende Vollkommenheit erhalten und die Vollkommenheit des höchsten Urhebers in jedem Dinge das ihm höchsterreichbare Maß an Vollkommenheit auch hervorbringt, wobei jedoch der Mensch, dessen Seele als Ebenbild der Gottheit in ihrem Wirken Gott nachahmt, die Erkenntnis Gottes wegen dessen Unendlichkeit nie ganz erreicht und somit „unser Glück niemals in einem vollkommenen Genießen bestehen [wird], bei dem nichts mehr zu wünschen übrig bliebe und das unseren Geist abstumpfen würde", wohl aber „in einem immerwährenden Fortschritt zu neuen Freuden und neuen Vollkommenheiten"[21]. Auch *Jean-Jaques Rousseau* hat trotz seiner „kulturpessimistischen" Tendenzen dem Menschen die Fähigkeit zur Selbstvervollkommnung nicht abgesprochen und die Freiheit im Sinne einer gewissen Unabhängigkeit vom Instinkt und der daraus folgenden Perfektibilität als spezifische Eigenart des *natürlichen* Menschen betrachtet: als die Möglichkeit zur Entfaltung moralisch-sozialer Eigenschaften näherhin, die freilich nur durch ein zufälliges Zusammentreffen verschiedener äußerer Gründe realisiert werden kann[22]. Doch während die Beurteilung dieser Perfektibilität bei Rousseau noch ambivalent bleibt, da sie einerseits die Fähigkeit zur Entwicklung der Kultur bedeute, andererseits aber auch den Menschen aus dem Naturzustand herauslöse und mit sich selbst zerfallen lasse, wird sie dann in der Auseinandersetzung mit Rousseaus Theorien von den deutschen Schriftstellern und Philosophen, auch wenn sie die mit ihr verbundene Korruptibilität, also die Möglichkeit der Verschlechterung und des Verfalls nicht übersehen, ganz überwiegend positiv eingeschätzt – angefangen bei Lessing, Moses Mendelssohn und Hermann Samuel Reimarus über Herder und Georg Christoph Lichtenberg bis zu Johann Gottlieb Fichte und dessen Sohn Immanuel Hermann, um nur die wichtigsten Namen zu nennen[23]. Kurz: Die Idee der moralischen Perfektibilität, der steten Selbstvervollkommnung des Menschen beherrscht als eines ihrer Leitmotive so sehr die Epoche, daß die Sünde und übrigens auch das Kreuz zu Fremdworten werden. Prominenteste Aus-

---

21 Vgl. *G. W. Leibniz*, Vernunftprinzipien der Natur und der Gnade (PhB 253), Hamburg 1969, 15–25 (Zitat 25); *W. Pannenberg*, Anthropologie in theologischer Perspektive, Göttingen 1983, 48f.

22 Vgl. *R. Spaemann*, Rousseau – Bürger ohne Vaterland. Von der Polis zur Natur, München 1980, 67ff.

23 Vgl. *G. Hornig*, Art. Perfektibilität II: HWP 7, 241–244.

nahme ist *Kants* Religionsschrift mit ihrer Entdeckung des „radikalen Bösen“ im Menschen – ein so schriller Mißton im allgemeinen Konzert des moralischen Optimismus, daß der um jeden Preis auf Maß und Harmonie bedachte *Goethe* sich denn auch prompt zu dem ärgerlichen Ausspruch hinreißen ließ, Kant habe seinen Philosophenmantel „beschlabbert“, damit nun auch die Christen kämen, um seinen Saum zu küssen[24].

Spekulatives Begreifen und künstlerische Gestaltung des Bösen

Im spekulativen Idealismus, namentlich bei *Hegel*, gilt die Sünde oder besser der Sündenfall, verstanden als „das Bewußtsein des Fürsichseins gegen anderes“ und somit „Vereinzelung, die sich abtrennt vom Allgemeinen“[25], als wesentlicher Schritt in der dialektischen Realisierung des Geistes. Dabei wird von Hegel jedoch ein Motiv reformuliert und als notwendiges Moment seinem absoluten System integriert, das bei Rousseau schon angelegt und dann von Kant (wie auch in seinem Gefolge von Schiller) prägnant intoniert worden war. Bei *Rousseau* war ja, wie schon erwähnt, das Hervortreten des Menschen aus dem Naturzustand, das ihn aus der einzigen Daseinsweise, die ihm einen festen Stand im Universum gibt, löste, in seinem Sinn und seiner Rechtfertigung zweideutig geblieben. Die Stimme, die ihn aufruft, erscheint als Stimme Gottes und des Bösen in einem. Und so werden denn auch seit Rousseau in der säkularen Deutung der Paradiesesgeschichte der Sündenfall des Menschen und seine Berufung in eine höhere Ordnung zusammengeschaut[26]. Vor allem *Kant* hat die Sündenfallerzählung als „Geschichte der ersten Entwickelung der Freiheit aus ihrer ursprünglichen Anlage in der Natur des Menschen“ gelesen und sich zu den „Mutmaßungen“, die er darüber anhand der einschlägigen Genesispassagen anstellte, berechtigt gesehen, weil sie eben noch nicht die (allerdings nur durch „Nachrichten“ zu wissende) „Geschichte der Freiheit in ihrem *Fortgange*“ betrafen[27]. Dabei wird als „Stimme Gottes“ nun der Instinkt angesetzt, der ebenso vollständig wie alle Tiere auch den menschlichen Neuling

24 Brief an Herder vom 7.6.1793. Zu Kants Lehre vom „radikalen Bösen“ s. u. Kap. 12.

25 *G. W. F. Hegel*, Vorlesungen über die Philosophie der Religion II (Theorie Werkausgabe 17), Frankfurt 1969, 257.

26 Vgl. *R. Spaemann*, Rousseau (Anm. 22), 68.

27 *I. Kant*, Mutmaßlicher Anfang der Menschengeschichte, A 2 (Hervorhebung von mir). Weitere Zitatbelege im Text.

anfänglich leitet und ihn zudem im „Mutterschoße der Natur“ weiterhin festhalten möchte (A 5.11). Schon bald jedoch beginnt die Vernunft sich zu regen – und mochte auch die „Veranlassung, von dem Naturtriebe abtrünnig zu werden, [...] nur eine Kleinigkeit sein“, so wird sich der Mensch doch „seiner Vernunft als eines Vermögens bewußt [...], das sich über die Schranken, worin alle Tiere gehalten werden, erweitern kann“, bis ihm dann beim „ersten Versuch von einer freien Wahl“, zumal dieser als der erste „wahrscheinlicherweise nicht der Erwartung gemäß ausfiel“, vollends die Augen aufgehen und er sogleich mit dem nun klar bewußten „Vermögen, sich selbst eine Lebensweise auszuwählen“, in sich „Angst und Bangigkeit“ spürt: „Er stand gleichsam am Rande eines Abgrundes; denn aus einzelnen Gegenständen seiner Begierde, die ihm bisher der Instinkt angewiesen hatte, war ihm eine Unendlichkeit derselben eröffnet, in deren Wahl er sich noch gar nicht zu finden wußte; und aus diesem einmal gekosteten Stande der Freiheit war es ihm gleichwohl jetzt unmöglich in den der Dienstbarkeit (unter der Herrschaft des Instinkts) wieder zurück zu kehren“ (A 5–7). Denn zwischen ihm und „jenem eingebildeten Sitz der Wonne“, als den er nun häufig das Paradies sich zurückträumt, „lagert sich [...] die rastlose und zur Entwickelung der in ihn gelegten Fähigkeiten unwiderstehlich treibende Vernunft, und erlaubt es nicht, in den Stand der Rohigkeit und Einfalt zurück zu kehren, aus dem sie ihn gezogen hatte“ (A 12).

Kants Beurteilung der so entstandenen menschlichen Lage klingt ebenso emphatisch wie nüchtern: ist doch der Ausgang des Menschen aus dem (vorgestellten) Paradiese nichts anderes „als der Übergang aus der Rohigkeit eines bloß tierischen Geschöpfes in die Menschheit, aus dem Gängelwagen des Instinkts zur Leitung der Vernunft, mit einem Worte: aus der Vormundschaft der Natur in den Stand der Freiheit gewesen“ (A 12f)[28]. Auch findet Kant bereits in den biblischen Urkunden die Tendenz zu Kulturleistungen, zur Geschmacksbildung, Sittsamkeit und Gesel-

28 Enthusiastischer noch heißt es bei *Schiller*: „Wenn wir also jene Stimme Gottes in Eden, die ihm [dem ersten Menschen] den Baum der Erkenntniß verbot, in eine Stimme seines Instinktes verwandeln, der ihn von diesem Baume zurückzog, so ist sein vermeintlicher Ungehorsam gegen jenes göttliche Gebot nichts anderes als – ein Abfall von seinem Instinkte –, also, erste Aeußerung seiner Selbstthätigkeit, erstes Wagestück seiner Vernunft, erster Anfang seines moralischen Daseyns. Dieser Abfall des Menschen vom Instinkte, der das moralische Uebel zwar in die Schöpfung brachte, aber nur um das moralisch Gute darinn möglich zu machen, ist ohne Widerspruch die glücklichste und größte Begebenheit der Menschengeschichte“. Zitat nach *J. Werbick*, Schulderfahrung (Anm. 15), 71.

ligkeit und sogar zur „Ausbildung des Menschen als eines sittlichen Geschöpfs“: zur Erfassung seiner selbst als „Zweck der Natur“ wie auch seiner „Gleichheit mit allen vernünftigen Wesen“. Auf der anderen Seite schildert er eindringlich die mit der „Erwartung des Künftigen“ einhergehenden Kümmernisse und Sorgen sowie die vielerlei Beschwerden und Mühseligkeiten, wie sie sich in den biblischen Strafdrohungen ankünden (A 8–12). Im Blick auf das Individuum, so Kants Resümee, war der erste Schritt aus dem Naturstand in sittlicher Hinsicht ein Fall und in physischer eine Menge zuvor nie gekannter Übel des Lebens: „Die Geschichte der *Natur* fängt also vom Guten an, denn sie ist das *Werk Gottes*; die Geschichte der *Freiheit* vom Bösen, denn sie ist *Menschenwerk*“. Die Bestimmung der Gattung jedoch – daran hält Kant fest – kann allein „im Fortschreiten zur Vollkommenheit“ bestehen (A 13). Und er bemüht sich sogar, indem er Fortschritte und Gefahren, Gewinne und Lasten der auf den Fall folgenden Kulturperioden abwägt, das Vertrauen in die Vorsehung und in eins den Mut zur Selbstbesserung zu stärken (A 18–26). Denn so wenig seine „Mutmaßungen“ den Fall als notwendig konstruiert und seine Schuldhaftigkeit fortgeschafft hatten, so eindeutig bleibt für Kant bis zuletzt der moralische Skopus bestimmend[29]: „Zufriedenheit mit der Vorsehung und dem Gange menschlicher Dinge im ganzen, der nicht vom Guten anhebend zum Bösen fortgeht, sondern sich vom Schlechtern zum Besseren allmählich entwickelt; zu welchem Fortschritte denn ein jeder an seinem Teile, so viel in seinen Kräften steht, beizutragen durch die Natur selbst berufen ist“ – das ist der Sinn seiner „durch Philosophie versuchten ältesten Menschengeschichte“ (A 27).

Für *Hegel* steht von Beginn an fest, daß die biblische Sündenfallerzählung schon wegen der ersichtlichen Ungereimtheiten, die das „Spekulative, das Wahrhafte [...] in sinnlicher Gestaltung“ mit sich bringen muß, auf seinen „tief spekulativen Sinn“ hin zu deuten ist: „Es ist Adam oder der *Mensch überhaupt*, der in dieser Geschichte erscheint; es betrifft, was hier erzählt wird, die *Natur des Menschen selbst*, und es ist nicht ein formelles, kindisches Gebot, das Gott ihm auferlegt, sondern es heißt der Baum, von dem Adam nicht essen soll, der *Baum der Erkenntnis des Guten und des Bösen*“[30]. Die entscheidenden Änderungen und auch Vereindeutigungen, die Hegels Reformulierung des Themas und dessen Einfügung in das eigene

29 Dies gilt wohl ebenso für Schiller; vgl. Anm. 28.
30 Philosophie der Religion II (Anm. 25), 75f.

System gegenüber der Kantischen Fassung aufweisen, resultieren entsprechend daraus, daß ihm der Sündenfall als „der ewige Mythus des Menschen, wodurch er eben Mensch wird", gelten soll und zugleich in „die ewige Geschichte des Geistes" gehört[31]. Denn dies erfordert bzw. wird dadurch als möglich gedacht, daß alles Zufällige und Äußerliche der biblischen Erzählung beseitigt, das ausgesprochene „Verbot" als sein Gegenteil genommen, der Sündenfall sachlich und gedanklich mit der (anfangenden) Erkenntnis identifiziert und dieses Geschehen in einer Begrifflichkeit expliziert wird, die zugleich seine Aufhebung in den Prozeß des absoluten Geistes erlaubt. Weil das einzelne Selbst, wie es unmittelbar gesetzt ist, „noch nicht *Geist für sich*" oder „nicht *als* Geist" ist und es daher „*unschuldig*, aber nicht wohl *gut* genannt werden" kann, betont Hegel als erstes die *Notwendigkeit*, daß der Mensch „die Form der Sichselbstgleichheit durch das Pflücken vom Baume des Erkenntnisses des *Guten* und *Bösen* verlor und aus dem Zustande des unschuldigen Bewußtseins, aus der arbeitslos sich darbietenden Natur und dem Paradiese, dem Garten der Tiere, vertrieben wurde" und somit – durch dieses „sich selbst *Ungleich*werden" – das „*Böse* als das erste Dasein des in sich gegangenen Bewußtseins" erscheint[32]. Obwohl böse, kann (zweitens) dieser Schritt trotzdem *nicht* Gegenstand eines *Verbots* sein: liegt es doch „im Begriff des Menschen, zum Erkennen zu kommen"[33], und weist es zudem schon auf dessen wesentliche Einheit mit Gott: „Es soll [...] verboten sein, vom Baume der Erkenntnis des Guten und Bösen zu essen; aber diese Erkenntnis ist es [doch gerade], die die Natur des Geistes ausmacht, – sonst ist er Vieh. Diese Erkenntnis, verspricht die Schlange, soll ihn Gott gleichmachen; das erscheint als Verführung durch Betrug, Hochmut, und nachher ist es Gott, der sagt: ‚Siehe, Adam ist worden als unser einer und weiß, was gut und böse ist'. Hier wird es Gott selbst in den Mund gelegt, daß eben die Erkenntnis [...] des Guten und Bösen das Göttliche des Menschen ausmache"[34]. Wie aber ist nun (drittens) die Sünde als Erkenntnis, die Erkenntnis (des Guten und Bösen) als das Böse begreifbar? Dazu Hegel, mit Bezug auf die Termini Entzweiung

31 *G. W. F. Hegel*, Vorlesungen über die Philosophie der Geschichte (Theorie Werkausgabe 12), Frankfurt 1970, 389.
32 *G. W. F. Hegel*, Phänomenologie des Geistes (Theorie Werkausgabe 3), Frankfurt 1970, 562.
33 *G. W. F. Hegel*, Vorlesungen über die Philosophie der Religion I, Frankfurt 1969, 265.
34 *G. W. F. Hegel*, Vorlesungen über die Philosophie der Religion. Bd. 2: Die absolute Religion (ed. *G. Lasson*; PhB 63), Hamburg 1966, 122f.

und Trennung, an der kompaktesten Stelle: „Der Mensch, nach dem Ebenbilde Gottes geschaffen, wird erzählt, habe sein absolutes Befriedigtsein dadurch verloren, daß er vom Baume der Erkenntnis des Guten und Bösen gegessen habe. Die Sünde besteht hier nur in der Erkenntnis: diese ist das Sündhafte, und durch sie hat der Mensch sein natürliches Glück verscherzt. Es ist dieses eine tiefe Wahrheit, daß das Böse im Bewußtsein liegt, denn die Tiere sind weder böse noch gut, ebensowenig der bloß natürliche Mensch. Erst das Bewußtsein gibt die Trennung des Ich, nach seiner unendlichen Freiheit als Willkür, und des reinen Inhalts des Willens, des Guten. Das Erkennen als Aufhebung der natürlichen Einheit ist der Sündenfall, der keine zufällige, sondern die ewige Geschichte des Geistes ist. Denn der Zustand der Unschuld, dieser paradiesische Zustand, ist der tierische. Das Paradies ist ein Park, wo nur die Tiere und nicht die Menschen bleiben können. Denn das Tier ist mit Gott eins, aber nur an sich. Nur der Mensch ist Geist, d. h. für sich selbst. Dieses Fürsichsein, dieses Bewußtsein ist aber zugleich die Trennung von dem allgemeinen göttlichen Geist. Halte ich mich in meiner abstrakten Freiheit gegen das Gute, so ist dies eben der Standpunkt des Bösen. Der Sündenfall ist daher der ewige Mythus des Menschen, wodurch er eben Mensch wird“[35].

Es ist kein Zweifel, daß man den so begriffenen „Sündenfall“ kaum *Schuld* nennen kann. Und tatsächlich gibt Hegel auch selbst dem Bösen noch einen anderen, engeren Sinn. „Das Bleiben [!] auf diesem Standpunkte ist […] das Böse“, betont er[36] – ist doch „dieser Standpunkt des Bewußtseins, der Reflexion, Entzweiung ebenso *notwendig*, wie er *verlassen*

---

35 Philosophie der Geschichte (Anm. 31), 389. Vgl. Philosophie der Religion II (Anm. 25), 257, wo Hegel ebenfalls verdeutlicht, „daß in der Tat die Erkenntnis es ist, welche der Quell alles Bösen ist, denn das Wissen, das *Bewußtsein* ist dieser Akt, durch den *die Trennung gesetzt* ist, das Negative, das *Urteil*, die Entzweiung in der näheren Bestimmung des Fürsichseins überhaupt. Die Natur des Menschen ist nicht, wie sie sein soll […] in der Vergleichung mit dem, was er an und für sich ist“. Da dieser Schritt zum Fürsichsein auch die Entzweiung der wesenhaften, aber nur erst *an sich* geltenden Einheit mit dem Absoluten bedeutet, das dadurch in sich selber entzweit ist, sind die „wesentlichen Grundzüge der Idee“ in ihm enthalten: „daß der Mensch, indem er an sich diese Einigkeit ist, weil er Geist ist, *herausgeht* aus dem Natürlichen, *aus diesem Ansich*, in die *Unterscheidung* […] So weiß er erst von Gott und dem Guten; wenn er davon weiß, hat er es zum *Gegenstand seines Bewußtseins*; hat er es zum Gegenstand seines Bewußtseins, so unterscheidet sich das Individuum davon“ (Philosophie der Religion I [Anm. 33], 265). Natürlich ist der so bezeichnete Standpunkt dann auch der *terminus a quo* der Versöhnung.
36 Philosophie der Geschichte (Anm. 31), 389.

werden muß"[37]. In die Richtung, die dabei zu nehmen ist, weist bereits die im Wort der Schlange enthaltene, von Gott selbst bestätigte „Prophezeiung der Versöhnung"[38]. Und ebenso, wie nun „die Reflexion, das Bewußtsein, die Freiheit das Übel, das *Böse* in sich enthält", so nicht weniger „das Prinzip, *die Quelle der Heilung*, die Freiheit"[39]. Es ist ihre Freiheit, in der die Reflexion den Weg des sich zum absoluten Wissen vertiefenden Wissens einschlägt und so mit ihrem wahren Gehalt auch die wahrhafte Freiheit gewinnt: „Das Weitere ist [...], daß der Geist wiederum zur absoluten Einheit in sich selbst, zur Versöhnung gelangt, und die Freiheit eben ist es, die diese Umkehrung des Geistes in sich selbst, diese Versöhnung mit sich enthält"[40]. Dabei bleibt jedoch zu erinnern, daß der zu verlassende Standpunkt des entzweiten Fürsichseins zwar „ein Standpunkt [ist], der nicht sein soll, der *aufgehoben* werden muß, nicht aber ein solcher, der *gar nicht eintreten* soll"[41]. Denn die angezielte Versöhnung des Geistes ist eben „kein Versöhntsein von Hause aus", sondern die „wahrhafte Einheit ist erst durch die Trennung von seiner Unmittelbarkeit zu erlangen"[42]. Daß Hegel mit ihr tatsächlich, wie es schon anklang, nicht etwa nur die Versöhnung des Menschen (mit Gott), sondern in eins das Werden des Absoluten zum absoluten Geist meint, spricht er selbst unmißverständlich aus: ist doch in jenem „Prinzip des Erkennens in der Tat auch das *Prinzip der Göttlichkeit* gesetzt, das durch fernere Angleichung zu seiner *Versöhnung*, Wahrhaftigkeit kommen muß"[43]. Der Verlust des Paradieses aber muß dann „als *göttliche Notwendigkeit* betrachtet werden, und in der Notwendigkeit des Aufhörens enthalten sinkt jenes vorgestellte Paradies herab zu einem Moment der göttlichen Totalität, das nicht das absolut Wahrhafte ist"[44].

Soweit also Hegel: Was der Sündenfallmythos erzählt, ist der Augenblick der Bewußtwerdung des Menschen, der Anfang des Wissens, das sich

---

37 Philosophie der Religion I (Anm. 33), 266.

38 Philosophie der Geschichte (Anm. 31), 389.

39 Philosophie der Religion I (Anm. 33), 266. Vgl. Philosophie der Religion II (Anm. 25), 257: „Der Geist ist frei; die Freiheit hat das wesentliche Moment dieser Trennung in sich. In dieser Trennung ist das Fürsichsein gesetzt und hat das Böse seinen Sitz; hier ist die Quelle des Übels, aber auch der Punkt, wo die Versöhnung ihre letzte Quelle hat. Es ist das Krankmachen und die Quelle der Gesundheit".

40 Philosophie der Religion II (Anm. 25), 78

41 Philosophie der Religion I (Anm. 33), 266.

42 A. a. O. 267. Vgl. Philosophie der Religion II (Anm. 25), 76.

43 A. a. O. 258.

44 Philosophie der Religion I (Anm. 33), 267.

im Bewußtsein vom Absoluten, das ebenso das Selbstbewußtsein und Leben des Absoluten ist, vollendet. So wird der Baum der Erkenntnis zum Baume des Lebens – das altchristliche Motiv der „felix culpa", nun derart philosophisch begriffen, *verliert seine ethischen Konnotationen*[45]. *Kierkegaard*, denke ich, hatte schon Recht, wenn er gegen diese „Aufhebung" des Sündenfalls ins Leben des absoluten Geistes im Namen der freien, unvertretbaren „Existenz" des Einzelnen und seiner angemessenen Unterscheidung von Gott protestierte und die Sünde – statt sie zum notwendigen negativen Moment in der Dialektik des Absoluten zu nivellieren und sie dabei der menschlichen *Natur* anzuhaften – vielmehr als *Faktum* und freie *Position* profilierte[46].

Seit der Romantik, vielleicht schon mit *Friedrich Schlegels* Skandalroman „Lucinde"[47], erwacht dann eine künstlerische Neugier für das Böse, die auch dem christlichen Sündenbegriff einen neuartigen, ästhetischen Reiz abgewinnt[48]. Das „Interessante", eine Grundkategorie der hochreflektierten romantischen Ästhetik, die als Gegenbegriff zum Klassischen das wachsende Übergewicht des Charakteristischen, Individuellen, eben des Interessanten in der modernen, d. h. nachantiken Poesie heraushebt und entsprechend hoch die „subjektive ästhetische Kraft" veranschlagt[49], wird

45 Daß solche Konnotationen dann mit der von Hegel vorgezeichneten *Versöhnung* verbunden sind, möchte ich ebenfalls bezweifeln.

46 Vgl. o. Kap. 5.1 bei Anm. 48 und 51.

47 *F. Schlegel*, Lucinde (Goldmanns gelbe Taschenbücher 1855), o.J. – Die Schmähungen, die dieser Roman (insbesondere wegen seiner religiösen Qualifizierung des Erotischen in seiner sinnlichen Konkretion) provozierte, und die Kritik, die er sogar in Schlegels engstem Freundeskreis und bis zu Kierkegaard hin erfuhr, sind inzwischen nur zum Teil noch verständlich. Einzig Schleiermacher, Schlegels engster Freund aus den Berliner Jahren, hat in seinen „Vertrauten Briefen über Friedrich Schlegels Lucinde" Form und ethischen Gehalt des Romans verteidigt. Und erst das „Junge Deutschland" hat sich zu ihm als einem Produkt sinnlichen Lebensgefühls bekannt. Immerhin schreibt Julius, der Held des Romans, schon im ersten Abschnitt an Lucinde, daß für seine Schrift „kein Zweck zweckmäßiger [sei] als der, daß ich gleich anfangs das, was wir Ordnung nennen, vernichte, weit von ihr entferne und mir das Recht einer reizenden Verwirrung deutlich zueigne und durch die Tat behaupte". Schon ihre Form „will und soll [...] das schönste Chaos von erhabnen Harmonien und interessanten Genüssen nachbilden und ergänzen. Ich gebrauche also mein unbezweifeltes Verwirrungsrecht" (a. a. O. 12).

48 Auf die parallelen Entwicklungen in der bildenden Kunst und Musik sei hier nur generell verwiesen.

49 Vgl. *F. Schlegel*, Über das Studium der griechischen Poesie: *ders.*, Kritische Schriften,

zum Stimulans des poetischen Schaffens – und mit ihm das vieldeutig schillernde Böse. Seither (und noch heute) darf mit verständnisinniger Zustimmung rechnen, wer es als künstlerisch inspirierend und besonders ergiebig bezeichnet, wohingegen die Moral und die Tugend eben nur ein mäßiges Stilprinzip abgebe. Schon über *Dantes* „Göttliche Kommödie" wird ja zuweilen geurteilt, die Gesänge über die Hölle seien ihm viel überzeugender gelun-

---

München [3]1971, 113–230. Schlegels Konzept der „progressiven Universalpoesie" entspricht präzise dem bereits (in Kap. 5.3) skizzierten romantischen Verlangen, das Absolute in seinen Erscheinungen zu haben und zugleich *als* Absolutes zu wollen – ein Verlangen, das nur mit einem ironisch gebrochenen Enthusiasmus verfolgt und im Wechsel von Schaffen und Vernichten realisiert werden kann. In diesem konzeptionellen Rahmen nun möchte Schlegel beweisen, „daß das Interessante, als die notwendige Vorbereitung zur unendlichen Perfektibilität der ästhetischen Anlage, ästhetisch erlaubt sei. Denn der ästhetische Imperativ ist absolut, und da er nie vollkommen erfüllt werden kann, so muß er wenigstens durch die endlose Annäherung der künstlichen Bildung immer mehr erreicht werden". Dabei „ist das Interessante dasjenige, was provisorischen ästhetischen Wert hat. Zwar hat das Interessante notwendig auch intellektuellen oder moralischen Gehalt: ob aber auch Wert, daran zweifle ich. Das Gute, das Wahre soll getan, erkannt, nicht dargestellt und empfunden werden" (a. a. O. 119f). Ja, die moderne Poesie „macht nicht einmal Ansprüche auf Objektivität, welches doch die erste Bedingung des reinen und unbedingten ästhetischen Werts ist", sondern „ihr Ideal ist [eben] das Interessante, d. h. subjektive ästhetische Kraft" (115) bzw. – als deren objektives Pendent – „jedes originelle Individuum, welches ein größeres Quantum von intellektuellem Gehalt oder ästhetischer Energie enthält" (148). Aus dem unvermeidbaren „Mangel der Allgemeingültigkeit" (147) also erklärt sich „das totale Übergewicht des Charakteristischen, Individuellen und Interessanten in der ganzen Masse der modernen Poesie", desgleichen das manchmal schon „rastlose unersättliche Streben nach dem Neuen, Pikanten und Frappanten, bei dem dennoch die Sehnsucht unbefriedigt bleibt" (130). Denn „Ursprung und Grund" dieser (stark philosophisch inspirierten) Poesie bleibt das „Bedürfnis des Unbedingten und der Vollständigkeit": „Der Instinkt der Vernunft strebt stets nach in sich selbst vollendeter Vollständigkeit, und schreitet unaufhörlich vom Bedingten zum Unbedingten fort" (143). Da jedoch „alle Größen ins Unendliche vermehrt werden können, so ist klar, warum auf diesem Wege nie eine vollständige Befriedigung erreicht werden kann; warum es kein höchstes Interessantes gibt", wohl aber überall „dasselbe Bedürfnis nach einer vollständigen Befriedigung, ein gleiches Streben nach einem absoluten Maximum der Kunst". Also ist das „Interessante [nur] die Vorbereitung des Schönen" – kann doch auch für Schlegel „das letzte Ziel der modernen Poesie [...] kein anderes sein als das höchste Schöne, ein Maximum von objektiver ästhetischer Vollkommenheit" (148). Umso größer freilich auch die von Schlegel ebenfalls schon gesehene Gefahr, daß die „Herrschaft des Interessanten" in ihrer eskalierenden Dynamik pervertiert und sich selber vernichtet: „Geht [dabei] die Richtung mehr auf ästhetische Energie, so wird der Geschmack, der alten Reize je mehr und mehr gewohnt, nur immer heftigere und schärfere begehren. Er wird schnell genug zum Pikanten und Frappanten übergehn" (149).

gen als die über die Seligkeiten des Paradieses. Auch in *Kierkegaards* Frühwerk „Entweder – Oder“ übertrifft das raffinierte „Tagebuch des Verführers“ die ethischen Briefe des bieder-ernsten Gerichtsrates Wilhelm an ästhetischer Delikatesse bei weitem[50]. Offenbar bietet eine Gestalt wie die des Don Juan ein weitaus lohnenderes Sujet als die vita der Heiligen – außer wenn es sich, wie beim heiligen Antonius, um Versuchungen oder, wie (angeblich) bei Maria Magdalena, um heilige Sünderinnen handelt.

Die Schönheit mit dem Geschmack der Sünde und die süße Grausamkeit der Liebe: in seinem Eingangsgedicht zum „Buch der Lieder“ hat bereits *Heine*, indem er die Nachtigall durch die sich belebende Statue einer raubtierhaften Sphinx überblendet und abdrängt, diesen Ineinsfall von Entzücken und Marter, Beglückung und Verwundung, Lust und Schrecken beschworen:

> Die Nachtigall, sie sang so süß –
> Ich konnt nicht widerstehen –
> Und als ich küßte das holde Gesicht,
> Da wars um mich geschehen.
> Lebendig ward das Marmorbild,
> Der Stein begann zu ächzen –
> Sie trank meiner Küsse lodernde Glut
> Mit Dürsten und mit Lechzen.
> Sie trank mir fast den Odem aus –
> Und endlich, wollustheischend,
> Umschlang sie mich, meinen armen Leib
> Mit den Löwentatzen zerfleischend[51].

Und aus der biblischen Geschichte von der Frau des Herodes und der Enthauptung des Täufers macht Heine im „Atta Troll“ eine ganz andere Rachegeschichte, als Matthäus und Markus sie kennen: „Wird ein Weib das Haupt begehren / eines Manns, den sie nicht liebt?“[52] Von hier nimmt

---

50 Vgl. *S. Kierkegaard*, Entweder/Oder I/2 (GTB 601), Gütersloh ^{2}1986 („Das Tagebuch des Verführers“) mit *ders.*, Entweder/Oder II/2 (GTB 603), Gütersloh ^{2}1987, 165–356 („Das Gleichgewicht zwischen dem Aesthetischen und dem Ethischen in der Herausarbeitung der Persönlichkeit“).

51 Das gesamte Gedicht findet sich ohne Titel in der Vorrede zur dritten Auflage: *H. Heine*, Gedichte (Anm. 20), 29f.

52 A. a. O. 383 („Atta Troll“ Caput XIX).

die verzweigte Entwicklung ihren Ausgang, bei der die Figur der Salome, als verruchte Unschuld stilisiert und als Laster-Heilige verklärt, zum schauererregenden Kultbild einer Kunstreligion avanciert, die sich aller Normen der Moral überhebt, um das Schöne nicht mehr im Guten, sondern in der Faszination des Bösen aufzusuchen. Und was sich bei Heine nur erst angebahnt hatte, betreiben dann die sogenannten „verworfenen Dichter" der Avantgarde des neunzehnten Jahrhunderts im großen Stil; *Rimbauds* „Jahreszeit in der Hölle" und *Baudelaires* Gedichtsammlung „Die Blumen des Bösen", die er als „wesenhaft unnütz und absolut unschuldig" deklariert und jedem moralischen Einspruch entzieht[53], beuten die alte Sündenthematik als künstlerische Anregung aus: *Der schlechte Mönch … Die Schlange im Tanze … Beglückende Lüge … Die Verleugnung des Heiligen Petrus … Frauen in Verdammnis … Die Lust auf das Nichts … Litanei auf Satan* – diese Titel mögen genügen[54], ich will das nicht weiter verfolgen.

Eine eigene Untersuchung verdiente die Wiederkehr des Themas bei einigen Protagonisten der Postmoderne (etwa bei *Georges Bataille* oder *Jean Baudrillard*): auch hier, jenseits moralischer Kriterien, das Oszillieren des Bösen als „tremendum et fascinosum" und Erfahrung ekstatischer Grenzüberschreitung, affirmiert als lustvolle Aufhebung individuierten Subjektseins, als zerstörende Simulation, als Belebung der grauen alltäglichen Gleichheit oder Vergewisserung spielerischer Vielfalt … Übrigens – dies sei noch hinzugefügt – begegnen Motive aus der Tradition Heines auch beim jungen *Camus*, zwar keine Spur mehr von Ästhetisierung oder auch nur Verharmlosung des Bösen, wohl aber die leidenschaftliche Reklamation einer „natürlichen Unschuld". In seinen frühen Essays „Hochzeit des Lichts" hat er ein Dasein im Glück der Gegenwart beschworen: das „Bündnis von Mensch und Erde", den Stolz auf Sonne und Meer und die Ewigkeit im „Hinfließen der Tage" – die „zärtliche Gleichgültigkeit der Welt" und die Erde ein „Tempel, aus dem die Götter geflohen sind"[55]. Doch auch noch, als er das Thema Schuld explizit aufnahm und immer bohrender reflektierte, hat er als Antwort auf die Frage nach seinen „zehn

53 So im Entwurf eines Vorworts für eine spätere Auflage. Zitat nach *D. Sternberger*, Heinrich Heine (Anm. 16), 297.

54 *Ch. Baudelaire*, Die Blumen des Bösen (it 120), Frankfurt 1976, 25.47.150.184. 217.115.188.

55 *A. Camus*, Hochzeit des Lichts. Impressionen am Rande der Wüste, Zürich 1954, 69.13.46.70; *ders.*, Der Fremde (rororo 432), Reinbek 1961, 154.

bevorzugten Wörtern“ in sein Tagebuch notiert: „Die Welt, der Schmerz, die Erde, die Mutter, die Menschen, die Wüste, die Ehre, das Elend, der Sommer, das Meer“[56].

---

56 *A. Camus*, Tagebuch. März 1951 – Dezember 1959 (rororo 13323), Reinbek 1991, 11. – Camus hat um die doppelte Erfahrung, in der sein schriftstellerisches Wirken wie sein ethisches Handeln wurzelten, zeitlebens gewußt und ihre Spannung durchlebt: „Das Elend hinderte mich, zu glauben, daß alles unter der Sonne und in der Geschichte gut sei; die Sonne lehrte mich, daß die Geschichte nicht alles ist [...] Mit anderen Worten, ich wurde Künstler, wenn es denn wahr ist, daß es keine Kunst gibt ohne ein Ablehnen und ein Bejahen“ (Kleine Prosa, Reinbek 1967, 36). Ähnlich bekennt er in „Heimkehr nach Tipasa“: „Ich habe das Licht, in dem ich geboren wurde, nicht verleugnen können, aber gleichzeitig wollte ich auch den Verpflichtungen unserer Zeit nicht aus dem Wege gehen“. Also „der Schönheit, den Erniedrigten“ zugleich die Treue bewahren: „Wenn man einen Teil des Seienden ablehnt, lehnt man für sich selbst das Sein ab. Man findet sich bereit, aus zweiter Hand zu leben“ (Zitate nach *M. Lebesque*, Albert Camus, Reinbek 1960, 34f). Noch in seiner Nobelpreisrede, in der er „den Dienst an der Wahrheit und den Dienst an der Freiheit“ als die „Größe seines Berufs“ bezeichnet und ihn in „zwei schwer zu haltenden Verpflichtungen“ – nämlich „der Weigerung, wider besseres Wissen zu lügen, und dem Widerstand gegen die Unterdrückung“ – verwurzelt, nennt er (gleichsam als ihn tragenden Boden), daß er es niemals vermochte, „auf das Licht zu verzichten, das Glück des Seins, das freie Leben, in dem ich aufgewachsen bin“ (Kleine Prosa, 8–10). Umso klarer und redlicher hat er die angesprochene Spannung im eigenen Werk und Leben auch austragen müssen: „Niemand hat mehr als ich die Harmonie, die Hingabe und das endgültige Gleichgewicht begehrt, aber ich habe immer auf den steilsten Wegen, im Aufruhr, in Kämpfen danach streben müssen“ (Tagebuch, 26f). Die bleiern-absurde Gleichgültigkeit, die noch den frühen Roman „Der Fremde“ beschwert, tritt in „Die Pest“ zugunsten der engagierten Solidaritätsethik völlig zurück (vgl. o. Kap. 1 bei Anm. 83 sowie Kap. 8 bei Anm. 28). Dem hier in ihrem Sinn formulierten Geständnis Ramberts, er müßte „sich schämen, allein glücklich zu sein“, entspricht wiederum genau Camus' im Essay „Der Mensch in der Revolte“ (Reinbek 1969) entwickelte These, „daß die Bewegung der Revolte ihrem Wesen nach nicht egoistisch ist. Sie kann ohne Zweifel eine egoistische Voraussetzung haben. Aber man wird sich ebenso gegen die Lüge auflehnen wie gegen die Unterdrückung. Außerdem hält der Revoltierende [...] nichts für sich zurück, da er ja alles aufs Spiel setzt. Er fordert zweifellos für sich den Respekt, aber in dem Maß, in dem er sich mit einer natürlichen Gemeinschaft identifiziert“ (16). Zugleich schwindet nun auch – im Maße der Schärfung des ethischen Bewußtseins – die Gewißheit der ursprünglich in Anspruch genommenen natürlichen Unschuld: „Der Mensch ist nicht ganz und gar schuldig, denn er hat die Geschichte nicht begonnen, und auch nicht ganz und gar unschuldig, denn er setzt sie fort. Die wahre Großzügigkeit gegenüber der Zukunft besteht darin, alles der Gegenwart zu geben“ (Zitat nach *M. Lebesque*, a. a. O. 109). Und was in der Frage der „Pest“ nach dem „Heiligen ohne Gott“ bereits anklang, problematisiert endgültig „Der Fall“ (vgl. o. Kap. 8 bei Anm. 136): Zwar können wir, so die Spitzen-

Nietzsches funktionale Genealogie der Moral – Diagnosen des alltäglichen Willens zur Macht und Fluch auf das Christentum

Zu den großen Nachfolgern und Bewunderern Heines, des Ankünders und Dichters der neuen Unschuld, zählt vor allen anderen *Friedrich Nietzsche*[57],

---

aussage, „von keinem sicher sagen, er sei unschuldig, während wir unbedenklich behaupten dürfen, daß alle schuldig sind. Jeder Mensch zeugt vom Verbrechen aller anderen" (91). Wie ein Schlüssel zu diesem Roman dann auch die Notiz: „Gott ist nicht notwendig, um die Schuld zu schaffen oder zu strafen. Die Menschen genügen dafür. Allenfalls könnte er die Unschuld gründen" (Tagebuch, 150). Vor allem aber läßt gerade das Tagebuch erkennen, wie ehrlich und schutzlos Camus selbst in seine Überlegungen zum Schuldthema involviert ist – zumal er die bloße Moral – jedenfalls die übliche wie erst recht die gewaltförmige – hinter sich gelassen und sich dem Anspruch der Liebe unterstellt hat: „Jahrelang wollte ich der allgemeinen Moral gemäß leben. Ich habe mich bemüht, wie alle Leute zu leben, allen Leuten zu gleichen [...] Jetzt irre ich durch die Trümmer, ich habe kein Gesetz, ich bin zerrissen, [...] nachdem ich mein Leben lang in einer Lüge gelebt habe" (335f). Und der andere Grund, zugleich ein Nachklang auf das Zerwürfnis mit *Sartre*: „Ich habe den moralischen Standpunkt aufgegeben. Die Moral führt zur Abstraktion und zur Ungerechtigkeit. Sie ist die Mutter des Fanatismus und der Verblendung" (339). „Man muß seine Prinzipien für die großen Sachen einsetzen", beharrt auch Camus, aber: „Für die kleinen genügt das Erbarmen" (16). Entsprechend gilt jetzt: „Wer nichts gibt, hat nichts. Das größte Unglück besteht nicht darin, nicht geliebt zu werden, sondern nicht zu lieben" (56). Ja, nötig wäre sogar, „nicht nur jemand, den man liebt, ohne etwas von ihm zu verlangen, sondern sogar jemand, den man liebt und der einem nichts gibt" (267). Dabei sieht Camus klar: „In einer gewissen Sicht gibt es keine Liebe ohne persönliche und absolute Schuld. Aber diese Schuld ist einsam [...] Man muß allein entscheiden, ob man liebt, und man muß allein die unberechenbaren Konsequenzen der wirklichen Liebe auf sich nehmen. Dieser abenteuerlichen Einsamkeit zieht der Mensch ein laues Herz und eine Moral vor [...] Und es ist sein größtes Anliegen, eine Rechtfertigung zu finden, um die Last seiner Schuld ein wenig zu erleichtern" (91f). Auch die zerreißend-persönliche Krise verhüllt sich Camus nicht: „Ich selbst bin es, der seit etwa fünf Jahren alles in Frage stellt, was ich geglaubt und wovon ich gelebt habe. Deshalb fühlen die Menschen, die meine Ideen geteilt haben, sich betroffen und grollen mir; aber nein, ich führe Krieg gegen mich" (337). Und dann trotzdem: „Soviel Kraft wie möglich wiederfinden, nicht um zu beherrschen, sondern um zu geben" (281). Wenige Tage vor seinem Tod gab Camus auf die Frage, was man tun müsse, um eine weniger von Not bedrückte und freiere Welt zu erreichen, die ebenso entschiedene wie bescheidene Antwort: „Geben, wann immer man kann. Und nicht hassen, wenn man es kann" (vgl. dazu *H. R. Schlette*, „Geben – nicht hassen". Zur Friedensformel von Albert Camus: Orientierung 48 (1984) 266–268).

57 Vgl. *F. Nietzsche*, Ecce homo. Wie man wird, was man ist (Warum ich so klug bin 4): KSA 6, 286: „Den höchsten Begriff vom Lyriker hat mir *Heinrich Heine* gegeben. Ich suche umsonst in allen Reichen der Jahrtausende nach einer gleich süssen und leidenschaftlichen Musik. Er besass jene göttliche Bosheit, ohne die ich mir das Vollkommne nicht zu

der seinerseits freilich mit bisher nicht erlebter Radikalität sämtliche vorhergegangene Kritik des Schuldgedankens und Sündenglaubens auf einen dann nicht mehr überbotenen und auch nicht mehr überbietbaren Höhepunkt führte, indem er nicht nur die historische Ausprägung der Schuld- und Sündenerfahrung kritisierte, sondern auch noch die Voraussetzungen destruierte, ohne die von moralischer Schuld überhaupt nicht mehr die Rede sein kann: das Bewußtsein von Freiheit und von Pflicht und den Begriff des Subjekts. Auf diesen (neben der Verabschiedung des Wahrheitsbegriffs) radikalsten Aspekt seines Denkens, dem in der gegenwärtigen Auseinandersetzung um die Postmoderne, aber auch den Naturalismus größte Bedeutung zukommt, möchte ich erst an späterer Stelle eingehen. Eine Diskussion darüber wird wohl zuletzt auf die Frage zulaufen müssen, ob Nietzsches Denken nicht an seinen immanenten Widersprüchen zerbricht und ob vor allem der Inhalt seiner Lehre, auf sie selbst angewandt, nicht ihren eigenen theoretischen Anspruch untergräbt, wenn nicht sogar aufhebt.

Wesentlich für unseren Zusammenhang ist aber *auch* (und darauf will ich mich jetzt zunächst konzentrieren), daß Nietzsche die Notwendigkeit sah und konsequent daran ging, das bekämpfte Phänomen der Moral auch zu *erklären*. Ihre Kritik kann ja als vollendet erst gelten, wenn auch noch ihre Entstehung begriffen ist – und zwar anders (d. h. von anderen Voraussetzungen her) begriffen, als sie selbst sich begreift: begriffen also als falsches Bewußtsein. Beispiele für die genealogische Methode, die dabei zum Zuge kommt, bieten schon die frühen Aphorismen. So etwa die „Fabel von der intelligibelen Freiheit", in der Nietzsche die Hauptphasen der Geschichte der „sogenannten moralischen Empfindungen" bis zu ihrer schließlichen Auflösung rekonstruiert: „Zuerst nennt man einzelne Hand-

denken vermag […] Und wie er das Deutsche handhabt! Man wird einmal sagen, dass Heine und ich bei weitem die ersten Artisten der deutschen Sprache gewesen sind". Trotz der tiefreichenden, nicht zu nivellierenden Unterschiede beider Personen und Charaktere sollte man in der Tat die vielen gemeinsamen Intentionen und Inhalte nicht übersehen. *R. Sternberger*, Heinrich Heine (Anm. 16), 301–308.390–395 hat viele der durch Nietzsche aufgenommenen Themen und z.T. inhaltlichen Einzelmotive Heines sorgfältig sondiert. Auch schon *H. de Lubac*, Die Tragödie des Humanismus ohne Gott, Salzburg 1950, 44f.334–354 war auf sie aufmerksam geworden. – Im folgenden zitiere ich (wie schon o. Kap. 8 bei Anm. 105) Nietzsche mit Buch- bzw. Schriftentitel und ggf. Abschnittsnummer sowie mit Band- und Seitenzahl der von *G. Colli* und *M. Montinari* herausgegebenen Studienausgabe (KSA). Dabei steht NF für Nachgelassene Fragmente.

lungen gut oder böse [...] allein der nützlichen oder schädlichen Folgen wegen. Bald aber vergisst man die Herkunft dieser Bezeichnungen und wähnt, dass den Handlungen an sich [...] die Eigenschaft ‚gut' oder ‚böse' innewohne: mit demselben Irrthume, nach welchem die Sprache den Stein selber als hart, den Baum selber als grün bezeichnet – also dadurch, dass man, was Wirkung ist, als Ursache fasst. Sodann legt man das Gut- oder Böse-sein in die Motive hinein und betrachtet die Thaten an sich als moralisch zweideutig. Man geht weiter und giebt das Prädicat gut oder böse nicht mehr dem einzelnen Motive, sondern dem ganzen Wesen eines Menschen, aus dem das Motiv, wie die Pflanze aus dem Erdreich, herauswächst. So macht man der Reihe nach den Menschen für seine Wirkungen, dann für seine Handlungen, dann für seine Motive und endlich für sein Wesen verantwortlich. Nun entdeckt man schliesslich, dass auch dieses Wesen nicht verantwortlich sein kann, insofern es ganz und gar nothwendige Folge ist und aus den Elementen und Einflüssen vergangener und gegenwärtiger Dinge koncresciert [...] Damit ist man zur Erkenntniss gelangt, dass die Geschichte der moralischen Empfindungen die Geschichte eines Irrthums, des Irrthums von der Verantwortlichkeit ist: als welcher auf dem Irrthum von der Freiheit des Willens ruht"[58].

Läßt man die hier schon entschiedenen Prämissen – die Bestreitung der Freiheit und die Auffassung vom Menschen als einem Wesen, das notwendig und ganz aus den Elementen und Einflüssen vergangener und gegenwärtiger Dinge konkresziert – vorerst noch beiseite, dann hat diese Genealogie moralischer Verantwortungszuschreibung durchaus eine gewisse, wenn auch vielleicht nur verblüffende Evidenz. Größere Plausibilität bezieht Nietzsches Argumentationsstrategie freilich erst daraus, daß die genealogische Aufklärung der Moral mit einer *funktionalen* Betrachtung einhergeht, die von Anfang an dominiert und vor allem zwei Aspekte verfolgt. *Einerseits* nämlich wird die Moral aus dem Herdentrieb, also aus den Anpassungzwängen der Sozialisierung erklärt. „Wo wir eine Moral antreffen", heißt es in der „Fröhlichen Wissenschaft", „da finden wir eine Abschätzung und Rangordnung der menschlichen Triebe und Handlungen. Diese Schätzungen und Rangordnungen sind immer der Ausdruck der Bedürfnisse einer Gemeinde und Heerde: Das, was *ihr* am ersten frommt – und am zweiten und dritten –, das ist auch der oberste Maasstab für den Werth aller Einzelnen. Mit der Moral wird der Einzelne angeleitet, Function der

58 Menschliches, Allzumenschliches I 39: KSA 2, 62f.

Heerde zu sein und nur als Function sich Werth zuzuschreiben [...] Moralität ist Heerden-Instinct im Einzelnen"[59]. Tatsächlich ist denn auch bei den meisten ihre ganze Tugend nicht mehr als eben ihr Herdenbedürfnis: „Krampf unter einer Peitsche"; ihre Trägheit, „ihren Hemmschuh heissen sie Tugend" oder bloß das „Faulwerden ihrer Laster"; aufgezogen wie Alltagsuhren machen sie „ihr Tiktak und wollen, dass man Tiktak – Tugend heisse [...] Wir beissen Niemanden und gehen Dem aus dem Wege, der beissen will; und in Allem haben wir die Meinung, die man uns giebt"[60]. Zudem ist bezeichnend, wer diesem Trieb am ehesten erliegt, und für Nietzsche auch klar, wer dies zu nutzen versteht: „Alle Kranken, Krankhaften streben instinktiv, aus einem Verlagen nach Abschüttelung der dumpfen Unlust und des Schwächegefühls, nach einer Heerden-Organisation: der asketische Priester erräth diesen Instinkt und fördert ihn: wo es Heerden giebt, ist es der Schwäche-Instinkt, der die Heerde gewollt hat, und die Priester-Klugheit, die sie organisirt hat"[61]. Und hier zeigt sich bereits der zweite Aspekt. Denn *andererseits* und ebenso deutlich erscheint die Moral als Funktion des uneingestandenen Willens zur Macht: als raffiniertes Mittel vor allem, sich über andere zu erheben, sie zu beschämen und leiden zu machen. „Wo ich Lebendiges fand", heißt es im „Zarathustra", „da fand ich Willen zur Macht; und noch im Willen des Dienenden fand ich den Willen, Herr zu sein. Dass dem Stärkeren diene das Schwächere, dazu überredet es sein Wille, der über noch Schwächeres Herr sein will: dieser Lust allein mag es nicht entrathen"[62]. Schon in der „Morgenröthe" war es zu lesen: „Nicht die Nothdurft, nicht die Begierde – nein, die Liebe zur Macht ist der Dämon der Menschen. Man gebe ihnen Alles, Gesundheit, Nahrung, Wohnung, Unterhaltung, – sie sind und bleiben unglücklich und grillig: denn der Dämon wartet und wartet und will befriedigt sein"[63].

Wie hellsichtig Nietzsche der Wirksamkeit dieses Willens in der alltäglichen Moral auf der Spur ist, läßt sich vielleicht lohnender noch als an den rasenden Attacken des Spätwerks, wo Nietzsche bereits (nach eigenem Bekunden) „mit dem Hammer philosophiert"[64], an den geschliffenen

59 Die fröhliche Wissenschaft 116: KSA 3, 474f.
60 Also sprach Zarathustra II: KSA 4, 121f.
61 Zur Genealogie der Moral III 18: KSA 5, 384.
62 Also sprach Zarathustra II: KSA 4, 147f.
63 Morgenröthe 262: KSA 3, 209.
64 Vgl. den Titel: Götzen-Dämmerung oder Wie man mit dem Hammer philosophirt: KSA 6, 55–161.

Aphorismen des Frühwerks studieren. So etwa (ein paar Beispiele nur), wenn er die Äußerungen des Dankes als „eine mildere Form der Rache" diagnostiziert: „Ohne die Genugthuung der Dankbarkeit zu haben, würde der Mächtige sich [ja] unmächtig gezeigt haben und fürderhin dafür gelten. Desshalb stellt jede Gesellschaft der Guten, das heisst ursprünglich der Mächtigen, die Dankbarkeit unter die ersten Pflichten"[65]. Oder die Stellen, wo er das Streben nach Auszeichnung als Streben nach der heimlich begehrten Überwältigung des Nächsten entlarvt: Man will nämlich „wahrnehmen oder errathen, wie der Nächste an uns äusserlich oder innerlich *leidet*"[66]. Und wenn solche Tugendhaften dann „sagen: ‚ich bin gerecht', so klingt es immer gleich wie: ‚ich bin gerächt!' Mit ihrer Tugend wollen sie ihren Feinden die Augen auskratzen; und sie erheben sich nur, um Andere zu erniedrigen"[67]. Ebenso decouvrierend Nietzsches „Verbesserung" von Lk 18,14: „Wer sich selbst erniedrigt, will erhöhet werden"[68]. Oder der Aphorismus über „das Loben": „Hier ist Einer, dem du anmerkst, dass er dich *loben* will: du beisst die Lippen zusammen, das Herz wird geschnürt: ach, dass *der* Kelch vorübergienge! Aber er geht nicht, er kommt! Trinken wir also die süsse Unverschämtheit des Lobredners, überwinden wir den Ekel und die tiefe Verachtung für den Kern seines Lobes, ziehen wir die Falten der dankbaren Freude über's Gesicht! – er hat uns ja wohlthun wollen. Und jetzt, nachdem es geschehen ist, wissen wir, dass er sich sehr erhaben fühlt, er hat einen Sieg über uns errungen, – ja! und auch über sich selber, der Hund! – denn es wurde ihm nicht leicht, sich diess Lob abzuringen"[69].

Überhaupt, konstatiert Nietzsche, werden „im Zwiegespräche der Gesellschaft [...] Dreiviertel aller Fragen gestellt, aller Antworten gegeben, um dem Unterredner ein klein Wenig weh zu tun; desshalb dürsten viele Menschen so nach Gesellschaft: sie giebt ihnen das Gefühl ihrer Kraft. In solchen unzähligen, aber sehr kleinen Dosen, in welchen die Bosheit sich geltend macht, ist sie ein mächtiges Reizmittel des Lebens"[70]. Und genauso das Mitleid: „Er ist im Unglück, und nun kommen die ‚Mitleidigen' und malen ihm sein Unglück aus, – endlich gehen sie befriedigt und erhoben

65 Menschliches, Allzumenschliches I 44: KSA 2, 66.
66 Morgenröthe 113: KSA 3, 102.
67 Also sprach Zarathustra II: KSA 4, 122.
68 Menschliches, Allzumenschliches I 87: KSA 2, 87.
69 Morgenröthe 273: KSA 3, 214.
70 Menschliches, Allzumenschliches I 50: KSA 2, 71.

fort: sie haben sich an dem Entsetzen des Unglücklichen wie an dem eigenen Entsetzen geweidet und sich einen guten Nachmittag gemacht"[71]. Aber auch das Umgekehrte, nämlich „Mitleiden erregen wollen", ist Wille zur Macht: „Der Unglückliche gewinnt eine Art von Lust in diesem Gefühl der Überlegenheit, welches das Bezeugen des Mitleides ihm zum Bewusstsein bringt"; trotz aller Schwäche ist er „immer noch wichtig genug, um der Welt Schmerzen zu machen"[72]. Kurz: „Mit Wohlthun und Wehethun übt man seine Macht an Andern aus – mehr will man dabei nicht [...] Mit *Wohlthun* und Wohlwollen an Solchen, die irgendwie schon von uns abhängen [...]; wir wollen ihre Macht mehren, weil wir so die unsere mehren, oder wir wollen ihnen den Vortheil zeigen, den es hat, in unserer Macht zu stehen"; und mit „*Wehethun* an Solchen, denen wir unsere Macht erst fühlbar machen müssen"[73].

Die Beispiele lassen schon ahnen, worauf Nietzsche hinauswill. Seine Absicht ist nicht, den Willen zur Macht als solchen zu diskreditieren – im Gegenteil: Er ist ja die Grundbestimmung des Lebens. Aufgeklärt wird vielmehr die *Funktion, welche die Moral gerade für die ermüdeten, niedergehenden Gestalten des Lebens erfüllt*: erfunden nämlich als Mittel, durch das sich die Dekadenten behaupten und auch die Gesunden noch in den Niedergang reißen, indem sie ihnen dasselbe lebensvergiftende Moralbewußtsein und Schuldgefühl injizieren, das sie selber beherrscht, aber ihnen nun auch Überlegenheitsgefühle verschafft und sie zudem mit überirdischen Hoffnungen entschädigt: „Diese Schwachen – irgendwann einmal nämlich wollen auch *sie* die Starken sein, es ist kein Zweifel, irgendwann soll auch *ihr* ‚Reich' kommen"[74]. Im bewußten Gegensatz zu der archaischen Vorstellung, daß überall dort, wo Krankheit und Leiden sei, auch Schuld vorliegen müsse, kehrt Nietzsche die Perspektive jetzt um: „Und wir, – sollten wir noch nicht reif für die entgegengesetzte Anschauung sein? sollten wir noch nicht sagen dürfen: jeder ‚Schuldige' ist ein Kranker?"[75]. Immer deutlicher zeichnet sich der kritische Leitgedanke ab, daß in der moralischen „Beschuldigung" (wie es präzise zu nennen ist) sich nur das rachelüsterne Strafbedürfnis der selber im Leben Zukurzgekommenen ausspricht: „was

71 Morgenröthe 224: KSA 3, 196.
72 Menschliches, Allzumenschliches I 50: KSA 2, 71.
73 Die fröhliche Wissenschaft 13: KSA 3, 384.
74 Zur Genealogie der Moral I 15: KSA 5, 283.
75 Morgenröthe 202: KSA 3, 178.

sie verlangen, das heissen sie nicht Vergeltung, sondern ‚den Triumph der *Gerechtigkeit*'; was sie hassen, das ist nicht ihr Feind, nein! sie hassen das ‚Unrecht', die ‚Gottlosigkeit'; was sie glauben und hoffen, ist nicht die Hoffnung auf Rache, die Trunkenheit der süssen Rache [...], sondern der Sieg Gottes, des *gerechten* Gottes"[76]. Ach, so Nietzsche: „Wie erleichtert wäre das allgemeine Gefühl des Lebens, wenn man mit dem Glauben an die Schuld auch vom alten Instinct der Rache sich losmachte [...]! Schaffen wir den Begriff der *Sünde* aus der Welt – und schicken wir ihm den Begriff der *Strafe* bald hinterdrein"[77]. Das ist die Option, mit der Nietzsche im Spätwerk, in der „Genealogie der Moral" und im „Antichrist", die historisch-genetische Rekonstruktion der Moral dann im großen Stil durchführt. Einerseits, so versucht er zu zeigen, entspringt sie aus dem Ressentiment und Rachebedürfnis der im Lebenskampf unterlegenen Schwachen gegenüber den Vornehmen und Starken, deren gutes Gewissen durch sie vergiftet und deren Kraft so gebrochen werden soll: Die „*Beschmutzung* und Verdächtigung des Schönen, des Glänzenden, des Reichen, des Stolzen, des Selbstgewissen, des Erkennenden, des Mächtigen"[78] – das ist der eine Effekt der Moral. Andererseits wird sie unter der Regie der um die Herde besorgten, aber aufklärungsfeindlichen Priesterkaste zum Herrschaftsmittel über die vielen, deren eigenes Schuldbewußtsein schließlich noch dadurch vertieft und vollends ausweglos wird, daß ihr Versagen zur Schuld gegen *Gott*, zur Sünde erklärt wird: „Die Sünde, nochmals gesagt, diese Selbstschändungs-Form des Menschen par excellence, ist erfunden, um Wissenschaft, um Cultur, um jede Erhöhung und Vornehmheit des Menschen unmöglich zu machen; der Priester *herrscht* durch die Erfindung der Sünde"[79].

Beides aber, die moralische Vergiftung der Starken wie die Etablierung der Priesterherrschaft durch die Introjektion des Sündenbewußtseins, konnte nur funktionieren, weil der Mensch eigentümlich dazu disponiert und bereit ist, unter den Zwängen der kollektiven Domestikation der ursprünglichen Kraft seiner Antriebe und Instinkte die Spitze zu brechen, sie in die eigene Innerlichkeit zu lenken und sie nunmehr gegen das eigene Selbst wüten zu lassen: „Dieser gewaltsam latent gemachte *Instinkt der Frei-*

76 Zur Genealogie der Moral I 14: KSA 5, 282f.
77 Morgenröthe 202: KSA 3, 177.
78 NF 1885–1887: KSA 12, 496.
79 Der Antichrist 49: KSA 6, 229.

heit […] dieser zurückgedrängte, zurückgetretene, in's Innere eingekerkerte und zuletzt nur an sich selbst noch sich entladende und auslassende Instinct der Freiheit: das, nur das ist in seinem Anbeginn das *schlechte Gewissen*"[80]. Das Ergebnis dieser Moralisierung des Lebens aber ist unsere ganze morbide Kultur der Lebensverneinung, der Schuldängste und „Gewissens-Vivisektionen" der „mit sich selbst willig-zwiespältigen Seelen"[81] – und ein Ausweg nur möglich, wenn der Mensch, statt seine „natürlichen Hänge mit bösem Blick" zu betrachten, seinen Lebenstrieb affirmiert und so – darin besteht die einzige Verantwortlichkeit der künftigen Moral ohne Schuld – *sich selbst lebt* im „stolzen Wissen" der gewonnenen „seltenen Freiheit" und seiner „Macht über sich und das Geschick"[82]. „Was ist das Siegel der erreichten Freiheit? – Sich nicht mehr vor sich selber schämen". „Was sagt dein Gewissen? – ‚Du sollst der werden, der du bist'"[83]. Das „autonome übersittliche Individuum (denn ‚autonom' und ‚sittlich' schliesst sich aus) hat sein „Werthmaass" allein in sich selbst[84].

Nietzsches gesamte Kritik, sowohl – wie wir noch sehen werden – seine Destruktion der Vernunft und des Subjekts als auch seine radikale Umwertung bzw. Auflösung der Moral beruht letztlich darauf, daß er alle Wahrheitsfragen auf Wertfragen zurückführt, die jeweiligen Wertsetzungen

80 Zur Genealogie der Moral II 17: KSA 5, 325. Vgl. a. a. O. II 16: KSA 5, 321ff: „Ich nehme das schlechte Gewissen als die tiefe Erkrankung, welcher der Mensch unter dem Druck jener gründlichsten aller Veränderungen verfallen musste, die er überhaupt erlebt hat, – jener Veränderung, als er sich endgültig in den Bann der Gesellschaft und des Friedens eingeschlossen fand […] Die ganze innere Welt, ursprünglich dünn wie zwischen zwei Häute eingespannt, ist in dem Maasse aus einander- und aufgegangen, hat Tiefe, Breite, Höhe bekommen, als die Entladung des Menschen nach Aussen *gehemmt* worden ist. Jene furchtbaren Bollwerke, mit denen sich die staatliche Organisation gegen die alten Instinkte der Freiheit schützte […] brachten zuwege, dass alle jene Instinkte des wilden freien schweifenden Menschen sich rückwärts, sich *gegen den Menschen selbst* wandten. Die Feindschaft, die Grausamkeit, die Lust an der Verfolgung, am Überfall, am Wechsel, an der Zerstörung – Alles das gegen die Inhaber solcher Instinkte sich wendend: *das* ist der Ursprung des ‚schlechten Gewissens'. Der Mensch, der sich […] eingezwängt in eine drückende Enge und Regelmässigkeit der Sitte, ungeduldig selbst zerriss, verfolgte, annagte, aufstörte, misshandelte, dies an den Gitterstangen seines Käfigs sich wund stossende Thier, das man ‚zähmen' will, dieser […] sehnsüchtige und verzweifelte Gefangne wurde der Erfinder des ‚schlechten Gewissens'".

81 A. a. O. II 24: KSA 5, 335; a. a. O. II 18: KSA 5, 326.

82 A. a. O. II 25: KSA 5, 335; a. a. O. II 2: KSA 5, 294.

83 Die fröhliche Wissenschaft 275 u. 270: KSA 3, 519.

84 Zur Genealogie der Moral II 2: KSA 5, 293f.

aber an ihrer Funktion zur Steigerung des natürlichen Lebens bemißt, das in seinem Wesen Wille zur Macht ist. „*Wahrheit*“, so eine Notiz aus dem Nachlaß, „*ist die Art von Irrthum*, ohne welche eine bestimmte Art von lebendigen Wesen nicht leben könnte. Der Werth für das Leben entscheidet zuletzt“[85]. Bemißt sich der Gesichtspunkt des Werts also an der Erhaltung und Steigerung des jeweiligen Lebensgebildes und ist dieses wesentlich Wille zur Macht[86], so kann das Kriterium der Wahrheit nur in der Steigerung des Machtgefühls liegen und somit die Moral, jedenfalls die des niedergehenden, alles Gesunde zersetzenden Lebens, nur Lüge und Unwahrheit sein, auch wenn sie selbst nochmals Funktion des Machtwillens der Dekadenten ist und von ihnen (als *ihre* Wahrheit) geglaubt wird. Von hier aus versteht sich Nietzsches grundlegende Diagnose der „Moral als Widernatur“: „fast jede Moral, die bisher gelehrt, verehrt und gepredigt worden ist, wendet sich [...] *gegen* die Instinkte des Lebens, – sie ist eine bald heimliche, bald laute und freche *Verurtheilung* dieser Instinkte“[87]. Dasselbe Verdikt gibt dem Kampf gegen das *Christentum* seine Richtung: „Man hat bisher das Christenthum immer auf eine falsche und nicht bloß schüchterne Weise angegriffen. Solange man nicht die Moral des Christenthums als *Capital-Verbrechen am Leben* empfindet, haben dessen Vertheidiger gutes Spiel. Die Frage der bloßen ‚Wahrheit‘ des Christenthums, sei es in Hinsicht auf die Existenz seines Gottes, oder die Geschichtlichkeit seiner Entstehungs-Legende [...] – ist eine ganz nebensächliche Angelegenheit, solange die Werthfrage der christlichen Moral nicht berührt ist“[88]. In dieser

85 NF 1884–1885: KSA 11, 506.

86 Vgl. NF 1887–1889: KSA 13, 36.

87 Götzen-Dämmerung (Moral als Widernatur 4): KSA 6, 85.

88 NF 1887–1889: KSA 13, 417. – Nietzsches Kritik des Christentums war stets primär auf dessen Moral fokussiert. Schon über „Die Geburt der Tragödie“ heißt es in seinem „Versuch einer Selbstkritik“: „In Wahrheit, es giebt zu der rein ästhetischen Weltauslegung und Welt-Rechtfertigung, wie sie in diesem Buche gelehrt wird, keinen grösseren Gegensatz als die christliche Lehre, welche *nur* moralisch ist und sein will und [...] die Kunst, *jede* Kunst in's Reich der *Lüge* verweist [...] Christenthum war von Anfang an, wesentlich und gründlich, Ekel und Ueberdruss des Lebens am Leben, welcher sich unter dem Glauben an ein ‚anderes‘ oder ‚besseres‘ Leben nur verkleidete, nur versteckte, nur aufputzte. Der Hass auf die ‚Welt‘, der Fluch auf die Affekte, die Furcht vor der Schönheit und Sinnlichkeit, ein Jenseits, erfunden, um das Diesseits besser zu verleumden, im Grunde ein Verlangen in's Nichts, an's Ende, in's Ausruhen, hin zum ‚Sabbat der Sabbate‘ – dies Alles dünkte mich [...] immer wie die gefährlichste und unheimlichste Form aller möglichen Formen eines ‚Willens zum Untergang‘, zum Mindesten ein Zeichen tiefster Erkrankung, Müdigkeit, Missmuthigkeit, Erschöpfung, Verarmung an

Frage aber war für Nietzsche die Entscheidung gefallen. „Der Begriff ‚Gott‘ erfunden als Gegensatz-Begriff zum Leben, – in ihm alles Schädliche, Vergiftende, Verleumderische, die ganze Todfeindschaft gegen das Leben in eine entsetzliche Einheit gebracht! Der Begriff ‚Jenseits‘, ‚wahre Welt‘ erfunden, um die *einzige* Welt zu entwerthen, die es giebt [...] Der Begriff ‚Seele‘, ‚Geist‘, zuletzt gar noch ‚unsterbliche Seele‘, erfunden, um den Leib zu verachten, um ihn krank – ‚heilig‘ – zu machen [...] Der Begriff ‚Sünde‘ erfunden sammt dem zugehörigen Folter-Instrument, dem Begriff ‚freier Wille‘, um die Instinkte zu verwirren“[89]: „Der Heilige, an dem Gott sein Wohlgefallen hat, ist der ideale Castrat ... Das Leben ist zu Ende, wo das ‚Reich Gottes‘ *anfängt*“[90]. Ein „Pegel des Tiefstands“ bereits der christliche *Gottesbegriff*: „Gott als Krankengott, Gott als Spinne, Gott als Geist [...] Gott zum *Widerspruch des Lebens* abgeartet, statt dessen Verklärung und ewiges *Ja* zu sein [...] In Gott das Nichts vergöttlicht, der Wille zum Nichts heilig gesprochen“[91]. Die christliche *Kirche* sodann „die höchste aller denkbaren Corruptionen“ und der „Parasitismus“ ihre einzige Praxis: „sie hat aus jedem Werth einen Unwerth, aus jeder Wahrheit eine Lüge, aus jeder Rechtschaffenheit eine Seelen-Niedertracht gemacht. Man wage es noch, mir von ihren ‚humanitären‘ Segnungen zu reden! [...] sie lebte von Nothständen, sie *schuf* Nothstände, um *sich* zu verewigen ... Der Wurm der Sünde zum Beispiel [...] Die ‚Gleichheit der Seelen vor Gott‘, diese Falschheit, dieser *Vorwand* für die rancunes aller Niedriggesinnten“. Und das *Kreuz*: „Erkennungszeichen für die unterirdischste Verschwörung, die es je gegeben hat, – gegen Gesundheit, Schönheit, Wohlgerathenheit, Tapferkeit, Geist, *Güte* der Seele, *gegen das Leben selbst* ...“[92]. „‚Was *schwach* ist vor der Welt, was *thöricht* ist vor der Welt, das *Unedle* und *Verachtete* vor der Welt hat Gott erwählet‘: *das* war die Formel, in *hoc* signo siegte die décadence. – *Gott am Kreuze* – versteht man immer noch die furchtbare Hintergedanklichkeit dieses Symbols nicht? – Alles, was leidet, Alles, was am Kreuze hängt, ist göttlich“[93]. Gott zu bejahen, diesen Gott noch zu

---

Leben, – denn vor der Moral (in Sonderheit christlichen, das heisst unbedingten Moral) *muss* das Leben beständig und unvermeidlich Unrecht bekommen, weil Leben etwas essentiell Unmoralisches *ist*“ (KSA 1, 18f).

89 Ecce homo (Warum ich ein Schicksal bin 8): KSA 6, 373f.

90 Götzen-Dämmerung (Moral als Widernatur 4): KSA 6, 85.

91 Der Antichrist 18: KSA 6, 185.

92 A. a. O. 62: KSA 6, 252f.

93 A. a. O. 51: KSA 6, 232.

bejahen – das wäre endgültig Verrat der Unschuld des Lebens, letzte Auszehrung seiner Kraft. Nietzsches „Fluch auf das Christenthum“ hat hier den entscheidenden Grund: „Ich heisse das Christenthum [...] die Eine grosse innerlichste Verdorbenheit, den Einen grossen Instinkt der Rache, [...] den Einen unsterblichen Schandfleck der Menschheit“[94].

Und doch kommt, wenn ich recht sehe, ein anderes, etwas verdecktes Motiv noch hinzu. Denn unerträglich vor allem war Nietzsche die *Allgegenwart* Gottes. Der Gott, der alles sieht und immer dabei ist – ihm gelten die heftigsten Verdikte. Dieser Gott, so läßt er im „Zarathustra“ den Mörder Gottes erklären, dieser Gott „*musste* sterben: er sah mit Augen, welche *Alles* sahn – er sah des Menschen Tiefen und Gründe, alle seine verhehlte Schmach und Hässlichkeit. Sein Mitleiden kannte keine Scham [...] Dieser Neugierigste, Über-Zudringliche, Über-Mitleidige [...] Er sah immer *mich*: [...] dieser Gott musste sterben! Der Mensch *erträgt* es nicht, dass solch ein Zeuge lebt“[95].

---

94 A. a. O. 62: KSA 6, 253.

95 Also sprach Zarathustra IV: KSA 4, 331. – Es gibt zu denken, daß dieses Motiv auch bei anderen Autoren an zentraler Stelle begegnet. So etwa in einer Schlüsselszene des autobiographischen Romans „Die Wörter“ (Reinbek 1965) von *Jean Paul Sartre*: „im katholischen Glauben erzogen, erfuhr ich, der Allmächtige habe mich zu seinem Ruhm erschaffen. Das war mehr, als ich zu träumen gewagt hatte. In der Folge aber erkannte ich in dem gesellschaftsfähigen Gott, den man mir beibrachte, nicht denjenigen, den meine Seele erwartete. Ich brauchte einen Weltschöpfer, man gab mir einen Obersten Chef; [...] und die offizielle Lehre nahm mir die Lust, meinen eigenen Glauben zu suchen [...] Ein einziges Mal hatte ich das Gefühl, es gäbe Ihn. Ich hatte mit Streichhölzern gespielt und einen kleinen Teppich versengt; ich war im Begriff, meine Untat zu vertuschen, als plötzlich Gott mich sah. Ich fühlte seinen Blick im Innern meines Kopfes und auf meinen Händen; ich drehte mich im Badezimmer bald hierhin, bald dorthin, grauenhaft sichtbar, eine lebende Zielscheibe. Mich rettete meine Wut: ich wurde furchtbar böse wegen dieser dreisten Taktlosigkeit, ich fluchte, ich gebrauchte alle Flüche meines Großvaters. Gott sah mich seit dem nie wieder an“ (74.78). Vielleicht war es ja wirklich nur der penetrante Aufpassergott, den der kindliche Sartre verfluchte (wie viele andere auch). Und doch, meine ich, liegt das wesentliche Problem wohl einiges tiefer. Denn selbst wenn Gott der schlechthin Gütige wäre (und *er ist* es ja unbedingt: sind doch *wir* die Mißtrauischen, die ihn wie unseresgleichen betrachten) – das Bewußtsein seiner Allgegenwart bliebe ambivalent. Man müßte seiner Güte schon wirklich grenzenlos trauen, um ihre stete Gegenwart zu wünschen – „durchsichtig“ (wie *Kierkegaard* dies nannte) vor Gott existieren (und vor sich selbst). Aber nicht allein Angst sträubt sich dagegen, sondern auch eine Abneigung, ja ein Widerwille, der aus der eigenen, kaum zugelassenen Tiefe heraufsteigt. Dieser Gott, der immer da und dabei ist. Der uns nichts Gutes, nichts Böses tun läßt ohne ihn. Keine Bewegung, keine Entscheidung – und er nicht dabei. Kein Blick, den er nicht

Nietzsches offener oder verborgener Einfluß läßt sich kaum überschätzen, auch wenn keiner von denen, die in seinen Bahnen dachten, zu vergleichbar prinzipiellen Konsequenzen gelangt ist. Wirksam wurde vor allem das Motiv, die Antriebskräfte des menschlichen Selbst aus den Repressionen der überkommenen Schuldmoral zu befreien[96]. Dabei dürften Positionen wie die von *Wilhelm Reich* oder *Arno Plack*, die in der Destruktion aller Normativität und in der daraus resultierenden Triebbefreiung als solcher schon das Allheilmittel für individuelle und soziale Lebensnot sehen, eher extreme Ausnahmen darstellen[97]. Bereits *Sigmund Freud*, auf den wir gleich noch zu sprechen kommen, hat ein gewisses Maß von Triebverzicht bzw. Triebsublimierung für unabdingbar gehalten, wenn der Mensch nicht auf prärationale Stufen zurückfallen und der kulturellen Selbstzerstörung ausgeliefert werden solle. Auch *Arnold Gehlen*, der von Nietzsche die Definition des Menschen als des „noch nicht festgestellten Tiers“[98] übernahm, hat daraus gerade die Notwendigkeit von Institutionen abgeleitet, die den Menschen vor seiner naturalen „Entartungsbereitschaft“ schützen und ihn zugleich von Entscheidungsüberforderungen entlasten[99]. *Herbert Marcuse* wiederum hat die wesentliche Aufgabe darin gesehen, nach den sozialen und psychologischen Bedingungen einer nicht repressiven und dennoch

---

auffängt. Und keine ihm verborgene Regung, wie auch immer. Auch die Bibel kennt diese ambivalente Erfahrung. Wie lange schon schaust du nicht weg von mir, fährt Ijob (7, 19) ihn an, läßt mich nicht los, so daß den Speichel ich schlucke? Oder die Psalmen: Ob ich sitze oder stehe, du weißt von mir. Von fern erkennst du meine Gedanken. Steige ich hinauf in den Himmel oder hinab in die Unterwelt – du bist zugegen (Ps 139). Ist das noch Lobpreis oder nicht eher ein Alptraum? Man müßte tatsächlich Gott vertrauen, ihm ohne Vorbehalt und Rest trauen.

96 Vgl. zur folgenden Umschau *W. Korff*, Aporien einer „Moral ohne Schuld“: Conc 6 (1970) 413–422.

97 Vgl. *W. Reich*, Die Funktion des Orgasmus. Zur Psychopathologie und zur Soziologie des Geschlechtslebens, Leipzig/Wien/Zürich 1927; *ders.*, Einbruch der Sexualmoral, Leipzig/Wien/Zürich 1931; *A. Plack*, Die Gesellschaft und das Böse. Eine Kritik der herrschenden Moral, München [5]1969. Beide Autoren unterstellen einen kausalen Zusammenhang zwischen sexueller Triebverdrängung und sozialem Aggressionsverhalten.

98 *F. Nietzsche*, Jenseits von Gut und Böse 62: KSA 5, 81; vgl. *ders.*, Zur Genealogie der Moral III 13: KSA 5, 367: „Denn der Mensch ist kränker, unsicherer, wechselnder, unfestgestellter als irgend ein Thier sonst“.

99 Vgl. *A. Gehlen*, Der Mensch. Seine Natur und Stellung in der Welt, Frankfurt [10]1974; *ders.*, Urmensch und Spätkultur, Bonn 1956; *ders.*, Anthropologische Forschung, Hamburg 1961.

trieb*vernünftigen* Moralität zu suchen[100] – einer Moralität näherhin, die den Menschen als „bewußtes rationales Subjekt" in die Mündigkeit zur „Selbst-Sublimierung" freisetzt[101] und ihn damit ebenso über die Verhaltenszwänge tradierter Sittenordnungen hinausführt wie über die scheinhumanitären Ansprüche einer Leistungsgesellschaft, die ihn dem Gesetz ökonomischer Effektivität unterwirft und ihn in der Unmündigkeit eines manipulierbaren, vermarktungsfähigen Bedürfniswesens festhält. Anders als Gehlen, der mit der Heraufkunft einer Subjektivität, die sich als Selbstzweck versteht und verwirklicht, den Verfall kollektiv institutionalisierter Sittenordnungen beginnen sieht und deshalb letztlich nur die Alternative zwischen repressiver Sublimierung oder einer alles gelten lassenden Toleranzmoral kennt, knüpft also Marcuse seine Erwartung einer sittlichen Kultur der „nicht-repressiven [Trieb-] Sublimierung" gerade an das von einer „neuen Vernunft" geleitete Subjekt und den möglichen Prozeß eines sozialen Bewußtseins- und Strukturwandels, der die gegebenen, aber veränderbaren historischen Konstellationen aufhebt und tatsächlich „zu höheren Formen kultureller Freiheit" gelangt[102]. Der französische Arzt und Psychologe *A. Hesnard* schließlich hat – von einer Analyse der durch Anklage, Angst und Aggression bestimmten Interaktionsformen ausgehend – ganz ähnlich wie Nietzsche die „an der Sünde kranke Welt" und die Genealogie des schlechten Gewissens beschrieben[103]: Denn die Schuldmoral, so Hesnard, die das Leben einem Netzwerk von Sanktionen unterwerfe, seine Impulse neutralisiere und seine Antriebe frustriere, erzeuge damit ein Klima der Anpassungsbereitschaft und Subordination, das jede Eigenverantwortung verkümmern lasse und vor allem die ganze Aggression eines Menschen in seine Innerlichkeit umleite, wo sie sich als „schlechtes Gewissen" installiert. Anders als Nietzsche aber sah Hesnard die Aufgabe darin, das gequälte Gewissen aus dem Kerker selbstbezogener Innerlichkeit in den Raum eines interpersonalen Füreinander zu überführen und den Menschen zu befähigen, sich selbst und den Anderen wirklich anzunehmen und sich ihm kreativ zuzuwenden.

---

100 Vgl. *H. Marcuse*, Triebstruktur und Gesellschaft, Frankfurt 1969; *ders.*, Der eindimensionale Mensch, Neuwied-Berlin 1967.

101 *H. Marcuse*, Triebstruktur (Anm. 100), 150.207.

102 A. a. O. 196f.

103 Vgl. *A. Hesnard*, Morale sans péché, Paris 1954; *W. Korff*, Aporien (Anm. 96), 413ff.

Sieht man von Hesnard vielleicht einmal ab, ist allen anderen genannten Positionen gemeinsam, daß sie das Projekt einer nichtrepressiven Moral zwar weiter verfolgen, der Begriff „Moral" dabei aber zunehmend den *Sinn eines jeweils zu leistenden kulturellen Ausgleichs* gewinnt: eines Ausgleichs *zwischen äußeren Normansprüchen und den Ansprüchen des Selbst.* Natürlich werden die menschliche Subjektivität und Freiheit dabei wieder (anders und zumindest eindeutiger als von Nietzsche) als die Instanzen beansprucht, die den jeweiligen Ausgleich finden und verwirklichen müssen. Als normbegründende und normkritische Prinzipien jedoch – dies bleibt für unser Leitthema nüchtern zu konstatieren – kommen sie ebensowenig mehr in den Blick wie die in genuin ethischer Erfahrung evidente Unbedingtheit moralischen Sollens.

S. Freuds ontogenetische Theorie des Gewissens: Thesen, Gewinne, Probleme

Von *Sigmund Freud* wird erzählt, daß er zögerte, Nietzsche zu lesen, weil er um die Selbständigkeit seiner eigenen Arbeit bangte – in der Tat springt die Kongenialität beider ja bis ins Detail in die Augen[104]. Auch Freuds Erklärung des Gewissens, des Schuldgefühls (wie er sagt), verfährt historisch-genetisch, weshalb es nicht als primäre Anlage, sondern als sekundäres Internalisierungsergebnis erscheint. Allerdings finden sich mehrere Varianten. Freuds später stark hervortretende *triebmechanische* Konzeption, die das Gewissen als Ausdruck eines Ambivalenzkonflikts zwischen dem Eros und dem Todestrieb bzw. als „Verinnerlichung des Destruktionstriebes" deutet[105], braucht uns hier nicht eingehend zu interessieren. Ebensowenig seine

104 Ich zitiere Freud nach: *S. Freud*, Gesammelte Werke in 18 Bänden (chronologisch geordnet), London 1952–1968 (= GW) mit Werktitel sowie Band- und Seitenangabe. Zum folgenden vgl. *D. Mieth*, Gewissen: CGG 12, 137–184, 150ff; *G. Condreau*, Schuld und Sünde: CGG 12, 92–115, 96–103; *J. Werbick*, Schulderfahrung (Anm. 15), 12ff.28f. 44f; *W. Schulz*, Philosophie in der veränderten Welt (Anm. 4), 673–697 (Die Psychoanalyse und ihre Auswirkungen); *L. Beirnaert*, Die psychoanalytische Theorie und das sittlich Böse: Conc 6 (1970) 401–406.

105 In seinem berühmten Brief an Albert Einstein vom September 1932 über das Kriegsproblem schreibt Freud: „Der Todestrieb wird zum Destruktionstrieb, indem er mit Hilfe besonderer Organe nach außen, gegen die Objekte, gewendet wird. Das Lebewesen bewahrt sozusagen sein eigenes Leben dadurch, daß es fremdes zerstört. Ein Anteil des Todestriebes verbleibt aber im Innern des Lebewesens tätig und wir haben versucht, eine ganze Anzahl von normalen und pathologischen Phänomenen von dieser Verinner-

Internalisierungstheorie, sofern Freud sie auch *phylogenetisch* durchgeführt und durch die Annahme der Wirklichkeit des Geschehens, bei dem sie ansetzt, zu erhärten versucht hat, um so mit ihr den Ursprung aller Kulturbildungen einschließlich der Religion und der Moral zu erklären und namentlich die Religion als kollektive Zwangsneurose der Menschheit verstehen zu können, die deshalb als Illusion von der selbst illusionslosen Wissenschaft entlarvt und schließlich geheilt werden wird. Kernstück dieser Theorie ist die ziemlich phantastische und heute kaum noch vertretene Geschichte von der Urhorde, die Freud – womöglich ein ähnliches Motiv schon bei *Nietzsche* aufnehmend und verändernd[106] – bereits in „Totem und Tabu" (1913) ausgeführt hat[107]. Beherrschend darin der übermächtige Vater, der alle Weibchen für sich haben will, bis die erwachsenen Brüder ihn ermorden, dann aber – nachdem ihr Haß erst befriedigt war – aus Reue und wieder erwachter Liebe den Toten, ihren Vater, mit dem sie sich nunmehr identifizieren, als vergöttlichtes Über-Ich inthronisieren und ihm die „Macht des Vaters wie zur Bestrafung für die gegen ihn verübte Tat der Aggression" übertragen[108]. Da jedoch die Aggressionsneigung gegen ihn sich in den folgenden Generationen wiederholte, blieb auch das Schuldgefühl weiter bestehen und wurde durch jede unterdrückte und dem Über-Ich übertragene Aggression sogar noch verstärkt.

Bedeutsamer, wenn auch ebenfalls umstritten ist der *ontogenetische* Aspekt der Internalisierungstheorie Freuds. Nach ihr, das ist der Grundgedanke, resultiert das Gewissen aus der Spannung von Ich und Über-Ich. Dieses Über-Ich entsteht durch die Verinnerlichung der Befehle der frühen Bezugspersonen, insbesondere aus der Familie. Das Kind nimmt die Beurteilung seines Verhaltens in sich selber hinein, damit es sich möglichst effektiv auf den Willen derer einstellen kann, von deren Wohlwollen es sich

---

lichung des Destruktionstriebes abzuleiten. Wir haben sogar die Ketzerei begangen, die Entstehung unseres Gewissens durch eine solche Wendung der Aggression nach innen zu erklären" (GW 16, 22).

106 Vgl. *F. Nietzsche*, Zur Genealogie der Moral 19 u. 22: KSA 5, 327–329.331f. Hier geht es auch Nietzsche darum, das schlechte Gewissen, seinen „Eintritt in die Welt" und die zunehmende Furcht vor ihm aus den „Schulden" der Gegenwärtigen gegenüber ihren Vorfahren und besonders dem zuletzt in einen Gott transfigurierten Ahnherrn zu erklären, wobei freilich das Schuldgefühl nicht aus der Ermordung des Urvaters, sondern dem Bewußtsein der ständig noch wachsenden und niemals gut zu machenden Opfer und Leistungen der Vorfahren für die Späteren resultiert.

107 Totem und Tabu: GW 9, bes. 171ff.

108 Das Unbehagen in der Kultur VII: GW 14, 419–506, 492.

abhängig erfährt. Dabei ist zu beachten, daß es die Angst ist, die Angst vor der Autorität und dem drohenden Liebesentzug, was diesen Vorgang überhaupt ermöglicht – eine Angst, die ihre Energie wiederum aus den aggressiven Regungen bezieht, mit denen das Kind spontan auf den abverlangten Triebverzicht reagiert und die es dann doch nur gegen sich selbst wenden kann. Der für alles Weitere entscheidende Entwicklungsschritt erfolgt dann in der sogenannten ödipalen Phase des vierten und fünften Lebensjahres, wenn der Ödipus-Komplex (also der auf den andersgeschlechtlichen Elternteil gerichtete Triebanspruch) durch die Identifikation des Kindes mit den Eltern abgelöst wird, die die gesellschaftlich-moralischen Normen repräsentieren und deren Herrschaftsstellung im Zuge dieser Identifizierung eben als Über-Ich introjiziert wird. Aufgrund der Tabuisierung der Triebsphäre des „Es“ durch das Über-Ich führt nun jeder unerlaubte Triebanspruch, ja sogar schon jeder erlebte verbotene Trieb*wunsch* zu Schuldgefühlen – schon jeder verbotene *Wunsch* nämlich deshalb, weil dem Über-Ich auch die inneren Regungen nicht verborgen bleiben und somit das Kind „für ein drohendes äußeres Unglück – Liebesverlust und Strafe von Seiten der äußeren Autorität – [...] ein andauerndes inneres Unglück, die Spannung des Schuldbewußtseins eingetauscht“ hat[109]: „Die Aggression des Gewissens konserviert die Aggression der Autorität“, formuliert Freud prägnant[110]. Stetig also fungiert das Über-Ich als moralische Gegenwehr gegen die sexuell-libidinöse oder aggressiv-destruktive Triebhaftigkeit des Menschen. Da es unbewußt wirkt, steht es dem Ich wie eine geheimnisvoll autarke Größe gegenüber. Und da es im Ödipus-Komplex bereits aus der Schuld geboren wurde, hat es die Form eines idealen Ich, demgegenüber der Mensch immer schuldig bleibt. Die Differenz der Leistungen des Ich zu den Ansprüchen des Über-Ich wird als Schuldgefühl und die Angst vor dem Über-Ich als Gewissensangst erlebt, wobei nun aber – in einer dynamischen Zirkelbewegung – jeder Triebverzicht die Strenge des Gewissens und mit ihr sowohl den Wunsch, gegen seine Autorität anzugehen, als zugleich auch die Angst vor ihm steigert. Die letzte Überhöhung und Fixierung der internalisierten Normen ist erreicht, wenn das Gewissen als „Stimme Gottes“ in Funktion tritt: „Durch ein System von Liebesprämien und Strafen wird das Kind zur Kenntnis seiner sozialen Pflichten erzogen [...] Alle diese Verhältnisse trägt dann der Mensch unverändert in die Re-

109 A. a. O. 487.
110 Ebd.

ligion ein. Die Verbote und Forderungen der Eltern leben als sittliches Gewissen in seiner Brust weiter; mit Hilfe desselben Systems von Lohn und Strafe regiert Gott die Menschenwelt, von der Erfüllung der ethischen Forderungen hängt es ab, welches Maß von Schutz und Glücksbefriedigung dem einzelnen zugewiesen wird“[111]. Der Glaube an die unendliche Strafgewalt und lückenlose Überwachung durch den unbestechlichen Richtergott verschärft dabei nochmals und verewigt die Schuldgefühle des Menschen.

Freud steht mit alledem dem Gewissensphänomen nicht einfach ablehnend gegenüber. Obwohl er keine Moral anerkennt, die für ihre Forderungen von sich aus Gültigkeit beanspruchen, geschweige denn *unbedingt* gültig sein könnte, akzeptiert er doch die Moral überhaupt als ein notwendig mit jeder Kultur verbundenes Faktum und erwägt ihren Nutzen und Nachteil, um entsprechend auch seine therapeutische Arbeit zu orientieren. Da Kultur nun einmal auf der lebensnotwendigen Beachtung des Realitätsprinzips durch das Ich beruht und das ungehemmte Ausleben der Triebe zur Vernichtung (wenn nicht sogar zur heute möglichen *totalen* Vernichtung[112]) führen müßte, ist es unumgänglich, daß der Mensch sich gegenüber dem totalen Anspruch des Es ein ausreichendes Maß an Entsagung und Disziplin auferlegt, wobei dem Ich, damit es zunehmend zur bewußten Selbststeuerung befähigt wird und sich dem Ich-Ideal[113] weitestmöglich zu nähern lernt, durch das Über-Ich gleichsam der Rücken gestärkt werden muß. Auch die therapeutische Arbeit möchte dem Menschen auf ihre spezifische Weise, nämlich durch die Ermöglichung seiner Selbstaufklärung, dazu verhelfen, daß er seinen Trieben nicht bedingungslos folgt, sondern ihre dunkle, vom Unbewußten her gesteuerte Herrschaft durchbricht und Möglichkeiten ihrer Beherrschung (Stellungnahme, Sublimierung usw.) gewinnt. Auf dem Wege methodischer Analyse sucht sie gerade das Unbewäl-

111 Neue Folge der Vorlesungen zur Einführung in die Psychoanalyse XXXV: GW 15, 176f.

112 Am Schluß seiner Abhandlung „Das Unbehagen in der Kultur“ (1930) gibt Freud dieser nicht auszuschließenden Möglichkeit Ausdruck: „Die Schicksalsfrage der Menschenart scheint mir zu sein, ob und in welchem Maße es ihrer Kulturentwicklung gelingen wird, der Störung des Zusammenlebens durch den menschlichen Aggressions- und Selbstvernichtungstrieb Herr zu werden […] Die Menschen haben es jetzt in der Beherrschung der Naturkräfte so weit gebracht, daß sie es mit deren Hilfe leicht haben, einander bis auf den letzten Mann auszurotten. Sie wissen das, daher ein gut Stück ihrer gegenwärtigen Unruhe, ihres Unglücks, ihrer Angststimmung“ (GW 14, 506).

113 „Das Ichideal umfaßt die Summe aller Einschränkungen, denen das Ich sich fügen soll“ (Massenpsychologie und Ich-Analyse XI: GW 13, 71–161, 147).

tigtsein der abgedrängt wirksamen Triebe rational aufzuheben und so eine Balance von Triebanspruch und Ich-Herrschaft zu erreichen. Eben dies meint das berühmte Programmwort „Wo Es war, soll Ich werden“[114] also zuerst: Befreiung vom Zwang der Triebe als Vorrangigwerden des Ich.

Auf der anderen Seite ist aber auch die Zwangsherrschaft der Moral über die Triebe zu revidieren, weil diese, wenn sie nicht mit ungehemmter Macht durchbrechen sollen, nicht radikal unterdrückt werden dürfen. Gerade als Analytiker gewinnt Freud zunehmend die Einsicht, Moral und Triebverzicht nur in Maßen empfehlen zu können. Das Über-Ich des einzelnen, so sein Vorwurf, „kümmert sich in der Strenge seiner Gebote und Verbote zu wenig um das Glück des Ichs, indem es die Widerstände gegen die Befolgung, die Triebstärke des Es und die Schwierigkeiten der realen Umwelt nicht genügend in Rechnung bringt. Wir sind daher in therapeutischer Absicht sehr oft genötigt, das Über-Ich zu bekämpfen, und bemühen uns, seine Ansprüche zu erniedrigen“. Aber auch das Kultur-Über-Ich „kümmert sich nicht genug um die Tatsachen der seelischen Konstitution des Menschen, es erläßt ein Gebot und [...] nimmt an, daß dem Ich des Menschen alles psychologisch möglich ist, was man ihm aufträgt [...] Das ist ein Irrtum, und auch bei den sogenannt normalen Menschen läßt sich die Beherrschung des Es nicht über bestimmte Grenzen steigern“[115]. Ohne Zweifel ist diese skeptische Einschätzung nicht wenig von Freuds Ideologieverdacht gegenüber den „höheren Regionen“ sowie seinem Biologismus geleitet, demgemäß die Triebschicht als die bestimmende Schicht und jeder Zwang vom Über-Ich her, eben biologisch gesehen, als verfehlt gilt. Zugleich wird von hier aus Freuds „Kulturpessimismus“ verständlich und wohl ebenso – da der Mensch nun einmal Kulturwesen sein muß – sein nüchternes Diktum, es sei nicht im Plan der Schöpfung enthalten, daß der Mensch glücklich sei[116] – und zwar so wenig enthalten, daß auch der Beitrag zu seinem Glück, den die therapeutische Arbeit und Aufklärung zu leisten sich mühen, durchaus zweifelhaft bleibe. Aber wie dem auch sei – für die Ausrichtung dieser Arbeit ergibt sich jedenfalls klar als zweite (und uns vor allem interessierende) Aufgabenstellung, eben durch die Auf-

---

114 Neue Folge der Vorlesungen zur Einführung in die Psychoanalyse XXXI: GW 15, 86. Vgl. zum Thema auch *W. Schulz*, Philosophie in der veränderten Welt (Anm. 4), 673f.684–688.

115 Das Unbehagen in der Kultur VIII: GW 14, 503.

116 Vgl. u. a. Das Unbehagen in der Kultur VIII: GW 14, 493–506.

klärung über die beschriebenen Internalisierungsvorgänge und deren Folgen die Spannungsängste zwischen Ich und Über-Ich zu vermindern und dadurch ebenfalls den bewußten Verfügungsbereich des autonomen Ich zu vergrößern. Dabei wird die Therapie gerade auch bei der *religiösen* Fixierung der Schuldgefühle ansetzen. Freud hatte durchaus die Erwartung, daß sich die Bindung an den christlichen Erlösungsglauben in ebendem Maße lösen werde, wie Schuldgefühle sich lockern und zersetzen, weil ihre Entstehung durchgearbeitet und ihre Ausbeutung durch die Religion durchschaut ist. Religion verliere ihre Macht über die Menschen, sobald sie von ihren Schuldgefühlen nicht mehr profitieren könne.

Es ist für die Theologie nicht ganz leicht, der Gewissenstheorie Freuds gerecht zu werden. Er selbst ist bewußt jeder philosophischen Reflexion aus dem Wege gegangen, ohne doch ihre Möglichkeit ausdrücklich auszuschließen. Für die von ihm geschaffene „Metapsychologie" jedenfalls hielt er sie für entbehrlich, zumal bei dieser die Theoriebildung sehr eng und beständig in den Prozeß der therapeutischen Praxis eingebettet bleibt: Zur Erklärung fraglicher Phänomene werden Hypothesen entworfen (oder verändert), die dann ihrerseits wieder die praktischen Verfahren orientieren – und schon deshalb sollte man Freuds Theorien philosophisch nicht überfordern. Aber auch zu den Naturwissenschaften ist die Psychoanalyse, zumal sie im Unterschied zu ihnen als nomologischen Wissenschaften „selbst gar keine Hypothesen validieren" kann, nicht ohne weiteres zu zählen und wird deshalb von vielen auch eher als „hermeneutisch prozedierende Erfahrungswissenschaft" angesehen[117]. Ernstliche und kaum zu umgehende Schwierigkeiten jedoch macht es, die beiden Grundmodelle des psychischen Lebens, die in Freuds Metapsychologie nebeneinander herlaufen, ohne doch völlig getrennt zu sein, in ihrer Kohärenz zu begreifen[118]. Da ist zum einen das topisch ausgerichtete *Schichtenmodell*, das als Urschicht im Menschen die *Triebschicht* – auch Es genannt – ansetzt: „Der Kern des Ubw [Unbewußten] besteht aus Triebrepräsentanzen, die ihre Besetzung abführen wollen", erklärt Freud[119]. Wesentlich dabei ist, daß der Triebreiz aus dem Inneren des Organismus stammt und der Trieb als kon-

117 *H. Hildebrandt*, Art. Psychoanalyse I: HWP 7, 1572–1576, 1574.
118 Vgl. zum folgenden bes. *W. Schulz*, Philosophie in der veränderten Welt (Anm. 4), 675–687.
119 Das Unbewußte V: GW 10, 264–303, 285.

stante Kraft zu verstehen, seine Funktion biologisch bedingt und allein dem Lustprinzip unterworfen ist und es keine ursprünglich-natürliche Objektbindung für ihn gibt. Das *Ich* sodann fungiert häufig einfach als Sammelbegriff, so daß es Bewußtes *und* Unbewußtes umfaßt und auch das Verdrängte in ihm verbleibt. Im spezifischen Sinn aber ist es mit dem Bewußtsein identisch und steht dann dem Unbewußten und den Trieben entgegen. Seine Entstehung erklärt Freud durch eine Ausdifferenzierung von Teilen der Urschicht, die zur Bewältigung der Reize von außen erforderlich war. Durch seine Tendenz zur Versachlichung nämlich kann das Ich das Realitätsprinzip geltend machen und fungiert somit als Vollstrecker und Regulator der Triebe, denen es als Anwalt für das Gelingen des Realitätsbezugs zugleich gegenüber tritt. Das *Über-Ich* schließlich wirkt auf das Ich und vermittels des Ich auf das Es, was freilich nur möglich ist, weil es vom Es ein Quantum Energie übernimmt. Was wir als Internalisierungsvorgang schon kennenlernten, ist also – triebökonomisch betrachtet – eine Umwandlung der Trieb*intention.* Ist nun angesichts dieser Kräfteverhältnisse die Lage des Ich schon ziemlich prekär, so droht es im zweiten, dem *triebmechanischen* Grundmodell vollends zu verschwinden – zerrieben gleichsam in dem Kampf, den Eros und Todestrieb gegeneinander ohne Unterlaß führen und den Freud maßgeblich in „Jenseits des Lustprinzips" (1920) thematisiert hat[120]. Während der *Eros* als der Lebenstrieb etwa im Narzismus, der Selbstliebe und Selbsterhaltung hervortritt und durch seine sehr weitgefaßte Funktion der Vereinigung sogar die Gemeinschafts- und Kulturbildungen (bis hin zur großen Einheit der Menschheit) zu verstehen erlaubt, verfolgt der *Todestrieb*, der sich in Aggressionen und anderen Formen der Destruktion auswirkt, die Tendenz, „das organische Lebende in den leblosen Zustand zurückzuführen"[121]. Bedenkt man nun, daß Freud – weit über sein Bemühen um empirische Bestätigung hinaus – beide Triebe geradezu mythologisch erhöht, sie als bestimmende Mächte nicht nur im Innern der einzelnen, sondern auch im Welt-, Kultur- und Menschheitsgeschehen betrachtet und sogar, daß wir von ihnen „gelebt werden"[122], nicht ausschließt, dann bleibt – so urteilt jedenfalls *Walter Schulz* – kaum noch ein Zweifel, daß dieser „Ansatz, zu Ende gedacht, eine Negation des Handlungsprinzips bedeutet" und der Mensch „eigentlich nur ohnmächtig

---

120 Jenseits des Lustprinzips: GW 13, 1–69.
121 Das Ich und das Es IV: GW 13, 235–289, 269.
122 Das Ich und das Es II: a. a. O. 251.

zuschauen" kann[123]. Indessen hat Freud diese Konsequenz *nicht* gezogen, sondern sich im entscheidenden – wie es seine unmittelbaren Schüler und meisten Anhänger dann noch eindeutiger taten – an das zuerst skizzierte Grundmodell gehalten und seine (freilich nur mäßige) Hoffnung darauf gesetzt, daß die Kraft des Ich für seine Zensurstellung und Selbstlenkung ausreichen und ihm mit dem in der therapeutischen Analyse gewonnenen Wissen auch zuwachsen werde. Wie auch sonst hätte er eine solche Therapie für sinnvoll und überhaupt für möglich halten können?

Daß Freud durchweg am Ziel der Ichstärkung festhält, läßt sich nun durchaus als Option für das Aufklärungsideal freier Subjektivität würdigen oder doch wenigstens in diesem Sinn rezipieren. Die analytische Aufhellung der unbewußt wirksamen Vergangenheit eines Menschen wäre dann ebenso wie die methodische Kenntnisnahme der unbewußten Triebwirksamkeit zu würdigen als Gewinn realer Entscheidungsmöglichkeiten für die sich selber bestimmende Freiheit. Auf der anderen Seite aber war Freud so offensichtlich bemüht, seine Psychoanalyse – schon mit ihrem prinzipiellen Rekurs auf eine physische Grundlage und die Determiniertheit der seelischen Prozesse und ebenso durch seine technisch-objektivistische Sprache (Besetzung, Verschiebung, Entmischung usw.) – in die Systematik der Naturwissenschaften zu integrieren und ihren Paradigmen anzugleichen, und dabei so ausschließlich am *genetischen* Aspekt der Konstitution des Ich wie seines Schuldbewußtseins interessiert, daß er ein ursprüngliches Unterscheidungsvermögen zwischen Gut und Böse ebenso abgelehnt hat wie die Tatsache primärer Schuld selbst. Es bleibt aber durchaus die Frage, ob die Erklärung der Gewissensbildung aus dem Triebverzicht und der Introjektion von Gesetzen nicht eine Vereinfachung darstellt, die den phänomenologischen Befund nicht erreicht, und ob dieser Befund ohne die Voraussetzung eines ursprünglichen Schuldig-sein-Könnens überhaupt erklärt werden kann. Bezeichnenderweise hat Freud ja immer nur von Schuld*gefühlen* gesprochen und (wie übrigens auch *Alfred Adler*[124]) die These vertreten, daß diese Schuldgefühle eigentlich illusionären Charakter

123 *W. Schulz*, Philosophie in der veränderten Welt (Anm. 4), 681f.

124 Zwar hat Adler die Möglichkeit eigentlichen Schuldigwerdens offengelassen, aber den Begriff „Schuld" durch „Irrtum" ersetzt und die Schuldgefühle als Selbsttäuschung betrachtet, die nur dazu dienen, Minderwertigkeitsgefühle zu überbrücken, vor sich selbst und den anderen als gut zu erscheinen, aber mit solchen und ähnlichen Ablenkungen gerade „unfruchtbar" bleiben (Über den nervösen Charakter, Wiesbaden ^{4}1928, 162f). Vgl. *G. Condreau*, Schuld und Sünde (Anm. 104), 98.

besitzen. Damit hat er der verbreiteten Vorstellung, daß es im psychotherapeutischen Prozeß lediglich um das *Freiwerden* von Schuldgefühlen gehe, zumindest Vorschub geleistet. Daß dies jedoch keineswegs (zumindest nicht vorwiegend) der Fall ist, weiß jeder, der mit einer klassischen Therapie schon einmal in Berührung gekommen ist[125]. Längst gilt es durchweg als ausgemacht, daß der Traum eines durch Therapie schuldfrei werdenden Menschen ausgeträumt sei[126]. Das Schuldphänomen erwies sich als resistent: Offenbar ist auch der Normalmensch selbst nicht bereit, sich das Schuldbewußtsein völlig wegerklären zu lassen. Aber wenn man nun, um dem Rechnung zu tragen, durchweg zwischen echten und falschen Schuldgefühlen unterscheidet und ebenso (wie in der Freud-Schule üblich) zwischen einem angepaßten und einem kritischen Gewissen – dann steht man doch erneut vor der Frage, wie die Möglichkeit echter Schulderfahrung und eines authentischen Gewissens denn überhaupt gedacht werden solle. Und wieder sehe ich nicht, wie das ohne den Rekurs auf das ursprüngliche Phänomen selbstverpflichteter Freiheit und ohne Subjektkategorien möglich sein könnte.

Mit alledem will ich nun keineswegs behaupten, die Einsichten der Psychoanalyse (und anderer therapeutisch-humanwissenschaftlicher Richtungen) seien für die Theologie und namentlich das Schuldproblem irrelevant. Im Gegenteil: Sie beweisen einmal mehr und mit nicht mehr abweisbarer Gründlichkeit die Inhumanität eines heteronom induzierten und gesetzlich fixierten Sündenverständnisses und erinnern christliche Theologie, Verkündigung und Pastoral an die paulinisch-johanneische Wahrheit, die ihnen doch eigentlich bekannt sein sollte: daß nämlich ein Mensch durch bloßen Gesetzesgehorsam keineswegs schon zur Vollgestalt seines sittlichen Wesens gelangt und daß die wirkliche Liebe ohne Furcht ist (vgl. 1 Joh 4,18). Es bleibt ein Skandal, daß vorwiegend Menschen aus einem – wie es im Fachjargon heißt – „christlich infizierten Milieu"[127] an Schulddepressionen leiden; die diesbezüglichen Anfragen sind also sensibel wahr-

---

125 Aufschlußreich für die veränderte Einstellung innerhalb der Psychoanalyse zur Thematik Schuld, Gewissen und Religion scheint mir auch ein Vergleich von *Tilman Mosers* (in Kap. 8.2 schon erwähntem) Buch „Gottesvergiftung" mit seiner neueren Publikation „Von der Gottesvergiftung zu einem erträglichen Gott. Psychoanalytische Überlegungen zur Religion" (Stuttgart 2003).

126 So schon *G. Bally*, Das Schuldproblem und die Psychotherapie: Schweizer Archiv für Neurologie und Psychiatrie 1952, 228–238, 238.

127 *H. Bürger-Prinz*, Ein Psychiater berichtet, Hamburg 1971, 93. Vgl. zur Gesamt-

zunehmen und selbstkritisch zu beantworten. Dabei hat die Unterscheidung zwischen bloßen Schuldgefühlen und sachbezogener Schulderfahrung durchaus einen hilfreichen Sinn: Der sachbezogenen Verantwortung entsprechen Wiedergutmachung und Vergebung, dem kranken Schuldgefühl Verständnis, Ent-schuldigung und therapeutische Heilung. Allerdings hat diese Unterscheidung und die ihr entsprechende beliebte Arbeitsteilung, nach der Theologie und Seelsorge für die persönlich tatsächlich zu verantwortende Schuld und Sünde zuständig sind und die Psychologie für die pathologischen Schuldgefühle, auch ihre Grenzen: Denn es macht ja die Eigenart gerade der Neurose aus, daß sie nicht einfach eine den Menschen von außen befallende Krankheit ist, sondern immer auch (wenn auch häufig in kaum zu entflechtender Weise) in dessen Eigenverantwortung fällt, ihr jedenfalls nicht völlig entzogen ist[128].

Die Psychoanalyse verurteilt und fordert nicht. Sie bietet – wissenschaftlich fundiert – Hilfe durch Diagnose und Therapie und konnte sich eben dadurch beim verwissenschaftlichten Zeitgeist von vorneherein Vertrauenswürdigkeit erwerben. Fast jeder einigermaßen Gebildete denkt heute ja mehr oder weniger in psychoanalytischen Kategorien. Was sich damit an Möglichkeiten für ein differenziertes Einander-Verstehen und konkrete Verbesserungen eröffnet, läßt sich kaum überschätzen. Die Kehrseite dieses Gewinns aber ist, daß – wie *Walter Schulz* konstatiert – die Grenzen zwischen Verantwortlichkeit und Nichtverantwortlichkeit verschwimmen und ethische Kategorien überhaupt im Alltagsbewußtsein zurückgedrängt werden[129]. Dies zeigt sich etwa in dem ständigen „Hinterfragen" des Verhaltens (vor allem von anderen), das für nicht wenige Zeitgenossen schon fast zur „zweiten Natur" geworden ist. Da es im Prinzip immer möglich und zwingend nicht widerlegbar ist und sich zudem über das Selbstverständnis des Betroffenen hinsichtlich seiner Motive und Ziele hinwegsetzt, macht es diesen – wenn es denn geäußert wird – prinzipiell wehrlos, ohne ihn doch, da er über sich selbst ja im Irrtum ist, bei seiner Verantwortung zu behaften – wohingegen es dem Hinterfragenden doch immerhin die (offene oder stille) Genugtuung seines überlegenen „richtigen Bewußtseins"

---

thematik auch *E. Drewermann*, Psychoanalyse und Moraltheologie. Bd. 1: Angst und Schuld, Mainz 1982.

128 Vgl. *G. Condreau*, Schuld und Sünde (Anm. 104), 102; *J. Werbick*, Schulderfahrung (Anm. 15), 16.

129 *W. Schulz*, Philosophie in der veränderten Welt (Anm. 4), 687f.

beschert. Ein anderes Beispiel bietet die oft allzu eilfertige Bereitschaft, alle Störungen, Fehltaten, Konflikte usw. „verständlich zu machen", wobei jede Verantwortung zwar nicht grundsätzlich bestritten, wohl aber faktisch der ethische Aspekt weitgehend ausgeschaltet und derart der „Schuldkomplex aufgelöst" wird. Allerdings ist es richtig, daß die Grenze zwischen Verantwortlichkeit und Nichtverantwortlichkeit nie eindeutig fixierbar und die physische wie psychische Bedingtheit der Freiheit anzuerkennen ist. Umso mehr aber kommt es dann – soll sie nicht still verabschiedet werden – darauf an, daß jeder einzelne – gerade weil er nicht weiß, wo genau sein Vermögen anfängt und aufhört – selbst für sich Verantwortung *übernimmt* und in dieser Einstellung dann auch für einen anderen verantwortlich zu werden lernt: indem er ihn ebenso zu verstehen wie gerecht zu beurteilen sucht und mit beidem ihn ernst zu nehmen bereit bleibt.

Wachsamkeit wäre auch gegenüber manchen Leitvorstellungen angebracht, die auf dem therapeutischen Markt oft unbefragt wirksam sind und so die Absichten verantwortlicher therapeutischer Arbeit gefährden, wenn nicht sogar konterkarieren. Ich will nur zwei Beispiele nennen, die *Jürgen Werbick* herausgestellt hat[130]. So etwa geht mit der psychologischen Betrachtung des Schuldphänomens nicht selten eine Pathologisierung aller negativen Gefühle einher, die ihrerseits wieder das gesellschaftlich herrschende Ideal des reifen, souveränen, selbstintegrierten Individuums stützt, in dem sich jeder nur zu gerne wiedererkennen möchte. Alles, was zu diesem idealen Selbstbildnis nicht paßt (Eifersucht, Begierden, Schadenfreude, Rachegelüste), muß dann mehr oder weniger verleugnet und auf andere projiziert werden. Jedenfalls wäre die Frage, ob es nicht, statt diese häßlichen Regungen und die mit ihnen verbundenen Schuldgefühle vorschnell in die Grauzone des Unreifen zu verbannen, einen heilsameren Umgang mit ihnen geben könnte, der ehrlich und geduldig eingeübt werden müßte ... Ebenso fragwürdig erscheint mir die ins Allgemeinbewußtsein eingedrungene und in vielen Beziehungen tatsächlich leitende Vorstellung von einer Selbstregulierung aller Interessen, ein gleichsam spätliberalistisches Gleichgewichtsideal: Wenn nur jeder seinen wohlverstandenen eigenen Interessen folge und sie zur Geltung bringe, dann stelle sich – dies ist die Prämisse – schon ganz von selbst ein Gleichgewicht her, das allen die Möglichkeit freier Entfaltung und der Befriedigung ihrer Bedürfnisse biete. Daß Menschen sich gegenseitig etwas schuldig blieben, liege immer nur an der

130 Vgl. *J. Werbick*, Schulderfahrung (Anm. 15), 14–17.47.

äußeren Störung durch repressive Instanzen. Natürlich ist daran richtig, daß personale und gesellschaftliche Beziehungen nur dann fruchtbar und fördernd sein können, wenn sich alle Beteiligten (wie es im Neudeutschen heißt) tatsächlich „einbringen“ können. Wo die Wünsche und Erwartungen aneinander nicht mehr artikuliert und die Enttäuschungen dauernd verschwiegen werden, kann das Ergebnis nur sein, daß eine Beziehung sich gleichsam vergiftet und ihre realen Möglichkeiten verspielt, noch bevor sie versucht worden sind: das Miteinander verkümmert zum resignierten, letztlich gleichgültigen Arrangement. Insofern war es tatsächlich ein Fortschritt, daß man in den letzten Generationen, gerade auch im Zwischenmenschlichen, das „ich“-Sagen wieder gelernt hat. Es wäre dennoch ein Trugschluß, auf jeden Fall unrealistisch, nun jeden Akt der Rücksichtnahme, der Einfühlung, Empathie und (sagen wir ruhig auch) der Selbstverleugnung als schwächlich zu diskreditieren. Ohne Übung im Perspektivenwechsel zugunsten des Anderen wird es nicht gehen. Denn daß die Harmonie schon prästabilisiert sei, wenn nur jeder auf die eigene „Selbstverwirklichung“ achte – eben darin liegt die spätliberalistische Illusion. Die eigentliche Kunst ist vielmehr, immer neu und konkret herauszubekommen, was ein jeder gerade an Zumutung und Kritik oder eben auch an Verständnis, Geduld und Toleranz nötig hat. Anders können menschliche Beziehungen nicht reifen, d. h. weder an Realität noch an Tiefe gewinnen. Sie in Analogie zur Mechanik des Marktes zu begreifen, läuft auf einen prinzipiellen Kategorienfehler hinaus, der ihre ethische und eigentlich humane Dimension unterschlägt. Übersehen wird dabei nur zu gerne, daß ein faktischer Ausgleich der Interessen ja keineswegs schon Gerechtigkeit garantiert, und übersehen vor allem, daß Menschen gerade dann, wenn alles reibungslos funktioniert, einander das Entscheidende schuldig bleiben können: eben die Unbedingtheit der Anerkennung, bei der jeder als er selber beteiligt und der Andere als er selber gemeint ist. Das Problem wirklicher Schuld und ihrer Überwindung kommt in dieser Konzeption denn auch gar nicht mehr vor. Das Würzburger Synodenbekenntnis „Unsere Hoffnung“ hat in diesem Zusammenhang von einem „heimlichen Unschuldswahn“ gesprochen, der „die zwischenmenschlichen Verhältnisse dem fragwürdigen Ideal einer Freiheit [unterwirft], die auf die Unschuld eines naturhaften Egoismus pocht“, aber so nur „die Einsamkeit und die Beziehungslosigkeit der Menschen untereinander [verstärkt]“ (I,5).

Aber noch einmal zurück zu Freuds genetischer Theorie des Gewissens. Zu erwähnen ist nämlich noch, daß bereits *Carl-Gustav Jung* diese Theorie überschritten hat, indem er ein moralisches von einem ethischen Gewissen unterschied[131]. Das moralische Gewissen regt sich, wenn der Mensch den herkömmlichen Sittenkodex verletzt, das ethische Gewissen dagegen entspringt einer bewußten Auseinandersetzung. Diese tritt ein, wenn zwischen dem herkömmlichen Sittenkodex und der inneren Stimme eine Pflichtenkollision entsteht – so etwa wenn ein Angestellter in den Konflikt zwischen seiner selbstverständlichen beruflichen Gehorsamspflicht und dem, was der Chef ihm konkret befiehlt, hineingerät und nun die Entscheidung in eigener Kompetenz treffen muß. Schon dieser Aspekt der Kollision wird also von Jung anders gefaßt als von Freud: Es ist ja die „höhere Form" der Verpflichtung, eben das „ethische Gewissen", das sich in ihr geltend macht, und in ihm – so Jungs näheres Verständnis – der „numinose Archetypus", der im Falle der Austragung des Konflikts „jene zwingende Autorität" erlangt, „welche nicht zu Unrecht als ‚vox Dei' charakterisiert wird"[132]. Und eben dieser ethische Gewissensbegriff, der im übrigen Jungs durchgängiger Unterscheidung von Verhaltensmoral und Handlungsethik entspricht, ist es auch, mit dem Jung wieder eindeutig zur Personhaftigkeit und Autonomie menschlicher Schulderfahrung vorstößt … Wichtig für die Schuldthematik ist überdies Jungs Hinweis auf die „schleichenden Schuldgefühle" des Menschen, welche – ohne sich auf eine bestimmte verbotene Tat oder Unterlassung bewußt zu beziehen – die Stimmung wie ein grauer Schleier überziehen und sich beim geringsten Anlaß zu unglaublicher Intensität steigern können. Jung führt sie auf das zurück, was er das „ungelebte Leben" oder auch den „Schatten" nennt, also auf unterdrückte Lebensmöglichkeiten und -bedürfnisse, die ein Mensch „sich schuldig" blieb. Nur durch ihre Erkenntnis und ihre Annahme läßt sich ihre Projektion auf andere verhindern, wobei ihre Annahme aber nicht schon besagt, daß sie auch unbedingt ausgelebt werden müßten. Allerdings kann es sich auch um Lebensmöglichkeiten handeln, die aufgrund einer verstümmelnden Erziehung als schuld- und sündhaft nur mißverstanden werden. In diesem Fall müßte allerdings gelten, daß der Neurotiker durch ihre weitere kon-

131 Vgl. *D. Mieth*, Gewissen (Anm. 104), 152; *G. Condreau*, Schuld und Sünde (Anm. 104), 100ff.

132 Vgl. *C. G. Jung*, Das Gewissen in psychologischer Hinsicht: Stud. C.G. Jung-Institut 7: Das Gewissen, Zürich 1958, 185–207.

sequente Verleugnung an sich selbst, an seinen Entfaltungs- und Beziehungsmöglichkeiten tatsächlich schuldig würde.

Irritationen durch Soziologie und Statistik

Auf weitere Richtungen der inzwischen unübersehbar verzweigten Psychologie brauche ich hier nicht mehr einzugehen, da sie bezüglich der genetischen Aufklärbarkeit des Schuldbewußtseins in der Regel keinen so weitgehenden Anspruch wie Freud erheben. So etwa beschränkt sich die Sozial- und Entwicklungspsychologie, wie sie von *George H. Mead* und *Erik H. Erikson* entwickelt wurde und dann großen Einfluß gewann, ja im wesentlichen darauf, den Prozeß der konkreten Identitätsbildung eines Individuums lediglich als solchen zu rekonstruieren, wobei die besondere Aufmerksamkeit dem Vorgang der Internalisierung der sozial gespiegelten Rollen und dem Wechsel der Ich-Synthesen in der individuellen Entwicklung gilt[133]. Auch die strukturgenetischen Entwicklungstheorien von *Jean Piaget* und *Lawrence Kohlberg* setzen, sofern sie nur die reale Ausbildung moralischer Kompetenz untersuchen, die genuine Anlage und Evidenz des Ethischen schon voraus[134].

Schwieriger mag es scheinen, die einschlägigen Resultate der *Soziologie* zu akzeptieren, zumal sie unermüdlich die faktische Abhängigkeit des moralischen Bewußtseins von sozialen Verhältnissen und vorgegebenen Verhaltensmustern vor Augen führen und es dabei gelegentlich sogar als bloßes Epiphänomen gesellschaftlicher Prozesse erscheinen lassen: als bloßen Index sozialer Regulationen. Doch obwohl solche unleugbaren Abhängigkeiten, als jeweils neueste Erkenntnisse präsentiert und statistisch belegt, auf jeden Zeitungsleser stets mächtigen Eindruck machen und ihn zuweilen sogar an sich selbst und seiner Freiheit irre werden lassen, wäre eine totalisierende Extrapolation der soziologischen Befunde, meine ich, dennoch vermeidbar – jedenfalls solange vermeidbar, als den Soziologen und ihren Rezipienten ein

---

133 Vgl. *E. H. Erikson*, Identität und Lebenszyklus, Frankfurt 1966; *ders.*, Jugend und Krise. Die Psychodynamik im sozialen Wandel, Stuttgart 1970; *G. H. Mead*, Geist, Identität und Gesellschaft. Aus der Sicht des Sozialbehaviorismus, Frankfurt 1968.

134 *J. Piaget*, Das moralische Urteil beim Kinde (stw 27), Frankfurt ^{2}1976; *ders.*, Einführung in die genetische Erkenntnistheorie (stw 6), Frankfurt 1973; *ders.*, Nachahmung, Spiel und Traum. Die Entwicklung der Symbolfunktion beim Kinde, Stuttgart 1969; *L. Kohlberg*, Zur kognitiven Entwicklung des Kindes, Frankfurt 1974.

selbstkritisch reflektiertes Methodenbewußtsein noch nicht abhanden gekommen ist. Denn daß die vielfältigen Einflüsse und objektiv-empirischen Verhältnisse und Bedingungen, denen menschliches Verhalten unterliegt, sich unter bestimmten Gesichtspunkten methodisch erforschen und bewußtmachen lassen, besagt ja noch nicht, daß damit dieses Verhalten auch schon erschöpfend erklärt und jegliche Freiheit, ihr tatsächlicher oder sogar auch möglicher Gebrauch schon ausgeschlossen wäre. Auch die zuweilen begegnende Tendenz, mit den soziologischen Resultaten (dem Ist-Bestand also) normative Ansprüche zu verbinden, hat doch, so insinuitiv sie auch wirksam sein mag, kein prinzipielles Gewicht. Denn der naturalistische Fehlschluß, die Verwechslung von Sein und Sollen, die in solchen Fällen vorliegt, ist relativ leicht zu durchschauen (und sie ist wiederum kein Beweis gegen die Freiheit, sondern nur Ausdruck der uns angeborenen Trägheit und unseres – mit *Kant* gesprochen[135] – „Mangels der Entschließung und des Mutes", das Richtige, aber eben Nicht-Selbstverständliche innovativ und kritisch zu tun). Gegenüber der Gefahr allerdings, daß die Bedingungszusammenhänge menschlichen Handelns in ebendem Maße, wie sie methodisch erschlossen und instrumental verfügbar werden, auch disponibel für beliebige Zielsetzungen werden, kann man nicht wachsam genug sein, weil sich damit der breite Manipulationsspielraum eröffnet, der es den Sozialingenieuren erlaubt, den Menschen in seiner bloßen Zustimmungspotentialität auszuwerten und ihn mittels entsprechender Verfahren auf den eigenen Plan hin zu programmieren – durch „sozialkybernetische" Verfahren näherhin, die dann nicht nur dem Einzelnen keine Chance mehr lassen, den Plan selber nochmals auf seine moralische Vernunft hin zu prüfen, sondern die zugleich auch ein funktionales Handlungsverständnis befördern, das Moralität mit einem angepaßten Erfüllungswillen gleichsetzt und am Ende womöglich dazu führt, daß jede dysfunktionale Unangepaßtheit tatsächlich als Schuld auch erlebt wird[136]. Aber auch diese Gefahr betrifft nicht eigentlich die soziologischen Resultate als solche, sondern nur die Einstellung, mit der von ihnen Gebrauch gemacht wird. Ihre konstruktive Bedeutung für eine Theorie der konkreten Freiheit wie eine situationsbezogene Rede von Sünde und Schuld bleibt jedenfalls davon unberührt. Denn denkbar ist ja auch, daß die rationalen „sozialtechnologischen" Verfahren so eingesetzt werden, daß die normativ-kritische Potenz der Zu-Lenkenden durchgängig in den Len-

135 Vgl. *I. Kant*, Beantwortung der Frage: Was ist Aufklärung? A 481f.
136 Vgl. *W. Korff*, Aporien einer „Moral ohne Schuld" (Anm. 96), 417.419f.

kungsplan einbezogen bleibt und dieser dadurch einer permanenten Transformation unterliegt, bei der gerade durch die Momente des Widerspruchs und des dysfunktionalen Konflikts die Chance der Veränderung zu einem Mehr an Humanität und zum jeweils Besseren bewahrt wird. Und daran wird das Denken der Freiheit umso mehr interessiert sein, als es realistisch ja weiß, daß alle sittliche Freiheit, kraft derer der Mensch sein Leben führt, erst in den durch sie selbst erwirkten sittlich-kulturellen *Ausformungen* der empirischen Substrate, in denen sie – ohne doch ontologisch mit ihnen zusammenzufallen oder kausal aus ihnen zu resultieren – ihr konkretes Dasein hat, die eigentlich *humanen* Voraussetzungen ihres Seinkönnens gewinnt.

Die Herausforderung des Naturalismus

Eine eindeutige Herausforderung dagegen stellen schließlich die entschieden *naturalistischen* Ansätze dar, seien sie nun evolutionistischer, verhaltenstheoretischer oder biologistischer und namentlich neurowissenschaftlicher Provenienz – eine grundlegende Herausforderung auch in theoretischer Hinsicht, weil sie (oder sagen wir vorsichtiger: soweit sie) eine vollständige Erklärung menschlichen Verhaltens intendieren und insofern das Bewußtsein der Freiheit unter den Anschein einer illusionären Selbsttäuschung bringen. Denn damit wäre nicht nur – was im gegenwärtigen Kapitel interessieren muß – die wesentlichste Voraussetzung jeder Rede von moralischer Schuld und Verantwortung erledigt, sondern auch der Theologie überhaupt – zumal derjenigen, die wie die vorliegende Anthropologie das Prinzip Freiheit für ihre hermeneutischen und fundamentaltheologischen Aufgaben beansprucht – ihre anthropologische Basis entzogen. Die Süffisanz, mit der die Protagonisten solcher Richtungen gelegentlich einfließen lassen, daß wir uns den Glauben an die Freiheit wohl abschminken müßten[137], ist nun freilich unschwer – diese polemische Replik sei mir vorab gestattet – als Anma-

---

137 Noch 2004 haben sich 11 führende deutsche Neurowissenschaftler und -wissenschaftlerinnen (unter ihnen *Gerhard Roth* und *Wolf Singer*) in einem „Manifest" zur Gegenwart und Zukunft der Hirnforschung geäußert und dann, obwohl sie die tatsächlichen Erkenntnisfortschritte in diesem Bereich durchaus nüchtern bilanzieren, ihre Erklärung mit dem naturalistischen Bekenntnis beschlossen, daß eine zureichende wissenschaftliche Antwort auf die „großen Fragen" von der Hirnforschung „in absehbarer Zeit, also in den nächsten 20 bis 30 Jahren", erwartet werden kann: Man „wird widerspruchsfrei Geist, Bewusstsein, Gefühle, Willensakte und Handlungsfreiheit als natürli-

ßung eines grenzblinden Fachabsolutismus und selbstvergessenen Objektivismus durchschaubar. Umso mehr wundere ich mich oft über den Eindruck, den derartige naturalistische Erklärungstendenzen auf viele (sonst ganz normale) Zeitgenossen machen. Liegt das vielleicht an dem antiidealistischen Desillusionierungseffekt, den sie bewirken und der sich so vorzüglich zur Ernüchterung eines abgehobenen, pathetischen Geredes von Freiheit, Pflicht usw. einsetzen läßt? Ein Buchtitel wie etwa „Das sogenannte Böse" (von *Konrad Lorenz*) kalkulierte bereits 1963 ganz unverhohlen auf diesen Ernüchterungseffekt – ganz zu schweigen von der gegenwärtigen Flut einschlägiger Publikationen, die sich von ihrem aufdringlichen Entlarvungsgestus natürlich auch Markterfolge versprechen. Schon *Robert Musil* wunderte sich über die „eigenartige Vorliebe", „die das wissenschaftliche Denken für mechanische, statistische, materielle Erklärungen hat [...], die das, was freieste Entscheidung zu sein scheint, als zwangsmäßig zeigen": „Die Güte nur für eine besondere Form des Egoismus anzusehen; Gemütsbewegungen in Zusammenhang mit inneren Ausscheidungen zu bringen [...]; die berühmte sittliche Freiheit des Charakters als ein automatisch entstandenes Gedankenanhängsel des Freihandels zu erklären; Schönheit auf gute Verdauung und ordentliche Fettgewebe zurückzuführen; Zeugung und Selbstmord auf Jahreskurven zu bringen" – derartige „Vorstellungen, die im Zauberkunststück der menschlichen Illusionen gewissermaßen den Trick bloßlegen, finden immer eine Art günstiger Vormeinung, um für besonders wissenschaftlich zu gelten. Es ist allerdings die Wahrheit, was man da liebt; aber rings um diese blanke Liebe liegt eine Vorliebe für Desillusion [...], kalte Abschreckung und trockene Zurechtweisung, eine hämische Vorliebe [...], die Stimme der Wahrheit hat ein verdächtiges Nebengeräusch, aber die am nächsten Beteiligten wollen nichts davon hören"[138]. Ist es dieser genußvolle Desillusionierungseffekt, was die Aufnahme solcher Erklärungen begünstigt? Dies überlegene Durchschauen und heimliche Besserwissen, eine illusionskritische Attitüde insbesondere gegenüber allem, was an Freiheit appelliert und mit moralischem Anspruch daherkommt, ist ja inzwischen bei vielen – wir sahen das schon am psychologischen „Hinterfragen" – fast zur konstanten Grundhaltung geworden.

---

che Vorgänge ansehen, denn sie beruhen auf biologischen Prozessen" (Gehirn & Geist Nr. 6/2004, 30–37, 36).

138 *R. Musil*, Der Mann ohne Eigenschaften, Hamburg 1952, 303f.

Oder gibt es vielleicht auch in jedem von uns eine Neigung, hin und wieder mit Theorien zu liebäugeln, die ihn (wenigstens vorübergehend) von der Anstrengung des eigenen Subjektseins dispensieren? Schon der alte *Fichte* klagte ja darüber, daß Unzählige bereit seien, sich selbst lieber für „ein Stück Lava im Monde" zu halten, als sich zu sich selbst zu entschließen und als Freiheitswesen zu betrachten[139]. Ähnlich bedenkenswert und mit ideologiekritischer Spitze hat *Thomas Assheuer* in einem Beitrag („Ich war es nicht!") für die *DIE ZEIT* die Hintergrundbotschaft der naturalistischen Aufklärungswelle beleuchtet: „Mündige Leser verspüren offenbar tiefe Genugtuung, wenn sie erfahren, dass sie aus Sicht des Gehirns gar nicht vorhanden sind, höchstens als Wärmefleck im subzellulären Bereich [...] Woher rührt die masochistische Ergriffenheit angesichts der Erkenntnis, der Altmensch sei nichts anderes als ein komplexes informationsverarbeitendes System? Und seine Träume seien nur bunte Strohpuppen, die eine gnädige Evolution vor seinem inneren Auge errichtet hat, damit er nicht am Schweigen der Räume und der Sinnlosigkeit der Welt verzweifelt? [...] Vieles spricht dafür, dass die Biowissenschaften ein Versprechen mit sich führen, das niemand sonst im Angebot hat, nicht einmal die wirkmächtigste Diesseitsreligion, die Ökonomie: Es ist das Versprechen, uns von den Strapazen der Freiheit zu entlasten, von den Mühen der Autonomie. Denn im Gegensatz zu den sonnigen Zeiten der Achtundsechziger ist ‚Freiheit' heute weniger ein Zauberwort als eine Einschüchterungsformel" – definiert doch der politische Diskurs der Gegenwart „Freiheit als Pflicht, sein eigener Lebensunternehmer zu sein und das angeborene Humankapital zu maximieren [...] Wer nicht als Ladenhüter im Supermarkt des Lebens verschimmeln wolle, der müsse sich als ‚Geschäftsführer seiner selbst' in Szene setzen". Hier halten die Naturwissenschaften „Tröstungsreserven" bereit: „Sie mildern den Streß, ein ‚Selbstunternehmer' zu sein, sie entlasten von Angst und Schuld, von Selbstanklage und Reflexionsmelancholie. Ist es im Fall einer Niederlage nicht tröstlich, dass wir aus Sicht des Gehirns unfreie Freie sind und gar nicht gewinnen konnten? Dass wir kein schlechtes Gewissen haben müssen, weil das Gewissen evolutionär überholt ist? So schenkt uns die Hirnforschung, jedenfalls in ihrer Popularversion, einen Freispruch erster Klasse [...] Doch ein naturalistischer Blick auf die Welt leistet noch mehr [...]; er versichert uns auch, dass in der äußeren Welt alles seine Ordnung hat [...], denn die Gesell-

139 Beleg s. Kap. 1 Anm. 37.

schaft sei ja ebenfalls Teil der biologischen Natur, eine ‚Ausfaltung' der Evolution". Damit präsentiert der Naturalismus „sich selbst als rechtmäßiger Nachfolger der alten Utopien und fordert uns auf, unsere Ichnatur einfach als Teil der Evolution zu betrachten, deren ‚Geist' alles Leben sinnvoll durchströmt. Wenn wir erkennen, dass die Evolution den Faden der Notwendigkeit ins Chaos der Erscheinungen webt; wenn wir alles Tun als ein Geschehen und uns selbst als Partikel einer kosmischen Natur begreifen, die sich durch unsere Augen selbst beobachtet, dann ist die moderne Leidensgeschichte überwunden, die Trennung von Ich und Welt [...] Wir sind immer schon erlöst, und keine Utopie muss uns sinnlos vertrösten. Was wollen wir mehr?"[140]

Oder ist es vielleicht ganz einfach die argumentative Hilflosigkeit solchen Theorien gegenüber, was die erstaunliche Aufnahmebereitschaft für sie erklärt? Viele sind ja tatsächlich und ernsthaft erschrocken, wenn ihnen zum ersten Mal klar wird, daß sie die eigene Freiheit nicht beweisen können. Und in der Tat (ich darf das noch einmal wiederholen): sie läßt sich nicht beweisen. Immerhin aber läßt sich einsichtig machen, *daß* und *warum* sie sich nicht beweisen läßt – jedenfalls nicht auf objektiv-empirische Weise. Denn um sie auf diese Weise beweisen zu können, wäre sie ja durch etwas anderes, empirisch Gegebenes wenn nicht zu begründen, so doch auf jeden Fall als objektivierbare Funktion in empirischen Zusammenhängen zu betrachten: dann aber wäre sie, das Bewiesene, in keiner Hinsicht mehr unbedingt, also nicht Freiheit. Außerdem – und dieser Schritt ist nun entscheidend: ebensowenig wie beweisen läßt sie sich aber auch widerlegen. Die naturalistische These, Freiheit (oder was man dafür halte) sei eine auf empirischem Wege erklärbare Illusion, ist ja selbst – näher besehen – zunächst einmal und zumindest so lange, wie eine solche Erklärung noch aussteht, lediglich der Ausdruck für die Entscheidung, sie auf diese Weise erklären zu *wollen* – eine Entscheidung, die sogar nicht selten von der Voraussetzung ausgeht, alles Wirkliche erschöpfe sich mit dem, was empirischen Verfahren prinzipiell zugänglich sei. Das aber wäre (wiederum näher besehen) nur eine Behauptung, eine nicht nur unbewiesene, sondern sogar unbeweisbare Behauptung. Durch eine bloße Behauptung jedoch ist die Möglichkeit ihres Gegenteils keineswegs schon erledigt. Also bleibt Freiheit *möglich*, ihre Wirklichkeit denkbar. Und es bleibt sogar möglich, sie auch als in der Welt wirksame, d. h. sie (mit *Kant*) als *„absolute*

---

140 *Th. Assheuer*, Ich war es nicht!: *DIE ZEIT* Nr. 42, 11.10.2007, 57.

Spontaneität" zu verstehen, „eine Reihe von Erscheinungen, die nach Naturgesetzen läuft, *von selbst* anzufangen"[141]. Denn daß wir ein empirisches Ereignis als Wirkung empirischer Ursachen zu begreifen versuchen, schließt ja – wie *Kant* mit seiner berühmten Auflösung der dritten Antinomie (der Antinomie von Freiheit und Naturnotwendigkeit) gezeigt hat – keineswegs aus, daß dieses Ereignis gleichwohl bzw. zugleich durch Freiheit hervorgebracht und bestimmt worden sein kann (beide Betrachtungsweisen sind vereinbar, weil die empirische Betrachtung auf einer methodischen, ihren Gegenstand prädefinierenden und dadurch eingrenzenden Vorentscheidung beruht). Allerdings ist mit dieser Einsicht noch gar nichts über die *Wirklichkeit* dieser (wie Kant sie nannte) „transzendentalen" oder auch „kosmologischen" Freiheit entschieden. Theoretisch gesichert ist nur ihre Möglichkeit und mit ihr auch die Möglichkeit *sittlicher* Freiheit, sofern diese der Ursprung konkreter Handlungen sein soll und dabei (das ist ihre Negativ- und Minimalbestimmung) als „Unabhängigkeit der Willkür von der *Nötigung* durch Antriebe der Sinnlichkeit" gedacht werden muß[142]. Zu beweisen, dabei bleibt es, objektiv zu beweisen ist die Wirklichkeit der Freiheit also nicht, und insofern – das ist umstandslos einzugestehen – kann die Gewißheit der Freiheit nur *subjektiv* sein, subjektiv im Sinne von unveräußerlich und unvertretbar: Sache des Subjekts, evident in der Perspektive der ersten Person. Letztlich ist jeder so frei bzw. seiner Freiheit gewiß, wie er selbst sich beansprucht weiß und diesem Anspruch als solchem entspricht, also frei sein *will.* Deshalb habe ich im siebten Kapitel auch gar nicht erst den Versuch unternommen, Freiheit beweisen zu wollen, sondern mit *Ricoeur* bei einer Phänomenologie des Bekenntnisses eingesetzt, in dem ein Mensch in eins mit seiner Schuld auch seine Freiheit erklärt und sie verbindlich übernimmt. Allerdings hat Ricoeur damit nur *Kants* These verdeutlicht, daß die Realität der Freiheit ursprünglich durch das Bewußtsein sittlicher Verpflichtung verbürgt sei. Auch an anderen Phänomenen, die als spezifisch menschliche gelten, ließ sich zeigen[143], daß sie Freiheit so wesentlich als ihre Voraussetzung implizieren, daß mit ihrer Leugnung auch diese Phänomene selbst ihre anerkannte Bedeutung verlören. Beispiele für diesen Argumentationstyp, den man als „retorsiv"

141 KrV B 474. Vgl. B 561: Hier nennt Kant etwas abgekürzt „Freiheit, im kosmologischen Verstande, das Vermögen, einen Zustand *von selbst* anzufangen".

142 KrV B 562.

143 S. o. Kap. 6.

(oder auch „performativ“) bezeichnet, will ich jetzt nicht wiederholen, wohl aber noch einmal unterstreichen, daß ich einen nachweisbaren performativen oder pragmatischen Selbstwiderspruch in seinem negativen argumentativen Gewicht kaum für geringer veranschlage als einen offenkundigen logischen Widerspruch. Denn ob jemand sich nun in seinen expliziten Äußerungen oder durch sein Handeln (und dessen theoretische Implikate) seinen Aussagen widerspricht – im einen wie im anderen Fall ist er mit sich selbst nicht identisch und die um diesen Preis hingenommene Inkonsistenz im Gesamt seiner Äußerungen ein starkes Indiz, daß seine theoretischen Aussagen entweder nicht zutreffend oder (noch) nicht zu seiner wirklichen (auch handlungsbestimmenden) Überzeugung geworden sind und so ebenfalls ihr Anspruch auf Wahrheitsgeltung unerfüllt ist[144].

Natürlich – dessen bin ich mir wohl bewußt – können diese einleitend hingeworfenen Bemerkungen noch keine Antwort auf die naturalistische Herausforderung sein. Dafür bedarf es schon eingehenderer Argu-

---

144 Aus der in diesem Zusammenhang wesentlichen Einsicht, daß sogar die axiomatische Geltung der formalen Logik, die ja vom wirklichen Sein abstrahiert, noch der Begründung bedürfe und diese nur transzendental geschehen und nur in der Identität des Ich gefunden werden könne, erklärt sich die komplizierte und umstrittene Gestalt, die *Fichte*, der diese Einsicht als erster vollzog, der frühen Darstellung (1794) seiner Wissenschaftslehre gab. Der Einsatz mit drei Grundsätzen, von denen der dritte dem Gehalt, der zweite der Form nach und der erste schlechthin unbedingt ist, scheint ja *vice versa* der Kritik *Hegels* recht zu geben, die Wissenschaftslehre gründe auf drei absoluten Prämissen und stehe auch deshalb nicht im Range eines Systems. Fichte indessen hat diese Anlage gewählt, um eben den alten Prioritätenstreit zwischen Logik und Metaphysik auf transzendentaler Ebene zu entscheiden. Fichte mußte also im Verfahren transzendentaler Reduktion von den logischen Axiomen als anerkannten Tatsachen des Bewußtseins aus die ursprünglichen Handlungen des Ich aufsuchen, um erstens jene in diesen zu fundieren und sodann aus der so bestimmten Grundverfassung des selbstgewissen Ich selber und ihren inneren Widersprüchen die Kategorien als notwendige Vollzugsgesetze des Ichdenke vollständig abzuleiten. A hat ja Sein für uns nur, sofern es gesetzt ist im Ich. Das Ich aber ist, indem es sich setzt, d. h. in der Form der Identität. Also gründet die ontologische Wahrheit des abstrakt-formallogischen Identitätssatzes in der unmittelbar-unbedingten Gewißheit des Ich-bin-Ich. „Nemlich“, so Fichte selbst, „der Satz: A=A gilt ursprünglich *nur vom Ich*; er ist von dem Satze der Wissenschaftslehre: Ich bin Ich, abgezogen; aller Gehalt also, worauf er anwendbar seyn soll, muss im Ich liegen, und unter ihm enthalten seyn“ (Ueber den Begriff der Wissenschaftslehre oder der sogenannten Philosophie: WW I [ed. *I. H. Fichte*], Berlin 1971, 27–81, 69f). Vgl. *W. Janke*, Fichte. Sein und Reflexion – Grundlagen der kritischen Vernunft, Berlin 1970, 2–7.84–94; zur systematischen und historischen Ortsbestimmung der transzendentalen Logik und ihrem Verhältnis zur formalen Logik auch *H. Krings*, Transzendentale Logik, München 1964, 15–41.

mente. Angesichts der nicht mehr überschaubaren Verzweigtheit der einschlägigen Diskussionen muß ich mich jedoch mit einem Blick auf die sog. Mind-Brain-Debatte begnügen, die – seit die US-amerikanische Regierung die 90er Jahre als „Dekade des Gehirns" ausrief – mächtig forciert wurde und tatsächlich der Ort ist, an dem der Streit über die altehrwürdige Leib-Seele(-Geist)-Problematik und mit ihr über die Willensfreiheit seine aktuelle Zuspitzung gefunden hat und am heftigsten geführt wird. Aber auch bei ihr muß ich mich noch auf eine schematisierende Kennzeichnung der Hauptrichtungen sowie ihrer jeweiligen Probleme und damit auf das Minimum beschränken, was die eigene Stellungnahme zu ihrer Begründung erfordert[145]. Zuvor aber nehme ich *Kants* Lösung seiner dritten Antinomie noch einmal auf – hat Kant doch, so die Kritik von *Jürgen Habermas* (und ähnlich die vieler anderer), „die Kausalität aus Freiheit nur um den Preis eines Dualismus zwischen den Welten des Intelligiblen und der Erscheinungen mit der Naturkausalität versöhnen können. Heute möchten wir ohne solche metaphysischen Hintergrundannahmen auskommen"[146]. Denn die „Phänomenologie der verantwortlichen Autorschaft hat uns [...] zu einem Begriff bedingter, in Organismus und Lebensgeschichte verwurzelter Freiheit geführt, der sich weder mit Descartes' Lehre von den zwei Substanzen noch mit Kants Zweiweltenlehre verträgt"[147]. Eine Prü-

145 Besonders hilfreich für die folgenden Ausführungen waren mir die umfassende und systematische Erschließung und Erörterung des Problemfeldes bei *T. Kläden*, Mit Leib und Seele ... Die *mind-brain*-Debatte in der Philosophie des Geistes und die *anima-forma-corporis*-Lehre des Thomas von Aquin, Regensburg 2005 (ratio fidei 26), bes. 15–50.167–300, sowie *P. Becker*, In der Bewusstseinsfalle? Geist und Gehirn in der Diskussion von Theologie, Philosophie und Naturwissenschaften, Göttingen 2009. Herangezogen habe ich außerdem: *P. Neuner* (Hg.), Naturalisierung des Geistes – Sprachlosigkeit der Theologie? Die Mind-Brain-Debatte und das christliche Menschenbild, Freiburg 2003 (QD 205; bes. die Beiträge von *D. Perler, H. Flohr, U. Lüke, J. Quitterer*); Getrennte Welten? Der Glaube und die Naturwissenschaften. HK Spezial, Freiburg 2008 (mit Beiträgen von *R. Lassek, H.D. Mutschler, K. Müller, A. Benk, U. Lüke, A. Heinrich, J. Quitterer, Th.M. Schmidt/S. Lechtenböhner* u. a.); *H. Schmidinger/C. Sedmak* (Hg.), Der Mensch – ein freies Wesen? Autonomie – Personalität – Verantwortung, Darmstadt 2005 (bes. die Beiträge von *A. Beckermann* und *W. Singer*); *J. Habermas*, Freiheit und Determinismus: *ders.*, Zwischen Naturalismus und Religion. Philosophische Aufsätze, Frankfurt 2005, 155–186; *D. Henrich*, Denken und Selbstsein. Vorlesungen über Subjektivität, Frankfurt 2007, bes. 249–380; *K. Appel/Ph. Hubert/R. Langthaler/S. Müller* (Hg.), Naturalisierung des Geistes? Beiträge zur gegenwärtigen Debatte um den Geist, Würzburg 2008.

146 *J. Habermas*, Freiheit und Determinismus (Anm. 145), 156f.

147 A. a. O. 166.

fung dieser Kritik scheint mir geeignet, ins Zentrum der gegenwärtigen Problemlage zu leiten. Was also konstituiert jene Antinomie, worauf beruht ihre Lösung und worin liegt deren Ertrag?

Kants dritte Antinomie

Bekanntlich ist es für Kant die Vernunft, die – durch sich selber und ihre ursprünglichen Ideen (letztlich die Idee des Unbedingten) geleitet – den Verstand dazu antreibt, zu jedem Bedingten die Bedingungen zu suchen, und zwar die vollständige Reihe der Bedingungen bis hinauf zu einem selbst nicht mehr bedingten Unbedingten. Das kritische Geschäft der „transzendentalen Dialektik" besteht entsprechend darin, die Fehlschlüsse und Widersprüche zu erheben und aufzuklären, in welche die Vernunft sich unvermeidlich verstrickt, wenn sie die Totalität jener Bedingungen nicht als stets noch zu suchende betrachtet, sondern als schon vorhandene voraussetzt und aufgrund dieser Verwechslung von Idee und Objekt dem dialektischen Schein einer wirklichen Erkenntnis aus reiner Vernunft erliegt. Wird nun näherhin im Ausgriff auf die absolute Vollständigkeit aller Bedingungen der *Erscheinungswelt* diese Totalität als schon gegebene unterstellt und genauer thematisiert, entspringen die *kosmologischen Antinomien*: vier Paare von jeweils kontradiktorischen Thesen, die dennoch beide wohlbegründet erscheinen. Die *dritte* Antinomie tritt hervor, wenn man die bedingte Erscheinung unter dem Gesichtspunkt der Relation (Kausalität) als *Wirkung* betrachtet und nun über die Totalität der Ursachenreihe Aussagen trifft. Dann lautet die These: „Die Kausalität nach Gesetzen der Natur ist nicht die einzige, aus welcher die Erscheinungen der Welt insgesamt abgeleitet werden können. Es ist noch eine Kausalität durch Freiheit zur Erklärung derselben anzunehmen notwendig"[148]. Zur Begründung wird – in streng theoretischer Absicht und ganz im Stil der klassischen *cosmologia rationalis* – auf den infiniten Regreß rekurriert, der sich bei Leugnung der These unvermeidlich einstellen müßte und eine letztlich zureichende Begründung des Weltgeschehens eben *nicht* zu leisten vermöchte. Indessen ist offensichtlich, daß dieses Argument – in den Spuren des kosmologischen Gottesbeweises – lediglich zu einem freien *Weltenschöpfer* ge-

148 KrV B 472. Vgl. zum folgenden auch *H. Meyer*, Kants transzendentale Freiheitslehre, Freiburg/München 1996, 19–53.

langt. Erst über einen eigentümlichen Zwischengedanken ergibt sich dann die erweiterte These, die wohl – nun deutlich aus praktisch-moralischen Gründen, nämlich um der Imputabilität des menschlichen Handelns willen – eigentlich angezielt war: „Weil aber dadurch [den vorausgegangenen Beweis] doch einmal das Vermögen, eine Reihe in der Zeit ganz von selbst anzufangen, bewiesen […] ist, so ist es uns nunmehr auch erlaubt, mitten im Laufe der Welt verschiedene Reihen, der Kausalität nach, von selbst anfangen zu lassen, und den Substanzen derselben ein Vermögen beizulegen, aus Freiheit zu handeln“[149]. Diese zunächst verblüffende Konsequenz erscheint mir immerhin insofern plausibel, als die These die universelle Gültigkeit des Prinzips der Naturkausalität ja bereits negiert und damit die Tür zur Möglichkeit seiner weiteren Suspension geöffnet hatte – dies freilich so, daß eine Kausalität aus Freiheit nur für den *Anfang* allen naturkausal bestimmten Geschehens bewiesen war, während ihr *inmitten* des Weltgeschehens nur der Status einer Möglichkeit zukommt. Die Begründung der Antithese sodann – „Es ist keine Freiheit, sondern alles in der Welt geschieht lediglich nach Gesetzen der Natur“[150] – ist nicht weniger als der Beweis der These an der genannten theoretischen Aufgabe ausgerichtet, um in ihrem Sinn nun jedoch geltend zu machen, daß eine Suspendierung der Naturkausalität dem Zufall Eingang verschaffe und wegen dieser irrationalen Durchbrechung der natürlichen Ursachenkette und der „Befreiung […] vom Leitfaden aller Regeln“[151] die intendierte vollständige Begründung des Weltgeschehens ebenfalls verfehle und sich in schlechthinniger Grundlosigkeit verirre. Zugleich ist auch hier ein praktisches, diesmal praktisch-pragmatisches Interesse im Spiel – geht es doch um die Möglichkeit sicherer, verläßlicher Forschung und mit ihr um die Rationalisierbarkeit, Berechenbarkeit und letztlich Verfügbarkeit der Welt. Um nun endlich die Opposition von These und Antithese hinterfragen und beheben und zugleich ihre praktischen Optionen wahren oder sogar einlösen zu können, sind nach Kant vor allem die jeweiligen Gesichtspunkte zu klären, bei deren Beachtung sie nicht nur einander nicht widersprechen, sondern sogar beide als wahr gelten können.

Die Möglichkeit dazu bietet sich Kant aufgrund seiner grundlegenden Wende zum transzendentalen Idealismus mit seiner Theorie der Erfahrung,

149 KrV B 478.
150 KrV B 473.
151 KrV B 475.

seiner neuen Lehre vom Gegenstand und seiner Unterscheidung von Ding an sich und Erscheinung. Entsprechend kommen nun voll die Ergebnisse der „transzendentalen Analytik" zum Tragen. Da nämlich, wie diese gezeigt hat, die subjektiven Bedingungen der Möglichkeit objektiver Erkenntnis zugleich den möglichen Gegenstand solcher Erkenntnis konstituieren und näherhin, wie die Kategorien (als Stammbegriffe des Verstandes) den Begriff des Gegenstandes überhaupt bilden, ebenso das (durch ihre Synthesis mit der reinen Anschauungsform der Zeit erstellte) System der reinen Verstandesgrundsätze den apriorischen Begriff der Natur als Inbegriff aller möglichen Erscheinungen begründet und damit den Vorentwurf jedes möglichen Objekts der Erfahrungserkenntnis festlegt, so ist klar, daß der durch diese Prinzipien und zwar prototypisch durch das Kausalitätsprinzip konstituierte Determinationszusammenhang auf keinen Fall als eine auch noch das menschliche Subjekt als ganzes einbeziehende Totalität gedacht werden kann, sondern die transzendentale Subjektivität, auf deren Spontaneität jene Konstitutionsleistungen und die Stiftung der universal gültigen Form der Determination ja beruhen, in ihrer Spontaneität ipso facto außerhalb dieses Determinationszusammenhangs bleibt. Überdies leuchtet ein, daß diese Einsicht, sofern sie die kosmologische Totalität zur Objektivität für die menschliche Subjektivität depotenziert, mit einer Begrenzung objektiver Erkenntnis auf den Bereich sinnlicher Erfahrung einhergeht und somit durch sie über alles, was sein kann, insbesondere auch die Freiheit, keineswegs schon entschieden ist. Wohlgemerkt: Kant übernimmt nicht etwa den Beweis der These (und ihrer Erläuterung) für die Möglichkeit der Freiheit – wie hätte er das wohl können angesichts seiner auf die Antinomienlehre unmittelbar folgenden Kritik aller Gottesbeweise! Erst recht beweist er nicht die Wirklichkeit der Freiheit – bleibt deren Gewißheit doch an die moralische Erfahrung und Praxis des dabei unvertretbaren einzelnen gebunden. Vielmehr resultiert das Wissen um ihre Möglichkeit unmittelbar aus der Konstitutionsanalyse objektiver, doch apriori als begrenzt sich erweisender Erkenntnis. Und nun auch die Möglichkeit, ihrer *gewiß* zu werden, offenzuhalten und d. h. aktuell: das Recht der Erste-Person-Perspektive zu sichern – eben darin sehe ich den Ertrag von Kants auf seiner transzendentalen Analytik basierenden Lösung der dritten Antinomie. Auch steht mit ihr bereits fest, daß die transzendentale Freiheit niemals Gegenstand objektiver Erkenntnis sein kann[152], obwohl ihre Wirkun-

152 Vgl. KrV B 561.

gen in der Sinnenwelt erscheinen und es von Kant dahingestellt bleibt, „wie ein solches [Vermögen bzw. Geschehen] möglich sei“[153]. Prinzipiell denkbar ist jedenfalls, daß – weil die Kausalität aus Freiheit den empirischen Ursachen nicht gleichartig ist und die notwendige Reihe der sinnlichen Bedingungen einer Erscheinung durchaus noch eine ungleichartige Bedingung außer der Reihe zuläßt – ein empirisches Geschehen durch *beide* (wenn auch wohl kaum in präzise derselben Hinsicht) bestimmt worden sein kann[154].

Also doch eine Zweiweltenlehre oder gar ein Dualismus von Substanzen? Ich denke nicht. Kant ist nicht *Descartes* und der Gedanke des Dinges an sich weder eine metaphysische Hintergrundannahme noch Platzhalter einer Hinterwelt. Denn natürlich ist auch für Kant das *Seiende selbst* der Terminus des Erkennens, aber als dieser, soweit er von der gegenstandskonstituierenden Aktivität des Subjekts nicht berührt ist, doch unterschieden vom *Objekt* der Erkenntnis[155]. Deshalb kann der äußerst abstrakte Begriff „Ding an sich“ nur negativ bestimmt werden als das, was weder Subjekt noch Prädikat in einem Erkenntnisurteil sein kann. Als Grenzbegriff der transzendentalen Analyse, der durch sie selbst (wie wir sahen) notwendig wird, steht er als Ausdruck dafür, daß in allem endlichen Erkennen ein Nichterkanntes mitgewußt ist. Und nur wegen dieser aus dem Vorgriff des Denkens stammenden und nur im Denken realisierten Mitgewußtheit trägt das Ding an sich auch den Namen des „Intelligiblen“.

Auf der anderen Seite ist freilich einzugestehen, daß die transzendentale Freiheit, auch wenn die Einführung ihres Begriffs im Kontext der dritten Antinomie die für jede Freiheitstheorie unverzichtbare Bestimmung des „unbedingten Anfangenkönnens“ beibringt, ihrer Realität und Struktur nach in Kants erster Kritik noch weitgehend unbestimmt ist[156] und fast nur als Negation von Naturkausalität, als *hiatus irrationalis* im Weltgeschehen erfaßt und dabei in ihrer alle Momente von Determination ausschließen-

153 KrV B 476; vgl. KrV B 565.

154 Vgl. KrV B 558ff.564f.

155 Vgl. *H. Krings*, Transzendentale Logik (Anm. 144), 150f.

156 In seiner hervorragend erschließenden Studie „Kants transzendentale Freiheitslehre“ (Anm. 148) hat *Herbert Meyer* im Durchgang durch Kants Werke (von der KrV über die ethischen Schriften bis zur Religionsschrift) die jeweils zugrundeliegenden, aber auf Interpretation angewiesenen Strukturbestimmungen der Freiheit eruiert und so etappenweise einen integralen Begriff transzendentaler Freiheit erreicht, der einen wichtigen Brückenschlag von Kant zur Freiheitsanalyse im Anschluß an *Hermann Krings* darstellt.

den Indeterminiertheit so stark profiliert wird, daß der Konnex des aus transzendentaler Freiheit Handelnden mit seinem realen Handeln beinahe zerrissen und ihre konstitutiv empirisch bestimmte Realisierung und Selbstvermittlung kaum ansichtig wird. Wesentliche – der dualistischen Tendenz gerade auch gegenläufige – Aspekte der Freiheit, die teils im Anschluß an Kant (mit Einschluß freilich auch seiner folgenden Werke), teils im Hinausgehen über ihn transzendental durchaus zu erheben wären, sind in der KrV zumindest nicht expliziert. Noch ist das Ich in seiner Freiheit nicht als unbedingte Aktualität gedacht, geschweige denn als transzendentaler Aktus, der von sich selbst her so wesentlich Intentionalität auf anderes, nämlich das Empirische ist, daß er nur verbunden mit ihm – also ursprünglich in einen Leib eingelassen, naturhaft bestimmt, welthaft situiert, sozial bedingt usw. – realiter geschieht. Hier wirkt sich sicher auch aus, daß die Zeit – eine folgenreiche, aber m. E. unglückliche Festlegung! – lediglich als reine, im Subjekt gründende Anschauungsform eingeführt ist, der das transzendentale Ich und seine Freiheit natürlich dann selbst nicht unterliegen, so daß ihr Vollzug sich eigentlich nicht „in der Zeit" ereignet und nicht Zeitbestimmungen unterworfen ist[157]. Die in der Auflösung der dritten Antinomie angelegte Möglichkeit, transzendental (in methodischer Abstraktion) bei der Freiheit als einer unbedingten Aktualität anzusetzen, die durch die Setzung von Determinationen und ursprünglich eigene Weiterbestimmung der Bestimmtheit, in der sie sich findet, sich realisiert und mit sich selber vermittelt, wird nicht entwickelt. Offen aber bleibt vor allem, wie angedeutet, das Problem der Einheit des Handelnden mit seiner Handlung. Zwar bietet die Lehre vom intelligiblen und empirischen Charakter des Menschen so etwas wie einen Ansatz zu einer Handlungstheorie[158], dergemäß der transzendentalen Subjektivität, sofern sie außerhalb des naturalen Determinationszusammenhangs anzusetzen ist, ein intelligibler Charakter (eine material spezifizierte Freiheitskausalität) und, sofern sie als

157 *H. Krings*, Transzendentale Logik (Anm. 144), 135f entwickelt eine Unterscheidung von drei Zeitbegriffen, die m. E. solche Zeitlosigkeit im Gedanken der sich durchhaltenden Ursprünglichkeit und der Kontinuität aufhebt: „Unter ‚Zeit' ist formal die Kontinuität des transzendentalen Aktus überhaupt begriffen. Sofern der Aktus sich vollkommen verwirklicht, ist unter Zeit die unbedingte Präsenz des Beisichselbstseins begriffen [...] Sofern der Aktus veräußert ist, ist unter Zeit der durch zeitliche Augenblicke konstituierte Zeit-Raum begriffen".

158 Vgl. KrV B 566–585; dazu *H. Meyer*, Kants transzendentale Freiheitslehre (Anm. 148), 35–45.

natural bedingt zu sehen ist, ein empirischer Charakter (eine material spezifizierte Naturkausalität) zukommt – und zwar so, daß der empirische Charakter als eingebunden in naturkausale Determination und zugleich als Vermittlung des intelligiblen Charakters gedacht werden soll. Das bestimmte Handeln resultiert dann aus dem Zusammentreffen der Kausalität des empirischen Charakters mit den Erscheinungen, welche die Handlungssituation konstituieren[159]. Wie dabei zugleich aber der empirische Charakter vom intelligiblen begründend unterfangen, wie er dessen „Erscheinung“ und „sinnliches Zeichen“[160] und somit „im intelligibelen Charakter [...] bestimmt“ sein kann[161] und wie zudem der letztere seinerseits bestimmt wird bzw. die transzendentale Freiheit sich zu ihm bestimmt – das wird, so weit ich sehe, nicht mehr geklärt.

Richtungen und Brennpunkte der mind-brain-Diskussion

Um so verständlicher also das von *Habermas* formulierte „Bedürfnis nach einem kohärenten Bild des Universums, das den Menschen als Naturwesen einschließt“[162] – ein Interesse, das von fast allen an der aktuellen Geist-Gehirn-Diskussion Beteiligten verfolgt wird und sie zu ihren unterschiedlichen Theorieentwürfen motiviert[163]. Kaum bestritten ist dabei auch die Unterscheidung zwischen Beobachter- oder Dritte-Person-Perspektive und Teilnehmer- oder Erste-Person-Perspektive – ist dieser epistemische Dualismus doch tief in unserer Lebenserfahrung verwurzelt, da jeder Mensch die Erscheinungen der Welt inklusive sich selbst als raumzeitliche Objekte erfährt und zugleich vom Standpunkt seines subjektiven Bewußtseins aus, den kein anderer einnehmen kann, gewisser Phänomenbereiche und Zustände (individuelle Empfindungen, Gefühle, Erlebnisse, Gedanken, Intentionen, praktische Vollzüge usw.) gewahr werden kann, die in ihrer spezifischen Qualität auf andere Weise nicht zugänglich sind. Zudem wird der privilegierte Zugang der Erste-Person-Perspektive sogar vorzüg-

159 Dies ist wohl ebenso verständlich wie die Konsequenz: „In Ansehung dieses empirischen Charakters gibt es also keine Freiheit“ (KrV B 578).

160 KrV B 568.574.

161 KrV B 579.

162 *J. Habermas*, Freiheit und Determinismus (Anm. 145), 156.

163 Vgl. zum folgenden *T. Kläden*, Mit Leib und Seele ... (Anm. 145), 168–198; *P. Bekker*, In der Bewusstseinsfalle? (Anm. 145), 31–44.

lich gewählt, um mit ihm das Geistige bzw. (da heute primär das Bewußtsein im Blick steht) das *Mentale*, das an sich selbst nicht zirkellos definierbar erscheint und sich noch am ehesten psychologisch durch eine Phänomenologie der verschiedenartigen Zustände, die ihm zugerechnet werden, beschreiben läßt, so eindeutig wie möglich in seinem Unterschied zum *Physischen* zu erfassen. Zwar ist auch dieses Kriterium nicht unbestritten – gibt es z. B. doch auch das nicht präsente Unterbewußte und geht vor allem das Bestreben der Reduktionisten doch gerade dahin, auch noch das Faktum der (für uns unhintergehbaren) Erste-Person-Perspektive allein auf empirischer Basis zu erklären; doch haben die wichtigsten übrigen Merkmale, die man zur Kennzeichnung des Mentalen heranzieht, sich ebenfalls als nicht notwendig oder nicht hinreichend erwiesen. So die Merkmale der Nichtkörperlichkeit und Nichträumlichkeit (nichtmateriell sind ja z. B. auch elektromagnetische Felder; zudem ist die Prädikation von Nicht-Räumlichkeit schon äußerst voraussetzungsreich), ebenso der Bewußtheit (vor allem wegen des schon genannten, allenfalls potentiell bewußten Unterbewußten), ferner der Irrtumslosigkeit oder Unkorrigierbarkeit (weil das Bewußtsein als unmittelbar-direkte Gewißheit eines mentalen eigenen Zustands zwar unbezweifelbar ist, aber im Maße, wie es dieses Gewisse interpretiert und versteht, auch irrtumsanfällig wird) und endlich der Intentionalität (ein hinreichendes, aber nicht notwendiges Kriterium, sofern *nicht alle* mentalen Zustände, z. B. viele Gefühle und Stimmungen nicht, sich unbedingt auf *etwas* beziehen, auf einen Gegenstand oder Sachverhalt außerhalb des jeweiligen mentalen Zustands selbst referieren und somit einen semantischen Inhalt bzw. propositionalen Gehalt besitzen).

Die Problematik beginnt nun mit der nur ontologisch zu klärenden Frage, wie die epistemische Dualität der Erste- und Dritte-Person-Perspektive begründbar und das Verhältnis von Physischem und Mentalem zu begreifen ist – übrigens eine Frage, die schon aus der Alltagserfahrung erwächst, da wir uns einerseits als Wesen erleben, in denen Körper und Geist voneinander abhängen, miteinander in Wechselwirkung stehen und also engstens verwoben sind, während wir andererseits – was sich bis in die entsprechenden Gegensatzpaare unserer Alltagssprache spiegelt – Körper und Geist strikt zu trennen pflegen und uns (wenn auch kaum bei uns Menschen) ihre Unabhängigkeit voneinander so weitgehend denken können, daß die Vorstellung einer körperlosen Bewußtseinswelt oder bewußtseinslosen Körperwelt keinen logischen Fehler enthält. Kausalitätstheoretisch läßt sich daher als Kern des Problems ein auf das Wirkungsverhältnis von

Physischem und Mentalem bezogenes *Trilemma* formulieren, dessen Sätze alle intuitiv plausibel, doch miteinander nicht kompatibel sind[164]. Der erste Satz lautet: „Die physische Welt ist kausal lückenlos geschlossen". Dies ist das Prinzip der Naturwissenschaften, eigentlich nur ein methodologisches Apriori, das aber durch die naturwissenschaftliche Erfolgsgeschichte eine hohe faktische Unstrittigkeit gewann und in unserer Alltagspraxis zumindest insofern fest verankert ist, als wir uns beständig auf die Regelhaftigkeit des Naturgeschehens verlassen. Der zweite Satz – „Aus der kausalen Geschlossenheit der physischen Welt folgt die kausale Wirkungslosigkeit mentaler Ereignisse und Eigenschaften" – expliziert nur den ersten und ist unter der (wiederum durch unsere Alltagserfahrung gestützten) Voraussetzung gültig, daß mentale Phänomene eben nicht-physische Phänomene, also beide ontologisch verschieden sind. Auch der dritte Satz – „Die mentalen Ereignisse oder Eigenschaften sind kausal wirksam" – benennt eine unhintergehbare Grundintuition, da er der unbestreitbaren Evidenz des in all unseren Handlungen performativ mitlaufenden Freiheitsbewußtseins entspricht. Alle drei Sätze werden in der *mind-brain*-Debatte als Argumente und Kriterien verwendet. Und je nachdem, welchen von ihnen sie jeweils bezweifeln oder negieren und dann zumeist auch „wegzuerklären" versuchen, um die anderen vertreten zu können, lassen sich die einschlägigen Theorien gut klassifizieren. Ich werde jedoch, um den weiteren Horizont der aktuellen Diskussion nicht sogleich zu verengen, meinen jetzt folgenden Schnelldurchgang an der klassischen und ebenfalls geläufigen *ontologischen* Einteilung orientieren[165].

Grundlegend wäre dann zwischen *Dualismus* und *Monismus* zu unterscheiden, der erste – im Gefolge von *Descartes*, der die *res cogitans* und *res extensa* als (in sich seiende) Substanzen firmierte, ihre unterscheidenden Merkmale zu bestimmen und die körperunabhängige Existenz der Seele zu beweisen versuchte – verstanden als Theorieansatz, der das Physische und Mentale als eigenständige Entitäten begreift. Sein notorisches Hauptproblem ist, wie beide zu interagieren vermögen. Descartes' eigener

164 Ich nehme hier die Trilemma-Formulierung von *G. Brüntrup*, Das Leib-Seele-Problem. Eine Einführung, Stuttgart 1996, 20 auf, der die bekannte frühere Problemexposition von *P. Bieri*, Generelle Einführung: *ders.* (Hg.), Analytische Philosophie des Geistes, Königstein/Ts. 1981, 1–28, 5 modifiziert. Vgl. dazu *T. Kläden*, Mit Leib und Seele ... (Anm. 145), 192–196.

165 Zum folgenden vgl. *P. Becker*, In der Bewusstseinsfalle? (Anm. 145), 45–90; *T. Kläden*, Mit Leib und Seele ... (Anm. 145), 198–300; *ders.*, Die aktuelle Debatte um das Leib-Seele-Problem: ThRv 102 (2006) 183–202.

Versuch, eine Lösung in der vielzitierten, als Organ der Übersetzungsarbeit zwischen den mentalen und physischen Prozessen verstandenen Zirbeldrüse zu finden, ist heute nur noch von historischem Interesse. Ebenfalls (noch) sehr spekulativ arbeiten die zeitgenössischen Interaktionisten: so etwa *John Eccles*, der *Karl Poppers* Theorie der drei ontologisch aufeinander aufbauenden Welten aufnahm und dann die Quantenphysik, namentlich *Werner Heisenbergs* „Unschärferelation" heranzog, um den auf der Mikroebene verankerten Zufall als Einfallstor für mentale Einwirkung zu nutzen, aber dabei besondere mentale Entitäten (die sog. Psychonen) postulieren mußte, deren Wirkweise er zudem ungeklärt ließ, und so das Problem nur verschob. Aber auch der psycho-physische *Parallelismus*, der – in Gestalt des Okkasionalismus (*Arnold Geulincx*, *Nicolas Malebranche*) wie des Konzepts der prästabilierten Harmonie (*Leibniz*) – die Interaktionsproblematik umgeht, läßt sich heute nicht mehr vermitteln: weil nämlich beide (für uns Heutige unbewiesenermaßen) Gott als Garanten für die strenge Parallelität der mentalen und physischen Abläufe bemühen, die Relevanz und den Sinn der geschöpflichen Entitäten relativieren, den Eindruck der Interaktion nicht erklären oder das Handlungsbewußtsein wesentlich verkürzen und zumindest Leibniz' Theorie auch mit der Gewißheit ursprünglicher Freiheit kollidiert. Von den Naturwissenschaften wird überdies eingewandt, durch eine Kausalität des Mentalen – sei es der Freiheit Gottes oder des Menschen – werde der Energieerhaltungssatz verletzt. Kein Wunder also, daß der Substanzendualismus – trotz seiner hohen, durch die alltägliche Selbsterfahrung und Sprache gestützten Plausibilität – inzwischen kaum noch vertreten wird, zumal er auch prinzipiellen Anfragen ausgesetzt bleibt: Kann der epistemische Dualismus, zumal ein völlig trennscharfes Unterscheidungsmerkmal des Mentalen und Physischen fehlt, tatsächlich einen Substanzendualismus oder eben doch nur einen Eigenschaftsdualismus begründen, der ja immerhin die mentalen Eigenschaften ebenfalls nicht (notwendig) auf die physischen zurückführt? Läßt sich daraus, daß meine Existenz als *res cogitans* bzw. als Denkender mir unbezweifelbar ist, auf meine wesentliche Verschiedenheit vom Körper und die Möglichkeit meiner körperlosen Existenz schließen und aus deren prinzipieller Vorstellbarkeit die reale Möglichkeit folgern? Hat Descartes also nicht das Resultat einer methodisch inszenierten Abstraktion unerlaubt hypostasiert? Allerdings hat er seinen kritischen Gegnern auch eine enorme Begründungslast hinterlassen: hatte er doch die eigenständige Existenz der Seele vor allem für nötig gehalten, um die Möglichkeit gewisser Leistungen der Intelligenz (bewußte Wahrnehmung, Begriffsbildung, Problemlösungen u. a.), aber auch der spontanen Freiheit begreifen zu können[166]... Bleibt schließlich noch der *Epiphänomenalismus*, der zwar die Eigenart mentaler Phänomene nicht leugnet, sie aber durch das Physische erwirkt sieht, auf das sie ihrerseits nicht zurückwirken können. Sofern mentale Prozesse also nur Begleiterscheinungen der physischen Vorgänge sind, läßt sich der Epiphänomenalismus ebenso gut wie dem Dualismus auch dem physischen Monismus zuordnen. Er ist in hohem Maß kontraintuitiv und entsprechend begründungspflichtig. Hinzu kommt ein evolutionstheoretischer Einwand: Warum sollte sich denn die Evolution den „Luxus" mentaler Phänomene überhaupt leisten, wenn diese doch kausal unwirksam, für das Überleben also nicht relevant sind?[167]

Als *Monismus* werden in unserem Kontext die Richtungen bezeichnet, die den kategorialen Unterschied zwischen dem mentalen und dem physischen Bereich bestreiten. In seinen reduktionistischen Varianten steht er gegen jede intuitive Evidenz und darum auf jeden Fall vor dem Problem, unser angeblich täuschendes Bewußtsein von der Eigenständigkeit des jeweils von ihm depotenzierten Bereichs zu erklären. So zunächst der reduktive *mentale Monismus*, der – aus radikaler Skepsis gegenüber der Realität der Außenwelt – den physischen Bereich als Konstrukt unseres Denkens begreift, während ihn der nichtreduktive mentale Monismus zwar immerhin als aus dem mentalen entstanden betrachtet, aber weder das Wie noch das Warum dieses Vorgangs, der zudem der Richtung der Evolution zuwiderläuft, überzeugend verdeutlichen kann. So spielt denn der mentale Monismus, zumindest in seiner reduktiven, am reinsten im subjektiven Idealismus *George Berkeleys* ausgeprägten Gestalt, inzwischen auch keine Rolle mehr.

Ganz anders der heute auf breiter Front tonangebende *physische Monismus*, der die ontologische Differenz zwischen Physischem und Mentalem zugunsten des Physischen einzieht, als natürliche Entitäten nur gelten läßt, was in den Gegenstandsbereich der Physik fällt, und im Grunde – jedenfalls als *reduktiver Physikalismus* – durchweg die Identität der mentalen Phänomene mit ihren neuronalen Korrelaten behauptet. So der Sache nach schon der *semantische Physikalismus*, der programmatisch – ganz im Sinne

---

166 Vgl. *D. Perler*, Alter und neuer Naturalismus. Eine historische Hinführung zur aktuellen Debatte über die Leib-Seele-Problematik: *P. Neuner* (Hg.), Naturalisierung des Geistes (Anm. 145), 15–42, 32–38. Zu Descartes' Freiheitsverständnis s. o. Kap. 5.2.

167 Vgl. *J. Habermas*, Freiheit und Determinismus (Anm. 145), 168–170.

der verifikationistischen Bedeutungstheorie des logischen Positivismus – die bedeutungsgleiche Definierbarkeit der mentalen, namentlich der (als Dispositionsbezeichnungen verstandenen) psychologischen Ausdrücke in physikalischer Sprache postulierte, jedoch daran scheiterte, daß solche Übertragung – abgesehen vom Problem ihrer Vollständigkeit – bereits die Definition mentaler Ausdrücke benötigt, die aber ihrerseits ohne mentale Begriffe, also nicht-zirkulär, unmöglich ist. Die unter dem Titel *Identitätsthese* firmierenden Positionen revozieren deshalb die (ursprünglich behavioristische) Verkürzung interner, geistiger Prozesse auf bloße, allein durch externe Faktoren bestimmte Verhaltensdispositionen, um gleichwohl die Identität mentaler und physischer Zustände oder Eigenschaften zu behaupten: können doch mentale und physische Prädikate, obwohl sie nicht bedeutungsgleich sind, auf denselben Zustand oder Prozeß referieren und dabei als prinzipiell gleichrangige Beschreibungsarten gelten. Mit dieser These verbindet sich freilich die Einsicht, daß die behauptete Identität, sofern sie nur aposteriori erkennbar ist, dann lediglich eine stets noch zu verifizierende Hypothese darstellt und von strenger Identität womöglich gar nicht die Rede sein kann. Gerechtfertigt wären die kontingenten Identitätsbehauptungen dann, wenn die beim Bewußtsein auftretenden introspektiven Beobachtungen durch Gehirnprozesse im introspizierenden Subjekt erklärt werden könnten. Verständlich jedoch, daß dabei erneute Übersetzungs- und Sprachprobleme auftreten und eindeutige epistemische Kriterien für Identitätsaussagen umstritten sind. Noch schwerer aber wiegt, daß – wie empirische Untersuchungen belegen – derselbe mentale Zustand in mehreren, unterschiedlichen physischen Zuständen realisiert und somit zumindest nicht mit *jedem* mentalen Zustand exakt ein neuronaler gleichgesetzt werden kann. Der *Funktionalismus* wiederum kann dieses Problem der multiplen Realisierbarkeit vermeiden, indem er – über den Behaviorismus hinausgehend – erklärt, daß auch mentale Zustände ihrer Natur nach als funktionale Zustände aufzufassen und deshalb relational durch ihre kausale Rolle (bzw. die Summe ihrer kausalen Rollen) innerhalb eines Systems auch definierbar – und zwar vollständig definierbar – sind, wobei nun freilich dieselbe kausale Rolle ganz unterschiedliche Träger haben kann und im Prinzip alle mentalen bzw. funktionalen Zustände sogar durch nichtphysische Entitäten realisiert werden könnten, de facto aber – dies bleibt die physikalistische Prämisse – durch physische Zustände realisiert sind. Deshalb setzt die Untersuchung bei den Alltagsbegriffen für mentale Zustände ein, um sodann ihre kausale Rolle mit Hilfe der wissenschaftlichen oder der Alltagspsychologie zu definieren. Während man dabei, also zwischen der mentalen und funktionalen Ebene, weiterhin eine Typen-Identität annimmt, ist zwischen der funktionalen und physischen Ebene nur noch – so verlangt es die Multirealisierbarkeit der mentalen Zustände – mit einer „Token-Identität" zu rechnen, dergemäß jeder einzelne mentale Zustand (bzw. jedes mentale Ereignis) durch sein ebenso spezifisch bestimmtes neuronales Korrelat realisiert wird und also mit diesem identisch ist. Wie schwierig dadurch das Unternehmen der physikalischen Reduktion wird, läßt sich wohl schon ermessen. Hier mag die Feststellung genügen, daß es bis heute noch nicht gelang, auch nur einen genauen mentalen Zustand einem entsprechend konkreten neuronalen Zustand exakt zuzuordnen. Wo indessen die größten Probleme liegen, läßt der an den gesamten reduktiven Physikalismus adressierte Haupteinwand erkennen, daß er der subjektiven Erlebnisqualität mentaler Zustände (den sog. Qualia als ihrem intrinsischen Gehalt) nicht gerecht werde und schon aufgrund der naturwissenschaftlichen Methodik nicht gerecht werden könne. Ähnliche Bedenken werden gegen die Naturalisierung intentionaler Zustände erhoben. Ich komme auf beide zurück.

Um eine Alternative zu den dualistischen wie den reduktiv-physikalistischen Positionen, die auf einer mit der Dualität in unserer Erfahrungswelt kompatiblen physikalistischen Ontologie basiert, bemüht sich der *nichtreduktive Physikalismus*, der die mentalen Entitäten zwar vollständig durch physische konstituiert sieht, zugleich aber ihren begrifflichen Überschuß und qualitativen Mehrwert gegenüber dem Physischen zu sichern versucht, indem er – so die wichtigste Variante, auf die ich mich hier beschränke – mentale Eigenschaften als *emergente* Eigenschaften begreift. Emergent sind nämlich Eigenschaften eines Systems (Makroeigenschaften) zu nennen, die durch die Eigenschaften der Systemkomponenten zwar bestimmt sind (Mikrodetermination), sich aber auf sie nicht zurückführen lassen. Gewisse physische Entitäten, so die Grundvorstellung, können in ihrer komplexen Kombination, durch die sich ja vor allem das Gehirn auszeichnet, nach bis dahin nicht hervorgetretenen, uns auch noch unbekannten Naturgesetzen zusätzliche Eigenschaften gewinnen, die ihre einzelnen Bestandteile nicht besitzen – Eigenschaften also, die irreduzibel, neuartig und in ihrem Auftreten nicht vorhersagbar sind und die sogar – sonst wären sie nur Epiphänomene – auf die niederstufige Ebene eine eigenständige kausale Wirksamkeit ausüben können. Wie letzteres unbeschadet der kausalen Geschlossenheit des Physischen einerseits und ohne Rückfall in den

Reduktionismus andererseits möglich sein soll, ist schwer zu erkennen. Ja es stellt sich, ganz abgesehen noch von den postulierten, doch empirisch völlig ungesicherten Wirkweisen und Gesetzen, sogar die Frage, ob der Begriff „nichtreduktiver Physikalismus" nicht eine *contradictio in adiecto* darstellt und für die Emergenztheorie mit ihrer ungelösten Spannung von Mikrodetermination und Nichtreduzierbarkeit überhaupt noch ein logischer Ort zwischen Dualismus und reduktivem Physikalismus verbleibt[168]. Doch müssen wir diese Frage nicht mehr verfolgen: ist doch die Emergenztheorie, ob sie nun erweisbar sein wird oder nicht, nicht zur naturalistischen Herausforderung des Ich- und Freiheitsbewußtseins zu zählen. Dies Letzte oder Ähnliches wäre auch zu weiteren Richtungen wie besonders dem *Eigenschafts-Dualismus* zu sagen – vorausgesetzt nur, daß er über die vorausgesetzte *eine* Bezugswirklichkeit (wie namentlich das Lebewesen Mensch) nicht doch wieder vorschnell und ontologisch einseitig (physikalistisch oder mentalistisch) entscheidet.

Auf jeden Fall zu erwähnen bleibt noch der *eliminative Materialismus*, die extremste Form des physischen Monismus. Denn aus den Schwierigkeiten der verschiedenen Reduktionismen und der dadurch für ihn erwiesenen Unmöglichkeit, mentale Ausdrücke in bedeutungsgleiche physikalische zu überführen sowie durch Reduktion die Relevanz der mentalen Phänomene zu retten, ohne sie zu zerstören, zieht er die denkbar rabiateste Konsequenz, die Existenz mentaler Zustände schlichtweg und völlig kontraintuitiv zu bestreiten[169]. So wie das Gehirn den Glauben an sie aus all-

168 Mit dieser skeptischen Einschätzung folge ich *T. Kläden*, Mit Leib und Seele (Anm. 145), 258–265 – trotz meines Respekts vor dem mutigen und äußerst konstruktiven Versuch von *P. Becker*, In der Bewusstseinsfalle? (Anm. 145), 218–256, das Potential der Emergenztheorie weiter auszuloten und ihre Schwierigkeiten durch Aufnahme des Bewußtseinsmodells von *Antonio Damasio* sowie der Interpretation der Quantenmechanik durch *David Bohm* (und dessen Konzept aktiver Information) einer Lösung näherzubringen.

169 Auch wenn man diese Konsequenz mit Entschiedenheit ablehnt, muß man dem eliminativen Materialismus doch attestieren, daß seine Einschätzung der Übersetzungsproblematik im reduktiven Physikalismus weitgehend zutrifft. Vgl. zur Sache auch *J. Habermas*, Freiheit und Determinismus (Anm. 145), 172: „Gleichviel, ob es sich um einen Materialismus handelt, der intentionale Zustände oder propositionale Gehalte und Einstellungen auf physische Zustände und Ereignisse reduzieren möchte, oder um einen Funktionalismus, wonach elektrische Schaltkreise im Computer oder natürliche physiologische Zustände in der Hirnrinde die kausalen Rollen ‚realisieren' sollen, die mentalen Vorgängen oder semantischen Gehalten zugeordnet werden – auf der grundbegrifflichen Ebene scheitern diese Versuche einer Naturalisierung des Geistes an der erforderlichen Übersetzung. Die von diesen Theorien vorgenommenen Übersetzungen zehren entweder

tagspragmatischen Gründen erfand, so werde er mit fortschreitender Wissenschaft auch wieder, wie früher der Hexen- oder Dämonenglaube, vergehen. Entsprechend umfassende Kritik trifft die (Alltags-)Psychologie, die eben, weil sie mit dem Bewußtsein ein vorwissenschaftliches Konstrukt zur Basis habe, nur lückenhafte oder oberflächliche Verhaltenserklärungen biete, in ihrer 2500jährigen Geschichte keinen wesentlichen wissenschaftlichen Fortschritt erzielte und deshalb zu Recht, in absehbarer Zeit schon, zugunsten der Neurowissenschaften verschwinde – wohlgemerkt: nicht etwa übersetzt werde, sondern – da sie mit der naturwissenschaftlichen Terminologie eben nicht kompatibel und somit buchstäblich gegenstandslos sei – völlig ersetzt. Genauso entschieden fiel das Urteil der Gegenseite aus: Von „the greatest intellectual catastrophe in the history of our species"[170] und von kognitivem Selbstmord[171] war die Rede: werde mit der (Alltags-)Psychologie doch die tragende Säule für unser Miteinander – für unsere Kommunikation und ethische Praxis, unser soziales Handeln und Rechtsempfinden – zerstört. In der Tat muß man fragen, wie eine Theorie, die derart restlos die Erste-Person-Perspektive eliminiert, ohne performative Widersprüche überhaupt vertretbar und wie sie (schlicht gesagt) lebbar sein könne.

Es dürfte deutlich geworden sein, daß jede der skizzierten Theorien auf jeweils eigene Weise dem oben beschriebenen Trilemma erliegt oder eben, sofern sie dessen Formulierung bestreitet und es zu unterlaufen versucht, sich eine erhebliche Erklärungslast aufbürdet. Dies gilt besonders für den reduktiven Physikalismus, den sein Reduktionsprogramm ja schon als solches unmittelbar zu dessen empirischer Ausführung verpflichtet – es sei denn, er würde das für seine Arbeit unverzichtbare methodologische Apriori nicht mehr als stets noch zu bewährende Leitidee betrachten[172],

---

selber unausdrücklich vom Sinn der mentalistischen Ausdrücke, die sie ersetzen sollen; oder sie verfehlen wesentliche Aspekte des Ausgangsphänomens und gelangen so zu unbrauchbaren Definitionen".

170 *J. Fodor*, Psychosemantics. The Problem of Meaning in the Philosophy of Mind, Cambridge/London ^{2}1988, XII.

171 Vgl. *L. R. Baker*, Saving Belief, Princeton NJ 1987, 130ff.

172 Es sei noch einmal erinnert, daß der Satz von der kausalen Geschlossenheit der Natur (genau besehen) zunächst nur eine Hypothese darstellt und insofern eine Hinterfragung des Trilemmas durchaus nicht ausgeschlossen ist. Und was die Verankerung des Satzes in unserer Alltagserfahrung betrifft: So beständig wir uns auch auf die Regelhaftig-

sondern es zu einer universalen ontologischen These hypostasieren[173]. Dann jedoch wäre er nicht Wissenschaft, sondern schlechte Metaphysik. Indessen verfolgt er – abgesehen von der Dauerversuchung zu voreiligen Extrapolationen und zur Überbeanspruchung der empirischen Befunde – die Einlösung seines Reduktionsprogramms so planmäßig, konkret und konsequent, daß er – anders als der eliminative Materialismus, der mit dem Mentalen eben auch die aufgegebenen Probleme eliminiert und das verbleibende Unbehagen mit dem naturwissenschaftlichen Fortschritt vertröstet – die eigentliche „naturalistische Herausforderung" für die Anwälte des Ichbewußtseins und der Freiheit bedeutet. Eindrucksvoll in der Tat ist der in den letzten Jahrzehnten erreichte Stand der einschlägigen Forschung und doch die Bilanz eher nüchtern als noch euphorisch. „Alle mentalen bzw. bewussten Prozesse vollziehen sich entweder auf der Basis von oder zumindest in Begleitung von neuronalen Prozessen"[174] – das ist der Grundbefund, an dem niemand mehr zweifelt (die tiefreichenden Differenzen beginnen ja erst mit der Frage, ob diese neuronalen Korrelate nur als notwendige oder auch als hinreichende Bedingung für die bewußten Prozesse gelten können). Generell läßt sich sagen, daß die Mikroebene des Gehirns, also die Grundfunktionen (das „Feuern" und „Schweigen" der Nervenzellen), auf denen seine komplexen Prozesse basieren, inzwischen gut erforscht ist. Auf der Makroebene der groben Gehirnregionen lassen sich immerhin wichtige Zuordnungen vornehmen, während im Blick auf die Mesoebene der Gehirnvernetzung weitgehendes Unwissen herrscht[175]. Die

---

keit des Naturgeschehens verlassen, rechnen wir doch ebenso selbstverständlich mit den Eingriffen freier Handlungen in den Lauf der Natur.

173 Zuweilen ist schwer zu erkennen, in welcher von beiden Weisen die methodische Leitidee gedacht ist. So etwa bei *W. Singer*, Selbsterfahrung und neurobiologische Fremdbeschreibung. Zwei konfliktträchtige Erkenntnisquellen: *H. Schmidinger/C. Sedmak* (Hg.), Der Mensch (Anm. 145), 135–160, 135.138f: „Wir können nur erkennen, was wir beobachten, denkend ordnen und uns vorstellen können. Was für unsere kognitiven Systeme unfassbar ist, existiert nicht für uns". Auch die oft als psychische Phänomene bezeichneten „Verhaltensmanifestationen lassen sich operationalisieren, aus der dritten Person-Perspektive heraus objektivieren und im Sinne kausaler Verursachung auf neuronale Prozesse zurückführen. Somit erweisen sie sich als Phänomene, die in kohärenter Weise in naturwissenschaftlichen Beschreibungssystemen erfasst werden können".

174 *U. Lüke*, Mehr Gehirn als Geist? Grenzen der naturalistischen Interpretation: *P. Neuner* (Hg.), Naturalisierung des Geistes (Anm. 145), 57–77, 59.

175 Zu Einzelheiten s. die gründliche Durchsicht und Erörterung der Forschungserträge bei *P. Becker*, In der Bewusstseinsfalle? (Anm. 145), 91–123.

Gehirnforscher selbst weisen auf die Kluft zwischen den Beschreibungen auf der untersten neuronalen Ebene und jenen Beschreibungen hin, die „das Zusammenspiel verschiedener Hirnareale darstellen, das uns kognitive Funktionen wie Sprachverstehen, Bilder erkennen, Tonwahrnehmung, Musikverarbeitung, Handlungsplanung, Gedächtnisprozesse sowie das Erleben von Emotionen ermöglicht". Denn gerade über die mittlere Ebene, auf der sich das „Geschehen innerhalb kleinerer und größerer Zellverbände" abspielt und die dadurch die Verbindung zwischen der fundamentalen Ebene der neurophysiologisch beschreibbaren neuronalen Prozesse und den kognitiven Funktionen der höchsten Ebene herstellt, sei eine „erschreckende Unkenntnis" einzuräumen[176]. Das alles kann ich jetzt nicht näher verfolgen und erst recht keine Prognosen riskieren. Interesse jedoch verdienen noch drei oder vier für das Naturalisierungsprogramm zentrale und schon seit langem diskutierte Probleme, die bisher aber keine (unbestrittene) Lösung fanden und aus prinzipiellen methodischen Gründen womöglich auch nicht gelöst werden können[177].

Das erste betrifft die Frage, wie aus neuronalen Aktivitäten Bewußtseinserlebnisse mit subjektiven Qualitäten, die sog. *Qualia*, entstehen können, wobei der Begriff „quale" eben den qualitativen oder erlebnishaften Aspekt bzw. den phänomenalen Inhalt mentaler Zustände, besonders von Empfindungen, bezeichnet: „wie es ist" oder „sich anfühlt", z. B. eine Rot- oder Grünempfindung zu haben. Es geht also nicht nur um die Korrelation zwischen neuronalen und mentalen Zuständen und auch nicht bloß um die auch sonst begegnenden Schwierigkeiten der Feststellung ihrer Identität, sondern näher und schärfer um den Aspekt, *warum* es sich auf eine spezifische Weise bzw. *überhaupt irgendwie anfühlt*, in einem bestimmten neuronalen Zustand zu sein. Und die besondere Herausforderung für die Physikalisten liegt nun in der These, daß sie mentale Zustände nur auf funktional-relationale Weise durch ihre Einbettung in einen kausalen Zusammenhang bestimmen und schon deshalb die Qualia als ihren intrinsischen Gehalt nicht zu erfassen vermögen. Die neuere, bis heute dauernde Diskussion darüber[178] wird 1974 durch *Thomas Nagels* berühmten Aufsatz

---

176 So im schon erwähnten „Manifest": Gehirn & Geist (Anm. 137), 31. Dazu *J. Quitterer*, Neue Manipulationstechniken am Horizont. Implikationen der Hirnforschung für Philosophie, Theologie und Ethik: Getrennte Welten? (Anm. 145), 55–59.

177 Zu den folgenden drei Absätzen vgl. bes. *T. Kläden*, Mit Leib und Seele … (Anm. 145), 184–190.238–259; *P. Becker*, In der Bewusstseinsfalle? (Anm. 145), 165–200.

178 Positionen, die – wie *D. Dennett*, Qualia eliminieren: *H.-D. Heckmann*/*S. Walter*

„Wie fühlt es sich an, eine Fledermaus zu sein?" eröffnet: Selbst wenn wir, so Nagel, alles mögliche objektive Wissen über die Verhaltensweise und Fähigkeiten von Fledermäusen besäßen, würden wir uns bestenfalls doch nur vorstellen können, wie es sich für uns anfühlen würde, uns wie sie zu verhalten, aber immer noch nicht, „wie es sich *für Fledermäuse* anfühlt, eine Fledermaus zu sein"[179] – genauso wie es etwa zur Erklärung des auditiven Erlebens nicht ausreiche, daß Töne durch ihre Wellenerscheinung dargestellt werden. Ähnlich *Frank Jacksons* „Argument des unvollständigen Wissens": Alles theoretische Wissen über Farben und Farbdarstellung im Gehirn könne doch prinzipiell nicht das durch Farb*erleben* eröffnete neue Wissen ersetzen[180]. Allerdings wäre es – so ein Gegeneinwand – ja möglich, daß derartiges Erleben nur einen anderen *Zugangsweg* zu neurowissenschaftlich ebenfalls erwerbbarem Wissen biete: zwei (vorerst irreduzible) Perspektiven also, die doch auf das Gleiche referieren. Um nun demgegenüber die *Unmöglichkeit* jeder Reduktion der Qualia auf ihre neuronale Grundlage zu demonstrieren, versuchen verschiedene Gedankenexperimente, an den Beispielen fehlender (bei Zombies), unähnlicher (bei Personen mit völlig identischer physischer Basis) oder invertierter Qualia (bei einer Person mit unverändertem Verhalten) die Möglichkeit einer *Dissoziation* von funktionalen und phänomenalen Eigenschaften zu zeigen und aus ihr die irreduzible Eigenständigkeit der letzteren zu folgern. Näher besehen zeigt sich jedoch, daß die beanspruchten Beispiele sich empirisch nicht absichern lassen und deshalb ein Fehlschluß von der Vorstellbarkeit solcher Dissoziation auf deren reale Möglichkeit vorliegt. *Joseph Levine* wiederum stellt, grundsätzlicher noch als Nagel, den von der kausalen Rolle des phänomenalen Zustands völlig unabhängigen qualitativen Aspekt des Erlebens heraus und betont, daß seine physische Reduktion nicht erst auf der empirischen, sondern – weil die funktionale Präparierung unserer phänomenalen Begriffe nicht gelingen kann – schon auf der begrifflichen Ebene scheitern muß: beruhe die unüberwindbare „Erklärungslücke"

(Hg.), Qualia. Ausgewählte Beiträge, Paderborn 2001, 453–502 – schon die Existenz der Qualia und ihre spezifische Problematik nicht anerkennen, sondern sie (aus der Dritte-Person-Perspektive) als komplexe Handlungsdispositionen ansetzen, kann ich hier übergehen.

179 *Th. Nagel*, Wie fühlt es sich an, eine Fledermaus zu sein?: *ders.*, Letzte Fragen, Darmstadt 1996, 229–249, 234.

180 *F. Jackson*, Epiphänomenale Qualia: *H.-D. Heckmann/S. Walter* (Hg.), Qualia (Anm. 178), 123–138.

doch gerade darauf, daß „die kausale Rolle nicht alles ist, was unseren Begriff von qualitativem Gehalt ausmacht“[181]. Aber bleibt nicht erneut das Bedenken, daß damit (höchstens) ein *epistemischer* Dualismus erreicht sei, der keine ontologischen Schlüsse erlaube? In der Tat kann Levines Argument eine Identität der phänomenalen mit den physikalischen Eigenschaften nicht definitiv ausschließen und darum auch die *prinzipielle* Unmöglichkeit einer physikalischen Reduktion nicht erweisen. Wer nun jedoch herkommt und positiv ihre *Möglichkeit* behauptet, der muß dann, denke ich, auch die Beweislast dafür übernehmen. Indessen ist bisher nicht *eine* erfolgreiche, die „Erklärungslücke“ schließende psychophysische Reduktion gelungen, noch zeichnen sich auch nur Anhaltspunkte für die dazu benötigten Brückengesetze ab[182].

Umstritten ist (zweitens) das Problem der *Intentionalität.* Worum es geht, hat schon vor einem Jahrhundert *Franz Brentano* klassisch formuliert:

---

181 *J. Levine*, Warum der Physikalismus Qualia „ausläßt“: *H.-D. Heckmann/S. Walter* (Hg.), Qualia (Anm. 178), 79–105, 102.

182 Am häufigsten begegnet der Versuch, Selbsterfahrung als Folge selbstreferentieller Systeme zu betrachten: Ein Netzwerk von der Komplexität des Gehirns bringe notwendig eine Selbstwahrnehmung hervor. „Bewusstseinszustände“, so *Hans Flohr*, „müssen nicht notwendigerweise so beschaffen sein, wie das unsere alltagspsychologischen Intuitionen suggerieren. Es ist vorstellbar und plausibel, dass es sich um eine Teilklasse der [im Gehirn realisierten] repräsentationalen Zustände handelt, um höherstufige, selbstreflexive Repräsentationen“ (Die Realisierung von Bewusstseinszuständen: *P. Neuner* [Hg.], Naturalisierung des Geistes [Anm. 145], 43–56, 55). Auch *W. Singer* möchte „erahnen“ lassen, „wie phänomenales Bewusstsein, das Sich-Gewahrsein von Wahrnehmungen und Empfindungen, entstanden sein könnte [...] Nachvollziehbar könnte [...] sein, wie durch Iteration kognitiver Operationen und reflexe Anwendung auf sich selbst Metarepräsentationen eigener Zustände gebildet werden können und somit die eigene Kognition zum Gegenstand von Kognition werden kann“. Einschränkend jedoch fügt Singer hinzu: „Weitaus problematischer ist die Frage, wie sich auf der Basis neuronaler Erregungsmuster die subjektiven Konnotationen unserer Wahrnehmungen und Empfindungen konstituieren. Diese Frage führt uns gegenwärtig noch an die Grenzen unseres Vorstellungsvermögens, da sich in ihr die noch unvereinbaren Beschreibungen begegnen, die wir aus den [...] Perspektiven der ersten und der dritten Person gewonnen haben“ (Selbsterfahrung [Anm. 173], 144.146). Ganz abgesehen davon, daß noch kein Automatismus entdeckt ist, der das Bewußtsein hervorbringt, ist auch grundsätzlich zu bezweifeln, daß Selbstreferentialität die hinreichende Bedingung für die Bewußtseinsentstehung ist. Wenn Selbstwahrnehmung nicht schon vorausgesetzt wird, ist sie durch eine Iteration objektivierender „Kognitionen“ wohl kaum noch erreichbar. Präzise konstatiert *Th. Nagel*, Wie fühlt es sich an (Anm. 179), 231: „Die Tatsache, daß ein Organismus *überhaupt* bewußte Erlebnisse hat, impliziert auf der elementarsten Ebene, daß es sich *irgendwie anfühlen* wird, dieser Organismus zu *sein*“.

„Jedes psychische Phänomen ist durch das charakterisiert, was die Scholastiker des Mittelalters die intentionale (auch wohl mentale) Inexistenz eines Gegenstandes genannt haben, und was wir, obwohl mit nicht ganz unzweideutigen Ausdrücken, die Beziehung auf einen Inhalt, die Richtung auf ein Objekt [...] oder die immanente Gegenständlichkeit nennen würden [...] Diese intentionale Inexistenz ist den psychischen Phänomenen ausschließlich eigentümlich. Kein physisches Phänomen zeigt etwas Ähnliches“[183]. Zwar würde man heute wohl genauer von Propositionen statt Objekten sprechen. Auch sagte ich schon, daß nicht alle mentalen Zustände intentional sind und deshalb Intentionalität zwar ein hinreichendes, aber nicht notwendiges Unterscheidungsmerkmal für sie ist. Wesentlich ist aber: Intentionale Zustände (Gedanken, Überzeugungen, Wünsche, Hoffnungen, Absichten usw.) referieren auf einen Gegenstand oder Sachverhalt außerhalb ihrer selbst, den sie mental repräsentieren; so haben sie einen Inhalt, dessen Bedeutung sich in einer Proposition ausdrücken läßt. Und während propositionale Gehalte wirkliche oder bloß mögliche Gegenstände betreffen, wahr oder falsch sein können und deshalb Erfüllungsbedingungen unterliegen, schließt die Zuschreibung intentionaler Zustände ein, einem Wesen Bedeutungsverstehen und Rationalität beizulegen. Wichtig ist auch zu bemerken, daß Propositionen in Überlegungsprozessen nicht als Ursachen, sondern nur als Gründe fungieren können. Die Argumentationsstrategie der Naturalisten geht nun so vor, daß sie die von Brentano getroffene Unterscheidung (Psychisches, Physisches) einzuziehen versuchen und deshalb entweder Intentionalität zu einer biologischen, natürlichen Eigenschaft von Lebewesen ausweiten und noch weiteren nichtmentalen Objekten zuschreiben oder aber die Rede von Intentionen und Gründen als sprachliche Abkürzungen ausgeben, die wir der Praktikabilität und Einfachheit halber für komplexe Vorgänge verwenden, welche gleichwohl durch physische Ursachen determiniert sind und deshalb im Prinzip, wie das Projekt der künstlichen Intelligenz es versucht, auch nachgebaut werden können. Dagegen hat *John R. Searle* den intrinsischen Charakter von Intentionalität scharf von ihrer metaphorischen Zuschreibung wie ihrer abgeleiteten Verwendung für nichtmentale Objekte unterschieden und zudem klargestellt, daß Computerprogramme durch ihre formale und syntaktische Struktur vollständig bestimmt sind: Syntax aber reicht nicht für Semantik, Regelbeherr-

---

183 *F. Brentano*, Psychologie vom empirischen Standpunkt, hg. v. *O. Kraus*, Hamburg 1874/1924, 124.

schung nicht für Bedeutungsverstehen[184]. Zwar wird intensiv erforscht, wie das neuronale Netzwerk als physische Basis (nach Art informationsverarbeitender, lernender, selbstgesteuerter und selbstreflexiver Systeme) Repräsentationen hervorbringt, doch gibt es bisher keinen Lösungsvorschlag, der die Ebene des Bedeutungsverstehens erreicht. Von *Hilary Putnam* werden überdies prinzipielle Schwierigkeiten benannt, die eine Naturalisierung der Intentionalität ziemlich aussichtslos erscheinen lassen: so etwa die Interessengebundenheit von Kausalitätsbeobachtungen, das Problem der Ähnlichkeitsfeststellung und Formalisierung bei induktiven Schlüssen, der irreduzible, interpretationsbedürftige (und dem Ziel einer weltabbildenden Einheitssprache entgegenstehende) Bedeutungsholismus der Alltagssprache wie wissenschaftlicher Theorien, nicht zuletzt auch die Unentbehrlichkeit des Mentalen für die Bestimmung des Wahrheitsbegriffs[185]. Bei allen zeigt sich, daß unsere Sprache, Logik und Erkenntnisfähigkeit zu komplex, subjektabhängig und interessengeleitet sind, um durch formale Analysen auf Symbolverarbeitungssysteme reduziert werden zu können – gravierende Probleme also, deren naturalistische Lösung zwar logisch nicht ausschließbar ist, aber zu ihrer Propagierung und Ausführung einen kaum noch irritierbaren Wissenschaftsglauben voraussetzt.

Eng mit den beiden ersten Themen verbunden ist (drittens) das sog. *Bindungsproblem*, die Frage nämlich nach der Entstehung des subjektiv erfahrenen Ich, das für die Naturalisten, zumal ein neuronales Korrelat nicht auffindbar ist, nur eine Illusion sein kann. Umso dringlicher dann aber die Frage, wie aus den verschiedenen Gehirnprozessen (Repräsentationen, Mustererkennungen, Signalverarbeitungen, Metarepräsentationen) die Illusion eines einheitlichen kontinuierlichen und koordinierenden Ich hervorgehen kann. „Es gibt keine Kommandozentrale“, erklärt *Wolf Singer*: „Hochentwickelte Wirbeltiergehirne stellen sich vielmehr als hochvernetzte, distributiv organisierte Systeme dar, in denen eine riesige Zahl von Operationen gleichzeitig ablaufen. Diese parallelen Prozesse organisieren sich, ohne eines singulären Konvergenzzentrums zu bedürfen, und führen in ihrer Ge-

---

184 Vgl. *J.R. Searle*, Geist, Hirn und Wissenschaft. Die Reith Lectures 1984, Frankfurt ^{3}1992 (stw 591); *ders.*, Die Wiederentdeckung des Geistes, München 1993. Berühmt ist Searles Gedankenexperiment des „chinesischen Zimmers“, das den prinzipiellen Unterschied zwischen einem simplen Input-Output-Muster und menschlichem Begreifen illustriert.

185 Vgl. *H. Putnam*, Repräsentation und Realität, Frankfurt 1991; *ders.*, Für eine Erneuerung der Philosophie, Stuttgart 1997.

samtheit zu kohärenten Wahrnehmungen und koordiniertem Verhalten. Das wirft die schwierige Frage auf, wie sich die vielen, in den verschiedenen Hirnrindenarealen gleichzeitig ablaufenden Verarbeitungsprozesse so koordinieren, dass kohärente Interpretationen der vielfältigen Sinnessignale möglich werden, dass sich klare Festlegungen für bestimmte Handlungsoptionen ergeben und koordinierte motorische Reaktionen ausgeführt werden können. Und schließlich stellt sich die Frage, wie sich ein so dezentral organisiertes System seiner selbst bewusst werden kann"[186]. Damit hat Singer die derzeitige Forschungssituation klar beschrieben, aber statt einer Antwort zwei offene Fragen präsentiert, für deren erste er dann noch seine eigene Arbeitshypothese skizziert, während er für die zweite zum „Selbst als sozialem Konstrukt" übergeht[187]. Auch für *Daniel Dennett* gilt das Selbst als eine Fiktion, welche (abkürzend) die Funktions- und Verhaltensweisen komplexer kognitiver Systeme erklärt[188] – als eine alltagspsychologische Fiktion näherhin, die der Abgrenzung unseres Organismus zur Umwelt und damit seinem Überleben dient und auch nur insofern, als sie dies tut, benötigt wird. Dieses Selbst nun konstituiert sich narrativ, durch die verschiedenen begrifflichen Selbstrepräsentationen. Diese beziehen sich also nicht auf ein Selbst, das vorgängig besteht, sondern durch sie wird unser Selbst überhaupt erst konstituiert: als ihr „narratives Gravitationszentrum" nämlich. Ich sehe nicht, daß diese funktionalistische Auskunft eine Lösung für Singers beide Fragen, insbesondere die zweite, sein könnte[189].

---

186 *W. Singer*, Selbsterfahrung (Anm. 173), 145.

187 Vgl. a. a. O. 145–148.

188 Vgl. zum folgenden *J. Quitterer*, Ist unser Selbst Illusion oder neurobiologische Realität? Ein Beitrag zur Aktualität des Seelenbegriffs: *P. Neuner* (Hg.), Naturalisierung des Geistes (Anm. 145), 79–97, 84–87.

189 Ob das Bewußtseinsmodell *Antonio R. Damasios* die Chance für einen Brückenschlag zwischen Hirnforschung und Subjekttheorie bietet, wäre eigens zu untersuchen. Interesse verdient jedenfalls, daß hier das unmittelbar mit der permanenten Repräsentation der grundlegenden Körperfunktionen verknüpfte Kernbewußtsein bzw. „Proto-Selbst" („Gefühl des Selbst") nicht erst als Resultat der biologischen Prozesse, sondern bereits als wirksames Organisationsprinzip, das sämtlichen Aktivitäten unseres Organismus zugrunde liegt, und als Bedingung auch des eigentlichen Bewußtseins und Selbstbewußtseins angesetzt wird. Vgl. *J. Quitterer*, Ist unser Selbst (Anm. 188), 87–90; *P. Bekker*, In der Bewusstseinsfalle? (Anm. 145), 158–163. – Ansonsten fühlt man sich bei der ganzen Diskussion beständig an *J. G. Fichtes* „Erste Einleitung in die Wissenschaftslehre" erinnert, wo er den Streit zwischen Dogmatismus (Naturalismus) und Idealismus (Subjektphilosophie) auf den Punkt bringt: „Es ist sonach in der Intelligenz [...] eine doppelte Reihe, des Seyns und des Zusehens, des reellen und des idealen; und in der Unzer-

Und eine Illusion nun – viertens – auch die *Freiheit des Willens!*[190] Nach den berühmten, 1983 erstmals publizierten und später wiederholten Libet-Experimenten glaubte man weithin sogar, den empirischen Beweis dafür zu besitzen[191]. *Benjamin Libet* konnte bzw. mußte (gegen seine Erwartung nämlich) feststellen, daß schon Sekundenbruchteile *vor* dem bewußten Entschluß seiner Probanden zu einer bestimmten Fingerbewegung sich im Gehirn ein handlungsspezifisches, zur Ausführung benötigtes Bereitschaftspotential aufbaut, so daß der Entschluß selbst nur noch als nachträgliche Rationalisierung und Selbstzuschreibung von etwas erscheint, was im Gehirn längst entschieden war und schon getan wird. Psychologische Untersuchungen bestätigten zudem, daß Aktoren unter bestimmten Umständen Handlungen ausführen, denen sie erst nachher eigene Intentionen unterlegen. Und so lautete denn die von vielen Hirnforschern gezogene und vom Publikum breit aufgenommene bündige Konsequenz: „Wir tun nicht, was

---

trennlichkeit dieses Doppelten besteht ihr Wesen [...] Diese Natur der Intelligenz überhaupt und ihre besonderen Bestimmungen will der Dogmatismus durch den Satz der Causalität erklären: sie soll bewirktes [...] Glied in der Reihe seyn. Aber der Satz der Causalität redet von einer *reellen* Reihe, nicht von einer doppelten [...] Den Uebergang vom Seyn zum Vorstellen sollten sie nachweisen; dies thun sie nicht, [...] denn in ihrem Prinzip liegt lediglich der Grund eines Seyns [...] Diesen Sprung suchen sie auf mancherlei Weise zu verbergen. Der Strenge nach – und so verfährt der consequente Dogmatismus, der zugleich Materialismus wird – müsste die Seele [...] nur ein Produkt, nur das Resultat der Wechselwirkung der Dinge unter sich seyn": WW I (ed. *I. H. Fichte*), Berlin 1971, 417–449, 436f.

190 Vgl. zum folgenden *P. Becker*, In der Bewusstseinsfalle? (Anm. 145), 123–131. 200–217; *J. Habermas*, Freiheit und Determinismus (Anm. 145), bes. 155–171; *A. Bekkermann*, Biologie und Freiheit. Zeigen die neueren Ergebnisse der Neurobiologie, dass wir keinen freien Willen haben?: *H. Schmidinger/C. Sedmak* (Hg.), Der Mensch (Anm. 145), 110–124; *W. Singer*, Selbsterfahrung (Anm. 173); *K. Müller*, Der naturalisierte Mensch. Über den gebotenen Respekt vor Diskursgrenzen: Getrennte Welten (Anm. 145), 9–13.

191 Wiederholt von Libet selbst und 1999 von *Patrick Haggard* und *Martin Eimer*, die (ohne wesentliche Auswirkung auf das Resultat) lediglich die willkürliche Fingerbewegung durch die auswählende Betätigung eines von zwei Schaltern ersetzten. Die deutsche Arbeitsgruppe um *Chung Siong Soon* und *David Hayes* konnte 2007/2008 durch Einsatz eines Kernspintomographen erkennbar größere Zeitabstände messen, ohne jedoch an der simplen und folgenlosen Entscheidung zwischen zwei Schaltern etwas zu ändern. Vgl. *B. Libet* u. a., Haben wir einen freien Willen?: *C. Geyer* (Hg.), Hirnforschung und Willensfreiheit. Zur Deutung der neuesten Experimente, Frankfurt 2004, 268–291; *C. S. Soon* u. a., Unconscious determinants of free decisions in the human brain: Nature Neuroscience Nr. 5/2008, 543–545.

wir wollen; wir wollen, was wir tun"[192]. Indessen gerieten die Anlage und Auswertung der Libet-Experimente auch schon sehr bald unter schwere Kritik. Denn abgesehen von den Schwierigkeiten einer genauen Messung unter Selbstbeteiligung der Probanden bleibt auch die Generalisierbarkeit der auf willkürliche Körperbewegungen zugeschnittenen Versuchsergebnisse problematisch. Und unklar ebenso die Bedeutung der beobachteten Sequenzen: Inzwischen ist es wahrscheinlich, daß das von Libet gemessene Bereitschaftspotential nur die Planungsphase spiegelt und dabei lediglich eine unspezifische Handlungsbereitschaft signalisiert, jedoch noch keine inhaltlich bestimmte Handlung generiert. Libet selbst räumte später dem freien Willen immerhin noch eine Art Kontrollfunktion und Vetorecht gegenüber den neuronal eingeleiteten Handlungen ein und deutete an, daß langfristig vollzogene, nicht punktuell-spontane Entscheidungen sehr wohl unter anderen Vorzeichen stehen könnten. Hier liegt in der Tat der gravierendste Einwand: Kann denn durch die künstliche Erzeugung von abstrakten Entscheidungssituationen, die von ihrer Einbettung in Lebenskontexte und ihrer Verkettung mit Intentionen und Überlegungen völlig absieht, überhaupt ansichtig werden, was wir unter Willensfreiheit verstehen?[193]

Nur folgerichtig also, daß sich die Diskussion seither zunächst einmal um eine unserer Erfahrung der Willensfreiheit angemessene Phänomenologie aus der Erste-Person-Perspektive bemüht. Grundlegend ist dabei, die Einbindung unserer Willensentscheidungen in Prozesse des Überlegens und Abwägens von Gründen ernstzunehmen. „Eine Entscheidung ist dann frei, wenn sie auf einem Prozess beruht, der für Gründe zugänglich ist"[194]. In der Tat ist es dieser Zusammenhang mit Gründen, was Handlungen zu freien Handlungen macht. Denn erst im Abwägen wird ja der für sie nötige Freiheitsspielraum eröffnet: gehört es doch „einfach zum Sinn des Überlegens, dass wir so und auch anders handeln können"[195] und daß die

---

192 *W. Prinz*, Freiheit oder Wissenschaft?: *M. von Cranach/K. Foppa* (Hg.), Freiheit des Entscheidens und Handelns, Heidelberg 1996, 86–103, 98ff.

193 *T. Goschke* und *H. Walter*, Bewusstsein und Willensfreiheit. Philosophische und empirische Annäherungen: *C. S. Herrmann* u. a. (Hg.), Bewusstsein. Philosophie, Neurowissenschaft, Ethik, München 2005, 81–119, 82 kommen zu dem Ergebnis, daß es „im Gegensatz zu vielen Behauptungen in der aktuellen Diskussion [...] keineswegs möglich [ist], auf empirischem Wege zu beweisen, ob es Willensfreiheit gibt oder nicht".

194 *A. Beckermann*, Biologie und Freiheit (Anm. 190), 118.

195 *E. Tugendhat*, Der Begriff der Willensfreiheit: *ders.*, Philosophische Aufsätze, Frankfurt 1992, 334–551, 340.

Stellungnahme, zu der wir gelangen wollen, nicht von vornherein festliegt. Ein Wille bildet sich „*im Zuge* von Überlegungen. Und weil ein Entschluss erst in der Folge von wie immer auch flüchtigen und unklaren Erwägungen *heranreift*, erfahren wir uns nur in den mehr oder weniger bewusst vollzogenen Handlungen als frei“[196] und auch nur sie als zurechenbar. Wie also der Handelnde nicht ohne Abwägung von Alternativen zu seinem ausschlaggebenden praktischen Urteil gelangt, so ist die handlungsmotivierende Rolle von Gründen jedoch nun auch nicht nach dem Modell der Verursachung eines beobachtbaren Ereignisses durch einen vorangehenden Zustand zu begreifen: können als Gründe doch nur in Propositionen formulierte Sachverhalte fungieren, deren Wirkweise mit der von empirischen Ursachen nichts gemein hat und die darum keine *hinreichende* Bedingungen für die faktische Handlung sein können. Vielmehr impliziert Willensfreiheit die Möglichkeit, zu den eigenen handlungsleitenden Gründen und Präferenzen nochmals zustimmend oder ablehnend Stellung zu nehmen: „Eine Motivation durch Gründe erfordert nicht nur einen rational Stellung nehmenden Aktor, für den Gründe *zählen*, sondern einen Aktor, der sich durch seine Einsicht *bestimmen* lässt. Wegen dieses Bezuges auf ein Subjekt, das auch wider besseres Wissen handeln kann, [...] erlaubt die rationale Handlungserklärung nicht den Schluss, dass beliebige Personen unter den gleichen Antezedenzien zur selben Entscheidung gelangen würden [...] Zur verantwortlichen Autorschaft gehört nicht allein die Motivation durch Gründe, sondern das begründete Ergreifen einer Initiative, die sich der Handelnde selbst zuschreibt: das macht den Aktor erst zum ‚Urheber‘“[197].

Was damit beschrieben ist und genau, wie ich meine, unseren Intuitionen entspricht[198], ist ein durchaus *starker* Begriff von der Freiheit des Willens – stark nicht nur, weil er für die Möglichkeit mentaler Verursachung optiert, sondern weil er auch festhält, daß es unter völlig identischen Rahmenbedingungen grundsätzlich möglich bleibt, daß ein Selbst unter-

196 *J. Habermas*, Freiheit und Determinismus (Anm. 145), 160.

197 A. a. O. 164.

198 Immerhin bestätigt diese Beschreibung weitgehend auch *W. Singer*, Selbsterfahrung (Anm. 173), 137: „Wir sprechen von freiem Willen und wissen, was wir darunter zu verstehen haben. Wir begreifen uns als Wesen, die über Intentionalität verfügen, die fähig sind, zu entscheiden, initiativ zu werden und zielbewusst in den Ablauf der Welt einzugreifen. Wir erfahren uns als freie und folglich als verantwortende, autonome Agenten. Es scheint uns, als gingen unsere Entscheidungen unseren Handlungen voraus und wirkten auf Prozesse im Gehirn ein, deren Konsequenz dann die Handlung ist“.

schiedliche Entscheidungen trifft. Und weil beides mit einer neuronalen Determination des Willens unvereinbar ist, heißen die Vertreter dieser Auffassung *Inkompatibilisten.* Doch auch sie übersehen mitnichten die vielfältige Bedingtheit unseres Wollens durch externe und interne Faktoren. Im Gegenteil: Endliche Freiheit ist nicht *causa sui* – es gibt sie nur als Sichverhalten zu der Bestimmtheit, in der sie sich schon findet: „Die Handelnden stehen, wenn sie ihren Willen von dem, was in ihren Kräften steht und was sie für richtig halten, bestimmen lassen, nicht außerhalb der Welt. Sie sind vom organischen Substrat ihres Könnens, von Lebensgeschichte, Charakter und Fähigkeiten, von der gesellschaftlichen und kulturellen Umgebung, nicht zuletzt von aktuellen Gegebenheiten der Handlungssituation abhängig“[199]. Indem sich der Handelnde jedoch mit seinem Leib identifiziert und ebenso seine Situation samt aller sie bestimmenden Faktoren übernimmt, verwandeln sich diese aus kausalen Determinanten in ermöglichende, wenn zugleich auch begrenzende Bedingungen seines *Könnens.* Desgleichen wird der Einfluß des Unter- und Unbewußten nicht bestritten, das doch den Großteil unseres Tuns und Verhaltens festlegt[200] und unmerklich auch noch unsere freien Handlungen mitbestimmt. In der Tat sind unsere Entscheidungen nur frei, wenn und *soweit* sie bewußt sind. Aber auch das schließt nicht aus, daß zumindest Teile des Nicht-Bewußten (wie es namentlich *Freud* vorgeführt hat) noch ins Bewußtsein gehoben, also zum Gegenstand unseres expliziten Verhaltens werden können und dadurch der Spielraum der Freiheit vergrößert wird.

Gegen diese starke Version von Willensfreiheit wenden sich die *Kompatibilisten* und behaupten gerade die Verträglichkeit von Freiheit und Determination. Aber schon der Wechsel zwischen Erste- und Dritte-Person-Perspektive in ihren Beschreibungen läßt den Eindruck aufkommen, daß über die Handlungsmotivation durch verständliche Gründe eine Brücke zur Handlungsdetermination durch beobachtbare Ursachen gebaut werden solle. Als ob das Überlegen sich gleichsam hinter dem Rücken und ohne echte Beteiligung der Subjekte abspiele und eigentlich nur die subjektive Erlebnisform objektivierbarer neuronaler Vorgänge sei. „Solange ich über-

---

199 *J. Habermas*, Freiheit und Determinismus (Anm. 145), 166.

200 Naturgemäß sind die Anteile an diesem Einfluß schwer einzuschätzen. Die heutige Psychologie gibt die genetische Determination unserer Persönlichkeit mit 40–50 % an, 30–40 % sollen durch die Ereignisse unserer frühen Kindheit bestimmt sein, nur noch 20–30 % bleiben für die Prägung in späteren Jahren – und nur hier kommt Willensfreiheit in Betracht. Vgl. *P. Becker*, In der Bewusstseinsfalle? (Anm. 145), 130f.

lege und mir verschiedene Möglichkeiten vorstelle", schreibt *Peter Bieri*, „ist die Willensbildung nicht abgeschlossen, und es ist wahr, wenn ich denke: *Jetzt*, während ich an die Alternativen denke, ist noch nicht alles festgelegt. Doch das Nachdenken über die Alternativen ist insgesamt ein Geschehen, das mich, zusammen mit meiner Geschichte, am Ende auf einen ganz bestimmten Willen festlegen wird. Das weiß ich, und es stört mich nicht"[201]. Entschieden tritt auch *Ansgar Beckermann* der Auffassung der „Libertarier" entgegen, frei sei eine Entscheidung nur, „wenn sie auch durch vorausgegangene Überlegungen nicht determiniert wird, wenn vielmehr *nach Abschluss* dieser Überlegungen *die Person selbst* bestimmt, wie sie entscheidet". Denn erstens stecke hinter dieser Auffassung „die überaus zweifelhafte metaphysische Annahme, es könne so etwas wie *Akteurskausalität* geben". Zweitens erhebe sich, wenn unser Abwägen das für uns Beste gefunden hätte, die Frage, „warum [...] wir dann noch daran interessiert sein [sollten], uns anders entscheiden zu können". Drittens würde eine solche Entscheidung auch „ganz und gar unerklärlich", „allein eine Sache des Zufalls" und die Rede von Verantwortung sinnlos[202]. Auf die Frage endlich, wie denn rationale Argumente und Überlegungen, was ja auch für Beckermann unbestreitbar der Fall ist, neuronale Prozesse beeinflussen könnten, erhält man die Antwort, die wohl schon Voraussetzung war, aber gar nichts erklärt: Da nämlich, so Beckermann, neuronale Prozesse (wie viele physische Prozesse) ganz unterschiedlich beschrieben und aufgefaßt werden könnten, stehe nichts der Annahme entgegen, „dass bestimmte neuronale Prozesse [eben selbst] Prozesse des Überlegens sind"[203]. *Michael Pauen* wiederum setzt es als Minimalbedingung jeder angemessenen Freiheitskonzeption an, Freiheit von Zwang und von Zufall abgrenzen zu können. Dazu jedoch reiche es vollkommen aus, daß Autonomie und Urheberschaft des Handelnden gewahrt sind, d. h. nicht ausschließlich externe Faktoren die Handlung einer Person bestimmen und ihr die Handlung zuschreibbar ist. Durch eine Minimierung ihrer Determiniertheit hingegen werde ihre Urheberschaft gerade untergraben und dem Zufall Eingang verschafft. Also komme es „nicht darauf an, *ob* eine Handlung determiniert ist, entscheidend ist vielmehr, *wodurch* sie bestimmt wird: Ist sie durch den Handelnden selbst be-

201 *P. Bieri*, Das Handwerk der Freiheit. Über die Entdeckung des eigenen Willens, Frankfurt [3]2005, 287f.

202 *A. Beckermann*, Biologie und Freiheit (Anm. 190), 119f.

203 A. a. O. 123.

stimmt, dann ist sie eben selbstbestimmt und damit frei“[204] – „selbstbestimmt“ aber jetzt, wohlgemerkt, nicht mehr unter der Voraussetzung vorausgegangener offener Entscheidungsmöglichkeiten verstanden, sondern eben als determiniert von den Überzeugungen, Wünschen und Bedürfnissen des Handelnden, von denen abhängt, daß es *seine* Urheberschaft ist, da sie ja seine Persönlichkeit ausmachen. Was in allen drei Positionen eliminiert wird, ist nun gerade die Ursprünglichkeit des Sichverhaltens der Freiheit, ihre unbedingte Affirmations- und Negationsfähigkeit, die doch – wie ich meine – die humane Dignität unserer wesentlichen Entscheidungen verbürgt. Stattdessen wird das Interesse daran schlicht als unverständlich bezeichnet und als Auslieferung an den Zufall diskreditiert. Bleibt eigentlich nur noch die Frage, ob der kompatibilistische Gebrauch des Wortes Freiheit, die derart mit ihrer Determiniertheit geglichen wird, nicht im Grunde auf einen Etikettenschwindel hinausläuft.

Die meisten Naturalisten hingegen, welche die Freiheit explizit eine Illusion nennen, versuchen dann auch ernsthaft, die Entstehung dieses Trugs zu erklären. Unbefriedigend ist nur, daß dabei nicht selten, was aus anderer Perspektive bestritten wird und also zu beweisen wäre, schon feststeht und daß zwar etliche genetische Bedingungen und auch Funktionen der Freiheitsillusion aufgeführt werden, aber das eigentümliche *Wie* und zuletzt auch *Warum* ihrer Entstehung dunkel bleibt. *Wolf Singer* etwa ist sich durchaus bewußt, daß sein Versuch, die Bedingungen dafür, daß wir uns als frei entscheidende Wesen erfahren, zu identifizieren, derzeit nur zu Hypothesen gelangt[205]. Gleichwohl ist für ihn mit der unbestrittenen, aber – wie hinzugesagt werden muß – auch noch ziemlich bestimmungsbedürftigen Einsicht, daß auch die bewußten Erlebnisse (wie die unbewußten Vorgänge) durch dezentralisierte Vorgänge im Gehirn „realisiert“ werden und auf ihnen „beruhen“, schon über die Grundperspektive entschieden, aus der jede weitere Erklärung erfolgen *muß*: „Wenn eingeräumt wird, dass das bewusste Verhandeln von Argumenten auf neuronalen Prozessen beruht, dann muss es neuronalem Determinismus in gleicher Weise unterliegen, wie das unbewusste Entscheiden, für das wir dies zugestehen“[206]. Deshalb ist unsere Freiheitserfahrung von vornherein Illusion –

204 *M. Pauen*, Illusion Freiheit? Mögliche und unmögliche Konsequenzen der Hirnforschung, Frankfurt 2004, 17.
205 Vgl. *W. Singer*, Selbsterfahrung (Anm. 173), 146.
206 A. a. O. 155.

eine erklärbare Illusion allerdings, da sie „sich aus zwei Quellen nährt: 1.) Der durch die Trennung von bewussten und unbewussten Hirnprozessen widerspruchsfreien Empfindung, alle relevanten Entscheidungsvariablen bewusst gegeneinander abwägen zu können und 2.) der Zuschreibung von Freiheit und Verantwortung durch andere Menschen", deren Inhalt wir internalisiert, deren Ursprung wir aber infolge der frühkindlichen Amnesie vergessen haben und die deshalb unsere Freiheitsgewißheit „unerschütterlich" und geradezu „absolut" werden ließ[207]. Unsere Unterscheidung zwischen freien und unfreien Entscheidungen, die ja „nur auf dem verschiedenen Grad der Bewusstheit der Motive" beruht, wird damit irrelevant und ist kaum noch plausibel, da der gehirninterne Abwägungsprozeß in beiden Fällen nach „deterministischen Naturgesetzen" verläuft. Und wie „durch die spezifische Verschaltung und den jeweils unmittelbar vorausgehenden dynamischen Gesamtzustand des Gehirns" festgelegt ist, welches Erregungsmuster als nächstes die Oberhand gewinnt, so resultiert sogar die „Zuteilung von Aufmerksamkeit", von der abhängt, welche der potentiell bewußtseinsfähigen Vorgänge tatsächlich zu Bewußtsein gelangen, aus „einem distributiv organisierten Wettbewerb, der sich in einem weit verzweigten Netzwerk selbst strukturiert"[208]. Nicht zu vergessen, daß natürlich auch die Abwägungsstrategien, Bewertungen und Wissensinhalte, die über genetische Vorgaben, frühkindliche Prägung oder unbewußte Lernvorgänge ins Gehirn, aber niemals ins Bewußtsein gelangen, verhaltenssteuernd wirken und (weit mehr als die bewußten Variablen) auch die bewußten Entscheidungsprozesse beeinflussen. Ich will dies alles jetzt nicht weiter verfolgen –

207 A. a. O. 149f.

208 A. a. O. 150f.154f. – Übrigens war es gerade dieser von Singer naturalisierte Aspekt der Aufmerksamkeit, der die Wandlung des jungen *Schiller* vom mechanistischen Denker zum glühenden Verfechter der Freiheit entscheidend beeinflußt hat. „Die Seele hat einen tätigen Einfluß auf das Denkorgan. Sie kann die materiellen Ideen stärker machen und nach Willkür darauf haften, und somit macht sie auch die geistigen Ideen stärker. Dies ist das Werk der Aufmerksamkeit. Sie hat also Macht auf die Stärke der Beweggründe; ja sie selbst ist es, die sich Beweggründe macht. Und itzt wäre es ziemlich entschieden, was Freiheit ist [...] Der erste Wille, der meine Aufmerksamkeit bestimmt, ist der freie, der letzte, der die Handlung bestimmt, ist ein Sklav des Verstands; die Freiheit liegt also nicht darin, daß ich das wähle, was mein Verstand für das Beste erkannt hat [...], sondern daß ich das wähle, was meinen Verstand zum Besten bestimmen kann": *F. Schiller*, Philosophie der Physiologie: *ders.*, Sämtliche Werke V (ed. *W. Riedel*), München 2004, 250–268, 266. Vgl. *R. Safranski*, Schiller oder Die Erfindung des Deutschen Idealismus, München 2004, 78–94.

es dürfte deutlich genug sein, wie voraussetzungsreich Singers Darstellung, die alternative Erklärungen erst gar nicht erwägt, tatsächlich ist: Ist doch gerade über die Mesoebene des Gehirns (wie schon früher bemerkt) kaum etwas bekannt. Was aber noch die Frage betrifft, „warum [...] die Evolution überhaupt Gehirne herausgebildet [hat], die über zwei Entscheidungsebenen verfügen", verweist Singer zum einen auf die dadurch erreichte Mitteilbarkeit und Kommunizierbarkeit von Gründen, die für differenzierte Bewertungen und überhaupt die Stabilität sozialer Systeme relevant sind, und zum anderen auf die so ermöglichte Gestaltung geregelter Abwägungsprozesse[209]. Zuvor schon hatte er die funktionale Relevanz des schlußfolgernden Denkens und der theoriebildend-konstruktiven Verarbeitung von Wahrnehmungen, wie sie die organisierte Forschung aufnimmt und methodisch vorantreibt, für das Überleben der Spezies betont. Wie aber soll Wissenschaft dies leisten, wenn ihre Gründe und Rechtfertigungen doch nur nachträgliche Rationalisierungen sind und schon der reduktive Forschungs*ansatz* ihren Propositionen, der illusionären Freiheit und dem Forschungsprozeß insgesamt doch höchstens den Status von Epiphänomenen, die auf ihre neuronale Basis kausal nicht einwirken können, zugestehen kann?[210] Ich denke, es geschieht niemandem Unrecht, wenn man feststellt, daß ein naturalistisches Konzept, das die Genese der „Freiheitsillusion" konsistent, lückenlos und ohne unbestrittene Prämissen erklärt, derzeit nicht vorliegt[211].

Um es so deutlich wie möglich zu sagen: Ich sehe keinen Anlaß, die Evidenzen der Erste-Person-Perspektive zu verleugnen, solange die naturalistischen Erklärungsansprüche nicht eingelöst sind[212]. Und ich kann darauf

---

209 *W. Singer*, Selbsterfahrung (Anm. 173), 157f.

210 Vgl. *J. Habermas*, Freiheit und Determinismus (Anm. 145), 167ff.

211 Für die (über Singer hinausgehende) Generalisierung dieses Urteils berufe ich mich auf *P. Becker*, In der Bewusstseinsfalle? (Anm. 145), 205; *J. Quitterer*, Neue Manipulationstechniken (Anm. 176), 58; *U. Lüke*, Mehr Gehirn als Geist? (Anm. 174), 70 und viele andere; für weitere Einzeluntersuchungen verweise ich auf die Arbeit von Becker.

212 Dies gilt um so mehr, als es keineswegs ausgemacht ist, daß dem objektiv-empirischen Wissen ein höherer epistemischer Rang als den subjektiv-intuitiven Evidenzen zukommt. Denn zum einen setzt jenes ja selbst schon subjektive Gewißheiten voraus, zum anderen werden seine szientistischen Gewinne – seine intersubjektive Überprüfbarkeit, Wiederholbarkeit des Experiments usw. – auch immer mit einer Verkürzung (im Grenzfall sogar Verfehlung) des zu Erkennenden durch den leitenden Vorentwurf erkauft. Es ist also völlig in Ordnung, wenn die in der Perspektive der ersten Person erhobenen Phäno-

umso gelassener warten, als die Unhintergehbarkeit des Ichbewußtseins m. E. erweisbar ist und sich gerade in der analytischen Philosophie (erneut) auch erwiesen *hat*[213]. Ebenso halte ich es für offensichtlich, daß auch die Gewißheit der Freiheit nicht ohne performative Widersprüche bestreitbar ist[214]. Zugleich lege ich Wert auf die Feststellung, daß diese Option für die Freiheit keinen Rückfall in einen Substanzendualismus bedeutet und daß sie klarer als Kants erste Kritik auch jeden Anschein von Dualismus verhindert. Denn wie die transzendentale Freiheitsanalyse im 6. Kapitel es vorgeführt hat, wird die formal unbedingte Freiheit ja keineswegs etwa als für sich existierende verstanden – existiert doch stets nur (soweit wir sehen)

mene als Kriterien ihrer erklärenden Rekonstruktion aus der Dritte-Person-Perspektive fungieren. Und falls sich zeigen sollte, daß die naturalistische Reduktion des Geistes an der Inkompatibilität der mentalistischen und der physikalischen Sprache, also am Problem der Übersetzbarkeit scheitert (vgl. o. Anm. 169), dann wäre es jedenfalls konsequenter, die Unzuständigkeit der Naturwissenschaft zu vermuten als die essentiellen Gewißheiten des Subjekts preiszugeben.

213 Die Logik der Rehabilitierung der Subjektthematik in der analytischen Philosophie überzeugend und auf breitester Basis nachgezeichnet zu haben, ist das kaum zu überschätzende Verdienst von *K. Müller*, Wenn ich „ich" sage. Studien zur fundamentaltheologischen Relevanz selbstbewußter Subjektivität, Frankfurt 1994.

214 Dabei denke ich nicht nur an die schon erwähnten Widersprüche, die bei solcher Bestreitung zum alltäglichen Handeln auftreten, sondern auch an die Absurditäten und Inkonsequenzen, die gerade bei den Naturalisten ins Auge springen. Warum warnt etwa *G. Roth*, der die Handlungsfreiheit zur Illusion erklärt, gleichzeitig davor, Ichbewußtsein und Willensfreiheit als bloße Epiphänomene zu begreifen (vgl. *G. Roth*, Fühlen, Denken, Handeln. Wie das Gehirn unser Verhalten steuert, Frankfurt 2001, 397.512f)? Warum erzieht auch der eine durchgehende Determination behauptende Neurophysiologe seine Kinder so, wie wenn sowohl er als auch seine Kinder zumindest in verantwortlichkeitsrelevantem Umfang frei wären (vgl. *W. Singer*, Wer deutet die Welt? Gespräch mit *L. Wingert*: *DIE ZEIT* Nr. 50, 7.12.2000, 44)? Welchen Sinn macht es, im Namen der Wissenschaft menschliche Subjektivität zu leugnen, deren komplexe Grundstruktur sich doch gerade im Modus wissenschaftlicher Forschung selbst manifestiert? Wie kann ein konsequenter Naturalist die unabweisbar-absurde Einsicht vollziehen, daß seine Behauptung einer durchgehenden neurophysiologischen Determination auch die Behauptung eines zur Annahme seiner Determination determinierten Deterministen impliziert (vgl. *U. Lüke*, Mehr Gehirn als Geist? [Anm. 174], 64)? Und ist die Leugnung der Freiheit nicht ihre Verweigerung und somit selbst eine Entscheidung? „Die Verweigerung einer freien Entscheidung", konstatiert *J. R. Searle* zwingend, „funktioniert nur, wenn ich die Freiheit zur Verweigerung voraussetze. Wenn man sich weigert, seinen freien Willen einzusetzen, macht das nur Sinn, wenn man seinen freien Willen in der Verweigerung zum Ausdruck brachte […] Wir können unser Leben nicht mehr erklären, wenn wir die Voraussetzung von Freiheit aufgeben müssen" (Wie frei sind wir wirklich? Interview: FAZ 23.3.2008, 30).

der freie *Mensch*, also die wesentlich auch bedingte, material von Beginn an bestimmte und dann sich weiterbestimmende Freiheit, die formal *un*bedingte Freiheit jedoch nur als *konstitutive*, ebenso irreduzible wie real unablösbare *Komponente* dieses Menschen. In ihrer unbedingten Aktualität wird sie als Bedingung der Möglichkeit seiner spezifisch humanen Vollzüge eruiert, in der Abstraktion von ihnen erfaßt, nach Maßgabe ihrer Ermöglichung durch sie begrifflich bestimmt und endlich als Prinzip für das Denken beansprucht, das zu jenen Vollzügen – sie rechtfertigend, ihre Bedeutung erschließend und kritisch sie orientierend – gleichsam zurückkehrt. Und behält man im Blick, daß dieser transzendentale Akt *ab ovo* Angewiesenheit auf Gehalt ist, da er als ursprüngliches Sichöffnen und Ent-schließen zu begreifen war, als „reflexe Transzendenz" näherhin, die sich durch die Aneignung und Weiterbestimmung ihrer vorfindlichen Bestimmtheit und vielfachen Bedingtheit (als leibhaft eingewurzelte, intersubjektiv zu sich vermittelte, gesellschaftlich konditionierte usw.) mit sich vermittelt und anders nicht real ist, dann ist der Verdacht auf Dualismus eindeutig gegenstandslos. Und trotzdem – dies soll gar nicht verschleiert werden – ist noch ein Problem ohne Antwort, dieselbe Frage, die auch bei Kant ungeklärt blieb[215] und unser „Bedürfnis nach einem kohärenten Bild der Welt"[216] weiterhin unerfüllt läßt: wie nämlich die Kausalität aus Freiheit möglich und ihre Wirksamkeit in der Sinnenwelt zu begreifen sei. Das Problem der mentalen Verursachung also.

Aber verlangt denn eine Kritik des Naturalismus, wie sie unser Ziel war, überdies noch, über eine Theorie der Gesamtwirklichkeit zu verfügen, in der alle Fragen gelöst sind? Allerdings verdient jeder Versuch in dieser Richtung, schon weil er unserem Vernunftbedürfnis entspricht, aufmerksames Interesse. Wie weit ich mich ihm jedoch anschließen kann, hängt davon ab, daß erstens geklärt ist, ob ihm ein zumindest nicht weniger gesicherter theoretischer Status zukommt als dem naturwissenschaftlichen Wissen einerseits und den Resultaten der transzendentalen Reflexion andererseits und daß zweitens und vor allem das Phänomen der Freiheit, wie es sich in der Erste-Person-Perspektive zeigte, durch den es einbergenden Entwurf nicht verkürzt oder verfehlt wird.

215 Vgl. o. bei Anm. 153 und 158–161.
216 Vgl. zum folgenden *J. Habermas*, Freiheit und Determinismus (Anm. 145), 167.

Menschliche Freiheit und Einheit der Wirklichkeit

Um wenigstens, was damit gemeint ist, noch anzudeuten, möchte ich, ohne zu sehr ins einzelne zu gehen, noch auf vier Entwürfe verweisen, die den Diskussionsstand weiterzubringen versuchen. So etwa hält namentlich *Jürgen Habermas*[217], dessen Phänomenologie der starken Willensfreiheit ich weitgehend aufnehmen konnte, an dem epistemischen Dualismus der Erklärungsperspektiven, die wir der Welt auferlegen, als „für uns nichthintergehbar" nachdrücklich fest (171), versucht ihn aber durch einen „weichen Naturalismus", d. h. durch eine „monistische Sicht der natürlichen Evolution" aufzufangen (157), deren Ontologie so etwas wie eine „Interaktion von Natur und Geist" zuläßt (171) und deshalb in zwei Fragen weiterzuführen verspricht. Zum einen möchte Habermas die Entstehung dieses Dualismus selbst „aus einem evolutionären Lernprozess", näherhin „aus der Vergesellschaftung der Kognition aufeinander angewiesener Artgenossen" plausibel machen (171f) und dabei die „detranszendentalisierte" kantische Erkenntnistheorie mit *Darwins* Lehren zu einer Gesamtsicht verbinden, in der die Kontinuität der Naturgeschichte und mit ihr auch die „Einheit eines Universums, dem die Menschen als Naturwesen angehören", gewahrt ist (171). Zum anderen möchte er das leidige Problem der mentalen Verursachung durch eine komplexere Konzeption der „Wechselwirkung zwischen individuellen Gehirnen und kulturellen Programmen" (172) – „zwischen einem Gehirn [also], das den Geist determiniert, und einem Geist, der das Gehirn programmiert" (157) – überwinden. Grundlegend für beides ist, daß sich die Beobachter- und die Teilnehmerperspektive in jedem an der Kommunikation Beteiligten komplementär verschränken und diese Verschränkung „gleichzeitig mit der kulturellen Lebensform selbst entstanden ist" (175) und daß es eine „Programmierung des Gehirns durch den objektiven Geist" gibt, der „nur dank seiner Verkörperung in akustisch oder optisch wahrnehmbaren materiellen Zeichensubstraten, also in beobachtbaren Handlungen und kommunikativen Äußerungen, in symbolischen Gegenständen oder Artefakten" existiert (178ff) und es gerade so ermöglicht, daß durch die „Anbindung des subjektiven Geistes und seines natürlichen Substrats, des Gehirns", an dieses symbolisch gespeicherte kollektive Wissen die „sozialisierten Gehirne" entstehen, die zu Trägern der beschleunigten, vom gene-

217 Vgl. a. a. O. bes. 170–186 (Seitenangaben im Text).

tischen Mechanismus der natürlichen Evolution abgekoppelten Lernprozesse werden (177). Und wie der objektive Geist dabei einerseits aus der Interaktion der Gehirne hervorgegangen ist und sich reproduziert, so behauptet er andererseits gegenüber den einzelnen eine „relative Selbständigkeit“ und fordert mit seinen Geltungsansprüchen ihre Stellungnahme heraus (180).

Der kreative Entwurf, den Habermas im damit abgesteckten Rahmen unter Aufnahme der einschlägigen Humanwissenschaften skizziert, unterläuft verfestigte Fronten und verdient deshalb hohe Beachtung. Allerdings erhellt er nur den *genetischen* Aspekt des Selbst- und Freiheitsbewußtseins, jede weitere Subjektreflexion fällt der programmatischen „Detranszendentalisierung“ zum Opfer: kommt doch das Ich, in dessen Selbstbewußtsein sich gleichsam der Anschluß des individuellen Gehirns an kulturelle Programme reflektiert, „nur als Bestandteil eines Systems von Personalpronomina“ in Betracht, „ohne darin eine irgend privilegierte Stellung einzunehmen“, und ist somit durchaus (nur) als eine „soziale Konstruktion“, wenn auch nicht Illusion, zu verstehen. Da nämlich, so Habermas, „die sozialen Beziehungen, die Alter Ego mit dem Sprecher aufnimmt, Egos selbstreferentielle Beziehungen erst möglich machen, bilden die von Haus aus relationierten Bezugsinstanzen abhängige Variablen in einem übergreifenden Kommunikationssystem“ (185f). Wieder einmal wird so die (transzendentallogisch zu klärende) Subjektstellung des Ich gleichsam vom Kommunikationsparadigma absorbiert[218] und bleibt in einer Weise unterbestimmt, die m. E. auch Habermas‘ eigenen phänomenologischen Befund nicht mehr einholt.

Eine stark beeindruckende Phänomenologie der Freiheitserfahrung bietet *Dieter Henrich* in seinen Vorlesungen zum Thema „Denken und Selbstsein“[219]. Sie hat ihren Ort im Rahmen des „extrapolierenden Denkens“, das dem Subjekt, dessen ursprüngliches, invariantes Selbstbewußtsein Henrich – gegenläufig zu Habermas – als unhintergehbare Basis aller an es anschließenden Überlegungen gesichert sieht, offensteht für seine Verständigung über die eigene, aus sich selbst unbegreifbare Verfassung und seine mit ihr bewußt werdende Kontingenz, über seine Verbindung

218 In ähnliche Richtung zielt die Kritik von *K. Müller*, Der naturalisierte Mensch (Anm. 190), 13.

219 Vgl. zum folgenden *D. Henrich*, Denken und Selbstsein (Anm. 145), 249–365 (V. Einheit, Einzelnheit und Freiheit). Seitenangaben im Text.

mit einem vorauszusetzenden, in ihm gegenwärtigen, aber ihm gleichwohl entzogenen Grund und sein Verhältnis zu den anderen Subjekten bzw. Seienden in der Welt bis hin zum „Gedanken von einem Ganzen [...], in das Subjekte als solche einbegriffen sind" (259). Es ist eine „Selbstverständigung" der Subjektivität, „auf die sie ihrer Grundverfassung nach ausgeht" (255) und die durchgehend bewegt wird von der die Menschen in ihrem Wissen um sich bedrängenden Frage, „ob ihrem Leben eine Bewandtnis eignet, die nicht aus dem hervorgeht und in dem erschöpft ist, was sie leisten und was sie sich selbst und anderen bedeuten – ein Sinn also, der sowohl ihrer eigenen Einschätzung und Erfahrung als auch dem, was faktisch von ihnen bewirkt wird, noch vorausgeht" (263). Da nun aber unser Bewußtsein von Freiheit weder unmittelbar aus dem Sichwissen des Subjekts hervorgeht noch aus der im extrapolierenden Denken erreichbaren „formalen Ontologie" als „deren bloßes Resultat" herleitbar ist, sondern Freiheit ein Wirkliches darstellt, das nur „von innen" und nur von demjenigen gewußt werden kann, „der Grund hat, sich selbst als frei zu verstehen" (281ff), verlangt das Bedenken der Freiheit einen neuen, eigenen Anlauf: „Nur über die Umstände, aus denen die Selbstzuschreibung von Freiheit in den Subjekten selbst hervorgeht, lässt sich der Gedanke von Freiheit genauer bestimmen" (284). Dabei stellt Henrich von vornherein klar, daß sowohl die „universale Gültigkeit des Konsequenzprinzips" (demgemäß „das Eintreten aller Ereignisse durch vorausgehende Ereignisse festgelegt ist") als auch die „Wirklichkeit der Freiheit" weder streng beweisbar noch zu widerlegen sind und daß somit der Verdacht der Determination vermeintlich freier Akte „immer wieder aufs Neue" erhoben werden kann[220], aber in ebendem Maße zu einer bloß noch abstrakten Denkmöglichkeit wird, wie er in der „Analyse der Handlungssituationen und des Bewusstseins der Handelnden in ihnen" seinen Anhalt verliert und nicht mehr von diesen selbst her sich nahelegt (286–293). Also werden in einer Art „Ausschlussverfahren" exemplarische Situationen durchgespielt und der jeweils beanspruchte Freiheitssinn auf seine Kompatibilität mit dem Konsequenzprinzip hin geprüft. So zunächst der Bereich der „Generierung von Wissen", die zwar mit Freiheitsbewußtsein verbunden, aber zugleich so regelgeleitet und an Richtigkeit orientiert

220 Auch der „Durchgang durch einen Prozess der Überlegung", gesteht Henrich zu, könnte ja nur die besondere Art sein, „in der sich die allgemeine Bedingtheit aller Ereignisse in einigen Fällen vollzieht" (287).

ist, daß man sie nicht zwingend von der allgemeinen Determination ausschließen kann (296ff). Sodann der weite und eigentliche Problembereich des *Handelns* – und hier als erstes die „Wahl zwischen Zielen", die als vernünftiges Abwägen und Beurteilen wohl „Distanz zu den primären Handlungsimpulsen" voraussetzt, doch von der „Attraktionskraft" der Ziele (des „für mich Guten") abhängig bleibt und insofern durchaus in die Determiniertheit des Weltlaufs eingefügt sein könnte (299–305). Als zweites die Wahl der Mittel, die gerade als frei überlegte von der Einsicht determiniert ist. Als drittes die Entscheidung für den Grad der Bemühung, bei der eine Präferenzordnung des für mein Leben Wichtigen ins Spiel kommt und durch sie schon getroffene Entscheidungen maßgeblich werden (306–310). Beleuchtet werden viertens Handlungsziele, für deren Wahl ganz andere Gründe als ihre Attraktionskraft usw. sprechen. Aber selbst die Zuwendung zu dem, was „in sich" oder „objektiv wichtig" ist und mit dem, woran alle Menschen durch natürliches Interesse gebunden sind, in Kontrast steht, ist noch in bestimmten Dimensionen der Subjektivität des Engagierten, mit denen er sich als Formen seiner Entfaltung verbunden hat, begründet und diese Verwurzelung für die Entscheidung bestimmend, also ein anderer Freiheitssinn als bei der Zielwahl noch nicht erreicht (311–318). Erst beim *sittlichen Bewußtsein* tritt ein *starker* Freiheitssinn hervor: „bildet sich sittliches Verhalten [doch] als eine Verhaltens*art* aus, die eine Person wissentlich anstrebt und die zu dem gehören soll, was ihrem Leben eine Prägung gibt" (321). Vollzogen im Bewußtsein, daß es „mir aus mir selbst heraus aufgegeben" ist und mich in „Übereinstimmung mit dem Grund meines Lebens" hält, fordert es inhaltlich, in jeder Situation „dem, was aus der Grundnorm folgt, den Vorrang zu geben", auch wenn ihm eine überwiegende Attraktionskraft fehlt, so daß die Freiheit sich mit inkommensurablen Alternativen (nämlich der Grundnorm zu entsprechen oder sich ihr zu entziehen) konfrontiert sieht, mit ihrer Entscheidung zur „Ausrichtung des bewussten Lebens", dem ein Mensch durch ein Ausweichen vor ihr entgleiten müßte, in jedem Fall beiträgt und nunmehr als *Selbstbestimmung*, anders als das zwanglose Abwägen, im Selbstbewußtsein der Person der universalen Geltung des Konsequenzprinzips diametral entgegensteht, dem Determinationsverdacht also jeden Anhalt nimmt (324–337). Ist aber dieser angemessene Freiheitssinn erst einmal erhoben (und noch weiter bestimmt), dann ist sein Applikationsbereich auch auf den gesamten Bereich auszudehnen, in dem sich die Dynamik des bewußten Lebens entfaltet und jeweils ihre Richtung gewinnt, und somit damit zu rechnen, daß er auch bei jeder Vorzugswahl im Spiel ist und sich mit den meisten Handlungs- und erst recht Entscheidungssituationen verbindet, um ihnen Klarheit, Kontinuität und Konsistenz zu geben (340–350).

Es ist faszinierend mitzuvollziehen, wie Henrich in seinen ebenso präzisen wie behutsamen Beschreibungsgang so ziemlich alle relevanten Aspekte der aktuellen Debatten integriert. Mein Zögern beginnt erst, wo er seinen Gedanken, die das phänomenologische Resultat in die extrapolierenden Überlegungen zur Dynamik der sinnsuchenden Selbstverständigung einfügen, eine *monistische* Wendung gibt, über die freilich schon vorher entschieden war. Denn schon seine „Formalontologie" hatte den Gedanken von der Verbindung des einzelnen Subjekts (bestimmt als ein durch Selbstdifferenzierung sich Erhaltendes) mit seinem Grund (verstanden als „interne Ermöglichung" seiner Selbsttätigkeit und Selbstbestimmung) und den von „einem Ganzen, das Subjekte einschließt", in der Idee der *All-Einheit* zusammengeführt, in der die einzelnen impliziert, d. h. kraft ihrer zugleich mit ihr gesetzt sind und die als solche unter keiner weiteren Bedingung steht (256–262). Jetzt heißt es entsprechend, daß sich, „wohin dies Leben gelangt, weder als Freiheitstat noch auch als etwas verstehen [lässt], wozu es nur getrieben wird. Letztlich wird es nur von jener Einheit her verstanden werden können, aus der und in der jegliche Einzelnheit und somit auch die Subjekte hervorgehen" (364)[221]. Obwohl Henrich betont, „dass die Einzelnen durch das, was sie mit der alle umfassenden Einheit gemeinsam haben, überhaupt zu den selbständigen Einzelnen *werden*, die sie sind"[222], und insofern ihre radikale Abhängigkeit und ursprüngliche Selbständigkeit denselben Sachverhalt bilden (267f), will mir nicht einleuchten, wie ein starker Sinn der menschlichen Freiheit in einer All-Einheits-Konzeption noch gedacht werden kann.

---

221 Ähnlich hieß es an anderer Stelle: Der „Wahrheitsbezug, in den sich das bewußte Leben als solches einfügt, kann nur dadurch eintreten, daß es die Synthesis aller seiner Lebenstendenzen, die es zunächst als eigene Leistung zu vollziehen hat und erfährt, zuletzt als Vollzug eines Geschehens begreift und neu orientiert, in das alle seine eigenen Vollzüge einbegriffen sind": *D. Henrich*, Versuch über Fiktion und Wahrheit: *ders.*, Bewußtes Leben. Untersuchungen zum Verhältnis von Subjektivität und Metaphysik, Stuttgart 1999, 139–151, 148.

222 Dies zeige sich in der „Tendenz zu ebender *Selbstgenügsamkeit* [...], die das All-Eine als solches kraft seiner differenzenthobenen Ursprünglichkeit auszeichnet" (268).

Einen ähnlichen Vorbehalt hege ich auch vorerst noch gegenüber *Klaus Müllers* Beitrag zum Thema[223], der auf der Linie *Henrichs* weiterdenkt, aber auch an *Thomas Nagels* Panpsychismus anknüpft und dessen Affinität zur Naturphilosophie des frühen und mittleren *Schelling* mit Sympathie registriert. Nagel, anfänglich Vertreter eines strengen Physikalismus, war aus der Überzeugung von dessen Unverständlichkeit wie auch von den Aporien des Dualismus zur These von der irreduziblen Subjekt- und Bewußtseinsdimension in der Realität gekommen. Materie und Bewußtsein werden dabei in einem einheitlichen Grund so zusammengedacht, daß aller Natur „protopsychische Eigenschaften" zuzuschreiben sind (ähnlich wie Masse oder Ladung zu ihr gehören)[224]. Von hier aus stellt Müller überdies eine Verbindung zu dem nach seiner Diagnose schon seit Jahren sich abzeichnenden „panentheistic turn" her, zu dessen Vorbereitern er u. a. die Prozeßphilosophie und -theologie zählt und dem er ein erhebliches Lösungspotential für die Probleme der *mind-brain*-Debatte zutraut. Eine Diskussion darüber, die hier nicht zu führen ist, müßte natürlich auch Müllers Buch „Streit um Gott"[225] einbeziehen und vermutlich einige der Schlüsselfragen aufnehmen, die schon in den Ausführungen zu *Hegel* und *Schelling* im 5. Kapitel zur Sprache kamen.

Verdient ist gewiß auch die wachsende Aufmerksamkeit, welche die aristotelisch-thomistische *anima-forma-corporis*-Lehre neuerdings findet[226]: ist doch durch sie schon im Ansatz das neuralgische Problem der mentalen Verursachung ausgeschlossen. Überdies bietet sie eine wirkliche und aufgrund ihrer größeren Nähe zur biblischen (auch freiheitstheoretisch vertretbaren) Anthropologie auch willkommene Alternative bereits zu der Problem*exposition*, die bei den Physikalisten wie ihren Gegnern noch durchweg vom anthropologischen Dualismus *Descartes*' dominiert ist. Trotzdem kann ich auch diesem Ansatz aus drei Gründen nicht folgen. Zum einen, weil mir sein metaphysischer Rahmen und dessen Prämissen

---

223 Vgl. *K. Müller*, Der naturalisierte Mensch (Anm. 190); außerdem beziehe ich mich auf einen längeren, z.Zt. noch nicht publizierten Vortrag Müllers zu diesem Thema.

224 *Th. Nagel*, Der Panpsychismus: *ders.*, Letzte Fragen (Anm. 179), 251–267.

225 *K. Müller*, Streit um Gott. Politik, Poetik und Philosophie im Ringen um das wahre Gottesbild, Regensburg 2006.

226 Vgl. vor allem *T. Kläden*, Mit Leib und Seele … (Anm. 145), 51–165.301–343; ferner *A. Beckermann*, Biologie und Freiheit (Anm. 190), 115; *D. Perler*, Alter und neuer Naturalismus (Anm. 166), 21–32; *J. Quitterer*, Ist unser Selbst Illusion (Anm. 188), 90–95.

nicht mehr erschwinglich erscheinen. Zum anderen, weil erst noch zu diskutieren wäre, ob gegenüber *Thomas von Aquin*, der das aristotelische Denken im Sinne des christlichen Glaubens doch einschneidend modifizierte, die pantheisierenden arabischen Aristotelesausleger nicht doch die konsequenteren Aristoteliker waren. Für den philosophischen Ansatz des griechischen Gott-Denkens war es ja wesentlich, daß es (anders als der biblische Glaube) das wahrhaft Göttliche nur auf dem Wege des natürlichen Rückschlußverfahrens erreichte und ihm deshalb die Beziehung des göttlichen Grundes zur Welt auch fast nur als notwendige im Blick stand. Hinzu kam, daß es der griechischen Metaphysik fast nirgends gelang, sich völlig von der Voraussetzung einer ewig bestehenden (wenn auch formlosen) Materie zu lösen. Während nun in der *platonischen* Tradition die Jenseitigkeit (oder doch zumindest die Vorrangigkeit) der Ideen als der Urbilder der weltlichen Dinge herausgestellt und zunehmend auch die Transzendenz des Göttlichen herausgearbeitet wurde, macht es gerade die spezifische Wendung des *aristotelischen* Denkens aus, daß die Ideen gleichsam in das konkret Existierende eingesenkt und als bewegende Wesensformen der Dinge selbst aufgefaßt wurden. Und auf dieser Linie lag es durchaus (jedenfalls haben die arabischen Aristoteliker eben diese Konsequenz gezogen), daß auch das höchste und allgemeinste Wesen, nämlich das Göttliche als das Wesen aller Wesen (das alle Wesen denkende Wesen), eng mit der Materie verbunden wurde und schließlich sogar als das dem Universum selbst *immanente* Prinzip begriffen werden konnte: als die geistige Substanz, die letztlich bewegende Kraft und der nach einsehbarer Notwendigkeit sich verwirklichende *Grund* aller Dinge *in* allen Dingen. Und so ist es kein Zufall, daß – dritter Grund – wiederum der *Freiheitsbegriff* unterbestimmt bleibt – und dies nun auch noch bei Thomas; erst bei *Duns Scotus* kommt ein epochal neues, auch heute vertretbares Freiheitsverständnis zum Durchbruch. Wie nämlich in der gesamten Antike seit *Sokrates* der Wille an die Erkenntnis des Guten gebunden ist und es namentlich im teleologischen Denken des Aristoteles eigentlich nur eine Seins- und Handlungsfreiheit im Sinne der Freiheit von äußerer Nötigung gibt, die Wahlfreiheit aber nur die Mittel zum festliegenden Wesensziele betrifft, die sich in konkreter Situation der Überlegung anbieten und insofern in unserer Macht sind, so ist auch bei Thomas der Mensch durch sein Wesensziel determiniert, ja sogar seine Freiheit erst durch ihre Ausrichtung auf das *bonum universale* (und darin implizit auf die Wirklichkeit Gottes) *begründet*, aber eben deshalb auch auf die konkreten weltlichen Güter beschränkt. Erst bei Scotus ist der Wille die Grundkraft der Seele und seinem *Wesen* nach *Freiheit.* Die Vorstellungen des Verstandes aber gelten ihm lediglich als Gelegenheitsursachen für die Entscheidung des Willens, der allein durch sich selber bewegt wird und sich eben nicht nur bei der Auswahl von Wegen und Mitteln, sondern auch bei seiner *Ziel*wahl durch ursprüngliche *Selbstbestimmung* auszeichnet: Selbstbestimmung im strengen Sinne verstanden[227].

Dies alles verdiente noch weiteres Interesse. Doch breche ich, da das Gesagte für eine Kritik des Naturalismus vorerst wohl genügen kann[228], jetzt ab – und füge nur nochmals hinzu, daß mit meiner entschiedenen Option für eine im starken Sinn verstandene Freiheit[229], für ihre formale Unbe-

---

227 Zum Freiheitsverständnis in Antike, Mittelalter und Neuzeit vgl. *Th. Pröpper*, Art. Freiheit: NHThG 2, 66–95.

228 Damit, daß ich keine Lösung für die Frage der mentalen Verursachung habe, kann ich wohl leben. Denn transzendentale Reflexion kann zwar das Bedingungsgefüge, in dem der Freiheitsvollzug geschieht, klären, den Freiheitsbegriff bestimmen und dabei auch (wie wir sahen) einen Dualismus abwehren, aber nicht eigentlich die Möglichkeit dieses Vollzugs selbst und seiner Wirksamkeit begreifen. Wichtiger war mir, für die Freiheit als Prinzip überhaupt einzutreten. Daß dabei das Freiheitsphänomen nicht nur als Kriterium gegenüber dem Naturalismus, sondern auch als Verifikationsinstanz für die zuletzt skizzierten Gesamtentwürfe geltend gemacht wurde, erscheint mir umso legitimer, als diese – mag es sich nun um ein interdisziplinäres Konzept in evolutionstheoretischem Rahmen (Habermas), um „letzte Gedanken" (Henrich, Müller) oder auch um Metaphysik (Aristoteles und Thomas, vielleicht auch Nagel und Müller) handeln – keinen gesicherteren epistemischen Status als die Naturwissenschaft einerseits und die transzendentale Reflexion andererseits beanspruchen können. Namentlich Henrich hat für die Bewährung seines Denkangebots (im Bewußtsein seines „postulatorischen" Charakters) auch ausdrücklich auf die Erfahrungen im Lebensgang der unvertretbaren einzelnen Subjekte verwiesen. Im übrigen schließe auch ich, da sich das transzendentale Freiheitsdenken ja für die Theologie offenhält, eine Lösung unseres Leitproblems nicht aus, auch wenn wir sie nicht begreifen. Derartiges kann doch dem Glauben auch sonst widerfahren: beim Gedanken der *creatio ex nihilo* etwa, für den wir philosophisch Anhaltspunkte und Minimalbestimmungen eruieren und ihn insofern philosophisch vertreten, nicht aber philosophisch begründen oder gar positiv einsehen und spekulativ begreifen können (vgl. o. Kap. 6). In diesem letzten Punkt stimme ich mit *Fichtes* berühmter spöttischer Aussage über die Undenkbarkeit einer Schöpfung ganz überein, ohne jedoch seine Bewertung und Konsequenzen zu teilen.

229 Um es noch einmal zu erinnern: Der entscheidende Punkt für den starken Freiheitsbegriff liegt in dem Grenzgedanken, daß zwei Personen in restlos übereinstimmenden Situationen und unter völlig identischen Konditionen sich doch unterschiedlich entscheiden können, also keine auf eine bestimmte Entscheidung festgelegt ist.

dingtheit und die Ursprünglichkeit ihres Sichverhaltens natürlich keineswegs abgeschwächt oder gar geleugnet werden sollte, daß unsere Freiheit von vielfältigen realen Bedingungen abhängt: von Bedingungen, die sowohl Ermöglichung als auch Abhängigkeit und Begrenzung bedeuten, weil sie die Freiheit einerseits in ihrem Wirklichsein tragen, sie in die Aktualität ihres Selbstvollzugs vermitteln und ihren Aktionsraum eröffnen und andererseits ihren konkreten Spielraum ebenso einengen, ihr Entscheiden und Tun mitbestimmen und insofern auch von Fremdeinflüssen abhängig sein lassen. Oft gilt für dieselben Bedingungen beides zugleich: Mit denselben Systemen z. B., die wir als Ermöglichung unseres konkreten Freiseins etablieren, haben wir uns auch unter Verhältnisse begeben, durch die über uns schon verfügt ist und weiterhin verfügt wird. Es gibt Freiheit eben nicht anders, als daß sie die Bestimmtheit, in der sie sich findet, von sich aus bestimmt. Aber weder ist ihr spontan-aktueller Vollzug als solcher durch jene Bedingungen schon hervorgebracht oder im eigentlichen Sinne bewirkt oder verursacht, noch ihre Entscheidung durch sie immer schon festgelegt, noch unser Handeln und Verhalten ihnen schlechterdings unterworfen, denn wir können sie distanzieren und uns zu ihnen verhalten – verhalten jedenfalls dann und in ebendem Maße, wenn und wie sie uns bewußt sind. Diese Fähigkeit, uns zu verhalten, kann aber ihrerseits nicht durch die Bedingungen bewirkt sein, *zu* denen wir uns verhalten. Und wollte nun jemand sagen, dann seien es eben die anderen, uns unbekannten Faktoren, die unser bestimmtes Wählen und reales Verhalten beeinflußten oder gar determinierten – nun, dann würde das zwar grundsätzlich nicht widerlegbar und in beträchtlichem Maß sogar zutreffend sein, aber es wäre auch steril-unfruchtbar und rechthaberisch-abstrakt. Förderlicher und fairer wäre es jedenfalls, jene Faktoren dann auch zu erheben und zu benennen. Gegenüber allem, was dabei ans Licht gebracht werden könnte, würden wir uns aber wiederum – verhalten können. Wie man sieht, ist die Subjektstellung des Menschen auf keine Weise zu eliminieren. Eben deshalb bleibt ja auch die Anwendung und Verwertung wissenschaftlicher Resultate ein so eminent moralisches und gesellschaftliches Problem – ja nicht erst die Anwendung und Verwertung, sondern auch schon die ursprüngliche Ausrichtung der Forschung und ihr methodischer Ansatz, also die Entscheidung darüber, was man überhaupt suchen und finden will und was eben nicht. Wissenschaft ist in jedem Fall Praxis[230], mag der

230 Das ist eines der wichtigsten Resultate der wissenschaftstheoretischen Reflexion des

Wissenschaftsbetrieb selbst auch noch so bewußtlos verlaufen: menschliche Praxis, die als solche aufklärbar und vor allem: zu verantworten ist … Kurz: Die modernen Einsichten in die naturalen wie auch schon die psychischen, sozialen und historisch-gesellschaftlichen Bedingtheiten menschlicher Freiheit können das Bewußtsein der Freiheit und mit ihr der Verantwortung und Schuld solange nicht aufheben bzw. als illusionäre Selbsttäuschung erweisen, als man nicht übersieht, daß der Mensch zu diesen Bedingtheiten wenigstens in dem Maße, wie sie bewußt sind oder aufgeklärt werden, nochmals Stellung nehmen kann, ja Stellung nehmen muß und diese Stellungnahme nicht nur die ohnmächtige Widerspiegelung dessen ist, wovon wir ohnehin abhängig sind, sondern ihrerseits praktische Auswirkungen hat. Für den Umgang mit dem Bösen und seiner faktischen Wirksamkeit aber heißt das, daß es durch Zustimmung vermehrt oder durch engagierte Ablehnung eingedämmt werden kann. Würde diese personale Dimension völlig ausgeblendet, dann müßten die restlos erklärenden Theorien unseres Verhaltens auf ein grandioses Entschuldigungsunternehmen, auf eine „Entbösung des Bösen" (wie *Odo Marquard* das nannte[231]) hinauslaufen, bei der die Nacht- und Schattenseiten unserer Erfahrung und Geschichte irgendwelchen Alibisubjekten (den Strukturen, der Natur, der Vergangenheit) zugeschrieben werden und der Begriff der Schuld eigentlich aufgegeben werden müßte[232]. Wir können auf humane

---

20. Jahrhunderts. Vgl. *H. Peukert*, Wissenschaftstheorie – Handlungstheorie – Fundamentale Theologie. Analysen zu Ansatz und Status theologischer Theoriebildung, Düsseldorf 1976.

231 *O. Marquard*, Art. Malum I. Einführung und Überblick: HWP 5, 652–656, 655.

232 Daß mit derartigen Entlastungs- und ähnlichen Strategien im Grunde auch ein Leben in „Unverantwortlichkeit" versucht wird, beschreibt entlarvend genau *A. Camus*, Der Fall (rororo1044), Hamburg 1974, 68f: „Wir alle sind Sonderfälle, wir alle wollen aus irgendeinem Grund Berufung einlegen. Jeder verlangt um jeden Preis unschuldig zu sein, selbst wenn dafür Himmel und Erde angeklagt werden müssen […] Sagt man […] einem Verbrecher, sein Vergehen sei […] auf unglückliche Umstände zurückzuführen, so bezeigt er überwältigende Dankbarkeit. Während des Plädoyers wird er sogar diesen Augenblick wählen, um heiße Tränen zu vergießen […] Hauptsache ist [allen], daß sie für unschuldig befunden werden, daß ihre Tugenden ihnen in die Wiege gelegt wurden und deshalb nicht in Zweifel gezogen werden können, während ihre Fehler nur einem vorübergehenden Unglück zuzuschreiben sind und deshalb keine Dauer besitzen. Ich habe es Ihnen ja gesagt: es kommt vor allem darauf an, dem Urteil zu entgehen. Da dies schwierig ist, […] suchen sie alle reich zu werden. Warum? Haben Sie sich das schon gefragt? Natürlich der Macht wegen. Aber in erster Linie, weil der Reichtum einen dem sofortigen Urteil entzieht, einen aus dem Gedränge der Untergrundbahn herauslöst und

Weise gar nicht anders zusammenleben, als daß wir uns gegenseitig als Personen anerkennen, also uns selbst und einander Verantwortung unterstellen (und so tun wir es ja auch alltäglich, unvermeidlich, praktisch setzen wir ständig Freiheit voraus). Für das Strafrecht z. B. bedeutete es allerdings eine wesentliche Humanisierung, nach den Konditionen der Zurechenbarkeit des Täters zu fragen. Eine *alles* verstehende, alles entschuldigende Sicht des Menschen aber wäre nur noch scheinbar human, denn sie nähme ihn als Mensch nicht mehr ernst. Ebensowenig können wir alle Menschen als *therapeutische* Fälle betrachten, ganz abgesehen von der Frage, mit welchem Recht wir uns dann eigentlich selber für Ausnahmen halten, und abgesehen auch von dem Problem, daß dann doch wenigstens die Ziele der Therapie moralischen Kriterien unterstünden[233] ... Würde die Kategorie der Schuld als Kategorie persönlicher Verantwortung tatsächlich eliminiert, dann wäre auch der Mensch selber zur Sache, zum bloßen Objekt degradiert[234].

---

in einen verchromten Wagen einschließt, einen in großen bewachten Parks, in Schlafwagen und Luxuskabinen absondert. Der Reichtum, verehrter Freund, ist noch nicht der Freispruch, wohl aber der immerhin nicht zu verachtende Aufschub".

233 Aus der Determiniertheit des unbewußten wie alles bewußten Verhaltens hat *Wolf Singer* folgende „Konsequenzen für die Beurteilung von Fehlverhalten" gezogen: „Die Gesellschaft darf nicht davon ablassen, Verhalten zu bewerten. Sie muss natürlich weiterhin versuchen, durch Erziehung, Belohnung und Sanktionen Entscheidungsprozesse so zu beeinflussen, dass unerwünschte Entscheidungen unwahrscheinlicher werden, sie muss Deliquenten die Chance einräumen, durch Lernen zu angepassteren Entscheidungen zu finden und – wenn all dies erfolglos bleibt, sich durch Freiheitsentzug schützen. Nur die Argumentationslinie wäre eine andere. Sie [...] ersetzte die konfliktträchtige Zuschreibung graduierter ‚Freiheit' und Verantwortlichkeit durch bewusste und unbewusste Prozesse und eröffnete damit einen vorurteilsloseren Raum zur Beurteilung und Bewertung von ‚normalem' und ‚abweichendem' Verhalten [...] Die Person als ganze würde nach wie vor für all das zur Rechenschaft gezogen, was sie fühlt, denkt und tut [...] Diese Sichtweise trüge der trivialen Erkenntnis Rechnung, dass eine Person tat, was sie tat, weil sie im fraglichen Augenblick nicht anders konnte – denn sonst hatte sie anders gehandelt" (Selbsterfahrung [Anm. 173], 159). Ist dies wirklich eine „humanere Betrachtungsweise", wie Singer meint, oder nicht eher Zynismus? Werden sich die Wissenden im Verbund mit den Mächtigen nicht zu Herrschern über die Masse der bloß empfindungsgesteuerten Menschen aufschwingen? Und was hindert, daß sich ein kriterienlos, im besten Fall noch nach „pragmatischen Regelwerken" funktionierender, Abweichler therapierender und Anpassung erzwingender Überwachungs- und Fürsorgestaat etabliert?

234 Vgl. *W. Kasper*, Negativität und Böses II–V: CGG 9, 176–201, 183.

Zu Nietzsches Destruktion des Subjekts

Thema unseres erneuten Blicks auf die Philosophie *Friedrich Nietzsches* ist dessen Kritik des Subjekts – genauer gesagt: seine Kritik der theoretischen und der praktischen Vernunft, also seine Erkenntnis-, Sprach-, Moral- und Religionskritik, sofern sie in der Destruktion der Ich-Gewißheit zu einer „regulativen Fiktion" ihren Angelpunkt haben, in ihr kulminieren, aber in gewissem Sinn auch auf ihr schon basieren[235]. Dabei soll die Kritik der *theoretischen* Vernunft, wie sie ausgeprägt in Nietzsches Spätwerk und seinem reichen fragmentarischen Nachlaß hervortritt, diesmal im Vordergrund stehen und von ihr aus zur Kritik der praktischen Vernunft nur noch einiges vorgebracht werden, was die Ausführungen unseres früheren Abschnitts, die ja primär das funktional-genealogische Vorgehen von Nietzsches Moral- und Christentumskritik betrafen, noch etwas abrunden, vielleicht auch vertiefen kann. Daß so viel Aufmerksamkeit für Nietzsche nun keineswegs auf ein mit verspätetem theologischem Eifer geführtes philosophisches Nachhutgefecht hinauslaufen muß, ist – abgesehen vom Ge-

235 Die folgenden Ausführungen basieren im wesentlichen auf dem Primärstudium der Quellen sowie auf *M. Striet*, Das Ich im Sturz der Realität. Philosophisch-theologische Studien zu einer Theorie des Subjekts in Auseinandersetzung mit der Spätphilosophie Friedrich Nietzsches (ratio fidei 1), Regensburg 1998. Ich nenne diese theologisch wie philosophisch bedeutende Untersuchung vor allen anderen Titeln der kaum noch überschaubaren Nietzsche-Literatur, weil ich ihren Interpretationsansatz teile, ihre entsprechenden Ergebnisse übernehme und ihre Disposition auch meinen Darstellungsgang angeregt hat. Hinzu kommt, daß sie alle für das Thema relevanten Nietzsche-Arbeiten bis 1997 überzeugend berücksichtigt hat. Von den weiteren Arbeiten, die ich für das spezielle Thema dieses Abschnitts herangezogen habe, möchte ich nennen: *G. Abel*, Die Dynamik der Willen zur Macht und die ewige Wiederkehr, Berlin/New York 1984; *V. Gerhardt*, Pathos und Distanz. Studien zur Philosophie Friedrich Nietzsches, Stuttgart 1988; *J. Habermas*, Nachwort: *ders.* (Hg.), F. Nietzsche. Erkenntnistheoretische Schriften, Frankfurt 1968, 235–259; *D. Henke*, Gott und Grammatik. Nietzsches Kritik der Religion, Pfullingen 1981; *B. Himmelmann*, Freiheit und Selbstbestimmung. Zu Nietzsches Philosophie der Subjektivität, Freiburg/München 1996; *F. Kaulbach*, Philosophie des Perspektivismus. 1. Teil: Wahrheit und Perspektive bei Kant, Hegel und Nietzsche, Tübingen 1990; *K. Löwith*, Gott, Mensch und Welt in der Metaphysik von Descartes bis zu Nietzsche, Göttingen 1967; *ders.*, Nietzsches Philosophie der ewigen Wiederkehr des Gleichen, Hamburg ³1978; *W. Müller-Lauter*, Nietzsche. Seine Philosophie der Gegensätze und die Gegensätze seiner Philosophie, Berlin/New York 1971; *J. Simon* (Hg.), Nietzsche und die philosophische Tradition. 2 Bde., Würzburg 1985; *K.-H. Volkmann-Schluck*, Leben und Denken. Interpretationen zur Philosophie Nietzsches, Frankfurt 1968. – Zu meiner Zitation Nietzsches s. o. Anm. 57.

wicht der dabei nach wie vor anstehenden Sachfragen – schon durch die hohe Aktualität garantiert, die Nietzsches Denken in den letzten Jahrzehnten gewonnen hat und die man noch in den 70er Jahren des vergangenen Jahrhunderts nur erst zu ahnen begann: sind doch, wie *Manfred Frank* resümiert, Nietzsches „theoretische[r] Weichenstellung [...] – so phantasievoll ihre verschiedenen Besetzungen auch sein mögen – alle neueren Ansätze zu einer Dekonstruktion von Subjektivität – von Heidegger bis Foucault – verpflichtet“[236]. Auch *Jürgen Habermas* hat in „Der philosophische Diskurs der Moderne“ dem Nietzsche-Kapitel eine Schlüsselstellung zugewiesen und ihm den Titel gegeben „Eintritt in die Postmoderne: Nietzsche als Drehscheibe“[237]. Nun wird es in vielen Fällen – und gerade auch, wie ich meine, in diesem – gewiß am weitesten führen, *vor* den späteren Varianten oder Kopien das ursprüngliche Original zu studieren. Gleichwohl sind im folgenden implizit auch alle Theorieansätze präsent, die den „Tod des Subjekts“, die Erosion seiner moralischen Kompetenz und seines Bewußtseins der eigenen Freiheit wenn nicht affirmativ, so doch alternativlos nur registrieren und damit die theologische Vermittlungsarbeit mühsamer werden lassen oder ihr gar den Boden entziehen.

Nietzsches Vernunft- und Subjektkritik im Anschluß an die „Herausforderung des Naturalismus“ zu behandeln, legt sich nahe, weil diese Kritik nur über Nietzsches Lehre von den Willen-zur-Macht zugänglich wird und in diesem Sinne ebenfalls naturalistisch genannt werden kann. Ihr entscheidender Unterschied zu den bisher behandelten naturalistischen Positionen liegt freilich darin, daß sie sich ebensosehr in die von *Kant* inaugurierte Geschichte der Vernunftkritik einordnen und sich auf ihrer Linie auch erschließen läßt, ja sich selbst als durchgeführte Vernunftkritik in ihr positioniert und dabei auch methodisch durchaus auf den Bahnen der kritischen Selbstprüfung der Vernunft operiert, indem sie ihre Argumentationen nämlich gezielt an die Desiderate und Begründungsdefizite der Kantischen Vernunftkritik anschließt: insbesondere und grundlegend an den ungeklärten Status des „Ich-denke“ der synthetischen Einheit der Apperzeption, die von Kant selbst als „der höchste Punkt“ benannt worden war, „an dem man allen Verstandesgebrauch, selbst die ganze Logik, und, nach ihr, die Transzendental-Phi-

236 *M. Frank*, Die Unhintergehbarkeit von Individualität. Reflexionen über Subjekt, Person und Individuum aus Anlaß ihrer ‚postmodernen‘ Toterklärung, Frankfurt 1986, 9f.
237 *J. Habermas*, Der philosophische Diskurs der Moderne, Frankfurt 1985, 104–129.

losophie heften muß"[238]. Auf dieses und die weiteren Einfallstore für Nietzsches radikalisierende Fortschreibung der Kantischen Kritik kommen wir noch zu sprechen – es sind aber dieselben neuralgischen Probleme, die schon das Zentrum der unmittelbar nachkantischen Diskussionen (*Jacobi*, *Schulze*, *Maimon*, *Reinhold*, *Fichte*) bildeten und die namentlich Fichte dazu trieben, die (bis heute aktuelle) Weiterbildung der Transzendentalphilosophie zu eröffnen, wohingegen Nietzsches Transformation der Kantischen Kritik die diametral entgegengesetzte Richtung einschlägt, die Intentionen Kants hinter sich läßt, ja die kritische Selbstreflexion des Denkens nun gegen das für Kant und seine Nachfolger ursprüngliche Prinzip des menschlichen Wissens und Handelns selbst richtet und Kants (von Nietzsche als nihilistisch diagnostizierten) „Glauben an die Vernunft" durch die Verabschiedung des Ich in seiner Subjektfunktion zu überwinden versucht. In der Tat radikalisiert Nietzsche – um dies vorweg zu sagen – „Kants Philosophie dahingehend, daß er den faktisch vorliegenden Begriff der Wirklichkeit […] nicht mehr als Synthesisleistung eines in dieser Leistung sich vollziehenden Ich interpretiert", sondern gemäß seiner Auffassung der Gesamtwirklichkeit als „eines ich- und subjektlosen Geschehens" – des Geschehens „der Willen-zur-Macht" – die Idee des Ich als realitätslose Fiktion und seine angeblichen Vollzugsformen als „Erscheinungsphänomene zweiten Grades" zu durchschauen beansprucht[239]. Daß seine hellsichtige, wenn im Ergebnis auch konterkarierende, aber die eigene Kritik doch vermittelnde Einlassung auf die philosophische Tradition und namentlich auf Kant, seine (wie es *Fichte* wohl ausgedrückt hätte) Ausspielung des Buchstabens gegen den Geist der Kantischen Philosophie den argumentativen Anspruch und Rang seiner eigenen Vernunft- und Subjektkritik (verglichen mit den schon erörterten naturalistischen Reduktionismen) deutlich erhöht und damit natürlich auch die „Herausforderung" für jede, insonderheit aber eine dem Freiheitsprinzip verpflichtete Theologie erheblich verschärft, liegt auf der Hand. Was theologisch auf dem Spiel steht, hat Nietzsche selbst klargemacht. Seine zahlreichen ätzenden Verdikte lassen ja keinen Zweifel daran, daß seine Kritik an Kants halber, nur „Grenzen setzender" Kritik auf den hinterlistigen Theologen in Kant zielte und darum präzise seinen fortgesetzten Versuch, „ein Jenseits der Vernunft nach Belieben anzusetzen"[240] und erneut „jede Art

238 KrV B 134.
239 *M. Striet*, Das Ich (Anm. 235), 14f.
240 NF 1885–1887: KSA 12, 443.

Schleichwege" zu theologischen „Hinterwelten" zu öffnen, ins Visier gefaßt hatte[241]. Dies gegen alle, die Nietzsche, sei es naiv-direkt oder versteckter sublim, für Glaube und Theologie zu vereinnahmen suchen: Sie müssen wissen, daß Nietzsches Philosophie ohne die Akzeptation seiner Subjektkritik (samt ihrer Folgen) eindeutig nicht zu haben ist.

Fassen wir also, um den Zugang zu Nietzsches Vernunft- und Subjektkritik zu finden, zunächst seine Lehre vom Willen-zur-Macht-Geschehen ins Auge. Denn in der Tat präsentiert sich sein Verständnis der Gesamtwirklichkeit als einer „Welt, deren Essenz Wille zur Macht ist"[242] und die – genauer noch – als „bestimmte Größe von Kraft und als bestimmte Zahl von Kraftcentren" anzusetzen ist[243], als Resultat einer Vernunftkritik, deren Zielrichtung sie zugleich von Anfang an vorgibt – eine eigentümliche Zirkularität, die allerdings noch kein prinzipieller Einwand gegen Nietzsches kritisches Unternehmen sein muß. Entscheidend ist vielmehr, ob dieser Zirkel sich durch seine heuristische Leistung – für uns bei der Erschließung von Nietzsches Denken und für Nietzsche beim Aufspüren von Desideraten und Problemen – bewährt und womöglich sogar Argumentations- oder Lösungspotential für die sich dabei zeigenden Fragen birgt oder aufschließt. Darauf wird zu achten sein. Jedenfalls besteht Einmütigkeit in der Forschung, daß die Überzeugung von der „Realität des Werdens als *einzige[r]* Realität" sowie vom „Streben nach Macht" und „nach Mehr von Macht" als Grundcharakter des Lebens und der Wirklichkeit überhaupt[244] sich präjudizierend in allen Etappen von Nietzsches Philosophie durchhält, so daß für ihn die vordringlichere Frage stets war, „wie [überhaupt] die Illusion des Seienden hat entstehen können"[245]. Historisch betrachtet, markiert Nietzsches Auffassung von der Steigerung und permanenten Summierung

241 Vgl. a. a. O. 264; NF 1887–1889: KSA 13, 48. Zur Verdeutlichung auch Götzen-Dämmerung (Wie die „wahre Welt" endlich zur Fabel wurde): KSA 6, 80: „Die wahre Welt, unerreichbar, unbeweisbar, unversprechbar, aber schon als gedacht ein Trost, eine Verpflichtung, ein Imperativ. (Die alte Sonne im Grunde, aber durch Nebel und Skepsis hindurch; die Idee sublim geworden, bleich, nordisch, königsbergisch.)".

242 Jenseits von Gut und Böse 186: KSA 5, 107.

243 NF 1887–1889: KSA 13, 376.

244 A. a. O. 48.262. Vgl. ebd.: Das „Leben als die uns bekannteste Form des Seins ist spezifisch ein Wille zur Accumulation der Kraft […]: nichts will sich erhalten, alles soll summirt und accumulirt werden".

245 A. a. O. 35.

von Macht als Grundmerkmal allen Lebens (und aller Realität) innerhalb der seit *Hobbes* aktuellen Diskussion um das Prinzip der „Selbsterhaltung" eine Extremposition: Mit *Spinoza* verbindet sie der monistische Ansatz und die Einsicht in das Anthropomorphe des Teleologieprinzips, mit *Leibniz* der dynamische Kraftbegriff und die Idee der Pluralisierung der Willen – letztere mit der entscheidenden Modifikation allerdings, daß die Willen-zur-Macht-Komplexe streng von der Kategorie der Relationalität her, also in ihrer Beziehung auf andere Willen-zur-Macht-Komplexe (vor allem in ihrem Angereiztsein durch sie) gedacht sind: als „complexe Gebilde von relativer Dauer des Lebens innerhalb des Werdens", resultierend jeweils aus „Willens-Punktationen, die beständig ihre Macht mehren oder verlieren", „Herrschafts-Gebilde" also: „die Sphäre des Beherrschenden fortwährend wachsend oder periodisch abnehmend, zunehmend"[246] und somit das Leben „eine dauernde Form von Prozeß der Kraftfeststellungen, wo die verschiedenen Kämpfenden ihrerseits ungleich wachsen [...] ‚Gehorchen' und ‚Befehlen' sind Formen des Kampfspiels"[247].

In einem späten, emphatisch zusammenschauenden Fragment, das auch schon die Lehre von der ewigen Wiederkehr einbezieht, sind die wesentlichen Züge der Willen-zur-Macht-Lehre vereint und weitere Implikationen beschlossen: „Diese Welt: ein Ungeheuer von Kraft, ohne Anfang, ohne Ende, eine feste, eherne Größe von Kraft, welche nicht größer, nicht kleiner wird, die sich nicht verbraucht sondern nur verwandelt [...], vom ‚Nichts' umschlossen als von seiner Gränze, [...] als bestimmte Kraft einem bestimmten Raum eingelegt, und nicht einem Raume, der irgendwo ‚leer' wäre, vielmehr als Kraft überall, als Spiel von Kräften und Kraftwellen zugleich Eins und ‚Vieles', hier sich häufend und zugleich dort sich mindernd, ein Meer in sich selber stürmender und fluthender Kräfte, ewig sich wandelnd, ewig zurücklaufend, mit ungeheuren Jahren der Wiederkehr, mit einer Ebbe und Fluth seiner Gestalten, aus den einfachsten in die vielfältigsten hinaustreibend [...], und dann wieder aus der Fülle heimkehrend zum Einfachen, aus dem Spiel der Widersprüche zurück bis zur Lust des Einklangs, sich selber bejahend noch in dieser Gleichheit seiner Bahnen und Jahre, sich selber segnend als das, was ewig wiederkommen muß, als ein Werden, das kein Sattwerden, keinen Überdruß, keine Müdigkeit kennt –: diese meine *dionysische* Welt des Ewig-sich-selber-Schaffens,

246 A. a. O. 36f.
247 NF 1884–1885: KSA 11, 560f.

des Ewig-sich-selber-Zerstörens, diese Geheimniß-Welt der doppelten Wollüste, dieß mein Jenseits von Gut und Böse, ohne Ziel, wenn nicht im Glück des Kreises ein Ziel liegt [...] – wollt ihr einen *Namen* für diese Welt? Eine *Lösung* für alle ihre Räthsel? [...] *Diese Welt ist der Wille zur Macht – und nichts außerdem*! Und auch ihr selber seid dieser Wille zur Macht – und nichts außerdem!"[248]

Unübersehbar ist zunächst der *antisubstantialistische* Willensbegriff: es gibt weder *den* Willen zur Macht im Sinne der einen Substanz noch viele Willen nach Art der Monaden, sondern immer nur die stets sich verändernden Herrschaftskonstellationen der aufeinander wirkenden und dabei aus sich selbst sich bewegenden Kraftzentren; „dauerhafte letzte Einheiten" könnten nur Projektionen des Ich-Glaubens und dabei „das Seiende" von uns erst „hineingelegt" sein[249]. Sodann ist bezeichnend und folgenreich, wie als Vollzugsform des Willen-zur-Macht-Geschehens ein *„fortwährendes Interpretiren"* angesetzt wird: „Der Wille zur Macht *interpretirt*: [...] er grenzt ab, bestimmt Grade, Machtverschiedenheiten. Bloße Machtverschiedenheiten könnten sich noch nicht als solche empfinden: es muß ein wachsen-wollendes Etwas da sein, das jedes andere wachsen-wollende Etwas auf seinen Werth hin interpretirt"[250]. Natürlich ist dieses interpretierende Etwas nicht als subjekthaft aufzufassen: „Man darf nicht fragen: ‚wer interpretirt denn?' sondern das Interpretiren selbst, als eine Form des Willens zur Macht, hat Dasein (aber nicht als ein ‚Sein', sondern als ein *Prozeß*, ein *Werden*) als ein Affekt"[251]. Ebenso ist klar, daß es bei diesem abschätzenden Interpretieren nicht etwa um das Verstehen anderer Menschen, das Auffinden von Wahrheiten oder auch nur die Feststellung von Tatsachen, sondern einzig um Bemächtigung geht: „In Wahrheit ist Interpretation ein Mittel [...], um Herr über etwas zu werden"[252]. Ein Wirkliches für sich (etwa im Sinne des Seienden selbst), das zu verstehen wäre oder aufgedeckt werden könnte, gibt es ja nicht einmal. Und was die Feststellung von Tatsachen betrifft: „nein", sagt Nietzsche, „gerade Thatsachen giebt es nicht, nur Interpretationen"[253].

Geradezu kategorisch profiliert Nietzsche schließlich die *antiteleologische* Spitze seiner Gesamtkonzeption. Sein Hauptargument: „Wenn die

248 A. a. O. 610f.
249 NF 1887–1889: KSA 13, 36.
250 NF 1885–1887: KSA 12, 139f.
251 A. a. O. 140.
252 Ebd.
253 A. a. O. 315.

Weltbewegung einen Zielzustand hätte, so müßte er erreicht sein" – vermutlich für Nietzsche schon deshalb erreicht, weil die prinzipiell begrenzte Anzahl der möglichen Willen-zur-Macht-Konstellationen in der unendlichen Zeit bereits durchgespielt worden sein müßte. Jedenfalls: „Das einzige Grundfaktum ist [...], daß sie *keinen* Zielzustand hat [...] Ich suche eine Weltconception, welche *dieser* Thatsache gerecht wird: das Werden soll erklärt werden, ohne zu solchen finalen Absichten Zuflucht zu nehmen"[254]. Vor allem aber, und hier liegt wohl Nietzsches tiefstes Motiv: „das Werden muß gerechtfertigt erscheinen in jedem Augenblick (oder *unabwerthbar*: was auf Eins hinausläuft); es darf absolut nicht das Gegenwärtige um eines Zukünftigen wegen oder das Vergangene um des Gegenwärtigen willen gerechtfertigt werden. Die ‚Nothwendigkeit' nicht in Gestalt einer übergreifenden, beherrschenden Gesammtgewalt, oder eines ersten Motors; noch weniger als nothwendig, um etwas Werthvolles zu bedingen. Dazu ist nöthig, ein Gesammtbewußtsein des Werdens, einen ‚Gott' zu leugnen", denn damit wäre „eine Summirung von Unlust und Unlogik [...] gesetzt, welche den Gesammtwerth des ‚Werdens' erniedrigen würde"[255]. Damit die pure Faktizität des Werdens ohne Abstrich gerechtfertigt sei, ist also das Teleologieprinzip auf ganzer Linie zu eliminieren – sei es, daß Menschen ihre selbstgesetzten Zwecke verfolgten, daß ein Gott die Welt mit einer Schöpfungsabsicht verbände oder auch die Welt und der endliche Geist Momente der Selbstwerdung des Absoluten darstellten. Noch mehr fehlt uns alles Recht, etwa unser „Stück Bewußtsein" als Zweck für das Gesamtphänomen Leben zu betrachten, denn „ersichtlich ist das Bewußtwerden nur ein Mittel mehr in der Entfaltung und Machterweiterung des Lebens. Deshalb ist es eine Naivetät, Lust oder Geistigkeit oder Sittlichkeit [...] als höchsten Werth anzusetzen: und vielleicht gar ‚die Welt' aus ihnen zu rechtfertigen"[256]. Ganz entsprechend und zudem auffallend heftig Nietzsches „*Grundeinwand* gegen alle philosophisch-moralischen Kosmo- und Theodiceen, gegen alle *Warum's* und *höchsten Werthe* in der bisherigen Philosophie": „*Eine Art der Mittel ist als Zweck mißverstanden worden: das Leben und seine Machtsteigerung wurde umgekehrt* zum *Mittel* erniedrigt"[257]. Und natürlich wird so auch der Begriff Verant-

254 NF 1887–1889: KSA 13, 34.
255 A. a. O. 34f.
256 NF 1885–1887: KSA 12, 533.
257 A. a. O. 533f.

wortung sinnlos, sei er auf einen Gott oder die Menschen bezogen. „*Niemand* ist dafür verantwortlich, dass er überhaupt da ist, dass er so und so beschaffen ist [...] Die Fatalität seines Wesens ist nicht herauszulösen aus der Fatalität alles dessen, was war und was sein wird. Er ist *nicht* die Folge einer eignen Absicht, eines Willens, eines Zwecks, mit ihm wird *nicht* der Versuch gemacht, ein ‚Ideal von Mensch' oder ein ‚Ideal von Glück' oder ein ‚Ideal von Moralität' zu erreichen [...] *Wir* haben den Begriff ‚Zweck' erfunden: in der Realität *fehlt* der Zweck ... Man ist nothwendig, man ist ein Stück Verhängniss, [...] es giebt Nichts, was unser Sein richten, messen, vergleichen, verurtheilen könnte, denn das hiesse das Ganze richten, messen, vergleichen, verurtheilen ... *Aber es giebt Nichts ausser dem Ganzen*!" Doch eben dies nun, daß „Niemand mehr verantwortlich gemacht wird, dass die Art des Seins nicht auf eine causa prima zurückgeführt werden darf, [...] *dies erst ist die grosse Befreiung*, – damit erst ist die *Unschuld* des Werdens wieder hergestellt ... Der Begriff ‚Gott' war bisher der grösste *Einwand* gegen das Dasein ... Wir leugnen Gott, wir leugnen die Verantwortlichkeit in Gott: *damit* erst erlösen wir die Welt"[258]. Man kann sich kaum des Eindrucks erwehren, daß Nietzsche, „weil für ihn die Nicht-Existenz Gottes fraglos" schon feststeht[259], geradezu *prinzipiell* „auf eine Interpretation der Welt" zielt, „die den Gottesgedanken überflüssig macht, ihn als Fiktion durchschaut"[260], und eben *deshalb* auch noch die Basis dieser Idee, die Selbstgewißheit des Ich, destruiert.

Es sind nun tatsächlich die *zentralen* offenen Probleme und Unausgewiesenheiten der „Kritik der reinen Vernunft", die Nietzsche treffsicher nutzt, um Kants Auskünfte und Lösungen durch Elemente der eigenen Weltsicht zu substituieren und so seine Fortschreibung der Vernunftkritik auf die gewünschten Bahnen zu lenken. Weichenstellend ist bereits, wie er die Frage, die Kant als Leitfrage der transzendentalen Analytik exponiert hatte, unterläuft – sei es doch, so Nietzsche, „endlich an der Zeit, die Kantische Frage ‚wie sind synthetische Urtheile a priori möglich?' durch eine andre Frage zu ersetzen ‚warum ist der Glaube an solche Urtheile *nöthig*?' – nämlich zu begreifen, dass zum Zweck der Erhaltung von Wesen unsrer Art solche Urt-

---

258 Götzen-Dämmerung (Die vier grossen Irrthümer 8): KSA 6, 96f.

259 *M. Theunissen*, Zur Hermeneutik des existentiellen Religionsdenkens: PhR 13 (1965) 264–287, 269.

260 Vgl. *M. Striet*, Das Ich (Anm. 235), 45.

heile als wahr *geglaubt* werden müssen; weshalb sie natürlich noch *falsche* Urtheile sein könnten! Oder, deutlicher geredet und grob und gründlich: synthetische Urtheile a priori sollten gar nicht ‚möglich sein' […] Nur ist allerdings der Glaube an ihre Wahrheit nöthig […], der in die Perspektiven-Optik des Lebens gehört"[261]. Indem Nietzsche der Frage nach der Möglichkeit synthetischer Urteile apriori die Frage nach dem funktionalen Wert solcher Urteile voranstellt und dadurch auch ihre von Kant vorausgesetzte Tatsächlichkeit wieder begründungsbedürftig werden läßt, werden nicht nur *Humes* Kritik am Dogmatismus der Gewöhnung und seine Skepsis gegenüber dem Kausalprinzip und allgemeingültigen Erkenntnissen überhaupt erneuert, sondern auch noch das von Kant für die Konstitution der Erkenntnis in Anschlag gebrachte Vermögen des Denkens grundsätzlichem Zweifel ausgesetzt und so die Vernunftkritik in die Richtung einer Genealogie des Denkens aus der Willen-zur-Macht-Prozessualität gedrängt. Ähnlich auswertbar zeigt sich Kants Sicherung der „Objektivität" der Erkenntnis aufgrund der Selbigkeit der Bedingungen der Möglichkeit der Erfahrung mit denen der möglichen Gegenstände der Erfahrung: ist dieses doch eine Erklärung, die sich mit einem formalen, negativen Wahrheitskriterium, der Minimalbedingung wahrer Erkenntnisse, begnügt und die inhaltliche Seite der wahrheitstheoretischen Problematik, sofern sie doch auch noch die Eignung des Verstandes und seiner Regeln für die Erfassung der *extramentalen* Wirklichkeit einschließen müßte, unbedacht läßt. War damit der (von Nietzsche ergriffenen) Möglichkeit, Kants „transzendentalen Idealismus" als Bewußtseinsimmanentismus zu decouvrieren *und* als solchen in Anspruch zu nehmen, nicht bereits Vorschub geleistet? Angreifbar vor allem aber bleibt Kants „transzendentale Deduktion" der objektiven Gültigkeit der Verstandesbegriffe, sofern sie die ursprünglich synthetische Einheit der Apperzeption als Basis beansprucht, dabei die durchgängige Identität des Ich in der Zeit präsumiert und entsprechend die Legitimation der kategorialen Synthesisleistungen aufgrund ihrer Funktion als realer Vollzugsformen und „transzendentaler Operationalisierungen"[262] dieser Identität des seiner selbst unmittelbar gewissen Ich des „Ich-denke" verbürgt sieht, zugleich aber in der Paralogismenlehre jede Erkenntnis eben dieses Ich (und nicht bloß seine Substanziierung durch *Descartes*) ausschließt und es damit erheblich erleichtert, daß von Nietzsche

261 Jenseits von Gut und Böse 11: KSA 5, 25f.

262 So *H. Krings*, Art. Logik, transzendentale: HWP 5, 462–482, 466f.

auch noch das seiner selbst gewisse Ich, der Herzpunkt kritischer Transzendentalphilosophie, zu einer bloß begrifflichen Synthesis, zu einer realitätslosen Fiktion an der Basis des gesamten für uns unentrinnbaren Fiktionssystems erklärt werden konnte.

Um die Reichweite der Veränderungen anzudeuten, zu denen Nietzsches Radikalisierung der Vernunftkritik auf der markierten Linie gelangt, möchte ich ihre Ausführung und charakteristischen Resultate an fünf Themen etwas beleuchten. Zunächst ist als grundlegend noch zu ergänzen, daß auch der prekäre erkenntnistheoretische Status des *„Dinges an sich"* einschließlich der von Kant gleichwohl festgehaltenen Möglichkeit eines Wissens *von etwas* (und der entsprechenden Differenz von wahrer und falscher Erkenntnis) Nietzsche Gelegenheit bietet, eine konsequent und ausschließlich im Wissen selber bleibende und deshalb die Differenz von wahr und falsch bzw. von Wahrheit und Schein einziehende Analyse des gesamten Wissens zu projektieren – und das heißt nun primär: auch noch den „Glauben" an die Möglichkeit einer *Selbstkritik* der Erkenntnis, wie sie Kant im Interesse der Freiheit und des Glaubens unternahm, aus der Perspektiven-Optik des Willen-zur-Macht-Geschehens zu begreifen und so das Programm einer kritischen Erkenntnistheorie prinzipiell in das einer funktional-genealogischen *Rückführung der Konstitution des Objektwissens auf die Notwendigkeit von Erhaltungs- und Steigerungsbedingungen des Lebewesens Mensch* zu transformieren. In diesem Rahmen gewinnen Nietzsches erkenntniskritischen Einzeltheoreme ihr spezifisches Profil. Sie betreffen den nunmehr rein bewußtseinsimmanenten Status des Dinges an sich, das funktionale Wesen der Erkenntnis und ihre Abhängigkeit von den Fiktionen der Logik, die das Wirkliche stets simplifizieren; desgleichen die Aufdeckung der (genau besehen) bloß empirischen Herkunft der Kategorien, die sich durch die „Nützlichkeit" ihrer schematisierenden Abstraktionen aber bewährten und sich endlich zu apriorischer Geltung verfestigen konnten; ferner und näherhin den anthropomorphen Ursprung namentlich der Kausalitätskategorie im Glauben an die Freiheit des menschlichen Willens, der das „Gefuhl der Causalität"[263], das dann auf alles Geschehen übertragen wird, ursprünglich generiert; schließlich die Rückführung auch noch der regulativen Vernunft – nach Kant das „Vermögen des Unbedingten" – auf die Steigerungslogik der Willen-zur-Macht-Prozesse.

---

263 NF 1882–1884: KSA 10, 652.

Zugleich verdient die konsequente Gründlichkeit Beachtung, mit der Nietzsche seine Vernunft- und Erkenntniskritik durch die Fokussierung auf die für allen Vernunftgebrauch konstitutive *Einheitsvorstellung* vertieft. Die logischen Prinzipien der Identität und des Widerspruchs wie auch die Substanzkategorie werden als bloße „Imperative" verdächtigt: „*nicht* zur Erkenntniß des Wahren, sondern zur Setzung und Zurechtmachung einer Welt, *die uns wahr heißen soll*"[264]. Entsprechend klar wird dann auch der „Glaube an Dinge"[265] und an „identische Fälle"[266], der die Anwendung dieser Prinzipien leitet, bestritten. Gilt aber die Logik „nur von fingirten Wahrheiten, die wir geschaffen haben [...], nach einem von uns gesetzten Seins-Schema die wirkliche Welt zu begreifen"[267], dann bleibt die Reichweite ihrer Geltung auch auf die Immanenz des Denkens beschränkt. Und was dabei den Ursprung der Einheitsvorstellung betrifft, so findet ihn Nietzsche im Vorurteil einer realen Identität des *Subjekts*: „Wir haben den Begriff der Einheit entlehnt von unserem ‚Ich'begriff, – unserem ältesten Glaubensartikel. Wenn wir uns nicht für Einheiten hielten, hätten wir nie den Begriff ‚Ding' gebildet"[268]. Damit ist weiterer Kritik die Richtung gewiesen: „Der *Substanz*begriff eine Folge des *Subjekts*begriffs: *nicht* umgekehrt!"[269] Aus den Grundsätzen der Logik werden „regulative Glaubensartikel"[270], die ihrerseits dem Ich, also (wie noch deutlicher werden soll) einer anderen „regulativen Fiktion" auferliegen, „mit deren Hülfe eine Art Beständigkeit, folglich ‚Erkennbarkeit' in eine Welt des Werdens [...] *hineingedichtet* wird"[271].

Als wichtige Besonderheit ist drittens das *sprachkritische Fundament* zu erwähnen, das Nietzsche seiner Vernunftkritik noch unterlegt, indem er – auf der Linie der romantischen Auffassung von der Sprachgebundenheit des Denkens (*Hamann*, *Herder*, *Humboldt*) – die „Nötigung" zum Glauben an die erkenntnisermöglichende Funktion der Logik und Kategorien in den grammatikalischen Strukturen der Sprache verankert: „wir

264 NF 1885–1887: KSA 12, 389. Vgl. zum folgenden auch *K.-H. Volkmann-Schluck*, Nietzsches Stellung zur überlieferten Metaphysik: *ders.*, Leben und Denken (Anm. 235), 64–114.
265 A. a. O. 390.
266 NF 1884–1885: KSA 11, 635.
267 NF 1885–1887: KSA 12, 391.
268 NF 1887–1889: KSA 13, 258.
269 NF 1885–1887: KSA 12, 465.
270 A. a. O. 266.
271 NF 1884–1885: KSA 11, 526.

glauben an die Vernunft [...], weil wir *nur* in der sprachlichen Form *denken* [...] Das vernünftige Denken ist ein Interpretiren nach einem Schema, welches wir nicht abwerfen können"[272]. Nicht abzuwerfen ist vor allem das Subjekt-Prädikat-Schema, das wiederum auf dem Glauben an das Subjekt (hier primär als wirkende Ursache verstanden) fußt und beständig zur Unterscheidung von Ursache und Wirkung, zur „Trennung des ‚Thuns' vom ‚Thuenden'"[273] zwingt. Und wie die Sprache derart als prägendes Medium unseres schematisierenden Interpretierens fungiert, so markiert sie zugleich auch dessen unentrinnbare Begrenztheit.

Unübersehbar ist viertens der definitive Bruch, den Nietzsches These, der Begriff der (auf kein „An sich" mehr beziehbaren) Wahrheit sei „widersinnig"[274], gegenüber der Tradition und namentlich Kant vollzieht. Der wesentliche Punkt ist, daß Kant (wie schon erwähnt) am leitenden Verständnis der Wahrheit als *adaequatio* noch festhielt, aber mit den bloß negativen Kriterien der Wahrheit empirischer Urteile, die sein Objektivitätsbegriff bot, doch keine Auskunft über eine „begründbare kategoriale Übereinstimmung von a priori konstituierter theoretischer Bewußtseinswirklichkeit und dem bewußtseinsexternen Geschehen" mehr gab[275], während Nietzsches entschiedener Pragmatismus die „Funktion" der auch von ihm nicht bestrittenen faktischen Apriorizität der Verstandes- und Vernunfttätigkeit darauf zurücknimmt, einen Schein von Regelmäßigkeit in die Wirklichkeit eines an sich unberechenbaren Geschehens hineinzulesen – und so die Differenz von wahren und falschen Urteilen revoziert. „Wir können nur eine Welt begreifen, die wir selber gemacht haben"[276]. Wahrheit – nun als vom „Willen der Überwältigung, der an sich kein Ende hat"[277], zu Schaffendes begriffen – ist eben „die Art von Irrthum, ohne welche eine bestimmte Art von lebendigen Wesen nicht leben könnte. Der Werth für das Leben entscheidet zuletzt"[278].

Ebenso einschneidend sind fünftens die Konsequenzen, die sich für das *philosophische Gottdenken* ergeben. Denn während die transzendentalgenetische Herleitung des dialektischen Scheins aus der Verfassung end-

272 NF 1885–1887: KSA 12, 193f.
273 A. a. O. 136.
274 NF 1887–1889: KSA 13, 303.
275 *M. Striet*, Das Ich (Anm. 235), 106.
276 NF 1884–1885: KSA 11, 138.
277 NF 1885–1887: KSA 12, 385.
278 NF 1884–1885: KSA 11, 506.

licher Vernunft, die Kant im Lehrstück vom „transzendentalen Ideal" unternimmt, allein die Erkenntnis der *Existenz* Gottes betrifft, sein *mögliches* Dasein aber offenläßt, ja die *Idee* Gottes für die Vernunft (auch in ihrem theoretischen Vollzug) sogar als notwendig begreift und überdies ihr Drängen, „zu dem bedingten Erkenntnisse des Verstandes das Unbedingte zu finden"[279], ihr Bedürfnis nach absoluter Begründung also, explizit würdigt, sucht Nietzsche auch den „Zwang" der Vernunft, Gott zu *denken*, noch aufzuklären, indem er ihn eben durch den in den Strukturen der Grammatik befestigten „Glauben" an die Vernunft „necessirt" sieht[280], der seinerseits aus der Grundfiktion des Ich und dem Glauben an dessen Willensfreiheit resultiert und in der Gottesidee – vom Selbsterhaltungstrieb dominiert – nur seine letzte Schlußfolgerung zieht: „Die ‚Vernunft' in der Sprache: oh was für eine alte betrügerische Weibsperson! Ich fürchte, wir werden Gott nicht los, weil wir noch an die Grammatik glauben …"[281]. Die Ironie am so erreichten „stupenden Begriff ‚Gott'" aber ist, daß er das Letzte mit dem Ersten vertauscht: „Das Letzte, Dünnste, Leerste wird als Erstes gesetzt, als Ursache an sich, als ens realissimum"[282] – für Nietzsche eindeutig ein Symptom für den Nihilismus des niedergehenden Lebens[283]. Kurz: Kants „Logik des Scheins" beim hypertrophen Gebrauch der Vernunft wird bei Nietzsche zur These vom notwendigen Schein der Vernunft überhaupt (einschließlich schon ihrer Gottes*idee*), die Kontingenzproblematik aber ersetzt durch einen Begriff der „Faktizität", die keiner Rechtfertigung, keiner Frage nach dem Warum, mehr bedürfen soll[284].

Blicken wir von hier aus auf Nietzsches Moral- und Christentumskritik, so zeigt sich, daß die dort befolgte funktional-genealogische Argumentationsstrategie durchaus von einer Kritik des Subjekts und seiner Willensfreiheit, auf welche die Kritik der theoretischen Vernunft ja zulief, flankiert

---

279 KrV B 364. Vgl. KrV B 650.

280 Vgl. zum Thema den alle wesentlichen Aspekte zusammenfassenden Abschn. 5 „Die ‚Vernunft' in der Philosophie" aus „Götzen-Dämmerung": KSA 6, 77f.

281 A. a. O. 78.

282 Götzen-Dämmerung (Die „Vernunft" in der Philosophie 4): KSA 6, 76.

283 Auf eine Einordnung der so diagnostizierten Metaphysik in die von Nietzsche rekonstruierte Geschichte des Nihilismus darf ich hier verzichten (s. aber o. Kap. 8.3 Anm. 105). Deutlich wird jedenfalls an der eben zitierten Stelle, daß die Metaphysik für Nietzsche mit Moral und Christentum darin übereinkommt, „Wille zum Nichts" oder „Wille zum Ende", also „nihilistischer Wille" zu sein, der gleichwohl auf seine Weise „zur Macht will" (vgl. Der Antichrist 9: KSA 6, 176).

284 Vgl. *M. Striet*, Das Ich (Anm. 235), 109ff.123ff.

wird. Und auch hier gelingt es Nietzsche spürsicher, wirkliche Desiderate der Freiheitslehre Kants als Einfallstor zu nutzen. Denn obwohl Kant die mögliche Identität von Freiheit (verstanden als Implikat und *ratio essendi* des Sittengesetzes) und Moralgesetz (verstanden als „das Selbstbewußtsein einer reinen praktischen Vernunft") durchaus noch erwog[285] und sogar der transzendentalen Freiheit als Wurzel der endlichen Vernunft überhaupt noch ansichtig wurde[286], blieb doch durch den bloßen Rekurs auf das Faktum unbedingter sittlicher Verpflichtung als „ratio cognoscendi der Freiheit"[287] die Begründungsvalenz des Freiheitsprinzips selbst noch ungenutzt, der Geltungsanspruch moralischen Sollens also letztlich unausgewiesen und erst recht die ursprüngliche Praktizität der Vernunft insgesamt, also auch der theoretischen, außer Betracht. Nietzsche brauchte nur die Realität der Freiheit in Zweifel zu ziehen, um zugleich die von Kant behauptete Tatsächlichkeit des einzigen Faktums der reinen praktischen Vernunft, seine Relevanz und normative Gültigkeit zu unterlaufen, den moralphilosophischen Diskurs in ein Jenseits von Gut und Böse zu transformieren und eine Weltsicht zu konzipieren, in der die Notwendigkeit der Willen-zur-Macht die einzige Geschehenslogik darstellt. Und dabei kommt nun, um die Vorstellung einer Kausalität aus Freiheit zu diskreditieren, neben bekannten ideologiekritischen Argumenten wie dem, der Begriff „freier Wille" sei „das anrüchigste Theologen-Kunststück [...] zum Zweck, die Menschheit in ihrem Sinne ‚verantwortlich' zu machen"[288], auch Nietzsches Kategorienkritik zum Zug. So bei der leitenden Kausalitätskategorie, die beständig „Thun und Leiden" sowie „alles Thun vom ‚Thäter'" unterscheidet[289] und so unter dem Zwang der Sprache und Grammatik auch die Fiktion der Willensfreiheit, der sie entstammt, ihrerseits stabilisiert und

285 Nach Kant weisen „Freiheit und unbedingtes praktisches Gesetz [...] wechselweise auf einander zurück. Ich frage hier nun nicht: ob sie auch in der Tat verschieden sein, und nicht vielmehr ein unbedingtes Gesetz bloß das Selbstbewußtsein einer reinen praktischen Vernunft, diese aber ganz einerlei mit dem positiven Begriffe der Freiheit sei" (KpV A 52).

286 Warum Kant dies nicht mehr ausgeführt hat, zeigt *H. Meyer*, Kants transzendentale Freiheitslehre (Anm. 148), 56ff. Immerhin heißt es bei Kant: „Der Begriff der Freiheit, so fern dessen Realität durch ein apodiktisches Gesetz der praktischen Vernunft bewiesen ist, macht nun den *Schlußstein* von dem ganzen Gebäude eines Systems der reinen, selbst der spekulativen, Vernunft aus" (KpV A 4).

287 KpV A 5.

288 Götzen-Dämmerung (Die vier grossen Irrthümer 7): KSA 6, 95.

289 NF 1885–1887: KSA 12, 249f.

verstärkt. Desgleichen beim Zweckgedanken und Handlungsbegriff, sofern Menschen nämlich gewisse Phänomene, wiederum unter dem Zwang der Vernunft und Grammatik, eben als Handlungen und d. h. so interpretieren, als stünden intentionale Willensbestimmungen dahinter: „zu gewissen Erscheinungen des Bewußtseins haben wir den Willen *hinzugedichtet*"[290]. Wie aber – diese Frage mußte ja auch Nietzsche sich stellen – konnte es zum *Bewußtsein* der Willensfreiheit und zum fundamentalen Subjektglauben, da doch beide Fiktionen sein sollen, überhaupt kommen? Nietzsches Antwort darauf ist funktional-psychologisch und basiert nun direkt auf der Willen-zur-Macht-Ontologie: „‚Freiheit des Willens' ist das ‚Überlegenheits-Gefühl des Befehlenden' in Hinsicht auf den Gehorchenden: ‚*ich* bin frei, und *Jener* muß *gehorchen*'"[291]. Und ergänzend an anderer Stelle: „Der ‚unfreie Wille' ist Mythologie: im wirklichen Leben handelt es sich nur um *starken* und *schwachen* Willen"[292]. Die Funktion des Subjektglaubens aber ist, daß die Schwachen ihre Handlungen moralisch aufwerten und sich zurechnen können: „Das Subjekt [...] ist vielleicht deshalb bis jetzt auf Erden der beste Glaubenssatz gewesen, weil er der Überzahl der Sterblichen, den Schwachen und Niedergedrückten jeder Art, jene sublime Selbstbetrügerei ermöglichte, die Schwäche selbst als Freiheit, ihr So- und So-sein als *Verdienst* auszulegen"[293].

Aber hat denn Nietzsche seine Kritik am Subjekt, das den zentralen Zielpunkt seiner Entlarvungsstrategien bildet, aber im Bisherigen als Fiktion nur erst verdächtigt wurde, nicht auch argumentativ präsentiert? Gegenüber zwei Referenzpositionen ist dies nun doch zu verfolgen. Zum einen erkennt Nietzsche die Unfähigkeit des Ich, seine Kontinuität in der Zeit zu verbürgen, als wesentliches Desiderat in *Descartes'* reflexiver Selbstvergewisserung des Ich. Deshalb richten sich seine Einwände nicht nur wieder gegen den Schluß vom angenommenen Faktum des Denkens auf das vorauszusetzende Ich, sondern mehr noch gegen die Bestimmung des Subjekt- mittels des (Kontinuität zusprechenden) Substanzbegriffs, die vom Glauben an den letzteren schon geleitet ist – so daß in Nietzsches Sicht, wie sich nun deutlich zeigt, der bereits aus dem Ichbegriff hergeleitete Substanzbegriff jenen verstärkt, also beide in einem vollständigen Fiktionssystem sich wechselseitig bedingen. Um so größer der Anlaß, überhaupt an jeglicher „Gewißheit [...] im Wis-

290 NF 1882–1884: KSA 10, 406.
291 NF 1884–1885: KSA 11, 127.
292 Jenseits von Gut und Böse 21: KSA 5, 36.
293 Zur Genealogie der Moral I, 13: KSA 5, 280f.

sen"[294] zu zweifeln – und zwar radikaler zu zweifeln, als es Descartes mit seiner noch praktisch-moralisch motivierten Suche nach Gewißheit und seinem Willen, „nicht betrogen [zu] werden"[295], vermochte. Zum anderen fügt sich (wie schon angedeutet) Nietzsches Subjektkritik genau in den durch Kants Paralogismenlehre markierten Problemstand. Denn gerade weil Kant jede über die transzendentale Funktionszuschreibung hinausgehende Bestimmung (und so auch jegliche Erkenntnis) des Ich unterband, konnte leicht – oder mußte womöglich sogar – auch noch das „Daß" des „Ich bin" als bloßes Scheinwissen verdächtigt werden. Eben dies hat Nietzsche auch schon im Blick auf Kant selber erwogen: „*Kant* wollte im Grunde beweisen, dass vom Subjekt aus das Subjekt nicht bewiesen werden könne, – das Objekt auch nicht: die Möglichkeit einer *Scheinexistenz* des Subjekts [...] mag ihm nicht immer fremd gewesen sein"[296]. Und so „liegt die eigentliche Herausforderung Nietzsches für eine Ich- und Subjektphilosophie bis heute darin, daß er ausgehend von der Faktizität des Denkens [...] den Begriff des Ich als [dessen] notwendiges Strukturmoment [...] denkt, aber eben zugleich insistiert, daß hier nur ein Begriff gedacht werde, ohne daß das Denken noch die Möglichkeit hätte, diesen Begriff auf die Frage hin zu bewähren, ob ihm eine außerbegriffliche Wirklichkeit entspricht oder nicht"[297]. Für Nietzsche gilt das Ich nurmehr „als regulative Fiktion, mit deren Hülfe [zwar] eine Art Beständigkeit [...] in eine Welt des Werdens hineingelegt" wird[298], die aber „nichts für eine reale Einheit"[299], nicht einmal die des Selbstbewußtseins, mehr verbürgt. Stattdessen nun eine Anthropologie, die – auf der Basis der Ontologie der Willen-zur-Macht – den als Subjekt theoretischer und praktischer Vernunftvollzüge verabschiedeten Menschen „in die Natur zurückübersetzt"[300]: seine stolze „kleine Vernunft" als „Werk- und Spielzeug" von der großen des Leibes gegängelt: „die sagt nicht Ich, aber thut Ich"[301]; sein Selbst eine organisierte Vielheit von Trieben und sein Leib ein „Gesellschaftsbau vieler Seelen"[302];

294 NF 1884–1885: KSA 11, 640.
295 A. a. O. 632.
296 Jenseits von Gut und Böse 54: KSA 5, 73.
297 *M. Striet*, Das Ich (Anm. 235), 195.
298 NF 1884–1885: KSA 11, 526.
299 NF 1887–1889: KSA 13, 258f.
300 Vgl. *M. Fleischer*, Der „Sinn der Erde" und die Entzauberung des Übermenschen. Eine Auseinandersetzung mit Nietzsche, Darmstadt 1993, 48f.
301 Also sprach Zarathustra I (Von den Verächtern des Leibes): KSA 4, 39.
302 Jenseits von Gut und Böse 19: KSA 5, 33.

seine Willensfreiheit der „Lust-Zustand des Wollenden, der befiehlt und sich zugleich mit dem Ausführenden als Eins setzt“[303], der Übergang also in einer „Mehrheit von Gefühlen“[304] und sein „Bewußtsein und Geist [...] nur ein Mittel und Werkzeug, vermöge [dessen] nicht ein Subjekt, sondern *ein Kampf sich erhalten will*“[305].

Mißt man Nietzsches Lehre an den Erfordernissen einer Subjekttheorie, so ist offenkundig, daß sie sich zwar in die Geschichte der Vernunftkritik mit ihrer ichphilosophischen Wendung einzuschreiben vermag, aber von Beginn an auf dem Weg transzendentaler Reflexion nicht weitergeht, sondern das Ich sogleich in die Objektstellung bringt, es als Fiktion, die aus einer bestimmten Willen-zur-Macht-Konstellation resultiert und eine regulative Funktion im Prozeß der Bemächtigung ausübt, zu erklären versucht, es damit aber seiner irreduziblen Ursprünglichkeit beraubt und deshalb eben an der Erklärung dieses Ich, sofern es wesentlich (mit *Fichte* gesprochen) die unauflösbar „doppelte Reihe des Seyns und des Zusehens“ ist[306], scheitern muß. Dem entspricht es genau, daß Nietzsches Philosophie den epistemischen Status ihres Wissens nicht ausweist und die unhintergehbare Stellung, die das Subjekt in ihm innehat, übergeht. Aber auch aus dem *Inhalt* seiner Lehre erwachsen Probleme. Welchen Geltungsanspruch kann sie, da sie Wahrheit als unentrinnbaren Schein, die Erkenntnis als pragmatischen Irrtum begreift und sie in die Pluralität konkurrierender perspektivischer Interpretationen aufhebt, für sich selbst noch erheben? Muß ihr Fiktionalismus nicht denselben Argumenten erliegen, die seit jeher den als Theorie sich ausgebenden Skeptizismus einholen? Zudem sind – nicht nur marginale – Widersprüche und Defizite im einzelnen zu bemerken: so vor allem der (zwischen Substanz- und Subjektbegriff sich bewegende) Zirkel bei der Erklärung der Einheitsfiktion; desgleichen der Zwiespalt, in den die durchaus mit Wertungen, sogar Aufforderungen verbundenen Diagnosen des Moralphänomens geraten: die subjekthafte Freiheit nämlich zu leugnen und sie trotzdem in Anspruch zu nehmen.

Am bewegendsten tritt dieser Nietzsches gesamtes Denken durchziehende Zwiespalt in seiner Lehre von der ewigen Wiederkehr hervor, die er

303 Ebd.
304 A. a. O. 32.
305 NF 1885–1887: KSA 12, 40.
306 Vgl. o. Anm. 189.

selbst seinen „abgründigsten Gedanken“ nannte und zur Überwindung des „lähmenden Umsonst“ der nihilistischen Verzweiflung aufbot, aber dabei in zwei wohl nicht zu trennenden, aber inhaltlich unterscheidbaren und gegenläufig akzentuierenden Fassungen vortrug[307]. Denn während die *ethische* oder auch *anthropologische* Fassung vom unbedingten Ja zur ewigen

307 Da die Wiederkunftslehre hier nicht unser eigentliches Thema ist, möchte ich zur Kennzeichnung beider Fassungen nur aus ein paar wichtigen Belegen zitieren. Zur *ethisch-anthropologischen* Fassung s. schon Die fröhliche Wissenschaft 276 (Zum neuen Jahre) und 341 (Das grösste Schwergewicht). Im ersten Aphorismus heißt es: „Ich will immer mehr lernen, das Nothwendige an den Dingen als das Schöne sehen: – so werde ich Einer von Denen sein, welche die Dinge schön machen. Amor fati: das sei von nun an meine Liebe! Ich will keinen Krieg gegen das Hässliche führen [...]: ich will irgendwann einmal nur noch ein Ja-sagender sein!“ (KSA 3, 521). Und im zweiten: „Wenn jener Gedanke [der ewigen Wiederkehr] über dich Gewalt bekäme, er würde dich, wie du bist, verwandeln und vielleicht zermalmen; die Frage bei Allem und Jedem ‚willst du diess noch einmal und noch unzählige Male?‘ würde als das grösste Schwergewicht auf deinem Handeln liegen! Oder wie müsstest du dir selber und dem Leben gut werden, um nach Nichts *mehr zu verlangen*, als nach dieser letzten ewigen Bestätigung und Besiegelung?“ (a. a. O. 570). Sodann Also sprach Zarathustra: „Und das ist all mein Dichten und Trachten, dass ich in Eins dichte und zusammentrage, was Bruchstück ist und Räthsel und grauser Zufall. / Und wie ertrüge ich es, Mensch zu sein, wenn der Mensch nicht auch Dichter und Räthselrather und der Erlöser des Zufalls wäre! / Die Vergangnen zu erlösen und alles ‚Es war‘ umzuschaffen in ein ‚So wollte ich es!‘ – das hiesse mir erst Erlösung!“ (Von der Erlösung: KSA 4, 179). „Muth aber ist der beste Todtschläger, Muth, der angreift: der schlägt noch den Tod todt, denn er spricht: ‚War *das* das Leben? Wohlan! Noch Ein Mal!‘“ (Vom Gesicht und Räthsel 1: a. a. O. 199). Ferner Jenseits von Gut und Böse 56: Hier zeichnet Nietzsche das „Ideal des übermüthigsten lebendigsten und weltbejahendsten Menschen, der sich nicht nur mit dem, was war und ist, abgefunden und vertragen gelernt hat, sondern es, *so wie es war und ist*, wieder haben will, in alle Ewigkeit hinaus, unersättlich da capo rufend, nicht nur zu sich, sondern zum ganzen Stücke und Schauspiele [...] Wie? Und dies wäre nicht – circulus vitiosus deus?“ (KSA 5, 75). Endlich NF 1887–1889: Nietzsches Philosophie will nicht beim nihilistischen Willen zum Nein stehen bleiben, sondern „vielmehr bis zum Umgekehrten hindurch – bis zu einem *dionysischen Jasagen* zur Welt, wie sie ist, ohne Abzug, Ausnahme und Auswahl – sie will den ewigen Kreislauf, – dieselben Dinge, dieselbe Logik und Unlogik der Knoten. Höchster Zustand, den ein Philosoph erreichen kann: dionysisch zum Dasein stehn –: meine Formel dafür ist amor fati ...“ (KSA 13, 492). – Eine ambitionierte theoretische Begründung der *kosmologischen* Fassung versucht u. a. ein Aphorismus in NF 1880–1882; das Beweisziel lautet, daß „sich alles Werden in der Wiederholung einer bestimmten Zahl vollkommen gleicher Zustände [bewegt]“ (KSA 9, 534). Am bekanntesten sind die dichterischen Ausgestaltungen des Gedankens in Also sprach Zarathustra: „Muss nicht, was laufen *kann* von allen Dingen, schon einmal diese Gasse gelaufen sein? Muss nicht, was geschehn *kann* von allen Dingen, schon einmal geschehn, gethan, vorübergelaufen sein? [...] Und sind nicht solchermaassen fest alle Dinge verknotet, dass dieser Augenblick *alle*

Wiederkehr aller Dinge und „zur Welt, wie sie ist, ohne Abzug, Ausnahme und Auswahl“, das „grösste Schwergewicht“ für jedes Handeln erwartet und mit ihm die Aussicht auf eine neuartige Erfahrung von Glück und vielleicht sogar Sinn in jedem Augenblick verbindet, aber dabei mit diesem ihrem Ideal des den ewigen Kreislauf der Dinge ertragenden, ja im „amor fati“ sogar dionysisch bejahenden Übermenschen noch immer eine transzendentale Freiheit voraussetzt und ihr eben die Affirmation des Notwendigen zumutet, verfolgt die komplementäre *kosmologische* Variante dieser Lehre – namentlich mit ihrer Vorstellung der unendlichen, aber kreisförmigen Zeit, in der die notwendige Folge der prinzipiell endlichen Anzahl der möglichen Willen-zur-Macht-Konstellationen geschieht, also schon immer wieder geschehen sein muß und sich endlos auch künftig „ohne Finale ins Nichts“ wiederholt – die eindeutige Absicht, eine die Realität menschlicher Freiheit definitiv exkludierende Weltsicht zu etablieren und diese zugleich, um den im Begriff Gottes gedachten unbedingten Grund alles Bedingten überflüssig zu machen, gegen die Einsprüche des Kontingenzbewußtseins abzuschirmen[308]. Aber wie nun ist das somit selber als notwendig gedachte und gleichwohl geforderte Wollen des Notwendigen überhaupt denkbar – und wie vollziehbar?[309]

Aber läßt es ein Denken vom Range Nietzsches denn zu, ihm seine Desiderate und Widersprüche, die logischen und performativen, aufzuzählen und dann mit frohem Gruß weiterzugehen? Immerhin war Nietzsche das Problem der Anwendung seiner Lehre auf sie selbst klar bewußt. Einen der eigenen Aphorismen beschließt er mit dem Selbsteinwurf: „Gesetzt,

kommenden Dinge nach sich zieht? *Also* – sich selber noch?“ (Vom Gesicht und Räthsel 2: KSA 4, 200). „Alles geht, Alles kommt zurück; ewig rollt das Rad des Seins. Alles stirbt, Alles blüht wieder auf, ewig läuft das Jahr des Seins. / Alles bricht, Alles wird neu gefügt; ewig baut sich das gleiche Haus des Seins. Alles scheidet, Alles grüsst sich wieder; ewig bleibt sich treu der Ring des Seins. / In jedem Nu beginnt das Sein; um jedes Hier rollt sich die Kugel Dort. Die Mitte ist überall. Krumm ist der Pfad der Ewigkeit“. „Siehe, wir wissen, was du lehrst: dass alle Dinge ewig wiederkehren und wir selber mit, und dass wir schon ewige Male dagewesen sind, und alle Dinge mit uns […] – so dass all diese Jahre sich selber gleich sind, im Grössten und auch im Kleinsten, – so dass wir selber in jedem grossen Jahre uns selber gleich sind, im Grössten und auch im Kleinsten“ (Der Genesende 2: a. a. O. 272f.276).

308 Diesen letzten Aspekt der Wiederkunftslehre hat besonders klar *M. Striet*, Das Ich (Anm. 235), 177–181 herausgestellt.

309 Diese Aporie arbeit schon *K. Löwith*, Nietzsches Philosophie (Anm. 235), 86–98.196–198 eindrucksvoll heraus.

dass auch dies nur Interpretation ist – und ihr werdet eifrig genug sein, dies einzuwenden? – nun, um so besser"[310]. Es ist die *Radikalität* des Zweifels, wie er selbst sie erfährt, die ihn gegen jede „dogmatische Leichtfertigkeit im Zweifel" mißtrauisch bleiben läßt: „Es muß besser gezweifelt werden als Descartes!"[311] In ähnlicher Absicht notiert er, ebenfalls auf Descartes gemünzt: „Mein Herr, [...] es ist unwahrscheinlich, dass Sie sich nicht irren: aber warum auch durchaus Wahrheit?"[312] Und den zerreißenden Zwiespalt der Wiederkunftslehre schließlich, das paradoxe Zugleich von *amor fati* und *Ego-Fatum*, hat Nietzsche bis zuletzt nicht gelöst, wohl aber ausgehalten, bis er verstummte. Wie also, wenn seine Destruktion des Subjekts gar keine Theorie im üblichen Sinne, sondern *sich vollziehender Zweifel* sein wollte – und eben dies ihm womöglich beschieden war?

Die Realität des freien Ich zu bezweifeln, bleibt allemal möglich. Solcher Zweifel kommt erst zum Stehen, wenn es sich zu sich selber entschließt und so dem ihm selbst eingezeichneten Seinsollen entspricht: mit sich *eins* ist. Und daß es nun in der konkreten Welt, der Welt des Werdens, auch Bestand haben, in ihr *sein* kann, weil (frei nach *Kant*) die Natur mit ihren besonderen, empirisch gefundenen Gesetzen ihm gleichsam den Gefallen tut, die allgemeinen Grundsätze seines reinen Verstandes zu spezifizieren – das kann wohl kaum nur Ergebnis seines bemächtigenden Interpretierens, sondern wenigstens ebenso gut ein Anlaß des Staunens sein, der sein Zutrauen zu sich stärkt.

Sensible Moralität, Übermacht der Entfremdung, Undeutlichwerden des Ethischen

Es läßt sich wohl kaum entflechten, wie weit und nachhaltig die besprochenen Denkrichtungen und Geistesströmungen die alltägliche Mentalität hinsichtlich des Schuld- und Verantwortungsbewußtseins beeinflußt haben und prägen oder ob umgekehrt dieses alltäglich gelebte Bewußtsein eher in jenen erst seine reflektierte Gestalt fand. Jedenfalls mußten wir in dem Maße, wie sie für ihre Problematisierung, wenn nicht Bestreitung des Schuld-,

310 Jenseits von Gut und Böse 22: KSA 5, 37.
311 NF 1884–1885: KSA 11, 641.
312 Jenseits von Gut und Böse 16: KSA 5, 30.

Verantwortungs- und Freiheitsbewußtseins ambitionierte theoretische Ansprüche erheben, uns auf eine ebenso entschiedene wie lern- und argumentationsbereite Erwiderung einlassen. Eine sich anschließende bedrängende Frage, aber ebenfalls heute kaum abzusehen ist es nun auch, wie sich die Einstellung zur Schuldthematik weiter entwickeln wird. Um wenigstens ein noch differenzierteres Bild der *gegenwärtigen* Situation zu gewinnen, läge es deshalb nahe, nun auch noch die *Stimmen der Literatur* wahrzunehmen, sofern gerade sie die Tendenzen und Wandlungen der Schulderfahrung authentisch artikulieren. Dennoch muß ich auf eine derartige Umschau oder gar „Bestandsaufnahme“, die über die Feststellung einiger dominierender Tendenzen hinausgehen könnte, hier leider aus zwei Gründen verzichten: zum einen, weil sie auf knappem Raum unvermeidlich sehr subjektiv und zufallsbestimmt ausfallen müßte und umso mehr der Gefahr voreiliger Vereinnahmung fremder Zeugnisse ausgesetzt wäre; zum anderen aber auch, weil es – jedenfalls mir – etwa seit den 80er Jahren immer schwerer fällt, in der Belletristik, namentlich der deutschsprachigen, die für das Phänomen der Moralität signifikanten Themen, Erfahrungen, Einstellungen usw. überhaupt zu identifizieren.

Bei der Literatur der Jahrzehnte zuvor dagegen ist ihre von Grund auf moralische Prägung unübersehbar, auch wenn ihre ambivalenten, z.T. sogar gegenläufigen Tendenzen auf eine tiefgreifende Spannung hindeuten. *Auf der einen Seite* begegnet nämlich immer wieder ein hochsensibles moralisches Bewußtsein, das sich an die Verantwortung der einzelnen richtet und deshalb nicht nur die ideologische Verwendung der Moral decouvriert, die moralische Verbrämung von Eigeninteressen und Herrschaftsverhalten, sondern ebenso empfindlich auch jede Form von privater oder gesellschaftlicher Verdrängung der Schuld. Dabei wird die eigentliche Schuld weniger im einzelnen Akt der Verfehlung als in der Unterlassung gesehen: in der „Präsentation des reinen Gewissens aus Mangel an Gewissen“, in unserer „schuldhaften Schuldlosigkeit“[313]. Entlarvt wird die spätbürgerliche Welt als Kultur der Gleichgültigkeit, in der die Teilnahmslosigkeit aller gegen alle als genaues subjektives Pendant zu den objektiven Verbrechen erscheint: als alltägliche „Komplizenschaft“ mit dem Bestehenden und seiner

313 *J. Kopperschmidt*, Schuldhafte Schuldlosigkeit: *J. Blank* (Hg.), Der Mensch am Ende der Moral. Analysen an Beispielen neuerer Literatur, Düsseldorf 1971, 35–61 (das vorangegangene Zitat S. 35). Vorgängermotive schon in *H. Broch*, Die Schuldlosen, Zürich 1950; *S. Lenz*, Die Zeit der Schuldlosen, Köln 1962.

zerstörenden Kraft[314]. *Auf der anderen Seite* wird das Moment persönlicher Schuld oft fast völlig durch die Übermacht objektiver Schuldverhältnisse verdeckt, in welche die Subjekte, eher Opfer als Täter, leidvoll verstrickt sind[315]. Der einzelne erlebt die kollektive Verflechtung und sein eigenes Ausgeliefertsein, er erleidet das Zwiespältige, Abgründige und Bedrohliche seiner Lebenswelt als Widerfahrnis des Bösen, das als eigentliche Schuld kaum noch zu dechiffrieren ist. So sieht er das, bemerkte einmal *Karl Rahner*, „was man Schuld nennt, als ein Stück jener allgemeinen Misere und Absurdität des menschlichen Daseins, denen gegenüber der Mensch nicht Subjekt, sondern [nur noch] Objekt ist"[316]. Ohne Zweifel ist damit der Aspekt angesprochen, der die damalige Erfahrung des Bösen wie kein anderer prägt (an anderer Stelle habe ich eine Reihe literarischer Zeugnisse für diese Erfahrung der Verstrickung und der Nichtidentität zusammengestellt; insbesondere bei *Bert Brecht* ist die Antinomie, ein „guter Mensch" in den Verhältnissen der Entfremdung zu sein, durchgehendes Thema; darauf will ich jetzt nur noch verweisen[317]). In jedem Fall verdient es Interesse, wie häufig Schriftsteller, aber auch Philosophen auf das Motiv der Erbsünde anspielten. Was immer, schrieb *Adorno*, „was immer der Einzelne oder die Gruppe gegen die Totalität unternimmt, deren Teil sie bildet, wird von deren Bösem angesteckt, und nicht minder, wer gar nichts tut. Dazu hat die Erbsünde sich säkularisiert. Das Einzelsubjekt, das moralisch sicher sich wähnt, versagt und wird mitschuldig, weil es, eingespannt in die Ordnung, kaum etwas über die Bedingungen vermag, die ans sittliche Ingenium appellieren: nach ihrer Veränderung schreien"[318]. Auch *Horkheimer* hob die Bedeutung der klassischen Erbsündenlehre hervor[319], und *Leszek Kolakowski* meinte sogar, „daß wir mit einer ursprünglichen Verderbtheit infiziert sind [...]: es gibt ein Stück Böses, das nicht ausgerottet werden kann, etwas Unheilbares in unserem Elend. Das bedeutet nicht, jede Art des Bösen sei ewig, jede Form des Elends unvermeidbar"; wohl aber könne

---

314 Vgl. die Beiträge in *J. Blank* (Hg.), Der Mensch (Anm. 313).

315 Vgl. dazu *M. Sievernich*, Schuld und Sünde (Anm. 1), 21ff.

316 *K. Rahner*, Grundkurs des Glaubens. Einführung in den Begriff des Christentums, Freiburg 1976, 99.

317 S. *Th. Pröpper*, Erlösungsglaube und Freiheitsgeschichte. Eine Skizze zur Soteriologie, München ^{3}1991, 146–156.

318 *Th. W. Adorno*, Negative Dialektik, Frankfurt 1966, 239.

319 Vgl. *M. Horkheimer*, Die Sehnsucht nach dem ganz Anderen. Ein Interview mit Kommentar von *H. Gumnior*, Hamburg 1970, 64f.

die alte Lehre vor selbstgerechtem Fanatismus und Intoleranz schützen; sie warne uns davor, unseren Einsatz für eine bessere Welt mit theokratischen oder totalitären Mitteln durchsetzen zu wollen[320].

Inzwischen hat dieses Bild, wie gesagt, sich so weitgehend verändert, daß man es kaum noch wiedererkennt. Irgendwann (so etwa mit *Botho Strauß* und dem mittleren *Peter Handke*, aber da kann ich mich irren) wurde auch die Literatur von der damals vielbesprochenen, fast alle Gesellschaftsbereiche betreffenden „Wende“ erfaßt – Hand in Hand mit politischen Verschiebungen, mit der fortschreitenden Kolonisierung der Lebenswelt durch die Ökonomie, dem Eindringen der „postmodernen“ Mentalität in das menschliche Empfinden, Denken und Verhalten und nicht zuletzt einer auffallenden Neuausrichtung der Vorstellungen vom sinnvollen Leben. Und es dauerte dann auch nicht lange, daß viele die Literatur noch der siebziger Jahre schon mit Spott überzogen und sie als „Gesinnungs- und Ehrlichkeitskitsch“ etikettierten – nicht immer völlig zu Unrecht, sofern ja tatsächlich Moralität, engagierte Gesinnung und Wahrhaftigkeitswille allein noch kein künstlerisches Stilprinzip abgeben. *Nun* jedenfalls zeigt man nicht mehr Betroffenheit, man trägt jetzt sein formales, artifizielles Können zur Schau, das gegen die auswechselbaren Inhalte eher gleichgültig ist. Nicht als ob es keine Sinnfrage mehr gäbe, im Gegenteil: nicht wenige, gerade die ernsthaftesten, treten angesichts der zunehmenden Leere sogar als *Sinnstifter* auf. In einer kritischen Rezension über Handke und Strauß war 1997 zu lesen: „Am Gebäude der Deutschen Bank in München steht: ‚Aus Ideen werden Märkte‘. Jetzt ist der Ideenhimmel verbraucht. Es gibt nur noch Märkte, und dadurch entsteht eine ungeheure Leere. Die Frage ist, ob der Mensch das aushält. Er wird es nicht. Denn [...] Geld ist ein Alleszermalmer; es macht arm, weil es ‚metaphysische Reserven‘ verbraucht und Träume ernüchtert. Danach ist Nichts [...] Seit langem macht der Sieg der Ökonomie alle Ideologiekritik arbeitslos. Es gibt nichts mehr aufzuklären, und der Rest zerfasert von selbst. Nun, ohne das Versprechen auf Zukunft, wird die Kunst konservativ; sie nimmt Abschied vom alten Befreiungszauber, von der Utopie der Gesellschaft und der Selbstverwirklichung des Menschen. Und doch hat ihr Abgesang einen unerhörten Ton. Siegessicher verkünden die Sinnsucher den neuen Weg zum Heil. Sie plakatieren Bilder für die Zeit ‚nach der Moderne‘ und verrichten Schanzarbeiten gegen die Leere. Dann drehen sie den Zeit-

320 Zitat nach *W. Kasper*, Negativität und Böses (Anm. 234), 184. Vgl. *L. Kolakowski*, Gespräche mit dem Teufel. Acht Diskurse über das Böse, München 1975.

pfeil einfach um. Das Ältere ist ihnen das Bessere; alle Zukunft wartet in der Vergangenheit. Aus diesem Grund fordern sie nicht Aufklärung, sondern Wiederverzauberung; nicht Kritik, sondern Gründung. Sie beschwören das Ewige im Vergänglichen und das krisenfreie Absolute. Nur dieses Erbe, sagen sie, füllt das Vakuum der Gegenwart [...]: der dunkle Glaube nicht an den kommenden Gott, sondern an das Sein der Sprache und die Wahrheit ihrer Erzählungen [...] Wie Strauß, so setzt auch Handke ein goldenes und unheilvolles Versprechen in die Welt: Erst dann, wenn die Gegenwart als ganze überwunden ist, wird hinter dem Schleier der mißratenen Zivilisation das eigentliche Leben und die eigentliche Kultur zum Vorschein kommen – das große Andere, das Sein hinter der Realität, die wahre Sprache hinter der falschen Kommunikation [...] Beide, Handke wie Strauß, sind von der schwindelerregenden Vorstellung besessen, daß die Wörter, die in ihrem heiligen Land gesprochen werden, nicht einfach nur die Welt bedeuten, sondern diese Welt auch *sind*"[321].

Auf den Wegen solcher Sinnstiftung, die mit ihrer Beschwörung ursprünglicher Seinsnähe und ihrer hochartifiziellen Reaktivierung des Mythos aus der widersprüchlichen historischen Wirklichkeit auszieht und sich ins eigengemachte, elitäre Sprachgehäuse einspinnt – ich muß gestehen, daß ich auf ihnen die Gestaltung oder Äußerungen genuiner *Moralität* kaum erwarte. Aber nicht nur entschieden moralisches Denken und übrigens auch nicht nur jegliches Denken, das mit dem biblischen Verheißungsgedächtnis noch irgendwie verwandt sein würde, verschwindet hier aus dem Gesichtsfeld, sondern auch der Weg der Moderne (nicht nur der entgleisten, pervertierten Moderne) wird zurückgelassen, das Beste der Aufklärung widerrufen: Selbstbestimmung, kritische Prüfung der Wahrheit, Gerechtigkeit zwischen den Menschen, Geschichte als konkrete Aufgabe und noch offene, wenn auch gefährdete Möglichkeit ... Natürlich wird man Strauß und Handke, deren hoher Rang unbestritten ist, nicht in jeder Hinsicht für repräsentativ ansehen – und dies schon deshalb nicht, weil die „neue Unübersichtlichkeit", von der *Habermas* damals sprach, schon längst auch den Literaturbetrieb eingeholt hat. Aber auch in der Literatur, die sich nicht so anspruchsvoll, ernst und autoritär, sondern leichter und spielerisch präsentiert, sind die Veränderungen erkennbar genug; eine Literatur, stilistisch gefeilt, variations-

321 *Th. Assheuer*, Die Ornamente der Ordnung. Antimoderne und politischer Mythos im Königsdrama: Botho Strauß und Peter Handke suchen den Souverän: *DIE ZEIT* Nr. 10, 28.2.1997, 47f.

reich und ästhetisch perfekt, aber – so mein Eindruck – irgendwie leer: teils narzißtisch-introvertiert, teils die drohende Leere dadurch auffüllend, daß sie anderes ansaugt und sich assimiliert, aus fremden Beständen zitiert, sich flexibel in die verschiedensten Mentalitäten versetzt, den Reichtum vergangener und exotischer Kulturen, ihre Überlieferungen und Mythen ausplündert und vor allem und immer wieder mit den Stoffen der realen historischen Vergangenheit spielt: das alles ist unterhaltend, oft geradezu spannend, nicht selten auch lehrreich und fast immer in hohem Maße gekonnt – und hinterläßt dennoch den Eindruck, daß es ihr eigentlich um nichts mehr geht. Keine Fragen mehr, weil es sich ausgefragt hat; des Fragens müde, seit sich das Nachfragen totlief. Und weil ohnehin das Ganze, dieses Dasein einen Sinn nicht mehr spüren läßt, muß es eben ästhetisch zubereitet, ja im Grunde auch – wie schon der frühe *Nietzsche* es vorschlug – ästhetisch gerechtfertigt werden.

Man braucht, denke ich, durchaus noch keinen Kulturpessimismus zu pflegen, um – auch am Zustand der Literatur – zu bemerken, daß die moralische Substanz unserer Gesellschaft allmählich aufgezehrt ist – vorausgesetzt nur, man hat die wesentlichen Elemente von Moralität noch im Sinn: die Selbstwahl zum Subjekt des eigenen Handelns, die unbedingte Verpflichtung auf die anderen und die geduldig-verändernde Arbeit an der gegebenen Realität. Natürlich wurde namentlich Solidarität schon immer zu wenig geübt, aber inzwischen gilt sie als nicht mehr verpflichtend. Schon immer setzte sich der Stärkere durch, aber inzwischen wird dies, bis in öffentliche Diskussionen, auch *gebilligt*. Vor allem aber: Was man erwarten kann, muß man sich nehmen – und zwar jetzt, kein Aufschub mehr. Viele Titel einschlägiger Untersuchungen sprechen für sich: „Wir amüsieren uns zu Tode“, „Die Erlebnisgesellschaft“, „Das Leben als letzte Gelegenheit“ ... So wird dieses Leben, das seine Verheißung verlor, auf seinen Erlebniswert reduziert; da es einen Sinn nicht mehr hat, muß es (wie gesagt) ästhetisch gerechtfertigt werden: durch Verfeinerung der Genußfähigkeit. Bis man endlich auch die ästhetischen Ansprüche noch ermäßigt. So etwa die ausdrückliche „Spaßliteratur“, die sich eine Zeit lang etablierte. Und so dann vollends diejenigen, die bloß noch eins zu eins die leere Banalität des Alltags (einschließlich seiner Sprache) abbilden und sich dafür als Realisten ausgeben.

Was die Soziologen als hedonistische Orientierung und fortschreitende Individualisierung beschreiben, bedeutet – ethisch gesehen – beziehungslose Vereinzelung. „Darf man nicht den Eindruck haben“, fragte schon 1981 *Martin Walser*, „immer mehr Literatur spezialisiere sich auf immer weniger? Da und dort ist man schon am Ziel: absolutes Geschimpfe eines seine Hoffnungslosigkeit glorifizierenden Subjekts. Die heutige Formel scheint zu sein: Authentizität durch Regression [...] Der die Welt beschimpfende Daumenlutscher ist unser Muster [...] Wie er sich selber Gott ist, so ist ihm der Nebenmensch die Hölle. Solidarität bzw. Mitleiden wird verdächtigt [...] So zieht sich Literatur eingeschüchtert zurück, der Schriftsteller wird das Kaufhaus für Narzißmus. Zu legitimieren ist eine Stimmung zwischen Leuten, die einander prinzipiell nicht brauchen. Ich merke inzwischen, daß mir Freundlichkeit und Teilnahme immer schwerer fallen. Es kommt mir vor, als werde ich erzogen zu einer feinsinnigen Feindseligkeit [...] Zu meiner eigenen Verwunderung sehe ich immer wieder, daß ich typisch bin [...], daß ich so wahrscheinlich dem ersten Gebot des jetzt herrschenden Gottes gehorche: Kultur der Teilnahmslosigkeit“[322].

Wie eine Bestätigung dieser eher noch prognostischen Rede liest sich der zwei Jahrzehnte jüngere Text, den *Durs Grünbein* nach seiner Lektüre von *Augustins* „Konfessionen“ notierte: „Alle die Erleuchtungswege und anthropologischen Irrungen, die ihn [Augustinus] zu Gott hinführten – heute führen sie von ihm weg ins Unbekannte [...], das All hat keine Ohren mehr, die vorchristliche Psychologie kehrt zurück. Nietzsche, in der Neuzeit der wütendste Prediger dieser Umkehr, die nach ihm alle und alles erfaßte, hätte nur auf den jungen Augustinus zeigen müssen [...] Das Leben, von dem er ausging, steht heute wieder ganz im Zeichen der *cupiditas*, jener Weltgenußliebe wie sie die Lehre der Kirchenväter definiert: als *Gemütsausrichtung auf den Genuß seiner selbst und des Nächsten und alles Greifbaren ohne Bezogenheit auf Gott.* Ihre Hauptelemente sind Unterhaltungslust, Schadenfreude, Sozialneid, sexuelle Verfügbarkeit und jene leicht vergeßliche Form der Todesangst, die man hier Spaß nennt oder englisch unverschämt *fun.* Fun ist der letzte, trockene Rest lebensgieriger Seelen, ihr Asbestanteil, absolut unentflammbar“[323].

Aber nistet in solchem Dasein nicht längst die Verzweiflung? Sie muß ja nicht unbedingt dramatische Formen annehmen. Sie kann auch in selbstverlorener, angepaßter Erwartungslosigkeit überdauern. In dem Roman „An einem Tag wie diesem“ (2006) von *Peter Stamm* heißt es: „Sein Leben war eine endlose Abfolge von Schulstunden, von Zigaretten und

322 *M. Walser*, Woran Gott stirbt. Über Georg Büchner (1981): *ders.*, Liebeserklärungen, Frankfurt ^{2}1983, 225–235, 233f.

323 *D. Grünbein*, Das erste Jahr. Berliner Aufzeichnungen (st 3513), Frankfurt 2003, 70f.

Mahlzeiten, Kinobesuchen, Treffen mit Geliebten und Freunden, die ihm im Grunde nichts bedeuteten, unzusammenhängende Listen kleiner Ereignisse. Irgendwann hatte er es aufgegeben, dem Ganzen eine Form geben zu wollen, eine Form darin zu suchen [...] Andreas glaubte an nichts als den Zufall. Er liebte die seltsamen Koinzidenzen und Wiederholungen des Lebens, die jede Erklärung verboten. Er liebte die überraschenden Muster [...], die dauernden kleinen Veränderungen im immer Gleichen. Nadja nannte es Nihilismus, er selbst nannte es Bescheidenheit"[324]. Und dann gegen Ende des Romans: „Die Gleichheit seiner Tage war sein einziger Halt gewesen. Ohne Stelle, ohne Wohnung, ohne Stundenpläne, die regelmäßigen Treffen mit seinen Geliebten und seinen Freunden war er nur noch ein winziger Punkt in einer bedrohlich leeren Landschaft [...] Die Leere lauerte jenseits der Wiederholung. Die Angst vor der Leere war die Angst vor der Unordnung, dem Chaos, die Angst vor dem Tod"[325].

Nicht also, daß ich die Virulenz der Sinnproblematik übersähe, wie sie hier hervorbricht, aber auch bei unzähligen anderen wenigstens spürbar ist. Und auch nicht, daß ich verächtlich von den vielen bemühten Versuchen dächte, für sie Lösungen zu probieren und Erfüllung zu finden. Erst recht möchte ich nicht die tiefe Bedürftigkeit diffamieren, die sich in ihnen bekundet und die ehrliche Achtung und genaue Aufmerksamkeit (gerade auch der Theologen) verdient. Ich befürchte nur, daß dabei das Phänomen des Ethischen weiter undeutlich wird und daß es sehr schwer sein wird, wieder zu lernen, daß wirklich tragender Sinn sich in der bloßen Verlängerung unserer Wohlfühl-, Spaß- und Erlebniswünsche nicht einstellen kann – und das heißt (mit *Kierkegaard* gesprochen): ohne Wahl des Ethischen nicht zu haben ist. Und ähnlich bei dem, was man Selbstsuche oder sogar Selbstfindung nennt. Ist sie häufig (etwa in den endlosen Familienromanen) denn mehr als ein Durchschweifen der Möglichkeiten am Wegrand der eigenen Biographie, das zu ernsthafter Selbst*bestimmung* nicht vorstößt?

Natürlich habe ich mit alledem nur *eine* – jedoch wesentliche und weithin durchgreifende – Tendenz unserer Literatur herausgestellt und vieles andere nicht beachtet. Tatsächlich bin ich besorgt, aber keineswegs pessimistisch. Denn zu oft kann man wie im wirklichen Leben so auch in der Literatur ja noch (oder manchmal schon wieder) einer ursprünglich klaren

324 *P. Stamm*, An einem Tag wie diesem, Frankfurt 2006, 111.169.
325 A. a. O. 197.

Moralität begegnen, die wie selbstverständlich geschieht und – ohne selbst Thema zu sein – alles bestimmt. Und außerdem: Es ist doch weiterhin die Literatur selbst, von der die angedeuteten Erosionen und Deformationen (auch in ihr selbst) am genauesten bemerkt und zu Gehör gebracht werden. Deshalb die Zitate von Walser, Grünbein und Stamm. Oder auch *Hans Magnus Enzensbergers* ernüchternd lakonisches Gedicht „Die Zerknirschung", das seine verläßliche Zeitgenossenschaft, konkret-diagnostisch und stets unbestechlich, erneut dokumentiert:

Schlimm genug, was wir uns alles geleistet haben:
versäumt, Tante Olga im Altersheim zu besuchen,
unkeusche Gedanken gehegt, Steine geworfen,
Konjunktiv eins und zwei verwechselt,
Neger Neger genannt, Zeche geprellt,
Maikäfer in Zigarrenkisten gesperrt,
Freunde angeschmiert, Frauen verlassen –
ganz abgesehen von den wirklich unverzeihlichen Sachen,
die zu gestehen jedoch zu weit führen würde.
Daß es einst von uns heißen würde,
Gott dem Allmächtigen habe es *gefallen*,
uns zu sich heimzurufen,
wäre zuviel verlangt.[326]

Kritik der christlichen Rede von Sünde und Sachspannungen im Sündenbegriff

Lassen wir es bei diesen Hinweisen und ungesicherten Eindrücken bewenden und kehren wir zum Schluß dieses Kapitels noch einmal zur *christlichen Rede von Schuld und Sünde* zurück. Auch dort, wo sie nicht grundsätzlich in Frage gestellt oder abgelehnt wird, halten sich wesentliche Motive der Kritik, die uns schon begegnet sind, durch. Der Würzburger Synodenbeschluß „Unsere Hoffnung"[327] hat sie 1975 aufgenommen und sich zu ih-

326 *H. M. Enzensberger*, Rebus. Gedichte, Frankfurt 2009, 102.
327 „Unsere Hoffnung. Ein Bekenntnis zum Glauben in dieser Zeit": Gemeinsame Synode der Bistümer in der Bundesrepublik Deutschland. Beschlüsse der Vollversammlung, Freiburg 1976, 71–111. Ich zitiere mit Abschnittangabe im Text.

nen bekannt: „Hat die Praxis unserer Kirche nicht zuweilen den Eindruck genährt, daß man die kirchliche Schuldpredigt bekämpfen müsse, wenn man der realen Freiheit der Menschen dienen wolle? [...] Unsere christliche Predigt der Umkehr muß jedenfalls immer der Versuchung widerstehen, Menschen durch Angst zu entmündigen. Sie muß gegen jeden Versuch kämpfen, der die christliche Rede von Schuld und Sünde mißbraucht, einer unheiligen Unterdrückung von Menschen durch Menschen den Anschein von Recht zu verleihen". Nicht weniger deutlich hat die Synode die Abkehr „von allen grauen Systemen eines rigorosen, selbstgerechten und freudlosen Moralismus" und „von jener sterilen Überforderung" verlangt, „in die uns ein moralistisch angeschärfter Vollkommenheitswahn hineintreibt, der letztlich jede Freude an konkreter Verantwortung zersetzt" (I,5). In der Tat ist es neben der Unterdrückung und Verschüchterung durch Angst wohl vor allem die Moralisierung des Sündenverständnisses, die es um seine Glaubwürdigkeit gebracht hat und auf die sich die Kritik konzentriert: Moralismus im Sinne der Veräußerlichung und Gesetzlichkeit.

Die Sündenlehre, so der Vorwurf, habe sich zu sehr auf eine äußerlich-kasuistische Beschreibung möglicher Delikte fixiert. Der Mensch begegne in einem solchen System weder Gott noch den Mitmenschen in freier Verantwortlichkeit, sondern einem Katalog von Verboten, und sein ganzes moralisches Bemühen erschöpfe sich in einem rein negativen Abwehrkampf gegen den möglichen Verlust sozialer und individueller Integrität. Die Verklagungssituation, die er ständig erlebe oder doch befürchte, hindere ihn daran, sich selbst und den Anderen wirklich anzunehmen und Gemeinschaft und Geborgenheit zu schenken. Auf der anderen Seite brächten es die Theologen mit ihrer subtilen Unterscheidungskunst fertig, sich selbst und andere auch noch dort reinzuwaschen, wo ein tieferes Schuldigsein kaum geleugnet werden könne[328]. Im einzelnen werden kritisiert: der dogmatisch und pädagogisch ungerechtfertigte Rigorismus; die fallweise, segmentierte Betrachtungsweise einzelner Sünden, die den Lebensprozeß als ganzen aus den Augen verliert; die individualistische, auf persönliche Untadelhaftigkeit bedachte Orientierung des Gewissens und der legalistische, veräußerlichte Gehorsam; dann die Fixierung auf die dramatisierte, angstbesetzte Sexualmoral, in deren Folge, wie *Karl Rahner* einmal bemerkte, der „in seinem Gewissen blind irrende katholische Kapita-

---

328 Vgl. dazu *F. Böckle*, Fundamentalmoral, München ^{4}1985, 105; zum folgenden *M. Sievernich*, Schuld und Sünde (Anm. 1), 17.

list in Südamerika" sich „von der Kirche weniger bedrängt und beunruhigt" fühlen konnte „als der christliche Ehemann in der Frage der Geburtenregelung"[329]; ferner die herkömmliche Praxis des Beichtinstituts, die einen automatischen Ritualismus gefördert hat und dabei, wie schon *Max Weber* feststellte, „die Entwicklung einer eigenen, ethisch systematisierten Lebensmethodik erspart und die Kontinuität der Lebensführung und der Handlungen in punktuelle Sünden und ihnen entsprechende kompensatorische Bußhandlungen" aufgelöst hat[330]; und schließlich mit alledem der Verlust der tieferen, eigentlich theologischen Dimension im Verständnis der Sünde.

Wir brauchen uns bei dieser Kritik nicht länger aufzuhalten, sie wird inzwischen ja durchweg akzeptiert und beherzigt, womit allerdings keineswegs schon gesagt ist, daß das Sündenverständnis, gegen das sie sich richtet, nicht mancherorts unterschwellig noch weiterwirkt. Und wenn heute das eigentlich bedrängende Problem im Schwinden des Sündenbewußtseins überhaupt liegt, dann ist es ja gerade seine Moralisierung im beschriebenen Sinne gewesen, die wohl am meisten zu seiner Aushöhlung und schließlichen Verabschiedung beigetragen hat. Vor allem, meine ich, in seiner Fixierung auf den formalen Aspekt des „Ungehorsams" waren die Folgen schon angelegt, durch die es sich zunehmend diskreditierte. Denn durch diese Fixierung – gesteigert noch durch die Angst, die ewige Seligkeit zu verlieren – wurde alle Aufmerksamkeit vom Inhalt und dem menschlichen Sinn der Gebote abgezogen und auf die stets drohende Verletzung des göttlichen Willens und der göttlichen Ehre gelenkt. Noch vor wenigen Generationen haben sich Katholiken ja mehr Gedanken über das Nüchternheits- und das Freitagsgebot als über die Welternährungsprobleme gemacht. Sünde ist ihnen, den Christen, so diagnostizierte schon *Nietzsche*, „eine Respects-Verletzung, ein crimen laesae majestatis divinae […] Ob mit der Sünde sonst Schaden gestiftet wird, ob ein tiefes wachsendes Unheil mit ihr gepflanzt ist, das einen Menschen nach dem andern wie eine Krankheit faßt und würgt" – das läßt sie unbekümmert: „Sünde ist ein Vergehen an ihm [an Gott], nicht an der Menschheit! – wem er seine Gnade geschenkt hat, dem schenkt er auch diese Unbekümmertheit um die natür-

329 *K. Rahner*, Theoretische und reale Moral in ihrer Differenz: HPTh II/1, 152–163, 155.

330 *M. Weber*, Wirtschaft und Gesellschaft. Grundriß der verstehenden Soziologie (Studienausgabe), Tübingen ^{5}1972, 339.

lichen Folgen der Sünde"[331]. In eins damit wurde, nicht weniger verhängnisvoll, ein Gottesbild transportiert, nach dem Gott als eine Art autarker Autokrat vorgestellt wurde, der seine mehr oder minder einsichtigen Willensoffenbarungen erläßt, oder gar als eine Art selbstherrlicher Narziß, dessen Ehre es nötig hat, durch blinde Ergebenheit vergrößert zu werden – so ähnlich wie ihn *Thomas Mann* in seinem Josephsroman geschildert hat: als orientalischen Potentaten, der auf seinem Thronsessel ruht und sich ob der Unterwürfigkeit seiner beflissenen Untertanen verzückt die Fingerspitzen küßt[332]. Daß Gott uns Menschen nicht als Sklaven, sondern als seine Freunde gewollt hat (Joh 15,15); als Partner und als Zeugen seiner Liebe, von der wir bei allem schon ausgehen und die wir in allem zugunsten der Menschen darstellen dürfen: mit der Kreativität und Mündigkeit freier Töchter und Söhne, wie Paulus betont (Röm 8,15.21) – vor allem dies ist es, was die Alltagsmoral der Christen kaum noch erkennen ließ und was gerade die Engagierten und Wachsamen bei ihnen nicht fanden.

Allerdings sollte man bei solcher Kritik nicht übersehen, daß es durchaus auch sachliche Spannungen im (richtig verstandenen) Begriff der Sünde selbst gibt, die das Verständnis erschwert und entsprechende Verzerrungen der Praxis ermöglicht haben – Spannungen übrigens, die aus der Struktur menschlichen Handelns resultieren, sofern es Inneres und Äußeres, Gesinnung und Tat, unbedingten Entschluß und bedingten Ausdruck vereinigt. Ich will die wichtigsten dieser Spannungen, im Anschluß vor allem an *Gerhard Ebeling*[333], noch etwas beschreiben. So etwa hat der Moralismus mit seiner Partialisierung, Abstufung und Vergesetzlichung der Sünde allerdings das Wesen der Sünde, sofern ihre Wurzel der Unglaube ist, tatsächlich verfehlt, wobei dieser Veräußerlichung übrigens eine genau entsprechende Form der Verinnerlichung korrespondierte: In Ermangelung greifbarer Verfehlungen spürte man die Sünde in verborgenen Regungen auf oder internalisierte bestimmte Verbote in einer Weise, daß die entsprechenden Verdrängungen eine innere Vergiftung bewirkten, die das Sündenverständnis erst recht verfälschte. Auf der anderen Seite hatte man dabei

331 Die fröhliche Wissenschaft 135: KSA 3, 486f.

332 Vgl. *Th. Mann*, Joseph und seine Brüder, Frankfurt 2007, 310.317.470; dazu *D. Mieth*, Epik und Ethik. Eine theologisch-ethische Interpretation der Josephromane von Thomas Mann, Tübingen 1976, 77 u. ö.

333 Vgl. zum folgenden *G. Ebeling*, Dogmatik des christlichen Glaubens 1 (Anm. 7), 357ff.363f.

doch immerhin noch ein Gespür dafür, daß der Sünde ihr Realismus und Ernst genommen wird, wenn sie nicht konkret erfaßt wird, also mit bestimmten Taten, mit scharf umgrenzten Verhaltensweisen im Unterschied zu anderen identifiziert werden kann. Und dennoch: Mit jedem Versuch, nun auch klipp und klar zu sagen: „dies und das ist Sünde, jenes aber nicht", mußte man sich bereits vom Wesen der Sünde entfernen …

Dieselbe Spannung kehrt, gleichsam gespiegelt, in der Schwierigkeit wieder, im realen Lebensvollzug dem rechten Verhältnis von Glaube bzw. Gnade und Werken zu entsprechen: gibt es doch, wie *Kierkegaard* es beschrieb, „in jedem Menschen eine Neigung, *entweder* ein Verdienst haben zu wollen, wenn die Werke zur Geltung kommen sollen, *oder*, wenn der Glaube und die Gnade zur Geltung kommen sollen, dann auch so weit wie möglich von den Werken frei zu sein. Der Mensch, diese vernunftbegabte Schöpfung Gottes, läßt sich wahrhaftig nicht narren; er ist kein Bauer, der zum Markte kommt. Nein, – der Mensch sieht sich vor. ‚Eines von beiden', sagt der Mensch; ‚sollen es *Werke* sein, nun gut; aber dann möchte ich auch um den mir gesetzlich zustehenden Gewinn aus meinen Werken bitten, daß sie nämlich mein Verdienst sind. Soll es *Gnade* sein, nun gut; aber dann muß ich auch bitten, daß ich frei von Werken bleibe, sonst ist es ja keine Gnade. Sollen es Werke und Gnade gleichzeitig sein, so ist es Verrücktheit'. Ja, gewiß, – das ist Verrücktheit […] Die Forderung des Christentums lautet: dein Leben soll in möglichst großer Anstrengung deine Werke ausdrücken; ferner wird noch gefordert, daß du dich demütigst und bekennst, es sei trotzdem Gnade, daß du selig wirst"[334].

Oder aber, eine andere, ähnliche Spannung: Nach christlichem Glauben hat die Sünde *universale* Bedeutung: Alle Menschen sind Sünder, sie begehen nicht nur Sünden, sondern sie selber, alle Menschen *sind* Sünder, also die Verbrecher und die Wohltäter, die Atheisten und die Frommen, die Scheinheiligen und die Heiligen. Aber ist das nicht eine Nivellierung, die alles gleichgültig macht? Und darum nicht naheliegend, zumindest verständlich die Versuchung, mein tatsächliches Handeln entweder zu bagatellisieren oder mit ihm eben doch meinen Unterschied zu anderen herauszukehren? Offenbar ist es sehr schwer zu verstehen und vor allem zu vollziehen, daß die Lage, in der sich ausnahmslos alle befinden, nur dann richtig erfaßt wird, wenn ich mich selbst so darin weiß, als befände allein

334 Zitat nach S. *Kierkegaard*, Die Leidenschaft des Religiösen. Eine Auswahl aus Schriften und Tagebüchern (reclam UB 7783/84), Stuttgart 1961, 57.

ich mich darin. Der Gemeinplatz, alle Menschen sind Sünder, bringt mir ja nicht die geringste Entlastung: Vor Gott gibt es keine Mitschuldigen, vor ihm vergeht jedes vergleichende Schielen; die Sünde, die alle ausnahmslos verbindet, macht jeden zum einzelnen vor Gott, genauso wie am Ende der Tod … Oder, ein weiterer Aspekt dieser Spannung: Die Sünde oder das, was sie zur Sünde macht und woraus sie hervorgeht, ist tief *verborgen*; nicht einmal für den Sünder selbst liegt sie offen vor Augen. Andererseits wäre sie nicht wirklich, wenn sie nicht hervortreten und sich auswirken würde bis in die Öffentlichkeit hinein. Natürlich sind ihre Erscheinungsweisen verschieden: bei alten Menschen anders als bei jungen, bei gebildeten anders (nämlich in der Regel nur raffinierter) als bei einfachen Menschen – auf jeden Fall aber wird sie sich äußern. Doch wiederum: ihre tiefe Verborgenheit und damit die Zweideutigkeit ihrer Äußerung bleibt. Daß ich über andere, denen ich niemals ins Herz sehen kann, nicht urteilen soll – das kann ich wohl noch akzeptieren. Aber ist es nicht nur zu verständlich, mir wenigstens über mich selbst Klarheit verschaffen zu wollen? Gerade wenn es jemand sehr ernst meint mir der Aufrichtigkeit seiner Gesinnung und der Konsequenz seines Handelns, gehört es zum Schwersten, mit den eigenen Zweideutigkeiten dennoch leben zu müssen … Und schließlich, letzter Aspekt: Der christliche Glaube versteht Sünde zugleich als Schuld und als Verhängnis: als ein Verhängnis sogar, dem der Mensch von sich aus unentrinnbar ausgeliefert wäre und das auch für den begnadeten Menschen seine Macht noch nicht verloren hat. Wie aber läßt sich dann von Verantwortung sprechen? Und wieder liegt es (gerade für einen moralisch orientierten Menschen) so nahe, auf Alternativen zu drängen und Klarheit zu wollen: Wie weit ist meine Sünde nun eigene Schuld, wie weit ist sie Schicksal? Ganz abgesehen von den schweren Problemen, die in der traditionellen Erbsündenlehre liegen und die sich bis zum Zweifel an Gottes Gerechtigkeit und Güte auswachsen können …

Natürlich hat die Theologie seit jeher versucht, die angedeuteten Sachspannungen mit entsprechenden Unterscheidungen aufzuhellen: Einzelsünde und Grundsünde, Tatsünde und Wesens- oder Existenzsünde, Todsünde und läßliche Sünden, innere und äußere Sünde, Sündigkeit und Ausdruck der Sünde, Sünde als Akt und als Zustand, Erbsünde und persönliche Sünde, Konkupiszenz und Schuld, ja sogar Schuld im eigentlichen und im uneigentlichen Sinne – die Unterscheidungen ließen sich vermehren. Aber diese Unterscheidungen decken und entsprechen sich nicht einfach, die Übergänge sind fließend, der leitende Gesichtspunkt oft schwebend; außerdem gewinnen sie im jeweiligen theologischen Ansatz auch eine jeweils verschiedene Bedeutung. So wird man *Michael Sievernich* noch immer zustimmen können, wenn er 1982 in seiner einschlägigen Studie forderte, sich um eine weitere „Klärung des inneren Zusammenhangs der gesamten Sündenlehre" zu bemühen und dabei „angesichts der epochalen Erfahrungen [zu] bedenken, von welchem Ausgangspunkt die Sündenlehre in ihrer Einheit zu entfalten wäre"[335]. In der Tat sieht es, was diese Aufgabe angeht, gegenwärtig so aus, daß die Theologie noch weiter in Fluß bleiben muß.

Befreiendes Eingeständnis der Sünde im Horizont der Vergebung – oder: Das Dilemma von unglücklichem oder unwahrhaftigem moralischem Bewußtsein

Nicht allein, aber auch von ihren Bemühungen kann es ja abhängig sein, daß die *humane Relevanz* der Sündenlehre nicht durch Mißverständnisse verdeckt, sondern den Zeitgenossen erschlossen und wieder zugänglich wird. Gerade weil die Rede von Sünde (wie ich zu Eingang des Kapitels sagte) für die Menschen, wie sie tatsächlich sind, immer eine Zumutung sein wird, hängt ihre Glaubwürdigkeit an der Einsicht, daß sie der Menschlichkeit ihres Menschseins dennoch zugute kommt. Die schon zitierte Synode jedenfalls hat auf dieser menschlichen Relevanz nachdrücklich bestanden. Allerdings waren ihre starken Sätze nur möglich, weil sie ihr Verständnis von Sünde und Schuld von vornherein in den Horizont der Hoffnung und Verheißung gestellt sah. Gerade diese Hoffnung, so die Synode, befähige nämlich dazu, „realistisch an unserem Schuldbewußtsein festzuhalten – auch und gerade in einer Gesellschaft, die zu Recht um mehr Freiheit und Mündigkeit für alle kämpft und die deshalb in besonderem Maße empfindlich ist für den Mißbrauch, der mit der Rede von Schuld getrieben werden kann"; ja, diese Hoffnung ermutige sogar dazu, „das Bewußtsein von Schuld zu wecken und wachzuhalten" und insbesondere darauf zu bestehen, „daß wir nicht nur durch das schuldig werden können, was wir andern unmittelbar tun oder nicht tun, sondern auch durch das, was wir zulassen, daß es andern geschehe". Insofern sei die Rede von Schuld und Umkehr keineswegs eine freiheitsgefährdende, sondern eine freiheitsentdeckende, ja sogar „eine freiheitsrettende Rede" (I,5). Denn sie wage es,

335 *M. Sievernich*, Schuld und Sünde (Anm. 1), 23. Einen Beitrag zur Einlösung der so bestimmten Aufgabe intendiert auch die vorliegende Anthropologie.

den Menschen auch noch dort in seiner Freiheit anzurufen und zu verpflichten, wo man sich heute mit Berufung auf unsere vielfältigen Abhängigkeiten und Zwänge von jeglicher Verantwortung dispensiert. Daß diese Aussagen nicht erneut einem moralischen Optimismus verfallen, ist wohl deutlich. Die Synode betont ja, daß die Hoffnung des Glaubens, von der sie spricht, angesichts unserer tatsächlichen Existenz nicht anders als in der Gestalt des Glaubens an Gottes *Vergebung* vollzogen werden kann. Doch gerade weil sie dem Menschen gilt, wie er ist, ihn abholt, wo er ist, und ihn doch auf sein Versagen nicht festlegt, kommt sie seiner Menschlichkeit und seinem moralischen Bemühen zugute. Das Eingeständnis unserer Angewiesenheit auf Vergebung führt „uns nicht in die Entfremdung"; vielmehr macht gerade das Zutrauen in die Gnade, der Glaube an Vergebung es möglich, „unserer Schuld [...] ins Auge zu sehen und unser schuldiggewordenes Leben auf eine größere heilige Zukunft hin anzunehmen [...] Er befreit uns von einer tiefsitzenden, inwendig fressenden Daseinsangst, die immer neu unser menschliches Herz in sich selbst verkrümmt. Er läßt uns nicht vor dem heimlichen Argwohn kapitulieren, daß unsere Macht zu zerstören und zu erniedrigen letztlich immer größer sei als unsere Fähigkeit zu bejahen und zu lieben" (I,5).

Ich meine, daß die Logik dieser Ausführungen der Synode wohl einleuchten kann. Denn daß es ein Ausdruck von Humanität ist, Schuld eingestehen zu können, das dürfte doch niemand bestreiten: Es bezeugt ja Verantwortungsbewußtsein und Wahrhaftigkeit, beides zugleich. Die Schwierigkeit ist nur, und in dieser Schwierigkeit vermute ich den vielleicht tiefsten Grund für das gegenwärtige Schwinden des Schuld- und Sündenbewußtseins – die Schwierigkeit ist nur, daß beinahe alles, was wir in den gnadenlosen Verhältnissen unserer verheißungslosen Gesellschaft erfahren, dagegen zu sprechen scheint, mit der Möglichkeit wirklicher Vergebung rechnen zu dürfen und ein unbedingtes Bejahtsein zu glauben. Ohne solches Vertrauen aber wäre das Eingeständnis von Schuld, zumal unwiderruflicher und menschlich nicht mehr zu heilender Schuld, zugleich das Eingeständnis der Grenze, an der unser tiefer Wunsch nach Ganzheit und Identität definitiv aussichtslos würde: Es wäre die offene Wunde, mit der wir dann leben müßten, „prinzipiell trostlos", wie *Jürgen Habermas* formulierte[336] – ein gerade in seiner Redlichkeit erschütterndes Wort. Wäre der

336 *J. Habermas*, Legitimationsprobleme im Spätkapitalismus (es 623), Frankfurt 1973, 165.

moralische Schuldspruch das letzte Wort über uns, dann bliebe in der Tat nur die Alternative, entweder redlich diese Trostlosigkeit auszuhalten oder aber die Schuld zu verdrängen: die *Alternative also zwischen dem unglücklichen oder dem unwahrhaftigen moralischen Bewußtsein.* Daß die Rede von Sünde, indem sie die Schulderfahrung vor Gott bringt, aus der Hoffnungslosigkeit dieser Alternative herausführt – eben darin besteht ihre humane und ethische Relevanz. Dies festzustellen, ist freilich nur dann keine christliche Rechthaberei, wenn es für die Gläubigen, Amtsträger und Theologen die Selbstverpflichtung einschließt, sich bei allem, was sie über die Sünde und Schuld der Menschen zu sagen wagen, an die *Perspektive der Gnade* zu halten, für die einzutreten ihre erste und letzte Aufgabe ist.

10. KAPITEL

Das biblische Zeugnis von der Sünde und ihrer Macht

Vergewisserung der Basis und Maßstäbe jeder Sündenlehre

Den Ausdruck „Zeugnis" in der Überschrift habe ich bewußt gewählt, weil es natürlich verfehlt wäre, in den biblischen Schriften so etwas wie eine ausgeführte oder gar systematische Sünden*lehre* finden zu wollen. „Schon eine kurze Durchsicht der Schriften des Alten Testaments zeigt", schreibt *Gerhard von Rad*, „daß sehr selten theoretisch-theologisch von ‚der' Sünde die Rede ist. Sie sind übervoll von Hinweisen auf Sünden, die irgendwo, irgendwann von irgendwem begangen wurden, aber eine theologische Reflexion über ‚die' Sünde als ein religiöses Phänomen von größter Kompliziertheit findet sich selten [...] Das Alte Testament bevorzugt [...] diejenige Aussageform, die dem Phänomen der Sünde am angemessensten ist, nämlich die des Bekenntnisses"[1]. Was von Rad für das Alte Testament feststellt, dürfte wohl ebenso für das Neue Testament gelten (abgesehen von den theologischen Ansätzen bei *Paulus* und *Johannes*). Der Versuch einer systematischen Rekonstruktion des biblischen Sündenverständnisses müßte nicht nur die tatsächlichen Entwicklungen unterschlagen, sondern auch die Unterschiede zwischen den einzelnen alt- bzw. neutestamentlichen Schriften ungebührlich einebnen. Ich will mich deshalb damit begnügen, zunächst für das Alte und dann für das Neue Testament die wichtigsten Grundzüge anzudeuten und einige Aspekte hervorzuheben, aber auch auf einige Einzelstellen einzugehen, die einerseits für die Geschichte der Sündenlehre, die Thema des nächsten Kapitels ist, bedeutsam wurden, andererseits für die systematische Reflexion, mit der die Sündenlehre abschließen soll, als Kriterien dienen können.

---

1 *G. von Rad*, Theologie des Alten Testaments Bd. I, München 1966, 167.

1. Grundzüge des alttestamentlichen Sündenverständnisses

Wie auch sonst, wenn man dem biblischen Verständnis einer Wirklichkeit auf die Spur kommen will, empfiehlt es sich, mit dem *Wortbefund* zu beginnen[2]. Allerdings zeigt sich sogleich, daß es für unseren heutigen Sündenbegriff im Alten Testament kein einzelnes, direktes Äquivalent gibt.

Die Begriffe für „Sünde": besondere und gemeinsame Aspekte

Unter der Vielzahl der einschlägigen Ausdrücke sind es vor allem drei hebräische Verben, die den Bereich der Handlungen erfassen, die der spätere theologische Begriff „Sünde" abdeckt: nämlich *chata'*, *paša'* und *'awah*. Die Grundbedeutung von *chata'* ist: verfehlen (z. B. ein Ziel, eine Norm verfehlen), sich verfehlen, fehl gehen, sich vergehen. Die Grundbedeutung von *paša'* ist: brechen, abbrechen (z. B. eine Gemeinschaft abbrechen), verbrechen. Die Grundbedeutung von *'awah* ist: beugen, krümmen, verdrehen, sich krümmen, sich verkehren, verkehrt sein. Die zugehörigen Substantive wären also Verfehlung, Verbrechen und Verkehrtheit. Alle drei Begriffe kommen durchaus und vor allem zunächst auch im profanen Sinne vor, doch werden sie ziemlich früh in den Bereich fester Gemeinschaftsverhältnisse und Institutionen und auf diesem Weg zugleich in sakralrechtliche und theologische Zusammenhänge hineingenommen. Der „Sitz im Leben" ist dann z. B. das Sündenbekenntnis des Einzelnen, das Bußbegängnis des Volkes, der überführende Jahwespruch im Sakralgericht, die Predigt, die Bitte um Vergebung, die Gerichtsankündigung, der Vergebungszuspruch und ähnliche Situationen. *chata'* meint in diesem Zusammenhang: eine Pflicht des Gemeinschaftsverhältnisses verfehlen; *paša'* bedeutet: „brechen mit", also brechen mit einer Person oder der Gemeinschaft, sich selbst „wegbrechen" aus der Gemeinschaft; *'awah* besagt: verkrümmt, gebeugt, verkehrt sein, anders sein, als man sein soll. Und als voll theologische, auf Gott bezogene Bedeutung ergibt sich dann: Jahwe und die Gemeinschaft mit ihm verfehlen; dann zweitens: mit Jahwe brechen, sich ihm entziehen;

2 Vgl. zum folgenden *R. Knierim*, Die Hauptbegriffe für Sünde im Alten Testament, Gütersloh ^{2}1967; *O. H. Pesch*, Frei sein aus Gnade. Theologische Anthropologie, Freiburg 1983, 116–119; *F. Böckle*, Fundamentalmoral, München ^{4}1985, 113–118; *J. Schreiner*, Theologie des Alten Testaments, Würzburg 1995, 249–254.

und schließlich drittens: anders sein, als Jahwe will, eben von ihm abgekehrt, ver-kehrt sein. Es lassen sich somit durchaus theologische Akzent- und Gewichtsunterschiede zwischen den drei Worten ausmachen: *chata'* bezieht sich besonders auf die objektive Gemeinschaftsnorm; *paša'* ist (als Bruch der Gemeinschaft selbst) radikaler und enthält deutlicher das Element des bewußten Wollens und der subjektiven Intensität; *'awah* enthält den Bezug auf die Gegenwart des lebendigen Gottes und wird deshalb besonders häufig im direkt theologischen Zusammenhang verwendet. Dennoch scheitert eine allzu präzise Abgrenzung daran, daß an vielen Stellen alle drei Begriffe zu einer einzigen Formel zusammenwachsen, in der sie fast synonym werden und sich nur noch pleonastisch verstärken.

Was Sünde im Alten Testament jeweils bedeutet, ist deshalb allein lexikalisch, ohne den zugehörigen Kontext, nicht zu entscheiden. Immerhin aber lassen sich *vier durchgängige Aspekte* feststellen. Erstens hat Sünde immer Gemeinschaftsbezug, auch da noch, wo sie in Kategorien des Eigentumsrechtes verstanden wird: Wer Eigentum wegnimmt, nimmt auch sich selbst weg aus der Gemeinschaft; der sachhafte Tatbestand belastet und schädigt zugleich die Verbundenheit der Personen. Zweitens sind Gemeinschaft unter Menschen und Gemeinschaft mit Gott nicht zu trennen; beide sind durch dasselbe objektive Geschehen betroffen: Weil Gott Gemeinschaft mit seinem Volk hält, ist ein Verbrechen gegen Mitmenschen zugleich Bruch des Bundes mit Gott. Drittens bezeichnen die drei genannten Worte nicht ein inhaltlich bestimmtes reales Verhalten, auf das sie somit eingegrenzt wären, sondern qualifizieren Handlungen, die inhaltlich schon bestimmt sind, nur formal hinsichtlich ihres Wertes oder besser ihres Unwertes in den Augen Gottes; gerade so aber bringen sie – eben weil sie letztlich nicht einzelne Taten beschreiben, sondern die Situation des Menschen vor Gott kennzeichnen – das eigentliche (theologische) Wesen der Sünde zum Ausdruck. Damit hängt viertens zusammen, daß der richtende oder vergebende, auf jeden Fall aufdeckende Offenbarungsspruch Jahwes auch die eigentliche Quelle der Sünden*erkenntnis* darstellt. Ob etwas Sünde war, klärt das Wort Gottes. Nur aufgrund dieser Voraussetzung, also aufgrund dieser Hörbereitschaft für das entscheidende Urteil Gottes, wird übrigens auch der für uns befremdliche Tatbestand verständlich, daß es durchaus auch unbewußte, unbemerkte, ja sogar in subjektiv bester Absicht begangene Verfehlungen geben kann. Die drei genannten Begriffe für Sünde heben die subjektive Verantwortung des Täters nicht eigens hervor. Natürlich ist sie in der Regel vorausgesetzt oder doch aus dem Kontext erschließbar, doch werden manchmal auch Taten, deren Verfehlungscharakter dem Täter nicht bewußt ist, als Sünde bezeichnet. So etwa in der Geschichte von Usa, der in bester Absicht, aber verbotswidrig die Bundeslade berührt, um sie vor dem Herunterfallen zu schützen – und dafür sterben muß (2 Sam 6,6f). Und welcher Psalmbeter stolpert nicht, wenn er liest (Ps 19,13): „Unbewußte Fehler – wer kann sie bemerken? Von verborgenen Sünden mach mich rein!" Oft scheint es tatsächlich, daß die objektive Verkehrtheit eines Handelns im Vordergrund steht und das Ausmaß der Sünde fast allein vom Gewicht des Sachverhalts abhängt. Ich komme darauf noch zurück.

„Tat-Ergehen-Zusammenhang" und Personalisierung der Sünde

Zu den Fragen, die wir aus heutiger Perspektive an das Alte Testament stellen, gehört sicher die nach den *Folgen der Sünde*, wobei wir jedoch sogleich feststellen müssen, daß für Israels Denken die sündhafte Tat und das, was wir als ihre Folgen bezeichnen, eng zusammengehören[3]. Hier wäre über den (besonders von *Klaus Koch* untersuchten[4]) *Zusammenhang von Tat und Ergehen* zu reden – eine Auffassung, mit der das israelitische Denken tief in altorientalischen Vorstellungen verwurzelt ist: Einmal getan, sind böse Taten gleichsam selbständige Wirklichkeiten, die den Täter verfolgen, auf ihn zurückschlagen und eine Art Unheilssphäre um ihn verbreiten, die auch der Umwelt des Täters gefährlich wird; die bösen Taten umstellen den Menschen wie wilde Tiere (Hos 5,4; Gen 4,7). Aber statt die Vorstellung dieses Zusammenhangs in magischer Selbstgesetzlichkeit zu belassen, bindet Israels Glaube die Einheit von Tat und Wirkung an Jahwes Herrschaft über das Leben: Gott selbst „überwacht" gleichsam den Tat-Ergehen-Zusammenhang; für die Vorstellung des Gerichts aber ergibt sich die wichtige Folge, daß es nicht in einer äußerlich willkürlichen, sondern gleichsam einsichtigen Weise ergeht, sofern Gott nämlich „über Jakob Heimsuchung hält gemäß seinem Wege, gemäß seinen Taten" (Hos 12,3): Gottes Zorn kommt

3 Vgl. zum folgenden *O. H. Pesch*, Frei sein aus Gnade (Anm. 2), 119–121; *P. Schoonenberg*, Der Mensch in der Sünde: MySal 2, 845–941, 848–854.864–867; *G. von Rad*, Weisheit in Israel, Neukirchen-Vluyn 1970, 165–181; *H. Häring*, Das Problem des Bösen in der Theologie, Darmstadt 1985, 21f; *J. Schreiner*, Theologie des Alten Testaments (Anm. 2), 254–258.

4 *K. Koch*, Gibt es ein Vergeltungsdogma im Alten Testament?: *ders.* (Hg.), Um das Prinzip der Vergeltung in Religion und Recht des Alten Testaments, Darmstadt 1972, 130–180.

eben darin zum Ausdruck, daß er an Israel die Unheilsfolgen der eigenen Freveltaten vollstreckt (Hos 12,15). Der schon im 8. Kapitel besprochene Gedanke, daß die Sünde sich selbst straft, läßt sich in allen Schichten der alttestamentlichen Überlieferung reichlich belegen. Es ist das von den Sündern selber heraufbeschworene Verderben, das sich in ihrer Vernichtung vollendet (Gen 6,11–13), es ist ihre eigene Bosheit, die Gott über sie ausgießt (Jer 14,16), der Härte ihres eigenen Herzens werden sie überliefert (Ps 81,13). Die eigene Sünde ist für den Sünder verwahrt (Hos 13,12), sie wird ihn finden (Num 32,23), er selbst muß sie tragen (Ez 16,58); die Sünde drückt ihn (Ez 33,10), schlägt ihn (Jer 2,19), sie treibt ihn fort wie der Wind (Jes 64,5), nährt ihn mit ihren bitteren Früchten (Spr 1,31); und wenn Israel Jahwe verläßt, seinen „Ehemann" (Hos 2,18; Jes 54,5) und seinen Fels (Ps 73,25–28), dann wird es schon zu spüren bekommen, daß es bei seinen falschen Bundesgenossen und Liebhabern letztlich nur Schmach und Mißhandlung erlebt.

Besonders intensiv wird die immanente Vergeltung der Sünde in der Weisheitsliteratur reflektiert – und es ist sicher nicht übertrieben, darin eine allmähliche Entmythologisierung der alten magischen Vorstellung, den Versuch ihrer Aufklärung und Rationalisierung zu erkennen, mal tiefsinnig, mal eher bieder: „Wer eine Grube gräbt, wird selbst hineinfallen; und wer einen Stein hochwälzt, auf den fällt er zurück" (Spr 26,27). Aber auch im Guten soll dieser Zusammenhang gelten: „In der Sünde eines bösen Mannes liegt eine Falle; aber der Gemeinschaftstreue jauchzt und ist fröhlich" (Spr 29,6). Besonders pfiffig der Gedanke, daß Gott, um die Ägypter zu strafen, auch Raubtiere hätte verwenden können, aber er tat es mit den Insekten, die sie verehrten, „um sie zu lehren, daß man gestraft wird, womit man sündigt" (Weish 11,16). Geradezu bohrend auch das Nachdenken über den Tod, den die Sünde selber hervorruft (Weish 1,11–16): Nicht Gott, der Liebhaber des Lebens, hat ihn erschaffen, vielmehr haben die Sünder einen Bund mit ihm geschlossen, der Neid des Teufels und seine Verführung zur Sünde brachte ihn in die Welt (Weish 1,13–16; 2,23f). Das Weisheitsbuch bietet sogar eine tiefsinnige Beschreibung der Angst, die aus der Sünde hervorgeht: Die Bosheit spreche sich selber das Urteil, weil sie, durch das böse Gewissen bedrängt, stets das Schlimmste annehmen müsse, und mehr noch als die Nacht, die auf ihnen liege, würden die Sünder sich selber zur Qual (Weish 17,10.20). Der Gedanke, daß die Sünde sich selbst straft – natürlich mußte auch das Alte Testament, je bohrender es ihn reflektierte, an seine Grenzen stoßen (auch darauf komme ich noch zurück). Angemerkt sei aber noch, daß er natürlich auch im Neuen Testament weiterlebt, so etwa (die bekannteste Stelle) wenn Paulus eindringlich beschreibt, daß Gott die Heiden wegen ihrer Abgötterei den entehrenden Leidenschaften des eigenen Herzens ausgeliefert und sie ihrem ruchlosen Denken überantwortet hat (Röm 1,24–28).

Auf den Zusammenhang von Tat und Ergehen und ebenso auch auf die Tatsache nicht bewußter und dennoch geahndeter Schuld hat *Otto Hermann Pesch* sich berufen, um Israels Interesse am objektiven Sachverhalt der Sünde und sein Desinteresse am subjektiven Beteiligtsein des Täters zu behaupten: „Von einer zerbrochenen personalen Beziehung zwischen dem Sünder und Gott als der eigentlichen und entscheidenden Folge der bösen Tat wird man im Alten Testament nicht sprechen können“[5] – eine These, die sich nur dadurch erklären läßt, daß Pesch die Entwicklung der Sündenerfahrung, die sich mit den Propheten vollzieht, befremdlicherweise kaum beachtet und in ihrer Bedeutung herabstuft[6]. Zurecht hat aber schon *Piet Schoonenberg* zu bedenken gegeben, wie sehr das Gesetz in den Bund integriert war[7]. „Ich bin Jahwe, dein Gott“, lautet die Eingangsformel und Grundvoraussetzung der Gesetzgebung für Israel in Ex 20. Deshalb findet die Sünde ihre ausgeprägteste Gestalt in der Abgötterei, die als erstes im Dekalog verboten (Ex 20,3) und stets als erstes dem Volk von den Propheten vorgeworfen wird (Am 2,4; Hos 2,4). Sünde bedeutet durchaus Beleidigung, Herausforderung und Verachtung Jahwes, sie hat den Charakter des *Bundesbruchs*. Gerade in der Logik des Bundesgedankens aber lag auch die Entwicklung zur prophetischen Vertiefung und Personalisierung der Sündenerfahrung, die ich schon früher herausgestellt habe[8]. Auch Schoonenberg übersieht nicht die archaische Vorstellung einer Sünde ohne Bewußtsein und Schuld, aber entscheidender ist doch, daß im selben Alten Testament, namentlich von den Propheten, ein Prinzip aufgestellt wird, das alle noch magischen oder äußerlich objektivierenden Auffassungen verdrängt und das lautet: „Gott sieht auf das Herz“[9], wobei Herz das Innere,

---

5 *O.H. Pesch*, Frei sein aus Gnade (Anm. 2), 120.

6 Damit stimmt m. E. überein, daß in Peschs Freiheitsdenken, das sich vornehmlich an der metaphysischen Konzeption des Thomas v. Aquin und zugleich am theologischen Freiheitsverständnis Luthers orientiert, überhaupt die Ursprünglichkeit und formale Unbedingtheit der Freiheit zurücktritt.

7 Vgl. *P. Schoonenberg*, Der Mensch in der Sünde (Anm. 3), 848ff.

8 S.o. Kap. 8.1.

9 *P. Schoonenberg*, Der Mensch in der Sünde (Anm. 3), 853.

den Mittelpunkt der Person bezeichnet, nicht nur das Gemüt, sondern auch und vor allem den freien Willen als Sitz von Gut und Böse. „Der Mensch schaut auf das Äußere, aber Jahwe schaut auf das Herz", heißt es 1 Sam 16,7; er wird sein Volk strafen, erklärt ebenso Jesaja (29,13), „weil dieses Volk da mit seinem Munde sich naht und mit seinen Lippen mir Ehre erweist, während sein Herz von mir fern ist" – ein Wort, das sich Jesus nach Mk 7,1–23 zu eigen gemacht und gegen seine pharisäischen Gegner gerichtet hat. Ebenso sind es die Propheten, die die mit dem altisraelitischen Clan-Denken verbundene Vorstellung einer Sippenhaftung durch ihren Appell an die persönliche Verantwortung des Einzelnen überwinden. Während es Ex 20,5 heißt: „Ich, Jahwe, euer Gott, bin ein eifersüchtiger Gott, der die Sünden der Väter an den Söhnen bis ins dritte, vierte Geschlecht derer rächt, die mich hassen", sagt Jeremia einem zu seiner Zeit kursierenden Sprichwort, das die alte Auffassung festhält, den Kampf an. Unmittelbar vor seinen berühmten Worten über den „neuen Bund" verkündet er für die kommende Zeit: „In jenen Tagen sagt man nicht mehr: Die Väter aßen unreife Trauben, und den Söhnen wurden die Zähne stumpf. Nein, ein jeder stirbt durch eigene Schuld" (31,29f). Noch entschiedener der Protest bei Ezechiel: „So wahr ich lebe, spricht Jahwe der Herr, niemand von euch soll dieses Sprichwort fürderhin in Israel gebrauchen: Siehe, alle Menschen sind vor mir gleich; Vater und Sohn sind vor mir gleich. Nur der Mensch, der sündigt, soll sterben" (18,3f) …

In einem schönen Abschnitt seiner „Theodramatik"[10] hat *Hans Urs von Balthasar* dargestellt, wie Israel, eben aufgrund seiner ausdrücklichen Bundesbeziehung, in der gesamten Weltgeschichte auch der ausgezeichnete Ort ist, an dem das eigentliche Wesen der Sünde, obwohl sie doch überall herrscht, am direktesten offenbar wird: *ihr Wesen als Unglaube* nämlich, der als persönliche Abwendung von Gott dann auch Gott selber trifft – warum sonst könnte er so eifernd, ja eifersüchtig sein? Nach den Geschichtsbüchern hat schon bei Abraham, aber auch bei Mose die Glaubenshingabe an den Gott des Bundes den unbedingten Primat vor dem Halten der einzelnen Weisungen – eine Einsicht, die dann von den Propheten immerfort eingeschärft wird. Die feststellbaren Vergehen, die sich so hart im Sozialen auswirken, sind doch stets Ergebnisse eines grundlegenden Bösen: Herausgefallensein aus dem Bundesverhältnis, Treulosigkeit, Unglaube, Ungehorsam, schuldhaftes „Vergessen Gottes", Gleichgültigkeit, herzensverhärtete „Unkenntnis

---

10 Vgl. *H. U. von Balthasar*, Theodramatik III, Einsiedeln 1980, 158–162.

Gottes“ – lauter zentrale Worte der Prophetie. Und wenn Israel sich in seine eigene Schönheit vergafft, wenn es „satt geworden“ ist und seinen Gott dann vergißt, dann entspringt eben aus diesem schuldigen Vergessen auch sein Götzendienst, wobei die Götzen, die Projektionen seiner Gelüste, den unbequemen, persönlich einfordernden Gott ersetzen sollen und deshalb der Umgang mit ihnen als Unzucht und Ehebruch gebrandmarkt wird: als Abfall von der Liebe des wahren Gottes. Unglaube ist es ebenso, wenn die Mächtigen der Güte dieses Gottes nicht trauen und lieber auf die eigene Macht setzen: sowohl in der Politik der Könige Israels, die am Vertrauen auf Gott vorbei gegen alle Warnungen Bündnisse mit den Großmächten schließen, wie auch in den sozialen und wirtschaftlichen Mißverhältnissen im Land selbst, wo die Partei der Mächtigen, der Hofleute, Grundbesitzer und bestochenen Richter das arme Volk unterdrückt und beraubt. Und wieder sind es die Propheten, denen die keineswegs gemütliche Aufgabe zufällt, die erstarrten Herzen zu bewegen, zur Umkehr zu rufen, also Bundestreue einzufordern und erneut die Entscheidung des Glaubens zuzumuten – eine Aufgabe, von der sie sich oft genug überfordert fühlen und persönlich zerrieben werden.

Universales Sündenverhängnis?

Es bleibt also dabei: Die prophetische Entdeckung der verantwortlichen Freiheit des Menschen bedeutete eine neue, „geistesgeschichtlich revolutionäre und im Interesse der menschlichen Würde nicht mehr rücknehmbare Wahrheit“[11]. Sie war gekoppelt mit der Entdeckung einer jedem Menschen eigenen personalen Identität vor Gott, gepaart aber auch mit einem nüchternen Realismus gegenüber den Menschen und ihrer Geschichte. Denn das Bewußtsein dieser Freiheit blieb verbunden mit der schmerzlichen Erfahrung ihrer Gebrochenheit und Gefangenschaft[12]. Und damit stehen wir vor der nächsten Frage: Kennt das Alte Testament schon so etwas wie ein Verhängnis, gar ein *allgemeines Verhängnis der Sünde*? Und wenn ja, wie wird es verstanden? Vor übereilten Antworten ist allerdings zu warnen, zu-

---

11 *H. Häring*, Das Problem des Bösen (Anm. 3), 18. Ähnlich *W.-D. Marsch*, Sündenbewußtsein als „falsches Bewußtsein“?: Conc 6 (1970) 393–400, 395.

12 Vgl. zum folgenden auch *P. Schoonenberg*, Der Mensch in der Sünde (Anm. 3), 845f; *H. U. von Balthasar*, Theodramatik III (Anm. 10), 169–172; *O. H. Pesch*, Frei sein aus Gnade (Anm. 2), 121–123; *H. Häring*, Das Problem des Bösen (Anm. 3), 16f.

mal es sich (näher besehen) ja um mehrere Fragen handelt: Sind alle Menschen tatsächlich Sünder? Stehen sie, vor jeder persönlichen Schuld, schon unter der Macht und dem Einfluß der Sünde? Wie aber steht es dann mit Anfang und Ursprung der Sünde? Und gibt es vielleicht sogar (im Sinne der späteren Erbsündenlehre) eine Übertragung der Sünde selbst?

Eindeutig ist der Befund bezüglich der *Allgemeinheit der Sünde*. Zu einem „Volk mit unreinen Lippen“ wird Jesaja gesandt (6,5), und er beginnt seine Predigt, wie es heute kein Prediger riskieren würde: „Wehe, sündiger Haufe, Volk, von Schuld bedrückt; Übeltätern entstammende Brut, Söhne, die frevelhaft handeln“ (1,4). Auch Jeremia erhält den natürlich erfolglosen Auftrag: „Durchstreifet Jerusalems Gassen, seht nach [...] und suchet auf seinen Plätzen, ob ihr einen findet, ob einer da ist, der Recht tut und treues Verhalten übt“ (5,1). Aber nicht erst heute, schon in den Tagen der ersten Liebe, beim Wüstenzug, schon in Ägypten selber wurde Israel schuldig (Ez 20,6ff; 23,3ff), sogar Jakob, „euer Stammvater schon hat gegen mich gesündigt“ (Jes 43,27). Auch das Schuldigsein der Menschen überhaupt kommt in den Blick, denn nicht allein in Israel, seinem Weinberg, findet Gott keine einzige genießbare Traube (Micha 7,1), er findet überhaupt auf Erden „keinen Verständigen mehr, der Gott suchen würde; alle sind abgewichen, alle verderbt, keiner, der Gutes täte, nicht einer“ (Ps 14,2f). Offenbar gilt die Universalität der Sünde als so selbstverständliches Faktum, daß die Feststellung, es gebe „ja keinen Menschen, der nicht sündigte“, gelegentlich bloß noch als Parenthese erscheint (1 Kön 8,46). In der Weisheitsliteratur begegnet dieselbe Einsicht wiederum als Resultat nüchterner Bilanzierung oder auch als argumentum ad hominem: Ja, wenn ich es recht überlege, sinniert Kohelet so vor sich hin, „kein Mensch im Lande ist so gerecht, daß er nur Gutes täte und niemals sündigen würde“ (7,20). Der taktvolle Rat, niemanden zu beschämen, der sich von der Sünde bekehrt hat, findet damit eine plausible Begründung: „Denke daran: wir alle sind schuldig“ (Sir 8,5). Und wer das als These etwa bestreiten wollte, findet sich doch ad personam gefragt (Spr 20,9): „Wer [denn] darf sagen: Ich habe rein gehalten mein Herz?“ Im Gebet jedenfalls, im unverstellten Gegenüber zu Gott, gibt es keine Ausnahme mehr. Hier bleibt allein noch die Bitte: „Mit deinem Knechte gehe nicht ins Gericht, ist doch keiner der Lebenden vor dir gerecht [...] Wolltest du, Jahwe, der Sünde gedenken: Herr, wer könnte bestehen“ (Ps 143,2; 130,3). Gerade aus den Psalmen ließen sich die Belege vermehren, gerade aus ihnen stellt im Römerbrief auch Paulus eine ganze Blütenlese düsterer Aussagen zusammen, um seine These von der Verschlossenheit aller in der Sünde zu stützen (3,10ff).

Bemerkenswert ist nun, daß sich im Alten Testament auch schon die Erkenntnis von einem allgemeinen Sünden*verhängnis* andeutet, zwar keineswegs schon als klare, ausgeführte These, wohl aber als Hinweis auf eine überall zu beobachtende Neigung zur Sünde, wenn nicht sogar auf einen in sie verstrickenden Zwang. Daß die Unheilssphäre der bösen Tat nicht nur den Täter, sondern auch Unschuldige in ihren Bann zieht, habe ich schon erwähnt. Aber es finden sich auch noch andere Aspekte. Jeremia reflektiert auf das abgründige Innere des Menschen: „Arglistig, mehr als alles, ist das Menschenherz. Wer kann es durchschauen? Es sitzt voller Unheil" (17,9); zugleich konstatiert er die zum geradezu unentrinnbaren Wesen verfestigte Gewohnheit (13,23): „Kann etwa ein Mohr seine Haut wechseln oder ein Panther sein fleckiges Fell? Und ihr könntet gut handeln, die ihr ans Böse gewohnt seid!" Sehr weit geht im Grunde auch die lapidare Feststellung der „jahwistischen" bzw. der nichtpriesterschriftlichen Urgeschichte[13], daß das Trachten des menschlichen Herzens „immer nur böse war", „böse von Jugend an" (Gen 6,5; 8,21). Und noch weiter eine Stelle bei Ijob (14,4): „Kann denn ein Reiner von Unreinem kommen? Auch nicht ein einziger!" Ps 51,7 heißt es sogar: „Fürwahr ich bin geboren in Schuld, meine Mutter empfing mich in Sünde". Und dennoch: Eine durchreflektierte, geschlossene Theorie oder gar die spätere Erbsündenlehre läßt sich auch aus diesen Spitzenaussagen nicht rekonstruieren.

Sündenfallerzählung und Urgeschichte: exegetischer Befund und anthropologische Relevanz

Wie aber steht es mit *Gen 3*, der sog. *Sündenfallerzählung*? Wohl kein anderer biblischer Text ist so häufig kommentiert und dabei so tiefsinnig aus- und oft auch umgedeutet worden, gerade auch in der Neuzeit: angefangen bei *Lessing* und *Kant* über *Hegel*, *Schelling*, *Kierkegaard* und andere bis hin zu *Paul Ricoeur* und *Eugen Drewermann*[14]. Umso erstaunlicher muß man es

---

13 Da ich mich nicht in der Lage sehe, in der neueren Diskussion über den „Jahwisten" (vgl. *E. Zenger* u. a., Einleitung in das Alte Testament, Stuttgart ^{7}2008, 74–135) begründet Stellung zu beziehen, verwende ich durchweg – ohne auf präzisere Datierungen einzugehen – die herkömmliche Bezeichnung.

14 Für die Deutungen von Kant, Schiller und Hegel erinnere ich an Kap. 9 bei Anm. 27–46; zu Kierkegaard, Ricoeur und Drewermann s. u. Anm. 20. – Zum folgenden vgl. *N. Lohfink*, Das Siegeslied am Schilfmeer. Christliche Auseinandersetzungen mit dem Al-

finden, daß er im Alten Testament selber nur spärlich beachtet und jedenfalls zur Erklärung der Allgemeinheit der Sünde nicht beansprucht wird. Die beiden allenfalls in Frage kommenden Stellen geben in dieser Hinsicht nichts her: Sir 25,24 („Von einem Weibe nahm die Sünde ihren Anfang, und ihretwegen müssen wir alle sterben") ist eine schlimme Satire ohne jeden theologischen Wert, die sich an die Genesis-Schilderung nur in einer Art Gedankenblitz erinnert, um einen jungen Mann vor den Gefahren des bösen Weibes zu warnen; und Weish 2,23f, die zweite Stelle: „Gott hat den Menschen zur Unverweslichkeit erschaffen [...], doch durch den Neid des Teufels kam der Tod in die Welt, und ihn werden alle erfahren, die ihm angehören" – diese Stelle spielt zwar auf den Einbruch der Sünde in die Welt an, aber deutlich nicht im Sinne einer Urfall-Lehre, sondern der Gegenüberstellung von zwei Daseinsmöglichkeiten. Erst in der nachkanonischen und rabbinischen Literatur findet die Sündenfall-Thematik ausführliche Aufmerksamkeit und eine variationsreiche Behandlung; dabei wird etwa im syrischen Baruch (54,19) aber ausdrücklich vermerkt, daß jeder von uns für sich Adam sei und Adam nur die Ursache des Untergangs für sich selbst. Nicht weiter zu interessieren brauchen uns auch die alttestamentlichen Analogien zur Sündenfallgeschichte: so vor allem Ezechiels Unheilsspruch gegen den König von Tyrus, von dem es (28,11ff) heißt, daß er zunächst, vor seinem Absturz, in den Garten von Eden versetzt war; oder auch die dunkle Stelle bei Ijob (15,7f), die wohl auf einen Mythos vom gefallenen Urmenschen anspielt. Immerhin können solche Parallelen, da sie wahrscheinlich ähnliches Material wie Gen 3 verarbeitet haben, davor warnen, die Einzelheiten überzustrapazieren oder gar historisierend zu lesen, statt auf die theologische Aussageabsicht zu achten. Auffallen muß schließlich auch, daß die Priesterschrift die Sündenfallerzählung nicht kommentiert. Nachdem sie in Gen 1 betont hatte, die Schöpfung sei gut, ja sehr gut gewesen, stellt sie 6,11ff unvermittelt fest, daß „die Erde vor Gott verderbt war und mit Gewalttat sich füllte [...], denn alles Fleisch hatte seinen Wandel auf Erden verderbt". Ohne über das Wie des Sündeneinbruchs

---

ten Testament, Frankfurt 1965, 81–101 (Die Erzählung vom Sündenfall); *C. Westermann*, Genesis (BK.AT I/1), Neukirchen ²1976, bes. 66–95; *K.H. Schelkle*, Schuld als Erbteil?, Einsiedeln 1968, 9–19; *U. Baumann*, Erbsünde? Ihr traditionelles Verständnis in der Krise heutiger Theologie, Freiburg 1970, 196–212; *K.-H. Weger*, Theologie der Erbsünde (QD 44), Freiburg 1970, 78–84; *H. Häring*, Die Macht des Bösen. Das Erbe Augustins, Zürich/Köln 1979, 219–221; *J. Schreiner*, Theologie des Alten Testaments (Anm. 2), 258–263.

auch nur ein Wort zu verlieren, läßt sie nach zitierter Feststellung mit der Sintfluterzählung und dem Noahbund sofort die Heilsgeschichte beginnen.

Statt nun die Auslegungsgeschichte der Erzählung in Gen 3 zu kommentieren oder eine theologische Interpretation ihrer tiefsinnigen Details zu versuchen, möchte ich mich mit einigen Rahmenfeststellungen begnügen, über die heute (soweit ich sehe) ziemliche Einmütigkeit herrscht. Akzeptiert ist heute die mythische Stilgattung des Fallberichts, dem weder historisch gemeinte Aussagen über einen ersten Menschen oder ein erstes Menschenpaar entnommen werden können noch Informationen über einen paradiesischen Anfangszustand des Menschen (das theologische Problem des Urstandes stelle ich noch zurück). Akzeptiert ist deshalb weitgehend auch die Bedeutung Adams, der primär nicht als der historisch Erste, sondern als der prototypische Mensch gemeint ist. Daß ihn der Jahwist (und später noch deutlicher Paulus) an den Anfang der Menschheit stellt, widerspricht dieser Bedeutung nicht, sondern ist nur der (einem erzählenden Denken angemessene) Ausdruck dafür. Auch hängt diese Feststellung nicht von dem Einfluß ab, den man etwa der Vorstellung von der sogenannten „korporativen Persönlichkeit" zugestehen mag, denn auch und allein schon die Tatsache, daß „adam" wohl erst von 4,25 an als Eigenname zu lesen ist, spricht dafür, in ihm den Menschen überhaupt, also die Darstellung der sündigen Menschheit und ihres Schicksals zu sehen. Einen breiten Konsens[15] aber lassen vor allem auch die Interpretationen der Aussage*absicht* des Fallberichts erkennen. Nach *Claus Westermann* hat die ganze sogenannte Urgeschichte „eine doppelte Bedeutung: 1. die Ausrichtung der altorientalischen Mythen auf die Mitte des AT und ihre Gestaltung von dorther, 2. die Ausweitung der Geschichte Israels bis an den Anfang"[16]. Dementsprechend geht die Auslegung in der Regel vor allem von zwei Gesichtspunkten aus: Sie untersucht einmal, wie und unter welcher Rücksicht der Verfasser das ihm vorliegende Material überarbeitet hat, und sie sucht zweitens den Schlüsseltext für die Deutung der gesamten biblischen Urgeschichte, von dem aus sich erst Sinn und Ziel der ersten Genesiskapitel er-

15 Allerdings wird dieser Konsens inzwischen von Positionen in Frage gestellt, die die Komposition der Urgeschichte auf Gen 1–9 beschränken und als ihren Zielpunkt den Noah-Segen für die Schöpfung ansetzen (vgl. v.a. *N.C. Baumgart*, Die Umkehr des Schöpfergottes [HBS 22], Freiburg 1999). Unberührt davon bleibt jedoch, daß mit Abraham der „Segen für die Völker" in die Geschichte eintritt.

16 Zitat nach *U. Baumann*, Erbsünde? (Anm. 14), 204. Vgl. *C. Westermann*, Genesis (Anm. 14), 89ff.

hellen. Natürlich behandeln diese Kapitel thematisch die großen Lebensprobleme der Menschen, insbesondere eben das Problem des Bösen; darüber hinaus ist ein kritischer Zeitbezug des Jahwisten unübersehbar: Schon das Bild der Schlange dürfte sowohl auf eine Auseinandersetzung mit der Macht Ägyptens als auch auf eine Polemik gegen die Verehrung weiblicher Gottheiten deuten. Entscheidend für die Aussageabsicht aber ist nun, daß das vorgegebene Material, also die mythologischen Erzählungen altorientalischer Völker, von einer religiösen Erfahrungsbasis her bearbeitet und durchformt wird, die erst innerhalb des Gottesbundes Israels gegeben war, und daß als Zielpunkt dieser Bearbeitung Gen 12,1–3 anzusehen ist: die an Abraham ergehende Segensverheißung für alle Völker. Von diesem Schlüsseltext ausgehend hat dann etwa *Norbert Lohfink* folgende einleuchtende Deutung angeboten[17]: Der Jahwist kommt aus dem Glauben Israels, daß Gott sein Volk erwählt hat; doch als Mensch der David- und Salomonzeit erlebt er nun eine immense Erweiterung des Blickfelds, in das auch die anderen, nicht gesegneten Völker eintreten. Warum aber stehen die anderen Völker der Welt im Dunkel des Fluches? Die Antwort des Jahwisten ist eine doppelte: zunächst die, daß das Dunkle über den Völkern, das Böse in der Welt nicht von Gott kommt, wie ihre Mythen behaupten, sondern durch menschliche Schuld verursacht ist; schon die ersten Menschen haben gesündigt und dann wurde immer wieder gesündigt. Aber ebenso wichtig wie diese Rechtfertigung Gottes ist dann die weitere Auskunft, daß Gott selber durch den Segen an Israel schon dabei ist, Licht in das Dunkel der Völker zu bringen. *Warum* sie aber des Segens bedürfen und dieser Segen erst langsam wieder in die Geschichte eindringen muß, eben dies demonstriert dann die Urgeschichte, die eine Geschichte des mit der Menschheit sich ausbreitenden Fluches ist.

Mag nun auch in der Darstellung der ersten Sünde alles so angelegt sein, daß sie zugleich als Urtyp jeder menschlichen Sünde bezeichnet werden muß – sie meint trotzdem eine Freiheitstat am Anfang. Insofern, bemerkt *Lohfink*, hat Paulus in Röm 5 die Aussageabsicht des Jahwisten durchaus richtig verstanden[18]. Ausgeschlossen aber bleibt die Vorstellung einer Übertragung der Sünde selber. Nur um die eine geschichtliche Auskunft geht es dem Jahwisten, daß „die Sünde schon von allem Anfang an

---

17 Vgl. *N. Lohfink*, Das Siegeslied (Anm. 14), 98–101; dazu auch *K.-H. Weger*, Theologie der Erbsünde (Anm. 14), 82–84.
18 Vgl. *N. Lohfink*, Das Siegeslied (Anm. 14), 99.

durch die Menschen in der Welt ist, sich mit der Menschheit ausbreitete und alle Menschen unter die Fluchsphäre des Todes brachte"[19]. Betont wird, daß der Mensch, obwohl von der Erde genommen, zur Partnerschaft mit Gott selber erwählt war, sich aber auch schon von Anfang an ihm versagte. Betont wird, daß also nicht etwa Gott oder irgendeine überirdische Macht, sondern allein der Mensch der Urheber des Bösen und deshalb ohne Entschuldigung ist. Und betont wird, daß aber auch dies nicht das letzte Wort war, sondern Jahwe die Verheißung gibt und so sein Angebot aufrechterhält.

Erst wenn dieser theologische Sinn der Sündenfallgeschichte festgestellt ist und festgehalten wird, darf und sollte auch ihr ganzer Motivreichtum zum Zuge kommen und in seiner näheren exegetischen, aber auch in seiner tiefen anthropologischen Bedeutung ausgeschöpft werden. Völlig zu Recht wird ja nicht nur der Realismus, sondern namentlich auch die psychologische Meisterschaft des „Jahwisten" gerühmt. Dazu noch ein paar Andeutungen (auf die Strafworte allerdings und vor allem das Verhältnis von Sünde und Tod werde ich erst später eingehen)[20].

Da ist zunächst der Baum der Erkenntnis von Gut und Böse – und was immer er sonst noch bedeuten mag, er markiert jedenfalls eine *Grenze*. Ist dies nun eine willkürlich verfügte oder eine zum Menschen wesentlich gehörende Grenze? In jedem Fall ist sie dem Menschen *gesetzt* – und schon dies indiziert seine Endlichkeit: daß er über Gut und Böse nicht Herr ist, nicht wie Gott seiner selbst mächtig. Zugleich aber ist sie *bewußt*: sie wäre als Grenze ja sonst nicht erfahrbar, nicht Grenze „für ihn", woran sich zugleich aber zeigt, daß er in diesem Wissen um sie über sie auch hinaus ist. Die Möglichkeit ihrer Negation und Nichtanerkennung ist darin latent schon vorhanden, ebenso wie die Freiheit zur Öffnung für Gott. Als endlicher Mensch im Wissen um diese Endlichkeit leben zu sollen – im Bewußtsein dieser gespannten Konstitution, am Abgrund der Freiheit, nistet

19 *H. Häring*, Die Macht des Bösen (Anm. 14), 220.

20 Vgl. zum folgenden außer der in Anm. 14 angegebenen Literatur auch *S. Kierkegaard*, Der Begriff Angst (GTB 608), Gütersloh [2]1983 (Dazu *M. Bongardt*, Der Widerstand der Freiheit. Eine transzendental-dialogische Aneignung der Angstanalysen Kierkegaards, Frankfurt 1995); *P. Ricoeur*, Symbolik des Bösen. Phänomenologie der Schuld II, Freiburg/München 1971, bes. 265–296; *E. Drewermann*, Strukturen des Bösen. Die jahwistische Urgeschichte in exegetischer, psychoanalytischer und philosophischer Sicht. 3 Bde., Paderborn 1977/78; *J. Werbick*, Schulderfahrung und Bußsakrament, Mainz 1985, 29–31.84–86; *W.-D. Marsch*, Sündenbewußtsein (Anm. 11), 394f.

aber auch schon die *Angst*, die zu ihren ambivalenten Möglichkeiten nur erweckt zu werden braucht: So wie sie ins Vertrauen geborgen und aufgehoben werden kann, so kann sie zum Mißtrauen ausschlagen (Gerade dieses Motiv, bereits von *Kierkegaard* ausgeführt, hat auch *Drewermann* für seine Auslegung fruchtbar gemacht: daß der Mensch das Wesen ist, „das an der *Angst seines Bewußtseins krank* werden muß, wenn es diese Angst, die es wesentlich kennzeichnet, nicht durch einen Akt des Vertrauens überwinden lernt“[21]). Angesichts des Verbots nun kommt die Ambivalenz zum Austrag und zur Entscheidung, der „Jahwist“ schildert es einfühlend und genau: *Der Mensch läßt sich auf seine Grenze fixieren*, der Übergriff wird verlockend, das Mißtrauen wach, aber der verlockende Widerspruch gegen Gott auch verschleiert: Hat Gott denn wirklich gesagt ...? Vielleicht auch steigt aus dem Mißtrauen, das (in den Worten der Schlange) das Verbot sogar noch übertreibt und verzerrt, vielleicht steigt jetzt auch – in eins mit dem Wunsch nach Gottgleichheit, der in der Verheißung der Schlange sich ausdrückt – der ungeheure suggestive Verdacht auf, daß Gott mißgünstig sein könnte, vielleicht selber sich fürchtet und die Grenzziehung nur braucht, um alleiniger Gott bleiben zu können, Herr über den Menschen – schon *Nietzsche* hat diesen Gedanken geäußert, *Drewermann* ihn psychologisch ausgewertet und *Hans Blumenberg* ihn kompromißlos durchgespielt und oft variiert[22]. Aber wie dem auch sei: Im Starren des

---

21 *E. Drewermann*, Psychoanalyse und Moraltheologie. Bd. 1: Angst und Schuld, Mainz 1982, 121.

22 Allerdings geht die Auswertung dieses Gedankens bei jedem in eine andere Richtung. *Nietzsches* Ausführung in Der Antichrist 48 (KSA 6, 226f) nutzt ihn für eine polemische Satire auf die Priester in ihrer Angst vor der Wissenschaft. Der Mensch, von Gott aus Langeweile erschaffen, wird durch den Zugriff auf den Baum der Erkenntnis für ihn zur Gefahr: „Was war geschehn? Den alten Gott ergriff eine Höllenangst. Der Mensch war sein *grösster* Fehlgriff geworden, er hatte sich einen Rivalen geschaffen, die Wissenschaft macht *gottgleich* – es ist mit Priestern und Göttern zu Ende, wenn der Mensch wissenschaftlich wird!“ Indessen: „Die Höllenangst Gottes verhinderte ihn nicht, klug zu sein. Wie *wehrt* man sich gegen die Wissenschaft? das wurde für lange sein Hauptproblem“. Die Katastrophen der Urgeschichte in dieser Lesart: „lauter Mittel im Kampfe mit der Wissenschaft“ – bis hin zu des alten Gottes letztem Entschluß: „der Mensch ward wissenschaftlich, – es hilft Nichts, man muss ihn ersäufen!“ – In *Blumenbergs* „Matthäuspassion“ (Frankfurt 1988), einem als Duell mit Gott vorangetriebenen Gedankenprojekt, bildet die „Furcht des Herrn“, als „Genetivus subiectivus“ gelesen (29), den Anfang des Scheiterns der Schöpfung. Denn deren Grundwiderspruch ist, daß Gott die Menschen als Ebenbilder erschuf und doch „von seinem ‚Bild‘ und ‚Gleichnis‘ verlangte, nicht sein zu wollen wie er selber“ (15) – ein Verbot, „um sich selbst zu schützen: das Urgebot jeder

Menschen auf die eigene Grenze erscheint ihm *Gott als Rivale* und kann doch nur so erscheinen, weil der Mensch selbst schon dabei ist, zum Rivalen Gottes zu werden …

Und dann die Tat – es trifft die Sache genau, von Sünden*fall* zu sprechen, und dies nicht nur, weil der Mensch dem Sog der faszinierenden Lü-

---

Vernunft, das der Selbsterhaltung, hier der Selbsterhaltung eines Gottes" (92): „Gott hatte Furcht vor dem, was ein anderer Unsterblicher mit seiner Unendlichkeit anfangen würde. Um keinen Rivalen zu haben, machte er seine Ebenbilder zu Rivalen *untereinander*, die der Schuld nicht entgehen konnten" (95). Zugleich scheint es (und daran mußte ihm liegen), „als hätte Gott seinen Kreaturen die Frucht vom Baume der Erkenntnis verwehrt, um nicht durchschaut zu werden. Kaum hatten sie gegessen, da sahen sie ihn, wie er ist. Das kann er nicht verzeihen" (94). Und eben dieser „*beleidigte* Gott […] wird der *gescheiterte* Gott sein" (15). Denn alles, was er – durchaus erlösungswillig, aber genugtuungsdurstig – unternimmt, kann die Welt und die Menschen nicht heilen – bis dahin, daß der Logos selbst „dem Menschen nachjagen [wird] bis in den Tod" (16). Gerade „in der Passion scheitert die Schöpfung" (14) jedoch endgültig und mit ihr Gott selber: besteht doch das Paradox von Jesu Kreuzesruf darin, „daß einer Gott als den seinen anruft und zugleich ihn als den Nicht-Seinen der Verlassenheit anklagt. Dieser Gott des Gekreuzigten ist es, den es nicht geben darf, wenn sich dem Menschen die Verlassenheit einer Passion nicht soll wiederholen können" (70). – Für *Drewermann* (Strukturen des Bösen I [Anm. 20], 65–67) hingegen bleibt die Angst Gottes wirklich nur eine mißtrauische Projektion seitens des Menschen. Das Interesse gilt primär der (am Text zu bewährenden) psychischen Logik dieses Verdachts und seiner Rolle beim Sündenfall. Zu Gen 3,5 heißt es: „Nachdem die Angst vor der Todesdrohung der Frau genommen ist, startet die Schlange jetzt ihren Generalangriff, und sie trägt ihn […] wohlvorbereitet vor. Nachdem sie das Strafgewitter eines tötenden Gottes im Hintergrund beseitigt hat, geht sie daran, Gott als ohnmächtig hinzustellen. Gott hat, so unterstellt die Schlange, das Gebot nur erlassen, um sich selbst zu schützen. Er bangt und zittert um seinen Thron. Er ist ein Gott, der keiner ist, sondern voll Eifersucht darüber wachen muß, daß die Menschen seine Untertanen sind". Allerdings ist es nun für Drewermann entscheidend, daß eine solche Argumentation nur unter der Voraussetzung überzeugen kann, „daß die Frau Gott wirklich schon gar nicht mehr als Helfer und Ursprung ihres Lebens, sondern voller Angst als ihren Bedroher und Gegner betrachtet […] Dann ist es treffsicher und richtig, vorauszusetzen, daß es Gott allein um sich selbst zu tun war. Und dann selbstverständlich muß die Härte der Strafe, die Gott verhängte, mit seiner eigenen Schwäche zusammenhängen […] Neid, Eifersucht und Selbstschutz – statt Liebe, Fürsorge und Obhut! […] Gott und der Mensch liegen jetzt in Streit um den Besitz des gleichen Territoriums. Beide sind Gegner. Beide müssen sich bekämpfen". Und der Mensch wird dies tatsächlich wagen, weil sein Verdacht – auch dies ist wesentlich – ihm sogar noch die Möglichkeit zuspielt, „jetzt seine Beruhigung, seinen Halt, den Grund seiner Angstfreiheit" in sich selbst haben zu wollen: „Sterben werdet ihr nicht, und Angst zu haben braucht ihr auch nicht, denn im Grunde […] hat Gott Angst vor euch. Dies ist die letzte Folge aus den Worten der Schlange".

ge, dem blendenden Versprechen nachgibt und dem begehrlichen Traum von Gottgleichheit erliegt. Der Mensch, weil er nicht endlicher Mensch, sondern mächtig des Guten und des Bösen und wie Gott seiner selbst mächtig sein will, greift zu hoch: *er fällt in die Sünde – er fällt zurück auf sich selbst.* Wirklich gehen ihm die Augen jetzt auf und er erkennt, was er ist, nackt, bloßer Mensch …

Und dann die lange Geschichte, die von diesem Punkt aus beginnt, eine selbstauferlegte, selbstproduzierte Geschichte, die keine den endlichen Wesen gegebene Grenze mehr respektiert, eben weil sie von vorneherein unter dem Gesetz steht, das Bewußtsein eigener Endlichkeit und ihre bleibende Angst ins Unendliche kompensieren zu müssen: unter dem *Gesetz der Selbststeigerung* also, die real wird als Steigerung der Sünde. Es hat also seine Logik, wenn der Jahwist (jedenfalls nach den meisten Auslegern) mit der Urgeschichte vor Augen führt, daß die Sünde, kaum nach Erschaffung der Menschheit schon in sie eingedrungen, „sich mit unheimlicher Gewalt ausbreitete“[23]. Dem muß auch nicht widersprechen, wenn *Claus Westermann* stattdessen hervorhebt, daß der Jahwist im Zyklus seiner Schuld-Strafe-Erzählungen den „vielen Möglichkeiten des Geschöpfes“ nachgehen wollte, „sein Handeln gegen den Schöpfer zu richten“[24]. Denn beides, das Ansichreißen aller Möglichkeiten und Mittel wie die Potenzierung des einmal entschiedenen Willens, gehorcht derselben Dynamik verzweifelter Selbstbehauptung. Überdies bringt die Schilderung vom „lawinenartigen Anwachsen der Sünde“ zum Ausdruck, was alle menschliche und historische Erfahrung bedrückend bestätigt: daß es nämlich sehr leicht, geradezu kinderleicht ist, den Lauf des Bösen und seine eigengesetzliche Wirksamkeit zu verstärken (denn dazu genügt schon, daß man nachgibt, mitspielt und nur weniges hinzutut), daß es aber unendlich mühsamer ist, die selbstlaufende Dynamik des Bösen aufzuhalten oder gar rückgängig zu machen (denn dazu müßte man alle guten Kräfte aufbieten und aktiven Widerstand leisten) …

Ebenso wesentlich aber wie das Anwachsen der Sünde ist für die selbstproduzierte Geschichte der Menschen, daß der Fluch, unter dem sie beginnt, durch sie nicht etwa aufgehoben, sondern nur noch unheilvoller und auswegloser wird. Eben weil alle Dinge, alle Verhältnisse und er selber nur sinnvoll und gut sind in der Einheit mit Gott, gerät dem Menschen

23 *H. Haag*, Biblische Schöpfungslehre und kirchliche Erbsündenlehre, Stuttgart 1966, 40.
24 *C. Westermann*, Genesis (Anm. 14), 73f.

alles zum Fluch, solange er als Geschöpf von seinem Schöpfer getrennt ist und sein Leben ohne ihn sucht. Deshalb verläuft die Urgeschichte als *Geschichte zunehmender Entfremdung* – einer Entfremdung, die alle wesentlichen Dimensionen des Menschseins erfaßt. Der in Sünde gefallene, mit Gott zerfallene, auf sich selbst zurückgefallene Mensch ist im genauen Wortsinn „für sich" („für sich" hier verstanden als primär negative Bezogenheit auf anderes), und die Verwirklichung dieses Fürsichseins vollzieht sich nicht nur als Selbstbehauptung des Einzelnen unter der Herrschaft der Furcht vor dem Tode, sondern trägt von vorneherein auch die Signatur der Gegnerschaft und des Kampfes. Entfremdung prägt schon das Verhältnis des Menschen zur umgebenden Natur und zur eigenen physischen Konstitution: die aufbrechende Feindschaft zu den Tieren, die Kargheit des Ackers, die Mühsal der Arbeit, der Schmerz des Gebärens, das Bewußtsein des unerbittlich vernichtenden Todes. Entfremdung prägt vor allem die Beziehungen der Menschen: Nicht nur schämen sie sich voreinander in ihrer Nacktheit, sogleich nach dem Fall verrät Adam auch schon seine Gefährtin, um die eigene Haut zu retten. Dann die Geschichte der Bruderfeindschaft, die (nach Drewermanns Auslegung) darstellt, daß Menschen ohne ein tragendes Vertrauen auf Gott dann auch einander nur mit der einen Frage begegnen können, wer von ihnen mehr Ansehen besitzt; ohne das Gefühl, in einem absoluten Sinne vorweg zu allen menschlichen Verhältnissen in Gott akzeptiert zu sein, zerfällt das menschliche Dasein in ein Feld frontaler Konkurrenz; es verformt sich zu einem mörderischen Kampf um die eigene Bedeutung und die tödlich bedrohte Anerkennung[25]. Dann weiter die Konflikte zwischen den Generationen, die Zerrüttung der menschlichen Verhältnisse durch Gewalttat und Schamlosigkeit, endlich der titanische Turmbau und die Verwirrung der Sprachen … Und dennoch überläßt Gott diese Geschichte nicht einfach ihrer unheilvollen Dynamik, sondern erweist auch in ihr seine Güte: Schon bei der Vertreibung wendet er den Verstoßenen noch seine Fürsorge zu, gewährt sogar dem Brudermörder Kain einen Schutz, er läßt die Menschheit in der großen Flut nicht völlig untergehen, er macht einen neuen Bund mit Noah, bis endlich mit dem Segen über den Exodus Abrahams dann Israel eintritt in das Licht der Geschichte und diese Geschichte in den Horizont der Verheißung für alle Völker gerückt wird.

---

25 Vgl. *E. Drewermann*, Psychoanalyse und Moraltheologie Bd. 1 (Anm. 21), 114.

Güte der Schöpfung, Freilassung des Menschen, Moralisierung des Bösen – und die Wirklichkeit des Leidens: Scheitern des Verstehens und Israels größere Hoffnung

Ich möchte die Bemerkungen zum Sündenverständnis des Alten Testamentes abschließen mit *zwei Hinweisen*, die den Problemhorizont noch einmal ausweiten sollen[26]. Daß die alttestamentliche und insbesondere prophetische Entdeckung der verantwortlichen Freiheit des Menschen vor Gott eine im Interesse der menschlichen Würde nicht mehr rücknehmbare Wahrheit darstellt, habe ich mehrfach herausgestellt. Von ebenso weltgeschichtlicher Bedeutung ist nun aber auch die biblische Zurückführung des Bösen in der Welt auf das Böse des Menschen, auf seine Sünde. Und nochmals dasselbe wäre zum biblischen Schöpfungsglauben zu sagen, der ja aus Israels Erfahrung der Geschichtsmächtigkeit seines Gottes nur die letzte Konsequenz zieht und der sich, nachdem die Vorstellung einer bloßen Chaosbewältigung zurückgelassen war, zum Glauben an die allein durch Gottes Wort ins Dasein gerufene Schöpfung klärte und schließlich sogar, noch im Alten Testament selber (2 Makk 7,28), die Schwelle zum Gedanken der Erschaffung der Welt „aus nichts" erreichte. Voraussetzung dieses Glaubens war das Bekenntnis zu Jahwe als dem einzigen, universalen Gott, wie es sich in der Exilsprophetie, namentlich bei Deuterojesaja, durchgesetzt hatte und dann im Deuteronomium schon vorausgesetzt ist (4,35.39); denn dies bedeutete die Entmythisierung der Götter der anderen Völker und ihre Degradierung zu bloßen Göttersöhnen, himmlischen Hofleuten und dergleichen zweitrangigen Wesen. Ebenso wesentlich war von Anfang an, ebenfalls aufgrund der geschichtlichen Erfahrung, das Vertrauen in die *Güte* von Gottes Schöpfung, ausgedrückt vom Jahwisten durch den Kontrast von Paradieseserzählung und Sündenfall, von der Priesterschrift durch den siebenfachen Hinweis, daß alles gut sei, oder auch von den Psalmen durch das unermüdliche Lob von allem, was Gott gemacht hat. Natürlich stehen alle drei Entdeckungen (die verantwortliche

26 Anregungen und Vorgaben für die folgenden Reflexionen bei *W. Kasper*, Negativität und Böses II–V: CGG 9, 176–201, 187–192; *H. Häring*, Das Problem des Bösen (Anm. 3), 15f.18–28; *G. von Rad*, Weisheit in Israel (Anm. 3), 251–266; vgl. auch *Th. Pröpper*, Art. Allmacht: LThK^3 1, 412–417; *ders.*, Fragende und Gefragte zugleich. Notizen zur Theodizee: *ders.*, Evangelium und freie Vernunft. Konturen einer theologischen Hermeneutik, Freiburg 2001, 266–275; *ders.*, Warum gerade ich? Zur Frage nach dem Sinn von Leiden: KatBl 108 (1983) 253–274.

Freiheit des Menschen, seine Sünde als Ursprung des Bösen und die Welt als Gottes Schöpfung) nicht zufällig nebeneinander, sondern miteinander in enger sachlicher Beziehung. Dies soll zunächst noch verdeutlicht werden. Mit dem zweiten Hinweis möchte ich dann eine Problematik ansprechen, die damit ebenfalls grundgelegt war und die bis heute ihr bedrückendes Gewicht nicht verloren hat.

Beginnen wir, um den inneren Zusammenhang der drei genannten Glaubensinhalte zu erhellen, mit dem Schöpfungsgedanken. Schöpfungsaussagen, in einem sehr weiten Sinne genommen, gibt es in den Mythen fast aller Völker, doch sind hier Theogonie und Kosmogonie immer eng miteinander verbunden. Nach mythologischer Vorstellung ist die Welt ja aus dem Streit der Götter entstanden und deshalb durch diesen Kampf auch weiterhin bestimmt: Hier also ist das Böse von Anfang her im Sein der Wirklichkeit selbst angesiedelt. Demgegenüber stellt Gen 1–3 nicht nur eine Entmythologisierung der Welt, sondern in der Tat auch, wie schon *Gerhard von Rad* hervorhob, „eine Theodizee universalen Ausmaßes dar"[27]. Denn ähnlich, wie es auch *Platon* in der *Politeia* andeutet[28], kann erst recht nach biblischem Glauben von Gott, dem Gott des geschichtlich erfahrenen Heiles, nur Gutes kommen. Aber dieser Glaube überbietet noch die platonische Antwort: nicht nur durch seine prinzipielle, ausnahmslose Gutheißung der Welt, sondern eben auch durch ihr Verständnis als Schöpfung. Denn Schöpfung besagt ja mehr als nur ein Werk wie das des platonischen Demiurgen, dessen Arbeit die zu formende Materie schon voraussetzt (von diesem Dualismus kam das platonische Denken, auch und gerade indem es sich zur Transzendenz des Göttlichen erhob, nie wirklich los[29]). Anders der biblische Glaube: Als von Gott restlos geschaffene und somit als ganze ist die Welt gut, und dieses Gute verdankt sein Dasein Gottes freiem Entschluß. Mit der Wahrnehmung dieser Freiheit der Schöpfung achtet und wahrt die Bibel nun aber ebenso die Freiheit und Transzendenz Gottes gegenüber der Welt – und so wahrt sie zugleich auch die Immanenz der Welt. Die Welt in ihrer Ordnung ist ihr nicht etwa, wie es *Platon* im *Timaios* for-

27 *G. von Rad*, Das erste Buch Mose. Genesis, Göttingen ^{7}1964, 81.
28 Plat. rep. 617e: „Die Tugend ist herrenlos, von welcher, je nachdem jeglicher sie ehrt oder geringschätzt, er auch mehr oder minder haben wird. Die Schuld ist des Wählenden; Gott ist schuldlos".
29 Vgl. *W. Pannenberg*, Die Aufnahme des philosophischen Gottesbegriffs als dogmatisches Problem der frühchristlichen Theologie: *ders.*, Grundfragen systematischer Theologie, Göttingen 1967, 296–346, 314ff.

muliert[30], ein sinnlich wahrnehmbarer Gott, sondern (wie man seit *Gogarten* gerne sagt[31]) „weltliche Welt“: eine gerade in ihrer Abhängigkeit von Gott doch von Gott verschiedene und insofern ihm gegenüber auch relativ eigenständige Größe. Gerade indem schon alttestamentlicher Glaube die Allmacht Gottes *absolut* faßt (allein durch sein Wort ruft Gott ja das Wirkliche ins Dasein), kann er dieser Allmacht auch zutrauen, daß sie das Andere ihrer selbst in sein Eigenes freisetzt. Dies gilt nun in eminenter Weise vom *Menschen*, ohne den das Geschaffene, trotz seines Eigenstandes, doch niemals zu sich selbst kommen würde und ohne den deshalb, als freien und Gott antwortenden Zeugen, die Welt auch nicht Gottes Verherrlichung sein könnte. Gerade als Freigelassener der Schöpfung ist er die Ehre des Schöpfers (Gottes Ebenbild in dem Sinne, wie wir im 3. Kapitel sahen, daß er sich der Gottheit Gottes bewußt werden und deshalb zu ihm sich verhalten, ihm antworten kann). Und eben darin liegt die Göttlichkeit von Gottes Allmacht (im Unterschied zu jeder endlichen, gegensatzabhängigen Macht), daß sie, eben weil sie selber als schlechthin kreative von nichts Endlichem abhängig ist, das von ihr Abhängige wirklich freigeben kann. Wie dies möglich und in sich positiv zu denken sei, bleibt unserer Einsicht freilich verborgen, wir können uns dieser Wahrheit nur dadurch annähern und sie denkend vertreten, daß wir, im ursprünglichen Vollzug unserer Freiheit, auf ihr eigenes Gegebensein aufmerksam werden[32]. Für unseren Zusammenhang wichtig aber ist nun vor allem der Gesichtspunkt der Großzügigkeit dieser Allmacht, da sie ihre Größe nicht, wie es die Mächtigen der Welt nötig haben, durch das Abhängighalten Anderer behauptet, sondern gerade darin erweist, daß sie Freiheit noch außer sich will, ja sogar nicht nur will, sondern auch (im genauen Wortsinn) *andere Freiheit sein lassen kann*, zu ihrem Sein ermächtigen kann – und eben diese Großzügigkeit nennen wir Güte: Güte im absoluten, kreativen Sinn. Gottes Allmacht ist darum, wie *Kierkegaard* formulierte, seine Güte: in Gott fallen beide in eins[33]. Ebenso wichtig ist aber nun auch

---

30 Plat. Tim. 92c: „Denn indem diese unsere Welt sterbliche und unsterbliche Lebewesen erhielt und derart mit ihnen erfüllt ward, ist sie ein sichtbares Lebewesen, das die sichtbaren *Lebewesen* umgibt, als Abbild des *nur* denkbaren *Lebewesens*, ein wahrnehmbarer Gott, der größte und beste, schönste und vollkommenste geworden“.

31 Zu *F. Gogartens* Theologie der Welt und der „sohnhaften Herrschaft“ s. o. Kap. 3.2 Anm. 105.

32 Um die philosophische Ausführung dieser Aufgabe ging es in Kap. 5.3 und den entsprechenden Abschnitten in Kap. 6.

33 Die oft zitierte und vielleicht schönste und genaueste Stelle zu diesem Thema sei

die sogar für Gott unausweichliche Konsequenz: Auch Gott kann andere Freiheit nicht wollen, ohne sie in ihrer Freigelassenheit zu achten und das darin beschlossene Risiko auf sich zu nehmen. Also war mit der Erschaffung endlicher Freiheit auch die Möglichkeit ihres Sich-Versagens, ja sogar die Möglichkeit ihres Widerspruchs notwendig gesetzt. Ich möchte diesen Gedanken jetzt nicht weiter verfolgen; auch mag vorerst dahingestellt bleiben, wie weit die damit nahegelegte Überlegung, die Möglichkeit des Bösen sei als Preis der Freiheit zu denken, theologisch zu tragen vermag. Im Prinzip aber hat schon der alttestamentliche Glaube, wie ich meine, auch für diese These optiert, indem er sich nicht nur zur Welt als Schöpfung und zur Güte der Schöpfung, sondern eben auch (wie wir sahen) zur verantwortlichen Freiheit des Menschen bekannte.

Wie sonst hätte er die faktische Wirklichkeit des Bösen in der Welt auf das Böse des Menschen zurückführen können und dabei sogar auch noch die Übel, die wir als durchaus natürliche bezeichnen und erleben (Schmerzen des Gebärens, Mühsal der Arbeit, Rückkehr zum Staub des Ackerbodens ...), mit der Sünde in engsten Zusammenhang bringen können. Wir müssen uns klarmachen, daß mit dem Schöpfungsglauben und seinen Implikationen der Sache nach eine *doppelte Abgrenzung* vollzogen war, die es in solcher Eindeutigkeit bis dahin noch nicht gegeben hatte und die seitdem von jüdischer und christlicher Theologie unnachgiebig verteidigt worden ist: die Abweisung aller Arten des *Dualismus* einerseits und die Abweisung jeder Form des *Monismus* andererseits, mögen beide Denkweisen nun eher in mythologischer oder philosophischer Gestalt auftreten. Der Dualis-

---

auch hier angeführt: „Das Höchste, das überhaupt für ein Wesen getan werden kann, ist, es frei zu machen. Eben dazu gehört Allmacht, um das tun zu können. Das scheint sonderbar, da gerade die Allmacht abhängig machen sollte. Aber [...] gerade in ihr die Bestimmung liegen muß, sich selber so wieder zurücknehmen zu können in der Äußerung der Allmacht, daß gerade deshalb das durch die Allmacht Gewordene unabhängig sein kann. Darum geschieht es, daß der eine Mensch einen anderen nicht ganz frei machen kann [...] Nur die Allmacht kann sich selber zurücknehmen, während sie hingibt, und dieses Verhältnis ist gerade die Unabhängigkeit des Empfängers. Gottes Allmacht ist darum seine Güte. Denn Güte ist, ganz hinzugeben, aber so, daß man [...] unabhängig macht. Alle endliche Macht macht abhängig, nur die Allmacht kann unabhängig machen, aus nichts hervorbringen, was Bestand hat in sich dadurch, daß die Allmacht beständig sich selber zurücknimmt [...] Dieses ist das Unbegreifliche, daß die Allmacht nicht bloß das Imposanteste von allem hervorbringen kann: der Welt sichtbare Totalität, sondern das Gebrechlichste von allem hervorzubringen vermag: ein gegenüber der Allmacht unabhängiges Wesen" (*S. Kierkegaard*, Tagebücher, München 1949, 216f).

mus (Gnosis, Manichäismus, Priszillianismus oder wie immer) erklärt das Böse dadurch, daß er neben Gott ein von Gott unabhängiges böses Prinzip voraussetzt. Durch den Schöpfungsglauben und das ihm entsprechende Gottesverständnis, das keine von Gott unabhängige oder ihm ursprünglich entgegengesetzte Macht zuläßt, mußte dieser Weg abgeschnitten werden: Alles, was nicht Gott selbst ist, kann nur radikal von ihm her und auf ihn hin sein und muß deshalb als Schöpfung begriffen werden, die von Gott (dem Gott des Heiles), so die grundlegende Option, nur gut geschaffen sein kann. Ebenso eindeutig war jeder Monismus ausgeschlossen, sofern dieser der Welt keinerlei Eigenständigkeit gegenüber dem Schöpfer zuerkennt und deshalb gezwungen ist, das Böse in irgendeiner Weise auf Gott selbst zurückzuführen und ihn damit zu dämonisieren. Mit dem Schöpfungsglauben, der die Transzendenz Gottes und seine wesentliche Differenz zur Welt impliziert, war dies ebenfalls unvereinbar. Also blieb, nach Ausschluß beider Extreme, doch der Sache nach nur eine Möglichkeit offen: „eine *geschichtliche Wesensbestimmung des Bösen*", wie sie das Alte Testament tatsächlich vornahm[34]. Sie besagt, um es nochmals zu wiederholen, daß alle Wirklichkeit von Gott gut geschaffen ist, das Böse jedoch durch geschichtliche Entscheidung der mit Freiheit begabten Geschöpfe in die Wirklichkeit einbrach.

Aber war damit etwa das Problem des Bösen bewältigt? War nicht eher den Menschen zu viel aufgeladen? Damit komme ich zum *zweiten Hinweis*, der aber wirklich nur eine Andeutung sein soll. Ich habe schon anklingen lassen, daß sich Schöpfungs- und Sündenfallbericht durchaus auch als Versuch einer Theodizee auffassen lassen, wohl als der erste umfassende Versuch dieser Art überhaupt, notwendig geworden durch Israels Option für die unbedingte Güte Jahwes – eine Option allerdings, die hier keineswegs etwa, wie später der große *Leibniz* meinte, gesichertes Wissen der Vernunft war, sondern in der Geschichte gewachsenes Vertrauen. Und so wie dieses Vertrauen eine Geschichte schon hinter sich hatte, so stand es in ihr auch weiterhin auf dem Spiel. Es spricht für den unbedingten Ernst des alttestamentlichen Glaubens, daß er bei allen Erfahrungen ganz auf die Güte Jahwes, daß er gleichsam alles auf diese eine Karte gesetzt hat. Aber ebensowenig wie dieser Glaube aus Naivität geboren war, war das Problem des Bösen auch durch ihn nicht für immer erledigt: Es blieb weiterhin virulent. Und es wurde noch dadurch verschärft, daß Israel die Welt ja

---

34 *W. Kasper*, Negativität und Böses (Anm. 26), 190.

nicht als eigengesetzlich geregelten Geschehenszusammenhang kannte, sondern alle Ereignisse unmittelbar in Gottes Hand gelegt sah, so daß die Problematik des Bösen durchaus und direkt auf ihn selber zurückschlagen konnte. Das Alte Testament weiß auch um die unheimliche Seite seines Gottes: Dem Mose erscheint er einmal als tödlich bedrohender Wüstendämon (Ex 4,24ff), schon mit Jakob hatte er gekämpft in der Nacht (Gen 32,25ff), er selbst ist es, der das Herz des Pharao verstockt (Ex 10,1), ungeheuerlich sein Auftrag an Jesaja: „Verstocke das Herz dieses Volkes" (6,10), er beansprucht das Recht, Israel zu zerschlagen wie der Töpfer die Schüssel (Jes 45,9; Jer 18,6), und bei Deuterojesaja heißt es sogar: „Ich bilde das Licht und erschaffe Finsternis, ich bewirke das Heil und erschaffe das Unheil" (45,7). Zwar ist diese Stelle durchaus singulär, und spätestens Jesus Sirach weist derartige Gedanken ausdrücklich zurück: „Sage nicht: von Gott kommt meine Sünde. Denn was er haßt, das schafft er nicht" (15,11). Andererseits wird aber gerade in dieser (schon vom hellenistischen Denken beeinflußten) Zeit die Frage nach dem Ursprung des Bösen in der Welt mit neuer Dringlichkeit gestellt, ja sogar – durch unabweisbare, aber nicht mehr erklärbare Leidenserfahrungen verschärft – jetzt auch auf theoretische Weise reflektiert und dabei endgültig aporetisch. Die schon erwähnte weisheitliche Rationalisierung des Tun-Ergehen-Zusammenhangs, seine Stabilisierung zur zweckmäßig gefügten, gleichsam sich selber bestätigenden moralischen Weltordnung will nicht gelingen, jedenfalls nicht lückenlos gelingen; die Verbindung des menschlichen Leidens mit menschlicher Schuld, also sein Verständnis als Strafe der Sünde, schon in der Urgeschichte als zentrales Element israelitischen Glaubens thematisiert und durch die ethische Predigt der Propheten noch intensiviert, diese Verbindung gerät zunehmend in die Krise. Der Triumph der Übeltäter und das Unglück des Gerechten: die moralische Rechnung geht einfach nicht auf. Und doch lassen sich die Fragen auch nicht abweisen und verdrängen – es sei denn, man kündigte Gott überhaupt sein Vertrauen. Dann allerdings wäre man die Theodizeefrage los – die widersinnige Realität des Leidens jedoch bliebe immer noch. Nur wäre seine Sinnlosigkeit dann definitiv. Und wie würde man dann mit ihm umgehen und leben? Müßte man sich nicht abwenden und es verdrängen? Israel ist diesen Weg nicht gegangen. Es hat sich weder der aufdringlichen Wirklichkeit des Leidens verschlossen noch von seinem Gott ablassen wollen. Warum, so klagt und beharrt der Beter des Psalms 22 seinem Gott gegenüber, warum bin ich von dir verlassen? Spätestens in den Reden des Ijob und seiner Freunde zerbrechen die traditionellen Theologumena dann Stück für Stück: Die Äquivalenz von Lohn und Strafe mit gutem und bösem Verhalten, ebenso der Umkehrschluß von dem menschlichen Leiden auf menschliche Schuld; es zerbricht das Bild auch vom Erziehergott, der züchtigt, um zu retten (5,17ff); und die Zumutung schließlich, gegen jedes bessere Wissen den Grund des eigenen Unglücks dann eben in gänzlich verborgenen unbewußten Sünden zu suchen, überschreitet nicht nur jede Grenze der Redlichkeit gegenüber Gott und sich selbst, sondern verrät auch die Unbarmherzigkeit derer, die so argumentieren. Ich kann auf das Buch Ijob jetzt weiter nicht eingehen, sein bleibendes Gewicht für jeden nachdenkenden Glauben läßt sich nicht mit ein paar Sätzen ausdrücken. Bemerken möchte ich nur, daß ich sein letztes Wort nicht in einer Antwort auf die von ihm selbst aufgeworfenen Fragen, sondern in der Anrufung sehe, mit der der gequälte Ijob den willkürlichen Feind-Gott, gegen den er seine Anklagen schleudert, überholt und sich an den Retter-Gott wendet, von dem er gewiß ist, daß er lebt und ihm nicht fremd bleiben wird (19,25–27)[35]. Aber das ist, wie gesagt, keine Antwort mehr, sondern ein Appell: Appell an Gott gegen Gott, Protest und Hoff-

---

35 Dies freilich ohne die Konsequenz, die *Ernst Bloch* gezogen hat: „Der Freund, den Hiob sucht, der Verwandte, der Rächer kann nicht der gleiche Jachwe sein, gegen den Hiob den Rächer anruft" (Atheismus im Christentum. Zur Religion des Exodus und des Reichs [rde 347–349], Reinbek 1970, 111). Bloch stützt damit die Perspektive seiner Hoffnungsphilosophie, die Deus Creator und Deus Spes realiter unterscheidet, weil „ein Prinzip, welches in die so vorhandene Welt hereinführt, nicht auch das Prinzip sein kann, welches aus so vorhandener Welt auch leitend herausführt" (a. a. O. 39) – eine Argumentation, die nun freilich die Aufhebung des Gottesgedankens überhaupt unausweichlich und jede Theodizee, die ohnehin nach Hiobs „harten Fragen [...] eine Unredlichkeit" wäre (a. a. O. 116), gegenstandslos werden läßt (bzw. durch die Problematik der „Anthropodizee" ablöst). Zu Recht bemerkt *Jürgen Ebach*, daß Bloch gerade „die letzte Dramatik des Textes [verfehlt], wenn er den Gott, der Hiob Gewalt angetan hat, trennt von dem go'el, von dem er Rettung einzig noch erwartet. Eben daß gegen den als Gewalttäter erfahrenen Gott nur derselbe als Rächer und Retter angerufen werden kann, macht die ungeheure Spannung der Hiob einzig noch möglichen Hoffnung aus. Gegen die Trennung von Gewalt und Rettung, die Blochs Dialektik zuletzt noch als Diastase erscheinen läßt, wäre auf dem Zugleich und dem In-eins von Gewalt und Rettung zu beharren und doch von der Klage über jenen Widerspruch nicht abzulassen" (Leviathan und Behemoth, Paderborn 1984, 31). Angesichts des damit bezeichneten Problemstands erscheint mir Ijobs schließliche Umkehr und Unterwerfung (42, 1–6) nur verständlich (und human), wenn die vorausgegangenen Gottesreden über die Größe seiner Schöpfung und das bewältigte Chaos nicht eine bloße, alle Fragen niederschlagende Machtdemonstration bedeuten, sondern als Ermutigung zum Vertrauen auf seine unerschöpften Möglichkeiten gelesen werden können.

nung in einem. Auch hier noch, wo alle Verstehenslösungen zerbrechen, hat die Erinnerung an die Erfahrung des befreienden Gottes, die Israels Glauben seit den Tagen des Exodus konstituiert, die Oberhand behalten.

An der Frage des Leidens, die mit dem Hinweis auf die Sünde des Menschen nicht mehr zu beantworten war, fand also die vom „Jahwisten" eingeleitete Moralisierung des Bösen in der Welt ihre Grenze. Aber damit wurde dann auch das Leiden selbst wieder zur offenen, nicht mehr beantwortbaren Frage. Zwar bezeugt auch schon alttestamentlicher Glaube, daß Gott selbst leiden kann: Er leidet *an* den Menschen, er leidet *mit* ihnen, und zaghaft wird sogar der Gedanke erwogen, daß Gott sich selbst auf dem Schauplatz des Leidens befindet – für das Problem aber, welchen Grund und Sinn Leiden habe, ist dieser Gedanke im Alten Testament kaum noch fruchtbar geworden (Und selbst wenn er es wäre, wäre auch er ja keine Erklärung für die radikalsten Fragen des Leidens gewesen[36]). Nicht durch die Lösungen, die das Erste Testament für dieses Problem fand und dann wieder verwarf, ist sein Glaube für immer bedeutsam geblieben (denn solche Lösungen werden bis heute gesucht und wieder verworfen), sondern daß es die Frage nach dem Leiden überhaupt so radikal gestellt und durchgehalten hat, eben weil es die Güte seines Gottes so ernst nahm und darum wohl auch die Realität des Leidens so ernst nehmen konnte. Auch wo es mit seinem Verstehen am Ende war, hat es zu Jahwe noch *gerufen*. Die Feststellung definitiver Sinnlosigkeit blieb im Blick auf den Gott, der doch als rettende Zukunft geradezu definiert war, unmöglich. Auch die Lieder vom Gottesknecht, der zum Sinnbild für das Schicksal des Volkes Israel wurde, waren mit ihren Bildern des unschuldigen, stumm gewordenen Leidens wohl nur zu ertragen, weil sie in eine Verheißung einmünden. Und wenn auch (wie ich eben sagte) die Moralisierung des Bösen in der Welt an den nicht mehr verrechenbaren Leidenserfahrungen scheiterte und damit das Leiden überhaupt unbeantwortbar wurde und als Frage auf Gott zurückfiel, so hat wiederum diese Perspektive der Zukunft, die nicht widerrufene Hoffnung, daß jedenfalls am Ende die Rettung, das Gute stehe – sie hat es verhindert, daß Israel der Versuchung erlag, die in der Radikalität seines Schöpfungsglaubens als dessen gefährlich-

36 Und dies schon deshalb nicht, weil er (für sich genommen) zwar die Vorstellung eines teilnahmslosen Gottes ausschließen kann, aber noch nicht die unerschöpflichen Möglichkeiten seiner Allmacht anspricht, die unsere Hoffnung auf seine Rechtfertigung, auf endgültige Gerechtigkeit und Versöhnung voraussetzt.

ste Konsequenz durchaus angelegt war: der Versuchung, womöglich Jahwe selbst in ein positives Verhältnis zum Bösen zu setzen. Daß er im Gegenteil das Böse zum Guten wendet – dieser Glaube war fest mit der Erinnerung an die Rettung aus Ägyptens Knechtschaft verknüpft, war exemplarisch festgehalten etwa in der Josephsgeschichte: „Ihr gedachtet mir Böses zu tun, aber Gott hat es zum Guten gewendet" (Gen 50,20), noch die Apokalyptik hält an diesem Glauben fest, zieht aus ihm nur, angesichts des verzweifelten Zustands der Welt, die letzten Schlußfolgerungen – und immer wieder bezeugen ihn die Psalmen: „Wenn ich auch wandere in finsterer Schlucht, ich fürchte kein Unheil, denn du bist bei mir" (23,4). Noch in den Vernichtungslagern der Nazischergen haben jüdische Opfer die Psalmen gebetet. „Jahwe behütet dich vor allem Bösen, er rettet dein Leben" (121,7). Wir können uns daran nur erinnern (mit dem strikten Verbot jedes gläubigen Triumphalismus, denn uns bleibt nur das Bekenntnis der Schuld). Aber erinnern müssen wir uns, damit die Gemordeten nicht vergessen werden. Ihre Gebete aber bleiben eine Frage an *Gott*, der allein über ihre Wahrheit entscheiden kann. Er muß sie ins Recht setzen – oder alles ist sinnlos …

2. Perspektiven der Verkündigung Jesu und des Neuen Testamentes

Mit den Bemerkungen zum Sündenverständnis des Neuen Testamentes möchte und kann ich mich insofern etwas kürzer fassen, als sich hier die wesentlichen Grundzüge durchhalten und sich durchaus auch die Akzente, die man als Vertiefung und Radikalisierung ansehen kann, auf der Linie des alttestamentlichen Glaubens, insbesondere der prophetischen Verkündigung, verstehen lassen. Spezifisch neutestamentlich allerdings sind die Bestimmungen, die das Verständnis der Sünde oder besser das Verhalten zu ihr und zu den Sündern im Kontext der Verkündigung Jesu von der schon in seinem Wirken anbrechenden Basileia gewinnt. Eine nochmals veränderte Perspektive ergibt sich dann dadurch, daß sich der nachösterliche Glaube zu Jesus selbst als Offenbarung Gottes und eschatologischem Heilbringer bekennt und durch seinen Tod und seine Auferweckung die Herrschaft der Sünde und des Todes grundsätzlich gebrochen sieht. Ich werde zunächst einige Merkmale zusammenstellen, die sich für das Sündenverständnis aus der Verkündigung Jesu und des Neuen Testamentes ergeben, um mich sodann auf Paulus zu konzentrieren und besonders auf Röm

5,12ff einzugehen, weil diese Stelle wie keine andere für die weitere Geschichte der Sündenlehre bedeutsam geworden ist.

Die Sünder und ihre Sünde im Licht der anbrechenden Basileia

Jesus selber hat niemals eine Lehre von der Sünde vorgetragen, ebensowenig wie eine Theorie über das Leiden – er hat sich den Leidenden *zugewandt*, ebenso den Sündern. Aus seinem Kampf gegen das Leiden entstand ihm ja das eigene Leiden; der Überwindung der Sünde, um deren Wirklichkeit er wußte und deren Unheil er brennend empfand, galt sein Lebenseinsatz: „Denn der Menschensohn ist gekommen, um das Verlorene zu suchen und zu retten“ (Lk 19,10).

Einige Elemente seines Wissens um die Sünde lassen sich gleichwohl eindeutig erheben[37]. Bereits Jesu uneingeschränkte Forderung der restlosen *metanoia* setzt ja nicht nur die Tatsache der Sünde, sondern auch ihr Wesen als Abkehr von dem Gott, den er verkündet, voraus: von Gott als dem absolut fordernden Herrn und grenzenlos liebenden Vater zugleich. Vorausgesetzt ist ebenso die Allgemeinheit der Sünde; der Unterschied zwischen Gerechten und Sündern gilt Jesus als nur relativ, weil auch die Gerechten Gottes Schuldner bleiben: „Wenn ihr alles getan habt, was euch befohlen wurde, sollt ihr denken: wir sind unwürdige Knechte“ (Lk 17,10); und die aufgetragene Vater-unser-Bitte „erlaß uns unsere Sünden“ mutet das Eingeständnis zu, daß vor Gott wir alle der Vergebung bedürfen (Lk 11,4). Die Frage nach dem Ursprung der allgemeinen Sündhaftigkeit wird in der auf die Bekehrung Israels abhebenden Verkündigung Jesu allerdings nicht gestellt (nur in Mt 19 deutet Jesus im Blick auf die Ehescheidung einmal an, daß es im Anfang nicht so war). Desgleichen wäre es natürlich abwegig, nach so etwas wie einer Definition der Sünde zu suchen. Eindeutig ist jedoch, daß er einen bloß äußerlichen, quantitativen Sündenbegriff verwirft und auf das Herz des Menschen als das eigentliche Organ des sittlichen Lebens und der entscheidenden Einstellung zu Gott verweist. Das Gewicht der Sünde wird dabei in keiner Weise verharmlost: Als gottwidrige Gesin-

37 Vgl. zum folgenden *A. Vögtle*, Art. Sünde IV. Im NT: LThK^2 9, 1174–1177, 1174f; *M. Theobald*, Art. Sünde II. 2. Neues Testament: LThK^3 9, 1120–1123, 1120f; *H. Häring*, Das Problem des Bösen (Anm. 3), 31f; *F. Böckle*, Fundamentalmoral (Anm. 2), 118f; *W.-D. Marsch*, Sündenbewußtsein (Anm. 11), 395f.

nung bedeutet sie den Verlust der Gemeinschaft mit Gott und hat die ewige Verwerfung zur Folge. Eben deshalb kulminiert Jesu offenbarendes Wirken ja im dringlichen Angebot und der Zuwendung der unbegreiflichen Liebe Gottes, ja als vollmächtiger Verkünder dieses Gottes beansprucht er sogar die Gewalt, Sünden zu *vergeben*: besonders ausdrücklich bei der Heilung des Gelähmten und gegenüber der Sünderin beim Gastmahl (Mk 2,5ff; Lk 7,47ff). Die Reaktion der Gäste (Was ist das für ein Mensch, daß er sogar Sünden vergibt?) läßt erkennen, daß man diesen Anspruch durchaus verstand. Zugleich wird sichtbar, was im Verhältnis zu Gott entscheidet: Nicht primär an kultischer oder ethischer Gesetzeserfüllung, an der Einhaltung einer festgeschriebenen Gottesordnung entscheidet es sich letztlich, ob einer sündig oder gerecht heißen darf, sondern an dem unverstellten menschlichen Vertrauen zu diesem Jesus, der in der Autorität des schenkenden Gottes handelt; sein Wort an die Frau „Deine Sünden sind dir vergeben“ wird deshalb geradezu identisch mit dem anderen „Dein Glaube hat dich gerettet“ … Unübersehbar und nicht zu unterschlagen ist aber auch die Dringlichkeit dieser Verkündigung und die Krise, die sie mit ihrer Einladung zum Glauben heraufführt: „Wer sich vor den Menschen zu mir bekennt, zu dem wird sich auch der Menschensohn vor den Engeln Gottes bekennen. Wer mich aber vor den Menschen verleugnet, der wird auch von den Engeln Gottes verleugnet werden“ (Lk 12,8f); die verhärtete Ablehnung, das Im-Unglauben-bleiben-Wollen gegenüber dem Gnadenangebot Gottes erscheint sogar als die einzige Sünde, die auf keine Vergebung im Gericht rechnen kann: „Jede Sünde und Lästerung wird den Menschen vergeben werden, aber die Lästerung gegen den Geist wird nicht vergeben“ (Mt 12,31). Auch *Gottes* Liebe kann einen Menschen ja nur erreichen, wenn dieser sich erreichen *läßt*.

Was Jesu Verkündigung auffallend prägt: Die Verheißung eines vorbehaltlos guten, ohne Bedingung vergebenden Gottes, das Zurücktreten der Gerichtsbotschaft zugunsten der Botschaft des Heils, die eindeutige Radikalisierung des Liebesgebots zur Feindesliebe (Mt 5,43ff) und dessen Gleichordnung mit dem Gebot der Gottesliebe (Mt 22,34ff), schließlich der freie Umgang mit dem Gesetz, und zwar um des Menschen willen (Mk 2,27) – dies alles hat er nicht nur gefordert, angesagt oder erwartet, sondern im eigenen Verhalten, im praktischen Umgang mit dem Bösen, auch schon jetzt an Ort und Stelle als *gültig vollzogen*, besonders anschaulich in seiner als anstößig empfundenen Zuwendung zu den Ausgestoßenen und Sündern. Offensichtlich hat er diejenigen, die als böse galten, in äußerster Selbstverständlichkeit angenommen und ebenso selbstverständlich das Gute, das er als Gottes Willen wußte, getan. Obwohl er das Böse mit verschärftem moralischen Bewußtsein anprangert, setzt er einen praktischen Neubeginn, der nicht im moralischen Appell steckenbleibt, sondern die Scheidung von Gut und Böse schöpferisch überwindet und die Bedingungen solcher Scheidungen überholt. Und die Gleichnisse zeigen, daß er dieses Verhalten als Gottes eigenes Handeln, als Beginn seines Reiches identifiziert: Suche nach dem Verlorenen, Freude des Wiederfindens, Geschenk ohne Leistungsnachweis. Dies möchte ich jetzt (im Anschluß an *Paul Hoffmann*[38]) noch etwas deutlicher machen.

Zur Erklärung von Jesu Verhalten und seiner Deutung der Gegenwart wird gelegentlich auf Lk 10,18 verwiesen: „Ich sah den Satan wie einen Blitz vom Himmel fallen". Offenbar verdichtet sich in dieser visionären Erfahrung eine für Jesus grundlegende Einsicht: Die Befreiung der Welt von dämonischen Mächten hat eingesetzt, die Herrschaft des Bösen ist grundsätzlich gebrochen – Gott beginnt seine Schöpfung wieder zu erobern, und Jesus weiß sich als Exponent und Akteur dieses Geschehens. Gerade seine Dämonenaustreibungen signalisieren deshalb besonders augenfällig den Anbruch der Basileia (Lk 11,20). Durchaus im Horizont apokalyptischer Naherwartung nimmt Jesus dennoch die Gegenwart als Ort des Heilshandelns Gottes wahr; darin gründet die Konkretheit seiner Rede von Gott, und deshalb wäre es auch verfehlt, seine Auslegung des Willens Gottes als Interimsethik zu deuten, denn es geht ihm durchaus um den „Anfang der neuen Welt Gottes […] in dieser immer noch andauernden bösen Weltzeit"[39]. Er weiß, daß die Tage böse und die Verhältnisse schlecht sind, die schlimme Realität wird nicht schwärmerisch übersprungen. Sie wird aber auch nicht gewaltsam zurechtgerückt. Mit dem Weizen wächst auch das Unkraut, und man kann es nicht hindern, wenn man mit ihm nicht auch den Weizen ausreißen will (Mt 13,24ff): Eine heile Welt oder reine Gemeinde gibt es vorerst ebensowenig wie den vollkommenen Menschen. Der Kontrast im Senfkorngleichnis führt die Spannung vor Augen, der sich Jesu Wirken aus-

---

38 *P. Hoffmann*, Jesu einfache und konkrete Rede von Gott: *ders.*, Studien zur Frühgeschichte der Jesus-Bewegung, Stuttgart ^{2}1995, 15–40. In den folgenden Absätzen fasse ich die wichtigsten Aussagen dieses schönen und gehaltvollen Aufsatzes im Blick auf die Sündenthematik (und mit eigenen Akzenten) zusammen.

39 A. a. O. 25.

gesetzt weiß: Die Vollendung bleibt allein Gottes Sache. Jetzt kann es nur darum gehen, im Vertrauen darauf das „mühsame Geschäft der kleinen Schritte, des ständigen Anfangens“ zu betreiben[40].

Auch der Mensch selber wird von Jesus nicht einseitig gesehen – so als gäbe es immer nur Gute oder Böse, Tatsache ist vielmehr der Zwiespalt in uns, die rätselhafte Verstrickung von beidem: „Ihr, die ihr böse seid, wißt doch euren Kindern gute Gaben zu geben“, heißt es Mt 7,11. Aber das Gute, das in uns steckt und manchmal doch auch hervortritt, besteht nicht ohne den dunklen Hintergrund, der den Menschen vor Gott dann doch als Sünder ausweist. Er ist der allein Gute, sogar für sich selbst weist Jesus deshalb die Anrede „guter Meister“ zurück: „Was nennst du mich gut? Keiner ist gut außer Gott“ (Mk 10,18). Gemessen an ihm und dem Anspruch, der aus der Mitteilung seiner Güte erwächst, erscheint der Mensch tatsächlich als „Versager“: als der Gott nicht entsprechende Mensch. Und trotzdem, gegen jeden anthropologischen Pessimismus: auch er hat die Chance des Guten und kann sie ergreifen, „wenn er diese Einsicht in die Ambivalenz seines Wesens nicht verdrängt, sondern diese seine Wahrheit anerkennt“[41]. Was über sein Verhältnis zu Gott letztlich entscheidet, bringt das Beispiel von den beiden Betern im Tempel (dem Pharisäer und Zöllner[42]) auf den Punkt (Lk 18,10ff). Der Zöllner gesteht, daß er nichts vorzeigen kann, womit er sein Leben rechtfertigen könnte, er liefert sich ganz Gottes Urteil aus. Der andere weiß zwar durchaus, daß er es Gott zu verdanken hat, keiner der alltäglichen Sünder zu sein, aber das hindert ihn nicht, seine positiven Taten wie vorzeigbare Leistungen herunterzubeten und mit verräterischem Seitenblick den Zöllner zu disqualifizieren. Obwohl alles stimmt, was er sagt, erweist es sich dennoch als falsch, erweist er sich selber als Heuchler, weil er die dunkle, ichsüchtige Seite seines Wesens, die sich noch während seines Betens hervordrängt, ausblendet, sie nicht einmal bemerkt und so die eigene Wahrheit verfehlt. Immer wieder verwickelt Jesus seine Hörer in die Frage, wer sie selbst sind und wer sie sein wollen vor Gott. Ihren Widerspruch gegen den Gott freier Güte läßt er mit geschickter Erzählregie in der Geschichte von den Arbeitern im Weinberg (Mt 20,1–15) durch die Arbeiter der ersten Stunde zur Sprache kommen. Aber

40 A. a. O. 23.

41 A. a. O. 27f.

42 Allerdings ist damit zu rechnen, daß hier ein von Lukas bereits verzeichnetes Pharisäerbild vorliegt.

dann die Antwort, eine Frage ad hominem: „Ist dein Auge böse, weil ich gut bin?" Das geht an den Grund ihrer Lebenseinstellung: Ertragen sie es, daß andere unabhängig von ihrer Leistung bejaht und beschenkt sind? Oder brauchen sie die Selbsterhebung auf Kosten von anderen? Aber auch umgekehrt und womöglich noch schwerer: Ertragen sie es, daß auch sie selber unabhängig von allem Verdienst akzeptiert sind? Daß das alles Entscheidende ganz umsonst ist und man (außer der Einstimmung) nichts dafür tun kann? Vor dem Gott Jesu rechtfertigt allein die Antwort des Glaubens – man kann wirklich nicht sagen, erst Paulus hätte diese Lehre erfunden.

Daß der Gott Israels ein gütiger und menschenfreundlicher Gott ist, „ein Gott der Vergebung" (Neh 9,17), gehört zu den Grundüberzeugungen jüdischen Glaubens. Daß Jesus dennoch mit einigen der Frömmsten seiner Zeitgenossen in Konflikte geriet, scheint seine Ursache in der aktuellen Inanspruchnahme dieses Gottes für das eigene Verhalten zu haben, das sich von jeder Vorbedingung unabhängig machte. Im Gleichnis vom verlorenen Schaf (Lk 15,1ff), mit dem Jesus sich rechtfertigt, handelt ja allein der Hirte, nicht das Schaf. Gott selber kommt den Menschen entgegen, läuft ihnen geradezu nach, genauso wie die, mit denen Jesus Gemeinschaft aufnimmt, durch keinerlei Sühneleistung als „Söhne der Umkehr" zu erkennen sind; sie sind wirklich „Verlorene" – und doch freut sich Gott, ohne Wenn und Aber, sie wiederzufinden. Im anschließenden Gleichnis vom verlorenen Sohn (Lk 15,11ff) stoßen dann die verschiedenen Gottesbilder direkt aufeinander. Der Ältere der Brüder kennt seinen Vater als den, der Dienst und Gehorsam verlangt, während der wirkliche Vater, der in der Geschichte agiert, dem Heimkehrenden freudig entgegenläuft, seinem Schuldbekenntnis zuvorkommt und ihn als Erben und Sohn akzeptiert, ehe dieser auch nur ein Wort über die Lippen gebracht hat. Sein Verhalten ist keineswegs Schwäche, sondern „Ausdruck seiner Souveränität, und seine Souveränität ist nichts als Güte"[43]. Deshalb verurteilt er auch den Älteren nicht, sondern geht zu dem Verärgerten hinaus, um ihn zur Mitfreude zu gewinnen.

Und dieser Gott, den Jesus als gegenwärtig Handelnden setzt, ist wesentlich, eben weil er bedingungslos gut ist, *als Gott für mich zugleich der Gott für die Anderen.* Genauer noch und angesichts der realen Verhältnisse konkreter: Er ist der Gott vorzüglich derer, die übersehen, ausgegrenzt und beiseitegeschoben, die zum Geringsten, zum Fremden, zum Feind, zum

43 *P. Hoffmann*, Jesu einfache und konkrete Rede (Anm. 38), 31.

Nicht-Nächsten gemacht werden. Daß er seine Sonne aufgehen läßt über Bösen und Guten (Mt 5,45) – diese eher skeptische Feststellung der Weisheitsliteratur, daß Gott offenbar keinen Unterschied mache, dient Jesus zur Begründung der Feindesliebe: einer Forderung also, die den grundsätzlich noch manipulierbaren Begriff des Nächsten im Gebot der Nächstenliebe durch den des Feindes ersetzt und damit unendlich ausweitet. Der Punkt, an dem gewöhnlich menschliche Solidarität aufhört („einmal hat meine Güte ein Ende"), gewinnt damit offenbarende Qualität: Hier wird sich zeigen, ob einer Gottes Güte entspricht oder nicht. Ich denke, daß hier auch der eigentliche Grund ansichtig wird, aus dem sich Jesu kritische Stellungnahmen zur mißbräuchlichen Inanspruchnahme des Gesetzes und sein eigenes Sündenverständnis ergeben: Gott und Mensch, aber auch Mensch und Mitmensch stehen letztlich einander ohne verstellende Zwischeninstanz gegenüber. Der Satz, daß der Sabbat für den Menschen da ist (Mk 2,27), bringt im Kontext des Verhaltens Jesu nicht nur den Charakter der Heilsgabe des Gesetzes zur Geltung, sondern begründet durchaus auch seine Freiheit im Umgang mit ihm: zugunsten des Menschen. Und wenn er den Opferdienst im Tempel zugunsten noch ausstehender menschlicher Versöhnung relativiert (Mt 5,23f) und ebenso die Verzehntung von Kräutern und Gemüse zugunsten menschlicher Gerechtigkeit, Barmherzigkeit und Treue (Mt 23,23f), wenn er die Unterscheidungen von rein und unrein, von heilig und profan hinter sich läßt, weil nichts Äußeres, sondern nur das, was aus ihm selbst kommt, den Menschen verunreinigen kann (Mk 7,15) – dann wird immer ein Doppeltes erkennbar: Weil die eigentliche Unreinheit und Sünde, die Wurzel seiner Bosheit, seiner Selbstgerechtigkeit und Gier im Inneren des Menschen sitzt und von hier aus aufbricht und alles Handeln verdirbt, ist sie letztlich durch Vorschriften nicht zu bannen. Also setzt Gottes Güte tiefer an: Sie will nicht irgend*etwas* vom Menschen, sondern ihn *selbst* und deshalb zuerst seinen *Glauben*. Aber zuvor noch, bevor sie etwas fordert, *gibt* Gott dem Menschen auch etwas, gibt ihm gerade das, was sein Leben rechtfertigt und niemals verdient werden kann (eben sich selbst: *in* seiner Liebe), und macht ihn dadurch für andere frei und fähig zu tun, was sie tatsächlich brauchen. So wird – und das ist der zweite Aspekt – seiner Aufmerksamkeit und der Energie seines Handelns der Bereich zugewiesen, der sich gesetzlicher Regelung ja ebenfalls entzieht und auf dem sich dennoch die Qualität menschlichen Verhaltens entscheidet. Das Gesetz wird damit nicht aufgehoben, sondern wahrhaft erfüllt: Die Intentionen der zweiten Tafel des Dekalogs, dem Mitmenschen wirklich gerecht zu werden, sind ja uneingeschränkt zur Geltung gebracht, der Freiheit verantwortlichen Glaubens sind sie jetzt anvertraut und übergeben. Der andere Mensch selbst, seine Erwartungen, Hoffnung und Not, werden (mit einem schönen Ausdruck von *Ulrich Luz*) das reale „Textbuch von Gottes Willen"[44].

Der Überwinder von Sünde und Tod: Unterpfand der Versöhnung, Anführer des Glaubens

Jesus hat den Gott, dessen bedingungsloser Güte und rückhaltlos für die Menschen entschiedener Liebe er gewiß war, nicht nur angekündigt und proklamiert, sondern ihn auch, vollmächtig und gehorsam zugleich, durch sein praktisches, ebenso rückhaltloses Tun zur Wirklichkeit kommen lassen[45] – und anders, ohne die reale Vermittlung eines solchen menschlichen Lebens, hätte dieser Gott, Gott selbst *in* seiner Liebe, uns Menschen wohl auch niemals erreichen können[46]. Jesus nimmt sich selbst so abstrichlos beim Wort, daß sein Verhalten zur Realität des Inhalts seiner Verkündigung wird: sein Leben selbst stellt ihn dar. Er lebt den Appell, dem Bösen nicht auf gleicher Ebene entgegenzutreten, sondern die andere Wange hinzuhalten (Mt 5,39), er läßt das Lob der Gewaltfreiheit an sich Wirklichkeit werden (Mt 5,5), er macht Ernst vor allem mit Gottes Sünder- und Feindesliebe – „bis an das Ende" (Joh 13,1). Seine Rede von Gott hat er damit im Äußersten bewährt, hat den letzten Erweis von Liebe, der Menschen möglich ist, erbracht, an ihrem unbedingten Ernst also keinen Zweifel gelassen – und ist doch, menschlich gesehen, *gescheitert*. Die (machtpolitisch gesprochen) „konstitutionelle Schwäche seiner Konzeption"[47], daß nämlich das Böse nicht durch entschiedene Abwehr und harte Gegengewalt, sondern durch die Tat des Guten zu überwinden sei, kam offen zu-

44 *U. Luz*, Einige Erwägungen zur Auslegung Gottes in der ethischen Verkündigung Jesu: EKK. Vorarbeiten H.2, Zürich/Neukirchen 1970, 119–130, 125. Dieses Textbuch, so Luz weiter, bleibt „im einzelnen immer konkret, je nur in actu erfahrbar und nicht vorweg fixierbar" (ebd.).
45 Vgl. zum folgenden auch *A. Vögtle*, Art. Sünde (Anm. 37), 1175f; *M. Theobald*, Art. Sünde (Anm. 37), 1121f; *H. Häring*, Das Problem des Bösen (Anm. 3), 32–43.
46 Zur Begründung dieser These s. *Th. Pröpper*, Evangelium und freie Vernunft (Anm. 26), 49ff.
47 *H. Häring*, Das Problem des Bösen (Anm. 3), 39.

tage. Die tödliche Verletzbarkeit der Liebe, auf deren praktisches Gesetz und schutzlose Logik er sich mit seinem Leben verpflichtet hatte, war evident. Er selbst, der die bedingungslose Vergebung der Sünde zugesagt, der für die Überwindung ihrer trennenden und lebenzerstörenden Macht einen realen Neuanfang gesetzt, der eben damit jedoch (und entscheidend wohl durch seinen Auftritt im Tempel[48]) die offiziellen Wortführer der Frömmigkeit provoziert und dann das Urteil der politischen Gewalt auf sich gezogen hatte – er selbst wird schließlich in kaum überbietbarer Eindeutigkeit zum *Opfer* der Gewalt und des Bösen, theologisch: zum Opfer der *Sünde* – ohne daß dies Letzte jedoch sichtbar gewesen wäre. Denn seine Botschaft schien widerlegt, und er selbst erfährt nicht nur (allen Anzeichen nach) sein Sterben im subjektiven Bewußtsein der Verlassenheit von dem Gott, dessen Gegenwart er doch angesagt hatte, sondern mußte sogar, am schändlichen Kreuzesholz aufgehängt, vor aller Augen als von Gott selber verflucht erscheinen[49]. Hier aber, am äußersten Tiefpunkt, setzt die entscheidende *Wende* ein, die als Erfahrung der Jünger zur Kenntnis zu nehmen ist. In den Worten des Paulus: „Wir wissen, daß Christus, von den Toten auferweckt, nicht mehr stirbt" (Röm 6,9). Gemäß diesem Bekenntnis hat Gott selber getan, was kein Mensch hätte tun können und was deshalb geradezu die Realdefinition Gottes ausmacht: er hat die Grenze des Todes niedergerissen. Wenn aber, so die unmittelbare Schlußfolgerung, im Tod die Macht des Bösen ihren endgültigen Sieg erreicht, dann hat jetzt, da der Tod selber besiegt ist, auch das Böse verloren – jedenfalls endgültig verloren, so wirksam seine Macht vorläufig auch noch sein mag. Ebenso grundsätzlich ist die Macht des Todes, die Herrschaft der Todesangst gebrochen: sie kann jetzt aufhören, das alles bestimmende Gesetz des Lebens zu sein. An dieser Stelle hat das starke Wort vom Tod des Todes seinen Ursprung, aber ebenso auch das Bekenntnis zu Christus als dem Herrn über alle Mächte des Bösen. Denn von hier aus wird nicht nur die veränderte

48 Jesu Drohung mit der Zerstörung des Tempels, verbunden mit der sie symbolisierenden Zeichenhandlung, dürfte der Anlaß für seine Verhaftung gewesen sein, Grund für seine Verurteilung (und Auslieferung an die Römer) sodann das im Sinne messianischer Ambitionen auslegbare Drohwort Jesu über das nahe Gericht des Menschensohnes (Mk 14,62 parr). Vgl. *W. Pannenberg*, Systematische Theologie 2, Göttingen 1991, 379–382.

49 Dies aufgrund der zeitgenössischen Deutung von Dtn 21,23 als Zeichen gottverfluchter Verlorenheit. Zur Hinrichtung Jesu am Kreuz als radikaler Krise s. *H. Kessler*, Sucht den Lebenden nicht bei den Toten. Die Auferstehung Jesu in biblischer, fundamentaltheologischer und systematischer Sicht (Neuausgabe), Würzburg 1995, 104–108.

Perspektive verständlich, in der nun die Sünde erscheint, sondern verständlich auch, daß diese Perspektive zugleich eine christologische Ausrichtung gewinnt, weil sich jetzt nämlich das Wirken und Geschick dieses einzigen Menschen als die Entscheidung im Kampf gegen die Macht des Bösen begreifen läßt. Obwohl oder gerade weil Jesus sich in der Konsequenz seines Auftrags der Gewalt der Sünde aussetzte, sie bis zu Ende erlitt und im eigenen Tode sie gleichsam sich selbst totlaufen ließ, gilt er jetzt, da Gott ihn vom Tode erweckt und ins Recht gesetzt hat, als ihr definitiver Überwinder. Aufgrund dieser Einsicht, als Überwinder der von Gott trennenden Sünde, wird er nicht nur als Anfänger der Versöhnung und Beginner des Friedens, sondern auch als *Unterpfand* der Versöhnung geglaubt: „Denn er selbst ist unser Friede", heißt es im Epheserbrief (2,14). Dieselbe Perspektive durchformt nun auch die erzählende Erinnerung an ihn: so etwa das Evangelium des Markus, der die Geschichte als den eschatologischen Kampf zwischen Gut und Böse begreift, der durch das Wort Jesu und seine Auferstehungsbotschaft entschieden wird; oder auch das Evangelium des Johannes, der sogar eine präsentische Eschatologie konzipiert und deshalb das Böse als den Unglauben identifiziert, der sich selbst schon gerichtet hat. Und dieselbe Perspektive ist es dann auch, die alle weiteren neutestamentlichen Aussagen zur Sünde bestimmt.

Grundlegend bleibt dabei Jesu Botschaft von der sündenvergebenden, errettenden Liebe Gottes, nur daß jetzt ihre Vermittlung durch Christus ausdrücklich bekannt wird: namentlich die Katastrophe seines Todes wird nun als Sterben „für unsere Sünden" begriffen (Röm 4,25; in welcher Perspektive das zu verstehen ist, habe ich eben angedeutet; es wäre in der Soteriologie weiter zu entfalten[50]). Grundlegend bleibt ebenso Jesu Forderung radikaler *metanoia*, nur daß sie jetzt auch den Empfang der Taufe verlangt, die eben auf den Tod und die Auferweckung Jesu Christi geschieht, die Christen als der Sünde Gestorbene qualifiziert (Röm 6,11) und sie deshalb zu bleibender Umkehr, zur Bewahrung des eschatologischen Heilsgutes verpflichtet. Nicht zu verleugnen war allerdings auch, daß der erlangte Heilsbesitz (trotz der Wirksamkeit und Endgültigkeit des Sieges Christi über die Sünde) keineswegs schon für immer Unsündlichkeit garantierte, sondern die weitere Anstrengung des Kampfes gegen die dauernde Macht der Sünde und ihre vielen Erscheinungsformen und Verführungsgestalten

---

50 S. dazu *Th. Pröpper*, Erlösungsglaube und Freiheitsgeschichte. Eine Skizze zur Soteriologie, München ^{3}1991, 39–68.238–248.

verlangte – eines Kampfes, den die besorgten Hirten durch orientierende Tugendtafeln und warnende Lasterkataloge nach Kräften paränetisch unterstützen. Doch geht die Radikalität der genuin jesuanischen Impulse dabei nicht verloren: „Vergeltet niemand Böses mit Bösem! Seid allen Menschen gegenüber auf Gutes bedacht", oder noch innovatorischer formuliert: „Laß dich nicht besiegen vom Bösen, sondern besiege das Böse durch das Gute" (Röm 12,17.21). Die Bergpredigt sowie das Doppelgebot der Liebe behalten ihre normierende Funktion, Jesu große Gerichtsrede (Mt 25), in der die Zugehörigkeit zu Christus von der Hinwendung zu allen, die in Not sind, von der Hinwendung gerade zu den Übersehenen und Geringsten, abhängig gemacht wird (und dies sogar und gerade auch so, daß der Bezug zu Christus gar nicht bewußt zu sein braucht, sondern im Zentrum der Aufmerksamkeit ganz der bedürftige Andere steht) – diese Gerichtsrede wird ein klassischer Grundtext christlicher Praxis. Unnachgiebig messen die Briefe und namentlich Paulus die christliche Existenz und Gemeinde an der aktiven Bereitschaft zur Versöhnung, an ihrer Fähigkeit zum Frieden und bei alledem am rückhaltlosen Vertrauen auf den Gott, der in Jesus erkennbar wurde. In den Situationen bleibender, ja zunehmender Bedrängnis versucht man nicht nur die Zeit der Bewährung in der Aussicht auf künftigen Lohn zu bestehen, erinnert sich auch nicht nur an Jesu Mahnungen zur Geduld (Mt 13,28f; Lk 8,15), die gegen allen Anschein mit Gottes Wirken auch in der Gegenwart rechnet, sondern begreift vor allem auch, daß der Jünger nicht über seinem Herrn stehen kann und daß die Behauptung, in Jesus sei das Böse besiegt, nicht etwa vom Handeln entlastet, sondern die eigene Existenz bindet. Also wird die Nachfolge aktuelles Thema, auch die Zugehörigkeit zu Jesus im Leiden. Nicht als hätte man leidensverliebt es gesucht (ein solcher religiös verklärter Masochismus ist dem biblischen Menschen völlig fremd, er widersprach seinem Realismus und Lebenswillen; auch Jesus selbst wurde erst von der sentimentalen Frömmigkeit späterer Zeiten zum leidenssüchtigen, in edler Schönheit sterbenden Heiland gemacht, das Neue Testament wußte noch, was ein Kreuz ist). Vielmehr ergab sich das Leiden einfach daraus, daß die Praxis des Glaubens immer wieder in die „Dialektik von vorausgreifender Befreiungshoffnung und bleibend widerspenstiger Gegenwartserfahrung" geriet[51]. Auch wird das Leiden nicht eigentlich erklärt: Vom Unglück eines Menschen auf dessen Schuld oder die Schuld Anderer zu schließen, war von

---

51 *H. Häring*, Das Problem des Bösen (Anm. 3), 41.

Jesus nach Johannes 9,2f ja ausdrücklich zurückgewiesen worden. Andererseits aber wird das Leiden auch kein Grund zur Anklage Gottes, eine Erörterung der Theodizeefrage wie etwa im Buch Ijob gibt es im Neuen Testament nicht – es sei denn, man wollte einige dialektische Spitzenaussagen des Paulus in diesem Sinne verstehen oder auch, wie es etwa *Albert Camus* getan hat, den letzten Kreuzesschrei Jesu selber als den schärfsten, unbeantworteten Ausdruck dieser Frage[52]. Aber der Gekreuzigte wurde als Auferweckter geglaubt, die Auferstehungshoffnung bestimmte das Verständnis des Leidens: Daß Gerechte leiden, war deshalb entweder ein Zeichen für die Drangsale der Endzeit oder ein schlichter Erfahrungssatz, der aus dem Versuch der Nachfolge Jesu resultierte und aus der Zugehörigkeit zu ihm auch seine fast selbstverständliche Sinndeutung erhielt. Gerade die späteren Schriften, so etwa der Hebräerbrief, stellen der verzagten Gemeinde ja eindringlich den *Menschen* Jesus vor Augen, der durch Leiden den Gehorsam und Dienst des Glaubens lernen mußte und als dessen „Anführer und Vollender" (12,2) ein Beispiel gegeben hat.

Wesen, Macht und Allgemeinheit der Sünde

Auf der Linie der Verkündigung Jesu liegt es natürlich auch, daß im Neuen Testament das Wesen der Sünde nun eindeutig als *Unglaube* identifiziert wird, allerdings wiederum in spezifisch christologischer Konzentration[53]. Gewiß war damit auch der Keim zu Fehlentwicklungen gelegt, die sich im

52 *A. Camus*, Der Fall (rororo 1044), Hamburg 1974, 94f: „Er hat den Beistand nicht gefunden, er hat sich darüber beklagt, und, um das Maß voll zu machen, hat man ihn zensuriert! Ja, ich glaube, es war der dritte Evangelist, der als erster seine Klage ausstrich. ‚Warum hast du mich verlassen?', das war ein aufrührerischer Schrei, nicht wahr? Darum her mit der Schere […] Und er war kein Übermensch, das dürfen Sie mir glauben. Er hat seine Todesangst herausgeschrien, und darum liebe ich ihn, meinen Freund, der da starb mit der Frage auf den Lippen. Das Unglück besteht darin, daß er uns allein gelassen hat, auf daß wir weitermachen, was auch geschehe, selbst wenn wir im Un-Gemach hausen".

53 Vgl. zum folgenden *A. Vögtle*, Art. Sünde (Anm. 37), 1175–1177; *M. Theobald*, Art. Sünde (Anm. 37), 1122f; *O. H. Pesch*, Frei sein aus Gnade (Anm. 2), 123–128; *P. Schoonenberg*, Der Mensch in der Sünde (Anm. 3), 886–888; *F. Böckle*, Fundamentalmoral (Anm. 2), 119–121; *H. U. von Balthasar*, Theodramatik III (Anm. 10), 162–168; *H. Merklein*, Paulus und die Sünde: *H. Frankemölle* (Hg.), Sünde und Erlösung im Neuen Testament (QD 161), Freiburg 1996, 123–163; *M. Theobald*, Der Römerbrief (Erträge der Forschung 294), Darmstadt 2000, 149–155.

Neuen Testament selber schon andeuten: die Fixierung des Glaubens zu einem lehrhaft-objektiven Bekenntnis, dessen Verbindung mit dem Handeln dann nicht mehr unmittelbar einsichtig ist und das vor allem neue, zumindest mißdeutbare Fronten zwischen Gut und Böse, Rechtgläubigen und Ungläubigen aufreißt – mit allen dann naheliegenden, allzumenschlichen Folgen: Abschottung, Verketzerung usw. Man kann bezweifeln, schreibt *Hermann Häring* dazu, „ob diese Sorte von Bekenntnis zu Jesus als dem Retter aus dem Bösen die Geschichte der Schrecken wert war, die sie gezeugt hat“[54]. Wesentlicher und auch vorherrschend ist freilich der positive Sinn von Glauben: So wie Jesu Verhalten seine Wurzel in seinem unbedingten Vertrauen auf Gott hatte, so kommt es jetzt darauf an, sich durch Jesus, den Erretter, ganz für Gott öffnen zu lassen, in ihm Stand zu gewinnen und so die eigene Existenz, aus der alles Tun und Lassen hervorgehen, grundlegend zu bestimmen. Schon im Jesuszeugnis der Synoptiker, die von Haus aus im damals alltäglichen Sinne unter Sünden die Übertretungen des göttlichen Gebotes verstehen, zeichnet sich als die eigentliche Sünde der Unglaube ab. Johannes und Paulus entwickeln dann eine reflektierte Glaubenstheologie. Nach Johannes sind Unglaube oder Glaube die Grundalternativen der Welt, sie bedeuten Gericht oder Errettung. Und im Galaterbrief formuliert Paulus: „Der aus Glauben Gerechte wird leben“ (3,11). Daß die Rechtfertigungslehre, die dieser Satz zusammenfaßt, wesentlichen Anhalt am Glaubensverständnis Jesu hat, habe ich schon erwähnt. Daß sie zugleich dem nirgends so intensiv wie bei Paulus bezeugten Bewußtsein von der Verfallenheit aller an die Sündenmacht entspricht, unter deren Tyrannei der Mensch ohne die Gnade Christi zum Heil ohnmächtig wäre, soll bald noch deutlicher werden.

Die *universale Macht der Sünde* ist durchgängiges neutestamentliches Thema, doch bleibt ihr Ursprung letztlich im Dunkel. Und die vielfältigen Namen, mit denen sie oder auch ihre Herkunft benannt oder personifiziert wird, um ihr gottwidriges Wesen, ihre heilsfeindliche Aktivität schon im Erdenwirken Jesu oder auch jetzt ihre Rolle als Gegenspieler des durch seine Kirche wirksamen Christus zum Ausdruck zu bringen, diese Namen sind für einen heutigen Verstehensversuch wenig hilfreich: Teufel, Satan, Feind und Drache, Beelzebub, Beliar und alte Schlange, Herrscher dieser Welt, der die Menschen in Unfreiheit niederhält, das Böse in Gottes guten Acker sät, der Besessenheit, Krankheit, Tod und Unglauben bewirkt und

54 *H. Häring*, Das Problem des Bösen (Anm. 3), 36.

den Menschen ins Verderben reißt[55]; oder auch, ebenso interpretationsbedürftig, die anonymen Benennungen durch Ausdrücke wie Mächte, Herrschaften und Gewalten. Charakteristisch für Paulus und Johannes ist dann die substanziierende Redeweise von *der* Sünde (im Singular); beide sind auch die einzigen, bei denen sich eine vertiefte theologische Reflexion über die Sünde findet. Ausgangspunkt für *Johannes* ist einmal die besondere Akzentuierung des Christusgeschehens: Nur der vom Himmel herabgestiegene und dorthin aufgestiegene Sohn Gottes kann den Zugang zur Welt des Lebens und des Lichtes erschließen; das andere Ausgangsdatum ist der Rückblick auf den von Jesus selbst verurteilten, aber bis zu seiner Tötung sich steigernden Unglauben gegenüber ihm, dem gottgesandten Offenbarer des Wortes und der Tat. Er kam in die Welt, in sein Eigentum, aber die Seinen nahmen ihn nicht auf (1,11). Die geschichtlich zum Bösen verkehrte Welt steht für Johannes als Tatsache fest. „Die Menschen liebten die Finsternis mehr als das Licht. Waren doch ihre Werke böse", heißt es in 3,19 und dann 8,34: „Jeder, der die Sünde tut, ist der Sünde Knecht". Hinter den einzelnen Sünden erblickt Johannes also eine mysteriöse, gottwidrige, versklavende und vor allem auch verblendende Macht, von der nur der sündlose Sohn befreien kann: „das Lamm Gottes, das die Sünde der Welt fortschafft" (1,29). Doch kulminieren Wesen und Macht der Sünde gerade in der unfaßlich verblendeten Ablehnung des Offenbarers, die Johannes letztlich nur aus der Inspiration des Teufels, des „Fürsten dieser Welt" (12,31), des Mörders und Lügners von Anbeginn, begreifen kann[56]. Erst durch den Geist, der die Welt ihres Unglaubens (der Sünde schlechthin) überführt, wird der durch Christus schon errungene Sieg über Satan und Sünde geschichtlich wirksam.

Aber jetzt zu *Paulus*, der für die Geschichte der Sündenlehre die weitaus größte Nachwirkung hatte. Allerdings sind bei ihm die Probleme des Sündenverständnisses so komplex und die hereinspielenden Themen so vielfältig, daß ich mich auf *drei gezielte Fragen* konzentrieren möchte. Sie betreffen 1. die *Allgemeinheit* der Sünde und des Sündenverhängnisses, 2. den Grund oder den *Ursprung* der Allgemeinheit der Sünde und des Sündenverhängnis-

55 Vgl. *M. Limbeck*, Jesus und die Wirklichkeit des Bösen. Das Böse im Verständnis der Synoptiker: *H. Haag*, Teufelsglaube, Tübingen 1974, 219–346, 273.

56 Auf die Problematik der johanneischen Redeweise von „den Juden", insbesondere an Stellen wie 8,44, wo der „Teufel zum Vater" der (angeredeten) Juden erklärt wird, sowie die verhängnisvollen Folgen kann ich hier nur hinweisen.

ses und 3. die *menschliche Erfahrung* des Verhängnisses der Sünde und seiner Macht. Dabei werde ich etwas systematisierend vorgehen, weil sonst durch den Dschungel der Literatur gar nicht durchzukommen ist. Nicht eingehen werde ich auf die klassisch-kontroverstheologische Frage nach dem Ausmaß der Verderbtheit der menschlichen Natur durch die Sünde (denn diese Frage habe ich schon im Ersten Teil behandelt und damals darauf insistiert, daß es trotz der Sünde doch eine bleibende, zum Wesen des Menschen gehörende Ansprechbarkeit und Antwortfähigkeit des Menschen für die Gnade geben müsse, weil Gottes Gnade sonst ja gar nicht mehr den geschaffenen Menschen erreichen würde, sondern als ihren Partner ein völlig neues, mit dem alten Menschen nicht mehr identisches Subjekt konstituieren müßte[57]). Nicht behandeln oder doch nur berühren werde ich auch die paulinische Rechtfertigungslehre und die Gesetzesproblematik: zum einen, weil der Glaube als das einzig angemessene Grundverhältnis des Menschen zu Gott nun schon öfter zur Sprache gekommen ist und die Rechtfertigungslehre noch unser Thema sein wird, und zum anderen, weil ich auch die Dialektik des Gesetzes schon grundsätzlich behandelt habe, als es nämlich um die Aporien ging, die sich für den Menschen auftun, wenn er sein moralisches Handeln mit der Frage nach dem Sinn und der Rechtfertigung seines Daseins belastet[58]. Zum Verständnis des Folgenden sei auch noch eine Bemerkung zum Gebrauch des Wortes „Sünde“ (*hamartia*) vorausgeschickt. Zunächst und in der Regel bedeutet Sünde auch für Paulus die aktive Übertretung des göttlichen Gebotes. Das zeigt sich schon am aktiven Sinn der gewählten Ausdrücke selber: Übertretung, Verbrechen, das Böse tun usw.; konkreter Bezugspunkt dieses bösen Tuns ist das Gesetz (allerdings kann es im Falle der Heiden auch das Gewissen sein: das Gesetz, das ihnen ins Herz geschrieben ist). Sodann erscheint unter den vielen einzelnen Sünden so etwas wie eine *Grundsünde*: die bewußte und freiwillige Abkehr von Gott, der Ungehorsam, die Verweigerung der Gott geschuldeten Ehre. Es ist eben der *Unglaube*, im Zusammenhang der Gesetzesthematik auch als Sich-Rühmen vor Gott charakterisiert. Alle Sünden sind wesentlich Verweigerung der Ehre an Gott, so daß gegenüber dem Gewicht dieser grundlegenden Selbstverweigerung der objektive Sachverhalt der Einzelsünden oft fast bedeutungslos erscheint. Schließlich findet sich, für Paulus besonders charak-

57 S. o. Kap. 2 bei Anm. 46–49 sowie in Kap. 3.3 bes. die Kontroverse zwischen Karl Barth und Emil Brunner.
58 S. o. Kap. 8.3 bei Anm. 130–139.

teristisch, die dezidierte Redeweise von *der* Sünde (im Singular): *hae hamartia* (immer mit Artikel), die wie eine persönliche Macht beschrieben wird und ihre „Herrschaft" über den Menschen ausübt, indem sie ihn einerseits von außen gefangennimmt und andererseits in ihm selbst ihren Stützpunkt hat. Gemeint ist also nicht nur eine äußerlich treffende Unheilssphäre, sondern auch die Unüberwindlichkeit der Sünde im Menschen selbst. Man verfällt der Sünde, ist Sklave der Sünde, gibt ihr seine Glieder als Kampfmittel hin. Diese Sündenmacht ist gemeint, wenn im folgenden von Sündenverhängnis die Rede ist.

Mit der Antwort auf die *erste Frage* nach der *Allgemeinheit* der Sünde und des Sündenverhängnisses können wir uns kurz fassen, da sie eindeutig ist. Niemand hat so ausführlich und geradezu drastisch die Verschlossenheit aller Menschen unter der Sünde geschildert wie Paulus vor allem in den ersten Kapiteln des Römerbriefs, so daß die eindeutige Bilanz (mit Ps 14) dann auch lautet: „Es gibt keinen, der gerecht ist, auch nicht einen" (Röm 3,10). „Alle haben gesündigt und die Herrlichkeit Gottes verloren" (3,23): die Juden, denen das Gesetz gegeben ist, ebenso wie die Heiden, denen „die Forderung des Gesetzes ins Herz geschrieben ist" (2,15). Dabei ist zu beachten, daß Paulus ein betont aktives Vokabular benutzt, die persönlichen Sünden also keineswegs aus dem Auge verliert und ausdrücklich ihre Unentschuldbarkeit hervorhebt (1,20). Sie (die einzelnen Menschen) haben sich selbst der Sünde ausgeliefert, deren Macht sie nun unentrinnbar gefangenhält, so daß der Zorn Gottes über ihnen lastet und sie, wenn es nur nach ihren Möglichkeiten ginge, ihm rettungslos verfallen wären. Natürlich könnte man fragen (und diese Frage liegt doch eigentlich nahe), woher Paulus eigentlich so sicher um die Universalität der Sündenmacht und des Sündigens *weiß*. Letztlich wird man nur darauf verweisen können, daß er alles, was er zum Thema Sünde ausführt, stets im Blick auf Christus erkannt und erhärtet hat. Fast im Vorbeigehen spricht Paulus einmal aus, was man das „Axiom seiner Sündenlehre"[59] nennen könnte und was deshalb als hermeneutischer Schlüssel zu ihrem Verständnis aufzugreifen wäre. Es lautet: „Käme durch des Gesetzes Werke die Gerechtigkeit, so wäre Christus umsonst gestorben" (Gal 2,21). Tragender Grund der Argumentation ist letztlich der Glaube, daß allein Christus endgültig Gerechtigkeit, Heil und Leben gebracht hat. Insbesondere aber angesichts der ungeheuerlichen und fast quälend bewußten Tatsache, daß Gott seinen als Messias gesand-

59 *O.H. Pesch*, Frei sein aus Gnade (Anm. 2), 127.

ten Sohn den schmählichen Tod am Galgen sterben ließ, war Paulus an dem Nachweis gelegen, daß die Menschen vor und ohne Christus ohnmächtig der alle tyrannisierenden Sündenmacht verfallen sind, die sich in den von Juden wie Heiden begangenen Sünden auswirkt, ohne doch ihre persönliche Verantwortlichkeit aufzuheben. Mit welchen Mitteln Paulus diesen Nachweis führt, werden wir gleich deutlicher sehen. Anmerken möchte ich an dieser Stelle nur noch, daß mir die eben angedeutete Argumentationsfigur (mit der soteriologischen Prämisse: Christus wäre umsonst gestorben) durchaus nicht ganz problemlos erscheint: Kann man denn aus der (vorausgesetzten) Notwendigkeit des Todes Jesu auf die Allgemeinheit der Sünde schließen? Wäre nicht eher umgekehrt zunächst die Allgemeinheit der Sünde zu zeigen, um die ihr entsprechende Heilsbedeutung des Todes Jesu zu begründen? Läßt sich das Dilemma einer bloßen Behauptung oder eines Zirkelschlusses vermeiden? Oder handelt es sich gar nicht um einen strengen Aufweis, sondern eine Aussage anderer Art? Und welcher Status käme ihr dann zu? Aber dies soll hier nur eine Problemanzeige sein[60].

---

60 Doch liegt mir daran zu betonen, daß durch die genannten und vielleicht ungewöhnlichen Fragen die Heilsbedeutung Jesu Christi in keiner Weise geschmälert wird. Denn wenn gilt, daß der Mensch nicht erst als Sünder, sondern schon wesenhaft der Gnade bedarf (vgl. o. Kap. 7.2), und wenn sich zugleich einsehen läßt, daß Gottes seit jeher und unbedingt für die Menschen entschiedene Liebe doch nur durch die Vermittlung einer bestimmten menschlichen Existenz auch *für* die Menschen real und gewiß werden konnte, dann ist bereits damit die *universale Heilsbedeutung* Jesu Christi bestimmt und ersichtlich. Allerdings würde die Offenbarung dieser Liebe ohne Jesu Sterben einer definitiven Bestimmung entbehren: stellt doch im Zusammenhang von Jesu Verkündigung, Tod und Auferweckung das Kreuzesgeschehen den im Äußersten vollzogenen Erweis der Feindesliebe Gottes, also der Unwiderruflichkeit seiner Vergebungsbereitschaft dar und begründet damit die Hoffnung auf Gottes Vergebung in jeder Situation und für jeden, der ihrer bedarf (und auch: bedürfen *wird*). Doch ist damit, daß diese Hoffnung für jeden verbürgt ist, noch keineswegs gesagt, daß tatsächlich *alle* (im Sinne persönlicher Schuld) auch Sünder *sind*. Zudem ist, ob jemand Sünder ist, schon im Einzelfall nicht wirklich für andere erkennbar. Auch wenn und gerade wenn gilt, daß das klare Bewußtsein vom Faktum und Ausmaß der Sünde erst im Licht des auferweckten Gekreuzigten und seines Evangeliums aufgeht, bleibt es doch eine Zumutung jeweils *ad hominem*, daß sich jemand als Sünder erkennt und bekennt. Tut er es nicht, könnte er freilich verstockt sein und verblendet über sich selbst. Aber auch dies läßt sich nicht von anderen entscheiden und erst recht nicht verallgemeinern. Daß hingegen alle der *Macht* der Sünde ausgesetzt sind, das ist wohl – sofern man überhaupt mit der Wirksamkeit dieser Macht in der Welt, der Geschichte und im Einzelnen rechnet und sie angemessen versteht – eher plausibel zu machen. Und *von hier aus* dann vielleicht auch ein verständ-

„... weil alle sündigten". Zur Auslegung von Röm 5,12–21

Wie aber – so die *zweite Frage* – läßt sich diese Allgemeinheit des Sündigens und der Sündenmacht erklären? Wie steht es mit dem Grund und dem *Ursprung* für das von Paulus so nachdrücklich konstatierte universale Faktum? Damit kommen wir zu *Röm 5,12-21*, der Stelle also, die zur Kronzeugin für die klassische Erbsündenlehre wurde und deshalb etwas eingehendere Aufmerksamkeit verdient – besonders sorgfältige Aufmerksamkeit umso mehr, als es sich meines Wissens um die einzige Bibelstelle handelt, deren nachweisliche Fehlinterpretation (durch *Augustinus* nämlich) dann später (durch das Tridentinum) lehramtlich rezipiert worden ist. Wie wir mit dieser Verschärfung der Schwierigkeit zurechtkommen, müssen wir zur gegebenen Zeit sehen. Jetzt geht es erst einmal um das Verständnis der Stelle selbst[61]. Ich möchte es durch zwei Hinführungen vorbereiten, indem ich erstens unseren Abschnitt in den Sinnzusammenhang der ersten acht Kapitel des Römerbriefes einfüge und so seine leitende Aussageabsicht erhebe und dann zweitens auf die einschlägigen Vorstellungen der zeitgenössischen jüdisch-rabbinischen und apokalyptischen Theologie verweise, die Paulus bei seiner Argumentation voraussetzt und zum Teil auch modifiziert.

Zunächst also zum *Sinnzusammenhang* unserer Stelle. In Röm 1,18–3,20 hatte Paulus die völlige Verlorenheit aller Menschen unter dem Zorne Gottes beschrieben, um dann in 3,21–31 die Heilsbotschaft dagegenzustellen: Für den Glaubenden hat das Heilsgeschehen in Christus Rechtfertigung ohne Gesetzeswerke gebracht; die Anrechnung des Glaubens als Gerechtigkeit aber wird in einem eigenen Schriftbeweis (4,1–25) am Beispiel Abrahams begründet. Kap.5 bildet dann den Übergang zu einer neuen Perspektive und Thematik, denn die Frage ist jetzt, wie die konkrete Existenz der Gerechtfertigten verfaßt ist. Paulus will die eigenartige Situation des

---

niserschließender (jedoch niemals beweisender!) Zugang zu der weitgehenden Aussage des Paulus vom *Sündigen aller* zu finden.

61 Vgl. zum folgenden *U. Baumann*, Erbsünde? (Anm. 14), 212–231; *K.-H. Weger*, Theologie der Erbsünde (Anm. 14), 84–100; *P. Schoonenberg*, Der Mensch in der Sünde (Anm. 3), 902–906; *ders.*, Theologie der Sünde. Ein theologischer Versuch, Einsiedeln 1966, 148–159; *H. Häring*, Die Macht des Bösen (Anm. 14), 221–223; *O. Kuss*, Der Römerbrief. Erste Lieferung, Regensburg ^{2}1963, 221–275; *P. Lengsfeld*, Adam und Christus. Die Adam-Christus-Typologie im Neuen Testament und ihre dogmatische Verwendung bei M. J. Scheeben und K. Barth, Essen 1965, 65–111; *K.H. Schelkle*, Schuld als Erbteil? (Anm. 14), 20–35.

Glaubenden zwischen Heilsgegenwart und künftiger Heilsvollendung beschreiben, wobei diese Beschreibung ganz von der untrennbaren Verklammerung von Gegenwart und Zukunft in der Hoffnung geprägt ist. Grundthema ist die noch anhaltende Mächtigkeit der Sünde, die gleichwohl durch die Gnadenherrschaft schon entmächtigt ist. In Kap. 6 wird das Freiwerden von der Sünde und der daraus erwachsende Imperativ der Heiligung behandelt, in Kap. 7 die Freiheit vom Zwang des Gesetzes und endlich in Kap. 8 die eschatologische Vollendungsmacht des Geistes, der als Gabe der Hoffnung für die Gerechtfertigten auch den Anspruch impliziert, aus dieser Gabe (*kata pneuma*) auch zu leben und nicht mehr aus sich selbst (*kata sarka*).

Zwischen beiden Blöcken, der Grundlegung des Heils (Kap. 1–4) und seiner Verwirklichung bzw. Vollendung (Kap. 6–8) nun also das 5. Kapitel, das in seinem ersten Abschnitt die Gegenwart des Heils herausstellt, um dann in V.10 und 11 die Perspektive auf die Zukunft auszudehnen: Wenn wir mit Gott versöhnt wurden durch den Tod seines Sohnes, als wir noch Sünder (Gottes Feinde) waren, dann werden wir doch erst recht, nachdem wir versöhnt sind, jetzt schon versöhnt sind, gerettet werden durch sein Leben. V.12 beginnt dann die Adam-Christus-Parallele, die aber erst V.19 ausgeführt und V.21 vollendet wird. Die Begründung des Todes aus der mit Adam beginnenden Sünde schafft den Hintergrund für das eigentlich angezielte Thema: das durch Christus in der Gnade für den Glauben eröffnete Leben. Dabei korrespondieren der Ungehorsam Adams und der Gehorsam Christi, die jeweiligen Unheils- und die Heilsfolgen, also die Macht der Sünde und die Herrschaft der Gnade, das Unheil des Todes und das unvergängliche Leben. Von Adam und dem Tode ist also nur die Rede, um den strahlenden Kontrast des Antitypos, Christus, zu seiner überragenden Geltung zu bringen. Um den Sieg Christi über die Sünde und die Universalität und eschatologische Qualität seiner Gnade herauszustellen, wird die Macht dieser Gnade nun erklärt im gegenbildlich-überbietenden Vergleich mit der unheimlichen, den Menschen bestimmenden, seit Adam herrschenden und doch schon in Christus überwundenen Macht der Sünde. Wahrscheinlich benützt Paulus den Hinweis auf die Adamssünde und ihre Unheilsfunktion auch deshalb, um seiner Verkündigung von der Einmaligkeit der Heilsfunktion Jesu Christi ihre Unglaublichkeit zu nehmen und sie annehmbarer zu machen: So wie alle Menschen durch die Sünde dieses einen Adam zu Sündern wurden, so eben sind jetzt alle Menschen ohne die Werke des Gesetzes durch Christus gerechtfertigt. In jedem Fall aber ist klar und bei der Auslegung unbedingt zu beachten, daß der Bezugnahme auf Adam gegenüber der unmittelbaren christologischen Aussageabsicht nur eine untergeordnete Rolle zukommt; die Schuld Adams, die Allgemeinheit der Sünde und die Solidarität aller in ihr sind nicht Ziel, sondern *Mittel* seines Beweisganges, mit *Peter Lengsfeld* formuliert: „Paulus wollte und konnte keine historischen Aussagen, die über das auch sonst Gewußte hinausgehen, über Adam und seine Nachkommen machen", seiner soteriologischen Absicht entspricht es, „daß lediglich das, was alle von Adam halten, vorausgesetzt wird, um das Christusgeschehen zu explizieren"[62]. Nur wo sich Paulus von den Vorstellungen des zeitgenössischen Judentums bewußt abhebt, läßt sich auf eine direkte Aussageabsicht schließen.

Die zeitgenössischen Vorstellungen über die Adamssünde und ihre Unheilsfolgen boten Paulus in der Tat eine gewisse Analogie zur Heilstat Christi. Allerdings gründen diese Vorstellungen weniger in der kanonischen Literatur des Alten Testamentes als in der rabbinisch-pharisäischen und apokalyptischen Theologie und weisen zudem eine ziemliche Variationsbreite auf (auch die Darstellungen sind nicht ganz einheitlich), so daß ich mich mit den Hauptpunkten begnügen will. Zu unterscheiden ist vor allem zwischen dem Tod und der Sünde als den Folgen der Adamstat. Durchweg wird damals die zeitliche Begrenzung des irdischen Lebens, die Gerechte und Sünder betrifft, auf die Sünde Adams zurückgeführt. Dabei scheint weniger die Vorstellung eines Erbtodes als der Gedanke einer präventiven Erbstrafe eine Rolle zu spielen, wobei der Verhängnischarakter zuweilen auch ganz zurücktreten kann, da jeder durch eigene Übertretung an seinem Tod schuldig sei: Da aber alle das gleiche Schicksal erlitten, würden die Gerechten dann eben später umso reicher belohnt. Abgesehen von diesen Varianten ist aber klar, daß allein der irdische Tod, niemals der eschatologische Tod zu den Folgen der adamitischen Tat gehören kann: Über den ewigen Tod im göttlichen Gericht entscheidet allein jeder Mensch selbst durch Befolgung oder Nichtbefolgung von Gottes Geboten. Noch eindeutiger ist der Befund bezüglich der Sünde. Zwar ist Adams Fall der Anfang der Sünde, durch ihn hat sie Eingang in die Welt gefunden, auch wird sie gelegentlich als Macht über den Menschen verstanden. Aber allgemein ist sie doch erst und nur dadurch geworden, daß jeder Mensch für sich selber gesündigt hat. Auch bei der damals ebenfalls verbreiteten Lehre vom anerschaffenen bösen (neben dem guten) Trieb bleibt die persönliche Verantwortung des Einzelnen für seine Sünde ungeschmälert erhalten. Denn die-

62 *P. Lengsfeld*, Adam und Christus (Anm. 61), 115f.

ser Trieb, den Gott dem Adam und seinen Nachkommen ins Herz gepflanzt hat und der als solcher keineswegs schon Sünde ist, hätten sie mit Hilfe des Gesetzes durchaus beherrschen und besiegen sollen und auch können. Zudem war mit der Sünde Adams über die Sünde der Späteren keineswegs schon entschieden. In 4 Esra heißt es: „Um seines bösen Herzens willen geriet der erste Adam in Sünde und Schuld; desgleichen alle, die von ihm abstammen", sie „handelten wie Adam, denn sie hatten ja selbst das böse Herz" (3,21.26). Und noch klarer die Baruch-Apokalypse: „Adam trägt einzig und allein für sich Schuld; wir alle aber wurden jeder für sich selbst zum Adam" (54,1). Die Lehre vom bösen Trieb, faßt *Otto Kuss* zusammen, versucht somit nur die „erstaunliche und im Grunde unerklärbare Tatsache" verständlicher zu machen, „daß der von Gott geschaffene Mensch Böses tut [...]; aber sie nimmt weder einen vor aller subjektiven Versündigung vorhandenen Sündhaftigkeits- oder Schuldzustand an, noch führt sie einen solchen gar auf die Sünde des ersten Menschen zurück"[63].

Und nun zu unserem *Text*, zunächst V.12: „Wie durch einen einzigen Menschen die Sünde in die Welt kam und durch die Sünde der Tod und auf diese Weise der Tod zu allen Menschen gelangte, weil alle sündigten". Die Vulgata hat das „weil" (griech.: *eph ho*) mit „in quo" übersetzt und so das Mißverständnis des *Augustinus* ermöglicht, dieses „in quo" sei relativisch auf Adam zurückzubeziehen, so daß schon in Adam alle gesündigt hätten. Auch noch zu Zeiten, als man es hätte besser wissen können, hat man diesen Sinn mit kunstvollen Einschüben und Umdeutungen durchzuhalten versucht. Inzwischen ist allgemein anerkannt, daß das „eph ho" eindeutig *kausalen Sinn* hat: *weil* alle sündigten, oder auch: unter der erfüllten Bedingung, daß alle sündigten. Bestätigt wird diese Übersetzung durch den aktiven Sinn des Verbs „sündigten" (griech.: *haemarton*), das persönliche Tatsünden meint und eine bloß passive Teilnahme aller Menschen an der Sünde Adams ebenfalls ausschließt. Genau dasselbe Wort hatte Paulus ja schon kurz zuvor in 3,23 gebraucht, um die Sünden von Juden und Heiden zusammenzufassen, die ebenfalls als aktiv-persönliche Tatsünden beschrieben worden waren: „Alle haben gesündigt, und so entbehren sie der Herrlichkeit Gottes". Für den gesamten V.12 ergibt sich dann folgende Bedeutung: Die Sünde ist zuerst die Tat Adams, der mit ihr der Sünde und in deren Gefolge dem Tod den Eintritt in die Welt öffnete. Dadurch wurden Sünde und Tod die beherrschenden Mächte der Welt. Ohne Zweifel war somit die Sünde Adams

63 *O. Kuss*, Römerbrief (Anm. 61), 270f.

verhängnisvoll für alle folgende Menschheit, aber der Zusatz „weil alle sündigten" präzisiert doch sogleich, daß die späteren Menschen erst durch persönliche Sünde und eigene Entscheidung des von Adam ausgehenden Verhängnisses teilhaftig wurden. Der Tod als der Sünde Sold (Röm 6,23), ursprünglich über Adams Sünde verhängt, ging durch je persönliche Sünde auf alle über. Immer ist Sünde eigene Schuld, und erst diese eigene, persönlich zu verantwortende Sünde bedingt auch die Wirksamkeit des durch Adam eröffneten Verhängnisses; ein direkter Kausalzusammenhang zwischen der Sünde Adams und der universalen Menschheitssünde ist daher ausgeschlossen. Zwar wird durch den Hinweis auf den geschichtlichen Anfang der Sünde in Adam gerade diese Allgemeinheit der Sünde und damit des Todes betont, aber keineswegs in ihrer Entstehung *erklärt*. Im Hauptsatz von V.12, so faßt *Peter Lengsfeld* zusammen, „wird Adams Tat für den Einbruch von Sünde und Tod in das Menschenleben verantwortlich gemacht […] Demgegenüber bringt der Nebensatz den Gedanken des freien, verantwortlichen Tuns aller einzelnen Menschen zur Geltung […] Jeder Mensch kann auch bei seiner Sünde, die er selbst getan hat, behaftet werden. Durch seine eigene Sünde kommt der Tod bis zu ihm hindurch und wird sein Tod. Er selbst hat auch seinen Tod zu verantworten"[64].

Beim Vergleich dieser Auffassung des Paulus mit den skizzierten zeitgenössischen Vorstellungen verdienen drei Unterschiede Beachtung. Erstens rekurriert Paulus nirgends auf einen anerschaffenen bösen Trieb im Herzen des Menschen, sondern geht auf die Darstellung der Sündenfallgeschichte zurück, nach der die Sünde der freien Entscheidung des Menschen entstammt. Zweitens wird der Tod der Menschen auf ihre jeweils eigene Sünde zurückgeführt, so daß aus der tatsächlichen Allgemeinheit der Todesherrschaft auch die Allgemeinheit der Sünde erkennbar wird (allerdings macht dieser Punkt insofern Probleme, als das Todesverständnis des Paulus im Gesamt seiner Schriften nicht ganz einheitlich ist: Es umfaßt sowohl den physischen Tod als auch das eschatologische Verderben, den Heilstod, doch sind in der Regel beide nicht voneinander zu trennen). Drittens führt Paulus zwischen der Sünde Adams und dem Sündigen aller Menschen, das zu ihrem Tod führt, ein verbindendes Mittelglied ein, das die jüdische (namentlich die rabbinische) Theologie bewußt ausgeschlossen hatte, um jeden bestimmenden Einfluß Adams auf die Stellung der Menschen vor Gott abzuwehren. Dieses Mittelglied ist das Herrschen der

64 *P. Lengsfeld*, Adam und Christus (Anm. 61), 76.

Sünde in der Welt, für das Adam den Weg freigemacht hat, indem er sie in die Welt der Menschen hereinließ. So eindeutig Paulus also jeden ursächlich-unmittelbaren Zusammenhang zwischen der Sünde Adams und der zum Tod führenden Sündigkeit aller Menschen ausschließt, gewinnt nun doch mit dem Gedanken der Sündenmacht, unter deren Einfluß jeder Mensch steht, der Aspekt des Sünden*verhängnisses* und der *Solidarität aller in der Sünde* stärkstes Gewicht.

Aber bleiben wir noch etwas am Text. Aufgrund des Gesagten und *nur* aufgrund des Gesagten wird nämlich jetzt auch der abrupte Einschub der *Verse 13 und 14* verständlich. Allerdings hat man auch diese beiden Verse als Stütze für die traditionelle Erbsündenlehre beansprucht. Paulus selber, so lautete das Argument, erkläre hier doch ausdrücklich, daß Sünde ohne Gesetz nicht angerechnet werde und dennoch der Tod auch in der Zeit ohne Gesetz geherrscht habe (in der Zeit also von Adam, dessen Sünde als Gebotsübertretung galt, bis zu Mose, durch den das Gesetz gegeben wurde); also könne die Herrschaft des Todes in dieser Zeit, wenn sie denn Folge persönlicher Sünden sein solle, doch nur auf die von Adam übertragene Sünde zurückgeführt werden, was eindeutig auf die Vorstellung der Erbsünde hinweise. Eine solche Argumentation stellt nun freilich den Sachverhalt direkt auf den Kopf. Paulus behauptet mitnichten, es habe in der Zeit zwischen Adam und Mose keine persönlichen Sünden gegeben, er räumt lediglich ein, daß sie nicht in der Weise der Gesetzesübertretung geschahen und deshalb auch als solche nicht anrechenbar waren. Die nachmosaische Menschheit hatte Gottes Gesetz, ihre Sünden waren Gesetzesübertretungen, die nach frühjüdischer Vorstellung in den himmlischen Schuldbüchern notiert und dann beim Endgericht gegen die Gesetzeserfüllung aufgerechnet werden. Für die Menschheit zwischen Adam und Mose galt dies natürlich nicht. Aber daraus folgt ja nun nicht, es könne persönliche Sünde nur als Gesetzesübertretung geben. Mit dem Hinweis auf die Herrschaft des Todes auch in jener Zeit will Paulus doch gerade das Gegenteil beweisen. Schon in den ersten Kapiteln des Briefes war es ihm ja um den Nachweis gegangen, daß alle, Juden und Heiden, gleichermaßen gesündigt haben; ausdrücklich hatte er die Unentschuldbarkeit auch der Heiden betont (1,20) und das Prinzip aufgestellt, daß alle, die unter dem Gesetz sündigten, durch das Gesetz auch gerichtet werden, während alle, die sündigten, ohne das Gesetz zu haben, auch ohne das Gesetz zugrunde gehen werden, weil ihnen die Forderung des Gesetzes ins Herz geschrieben war und ihr Gewissen sie anklagt (2,12ff). Und in eben diesem Sinne gilt nun (in 5,13f) die Allgemeinheit des Todes als beweiskräftiges Indiz für die Allgemeinheit der

Sünde: Weil alle gestorben sind, haben alle gesündigt. Im Sinne der Erbsündenlehre interpretiert, würden die beiden Verse (13f) der These von V.12, daß alle sündigten, ja auch direkt widersprechen. Gerade dieser These sollen sie aber als Absicherung dienen. Allerdings hatte Paulus selbst diese Absicherung nötig gemacht, weil er kurz vorher (in 4,15) geschrieben hatte, daß es dort, wo kein Gesetz sei, auch keine Übertretung gebe. Also mußte er auf entsprechende Einwände gefaßt sein und seine These von der Sünde aller nochmals gegen sie schützen. Deshalb also der abrupte Abbruch von V.12 zugunsten der folgenden Parenthese. Sie bietet, um es nochmals zu sagen, keinen Anhalt für die Erbsündenlehre, sondern beweist im Gegenteil die Universalität der persönlichen Sünde, um die strenge Gültigkeit der zuvor aufgestellten Relation von Sünde und Tod durchhalten zu können.

Die folgenden Verse können wir überschlagen, denn in ihnen geht es im wesentlichen darum, die angezielte Parallelisierung von Adam und Christus vorzubereiten und sie vor Mißverständnissen zu schützen, indem vor allem die Unvergleichlichkeit der Verglichenen unter verschiedenen Gesichtspunkten herausgearbeitet wird, wobei das rabbinische Schlußverfahren „vom Leichteren auf das Schwerere" reichliche Anwendung findet: Wenn schon die Wirkung des Geringen so groß ist, um wieviel größer wird dann die Wirkung des Stärkeren sein. Und wie so oft bei Paulus endet auch dieser Abschnitt in V.20f mit dem rühmenden Hinblick auf die Überschwenglichkeit der Gnade und ihren eschatologischen Sieg …

Bleibt freilich noch der *V.19*, die letzte Trumpfkarte in der Hand der Verteidiger der traditionellen Erbsündenlehre. Denn klarer und lapidarer, behaupten sie, könne man es doch nun wirklich nicht sagen: „Wie durch den Ungehorsam des einen Menschen die vielen zu Sündern wurden, so werden auch durch den Gehorsam des einen die vielen zu Gerechten gemacht werden". Noch *Otto Kuss* in seinem großen Römerbriefkommentar hat sich davon so beeindrucken lassen, daß er der Auffassung zuneigt, Paulus werde „in V.12 doch wohl nicht leugnen […], was er in V.19 recht deutlich behauptet"[65]. Sieht man die Sache so, dann müßte man freilich auch einen eklatanten, unaufgelösten Widerspruch zwischen beiden Versen einräumen, denn V.12 hatte nun einmal behauptet, daß alle durch eigenes Sündigen Sünder wurden. Eine Auslegung mit der Feststellung von Widersprüchen zu schließen, ist nun freilich, hermeneutisch gesehen, eine ziemlich mißliche Sache. Es kann den Scharfsinn des Auslegers, aber eben auch das Gegenteil bewei-

65 O. Kuss, Römerbrief (Anm. 61), 232.

sen. Eine konsistente Auslegung verdient in jedem Falle den Vorzug. Zu Recht hat sich deshalb die Auffassung durchgesetzt, V.12 nicht im Licht von V.19, sondern umgekehrt V.19 als verkürzende Wiederholung von V.12 zu verstehen. Schon *Piet Schoonenberg* hatte vorgeschlagen, das Wort des Paulus, daß die vielen zu Sündern wurden, durch das „weil alle gesündigt haben" von V.12 näher zu bestimmen. So werde es akzeptabel, daß dies „zu Sündern Werden" zwar durch den Ungehorsam des einen geschieht, aber nicht ohne ihre eigenen Sünden[66]. Außer der Konsistenz dieser Auslegung sprechen für sie aber auch noch wichtige sachliche Gründe. So etwa hat der Ausdruck „Sünder" (*hamartoloi*) eine durchaus aktive Bedeutung: Ein bloß passives Sünder-Werden im Sinne eines von den persönlichen Sünden unabhängigen ererbten sündhaften Zustands kann mit ihm kaum gemeint sein. Noch wichtiger aber ist die in V.19 ausgeführte Sachparallele: Auch Gottes Heilshandeln in Jesus Christus bewirkt ja nicht automatisch unsere Rechtfertigung, sondern gerechtfertigt werden wir, indem wir diesem Angebot in persönlichem Glauben und freier Entscheidung zustimmen und es gleichsam für uns selber ratifizieren. Erst recht wäre es absurd, über die Freiheit hinweg so etwas wie einen physischen Zusammenhang zwischen Christus und den Gerechtfertigten konstruieren zu wollen – genauso wie die Vorstellung abwegig wäre, daß etwa die Beschnittenen und Unbeschnittenen schon dadurch zu Glaubenden würden, daß sie mit Abraham, den Paulus in 4,11f den Vater aller Glaubenden nennt, durch leibliche Abstammung physisch verbunden wären. Was aber für die Heilsseite gilt, wird auch für die Unheilsseite in Anschlag gebracht werden dürfen, also eine Allein-Ursächlichkeit Adams für das Sündersein aller Menschen ohne deren eigene Beteiligung ausscheiden müssen: Man wird Sünder, indem man sündigt. Allerdings sollte man sich dabei daran erinnern, daß Paulus doch auch die seit der Sünde Adams über die Menschheit gekommene Verfallenheit an die Sündenmacht herausgestellt hat. Beachtet man dies, dann wird für die Aussage von V.19, daß durch den Ungehorsam des einen Menschen die vielen zu Sündern wurden, genau dieselbe Spannung gelten wie in V.12 zwischen „durch einen Menschen kam die Sünde in die Welt" und „weil alle sündigten". Das passive Gewordensein, resumiert *Peter Lengsfeld*, „führte zum aktiven Tun. Die bestimmende Macht der Sünde des Einen wirkt sich dahin aus, daß alle sündigen, und wirkt sich deshalb aus, weil alle sündigen"[67].

---

66 *P. Schoonenberg*, Theologie der Sünde (Anm. 61), 157.
67 *P. Lengsfeld*, Adam und Christus (Anm. 61), 93.

Für jeden, der auf dem Standpunkt der traditionellen Erbsündentheorie steht, muß das Ergebnis unserer Betrachtung der Römerbriefstelle destruktiv und enttäuschend sein, denn ein völlig unabhängig von den persönlichen Sünden gedachtes, unmittelbar von Adam verursachtes Sündersein aller Menschen wird in Röm 5,12–21 nicht bezeugt. Auch für die sachlichen Implikationen dieser Theorie, namentlich die These des Monogenismus, findet sich hier kein Anhalt, denn der Rekurs auf Adam und seine Unheilsfunktion ist ein damals plausibles, abrufbares Aussage*mittel* für die *christologische Aussageabsicht*, also nicht selber Aussage*ziel*. Noch weniger gibt es auch nur die Spur einer Andeutung für die Vorstellung einer Vererbung der adamitischen Sünde auf dem Wege der Zeugung. Gleichwohl behält Paulus für die Sündenlehre entscheidende Bedeutung. Gerade weil er die Allgemeinheit der Sünde nicht eigentlich erklärt und an der Freiheit und persönlichen Verantwortung der Einzelnen nirgends Abstriche macht, gewinnt die gegenüber dem Alten Testament aufs äußerste radikalisierte These vom universalen *Faktum* der Sünde ein umso stärkeres, fast möchte man sagen provozierendes Gewicht. Hinzu kommt, daß er, unbeschadet der persönlichen Verantwortung aller, auch den *Verhängnischarakter* der Sünde herausstellt, ihn ebenfalls vertieft und wohl auch – mit seiner Beschreibung der äußeren und der inneren Macht der Sünde – umfassender dimensioniert. Unübersehbar ist ferner, daß bei Paulus – trotz seiner noch mythologisch oder auch gnostisch getönten Redeweise von *der* Sünde – das Drama des Kampfes zwischen dem Guten und dem Bösen eindeutig als *geschichtlicher Vorgang* verstanden, eben als Heils- und Unheilsgeschichte, als Geschichte der Sünde und der Gnade angesetzt wird. In anthropologischer Hinsicht dürfte am bedeutsamsten sein, wie er *die konkrete Verfassung der existierenden Freiheit* in den Blick gerückt hat. Paulinisch, so konstatiert *Karl Hermann Schelkle*, „ist allein die Aussage der Einheit unentrinnbarer Verfallenheit an die Sünde wie auch der persönlichen Verantwortlichkeit", die Spannung von solidarischer Einheit in der gemeinsamen Sündengeschichte von Adam her einerseits und persönlicher Entscheidung und Tat der Sünde andererseits[68]. Damit hat Paulus jeden Sünden-*Determinismus*, sei er nun gnostisch, naturalistisch oder metaphysisch, ebenso ausgeschlossen wie einen allzu raschen Freiheitsoptimismus und *optimistischen Moralismus*. Vielleicht, urteilt auch *Peter Lengsfeld*, „besteht das nicht enträtselbare Geheimnis der Sünde gerade in dieser Zweideutigkeit, die menschliches Tun, soweit es geschichtliche Tat in-

---

68 *K.H. Schelkle*, Schuld als Erbteil? (Anm. 14), 24f.

nerhalb der von Adam eröffneten Geschichte ist, einmal als verhängnisvoll sündhaft und dann wieder als schuldbar sündhaft erscheinen läßt"[69]. Nicht also, um die These einer schon durch Geburt übertragenen Sünde aller Menschen vor Gott zu munitionieren, sollte die Theologie sich an Paulus wenden, sondern um sich und ihrem Nachdenken als Aufgabe stellen zu lassen, was Paulus so eng wie bis dahin noch niemand zusammengebracht hat: *die Sünde als Verhängnis und als Schuld der Freiheit zugleich.* Eben dies macht die Macht der Sünde ja gerade so unheimlich, daß sie die Freiheit des Menschen nicht einfach ausschaltet, sondern gewinnt, noch genauer gesagt: sie offenbar immer schon gewonnen *hat.* Was aber ist das für eine Freiheit, daß sie, von dieser Macht affiziert, ihr schon verfallen, schon ausgeliefert ist oder vielleicht auch: sich ihr ausgeliefert hat? Und was schließlich ergibt sich für das Verständnis des anthropologisch so komplexen Phänomens Sünde?

Schuld und Verhängnis zugleich

Natürlich macht es eine kategorial saubere Beleuchtung solcher Fragen nicht gerade leichter, daß Paulus trotz der unverkennbaren und historisch nachhaltigen Anthropologisierung, welche die Rede von der Sünde gerade durch ihn erfährt, doch weiterhin (und sogar besonders akzentuiert) in mythologischer oder auch gnostischer, jedenfalls substantiierender Weise von *der* Sünde redet: als sei sie eine persönliche außerirdische Macht, die auf ihr Hereinlassen in die Welt nur gewartet habe und sich nun ihre Opfer sucht, um sie dann nicht wieder loszulassen. Und daß er seine tiefen anthropologischen Erfahrungen so häufig in paradoxen Formulierungen mitteilt, macht die verstehende Rekonstruktion ebenfalls nicht leichter. Dennoch sind seine Beschreibungen der Sündenmacht von einer so bleibenden anthropologischen Relevanz, wie man es für die Antike sonst nur noch von *Augustinus* behaupten kann. Damit sind wir bei der *dritten* der eingangs genannten Fragen, zu der ich noch ein paar Hinweise geben möchte: unsystematisch und ohne jeden Anspruch auf Vollständigkeit, sondern eher in vorbereitender Absicht für spätere Überlegungen[70].

---

69 *P. Lengsfeld*, Adam und Christus (Anm. 61), 78.

70 Vgl. zum folgenden *P. Schoonenberg*, Der Mensch in der Sünde (Anm. 3), 880–885; *K.-H. Weger*, Theologie der Erbsünde (Anm. 14), 100–106; *J. Werbick*, Schulderfahrung und Bußsakrament (Anm. 20), 75–84; *F. Böckle*, Fundamentalmoral (Anm. 2), 119f.

Allerdings fällt zuerst die personifizierende Redeweise auf: Der Mensch, so Paulus, ist der Sünde versklavt und er dient ihr (Röm 6,6), er ist unter die Macht der Sünde verkauft (7,14) und stellt ihr seine Glieder, d. h. sich selbst, als Werkzeug der Ungerechtigkeit zur Verfügung (6,13), wodurch die Sünde wiederum Macht über ihn erhält (6,14); sie kam, ja sie schritt in die Welt (5,12), zahlt denen, die sich ihr zur Verfügung stellen, ihren Sold, nämlich den Tod (6,23), sie benutzt das Gesetz, um im Menschen die Begierde zu wecken (7,8), ihn zu betrügen und schließlich zu töten (7,11). Deutlich sind aber auch die Dimensionen und der Verlauf ihrer Herrschaft, sie ist total und betrifft alle Verhältnisse des Menschen: sein Verhältnis zu sich selbst als Selbstvergrößerung und Sich-Rühmen und in allen Gestalten der Begierde und Sucht, sie bestimmt sein Trachten zur Feindschaft gegen Gott (8,7f), sie zerstört, was Menschen verbinden und ihre Gemeinschaft aufbauen könnte, ihr Wirken ist lebenzerstörend und ihre Aussicht, ihr Sold ist der Tod. Sie ist dem einzelnen Menschen *äußerlich vorgegeben*, sie herrscht ja schon vor ihm durch andere in der Welt und bestimmt ihn von dorther, zugleich aber ist sie eine Macht *im* Menschen selbst (7,17.20), *setzt von innen her an*, indem sie sich des innersten Kerns des Menschen bemächtigt und sein Handeln von dorther bestimmt. Sie kommt dem einzelnen Menschen zuvor, unter ihrem Einfluß findet er sich schon vor, er gibt ihr nach oder hat immer schon nachgegeben, verfällt ihr und verstärkt sie dadurch und ist schließlich so unentrinnbar an sie verloren, daß nur eine Gegenmacht, die Macht des neuen Lebens der Gnade, ihn zur Freiheit befreien kann. Und das alles unbeschadet der persönlichen Verantwortung des Menschen. „Das Aufeinander-Bezogensein von Sünde als Tat und Sünde als Verhängnis", schreibt *Otto Kuss*, „eine in diesem Sinn gänzlich neue Erkenntnis des Paulus, wird an einer Reihe von Stellen deutlich, an denen die Bedeutung ‚Tatsünde' in die Bedeutung ‚Sündenverhängnis' übergeht"[71].

Daß der Sünder in seinem Schuldigsein sich nicht nur als der souverän über sich Verfügende erfährt, sondern ebensosehr als der Getriebene und in einem Verhängnis Gefangene – das hat Paulus selber in Röm 7 mit kaum überbietbarer Eindringlichkeit geschildert: bis hin zur Erfahrung der Gespaltenheit der Existenz zwischen Einsicht und Vollbringen, ja bis zum Verlust des

---

134–137; *O.H. Pesch*, Frei sein aus Gnade (Anm. 2), 125–127; *O. Kuss*, Der Römerbrief. Zweite Lieferung, Regensburg ^{2}1963, 441–485; *M. Theobald*, Der Römerbrief (Anm. 53), 155–159.165f.

71 *O. Kuss*, Römerbrief (Anm. 61), 246.

Subjekt- und Herrseins über sich selbst an die in ihm wohnende Sünde. Er beschreibt es an der Erfahrung des Gesetzes, das zwar (jedenfalls nach dem Römerbrief) an sich von Gott gegeben und somit gut (Heilsgabe) ist, aber in der Hand der Sünde zum Mittel der Begierde wird. Zwar entdeckt das Gesetz dem Menschen das Gute, von dem er weiß, daß er es – um seiner selbst, um des Nächsten und um Gottes willen – tun sollte; aber indem es das Gute ausspricht, spricht es ihn (gerade durch das Verbot: du sollst nicht begehren) zugleich auch auf seine Begierde an, die alles, auch noch das Verhältnis zu Gott, in die Perspektive des Begehrens, der Selbstvergrößerung und des Aneignens rückt. Aber nicht nur diese falsche Grundrichtung meines Handelns deckt das Gesetz mir auf, so daß ich sie nun revidieren könnte, sondern es deckt mir überdies auf, daß ich sie, trotz besserer Einsicht, ja sogar trotz besseren Wollens, nicht zu ändern vermag: „Ich begreife mein Handeln nicht: denn ich tue nicht das Gute, das ich will, sondern das Böse, das ich nicht will" (V. 15.19). „Wenn ich aber das tue, was ich nicht will", formuliert Paulus dann in äußerster Zuspitzung, „dann bin nicht mehr ich es, der so handelt, sondern die in mir wohnende Sünde" (20). Die Sünde aber macht den Einzelnen zum Komplizen des Todes, weil sie ihn nach dem verlangen läßt, was ihm ein Glück gegen die Anderen verspricht. Sie verbraucht das Leben und zehrt es auf, sie destruiert, was es fördert, und unterwirft es dem Tod. Auch dies hat Paulus als eigene Erfahrung nicht verschwiegen: „Ich unglücklicher Mensch! Wer wird mich aus diesem Leib des Todes befreien?" (24)

Sicherlich hat Paulus hier die Zuständigkeit des Einzelnen für seine Sünde nicht wegdisputieren wollen. Umso schwieriger ist freilich die Erfahrung aufzuhellen, die hier offenbar gemeint ist: daß ich nämlich ebensosehr in der Sünde gefangen bin, wie sie als mein Eigenes aus mir hervorgeht. Es ist, wie *Paul Ricoeur* einmal formuliert hat, die Erfahrung, „daß jeder von uns das Böse wohl beginnt, in die Welt setzt [...], aber daß es auch jeder von uns *vorfindet* als etwas, das schon da ist, in ihm, außer ihm, vor ihm [...]; die Ohnmacht des Wollens, von der jede aktuelle Fehltat umhüllt wird", das Sich-verfangen-Haben im vorausgehenden Bösen[72]. Die Schwierigkeit liegt in der Konstitution des *Anfangs* der Sündenherrschaft über uns, da wir das Sündigen faktisch nur als ein Ineinander von Anfangen und Fortsetzen kennen, als ein Anfangen, das seinen Anfang längst hinter sich hat. *Jürgen Werbick* hat zur Verdeutlichung das *Bild des Sogs* herange-

72 *P. Ricoeur*, Hermeneutik und Psychoanalyse. Der Konflikt der Interpretationen II, München 1974, 158f.

zogen[73]. Der Sog zieht, was in seiner Nähe ist, in den Abgrund, aber das Böse würde mich in seinen Bann gar nicht ziehen können, wenn es nicht ein dunkel-faszinierendes Versprechen enthielte, für das ich ansprechbar bin. So erlahmt mein Widerstand, oder besser: er regt sich erst gar nicht, und meine Freiheit wird von einer Macht absorbiert, die vor mir dagewesen ist, aber ihre tatsächliche Macht *über* mich doch *von mir* hat. Diese Macht greift zunächst fast unmerklich nach mir, und ich lasse mich treiben, tue fast gar nichts, lasse mich vom Strom der Selbstverständlichkeiten mitnehmen. Das ist der Normalfall des Sündigens: die *Nicht-Entschiedenheit zum Guten*, der unterbliebene Widerstand gegen das, was sich fast von selber ergibt. Die Dramatik des Sogs, der Taumel der Überwältigung gegen meinen Willen, zeigt sich erst am Ende – zunächst kommt sie kaum zu Bewußtsein. Und so kommt eben auch kaum zu Bewußtsein, wie ich mich der Macht des Bösen ausliefere, in das ich zwar kaum jemals ausdrücklich, aber in allem, was ich geschehen lasse, dennoch schon eingewilligt habe. So bin ich *Opfer und Täter der Sünde zugleich.*

Die Verfallenheit an die Macht der Sünde und ihre Dynamik, die auch noch das Gute als Mittel benutzt und sich bis zur ohnmächtigen Spaltung der Existenz zwischen Einsicht und Tun steigern kann – ich denke, daß sich diese Erfahrung in allen Verhältnissen leicht durchbuchstabieren läßt: im Blick auf uns selbst, unsere sozialen Bezüge und ihre gesellschaftlichen Vermittlungen und Objektivationen. So etwa wissen wir doch genau, wie wir akzeptiert und geliebt werden möchten, aber warum nur ist es uns selber dann gegenüber Anderen kaum möglich? Weshalb gelingt es nur ganz selten, wirklich wahrhaftig zu sein? Und wer träumte sich nicht, wenigstens manchmal noch, in das Ideal edler Güte und Großzügigkeit? Aber in der Regel sieht doch unser Geben so aus, als würde uns etwas genommen. Fast immer fragen wir zuerst einmal, ob das denn unbedingt sein muß. Woher kommt es, daß wir so leicht unsere Überzeugungen verraten, einem Schwächeren nicht beistehen, uns klammheimlich verdrücken? Und was wir für unsere Tugend und Moral halten: wann denn war sie *mehr* als ein Kompromiß mit der Selbstsucht, wann unsere Freundlichkeit einmal *ohne* jede Berechnung, unser Verzeihen ohne stille Bedingung, unser Einsatz ohne Hintergedanken? Noch die edelsten Taten werden durch falsche Motive vergiftet: durch unstillbaren Ehrgeiz, durch dauerndes Schielen nach Beifall … Dann die Gefangenschaft in der schon begonnenen Schuld, die

73 Vgl. *J. Werbick*, Schulderfahrung und Bußsakrament (Anm. 20), 78.

wir uns nicht einzugestehen getrauen: also müssen wir Lügen erfinden, neue Gemeinheiten begehen, noch schuldiger werden ... Woher eigentlich der Zwang, mehr haben zu müssen, schneller fahren, mehr verbrauchen, toller rauskommen zu müssen? ... Und warum, trotz aller humanen Aufklärung, die anhaltende Macht des kaum eingestandenen Dunklen in uns: der Zerstörungswille, der das Leben belauert, die Schadenfreude und anderen häßlichen Wünsche, Gewaltbereitschaft, Vergeltungsbedürfnis, sogar Lust am gezielten Wehtun, an der blanken Gemeinheit? „Wer will der Hand fluchen", fragt *Georg Büchner*, „auf die der Fluch des Muß gefallen? Wer hat das Muß gesprochen, wer? Was ist das, was in uns hurt, lügt, stiehlt und mordet? Puppen sind wir von unbekannten Gewalten am Draht gezogen; nichts, nichts wir selbst"[74] ... Oder die Logik des Streits, ein Wort gibt das andere, bis keiner die Katastrophe mehr aufhält; noch die Schuldfrage wird dann zum Mittel des Kampfes ... Oder die Dynamik der Bedrohung: wer sich bedroht fühlt (und oft ist es ja nur die Projektion eigener Unsicherheit), wird mit Sicherheit tun, was den Anderen unter Druck setzt, und wenn dieser sich nicht mehr beeindrucken läßt, wird die Dosierung eben kräftiger ausfallen und dann so weiter ... Oder die Macht der Vorurteile, unter der Unzählige stöhnen, wie aus ihnen dann Haß wird, das Gift sich verbreitet und niemand mehr gegen die Unvernunft ankommt, bis schließlich ein brüllendes Parlament den totalen Krieg will ... „Ich hasse nicht, ich *werde* gehaßt", sagte ein verurteilter Schwarzer in den Staaten ... Oder die Macht der öffentlichen Meinung, die Einflüsterungen der Propaganda und Werbung: wir wissen genau, wir werden belogen, aber wir lassen uns belügen ... Und schließlich die immer wieder zitierten Sachzwänge, die angeblich keine Veränderung, keine Revision der einmal getroffenen Entscheidungen mehr erlauben, obwohl ihre Wirkungen und Nebenwirkungen sich ausweiten und immer mehr Opfer, auch Menschenopfer verlangen ... Ich denke, daß in diesen Zusammenhängen auch das Bild vom Erbe seinen Sinn hat: Eltern entdecken zum Beispiel, daß sie ihren Kindern genau dasselbe antun, worunter sie schon bei den eigenen Eltern gelitten haben; aber auch ihre Eltern waren einmal Kinder, und auch die eigenen Töchter und Söhne werden einmal Mütter und Väter sein. So verweist die Kategorie des Erbes auf eine Geschichte des Scheiterns, in der jeder neu daran scheitert, das immer schon begonnene Böse schöpferisch zu durchbrechen. Damit will ich nun jedoch keineswegs sagen, daß die Ver-

74 *G. Büchner*, Dantons Tod, II. Akt 5. Szene.

fallenheit an das Böse, das Böse außer uns und in uns selber, schlechthin hoffnungslos wäre und somit seine Vermehrung die einzig verbleibende Möglichkeit. Schritte zum Besseren sind eindeutig möglich. Sie sind also zu tun. Wohl aber wird uns die Illusion genommen, als brächten wir in diese Geschichte den schlechthin neuen, den unschuldigen Anfang. Auch die Anstrengungen der Veränderung sind in der Regel von Begierde, von Bosheit schon infiziert: „Auch der Haß gegen die Niedrigkeit", schrieb *Bert Brecht*, „Verzerrt die Züge. / Auch der Zorn über das Unrecht / Macht die Stimme heiser. Ach, wir / Die wir den Boden bereiten wollten für Freundlichkeit / Konnten selber nicht freundlich sein"[75]. Und insofern hat die paulinische Einsicht von der Verschlosssenheit aller in der Sünde nun auch eine durchaus *humane* Bedeutung. Sie verbietet nämlich, obwohl sie die Schuldfrage keineswegs eliminiert, doch zugleich jede letzte, eindeutige Schuld*zuweisung*. Sie kann uns, gerade auch im notwendigen Widerstand gegen das Böse, doch menschlicher machen, weil sie uns die Position nimmt, die wir so gern und selbstverständlich beziehen: die „Position des unschuldigen Beschuldigers"[76].

Ich denke, daß es auf der Linie des Paulus liegen würde, *solchen* Erfahrungen nachzugehen und sie genau zu durchdenken. Allerdings würde das klare anthropologische Kategorien fordern, also die Verabschiedung der mythologischen Reste in der paulinischen Rede von der Sünde verlangen. Wenigstens grundsätzlich wären folgende Fragen zu stellen: Inwiefern ist Sünde Verhängnis, inwiefern ist sie Schuld? Was ist Disposition der Freiheit, was ihre Entscheidung? Welche Bedeutung haben unsere eigene naturale Konstitution, das gesellschaftlich objektivierte Böse, die ambivalente Verfassung der Freiheit selbst? Wie läßt sich verstehen, daß die Freiheit von ihrer Verfallenheit an die Sünde schon herkommt? Und mit alledem wäre dann vielleicht die starke Behauptung des Paulus, daß vor Gott alle Menschen tatsächlich Sünder sind und somit nicht nur der Befreiung, sondern faktisch auch der Vergebung bedürfen, zwar nicht zu erklären, ihr wohl aber der Anschein der Unsinnigkeit zu nehmen. Die christliche Theologie seit *Augustinus* jedoch hat einen anderen Weg beschritten. Zwar hat sie die Entmythologisierung des Sündenverständnisses zugunsten seiner Anthropologisierung eindeutig vollzogen: Hierin liegt die epochale Zäsur zwischen der biblischen und aller späteren Rede von der Sünde. An die

75 *B. Brecht*, An die Nachgeborenen: *ders.*, Die Gedichte, Frankfurt 1981, 725.
76 *J. Werbick*, Schulderfahrung und Bußsakrament (Anm. 20), 81.

Stelle des faktischen Sünderseins aller Menschen unter dem Einfluß der Sündenmacht jedoch hat sie die These der *Schuld aller Menschen schon von Geburt an* gesetzt und diese These zur geschlossenen Theorie abgerundet. Diesem Weg werden wir uns nun, in seinen wesentlichen Etappen, zuwenden müssen, um dann abschließend die Neuansätze dieses und des letzten Jahrhunderts zu diesem Problem diskutieren zu können. Denn ohne eine Revision, zumindest eine Prüfung des von Augustinus vollzogenen Schrittes würde eine Erneuerung der Sündenlehre wohl vergeblich, vielleicht sogar unredlich sein.

11. KAPITEL

Die Erblast der „Erbsündenlehre"

Entwicklung, Systematik und Aporetik einer folgenschweren Theorie

1. Augustinus, Vater der Erbsündenlehre

Die Überschrift enthält eine These, die vielleicht provozieren kann[1]. *Ist Augustinus* nämlich der Vater der Erbsündenlehre, dann wäre sie relativiert. Soll sie aber gelten, darf er ihr Vater nicht sein; zumindest dürfte seine Theorie keine bloße Neuerung sein, sondern müßte sich als angemessene Fortführung, Explikation oder Interpretation wesentlicher Glaubensaussagen ausweisen lassen. Und wollte man etwa sagen, der gültige Gehalt dieser Lehre sei unabhängig von der Fassung, die Augustinus ihr gab, dann müßte man, schon angesichts ihrer Wirkungsgeschichte, diesen Unterschied doch wenigstens präzise benennen und dann redlicherweise sagen,

---

1 Die Ausführungen dieses Abschnitts basieren vor allem auf den Arbeiten von Gisbert Greshake und Hermann Häring: *G. Greshake*, Gnade als konkrete Freiheit. Eine Untersuchung zur Gnadenlehre des Pelagius, Mainz 1972; *ders.*, Geschenkte Freiheit. Einführung in die Gnadenlehre, Freiburg 1977; *H. Häring*, Die Macht des Bösen. Das Erbe Augustins, Zürich/Köln/Gütersloh 1979; *ders.*, Das Problem des Bösen in der Theologie, Darmstadt 1985. Herangezogen und ausgewertet wurden außerdem: *P. Schoonenberg*, Der Mensch in der Sünde: MySal 2, 845–941, 906–913; *K.H. Schelkle*, Schuld als Erbteil?, Einsiedeln 1968; *U. Baumann*, Erbsünde? Ihr traditionelles Verständnis in der Krise heutiger Theologie, Freiburg 1970, 23–44; *O.H. Pesch*, „Gnade" – vom „Inbegriff" zum „Traktat": *ders./A. Peters*, Einführung in die Lehre von Gnade und Rechtfertigung, Darmstadt 1981, 1–54, 8–42; *H. Hoping*, Freiheit im Widerspruch. Eine Untersuchung zur Erbsündenlehre im Ausgang von Immanuel Kant, Innsbruck-Wien 1990, 14–27; *F. Schupp*, Schöpfung und Sünde. Von der Verheißung einer wahren und gerechten Welt, vom Versagen des Menschen und vom Widerstand gegen die Zerstörung, Düsseldorf 1990, 271–296; *K. Flasch*, Logik des Schreckens. Augustinus von Hippo. Die Gnadenlehre von 397 (excerpta classica VIII), Mainz ²1995; *K.-H. Menke*, Das Kriterium des Christseins. Grundriss der Gnadenlehre, Regensburg 2003, 24–75. Da der Grundtext dieses Abschnittes schon 1994 fertiggestellt war, habe ich die Arbeiten von Flasch und Menke erst nachträglich herangezogen. Ältere Werke (namentlich Klassiker wie *J. Gross*, Geschichte des Erbsündendogmas. Ein Beitrag zur Geschichte des Problems vom Ursprung des Übels. Bd. I–IV, München 1960–1972) sind in die genannte Literatur schon eingegangen.

was nun weiterhin zu vertreten ist und was eben nicht. Nun wird freilich die These, Augustinus sei Vater der Erbsündenlehre, heute nur noch selten verneint, sondern teils in voller Entschiedenheit, teils mit abwehrenden Einschränkungen durchaus bejaht. Allerdings hängt sie daran, daß der entscheidende Punkt, durch den Augustinus über alles, was sich bis dahin angebahnt hatte, hinausging, nicht als zufälliges Beiwerk, sondern eben als der Punkt betrachtet wird, auf den es ihm ankam: es ist die These einer durch Zeugung weitergegebenen Schuld, einer Schuld vor Gott schon von Geburt an. Auf der anderen Seite müßten natürlich auch die Kritiker einer solchen Lehre von ihren Kriterien Rechenschaft geben. *Paul Ricoeur* nannte die Theorie der Erbsünde als Theorie einer vererbten, nicht selbst vollzogenen und dennoch eigenen Sünde „ein falsches Wissen, das in einer inkonsistenten Vorstellung eine juridische Schuldkategorie und eine biologische Vererbungstheorie blockiert“[2]. Die Frage ist in der Tat: Gibt es Schuld vor Gott *ohne* freies Tun – Schuld *vor* allem freien Tun?[3] Haben wir das Recht und welches Recht, auf der nur je persönlichen, also nicht übertragbaren Zueignung von Schuld zu bestehen? Doch greifen diese Fragen schon vor – zunächst einmal geht es um die Interpretation der Erbsündenlehre, die wiederum ohne Berücksichtigung der Gnadenlehre Augustins und besonders seines Freiheitsverständnisses nicht möglich sein wird. Deutlich muß insbesondere werden, woraus die Zuspitzung, die Augustin der überlieferten Sündenlehre gab, resultierte. Leitfaden kann die Frage nach dem Bösen sein, die Augustinus seit seiner Jugend bewegt und im Interesse der Theodizee zu immer neuen Antwortversuchen getrieben hat, bis sich schließlich Gnadenlehre, Prädestinations- und Erbsündenlehre zu einer in sich geschlossenen Einheit verbinden. Zum Verständnis der Eigenart seines Denkweges und seiner Resultate möchte ich wiederum zwei vorbereitende Schritte vorschalten: 1. ein paar Bemerkungen zum Gnadenverständnis der griechischen Patristik, in deren Nähe (jedenfalls theologisch) auch noch *Pelagius* gehört; 2. einige Hinweise zur Entwicklung des patristischen Sündenverständnisses bis an die Schwelle, die Augustinus dann überschritt.

---

2 *P. Ricoeur*, Die „Erbsünde“. Eine Bedeutungsstudie: *ders.*, Hermeneutik und Psychoanalyse. Der Konflikt der Interpretationen II, München 1974, 140–161, 141.

3 Vgl. *H. Häring*, Die Macht (Anm. 1), 191.

Das Paradigma der göttlichen Paideia und seine Krise: Pelagius und Augustinus

Was das erste Thema betrifft[4], so habe ich im 7. Kapitel schon angedeutet, daß es in der östlichen Theologie keine besondere Gnadenlehre gibt, sondern das Wort „Gnade“ hier (noch ganz auf der Linie des Neuen Testamentes) dieselbe Funktion hat wie „oikonomia“: nämlich Inbegriff aller Heilswerke Gottes zu sein. Sein gesamtes Heilshandeln wird als Gnade verstanden und zwar als erzieherisches Handeln zur Vollendung des Menschen. *Gisbert Greshake* hat herausgestellt, daß dieses Konzept den bemerkenswerten Versuch darstellt, das christliche Bekenntnis mit dem griechischen Erziehungsethos zu vermitteln. Was seit *Platon* als Erziehungsideal galt, nämlich dem Menschen den Weg zu weisen zur Verwirklichung seines wahren Wesensbildes, wird christlich adaptiert im Blick auf das im menschgewordenen Logos endgültig enthüllte Wesen des Menschen. Die wahre *paideia* ist die *paideia Christi* (*Paidagogos*, der Erzieher – diesen Titel trägt denn auch das Hauptwerk des ersten christlichen „Intellektuellen“: *Clemens von Alexandrien*). Allerdings ist zu beachten, daß Gottes erzieherisches Handeln zwar in der Menschwerdung des Logos kulminiert, aber auf sie doch nicht eingegrenzt ist, sondern sehr umfassend „als ein universaler kosmischer Prozeß verstanden [wird], der Schöpfung und Erlösung, Natur und Geschichte, die ganze Menschheit und den Einzelnen einbegreift. In diesem Prozeß hat Gott die Initiative, der Mensch aber hat mit seiner Freiheit zu antworten“[5].

Hervorzuheben sind näherhin folgende sechs Elemente[6]. Grundlegend für die ganze Konzeption ist (1.) die biblische Bestimmung des Menschen als Bild Gottes, das durch Geistnatur und Freiheit ausgezeichnet ist und kraft dieser Freiheit sich in einem dynamischen Prozeß hinbewegt auf die größere Verähnlichung mit Gott als Wesensziel der Freiheit. Aufgrund seiner Freiheit wird der Mensch als verantwortlich für Gut und Böse betrachtet, wobei die Betonung des ethischen Verhaltens jedoch in typisch griechischer Weise eng mit der wahren Erkenntnis und dem Teil-

4 Vgl. dazu *G. Greshake*, Gnade (Anm. 1), 27–37.47–125.150–157.173–192.230–252; *ders.*, Geschenkte Freiheit (Anm. 1), 34–54; *O. H. Pesch*, „Gnade“ (Anm. 1), 12–18. 25–31; *H. Hoping*, Freiheit (Anm. 1), 21–23; *F. Schupp*, Schöpfung (Anm. 1), 278–281; *K.-H. Menke*, Das Kriterium (Anm. 1), 38–53; *P. Schoonenberg*, Der Mensch (Anm. 1), 909f.

5 *G. Greshake*, Geschenkte Freiheit (Anm. 1), 38.

6 Vgl. *G. Greshake*, Gnade (Anm. 1), 184f; *ders.*, Geschenkte Freiheit (Anm. 1), 34–37; *O. H. Pesch*, „Gnade“ (Anm. 1), 12–14.

habegedanken verbunden bleibt. Auch die Sünde (2. Punkt) zerstört die Grundverfassung des Menschen nicht, wohl aber hat sie Gottes Bild in ihm verdeckt, undeutlich gemacht und verzerrt. Sünde bedeutet Vergessen, Verschütten, Unwirksam-Werden des Bildes Gottes und Aufrichtung eines Gegenbildes, das eine „consuetudo" in der Sünde zur Folge hat (wie schon *Irenäus* herausstellt). Dementsprechend (3. Punkt) heißt Erlösung, diesen Vorgang rückgängig zu machen und den gestörten Prozeß wieder aufzunehmen. Deshalb zielt nun das ganze Heilshandeln Gottes darauf ab, das Bild Gottes, das der Mensch ja schon ist, von der Korruption der Sünde zu befreien und es in einem erzieherischen Prozeß zu höchstmöglicher Gottähnlichkeit herauszubilden. Dabei ist es (4. Punkt) der Logos, durch den Gott diesen Prozeß ermöglicht und ständig begleitet. Und die konkreten Weisen der göttlichen Paidagogie, durch die des Menschen Freiheit aufgerufen und zum Überstieg ermächtigt wird, „sind die ‚Logoshaftigkeit' der menschlichen Freiheitsnatur [selbst], die geschichtliche Führung insgesamt (besonders die Proklamation des Gesetzes im Alten Bund), vor allem aber die sichtbar-leibhaftige Offenbarung des göttlichen Logos in Jesus Christus, dem Arzt, Lehrer und Gesetzgeber, in dessen Nachfolge (mimesis) der Mensch von der Nachfolge des adamitischen ‚Bildes' frei wird und zur eigentlichen Freiheit und Gottähnlichkeit mehr und mehr aufsteigt"[7]. Dabei wird der Vorbildgedanke oft sehr anschaulich entfaltet: In alle Altersstufen mußte Jesus (nach *Irenäus*) eingehen, von der Kindheit bis zum reifen Mannesalter, um allen ein Beispiel zu geben, das ihnen die wahre Erkenntnis vermittelt und sie zur Nachahmung einlädt. Aber nicht nur in Jesus Christus, sondern auch sonst, ja überall handelt und wirkt der Logos, in Welt und Geschichte, in Makrokosmos und Mikrokosmos; Schöpfung und Erlösung stehen als Momente der einen göttlichen *oikonomia* in bruchloser Kontinuität miteinander, auch wird allen Menschen ohne Ausnahme Gottes erzieherische Gnade angeboten. Desgleichen ist Jesus Christus zwar der Höhepunkt, aber doch nicht der Endpunkt des Heils- und Gnadenhandelns Gottes: denn die göttliche Pädagogie geht weiter durch das universale Wirken des Geistes und durch die Kirche. Bei alledem verdient nun auch (5.) die Stellung des Menschen Beachtung: Zwar ist das primär handelnde Subjekt des Prozesses Gott selber (bzw. der Logos), und er bringt seinen Erziehungsplan auch zuverlässig zum Ziel. Aber er tut es, indem er die menschliche Freiheit umwirbt: Die

7 *G. Greshake*, Gnade (Anm. 1), 185.

Bejahung ihrer Bestimmung soll frei sein – aber es ist doch die eigene Bestimmung, die sie bejaht, ihr selbst von der Schöpfung her eingepflanzt. Wenn daher das begegnende Urbild sein verschüttetes Abbild im sündigen Menschen zu neuer Lebendigkeit erweckt, ist dieser Vorgang dem akustischen Phänomen der Resonanz zu vergleichen[8]: Wie ein Gegenstand mitzuschwingen beginnt, sobald ein Ton von gleicher Wellenlänge auf ihn trifft, so wird in ihrer Befreiung zu Gott die menschliche Freiheit zu sich selber befreit und so folgt sie auch in der Bejahung Gottes sich selbst. Was endlich (6. Punkt) das inhaltliche Ziel dieses universalen Heils- und Erziehungsprozesses betrifft, so wird es schon früh zusammenfassend durch die Idee der „Vergöttlichung" (*theiosis*) bezeichnet. Von *Ignatius* und *Irenäus* über *Athanasius* bis hin zu *Johannes von Damaskus* zieht sich in vielfältigen Variationen der Satz: Gott wurde Mensch, damit der Mensch Gott werde[9] – ein für uns allerdings ziemlich mißverständlicher Satz, da er die Grenze zwischen Gott und Geschöpf zu verflüssigen scheint. Der Sache nach aber meint er (um es vertrauter zu formulieren), daß die menschliche Freiheit die ihrer eigenen Unbedingtheit entsprechende Erfüllung nicht ohne die Gemeinschaft mit Gott finden kann, was ihre bleibende Unterschiedenheit gerade einschließt: eine Unterscheidung, die der Humanität des Menschen nur zugute kommen kann. Vergöttlichung heißt einfach, daß die wesentliche Dynamik des Menschen an ihr Ziel kommt (Allerdings läßt sich nicht übersehen, daß sie eben noch nicht in Freiheitskategorien gedacht und deshalb für seinshaft-physische Verzeichnungen anfällig war und daß namentlich die unmittelbare soteriologische Verbindung des Inkarnationsgedankens mit der Teilhabe- und Unsterblichkeitsidee, bei der die Heilsbedeutung der Einzelereignisse der Geschichte Jesu, seiner Verkündigung, Kreuzigung und Auferweckung weitgehend zurücktritt, auch sehr leicht ideologisch verwendet werden konnte. Ein weiteres Problem liegt darin, daß zwischen dem geschöpflichen Wesen des Menschen und seiner ursprünglichen, schon im Urstand erfolgten Begnadung noch nicht immer genau unterschieden wurde und deshalb nicht immer genügend deutlich wird, daß es beim Erlösungsprozeß *nicht nur* um die Entwicklung des menschlichen Wesens, sondern um die Geschichte Gottes mit den Menschen geht und ihr Ziel auch über eine Restitution des Urstands noch weit hinausreicht).

---

8 Vgl. *G. Greshake*, Geschenkte Freiheit (Anm. 1), 36.

9 S. etwa Iren. haer. III, 18,7; IV, 33,4; Athan. incarn. 54; Jo. Dam. fid. orth. IV, 8.

Auf dieser Linie des patristischen Denkens steht nun auch noch *Pelagius*, der Gegner des großen Augustinus. Und doch hat das nicht gehindert, daß er wie kaum ein zweiter der Buhmann der christlichen Theologiegeschichte geworden ist, oft auch ihr Prügelknabe, allenfalls *Arius* kommt da noch mit. Die Liste der theologischen Verbalinjurien gegen ihn ist endlos: Disputator gegen die Gnade, böse, unchristlich und barbarisch – so schmähten ihn schon die Zeitgenossen; die moderneren Schlagworte stehen dem nicht nach: selbstgenügsamer Moralismus, Emanzipation von Gott und seiner Gnade, Mangel an religiösem Sinn, Leistungsethik, Autonomismus und Selbsterlösung. Seit Jahrhunderten genügt es, eine Lehre als pelagianisch zu etikettieren, um sie dem erhöhten Mißtrauen der Gläubigen zu empfehlen[10]. Und doch hat dieser schlichte Prediger christlicher Sittenstrenge, der unter höchstem persönlichen Einsatz und unter Aufgabe seiner Karriere Christ wurde und mit dem Christsein dann einfach ganz Ernst machen wollte – er hat keinen Satz von sich gegeben, der sich nicht auch schon (wie auch evangelische Theologen zugeben[11]) irgendwo bei den Kirchenvätern *vor* ihm, namentlich den griechischen, belegen ließe. Anders wären seine anfänglichen Erfolge in Italien und im Osten wohl auch kaum zu erklären. Auf das Feld dogmatischer Reflexion hat er sich (namentlich mit einem Pauluskommentar) überhaupt nur begeben, weil er mit seinem reformerischen Eifer unter theologischen Begründungszwang geriet. Denn angesichts der Lage, wie sie dieser vermutlich aus Irland stammende Mönch in Rom, wo er etwa um 400 als geistlicher Lehrer und Seelenführer auftrat, erlebte, war sein primäres Anliegen die *Praxis* des Glaubens. Diese entstehende Massenkirche aus den Resten des zerfallenden Heidentums, konventionelle Heiden zumeist, die aus blankem Opportunismus ebenso konventionelle Christen werden, weil sie merken, daß der Wind sich gedreht hat, und deshalb die Fahne wechseln – und dagegen nun der aus persönlicher Betroffenheit Christ gewordene Pelagius, der an dieser Kirche leidet, und sein ethisches Reformprogramm mit Askese, Selbstprüfung und dem Versuch, nach der Bergpredigt ernsthaft zu leben – ein Programm, mit dem er Anhänger findet und sich durchaus erkennbare Erfolge einstellen: Was also sollte er Besseres tun, als gegen den Laxismus an die Freiheit

10 Vgl. (auch zum folgenden) *O. H. Pesch*, „Gnade“ (Anm. 1), 25–28; *G. Greshake*, Gnade (Anm. 1), 27–37; *ders.*, Geschenkte Freiheit (Anm. 1), 44–48.

11 So u. a. *B. Lohse*, Epochen der Dogmengeschichte, Stuttgart ^{4}1978, 114; *W. von Loewenich*, Augustin. Leben und Werk, München/Hamburg 1965, 101ff.

zu appellieren und sie zum Ernst ihrer Verantwortung zu rufen. Als man ihm einmal mit dem Augustinuswort kam „Gib, was du befiehlst, befiehl, was du willst"[12], da habe er sich in höchste Erregung gesteigert[13]: Ein solches Gebet konnte doch nur ein Ausweichen sein vor dem Anspruch von Gottes Gebot, genauso wie Augustins radikales Verständnis von der Verfallenheit des Menschen an die Sünde ihm als Rückfall in den Manichäismus erscheinen mußte. Was der Mensch zum guten Handeln benötigt, das *hat* ihm doch Gott schon gegeben: das Vermögen der menschlichen Natur selbst, namentlich ihre Freiheit, ihre Affinität zum Guten, die Schwerkraft des Gewissens und alles, was zum geschaffenen Menschen als Bild Gottes gehört – dies alles ist doch schon die Gnade, Gottes Geschenk. Natürlich weiß auch Pelagius, daß die schöpfungsmäßigen Anlagen durch die Sünde beeinträchtigt sind. Aber hat Gott den Menschen denn etwa fallengelassen? Er kommt ihm doch unablässig zu Hilfe: durch die Gesetzgebung am Sinai schon, die Botschaft der Propheten, dann durch Wort und Verhalten Jesu, endlich das Wort der Schrift, die Predigt der Kirche und besonders die Menschen, die das Evangelium beispielhaft leben – diese gleichsam von außen begegnenden Hilfen halten der Freiheit doch ihre Möglichkeit offen, lenken sie auf ihr Ziel, *ohne* sie jedoch zu determinieren: sie *kann* also gut handeln und kann es immer, sie muß es nur *tun*.

Dies alles war vom Grundansatz her nicht aufregend neu, auch wenn jetzt (und zwar schon bei Pelagius selbst, nicht erst bei seinen radikalen Schülern *Caelestius* und *Julian von Eclanum*) einige Akzente doch schroffer gesetzt sind, als man es gewohnt war – forcierter wohl auch, als es Greshakes große Darstellung herausstellt[14]. Grundlegend für Pelagius bleibt die Bestimmung des Menschen als Bild Gottes, verstanden als dynamische Anlage und als praktische Aufgabe zugleich[15]. Akzentuiert aber wird die Freiheit des Willens (das „liberum arbitrium"), die als von Gott geschenktes Vermögen zwar gelegentlich Gnade genannt wird, aber wesentlich zur „natura humana" gehört. Das tatsächliche Wollen (das *velle*) geht aus diesem Willensvermögen (dem

12 Aug. conf. X, 29,40; 31,45; 37,60.

13 Aug. persev. 20,53 berichtet davon.

14 Allerdings konstatiert auch Greshake: „Bei Pelagius scheint es gelegentlich so, daß alles auf den Menschen und seine Freiheit ankommt und die Rolle Gottes darauf beschränkt bleibt, dem Menschen sozusagen das nötige Rüstzeug zu geben, damit der Mensch selbst sein Heil in die Hand nehmen kann" (Geschenkte Freiheit [Anm. 1], 49f).

15 Vgl. zum folgenden *G. Greshake*, Gnade (Anm. 1), 54–79.232ff; *H. Hoping*, Freiheit (Anm. 1), 22ff.

posse) hervor, das als solches die Fähigkeit zum Guten wie zum Bösen umfaßt. Die Fähigkeit zum Bösen hat Gott uns gegeben, damit „wir seinen Willen aus unserem Willen heraus" tun[16]; umgekehrt aber, und dies wird nun entscheidend, geht die Fähigkeit zum Guten (das „posse bonum facere" oder auch „posse non peccare") auch durch die Sünde Adams nicht grundsätzlich verloren, da sein Fall die menschliche Natur nicht verändert hat. Zwar stiftet das Beispiel Adams der Geschichte ein neues (verderbliches) Bild ein, durch das gleichsam als Gelegenheit zur Sünde die Freiheit des Menschen immer wieder verführt wird; eine Notwendigkeit zum Sündigen aber bedeutet das nicht, und wo es dennoch so scheint, kann es sich für Pelagius nur um die selbstverschuldete schlechte Gewohnheit handeln[17]. Ausdrücklich interpretiert er die Aussage von Röm 7, daß es die in mir wohnende Sünde sei, die das Böse tut, das ich nicht will, im Sinne solcher Nötigung durch die Gewohnheit der Sünde – einer „Notwendigkeit allerdings, die ich mir selbst geschaffen habe"[18]. Und ebenso, wie die Macht der Sünde auf die Wirkung des schlechten Beispiels und sündiger Gewohnheit beschränkt bleibt, wird nun auch der erlösende Einfluß Christi in sein Beispiel und seine Lehre gesetzt. Zwar betont Pelagius die Sündenvergebung: sie bezieht sich auf die konkreten Sündentaten in der Vergangenheit. Rechtfertigung und Heiligung dagegen erreicht der Mensch durch das „Exemplum Christi", das er nur nachzuahmen braucht: Christus, sagt Pelagius, „vergibt den an ihn Glaubenden zunächst alle Sünden durch die Taufe. Danach regt er sie durch seine Nachahmung zur vollendeten Heiligkeit an"[19].

Daß mit alledem die paulinischen Aussagen von der Macht der Sünde nicht eingeholt sind, dürfte evident sein; doch ist gerechterweise sogleich hinzuzufügen, daß sich auch die Väter *vor* Pelagius nicht gerade durch einen dezidierten Paulinismus hervorgetan hatten. Lange waren sie vordringlich damit beschäftigt gewesen, gegenüber der allgegenwärtigen Versuchung der Gnosis die Güte der Schöpfung zu verteidigen und sich stark zu machen für die verantwortliche Freiheit des Menschen; bei ihrer christlichen Adaption des antiken Erziehungsgedankens hatten sie deshalb gerade diejenigen Elemente der griechischen Bildung favorisiert, die diesen

16 Pelag. ep. Dem. 3.

17 Pelag. lib. arb. fragm. 1; Pelag. ep. Dem. 8.

18 *Pelagius*, Expositions of Thirteen Epistles of St. Paul (ed. *A. Souter*), Cambridge 1926, II, 58f.

19 Pelag. lib. arb. fragm. 3.

Intentionen entgegenkamen: nicht nur das platonisch-neuplatonische Grundschema von Nachahmung, Urbild und Abbild, sondern auch die eher stoischen Ideen von der Logos-Durchwaltetheit der Welt und Geschichte und vor allem von der menschlichen Entscheidungsfreiheit, sofern diese nach stoischer Auffassung in ihrer ursprünglichen Selbstmächtigkeit von äußeren Einflüssen letztlich unabhängig bleibt. Insofern trifft es tatsächlich zu, daß Pelagius die Ideale der aufgeklärten und christlich gewordenen Antike repräsentiert und sie noch einmal zu aktivieren versucht hat. Seine Vorstellung von der sittlichen Befähigung und der verantwortlichen Freiheit des Menschen und seiner letzten Zuständigkeit für die eigenen Entscheidungen war menschlich plausibel, sie war human und vernünftig und konnte unter den Gebildeten wohl noch einige Anhänger gewinnen, aber sie wirkt – gemessen an den Zerrissenheits- und Ohnmachtserfahrungen des Paulus – doch auch ziemlich optimistisch, um nicht zu sagen naiv[20]. Auch historisch gesehen ging ihre Zeit inzwischen zu Ende, weil sie mit ihrer prinzipiellen Unterstellung einer harmonischen Zuordnung von Welt, Geschichte und menschlicher Freiheit nicht mehr die Erfahrungen des epochalen Umbruchs aufzufangen vermochte, der die Spätantike kennzeichnet und der als Hintergrund des Streits zwischen Pelagius und Augustinus kaum zu überschätzen ist[21]. Denn so wenig die geniale Originalität Augustins auf die Einflüsse der Zeit reduziert werden kann, so wenig wäre doch seine geschichtliche Wirkung ohne sie zu verstehen.

Ja, die Welt der Antike zerbricht. Der Fall Roms unter dem Ansturm der Germanen ist dafür nur äußerliches, wenn auch das beunruhigendste Zeichen. Vor allem zerbricht der bisherige Horizont menschlichen Lebens, eben der „Kosmos, der das gesamte Gefüge der antiken Welt umgriff, in dem man göttliche Kräfte am Werk sah, die den Menschen gütig führten, huldvoll beschenkten oder strafend verwarfen – dieser kosmologische Bergeraum, in dem sich der Mensch geborgen wußte, wird durch und durch fragwürdig"[22], der Einzelne fällt auf sich selber zurück. Fragwürdig wird damit aber auch eben die begriffliche Auslegung des christlichen Heilsglaubens, die das Erlösungshandeln Gottes auf der Folie einer göttlichen Kosmosgeschichte, einer vom Logos durchwobenen und für ihn trans-

20 Vgl. *F. Schupp*, Schöpfung (Anm. 1), 288.

21 Vgl. dazu *G. Greshake*, Gnade (Anm. 1), 237–241.247–252; *ders.*, Geschenkte Freiheit (Anm. 1), 39–42.51–54.

22 *G. Greshake*, Gnade (Anm. 1), 247.

parenten Natur verstanden hatte und dementsprechend die göttliche Heilsgnade nach dem Prototyp einer *paideia* explizierte, die Welt und Geschichte umfaßt. Für die Erschütterung, welche die angedeutete Krisenerfahrung beim Einzelnen auslösen mußte, war die westliche Theologie stärker sensibilisiert als die griechische Patristik. Denn hier, im Westen, hatte sich die soteriologische Reflexion – der rechtlichen Prägung des lateinischen Denkens und seinem Interesse für die Probleme der individuellen Praxis entsprechend – schon früh auf den Einzelnen konzentriert. Intensiver und bohrender als in der griechischen Theologie, die den Einzelnen stets in den umfassenden Heilsprozeß integriert wußte, wurde hier nach seiner persönlichen Schuld und Verantwortung vor Gott und vor allem nach den realen Möglichkeiten seiner Freiheit gefragt, die eigene Geschichte zu wirken und sein Heil finden zu können. Und nur weil die Heilsfrage in diese anthropologische Perspektive gerückt war, konnte sich überhaupt (wie ich schon früher ausgeführt habe) eine eigene Gnadenlehre (als Lehre eben von der inneren Gnade) entwickeln. Ebenso wird verständlich, daß sich der Bruch mit dem *oikonomia*-Denken dann im Westen vollzog. Die Emanzipation des Subjekts aus den übergreifenden Ordnungen war weiter fortgeschritten als im griechischen Bewußtsein, das Wissen um seine persönliche Eigenständigkeit und Verantwortung deshalb noch schärfer vorhanden, größer aber auch das Gespür für seine Einsamkeit, seine innere Hilflosigkeit und Gebrochenheit. Kurz: Angesichts der Auflösung der antiken Welt und ihrer vom umgreifenden kosmischen Zusammenhang garantierten inneren Gefügtheit und göttlichen Durchstimmtheit war die platonisch-stoische Idee einer „Erziehung des Menschengeschlechts", wie sie die christliche Apologetik rezipiert und dabei das Wirken des Logos mit der Freiheit des Menschen zusammengedacht hatte, keine tragfähige Auslegung des christlichen Heilsglaubens mehr. Ein neuer Halt war offenbar „nur zu gewinnen, indem der heimatlos, ungesichert, einsam und sich selbst fraglich gewordene Mensch sich radikal einer Gnade anheimstellte, welche ihm in seinem Innern Sicherheit, Geborgenheit und Hoffnung gab"[23].

Der Ausdruck, den *Augustinus* dieser neuen Erfahrung gab, und erst recht die geschichtliche Wirkung, die er damit erzielte, läßt sich freilich ohne den Anteil seiner einzigartigen Persönlichkeit kaum vollständig begreifen. Bei Augustinus, so die vielzitierte, treffende Formulierung *Walther von*

23 *G. Greshake*, Geschenkte Freiheit (Anm. 1), 53f.

Loewenichs, „lernt das Ich sprechen“[24]. Und wenn man bei der Lektüre der „Confessiones“ (wie sonst nirgends in der antiken Literatur und im Neuen Testament höchstens bei Paulus) unwillkürlich den Eindruck hat, trotz aller rhetorischen Stilisierung diesen Menschen lebendig vor sich zu haben, dann indiziert diese literarische Authentizität zugleich die epochal neuartige Wahrnehmung der eigenen Subjektivität und ihrer Probleme. Augustin entdeckt und erfährt in einer bis dahin in der Antike unerhörten Weise die personalen Dimensionen menschlichen Daseins, das nun gekennzeichnet ist durch Einmaligkeit und Einzigartigkeit, durch den Primat des Willens und der Freiheit, durch die Herauslösung aus allen Vermittlungen und das unmittelbare Gott-ausgesetzt-Sein[25]. In diese Grundrelation sind alle Erfahrungen eingelassen, in diesem Gegenüber vollzieht sich Augustins Denken (Selbstreflexionen vor dem Angesicht Gottes), derselbe Horizont formiert sämtliche Problemstellungen und prägt die Lösungen, insbesondere auch die Aussagen zu Sünde und Gnade. Auf diesem Weg der inneren Erfahrung als Einzelner vor seinen Gott gestellt, wird Augustinus nicht nur der abgrundtiefen Verlorenheit des Menschen ansichtig, sondern erfährt auch das Wirken einer absolut souveränen Gnade, welche die einzig noch mögliche Freiheit begründet und dergegenüber der Mensch sich selbst nur als reine Rezeptivität verstehen und seine radikale Angewiesenheit bekennen kann. „Das ist der tiefste Sinn des pelagianischen Streits“, schreibt *Max Pohlenz* in seinen Studien zum antiken Freiheitsverständnis, „daß sich in ihm noch einmal das sittliche Kraftbewußtsein der Antike gegen das neue Lebensgefühl aufbäumte, nach dem über Wert und Geschick des Menschen nicht entschied, was er selbst will und vollbringt, sondern was Gott in ihm wirkt […] Es war kein Zufall, daß Augustin in dem Streite den Sieg davontrug. Die Zeit der Antike war vorbei, und die Zukunft gehörte dem von Sündengefühl und Erlösungsbedürftigkeit getragenen Glauben Augustins und der allein das Heil verbürgenden Institution der Kirche“[26].

24 *W. von Loewenich*, Augustin (Anm. 11), 10.

25 Vgl. *G. Greshake*, Gnade (Anm. 1), 238.

26 *M. Pohlenz*, Die Stoa. Geschichte einer geistigen Bewegung, Göttingen [3]1964, 461. – Ich habe mich *Greshakes* Erklärung des „Sieges“ Augustins und seiner Gnadenlehre über Pelagius angeschlossen, weil sie mir in der Art, wie sie die soziokulturellen Aspekte, die Differenz der Denkformen, die historische Umbruchsituation und die irreduzible Einzigartigkeit der Persönlichkeit Augustins beachtet und aufeinander bezieht, hermeneutisch besonders ergiebig erscheint und doch mit dem Urteil, zu dem sie gelangt (Geschenkte Freiheit [Anm. 1], 51ff), die zugleich geleistete (und gerechte) theologische Rehabilita-

Übrigens wird häufig versucht (und Greshake nimmt dies auf[27]), den Gegensatz der Grunderfahrungen und Mentalitäten, die in diesem Streit aufeinanderstoßen, auch phänotypisch zu illustrieren. Einerseits die kraftvolle Erscheinung des Pelagius, ohne Spuren innerer Kämpfe. *Hieronymus* schrieb von ihm: „Er ist von athletischer Kraft und ganz

---

tion des Pelagius nicht widerruft. Eine andere, der Erklärung Greshakes zwar nicht völlig widersprechende, aber m. E. doch verengte, ideologiekritisch forcierte Sicht bietet *Kurt Flasch*. Demnach wäre die zugespitzte Gnadenlehre Augustins mit ihrer starken Betonung des Einzelnen, seiner Wendung ins Innere und seiner unsichtbaren Gottesbeziehung bereits hinreichend aus Augustins Rezeption des Neuplatonismus (und insofern ohne den Rekurs auf die von Greshake namhaft gemachten Faktoren) erklärbar. Ihr historischer Siegeszug aber beruhe darauf, daß sie sich als erfolgreiche Lösung derselben Probleme durchsetzen konnte, die ähnlich auch Pelagius bedrängten: die geistig-moralischen Defizite und die Verabschiedung spätantiker Wertvorstellungen in dem zur Macht gelangten und zur Massenkirche mutierten Christentum. Denn in der Unbegreiflichkeit seines Begnadigens und Erwählens entziehe sich Augustins Gott den Kriterien der spätantiken Bildung und Popularphilosophie. „Für den historischen Rückblick aber heißt das: Bischof Augustin reflektiert über die seit Konstantin zur Massenkirche gewordene Gemeinde; er konstatiert ihren Qualitätsverlust durch den Machtgewinn. Er stabilisiert ihre Verankerung in der Machtsphäre, indem er alle Einwände ethischer Art neutralisiert. Die neue Gnadenlehre immunisiert die kriterienlos gewordene Kirche gegen Zweifel im Namen der neutestamentlichen wie der philosophischen Ethik" (Logik [Anm. 1], 37). *Otto Hermann Pesch* wiederum warnt, in deutlicher Distanz zu Greshake, vor Spekulationen über ein „neues Lebensgefühl" u.ä. bei Augustin und im Westen sowie vor „zu viel Geschichtstheologie". Vielmehr sei es beim „Sieg Augustins [...] tatsächlich und ganz im Zuge der Zeit (‚Paulusrenaissance'!) um eine Auseinandersetzung [gegangen], *welche Paulusinterpretation recht hatte*, oder noch richtiger und noch schärfer: ob Paulus eine *einseitige* Interpretation des christlichen Glaubens darstellt" („Gnade" [Anm. 1], 28f). Zumindest bei den Anhängern des Pelagius, den eigentlichen „Pelagianern" *Caelestius* und *Julian von Eclanum*, sei der „Widerspruch zu Paulus" ja offenkundig und „die Verkehrung des Evangeliums von der bedingungslos rettenden Gnade Gottes in ein ethisches Programm perfekt" (30f). *Karl-Heinz Menke* schließlich, der alle genannten Positionen vorstellt (Das Kriterium [Anm. 1], 60–65), beurteilt Peschs Erklärung *insofern* als die „plausibelste", als Augustinus tatsächlich „immer wieder einzelne Stellen des Corpus Paulinum anführen konnte, die isoliert betrachtet die Antithese von Gnade und Tora, das Nur-noch-Sündigen-Können aller Adamiten und die Gleichsetzung von Gesetzeserfüllung und Selbstrechtfertigung formulieren" (73f). Zugleich aber stellt Menke – mit Berufung auf die gegenwärtige Paulusforschung und ihre Einsicht, „dass die jüdische Tora von Paulus ebenso wie von Pelagius als Gnade (und nicht als deren Gegenteil!) verstanden wird" und der Toragehorsam als „von der Gnade ermöglichte Antwort" (66.68) – unmißverständlich klar, daß die seines Erachtens „nicht mehr revidierbaren Erkenntnisse der jüngeren Paulusforschung dem Pelagius (nicht dem Pelagianismus!) ungleich mehr recht [geben] als Augustinus" (74).

27 Vgl. *G. Greshake*, Gnade [Anm. 1], 250f.

schön korpulent"[28]; dann später bissiger und polemisch: „Wie ein Tölpel stampft er schwer daher, von schottischem Mehlbrei vollgepfropft"[29]. So ist er „wie ein Alpenhund, groß und dick, der [...] mit seinen Stelzen alles rasend zertrampelt, [...] watschelt daher, wie eine Schildkröte"[30]. Und *Orosius* setzt noch drauf: „ein über alle Maßen ungeschlachter Goliath [...] Er hält es nicht für nötig, eine Kopfbedeckung zu tragen, [...] tut sich gütlich in Bädern und Gastmählern, hat breite Schultern [...] und einen robusten Nakken, [...] auch vorn am Halse dick und fett"[31]. Demgegenüber die zwar im ganzen gesunde, aber zarte, nicht sehr widerstandsfähige Gestalt Augustins von äußerster Sensibilität, Anzeichen einer komplizierten psychischen Struktur und großer Empfindsamkeit, Züge von Leidenschaft und Innigkeit und reflektierter Bewußtheit. „Wahrlich", so *Adolf von Harnack*, „kein Dramatiker hätte diese Typen der zwei contrastirenden Lebensanschauungen besser erfinden können"[32]. Allerdings, so möchte ich hinzufügen, beginnt mit den zitierten Äußerungen der Zeitgenossen über Pelagius auch schon die gehässige Polemik, die dann durch die Jahrhunderte an ihm haften blieb.

Patristische Erbübel-, Erbtod- und Erbverderbnislehren

Augustins Sünden- und Gnadenlehre wurde nicht erst im pelagianischen Streit konzipiert und entwickelt, sondern hat in ihm nur ihre polemische Anwendung und Verschärfung gefunden und in der späteren Auseinandersetzung mit den sogenannten Semipelagianern noch einige Verdeutlichungen erfahren. In allen wesentlichen Elementen lag sie vor Ausbruch des Streits (412–418) bereits fest. So ist sie „nicht das schnelle Produkt von Tagesaktualitäten", sondern die Frucht einer lebensgeschichtlich eingebundenen und ihren eigenen Fragen folgenden theologischen Reflexion[33]. Oft wird herausgestellt, daß sie eine kongeniale Aktualisierung paulinischer Aussagen darstelle und auf sehr ähnlichen persönlichen Erfahrungen beruhe. Dies heißt freilich noch nicht, daß sie nach heutigen Ansprüchen als Paulusexegese gelten kann oder auch nur sich selbst so verstand: demon-

28 Hier. ep. 50,4.
29 Hier. in Jer. prol.
30 Hier. adv. Pelag. III, 1 u. III, 16.
31 Oros. apol. II, 31.
32 *A. von Harnack*, Lehrbuch der Dogmengeschichte III, Darmstadt 1964, 169.
33 Vgl. *O.H. Pesch*, „Gnade" (Anm. 1), 18.

striert Augustin (zumindest nach 397) doch eher *am* Paulustext, namentlich am Römerbrief, eine Lehre, die aus ganz eigenen Prämissen resultiert und ihrer eigenen systematischen Logik gehorcht[34]. Zum anderen kann auch nicht übersehen werden (und damit komme ich zur angekündigten zweiten vorbereitenden Überlegung), daß Augustinus im Zuge einer Entwicklung steht, die er zu Ende geführt, dann freilich nochmals qualitativ überboten und damit verlassen hat. Das gilt namentlich für die Erbsündenlehre, auf die wir uns nun konzentrieren wollen. Dabei ist zu beachten, daß der kosmologische Sinnhorizont, in dem die antike Welt lebte, natürlich nicht erst in dem Augenblick fragwürdig wird, wo diese Welt sichtbar zusammenstürzt. Schon die mächtige Bewegung der Gnosis war ja von dieser Fragwürdigkeit durchstimmt, ebenso der Manichäismus, auch wenn beide Strömungen diese Grunderfahrung selbst noch kosmologisch interpretierten. Und so richtig es bleibt, daß die Patristik im Kampf gegen die Gnosis vor allem die Güte der Schöpfung und die Verantwortung des Menschen herausgearbeitet hat, so hat doch umgekehrt durch gnostische Einflüsse gerade auch die Reflexion über die Ursünde Adams und ihre Folgen ein hohes Gewicht erhalten. Ich möchte einige, oft zitierte Beispiele nennen und auswerten, um den entscheidenden Schritt zu Gesicht zu bekommen, durch den Augustins Erbsündenlehre, deren Entwicklung wir uns dann zuwenden müssen, über alle Vorgänger hinausgeht.

Die Entwicklung verläuft nämlich im Osten und Westen verschieden: im Osten bis zur ausdrücklichen Verneinung einer Erbsündenlehre, im Westen mit Tendenzen auf Augustinus zu[35]. Die erste deutliche Bezugnahme auf Röm 5,19 findet sich schon bei *Irenäus*: „Durch den Ungehorsam des einen Menschen wurden die Vielen Sünder"[36]; auch scheint Irenäus den Gattungsmenschen bereits realistisch (und inklusiv) verstanden zu haben.

---

34 Der Theorienkomplex von 397, betont *Kurt Flasch*, „ergab sich nicht allein aus dieser Textvorlage [des Römerbriefs]. Augustin selbst wußte, daß er die Theorien des Apostels nicht einfach wiederholte, sondern daß er sie *auslegte*" (Logik [Anm. 1], 99). Zwar „entfaltet Augustin sie – die Erbsündenlehre – anläßlich der Erklärung des *Römerbriefs*, aber sie ist eine *theoretische Konstruktion*. Sie sollte die Mängel früherer Theorien vermeiden; sie sollte Fragen beantworten, die sich im letzten Jahrzehnt des vierten Jahrhunderts stellten" (260). „Augustins Konstruktion von 397 ergab sich aus seinen eigenen Denkzwängen, nicht aus dem Text, den er kommentierte" (264).

35 Vgl. zum folgenden *P. Schoonenberg*, Der Mensch (Anm. 1), 906–909; *K. H. Schelkle*, Schuld als Erbteil? (Anm. 1), 45–50; *F. Schupp*, Schöpfung (Anm. 1), 281–284; *O. H. Pesch*, „Gnade" (Anm. 1), 8–11; *H. Häring*, Die Macht (Anm. 1), 204.

36 Iren. haer. IV, 18,7.

Dann aber zeigt sich, daß mit der Wunde, die sich alle in Adam zuzogen, doch nur die menschliche Sterblichkeit gemeint ist, so daß wohl von Erb*tod*, aber kaum von Erb*sünde* gesprochen werden kann[37]. Deutlicher ist der Befund bei *Origenes*. Seine für heutiges Empfinden ausgefallene und auf dem II. Konzil von Konstantinopel (553) verurteilte Theorie von einer Schuld der präexistenten Seelen (auch in dieser Theorie ist übrigens deutlich die Absicht der Theodizee zu erkennen) kann nicht als Erbsündenlehre gewertet werden[38], da nach ihr jede Seele ja für sich selber gesündigt hat. Wichtiger ist die Auffassung, daß „in den Lenden Adams, als er noch im Paradiese war", schon alle Menschen enthalten waren; deshalb, so Origenes, „ging durch ihn der Tod, der aus seiner Übertretung stammte, folgerichtig auch auf jene über, die in seinen Lenden waren"[39]. Also wieder nur der Erb*tod* – und wenn Origenes auch im Blick auf die Kindertaufe einmal von wirklichen Sünden*makeln* spricht, stellt er doch zu Röm 5,12 nachdrücklich das Sündigen aller und ihre persönliche Verantwortung heraus: „Wenn wir nämlich Herren unserer Entscheidung sind, so können uns wohl vielleicht irgendwelche Mächte anfechten und zur Sünde drängen und andere uns zum Heil unterstützen; doch werden wir nicht mit Notwendigkeit gezwungen, richtig oder böse zu handeln"[40]. Mehr als die Natur dränge menschlicher Unterricht (also menschliches Beispiel) zum Tode der Sünde[41], und in jedem Fall gelte: „Der freie Wille begibt sich immer selber in die Herrschaft der Sünde"[42]. In dasselbe Horn stößt *Basilius*: „Worüber du Herr bist, dafür such' den Ursprung nicht außer dir, sondern laß dir sagen: Das eigentlich Böse nimmt den Anfang mit den freiwilligen Entgleisungen"[43]. Auch dem vielzitierten *Johannes Chrysostomus* liegt die Vorstellung einer Erbsünde fern: Die Folgen der Sünde Adams sind rein physischer Natur; betont wird nur die selbstverschuldete Gewöhnung ans Böse als Beeinträchtigung des freien Willens: „Denn geradeso wie jemand, der

37 „Der Mensch wurde im ersten Adam verwundet, da er in Adam ungehorsam war" (a. a. O. V, 34,2). Vgl. a. a. O. V, 1,3: Wir sollen „durch die neue Zeugung das Leben erben, wie wir durch die alte den Tod geerbt haben".

38 Vgl. Orig. princ. I, 5,3–5; 6,2; 8,4; III 5,4; 6,3.

39 Orig. in Rom. comm. V, 1.

40 Orig. princ. I praef. 5.

41 Vgl. Orig. in Rom. comm. V, 2.

42 Orig. in Rom. comm. V, 1.

43 Bas. hex. II,5. Vorher schon hieß es (ebd.): „Suche [...] das Böse nicht außer dir, noch denke an eine ungezeugte Substanz des Bösen; vielmehr sehe sich jeder selbst als den Urheber seiner Bosheit an!"

‚starr' festhält am Guten, nicht leicht anders wird, so ändert sich auch der nicht leicht, der ‚starr' geworden ist im Bösen. ‚Starrwerden' heißt also hier nichts anderes als auf etwas festgelegt und gleichsam angenagelt sein"[44]. Nach *Kyrill von Alexandrien* wurden wegen Adams Ungehorsam „die Vielen zu Sündern, nicht weil sie zugleich mitgesündigt hatten – es gab sie ja noch nicht –, sondern weil sie seiner Natur sind, die unter das Gesetz der Sünde gefallen ist"[45]; weil Adam nämlich der Verderblichkeit anheimfiel, „kamen in die Natur des Fleisches die unreinen Lüste, und so ist das harte Gesetz unserer Glieder entstanden", gleichsam „die Natur krank geworden"[46]. Im übrigen betont auch Kyrill, daß „wir Nachahmer der Übertretung Adams geworden sind, insofern wir alle sündigten"[47]. Der große *Theodor von Mopsuestia* schließlich bestritt die Erbsünde in seinem Kommentar zu Röm 5,12 ausdrücklich und schrieb außerdem – als Zeitgenosse Augustins! – gegen ihre Verteidiger ein eigenes Buch[48] – und dies ist denn auch die entschiedene Tendenz der griechischen Theologie geblieben.

Im Westen hat (wie so oft) *Tertullian* insofern Weichen gestellt, als er – der das berühmte Wort von der „anima naturaliter christiana" geprägt hat[49] – doch nicht bestreiten will, daß sich durch Adams Sünde das Böse in dieser Natur festgesetzt hat, das „vitium originis" sei „naturale quodammodo" geworden[50]; dagegen werde jedoch durch die Taufe die Gnade gesetzt. Nun wurde jede Taufe allerdings auch zur Vergebung der Sünden gespendet – und insofern fragt sich Tertullian doch etwas verwundert, warum man sich eigentlich so beeile, unschuldige Kinder zu taufen[51]. Sein Landsmann *Cyprian* dagegen verteidigt die Kindertaufe, allerdings mit einer ziemlich vertrackten, ja abwegigen Begründung: Zwar habe das „Neugeborene" keine Sünden begangen, „sondern sich nur, nach Adam im Fleische geboren, von seiner Geburt an die Befleckung mit dem alten Tod zugezogen", und so komme es „umso leichter zur Vergebung der Sünden", als

---

44 Jo. Chrys. in Rom. hom. 20,1. Entsprechend betont Chrysostomus, daß Paulus ja „überall die menschliche Willensfreiheit so sehr hervorhebt" (a. a. O. 17,8).

45 Cyr. Alex. in Rom. 5,12.

46 A. a. O.

47 A. a. O.

48 Die um 418 griechisch geschriebene Schrift – „Gegen jene, die da sagen, die Menschen sündigten von Natur aus und nicht mit Willen" – ist nur in syrischer Übersetzung erhalten.

49 Tert. apol. 17,6.

50 Tert. an. 41.

51 Vgl. Tert. bapt. 18.

„ihm keine eigenen, sondern fremde Sünden vergeben werden“[52]. Für Augustinus wurde es dann wichtig, daß die Ursündenlehre nicht nur in Nordafrika, sondern auch in Mailand einen Stützpunkt hatte. So etwa heißt es bei *Ambrosius*: „Adam hatte das Sein, und in ihm hatten wir es alle. Adam verfiel dem Verderben, und in ihm verfielen wir alle dem Verderben“[53]. Der präzise Sinn solcher Aussagen ist in den eher homiletischen als streng dogmatischen Gedankengängen des Ambrosius allerdings kaum zu fassen. Bleibt noch der sogenannte *„Ambrosiaster“*, der bei Augustinus (wenn auch meist unter dem Namen *Hilarius*) als Kronzeuge fungiert. Ambrosiaster bezieht jetzt das „in quo“ der Vulgata-Übersetzung von Röm 5,12 eindeutig relativisch auf Adam und legt den ganzen Vers im Sinne einer Erbsünde aus. So ist für ihn „klar, daß alle in Adam gesündigt haben wie in einem Haufen (quasi in massa); er selbst ist ja durch die Sünde verdorben, alle, die er hervorgebracht hat, sind unter der Sünde geboren. Aus ihm kommen deshalb alle Sünder, denn aus ihm selbst sind wir alle“[54]. Dennoch macht auch Ambrosiaster als Voraussetzung für das Gericht dann doch wieder die persönlichen Sünden geltend, unterscheidet zwischen Erbsünde und eigentlicher Sünde, zwischen leiblichem und ewigem Tod. Hier also liegt die Grenze, die auch er nicht überschreitet: Allein den leiblichen Tod, erklärt er, erleiden wir als Erbtod von Adam her; den „geistigen Tod in der Hölle erleiden wir nicht durch Adams Sünde, sondern er wird [...] durch die eigenen Sünden erworben“[55].

Ich fasse zusammen[56]. Festzustellen ist, daß die Reflexion über die Ursünde Adams und ihre Folgen schon früh einsetzte und ein hohes Gewicht erhielt. Ebenso ist sichtbar, daß sich im Lauf der Jahrhunderte eine Erbübel-, ja sogar eine Erbverderbnis- und Erbtodlehre herausschälte, die sich weitgehend in der Großkirche durchsetzte. Der Niedergang der Menschheit wird insofern durch Adam nicht nur begonnen, sondern auch (mit-) bewirkt. Zunehmend verdichtet sich das Interesse auf die tiefgreifende Verderbnis der Natur durch die Konkupiszenz, die Hang zur Sünde oder auch Sündenmakel bedeutet, die gelegentlich sogar schon Sünde genannt wird, aber nie als Schuld des Einzelnen verstanden werden kann.

52 Cypr. ep. 64,5.
53 Ambr. in Luc. 7,234.
54 Ambrosiast. in Rom. 5,12.
55 A. a. O. 5,15.
56 Vgl. *H. Häring*, Die Macht (Anm. 1), 204; *F. Schupp*, Schöpfung (Anm. 1), 283.

Schließlich war auch der Gedanke unserer Solidarität mit Adam vorbereitet, schon Irenäus scheint den Gattungsmenschen realistisch verstanden zu haben, deutlich tritt diese Solidarität mit Adam bei Ambrosius hervor, auch das Bild der Befleckung war schon vorhanden. Ambrosiaster schließlich vertritt die These, wir hätten „in“ Adam gesündigt, von ihm konnte Augustinus auch das Bild von der Sündenmasse übernehmen. Und dennoch: Kein einziger der Vorgänger sprach von einer eigentlichen (übertragenen) Sünden*schuld*, auch nicht die Hauptgewährsleute Augustins. Keiner lehrte in diesem Sinne die Erbsünde oder erklärte *ihret*wegen die Taufe für heilsnotwendig. Keiner hat behauptet oder zu erklären versucht, daß der Mensch kraft Abstammung vor Gott schuldig und so seines ewigen Heils verlustig sei.

Woher das Böse? Augustins frühe Antwortversuche

Was aber hat Augustinus veranlaßt, die nun deutlich markierte, von seinen Vorgängern noch eingehaltene Grenze in der Sündenlehre zu überschreiten? Die Antwort auf diese Frage wird sich erst am Ende des Denkweges ergeben und verstehen lassen, den ich nun ins Auge fassen möchte. Es wird sich zeigen, daß auch in diesem Fall der Theodizeeproblematik entscheidende Bedeutung zukam. Die Frage „Woher das Böse?“, die Frage nach seinem Wesen und Ursprung, ist in der Tat das lebenslange Problem Augustins und das eigentliche Stimulans seines Denkweges gewesen. Dabei resultierte die Dramatik dieses Weges aus der Spannung zwischen Augustins Bedürfnis nach einer rational stimmigen Theorie, die seinen scharfsinnigen und auch systematischen Geist befriedigen konnte, einerseits und seiner genuinen, sich vertiefenden und schließlich auch verdüsternden religiösen Erfahrung andererseits, einer Erfahrung namentlich auch des Bösen, die die gefundenen Lösungen wieder verwarf oder doch zu ihrer Veränderung zwang. Vier Phasen oder besser – da die drei ersten Antwortversuche sich zeitlich überlagern und oft auch inhaltlich verbinden und erst die vierte Antwort eine klare Zäsur, ja einen Bruch zu den vorausgegangenen markiert – vier Lösungsansätze lassen sich etwas systematisierend unterscheiden, und es lohnt sich, sie zu verfolgen, auch wenn die strenge Konzeption einer Erbschuld erst in der letzten und endgültigen Phase erscheint. Denn einerseits dürfte sich die letzte Auskunft, die Augustinus für sein Problem fand, ohne die Antworten, die er vorher versuchte, kaum richtig einschätzen lassen; andererseits stellen auch schon diese Antwortversuche exemplarische Grundmöglichkeiten dar, die ebenfalls eine bedeutende geschichtliche Nachwirkung hatten und bis in unser Jahrhundert immer wieder aktualisiert worden sind.

Beginnen wir mit der Antwort[57], durch die sich Augustinus von der Faszination des Manichäismus befreite, dem er neun Jahre lang (373–382) angehangen hatte – angehangen wohl kaum, um seine Verfallenheit an die Macht des Bösen zu rechtfertigen, an die Macht besonders der Sinnlichkeit, die er mit großer Intensität, aber in intellektueller Hilflosigkeit erlebte und die er später so eindringlich (und wohl auch etwas übertreibend[58]) beschrieb, sondern angehangen wohl eher, um „sich selbst erklärlich zu werden"[59] (und nur deshalb ist ja auch verständlich, daß er dem Manichäismus noch zu einem Zeitpunkt verhaftet blieb, als er an seinen Theorien schon längst irre geworden war). Immerhin hatte dieses dualistische System ihm erlaubt, das Böse in der Welt und überhaupt alles Geschehen in ihr durch einen letztlich irrationalen Kampf von zwei gleichewigen substantiellen Prinzipien zu erklären: den Prinzipien des Lichtes und der Finsternis, des Geistes und der Materie, des Guten und des Bösen; von diesem Kampf ist der ganze sichtbare Kosmos durchwaltet, auch durch den Menschen geht er hindurch; die Verfallenheit an das Böse, in dem die Seele gefangen sitzt, war auf diese Weise verständlich. Aber – so Augustins weiterdrängende Frage – wie steht es dann mit der unumschränkten Macht Gottes? Steht nämlich das Böse (als zweites Prinzip) außerhalb seiner Macht, dann gibt es doch faktisch einen zweiten Gott, gleichgültig, wie

57 Vgl. dazu *H. Häring*, Die Macht (Anm. 1), 21–71.269f; *ders.*, Das Problem (Anm. 1), 67–72; *F. Schupp*, Schöpfung (Anm. 1), 271–279; *K.-H. Menke*, Das Kriterium (Anm. 1), 24–37; *H. Hoping*, Freiheit (Anm. 1), 15.

58 Dies gilt freilich nicht nur für seine sexuellen Ausschweifungen, sondern überhaupt für all sein „Böses". Man denke nur an die aufbauschende Dramatisierung des kindlichen Birnendiebstahls, an die Beschreibung der Gier des Säuglings an der Mutterbrust oder die strenge Verunglimpfung jeder Freude am Theater. Nach der exemplarischen Schilderung des Birnendiebstahls schreibt Augustin sogar generell: „Ja, so war mein Herz, Gott, Du weißt es, so war mein Herz, dessen Du in der Tiefe seines Abgrunds Dich erbarmt hast. Siehe, nun soll dieses Herz Dir auch sagen, was es dabei suchte: daß ich um nichts und wieder nichts schlecht war, meine Bosheit eben nur die Bosheit zum Grunde hatte. Abscheulich war sie, und ich liebte sie; ich liebte es, zu verkommen, ich liebte meine Sünde: nicht das, wonach ich in der Sünde griff, sondern mein Sündigen selbst. Schändliche Seele" (Conf. II, 4,9).

59 *O. H. Pesch*, „Gnade" (Anm. 1), 17.

man ihn nennt, und der Mensch wäre ihm schicksalhaft ausgeliefert. Wie aber sollte man dann auf den Gott des Heils hoffen können, müßte man nicht eher verzweifeln? Augustinus glaubt schon an ihn, ebenso an die Erlösung durch Jesus Christus, „aber in Ängsten wälzte ich die Frage, woher das Böse sei. Was für Qualen des gebärenden Herzens, welches Seufzen, mein Gott! [...] Du allein wußtest, was ich litt“[60]. Auf letzte Einheit der Wirklichkeit aber drängte auch seine Vernunft, drängt Vernunft immer – und endlich, in der Begegnung mit dem Neuplatonismus, wird ihm nun dieses Bedürfnis befriedigt, weil dieses System kein zweites Prinzip kennt, sondern die ganze Wirklichkeit einordnet zwischen das Sein und das Nichts. Gott, so lehrte *Plotin*, ist das „Eine“, er ist das Sein und das Gute schlechthin, aus ihm gehen der alles schaffende Geist und dann die alles regierende Weltseele hervor, die Wesen der hierarchisch gestuften Welt aber sind gut in eben dem Maß, wie sie teilhaben am Sein. Diese Denkhilfe übernimmt Augustin, radikalisiert sie aber noch schöpfungstheologisch, um namentlich der Materie auch noch den letzten Schein von Schlechtigkeit zu nehmen; und es ergibt sich[61]: Die *ganze* von Gott aus nichts geschaffene Wirklichkeit ist, *sofern* sie *ist*, *gut*. Für das Böse aber heißt das: sein Wesen ist nichts anderes als „*Mangel an Gutem*“. Also ist es weder selber Substanz, noch hat es im Seienden Anhalt, nur durch Gutes wird es überhaupt im Dasein gehalten, für sich selber genommen wäre es buchstäblich nichts[62]. Augustins Freude ist groß: „Nicht gewußt hatte ich, daß das Schlechte nur eine Beraubung des Guten ist, bis dahin, daß es überhaupt nicht ist“[63].

Ohne Zweifel war mit dieser Antwort der Manichäismus erledigt oder doch wenigstens distanziert. Sie ergreift Partei für Gottes Güte und Macht und stellt sich der Frage der Theodizee: „Die Formel vom Bösen als der privatio boni entlastet den Schöpfer“[64]. Dies ist auch der Grund, warum sich diese Definition bis weit in die Neuzeit gehalten hat. Immer wieder hat sie Ordnungstheorien stabilisiert und der Überzeugung von Gen 1,31, daß alles sehr gut sei, einen metaphysischen Ausdruck gegeben. Noch *Hegel*

---

60 Aug. conf. VII, 7,11.

61 Vgl. *H. Häring*, Das Problem (Anm. 1), 68f.

62 Ja, so Augustin, „es schien mir immer noch besser zu glauben, Du habest nichts Böses erschaffen [...], als anzunehmen, es stamme von Dir, was ich für das Naturwesen des Bösen hielt“ (Conf. V, 10,20).

63 Aug. conf. III, 7,12.

64 *H. Häring*, Das Problem (Anm. 1), 70.

hat das Böse souverän als das Nichtige abgestempelt, *Karl Barth* denselben Gedanken auch zum theologischen Thema gemacht, allerdings das „Nichtige" dabei als durchaus wirklich betrachtet und es als „dieses *dritte* Wirkende" neben Schöpfer und Geschöpf ernst zu nehmen und das Paradox zu beleuchten versucht[65]. Aber, um bei Augustinus zu bleiben – ein Unbehagen mußte doch auch er schon verspüren: Was brachte die gefundene Antwort für die *Erfahrung* des Bösen? Mag ja sein, daß das Böse, für sich betrachtet, nicht *ist*; unbestreitbar ist dennoch, daß es sich aufdringlich bemerkbar macht und *geschieht*, als das Nicht-sein-Sollende geschieht. Aber bevor die Geschichte solcher Erfahrungen erst richtig beginnt, ist ihnen bereits der Stachel genommen, ist das Problem des Bösen schon „derealisiert"[66]: Denn was immer Unheilvolles und Schlimmes begegnet – eigentlich ist es ja nichts. Vielleicht wird man Augustins erster Antwort noch am ehesten gerecht, wenn man sie als Ausdruck für die Hinwendung des gläubigen Vertrauens zu dem Gott nimmt, dem man letztlich die Macht über alles Böse zutraut[67]. Allerdings könnte es ebenso auch der Versuch sein, dem Bösen in der Welt, statt ihm standzuhalten und es zu überwinden, durch den Rückzug in die unmittelbar-mystische Nähe Gottes nur zu entfliehen. Als philosophische Theorie jedenfalls, die das Böse entwirklicht, bringt sie sich in den Verdacht einer abstrakten Fiktion, weil sie die Wirklichkeit *vor* aller Erfahrung in einer Weise prädefiniert, die dann, um durchgehalten werden zu können, mit der *Verleugnung* der Erfahrung bezahlt werden muß.

Augustins *zweite* Antwort ist dann auch *konkreter*, denn natürlich konnte und wollte auch er die wirklichen Übel in der Welt nicht übersehen. Und so präsentiert er um 386, namentlich in seiner Schrift „De ordine", eine Ordnungstheorie, die darauf hinausläuft, daß die einzelnen Übel jetzt in das Ganze aufgehoben erscheinen[68]. Wieder konnte er am Neuplatonismus anknüpfen, auch stoische Elemente (vor allem den Providenzgedanken) aufnehmen, doch erfahren die philosophischen Vorlagen durch den christlichen Schöpfungs- und Heilsglauben noch eine spezifische Prägung: Was

65 Vgl. *K. Barth*, KD III/3, 327–425 (§ 50 „Gott und das Nichtige"); Zitat 330.

66 *H. Häring*, Die Macht (Anm. 1), 270.

67 Vgl. a. a. O. 70f.

68 Vgl. dazu *H. Häring*, Die Macht (Anm. 1), 73–136.270f; *ders.*, Das Problem (Anm. 1), 45–52; *G. Greshake*, Gnade (Anm. 1), 232–237.

in der geordneten Vernünftigkeit der Welt sich erweist, ist Gottes Güte. „Ähnlich wie im stoischen Denken der göttliche Logos alles durchdringt, führt, ordnet, so durchwirkt auch der neuplatonische ‚Gott' durch den Logos ordnend das All, schenkt alles, fügt alles, gewährt alles"[69]. Auf diesen Bahnen denkt Augustinus theologisch nun weiter. Kraft des Ordo stiftet Gott der veränderlichen Kreatur ein Streben, eine sinnvolle Bewegungsrichtung auf das Gesamt des Kosmos hin ein, erhält sie und fügt alles, was in der Welt ist, zum Heil; auch die freien Entscheidungen fallen nicht aus der Ordnung heraus, sondern werden durch die Vorsehung in die Harmonie des Ganzen gefügt, so daß „das, was in der Welt geschieht, teils von Gott her geschieht, teils durch unseren Willen", wie Augustinus erklärt[70]. Sogar die bösen, alogischen Entscheidungen unseres Willens liegen nicht außerhalb des Ordo, sondern werden von Gott seinen Heilszwecken dienlich gemacht.

Drei Grundprämissen tragen dieses Konzept[71]. Die *erste* besagt, daß der Gang aller Dinge eindeutig miteinander *verkoppelt*, der Geschehenszusammenhang also immer „in Ordnung" ist: „So werden alle", erklärt Augustinus, „je nach ihren Aufgaben und Zielen eingeordnet in die Schönheit des Weltalls, so daß uns auch das, was als Teilstück abstößt, aufs beste gefällt, wenn wir es im Zusammenhang des Ganzen betrachten"[72]. Diese Perspektive ist allerdings nicht erzwingbar, bei Augustinus vielmehr bewußter Ausdruck seines Glaubens an den gütig lenkenden Gott; aber es ist dennoch kein naives, sondern ein durchaus reflektiertes Konzept, denn wie schon die antiken Vorbilder versucht Augustin es bis ins Detail zu illustrieren: Das Plätschern eines Bachs, das Reich der Zahlen, die Gliedmaßen eines Insekts – es gibt keinen Zufall; sogar Krankheit, Unrecht, Verdächtigung und Krieg bezieht Augustinus ein. Und während *Plotin* in solchen Fällen nur die anonyme, unbarmherzige Rationalität des Weltplans sich erfüllen sieht, setzt Augustinus auf den Gott, der in liebender Zuwendung handelt und jedes Schicksal zur gütigen Fügung werden läßt. Daß der Gang der Dinge *gerecht* ist, ist die *zweite* Prämisse. Aber während diese Gerechtigkeit sich wiederum nach Plotin im immanent geregelten Ablauf der

---

69 *G. Greshake*, Gnade (Anm. 1), 235.

70 Aug. divers. quaest. 24.

71 Vgl. dazu bes. *H. Häring*, Die Macht (Anm. 1), 134ff.270f; *ders.*, Das Problem (Anm. 1), 46–50.

72 Aug. ver. rel. 126,213.

geistregierten Welt schon erfüllt, wird sie bei Augustinus durch Gottes Handeln jeweils *vermittelt*: Gott hält die Ordnung im Ausgleich, indem er das Böse bestraft und „jedem je nach seinen guten und schlechten Taten das Seine zugeteilt wird“[73]. Die *dritte* Prämisse besagt, daß die Ordnung des Ganzen auch *durch menschliche Freiheit nicht zerstört* wird. Dabei nimmt Plotin zwar die Freiheit des Menschen zur Kenntnis, blendet sie dann jedoch ab und objektiviert sie: „Du magst meinen, ‚es steht bei mir, mich für dies oder ein anderes zu entscheiden‘; indessen wofür du dich entscheiden wirst, ist mit in der Weltordnung befaßt; denn dein Anteil am All ist kein Augenblickseinfall, sondern so wie du bist, wirst du *verrechnet*“[74]. Augustinus, aufgrund seines Glaubens, muß hier wiederum differenzieren: Hätte Gott selber das Übel gesetzt, dann liebte er ja das Böse. Also muß gelten: „Erst nachdem es entstanden war, ist es in die Ordnung [von Gott] eingeschlossen“[75]. „Alle Naturen also hat Gott gemacht, nicht nur diejenigen, die in Gerechtigkeit und Tugend verharren, sondern auch diejenigen, die sündigen werden. Nicht damit sie sündigen, sondern“ – so nun die bemerkenswerte Begründung – „damit sie *das Universum schmücken, gleich ob sie sündigen oder nicht sündigen wollten*“[76].

Die Fortschritte dieser zweiten Antwort sind zunächst anzuerkennen: Sie nimmt das Böse als dynamische Wirklichkeit ernst, begreift es als Beziehungsgröße, bemüht sich um Konkretion und lenkt dennoch den Blick auf größere Zusammenhänge, bemüht sich insofern um Integration, setzt dabei auf Gerechtigkeit und versucht überdies, diese Option auch rational durchzuhalten. Und gerade wegen dieser letztlich religiös begründeten theodizeeinteressierten Anstrengung der Vernunft blieb sie bis weit in die Neuzeit hinein wirksames Vorbild: Namentlich *Leibniz* konnte in seiner *Theodizee* reichlich aus Augustin schöpfen, um seine nunmehr durch reine Vernunft begründete These von der besten aller möglichen Welten möglichst anschaulich zu illustrieren[77]. Evident sind aber auch die Grenzen die-

73 Aug. ord. I, 7,19.
74 Plotin enn. III, 3,3.
75 Aug. ord. II, 7,23.
76 Aug. lib. arb. III, 11,32.
77 Tatsächlich steht für Leibniz das Ergebnis der Untersuchung, die These von der tatsächlichen als der besten aller möglichen Welten, schon apriori von ihrem Beginn an fest: „Die Vernunft sagt es uns mit unfehlbaren Beweisen; und infolgedessen sind alle dem Lauf der Dinge entnommenen Einwürfe, wobei wir Unvollkommenheiten feststellen, auf falschen Schein gegründet. Könnten wir nämlich die universelle Harmonie erkennen,

ser ordnungstheoretischen Reflexion. Denn wieder wagt sie eine „transempirische Auskunft über den Sinn des Ganzen" zu geben[78], dem dann jedes einzelne zugeordnet sein *muß*. Das Böse, zur Beziehungsgröße erklärt, wird verrechnet, seine störende Negativität gleichsam verflüssigt, seine real spürbare Wirkung, unter der Menschen doch leiden, nicht etwa beseitigt, sondern lediglich „als Ordnungselement verfremdet"[79]. Für die bohrenden Fragen Ijobs ist hier kein Platz, sie sind nicht einmal formulierbar, weil die ethische Perspektive überhaupt noch nicht leitend ist; allenfalls die Weisheitsliteratur wäre vergleichbar, soweit sie sich noch traute, weltfromm und optimistisch zu sein. Besonders bezeichnend für den distanzierten Objektivismus sind die Tendenzen zur Ästhetisierung des Bösen – bis dahin, daß Augustinus, da auch er ohne den Gedanken der Strafe nicht auskommt, sogar den göttlichen Triumph der Hölle beschreibt, in dem die Gerechtigkeit das Unrecht des Menschen quittiert und sich selber bestätigt. Noch schwerer wiegt, daß auch die Frage nach der Unableitbarkeit der bösen, sinnwidrigen menschlichen Tat selber unterlaufen und (eben durch das Postulat der umfassenden Gerechtigkeit) niedergehalten wird: Auch das moralisch Böse muß ja – apriori – als aufgehoben oder doch aufhebbar gelten. Und damit sind wir beim konzeptionell entscheidenden Punkt: Der Ordo-Gedanke dominiert noch den Gedanken der Freiheit, ihr bleibt „nur eine *abgeschirmte* und undialektisch auf das Ganze bezogene *Rolle*"[80]. Daß jeder Mensch Zweck an sich selbst ist, kommt hier erst gar nicht in den Blick. Leitende Grundidee bleibt vielmehr der Logos der *Welt*. Und diese Idee absorbiert nicht nur das Bewußtsein der Freiheit, sie absorbiert auch

---

dann würden wir sehen, wie dasjenige, was wir versucht sind zu tadeln, in den der Wahl würdigsten Plan hineingehört; mit einem Wort, wir würden *schauen* und nicht bloß *glauben*, daß Gottes Schöpfung die beste ist" (*G. W. Leibniz*, Die Theodizee [ed. *A. Buchenau*; PhB 71], Hamburg ²1968, 64). Alles weitere ist nur noch verifizierende Illustration. Läßt sich denn eine Ordnung der Welt auch nur denken ohne Abstufungen und Grenzen? Sind Schmerzen nicht heilsam als Erziehungsmittel und Strafe? Und gereicht dem Guten nicht sogar das Böse zum Besten? „So oft demnach", schließt Leibniz (fast wörtlich wie Augustin), „in den Werken Gottes etwas vorkömmt, das tadelhaft zu sein scheint, so müssen wir gedenken: es sei uns nicht genugsam bekannt, und ein Weiser, der es recht verstünde, würde urteilen, daß man nicht einmal etwas bessers wünschen könnte" (Verteidigung der guten Sache Gottes aus seiner Gerechtigkeit, die mit allen übrigen Vollkommenheiten und Handlungen desselben vereiniget wird: § 47).

78 *H. Häring*, Das Problem (Anm. 1), 50.

79 *H. Häring*, Die Macht (Anm. 1), 271.

80 A. a. O. 270.

den Sinn für die Offenheit, ohne die *Geschichte* nicht ernsthaft gedacht werden kann.

Aber auch für Augustinus blieben die Probleme: Die bedrängenden, sinnwidrigen Bosheitserfahrungen ließen sich nicht beiseiteschieben, die undurchsichtige Menschheitsgeschichte sperrte sich gegen das Begreifen. Hinzu kam, daß der Schöpfungsglaube eine deutlichere Distanzierung auch vom Neuplatonismus verlangte: Wenn Gott die Welt gut geschaffen hat, dann muß doch das Böse um der Ordnung willen nicht sein, erst recht kann ein Mensch zu ihm nicht vorherbestimmt sein; vielmehr kommt dann als „Ursprung des Bösen in der Welt nur noch etwas Kreatürliches [in Betracht], das zum Bösen vermögend ist": und dies „ist der durch die Freiheit des Willens seiner selbst gewisse Mensch"[81]. Das ist nun Augustins *dritte Antwort*[82], dokumentiert in seinem 387 begonnenen Dialog „De libero arbitrio" (ein Titel, der Theologiegeschichte gemacht hat). Nicht nur ist hier das Böse als etwas Substantielles geleugnet, aber auch nicht mehr bloß auf negative Weise bestimmt: als Nichts vor Gott oder ins Universum aufgehobenes Übel – jetzt ist es positiv benannt als moralische Tat des Menschen. Augustin entdeckt die in ihrem Wollen unableitbare Freiheit als die entscheidende Dimension alles Bösen und vollzieht damit den Schritt, der sich von der biblischen Tradition her aufdrängen mußte: Das eigentliche Böse ist Sünde, Schuld vor Gott, und es ist wesentlich Tun. „Wer das Böse bespricht, hat nicht über Gott, nicht über den Ursprung der Welt, er hat über den Menschen zu reden"[83]. Mit dieser Antwort ist der Manichäismus endgültig überwunden, der Neuplatonismus überschritten[84]. Zugleich erfüllt sie, besser noch als die bisherigen,

81 *H. Hoping*, Freiheit (Anm. 1), 15.
82 Vgl. zum folgenden *H. Häring*, Die Macht (Anm. 1), 137–180.271f; *ders.*, Das Problem (Anm. 1), 86–94; *U. Baumann*, Erbsünde? (Anm. 1), 26ff; *W. Pannenberg*, Anthropologie in theologischer Perspektive, Göttingen 1983, 83–92; *H. Hoping*, Freiheit (Anm. 1), 15–18.
83 *H. Häring*, Die Macht (Anm. 1), 179.
84 Allerdings ist dabei Augustins anhaltende neuplatonische Prägung im Blick zu behalten. Denn, so erinnert zu Recht *K.-H. Menke* (Das Kriterium [Anm. 1], 33f), „was ihn [Augustinus] bleibend mit dem Neuplatonismus verbindet, ist die ständige Betonung des *Innen* vor dem *Außen*. Augustinus hat die Zeit seiner Anhängerschaft an einen radikal dualistischen Manichäismus durch die Rezeption der neuplatonischen Philosophie überwunden, ohne zu erkennen, dass auch der Neuplatonismus latent dualistisch denkt […] Bei Platon ist die Seele so etwas wie eine Vermittlerin zwischen der Welt der

die Funktion einer Theodizee. Denn entweder stammt das Übel vom Menschen oder es läßt sich als Gottes gerechte Strafe begreifen: Ob also Sünde oder Strafe der Sünde, ob moralisches oder physisches Übel – in beiden Fällen wird Gott nicht belastet.

Wie denkt Augustinus über die menschliche Freiheit und Sünde, die jetzt ins Zentrum des Interesses gerückt sind? Gott hat uns die Gewalt des freien Willens gegeben. Dieser Wille ist ein letztes, durch keine Macht mehr relativierbares Prinzip, ist als Möglichkeit zum Guten oder zum Bösen völlig bei sich, unüberwindlich: „Wer in keines Macht steht, der kann auch durch keine Kraft überwältigt werden“[85]; und in eines anderen Macht gibt er sich nur aus freiem Willen: „Der Geist wird nur dann Sklave der Begierde, wenn er es will“[86]. Also ist ein jeder Urheber seiner eigenen Tat, seine Entscheidung ist unableitbar. Das Böse, als freier Gegensatz gegen das Gute, hat letztlich keinen angebbaren, zwingenden Grund: es muß von der Freiheit verantwortet werden. Allerdings sieht Augustinus auch, daß die menschliche Freiheit eingeschränkt werden kann: insofern ist durchaus zwischen dem Wollen und dem Können zu unterscheiden. Trotzdem ist dem Wollen sein letzter Freiraum vorzubehalten: „Denn überhaupt nichts

Ideen und der Welt der Einzeldinge. Bei Plotin aber ist die Seele nur in dem Maße sie selbst, als sie sich von den Dingen trennt und durch Einkehr in das eigene Innere ihre Verbindung zu dem *Einen* bzw. zur Welt des Geistes sucht“. Schon *Gottlieb Söhngen* habe „nicht nur das neuplatonische Erbe Augustins, sondern *den* roten Faden seines gesamten Schrifttums [darin gesehen], dass Innen und Außen unvermittelt bleiben“ (a.a.O. 34; vgl. *G. Söhngen*, Die neuplatonische Scholastik und Mystik der Teilhabe bei Plotin: PhJ 49 [1936] 98–120, 106). In der Tat werden (auch) von hier aus sowohl Augustins zunehmende und fast isolierende Gewichtung der „inneren Gnade“ als auch – wie wir gleich sehen werden – seine Bestimmung der Sünde (*aversio a Deo = conversio ad creaturam*) verständlich, desgleichen wohl auch die Zweideutigkeit seiner Illuminationstheorie. Geschieden vom Neuplatonismus jedoch bleibt Augustinus wesentlich durch seinen Schöpfungsglauben wie auch durch die Bedeutung der personalen Gottesbeziehung einschließlich (jedenfalls bis 397) der menschlichen Freiheit für ihn. Präzise wird die Trennlinie auch von *G. Greshake* bezeichnet: „Augustin übernimmt weder die plotinische Überzeugung, daß die Seele deshalb in der Rückkehr zu sich selbst Gott findet, weil sie in ihrem eigentlichen Wesen göttlich ist, noch ist für ihn die alte griechische Idee gültig, nach welcher Gleiches nur durch Gleiches erkannt werden kann, und die Seele mithin, um das göttliche Licht zu erkennen, selbst göttlichen Lichts sein muß“ (Gnade [Anm. 1], 211).

85 Aug. lib. arb. III, 6,19.

86 Aug. lib. arb. III, 2,8.

gehört mir, wenn der Wille, durch den ich will und nicht will, nicht mir gehört"[87].

Also steht der Mensch in freier Verantwortung vor Gott, auf den als das höchste Gute er wesentlich hingeordnet ist: Ihm kann er sich zuwenden, ihm sich versagen; kann sein Heil wirken oder ins Unheil sich stürzen. Liebe zu Gott oder Eigenliebe: vor diese grundlegende Alternative ist er gestellt. Liebe zu Gott wäre das Heil, denn er ist ja das Gute, die Wahrheit selbst: „umfasse sie, wenn du kannst, und genieße sie und freue dich im Herrn, und er wird dir die Bitten deines Herzens erfüllen"[88]. Das Wesen der Sünde ist dementsprechend die Abkehr von Gott (*aversio a Deo*), und ihr Kern ist der Hochmut, die *superbia*, weil der Mensch, der ohne Gott er selber sein will, sich selbst als das Höchste setzt und damit eben den Platz sich anmaßt, „der in der Ordnung des Universums allein Gott, seinem Schöpfer und höchsten Gut, zukommt"[89]. Faktisch aber vollzieht sich der Hochmut, denn die Selbstwahl muß ja konkret sein, in der Hinwendung zur Welt: Die *aversio a Deo* ist *conversio ad creaturam*[90]. Irgendetwas, das sieht Augustinus deutlich, wird der Mensch immer lieben, denn er ist wesentlich Streben: Liebt er Gott nicht, dann liebt er sich selbst: konkret in der Machtgier, in der ungeordneten Erkenntnis, der Neugier, und in der Verfallenheit an die sinnliche Lust; in seinem Hochmut ist er macht- und habgierig, neugierig und lüstern. Ihre reale Äußerung findet die Sünde also „in der Begierde, die nichts anderes als eine fehlgeleitete Liebe ist"[91]: „Wir ermahnen euch also nicht", schreibt Augustinus deshalb, „daß ihr nichts liebt, sondern wir ermahnen euch, die Welt nicht zu lieben: damit ihr ihn, der die Welt geschaffen hat, in Freiheit liebt"[92]. Denn die Begierde kann den Menschen nur unfrei machen, weil das Vergängliche ihn dann voll beansprucht und doch nicht halten kann, was es verspricht …

So viel zu Augustins Wesensbestimmung der Sünde, sie verrät schon ein deutliches Wissen um die Dialektik der in ihrer Verwirklichung sich selber verfehlenden Freiheit; gleichwohl steht sie noch im Banne des Ordo-

87 Aug. lib. arb. III, 1,3. Vgl. a. a. O. III, 8,32: „Unser Wille wäre gar kein Wille, wenn er nicht in unserer Macht stünde. Aber weil er in unserer Macht steht, ist er frei".

88 Aug. lib. arb. II, 13,35.

89 *W. Pannenberg*, Anthropologie (Anm. 82), 85. Insofern bedeutet Sünde für Augustin auch, „Gott auf verkehrte Weise nachzuahmen" (Aug. lib. arb. III, 35,76).

90 Vgl. Aug. lib. arb. I, 16,35; II, 19f,53f.

91 *H. Häring*, Das Problem (Anm. 1), 90.

92 Aug. en. in Ps. 121,1.

Gedankens, so daß auch ihre Gefahr, nämlich eine weiterhin neuplatonische Abwertung des Irdischen, unübersehbar ist. Augustinus bemüht sich, diese Gefahr abzufangen und durch die Unterscheidung von „uti" und „frui" die richtige Zuordnung herzustellen. Entscheidend ist, daß wir die Dinge in ihrer richtigen Ordnung gebrauchen – und Genuß um seiner selbst willen verdient allein Gott, der in sich selber das Gute ist. Daß auch der Mitmensch um seiner selbst willen geliebt werden darf, kann Augustinus, das Genie der Freundschaft, nicht denken; Nächstenliebe bleibt Caritas, sie hat bei Augustin auch später noch, konstatiert *Joseph Ratzinger*, nur die propädeutische Funktion eines Weges zur Gottesliebe[93]. Und *Hermann Häring* ergänzt: „Obwohl Augustinus, der Realist, noch keinen Ehemann getroffen hat, der mit seiner Frau ‚nur in der Hoffnung auf Empfängnis verkehrt hat', entwirft er das Ideal eines Ehegatten, der das Ewige liebt" in jedem Augenblick und deshalb die Regungen der Lust hassen muß[94]. Aber das wäre ein eigenes Thema.

Allerdings steckt hier auch ein Problem grundsätzlicher Art. Denn obwohl Augustin in dieser Schrift so nachdrücklich auf der freien Entscheidungsmacht des Willens insistiert hat, sieht er zunehmend auch, daß die Begierde sich gleichsam verselbständigt hat und die Freiheit ihr schon verfallen ist: Der Mensch hat ja Freude an seiner Lust, er will sein Begehren in allen Formen und darin immer sich selbst. Gegenüber dem für das Gute entschiedenen Wollen erscheint deshalb die Wahlfreiheit bzw. der unentschiedene Wille als ein nur „mittleres", als ein gefährdetes und mißbrauchbares Gut[95]: Ihre innere Unentschiedenheit selbst ist ihre Gefährdung. In den *Confessiones* hat Augustin diese Ambivalenz des Willens im Anschluß an Paulus als zerreißende Zwietracht der Seele, als Kampf des alten und des neuen Willens beschrieben[96]. Auch im dritten Buch der Freiheitsschrift (allerdings erst 395 vollendet) wird die Schwäche der Freiheit zum Thema, und die Sprache verdüstert sich erkennbar: denn offenbar *haben* wir dem Bösen immer schon nachgegeben. Der Gedanke eines „unbegreiflichen Verhängnisses" taucht auf: „Was taten wir Unglücklichen, daß wir mit der

93 Vgl. *J. Ratzinger*, Volk und Haus Gottes in Augustins Lehre von der Kirche, München 1954, 39.
94 *H. Häring*, Das Problem (Anm. 1), 91f.
95 Vgl. Aug. lib. arb. II, 19,52f.
96 Aug. conf. VIII, 5,10: „So kämpften zwei Willen miteinander, beide die meinigen, der eine alt, der andere neu, vom Fleische der eine, vom Geiste der andere, und ihre Zwietracht zerriß mir die Seele".

Blindheit des Nichtwissens und mit der Qual des Unvermögens geboren werden?"[97] Augustin kann es sich nicht anders erklären als dadurch, daß wir wegen Adam nichts Besseres verdienen. Einmal erscheint hypothetisch sogar der insinuative Gedanke, daß Adams Sünde zu unserer Schuld geworden ist[98]. Und dennoch wird zwischen seiner und unserer Sünde sorgfältig unterschieden: kann man doch niemandem gerechterweise die Sünde anrechnen außer dem Sünder selbst[99]. Grenzfälle werden sogar durch den Hinweis entschieden, daß die Schwäche doch auch die Verantwortung mindert[100]: Waren wir wirklich zu schwach, ist es nicht unsere Schuld; hätten wir anders gekonnt, dann allerdings ist es eigene Sünde. Vor allem aber bleibt die prinzipielle Möglichkeit der Umkehr noch unbestritten. „Sowohl Sünde als gute Tat [liegen] in der freien Willensentscheidung"[101], heißt es noch 396. Und so hat die Einsicht in Unwissenheit und Schwäche noch keinen bedrohlichen Pessimismus zur Folge, sondern eher den Appell, unsere Lage zu überwinden – einen Appell, der zudem von der Hoffnung auf das Heil und die Hilfe leben darf, die uns in Jesus Christus begegnen. Zu Recht wird gelegentlich bemerkt, daß Augustinus mit dieser Schrift, die an der freien Verantwortung des Menschen festhält und mit der helfenden, durch die Kirche vermittelten Gnade rechnet, der Konzeption des Pelagius doch sehr nahe steht. Er hat es selber gewußt und in einer späteren Überarbeitung deshalb kräftige Korrekturen vorgenommen, Korrekturen vor allem an den leitenden Prinzipien, daß nichts so sehr in unserer Hand stehe als der eigene Wille und daß der ernstgemeinte Wille auf das Gute sein Ziel auch erreiche. Zugleich aber war es ein Konzept, das von der paulinischen Erfahrung der Sündenmacht weiß und sie teilt: im ganzen also, wie ich meine, ein Konzept, das auch heute noch überzeugt, weil es die Verantwortung des Sünders ernstnimmt, die Dialektik des geschwächten Willens nicht unterschlägt und zugleich noch mit Gott als Anwalt der menschlichen Freiheit rechnet.

97 Aug. lib. arb. III, 19,53.

98 Vgl. Aug. lib. arb. III, 20,56: „Wenn nur eine Seele erschaffen worden ist, aus der die Seelen aller Menschen, die geboren werden, hervorgehen, wer kann da sagen, er habe nicht gesündigt, als jener erste [Mensch] sündigte?"

99 Vgl. Aug. lib. arb. III, 17,49.

100 Vgl. *H. Häring*, Die Macht (Anm. 1), 272; zum folgenden auch *ders.*, Das Problem (Anm. 1), 93f.

101 Aug. divers. quaest. 24.

Radikalität der Sünde, Alleinwirksamkeit der Gnade

Warum ist Augustinus dennoch weitergegangen? Bereits zwei Jahre später, in seiner Schrift „Ad Simplicianum“ von 397, ist der entscheidende Schritt zur strengen Erbschuldlehre vollzogen[102]. Bereits diese Schrift enthält alle wesentlichen Aussagen und konstitutiven Elemente; im Streit mit den Pelagianern und später den Semipelagianern brauchte Augustinus bloß noch ihre Implikationen zu verdeutlichen und die Konsequenzen klar zu benennen. Wie bei Augustinus nicht anders zu erwarten, handelt es sich um eine in sich konsistente Lehre, die sich systematisch rekonstruieren läßt, wobei allerdings zu beachten ist, daß sich die Einzelelemente dieser in sich geschlossenen Theorie gegenseitig verstärken, aber nur nacheinander dargestellt werden können. Eine solche *systematische Rekonstruktion* möchte ich jetzt *in vier Schritten* versuchen, wobei die historisch wechselnden Konstellationen seit 397 getrost vernachlässigt werden dürfen.

Auszugehen ist von der *Radikalisierung des Sünden- und der entsprechenden Veränderung des Freiheitsverständnisses.* Man hat, um dies verständlich zu machen, auf eine veränderte Atmosphäre des Pessimismus und entsprechende monastische Bestrebungen in Nordafrika hingewiesen, auch auf härtere Erfahrungen, denen Augustinus, gerade Bischof geworden, sich ausgesetzt sah. Die Übermacht der Übel und der Leiden, die Verfallenheit der Menschen an sich selbst und die Dinge bedurften einer Erklärung. Auch sahen wir, daß die Dialektik von Wille und Begierde von Augustinus kaum schon hinreichend reflektiert war; und daß die Tendenzen der verbreiteten Erbverderbnislehre Augustin zumindest entgegenkamen, wurde ebenfalls schon erwähnt. Entscheidend aber dürfte die epochal neuartige subjektive Wendung des Denkens sein, die ich oben herausgestellt habe: Augustins Selbstreflexion vor dem Angesicht Gottes, die zugleich Erinnerung an seine Bekehrung und Aufarbeitung seiner Biographie ist. Derart ins Innere eingekehrt und vor Gott gestellt, bemerkt Augustinus *das Böse im Wollen selber.* Es scheint ihm nun gar nicht mehr so, daß der Mensch in seiner selbstmächtigen Freiheit abstrakt zwischen zwei Möglichkeiten stünde, er ist vielmehr schon sich selber verfallen und seiner

102 Vgl. zum folgenden *G. Greshake*, Gnade (Anm. 1), 219–223.228–230.237–245. 260–274; *ders.*, Geschenkte Freiheit (Anm. 1), 42–44.48f; *H. Häring*, Die Macht (Anm. 1), 181–218.264f; *ders.*, Das Problem (Anm. 1), 95–100; *O. H. Pesch*, „Gnade“ (Anm. 1), 20–25; *K.-H. Menke*, Das Kriterium (Anm. 1), 24–35; *K. Flasch*, Logik (Anm. 1), 23–30.256–270.

Begierde versklavt; und dies auch nicht mehr nur so, daß er das Gute zwar will, aber nicht kann, sondern offenbar so, daß er das, was er nicht kann, auch nicht will, sondern ins Böse schon eingestimmt hat. „Unser Herz ist nicht in unserer Gewalt", ruft Augustinus aus[103], das tatsächliche Wollen ist unserer Freiheit entglitten. Immer radikaler legt Augustin diese Unfreiheit unter der Sündenmacht aus: Hatte er zunächst noch die Zerrissenheit des Ich von Röm 7 als Zwiespalt von Wollen und Vollbringen verstanden, der Freiheit also wenigstens noch die ohnmächtige Bejahung des Guten gelassen, so wird schließlich das Wollen selbst als so abgrundtief ohnmächtig und verdorben begriffen, daß dem Menschen „das eigene Sündersein nicht einmal mehr bewußt" wird: seine Übereinstimmung mit dem Bösen ist so perfekt, daß er „aus Lust am Sündigen" sündigt[104]. Zwar geht die formale Wahlfreiheit auch jetzt nicht verloren, doch ändert sie an der Grundentschiedenheit des Willens nichts mehr: im Bannkreis des Bösen vermag sie lediglich noch, die Optionen der Eigenliebe zu variieren[105].

Dieser Radikalisierung der Sündenwirklichkeit im Menschen entspricht nun präzise (das ist der *zweite* Schritt) ein *Verständnis von Gnade*, das schließlich in die These von ihrer *Alleinwirksamkeit* mündet. Aber gehen wir schrittweise vor. Zunächst einmal ist dem an sich selbst und die Sünde so völlig verlorenen Menschen mit bloß äußerlich begegnenden Gnadenmitteln nicht mehr zu helfen[106]. Nicht mehr Gesetze, Weisungen, Appelle, Verheißungen, Ermutigungen, Vorbilder – nicht einmal das Vorbild Jesu – können den Menschen vom Weg der Sünde abbringen, weil sie ihn ja immer nur auf

103 Aug. persev. 13,33.

104 *G. Greshake*, Gnade (Anm. 1), 243. Vgl. o. Anm. 58.

105 *K.-H. Menke*, Das Kriterium (Anm. 1), 47f erläutert: „Obwohl Augustinus nicht immer exakt zwischen *liberum arbitrium* und *libertas* unterscheidet, differenziert er in der Sache zwischen der Wahlfreiheit (*liberum arbitrium*), die auch nach dem Sündenfall erhalten bleibt, und der eigentlichen Freiheit (*libertas*), die nur in der Bejahung des Ursprungs ihrer selbst (der Liebe, die Gott ist) realisiert wird. Der Verlust der *libertas* durch den Sündenfall ist vonseiten des Sünders irreparabel. Deshalb sagt Augustinus, dass der Sünder auch dann, wenn er materialiter etwas Gutes tut, […] aus Egoismus […] handelt. Mit anderen Worten: Wer die *libertas* verloren hat, ist, was er tut: Sünde". „Auffällig ist", so auch *K. Flasch*, „daß Augustin sich den Willen nur als höheres Strebevermögen denken kann, das von Höherwertigem so angelockt wird wie das sinnliche Strebevermögen von der Lust" (Logik [Anm. 1], 82). „In keinem Unbegnadeten reicht der freie Wille dazu aus, richtig zu handeln […] Der Wille entschließt sich nur zu dem, was ihm gefällt" (ebd.).

106 Vgl. dazu und zum folgenden bes. *G. Greshake*, Gnade (Anm. 1), 237–244; *O.H. Pesch*, „Gnade" (Anm. 1), 20ff.

seinen unter der Begierlichkeit schon gefangenen Willen ansprechen; vielmehr tragen sie allererst den Zwiespalt in den Menschen hinein: die Gebrochenheit zwischen dem Wissen, was zu tun wäre, einerseits und der Ausführung dieses Wissens andererseits, „daß wir nämlich das Erkannte tun und das Geglaubte lieben“[107]. Wirksame Gnade müßte diesen inneren Zwiespalt selbst heilen, sie muß die Schwerkraft des Willens zur Sünde unterbrechen, durch eine neue Zugkraft überwinden, kurz: sie muß beim Willen selber ansetzen, muß *innere Gnade* sein. „Du, Herr, Du wandest mich [...] zu mir selbst herum. Du holtest hinter meinem eigenen Rücken mich hervor, wo ich mich eingerichtet hatte“, so hat Augustinus die das Selbst des Menschen verändernde Gnade beschrieben[108]. Ihre Wirksamkeit aber hat er gut neuplatonisch als gewinnende Faszination des Guten gedacht: Gott senkt dem Sünder seine Liebe so tief ins Herz, daß sie – als das Innerste seiner Innerlichkeit – ihn unweigerlich zu ihm, zu Gott hin bewegt ... Sodann ist zu beachten, daß ihre Wirksamkeit, der Radikalität der Sünde entsprechend, *umfassend* sein muß. Immer wieder beruft sich Augustin auf 1 Kor 4,7: „Was hast du, was du nicht empfangen hast?“[109] Hatte er früher noch eingeräumt, daß der Mensch der Einladung des Evangeliums, dem Ruf zum Glauben wenigstens frei zustimmen könne, so zieht er dieses Zugeständnis jetzt als zu weitgehend zurück: Auch noch die Antwort muß von Gott selber bewirkt sein. Alles ist Gnade: die Einladung, die Antwort, das Durchhalten und die Vollendung. Im Wortlaut: „Demjenigen, der nicht will, kommt die göttliche Barmherzigkeit zuvor, damit er will; demjenigen aber, der will, dem folgt sie nach, damit er nicht vergeblich will“[110]. „Er selbst [Gott] wirkt im Anfang, damit wir wollen, und er vollendet in uns [sein Werk], indem er mitwirkt, während wir wollen“[111]. Was also hast du, was du nicht empfangen hättest? ... Drittens ist nun entscheidend, daß die Gnade *ebenso wesentlich frei wie unfehlbar wirksam* ist. Sie ist wesentlich frei, Gottes ungezwungene Initiative, denn (so Augustin): „Gnade, die nicht umsonst gegeben wird, ist keine Gnade“[112]. Aber sie ist auch unfehlbar erfolgreich, denn diese Gnade

---

107 Aug. grat. Christi I, 12,13.

108 Aug. conf. VIII, 7,16.

109 Aug. div. quaest. 69,7; quaest. Simpl. I, 2,9.

110 Aug. enchir. 9,32.

111 Aug. grat. 17. Dabei ist aber das „Mitwirken“ Gottes so zu verstehen, daß dabei der menschliche Wille von der Gnadenwirksamkeit Gottes völlig abhängig bleibt (s. o. Anm. 105).

112 Aug. enchir. 28,107.

(so wieder Originalton), „die dem menschlichen Herzen durch Gottes Freigebigkeit im Verborgenen mitgeteilt wird, stößt kein Herz, und wäre es noch so hart, von sich. Im Gegenteil: Deshalb wird sie doch mitgeteilt, daß zuerst die Herzenshärte weggenommen werde“[113]. Das Hauptargument aber lautet: „Es kann nicht die Wirkung des göttlichen Erbarmens in der Macht des Menschen liegen, so daß Gott sich vergebens erbarmte, wenn der Mensch nicht will“[114].

An dieser Stelle kann ich mir unmöglich versagen, einen Augenblick innezuhalten, um auf die ungeheure Nachwirkung der bisher erläuterten augustinischen Thesen wenigstens zu verweisen. Daß er mit ihnen sein früher vertretenes Freiheitsverständnis gründlich revidiert hat, dürfte deutlich geworden sein. Er hat es selber gewußt: „Zur Lösung dieses Problems [nämlich des Verhältnisses von Gnade und Freiheit] habe ich mich zwar abgemüht für die Freiheit des menschlichen Willens, gesiegt aber hat Gottes Gnade“[115]. Wahrlich ein großes, aber auch verhängnisvolles Wort – verhängnisvoll m. E. nicht schon deshalb, weil Augustinus die Verlorenheit der Freiheit an die Macht der Sünde so radikal dachte, sondern verhängnisvoll vor allem, weil er im Menschen keine Instanz mehr ließ, sich gegenüber der befreienden Gnade noch verhalten zu können[116]. Denn Gnade ist nun „die

113 Aug. praed. sanct. 8,13.

114 Aug. quaest. Simpl. I, 2,13.

115 Aug. retr. II, 1,3.

116 „So sehr der Wille frei bleibt“, bemerkt *H. Häring*, „seine ureigene Freiheit vor Gott kann er nicht verwirklichen. Faktisch begnadet kann er nicht einmal widerstehen“ (Die Macht [Anm. 1], 198f). Und *K.-H. Menke* formuliert: „Das, was Augustinus als Natur des Menschen bezeichnet, ist reine Potentialität, die entweder vom eigenen Ich her und auf das eigene Ich hin oder aber von Gott her und auf Gott hin aktualisiert wird. Es gibt kein Mittleres zwischen Existenz aus der Gnade und Existenz aus der Sünde. Der Mensch ist immer schon der so oder so Entschiedene“ (Das Kriterium [Anm. 1], 39). Wohl am schärfsten aber und zugleich präzise argumentierend hat *K. Flasch* die Vertreter der (immer noch beliebten) These angegriffen, Augustins Gnadenlehre sei ausgerechnet die Synthese von göttlicher Gnade und menschlicher Freiheit gelungen: „Es ist noch lange keine *Synthese*, wenn Augustin auf den freien Willen nicht verzichtet, denn wir wissen jetzt, wozu er noch taugt: In den Erwählten vollzieht er die Gnadendekrete, die ohnehin keinen Widerstand dulden. In den Verworfenen vermehrt er die Schuld der ohnehin Todgeweihten. Daß Augustin *verbal* den freien Willen nie aufgab, ist unbestritten. Aber Augustin selbst sagt, was er noch wert ist: Er wird von der Gnade *besiegt*“ (Logik [Anm. 1], 122). Und: „Wo es Sieger gibt, gibt es Verlierer. Und der Verlierer ist hier der freie Wille“ (90). „Freiheit ist seit 397 nichts mehr, was zum Wesen des menschlichen Geistes gehört […]; sie wird zum Nebenaspekt der Begnadung“ (123), ja „zum Epiphänomen der allwirken-

geschehende-geschehene Entscheidung" Gottes über den Menschen, die Wahl ist für ihn „immer schon getroffen" – wir werden es gleich sehen: „Als Kind Adams steht der Mensch notwendig unter der Sünde, als von Gott Erwählter wird er unfehlbar zur Liebe befähigt"[117]. Das biblische Pathos der Partnerschaft mit Gott hat sich beim Neuplatoniker Augustinus nicht durchsetzen können, und eine wenigstens formal unbedingte Freiheit war in der Antike wohl noch nicht zu denken, man muß befürchten, daß Augustinus auch sie nicht zugelassen hätte, jedenfalls nicht in ihrem Verhältnis, ihrem Gegenüber zu Gott[118]. Verhängnisvoll also ist, daß Augustin das Verhältnis von göttlicher und menschlicher Freiheit letztlich doch nur im Schema konkurrierender Ursachen zu denken vermochte – ein Befund, in dem ich *Greshake* ausdrücklich zustimmen und ihn gegenüber *Pesch* verteidigen möchte[119]. Daß eben dieses Konkurrenzschema die Auffassung des

---

den Gnade" depotenziert (329). Entsprechend liebt Augustins Gott auch nicht eigentlich den Menschen, „sondern er liebt *seine Gnade in dem Menschen*" (93) – sagt Augustinus ja selbst, daß Gott an Jakob „die Gnade [geliebt hat], die er schenkte" (Aug. quaest. Simpl. I, 2,18). „Was wir *Person* nennen", so deshalb Flasch, „tritt hier nur als Träger, als in sich gleichgültiges Substrat der Gnade auf" (94). Es widerlege diese Einwände auch nicht, daß „man Belege beibringt, wonach Augustin den freien Willen (*liberum arbitrium*) verbal beibehält, wonach der freie Wille *zustimmen muß* und, von Gott effizient dazu gebracht, auch noch *gern* zustimmen muß, und wonach der Mensch in Gott seine Freiheit (*libertas*) durch die Gnade erhält"; denn: „Diese Zustimmung ist unwiderstehlich von Gott bewirkt. Ein so reduzierter Begriff vom freien Willen ist kein freier Wille. Die Gnade siegte 397, der freie Wille unterlag [...] Gleichzeitig hat Augustin *Freiheit* umdefiniert, und zwar so, daß die Wahlfreiheit (*liberum arbitrium*) daraus verschwindet" (267f).

117 *G. Greshake*, Geschenkte Freiheit (Anm. 1), 49.

118 In der Tat wäre es ein Anachronismus, es Augustins neuem Freiheitsverständnis als Mangel anzulasten, daß es sich „nur in psychologischen Kategorien" ausdrückt: vgl. *O. H. Pesch*, „Gnade" (Anm. 1), 25. Vielmehr dürften Augustins Beschreibungen und Erfahrungen für eine philosophische Analyse der Freiheit und ihrer Dialektik äußerst anregend sein. Ob freilich eine „*Metaphysik* der Freiheit" (wie sie Pesch bei Augustinus vermißt und vermutlich bei *Thomas v. A.* und *Karl Rahner* gegeben sieht), die nämlich „zu erklären vermöchte, daß und warum eine endliche Freiheit sich grundsätzlich nur betätigen kann in der Bindung an eine unendliche Freiheit als ihren transzendentalen Ermöglichungsgrund" (ebd.) – ob *sie* die formale Unbedingtheit der Freiheit und ihr Gegenüber zu Gott nicht eher verfehlen müßte als aufhellen könnte, wäre erst noch zu diskutieren.

119 *G. Greshake*, Geschenkte Freiheit (Anm. 1), hatte resümiert: „*Gottes Gnade und menschliche Freiheit werden als konkurrierende Ursachen bestimmt.* Je größer die Gnade Gottes, umso geringer die menschliche Freiheit, und umgekehrt". Die damit gegebenen Probleme „bilden gleichsam das Schicksal der abendländischen Gnaden- und Freiheitslehre" (44). „Die Freiheit", so hält *O. H. Pesch* Greshake im Namen Augustins und offenbar diesem zustimmend entgegen, „kann Gott gar keine Konkurrenz machen, weil sie ihr [ihm?] gegen-

Verhältnisses von göttlicher und menschlicher Freiheit in der Neuzeit weitgehend beherrscht hat (bis hin zur Aufhebung der menschlichen Freiheit in die Geschichte des allein freien Absoluten bei *Hegel* einerseits und bis zur radikalen Religionskritik bei *Feuerbach* oder *Sartre* andererseits) – das geht zum Teil wohl auf das Konto des im Mittelalter nur mühsam modifizierten Aristotelismus, wohl noch mehr aber auf das Konto eben des großen Augustinus. Man kann froh sein, daß *Luis de Molina*, der im sogenannten Gnadenstreit das mit der Neuzeit aufbrechende Bewußtsein von der Unbedingtheit der Freiheit zur Geltung brachte, wenigstens nicht verurteilt

---

über als Einbildung entlarvt ist – eine ‚Sache bloßen Namens, ja sogar ein Name ohne Sache', wird später Luther sagen und darin Augustinus durchaus richtig verstehen. *Freiheit* gibt es nur als Aktivität des von Gott befreiten Willens, also *als von Gott geschenkte Liebe*" („Gnade" [Anm. 1], 23). Aus „Augustins Bemühung um die Freiheitsfrage" ergebe sich deshalb vielmehr die „Notwendigkeit, angesichts der Realität der Gnade Gottes die Freiheit des Menschen ganz neu zu definieren. Dabei verdient sie aber nach wie vor ihren Namen, denn sie besteht ja keineswegs in physischem oder psychischem Zwang [...] Was, so müßte man mit Augustinus fragen, ist denn freier als der Wille [...] unter der Triebkraft der von Gott selbst geschenkten Gottesliebe?" (24) Mit diesem, wie mir scheint, philosophisch wieder einmal unterbestimmten theologischen Freiheitsbegriff wird jedoch das anstehende Problem nur nochmals gestellt; alle in Anm. 116 genannten Einwände erheben sich erneut. Die Behandlung des Themas bei *K. Flasch* wiederum könnte klären. Augustin, so Flasch, „setzt offenbar voraus, daß die Selbstbestimmung des menschlichen Willens nicht zugleich das Wirken Gottes sein könne, daß also Gott sein Wirken nicht modifizieren lasse durch das Wollen des Menschen, daß es also nicht zu einem gemeinsamen Wirken kommen könne. Wenn Jakob den Glauben aufgrund seines eigenen Willensentscheides hat, dann hat er ihn nicht von Gott" (Logik [Anm. 1], 47). Jakob hätte dann etwas, so argumentiert Augustinus ja selbst, „was er nicht empfangen hat" (Quaest. Simpl. I, 2,10). Das heißt, so wieder Flasch: „Nach Augustin kann eine konkrete menschliche Handlung nicht von Gott und vom Menschen zugleich bewirkt werden. Etwas anschaulicher: Augustin setzt ein *Konkurrenzmodell* voraus. Gäbe man es auf, fiele Augustins Argumentation. Man wäre dann wieder bei der allgemeinen Kausalität Gottes, der seine Güte allen mitteilt und dessen Wirken [dann] darin besteht, jedes Wesen so wirken zu lassen, wie es dessen Natur entspricht. Gott wäre also dann am wirksamsten, wenn er freie Wesen frei entscheiden ließe. Aber dies schließt Augustin 397 ausdrücklich aus [...]: Weil Gott unveränderlich sein soll und weil er keiner Wechselwirkung ausgesetzt werden darf, entsteht das Konkurrenzmodell" (47f). Um nun aber eine tatsächliche Konkurrenz auch „auszuschließen, nimmt er [Augustin] dem Menschen jede Initiative. Es kommt [...] also nicht zu einer Konkurrenz. Aber die Konkurrenz*angst* dominiert die gesamte Überlegung. Die Ausschaltung der Konkurrenz ist die Ausschaltung einer ethisch relevanten menschlichen Eigentätigkeit" (264). Für seine Voraussetzung, menschliche Entscheidungsfähigkeit gegenüber der Gnade müsse Konkurrenz mit dieser bedeuten, zahlt Augustin somit einen hohen Preis: „Die freie Aktion ist Produkt der Gnade. Insofern besteht nach seiner Doktrin nicht Konkurrenz", statt dessen aber „Gleichsinnigkeit von Gnade und menschlichem Wollen" (329).

wurde (er stand ja nahe davor) und deshalb die Frage offengeblieben ist, offengeblieben bis heute[120]. Aber auch *Martin Luther* konnte sich ja auf Augustinus berufen, wenn er Freiheit zum exklusiven Privileg Gottes (zum „nomen divinum", wie er sagte) erklärte und ausdrücklich hinzufügte, die Freiheit des Menschen sei eine „Sache bloßen Namens, ja sogar ein Name ohne Sache", bloße Einbildung also[121]. Man muß es bedauern, daß auch Luther, der den menschlichen Willen als stets schon entschiedenen, d. h. in der Grundrichtung seines Vollzugs von Gottes Zuwendung oder Abwesenheit bestimmten betrachtete, das Moment der Ursprünglichkeit der menschlichen Antwort nicht zur Geltung kommen ließ – mit allen sich daraus ergebenden problematischen Folgen[122]. Erinnert sei auch noch, daß Augustins Verinnerlichung der Gnade (trotz ihres unverzichtbaren Wahrheitsmoments) doch ein Verständnis von Gnade gefördert hat, das sie von den Gestalten ihrer äußeren Vermittlung ablöste und zunehmend den Bezug zur realen Praxis des Glaubens verlor – eine Entwicklung, auf die ich im 7. Kapitel schon hingewiesen habe[123].

Prädestination und Gerechtigkeit Gottes. Funktion und Thesen der Erbschuldtheorie

Aber zurück zum Hauptgedankengang[124], ich komme zum *dritten* Schritt. Wenn nämlich das „Gnadengeschehen vom ersten bis zum letzten Augenblick, von Gottes erstem Anstoß bis zur endgültigen Beharrung [des Menschen im

---

120 Dies wird Thema des 15. Kapitels sein.

121 WA 18,636,28–32; 18,756,7.

122 S. dazu ausführlich o. Kap. 3.3 bei Anm. 264–273.

123 Diesen Verlust bzw. die Abschwächung dessen, was später *gratia externa* hieß, und die entsprechende Lockerung der Beziehung der Gnade zur Christologie und Ekklesiologie stellen bes. G. Greshake und K.-H. Menke heraus und suchen ihnen entgegenzuwirken. Vgl. *G. Greshake*, Gnade (Anm. 1), 223–228.266–274; *K.-H. Menke*, Das Kriterium (Anm. 1), 34f.40f.51f. Menke zählt die „Trennung der Gnadenlehre von der Christologie" zu den wichtigsten „Schattenseiten des augustinischen Sieges über Pelagius": „Denn wenn Gnade ein ungeschichtliches und unsichtbares Handeln Gottes im Inneren des einzelnen Sünders ist, wird die biblische Identifizierung der Gnade mit Jesus Christus aufgegeben" (74).

124 Vgl. zu den noch folgenden Absätzen dieses Abschnitts *H. Häring*, Die Macht (Anm. 1), 181–218.264f.273–275; *ders.*, Das Problem (Anm. 1), 95–100; *G. Greshake*, Gnade (Anm. 1), 245f; *H. Hoping*, Freiheit (Anm. 1), 18–27; *U. Baumann*, Erbsünde? (Anm. 1), 28–44; *P. Schoonenberg*, Der Mensch (Anm. 1), 910–913.

Guten], ganz von Gottes Initiative abhängt und der Mensch dabei reine Rezeptivität bleibt, dann hängt es folgerichtig auch allein von Gottes Gnadenwahl ab, wer zum Heil kommt und wer endgültig im Verderben der Sünde bleibt" und verdammt wird[125] – wenn anders offenkundig ist (und für Augustin steht das außer Frage), daß sich nicht alle Menschen bekehren und Gott beharrlich lieben. In der Tat, so mußte es sein: Augustins *Prädestinationslehre* ist nicht die schauerliche Idee eines verdüsterten Menschen, sondern die Konsequenz seiner Erfahrung und Lehre von der radikalen Unfreiheit des sündigen Geschöpfs einerseits und der souveränen, unbezwingbaren Macht der göttlichen Gnade andererseits. Und er hat sie in einer Weise vertreten, die in ihrer göttlich verfügten, gleichsam geschichtsapriorischen Heilspartikularität sich weder mit dem Erwählungsgedanken des Paulus noch mit den übrigen neutestamentlichen Aussagen zum universalen Heilswillen Gottes vereinbaren läßt. „Gott wählt von Ewigkeit her Menschen unfehlbar zum Liebesbund mit sich aus, wie er will"[126]. Und diese Auswahl ist für Augustinus jetzt nicht mehr (wie noch 394) durch Gottes Vorherwissen des künftigen Verhaltens und Glaubens der Menschen bedingt[127], sondern unerforschlich und absolut[128]. Fragen nach ihren Kriterien wehrt Augustin im Namen Gottes als unverschämt ab: „Mensch, wer bist du denn, daß du mit Gott rechten willst?"[129] Auf der Ebene der Geschichte freilich, gleichsam für uns ist alles noch offen: Keiner weiß, ob er zu den Erwählten gehört, wir sollen es wünschen für alle. Dennoch: Die Zahl der Erwählten liegt fest, so daß ihnen „keiner zugezählt noch abgezogen werden kann"[130]. Diese Freiheit ist königliches Privileg Gottes allein. Wenn er nach Röm 9,12 Jakob liebt und Esau haßt, dann heißt das für Augustinus: Den einen erwählt Gott zur ewigen Begnadung, den anderen überläßt er der ewigen Verdammnis. Und mit Bezug auf Röm 9,21 argumentiert Augustin: „Hat der Töpfer nicht die Macht über den Ton, aus derselben Masse das eine Gefäß zur Ehre, das andere zur Unehre zu machen?"[131]

Indessen: Der Gedanke steht so doch zu isoliert – ein solcher Willkür-Gott wäre auch für Augustinus unerträglich gewesen, sein lebenslanges

---

125 *O. H. Pesch*, „Gnade" (Anm. 1), 22.
126 *G. Greshake*, Gnade (Anm. 1), 245.
127 Vgl. Aug. exp. Rom. 60.
128 Aug. quaest. Simpl. I, 2,6: „Nicht auf Grund der Erwählung bleibt der Plan Gottes in Kraft, sondern aus dem Plan folgt die Erwählung".
129 Aug. quaest. Simpl. I, 2,16f.
130 Aug. corr. grat. 13,39.
131 Aug. quaest. Simpl. I, 2,17.

Projekt einer Theodizee wäre endgültig gescheitert. In seiner Barmherzigkeit zwar ist Gott absolut frei, daran läßt Augustinus keinen Zweifel aufkommen: Es ist für sich genommen nicht ungerecht, „wenn er sich erbarmt, wessen er will, und sich nicht erbarmt, wessen er nicht will“[132]. Aber die Verdammung – sie darf doch wenigstens nicht ungerecht sein. Gerecht aber kann sie nur sein unter der einzigen Bedingung, daß die Verdammten sie *verdienen*. Und eben diese Bedingung – damit kommen wir zum *vierten Schritt und zum Ziel* – sieht Augustin nun erfüllt: Uns alle trifft Adams Schuld als die unsere. Entgegen seiner früheren Meinung und entgegen der gesamten christlichen Tradition vertritt Augustin seit 397 die *„Lehre von der ‚Ursünde‘ aller Menschen in Adam“*, aufgrund derer *„alle Menschen als Nachkommen Adams, also ohne ihr Zutun, in einer je persönlichen, durch ewige Verdammnis strafwürdigen Schuld vor Gott“ stehen*[133]. Die universale Schuldzumessung der Sünde Adams fungiert jetzt als Verbindungsstück zwischen der unausweichlich gewordenen Prädestinationslehre und der weiterhin intendierten Theodizee. Denn gesetzt, die eben genannte Zentralthese stimmt: Ist Gott dann ungerecht gegen die Nicht-Prädestinierten? Keineswegs, weil diese ja durch ihre eigene Schuld zugrundegehen: „Gott verwirft nicht aktiv, er prädestiniert nur nicht alle“[134]. Dies eben ist der unerforschliche Wille Gottes, in seiner Güte einige zu begnaden und zu retten, während er in seiner Gerechtigkeit die anderen im Verderben *beläßt*. Unwürdig seiner Gnade sind sie ja alle. Kurz: *„Wenn Gott erwählt, ist er barmherzig. Wenn er verwirft, ist er gerecht“*[135].

Die Erbschuldtheorie also als Hilfshypothese der Prädestinationslehre, die ihrerseits eine Konsequenz der Sünden- und Gnadenlehre ist – mit dieser Interpretation schließe ich mich der Augustinus-Arbeit von *Hermann Häring* an, deren Grundthese aber auch von *Walter Simonis*[136], *Georg Kraus*[137],

---

132 Aug. quaest. Simpl. I, 2,16.

133 *H. Häring*, Die Macht (Anm. 1), 264.

134 *O.H. Pesch*, „Gnade“ (Anm. 1), 34.

135 *H. Häring*, Die Macht (Anm. 1), 273.

136 *W. Simonis*, Heilsnotwendigkeit der Kirche und Erbsünde bei Augustinus. Ein dogmengeschichtlicher Beitrag zur Klärung zweier Fragen der gegenwärtigen theologischen Diskussion: ThPh 43 (1968) 481–501. Allerdings betont Simonis den Zusammenhang von Prädestinations- und Erbsündentheorie primär im Blick auf die Frage nach dem Schicksal der unmündigen, nicht getauften Kinder und das Axiom „extra ecclesiam nulla salus“.

137 *G. Kraus*, Vorherbestimmung. Traditionelle Prädestinationslehre im Licht gegenwärtiger Theologie, Freiburg 1977, 27–58. Da Augustin hier als Vater der Prädestinationslehre

in Ansätzen und zumindest implizit auch von *Gisbert Greshake*, *Karl-Heinz Menke*, *Franz Schupp* u. a. vertreten wird. Obwohl Augustins Erbsündenlehre in *Greshakes* Pelagius-Studie kein eigenes Thema darstellt, verfolgt er die augustinische Gnadenlehre doch kritisch bis zur Prädestinationstheorie als ihrer „zwingenden Konsequenz", mit der dann auch die theologische Funktion der Erbsündenlehre ansichtig wird. Denn das nunmehr entstehende „Problem, zu verhindern, daß Gott zum Urheber des Unheils der Nichterwählten wird", wird von Augustinus, was „den nach-adamitischen Menschen angeht, [...] mit dem Verweis auf die bereits immer schon vorgegebene Verlorenheit jedes Menschen, der ‚in Adam' gesündigt hat, gelöst [...] Weil alle in ihm gesündigt haben, sind sie mit Recht dem Unheil als Strafe der göttlichen Gerechtigkeit geweiht"[138]. Dieselbe Logik zeigt *Menke* vom anderen Ende her auf. Demnach findet Augustin in dem Gedanken, daß Adam seine Sünde an alle Nachkommen vererbt, die Antwort auf die „phänomenologisch feststellbare Tatsache, dass alle Menschen sündigen". Insofern ist das, was einer Erklärung bedarf, „nicht der Untergang der Menschheit, sondern die Errettung einzelner. Weil Augustin [dabei] die absolute Gratuität der Gnade nur dadurch zu retten glaubt, dass er Gott an keine Bedingung bindet, ist die Freiheit des Menschen (*libertas*) reines Geschenk [...] Die augustinische Lehre von der bedingungslosen Gratuität der Gnade mündet in die Lehre von der grundlosen Prädestination". Diese jedoch kann Augustin dann ohne Anstoß doch nur vertreten, weil er dabei (gerade auch nach Menke) eben von der Prämisse ausgeht: „Alle Adamiten haben die Verdammnis verdient"[139]. *Schupp* wiederum spricht denselben Zusammenhang in dem eindeutigen Urteil an, mit dem er seinen Augustinus-Abschnitt beschließt: „Augustins späte Erbsündenlehre sowie die Prädestinationslehre, in die er sie einbettet, ebenso wie auch der Gottesbegriff, der letztlich dahintersteht, sind rational und ethisch inakzeptabel"[140]. Während nun die genannten Autoren konsequenterweise zugleich mit Augustins Erbschuldtheorie auch seine Prädestinations- und Gnadenlehre kritisieren, richten andere, die von der systematischen Funktion der Erbsündenlehre absehen, ihre Kritik sogleich auf die Probleme ihres Inhalts. So etwa sieht *Helmut Hoping* ihr

---

gilt, wäre es nur konsequent, ihn auch den Vater der Erbsündenlehre zu nennen. Tatsächlich erscheint die letztere denn auch als Hilfshypothese der Prädestinationstheorie.

138 *G. Greshake*, Gnade (Anm. 1), 246; vgl. a. a. O. 261ff.

139 *K.-H. Menke*, Das Kriterium (Anm. 1), 48f.

140 *F. Schupp*, Schöpfung (Anm. 1), 288.

entscheidendes Problem in der „Naturalisierung des Sündenbegriffs": daß nämlich Augustins „Begriff einer durch Zeugung vererbten, mit der natura humana vitiata gegebenen Schuld" widersprüchlich ist: „Denn eine Sünde, die natürlicherweise aufgrund von Zeugung und Geburt besteht, ist eine contradictio in adiecto"[141]. Und es versteht sich, daß mit diesem oder ähnlichen Einwänden – wir werden es im nächsten Kapitel sehen – natürlich *alle* neueren Versuche beginnen, die Erbsündenlehre zu reformulieren.

Eine besonders entschiedene, bis in Einzelheiten reichende Bekräftigung hat Härings Untersuchung durch den Kommentar zu Augustins seit 397 vertretener Gnadenlehre gefunden, die *Kurt Flasch* unter dem Titel „Logik des Schreckens" vorgelegt hat. Zum einen arbeitet er nicht nur prägnant die systematische Funktion der Erbschuldtheorie und ihren originalen Status heraus, sondern benennt auch unverschönt ihren außerordentlich hohen Preis. Die Erbsünde, so Flasch, „als *biologische* Vermittlung von Schuld im eigentlichen Wortsinn war Augustins Gedankenprodukt. Augustin brauchte sie, weil er die Gerechtigkeit Gottes argumentativ verteidigen wollte; sie hat den Charakter einer Hilfshypothese"[142]: „Den Untergang der Mehrzahl [der Menschen] muß Augustin als *verdient* hinstellen. Dazu muß er jedes neugeborene Kind als *schuldig* ansehen; um dies tun zu können, zerstört er den antiken (wie den modernen) Schuldbegriff" (257), indem er „397 Selbstbewußtsein und freie Entscheidung als ein entbehrliches Element aus dem Begriff der Schuld streicht" (249). „Um sagen zu können, die gesamte menschliche Natur habe in Adam gesündigt, um diese Sünde nicht nur als allgemeine Schwächung, sondern als wirkliche Schuld (reatus) zu deuten, bedurfte es [also] einer Revision des theoretischen Koordinatensystems" (125); um dessen „gedanklichen Gesamtaufbau sichern zu können, opfert er das, was man *Persönlichkeitsprinzip* nennen könnte" (74). Zum anderen markiert Flasch als Historiker und Philologe immer wieder den Bruch, den Augustins 397 erreichte Lehre, die er in den Retractationen als seine definitive Position bezeichnet, gegenüber seinen früheren Auffassungen – trotz der Kontinuität einiger Theoreme und trotz einiger vorbereitender Tendenzen – vollzog: „Man widerspricht Augustin, wenn man seine frühere Position mit der neuen harmonisiert. Er selbst hat seine Lehre von *vor* 397 als einen *Irrtum* verworfen" (50). Als wichtigste Veränderungen kontrastiert Flasch mit Augustins früheren Thesen: 1. das

141 *H. Hoping*, Freiheit (Anm. 1), 26.
142 *K. Flasch*, Logik (Anm. 1), 313. Weitere Seitenangaben im Text.

neue Konzept von Auswahl und Gnade, 2. die neue Ursünde, 3. die neue Macht der Begierde, 4. die neue Ansicht vom ersten Schritt (und vom Glauben), 5. das neue Frageverbot (bzgl. der Gnadenwahl), 6. das neue Modell: Sieg (der Gnade über den freien Willen) statt Kooperation, 7. die neue Lust an der Ohnmacht der menschlichen Selbstbestimmung zum Guten und zum Glauben (270–297; vgl. 311–318).

Indessen: Die von mir vorgetragene, an Häring und Greshake sich anschließende und von Flasch faktisch bestätigte Interpretationslinie wird auch bestritten. So etwa von *Leo Scheffczyk*, der als systematisches Konstruktionsprinzip der Erbsündenlehre die absolute Gratuität der Gnade ausmachen will[143]. Aber abgesehen einmal davon, daß man der Gratuität der Gnade einen theologischen Bärendienst erweist, wenn man sie heilspartikularistisch, d. h. auf Kosten des universalen Heilswillens Gottes verteidigt – Scheffczyks These übersieht auch, daß Augustin um der Theodizee willen doch auch das Problem der Gerechtigkeit Gottes zu lösen hatte. Nur in diesem systematischen Kontext erscheint der qualitativ neue Schritt, den Augustin in der Sündenlehre vollzog, überhaupt zwingend; nur durch ihn wird auch sein persönlicher Positionswechsel gegenüber der Freiheitsschrift plausibel, denn die Alternative, in der er nun anders entschieden hat, heißt ja: „Keine Schuld *ohne* freies Tun – Schuld *vor* allem freien Tun"[144]. Daß der rekonstruierte systematische Zusammenhang aber auch bei Augustinus selber ausdrücklich vorliegt, mag folgende Schlüsselstelle belegen, in der die entscheidenden Elemente zusammengefaßt sind: „Gemäß dem Apostel sterben alle Menschen in Adam, von dem der Ursprung der Beleidigung Gottes auf das gesamte Menschengeschlecht hinführt. Deshalb sind alle Menschen eine Sündenmasse, die der göttlichen und höchsten Gerechtigkeit Strafe schuldet, die zu fordern oder nachzulassen keine Ungerechtigkeit ist"[145]. Im pelagianischen Streit freilich hat Augustinus andere, vor allem zwei Argumente bevorzugt: Zum einen *Ambrosiasters* Fehlinterpretation von Röm 5,12, die er zwar nochmals überschritt, aber doch glücklich war, sie zu finden, weil nun Paulus, die unbestrittene Autorität, ihm ersparte, die Logik der eigenen Theorie vorzuführen: „Wie umsichtig, wie eigenständig, wie unzweideutig ist es gesagt", jubelt Augu-

143 Vgl. *L. Scheffczyk*, Urstand, Fall und Erbsünde. Von der Schrift bis zu Augustinus: HDG II/3a.1, Freiburg 1982, 104–229.

144 *H. Häring*, Die Macht (Anm. 1), 191.

145 Aug. quaest. Simpl. I, 2,16.

stinus: In Adams Sünde „haben alle gesündigt, als alle jener eine Mensch waren“[146]. Das zweite und kirchenpolitisch durchschlagende Argument war die Kindertaufe: Sie war inzwischen herrschende Praxis, wurde nach biblischem Verständnis aber zur Vergebung der Sünden und insofern heilsnotwendig gespendet, wobei ursprünglich natürlich (und hier liegt die entscheidende Verschiebung) die Erwachsenentaufe das bestimmende Modell war. Augustinus brauchte nur die herrschende Praxis und die biblische Sinnbestimmung mit seiner Theorie zu verbinden, um einerseits der Kindertaufe eine nunmehr zwingende Legitimation zu verschaffen und andererseits durch die derart gestärkte Praxis die eigene Theorie zu stützen[147]. Vor Kirche und Frömmigkeit jedenfalls war er im Recht, während die Pelagianer gerade hier ziemlich hilflos da standen. Die Konsequenzen für die ungetauften Kinder hat Augustinus erbarmungslos gezogen: Während die Pelagianer für sie einen Zwischenzustand vorsahen, weist Augustinus sie in die Hölle, mit dem Zugeständnis immerhin, daß ihre Strafe dort die mildeste sein wird[148].

Zu Augustins Entfaltung seiner Theorie und ihren Schwierigkeiten jetzt nur noch stichwortartig das Wichtigste. Das Paradox, daß alle Menschen vorgängig zu ihrer möglichen Freiheitsentscheidung schuldig sein könnten, löste Augustin formal mit der Auskunft: daß sie „propagatione, non imitatione“ schuldig seien[149] – eine Formel, die das Tridentinum übernahm und die deshalb bis heute die eigentliche *crux* bei der Reformulierung der Erbsündenlehre darstellt: ob eine unüberwindliche, werden wir noch sehen müssen. Eine *crux* schon für Augustinus selber blieb die Aufgabe, die von ihm behauptete Übertragung der Schuld näher zu bestimmen. Die Vorstellung des Traduzianismus, Generationismus und Universalienrealismus, als würde ein Stück sündiger Seele vererbt, hat Augustinus immer wieder erwogen (endgültig hat der Kreatianismus ja erst im Mittelalter gesiegt). Auch der eher juridische Gedanke der Imputation, dessen Aporien so heftig im Spätmittelalter hervortreten sollten, taucht auf: Gott hätte demnach die Kon-

---

146 Aug. pecc. mer. I, 10,11; vgl. a. a. O. III, 7,14: „In Adam haben damals alle gesündigt, als in seiner Natur aufgrund der ihr innewohnenden Kraft, durch die er sie zeugen konnte, noch alle jener eine waren“.

147 Die institutionelle Praxis erhielt „in ihrer bloßen Faktizität Begründungsrang“, und nun sollte „Schuld an dem abgelesen werden, was diese institutionelle Praxis voraussetzte“: *F. Schupp*, Schöpfung (Anm. 1), 287.

148 Aug. pecc. mer. I, 28,55; I, 17,22; enchir. 93.

149 Aug. pecc. mer. I, 9,10.

kupiszenz *wegen* der Ungehorsamstat Adams den Adamskindern als Schuld zugerechnet, den Auserwählten aber um der Gehorsamstat Christi willen nicht angerechnet[150]. Grundlegend bleibt jedoch die These, daß der Mensch als Nachkomme Adams schon als Sünder geboren wird. Bereits in „Ad Simplicianum" spricht Augustin von einem Ableger oder Samen der Sünde (*tradux peccati*) und einer Urschuld (*originalis reatus*), die sich durch die *concupiscentia carnalis* überallhin ergießt[151]; die Begriffe *peccatum originale* (Ursprungs- oder Ursünde) und schließlich *debitum hereditarium* (ererbte Schuld, Erbsünde) begegnen dann später[152]. Am bedeutsamsten – für Augustin selbst und wirkungsgeschichtlich – wurde die Vorstellung von der schuldkonstitutiven Bedeutung der Begierde im Augenblick der Zeugung[153]. Festgelegt war damit dann auch die Bedeutung der Begierde. Sie ist zunächst Strafe der Sünde, zugleich Übertragungsmittel der Sünde und nun immer auch selbst Sünde: „So wird die ‚Tochter der Sünde' zur ‚Mutter der Sünden'"[154]. Ein ganz offenkundiger Schwachpunkt der Theorie liegt nicht zuletzt in der exzeptionellen Stellung, die Adam in ihr gewinnt: war er doch der einzige, der im eigentlichen (d. h. persönlichen) Sinn schuldig wurde, der einzige auch, der mit ungetrübter Freiheit ausgestattet war. Warum er dennoch schuldig wurde, bleibt unerklärlich, unerklärlich umso mehr, als Augustin den Urstand noch in geradezu phantastischer Weise ausmalt. Umso krasser dann freilich auch der Unterschied zu den Nachkommen und aller noch folgenden Geschichte. Denn angesichts der Unfreiheit aller Späteren wird Geschichte geradezu auf Adams Tat reduziert, fortan ist sie nicht mehr als ein *„biologisch fortgezeugtes Verhängnis* [...] Adams Fall *hat uns schon immer vollzogen*, unser Dasein ist an sich unser Verhängnis"[155]. Kaum daß sie begonnen hatte, war Geschichte auch schon am Ende.

„Mögen andere zusehen", schreibt Flasch in seiner Einleitung zu „Ad Simplicianum", „ob sie *diesen* Augustin aktualisieren und popularisieren können; nur abschwächen sollen sie ihn nicht". Und er fügt hinzu: „Diesen Text kann man wohl verstecken oder verwässern, nur aneignen kann man ihn sich nicht, wenigstens nicht unter den Bedingungen der Moderne"[156].

150 Aug. op. imp. I, 57.
151 Aug. quaest. Simpl. I, 2,20.
152 Aug. pecc. mer. I, 9,9; Aug. in Joh. 84,2; vgl. Aug. retr. I, 13,5.
153 Vgl. Aug. pecc. mer. I, 16,21; c. Jul. II, 10,33; III, 24,54; IV, 1,1; enchir. 26–28.
154 *O.H. Pesch*, „Gnade" (Anm. 1), 20.
155 *H. Häring*, Die Macht (Anm. 1), 210.218.
156 *K. Flasch*, Logik (Anm. 1), 16.18.

Eindeutig eine Herausforderung, denke ich – und man wird ihr als Theologe nicht ausweichen können. Um es deshalb mit aller Klarheit zu sagen: Die Erbschuldtheorie, jedenfalls in der von Augustinus entwickelten Form, ist tatsächlich *nicht akzeptabel* – inakzeptabel aus *moralischen* Gründen. Wie auch aus *theologischen* Gründen. Denn Schuld – diese im 8. Kapitel begründete Prämisse kommt jetzt entscheidend zum Zuge – kann immer nur *eigene* Schuld sein. Sofern sie wesentlich ursprüngliche Selbstbestimmung der Freiheit ist, ist ihre Übertragung schon apriori ein unsinniger, widerspruchsvoller Gedanke. Ein Gott aber, der fremde Schuld dennoch anrechnen wollte, würde keine Lösung, sondern *Opfer* der Theodizeefrage werden: ihr Opfer zwar nicht unbedingt schon insofern, als er die Schuldigen nicht begnadigt (in diesem Punkt, der Freiheit von Gottes gnädigem Erbarmen, hat Augustinus ja zunächst einmal recht, obwohl er auch schon dabei die rückhaltlose Vergebungsbereitschaft der Liebe Gottes, wie sie in der Geschichte Jesu sich offenbarte, auf theologisch unerträgliche Weise abblendet und verkennt); Opfer der Theodizeefrage dann aber und auf jeden Fall insofern, als er persönlich Unschuldige zu Schuldigen erklärt, sie als solche behandelt und sich durch solche Ungerechtigkeit umso krasser moralisch desavouiert[157]. Aber leugne ich mit solcher Kritik nicht das universale Faktum der Sünde? Keineswegs: Ich bestreite nur, daß Augustins Erbschuldtheorie als Erklärung für dieses Faktum in Betracht kommen kann. Und bestreite zudem, daß es überhaupt durch eine stimmige Theorie zu beweisen ist: zu beweisen jedenfalls dann nicht, wenn gelten soll, daß Schuld nur als *freie* gedacht werden kann. Vielmehr sei nochmals erinnert, daß die Aufgabe, die sich von *Paulus* her stellt, nur darin liegen kann, die Dialektik der Sünde als Verhängnis und als Schuld zu bedenken und in einer anthropologisch vollziehbaren Weise die harte, weitreichende Behauptung des Paulus als nicht unsinnig erscheinen zu lassen, daß alle Menschen tatsächlich Sünder sind. Auch die Berechtigung der *Kindertaufe* wird nicht bestritten: bleibt sie doch als Eingliederung in den vorgegebenen, durch Christus begründeten, von der Kirche vermittelten und im Geist vollzoge-

157 A. a. O. 125f: „Augustin beschwört uns, auch dieser Gott sei *gerecht*. Aber dieses Prädikat erhält jetzt einen anderen Status als zuvor"; es hängt daran, daß „man die Zusatztheorie von der Erbsünde als wirklicher Schuld akzeptiert": „Gott […] gewinnt wieder, wie *vor* der griechischen Aufklärung, das Privileg, irrational und immoralisch (im gewöhnlichen Wortsinn dieser Ausdrücke) zu handeln: Er haßt unschuldige Kinder. Er verhärtet die Herzen der Sünder im voraus. Er erbarmt sich der wenigen, derer er sich erbarmen will".

nen neuen Lebenszusammenhang in jedem Fall sinnvoll, sinnvoll insbesondere dann, wenn sie als Beginn eines Initiationsvorgangs gespendet wird, der sich in Firmung und Eucharistie vollendet. Und natürlich geschieht die Taufe auch zur Vergebung der Sünden – vorausgesetzt nur, daß die Getauften schon Sünder waren, was nun freilich für die Neugeborenen und Kleinkinder doch wohl niemand annehmen dürfte.

Und schließlich: Meine Kritik am großen Augustinus betrifft nur den genannten, wenn auch neuralgischen Punkt. Daß seine Sündenlehre im übrigen eine Vertiefung der vorausgegangenen Patristik, vielleicht auch kongeniale Aktualisierung von Erfahrungen des Paulus darstellt und für eine differenzierte Analyse der realen Freiheit und ihrer Dialektik unschätzbare Aufschlüsse bietet, soll in keiner Weise verkleinert werden. Dasselbe wäre auch von der Gnadenlehre zu sagen, obwohl Augustin auch in ihr – wie wir sahen – eine gefährliche Grenze überschritt und damit der westlichen Theologie eine schwere Hypothek hinterließ. Doch bevor wir uns damit befassen und auf die helleren Gefilde der Gnadenlehre begeben, ist im 12. Kapitel nach den Beiträgen der neueren Entwürfe zur sog. Reformulierung des Erbsündenglaubens zu fragen und deshalb zuvor noch die Entwicklung des Sünden- und Erbsündenverständnisses *nach* Augustinus ins Auge zu fassen.

2. Zur theologischen und lehramtlichen Entwicklung der Erbschuldtheorie bis Trient

Trotz des vergleichslosen und fast übermächtigen Einflusses, den Augustinus auf die Geschichte der westlichen Theologie, insbesondere auf ihr Sünden- und Gnadenverständnis, gewonnen hat, ist doch – dies sei schon vorab bemerkt – die Rezeption seiner Erbschuldlehre nicht ohne erhebliche Abstriche verlaufen. Namentlich über seine *Prädestinationslehre*, die ja in der Tat menschlich unerträglich und biblisch unhaltbar war, ging man schon zu Augustins Lebzeiten hinweg. Sie ist auch später nirgends übernommen worden (Von der mittelalterlichen Problematik der Vorherbestimmung und des Vorauswissens Gottes sowie dem erst durch *Calvin* ausgebildeten Gedanken der doppelten Prädestination sehe ich hier einmal ab). Nicht zu übersehen ist freilich, daß mit der Preisgabe der Prädestinationslehre und den damit notwendig einhergehenden Änderungen an Augustins Sünden- und Gnadenlehre nun auch der systematische Zusammenhang wegfiel, der für Augustinus die Annahme einer Erbschuld (als Mittelglied zwischen dem unausweichlich gewordenen Prädestinationsgedanken und der weiterhin intendierten Theodizee) doch überhaupt erst so dringlich und ihn deshalb für die Fehldeutung von Röm 5,12 so empfänglich gemacht hatte. Daß seine Erbsündenlehre trotzdem, d. h. auch ohne den ursprünglichen systematischen Kontext seiner Sünden- und Gnadenlehre und der aus beiden resultierenden Prädestinationstheorie, plausibel blieb und rezipiert werden konnte, verdankte sie entscheidend ihrer Verkoppelung mit der Praxis der *Kindertaufe*, die Augustinus doch ebenfalls erst hergestellt hatte, die aber dann mit dem ganzen normativen Gewicht, wie es das Faktische nun einmal ausübt, eine fast fraglose Gültigkeit behielt. Hinzu kommt allerdings, daß auch die übrigen Elemente der augustinischen Erbsündentheorie deutliche Modifikationen erfuhren und wohl nur in dieser gemilderten Form auch tradiert werden konnten. Namentlich der *Schuldbegriff*, den Augustinus in die Erbsünde eingezeichnet hatte, erfuhr eine so weitgehende Abschwächung und Analogisierung, daß er – was ja schon Augustin selbst und erst recht die Späteren ausdrücklich abgewehrt hatten – tatsächlich auf den Sinn einer aktuellen persönlichen Schuld nicht mehr festlegbar war, aber dafür umso sichtbarer das Problem hervortreten ließ (oder doch hätte hervortreiben müssen), worin der Schuldcharakter des *peccatum originale*[158], mit dem dennoch – daran hielt man ja fest – alle Adamiten von Geburt an behaftet und (als Ungetaufte) entsprechend strafwürdig sein sollten, denn nun eigentlich bestehe. Aber auch die *Übertragung* der Erbsünde wird in der Folgezeit neu und vielfältig konzipiert, desgleichen die *Begierde*, sofern sie als Konkupiszenz noch nicht Sünde sein muß, anders bewertet, die Auswirkung der Sünde auf die *Natur und Freiheit* des Menschen weniger radikal eingeschätzt und nicht zuletzt die *Strafe* und der Zustand, den man für die *ungetauft Gestorbenen* (namentlich die unschuldigen Kinder) erwartete, entschieden gemildert. Und wenn schließlich das Tridentinum erneut und eindeutig auf Augustinus zurückgriff, so war es doch ein mittelalterlich modifizierter, d. h. *gemäßigter* Augustinismus, den es vertrat und der gerade als solcher der doppelten Zielsetzung des Konzils zu dienen vermochte: näm-

158 Das nur in der deutschen Sprache geläufige Wort „Erbsünde" fand seine Verbreitung v.a. durch Luther und die *Confessio Augustana* (CA 2). Es entspricht dem Terminus technicus *peccatum originale* (Ursprungs- oder Ursünde) in der augustinischen und kirchlichen Tradition und bringt zutreffend zum Ausdruck, daß Adams Sünde am Ursprung der Menschheit als konstitutionelles Sündersein auf alle Nachkommen übergeht. So kann ich beide Termini im folgenden gleichsinnig verwenden.

lich einerseits den reformatorischen Anliegen entgegenzukommen und doch andererseits das, was man als unannehmbare Zuspitzung ansah, abzuwehren und ihm entgegenzutreten.

Blickt man vom heutigen Standpunkt auf die Wirkungsgeschichte der augustinischen Erbsündenlehre zurück, so kann man sich über die humanen Abmilderungen bei ihrer theologischen und lehramtlichen Rezeption natürlich nur freuen. Auf der anderen Seite jedoch ist es keineswegs unproblematisch, daß die überragende Autorität Augustins (im Verein mit der Praxis der Kindertaufe) doch immer noch Aussagen deckte, deren systematische Funktion bei ihm selbst man schon längst nicht mehr kannte, sie jedenfalls zu ihrer Begründung nicht heranzog und die deshalb spätestens, nachdem durch *Erasmus* auch noch die seit Augustinus tradierte Fehldeutung von Röm 5,12 aufgedeckt worden war, eigentlich einer erneuten Klärung und vor allem einer in jeder Hinsicht – biblisch und systematisch – überzeugenden Begründung bedurften. Dies gilt vor allem für den „harten Kern" der augustinischen Theorie: eben ihre auch später nie zurückgenommene, sondern allenfalls verschwiegene These, daß alle Menschen als Nachkommen Adams von Geburt an in einer zwar nicht durch eigenes Tun zugezogenen, aber dennoch je eigenen, durch ewige Verdammnis strafwürdigen Schuld vor Gott stehen.

Was hat die theologische und lehramtliche Entwicklung der Erbsündenlehre bis zum Tridentinum im Blick auf dieses Zentralproblem erbracht? Primär um diese Frage soll es uns gehen, wenn wir nun drei Etappen dieser Entwicklung beleuchten[159]: zunächst die altkirchlichen Synoden, auf denen sich die augustinische Lehre weitgehend durchsetzte und der Grund für ihre lehramtliche Rezeption gelegt wurde; sodann einige Konzeptionen der mittelalterlichen Theologie, sofern sie weitere Problemaspekte und Denkangebote enthalten; schließlich – nach einigen überleitenden Hinweisen zur

159 Vgl. zu diesem Abschnitt: *J. Auer*, Art. Erbsünde II. E. im dogmatischen Verständnis: LThK^2 3, 967–972; *L. Scheffczyk*, Art. Erbschuld: HThG I, 293–303; *H. Hoping*, Art. Erbsünde. II. Historisch-theologisch. III. Systematisch-theologisch: LThK^3 3, 744–747; *P. Schoonenberg*, Theologie der Sünde. Ein theologischer Versuch, Einsiedeln 1966, 173–198; *ders.*, Der Mensch (Anm. 1), 915–927; *W. Seibel*, Der Mensch als Gottes übernatürliches Ebenbild und der Urstand des Menschen: MySal 2, 805–843, 818–840; *U. Baumann*, Erbsünde? (Anm. 1), 42–87; *G. Greshake*, Geschenkte Freiheit (Anm. 1), 51–56; *H. Häring*, Die Macht (Anm. 1), 223–265; *O.H. Pesch*, „Gnade" (Anm. 1), 33–40; *ders.*, Frei sein aus Gnade. Theologische Anthropologie, Freiburg 1983, 128–155; *ders.*, Thomas von Aquin. Grenze und Größe mittelalterlicher Theologie, Mainz 1988, 254–283; *W. Pannenberg*, Anthropologie in theologischer Perspektive, Göttingen 1983, 101–139; *H. Hoping*, Freiheit (Anm. 1), 280–286; *F. Schupp*, Schöpfung (Anm. 1), 374–388.

spätmittelalterlichen Entwicklung und zu *Luthers* Rückgriff auf Augustinus und Paulus – das Tridentinum, dessen Erbsündendekret einen gewissen vorläufigen Abschluß der kirchlichen Lehrbildung darstellt[160]. Dabei kann ich auf die verwickelten historischen Umstände, unter denen namentlich die Lehraussagen zustande kamen und die für die Beurteilung von deren Verbindlichkeit durchaus relevant wären, kaum näher eingehen, sondern nur die sachlichen Resultate herausstellen und erörtern. Auch die Kritik, wo sie notwendig sein wird, soll vorerst nur immanent verfahren und primär auf die interne Stimmigkeit und den theoretischen Ertrag der jeweiligen Konzeptionen und ihrer Aussagen abheben. Infragestellungen, die erst später aufkamen und die bis Trient noch gültigen Rahmenbedingungen der Erbsündenlehre betreffen (Monogenismus, Urstandslehre u. a.), stelle ich deshalb noch zurück. Schließlich empfiehlt es sich, bei der Behandlung der notwendigen Einzelheiten *zwei Leitfragen* beharrlich im Blick zu behalten, die sich als Aspekte des Hauptproblems zwar unterscheiden, aber sachlich doch nicht trennen lassen und deshalb auch Antworten verlangen, die miteinander kohärent sind. Wie – so die erste Frage – ist das Wesen des *peccatum originale* jeweils bestimmt und wie insbesondere seine Schuldhaftigkeit verstanden? Und die zweite: Wie ist das Verhältnis des universalen *peccatum originale* zur Schuld Adams (*peccatum originis*), wie also die Übertragung oder das Übergehen seiner Sünde gedacht und dabei zugleich die Behauptung einsichtig gemacht, wir alle hätten „in Adam gesündigt“?

Die Synoden von Karthago (418) und Orange (529)

Mit der Synode von Karthago (418) ist zu beginnen, weil auf ihr der pelagianische Streit einen gewissen Abschluß fand[161], die augustinische Erbsünden- und Gnadenlehre weitgehend übernommen, also deren kirchliche Rezeption grundgelegt wurde und sich namentlich das Tridentinum vor-

---

160 Auf gelegentliche lehramtliche Äußerungen noch in der Folgezeit werde ich im Verlauf dieses Abschnitts verweisen.

161 Formal wird dieser Abschluß gelegentlich auch mit dem Konzil von Ephesus (431) verbunden, wo *Caelestius*, der im Osten bekannter als Pelagius war, der Verurteilung durch die gesamtkirchliche Synode verfiel (DH 267f). Doch geschah dies offenbar deshalb, weil man Caelestius (vielleicht aus christologischen oder politischen Gründen) in die Nähe des *Nestorius* rückte. Relevante inhaltliche Aussagen finden sich jedenfalls nicht. Hinzu kommt, daß der Orient im ganzen 5. Jahrhundert (und auch später) die augusti-

nehmlich auf ihre Texte (wie auch die von Orange) gestützt und aus ihnen zitiert hat. Vorausgegangen war eine Kette von Auseinandersetzungen, die man wegen des ständigen Hin und Her der Entscheidungen und vor allem wegen der Tricks, der Druckausübung und Manipulationen, die dabei zum Zuge kamen, als zumindest sehr unerfreulich bezeichnen muß. Ich will nur die Hauptstationen nennen. Bereits 411 war *Caelestius*, Freund und Anhänger des Pelagius, in Karthago angeklagt und verurteilt worden[162], appelliert aber an Rom und reist dann in den Osten. Pelagius selbst war inzwischen in Palästina in einen Streit mit *Hieronymus* und *Orosius* geraten, der weitere Auseinandersetzungen auslöste, bis Pelagius 415 von einer Synode in Diospolis aufgrund seiner eigenen Aussagen von Irrtum freigesprochen wird. Augustinus interveniert: auf einer Synode in Mileve und einer weiteren in Karthago wird Pelagius 416 verurteilt, was Papst *Innozenz I.* durch die seinerseitige Verurteilung des Pelagius, Caelestius und ihrer Anhänger im Januar 417 bekräftigt. Noch im selben Jahr ist Caelestius in Rom und erreicht bei *Zosimus*, dem Nachfolger Innozenz I., eine Rehabilitation für Pelagius und für sich selbst. Sofort erhebt sich erneuter Einspruch der afrikanischen Bischöfe, von denen der schwankende und vielfach bedrängte Zosimus dann endlich eine neue Erklärung erbittet. Diese wird von den mehr als 200 Bischöfen gegeben, die sich 418 zum 16. Provinzialkonzil von Karthago versammeln und unter dem starken Einfluß Augustins acht bzw. neun Kanones formulieren, in denen der katholische Glaube über die Existenz der Erbsünde und die Notwendigkeit der Gnade festgestellt und in

---

nisch-karthaginensische Lehre nicht rezipiert, ja in der Regel nicht einmal gekannt hat und auch *Kyrill* nur eine Erbübellehre vertrat. Hätte er die pelagianische Position zur Erbsündenlehre bewußt verurteilt, wäre er also einer Fehldeutung aufgesessen oder einem Selbstwiderspruch erlegen.

162 Daß gerade *Caelestius* eine auslösende Rolle zufiel, verwundert nicht, da er griffiger und provokativer als Pelagius formulierte. Dies gilt namentlich für die Thesen, die man ihm 411 in Karthago zuschrieb und auf die hin man ihn exkommunizierte. Sie sind zweimal gleichlautend in Augustins Schriften (und z.T. auch bei *Marius Mercator*) wiedergegeben und lauten (in direkte Rede übertragen): 1. „Adam ist sterblich erschaffen und wäre gestorben, unabhängig davon, ob er sündigte oder nicht sündigte". 2. „Die Sünde Adams hat nur ihm selbst geschadet, nicht dem Menschengeschlecht". 3. „Das Gesetz bringt die Menschen in das Reich Gottes, genauso gut wie das Evangelium". 4. „Vor der Ankunft Christi gab es Menschen ohne Sünde". 5. „Die neugeborenen Kinder sind in dem Zustand, in dem Adam vor seiner Übertretung war". 6. „Durch den Tod oder die Sünde Adams stirbt nicht das ganze Menschengeschlecht, genausowenig wie das ganze Menschengeschlecht durch die Auferstehung Christi aufersteht". Vgl. Aug. gest. Pel. XI, 23; Aug. pecc. orig. XI, 12; dazu *P. Schoonenberg*, Theologie der Sünde (Anm. 159), 168.

etwa ein Gegenbild zu den bei Augustinus und *Marius Mercator* festgehaltenen pelagianischen Thesen geboten wird[163].

Die ersten zwei bzw. drei Kanones behandeln die Ursünde Adams und ihre Konsequenzen, die Kanones 3–9 die absolute Notwendigkeit der Gnade für den gefallenen Menschen, dessen Unfreiheit dabei deutlich wird. Auf die verurteilenden Anathematismen folgt jeweils ein theologischer Kommentar, zumeist mit einer biblischen Begründung. *Kan. 1*, deutlich gegen Caelestius formuliert, verurteilt die These, „daß Adam, der erste Mensch, sterblich geschaffen (worden sei), so daß er, mochte er sündigen oder nicht sündigen, im Leibe gestorben wäre, das heißt, den Leib verlassen hätte nicht aufgrund der Sünde, sondern aus Naturnotwendigkeit" (DH 222). Was damit positiv festgehalten wird, ist kein Spezifikum der augustinischen Theologie, sondern eher altkirchliches Allgemeingut (wobei Augustinus Adams Urstand allerdings besonders kräftig ausgemalt hatte). Auf die Zweideutigkeit und Probleme, die sich mit dieser Deutung des Todes als Strafe der Sünde verbinden, sind wir schon bei Paulus gestoßen. Aus heutiger Sicht läßt sie sich nur halten, wenn differenziert wird, daß es nicht einfach um den biologischen Tod geht, sondern um den Tod, wie er faktisch auftritt und vollzogen wird – wobei diese Deutung freilich durch die massive Formulierung des Kanons (wie schon des Caelestius) erheblich erschwert wird. Umso dankbarer wird man aufatmen, daß spätere Dokumente diesen Kanon über den leiblichen Tod als Folge von Adams Sünde nie mehr auf dieselbe direkte Weise wiederholen.

Von größerer Bedeutung ist der (später vom Tridentinum fast vollständig übernommene) *2. Kanon*, der nun den sündigen Zustand der Nachkommen Adams betrifft und sich gegen alle richtet, die leugnen, „daß kleine Kinder gleich vom Mutterleib weg zu taufen sind", aber ebenso auch gegen jeden, der (wie eben Pelagius und Caelestius) sagt, „sie würden zwar zur Vergebung der Sünden getauft, aber zögen nichts von einer Ursünde aus Adam auf sich, was durch das Bad der Wiedergeburt gesühnt werde", woraus ja folge, daß sich in ihrem Fall die Taufformel „zur Vergebung der Sünden" als falsch erweist. Zur Begründung wird Röm 5,12 in der Vulgatafassung zitiert und eigens hinzugefügt, dieses Wort des Apostels sei „nicht anders zu verstehen, als wie es die überall verbreitete katholische Kirche immer verstanden hat. Wegen dieser Glaubensregel nämlich werden auch kleine Kinder, die bis dahin in sich selbst noch keine Sünde begehen

---

163 Vgl. Anm. 162.

konnten, deshalb wahrhaft zur Vergebung der Sünden getauft, damit in ihnen durch Wiedergeburt gereinigt werde, was sie sich durch Geburt zugezogen haben" (DH 223). Was an diesem Kanon sogleich ins Auge springt, ist die (vorsichtige oder bewußt abschwächende?) Unbestimmtheit, in der das „nichts von einer Ursünde aus Adam" belassen wird. Immerhin wird deutlich, daß dieses „etwas" noch keine persönliche Schuld ist, sondern „durch Geburt zugezogen" wird und gleichwohl ausreicht, um die Notwendigkeit der Kindertaufe „zur Vergebung der Sünden" zu begründen. Daß es zudem – obwohl der Sündenbegriff dabei nicht formell durch den Schuldbegriff vereindeutigt wird – ohne Taufe absolut strafwürdig sei, spricht ein *weiterer Kanon*, indem er jede Art der Seligkeit von ungetauften Kindern ablehnt, geradezu unbarmherzig aus: „Denn da der Herr sagt: ‚Wer nicht wiedergeboren wurde aus Wasser und Heiligem Geist, wird nicht in das Himmelreich eintreten' [*Joh 3,5*]: welcher Katholik wird da zweifeln, daß derjenige ein Genosse des Teufels sein wird, der nicht verdiente, Miterbe Christi zu sein? Wer nämlich nicht auf der rechten Seite steht, wird ohne Zweifel auf die linke geraten" (DH 224). Daß ein derart gegen jede abmildernde Deutung resistenter Kanon in vielen Handschriften fehlt oder getilgt ist, verwundert nicht. Er entspricht zwar der Auffassung Augustins, trifft aber den in dieser Frage zurückhaltenden Pelagius weniger als allenfalls einige seiner Schüler und wird endlich durch die mittelalterliche *opinio communis* über den *limbus puerorum* faktisch überholt. Im übrigen: Weitere Aussagen als die genannten treffen die Kanones der Synode über die Erbsünde nicht. Weder präzisieren sie das Wesen des *peccatum originale* noch die Art seiner Schuldhaftigkeit oder das „Sichzuziehen durch Geburt". Insbesondere über die Konkupiszenz sowie die Übertragung der Erbsünde durch die Zeugung schweigen die Väter (anders als Augustinus) sich vollständig aus.

Kan. 3 nimmt das augustinische Motiv auf, daß auch der schon Gerechtfertigte, solange er noch unterwegs sei, auf die Hilfe der Gnade angewiesen bleibe: „Wer sagt, die Gnade Gottes, kraft derer der Mensch durch unseren Herrn Jesus Christus gerechtfertigt wird, tauge allein zur Vergebung der Sünden, die schon begangen wurden, nicht auch zur Hilfe, daß sie nicht begangen werden, der sei mit dem Anathem belegt" (DH 225). Allerdings hatte auch Pelagius das weitere Einwirken der Gnade auf das Handeln des Gerechtfertigten angenommen. Genuin augustinisch jedoch klingt dann *Kan. 4* und er nun trifft Pelagius insofern, als nach diesem ja das Wollen (das *velle*) aus dem Willensvermögen (dem *posse*) hervorgeht, das als solches die Fähigkeit zum Guten wie zum Bösen umfaßt und zur *natura humana* gehört. Verurteilt wird die Meinung, die Gnade „helfe uns nur deswegen, nicht zu sündigen, weil uns durch sie das Verständnis der Gebote enthüllt und eröffnet wird [...], nicht aber, daß uns durch sie gewährt werde, daß wir das, was wir als zu tun erkannt haben, auch zu tun wünschen" (DH 226). Obwohl diese Aussage die Gnade sehr tief in den *Vollzug* des Menschen (seines *posse*) eingreifen läßt und sein freies Gegenüber zu Gott beinahe in den Schatten rückt, scheint sie mir doch die Grenze zur Alleinwirksamkeit der Gnade noch nicht zu überschreiten. Denn zum einen läßt sie die direkte Zurückweisung der pelagianischen Reduktion der Gnade auf Gesetz, Beispiel und Lehre als das primäre Aussageziel erkennen, zum anderen ist nur von der *Hilfe* (*adiutorium* bzw. *adiuvare*) der Gnade die Rede. Damit stimmt zusammen, daß die Synode jede Prädestinationsaussage, die sonst ja nahegelegen hätte, vermeidet.

Die noch folgenden Kanones ergänzen und vertiefen das Gesagte durch weitere, auch das reale Glaubensleben betreffende Aspekte. *Kan. 5* weist die Auffassung ab, „die Gnade der Rechtfertigung werde uns deshalb gewährt, damit wir, was wir durch den freien Willen zu tun geheißen werden, durch die Gnade leichter erfüllen können, so als ob wir [...] zwar nicht leicht, aber dennoch auch ohne sie die göttlichen Gebote erfüllen könnten" (DH 227). Es geht also bei der Angewiesenheit auf die Hilfe der Gnade um nicht weniger, als *überhaupt* Gottes Gebote erfüllen zu können. *Kan. 6* weist ebenso entschieden eine Deutung von 1 Joh 1,8 zurück, die den Ernst dieser Stelle und alle Wahrhaftigkeit untergraben würde, indem sie behauptet, der Apostel Johannes meine mit ihr, „man müsse aus Demut sagen, wir hätten Sünde, nicht weil es wahrhaft so ist" (DH 228). Daß damit namentlich auch die schon Gerechtfertigten gemeint sind, deren Unterwegssein ja immer noch von der Sünde mitbestimmt ist und die deshalb nicht nur, um sie zu vermeiden (vgl. Kan. 3), sondern auch um ihrer Vergebung willen stets noch der Gnade bedürfen, wird von den beiden letzten Kanones mit Bezug auf die Praxis des Vater-unser ausdrücklich klargestellt. Die Illusion nämlich, „im Gebet des Herrn sagten die Heiligen deshalb: ‚Vergib uns unsere Schuld' (Mt 6,12), nicht um dies für sich selbst zu sagen, weil diese Bitte nicht mehr nötig ist, sondern für andere, die in ihrem Volke Sünder sind", wird ebenso zerstört (DH 229) wie die verlogen-anmaßende Behauptung verworfen, jene Worte „würden von den Heiligen so gesagt, daß dies demütig, nicht wahrhaft gesagt werde" (DH 230).

Angesichts der angedeuteten Auslassungen, Abmilderungen und Unbestimmtheiten wird man nicht sagen können, die Synode habe die augustinische Erbsünden- und Gnadenlehre einfach übernommen. Gleichwohl blieben wesentliche ihrer Elemente und vor allem der „harte Kern" der Erbschuldtheorie bewahrt, auch wenn dieser eindeutig erst durch die herausgestellten Folgen (drohende Verdammnis und entsprechende Notwendigkeit der Taufe) zu identifizieren ist. Gegenüber früheren Synodenäußerungen fällt auf, wie stark und konkret (und durchweg ohne augustinische Überspitzungen) die göttliche Gnadenhilfe betont wird: nicht nur als Belehrung über Gottes Gebote, auch nicht als Vergebung nur früherer Sünden, sondern als Kraft und Hilfe, die jeder Christ sein Leben lang nötig hat und nicht nur aus Demut erbittet.

Ein anderes Problem ist die kirchliche *Verbindlichkeit* der Synodenaussagen. Denn abgesehen von der formalen Frage, ob ein päpstliches Bestätigungsschreiben, zumal wenn es unter massivem Druck (hier durch den Kaiser *Honorius*) zustandekam, eine Regionalsynode nachträglich zu einem ökumenischen Konzil aufwerten kann, ist die „Epistula tractoria", die Zosimus von den Bischöfen unterschreiben ließ und sogar in den Orient versandte, auch nur in Fragmenten erhalten: zitiert von Augustinus und im sogenannten, fälschlicherweise *Coelestin I.* zugeschriebenen „Indiculus". Fraglich bleibt deshalb auch, wie weit die Approbation der Synode durch Zosimus *inhaltlich* reicht. Ohne Zweifel bejaht wurde die antipelagianische Grundtendenz der Kirchenversammlung. Sicher ist auch, daß Zosimus – wie vor allem aus den im Indiculus zitierten Fragmenten seines Briefes hervorgeht[164] – ihre Aussagen über die absolute Notwendigkeit der Gnade aufgriff. So wurde gerade dieses Regionalkonzil später immer wieder zitiert: „Das abendländische Christentum wurde von der hier grundgelegten Gnadenlehre durch und durch geprägt. Es hat jene Überzeugung herangebildet, daß der Mensch, um frei, gerecht und heilig zu werden, auf eine besondere erwählende Gnade Gottes als einer besonderen Kraft angewiesen ist"[165].

Schwieriger läßt sich die Übereinstimmung des Briefes mit den Synodenaussagen zur *Erbsünde* einschätzen. In der einschlägigen, von Augustin

164 Im ersten der beiden hier zitierten Fragmente unterstreicht Zosimus die Notwendigkeit der Gnadenhilfe zu jedem Zeitpunkt und ihrer Anrufung bei „allen Handlungen, Angelegenheiten, Gedanken und Regungen" (DH 244), während das zweite, wahrscheinlich ebenfalls zur *Epistula tractoria* gehörend, fast wörtlich die Kanones 3–5 der Synode von Karthago wiederholt (DH 245).

165 *G. Greshake*, Geschenkte Freiheit (Anm. 1), 51.

offenbar zustimmend zitierten Passage[166] konzentriert sich Zosimus auffallend auf das Wesen der *Taufe*: sie tilge die Sünden der Menschen, ohne Einschränkung von Geschlecht, Alter und sonstigen Umständen. Dann schreibt er weiter: „Keiner nämlich wird frei, wenn er nicht Knecht der Sünde ist, oder kann erlöst genannt werden, wenn er nicht zuvor wahrhaft durch die Sünde gefangen war, wie geschrieben steht: ‚Wenn euch der Sohn befreit hat, werdet ihr wahrhaft frei sein' (Joh 8,36). Durch ihn werden wir nämlich geistig wiedergeboren, durch ihn werden wir der Welt gekreuzigt. Durch seinen Tod wird jener durch Fortpflanzung zugezogene Schuldschein (vgl. Kol 2,14) des Todes zerrissen, der von Adam für uns alle eingeführt und auf jede Seele übertragen wurde; durch diesen [Schuldschein] wird ausnahmslos jeder Geborene, bevor er durch die Taufe befreit wird, in Knechtschaft gehalten" (DH 231).

Zumeist, wenn auch nicht einhellig, wird diese Passage als Bestätigung der Synodenaussagen zur Erbsünde interpretiert. Augustinus konnte ihr zustimmen, weil er vermutlich aus den biblischen Metaphern von der Befreiung aus der Sklaverei der Sünde und vom Schuldschein sowie aus der Formel von der Taufe zur Vergebung der Sünden die eigene Position herauszulesen vermochte. Liest man den zitierten Text jedoch noch einmal behutsam und unbefangen, läßt sich kaum eindeutig der Eindruck abweisen, Zosimus habe möglicherweise „bewußt davon Abstand genommen, Adams Erbe als je persönlich zuzumessende Sünde oder Schuld zu qualifizieren [...] Den Sündennachlaß [...] versteht er gemäß Joh 8,36 als Befreiung aus deren Macht. Den Menschen sieht er als Gefangenen der Sünde, nicht als deren schuldigen Träger. Er wird als vom Tode Betroffener, nicht als dessen Schuldner dargestellt. *Nirgendwo* also kommt zum Ausdruck, daß die Ursünde zur je *individuellen Schuld* gereiche"[167]. Ließe sich diese Interpretation erhärten, wäre der augustinischen Theorie tatsächlich ihre spezifische, in den Kanones von Karthago nicht problematisierte Zuspitzung genommen und ihr harter Kern revoziert. Doch bleibt die Basis für eine solche Entscheidung in dieser Frage sehr schmal. Auf der anderen Seite aber, meine ich, reichen die Kanones von Karthago, im Licht der *Epistula tractoria* gelesen, ebensowenig aus, um durch sie die augustinische Erbschuldtheorie als rundum adaptiert zu betrachten oder gar eine ihre Aussagen vollständig aufnehmende und sie noch abrundende Theorie zu begründen.

166 Aug. ep. 190, 23.

167 *H. Häring*, Die Macht (Anm. 1), 228f; vgl. *U. Baumann*, Erbsünde? (Anm. 1), 42f.

Als wichtigste Synode zu unserer Thematik zwischen der von Karthago und dem Mittelalter ist die vom Tridentinum ebenfalls zitierte *2. Synode von Orange* (529) anzusehen, weil sie die Aussagen von 418 aufnimmt und im Sinne Augustins präzisiert, sie zugleich inhaltlich mit der Gnadenlehre, die nun den weitaus größeren Raum einnimmt und ebenfalls eine forciert augustinische Ausprägung erhält, enger verbindet[168] und mit beidem – obwohl die Texte von Orange nach dem 8. Jahrhundert auf nicht mehr erklärbare Weise in Vergessenheit geraten und erst 1538 in der Konzilienausgabe von *Peter Crabbe* plötzlich wieder erscheinen – den Sieg des radikalen oder doch nur leicht gemäßigten Augustinismus befestigt und Augustins unvergleichliche theologische und lehramtliche Wirkungsgeschichte im Abendland sichert.

Blicken wir, um den Verständniszugang zu den Texten von Orange zu bahnen, kurz nochmals zurück. Im 1. Abschnitt sahen wir, daß Augustins Erbschuldtheorie mit allen wesentlichen Elementen und entscheidenden Aussagen schon 397 in „Ad Simplicianum" vorlag. In seinen antipelagianischen Schriften jedoch hat er diese Lehre dann gleichsam ausformuliert, ihre Konsequenzen durchbuchstabiert und sie jeweils mit schroffer Akzentuierung vertreten. Dies gilt namentlich für die gnadenlose Beschreibung des Zustandes der Menschheit unter den Folgen der Sünde Adams, für die Präzisierungen zur Gabe der Beharrung und vor allem zur unfehlbaren Wirksamkeit der Gnade bis hin zu den entsprechenden Spekulationen über die Prädestination. Daß bald erneuter Widerspruch laut werden müßte, war deshalb geradezu zu erwarten. Er kommt vonseiten der „Semipelagianer" – eine eigentlich irreführende Benennung[169], weil sie keineswegs so etwas wie kompromißbereite Pelagianer bezeichnet, sondern alle Gruppen sittenstrenger Christen vor allem aus dem Mönchtum zusammenfaßt, die sich von Augustins Neuerungen provoziert und in ihren seit jeher für sie gültigen Idealen verunsichert fühlen: so schon um 420 in Nordafrika, ab 426 dann auch in Südfrankreich. Auch die Semipelagianer betrachten Gottes Gnade als Fundament des gesamten Heils- und Glau-

---

168 Schon der bereits erwähnte „Indiculus" hatte den Horizont wieder entschieden auf Augustins Gnadenlehre erweitert. – Im übrigen behandle ich wie schon im ganzen Kapitel auch für Orange die Gnaden- und Erbsündenlehre zusammen, weil sie für ihr Verständnis aufeinander verweisen und ich zudem dann beim Rückblick auf die Entwicklung der Gnadenlehre in Kap. 13.4 schon mit dem Mittelalter einsetzen kann.

169 Der Name taucht erstmals 1577 in der „Konkordienformel" auf (BSLK 778) und wird im 17. Jahrhundert allgemein üblich.

bensgeschehens – nur daß sie zugleich der menschlichen Freiheit in diesem Geschehen ihren Raum zu verschaffen versuchen. Also: „Ernst und Verderbensmacht der Sünde: ja [...] Aber absolute Unfähigkeit des freien Willens, dagegen etwas auszurichten: nein! Notwendigkeit der göttlichen Gnade: ja – und zwar durchaus als *innere* Kraft verstanden [...] Aber unfehlbare Wirksamkeit der Gnade unter Aufhebung der Freiheit: nein! Vorherbestimmung Gottes: ja! [...] Aber Erwählung im voraus zu all unseren Verdiensten: nein!“[170] Wozu noch alle ethische und asketische Anstrengung, wenn wir selbst letztlich gar nichts vermögen? Und die guten Werke im Endgericht nichts zählen? Wozu überhaupt noch einen Sünder ermahnen? Augustinus bekundet in einigen eigens verfaßten Schriften durchaus Verständnis für die Verunsicherung der Mönche, gibt in der Sache aber keinen Deut nach. Durchaus konsequent also, daß der Augustinusgegner *Vinzenz von Lerin* 434 in seinem „Commonitorium“ das berühmte „Traditionsprinzip“ formuliert, demgemäß verbindliche Glaubenslehre nur sein kann, was in der Kirche immer, überall und von allen geglaubt worden ist – während umgekehrt *Prosper von Aquitanien* 431 im schon erwähnten „Indiculus“ Papstzitate zusammenstellt, um die Position Augustins zu unterstützen. Die Sache wird nicht besser, als *Fulgentius von Ruspe*, Schüler des 430 gestorbenen Augustinus, zum Meinungsführer avanciert und mit erschreckender Systematik und Konsequenzmacherei gegen *Faustus von Reji* agitiert, der sich seinerseits von der pelagianischen Lehre wie der augustinischen Prädestinationstheorie distanziert, die göttliche Gnade *und* menschliche Freiheit als im Gnadengeschehen wirksame Faktoren betrachtet, von der Gnadenbedürftigkeit aller ebenso wie von Gottes universalem Heilswillen ausgeht, den menschlichen Willen als geschwächt durch Adams Sünde, aber als heilbar durch die Gnade ansieht und vor allem die Unabdingbarkeit der Entscheidung im Vollzug des Glaubens herausstellt.

Als Kern der semipelagianischen Kontroversen kristallisiert sich bald die sog. „initium“-Frage heraus: ob nicht wenigstens der „Anfang“ der Bekehrung, des Glaubens, des guten Werkes aus der Entscheidung des freien Willens stamme. Kann und muß der Mensch kraft seiner Freiheit nicht zumindest um Gottes Gnade bitten – so wie ja auch ein Kranker sich zwar nicht selbst heilen, aber nach dem Arzt rufen kann? Und vermag der Mensch die von Gott empfangene Gnade dann nicht doch auch treu zu bewahren? Wozu noch alles Bitten, Suchen, Anklopfen usw., wenn Augusti-

---

170 *O.H. Pesch*, „Gnade“ (Anm. 1), 35.

nus recht hat? Andererseits aber: Wird – wenn des Menschen Hilferuf nach der Gnade am Anfang des Heilsgeschehens steht – nicht Gott die Initiative genommen, er selbst zum wartenden Zuschauer degradiert und der Glaube zur menschlichen Leistung?

Natürlich gibt es in dem hundertjährigen Streit auch wieder Appellationen an Rom. Als sich die Auseinandersetzungen endlich in Südgallien nochmals verschärfen, versammelt sich 528 die Synode von Valence, um ein Ende zu finden – und entscheidet über den Anfang des Glaubens im semipelagianischen Sinn! Sofort wendet sich Bischof *Caesarius von Arles* in einer Privataktion an Papst *Felix III.* und legt eine Art Gutachten bei: 8 Kanones, die wohl aus Trier stammen und auf *Johannes Maxentius* zurückgehen, sowie 17 weitere Kanones, die bereits *Prosper von Aquitanien* aus Augustinustexten zusammengestellt hatte, dazu noch ein eigenes abschließendes Glaubensbekenntnis. Tatsächlich erhält Caesarius das Dokument mit päpstlicher Zustimmung zurück und läßt es von den im Jahre 529 zur Weihe einer Basilika in Orange zufällig versammelten 14 Bischöfen sowie 8 hochrangigen Laien – ohne jede Diskussion der Texte! – unterschreiben. Als danach jedoch einige weitere Bischöfe ihre Unterschrift verweigern, erhält Caesarius 531 auf seine erneute Bitte vom Papst, nun *Bonifaz II.*, einen Brief mit der Bestätigung der „Synode", die eigentlich keine war und doch so folgenreich wurde[171].

Zunächst zu den Aussagen über die Erbsünde bzw. die *praevaricatio Adae* und ihre Folgen. Zurückgewiesen wird nämlich, wer sagt, „der Mensch sei durch die Beleidigung der Übertretung Adams nicht ganz, d. h. dem Leib und der Seele nach, ‚zum Schlechteren gewandelt worden', sondern glaubt, die Freiheit der Seele habe unversehrt fortbestanden und lediglich der Leib sei der Verderbnis verfallen" (*Kan. 1*; DH 371); desgleichen jeder, der behauptet, „die Übertretung Adams habe nur ihm, nicht auch seiner Nachkommenschaft geschadet, oder versichert, jedenfalls sei nur der Tod des Leibes, der die Strafe für die Sünde ist, nicht aber auch die Sünde, die der Tod der Seele ist, durch *einen* Menschen auf das ganze menschliche Geschlecht übergegangen" (*Kan. 2*; DH 372). Zur Begründung wird wieder Röm 5,12 angeführt. Die augustinische Verschärfung gegenüber Karthago aber liegt darin, daß der Zustand der Erbsünde nun als Verlust der Freiheit sowie als „Tod der Seele" bestimmt ist, weil dabei (1.) Freiheit wie bei Augustin als gnadenbegründete *libertas* verstanden und das

171 Vgl. a. a. O. 37f.

liberum arbitrium faktisch mit ihr gleichgesetzt und gleichsam von ihr absorbiert wird. Und weil sich (2.) als „Tod der Seele" die Sünde wohl nur noch verstehen läßt mit Einschluß ihrer Schuldhaftigkeit, so daß die Synode von Karthago nun auch in diesem Punkt (wenn auch noch immer nicht terminologisch) im Sinne der Erbschuldtheorie weiter vereindeutigt ist: Auf alle Nachkommen Adams geht seine Sündenschuld über, sie werden gleichsam in sie hineingeboren.

Dem völligen Verlust der Freiheit im Blick auf das Heil entsprechen die Radikalisierung der Aussagen über die Sünde und die Wirksamkeit der Gnade. Eine eindeutig augustinische und besonders ausführliche Antwort findet deshalb nun auch die Frage nach dem „Anfang des Glaubens". In immer neuen, fast stereotypen Wendungen, die offenbar alle Aspekte des Glaubensgeschehens abdecken sollen, wird z. B. jeder abgewiesen, der sagt, „die Gnade Gottes könne aufgrund menschlichen Flehens verliehen werden, nicht aber, die Gnade selbst bewirke, daß sie von uns angerufen wird" (*Kan. 3*; DH 373); desgleichen, wer behauptet, „Gott warte auf unseren Willen, damit wir von der Sünde gereinigt werden, aber nicht bekennt, es geschehe durch die Eingießung und das Wirken des Heiligen Geistes in uns, daß wir auch gereinigt werden wollen" (*Kan. 4*; DH 374); ebenso jeder, der sagt, „wenn wir – ohne die Gnade Gottes – glauben, wollen, uns sehnen, uns anstrengen, uns abmühen, bitten, wachen, streben, verlangen, suchen und anklopfen, dann würde uns von Gott Barmherzigkeit verliehen, nicht aber bekennt, es geschehe durch die Eingießung [...] des Heiligen Geistes in uns, daß wir [...] alles das zu tun vermögen" (*Kan. 6*; DH 376); und schließlich auch, wer behauptet, „die einen könnten aufgrund der Barmherzigkeit, andere aber durch den freien Willen – der bekanntlich in allen verdorben ist, die seit der Übertretung des ersten Menschen geboren wurden – zur Gnade der Taufe gelangen" (*Kan. 8*; DH 378).

Also doch eine Festschreibung der Alleinwirksamkeit der Gnade? Neben einigen mit der Gnade (bzw. dem Hl. Geist) verbundenen Ausdrücken (wie etwa „sie bewirke ..." oder „durch sie geschehe es, daß ...") spricht *für* diese Deutung, wie grundlegend als Begriffsraster die völligen, jede Vermittlung exkludierenden (und darin dem augustinischen Freiheits-, Sünden- und Gnadenverständnis folgenden) Entgegensetzungen von *Freiheit und Unfreiheit* sowie von *Gnade und Natur* Anwendung finden. So verbietet *Kan. 21* jede Vermengung von Gnade und Natur, denn: „Wenn die Gerechtigkeit durch die Natur kommt, ‚dann ist Christus vergeblich gestorben'" (DH 391). In *Kan. 5* wird ohne weitere Differenzierung die

Meinung verworfen, „wie das Wachstum, so sei auch der Anfang des Glaubens und selbst die Neigung zur Gläubigkeit [...] nicht durch das Geschenk der Gnade [...], sondern von Natur aus in uns" (DH 375). Und ebenso umstandslos in *Kan. 7* die Auffassung abgewehrt, „man könne durch die Kraft der Natur [...] irgendetwas Gutes, das für das Heil des ewigen Lebens Bedeutung hat, in geeigneter Weise denken oder erwählen, oder der heilsamen Verkündigung [...] zustimmen" (DH 377). *Kan. 13* erklärt über die „Wiederherstellung des freien Willens": „was verloren ist, kann nur von dem zurückgegeben werden, von dem es gegeben werden konnte" (DH 383). Und schließlich der harte *Kan. 22*: „Jeder hat aus dem Seinigen nur Lüge und Sünde" (DH 392).

Gegen eine Deutung der Synodenaussagen als Festschreibung der Alleinwirksamkeit der Gnade spricht jedoch, daß auch in Orange über die Prädestination, die aus dieser Deutung ja folgen müßte, nichts verlautet, ja Caesarius in seinem Glaubensbekenntnis gegen den Gedanken einer Vorherbestimmung zum Bösen durch göttliche Macht sogar seine ganze Abscheu beteuert (DH 397). Hinzu kommt, daß die Kanones zur Gnade durchaus auch interpretationsoffene Formulierungen bieten. So vor allem die Wendung „nicht ohne die Gnade", bei der sich deren Wirken ja nicht nur als erwirkende Ursächlichkeit verstehen läßt, sondern auch als reale Ermöglichung, als ständig begleitende Stärkung und unentbehrliche Hilfe, als *conditio sine qua non*. Überhaupt muß ich gestehen, daß ich die „Frage nach dem Anfang des Glaubens" für eine schiefe, mißverständliche Problemstellung halte, weil sie falsche Alternativen aufreißt und die entscheidende Frage eher verdeckt als benennt. Denn daß Gott die absolute Heilsinitiative zukommt, daß seine unermüdlich-zuvorkommende Gnade die Möglichkeit des Glaubens eröffnet und das gesamte Glaubensgeschehen in allen Etappen, vom ersten bis zum letzten Schritt, begleitet und trägt, ermutigt, leitet und kräftigt, sein Wollen belebt, ihm aufhilft und es durchhalten läßt – das wird doch kein Glaubender bezweifeln. Das Problem ist allein, ob *innerhalb* dieses gnadenumfaßten Geschehens der Anteil der einstimmenden menschlichen Freiheit, also ihre *eigene Ursprünglichkeit* gewahrt ist, die für sie wesentlich ist und die allein den Glauben einen *actus humanus* sein läßt[172]. Weil jedoch die dafür nötigen Differenzierungen

172 Zu diesem Anteil der Freiheit des Menschen gehört außer seiner Fähigkeit der Zustimmung und der tätigen Antwort auf die Gnade natürlich auch seine wesenhafte, wenn auch durch die Gnade selbst erst aktualisierte Ansprechbarkeit und Empfänglichkeit für

(letztlich die von real bedingter und formal unbedingter Freiheit) auch in Orange noch fehlen, wohl auch außerhalb der damals verfügbaren Denkmöglichkeiten liegen und deshalb das Konkurrenzschema leitend bleibt, hinterlassen die Synodenaussagen zur Gnade eine gewisse Interpretationsunsicherheit, die ihre radikal augustinistische Rezeption nicht eindeutig ausschließen kann.

Übrigens fehlt auch noch in Orange jede Aussage zur *Begierde. Otto Hermann Pesch* wertet dies sowie überhaupt den Verzicht auf jede Übertragungstheorie mit Bezug auf einige einschlägige Stellen (wie den zitierten *Kan. 21*) als Beleg dafür, daß in Orange besonders sichtbar das „Lehrstück von der Erbsünde in Funktion des Zeugnisses von der Heilsbedeutung Christi" entstand und es letztlich auch anders nicht zu begründen ist[173]. Da dieses Argument auch bei anderen Autoren begegnet und inzwischen, wie mir scheint, als das wichtigste der noch verbliebenen Argumente für die Verteidigung der traditionellen Erbschuldtheorie dient, werde ich später darauf noch zurückkommen müssen.

Im übrigen wäre es anachronistisch, die Kanones von Orange für streng verbindliche „Definitionen" des kirchlichen Lehramts zu halten. Denn abgesehen vom Verlauf dieser „Synode" und ihrer nachgeschobenen Bestätigung durch Bonifaz II., bezieht sich dessen Schreiben formell auch nur auf das Glaubensbekenntnis des Caesarius und faßt es selbst nochmals zusammen. Die zentrale Passage betrifft die Gnade und unterstreicht, „daß der Glaube, mit dem wir an Christus glauben, so wie auch alle Güter den einzelnen Menschen aufgrund des Geschenks der himmlischen Gnade, nicht aufgrund der Macht der menschlichen Natur zukommen"; daß dieser Glaube „durch die zuvorkommende Gnade der Gottheit verliehen wird"; daß es in Bezug auf Gott „überhaupt nichts Gutes gibt, das einer ohne die Gnade Gottes wollen, anfangen, wirken oder vollenden könnte", und daß somit stets, besonders beim Glauben, „die göttliche Barmherzigkeit zuvorkommt, daß wir wollen, in uns ist, wenn wir wollen, und sogar nachfolgt, damit wir im Glauben verharren" (DH 399). Um es kurz zu machen: Auch dieser Text beseitigt die beschriebene Interpretationsunsicherheit kaum und konnte so die Rückkehr zu Positionen eines radikalen Augustinismus auch nicht nachhaltig verhindern.

---

sie, die im 4. Kapitel eingehend behandelt wurde, aber von den zitierten Kanones von Orange ebenfalls verdeckt bleibt.

173 *O.H. Pesch*, Frei sein aus Gnade (Anm. 159), 132f; vgl. *ders.*, Thomas von Aquin (Anm. 159), 272f.

Zur Abrundung unserer Befunde möchte ich noch ein paar lehramtliche Äußerungen nennen, die zwar schon ins Mittelalter reichen und dessen theologischen Tendenzen durchscheinen lassen, aber die Aussagen von Karthago und Orange zur Erbsünde noch ergänzen oder auch modifizieren und so das Bild der kirchlichen Erbsündenlehre vor Trient vervollständigen können. Ihre Hauptthemen sind die Schuldhaftigkeit des *peccatum originale* und seine entsprechende Strafwürdigkeit[174]. Zunächst werden auf dem Provinzialkonzil von Sens (1140/41) einige Thesen *Abaelards* verurteilt, darunter der Satz: „Wir haben uns aus Adam nicht die Schuld, sondern nur die Strafe zugezogen" (DH 728). Unter Voraussetzung der damit auch terminologisch vereindeutigten Schuldhaftigkeit der Erbsünde unterscheidet dann aber Papst *Innozenz III.* 1201 deutlich zwischen der Schuld und Strafe der ursprünglichen Sünde (= Erbsünde) und denen der tathaften (= aktuellen, persönlichen) Sünde und trägt damit der freien Entscheidung als wesentlicher Bedingung für Schuld und Strafe wenigstens anfanghaft Rechnung: „Die ursprüngliche wird, da man sie sich ohne Zustimmung zuzieht, ohne Zustimmung kraft des Sakramentes vergeben; die tathafte aber wird, da man sie sich mit Zustimmung zuzieht, keineswegs ohne Zustimmung vergeben. … Die Strafe für die Ursünde ist das Entbehren der Schau Gottes, die Strafe für die tathafte Sünde aber ist die Marter der ewigen Hölle" (DH 780). Das zweite allgemeine Konzil von Lyon sagt 1274 sachlich das gleiche – nur daß es auch den Verlust der beseligenden Anschauung „Hölle" nennt: „Die Seelen derer aber, die in einer Todsünde oder allein mit der Ursünde verscheiden, steigen alsbald in die Hölle hinab, werden jedoch mit ungleichen Strafen bestraft" (DH 858). Noch das Konzil von Florenz bekräftigt 1439 diese Aussage wörtlich (DH 1306), aber auch schon *Johannes XXII.* hatte 1321 die Formel wiederholt und nur die Ungleichheit der Strafen noch durch die der „Orte" ergänzt (DH 926). *Benedikt XII.* verwirft dann, was näherhin diese Orte betrifft, 1336 die Vorstellung der Armenier, daß die Kinder christlicher Eltern, die ohne Taufe sterben, „zum irdischen Paradies wandern, in dem Adam vor der Sünde war", die (nach Christus) ungetauft gestorbenen Kinder *nicht*christlicher Eltern aber „an die Orte [wandern], wo ihre Eltern sind" (DH 1008). Zugleich weist er natürlich auch die Behauptung zurück, „daß es keine solche [von den Stammeltern zugezogene] Sünde in den Kindern

174 Vgl. *P. Schoonenberg*, Theologie der Sünde (Anm. 159), 182f; *ders.*, Der Mensch (Anm. 1), 917f.

Adams gebe“ (DH 1011; vgl. DH 1073). Vor allem aber gibt es von ihm endlich eine – tendentiell antiaugustinische – päpstliche Äußerung über die Begierde und ihre schuldübertragende Rolle bei der Zeugung: sei es doch ein Irrtum, wenn die Armenier so sehr behaupten, daß die „Begierde des Fleisches eine Sünde und ein Übel sei, daß sogar christliche Eltern, wenn sie ehelich zusammen schlafen, eine Sünde begehen“; und erst recht, wenn sie sagen, „der eheliche Akt und sogar die Ehe sei eine Sünde“ (DH 1012).

Zum Verständnis des peccatum originale in der mittelalterlichen Scholastik

Bei unserem Blick auf das Mittelalter können wir die Gnadenlehre, ohne die sich die bisher verfolgte Entwicklung der Erbsündenlehre nicht verstehen ließ, nun zurückstellen und uns ganz auf das Erbsündendenken und insbesondere die Frage konzentrieren, welche Antworten und Denkmöglichkeiten es für unsere beiden eingangs genannten Leitfragen nach dem Wesen und der Schuldhaftigkeit der Erbsünde sowie nach ihrer Übertragung anbietet. Ich möchte zunächst drei durchgehende Tendenzen benennen und dann etwas näher auf die Konzeption des *Thomas von Aquin* eingehen, weil sie die wichtigsten Ansätze zusammenführt, sie wohl am schärfsten durchdenkt und für die Folgezeit am wirksamsten wurde.

Der erste Hinweis schließt an das eben Gesagte an und betrifft die augenfälligste Tendenz: die zunehmende Milderung der Strafen für die ungetauft gestorbenen Kinder. Zwar hielt man stets – auch lehramtlich (DH 858; 1306) – an der ewigen Strafwürdigkeit der Erbsünde fest: Auch die allein mit der Ursünde und ganz ohne aktuell-persönliche Sünden verstorbenen Kinder stiegen, so hieß es, alsbald in die Hölle hinab. Gleichwohl wurden die milden Strafen, die Augustinus dort für sie vorsah, nun immer noch weiter gemildert – bis dahin, daß sie zuletzt ihren (subjektiven) Strafcharakter verlieren. Der Augustinusanhänger *Honorius von Autun* etwa sieht die ungetauft gestorbenen Kinder nur mit der Finsternis der Hölle bestraft, nicht mit Feuer und Wurm. Ähnlich lehren *Abaelard*, *Petrus Lombardus* und auch *Thomas*, daß sich diese Kinder nicht in der Gehenna von Feuer und Wurm, sondern in einer „Vorhölle“, einem Randbezirk (*limbus*) der Hölle befänden, wo sich nach *Gregor dem Großen* auch schon die Gerechten des Alten Testamentes aufhielten – nicht um persönliche Sünden zu büßen, sondern um zu warten, bis ihre Erbsünde von Christus weggenommen werde[175]. Ob bei solchen Milderungen wohl ein Empfinden für das nicht hinnehmbare Unrecht am Werk war, Unschuldige für die Schuld anderer zu strafen? Auf jeden Fall, bemerkt *Piet Schoonenberg*, war die Theologie bei ihnen „mehr von einem christlichen ‚Instinkt' der Barmherzigkeit als von einer Reflexion über eigene Thesen geleitet"[176]. Allerdings wurde die Zuteilung verschiedener Strafen erheblich dadurch erleichtert, daß man damals und jedenfalls zunächst den Mangel der beseligenden Anschauung (*poena damni*) von der Strafe der Sinne (*poena sensus*) noch ziemlich drastisch zu unterscheiden wußte. Dies wurde jedoch schwieriger bei dem Gedanken, der im Zuge der Konzeption der *natura pura*[177] aufkam: daß sich mit dem Mangel der Anschauung Gottes nämlich durchaus keine Traurigkeit verbinden müsse, da jene ja völlig ungeschuldet und für den Nichtgläubigen zudem unbekannt sei. Und je weiter der Extrinsezismus, die innere Bezugslosigkeit der Ordnungen der Natur und der Gnade voranschritt, desto ungestörter konnte man auch ein irdisches Glück mit dem Mangel der Gottesanschauung vereinen und endlich sogar von einem doppelten Endziel des Menschen, ja einer „natürlichen Seligkeit" sprechen.

Die zweite und wichtigste Korrektur an Augustinus lag in dem Bemühen, das *Wesen* der Ursünde neu zu begreifen. Dabei gelang *Anselm von Canterbury* die richtungsweisende Innovation, indem er das *peccatum originale* als *carentia debitae iustitiae* (*originalis*), als Mangel der seinsollenden (ursprünglichen) Gerechtigkeit, aus der die *corruptio* der menschlichen Natur resultiert, bestimmte[178] und so die augustinische Gleichsetzung der Ursünde mit der Begierde und mit ihr den Verdacht eines Rückfalls in den Manichäismus überwand, der an Augustins Einschätzung der Begierde, obwohl diese auch nach ihm die *aversio a Deo* als wesentliches Element einschloß, haften geblieben war. Zugleich tritt bei Anselm endlich deutlich zutage, daß jedenfalls in den Getauften die Begierde nicht sündhaft ist. Dies wiederum heißt freilich nicht, daß man ihr Gewicht im Sündengeschehen fortan übersah: stellt doch die Begierde und überhaupt die Desintegration der menschlichen Kräfte und Triebe das Erscheinungsfeld dar, auf dem sich das Fehlen der Ursprungsgerechtigkeit manifestiert. *Bonaventura*, *Thomas* und schon *Alexander von Hales* tragen dem Rechnung, indem sie in der

175 Greg. M. moral. XIII, 44.
176 *P. Schoonenberg*, Theologie der Sünde (Anm. 159), 174.
177 Zum Thema s. ausführlich Kap. 4.
178 De conc. virg. 27.

Ursünde die Konkupiszenz als ihr *materiales* und den schuldhaften Mangel der Urstandsgerechtigkeit als ihr *formelles* Element unterscheiden. Und so, schreibt Thomas, „besteht die Ursprungssünde ihrer Grundlage nach (*materialiter*) in der Begierlichkeit, ihrem Wesen nach (*formaliter*) aber im Wegfall der ursprünglichen Gerechtigkeit“[179].

Für Anselm galt die *iustitia originalis* als ursprüngliche Neigung des Willens zur wesensgemäßen „Rechtheit“ (*rectitudo*), die freilich von Beginn an der zuvorkommenden Gnade bedurfte: der Gnade zwar nicht als seinshafter, „heiligmachender“ Erhöhung, sondern als göttlicher Hilfe, welche die mangelnden Kräfte der menschlichen Natur unterstützt und die Übung der Tugend ermöglicht. Die genauere Fassung dieser von Anselm eröffneten Konzeption hing freilich dann jeweils vom Entwicklungsstand ab, der in der *Urstandslehre* erreicht war. Denn im Blick auf die Frage, ob Adam bereits *in gratuitis* oder nur *in naturalibus* erschaffen wurde, sind drei Richtungen oder Phasen zu unterscheiden. Nach der ersten besaß Adam vor dem Fall nur die *naturalia*. Nach der zweiten besaß er *zunächst* nur die *naturalia*, nämlich die – freilich von der helfenden Gnade unterstützte – *iustitia originalis* der vollkommen unversehrten Natur, zu der die innere Harmonie aller Triebe und Seelenkräfte und auch die Gabe der (möglichen) Unsterblichkeit gehörten. Erst zu einem späteren Zeitpunkt habe Adam auch die *gratuita* erhalten, nämlich die Liebe und alle Tugenden, die ihm die Möglichkeit *übernatürlich* verdienstlicher Werke eröffneten: die *gratia sanctificans* also. Die dritte Ansicht, die durch Thomas dann weite Verbreitung fand, faßt beide Phasen zusammen: Adam sei *in naturalibus et gratuitis* erschaffen worden und habe schon im ersten Moment seines Daseins der Gnade frei zugestimmt. Thomas gelingt es, zwischen den Gaben der Urgerechtigkeit (innere Harmonie, Integrität, Unsterblichkeit) und der heiligmachenden Gnade einen inneren Zusammenhang herzustellen: ist es doch die *gratia sanctificans*, die nun – indem sie die Seele erhebt – auch ihre Unterordnung unter Gott und dadurch die Unterordnung des Leibes unter die Seele (samt der Unsterblichkeit) sowie der niederen Kräfte unter die Herrschaft des Geistes ermöglicht, so daß schon jene Gaben als ihre Früchte gelten müssen. „Die Urgerechtigkeit besteht also für Thomas in der vollkommenen Ordnung und Harmonie aller Teile und Kräfte des Menschen, deren letzte Wurzel die der Seele verliehene heiligmachende Gnade ist“[180]. Allerdings begann sich dann bei den Thomi-

179 S.th. I–II, 82,3.

180 *W. Seibel*, Der Mensch als Gottes übernatürliches Ebenbild (Anm. 159), 826.

sten schon bald ein Sprachgebrauch durchzusetzen, der unter dem Titel der *iustitia originalis* einfach alle Gaben des Urstandes samt der *gratia sanctificans* vereinte und schließlich die Ursünde nicht mehr als Mangel der *iustitia originalis*, sondern (abkürzend) nur als Mangel der Urstandsgnade benannte – eine von Thomas wegführende, unglückliche Entwicklung. Denn in dem Maße wiederum, wie die Theorie der *natura pura* voranschritt, mußte sich die eben genannte, von Thomas hergestellte Verbindung wieder auflösen und sich der Erfahrungsbezug der Gnade verdünnen, bis schließlich von ihrem Mangel kaum noch mehr als eine vage Frustrierung des letzten Sehnens zu spüren war. Hatte sich das Mittelalter durchweg an das Wort *Bedas* über den erbsündlichen Menschen gehalten: „vulneratus in naturalibus, spoliatus in gratuitis", so konnte später *Cajetan* erklären, der Unterschied zwischen einer „reinen", ohne Begnadung erschaffenen menschlichen Natur und einer Natur, die ihre Begnadung verloren habe, sei derselbe wie der zwischen einer „nackten" und einer „ausgeraubten" Person (*persona nuda* und *persona exspoliata*)[181].

Aber auch ganz abgesehen von dieser unerfreulichen Entwicklung richtet sich bereits an das Grundkonzept – auch schon an Anselm – eine entscheidende Frage: Kann ein Mensch denn schuldig sein für einen Mangel, der ihn selbst zwar betrifft, aber den er durch eigenes Tun (oder Unterlassen) nicht selber sich zuzog? Noch verwirrender wird die Sache, wenn als das Fehlende die doch wesenhaft freie und wirksame *gratia sanctificans* benannt wird[182]. Kommt in diesem Fall nicht erst recht allein derjenige als Schuldiger in Betracht, der die ihm schon geschenkte Gnade schuldhaft verlor?

Umso mehr verdient – drittens – das Bemühen der Scholastik Interesse, den Übergang der Schuld Adams auf alle Adamiten zu klären. Dabei sind zwei Lösungsrichtungen erkennbar, die sich gelegentlich auch miteinander verbinden. Zum einen wird das Verhältnis des erbsündlichen Zustandes jedes einzelnen Menschen zu Adam gemäß der Auffassung bestimmt, die man jeweils über die Realität der *universalia* hegte. So etwa ist für *Johannes Scotus Eriugena*, der eine extrem platonische Verselbständigung der Allgemeinbegriffe vertrat, in Adam praktisch die ganze Mensch-

181 Zum Hinweis auf Cajetan vgl. *O. H. Pesch*, Frei sein aus Gnade (Anm. 159), 142.
182 Zumindest erläuterungsbedürftig erscheint mir etwa die Auskunft von *J. Auer*, Art. Erbsünde (Anm. 159), die Erbsünde sei „das Fehlen der von Gott geschenkten und ihm darum geschuldeten iustitia et sanctitas originalis" (970).

heit, als Gesamtheit der Individuen genommen, schon aktuell da. In Adam sei „die Fülle der gemeinsamen geistigen und leiblichen Natur des Menschen" und somit auch „notwendig der eigene Wille eines jeden" vorhanden, so daß gelte: „Nicht er [Adam] hat in allen gesündigt, sondern alle in ihm"[183]. Indessen wird diese These schon von Anselm mit einem schweren Vorbehalt versehen: „In Adam haben wir alle gesündigt, als er sündigte, nicht weil wir damals selbst sündigten – es gab uns ja noch nicht –, sondern weil wir aus ihm unser Dasein haben sollten"[184]. Auf der anderen Seite aber ließ sich inzwischen auch die augustinische Vorstellung von der sündenkonstitutiven Bedeutung der Begierde während der Zeugung nicht mehr einfach vertreten: zum einen wegen der veränderten Einschätzung der Begierde, zum anderen weil die unmittelbare Erschaffung der geistigen Seele durch Gott inzwischen als Glaubenswahrheit galt, so daß wir nur dem Leibe nach von Adam abstammen und eben deshalb unser Leib auch schon sündig ist. In verschiedenen Varianten wurde daran die Vorstellung angeschlossen, daß dieser Leib auf irgendeine Weise dann auch die ihm eingestiftete Seele beflecke. Auch Thomas greift dieses Verstehensmodell auf, fügt ihm eigene Akzente und Denkmittel hinzu und muß es doch, da es die Schuldhaftigkeit der Erbsünde bei den Adamiten nicht klärt, noch durch andere Veranschaulichungen und Metaphern ergänzen, die auf die Einheit aller Menschen unter Adam als ihrem Haupt rekurrieren und insofern eher auf der erstgenannten Linie liegen. Aber auch dabei, so scheint es, ist sich Thomas bewußt, daß die Grenze der Erklärbarkeit erreicht ist.

Beginnen wir, um nun in die Erbsündenlehre des Thomas zu finden, mit einigen Bestimmungen seines *Sündenverständnisses überhaupt*. Wesentlich ist bereits, daß Thomas die Sündenlehre – dies zeigt schon die Stellung des Traktats innerhalb der Lehre von den „Prinzipien" des menschlichen Handelns und zwar *nach* der Lehre von den (auch schon auf Gnade beruhenden) Tugenden[185] – dezidiert theologisch ausführt. Sie ist das negative Kehrbild der vorausgegangenen Lehre vom richtigen, auf Gott bezogenen

183 De praedestinatione 16,3. Allerdings konnte Scotus Eriugena dies nur so realistisch verstehen, weil nach seiner Vorstellung jeder Mensch in Adam außer mit seiner geistigen Seele auch nur erst mit einem geistigen Körper vorhanden war und erst nach dem Sündenfall einen stofflichen Leib annehmen mußte. Vgl. *P. Schoonenberg*, Theologie der Sünde (Anm. 159), 175.

184 De conc. virg. 7.

185 Vgl. dazu *O.H. Pesch*, Thomas von Aquin (Anm. 159), 257ff.

und seiner Gnade entsprechenden Handeln: Lehre also von der Sünde der Christen, denen die Gnade schon zuteil geworden ist. Dabei ist Thomas die Differenz der möglichen Behandlungsweisen des Themas klar bewußt: „Von den Theologen wird die Sünde hauptsächlich in den Blick genommen, sofern sie ein Anschlag gegen Gott ist, vom Moralphilosophen jedoch, sofern sie der Vernunft widerstreitet“[186]. Natürlich ist somit die Sünde auch als Widerspruch gegen die wesensgemäße Bestimmung des Menschen und als Fehlausrichtung seiner natürlichen Kräfte zu bewerten, aber aktuell geschieht sie doch nur als Widerstand gegen Gott und seine Gnade. Und um dies, „was die menschliche Vernunft überschreitet“, zum Ausdruck zu bringen, bestimmt Thomas mit *Augustinus* das Wesen der Sünde auch dadurch, „daß sie gegen das ewige Gesetz ist“[187]. Kennzeichnet das „gegen Gott“ (und seine Gnade) aber jegliche Sünde, so wird sogleich auch verständlich, daß Thomas die Sünde überhaupt, also die Sünde Adams, die Erbsünde der Adamiten und alle Tatsünden unter dem einenden Gesichtspunkt des Verlustes bzw. des Fehlens der von der *gratia sanctificans* getragenen Urstandsgerechtigkeit erschließen und aufhellen kann.

Wie Augustinus kann deshalb auch Thomas die Sünde umfassend als *aversio a Deo* kennzeichnen: als „Abkehr vom letzten Ziel, das Gott ist“[188]. Der nicht mehr Gott unterworfene Geist aber verliert seinerseits die Herrschaft über die anderen menschlichen Kräfte, die ihm im Urstand willig gehorchten: beruht doch die „ganze Ausrichtung der ursprünglichen Gerechtigkeit [...] darauf, daß der Wille des Menschen Gott unterworfen war. Diese Unterwerfung aber erfolgte erstlich und hauptsächlich durch den Willen, dessen Sache es ist, alle anderen [Seelen-]Teile zu ihrem Ziel hin zu bewegen. Aus der Abkehr des Willens von Gott folgte daher die Fehlausrichtung in allen anderen Seelenkräften“[189]. Das aber heißt: Der Auseinanderfall des ganzen menschlichen Wesens erweist sich als die unmittelbar mit der Sünde verbundene Strafe und notwendig aus der Abkehr von Gott resultierende Folge. Sie besteht darin, kann Thomas deshalb auch sagen, „daß die menschliche Natur sich selbst überlassen wird, entkleidet der Hilfe der ursprünglichen Gerechtigkeit“[190]. Zugleich entspricht es der

186 S.th. I–II, 71,6 ad 5.
187 Ebd.; vgl. die Formulierung S.th. I–II, 71,6: „Was gesagt, getan oder begehrt wird [...] gegen das ewige Gesetz“.
188 S.th. I–II, 77,8.
189 S.th. I–II, 82,3.
190 S.th. I–II, 87,7.

menschlichen Konstitution, daß die Abkehr von Gott sich in der Regel nicht als reine Verneinung, sondern in positiven Akten vollzieht, die als solche auf bestimmte *Ziele* sich richten. Die *aversio a Deo* geschieht als *conversio ad bonum commutabile*, in der sich das Wesen der Sünde vollendet und jene Abkehr, so unterschiedlich sie im Konkreten auch ausfallen mag, sich jeweils realisiert und erscheint: Wenn nämlich „der Wille der Steuerung durch die Regel der Vernunft oder des göttlichen Gesetzes ermangelt und sich auf ein vergängliches Gut richtet, so verursacht er wesensgemäß die Tat der Sünde“[191]. Umgekehrt aber haben – sofern jedes Handeln ja auch auf ein *letztes* Ziel geht – auch die Orientierungen der *conversio* einen gemeinsamen Nenner. Denn daß „einer auf fehlgeleitete Weise ein zeitliches Gut begehrt, geht daraus hervor, daß er auf fehlgeleitete Weise sich selbst liebt. Daher ist offenkundig die fehlgeleitete Selbstliebe Ursache aller Sünden“[192] und also die als *conversio ad bonum commutabile* sich vollziehende *aversio a Deo* in der Wurzel eine *conversio ad seipsum*.

Nun gibt es allerdings doch auch Sünden, in denen die Abkehr von Gott, das Wesen der Sünde, nicht nur implizit geschieht, sondern geradezu explizit und thematisch wird: als solche Abkehr bewußt gewollt und vollzogen. Und natürlich ist damit auch schon das Kriterium benannt, das über die Größe einer Sünde entscheidet. Klar ist sogleich, daß die größte Sünde nur eine des Geistes sein kann: hat diese doch, anders als die Sünden des Fleisches, „mehr von der Abkehr, aus der die Bewandtnis der Schuld entspringt. Und daher ist die Sünde des Geistes als solche von größerer Schuld“[193]. Näherhin aber gilt, daß eine „Sünde umso schwerer sein [muß], je mehr die Abweichung von der Ausrichtung einen Ursprungsgrund betrifft, der Vorrang hat auf der Ebene der Vernunft [...] Eine Sünde, die es mit dem Sein des Menschen zu tun hat, etwa ein Mord, ist daher schwerer als eine Sünde, die es mit äußeren Dingen zu tun hat, etwa ein Diebstahl. Und noch schwerer ist eine Sünde, die unmittelbar gegen Gott begangen wird, etwa Unglaube, Gotteslästerung und dergleichen“[194]. Entsprechend kommen dann für Thomas – nach eingehender Durchmusterung – als größte Sünde allein noch der Stolz und der Gotteshaß in Betracht: der Stolz, weil er die objektive und elementarste Wahrheit in jeder Gottesbezie-

191 S.th. I–II, 75,1.
192 S.th. I–II, 77,4.
193 S.th. I–II, 73,5.
194 S.th. I–II, 73,3.

hung, nämlich das Herrsein Gottes nicht anerkennt, der Gotteshaß aber, weil in ihm, der aktiven Feindschaft gegen den Gott der Liebe, die Sünde ihre höchste subjektive Intensität erreicht. Anders als etwa die Begierlichkeit, erklärt Thomas, die es „mit der Sünde zu tun hat von seiten der Hinkehr zum vergänglichen Gut, aus dem die Sünde gewissermaßen gespeist und gehegt wird“, betrifft der *Stolz* „die Sünde von seiten der Abkehr von Gott, dessen Gebot sich unterzuordnen der Mensch verweigert, und deshalb heißt er ‚Anfang‘, weil von seiten der Abkehr die Bewandtnis des Bösen ihren Anfang nimmt“[195]. Furchtbarer noch und abgründiger als dieser Anfang der Sünde aber ist ihre Steigerung und Vollendung im *Gotteshaß*[196]. Denn hier geht es ja nicht um irgendeine „beliebige Liebe“, sondern die Liebe zu Gott, die Gottes Liebe erwidert: Ihr aber „steht [...] nicht jeder beliebige Haß direkt entgegen, sondern [nur] der Gotteshaß, der die schwerste aller Sünden ist“[197].

Die *Erbsünde* behandelt Thomas nun unter den „Ursachen“ der Sünde. Dies leuchtet wohl unmittelbar ein, obwohl es noch zu erläutern sein wird. Wesentlich aber ist für uns zunächst, daß der mit Adams Abkehr von Gott am Anfang der Menschheit verbundene Verlust der *iustitia originalis* an alle weitergegeben wurde und als Mangel der Urgerechtigkeit nun den Zustand ausmacht, in dem ein jeder sich von Geburt an schon findet. So kann Thomas die Erbsünde auch als *habitus* bezeichnen – als *habitus* aber nicht im Sinn eingefahrener Gewohnheiten eines Menschen oder nur seiner Neigung zu sündigem Handeln, sondern seiner faktischen Konstitution: „Sie ist nämlich eine gewisse fehlgerichtete Verfassung, die aus der Auflösung jener Harmonie hervorgeht, in der das Wesen der ursprünglichen Gerechtigkeit bestand – so wie auch die leibliche Krankheit eine gewisse fehlgerichtete Verfassung des Leibes ist“. Als „Entkräftung der Natur“, wie die Erbsünde deshalb auch heißt, ist sie jedoch „kein reiner Mangel“, sondern durchaus ein „verdorbenes Gehaben“, und als „Natursünde“, wie Thomas sie sogar nennt, eben „eine gewisse fehlgerichtete Verfassung der Natur selbst, die die Bewandtnis der Schuld hat, insofern sie sich herleitet vom Stammvater“[198]. Also heißt Erbsünde nach Thomas: „Der Mensch kommt

195 S.th. I–II, 84,2.
196 Zu dieser Steigerung vgl. o. die Darstellung *Kierkegaards* in Kap. 8.3.
197 S.th. I–II, 73,4 ad 3.
198 S.th. I–II, 82,1.

mit diesem Grundkonflikt mit Gott auf die Welt, indem der Mensch von Gott abgekehrt, sein Geist Gott nicht unterworfen und daher seine leibliche Wesensseite dem Geist nicht botmäßig ist. Mit anderen Worten: Er kommt mit der Grundverfassung des Stolzes auf die Welt, der Gott als Herrn nicht anerkennen will. Dies ist so, weil der Mensch von Adam abstammt“[199].

Als erste klare Absetzung von Augustinus fällt an diesem Verständnis auf, daß die Konkupiszenz jetzt nicht mehr das Wesen der Erbsünde ausmacht und deshalb, ohne schon Sünde zu sein, auch im Getauften noch andauern kann. Die Ursprungssünde, erklärt Thomas, „wird durch die Taufe ihrer Schuldhaftigkeit nach weggenommen, sofern die Seele, was den Geist angeht, die Gnade zurückerlangt. Es bleibt jedoch die Ursprungssünde wirksam, was den Zunder betrifft, der eine Fehlausrichtung in den niederen Teilen der Seele und des Leibes selbst ist“[200]. Diese Fehlausrichtung „aber verhält sich in der Ursprungssünde wie eine gewisse Stoffgrundlage“: erscheint sie doch insbesondere darin, „daß sie [nämlich die niederen Seelenkräfte] auf fehlgeleitete Weise sich zum vergänglichen Gut hinkehren“, die man „in einem allgemeinen Sinne ‚Begierlichkeit‘ nennen“ kann. Und so kommt Thomas zur schon zitierten, Materie und Form unterscheidenden Definition, dergemäß „die Ursprungssünde ihrer Grundlage nach in der Begierlichkeit, ihrem Wesen nach aber im Wegfall der ursprünglichen Gerechtigkeit“ besteht[201].

Mit dieser ersten Differenz zu Augustinus ist eine weitere verbunden[202]. Obwohl nämlich die Konkupiszenz weder selbst Sünde ist noch das eigentliche Wesen der Erbsünde ausmacht, bleibt sie doch – auch im Getauften – „konstitutionell rebellisch“: nicht nur eine „ständige Bewährungsprobe“ für ihn, sondern auch eine „dauernde Quelle möglicher Sünde“. Tatsächlich rechnet Thomas realistisch damit, daß der Mensch – dank der Gnade – zwar ohne Todsünde (formelle Abkehr von Gott) leben kann, doch zuweilen fast unvermeidlich wenigstens in läßliche Sünde fällt. Schwerer noch als solche „Sünden der ungeordneten Sinnlichkeit“ aber

---

199 *O. H. Pesch*, Frei sein aus Gnade (Anm. 159), 138.

200 S.th. I–II, 81,3 ad 2. Hier liegt übrigens auch der Grund dafür, daß auch die Getauften (wie Adam) die Ursprungssünde übertragen. Auf welche Weise, werden wir gleich sehen.

201 S.th. I–II, 82,3.

202 Vgl. dazu *O. H. Pesch*, Thomas von Aquin (Anm. 159), 265–267.277–279; *ders.*, Frei sein aus Gnade (Anm. 159), 141–143. Die nicht ausgewiesenen Zitate im folgenden finden sich an diesen Stellen.

wiegt, was Thomas über die „verderbte Natur" des Menschen ausführt: ist diese doch nichts anderes als eben der erbsündliche Zustand, in dem sich jeder Mensch von Geburt an findet und der als solcher aktive Abkehr von Gott schon *ist*. So wird er den Menschen – ohne die Gnade – geradezu notwendig auch zu aktueller Todsünde führen. Und das Schlimmste dabei: Diese verderbte Natur des Menschen ist aus eigenem Vermögen *irreparabel*. Der Mensch, konstatiert Thomas, „kann auf keinerlei Weise aus eigener Kraft ohne Hilfe der Gnade von der Sünde wieder aufstehen [...] zu dem, was durch Sünde verlorenging". Dies gilt sowohl für den „Makel" (wegen des fehlenden „Schmuckes der Gnade") und die Versehrtheit des „natürlichen Guten" (wegen der Unordnung der menschlichen Natur infolge der Abkehr von Gott) als auch für die „Strafverhaftung", die darin besteht, „daß der Mensch durch seine Todsünde ewige Verdammnis verdient". Von allen dreien ist klar, „daß sie nur von Gott wieder gutgemacht werden können": indem er den „Schmuck der Gnade" von neuem schenkt, „den Willen des Menschen zu Sich hinzieht" und die Beleidigung, die ihn traf, selber vergibt[203].

Es trifft somit zu, wenn *O. H. Pesch* diese irreparable Situation nicht nur als „Grundwiderspruch zur ursprünglichen Berufung des Menschen zur Gnade" und als „Fehlen der Gnade", sondern auch als „Unfähigkeit zur Gnade" beschreibt[204] – zumindest im Sinn seiner Unfähigkeit, sie von sich aus zu erreichen oder seine Verschlossenheit gegen sie von sich aus zu öffnen. Gleichwohl – so meine ich und komme damit nun zur angekündigten weiteren Differenz zu Augustinus – ist die Verderbnis der Natur doch nicht exzessiv zu verstehen. Es fällt ja auf, wie regelmäßig Thomas den Ausdruck „Fehlausrichtung" benutzt und in diesem Sinn etwa die „Begierlichkeit" ausdrücklich vom „Begehren" unterscheidet, das durchaus „dem Menschen natürlich [ist], insofern es gemäß der Ausrichtung durch die Vernunft geschieht"[205]. Daß in der Sünde die „Seelenkräfte gewissermaßen ihrer eigentümlichen Ausrichtung entfremdet [bleiben], aufgrund deren sie natürlicherweise auf die Tugend ausgerichtet sind", kann Thomas zuweilen auch lediglich eine „Verwundung der Natur" nennen[206]. Grundsätzlich jedenfalls spricht er von der „Natur" des Menschen als einer, „die durch die

203 S.th. I–II, 109,7.
204 *O. H. Pesch*, Thomas von Aquin (Anm. 159), 279.
205 S.th. I–II, 82,3 ad 1.
206 S.th. I–II, 85,3.

Sünde nicht aufgehoben wird“[207]. Zudem wird diese These noch gewissenhaft differenziert. Versteht man unter dem „Gut der menschlichen Natur“ nämlich die „Ursprungsgründe der Natur als solche, aus denen die Natur gebildet wird, sowie die Eigentümlichkeiten, die in ihnen ihren Grund haben, wie die Seelenvermögen und ähnliches“, so ist dieses Gut „weder aufgehoben noch vermindert“. Oder denkt man daran, daß „der Mensch von Natur aus eine Hinneigung zur Tugend hat“, dann ist diese nur „durch die Sünde vermindert“. Und meint man schließlich mit „Gut der Natur“ das der ganzen menschlichen Natur verliehene „Geschenk der ursprünglichen Gerechtigkeit“, so ist dieses allerdings „durch die Sünde des Stammvaters vollständig hinweggenommen“[208]. Vor allem aber kann „durch die Sünde dem Menschen nicht völlig genommen werden, daß er vernunftbegabt ist. Denn dann wäre er schon nicht mehr der Sünde fähig. Daher ist es nicht möglich, daß das genannte Gut der Natur völlig aufgehoben wird“[209]. Erinnern wir uns überdies daran[210], daß auch nach Thomas durch den Sündenfall zwar die gnadenhafte Gottebenbildlichkeit des Menschen (*similitudo*), nicht aber die geschöpfliche (*imago*) und somit auch nicht seine ursprüngliche Antwortfähigkeit noch seine natürliche, wenn auch durch die Gnade faktisch erst freizusetzende Ansprechbarkeit für Gott verlorenging. Kurz: Obwohl der Mensch von sich aus die heilsnotwendigen „theologischen Tugenden“ des Glaubens, der Hoffnung und der Liebe nicht zu erlangen vermag, bezieht sich – so stellt auch *Pesch* fest – die „Naturverderbnis [...] nicht auf die Wesenskonstitutiva des Menschen“[211]. Durchdenkt man dies aber nur konsequent, dann dürfte auch bei Thomas gesichert sein, daß die zum menschlichen Wesen gehörige Freiheit weder von der Sünde zerstört noch von der Gnade absorbiert wird und der Glaube *actus humanus* bleibt – eindeutiger jedenfalls als bei *Augustinus* und wohl auch bei *Luther*[212].

---

207 S.th. I–II, 106,3 ad 3.
208 S.th. I–II, 85,1.
209 S.th. I–II, 85,2.
210 S. o. Kap. 3.3.
211 *O. H. Pesch*, Frei sein aus Gnade, 143. Gerade in seinen Ausführungen über die „verderbte Natur“ rückt Pesch Thomas v.A. sehr nahe an Augustinus und Luther – offenbar in der Sorge, daß mit Berufung auf Thomas über die Fähigkeiten des Menschen auch noch im Stand der Sünde, insbesondere die moralischen, zu optimistisch gedacht wird. *Meine* Sorge ist eher, daß man aus jener Sorge heraus das freie Gegenüber zu Gott nicht mehr aufhellt. Keineswegs aber geht es mir dabei darum, im Blick auf den erbsündlichen Menschen einen ethischen Optimismus zu verbreiten.
212 Zu Augustinus in dieser Frage s. o. bei Anm. 115–123; zu Luther s. Kap. 3.3 bei

Die dritte Differenz zu Augustinus zeigt sich bei Thomas' Versuch, den Übergang der Ursprungssünde auf alle Nachkommen Adams zu erklären. Und gemäß unserer Leitfrage muß uns nun interessieren, ob dies Thomas so gelingt, daß wirklich die *Schuld* der Nachkommen einsichtig wird. Thomas setzt voraus, daß jede Seele unmittelbar von Gott erschaffen wird, daß wir Menschen also nur dem Leibe nach von Adam abstammen, daß aber andererseits nur „die Seele Träger von Schuld sein kann", so daß die „Bewandtnis von Schuld" nur hat, „was von der Verderbnis der Ursünde zur Seele gelangt"[213]. Zudem teilt er die zeitgenössische Auffassung vom männlichen Samen als dem allein zeugenden Element, wobei die Frau nur die „Ernährungsmaterie" bereithält; desgleichen die Vorstellung von der Einstiftung der Seele in den werdenden Leib bei den Jungen erst nach 40 und den Mädchen sogar erst nach 80 Tagen. Als spezifisch *philosophische* Denkmittel für seine Lösung aber zieht Thomas die Differenz von Form und Materie heran. Und als seine Grundkonzeption ergibt sich: Der männliche Samen, „von sündigem Fleisch stammend, zeugt neues sündiges Fleisch, das nach dem metaphysischen Gesetz der gegenseitigen Begrenzung von Materie und Form die eingegossene Seele sofort ‚infiziert', das heißt: sie auf deren eigener Ebene zur Selbstsucht und damit in den Ungehorsam gegen Gott hineintreibt". Wie also die „bereits im Werden befindliche Leiblichkeit [...] die Möglichkeiten der formgebenden Seele ein[schränkt] und bewirkt, daß der werdende Mensch dieser bestimmte [...] einzelne Mensch wird", so überträgt sich die „Tendenz zur Eigensucht, zur Desintegration [...] gleichsam von der desintegrierten Leiblichkeit auf die Geistseele, so daß auch diese auf ihre Weise das Ihre sucht, sich mithin aus der Orientierung auf Gott als ihren Schöpfer und ihr Ziel herauslöst"[214].

Anm. 264–271. – Grundlegend für die Differenz zwischen Thomas einerseits und Augustinus und Luther andererseits dürfte es sein, daß zwar auch Thomas den Menschen nie ohne seinen Bezug auf Gott und seine Gnade betrachtet, aber durch die Relation der Sünde oder Gnade sein Wesen doch nicht geradezu definiert, sondern (mithilfe des Substanzbegriffs) die geschöpfliche Selbständigkeit der menschlichen Person (auch gegen ihre „Aufhebung" im Sünden- und Gnadengeschehen) festhalten kann und entsprechend klar zwischen der menschlichen Natur und ihren Akten unterscheidet.

213 S.th. I–II, 83,1.

214 *O. H. Pesch*, Thomas von Aquin (Anm. 159), 274f. Vgl. S.th. I–II, 81,1 ad 2: „Wird auch die Seele nicht übertragen, weil die Kraft des Samens nicht eine Geistseele bewirken kann, so bewegt jener doch auf diese vorbereitend hin. Daher wird durch die Kraft des Samens die menschliche Natur vom Stammvater auf die Nachkommenschaft übertragen und zugleich mit der Natur die Ansteckung der Natur. Aufgrund dessen nämlich wird

Offenbar soll es diese Konzeption leisten, die Schuldübertragung als unausweichliche und somit auch universale zu denken und zugleich Gott von der unmittelbaren Verantwortung für sie zu entlasten. Daß sie aber – ganz abgesehen von der Zeitbedingtheit ihrer biologischen und metaphysischen Prämissen – das entscheidende Problem schon tatsächlich gelöst habe, kann man ihr gewiß nicht attestieren. Thomas selbst hatte ja die Infektionstheorien als „unzureichend" beurteilt – und zwar ausdrücklich auch die, die an der unmittelbaren Erschaffung der Geistseele durch Gott festhalten und dann sagen, daß ähnlich, wie „der Leib der Seele angepaßt ist und die Gebrechen der Seele auf den Leib überströmen und umgekehrt", so auch „das schuldhafte Gebrechen der Seele durch Übertragung des Samens auf die Nachkommenschaft weitergeleitet" wird, vermittels der sündigen Leiblichkeit also. Thomas' entscheidender Einwand dagegen war, daß doch „eben dies: aufgrund von Abstammung ein Gebrechen zu haben, die Bewandtnis der Schuld auszuschließen" scheint[215].

Um gleichwohl sein Verständnis der Schuldübertragung zu stützen, bietet Thomas noch ein Veranschaulichungsmodell an, das den Gedanken der – könnte man sagen – korporativen Persönlichkeit mit der Metaphorik vom Leib und seinen Gliedern verbindet, sehr stark auf das virtuelle Enthaltensein aller Menschen der Kraft nach in Adams Samen rekurriert und eindeutig darauf zielt, das Willentliche (*voluntarium*), ohne das es Schuld nun einmal nicht geben kann, gerade auch in den Adamiten ansetzen zu können[216]. Alle Menschen, erklärt Thomas, „die von Adam abstammen, können als ein [einziger] Mensch angesehen werden, sofern sie in der Natur übereinkommen, die sie vom Stammvater empfangen haben – so wie im bürgerlichen Bereich alle, die zu einem Gemeinwesen gehören, gleichsam als ein Leib angesehen werden, und das ganze Gemeinwesen gleichsam als ein Mensch [...] Die Tat eines Gliedes am Leibe, etwa der Hand, ist aber nicht willentlich aufgrund des Willens der Hand selbst, sondern aufgrund des Willens der Seele, die erstlich die Glieder bewegt". So ist also die Fehlausrichtung, die in jedem „aus Adam gezeugten Menschen ist, nicht willentlich aufgrund seines [eigenen] Willens"; vielmehr bewegt der Wille

derjenige, der geboren wird, teilhaftig der Schuld des Stammvaters, daß er von ihm seine Natur durch eine Art Zeugungsbewegung empfängt".

215 S.th. I–II, 81,1.

216 Zu diesem letzten Punkt s. auch *L. Scheffczyk*, Art. Erbschuld (Anm. 159), 301; *P. Schoonenberg*, Der Mensch (Anm. 1), 913f.

des Stammvaters „durch die Bewegung der Zeugung alle, die sich von seinem Ursprung herleiten, so wie der Wille der Seele alle Glieder zum Tätigsein bewegt“[217].

Ein verlockendes Modell vielleicht, das dennoch in die Irre führt: können doch Menschen, die als freie Subjekte einer Bewegung oder eines Willentlichen in ihnen ausscheiden, unmöglich noch Träger einer entsprechenden Schuld sein. Spätere Theologen haben dies wohl ähnlich empfunden und deshalb die Schuldübertragung auf eher juridische Weise zu verstehen gesucht. So verbreitet sich seit dem 16. Jahrhundert die sog. *Pakttheorie* von *Albert Pigge* und *Ambrosius Catharinus*, die dann von *Juan de Lugo* ausgearbeitet wird und bei Theologen wie *Francisco de Suarez, Charles-René Billuart* und noch *Matthias Joseph Scheeben* begegnet. Demnach hätte Gott mit Adam einen Pakt über dessen moralische Verantwortung für die gesamte Menschheit abgeschlossen; da Adam als physisches und moralisches Haupt oder Vertreter aller Nachgeborenen gelten müsse, seien deren Taten und Willen in den seinen schon eingeschlossen gewesen und so dauere seine Schuld für immer in ihnen fort. Wir brauchen diese Konstruktionen nicht weiter zu verfolgen; zu evident ist, daß sie ebenfalls ihre Absicht verfehlen: weil die Nachkommen Adams zu Objekten eines Vertrags degradiert, sie an entscheidender Stelle als für sich selbst verantwortliche Subjekte abgesetzt werden und die Imputation der Schuld ihnen zu äußerlich bleibt, um noch *ihre* Schuld heißen zu können. Und weil der Gedanke, Gott wolle sie gleichwohl als Schuldige betrachten und habe sich mit Adam darüber verständigt, geradewegs in das Theodizeeproblem mündet.

Indessen gibt es noch eine grundlegende Aussage bei Thomas, die ich bisher zurückgestellt habe. Sie weiß sich ganz der Überlieferung verpflichtet und wirkt geradezu konfessorisch: „Gemäß dem katholischen Glauben ist unverrückbar daran festzuhalten, daß, ausgenommen allein Christus, alle Menschen, die von Adam abstammen, sich von ihm die Ursprungssünde zuziehen. Andernfalls würden nicht alle der Erlösung durch Christus

217 S.th. I–II, 81,1. Vgl. 83,1: „Die Ursprungssünde wird durch den Willen des Stammvaters auf die Nachkommen durch eine Art Zeugungsbewegung in der Weise übertragen, wie sich die Tatsünde eines [einzelnen] Menschen aus dem Willen auf die anderen Teile herleitet“. Vielleicht noch präziser 81,3: „Also wird auch die Ursprungsschuld auf alle jene übertragen, die von Adam durch die Zeugungsbewegung bewegt werden“ („qui moventur ab Adam motione generationis“). Ebenso 81,4.

bedürfen, und das ist irrig“[218]. Erneut sind wir damit auf das Argument gestoßen, auf das wir später – wie schon versprochen – zurückkommen müssen.

Vorerst aber halte ich fest: Die mittelalterliche Scholastik, namentlich Thomas von Aquin, hat den Horizont der augustinischen Erbschuldtheorie erweitert und sie in mehrfacher Hinsicht modifiziert. Sie hat die Strafen für die Erbsünde „humanisiert“ und sie jedenfalls für die ungetauften Kinder gemildert, hat durch eine neue Wesensbestimmung des *peccatum originale* zu einer angemesseneren Bewertung der Begierde gefunden und nicht zuletzt der geschöpflichen, weder durch die Sünde völlig zerstörbaren noch im Gnadengeschehen aufhebbaren Natur des Menschen und ihrer Eigenständigkeit Beachtung geschenkt. Da ihre ebenfalls neue Übertragungstheorie jedoch die Schuld der Adamiten nicht aufzuhellen vermochte, blieb der gleichwohl festgehaltene Kern der Erbschuldtheorie unverständlich und ohne (jedenfalls für uns heute) einsichtige Begründung.

Wandlungen im Spätmittelalter und Luthers Rückgriff auf Augustinus und Paulus

Um den Übergang zu unserer letzten Hauptstation, dem Tridentinum, zu vollziehen, wäre nun eigentlich auf die spätmittelalterliche Theologie einzugehen und zu zeigen, wieso sie *Luther* veranlassen konnte, sich von ihr und mit ihr der gesamten Scholastik, die er im übrigen weniger kannte, abzuwenden und sie dabei mit dem schweren Verdikt des Pelagianismus zu belegen. Sodann wäre die Sünden- und Erbsündenlehre Luthers selbst innerhalb seiner Theologie wenigstens so weit zu skizzieren, wie es für das Verständnis des Erbsündendekrets von Trient erforderlich wäre. Für beides jedoch muß das Wichtigste genügen.

Im Blick auf den ersten Punkt ist vor allem die Schlüsselrolle zu erwähnen, die der „Akzeptationstheorie“ des *Duns Scotus* und ihrer Auswirkung auf die spätmittelalterliche Gnadenlehre zukommt[219]. Grundlegend

---

218 S.th. I–II, 81,3. Ähnlich 81,1 mit ausdrücklichem Hinweis auf die Notwendigkeit der Kindertaufe und klarer Absetzung von der „pelagianischen Irrlehre“.

219 Vgl. zum folgenden bes. *O.H. Pesch*, Verschiebungen und Verfremdungen: *ders.*, *A. Peters*, Einführung in die Lehre von Gnade und Rechtfertigung, Darmstadt 1981, 108–118; *G. Greshake*, Geschenkte Freiheit (Anm. 1), 70–73.

für sie (wie für viele andere skotistische und nominalistische Theoreme) ist die Unterscheidung von *potentia Dei absoluta*, d. h. Gottes freier Allmacht rein für sich und in sich selber betrachtet, und *potentia Dei ordinata*, d. h. Gottes freier Allmacht in ihrer verläßlichen Selbstbindung an eine aus eigenem Entschluß verfügte bestimmte Heilsordnung – eine Unterscheidung, deren theologischer Wert m. E. kaum zu überschätzen ist, da es Scotus mit ihrer Differenzierung von Tun und Können gelingt, Gottes Freiheit in jedem Augenblick seines Handelns, gerade auch seines „geordneten“ Handelns zu denken, sogar seine Treue als Aktualität seiner Freiheit, die ihr die höchste Dignität gibt, zu verstehen und nicht zuletzt den Horizont der gegenüber jeder faktischen Wirklichkeit und ihren Potenzen jeweils noch größeren, unerschöpflich-innovatorischen Möglichkeiten Gottes offenzuhalten, auf denen die Hoffnung des Glaubens beruht.

Also hatte jene Unterscheidung nur einen hypothetischen und grundsätzlich positiven Sinn: bringt sie doch die Kontingenz und mit ihr die Gratuität der faktischen Heilsordnung zu Bewußtsein. Allerdings erwies sie sich in ihrem gnadentheologischen Gebrauch auch als problematisch. Die Grundauskunft der Akzeptationstheorie lautete nämlich, daß nichts Geschaffenes als solches Gott zur Annahme nötigt. Kein Geschöpf also, das in sich selbst den Grund hätte, warum Gott es gelten lassen *müßte*! Und ebenso kein Mensch, der Eigenschaften oder Werke aufzuweisen hätte, auf die hin Gott aus Gründen der Gerechtigkeit das ewige Heil schenken *müßte* – nicht ausgenommen sogar die Verdienste, die sich Menschen erwerben, indem sie aus Gottes Gnade leben und aus der von ihr getragenen Liebe heraus handeln. Indessen gelten diese Aussagen nur im Blick auf die *potentia Dei absoluta* – ansonsten wären sie in der Tat ohne Sinn, ja geradezu unerträglich. Nun aber gilt, daß Gott – *de potentia ordinata* – wirklich alle, die in seiner Gnade und der aus ihr erwachsenden Liebe leben, auch annimmt und mit dem ewigen Leben belohnt.

Problematisch ist nun, daß diese Konzeption das durch Gottes Gnade ermöglichte verdienstvolle Handeln als Bedingung der Akzeptation durch Gott von dieser selbst unterscheidet, also das anfängliche Geschenk seiner Gnade nur noch äußerlich und nachträglich mit ihrer Vollendung im Akt der Annahme (und dem ewigen Leben) verbindet. Daß Gottes Selbstmitteilung, die im Menschen als Gnade ankommt und seine Antwort hervorruft, schon von sich aus und seit jeher auf jene, nämlich ihre eigene Vollendung hinzielt und also selbst schon den Menschen auf dem Weg dorthin trägt, gerät dabei aus dem Blick. Dennoch ist dies noch kein entscheidender Einwand, weil jene Konzeption doch weiß und gerade bewußt macht, daß die Heilsordnung, die sie beschreibt, ja noch selbst und als ganze aus Gnade verfügt ist. Bedenklich wird sie erst dadurch, daß sie ein Einfallstor für Strömungen bietet, welche die geforderte heilsbedeutsame Gutheit optimistisch als *natürliche*, sogar im Sünder noch verbleibende Möglichkeit verstehen möchten. Daß es tatsächlich dazu kam, war natürlich mitvorbereitet durch das Interesse, das im Zuge der Aristotelesrezeption für das *Wesen* des Menschen und seine natürlichen Vermögen erwacht war[220]. Schon im Mittelalter war das Prinzip geläufig, daß Gott dem, der tut, was an ihm liegt, seine Gnade nicht verweigern wird – ein Prinzip vertrauensvoller Zuversicht wohl zumeist. In der nachskotischen Theologie jedoch kommt es dann zur Spitzenaussage, daß der Mensch aus eigener natürlicher Kraft Gott über alles lieben könne und solle. Gelinge ihm dies, dann sei – weil er, was in ihm ist, getan und das (wie man es sogar nannte) „Angemessenheitsverdienst" erlangt habe – seine „Disposition" zur Gnade vollendet, so daß ihm Gott – *de potentia ordinata* – die Gnade eingießen werde, die allerdings auch erforderlich sei, um die Liebe zu Gott *fortsetzen* und das ewige Leben tatsächlich verdienen zu können. Nun könnte man zwar sagen, dieses ganze Bedingungsgefüge sei ja immer noch Gottes gnadenhafte Setzung und deshalb die Disposition auf die Gnade doch eigentlich ein Dürfen, doch ändert dies nichts mehr daran, daß der Aufschwung zur Gottesliebe als Leistung des „natürlichen Menschen" gefordert wird. Daß damit Gott seiner Heils- und Gnadeninitiative beraubt und jener Aufschwung unter ein Sollen gestellt war, ist wohl deutlich genug. Und insofern auch der Vorwurf des Pelagianismus berechtigt. Es brauchte nur jemand zu kommen, der pessimistischer über die Natur des Menschen und ihre Möglichkeiten dachte, damit dieser Vorwurf auch laut werden konnte. „Gefährlich ist die Redeweise: Das Gesetz gebietet, daß der Akt des Gebo-

220 Exzessiv wurde dieses Interesse – ironischerweise um der Gratuität der Gnade willen – bei der späteren Ausbildung der Theorie der *natura pura*, welche die Unterscheidung von natürlicher und übernatürlicher Ordnung bis zu ihrer Beziehungslosigkeit vorantrieb (vgl. o. Kap. 4). Eine Wurzel dieser Theorie ist übrigens bei *Duns Scotus* in seiner Erbsündenkonzeption zu finden, die (im Anschluß eher an *Anselm*) die *iustitia originalis* der *natürlichen*, aber doch von Gott unterstützten Ordnung zurechnet und deshalb durch ihren Mangel, also die Erbschuld, auch keine eigentliche *corruptio naturae* bewirkt sieht, wohl aber die Harmonie des Urstands als Ergebnis einer steten und leidvollen Anstrengung betrachtet. Vgl. *J. Auer*, Art. Erbsünde (Anm. 159), 969; *L. Scheffczyk*, Art. Erbschuld (Anm. 159), 298; *W. Seibel*, Der Mensch (Anm. 159), 826f.

tes in der Gnade Gottes geschehe", erklärt *Luther*; denn: „Daraus folgt, daß ‚die Gnade Gottes haben' eine neue Forderung über das Gesetz hinaus darstellt [...] Daraus aber folgt, daß die Gnade Gottes hassenswerter wird als das Gesetz selber"[221].

Für *Martin Luther*[222] galt der Grundirrtum des Pelagianismus, den er nicht nur der katholischen Theologie und Kirche, sondern ebenso entschieden den Humanisten, namentlich *Erasmus von Rotterdam*[223], vorwarf, als die zentrale Häresie überhaupt: sah er doch nach dieser Lehre den freien Willen an Stelle Christi zum Erlöser gemacht[224]. Was Luther kategorisch dagegensetzt, ist nun eben das Wissen um die Wirklichkeit und das Ausmaß der Sünde im Menschen. Allerdings ist dies kein Wissen, über das der Mensch von sich aus verfügte – gehört zur Tiefe seiner Verlorenheit in der Sünde doch gerade die Unwissenheit über sich selbst: daß der Mensch den wahren Gott und darum auch die wahre eigene Lage nicht kennt, sich über sich selbst in Verblendung und Irrtum befindet. Und dies so sehr, daß es geradezu einen Wesenszug der Sünde definiert: sie „ist so gar ein tief bose Verderbung der Natur, daß sie kein Vernunft

221 WA 1, 227. – Eine ähnliche Kritik hatte allerdings schon *Gregor von Rimini* geübt, den Luther denn auch ausdrücklich von seiner generellen Scholastikerkritik ausnimmt.
222 Vgl. zum folgenden die in Anm. 159 angegebene Literatur sowie die Ausführungen in Kap. 3.3, die bereits grundlegende Feststellungen zu Luthers Anthropologie und Sündenverständnis enthalten. Im übrigen werde ich zur Erläuterung der lutherischen Position gelegentlich auch die „Confessio Augustana" und ihre „Apologie" heranziehen, ohne *Philipp Melanchthons* Verfasserschaft eigens zu erwähnen. – Auf das Erbsündenverständnis der anderen Reformatoren kann ich hier nicht eingehen. Während jedenfalls *Zwingli* die Erbschuld eher als ein nur natürliches Gebrechen und ein Übel betrachtet, kommt *Calvin* mit Luther darin überein, daß er die schuldhafte Grundhaltung als Quelle aller Tatsünden betont, die Erbschuld mit der Verderbtheit der menschlichen Natur und der Konkupiszenz identifiziert, dabei weniger Wert auf die Betonung ihrer Erblichkeit als ihrer Radikalität und Verdammungswürdigkeit legt und – dies noch stärker als Luther – die Wirksamkeit der Konkupiszenz besonders in den menschlichen Verstand und Willen verlegt. Im übrigen verbindet Calvin den Imago-Gedanken (anders als Luther) relativ unbefangen mit dem Begriff der auch in der Sünde dauernden menschlichen Natur, wodurch er das Verständnis der Sünde als deren Perversion offenhält. Vgl. dazu o. Kap. 3.3 bei Anm. 277f.
223 Auch Erasmus sah die Reformbedürftigkeit der Kirche, wollte aber den christlichen Glauben mit humanistischer Kultur und Bildung in Verbindung bringen und setzte dabei eine in der Vernunft begründete Selbständigkeit des Menschen voraus.
224 Vgl. WA 8, 468.

nicht kennet, sondern muß aus der Schrift Offenbarung gegläubt werden"[225].

Es war dementsprechend allein das überwältigende Gnadenerlebnis der Rechtfertigung rein aus dem Glauben, das Luther die menschlichen Möglichkeiten, d. h. die konkrete menschliche Natur, als nichtig und ohnmächtig erfahren und dieses aus dem Glauben gewonnene Sündenbewußtsein so übermächtig werden ließ, daß es eine zentrale Stellung gewann und für Luther geradezu zum primären und vorrangigen „Ort" seiner Theologie werden konnte *(principalis locus nostrae Theologiae, sine quo impossibile est, Sacram scripturam intelligere)*[226] – dies freilich niemals um der Sünde selbst willen, sondern einzig im Blick und in der Funktion des Rechtfertigungsglaubens: „Um nun die Rechtfertigung so sehr als möglich zu verherrlichen, muß man die Sünde sehr hoch erheben und groß machen"[227]. Zugleich war es die in seinem Rechtfertigungserlebnis wurzelnde existentielle Wucht der Erfahrung der menschlichen Sündigkeit wohl auch, die Luther dazu nötigte, die Sünde als böse *Grundhaltung* zu verstehen und als Quelle aller Tatsünden anzusetzen. Zwar bringt er, wachsam und mit gebotener Schärfe, besonders in seinen Predigten auch immer wieder die konkreten Sünden zur Sprache, doch liegt der theologische Schwerpunkt bei ihm klar auf der „Sünde im Singular": auf der *Grundsünde*, die in den Einzelsünden nur in Erscheinung tritt, aber in diesen aus ihr hervorgehenden Akten auch erst ihre vollständige Realität hat; auf der *Hauptsünde*, wie Luther sie auch nennt, die bis an die Wurzel der Person reicht, ihr konkretes Wesen und Selbstsein bestimmt und im Gottesverhältnis das entscheidende Gewicht hat: „Die rechte Hauptsünde, wo die nicht wäre, so wäre auch keine wirkliche Sünde. Diese Sünde wird nicht getan, wie alle anderen Sünden, sondern sie [...] ist die wesentliche Sünde, die da nicht eine Stunde oder eine Zeitlang sündigt, sondern wo und wie lange die Person ist, da ist die Sünde auch. Auf diese natürliche Sünde siehet Gott allein"[228].

Durchaus im Einklang mit Augustinus, Thomas und der übrigen Tradition beschreibt Luther diese Grundsünde als Undankbarkeit, Selbstsucht, Hoffart und Stolz. Mit ihrer spezifischen Wesensbestimmung als *Unglaube* jedoch greift er dezidiert auf *Paulus* zurück. Im Licht des Evangeliums zeigt

225 AS C,I: BSLK 434.
226 WA 40 II, 385.
227 WA 39 I, 86.
228 WA 10 I/1, 508f.

sich ja, daß die Sünde gerade im pervertierten Gebrauch des Gesetzes sich als Unglaube erweist[229]. Denn statt es als Aufforderung zum Leben im Glauben unter der gnädigen Weisung Gottes zu hören, wird es vom Sünder als Anweisung zur Selbstrechtfertigung mißbraucht und treibt sein Streben nach eigenmächtiger Erfüllung immer tiefer in den ebenso selbstherrlichen wie verzweifelt-vergeblichen Versuch, aus sich allein leben und sein Selbst gewinnen zu wollen. Sünde als Unglaube heißt also, daß der Mensch sich als Widerstreben seines Herzens und Willens gegen die unmittelbare Forderung der ersten Gesetzestafel vollzieht, die ihm die unbedingte Anerkennung der Gottheit Gottes auferlegt und das restlose Vertrauen auf ihn. In seiner *Disputatio contra scholasticam theologiam* bringt Luther das Wesen dieses Unglaubens klassisch auf den Punkt: „Non potest homo naturaliter velle deum esse deum, Immo vellet se esse deum et deum non esse deum"[230]. Auch die „Apologie" bestimmt die Sünde als Fehlen von „Gottesfurcht und Glauben"[231] und konkretisiert: daß wir nämlich „Gott oder Gottes Werk nicht kennen, nicht sehen noch merken, Gott verachten, Gott nicht ernstlich fürchten noch vertrauen, seinem Gericht oder Urteil feind sein. Item daß wir alle von Natur vor Gott als einem Tyrannen fliehen, wider seinen Willen zürnen und murren. Item uns auf Gottes Güte gar nicht lassen noch wagen, sondern allzeit mehr auf Geld, Gut, Freunde verlassen"[232].

Indem Luther das Wesen der Sünde als Unglauben kennzeichnet, nimmt er den Menschen betont in seinem Gottesverhältnis in den Blick. In dieser Perspektive erscheint die Hauptsünde als Verkehrtheit vor Gott und diese als Gesamthaltung der ganzen Existenz. Und da sie bis an die Wurzel des Menschen reicht und die reale Ausrichtung und Gestalt seines Personseins bestimmt, ist sie sogar als verkehrte Grundrichtung unseres ganzen *Wesens* zu begreifen[233]. Mit dieser Qualifizierung als Person- und Wesenssünde kann Luther eine spezifische Verengung der augustinischen Tradition, nämlich die Unterscheidung von Leib und Seele bei der Beschreibung der Sünde, überwinden und ist dabei der Notwendigkeit, die

229 „Das Gesetz lehrt, was du sollst und wessen du entbehrst. Christus gibt, was du tun und haben sollst. Diejenigen also, die das Gesetz anders gebrauchen, denn als Zeichen [...], durch das sie ihr Elend erkennen und nach Gnade verlangen, mißbrauchen es schlimmstens [...], indem sie die Sache des Gesetzes in sich selber suchen" (WA 2, 500).

230 WA 1, 225.

231 Ap II,7: BSLK 148.

232 Ap II,9f: BSLK 149.

233 Vgl. *U. Baumann*, Erbsünde? (Anm. 1), 49f.

ganzheitliche Betroffenheit des Menschen durch die Sünde entweder wie die Synode von Orange noch eigens betonen oder wie Thomas eine metaphysische Aufklärung über das Miteinander der verschiedenen Seelenkräfte und Triebe im Sündengeschehen bieten zu müssen, von vorneherein überhoben. Und sofern in der als Unglaube verstandenen Sünde der ganze Mensch als vom Willen Gottes abgekehrt gelten muß, ist zugleich der ursprüngliche Sinn der paulinischen Unterscheidung von „Geist“ und „Fleisch“ wiedergewonnen.

In einem anderen, damit zusammenhängendem Punkt jedoch, nämlich der Einschätzung des Gewichts der *Konkupiszenz*, nimmt Luther akzentuiert die Konzeption Augustins wieder auf, verstärkt sie womöglich noch, aber korrigiert und vereindeutigt sie auch. Letzteres dadurch, daß die Konkupiszenz nun konsequent von der Sinnlichkeit in den Geist verlegt wird. Sie meint nicht nur die beständige Rebellion der niederen Vermögen und Triebe gegen die Intentionen des Geistes und ist erst recht nicht mit der sexuellen Begierde identisch; sie sucht nicht nur Wollust des Leibes, sondern ebenso irdische Gerechtigkeit und Weisheit und ist gerade in der Verderbnis der „allerbesten, höchsten Kräfte“ und des „Lichtes der Vernunft“ besonders wirksam[234]. Was sie der Beschreibung der Grund- und Hauptsünde an Aspekten hinzufügt, sind ihre positive Energie, ihre dynamische Qualität und ihre selbstbezügliche Eigenliebe bei allem. Demnach heißt Sünde nun: sein ohne „wahre Gottesfurcht“, ohne „Vertrauen zu Gott“ und erfüllt von „boser Lust“ und „voller Begier“[235]. Und Konkupiszenz meint dabei „die grundsätzliche Widerwilligkeit des Geistes gegen Gott, sie ist in den ‚hohen Affekten‘, ja man kann sagen: Die Konkupiszenz ist der Unglaube selbst, sofern sie den Menschen beständig auf sich selbst konzentriert, ihn auf sich selbst ‚verkrümmt‘ [...] Das Verhängnis der Sünde besteht demnach darin, daß diese in Gestalt der unausrottbaren Konkupiszenz die Ich-Mitte des Menschen erreicht hat“[236]. Und weil das so ist, dauert die Konkupiszenz, obwohl sie als Schuld *sola gratia* nicht mehr angerechnet wird, auch noch in den Getauften – und zwar nicht nur als „Zunder der Sünde“, sondern als das, was sie ihrer Beschreibung nach actualiter ist: eben Sünde. Von hier aus ergibt sich, daß der Sinn der Formel „simul iustus et peccator“ – wenn sie nicht den blanken Wider-

---

234 Ap II,25: BSLK 152.
235 CA II: BSLK 53.
236 *O.H. Pesch*, Frei sein aus Gnade (Anm. 159), 145.

spruch besagen soll – nur darin liegen kann, daß sie den Blick des Menschen auf sich selbst unter zwei Hinsichten stellt: Blickt er primär und von sich selbst her auf sich, wird er stets seine Sünde entdecken; blickt er zugleich auf Gott, wie er im Evangelium begegnet, darf er sich doch als gerechtfertigt ansehen und in allem Tun auf den Geist der Heiligung und deren eschatologische Vollendung vertrauen[237].

Was aber – nach alledem – soll man unter „Erbsünde" verstehen? In der *Confessio Augustana* heißt es dazu: „Weiter wird bei uns gelehrt, daß nach Adams Fall alle Menschen, so naturlich geborn werden, in Sunden empfangen und geborn werden, das ist, daß sie alle von Mutterleib an voll boser Lust und Neigung seiend und kein wahre Gottesfurcht, keinen wahren Glauben an Gott von Natur haben können; daß auch dieselbige angeborne Seuch und Erbsunde wahrhaftiglich Sund sei und verdamme alle die unter ewigen Gotteszorn, so nicht durch die Tauf und heiligen Geist wiederum neu geborn werden"[238]. Als erstes springt an dieser Erklärung ins Auge, daß alle Bestimmungen, die Luther von *der* Sünde unter verschiedenen Aspekten prädiziert, genauso für die Erbsünde gelten – und das heißt: daß Haupt-, Grund- und Personsünde, Konkupiszenz und Erbsünde miteinander identisch sind. Was letztere darüberhinaus noch besagt, ist eindeutig nur, daß sich alle Menschen von Geburt an als solche Sünder schon finden. Indessen fügt das zitierte Bekenntnis doch zwei Aussagen noch hinzu: zum einen, daß eben „nach Adams Fall" alle Menschen in Sünden empfangen und geboren werden, und zum anderen, daß die Erbsünde wahrhaftige, straf- und verdammungswürdige Sünde, also Schuld sei und diese Strafe die nicht durch die Taufe Neugeborenen auch treffe. Im Interesse unserer Leitfrage müssen wir dadurch nun freilich in Schwierigkeiten geraten. Denn *entweder* (erste Möglichkeit): Der Hinweis auf den Fall Adams meint wirklich die Übertragung seiner Schuld auf die Nachkommenschaft. Dann aber wird man auf die unmittelbar sich anschließende Frage, wie denn diese Übertragung und zugleich die Schuld der Adamiten zu denken sei, bei Luther – abgesehen von seiner Ablehnung der augustinischen Übertragungstheorie – kaum präzise Auskunft erhalten[239], ja kaum Interesse daran

237 „Es ist ein offenkundiger Grund zur Demut, daß die Sünde in uns bleibt, so aber, daß sie nicht über uns herrscht [Röm 6,14], weil sie dem Geiste unterworfen ist, daß er sie zunichtemache, die vordem über ihn herrschte" (WA 56, 314).

238 CA II: BSLK 53.

239 „Von einem Vererbungsautomatismus kann nicht die Rede sein", konstatiert

finden. Offenbar stellt für ihn „die Erbsündenlehre nicht eine Theorie der Geschichte dar, sondern formuliert einen Appell, einen Aufruf zum Glauben, zum Anerkennen des Sünder-Seins“[240]. *Oder* aber (zweite Möglichkeit): Der Hinweis auf Adam steht tatsächlich nur als gleichsam symbolischer Indikator dafür, daß die Bestimmtheit aller Menschen als Sünder einen vorempirischen Ursprung hat. In diesem Fall würde sich unsere Leitproblematik verschieben und die nicht weniger dringliche Frage jetzt lauten, wie denn ein Mensch, nun ganz ohne ein menschliches Zutun, sei es das eigene oder ein fremdes, überhaupt noch schuldig sein könne. Genügt als Antwort darauf der Hinweis, daß sein Wille in der aktuellen Haltung seiner Abkehr von Gott doch selbst das Sündersein realiter vollziehe?[241] Genügt diese Auskunft, wenn zugleich – laut Luthers Voraussetzung – gilt, daß der Mensch von sich aus etwas anderes, als sein Sündersein zu vollziehen, doch von Beginn an nicht einmal *kann*? Und müßte deshalb, in letzter Konsequenz sozusagen, die Sünde des Menschen mit dessen Wesen nicht gleichgesetzt werden – und zwar nicht erst mit seinem faktisch gewordenen konkreten, sondern schon seinem geschöpflichen Wesen?[242]

In der Tat hat Luther sehr radikal von der Verderbtheit der *natura humana* gedacht. Kaum jemals wurden diese Verderbnis des Menschen, seine vollständige Unfähigkeit, das verlorene Gottesverhältnis von seiner Seite

---

U. Baumann, Erbsünde? (Anm. 1), 50. Desgleichen schließt es die *Apologie* aus, daß Gott den Menschen für eine „fremde Sünde“ schuldig spricht (Ap II,5: BSLK 147).

240 *F. Schupp*, Schöpfung (Anm. 1), 384.

241 In diese Richtung scheinen mir die Erläuterungsversuche von *U. Baumann* zu gehen: Erbsünde? (Anm. 1), 49f.

242 Wegen der Schwierigkeit, den Urstand und Sündenfall noch als historisches Geschehen zu fassen, und zugleich in der Absicht, den Schuldcharakter der Erbsünde dennoch nicht preiszugeben, haben namhafte evangelische Theologen der beiden letzten Jahrhunderte versucht, um der menschlichen Verantwortung willen die Rede vom Sündenfall irgendwie aufrechtzuerhalten – sei es auf eher „origenistischen Bahnen“ im Sinne einer präexistenten Entscheidung (wie schon im 19. Jahrhundert *Julius Müller*) oder eher (und näher bei Luther) auf existentialistische, z.T. auch idealistische Weise im Sinne einer „Totalitätsbestimmung“, „Urentscheidung“ und „Lebenstat“ oder auch eines „Sprungs“ in die „entfremdete Existenz“: so die wichtigsten Varianten bei *Paul Althaus, Emil Brunner, Karl Barth* und *Paul Tillich*. Sie alle scheitern daran, so kritisiert *Wolfhart Pannenberg* zu Recht, das Ereignis des Falls wie sein logisch erforderliches Prius nicht überzeugend erhellen oder es als stets schon stattgefundenes bzw. verlorenes nur postulieren zu können. Vgl. *W. Pannenberg*, Anthropologie (Anm. 159), 126–132.273–275. Deshalb ziehe ich diese Richtung als etwaige „dritte Möglichkeit“ innerhalb unserer Problemstellung nicht weiter in Betracht.

aus wiederherzustellen, und überhaupt seine gänzliche Ohnmacht zu allem, was dem Heil dient, nachdrücklicher betont. „Die Schrift", erklärt Luther, „die uns die Ursache der Sünde lehrt, bezeugt, daß an der Natur des Menschen nichts Gutes ist. Und das, was noch an Gutem geblieben ist, steht dennoch in bösem Gebrauch"[243]: kann diese Natur doch, „durch das Übel der Erbsünde verderbt und ganz und gar blind gemacht, [...] sich außer oder über den Werken irgendeine Rechtfertigung nicht vorstellen oder denken"[244]. Dabei ist es namentlich der *Wille*, von Luther zur Beschreibung des menschlichen Wesenskerns herangezogen, den die Erbsünde „überhaupt nichts können [läßt] als sündigen und verdammt werden"[245]. Und deshalb immer wieder die Verdikte gegen die neuen Pelagianer, die ausgerechnet den freien Willen zum Erlöser erheben, weil sie nichts von einer „naturhaften Sündigkeit" (*vitium naturae*) wissen wollen und meinen, wir seien „in unserer Natur unversehrt" (*integri in naturalibus*)[246].

Hat Luther diese verderbte Natur des Menschen also von seinem geschöpflichen, in der Sünde wie der Gnade sich durchhaltenden (und insofern auch eigenständigen) Wesen nicht unterschieden und dessen Anteil im Gnaden- und Glaubensgeschehen vielleicht gar bestritten? Darauf ließe sich wohl erwidern, daß Luthers relationales Denken – in fast ähnlicher Weise wie Augustinus[247] – das Wesen des Menschen eben von seiner jeweiligen (nämlich gläubigen oder sündigen) Bezogenheit auf Gott her betrachte, es also durch die (faktisch verdorbene) Grundausrichtung seines Willens begreife und insofern – anders als Thomas[248] – an jener Unterscheidung nicht interessiert sei. Indessen möchte ich die Diskussion darüber nicht erneut führen – haben wir dies doch schon im 3. Kapitel eingehend getan, als das Verständnis der evangelischen Theologie von der Sünde als Verlust der menschlichen Gottebenbildlichkeit überhaupt, Luthers These vom *servum arbitrium* und die zugehörigen Fragen zur Erörterung anstanden. Von meiner damaligen

243 WA 39 I, 86.
244 WA 39 I, 82.
245 WA 18, 773.
246 WA 56, 355.
247 Der Unterschied zu Augustinus liegt darin, daß dieser gut neuplatonisch den Willen (fast wie einen Trieb) von Gott, dem höchsten Gut, her bewegt sieht, während es Luther auf die Konstitution unseres Selbstseins *extra nos*, nämlich durch Gottes gnädige Zuwendung, ankommt.
248 Thomas arbeitet mit entsprechenden Unterscheidungen durchaus, wie wir sahen, auch wenn die spätere abstrakte Theorie der *natura pura* von seinem Denken noch weit entfernt ist.

These, daß Luther die Ursprünglichkeit der (formal unbedingten) menschlichen Freiheit, ohne die weder menschliche Schuld noch der Glaube als *actus humanus* gedacht werden kann, zumindest nicht thematisiert hat, nehme ich allerdings nichts zurück. Doch statt die einschlägigen Überlegungen und Argumente nochmals zu wiederholen, wollen wir uns jetzt dem Tridentinum zuwenden und nehmen damit zugleich die Problemkonstellation der katholischen Tradition und unsere Leitfragen wieder auf.

Das Erbsündendekret des Tridentinums

Die generelle und sicher zutreffende Feststellung über das Tridentinum, es habe die katholische Antwort auf die Anfragen und Herausforderungen der Reformation geben wollen, bedarf im Falle des Erbsündendekrets doch einer Modifizierung[249]. Denn erstens war es keineswegs selbstverständlich und zunächst auch durchaus noch ungewiß, ob das *peccatum originale* überhaupt ein Gegenstand der Kontroverse mit den Reformatoren sei. Zumindest prinzipiell sprengten diese die Erbsündenlehre ja nicht; keiner (*Zwingli* vielleicht ausgenommen) bestritt sie. Im Hinblick auf die Einheit der Kirche jedenfalls stand sie nicht ernsthaft zur Debatte. Und so waren sich denn auch Protestanten und Katholiken in den Religionsgesprächen von Worms (1540/41) und vor allem von Regensburg (1541) tatsächlich in dieser Sache sehr nahegekommen, wenn nicht sogar einig geworden. Noch auf dem Konzil selbst wurde der Vorschlag, eine der in Augsburg, Worms und Regensburg entstandenen Unionsformeln als Grundlage des Dekrets zu benutzen oder sie einfach nur zu bestätigen, mehrfach ins Spiel gebracht und erwogen, bis dann doch die Besorgnis, die tatsächlichen Lehrunterschiede könnten dabei nicht überbrückt, sondern nur verwischt und die Bewahrung des katholischen Glaubensgutes dadurch beeinträchtigt werden, die Oberhand gewann. Es sollte nicht *über* die Wahrheit verhandelt, sondern diese gegenüber den Reformatoren vor allem festgestellt werden. Doch selbst noch das verabschiedete Dekret liest sich über weite Strecken wie eine Selbstverteidigung der katholischen Lehre gegen den Verdacht des Pelagianismus, also eher als Herausstellung der Einigkeit mit den Reformatoren. Erst im 5. Kanon des Dekrets sowie dem noch beizuziehen-

249 Vgl. zum folgenden (bis zum Ende des Abschnitts) die in Anm. 159 angegebene Literatur.

den 1. Kapitel (samt den ersten sieben Kanones) des Dekretes über die Rechtfertigung kommen wirkliche Differenzen zur Sprache. Aber selbst hier kann man z.T., nämlich bei der Konkupiszenzthematik, den Eindruck gewinnen, daß das treibende Motiv, das womöglich die Auslotung weiterer Verständigungsmöglichkeiten in diesem Punkte versperrte, in dem Interesse des Konzils lag, die volle Wirksamkeit der Taufe und ihre Heilsnotwendigkeit schon für die Kinder sicherzustellen und überhaupt die Heilsvermittlung durch die Kirche zur Geltung zu bringen.

Zweitens ist zu beachten, daß es keineswegs nur die Herausforderungen durch die Reformatoren waren, mit denen sich das Konzil in diesem Dekret konfrontiert sah. In einer Liste mit 13 „Häresien über die Erbsünde", die in einer der Vollversammlungen mit dem Zusatz, daß jeder dieser Irrtümer heute seine Verteidiger habe, verlesen wurde, finden sich neben den einschlägigen neuen Thesen *Luthers*, die mit vielen anderen seiner Positionen schon 1520 von *Leo X.* in seiner Bulle „Exsurge Domine" gebrandmarkt worden waren (DH 1451–1492), noch etliche weitere und untereinander sehr gegensätzliche Positionen: so die klassischen Thesen des Pelagianismus, aber auch manichäistische Anschauungen, sodann die Ansicht des *Erasmus von Rotterdam*, daß Röm 5 die Erbsünde überhaupt nicht erwähne, desgleichen seine Auffassung, daß die Erbsünde durch Imitation sich verbreite, ferner die schon erwähnte Imputationslehre des *Albert Pigge*, nach der die „Erbsünde" durch die Anrechnung der numerisch einen Sünde Adams auf seine Nachkommen entsteht, und noch andere Standpunkte mehr. Auf sie alle in ihrer Gegensätzlichkeit Antworten zu finden, die nicht nur miteinander kohärent wären, sondern über die einzelnen Streitfragen hinaus eine leitende positive Gesamtkonzeption, eine Art konstruktiven Gegenentwurf erkennen ließen, mußte den Konzilsvätern umso aussichtsloser erscheinen, als die Spannweite der auch in den eigenen Reihen vertretenen Auffassungen von solchen, die von der reformatorischen Lehre nur schwer zu unterscheiden waren, bis zu denen hin reichte, die dem Pelagianismus oder dem Humanismus sehr nahe standen.

Und damit sind wir beim dritten Faktor, der eine derart umfassende Antwort erschwerte. Denn wenigstens so spürbar wie auch sonst bei Konzilien fanden sich die Väter in der mißlichen Lage, über keine in sich einheitliche und sie alle verbindende Theologie zu verfügen. Eine solche jedoch allererst zu erstellen, hätte nur die schon traditionellen, aber weiterdauernden Schulstreitigkeiten aufgerührt und erwies sich schon aus Zeitgründen als unmöglich. Zugleich aber wollte man es unter allen Umständen vermeiden und wußte es auch wachsam zu verhindern, daß irgendeine der theologischen Schulen sich mit ihren Aussagen benachteiligt, bevorzugt oder gar dogmatisiert fühlen konnte. Also wandte man sich der Tradition zu und stellte Listen mit den relevanten Zeugnissen der Schrift sowie mit wichtigen konziliaren und päpstlichen Entscheidungen zusammen, wobei die Synode von Karthago und die erst seit kurzem wieder bekannten Kanones von Orange besondere Wertschätzung erfuhren: gab doch ihre Aktualisierung den Konzilsvätern die willkommene Möglichkeit, dem Augustinismus der Reformatoren entgegenzukommen und sich in eins der Identität des eigenen Glaubens im Wandel seiner Überlieferung zu vergewissern. Zudem wurden, um die Wahrheitsfindung zu erleichtern, mehrfach Fragenkomplexe benannt und endlich ein auf zwei Punkte vereinfachtes Frageschema verteilt: 1. Begriff, Verbreitung und Schuld der Erbsünde, 2. ihr Nachlaß und dessen Wirkung. Und es zeigte sich schnell: Tatsache und Schuld sowie der adamitische Ursprung des *peccatum originale* waren unbestritten. Die Lehrverschiedenheiten über sein Wesen und seinen Begriff indessen waren in den eigenen Reihen so groß, daß man von einer Definition lieber absehen wollte. Stattdessen entschied man sich für ein deskriptiv-narratives Vorgehen: für den Weg näherhin, die Phänomene, Wirkungen und Folgen des *peccatum originale* zu schildern, also gleichsam eine Veranschaulichung des Ursündengeschehens zu bieten und sich dabei womöglich indirekt seinem Wesen zu nähern. Aber auch beim Problem seiner Weiterverbreitung wurde eine befriedigende Lösung durch die hohe Anzahl der traditionellen Theorien erschwert, die allesamt in die Debatte eingebracht wurden und gebührend diskutiert werden wollten. Ähnliches gilt für die Fragen nach den Wirkungen und (unterschiedlichen) Straffolgen der Erbsünde, so daß sich wiederum für jede diesbezügliche endgültige Auskunft behutsame Zurückhaltung empfahl. Erst bei den Fragen über den Nachlaß der Erbsünde und dessen Wirkung, bei denen der Kern der protestantisch-katholischen Auseinandersetzung hervortrat, kam es zu klaren entscheidungsbedürftigen Alternativen: ging es doch im wesentlichen darum, ob die Erbsünde derart mit der Begierlichkeit identifiziert werden könne, daß sie auch nach der Taufe noch als wirkliche Sünde bestehe.

Aus dem Gesagten ergeben sich Regeln, die bei der Interpretation und Beurteilung des Erbsündendekrets und seiner Kanones beachtet sein wollen, weil sie an deren verständliche Grenzen erinnern. Diese Kanones sind nämlich erstens als *Korrekturformeln* zu lesen, die jeweils die traditionelle katholische Lehre primär nur in *den* Punkten bekräftigen oder klarstellen wollen, die von der reformatorischen oder auch von anderen Positionen angegriffen waren und auskunftsbedürftig erschienen. Schon von daher waren eine umfassende theologische Entfaltung oder gar spekulative Durchdringung des Erbsündenglaubens von vorneherein kaum zu erwarten. Zweitens sind die gefundenen Entscheidungen – im Blick auf die am Konzil selbst beteiligten theologischen Richtungen – als *Kompromißformeln* zu werten, die zwar den fortgesetzten Streit der mittelalterlichen Schulen vermeiden, aber den gemeinsamen Nenner, den sie markieren, auch mit einem Verlust an positivem Aussagegehalt und gelegentlich sogar dem bewußten Verzicht auf weitere Präzisierung bezahlen. Drittens sind die Kanones als *Verteidigungsformeln* zu verstehen, die nicht zuerst nach dem mit der anderen Seite Gemeinsamen suchen, sondern die verderblichen Irrtümer vom katholischen Glauben abwehren sollen, wobei man nun in Trient allerdings auf die Verurteilung von Personen verzichtet und es bei der Abweisung von Lehren beläßt. Aber damit war ein angemessenes Verständnis der jeweiligen Kritik oder gar der hinter ihr stehenden Grundposition noch keineswegs garantiert. Im Gegenteil: Ob das Trienter Konzil die reformatorischen Auffassungen überhaupt richtig getroffen habe, wurde und wird ja anhaltend diskutiert. Aber zu welchem Urteil darüber man immer gelangen mag, ist doch dreierlei in Rechnung zu stellen: zum einen die (auch äußerlich) begrenzten Möglichkeiten mancher Konzilsteilnehmer, sich mit dem theologischen Hintergrund der anstehenden Fragen gründlich vertraut zu machen, sodann Luthers eruptiver und eigenwillig-dialektischer Denkstil sowie seine oft polemisch zugespitzte Sprache, die sich für ein Verstehenwollen seiner Lehre nicht gerade günstig auswirkten, und nicht zuletzt auch die dringliche pastorale Zielsetzung des Konzils, das ja auf die öffentlichen Auswirkungen der Reformation in Frömmigkeitspraxis und durchschnittlicher Verkündigung antworten mußte und diese deshalb – zuweilen mehr als die reformatorische Lehre – auch im Blick stehen hatte.

Das schon am 17. Juni 1546 verabschiedete Dekret über die Ursünde enthält sechs Kanones, in die eine theologisch-biblische Begründung jeweils eingearbeitet ist. Auf den 6. Kanon müssen wir nicht eingehen, weil er ein eigenes mariologisches Interesse verfolgt und für das Erbsündenverständnis sonst nichts hergibt. Wohl aber ist noch das 1. Kapitel des Rechtfertigungsdekrets zu beachten – nicht nur wegen seines inhaltlichen Beitrags zum Erbsündenthema, sondern weil es auch die Erbsünden- und die Rechtfertigungslehre in einer Weise verbindet, die der Reihenfolge beider und ihrem

Sachzusammenhang, nämlich der Ausrichtung der Erbsünden- auf die Gnaden- bzw. Rechtfertigungslehre, wie sie sowohl in den Texten von Orange als auch der *Confessio Augustana* vorliegen, entspricht.

Die kurze Einleitung des Dekrets läßt deutlich die Intentionen durchblicken, die aus der beschriebenen Situation des Konzils resultierten. Da „der beständige Feind des Menschengeschlechtes […] neben sehr vielen Übeln, durch die die Kirche Gottes in diesen unseren Zeiten verwirrt wird, auch über die Ursünde und ihr Heilmittel nicht nur neue, sondern auch alte Streitereien entfacht" hat, beschließt das Konzil die folgenden Kanones „in der Absicht, nunmehr daran zu gehen, die Irrenden zurückzurufen und die Wankenden zu stützen" und mit seinen Aussagen „den Zeugnissen der heiligen Schriften, der heiligen Väter und der voll anerkannten Konzilien sowie dem Urteil und der Übereinstimmung der Kirche selbst" zu folgen (DH 1510). Die Erklärungen beginnen damit, daß *Kan. 1* die Folgen der Sünde Adams beschreibt und zwar zunächst die für ihn selbst. Es sind dies der Verlust der „Heiligkeit und Gerechtigkeit, in die er eingesetzt worden war", der zugezogene „Zorn und die Ungnade Gottes", deshalb auch die schon zuvor angedrohte Strafe des Todes und mit ihm die „Knechtschaft unter der Gewalt […] des Teufels" sowie die Wandlung des ganzen Adam „dem Leib und der Seele nach zum Schlechteren" hin (DH 1511). *Kan. 2* verurteilt sodann die Behauptung, „die Übertretung Adams habe nur ihm und nicht seiner Nachkommenschaft geschadet", also die verlorene „Heiligkeit und Gerechtigkeit" sei „nicht auch für uns verloren; oder er habe, befleckt durch die Sünde des Ungehorsams, ‚nur den Tod' und die Strafen ‚des Leibes auf das ganze menschliche Geschlecht übertragen, nicht aber auch die Sünde, die der Tod der Seele ist'" (DH 1512). Daß sich beide Kanones sehr eng und weithin wörtlich an den 1. und 2. Kanon von Orange anlehnen, ist unübersehbar – nur daß sie ihre Aussagen (besonders über Adam) vervollständigt haben und sie aufgrund der Unterscheidung der Folgen der Sünde Adams für ihn selbst und für die Nachkommen in strengerer systematischer Anordnung bieten. Durch die Bezeichnung der übertragenen Sünde als Tod der Seele wird wieder ihr Schuldcharakter bekräftigt und sie zugleich von der Strafe des leiblichen Todes deutlicher unterschieden. Auch fehlt der begründende Hinweis auf Röm 5,12 nicht – nur daß das Vulgata-Zitat durch die Erwähnung des auf alle Menschen übergegangenen *Todes* jetzt (gegenüber Orange) korrigiert ist. Da unter den Folgen für Adam nun auch eigens die Knechtschaft unter der Gewalt des Teufels genannt wird und da andererseits bei der Sünde (in

Kan. 2) natürlich ebenfalls die Herrschaft des Teufels bzw. die Macht der Sünde sowie der Zorn Gottes mitgedacht sind, ist eine vollständige Entsprechung der Aussagen beider Kanones erreicht. Ihre wichtigste Neuerung jedoch liegt nun darin, daß statt wie in Orange vom Verlust der Freiheit jetzt von der verlorenen „Heiligkeit und Gerechtigkeit" die Rede ist, womit sich – wie sich noch weiter bestätigen wird – gegenüber *Augustinus* und der Synode von Orange die im Mittelalter wieder stärker beachtete Unterscheidung von *libertas* und *liberum arbitrium* endlich die gebührende Geltung verschafft. Mag sein, daß mit „Heiligkeit" die auch übernatürliche Bestimmtheit des verlorenen Zustands angedeutet sein soll; sicher jedoch ist, daß das Konzil mit dem gegenüber dem Wort „erschaffen" (*creatus*) weit unbestimmteren Ausdruck „eingesetzt" (*constitutus*) einem erneuten Streit über die mittelalterliche Frage, ob der Mensch nur *in naturalibus* oder auch schon *in gratuitis* erschaffen wurde, bewußt aus dem Weg gehen wollte. Über den Übertragungsvorgang schließlich verlautet in beiden Kanones noch nichts – es sei denn, man wollte in der Beschreibung des die Sünde übertragenden Adam als selbst „befleckt durch die Sünde des Ungehorsams" einen Nachklang der mittelalterlichen „Infektionstheorien" oder eine Anspielung auf sie erkennen.

Erst in *Kan. 3* wird – erstmals in einem lehramtlichen Text! – die Übertragung selber zum Thema – und dies in einer Weise, die mehrere Abgrenzungen und spannungsvolle sachliche Intentionen in *einer* Aussage miteinander verbindet. Die weiteren Aussagen des Kanons betreffen nämlich – so zuvor die wohl wichtigste Formulierung des ganzen Dekrets – die „Sünde Adams, die ihrem Ursprung nach *eine* ist und, durch Fortpflanzung, nicht durch Nachahmung übertragen, allen – einem jeden eigen – innewohnt" (*Adae peccatum, quod origene unum est et propagatione, non imitatione transfusum omnibus inest unicuique proprium*). An diese somit feststehende Kennzeichnung der Ursünde und ihrer Übertragung, die mit der Formel *propagatione transfusum* nicht weniger als die unbedingte Erlösungsbedürftigkeit aller Menschen als Ausgangspunkt festschreibt, kann sich entsprechend einsichtig die weitere Aussage anschließen, daß diese Ursünde weder „durch die Kräfte der menschlichen Natur" noch „durch ein anderes Heilmittel hinweggenommen [wird] als durch das Verdienst des einen Mittlers, unseres Herrn Jesus Christus". Und kaum weniger wichtig die dritte Aussage, denn auf sie läuft der ganze Kanon ja zu: daß nämlich dieses „Verdienst Christi Jesu selbst durch das in der Form der Kirche rechtmäßig gespendete Sakrament der Taufe sowohl Erwachsenen als auch kleinen Kindern zugewendet wird"

(DH 1513). Während nun die beiden letzten Aussagen kommentarlos verständlich sein dürften, ist die erste noch zu erläutern. Mit der Feststellung zunächst, das *peccatum originale* sei in seinem Ursprung zwar *eines*, aber zugleich in allen und jedem zu eigen, wird die schon erwähnte Lehre des *Albert Pigge* und *Ambrosius Catharinus* abgewiesen, das *peccatum originale* sei numerisch eines und allein Adam innerlich zu eigen, uns aber werde es nur von Gott imputiert. Auch liegt man sicherlich richtig, wenn man in jener Feststellung die Absicht des Konzils wahrnimmt, auf das „Willentliche“ des *peccatum originale* auch bei den Nachkommen Adams zu deuten und wenigstens insofern die Möglichkeit offenzuhalten, trotz seines Unterschieds zu den aktuell-persönlichen Sünden, seiner Übertragung *propagatione* sowie des ziemlich physisch klingenden Ausdrucks *transfusum* noch seine Schuldhaftigkeit behaupten zu können. Die Sünde *Adams* ist von Geburt an in jedem Menschen und doch die Sünde *eines jeden* Menschen! Was sodann die antipelagianische, schon augustinische Formulierung *propagatione, non imitatione* betrifft, so richtet sie sich aktuell natürlich gegen *Erasmus von Rotterdam*. Zugleich soll die an dieser Stelle sicher bewußte Bevorzugung des relativ vagen Begriffs *propagatione* (Fortpflanzung, Abstammung) statt etwa *generatione* (Zeugung) eine Festlegung auf Augustins Übertragungstheorie verhindern und überhaupt allzu sexuelle Konnotationen vermeiden. Was will und kann dieser Begriff aber, wenn er dem *imitatione* und wohl auch dem *generatione* nur entgegengesetzt ist, dann eigentlich *positiv* besagen? Wir kommen darauf zurück.

Um die Konsequenzen aus der Heilsnotwendigkeit der Taufe eigens für die Neugeborenen voll auszuziehen, wird in *Kan. 4* vollständig der 2. Kanon der Synode von Karthago zitiert. Bekräftigt wird also, um nur dies zu erinnern, daß auch die kleinen Kinder schon von Geburt an etwas „von einer Ursünde aus Adam“ auf sich ziehen, was „durch das Bad der Wiedergeburt gesühnt“ werden muß und zwar ausdrücklich, obwohl sie „in sich selbst noch keine Sünde begehen konnten“, gesühnt „gleich vom Mutterleibe weg“ durch die „Taufe zur Vergebung der Sünden“, womit erneut die Strafwürdigkeit und der Schuldcharakter der zugezogenen Sünde betont sind. Auch der begründende Hinweis auf Röm 5,12 in der (nunmehr vollständig zitierten) Vulgata-Übersetzung wird wiederholt – einschließlich der (nun auch gegen *Erasmus* gerichteten) Anweisung, diese Stelle im Sinne der überall verbreiteten katholischen Kirche zu verstehen: als Aussage über die Erbsünde also. Außer einer weiteren biblischen Begründung (Joh 3,5) sind dem übernommenen Text noch zwei Präzisierungen eingefügt: daß nämlich die Taufe auch für Kinder, die „von getauften Eltern stammen", notwendig sei und für sie notwendig eben deshalb sei, „um das ewige Leben zu erlangen". Wenn übrigens gegen Ende des Kanons der Ausdruck *generatio* begegnet, ist doch seine Korrelation zum Begriff *regeneratio* in demselben Satz zu beachten, durch die wohl auch der erste Begriff eine theologische Qualifizierung erfährt, die über den rein biologischen Horizont hinausweist (DH 1514).

Kan. 5 endlich bietet das Ergebnis der Auseinandersetzung mit *Luther* um das Wesen der Konkupiszenz. Es geht um das Verhältnis der Zustände vor und nach der Taufe, um die Reichweite ihrer Wirksamkeit näherhin im Blick auf das Andauern der Begierlichkeit noch im Getauften und die Frage nach deren Sündhaftigkeit. Verurteilt wird zunächst, wer leugnet, „daß durch die Gnade unseres Herrn Jesus Christus, die in der Taufe übertragen wird, die Strafwürdigkeit (*reatum*) der Ursünde vergeben wird"; desgleichen wer behauptet, „es werde nicht all das, was den wahren und eigentlichen Charakter von Sünde besitzt, hinweggenommen, sondern sagt, es werde nur abgekratzt oder nicht angerechnet". Daß gerade dieser Text den Schuldcharakter des *peccatum originale* nun endlich auch terminologisch eindeutig bezeichnet (*reatum*), scheint wohl bedacht: ist der Vergebungsgedanke doch wesentlich auf den Schuldbegriff bezogen. Auch leuchtet ein, daß ein bloßes Abkratzen oder Nichtanrechnen der Sünde ihre Wurzel im Menschen unberührt ließe. Entschieden aber ist damit zugleich, daß die Begierde, sofern sie ja in den Getauften noch dauert, nicht den „wahren und eigentlichen Charakter von Sünde" besitzen kann. Es wäre ja auch, besonders im Blick auf das Erlösungswerk Jesu Christi, geradezu ungeheuerlich, wenn man Gott nicht die restlose Verzeihung der Ursünde zutrauen wollte. Warum dann aber überhaupt noch das Andauern der Begierde in den Getauften? Die Antwort darauf greift das alte Modell der Schilderung der Großtaten von Wettkämpfern und Heiligen auf: „Daß aber in den Getauften die Begehrlichkeit bzw. der Zündstoff bleibt, bekennt und verspürt dieses heilige Konzil; da sie für den Kampf zurückgelassen ist, kann sie denen, die (ihr) nicht zustimmen und mit Hilfe der Gnade Christi Jesu mannhaft widerstehen, nicht schaden. Vielmehr wird sogar, ‚wer recht gekämpft hat, den Kranz erhalten' (2 Tim 2,5)". Daß schließlich Luther sich für seine Auffassung von der Konkupiszenz außer auf Augustinus auch auf Paulus berufen konnte, war den Konzilsvätern und Theologen natürlich klar. Also formulieren sie nochmals eine Verstehensanleitung für die Paulus-Lektüre: „Daß diese Begehrlichkeit – die der Apostel bisweilen ‚Sünde' […] nennt – Sünde genannt wird, hat die katholische Kirche [...] niemals (dahingehend) verstanden, daß sie in den Wiedergeborenen wahrhaft und eigentlich Sünde wäre, sondern daß sie aus der Sünde ist und zur Sünde geneigt macht. Wer aber das Gegenteil denkt: der sei mit dem Anathema belegt" (DH 1505).

Es liegt auf der Hand, daß die Auffassung des Konzils, der Mensch könne der Konkupiszenz auch nicht zustimmen, ihr mit Hilfe der Gnade widerstehen und sie erfolgreich bekämpfen, es eben dadurch, daß es deshalb die Konkupiszenz nicht schon zur Sünde erklärte und somit die Sünde, trotz der dauernden Begierde in den Getauften, auch nicht von der menschlichen Natur als solcher prädizierte, in einen Gegensatz dann auch zu Luthers angeschärfter Rede von der Verderbnis der *natura humana* bringen mußte, die zwischen der Sünde des Menschen und seinem Wesen häufig kaum noch zu unterscheiden schien. Und folgerichtig ist auch, daß zum Katalysator dieses Gegensatzes das Problem der menschlichen Freiheit wurde: hatte Luther doch den Grundirrtum des Pelagianismus, den er als die zentrale Häresie überhaupt betrachtete und auch den katholischen Theologen vorwarf, gerade darin gesehen, daß er den freien Willen an Stelle Christi zum Erlöser erhebe, weil er von einer „naturhaften Sündigkeit" (*vitium naturae*) nichts wissen wolle und meine, wir seien „in unserer Natur unversehrt" (*integri in naturalibus*)[250]. Explizit wird der Gegensatz dann im 1. Kapitel des Rechtfertigungsdekrets, das – wie schon angedeutet – die Aussagen des Erbsündendekrets in den Horizont der Rechtfertigungslehre überführt, indem es im ausdrücklichen Anschluß an das Dekret über die Ursünde die Konsequenz formuliert, daß infolge der Übertretung Adams alle Menschen „so sehr Sklaven der Sünde [...] und unter der Macht des Teufels und des Todes [waren], daß nicht nur die Heiden (nicht) durch die Kraft der Natur [...], sondern nicht einmal die Juden selbst sogar durch den Buchstaben des Gesetzes des Mose davon befreit werden und sich erheben konnten; gleichwohl" – so heißt es dann lapidar und beinahe überraschend – „war in ihnen der freie Wille (*liberum arbitrium*) keineswegs ausgelöscht worden [...], auch wenn er in seinen Kräften geschwächt und gebeugt war" (DH 1521).

Diese Aussage richtet sich nun nicht nur offenkundig gegen Luthers These vom *servum arbitrium*[251], sondern sie durchbricht auch an wichtiger

250 S. o. Anm. 224 und 246.

251 Kan. 5 des Dekrets über die Rechtfertigung tut dies zum Teil mit Luthers eigenen zugespitzten Worten, indem es ausdrücklich die Auffassung verurteilt, „der freie Wille

Stelle die augustinische Tradition und akzentuiert ebenso (um es vorsichtig auszudrücken) die Kanones von Orange über den Verlust der Freiheit in neuer und geradezu korrigierender Weise. Aber sie tut dies alles nicht durch den kontradiktorischen Widerspruch zu ihnen, sondern indem sie der Unterscheidung von *libertas* und *liberum arbitrium* wieder Geltung verschafft, deren sachliche Relevanz in der augustinischen Tradition kaum noch Beachtung fand. Und ich meine, daß man den damit erreichten theologischen Gewinn nicht herunterspielen und abschwächen sollte. Gewiß war bei dem zitierten Satz auch die pastorale Sorge der Konzilsväter im Spiel, im verwirrten Kirchenvolk nicht die Meinung aufkommen zu lassen, auf das eigene Bemühen komme es angesichts der alles allein vollbringenden Gnade gar nicht mehr an. Und unbestreitbar ist auch, daß das Konzil – wie *Otto Hermann Pesch* konstatiert – an keiner Stelle erklärt, „daß dieses Vermögen der freien Wahl von sich aus etwas zum *Heil* beiträgt". Doch formuliert Pesch selber dann weiter: „Wo es so klingt, handelt es sich immer um die schon zuvor von Gottes Gnade berührte Freiheit"[252]. Genau hier aber liegt der Punkt, um den es mir geht: nicht um eine ohne Gottes zuvorkommende und tragende Gnade ihr Heil wirkende oder dessen Anfang setzende menschliche Freiheit, sondern einzig darum, daß – wie ich es früher schon angesprochen habe – innerhalb des von Gottes Gnade begonnenen und ständig umfaßten Heils- und Glaubensgeschehens die Ursprünglichkeit der Freiheit des Menschen gewahrt bleibt, ohne die er weder Subjekt seines Glaubens noch des empfangenen Heiles sein könnte. Durch die Anerkennung des *liberum arbitrium* wird dem Menschen ja nicht nur das Wählenkönnen innerhalb der von der Sünde begrenzten Möglichkeiten *oder* innerhalb des von der Gnade, die über seine Grundausrichtung ebenfalls schon entschied, eröffneten Horizonts zugestanden, sondern auch sein Sichverhalten-Können *zur* Gnade gesichert. Das aber heißt: Gerade aufgrund der Ursprünglichkeit seiner wählenden Freiheit bringt der Mensch durchaus „sein Eigenes" in das Gnaden- und Heilsgeschehen ein – kommt doch erst in des Menschen Zustimmung die Gnade Gottes zu ihrem Ziel: eben in dem Ja, das allein der Mensch selber sprechen und auch Gott ihm nicht abnehmen kann. Genau dies meine ich heraushören zu dürfen, wenn

des Menschen sei nach der Sünde Adams verloren und ausgelöscht worden, oder es gehe nur um eine Bezeichnung, ja, eine Bezeichnung ohne Inhalt, schließlich um eine vom Satan in die Kirche eingeführte Erdichtung" (DH 1555).

252 *O.H. Pesch*, Frei sein aus Gnade (Anm. 159), 150.

Kan. 4 des Rechtsfertigungsdekrets die Meinung verurteilt, „der von Gott bewegte und erweckte freie Wille des Menschen wirke durch seine Zustimmung zu der Erweckung und dem Ruf Gottes nichts dazu mit, sich auf den Empfang der Rechtfertigungsgnade zuzurüsten und vorzubereiten, und er könne nicht widersprechen, wenn er wollte, sondern tue wie etwas Lebloses überhaupt nichts und verhalte sich rein passiv" (DH 1554). Immerhin erwies dieser Kanon Sprengkraft genug, um den theologischen Hauptbeleg dafür zu bieten, daß im sog. Gnadenstreit, der heftigsten und längsten katholisch-theologischen Auseinandersetzung in der Neuzeit, die Frage nach dem Verhältnis von Gottes wirksamer Gnade und der menschlichen Freiheit von neuem aufgerollt werden mußte[253].

Für das Problem der Verderbtheit der menschlichen Natur aber ergibt sich, daß beim Natur- bzw. Wesensbegriff ebenfalls – und zwar in einer der Differenzierung des Freiheitsbegriffs präzise entsprechenden Weise – zu unterscheiden ist: zu unterscheiden nämlich zwischen dem faktisch realisierten, durch seine geschichtliche Bestimmtheit konstituierten konkreten Wesen des Menschen, das verdorben und bis zur Unheilbarkeit durch sich selbst versehrt werden kann, einerseits und seinem geschöpflichen Wesen andererseits, das als solches unauslöschbar und unverlierbar ist[254], auch wenn es so verschüttet und sich selber entfremdet sein kann, daß es durch die Gnade erst wieder freigesetzt werden muß. Und da es nun eben die Ursprünglichkeit menschlicher Freiheit ist, die als konstitutive Bestimmung des (geschöpflichen) menschlichen Wesens mit diesem freigesetzt wird, und da erst diese Freiheit das Tun eines Menschen im eigentlichen Sinn zum *eigenen* Tun qualifiziert, kann er – anders als die Synode von Orange es zu sehen vermochte[255] – auch *von Natur aus* zum Heile beitragen – und zwar durch jedes konkrete Handeln, das durch seine (zu sich selbst befreite) Freiheit bestimmt ist. Mit Werkerei oder gar Selbstrechtfertigung hat dies nicht das Geringste zu tun: geht es doch allein um das der schon zuvor-

253 Dies wird u. in Kap. 15 ausführlich behandelt.

254 Vgl. o. Anm. 251.

255 Erinnert sei nur an Kan. 7, der entschieden und umstandslos die Auffassung abwehrt, „man könne durch die Kraft der Natur und ohne die Erleuchtung und Einhauchung des Heiligen Geistes [...] irgendetwas Gutes, das für das Heil des ewigen Lebens Bedeutung hat, in geeigneter Weise denken oder erwählen, oder der heilsamen Verkündigung [...] zustimmen" (DH 377). Natürlich geschieht dies alles *nicht ohne* die Gnade, aber gleichwohl kraft der menschlichen Natur. Vgl. auch Kan. 22: „Jeder hat aus dem Seinigen nur Lüge und Sünde" (DH 392).

gekommenen und weiterhin zuvorkommenden Gnade entsprechende und sie dankbar darstellende und bezeugende Handeln. Der absolute Primat der Gnade bleibt unangetastet, bestritten wird nur ihre *Allein*wirksamkeit.

Das engagierte Interesse, mit dem ich die Konzilsaussagen zur unauslöschlichen Freiheit des Menschen beachtet und erneut – nicht zuletzt in ökumenischer Absicht – für Differenzierungen sowohl im Freiheits- als auch dem Naturbegriff plädiert habe, ist gewiß zu verstehen: gehören die zitierten Stellen doch zu den eindeutigsten und wichtigsten lehramtlichen Belegen, auf die sich die vorliegende Anthropologie für ihren Grundansatz sowie ihr Bemühen um philosophische Vermittlung berufen kann. Und da sie eben die Folgen der Sünde Adams betreffen, waren wir mit ihnen – obwohl sie erst im Rechtfertigungsdekret begegnen – durchaus bei unserem Thema. Natürlich ließen sich an die Kenntnisnahme des Erbsündendekrets noch viele weitere diskussionswürdige Fragen anschließen. So vor allem, ob das Trienter Konzil die Lehre der Reformatoren denn überhaupt richtig getroffen hat. Gewiß etwa war es angebracht, die reale Wirksamkeit der in der Taufe applizierten Gnade, Erlösung und Verdienste Jesu Christi zu unterstreichen – die Redeweise vom Abkratzen oder Nichtanrechnen der Sünde jedoch mochte zwar irgendwelche Imputationsvorstellungen treffen, läßt aber nun wirklich kein tieferes Eindringen in den (oben schon angedeuteten) Sinn des *simul iustus et peccator* sowie Luthers Vergebungsverständnis erkennen. Zu prüfen wäre natürlich auch, wie weit die anscheinenden Gegensätze oder auch nur Mißverständnisse auf das Konto der unterschiedlichen Denkformen gehen: vor allem auf den (schon öfter angesprochenen[256]) Unterschied zwischen dem relationalen, an der Ausrichtung des aktuellen Selbstvollzugs orientierten Denken Luthers einerseits und der von der mittelalterlichen Theologie stärker geprägten, auf die relative Selbständigkeit der Person achtenden Denkform des Konzils andererseits. Oder auch, wie weit jene Gegensätze aus unterschiedlichen Denk*einstellungen* resultieren, wie sie etwa *Otto Hermann Pesch* als existentielles und sapientiales Denken gekennzeichnet hat[257]. Desgleichen die Erwägung, ob sich die gegensätzlichen Aussagen womöglich komplementär zuein-

---

256 Vgl. o. bei Anm. 247; außerdem o. Kap. 3.3 bei Anm. 271.
257 *O. H. Pesch*, Die Theologie der Rechtfertigung bei Martin Luther und Thomas von Aquin, Mainz 1967, 953. Zu den angesprochenen Fragen vgl. auch *G. Greshake*, Geschenkte Freiheit (Anm. 1), 76–80.

ander verhalten. Und nicht zuletzt natürlich die Frage, wie die damals empfundenen Differenzen heute beurteilt werden und wie weit ihre Überwindung im ökumenischen Gespräch schon gelungen ist. Dies alles einigermaßen angemessen zu erörtern, würde uns nun allerdings doch vom Hauptinteresse des gegenwärtigen Abschnittes wegführen müssen, weil das Erbsündendekret, zumal es in den ersten vier Kanones mit den Reformatoren ja einig geht und ihnen zumindest nicht widerspricht, dafür eine zu schmale Basis hergäbe. In der von ihm geführten Auseinandersetzung mit ihnen stand ja, um es nochmals zu sagen, nicht eigentlich die Existenz der Erbsünde, sondern im Gegenteil die Forderung der Reformatoren zur Debatte, „auf die Rechtfertigung hin die Erbsünde in ihrem vollen Umfang wieder ernst zu nehmen“[258]. Gestritten wurde inhaltlich nur „über die Wirkungen der Taufe und über die Bedeutung der nach der Taufe zurückbleibenden Konkupiszenz“[259]. Verlassen wir also nun die kontroverstheologisch-ökumenischen Aspekte des Dekrets und nehmen die vorerst zurückgelassene Frage wieder auf, was eigentlich in Kan. 3 die Formel *propagatione, non imitatione* positiv bedeute[260].

Eindeutig ist, daß die antipelagianische Aussage *non imitatione* auch die eigentliche Stoßrichtung des *propagatione* festlegt. Das Problem jedoch liegt darin, daß für die Absicht der Abwehr der alten und neuen Pelagianer die genannte Negation durchaus ausgereicht hätte und jedenfalls durch sie allein über den positiven Inhalt des *propagatione* noch nichts bestimmt ist. Warum aber erscheint dieses *propagatione* dann überhaupt? Doch offenbar deshalb, weil es auf den inneren Grund für das Nein gegen die Pelagianer hinweisen soll und dadurch klar werden kann, warum das *non imitatione* nicht genügt. Wie aber kann das *propagatione* dies leisten, solange es selbst nicht positiv bestimmt ist? Natürlich: Irgendetwas wird sich jeder bei diesem Wort denken: sind mit dem Ausdruck *propagatio* (Abstammung, Fortpflanzung) doch faktisch ein ihn schon prägendes gehaltvolles Bedeutungsfeld, verschiedene Sinnschichten und eine Menge mehr oder weniger ablösbarer Implikationen und Konnotationen verbunden, die im Prinzip alle aufgerufen und aktualisiert werden können und dies zum Teil, auf die

---

258 *H. Häring*, Die Macht (Anm. 1), 231.
259 *U. Baumann*, Erbsünde? (Anm. 1), 80.
260 Vgl. zum folgenden bes. *K. Rahner*, Theologisches zum Monogenismus: S I, 253–327; *H. Häring*, Die Macht (Anm. 1), 230–238; *H. Hoping*, Freiheit (Anm. 1), 280–284; *U. Baumann*, Erbsünde? (Anm. 1), 73–75.80–87.

eine oder andere Weise, unausweichlich auch werden. Auch die Konzilsväter brachten ihre jeweiligen Vorstellungen mit, die trotz aller Streitigkeiten darin übereinkamen, die Weitergabe der Adamssünde für einen naturhaften Vorgang zu halten, und die sie dennoch wohlberaten nicht definierten, weil das *peccatum originale* in den Adamiten, da es ja Schuld sein sollte, auf jeden Fall keine Natursünde sein durfte. In seinem frühen und wichtigen Aufsatz „Theologisches zum Monogenismus" stellt *Karl Rahner* fest, daß auf dem Tridentinum in der Tat „ziemlich ungeklärte Vorstellungen" darüber herrschten, „warum und wie die *generatio*, *propagatio* die Erbsünde übertrage. Die Vorstellung einer Infektion des gezeugten Fleisches in der *generatio* als Grund der Übertragung der Erbsünde ist noch durchaus verbreitet. Man ist also noch ziemlich weit entfernt davon, die *generatio* als reine, nicht ursächliche Bedingung für bloße Weitergabe der Erbsünde zu betrachten". Und Rahner fügt sogar noch hinzu: „Wenn man das ‚*propagatione*' als definiert nehmen würde, auch insoweit es mehr sagt als ‚*non imitatione*' [...], dann wäre es eigentlich konsequent zu sagen, es sei so zu nehmen, wie es von den meisten Konzilsvätern genommen wurde: im augustinischen Sinn der Verderbnis des Fleisches durch die libidinöse Zeugung als der nächsten Ursache der Schuldinfektion der Seele"[261]. Natürlich möchte Rahner gerade diese Konsequenz unter allen Umständen vermeiden. Die Möglichkeit dazu aber schafft er sich dadurch, daß er mit Hilfe der von ihm äußerst forcierten hermeneutischen Unterscheidung zwischen Aussage und strikter Aussageabsicht als verbindlich definierten Sinn des *propagatione* nur das *non imitatione* auszuweisen versucht und jedem, der mehr will, die Beweislast aufbürdet[262] – in der Tat eine Lösung, die Erleichterung verschaffte und auf breiter Linie rezipiert worden ist. So etwa deuten die Begriffe *propagatione* und *generatione* für *Urs Baumann* nur „im weitesten Sinne eine physische Wirksamkeit der Adamssünde an, die durch die Zeugung die Adamskinder irgendwie an der ersten Sünde verantwortlich beteiligt. Zurückgewiesen wird nur die Einengung dieses Zusammenhangs auf die moralische Ebene (Pelagianismus) und die Imputationslehre"[263]. Auch *Helmut Hoping* hält die Frage für entschieden, „ob ‚propagatione', sofern es Gegenstand der Definition ist, mehr besagt als ‚non imitatione', also mehr als die Aussage: jeder Mensch, sofern nicht

261 *K. Rahner*, Theologisches (Anm. 260), 270f.
262 Vgl. a. a. O. 269.
263 *U. Baumann*, Erbsünde? (Anm. 1), 80.

von Gott erlöst, ist von Anfang seines menschlichen Daseins an, d. h. aufgrund seiner Zugehörigkeit zur einen Menschheit, innerlich durch die Sünde bestimmt“[264].

Also doch, jedenfalls lehramtlich, eine Reduktion des verbindlichen Sinns von *propagatione* auf das *non imitatione*? Sofort kehren die schon gestellten Fragen zurück. Vor allem aber: Irgendeinen positiven Inhalt muß und wird doch jeder mit diesem Ausdruck verbinden. Auch Baumann, Hoping und übrigens schon Rahner[265] geben ihm ja schließlich noch ein Minimum an Gehalt. Aber wird jedes dogmatische Verständnis des in Kan. 3 nicht positiv bestimmten *propagatione* unvermeidlicherweise nicht zufällig und beliebig? Tatsächlich würde es dies, wenn es nicht doch ein Kriterium gäbe. Denn sicher ist laut den Konzilsäußerungen ja, daß die als strafwürdige Schuld verstandene, von Geburt an zugezogene Sünde der Adamiten eine Folge der Sünde Adams ist. Und offenkundig ist somit auch, daß durch das *propagatione* eben diese Beziehung zwischen der Sünde Adams und dem *peccatum originale* seiner Nachkommen angesprochen und bestimmt werden soll. Entscheidend muß also sein, ob das *propagatione* positiv und unbeschadet seiner von Haus aus unablösbaren Konnotationen so gedacht werden kann, daß jene Beziehung, d. h. die Übertragung des *peccatum originale* in einer Weise aufgehellt wird, die zugleich die Schuld der Adamiten von Geburt an einsehen läßt. Eben dies aber ist es, was das Tridentinum – ebenso wie die gesamte vorausgegangene Tradition seit Augustinus – nicht geleistet hat und – wie gleich noch deutlicher werden soll – nicht leisten *konnte*.

---

264 *H. Hoping*, Freiheit (Anm. 1), 283.

265 *K. Rahner*, Theologisches (Anm. 260) verweist auf die Absicht des Konzils, „die Existenz eines Schuldzustandes im voraus zur persönlichen Sünde festzulegen“ (267f), spricht auch „von einem durch ein geschichtliches Ereignis vielen im voraus zu ihrer je einzelnen Sündentat anhaftenden Sündenzustand“ (270) und nennt als Minimum des Erbsündengedankens „eine allgemeine, alle Menschen im voraus zu ihrer eigenen personalen Freiheitsentscheidung umfassende Unheilssituation, die dennoch Geschichte und nicht Wesensbestand ist, durch den Menschen geschehen und nicht einfach mit der Kreatürlichkeit gegeben ist“. Zum Begriff „Unheilsituation“ merkt er noch an, daß er „nicht den Charakter des eigentlichen Schuldzustandes in der Erbsünde verdunkeln“ solle, wohl aber besonders geeignet sei, sowohl „ihren Unterschied zur persönlichen Sünde hervorzuheben“ als auch deutlich zu machen, daß „die Universalität der Erbsünde […] den einzelnen als solchen vorausliegt“ (306).

Blick zurück und nach vorn

Das Fazit im Blick auf unsere Leitfrage ist ernüchternd. „Das Konzil lehrt die *Existenz* der ‚Erbsünde' in uns gegenüber den Neo-Pelagianern und deren volle Nachlassung und Tilgung in der Taufe gegenüber den Reformatoren"[266]. Aber es hat weder das *Wesen* der Erbsünde oder die Art ihrer *Sündhaftigkeit* noch die Weise ihrer *Übertragung* einsichtig gemacht. „Die Erbsünde hat", konstatiert *Hermann Häring*, „in etwa davon gelebt, daß man zwar klare tauf- und gnadentheologische Konsequenzen ziehen, das Problem der Theodizee [vermeintlich] beantworten und die Unheilserfahrung des Menschen artikulieren konnte, daß ihr Wesen als Sünde aber *nie eindeutig geklärt* wurde"[267]. Daß man auf eine Wesensbestimmung des *peccatum originale* von vorneherein sogar verzichtete, war schon problematisch genug, da man doch immerhin seine Existenz aussagte, es zugleich aber von seinen erfahrbaren Erscheinungsformen (Konkupiszenz), seinen Folgen (Tod, Gefangenschaft in der Sünde) wie auch von den aktuell-persönlichen Sünden bewußt unterschied. Aber auch eine Lehre, die sein Wesen in eins mit seiner Übertragung und seiner Schuldhaftigkeit hätte verstehen lassen, kam nicht zustande. „Es ist nicht möglich", so urteilt zu Recht *Franz Schupp*, „das kontradiktorische Gegenteil der abgelehnten Sätze als die ‚positive' Lehre des Konzils zu deklarieren. Es wurde ja ein Konsens nur über diese *Ablehnungen* erreicht, nicht aber bestand ein Konsens über die Position, von der her diese Ablehnung präzise begründbar wäre"[268]. Dabei lagen die einsichtig zu verbindenden Elemente durchaus bereit, das Konzil hatte sie ja alle nochmals betont: daß die Erbsünde mit dem Sündenfall Adams zusammenhänge und deshalb ihrem Ursprung nach *eine* sei, daß sie gleichwohl jedem Menschen als sein Eigenes von Geburt an inhaeriere und daß sie als solche nicht etwa nur Sündenstrafe, sondern wirkliche, selbst strafwürdige Schuld sei, obwohl von der aktuell-persönlichen Sünde unterschieden. Es sind dies dieselben Elemente, die schon konstitutiv waren für das, was ich als den „harten Kern" der augustinischen Erbschuldtheorie gekennzeichnet habe. Also hat das Konzil – obwohl es

266 *J. Weismayer*, „Erbsünde" und Sündenverflochtenheit in der theologischen Tradition und in den lehramtlichen Aussagen: *F. Dexinger* u. a., Ist Adam an allem schuld? Erbsünde oder Sündenverflochtenheit?, Innsbruck/Wien/Münster 1971, 281–363, 357.

267 *H. Häring*, Die Macht (Anm. 1), 225.

268 *F. Schupp*, Schöpfung (Anm. 1), 381.

dank der theologischen Vorarbeit des Mittelalters die augustinische Tradition in zwei wesentlichen Punkten (Konkupiszenz, Freiheit) korrigiert und durchbrochen und an anderen Stellen wenigstens gemildert hat – die eigentliche Erbschuldtheorie doch unangetastet gelassen, ja im bisher größten Umfang sogar dogmatisiert. Eine eigentliche Erbsündenlehre im Sinne einer jene Elemente kohärent erschließenden Einsicht jedoch ist dem Tridentinum so wenig wie der vorausgegangenen Überlieferung gelungen und *konnte* ihm gar nicht gelingen, weil der Widerspruch, den dann keine Theorie mehr aufzulösen vermochte, der augustinischen These bereits immanent war: eben der Ungedanke einer übertragbaren Schuld, das Dilemma, so *Leo Scheffczyk*, „daß ein Erbe keine verantwortliche Schuld erbringen und andererseits eine personale Schuld sich nicht vererben kann“[269]; die gedankliche und existentielle Zumutung also einer *objektiven* Schuld ohne subjektive Verschuldung[270]. Auch Kan. 3 des Erbsündendekrets von Trient, der lehramtlich erstmals die Übertragung des *peccatum originale* durch den Zeugungszusammenhang mit Adam thematisiert, löst die Aporie nicht, sondern läßt die widersprüchlichen Bestimmungen der Ursünde, die er in einem Satz zusammenzwingt, nur umso sichtbarer aufeinanderprallen. Auf der einen Seite das *origine unum est* und das nicht näher bestimmte *propagatione transfusum* – wie sollte man bei ihm, zumal die zugezogene Schuld vorfindlich ist, von Geburt an schon gilt und nicht etwa bloß imputiert wird, an etwas anderes denken können als einen naturhaften Vorgang? „‚Erbsünde‘ schmeckt hoffnungslos naturalistisch“, urteilte *Karl Barth*[271]. Auf der anderen Seite das *omnibus inest unicuique proprium*, das die Minimalbedingungen des Schuldgedankens möglichst nicht preisgeben möchte – ganz in Richtung eines personhaften, freiheitsbewußten Denkens, das die naheliegende Konsequenz einer Natursünde abwehrt, weil es die Sünde nicht bloß als „Eigenschaft, sondern Personbestimmung“ betrachtet[272]. Der so in Kan. 3 erneut hervorgetretene, schon im ganzen Abschnitt verfolgte Widerspruch ist nun aber nicht nur ein weiteres Mal ohne Lösung geblieben, sondern hat auch die Einsicht bestätigt, daß er nicht einmal *lösbar* ist: eben weil – wie schon am Ende des 1. Abschnitts bemerkt – Schuld ursprüngliche Selbstbestimmung der Freiheit ist. „Es ist

---

269 *L. Scheffczyk*, Art. Erbschuld (Anm. 159), 299.
270 Vgl. *U. Baumann*, Erbsünde? (Anm. 1), 86.
271 KD IV/1, 558.
272 Vgl. *E. Brunner*, Dogmatik II, Zürich ^{2}1964, 118f.

nicht zu verwundern", so noch einmal *Karl Barth*: „wo man – wie es da und dort geschehen ist – mit dem Begriff ‚Erbe' ernst zu machen versucht hat, da mußte der Begriff ‚Sünde' aufgelöst werden. Und umgekehrt: wo man [...] den Begriff ‚Sünde' ernst nahm, da mußte der Begriff ‚Erbe' bis zur Unkenntlichkeit umgedeutet, offen oder unter der Hand aufgelöst" werden. „Erbsünde ist – wenn beide Bestandteile des Begriffes ernst genommen werden – eine *contradictio in adiecto*, der gegenüber sich noch niemand anders als damit hat helfen können, daß er den einen oder den anderen dieser Begriffsteile faktisch eskamotiert hat"[273].

Wie aber, wenn gerade hier das Geheimnis der Erbsünde läge, wie etwa *Leo Scheffczyk* es zu bedenken gibt? So erinnert er an die kirchliche Verurteilung des *Bajus*, der mit Hinweis auf die als Sünde verstandene Begierde die Zugehörigkeit des „Willentlichen" zur Definition der Sünde bestritten und darum erklärt hatte, daß auch die Erbschuld ohne jede Relation zum freien Willen Adams, der hier als einziger in Frage kommen könnte, bestehe (DH 1946f). Dem tritt Scheffczyk, der mit der Kirche an jener Relation festhält, um den Schuldaspekt der Erbsünde nicht völlig preisgeben zu müssen, sehr offen mit dem Eingeständnis entgegen, daß eben die „Art und Weise dieser Relation [...] das eigentliche Geheimnis der Erbschuld" ausmache, „das sich einer vollständigen Erklärung widersetzt"[274]. Ich fürchte jedoch, diese Meinung fordert den Glauben an falscher Stelle: ist die Erbschuldtheorie doch zunächst einmal – dies konnten wir ja bei Augustinus verfolgen – eine theologische Konstruktion, die als solche weder Schonung vor kritischer Überprüfung noch wie ein wahres Geheimnis sogar Ehrfurcht verdient. Nicht als ob es kein konstruierendes theologisches Denken geben könnte, das tatsächlich bis an die Schwelle des Geheimnisses führt und dieses umso überzeugter dann anzuerkennen vermag. Doch geschieht dies mit rechten Dingen nur dann, wenn der Weg dorthin von einer begründeten Basis ausgeht und zugleich einer einsichtigen Notwendigkeit folgt – so wie es prototypisch bei der altkirchlichen Entwicklung der christologisch-trinitätstheologischen Dogmen der Fall war, sofern sie sich als Entfaltung wesentlicher sachlicher Implikationen

273 KD IV/1, 558.

274 *L. Scheffczyk*, Art. Erbschuld (Anm. 159), 301; vgl. a. a. O. 302, wo Scheffczyk formuliert, daß „die Erbschuld ein Geheimnis der übernatürlichen Ordung ist und deshalb in ihrer inneren Möglichkeit und in ihrem Wesen nicht positiv einsichtig gemacht werden kann".

des Glaubens an Gottes geschichtliche Selbstoffenbarung ausweisen lassen[275]. Kann die Erbschuldtheorie einen vergleichbaren Anspruch erheben?

Da ist, was zunächst ihre *biblische* Begründung angeht, die Kronzeugenstelle Röm 5,12 – eben die der Vulgata entnommene Fehlübersetzung, deren kirchliches Verständnis im Sinne der Erbschuldlehre das Tridentinum wie schon die Synode von Karthago zwar eigens anmahnt (DH 223; 1514), die aber die Begründung dieser Lehre inzwischen – und eigentlich schon seit *Erasmus*, der das Nötige dazu gesagt hat – nicht mehr zu leisten vermag. Dagegen hilft auch nicht der formell zutreffende Hinweis, daß jene Stelle samt der Interpretationsanweisung in Trient wie in Karthago erst *nach* dem Anathem angeführt wird und somit die angegebene Interpretation als solche nicht definiert sei[276]. Gott sei Dank, möchte man sagen – dennoch bleibt es dabei, daß Röm 5,12 dem Konzil zur Begründung der Erbschuldtheorie dienen sollte. Und eben für diese Funktion kommt die klassische Belegstelle nicht mehr in Betracht.

Da ist sodann die Verkoppelung der Erbschuldlehre mit der *Praxis der Säuglingstaufe*, begründungslogisch betrachtet ein offenkundiger Zirkel: Seit Augustinus legitimiert und stabilisiert die Erbschuldtheorie die nun als heilsnotwendig verstehbare Praxis der Kindertaufe „zur Vergebung der Sünden", durch die sie ihrerseits stabilisiert wird. Die Konsequenz kann nur sein, diese Verkoppelung endlich entschieden zu lösen – nicht zuletzt in Erinnerung an die zahllosen durch sie angerichteten pastoralen Verzerrungen und Schäden. Es ist ja keineswegs so, als ob die Kindertaufe das Modell der Tauftheologie überhaupt wäre und der Aspekt der Sündenvergebung so stark akzentuiert werden dürfte, daß sie die Eingliederung in die Heilsgemeinschaft der Kirche in den Hintergrund drängt[277]. Ein anderer, integrativerer und biblisch zumindest ebenso gut begründbarer tauftheologischer Ansatz ist – wie am Ende des 1. Abschnitts schon angedeutet – denkbar und faktisch auch im Vordringen begriffen. Nur müßte dies oft noch ausdrücklicher geschehen.

Und da ist schließlich die *systematische* Begründung der Erbschuldlehre, die bei Augustinus selbst noch aus ihrer unentbehrlichen Funktion

---

275 Dies soll eingehend in Kap. 14 geschehen.

276 So teils in klarstellender, anknüpfend-auswertender, teils in kritischer Absicht: *P. Schoonenberg*, Der Mensch (Anm. 1), 922; *J. Weismayer*, „Erbsünde" (Anm. 266), 349; *H. Hoping*, Freiheit (Anm. 1), 281; *F. Schupp*, Schöpfung (Anm. 1), 381; *U. Baumann*, Erbsünde? (Anm. 1), 82; *H. Häring*, Die Macht (Anm. 1), 227.

277 Vgl. *U. Baumann*, Erbsünde? (Anm. 1), 82f.

für die Vermittlung der unausweichlich gewordenen Prädestinationslehre mit der weiterhin intendierten Theodizee resultierte. Allerdings war auch diese Begründung schon insofern nicht zwingend, als Augustins lebenslange Suche nach der absoluten Theodizee eher ein Postulat seines unbedingten Vertrauens auf Gott verfolgte als ein theoretisch verwendbares Argument an die Hand gab. Entscheidender aber wurde es, daß man schon zu Augustins Lebzeiten seine ebenso unbiblische wie grauenerweckende Prädestinationslehre aufgab und deshalb zu Recht auch seine Gnadenlehre, aus der jene hervorging, zumindest modifizierte. Nach einer Begründung der Erbschuldlehre jedoch, die an Präzision und Konsequenz der augustinischen vergleichbar wäre und als wirklich systematische über bloße Autoritätsargumente hinausreichte, sucht man seither vergebens – es sei denn, man wollte als solche die durchweg beibehaltende Einordnung der Sünden- und Erbsündenlehre in den Horizont der Lehre von der Gnade ansehen, deren Heilsnotwendigkeit dadurch bestimmt und deren Größe umso mehr gerühmt werden konnte.

Damit sind wir nun endlich bei der schon mehrfach berührten Frage, ob die Erbschuld nicht als wesentliches *Implikat* des Glaubens an Jesu Christi unbedingte und *universale Heilsbedeutung* gelten müsse. Die in dieser Frage durchscheinende These kann freilich mit unterschiedlichem Anspruch auftreten. Als eher hermeneutische Anweisung läßt sich die Feststellung *Scheffczyks* begreifen, daß das „Verständnis der Erbschuld [...] nur zusammen mit der tieferen Erfassung des übernatürlichen Christusereignisses und seiner Anwendung auf das menschliche Wirklichkeits- und Selbstverständnis entfaltet werden" konnte und die so bewußt gewordene „radikale Erlösungsbedürftigkeit" des Menschen „die Erbschuld-Lehre nur zum negativen Ausdruck der lichten Wahrheit von der Erlösung" macht[278]. Bereits kriteriologisch und somit als These verwendet *Hoping* denselben Gedanken, indem er die neueren „Reformulierungsversuche" der Erbsündenlehre daran zu messen verlangt, „inwieweit ihre Interpretamente in der Lage sind, eine Schuldverfallenheit menschlichen Daseins zur Sprache zu bringen, die so radikal und universal ist, daß mit der Tradition der Kirche gesagt werden kann, jeder Mensch sei vom Anfang seiner Existenz an der Erlösung durch Jesus Christus bedürftig"[279]. *Pesch* endlich präsentiert die These mit expliziter Begründung. An den Texten von Orange versucht er

278 *L. Scheffczyk*, Art. Erbschuld (Anm. 159), 294.302.
279 *H. Hoping*, Art. Erbsünde (Anm. 159), 747.

zu zeigen, „daß die eigentlichen Argumente für die Erbsündenlehre […] systematischer Natur sind. Sie zeigen, daß man auch unter den neuen Verstehensvoraussetzungen das paulinische Zeugnis durchhalten will. Wir lesen etwa: Wer den Verlust der *Freiheit* leugnet, der leugnet *Christus* und den *Heiligen Geist* […] Wer also das Heil der *Natur* zuschreibt, der leugnet *Christus* […] Wenn man aber unter diesen Verstehensvoraussetzungen nun ‚weiß', daß der Mensch innerlich (!) seine Freiheit verloren hat und […] darum die ‚Natur' des Menschen […] ‚verderbt' ist; wenn Christus und der Heilige Geist *innerlich* wirken müssen, um diese Verderbnis zu heilen, dann ist die Auffassung von einer Sündigkeit, die, wenn nicht *durch* Geburt, so doch *mit* der Geburt, also infolge der Adamskindschaft Realität wird, unausweichlich. Diese Auffassung bestreiten müßte ja heißen […], daß jeder Mensch von Haus aus voll und ganz über seine Freiheit verfügt und höchstens im Laufe seines Lebens sie durch persönliche Sünde verscherzt. Diese Auffassung aber ‚leugnet Christus', weil dann die Möglichkeit nicht auszuschließen wäre, daß jemand seine Freiheit einmal *nicht* mißbraucht und damit wenigstens die Möglichkeit besteht, daß ein konkreter Mensch nach Adam Christi nicht bedarf. Will man also unter den anthropologischen Voraussetzungen Augustins den paulinischen Rückschluß von der Universalität und Überschwenglichkeit der Gnade Christi auf die Universalität der ‚Übertretung' von Adam her durchhalten, dann ist die Auffassung von einer Sünde, die durch leibliche Adamskindschaft auf uns kommt, unausweichlich, allen Folgeproblemen zum Trotz". In summa: „Im Zuge eines hermeneutischen Aneignungsvorgangs des paulinischen Zeugnisses von der Radikalität der Sünde entsteht das Lehrstück von der Erbsünde *in Funktion* des Zeugnisses von der Heilsbedeutung Christi"[280]. Und für Pesch tritt eben darin „der eigentliche und tiefste Grundimpuls der Erbsündenlehre, von dem auch heute nicht das geringste abgemarktet werden darf, ins helle Licht"[281].

280 *O. H. Pesch*, Frei sein aus Gnade (Anm. 159), 132f.

281 *O. H. Pesch*, Thomas von Aquin (Anm. 159), 272. – Peschs Argumentation ist ziemlich vertrackt, zwei Argumente spielen ineinander. Zum einen scheint der Erbschuldgedanke erforderlich, um die von Augustin beschriebene Sünden- und Gnadenerfahrung verstehen zu können. Das aber kann nur noch dann überzeugen, wenn man Augustins „Verstehensvoraussetzungen" uneingeschränkt teilt, und wäre selbst dann noch bestreitbar. Zugleich erscheint der Erbschuldgedanke als „Funktion des Zeugnisses von der Heilsbedeutung Christi", da er deren Universalität, die keine Ausnahme dulden darf, sichert. Im folgenden geht es nur um den zweiten Aspekt.

Ohne Frage verhält es sich so, daß Paulus an der Allgemeinheit der durch Adam in die Welt eingelassenen Sünde und ihrer Unheilsfolgen interessiert ist und sie herausstellt, damit die Universalität, Überschwenglichkeit und Heilsmacht der Gnade Gottes in Jesus Christus umso heller erstrahlen. Nur ist bei Paulus – was natürlich auch keiner der zitierten Autoren bestreitet – noch nicht von Erbschuld die Rede. Indessen ist auch schon seine Behauptung, daß „alle sündigten" (Röm 5,12), nicht ganz unproblematisch. Denn abgesehen von der Schwierigkeit, daß Sünde schon im Einzelfall nicht wirklich für andere erkennbar und erst recht ihre Allgemeinheit auf keine Weise und schon grundsätzlich – eben weil Sünde ursprüngliche Selbstbestimmung der Freiheit ist – nicht zu beweisen ist, sondern die Behauptung ihrer Universalität sich (für uns) nur in dem Maße, wie einzelne Menschen sich als Sünder bekennen, bestätigen kann[282] – es trifft auch nicht zu, daß die Erbschuld – wie die drei Zitierten nun allerdings, wenn auch mit unterschiedlicher Deutlichkeit, behaupten – als wesentliches Implikat des Glaubens an die universale Heilsbedeutung Christi, nämlich als deren anthropologische Voraussetzung, gelten müsse. Denn wiederum abgesehen davon, daß jeder Versuch, diese These zu beweisen, wohl auf einen Zirkel hinauslaufen müßte, bei dem Jesu universale Heilsbedeutung aus der Allgemeinheit der Sünde bewiesen würde und umgekehrt – es sprechen gegen die These auch schwerwiegende theologisch-inhaltliche Gründe. Zur Verdeutlichung muß ich hier aufgreifen, was schon im 10. Kapitel angemerkt wurde. Wenn nämlich gilt und ernst genommen wird, daß der Mensch nicht erst als Sünder, sondern schon wesenhaft, nämlich aufgrund seiner geschöpflichen Freiheit, ihrer unbedingten Bedürftigkeit und nicht erst ihrer Selbstverfehlung und Sünde der Gnade Gottes bedarf[283], und wenn sich zugleich einsehen läßt, daß Gottes seit jeher und unbedingt für die Menschen entschiedene Liebe doch nur durch die Vermittlung einer bestimmten, sie vollmächtig darstellenden menschlichen Existenz auch *für* die Menschen real und gewiß werden konnte, dann ist bereits damit die Heilsbedeutung Jesu Christi einschließlich seines Todes gerade in ihrer Universalität und Unbedingtheit hinreichend und ohne Zirkel bestimmt und theologisch vergewissert. Allerdings würde die Offenbarung dieser Liebe ohne Jesu Sterben einer definitiven Bestimmung entbehren: stellt doch im Zusammenhang von Jesu Verkün-

---

282 Vgl. dazu und auch zum folgenden Kap. 10.2 Anm. 60.
283 Vgl. o. Kap. 7.2.

digung, Tod und Auferweckung das Kreuzesgeschehen den im Äußersten vollzogenen Erweis der Feindesliebe Gottes, also der Unwiderruflichkeit seiner Vergebungsbereitschaft dar und begründet damit die vertrauende Hoffnung auf Gottes Vergebung in jeder Situation und für jeden, der ihrer bedarf (und auch bedürfen *wird*) – und das ist eben die Hoffnung darauf, daß Gott selbst immer wieder seine Gemeinschaft mit uns erneuert, in der allein die Erfüllung unseres unbedingt auf ihn hingeordneten Wesens besteht. Indessen ist damit, daß diese Hoffnung für jeden verbürgt ist, noch keineswegs gesagt, daß tatsächlich *alle* (im Sinne persönlicher Schuld, wie es Paulus Röm 5,12 behauptet) auch Sünder *sind*. Denn die Universalität der Heilsbedeutung Jesu, insbesondere auch der soteriologischen Bedeutung seines Todes, in dem Gottes Liebe sogar noch angesichts der sie negierenden Gewalt der Sünde ihre Unbedingtheit bewährte, bliebe auch dann voll gewahrt, wenn die Sünde *nicht* universal geworden wäre, Gott aber niemanden, auch nicht einen einzigen Sünder, von seiner Gemeinschaft ausschließen und zugleich alle wenn nicht sündigen (noch nicht oder nicht mehr sündigen), so doch jederzeit durch die Sünde gefährdeten Menschen nicht ohne die eröffnete Verheißung seiner unbedingten Vergebungsbereitschaft lassen wollte, in der menschliches Leben sich wahrhaft entfalten kann.

Der nächste Schritt dürfte nun folgerichtig und einleuchtend sein. Läßt sich nämlich die unbedingte und universale Heilsbedeutung Jesu Christi einschließlich seines Todes auch ohne den Rekurs auf die Allgemeinheit der Sünde einsichtig machen, dann braucht es auch keine Theorie, welche diese Allgemeinheit durch das Theorem einer notwendig alle betreffenden Schuld von Geburt an vor jeder Ausnahme sichert. Sofern die Erbschuldtheorie diese vermeintlich unentbehrliche Funktion erfüllte und daraus ihre systematische Begründung bezog, ist sie also auch auf diese Weise nicht mehr begründbar und somit, soweit ich sehe, überhaupt nicht systematisch begründbar[284]. Und ich füge nur nochmals hinzu, daß ich mit der Begründbarkeit der Allgemeinheit der Sünde, sei es durch den Erbschuldgedanken oder andere „Beweise“, doch keineswegs auch schon

284 Wenigstens erwähnt sei auch der nüchterne und sehr bedenkenswerte Einwand von *Urs Baumann*, daß es doch, wenn „die ‚Erbsündenlehre‘ das einzige taugliche Beweismittel für die Heilsbedürftigkeit des Menschen sein soll“, noch zu erklären bleibt, „wie es denn vor Augustin und Pelagius möglich war, Jesus Christus als die alleinige Heilsmöglichkeit zu begreifen“ (Erbsünde? [Anm. 1], 83).

diese Allgemeinheit, sondern nur die These bestreite, daß sie für den Glauben an die universale Heilsbedeutung Jesu Christi unentbehrlich sei.

Angesichts dieser Befunde, die bisher – wie nochmals betont sei – allein aus einer immanenten Kritik der Erbschuldtheorie resultieren, sehe ich nicht, wie es noch Aufgabe der Theologie sein könnte, diese Lehre zu rechtfertigen und weiter zu vertreten – es sei denn, die Theologie wollte sich in Gestalt eines bloßen Lehramtspositivismus von ihren spezifischen Aufgaben dispensieren. Da die Erbschuldlehre inzwischen mehr Probleme schafft als positive Einsicht und Orientierung vermittelt, belastet sie die Verkündigung eher, als daß sie ihr dient. Doch spreche ich mit einem solchen Fazit, wenn ich recht sehe, nur aus, was schon seit langem in Gang ist: daß man nämlich auf breiter Linie die klassische Erbschuldtheorie, insbesondere ihre Bestimmungen des *peccatum originale* als je eigener strafwürdiger Schuld und als *propagatione transfusum* hinter sich läßt, ohne ihr jedoch – und allein darauf richtet sich meine Kritik – klar den Abschied zu geben, was m. E. redlicher und angesichts ihrer subkutanen Fortwirkungen wohl auch erforderlich wäre. Bemerkenswert sind die Zurückhaltung und Behutsamkeit, die sich (erfreulicherweise) sogar die lehramtlichen Äußerungen zum Thema auferlegen. Zwar hat *Pius XII.* in *Humani generis* im Blick auf die damaligen Monogenismus-Debatten die erneute theologische Besinnung über die Erbsünde noch einmal davor gewarnt, daß „der Begriff der *Ursünde* [...] unter Hintansetzung der Definitionen von Trient verkehrt“ wird (DH 3891), doch hat dies jenen Definitionen keinen neuen nachhaltigen Einfluß verschafft. Das II. Vaticanum spricht in *Lumen gentium* noch davon, daß die Menschen „in Adam gefallen“ sind (LG 2), thematisiert in der Pastoralkonstitution aber vornehmlich die „Knechtschaft der Sünde“ und sagt über die Anfänge nur: „Obwohl in Gerechtigkeit von Gott begründet, hat der Mensch unter dem Einfluß des Bösen gleich von Anfang der Geschichte an durch Auflehnung gegen Gott und den Willen, sein Ziel außerhalb Gottes zu erreichen, seine Freiheit mißbraucht“ (GS 13). Der „Katholische Erwachsenenkatechismus“ findet den „Sinn der kirchlichen Lehre [...] gewahrt, wenn festgehalten wird, daß die Menschheit, welche eine Einheit bildet, bereits an ihrem Anfang das Heilsangebot Gottes ausgeschlagen hat und daß die daraus resultierende heillose Situation eine universale Wirklichkeit ist, aus der sich keiner aus eigener Kraft befreien kann“. Nicht mehr von so etwas wie Erbschuld ist die Rede, wohl aber von der „Solidarität aller Menschen“ in der „Situation der Heillosigkeit“

und von der allen innewohnenden „allgemeinen Sündhaftigkeit", welche die „wahre Zukunft" des Menschen, „die Gemeinschaft mit Gott, nicht mehr [zu] vermitteln" vermag[285]. Ich hoffe aus alledem schlußfolgern zu dürfen, daß man als Theologe nicht kirchlicher als das (gegenwärtige) kirchliche Lehramt sein muß.

Ähnliches wäre zu den theologischen Bemühungen zu sagen, Kurzformeln für den irreformablen Aussagegehalt der kirchlichen Lehre vom *peccatum originale* zu erstellen. Selten sind Definitionen wie die von *Johann Auer* geworden, dem „Erbsünde" als „der gottwidrige, schuldhafte Zustand [gilt], in dem alle Menschen nach heilsgeschichtlicher Ordnung wegen der Ursünde ihres Stammvaters und Hauptes Adam geboren werden"[286]. Typischer, für den Erneuerungswillen bezeichnend und entsprechend interpretationsoffener sind die Aussagen, die auf der Linie der folgenden liegen: „Der Mensch ist in seiner Sünde auch mit den Anfängen menschlicher Geschichte unbedingt solidarisch durch eine Solidarität, die tiefer gründet als in der nur relativen Macht schlechten Beispiels"[287].

Und was endlich die neueren Vorschläge zur „Reformulierung der Erbsündenlehre" betrifft, so habe ich wiederum kritisch nur anzumerken, daß ihre Bemühungen, soweit ich sehe, fast alle unter falscher Flagge firmieren[288]. Denn was sie verdienstvollerweise unter ihren jeweiligen, aber einander doch ergänzenden (psychologischen, soziologischen, existential-

---

285 Katholischer Erwachsenenkatechismus. Das Glaubensbekenntnis der Kirche. Hg. von der Deutschen Bischofskonferenz, Kevelaer 1985, 134f.

286 *J. Auer*, Art. Erbsünde (Anm. 159), 967. Aber auch etwa *H. Hoping* bemüht sich in seinem zeitgemäßen Formulierungsvorschlag, die essentiellen Bestimmungen des Tridentinums zu integrieren (Freiheit [Anm. 1], 284). Ebenso schon *K. Rahner*: s. o. Anm. 265.

287 *U. Baumann*, Erbsünde? (Anm. 1), 81.

288 Eine bewußte Ausnahme bildet der Neuentwurf von *H. Hoping*, Freiheit (Anm. 1), der sich dezidiert von Augustins aporetischer Konzeption des *peccatum originale* als „Naturbestimmung" absetzt (26), aber doch die wesentlichen Bestimmungen des Tridentinums wahren und durchdenken will. Denn ausdrücklich sieht er die Aufgabe heutiger Theologie darin, „die Vereinbarkeit einer universalen Schuldverfallenheit menschlichen Daseins vor aller individuellen Schuld und Sünde mit der neuzeitlichen Freiheitsidee" zu zeigen (30). Dabei darf die universale Schuldverfallenheit vor aller individuellen Schuld und Sünde nicht so gedacht werden, „daß dabei der Sündenbegriff für das peccatum originale praktisch aufgehoben wird. Auch das peccatum originale muß *Sünde*, ein Nein zur Gnade Gottes, und als Sünde unicuique proprium sein" (36). Ob Hoping mit dem Theorem der „transzendental-geschichtlichen Verweigerung" dieses Programm einlöst, wird noch zu diskutieren sein.

hermeneutischen, philosophischen und anderen) Aspekten tatsächlich erschließen, ist gerade nicht – dies sieht *Helmut Hoping* ja richtig[289] – die definierte klassische Erbschuldtheorie, sondern eher das, was ich den Themen „Disposition des Menschen zur Sünde“ und vor allem „Macht der Sünde“ zuordnen würde. Sie wären dann eigentlich Beiträge zu der am Ende des 1. Abschnitts und schon am Schluß des 10. Kapitels benannten Aufgabe, die weitgehende Behauptung des Paulus, daß faktisch „alle sündigten“, zwar nicht zu beweisen, ihr aber wohl eine hohe Plausibilität zu verschaffen. Das folgende Kapitel soll deshalb einige der schon fast klassischen Neuentwürfe an ihren eigenen Ansprüchen prüfen und zugleich fragen, ob und wieweit sie für die Bearbeitung jener Aufgabe zu beanspruchen wären. Dann könnten sie vielleicht auch dazu helfen, daß wir ein genaueres Wissen über wichtige Dimensionen, Einflußgefahren und Herrschaftsgestalten der Sünde gewinnen und ihnen – freigesetzt von der Gnade und von ihr gestärkt und geleitet – umso wachsamer und nach Kräften begegnen.

---

289 Aufgrund einer kritischen Untersuchung einiger repräsentativer Neuentwürfe zum Thema (a. a. O. 27–49) faßt Hoping zusammen: „Die Entwürfe von Schoonenberg und Rahner endeten in folgendem Dilemma: Die Freiheitssituation menschlichen Daseins mag durch die Sünde auch noch so bestimmt sein; sie bleibt der Freiheit des menschlichen Daseins in dem Maße äußerlich, wie diese nicht von sich her durch Sünde bestimmt ist. Entweder ist also schon die sündige Freiheitssituation der Grund für die Schuldverfallenheit menschlichen Daseins, dann wäre aber das Freiheitsprinzip aufgegeben (Schoonenberg); oder an diesem Prinzip wird festgehalten, dann kann die sündige Freiheitssituation nicht ein peccatum originale im definierten Sinne begründen (Rahner). Ein ähnliches Dilemma ergab sich bei dem Entwurf von Drewermann“ (286).

12. KAPITEL

„Da ist keiner, der nicht sündigt, nicht einer …“

Analyse und Kritik gegenwärtiger Erbsündentheologien und ihr Beitrag für das seit Paulus gestellte Problem

Von Georg Essen

1. Erbsündenbegriff und neuzeitliches Freiheitsbewusstsein. Annäherungen an Kant und Kierkegaard in systematisch-theologischer Absicht

Die neuzeitliche Kritik an der Erbsündenlehre entzündete sich zwar einerseits an den traditionellen Aussagemitteln, ließ jedoch andererseits den intendierten und durch sie zur Sprache gebrachten Gehalt keineswegs außen vor. Dabei konzentrierte sich die Kritik an der Begriffs- und Vorstellungswelt der traditionellen Erbsündentheorie vor allem auf die folgenden Aspekte. *Erstens* geriet die weltanschauungsbedingte Rahmung für die Rede von der Universalität und Allgemeinheit der Sünde ins Wanken. *Erasmus von Rotterdam* hatte als erster die verhängnisvolle, durch *Augustinus* wirkmächtige Fehlinterpretation von Röm 5,12 aufgedeckt, derzufolge das „in quo“ relativisch auf Adam zu beziehen sei, so dass schon in Adam alle gesündigt hätten (*in quo* omnes peccaverunt)[1]. Nun erfüllte allerdings dieser philologische Irrtum eine bestimmte Funktion in dem Versuch, den Zusammenhang der Sünde Adams, dem *peccatum originale originans*, mit den Sünden seiner Nachkommen, dem *peccatum originale originatum*, zu erhellen. Näherhin begründete Augustinus das Sündigen aller in Adam im Rückgriff auf die anthropologische Vorstellung der Einheit der Menschen in dem durch Fortpflanzung weitergegebenen menschlichen Leben. Vor diesem Hintergrund nun führte der (spätere) Augustinus die Allgemeinheit der Sünde in der Menschheit zurück auf die Weitergabe der Sünde im Generationszusammenhang und verbindet so die allgemeine Verbreitung der Sünde mit der Vorstellung ihrer Vererbung. Der hier greifbar werdende

1 Zur Auslegung von Röm 5,12–21 vgl. Kap. 10.2 und zur Kritik der augustinischen Erbsündenlehre vgl. Kap. 11.1.

„Biologismus der erblichen Übermittlung"[2] verband sich bei Augustinus mit der Auffassung, dass die Sünde Adams mittels der Konkupiszenz an alle seine Nachkommen übertragen wurde.

Im Horizont der wissenschaftlich gewordenen Welt der Neuzeit musste die Erklärung der Erbsündenlehre durch die ursprünglich von Augustinus konzipierte Vererbungstheorie in dem Maße fragwürdig werden, wie sich die Theologie auf den Problemdruck, den das Weltbild der Neuzeit erzeugt, einließ. Der Wegfall der traditionellen Kosmologie und mit ihm die Etablierung eines historisch-kritischen Begriffs von Geschichte, die Verwissenschaftlichung der Anthropologie sowie die Durchsetzung der Evolutionstheorie ließen Zweifel an den Denkmitteln und Vorstellungsweisen aufkommen, die die Schuldogmatik mit der Erbsündenlehre verbunden hatte.[3] Denn die traditionelle Deutung des Zusammenhangs zwischen der Ursprungssünde Adams und den Sünden seiner Nachkommen war mit einer Reihe anderer Elemente verknüpft, auf denen wiederum die Triftigkeit des Erbsündenbegriffs beruht hatte; sie galten als notwendige Voraussetzung für das Dogma von der Erbsünde: Die Schöpfungs- und Sündenfallgeschichte von Gen 2 und 3 wurde realgeschichtlich und mithin der Sündenfall Adams als historisches Ereignis aufgefasst. Dazu gehörte ebenfalls die Vorstellung von einem paradiesischen Zustand zu Beginn der Menschheitsgeschichte.[4] Die historische Fixierung der Ursünde auf den Beginn der Menschheitsgeschichte wiederum erzwang ein Festhalten am Monogenismus, demzufolge die Menschheit von einem Menschenpaar abstammte. Der Monogenismus sicherte zudem den generativen Zusammenhang aller Menschen in der Sünde, sofern und weil die Erbsünde auf demselben Weg der natürlichen Zeugung fortgepflanzt werde wie die menschliche Natur.

Die Stützung des Erbsündenbegriffs durch vormoderne Aussagemittel bot in der Neuzeit keinen Weg mehr für die verstehende Aneignung und Vergegenwärtigung des mit der Erbsündenlehre gemeinten Gehalts. Die Befunde der Evolutionstheorie sowie das paläoanthropologische Wissen über

---

2 *P. Ricœur*, Die „Erbsünde" – eine Bedeutungsstudie: *ders.*, Hermeneutik und Psychoanalyse. Die Konflikte der Interpretationen. Bd. II, München 1974, 140–161, hier: 151.

3 Vgl. beispielsweise den paradigmatischen Aufriss bei *L. Ott*, Grundriss der Dogmatik, Freiburg [10]1981, 114–139 passim.

4 Die Urstandslehre beinhaltet eine besondere übernatürliche Ausstattung der ersten Menschen mit sogenannten präternaturalen Gaben. Zu ihnen wurde die Freiheit von der Konkupiszenz, die Freiheit vom Leiden, die leibliche Unsterblichkeit sowie ein besonderes eingegossenes natürliches und übernatürliches Wissen gezählt. Vgl. ebd.

die Prozesse der Hominisation lassen keinen empirisch überprüfbaren Raum, um so etwas wie eine Ursünde am Anfang der Menschheitsgeschichte unseren Begriffen von historischer Wirklichkeit zuzurechnen. Aber noch für *Karl Rahner* beispielsweise spielte die Vorstellung eines Sündenfalls am Anfang der Menschheitsgeschichte zur Begründung des *peccatum originale* eine wichtige Rolle; „Adam“ bezeichnet für ihn die ursprungsgebende und geschichtseröffnende Menschheit.[5] Dieser Befund ist bereits ein wichtiger Hinweis darauf, dass sich die katholische Theologie des 20. Jahrhunderts kaum auf die Denkangebote der neuzeitlichen Philosophie eingelassen hatte.[6] Denn auch ganz unabhängig von den Ergebnissen der human- und naturwissenschaftlichen Forschung hat die mit *Reimarus* einsetzende historisch-kritische Bibelexegese gezeigt, dass ein historisierendes Verständnis der aitiologischen Sündenfallerzählung nicht haltbar ist! *Immanuel Kant* und *Sören Kierkegaard* dürfen, neben vielen anderen nach ihnen, als Gewährsleute gelten, das historische Verständnis von Gen 3 im Nachvollzug der anthropologischen Wende der Neuzeit subjektphilosophisch zu reformulieren. Das Historische, heißt es bei Kant, sei lediglich die „Vorstellungsart, deren sich die Schrift bedient, den Ursprung des Bösen als einen Anfang desselben in der Menschengattung zu schildern“. Hermeneutisch entscheidend ist Kant zufolge der moralische Nutzen, und der lautet: „Mutato nomine de te fabula narratur“, „Unter gewandeltem Namen wird dir in der Sache berichtet“.[7] Und bei Kierkegaard heißt es lapidar: „Der Mythos lässt im Äußerlichen geschehen, was innerlich ist“.[8] Kant und Kierkegaard stehen, wie sich zeigen wird, paradigmatisch für philosophische Ansätze, das Verhältnis von *peccatum originis* und *peccatum originale* und folglich den mit dem Begriff der Erbsünde intendierten Sachverhalt ohne Rückgriff auf ein einmaliges, urgeschichtliches Ereignis reformulieren zu wollen.

---

5 Vgl. *K. Rahner*, Die Sünde Adams: S IX, 259–275; vgl. *ders.*, Grundkurs des Glaubens. Einführung in den Begriff des Christentums, Freiburg u. a. 1976, 116f. Zu Aussagen des Lehramtes zur Theorie des Monogenismus aus jüngerer Zeit vgl. *H. Hoping*, Freiheit im Widerspruch. Eine Untersuchung zur Erbsündenlehre im Ausgang von Immanuel Kant (ITS 30), Innsbruck u. a. 1990, 283f.

6 Vgl. *Hoping*, Freiheit (Anm. 5), 27–51.

7 *I.* Kant, Rel, A 44, Anm. B 43.46.

8 *S. Kierkegaard*, Der Begriff Angst. Eine schlichte psychologisch-andeutende Überlegung in Richtung auf das dogmatische Problem der Erbsünde von Vigilius Haufniensis (1844): *ders.*, Der Begriff Angst, Vorworte (Gesammelte Werke [hg. v. *E. Hirsch/H. Gerdes*], Abt. 11, 12), Gütersloh ^{3}1991, 1–169, hier: 45.

Allerdings beschränkte sich – *zweitens* – die Kritik an der traditionellen Denkform der Erbsündenlehre keineswegs auf die Fragwürdigkeit des ihr zugrundegelegten Weltbildes. Vielmehr zielte die neuzeitliche Kritik mit ihrer fundamentalanthropologisch und vor allem ethisch motivierten Infragestellung der Vererbungstheorie dezidiert auf den zentralen Gehalt des Erbsündenbegriffs selbst, sofern sich in dem Begriff der Erbsünde der Erklärungsanspruch dieser Theorie terminologisch verdichten sollte: Weil das Verstehen der Universalität und Allgemeinheit des Sündenverhängnisses durch einen Rückgriff auf naturalistische Kategorien versucht wurde, findet in diesem Begriff, so *Karl Barth*, eine *contradictio in adiecto* statt, weil die Freiheitskategorie der „Schuld" durch die Verwendung der Naturkategorie des „Erbens" näher bestimmt werden sollte.[9]

An der in der augustinischen Traditionslinie greifbaren Tendenz, die Erbsünde als einen naturalen, respektive ontologischen Defekt des Menschen aufzufassen, empörte sich die optimistische Aufklärungsphilosophie, zu deren Ideal einer Perfektibilität des Menschen die Vorstellung einer konstitutionellen Verstrickung in die Sünde so gar nicht passen wollte. Bekanntlich verwahrte sich *Johann Wolfgang von Goethe* gegen die Vorstellung, es gebe etwas radikal Böses, und kritisierte diesbezüglich Kant: „Dagegen hat aber auch Kant seinen philosophischen Mantel, nachdem er ein langes Menschenleben gebraucht hat, ihn von mancherlei sudelhaften Vorurteilen zu reinigen, freventlich mit dem Schandfleck des radikalen Bösen beschlabbert, damit doch auch Christen herbeigelockt werden, den Saum zu küssen."[10] Hintergrund dieser Polemik dürften, vom Aufklärungsoptimismus des späten 18. Jahrhunderts abgesehen, unter anderem auch die kosmotheistischen Reserven der Religion der „Goethe-Zeit" sein, die der theistisch begründeten Rede von Schuld und Sünde ohnehin skeptisch gegenüberstand.[11]

Friedrich Schiller beispielsweise rühmte den Sündenfall als die „glücklichste und größte Begebenheit der Menschheitsgeschichte", weil sich in der Tat des Ungehorsams das Freiheitsbewusstsein entzündet und mit ihr der Entschluss, ein auf Vernunft gegründetes Menschsein zu führen.[12] Auch

9 *K.* Barth, KD IV/1, 558.

10 *J. W. v. Goethe* an Caroline Herder, 7. Juni 1793: *ders.*, Gedenkausgabe der Werke, Briefe und Gespräche (hg. v. *E. Beutler*), Bd. 19: Briefe der Jahre 1786–1841, Zürich 1946, 213.

11 Vgl. *G. Essen/Chr. Danz* (Hg.), Pantheismusstreit – Atheismusstreit – Theismusstreit. Philosophisch-theologische Kontroversen im 19. Jahrhundert, Darmstadt 2011 [im Druck].

12 Vgl. *F. Schiller*, Etwas über die erste Menschengesellschaft nach dem Leitfaden der

Immanuel Kant hat in seinem Aufsatz „Mutmasslicher Anfang der Menschheitsgeschichte“ aus dem Jahre 1786, der einige Jahre vor seiner Religionsschrift erschienen war, eine spekulative Deutung der Sündenfallgeschichte vertreten. Für ihn ist Adams Fall der Übergang „aus dem Gängelwagen des Instinkts zur Leitung der Vernunft, [...] aus der Vormundschaft der Natur in den Stand der Freiheit“.[13] Und bei beiden, bei Schiller wie bei Kant, finden wir Ansätze zu einer teleologischen Einordnung des moralisch Bösen wie des physischen Übels in den Gesamtverlauf der Freiheitsgeschichte.

Die barsche Zurückweisung der Erbsünde, aber auch die freiheitsoptimistischen Umdeutungsversuche der Ursprungssünde, fallen allesamt in das Revolutionszeitalter. Die Französische Revolution markierte als „Geschichtszeichen“ (Kant) den Durchbruch der bürgerlichen Freiheiten; die Menschenrechte und das Recht auf Religionsfreiheit erhalten Verfassungsrang. Auf diese revolutionären Errungenschaften hat der Heilige Stuhl schon sehr früh kritisch reagiert. *Papst Pius VI.* hatte in seinem Breve „Quod Aliquantum“ von 1791 die französische Erklärung der Menschenrechte scharf verurteilt und die im Rahmen einer republikanischen Verfassungsordnung geschützten bürgerlichen Freiheiten als ein Prinzip zurückgewiesen, das mit dem katholischen Glauben nicht vereinbar sei. Dabei beruft er sich an entscheidender Stelle auf die infralapsarische Verfasstheit des Menschen als Folge der Erbsünde. Die damit verbundene konstitutionelle Schwäche menschlicher Freiheit verlange den Gehorsam des Einzelnen und legitimiere herrschaftsständische Ordnungsprinzipien.[14]

Die hier sich anbahnende und politisch sich artikulierende Entfremdung der römisch-katholischen Kirche vom neuzeitlichen Freiheitsverständnis ist auf ihre freiheitstheoretische Tiefenstruktur hin durchsichtig zu machen. Die Freiheit der Moderne erfasst sich, spätestens seit Kant, in dem Sinne als autonom, dass sie in der Unbedingtheit des eigenen Wesens

---

mosaischen Urkunde: *ders.*, Sämtliche Werke 4 (Historische Schriften. Aus Grund der Originaldrucke, hrsg. v. *G. Fricke/H. G. Göpfert*), Darmstadt [6]1980, 767–783, hier: 769.

13 Vgl. *I. Kant*, AMg, A 12f.

14 Vgl. *Pius VI.*, Breve „Quod Aliquantum, 10. März 1791: *A. Utz/B. v. Galen* (Hg.), Die Katholische Sozialdoktrin in ihrer geschichtlichen Entfaltung. Eine Sammlung päpstlicher Dokumente vom 15. Jahrhundert bis in die Gegenwart, III (Originaltexte mit deutscher Übersetzung), Aachen, 1976, 2652–2729 (= cap. XXVI). Zum Kontext vgl. *G. Essen*, Religious Foundation of Human Rights? Adding Complexity to a Master Narrative: *Chr. J. Emden/U. Steiner/M. Vöhler* (Hg.), Humanism and Revolution. The Eighteenth Century and Its Transatlantic Legacy, Heidelberg 2011 [im Druck].

den Verbindlichkeitsgrund moralischen Sollens aufdeckt. Autonomie ist demensprechend die Selbstbindung des Willens aus moralischer Einsicht. Der Begriff der Moralautonomie wirkt wiederum zurück auf die infragestehende traditionelle Erbsündenlehre. Das neuzeitliche Hauptargument gegen sie entspringt dem existentiellen Ernst der sittlich gebundenen Freiheit. Der Widerspruch entzündet sich an der augenscheinlich aporetischen Struktur des Erbsündenbegriffs, der mit naturalen Kategorien zu denken beansprucht, was *ab ovo* dem Begriff der Freiheit unterstellt ist. Denn Schuld ist, wird es schließlich bei *Kant* heißen, keine „transmissible Verbindlichkeit"; eine Sündenschuld sei vielmehr das „allerpersönlichste".[15] Von allen „Vorstellungsarten", sich die Verbreitung und Fortsetzung des Moralisch-Bösen zu denken, sei folglich „die unschlicklichste: es sich, als durch Anerbung von den ersten Eltern auf uns gekommen, vorzustellen".[16] Stärker noch und vehementer als die Konfrontation mit den Ergebnissen der modernen Wissenschaften dürfte das Freiheitsdenken der Neuzeit die überlieferte Erbsündenlehre erschüttert haben.

„… der faule Fleck unserer Gattung". Kants Lehre vom radikalen Bösen

Die nunmehr anstehende Auseinandersetzung mit Kants Lehre vom radikalen Bösen verbindet neben einem systematischen, das im Vordergrund steht, auch ein philosophiehistorisches Interesse. Kants Vernunftkritik, für die der Begriff der Freiheit den „Schlussstein von dem ganzen Gebäude" ausmacht[17], gilt zurecht als die maßgebliche Selbstauslegung des neuzeitlichen Freiheitsbewusstseins. Diese Auffassung behält ihr Recht, obwohl bereits die erste Generation der philosophischen Kant-Rezeption sich daran machte, den Kantischen Theorierahmen vollständig umzubilden und dabei insbesondere auch die epistemologischen Grundlegungszusammenhänge unter Einschluss des transzendentalen Methodenbegriffs neu zu konzeptualisieren. Dieser Hinweis ist für eine Aufnahme der Kantischen Lehre vom radikal Bösen insofern relevant, als Kants transzendentale Reflexion die unbedingte Akutalität des von ihm nur seiner Form nach bestimmten sittlichen Willens nicht erhellt hatte. Damit wird das von Kant freiheits-

15 *I. Kant*, Rel, B 95.
16 *I. Kant*, Rel, B 41.
17 *I. Kant*, KpV, A 4.

theoretisch eröffnete Potential nicht vollends ausgeschöpft, den Anfang und die Allgemeinheit der Sünde in das Selbstverhältnis des Menschen zu setzen, um dann im Rahmen einer anthropologischen Strukturanalyse die Sündhaftigkeit des Menschen auf ihre intrinsisch subjekthafte Möglichkeitsbedingung hin zu untersuchen. Dieses methodische Defizit wird im Rahmen meiner Überlegung dadurch aufgefangen, dass die Traditionslinie von Kant über *Kierkegaard* hin ausgezogen wird. Aber diese Denkanstrengungen, die über Kant hinausführen müssen, dürfen selbstredend nicht hinter das mit ihm erreichte Reflexionsniveau zurückfallen. Denn Kant hat, über die Dimension der Wahl- oder Entscheidungsfreiheit hinaus, eine Tiefenschicht im Verständnis der Freiheit freigelegt, die das Wesen des Menschen betrifft und auf jene Form sittlich gebundener Selbstbestimmung zielt, die seit Kant die Autonomie des Willens heißt. Sollen nämlich die Sphären von Humanität und Moralität – und mit ihnen die „Fehlbarkeit des Menschen" (*Paul Ricœur*) – in ihrer spezifisch *menschlichen* Dignität als möglich gedacht werden, ist Freiheit als ihr unbedingter Grund anzusetzen. Weil in dem so gefassten Begriff der Freiheit etwas so Wesentliches über den Menschen zu Bewusstsein gebracht worden ist, ist auch für die Theologie die Aufgabe nicht länger abzuweisen, das *peccatum originale* als Freiheitsbestimmung zu denken. Dabei markiert Kants transzendentalphilosophische Grundlegung des Freiheitsbegriffs auch dann noch das Problemniveau, auf dem die heutige Theologie zu argumentieren hat, wenn wir, wie angedeutet, aus philosophischen wie theologischen Gründen nicht bei Kant werden stehenbleiben können. Ein Weiteres kommt hinzu! Gegenläufig zu der bereits vermerkten Tendenz namentlich der Aufklärung, durch seine freiheitsoptimistische Funktionalisierung das Böse faktisch zu verharmlosen, ist Kants Religionsschrift als energischer Einspruch gegen eine idealistische Depotenzierung des Bösen zu würdigen. Eine Auseinandersetzung mit Kant zwingt im Blick auf eine theologische Auseinandersetzung mit der Freiheitsgeschichte der Neuzeit folglich zu Differenzierungen gegenüber einer katholischerseits nahezu schon habituell gewordenen Polemik, die neuzeitliche Philosophiegeschichte *in toto* als eine Aneinanderreihung von Verharmlosungsversuchen des Bösen zu verzeichnen.[18] Sehr zum Schaden ihres eigenen Problembewusstseins hat die katholische

18 Für eine differenzierte Auseinandersetzung vgl. *C.-F. Geyer*, Leid und Böses in philosophischen Deutungen, Freiburg u. a. 1983; ferner *R. Safranski*, Das Böse oder Das Drama der Freiheit, Frankfurt ^{6}2004.

Theologie auch dort, wo sie bestrebt war, sich den Herausforderungen des neuzeitlichen Freiheitsdenkens zu stellen, versäumt, eine Neuinterpretation der kirchlichen Erbsündenlehre in ebenso kritischer wie konstruktiver Auseinandersetzung mit Kant zu suchen.[19]

Es kann im Folgenden nicht das Ziel sein, Kants Lehre vom radikalen Bösen vollständig darzustellen, und erst recht nicht, auf die Vielzahl von Detailproblemen einzugehen, die mit der Interpretation dieser Lehre verbunden sind. Die nun anstehende Aufgabe besteht vielmehr darin, ausgehend von Kants Bestimmung, die Möglichkeit des Bösen ausschließlich dem Menschen als einem der moralisch-praktischen Selbstgesetzgebung fähigen Wesen zuzusprechen, die Argumentationswege auszuloten, auf denen Kant den von der augustinisch-traditionellen Fassung abgelösten Gehalt der Erbsündendoktrin anzueignen versucht. Da er an der Universalität und Allgemeinheit der Sünde, ihrem Verhängnischarakter mithin, festhalten will, steht Kants Auseinandersetzung mit der Natursemantik im Mittelpunkt.

Interessant ist, dass Kant in seinem Lehrstück über das radikale Böse nochmals auf die geschichtsphilosophische Betrachtungsweise, wie sie für seine Schrift über die „Anfänge der Menschheitsgeschichte" leitend war, zurückkommt. Dabei wendet er nun, in der Religionsschrift, die Frage, ob die fortschrittsoptimistische Deutung der Geschichte, ob mithin die „Welt [...] vom Schlechten zum Bessern [...] unaufhörlich (obgleich kaum merklich) fortrücke"[20], vom Geschichtsphilosophischen ins Anthropologische. Denn die positive Interpretation des Weltlaufs berufe sich auf eine „Anlage", die in der menschlichen Natur anzutreffen sei. Bereits einleitend markiert Kant mit großer Entschiedenheit, dass und warum eine naturalisierende Erklärung einer solchen Anlage zum Guten wie zum Bösen unmöglich sei. Die Frage, ob ein Mensch gut oder aber böse ist, muss auf das Vermögen eines zur Moralität, das heißt der autonomen Selbstbestim-

---

19 Vgl. *H. Hoping*, Freiheit (Anm. 5).

20 *I.* Kant, Rel, B 4. Im Folgenden zitiere ich Kants Lehre vom radikal Bösen nach der „zweyte[n] vermehrten Auflage" der Religionsschrift von 1794 [= Rel B] (Rel A: [1]1793). Die nachstehenden Verweise auf die Religionsschrift folgen dem üblichen Zitierverfahren Kantischer Schriften und erfolgen im fortlaufenden Text. Zu Interpretationen, die ich meinen Ausführungen zugrunde lege, vgl. vor allem *K. Konhardt*, Die Unbegreiflichkeit der Freiheit. Überlegungen zu Kants Lehre vom Bösen: ZphF 42 (1988) 397–416; *H. Meyer*, Kants transzendentale Freiheitslehre (Praktische Philosophie 51), Freiburg u. a. 1996, 157–177.

mung durch praktische Vernunft fähigen Wesens zurückverweisen. Um nun diesen Ort im Menschen näher zu bestimmen, der als Grund des Guten oder aber des Bösen anzusetzen wäre, führt Kant den Begriff der „Gesinnung" ein als den ersten subjektiven Grund für die „Annehmung" von Maximen. Eine Maxime aber ist eine „Regel, die die Willkür sich selbst für den Gebrauch ihrer Freiheit macht" (7; vgl. 14). Sofern nun der Grund des Bösen allein im „Actus der Freiheit" zu suchen ist (6), entspringt das Böse einer intelligiblen Tat und entzieht sich somit der Erfahrung ebenso wie der epistemischen Erklärung. Indem Kant daran festhält, dass das Böse seinen Bestimmungsgrund nur in dem moralischen Vermögen der Willkür haben kann, verfällt jeder Versuch einer Naturalisierung des Bösen der Kritik.

Dass Kants Lehre vom radikalen Bösen gleichwohl eine Auslegung des Satzes: „Der Mensch ist von Natur aus böse" (26) ist, hängt mit der genannten geschichtsphilosophischen Problemexposition zusammen, auf die er die Redeweise, der Mensch sei von Natur gut oder von Natur böse, zurückführt. Darum auch sind Kants Analysen nicht primär von einem individualgeschichtlichen Interesse geleitet, sondern gattungsgeschichtlich orientiert: „Dass wir aber unter dem Menschen, von dem wir sagen, er sei von Natur gut oder böse, nicht den einzelnen verstehen [...], sondern die ganze Gattung zu verstehen befugt sind: kann nur weiterhin bewiesen werden, wenn es sich in der anthropologischen Nachforschung zeigt, dass die Gründe, die uns berechtigen, einem Menschen einen von beiden Charakteren als angeboren beizulegen, so beschaffen sind, dass kein Grund ist, einen Menschen davon auszunehmen, und er also von der Gattung gelte" (14f). Mit anderen Worten: Kants Rückgriff auf die harmatologische Natursemantik dient eben jenem Zweck, den sie bereits in der traditionellen Erbsündentheorie erfüllen sollte, sofern der Begriff der Natur die Allgemeinheit der Gattung indiziert, in der ein jeder Mensch ohne Ausnahme ein Sünder ist. Entscheidend ist allerdings, dass Kant den Begriff der Natur, sofern er auf den des Bösen bezogen werden soll, freiheitstheoretisch bestimmt und somit *ab ovo* dem naturalisierenden Gefälle des traditionellen Erbsündenbegriffs nicht folgt. Am „Ausdrucke Natur" müsse sich nicht stoßen, wer unter der Natur des Menschen nur den subjektiven „Grund des Gebrauchs seiner Freiheit überhaupt" verstehe. Aber wenn Kant sofort unterstreicht, dass dieser subjektive Grund „vor aller in die Sinne fallenden Tat hervorgeht", ist deutlich, dass der Grund des Bösen nicht in einem „Naturtrieb" aufzusuchen ist, weil dann „der Gebrauch der Freiheit ganz auf Bestimmung durch Natursachen" zurückgeführt würde, „welches ihr aber widerspricht" (6f). Die Wendung „von Natur" bringe folglich lediglich zum Ausdruck, dass die Annehmung moralischer Maximen oder aber die Verwerfung derselben den Charakter der menschlichen Gattung ausdrücke. Auch die Metapher „angeboren" erhält begrifflich denselben Geltungssinn, weil mit ihr lediglich festgehalten werden soll, dass das Gute oder aber Böse im Menschen bloß in dem Sinne „angeboren" sei, „als es vor allem in der Erfahrung gegebenen Gebrauche der Freiheit (in der frühesten Jugend bis zur Geburt zurück) zum Grunde gelegt wird, und so, als mit der Geburt zugleich im Menschen vorhanden, vorgestellt wird" (8).

Was aber muss erklärt werden, wenn die Realisierung des Bösen als Vollzug von Freiheit gedacht werden soll? Moralisch gut ist der Mensch, wenn er das Gesetz der moralisch-praktischen Vernunft als alleinige, hinreichende und unüberwindliche, das aber heißt: als *unbedingte* Triebfeder seines Handelns in die Maxime seiner freien Willkür aufnimmt. Auch hier ist der Begriff der Maxime wiederum leitend, durch die Freiheit sich dazu bestimmen lässt, diese in ihren Vollzug aufzunehmen. Moralisch ist ein Mensch folglich dann, wenn er das Sittengesetz zum obersten Bestimmungsgrund der Maximen macht. Damit ist zugleich gesagt, dass das Einfallstor für das Böse in der Fähigkeit der Willkür besteht, überhaupt Maximen zu bilden und diese dann als handlungsleitende Triebfeder aufzunehmen. Also liegt folgerichtig der Grund des Bösen in der „Möglichkeit der Abweichung vom moralischen Gesetze" beschlossen. Die Trennlinie zwischen dem *objektiven* Grund des Guten und dem *subjektiven* Grund des Bösen ist in einem sehr präzisen Sinn die Differenz zwischen Autonomie und Heteronomie. Während der sittliche Vollzug seine Freiheit als Autonomie affirmiert, besteht der unsittliche Akt des Willens darin, dass er, indem er den Anspruch des moralischen Sollens negiert, seine Freiheit nicht als Autonomie affirmiert. Das aber ist, weil hier die Freiheit sich nicht selbst Gesetz ist, Heteronomie![21]

Die Unterscheidung eines objektiven von einem subjektiven Grund, durch den der Akt des Willens sich selbst zum Guten respektive Bösen bestimmt, indiziert eine Asymmetrie, die für das Böse relevant ist. Die Rede von einer „ursprünglichen Anlage zum Guten in der menschlichen Natur" (15) behält ja Kant zufolge ihr Recht, weil der Mensch als Persönlichkeit ein vernünftiges und der Zurechnung fähiges Wesen ist (vgl. 15). Als Persönlichkeit aber findet der Mensch, wie man vielleicht im Anschluss an

21 Vgl. *H. Meyer*, Freiheitslehre (Anm. 20), 160.

Kant interpretierend sagen könnte, in sich die „Anlage“ vor, ein Wesen zu sein, dessen Freiheit sich selbst Gesetz und sich damit als Aufgabe gegeben ist. Seiner Anlage zum Guten folgt der Mensch mithin darin, wenn er, dem Wesen seiner Freiheit gemäß, das „moralische Gefühl“ als Triebfeder in seine Maximenbildung aufnimmt (18).[22] Das gegenüber dem „Objektiven“ des sittlichen Willensakts festgehaltene „Subjektive“ eines unsittlichen Akts markiert die angedeutete Asymmetrie. Sie besteht, weil der unsittliche Willensakt nicht eigentlich in einer direkten Negation der als Autonomie bestimmten Freiheit besteht, in einem Ausbleiben der Affirmation. Der Mensch ist böse, weil die, wie es bei Kant heißt, „(gelegentliche) Abweichung vom Sittengesetz“ in dem Bewusstsein geschieht, dass das moralische Gesetz die Zustimmung zu ihm unbedingt einfordert (26f). Es ist die „Unredlichkeit, sich selbst blauen Dunst vorzumachen, welche die Gründung echter moralischer Gesinnung in uns abhält“ (38).

Dass folglich die Freiheit sich in einen Widerspruch zu sich selbst begibt, wenn sie sich dem Anspruch des sittlichen Sollens verweigert, bedarf einer Aufklärung, die Kant als „anthropologische[…] Nachforschung“ (15) durchführt. Als anthropologische Vermittlungskategorie, um den Fall in das Böse wenigstens soweit aufzuhellen, wie es unserer Erfahrung möglich ist, führt Kant den für die weitere Argumentation entscheidenden Begriff des „*Hangs zum Bösen*“ ein (20). Er bezeichnet die „Prädisposition“, die den Menschen habituell zum moralisch Bösen geneigt sein lässt. Um diesen Hang epistemologisch freizuhalten von naturalen Konnotationen, erläutert Kant, dass er, der Hang, „zwar angeboren sein kann, aber doch nicht als solcher vorgestellt werden darf“; der Mensch habe sich ihn „zugezogen“ (21). Hierin besteht denn auch ein Unterschied zur Anlage zum Guten, die „ursprünglich“ genannt wird, weil sie zur „Möglichkeit der menschlichen Natur“ gehört“ (20). Der Hang hingegen ist nicht „ursprünglich“, sondern „zufällig“, weil er nicht „notwendig“ zu den Möglichkeiten des menschlichen Wesens gehört. Denn es ist denkbar, dass der Mensch auch ohne diesen Hang als möglich vorgestellt werden kann (20). Der Hang zum Bösen ist folglich nicht „physisch“ zu bestimmen, weil er nicht zur Willkür des Menschen als eines Naturwesens gehört. Ein solcher physischer Hang wäre ein Begehren, das auf sinnliche Antriebe gegründet ist und folg-

22 Auch an dieser Stelle ist Kant sehr um Differenzierungen bemüht, um den Naturalismusvorwurf abzuweisen. Denn das „moralische Gefühl“ mache nur dann einen „Zweck der Naturanlage“ aus, wo es zur Triebfeder der Willkür werde (18).

lich freiheitstheoretisch unterbestimmt bliebe. Das aber bedeutet, dass der Hang zum *malum morale* stattdessen moralisch zu bestimmen ist, weil er als „zur Willkür desselben [sc. des Menschen; G.E.] als moralischen Wesens gehörig" zu denken ist. Also kann, weil der Hang zum Bösen aus der Freiheit „entspringt", nur, wie es unnachahmlich bei Kant schließlich heißt, „dem moralischen Vermögen der Willkür ankleben" (24f).

Dass Kant darauf besteht, auch die vermittelnde Kategorie eines „Hangs zum Bösen" als Produkt von Freiheit zu begreifen, leuchtet transzendentallogisch ein. Würde nämlich seine Konstitution nicht als Vollzug der Freiheit gedacht, wäre zweifelhaft, ob der Mensch auch tatsächlich verantwortlich wäre für die Möglichkeit sittlicher Selbstverfehlung. Also muss der subjektive Grund, sich in der Bildung von Maximen von Bestimmungsgründen leiten zu lassen, die nicht moralisch-praktisch sind, selbst Freiheit sein. An dieser Stelle führt Kant wiederum eine weitere Unterscheidung ein, um die Funktion, die der Hang zum Bösen für das Tun des Bösen hat, näher zu erläutern. Als subjektiver Bestimmungsgrund der Willkür gehe der Hang „vor jeder Tat" vorher und sei mithin „selbst noch nicht Tat". Verhielte er sich anders, wäre er nicht Hang zum Bösen, sondern das Böse selbst. Dann aber ließe sich, was ja zu beweisen ist, nicht aufhellen, warum der Mensch im Bewusstsein seiner Pflicht dem Bösen überhaupt zugeneigt ist. Der Hang ist mithin das „peccatum in potentia" (42). Ein Weiteres kommt hinzu! Der Hang zum Bösen ist Kant zufolge „der formale Grund aller gesetzeswidrigen Tat". Die eigentliche Tat des Bösen geschieht, wo ein Subjekt materialiter, das heißt objektbezogen in einem empirischen Tun gemäß der gesetzeswidrig bevorzugten Maxime handelt. Im Blick auf die infragestehende Erkennbarkeit markiert Kant den Unterschied zwischen der bösen Handlung selbst und dem Hang zum Bösen am Leitfaden seiner vernunftkritischen Dichotomie: Nur die böse Handlung selbst ist „sensibel, empirisch, in der Zeit gegeben". Der Hang zum Bösen hingegen ist „intelligibele Tat, bloß durch Vernunft ohne alle Zeitbedingung erkennbar" (26).

Es ist hier nicht der Ort, *en detail* den Beschreibungen Kants zu folgen, mit denen er phänomenologisch die „Unfähigkeit der Willkür" aufdeckt, das moralische Gesetz in seine Maxime aufzunehmen, es somit als unbedingten Zweck seines Handelns jedem bedingten Zweck vorzuziehen und also nicht, was böse wäre, „nachzusetzen" (23). Die Eskalation ins Böse hinein, die wir als fortschreitende Vertiefung schuldhafter Selbstverstrickung lesen müssen, reicht von der „Gebrechlichkeit", angenommenen Maximen zu folgen, über die „Unlauterkeit", der moralischen Triebfeder andere, nämlich außermoralische beizumischen, bis hin zur eigentlich moralischen „Bösartigkeit" respektive „Verderbtheit", die in der Annehmung böser Maximen besteht (vgl. 21f). An all diesen, auch existentiell dichten Annäherungen an das Phänomen des Bösen ist der Realismus Kants spürbar, der ernst nimmt, „dass die Welt im Argen liege" (3). Es lässt sich auch nicht gut leugnen, dass die Erfahrung überreichliche Kunde von den auf dem „verderbten Hang im Menschen" basierenden bösen Taten gibt (27f). Kant widerspricht Auffassungen, die von der natürlichen Gutartigkeit der menschlichen Natur überzeugt sind, ebenso wie der Überzeugung vom „gesitteten Zustand" der menschlichen Natur. Die „Menge schreiender Beweise", dass dem augenscheinlich nicht so ist, erspare den „förmlichen Beweis" (28). Das offenkundige Scheitern von Anthropologien, die unter Berufung auf die menschliche Natur einer Banalisierung des Bösen das Wort reden, zwingt Kant dazu, den Begriff der Natur als Erklärungsgrund sowohl des Guten als auch des Bösen abzuweisen. Das liefe auf eine Anthropodizee hinaus, die freilich der Würde des Menschen als Persönlichkeit zuwiderläuft, ein „vernünftige[s] und zugleich der Zurechnung fähige[s] Wesen" zu sein (15). Anders gewendet: Wer den Grund des Bösen in die Sinnlichkeit setzt, mache den Menschen, indem sie die Triebfedern, die aus der Freiheit entspringen können, wegnimmt, zu einem „bloß *tierischen*" (32).

Umso verwunderlich scheint, jedenfalls auf den ersten Blick, dass Kant gleichwohl die These vertritt, der Mensch sei *von Natur böse* (vgl. 26). Zudem nennt er auch den Hang zum Bösen einen „natürlichen" (vgl. 21). Letzteres geschieht aufgrund der bereits gemachten Beobachtung, dass Kant den Hang zum Bösen als „allgemein zum Menschen (also, als zum Charakter seiner Gattung) gehörig" bestimmt. (21). Dasselbe findet sich bei Kant auch in einer anderen, forcierter vorgetragenen Formulierung: „Man wird bemerken: dass der Hang zum Bösen hier am Menschen, auch dem besten (den Handlungen nach) aufgestellt wird, welches auch geschehen muss, wenn die Allgemeinheit des Hanges zum Bösen unter Menschen, oder, welches hier dasselbe bedeutet, dass er mit der menschlichen Natur verwebt sei, bewiesen werden soll" (23). Kant sieht Veranlassung dafür, den Hang zum Bösen als Teil der gattungsspezifischen Natur des Menschen anzunehmen. Zuvor hatte Kant bereits darauf insistiert, dass der Hang als „angeboren" zu denken sei, „weil er nicht ausgerottet werden kann". Der Grund hierfür ist zweifach. Einerseits bewegt sich der Hang in dem performativen Widerspruch, dass die Selbsttilgung des Hangs durch das Gute als die oberste Maxime bewerkstelligt werden müsste, „welche aber in jenem Hange selbst als böse angenommen wird". Andererseits und „vornehmlich aber, weil wir davon: warum in uns das Böse gerade die oberste Maxime verderbt habe, obgleich dieses unsere eigene Tat ist, eben so wenig weiter eine Ursache angeben können, als von einer Grundeigenschaft, die unserer Natur gehöret" (26).

Erst mit dieser letzten Aussagenreihe greift Kant, genau besehen, auf die Problemstellung zurück, die von der traditionellen Erbsündenlehre her vertraut ist: Der Hang zum Bösen gehört, obzwar der Freiheit entspringend, zur gattungsspezifischen Natur des Menschen.

Den Anschein, es verfalle der Aporie, wer an der Bestimmung festhält, das Böse sei, obwohl es uns selbst zugerechnet werden müsse, gleichwohl ursprünglich in uns da, vermeidet Kant durch zwei Argumentationsketten. *Zum einen* weist Kant, wo er am Naturbegriff festhält, einen univoken Gebrauch desselben strikt ab. Lediglich als Bezeichnung des allen Menschen als Gattung eigenen Wesens bezieht Kant den Naturbegriff auf das Vermögen des Bösen. Hingegen vermeidet er, die Natur als Inbegriff der empirischen Erscheinungen, als Gegenstand der sinnlich wahrnehmbaren Welt dem Begriff des Bösen beizumischen. Auf diesem Wege will Kant Äquivokationen in der Rede, der Mensch sei „von Natur" böse, ausschließen.[23] *Zum anderen* unterläuft Kant die drohende Aporie durch eine erkenntnistheoretische Differenzierung. Allein den Begriff des Moralisch-Bösen mit all seinen freiheitstheoretischen Implikationen macht Kant zum Gegenstand einer transzendentallogischen Analyse. Das von ihm herangezogene semantische Umfeld des Naturbegriffs hingegen – „natürlich", „radikal", „angeboren", „ursprünglich" –, mit dem er die gattungsspezifische Allgemeinheit des Bösen thematisiert, wird ausdrücklich aus den transzendentalphilosophischen Denkfiguren ausgeklammert. Dies wird dem Leser zumeist durch eingeflochtene Bemerkungen signalisiert, die ein „uns unerforschlich" eingestehen (vgl. 7, 46); desgleichen machen Einschübe wie „es sei, wodurch es wolle" (27), auf die prinzipielle Schranke der Erklärbarkeit aufmerksam. „Für uns ist also", heißt es dezidiert, „kein begreiflicher Grund da, woher das moralische Böse in uns zuerst gekommen sein könne" (47). Die Grenzen des Verstehens, die Kant markiert, sind prinzipieller Art, weil erkenntnistheoretischer Natur. Dies hat primär nicht mit dem Desiderat der Kantischen Vernunftkritik zu tun, derzufolge sich eine intelligible Tat respektive ein Vernunftursprung dem epistemischen Zugriff entzieht. Vielmehr ist für Kant die Bestimmung leitend, dass die Unableitbarkeit der freien Faktizität des Bösen nicht dem

23 Vgl. *H. Meyer*, Freiheitslehre (Anm. 20), 166.

erkenntnistheoretischen Verstande nach erklärt werden kann, der auf das Feld der Empirie beschränkt bleibt. Die Gesinnung nämlich, aus der heraus jemand im Bereich des Zeitlich-Empirischen sein Handeln bestimmt, ist dem Handeln selbst nicht abzulesen. Ein solches Tun könnte ja, wie Kant an mehreren Stellen ausführt, in einem regelkonformen Handeln bestehen, das nicht „rein aus Pflicht" getan würde. Der Schluss von einer beobachtbaren bösen Handlung auf einen bösen Menschen als deren Täter ist unmöglich, weil die dieser Handlung zugrunde liegende Umkehrung der sittlichen Ordnung in der Maximenbildung ihrerseits nicht Gegenstand der ans Sinnliche gebundenen Erfahrung ist (22; vgl. 5f.). Folgen wir Kant, stehen uns zur weiteren Aufhellung der infragestehenden Allgemeinheit des Bösen ausschließlich *phänomenologische* Annäherungen und Verständniszugänge zur Verfügung. Sie aber berufen sich – was Kant den Vorwurf der Inkonsistenz einbringen sollte[24] – auf das, was die *Erfahrung* „an den Taten der Menschen vor Augen stellt" (28).

Die Reformulierung der traditionellen Erbsündentheorie auf der Basis der bisherigen Erklärungen unternimmt Kant in zwei Anläufen. Er versucht – *erstens* – den vermeintlichen Widerspruch aufzuklären, dass der Hang zum Bösen, der einem jeden Menschen nur „zufällig" zugesprochen werden kann, sich so gar nicht „zusammen reimen" will mit der Auffassung über die „Allgemeinheit dieses Bösen" (27). Die Bestätigung für letzteres ist, wie angeführt, allein ein Urteil über den Menschen, „wie man ihn durch die Erfahrung kennt" (27). Dies aber legitimiert schließlich die Aussage, dass ein jeder Mensch wie die Menschheit als Ganze ein „radikales" Böses sein eigen nennen muss. Wobei das *„radikal"* hier die Tiefe der Verwurzelung indiziert, mit der der Hang zum Bösen mit der Menschheit „verwebt" sei: Der „tiefen Einwurzelung" in der Willkür wegen müsse man sagen, der Hang zum Bösen sei in dem Menschen von Natur anzutreffen (vgl. 31). Er wird als „angeboren" bezeichnet, weil die Erfahrung uns zu der Vorstellung zwingt, dieser Hang sei „mit der Geburt zugleich im Menschen" gegeben (8; 27). Von einer „angeborne[n] Schuld (reatus)" könne gesprochen werden, „weil sie sich so früh, als sich nur immer der Gebrauch der Freiheit im Menschen äußert, wahrnehmen läßt" (36f). Dieser Hang ist „natürlich" zu nennen, sofern und weil der Mensch, „in seiner Gattung betrachtet", gar nicht anders als böse beurteilt werden könne (27). Das rechtfertigt schließlich, von einem radikalen Bösen „in der menschlichen Natur"

24 Belege finden sich bei *K. Konhardt*, Unbegreiflichkeit (Anm. 20), 399f.

zu sprechen (27). Kant zufolge gibt es aber noch einen weiteren Anlass, das Böse „radikal" zu nennen. Denn es verderbe den „Grund aller Maximen" und zwar dergestalt, dass der Hang „durch menschliche Kräfte nicht zu vertilgen" sei (35). In der Konsequenz dieser Ausführungen findet Kant in der Erfahrung eine hinreichende Bestätigung für das, „was der Apostel sagt: ‚Es ist hier kein Unterschied, sie sind allzumal Sünder – es ist Keiner, der Gutes tue (nach dem Geiste des Gesetzes), auch nicht einer'" (39f; vgl. Röm 3, 22f).

Zweitens aber stellt sich Kant der Aufgabe, den „Ursprung des Bösen in der menschlichen Natur" zu erklären (39), ohne mit der traditionellen Vererbungstheorie auf die „unschicklichste" aller Vorstellungsarten zurückgreifen zu müssen (41). Die bereits angedeutete dichotomische Anlage der Kantischen Vernunftkritik führt dazu, dass er zwischen einem Vernunft- und einem Zeitursprung unterscheidet und die in der Zeit geschehene böse Handlung auf einen Ursprung hin befragt, der seinerseits nicht zeitlich gedacht werden darf. Der von Kant herangezogene Begriff des Vernunftursprungs zielt darauf, die Herkunft des moralischen Bösen *im* Menschen aufzusuchen und zwar – eben weil Schuld keine „transmissible Verbindlichkeit", sondern das „allerpersönlichste" (95) ist – in einem jeden Individuum. Folglich bezieht Kant die Frage nach dem Ursprung des moralisch Bösen auch nicht auf einen Anfang der menschlichen Gattungsgeschichte. Seine Auslegung der biblischen Sündenfallgeschichte zielt nicht auf historische Erkenntnis, sondern auf moralischen Nutzen. Was Kant zufolge in der historisierenden „Vorstellungsart" (41) von Gen 3 über die ersten Menschen und ihren Fall in die Sünde gesagt wird, gilt für einen jeden Menschen: Dass „in Adam" alle gesündigt haben, wird von Kant nicht genealogisch gelesen, sondern *individualphänomenologisch*: wir machen es „täglich eben so" (45). An die Stelle einer historisierenden Erklärung der Herkunft des moralischen Bösen muss folgerichtig der Versuch treten, dessen Ursprung in das Selbstverhältnis des Menschen zu setzen. Das „wirkliche Böse gegebener Handlungen" (42) will Kant auf seine inneren Möglichkeiten hin durchsichtig machen und fragt entsprechend, „woher das moralische Böse in uns zuerst gekommen sein könne" (47).

Vor dem Hintergrund der bisherigen Ausführungen leuchtet ein, dass für Kant der „Verfall vom Guten ins Böse" (50) nur der Freiheit entspringen kann, die ihrerseits dem Anspruch des moralischen Sollens unterstellt ist. Das aber macht den Fall unerklärlich und für uns unbegreiflich, weil doch die „ursprüngliche Anlage" des Menschen „eine Anlage zum Guten"

(46f) ist. Damit spielt Kant auf die bereits erwähnte Asymmetrie zwischen dem sittlichen und dem unsittlichen Willensakt an, weil die böse zu nennende Weigerung, das Sittengesetz unbedingt anzuerkennen, doch in dem Bewusstsein der moralisch gerichteten Vernunft geschieht. Die Verbindlichkeit des Sittengesetzes leugnen zu wollen, in dem Sinne, als ob der Mensch vom Gehorsam dem moralischen Gesetz gegenüber „entbunden" wäre, ist für Kant schlechterdings ein Ungedanke (31): „Der Mensch (selbst der ärgste) tut [...] auf das moralische Gesetz nicht gleichsam rebellischerweise (mit Aufkündigung des Gehorsams) Verzicht. Dieses dringt sich ihm vielmehr, kraft seiner moralischen Anlage, unwiderstehlich auf" (33). Folglich ist der Mensch in dem Augenblick einer jeden Handlung dem Sittengesetz unterworfen, von dem er sich als ein der Verantwortung und Zurechnung fähiges Subjekt nicht dispensieren kann. Diese Einsicht kann Kant auch dergestalt zuspitzen, dass eine jede böse Handlung so zu betrachten sei, „als ob der Mensch unmittelbar aus dem Stande der Unschuld in sie geraten wäre" (42). Damit widerspricht Kant zugleich einer Naturalisierung des Bösen, weil auch die Prägung des Vollzugs der Freiheit durch Natur- und Zeitursachen niemals an die Stelle des ursprünglichen Gebrauchs der Willkür treten kann. Und auch das Bestimmtsein durch vorangegangene böse Handlungen, die wir bis zur „Gewohnheit als anderer Natur" internalisiert haben mögen, entbindet nicht von der Pflicht, „sich zu bessern". Der vielfach auf Kant gemünzte Spruch: „Du kannst, denn du sollst!"[25], könnte sich auch auf die folgende Textstelle berufen, weil mit der Pflicht zur moralischen Besserung zugleich einhergeht, es auch zu können: „... es ist jetzt noch seine Pflicht, sich zu bessern: er muss es also auch können, und ist, wenn er es nicht tut, der Zurechnung in dem Augenblicke der Handlung eben so fähig und unterworfen, als ob er, mit der natürlichen Anlage zum Guten (die von der Freiheit unzertrennlich ist) begabt, aus dem Stande der Unschuld zum Bösen übergeschritten wäre" (43).

Was also ist nun der Ursprung des Bösen? Es ist keineswegs identisch mit dem Hang zum Bösen. Die Berufung auf ihn wäre an dieser Stelle zir-

---

25 Die berühmte Stelle aus der Kritik der praktischen Vernunft, auf die sich die genannte Formulierung gemeinhin beruft, lautet: „Aber der Heiligkeit der Pflicht allein alles nachsetzen, und sich bewusst werden, dass man es könne, weil unsere eigene Vernunft dieses als ihr Gebot anerkennt, und sagt, dass man es tun solle, das heißt sich gleichsam über die Sinnenwelt selbst gänzlich zu erheben, und ist in demselben Bewusstsein des Gesetzes auch als Triebfeder eines die Sinnlichkeit beherrschenden Vermögens unzertrennlich [...]". *I. Kant,* KpV, A 283f; vgl. auch ebd., A 54.

kulär, weil auch er seinen Ursprung in der Freiheit hat und folglich seine Macht, die Anlage zum Guten zu korrumpieren, dem Menschen zugerechnet werden muss. Grundsätzlich gilt: „das eigentlich Böse aber besteht darin: dass man jenen Neigungen, wenn sie zur Übertretung anreizen, nicht widerstehen *will*, und diese Gesinnung ist der wahre Feind" (69, Anm.). Es bleibt schließlich dabei, was Kant in immer wieder neuen Anläufen herausarbeitet: „Die Verkehrtheit des Herzens", die „Verstimmung unserer Willkür" (36, 46) oder wie immer Kant die selbstverschuldete Umkehr der sittlichen Ordnung der Triebfeder unseres moralischen Handelns bezeichnet, „bleibt uns unerforschlich" (46). Dabei korrespondiert diese Unbegreiflichkeit des moralisch Bösen mit der Unableitbarkeit seiner freien Faktizität. Kant hat, vermittelt durch eine Phänomenologie des Hangs zum Bösen, zwar nicht erklären, wohl aber plausibilisieren können, warum der autonom bestimmte sittliche Wille die gebotene bedingungslose Anerkennung des Guten verweigert. Dabei erhellt die Vermittlungskategorie des Hangs zum Bösen, dass die Affirmation des Sittengesetzes das zwar Gebotene, aber eben das nicht Selbstverständliche ist. Somit verfehlt die Freiheit, eben weil sie das Gute nicht unbedingt wählt, ihre Wesensbestimmung, auf die sie doch als Maß ihrer Realisierung angelegt ist, und gerät in einen Widerspruch mit sich selbst. Wobei die Berufung auf das Wesen der Freiheit keineswegs als Erklärungsgrund angesetzt werden darf. Diese Auffassung liefe, weil sie den Grund der Sünde in einem ontologischen Defekt der menschlichen Natur zu erblicken glaubt, auf eine Naturalisierung der Sünde hinaus. Folglich kann die im Wesen der Freiheit beschlossene Möglichkeit zur „Unterbestimmung"[26] allein als der Ermöglichungsgrund des Bösen angesetzt werden.

„Schwindel der Freiheit". Der Begriff der Erbsünde in Kierkegaards Angstanalysen

Als Vorbemerkung zu Kants Lehre vom radikalen Bösen wurde bereits auf deren Desiderata hingewiesen. Als misslich gilt insbesondere, dass Kants transzendentaler Freiheitsansatz keinen Theorierahmen bietet, um am Leitfaden einer anthropologischen Strukturanalyse die Sündhaftigkeit des Menschen auf ihre intrinsisch subjekthafte Möglichkeitsbedingung hin

26 *K. Konhardt*, Unbegreiflichkeit (Anm. 20), 411; vgl. ebd., 411–416.

durchsichtig zu machen. Diesen Weg, die Möglichkeit wie die Allgemeinheit der Sünde in das Selbstverhältnis des Menschen zu setzen, beschreitet hingegen Sören Kierkegaard. Dessen im „Begriff Angst" vorgelegte Rekonstruktion der traditionellen Erbsündenlehre darf wohl als der entschiedenste Versuch gewürdigt werden, die mit dieser Lehre indizierte Allgemeinheit und Universalität der Sünde im Medium genuin moderner, das aber heißt für Kierkegaard – wie bereits für Kant – freiheitstheoretischer Denkvorgaben zu reformulieren.[27] In Aufnahme und Weiterführung der Kantischen Einsicht in die unbedingte Gültigkeit der ethischen Verpflichtung menschlicher Freiheit bedenkt Kierkegaard das Wesen der Sünde im Ausgang von der ethischen Existenz, das heißt „der Bedingungen und der Möglichkeiten, konkret und faktisch ethisch zu existieren".[28] Ausgangspunkt hierfür ist im „Begriff Angst" die Einsicht, dass der Mensch als „Geist" bestimmt ist (42). Für den infragestehenden Sündenbegriff ist die freiheitstheoretische Struktur zu beachten, mit der Kierkegaard die Aufgabe des Menschen beschreibt, sich als Geist zu ergreifen. Die mit dieser Aufgabe gegebene Zirkelstruktur der Selbstwahl, derzufolge der Geist sich in seiner Tätigkeit sowohl zur Ursache wie zum Ziele hat, ist konstitutiv! Denn die Selbstsetzung ist die unableitbare und selbstursprüngliche, das heißt: nur durch sich selbst zu erklärende Tat der Freiheit. Diesen Akt bezeichnet Kierkegaard auch metaphorisch als „Sprung", um die im Entschluss zu sich begründete Wirklichkeit des als Geist bestimmten menschlichen Daseins zu bezeichnen. Dieser qualitative Sprung (vgl. 80) ist zugleich die Verwirklichung der im Geist gegebenen Möglichkeiten; in dem der Geist die in ihm beschlossenen Möglichkeiten ergreift, verwirklicht er seine Freiheit. In der Verlängerung dieser für Kierkegaard fundamentalen Einsicht wird er schließlich auch den Sündenbegriff einführen. Für Kierkegaard ist die Sünde eine ursprüngliche Selbstbestimmung subjekthafter Freiheit; Sünde ist eine Wirklichkeit, die ein jeder sich durch eigenes Tun zuzieht! Der Schuldcharakter gehört somit zu den unhintergeh-

---

27 Zum Verhältnis von Kant und Kierkegaard vgl. *H. Fahrenbach*, Kierkegaards ethische Existenzanalyse (als „Korrektiv" der Kantisch-idealistischen Moralphilosophie): *M. Theunissen/W. Greve* (Hg.), Materialien zur Philosophie Sören Kierkegaards (stw 241), Frankfurt 1979, 216–240. Zur nachfolgenden Kierkegaardinterpretation vgl. vor allem *M. Bongardt*, Der Widerstand der Freiheit. Eine transzendentaldialogische Aneignung der Angstanalysen Kierkegaards (FTS 49), Frankfurt 1995, 154–190. Die im Text genannten Seitenzahlen beziehen sich auf *S. Kierkegaard*, Begriff Angst (Anm. 8).

28 *H. Fahrenbach*, Existenzanalyse (Anm. 27), 218.

baren Voraussetzungen für den Begriff der Sünde und, wie sich zeigen wird, für das Wesen der Erbsünde. Darüber hinaus zieht Kierkegaard eine epistemologische Grenze, da jedweder Versuch, die Sünde „wissenschaftlich" zu erklären, fehlschlagen muss beziehungsweise deren Wesen aufheben würde. Wohl aber fällt der Psychologie, an die Kierkegaard die Erhellung der menschlichen Sündhaftigkeit delegiert, die Aufgabe zu, die „reale Möglichkeit" der Sünde zu ergründen (11). Allerdings erreicht die Psychologie die Wirklichkeit der Sünde ebenso wenig wie den etwaigen Aufweis, dass der Fall in die Sünde ein notwendiger wäre. In diesem Sinne haben die Analysen zum Begriff der Angst „das Dogma der Erbsünde im Sinne und vor Augen" (11).

Für den uns interessierenden Zusammenhang genügt der Hinweis, dass die bereits erwähnte Selbstsetzung des Geistes als ein Konstitutionsprozess zu begreifen ist, der sich als Synthesis vollzieht. Diese besteht darin, dass der Geist die Glieder dieser Synthesis – Seele und Leib, Zeit und Ewigkeit – dialektisch durchdringt, das heißt sie zugleich unterscheidet und zusammenhält. Für den infragestehenden Sündenbegriff ist entscheidend, dass Kierkegaard den Sündenfall von der Möglichkeit dieses ursprünglichen Freiheitsaktes her begreift, in dem der Mensch sich selbst als wirklich setzt. Näherhin ist die Sünde in der realen Konstitution der Freiheit zu suchen, die diese hindert, ihr Wesensmaß zu erreichen. Damit ist festgehalten, dass die Geistsetzung, wiewohl Ursprung der Sünde, mit dieser keineswegs gleichgesetzt werden kann. Um dieser Einsicht begrifflichen Ausdruck zu verleihen, führt Kierkegaard eine „*Zwischenbestimmung*" (76) ein, die den Umschlag von der unwissenden Unschuld in die Sünde verständlich machen kann. Die gesuchte Zwischenbestimmung aber ist die Angst als „Schwindel der Freiheit" (60). Freiheit kann sich, so lautet der Grundgedanke, nur als Wirklichkeit setzen, indem sie ihre eigene Möglichkeit anschaut und – ergreift. Doch schon die Möglichkeit dieses ursprünglichen Freiheitsaktes, in dem der Mensch sich selbst setzt, ist Kierkegaard zufolge von der ihm gleichursprünglichen Angst begleitet. Ausgangspunkt dieser Überlegung ist die Einsicht, dass die Sünde dem Akt der Geistsetzung vorausliegen muss. Verhielte es sich anders, würde man diesen selbst mit dem Sündenfall identifizieren, da sich dann ja die Setzung des Geistes notwendig als Sündenfall vollziehen würde. Den Zustand des Menschen vor diesem Akt nennt Kierkegaard Unwissenheit respektive Unschuld (vgl. 39); ein Zustand, in dem der Geist als „träumend" gedacht werden muss. In diese Unschuld nun ist die Angst gesetzt, weil da „noch etwas Anderes" ist, das „Nichts“ (39). Es gebiert die Angst angesichts der abgründigen Ambivalenz, die in ihm, dem ängstigenden Nichts, beschlossen ist. Denn die Angst ist die „Wirklichkeit der Freiheit als Möglichkeit für die Möglichkeit“ (40). Wenn nämlich die Freiheit die Synthesis setzen will, schaut sie, wie es bei Kierkegaard heißt, nieder „in ihre eigne Möglichkeit“ (61). Dieser Blick führt sie in einen „Schwindel“, weil hier die noch nicht zu sich selbst gekommene Freiheit sich im Gegenüber zum Nichts ihrer eigenen Wirklichkeit befindet. Das aber ist die abgrundtiefe Angst, die dazu führt, dass die Freiheit, statt auf ihre Möglichkeit zu setzen, sich an das Verfügbare fesselt, um sich im Ergreifen der Endlichkeit selbst zu sichern. Damit aber setzt sich die Freiheit als Unfreiheit! Indem der Geist sich an die Endlichkeit klammert, vollzieht er, was Sünde ist, ein falsches Setzen der Synthesis von Leib und Seele, Zeit und Ewigkeit. Damit aber wird noch einmal deutlich, dass die Sünde ihren Ursprung nicht eigentlich von der Angst her hat, sondern von der Freiheit und zwar von der geängstigten Freiheit. Und um jeden Anschein zu vermeiden, der angstbesetzte Sprung in die Sünde geschehe notwendig, stellt Kierkegaard pointiert das Verhältnis von Angst und Freiheit heraus: „Angst ist keine Bestimmung der Notwendigkeit, aber auch keine Freiheit, sie ist eine gefesselte Freiheit, wobei die Freiheit in sich selbst nicht frei ist, sondern gefesselt, nicht in der Notwendigkeit, sondern in sich selbst“ (48).

Sünder wird, so ist der vorstehende Gedankengang zusammenzufassen, der Einzelne allein durch die Tat seiner Freiheit, die durch die Angst gefesselt ist. Die „Zwischenbestimmung“ der Angst macht wiederum existentiell verständlich, dass und warum der Sprung in die Sünde wahrscheinlich ist. Diese Einsicht lässt nun gewiss den Schluss auf die Gleichheit der Menschen in ihrem unvertretbaren, individuellen Sündersein zu. Aber mit dieser Deutungskraft der Zwischenbestimmung der Angst ist der Begriff der Erbsünde noch nicht eingeholt. Die traditionelle Erbsündenlehre will ja daran festhalten, dass die allumfassende, universale Qualifizierung des Menschengeschlechts als sündig ihren Grund im Schuldcharakter des *peccatum originale* hat. Anders gewendet: Die als strafwürdige Schuld verstandene, von Geburt an zugezogene Sünde der Adamiten ist eine Folge der Sünde Adams. Die Beziehung zwischen der Sünde Adams und dem *peccatum originale* seiner Nachkommen muss, der Tradition folgend, in einer Weise aufgehellt werden, dass die Schuld aller Menschen von Geburt an einsehbar wird. Vor dem Hintergrund dieser Problemexposition ist Kierkegaards Erbsündentheorie als „Probierstein“ für die Frage heranzuziehen, ob der infragestehende Schuldcharakter des *peccatum originale* im Rahmen einer freiheitstheoretischen Denkform zu reformulieren sein wird.

Einen gedanklichen Zugriff auf das genannte Problem erlaubt zunächst eine *geschichtstheoretische* These, mit deren Hilfe die Frage des Verhältnisses von Adam zu allen späteren Menschen ebenso geklärt werden kann wie eine qualitative Bestimmung der Einheit des Menschengeschlechts. Das Ineinander des unvertretbar Einzelnen, der durch die Tat seiner Freiheit zum Sünder wird, und dem ganzen Geschlecht von Sündern, wird von Kierkegaard als ein geschichtlicher Zusammenhang bestimmt. Er schafft den Konnex zwischen der Sünde des Einzelnen und der aus Sündern bestehenden Menschheit. Aber wie weit reicht dieser Zusammenhang in der Sünde? Er wäre falsch verstanden, wenn sich durch ihn „das Geschlecht numerisch in ein Einmaleins" der singulären Tatsünden auflösen würde (25). Um diese mögliche Fehldeutung auszuschließen, bestimmt Kierkegaard den gesuchten Zusammenhang von Individuum und Gattung dialektisch. Das Wesentliche in der menschlichen Existenz sei, so heißt es, dass „der Mensch Individuum ist und als solches zu gleicher Zeit er selbst und das ganze Geschlecht, dergestalt, dass das ganze Geschlecht am Individuum teilhat, und das Individuum am ganzen Geschlecht". Daraus folgt, dass es sich „in jedem Augenblick" so verhalte, „dass das Individuum es selbst ist und das Geschlecht" (25). Also kann, da eine Atomisierung der an ihm partizipierenden Individuen den Begriff der Geschichte verfehlen würde, die Schlussfolgerung nur lauten, dass „ein jedes Individuum [...] wesentliches Interesse an der Geschichte aller andern Individuen [hat], ja ein ebenso wesentliches Interesse an der Geschichte aller andern" (26). Folglich betrifft auch jede freie Tat des Einzelnen nicht nur ihn als Individuum, sondern das ganze Geschlecht.

Dieser geschichtstheoretische Aufweis zielt auf das Verhältnis von Adam zu allen späteren Menschen. Für Adam gilt, wie für einen jeden Menschen, dass er er selbst ist und zugleich verbunden mit dem ganzen Geschlecht. Also betrifft auch die Sünde, die Adam sich durch die Tat seiner Freiheit zugezogen hat, nicht nur ihn, sondern das ganze Menschengeschlecht. Daraus wiederum folgt, was im Begriff der Erbsünde festgehalten werden soll: Durch die Sünde Adams kommt die Sünde in die Welt (vgl. 29), und erst durch die Sünde dieses Einzelnen wird das Geschlecht als sündiges qualifiziert. Diese Einsicht bedarf, im Interesse an einer Klärung des Erbsündenbegriffs, einer geschichtstheoretischen Präzisierung: Kierkegaard besteht darauf, dass die „erste Sünde" in einem zweifachen

Sinn eine „Qualitätsbestimmung" sei. Zunächst für Adam selbst, weil durch seine Sünde die Sündigkeit in ihn „hineingekommen" ist. Dann aber auch, weil, wie bereits angedeutet, durch Adams Sünde die Sünde in die Welt, das heißt: die Sündigkeit in die Geschichte gekommen ist. Adams Sünde darf mithin nicht lediglich „numerisch" genommen werden; das Affiziertwerden der Geschichte mit seiner Sünde ist nicht eine bloß „quantitative Bestimmung" (29). Dann nämlich könnte die „erste Sünde" weder für Adam selbst noch für das Geschlecht zur qualitativen Bestimmung der gemeinsamen Geschichte des Menschengeschlechts werden.

Für den Begriff der Erbsünde ist freilich entscheidend, dass die bisherigen Ausführungen seinen traditionell überlieferten Aussagegehalt noch nicht eingeholt haben. Dieses Ziel ist erst erreicht, wenn die „Bedeutung des geschichtlichen Zusammenhangs für die Tat des Einzelnen in den Blick kommt"[29]. Die freiheitstheoretische Rahmung, die Kierkegaard der Erbsündenlehre gibt, verbietet es allerdings, die Beziehung zwischen Adams Sünde und dem *peccatum originale* seiner Nachkommen im traditionellen Modus einer natural verstandenen Übertragung zu denken. Auch wenn durch die Sünde Adams das Geschlecht als sündiges ursprünglich qualifiziert wird, betont Kierkegaard die Gleichheit zwischen Adam und allen späteren: die Sünde kommt für Adam wie für seine Nachkommen „auf eine gleichartige Weise (d. h. auf eine Weise, die nicht wesentlich verschieden ist) in die Welt" – sie kommt „hinein als das Plötzliche, d. h. durch den Sprung" (30. 29). Mithin kann die Wirkung der Sünde Adams wie der sündigen Geschichte des Geschlechts auf den Einzelnen keinem Determinismus unterliegen. Verhielte es sich anders, wäre der Schuldcharakter der Sünde preisgegeben! Aus diesem Grund beschreibt Kierkegaard diese Wirkung als geschichtlich vermittelte Prädisposition (35. 61)[30], die ihrerseits durch die Angst näher qualifiziert und bestimmt ist. Beginnend mit der ersten Sünde Adams steigert sich mit jedem Sprung eines Einzelnen in die Sünde die Sündigkeit des Geschlechts. Die damit in Gang gesetzte Eskalation lässt Kierkegaard zufolge die Angst „reflektierter" werden (51). Auch wenn diese Steigerung niemals den qualitativen Sprung in die Sünde mit Notwendigkeit aus sich hervortreibt, so verstärkt sie doch die Angst, weil die in Gang gesetzte geschichtliche Dynamik aus dem „ängstigenden Nichts" – die Möglichkeit der Freiheit als nicht vorhandener Wirklichkeit – „mehr und mehr

29 *M. Bongardt*, Widerstand (Anm. 27), 170.
30 Vgl. ebd.

zu einem Etwas" macht (61). Auch wenn sich nichts am Freiheitsursprung einer jeden Sünde ändert, die mit dem „qualitativen Sprunge in der Angst hervorbricht" (60), so wirkt diese Eskalation doch als Disposition, die den Umschlag in die Sünde „leichter" macht. „Dies Etwas", heißt es schließlich bei Kierkegaard, ist die „Erbsünde im strengen Sinne" (62). Als „Knäuel von Ahnungen, die sich in sich selbst reflektieren, dem Individuum näher und näher rücken" (61), forciert die Erbsünde den Kreislauf von Freiheit, Angst und Sünde und führt dazu, dass sich der Mensch immer tiefer in das Böse hinein verstrickt. Die geschichtliche Dynamik der potenzierten Angst wird sozusagen zum neuen Vorzeichen einer Klammer, innerhalb derer die Sünde die Wirklichkeit qualitativ verändert hat. In der Schussfahrt des durch die Sünde angefochtenen Geistes steigert sich die Macht, die seine Einbindung in die Geschichte der Sünde auf ihn ausübt: die Sündigkeit in der Welt wird vermehrt und die ängstigende Macht vergrößert. In diesen Strudel gerät auch die Freiheit. Auch wenn gilt: „Durch den qualitativen Sprung ist die Sünde in die Welt gekommen, und solchermaßen kommt sie fort und fort hinein" (114), so entfaltet die Angst, nun selber gefangen in dem Kreislauf von Freiheit, Angst und Sünde, ihre Macht nicht nur als Voraussetzung, sondern auch als *Folge der Sünde*.

Es ist hier nicht der Ort, die phänomenologischen Annäherungen zu beschreiben, mit denen Kierkegaard diese Macht zu erhellen versucht, mit der die Angst als Folge der Sünde zum alles beherrschenden Gesetz des Lebens wird. Wohl aber ist abschließend die theologisch bedeutsame qualitative Differenz zu bestimmen, die für Kierkegaards Reformulierung des Begriffs der Erbsünde konstitutiv ist: es ist die qualitative Differenz zwischen der *Disposition zur Sünde* und dem *Faktum der Sünde*, die Kierkegaard trennscharf markiert: „Das Geschlecht hat seine Geschichte, in dieser hat die Sündigkeit ihre fortlaufende quantitative Bestimmtheit, aber die Unschuld wird stets nur verloren durch den qualitativen Sprung des Individuums. Dass diese Sündigkeit, welche der Fortschritt des Geschlechts ist, in dem Einzelnen, der in seiner Handlung sie übernimmt, als größere oder geringere Disposition sich zeigen kann, ist freilich wahr, aber dies ist ein Mehr oder Minder, ein quantitatives Bestimmen, welches nicht den Begriff Schuld konstituiert" (35). In beklemmend dichten Beschreibungen – die Sünde ist „Gegenstand der Predigt, wo der Einzelne als der Einzelne zum Einzelnen spricht" (13) – deckt Kierkegaard die Dispositionen auf, die die reale Möglichkeit der subjekthaften Freiheit bis in ihr Innerstes affiziert. Für Kierkegaard gibt es keine Freiheit ohne die ambivalente Verfassung ihrer Endlichkeit, ohne ihre Verstrickung in die Geschichte. All dies prägt den realen Vollzug der Freiheit und wird durch ihre Einstimmung befestigt und fortgesetzt. Zugleich aber sucht die Zwischenbestimmung der Angst existentiell zu erhellen, was als Unableitbarkeit der freien Faktizität der Sünde Grenze des annähernden Verstehens ist: dass der Einzelne zugleich er selbst und das Geschlecht und er folglich zugleich Sünder aus eigenem Tun und als Teil eines Geschlechts von Sündern ist.

2. Denkangebote der gegenwärtigen Erbsündentheologie

Mit ihren Analysen zum „Hang zum Bösen" beziehungsweise zum Begriff der „Angst" ziehen Kant und Kierkegaard auf je unterschiedliche Weise die Konsequenz aus der fundamentalen Grundeinsicht des neuzeitlichen Freiheitsverständnisses, dass nämlich Sünde wesentlich *Freiheitsgeschehen* ist. Wenn, als Folge dieser Einsicht, auch das *peccatum originale* als Freiheitsbestimmung aufgefasst werden muss, verschärft sich für jede theologische Neuinterpretation der kirchlichen Erbsündenlehre das Grundproblem, wie sich mit dem Schuldcharakter der Erbsünde ineins deren Universalität und Allgemeinheit aussagen lässt. Was ist das Wesen der Erbsünde und was die Art ihrer Sündhaftigkeit? Wie lässt sich im Ausgang von der Freiheit eine radikale und zugleich allgemeine Schuldverfallenheit des menschlichen Daseins denken und zwar unter der Voraussetzung, dass, wie vom *Tridentinum* definiert, die Existenz dieses Schuldzustandes im Voraus zur persönlichen Sünde besteht? Der Charakter des eigentlichen Schuldzustands der Erbsünde besteht, der traditionellen tridentinischen Lehre zufolge, in einer allgemeinen Schuldverfallenheit im Voraus zur eigenen personalen Freiheitsentscheidung. Die Universalität der Erbsünde liegt dem Einzelnen voraus und soll doch nicht lediglich Verhängnis, sondern wirkliche Schuld sein. Darin besteht denn auch der, so *Thomas Pröpper* in seinen abschließenden Reflexionen zur Erbsündenlehre des Tridentinums, „harte Kern" der augustinischen Erbschuldtheorie[31], den dieses Konzil in das Dogma mit aufgenommen hatte: dass die Erbsünde ihrem Ursprung in Adam nach *eine* sei und dennoch jedem Menschen als sein Eigenes von Geburt an *inhaeriere*. Obwohl sie von der aktuell-persönlichen Sünde unterschieden ist, ist die Erbsünde als solche wirkliche, selbst strafwürdige Schuld.

31 Vgl. Kap. 11.1.

Auch wenn die Übertragung des *peccatum originale* nicht durch einen Rekurs auf den Zeugungszusammenhang mit Adam erklärt wird, bleibt das Dilemma, wie der Begriff einer übertragbaren Schuld überhaupt denkbar ist. Und eingedenk der von Kant wie von Kierkegaard mit Nachdruck vertretenen Auffassung, dass sich, eben weil Sünde ursprüngliche Selbstbestimmung der Freiheit ist, die Allgemeinheit der Sünde einer epistemischen Feststellbarkeit entzieht, sind Denkangebote zu prüfen, mit denen die universale Schuldverfallenheit menschlichen Daseins vor aller individuellen Schuld einsichtig gemacht werden kann. Lässt sich überhaupt eine kohärente Theorie entwickeln, mit der die Allgemeinheit der Sünde in dem Sinne gedacht werden kann, dass sich der Begriff einer notwendig alle betreffenden Schuld von Geburt an vor jeder Ausnahme sichern lässt? An der Frage, ob es der gegenwärtigen Theologie gelingt, die im Begriff der Erbsünde zu verbindenden Elemente – Schuldcharakter und Universalität – kohärent zu vermitteln und mit einer systematischen Begründung zu versehen, entscheidet sich, ob hier eine nicht auflösbare Aporie vorliegt. Wie weit also reicht, so wird zu fragen sein, die Klärungskraft der gegenwärtigen Erbsündentheologien? Gibt es einen tragfähigen Ansatz, der die genannten Elemente kohärent erschließt und miteinander verfugt? Oder bezieht sich der traditionelle Erbsündenbegriff auf einen Gehalt, der widerspruchsfrei gar nicht gedacht werden kann?

Diesen Fragen soll im Folgenden nachgegangen werden durch einen sondierenden Blick auf drei paradigmatische Erbsündentheorien der jüngeren Theologiegeschichte.[32] In einem ersten Anlauf sind Ansätze zu befra-

32 Einen Überblick in die neuere Diskussion zur Erbsündenlehre bieten *H. Hoping/M. Schulz* (Hg.), Unheilvolles Erbe? Zur Theologie der Erbsünde (QD 231), Freiburg u. a. 2009; *J. Knop*, Sünde, Freiheit, Endlichkeit. Christliche Sündentheologie im theologischen Diskurs der Gegenwart (ratio fidei 31), Regensburg 2007; *R. Schwager*, Erbsünde und Heilsdrama im Kontext von Evolution, Gentechnologie und Apokalyptik (BMT 4), Münster u. a. ^{4}2004; *Chr. Axt-Piscalar*, Sünde, VII. Reformation und Neuzeit, in: TRE 32 (2001), 100 136; *S. Wiedenhofer*, Erbsünde was ist das?, Regensburg 1999; *B. Ruhe*, Dialektik der Erbsünde. Das Problem von Freiheit und Natur in der neueren Diskussion um die katholische Erbsündenlehre (Ökumenische Beihefte 31), Fribourg 1997; *Chr. Böttigheimer*, Der Mensch im Spannungsfeld von Sünde und Freiheit. Die ökumenische Relevanz der Erbsündenlehre (MThS II.49), München 1993; *H. M. Köster*, Urstand, Fall und Erbsünde. Von der Reformation bis zur Gegenwart (HDG II.3c), Freiburg u. a. 1982; *N. Lohfink u. a.* (Hg.), Zum Problem der Erbsünde. Theologische und philosophische Versuche, Essen 1981; *U. Baumann*, Erbsünde? Ihr traditionelles Verständnis in der Krise heutiger Theologie, Freiburg u. a. 1970. Vgl. darüber hinaus die sehr instruktiven Bei-

gen, die den infragestehenden Aspekt der „Allgemeinheit" als Situiertheit der menschlichen Freiheit in ihre Sündhaftigkeit zu reformulieren versuchen (1). Anschließend ist an die Erbsündentheorie von *Wolfhart Pannenberg* zu erinnern, die darauf verzichtet, den Ursprung der Sünde mit der menschlichen Freiheit zu verbinden (2). Ein dritter Hinweis gilt dem Neuentwurf von *Helmut Hoping*, sofern er an einer Vereinbarkeit der universalen und gleichwohl prä-individuellen Schuldverfallenheit mit der neuzeitlichen Freiheitsidee interessiert ist (3).

Erbsünde als „Sünde der Welt" (Piet Schoonenberg, Karl Rahner)

Die Erbsündentheologien von *Piet Schoonenberg* und *Karl Rahner* stehen paradigmatisch für eine Interpretationsrichtung, die die infragestehende Allgemeinheit der Erbsünde im Ausgang von geschichtlich vermittelten Objektivationen von Schuld und Sünde begreifen, die jeden individuellen Freiheitsvollzug unausweichlich bestimmen.[33] Auf diesen Aspekt allein richtet sich im Folgenden das Augenmerk! Weil *Rahner* zufolge der Mensch als freies Subjekt das „Wesen der Weltlichkeit, der Geschichte und der Mitwelt" ist, ist diese „Mitwelt" konstitutiv für die Selbstvermittlung menschlicher Freiheit. Näherhin ist die Mitwelt dergestalt „Raum des Freiheitsvollzugs", dass die Freiheit die Mitwelt als „inneres, konstitutives und durch sie [sc. die Freiheit; G.E.] selbst ursprünglich mitbestimmtes Moment in die Endgültigkeit des sich frei gesetzt habenden Daseins auf[nimmt]". Folglich ist diese „mitweltlich bestimmte Situation für den einzelnen in seiner freien Subjekthaftigkeit und personalsten Individualgeschichte unausweichlich mitgeprägt [...] durch die Freiheitsgeschichte aller übrigen Menschen".[34]

träge von Siegfried Wiedenhofer, die das Spektrum der neueren Diskussion auffächern und die jeweils hereinspielenden Problemüberhänge präzise benennen. Vgl. *S. Wiedenhofer*, „Erbsünde" – eine universale Erbschuld? Zum theologischen Sinn des Erbsündendogmas: ThQ 162 (1982) 30–44; *ders.*, Hauptformen gegenwärtiger Erbsündentheologie: IkaZ 20 (1991) 315–328.

33 Vgl. *P. Schoonenberg*, Theologie der Sünde. Ein theologischer Versuch, Einsiedeln u. a. 1966; *ders.*, Der Mensch in der Sünde: MySal 2, 845–941; *K. Rahner*, Grundkurs (Anm. 5), 113–121; *ders.*, Sünde (Anm. 5); *ders.*, Erbsünde: SM I, 1104–1117; vgl. ferner *K.-H. Weger* (Hg.), Theologie der Erbsünde (QD 44), Freiburg u. a. 1970; *ders.*, Erbsünde heute, München 1972.

34 *K. Rahner*, Grundkurs (Anm. 5), 113f.

Das aber bedeutet wiederum, dass die Freiheitssituation eines jeden Menschen immer schon mitbestimmt und mitgestaltet ist durch fremde Schuld. Die durch die *Objektivationen fremder Schuld* geprägte individuelle Freiheitssituation nennt Rahner „existential"[35], weil sie nicht nur allumfassend und allgemein, sondern auch bleibend und unüberholbar ist. Obgleich diese schuldhaft bestimmte Situationswirklichkeit externen Ursprungs ist und der „Freiheitsentscheidung als Bedingung und ‚Material' vorausliegt", ist sie nicht lediglich „etwas dem Menschen Äußeres"[36]. Die Freiheit ist von dieser Unheilssituation „unentrinnbar" bestimmt und wird von dieser in ihrem Selbstvollzug innerlich affiziert.

Eine strukturanaloge Argumentation begegnet in *Schoonenbergs* Vorschlag, die Erbsünde als „Sünde der Welt" zu reformulieren. Leitend ist für ihn der Begriff der „Situation", der als ein geschichtlich welthafter Bestimmungszusammenhang verstanden wird, in dem ein Mensch sich vorfindet. Eine Situation steht einerseits „außerhalb der Person" und komme „von außen" auf sie zu. Aber sie bleibt der individuellen Freiheit nicht äußerlich, sondern wirkt in einer inneren Bestimmtheit auf sie ein. Diesen Sachverhalt nennt Schoonenberg auch das „Situiert-sein der Person"[37]. Die so bezeichnete Situation wird „existential" genannt, weil sie „unserem eigenen Existieren vorausgeht und es umfängt"; sie sei „schon vor jeder Entscheidung unsererseits da" und mache in jedem ihren Einfluss geltend[38]. In der Konsequenz dieser Einsichten führt Schoonenberg schließlich den Begriff des sündigen Situiert-Seins ein, das durch die „Sünde der Welt" jedweden menschlichen Freiheitsvollzug prägt und diesen innerlich bestimmt. Durch den Gedanken einer allgemeinen Solidarität in der Sünde soll schließlich zum Ausdruck gebracht werden, dass die „Sünde der Welt" einen inneren Geschichtszusammenhang bezeichnet, der mehr und anderes ist als die bloße Summe aller individuellen Sünden.[39] In dieser Konsequenz ist die Erbsünde ein sündiges Situiert-Sein, das allen individuellen Entscheidungen vorausliegt und sie umfasst; es bestimmt die menschliche Freiheit innerlich in einer Weise, dass diese zum Guten unvermögend ist. Allerdings spricht Schoonenberg in diesem Zusammenhang von einer „Ohnmacht zum Guten", die ihren Ursprung

35 Vgl. *K. Rahner*, Erbsünde (Anm. 33), 1113f.
36 Ebd., 1113.
37 *P. Schoonenberg*, Theologie (Anm. 33), 122.
38 Ebd., 134.
39 Vgl. ebd., 121.

nicht in der Tat der subjekthaften Freiheit hat, sondern durch fremde Schuld deren Situiert-Sein bestimmt.[40] Diese These hat wiederum Folgen für den infragestehenden Schuldcharakter der Erbsünde. Er bezieht sich augenscheinlich nicht auf die Selbstursprünglichkeit der Freiheit, die, so heißt es ausdrücklich bei Schoonenberg, nicht „von außen“ bestimmt werde, sondern „von innen her“ sich selbst bestimme. Darum ist es auch konsequent, dass Schoonenberg die Sündhaftigkeit schließlich auf das „Bestimmt-sein der Freiheit in ihrem Spielraum“ bezieht[41].

Vor dem Hintergrund je unterschiedlicher metaphysischer Rahmentheorien bestehen sowohl Rahner als auch Schoonenberg darauf, dass die von ihnen vorgeschlagene Reformulierung der Erbsündenlehre im Sinne einer vorfindlichen Situiertheit subjekthafter Freiheit als Freiheitsbestimmung eingeführt wird. Einerseits ist, folgen wir Schoonenberg, das *peccatum originale* nicht Sünde im Sinne einer freien Tat des Einzelnen. Andererseits aber sei davon auszugehen, „dass in keinem einzigen Augenblick im Menschen Natur oder Situation vorhanden ist, ohne dass diese zugleich von der Person irgendwie in den Aufbau ihrer selbst hineingenommen wird“. An dieser Minimalbestimmung hält Schoonenberg fest, obwohl er zugesteht, dass die „heutige Theologie nicht so ohne weiteres Begriffe wie ‚Sünde‘ und ‚Schuld‘ dafür gebrauchen würde“[42]. Entsprechend bringt Schoonenberg den Vorschlag ein, dass das innere Bestimmtsein eines jeden Menschen durch die „Sünde der Welt“ dem traditionellen Begriff der Erbsünde darin folgt, „in jedem einzelnen vorhanden und jedem einzelnen eigen“ zu sein[43].

Rahner zufolge ist der Begriff der Sünde, sofern sie als „personale Schuld aus ursprünglicher Freiheitstat“ verstanden wird, nicht in einem univoken, sondern nur in einem *analogen* Sinn auf die Erbsünde anwendbar.[44] Erbsünde ist ein „analoge[s] Schuldreat“, das durch das Fehlen des existential durch Gott selbst mitgeteilten heiligen Pneumas konstituiert werde. Dieses „Fehlen“ schaffe einen „Zustand der Sündigkeit [...], der der personalen Entscheidung jedes Einzelnen vorausliegt“[45]. In einem sehr frühen Aufsatz zur Erbsündenproblematik hatte Rahner das „Minimum“ der traditionellen Erbsündenlehre folgendermaßen bestimmt: „eine all-

40 *P. Schoonenberg*, Theologie (Anm. 33), 140.
41 Vgl. ebd., 123.
42 Ebd., 202.
43 Ebd.
44 *K. Rahner*, Grundkurs (Anm. 5), 117; vgl. ebd., 117f.
45 *K. Rahner*, Sünde (Anm. 5), 269.

gemeine, alle Menschen im voraus zu ihrer eigenen personalen Freiheitsentscheidung umfassende Unheilsituation“. Diese sei „Geschichte“ und nicht „Wesensbestand“; sie ist „durch den Menschen geschehen und nicht einfach mit der Kreatürlichkeit gegeben“.[46] Zugleich betont Rahner, dass der Begriff der Unheilsituation „nicht den Charakter des eigentlichen Schuldzustandes in der Erbsünde verdunkeln“ solle; als „universal vorpersonale und doch geschichtlich gewordene Unheilsituation“ liege sie dem Einzelnen als solche voraus[47]. Erbsünde besage den „von einem durch ein geschichtliches Ereignis vielen im voraus zu ihrer je einzelnen Sündentat anhaftenden Sündenzustand“[48]. Worauf aber bezieht sich bei Rahner der Schuldcharakter der Erbsünde? Sie ist nicht, wie bereits erwähnt, Schuld, die ihren Ursprung im Tun der individuellen Freiheit hat. Rahner spricht vielmehr von einer „Schuldbestimmtheit der menschlichen Freiheitssituation“ und mithin von der Wirklichkeit einer Freiheit, die „in einer uneliminierbaren Weise durch fremde Schuld“ mitgeprägt ist.[49]

Es ist fraglich, ob der Begriff der situierten Freiheit tatsächlich geeignet ist, um den infragestehenden Kerngehalt der traditionellen Erbsündenlehre widerspruchsfrei zu reformulieren. Vor dem Hintergrund des neuzeitlichen Freiheitsverständnisses müssen vornehmlich Äquivokationen in dem von Rahner und Schoonenberg herangezogenen Begriff der Freiheit selbst namhaft gemacht werden. Zwar ist für den Vollzug menschlicher Freiheit grundlegend, dass sie als existierende Freiheit in materialer Hinsicht bedingt ist und, um sich zu realisieren, auf den Gestaltungen anderer Freiheit aufbaut. Dabei tritt sie in Verhältnisse ein, in denen über sie faktisch immer schon verfügt worden ist. Rahner und Schoonenberg gewinnen, so könnte man sagen, Verstehenszugänge für die Verstrickung der Freiheit in die Verhältnisse der Sünde. Der von ihnen verwendete Begriff der „Freiheitsbestimmung“ dringt zu der Einsicht vor, dass fremde Schuld die realen Möglichkeiten der Selbstbestimmung der Freiheit ihrerseits bestimmt. Damit aber beziehen sie das *peccatum originale* auf die reale Konstitution der Freiheit und lokalisieren die Erbschuld in die *externen* Bedingungen der Genese menschlicher Freiheit! Sofern Rahners und Schoonenbergs Ansätze tatsächlich den Anspruch erheben, den traditionellen Be-

46 Vgl. *K. Rahner*, Theologisches zum Monogenismus: S 1, 253–322, hier: 306.
47 Ebd., 306f.
48 Ebd., 270.
49 *K. Rahner*, Grundkurs (Anm. 5), 117.

griff der Erbsünde im Sinne einer vorpersonalen Sündhaftigkeit reformulieren zu wollen, ist dem Fazit zuzustimmen, das *Helmut Hoping* zieht: „Die Entwürfe von Schoonenberg und Rahner endeten im folgenden Dilemma: Die Freiheitssituation menschlichen Daseins mag durch die Sünde auch noch so bestimmt sein; sie bleibt der Freiheit des menschlichen Daseins in dem Maße äußerlich, wie diese nicht von sich her durch Sünde bestimmt ist. Entweder ist also schon die sündige Freiheitssituation der Grund für die Schuldverfallenheit menschlichen Daseins, dann wäre das Freiheitsprinzip aufgegeben (Schoonenberg); oder an diesem Prinzip wird festgehalten, dann kann die sündige Freiheitssituation nicht ein *peccatum originale* im definierten Sinne begründen (Rahner)“[50]. Rahner und Schoonenberg reformulieren folglich nicht die klassische Erbsündentheorie, derzufolge das *peccatum originale* Sünde „unicuique proprium“ ist. Vielmehr decken sie die strukturelle und geschichtliche Dimension der Sünde auf, indem sie das *peccatum originale*, freiheitstheoretisch formuliert, der Disposition des Menschen zur Sünde zuordnen, die zu den Konstitutionsbedingungen menschlicher Freiheit gehören. Indem Rahner und Schoonenberg den Begriff des *peccatum originale* faktisch zurückführen auf die Verstrickung der individuellen Freiheit in die geschichtlich-gesellschaftlichen Verhältnisse der Sünde und den Schuldcharakter der Erbsündenlehre gerade nicht einsichtig machen können, bestätigen sie einerseits die Problemexposition Kants: die traditionelle Erbsündenlehre ist mit dem neuzeitlichen Freiheitsbewusstsein unvereinbar. Andererseits bestätigen sie – *ex negativo* –, dass der bereits bei Kierkegaard begegnende Versuch, den Sündenfall im Kontext seiner sozialen und geschichtlichen Verstrickungen zu deuten, die qualitative Differenz zwischen der Disposition zur Sünde und dem Faktum der Sünde nicht überspringen darf.

Diese Differenz wird hingegen von *Knut Wenzel*, dessen handlungstheoretische Reformulierung der Erbsündenlehre eine gewisse Nähe zu Schoonenberg und Rahner aufweist, beachtet. Auch wenn, so der Grundgedanke, fremde, schuldhafte Handlungen nicht lediglich zu den Ausgangssituationen meiner eigenen Handlungen gehören, sondern von mir in den Bereich der selbst zu verantwortenden Handlungen hinein übernommen, das heißt ratifiziert und affirmiert werden, so darf, heißt es bei Wenzel ausdrücklich, diese „Verantwortungsübernahme, als Aufsichnahme ‚fremder‘ Schuld, nicht schon ein genuines Schuldigwerden an dieser Schuld“ bedeu-

50 *H. Hoping*, Freiheit (Anm. 5), 286.

ten.[51] Aber auch hier stellt sich die Frage, ob Wenzels Vorschlag, die traditionelle Erbsündenlehre vom (augustinischen) Begriff des *peccatum alienum* her zu begreifen, eine kohärente Theorie bietet. Dass der Fremdheitscharakter der Schuld des Anderen dem eigenen Freiheitsvollzug nicht äußerlich bleibt, sondern ihn innerlich affiziert und zwar in einem Maße, dass der epistemologisch trennscharfe Begriff der Imputabilität im diffusen Feld der Situiertheit, in dem Freiheit real ist, „selbst verloren zu gehen droht" und Zurechenbarkeit „aporetisch" wird[52], deckt die Macht der Sünde auf, die in uns herrscht und nicht zu den selbstverfügbaren, gleichsam wählbaren Dispositionen unserer Freiheit gehört. Aber Wenzel zufolge ist die fremde Schuld als solche nicht personal zurechenbar. Vielmehr gilt: „Personal zurechenbar wird die ‚Erb'–Sünde in jenem Akt der Verantwortungsübernahme, der den Bedingungen gilt, unter welchen jemand handelt und die deswegen prima facie von ihm nicht zu verantworten sind".[53] Wenzel erinnert ausdrücklich an die auf *Augustinus* zurückgehende Unterscheidung zwischen dem *peccatum proprium* und dem *peccatum alienum*.[54] Dieser Hinweis ist wichtig, weil der Schuldcharakter der Erbsünde ja gerade darin bestehen soll, dass der Mensch nicht erst durch seine Taten zum Sünder wird, sondern er es schon vor allem eigenen Tun ist. Mit anderen Worten: Der Rückgriff auf das *peccatum alienum*, der die Konstitution der Freiheit aus ihren externen Bedingungen verständlich zu machen weiß, ist keine Zurechnungstheorie, die den infragestehenden Schuldcharakter der Erbsünde erklären könnte. Das ist, wie mir scheint, zugleich die prinzipielle Grenze jener Theorie, die den Gedanken der Erbsünde im Ausgang von der geschichtlichen Situiertheit der Freiheit zu bestimmen sucht. Im Rückgriff auf die „Sünde der Welt" lässt sich die Vereinbarkeit von individueller Verantwortlichkeit und erbsündlicher Allgemeinheit der Sünde nicht aufzeigen! Wie bereits die überkommene Vorstellung einer naturhaften Übertragung der Sündhaftigkeit durch die (biologische) Generationenfolge, können auch Theorien, die auf die Vorstellung einer geschichtlich-gesellschaftlichen Vermittlung dieser Sündhaftigkeit zurückgreifen, den Schuld-

51 *K. Wenzel*, Die Erbsündenlehre nach Kant: *G. Essen/M. Striet* (Hg.), Kant und die Theologie, Darmstadt 2005, 224–250, hier: 246; vgl. *ders.*, Die Erbsündenlehre als Theorie kritischer Erinnerung: ThPh 78 (2003) 212–231.
52 *K. Wenzel*, Erbsündenlehre Kant (Anm. 51), 244; *ders.*, Erbsündenlehre Theorie (Anm. 51), 223.
53 *K. Wenzel*, Erbsündenlehre Kant (Anm. 51), 245.
54 Ebd., 246.

charakter des *peccatum originale* nicht einsichtig machen. Entweder wird Kants Mahnung freiheitstheoretisch nicht ernst genommen, dass Sündenschuld keine „transmissible Verbindlichkeit“ sei. Oder aber, es wird lediglich ein Aspekt aus der Semantik der Erbsündenlehre deutlicher ins Bewusstsein gehoben. Unter den jeweils herangezogenen Begriffen der „Verstrickung“, „Entfremdung“ oder „Verblendung“ wird der (paulinische) Begriff der Sünde unter den Bedingungen moderner Identitätserfahrungen vergegenwärtigt als uns beherrschende und innewohnende Macht. Aber dieser Aspekt wird mit den anderen Elementen der traditionellen Erbsündenlehre nicht mehr kohärent vermittelt. Sie lösen insbesondere das Dilemma nicht auf, den Begriff der übertragbaren Schuld einsichtig zu machen. Dies wäre ja erst geleistet, wenn die Universalität der Sünde im Sinne einer dem individuellen Tun vorausliegenden, allgemeinen Sündhaftigkeit erklärt werden könnte. Alles deutet folglich darauf hin, dass die genannten Theorien für sich nicht in Anspruch nehmen können, eine Neuformulierung der traditionellen Erbsündenlehre zu sein.

„von Natur aus Sünder“ (Wolfhart Pannenberg)

Auch *Wolfhart Pannenberg* erhebt Bedenken gegen Erbsündentheorien, die das *peccatum originale* im Ausgang von der schuldhaften Verflechtung des Individuums in die Geschichte zu erklären beanspruchen. Ihm zufolge handelt es sich bei diesem Erklärungsansatz – Pannenberg erwähnt aus der protestantischen Tradition vor allem *Friedrich Schleiermacher* und *Albrecht Ritschl* – nicht um eine Reformulierung der klassischen Erbsündenlehre im Sinne einer interpretierenden Neubegründung. Stattdessen charakterisiert Pannenberg diese Ansätze als Ersatzbildungen für die traditionelle Erbsündenlehre. Allerdings zielt seine Kritik nicht auf den von mir herausgestellten Aspekt, dass Ansätze dieser Art den Schuldcharakter des *peccatum originale* nicht einsichtig machen könnten. Gegenläufig zu dieser freiheitstheoretischen Problematisierung akzentuiert Pannenberg seine Kritik folgendermaßen: Der Rekurs auf den Geschichtszusammenhang lasse es als denkbar erscheinen, dass sich das Individuum von den schuldhaften Verstrickungen des Geschichtsverlaufs, den es als „fremde und ihn seinem eigentlichen Selbst entfremdende Welt“ erfährt, seinerseits unterscheiden und distanzieren kann. Der Aufweis, es könne diesem Lebenszusammenhang nicht „entrinnen“, erreicht Pannenberg zufolge nicht die Radikalität jener sündigen Verkehrtheit, die wir Erbsünde nennen.[55] Auch wer sich dem geschichtlich vermittelten Schuldzusammenhang nicht zu entziehen vermag, könne sich von ihm dennoch innerlich distanzieren; „er weiß sich dann als nicht in sich selber böse"[56]. Das *peccatum originale* spreche jedoch von einer Sündigkeit, die „jeder persönlichen Stellungnahme" vorausgehe und die „von Anfang an mit dem werdenden Ich" verbunden sei. Dieser Gedanke ist aber, so Pannenberg, nur durchgehalten, wo es „kein Recht mehr zu solcher Distanzierung" gebe (125).

In der Verlängerung dieser These fällt eine Vorentscheidung, die für Pannenbergs Erbsündentheorie grundlegend ist: Wenn man in der Unmöglichkeit, sich noch einmal zur Sündhaftigkeit verhalten zu können, eine „‚naturhaft biologische Gegebenheit' zu erblicken hat, so gehört eine solche Gegebenheit eben wesentlich zum Begriff der Erbsünde" (125). Aus dieser Einsicht wiederum resultiert Pannenbergs Bemühen, die Dimension der Allgemeinheit des Sündigens unter Preisgabe des Begriffs individueller Verantwortlichkeit festzuhalten. Den Kerngehalt der Erbsündenlehre, dass „die Sünde als jedem einzelnen innerlich eigen gedacht wird", lasse sich nur sichern, „wenn in der Sünde ein Grundbestand naturaler Verfasstheit verkehrten Lebens beim Individuum anerkannt wird".[57]

Aus dieser Einsicht resultiert schließlich Pannenbergs Ansatz in der Sündenlehre, die Sünde als eng verflochten mit den Naturbedingungen menschlichen Daseins begreifen zu wollen.[58] Folgen wir Pannenberg, ist der Mensch *„von Natur aus" Sünder.* Um diese These nicht bereits von vorn herein zu verzeichnen, ist die Distinktion im Begriff der Natur zu beachten, die Pannenberg geltend macht. Natur bezeichnet zunächst das Wesen, die „Wesensnatur" des Menschen. Dieser Begriff bringt schöpfungs-

---

55 *W. Pannenberg*, Anthropologie in theologischer Perspektive, Göttingen 1993, 125. Die Seitenzahlen im Text verweisen auf dieses Werk. Zu Pannenbergs Erbsündenlehre vgl. ebd., 116–135; *ders.*, Systematische Theologie 2, Göttingen 1991, 266–314. Zu Pannenbergs Theorie vgl. darüber hinaus die zwischen Thomas Pröpper und ihm ausgetragene Kontroverse. *Th. Pröpper*, Das Faktum der Sünde und die Konstitution menschlicher Identität. Ein Beitrag zur kritischen Aneignung der Anthropologie Wolfhart Pannenbergs (1990): *ders.*, Evangelium und freie Vernunft. Konturen einer theologischen Hermeneutik, Freiburg u. a. 2001, 153–179; *W. Pannenberg*, Sünde, Freiheit, Identität. Eine Antwort an Thomas Pröpper (1990): *ders.*, Beiträge zur Systematischen Theologie 2. Natur und Mensch – und die Zukunft der Schöpfung, Göttingen 2000, 235–245.

56 *W. Pannenberg*, Theologie 2 (Anm. 55), 293.

57 Ebd., 295.

58 Vgl. *W. Pannenberg*, Anthropologie (Anm. 55), 101–116.

theologisch zum Ausdruck, dass der Mensch gut geschaffen sei. In dieser Hinsicht ist die Natur des Menschen mithin nicht als solche sündhaft. Zu seiner Wesensnatur gehört die „Spannung zwischen der Zentriertheit und Exzentrizität des Menschen" (77). Weder die zu ihr gehörenden Momente, noch die Polarität in der Struktur des Ich sind bereits sündhaft. Denn der Mensch ist in der Zentriertheit seines Lebens von Gott geschaffen und damit allerdings dem Anspruch unterstellt, seiner exzentrischen Bestimmung in seinem Dasein zu entsprechen. Sie aber artikuliert sich in der spezifisch menschlichen Weltoffenheit, in der die Frage des Menschen nach sich selbst und die Frage nach der Welt über sich hinausweisen als Frage nach der göttlichen Wirklichkeit als dem tragenden Grund überhaupt. Mit der strukturellen Weltoffenheit hängt somit zugleich eine zumindest implizite Verwiesenheit des Menschen auf Gott zusammen. Damit aber ist zugleich gesagt, dass der Wesensbegriff des Menschen ein „Sollbegriff" ist, sofern und weil die Wesensnatur „nicht schon überall und immer verwirklicht ist". Der Mensch verwirklicht sein Wesen vielmehr dort, wo er in der besagten Spannung von Zentralität und Exzentrizität als sich zugleich Empfangender und Gebender lebt; er wird, was er sein soll: Ebenbild Gottes. Erst dann auch ist diese Spannung überwunden und zwar „durch Aufhebung des Ich in den Vollzug seiner wahren, exzentrischen Bestimmung" (103).

Für den Sündenbegriff ist entscheidend, dass Pannenberg die beschriebene anthropologische Grundstruktur von Zentralität und Exzentrizität als ambivalent und zweideutig beschreibt. Denn gegenläufig zu seiner exzentrischen Bestimmung und im Widerspruch zu ihr ist die Spannung im Ich „immer schon" zugunsten der Zentralinstanz aufgelöst. Das eingeflochtene „immer schon" ist nicht allein Hinweis auf die „fundamentale Gebrochenheit der menschlichen Daseinsform" (103), sondern weist voraus auf die Aussage, der Mensch sei von Natur aus Sünder. Sie wird vorbereitet durch die Einschreibung dieses anthropologischen Befundes in die augustinische Lehre von der Konkupiszenz. Dabei wird die falsche Begehrlichkeit, die die Ordnung des Universums verkehrt, subjekttheoretisch reformuliert: Im Widerspruch zu seiner exzentrischen Bestimmung verschließt sich das Ich, in dem es nur dem Eigenen zugewandt ist, „gegen die sein Dasein konstituierende göttliche Macht und in der Folge auch gegen die Andersheit des innerweltlich anderen" (107). Wenn nun aber, so Pannenberg, „diese Ichbezogenheit als amor sui den Wesenskern der Sünde, der Selbstverfehlung des Menschen bildet, dann ist Sünde nicht nur und erst etwas Moralisches, sondern eng verflochten mit den Naturbedingungen unseres Daseins". Der

Mensch ist „in seinen naturhaften Ursprüngen immer schon durch die Struktur solcher Sündhaftigkeit gekennzeichnet" (104).

Der Gewinn dieser Argumentation für die Erbsündenlehre scheint auf der Hand zu liegen! Die Deutung der Sünde aus den Naturbedingungen menschlichen Daseins macht es möglich, die Allgemeinheit der Sünde zu denken. Dabei steht Pannenberg einerseits in der Tradition Kierkegaards, indem auch er die Universalität der Sünde im Selbstverhältnis des Menschen aufdeckt. Im Gegensatz zu *Kierkegaard*, aber auch zu *Ricœur* begreift Pannenberg die konstitutionelle Schwäche respektive Fragilität des Selbstverhältnisses allerdings nicht als Möglichkeit und Anfang der Sünde. Der „Hiatus im Menschen zwischen Fehlbarkeit und Fehl" ist Pannenberg zufolge bloße Abstraktion. Dem Argument, der Aufweis dieser qualitativen Differenz sei unverzichtbar, um den Freiheitsursprung der Sünde denken zu können[59], begegnet Pannenberg mit dem Hinweis darauf, dass das *peccatum originale* nicht lediglich Disposition zur, sondern „Faktum der Sünde" sei und zwar als Zustand „vor allem individuellen Handeln". Kern des Erbsündendogmas ist nach Pannenberg, dass ein jedes Individuum von Geburt an selbst schon Sünder ist. Darum gilt, dass „ohne Anerkennung eines Grundbestandes naturaler Verfasstheit verkehrten Lebens in jedem Individuum" man den Kern der Erbsündenlehre nicht werde festhalten können[60].

Erstaunlich ist schon, wie „umstandslos"[61], aber keineswegs unbesehen Pannenberg darauf verzichtet, den Ursprung der Sünde in der subjekthaften Freiheit aufzusuchen. Seine Erbsündentheorie stellt, gleich dem Ansatz von *Schleiermacher*, den großen Gegenentwurf dar zu der im Übergang vom 18. zum 19. Jahrhundert mit *Kant* und *Kierkegaard* eingeläuteten Wende. Beide, Kant wie Kierkegaard, begreifen die Sünde, ihren Anfang wie ihre Allgemeinheit, wesentlich als Freiheitsgeschehen. Dabei wird das Faktum der Sünde aus der Selbstursprünglichkeit der Freiheit zwar nicht eigentlich, das heißt im epistemologisch strengen Sinne erklärt, wohl aber auf seine internen wie externen Möglichkeitsbedingungen hin durchsichtig gemacht. Im Blick auf Pannenberg ist wichtig, dass für Kant und für Kierkegaard die Einsicht in die Unableitbarkeit der freien Faktizität der Sünde

59 *P. Ricœur*, Die Fehlbarkeit des Menschen. Phänomenologie der Schuld 1, Freiburg, München ^{3}2002, 185. Zu Pannenbergs Auseinandersetzung mit Ricœur und Kierkegaard vgl. *W. Pannenberg*, Anthropologie (Anm. 55), 93–103.
60 *W. Pannenberg*, Sünde (Anm. 55), 237.
61 *Th. Pröpper*, Faktum (Anm. 55), 162.

zum Bestimmungsgrund wird, um die Fragen nach Allgemeinheit und Universalität der Sünde zu beantworten. Weil sich eine freiheitstheoretische Rahmentheorie vom Prinzip der individuellen Zurechenbarkeit leiten lässt, ist der Begriff einer übertragbaren Schuld nicht mehr denkbar. Dem trägt Pannenberg ausdrücklich Rechnung, indem er die traditionelle biologische Vorstellung von der Übertragung der individuellen Sünde Adams durch Zeugung subjekttheoretisch reformuliert, die Vorstellung einer Schuldübertragung fallen lässt und stattdessen die Sündhaftigkeit des Individuums ebenfalls in das Selbstverhältnis des Subjekts setzt. Dabei zieht er sogar in Erwägung, einen von biologischen Konnotationen befreiten Begriff des Generationszusammenhangs in Anschlag zu bringen für den Aufweis der Allgemeinheit der Sünde. Näherhin bezieht er diese infragestehende Allgemeinheit, wie gesehen, auf die allen Individuen gemeinsame Struktur menschlichen Daseins und Verhaltens, von der gesagt wird, dass sie „zu der durch den Generationszusammenhang in jedem Individuum reproduzierten Wesensart gehört". Pannenberg spricht folgerichtig von der „strukturelle[n] Allgemeinheit der Sünde"; präziser noch: ihre „faktische [...] Allgemeinheit" sei „Ausdruck einer allgemein anzutreffenden Verhaltensstruktur".[62] Wie aber entkommt Pannenberg der hier lauernden Gefahr der Naturalisierung der Sünde? Im Sinne einer Urheberschaft sei der Mensch nicht verantwortlich für seine Sünde, da sie aus der naturhaft bestimmten Ausgangslage des Menschen hervorgehe. Das wiederum führt zu einem Begriff von Schuld, der nicht oder doch zumindest nicht *ab ovo* an „Moralität" und „Intentionalität" gebunden ist. Damit aber wird für Pannenberg ein Anfang der Sünde denkbar, der jeder persönlichen Stellungnahme vorausgehen soll (vgl. 125). Entscheidend ist, dass die individuelle Verantwortlichkeit Pannenberg zufolge ohnehin nur begrenzt anwendbar ist auf die Erbsünde. Die Verstrickung in die Macht der Sünde muss in einer Radikalität gedacht werden, dass die Sündhaftigkeit nicht auf eine Tat der Freiheit, auf eine Entscheidung des Willens zwischen Gut und Böse zurückgeführt werden kann. Für die Naturbedingungen seines Daseins und mithin auch für die Verflochtenheit der Sünde in sie ist der Mensch, eben weil sie aller Wahl vorgegeben sind, nicht verantwortlich. Um dies einsichtig zu machen, muss Pannenberg den Begriff der Verantwortung von dem der Urheberschaft entkoppeln. Stattdessen soll von Verantwortung dort gesprochen werden, wo der Mensch sein Dasein übernimmt. Nun ist aber der Zustand

62 *W. Pannenberg*, Theologie 2 (Anm. 55), 282; vgl. ebd., 277–290.

der Sünde, wie es bei Pannenberg heißt, der „immer schon" gegebene Ausgangspunkt menschlichen Daseins. In seiner Freiheit ist der Mensch zwar nicht für das Zustandekommen des Zustands, in dem er sich befindet, verantwortlich, wohl aber für dessen Überwindung. Allerdings ist dieser Zustand, in dem ein jeder sich vorfindet, die Form jener Ichbezogenheit, die den Wesenskern der Sünde bildet. Das ist das Faktum der Sünde und zwar als Zustand, der jedwedem individuellen Tun vorausgeht. Die Verantwortung des Menschen ist schließlich in der Zumutung begründet, seinen faktisch selbstverschlossenen Zustand als seinen eigenen zu übernehmen, um ihn verändernd zu überschreiten und zu überwinden. Der Imperativ der Überwindung wiederum nimmt Maß an der Wesensnatur, der aufgrund ihrer exzentrischen Bestimmung ein Sollensanspruch innewohnt. Diesem Sollen ist auch die Freiheit unterstellt, die in ihrem Vollzug in Anspruch genommen ist durch Gott als den Grund ihres wahren Selbstseins und somit auch Inbegriff des Guten. Des Widerspruchs wird Freiheit somit gewahr, wo die Übereinstimmung ihres Verhaltens mit der eigenen Bestimmung verfehlt wird. Folglich kommt die Sünde als Freiheitsgeschehen erst dort in den Blick, wo der Mensch den Zustand der Sünde affirmiert und damit in den Widerspruch seiner Freiheit einwilligt.

Es ist deutlich, dass der in dieser Theologischen Anthropologie profilierte transzendentalphilosophische Freiheitsbegriff in erkennbarer Opposition steht zu Pannenbergs Ansatz einer theonomen Konstitution der menschlichen Freiheit. Die entscheidende subjekttheoretische Differenz besteht darin, dass Pannenberg im bewussten Gegenzug zur Subjektphilosophie transzendentalphilosophischer Provenienz die von ihr her geläufige Verhältnisbestimmung von Ich und Selbst umkehrt und die Einheit beider im Selbstbewusstsein gerade nicht auf den transzendentalen Aktus einer ursprünglich aktualisierten Selbsteinheit des Ich als Grundform transzendentaler personaler Einheitsstiftung zurückführen will. Stattdessen begreift er die Subjektivität des mit sich identischen Ich lediglich als eine abgeleitete Größe, als eine Instanz, die als Resultat der Identitätsbildung in der Lebensgeschichte des Individuums allererst entsteht. Pannenberg begnügt sich gerade nicht damit, die faktischen Konstitutionsbedingungen realer menschlicher Identität phänomenologisch zu erschließen, sondern erhebt ausdrücklich den Anspruch, den Aufweis ihrer Genese aus externen Bedingungen in philosophischer und zugleich in theologischer Hinsicht zu *prinzipialisieren*. Das hat, wie gesehen, einschneidende Folgen für den infragestehenden Begriff der Erbsünde. Die Sündenthematik wird in einer Weise mit dem Subjektverständnis verklammert, dass Pannenberg die Selbständigkeit menschlichen Daseins ausdrücklich nicht vom unbedingten Moment menschlicher Freiheit her begreift. Die selbstursprüngliche Positivität von Freiheit wird von Pannenberg weder philosophisch in Rechnung gestellt noch auch theologisch gewürdigt. Der Begriff der autonomen Freiheit gerät von vornherein in den Verdacht, lediglich abstrakte Selbstsetzung von Freiheit zu sein und damit ein defizienter Modus des Selbstseins. „Die Tatsache", heißt es bei Pannenberg, „dass das Selbstbewusstsein seine Einheit immer schon konstituiert hat durch sich selbst, macht die Gebrochenheit der menschlichen Lebensform aus, weil sie im Widerspruch steht zu dem strukturell begründeten Sachverhalt, dass das Ich keineswegs sich selbst zu konstituieren vermag, sondern darauf angewiesen ist, die Einheit zu empfangen" (103).

Diese, durchaus an *Georg Wilhelm Friedrich Hegel* erinnernde Stigmatisierung des „Für-sich-Seins" des Subjekts bleibt theologisch nicht folgenlos, weil Pannenberg ein Verständnis der von Gott selbst anerkannten ursprünglichen Fähigkeit menschlicher Freiheit ablehnt, sich zu allem, auch zu Gott und der eigenen Bestimmung, verhalten zu können. Nur als Konsequenz eines theonomen Begriffs von Freiheit ist ja schließlich auch denkbar, dass ein Mensch am Zustandekommen seines sündigen Zustandes, in dem er sich vorfindet, nur deshalb bereits schuldig sein soll, weil er ihn verantwortlich zu übernehmen hat. Aber es stellt sich dann doch die Frage, ob die von Pannenberg vorgenommene Entkopplung von Urheberschaft und Schuld den Begriff der Freiheit nicht unterbestimmt. Der Ansatz, der die Sündhaftigkeit des Menschen aus der naturhaft bestimmten Ausgangslage des Menschen hervorgehen lässt und dabei den Ursprung der Sünde nicht mit der menschlichen Freiheit verbinden will, unterläuft die Möglichkeit, das *peccatum originale* als Freiheitsbestimmung zu denken! Wer ist Täter jener Verkehrung des Verhältnisses von Egozentrizität und Exzentrizität, die vorgängig zum individuellen Handeln geschieht und gleichwohl „*Selbst*verfehlung" des Menschen" sein soll? Die harmatologische Stigmatisierung der Selbstkonstitution ist das Resultat eines Kategorienfehlers, der den Begriff der transzendentalen Subjektivität nicht formell unterscheidet von den realen, intersubjektiv vermittelten Konstitutionsbedingungen der Subjektivität. Ist es mithin nicht so, dass Pannenbergs Verständnis des Verhältnisses von Sünde und Freiheit der Tendenz folgt, die dem Begriff der Erbsünde offenbar immanente aporetische Spannung von Zurechenbarkeit und Universalität einseitig in Richtung eines universalen Verhängnisses aufzulösen? Aber Pannenbergs elaborierte Theorie verdeutlicht die Alternative: Entweder verzichtet man darauf, die Sünde als Tat der Freiheit zu deuten, oder aber die Frage nach dem Schuldcharakter des *peccatum originale* muss erneut gestellt werden! Aber ist eine Sündhaftigkeit, die jeder persönlichen Stellungnahme vorausgehen soll, ist das Faktum der Sünde als Zustand überhaupt freiheitstheoretisch denkbar?

„Transzendentale Verweigerung im Ursprung von Geschichte“ (Helmut Hoping)

Was im letzten Satz als Frage formuliert wurde, entspricht im Kern der These, die *Helmut Hoping* in seiner grundlegenden Studie zu einer freiheitstheoretischen Reformulierung der traditionellen Erbsündenlehre zu begründen versucht. Leitend ist der Begriff einer radikalen und universalen Schuldverfallenheit menschlichen Daseins vor aller individuellen Schuld[63]. Ausgangspunkt seines Ansatzes sind methodische Einsichten, die auch für die hier vorgetragenen Überlegungen grundlegend sind. Am Beispiel von Rahner und Schoonenberg kann Hoping aufzeigen, dass katholische Erbsündentheorien bislang kaum das Problem- und Reflexionsniveau des transzendentalen Freiheitsdenkens Kants aufgearbeitet, geschweige denn rezipiert haben. Der theologische Nachvollzug des von Kant ausgehenden Freiheitsdenkens sei katholischerseits weitgehend ein Desiderat geblieben (vgl. 27–51). Dabei ist sich auch Hoping bewusst, dass eine Erbsündentheorie bei Kant nicht wird stehen bleiben können. Dafür ist methodisch das auch von mir aufgezeigte Defizit verantwortlich, dass Kant die ursprüngliche Aktualität der menschlichen Freiheit nicht weiter erhellt hatte. Aus diesem Grunde greift Hoping auf die transzendentale Freiheitslehre von *Hermann Krings* zurück und ergänzt sie durch einen Rückgriff auf die von *Hans Michael Baumgartner* entwickelte Transzendentale Historik.

Als den gültigen Aussagegehalt der kirchlichen Erbsündenlehre hält Hoping fest (vgl. 280–286), dass die Sünde mit dem Menschen in die Welt kommt. Näherhin ist der Fall in die Sünde im Ursprung der Geschichte aufzusuchen. Damit ist Hoping zufolge nicht nur die kontingente

---

63 Vgl. *H. Hoping*, Freiheit (Anm. 5). Die Seitenzahlen im Text beziehen sich auf dieses Werk. Vgl. *ders.*, Freiheitsdenken und Erbsündenlehre. Der transzendentale Ursprung der Sünde: ThGl 84 (1994) 299–317; *ders.*, Bewusstes Leben. Egozentrik und die Macht des Bösen. Zum Verständnis der „Erbsünde“, in: *ders.*, *M. Schulz* (Hg.), Erbe, 180–191.

Faktizität des *peccatum originale* festgehalten, sondern auch die schöpfungstheologisch wie harmatologisch grundlegende Einsicht, dass Schöpfung und Sündenfall nicht zusammenfallen. Um diese Bestimmung eigens theologisch zu würdigen, hält Hoping an der Unterscheidung von *peccatum originis* und *peccatum originale* fest. Sowohl die „Sünde Adams" als auch die „Erbsünde" werden als Momente im transzendental-geschichtlichen Konstitutionsprozess der menschlichen Freiheit begriffen. Somit wahrt der Begriff *peccatum originis* die Kontingenz des Bösen, ohne den Sündenfall auf einen etwaigen historischen Anfang der Menschheitsgeschichte zu beziehen. Die etwas unpräzise Redeweise von der „geschichtlichen Wirklichkeit *eines* Sündenfalls"[64] kann sich somit nur auf das Schuldigwerden einer jeden subjekthaften Freiheit beziehen, durch das die Sünde in die Welt kommt. Darüber hinaus gelte für das *peccatum originale*, dass es kein *peccatum actuale* ist und folglich der Begriff der individuellen Zurechenbarkeit auf die Erbsünde nicht anwendbar ist. Der systematisch-theologischen Reformulierung der kirchlichen Erbsündenlehre durch Hoping liegt die dogmenhermeneutische Vorentscheidung zugrunde, mit der von *Augustinus* ausgehenden Traditionslinie zu brechen, den Begriff einer übertragbaren Schuld im Rahmen naturalistisch-biologischer Kategorien zu explizieren. Das *peccatum originale* sei als Freiheitsbestimmung, keineswegs jedoch als naturhaftes Verhängnis zu verstehen. Allerdings ist die „Erbsünde" strafwürdige Sünde und als solche eine allgemeine und ursprüngliche Bestimmung eines jeden menschlichen individuellen Daseins. Dies wiederum mache ihre Universalität aus, die folglich ihren Ursprung nur in der Freiheit haben könne. Zugleich aber soll als Kernaussage der Erbsündenlehre gelten, dass sie eine Schuldverfallenheit menschlichen Daseins vor aller individuellen Schuld und Sünde bezeichnet.

Vor diesem Hintergrund entfaltet Hoping seine eigene Erbsündentheorie in mehreren Schritten: In der Tradition Kants setzt Hoping – *erstens* – das *peccatum originale* in die Konstitution des menschlichen Selbstverhältnisses. Dem von ihm favorisierten Begriff der Ursprungssünde entsprechend greift er zur Analyse dieses Konstitutionsverhältnisses auf den Ansatz einer „transzendental-geschichtlichen Ätiologie der Sünde" zurück. Der Begriff „*transzendental*" indiziert dabei die Reflexion auf die Möglichkeitsbedingung jener endlichen Freiheit, die sich im Widerspruch zu ihrem Wesensgesetz als wirklich gesetzt hat. Die hier gesuchte Bestim-

64 *H. Hoping*, Freiheit (Anm. 5), 264 [Hervorhebung von mir; G. E.]; vgl. ebd., 265.

mung ist der ursprünglich von Krings stammende Begriff der *„transzendentalen Verweigerung"*. Er bezeichnet die Form der Selbstvermittlung von Freiheit, die den Entschluss für andere Freiheit verweigert. Diese Schuld ist Sünde, weil die verweigerte Anerkennung anderer Freiheit ineins Gott die ihm gebührende Anerkennung verweigert, das ursprünglich Ermöglichende und schlechthin Erfüllende endlicher Freiheit zu sein. Der Begriff des *„geschichtlichen"* wiederum soll zunächst das epistemologische Dilemma der Kantischen Transzendentalphilosophie korrigieren, das transzendental „Unbedingte" von Vernunft und Freiheit nicht in seiner ursprünglichen Zeitlichkeit denken zu können. Dieses philosophische Desiderat führt dort, wo transzendentalphilosophisches Freiheitsdenken für den theologischen Argumentationszusammenhang in Anspruch genommen wird, zu dem Problem, dass Hoping zufolge nicht einsichtig gemacht werden könne, dass die „transzendentale Verweigerung" wirklich der radikale, dass heißt „transzendentale Ur-sprung von Geschichte" sei (vgl. 263–265). Entsprechend zielt der Begriff der *„Ätiologie"* auf das *peccatum originale* als den transzendentalen Ursprung von Geschichte. Ohne diesen Ursprung, wie in der Monogenismustheorie bis hin zu Rahner vorausgesetzt, zu historisieren, bietet sich für Hoping nun auch die Möglichkeit, die Einheit der Geschichte auf den Begriff des *peccatum originale* zu beziehen. Das *peccatum originis* eröffnet, als transzendentale Verweigerung, die Geschichte des Unheils und bestimmt das menschliche Selbstverhältnis in seiner Konstitution von allem Anfang an[65].

Worin aber besteht – *zweitens* – Hoping zufolge der Schuldcharakter des *peccatum originale*? Die Frage nach dem *Schuldcharakter* wird von Hoping auf unterschiedliche und, wenn ich recht sehe, nicht ganz einheitliche Weise beantwortet. Zunächst begegnet bei Hoping ein Argument, dass an *Kierkegaards* und *Ricœurs* Analysen zur Fehlbarkeit des menschlichen Selbstverhältnisses erinnert. Das Argument nimmt bei dem Aufweis seinen Ausgang, dass die menschliche Freiheit, eben weil sie als endliche die von Gott „gewährte" und „hervorgebrachte" Freiheit ist, mit der vollkommenen Freiheit Gottes als ihrem schöpferischen Urgrund „geeint" sei. Zugleich aber, so Hoping, befinde sich die menschliche Freiheit in einer „kreatürliche[n] Distanz" zu Gott als ihrem Schöpfer. Diese, wie es bei Hoping heißt, „unvollkommene Einigung" bedeute eine „unhintergehbare Nichtigkeit der Freiheit, eine Nichtigkeit, welche eine grundsätzliche Fehl-

65 Vgl. *H. Hoping*, Freiheitsdenken (Anm. 63), 315.

barkeit in der Zeitigung der Freiheit begründet" (262). Dass die menschliche Freiheit ihre Bestimmung, sich von Gott in ihrem Dasein bestimmen zu lassen, nur auf *endliche* Weise realisieren kann, ist folglich nicht bereits Schuld. Die Antinomie endlicher Freiheit, die sich auf den Widerspruch einlassen muss, in ihrer realen Existenz nicht unbedingt, sondern bedingt zu sein, ist nicht identisch mit der Freiheit, die im Widerspruch mit sich selbst existieren will[66]. Eine solche Deutung des menschlich-endlichen Freiheitsvollzugs, die diese Differenz nicht beachtet, liefe, wie Hoping an *Paul Tillich* kritisiert, auf das tragische Schicksal eines entfremdeten Selbstseins hinaus (vgl. 273–276). Damit aber wäre der Schuldcharakter des *peccatum originale* preisgegeben; das naturalistische Dilemma vormoderner Erbsündentheorien wäre nicht überwunden. Folgerichtig besteht Hoping darauf, dass die „unvollkommene Einigung" des Menschen mit Gott die *Fehlbarkeit* des endlichen Freiheitsvollzugs plausibilisiert, die in der Möglichkeit der Verweigerung gegenüber Gott als dem schöpferischen Ursprungsgrund menschlicher Freiheit real wird (vgl. 262f). Doch kann die Fehlbarkeit, sofern sie in der Struktur menschlicher Subjektivität lediglich die *Möglichkeit* zur Sünde aufdeckt, nicht die „Erbsünde" selbst sein.

Vor dem Hintergrund dieser Argumentation hätte man nun erwarten können, dass Hoping, beispielsweise in Analogie zu Kierkegaards Angstanalysen, diese Möglichkeit der „Verweigerung" ihrerseits auf ihre innere Möglichkeitsbedingungen hin durchsichtig machen würde. Aber diesen Weg beschreitet Hoping ausdrücklich nicht, obwohl der gewählte transzendentale Freiheitsansatz die Chance dazu eröffnen würde und Hoping einzelne Elemente einer solchen Argumentation benennt. Ausgangspunkt einer solchen Überlegung müsste die Einsicht sein, dass transzendentale Freiheit „anders sein können" müsse, als sie ihrer Logik nach zu bestimmen sei (260). Denn transzendentale Selbstvermittlung der Freiheit vollzieht sich, ihrer Form nach, als unbedingte Affirmation ihrer selbst und zwar als unbedingter Entschluss für andere Freiheit. Damit indiziert der Begriff der transzendentalen Freiheit einen Sollensbegriff, weil die „transzendentale Affirmation und Anerkennung von Freiheit als Ursprung des Guten" gedacht werden müssen (260). Entsprechend ist die transzendentale Verweigerung – die Weigerung nämlich, andere Freiheit unbedingt anzuerkennen – der Ursprung des Bösen (vgl. 260f). Da, anders als *Pannen-*

66 Vgl. *H. Krings*, System und Freiheit. Gesammelte Aufsätze (Praktische Philosophie 12), Freiburg/München 1980, 32–38.

berg[67], das von Hoping favorisierte transzendentale Freiheitsdenken den Begriff einer formal unbedingten Freiheit, die als transzendentaler Ursprung die Differenz des Guten und Bösen eröffnet[68], nicht abweist respektive methodisch unterläuft, fiele einer transzendentalen Freiheitsanalyse die Aufgabe zu, die Selbstwahl von Freiheit auf ihre innere Möglichkeit hin durchsichtig zu machen, mit der Freiheit dem „Hang zum Bösen" verfallen ist und ihre menschliche Bestimmung verfehlt. In jedem Falle hat das Böse „die transzendentale Struktur der Setzung: die absolute und unvermittelte Ich-Setzung"; die Verunmöglichung von Freiheit als „absolute Egoität". Folglich ist im Begriff der transzendentalen Freiheit als der Idee des Unbedingten im menschlichen Handeln und Wollen der Grund aufzusuchen, warum etwas als gut und böse zu beurteilen ist: „So wie die transzendentale Anerkennung von Freiheit als der Ursprung des Guten, so müssen transzendentale Verweigerung und Entzug als Ursprung des Bösen gedacht werden"[69]. Transzendentale Freiheit konstituiert sich auf ursprüngliche Weise, indem sie sich allererst die Möglichkeit der sittlichen Differenz von Gut und Böse *eröffnet*. Im Anschluss an *Kierkegaard* formuliert: Durch die „absolute Wahl" wird die Wahl der Freiheit als Freiheit der Wahl begründet.[70] Sofern nur die transzendentale Freiheit auf *unbedingte* Weise böse sein kann, muss in dieser ursprünglichen Selbstvermittlung der Freiheit auch die Fehlbarkeit des Menschen als Möglichkeit der Sünde gegeben sein. Es wäre folglich, wie beispielsweise *Herbert Meyer* hat zeigen können, aufzuweisen, dass in dem Vollzug der Selbstvermittlung die Gefährdung seines Gelingens gleichursprünglich mitgesetzt ist, eben weil die Freiheit sich „unter Einbeziehung des Hangs zum Bösen auf ursprüngliche Weise" konstituiert. Dabei gilt, dass die „ursprüngliche Hervorbringung des Hangs zum Bösen als Strukturmoment des Vollzugs dieser Freiheit miteinbezogen werden [muss]".[71]

Der hier im Anschluss an Krings und Meyer lediglich angedeutete Weg, Kants Analysen zum „Hang zum Bösen" in den auch von Hoping vertretenen Freiheitsansatz einzuschreiben, hält somit durchaus Denkmittel

67 S. o.

68 Zur Einschreibung der Freiheitslehre Kants in das von Krings konzipierte transzendentale Freiheitsdenken vgl. *H. Meyer*, Freiheitslehre (Anm. 20). Ebd., 157–185. 213–218 finden sich Skizzen zum Verhältnis von transzendentaler Freiheit zum Bösen.

69 *H. Krings*, System (Anm. 66), 36. 67.

70 Vgl. *Th. Pröpper*, Freiheit. Ausprägungen ihres Bewusstseins, in: *ders.*, Evangelium (Anm. 55), 103–128, hier: 120.

71 *H. Meyer*, Freiheitslehre (Anm. 20), 215. 218.

bereit, die Sündhaftigkeit des Menschen als Möglichkeit humaner Selbstverfehlung zu erhellen. Das bereits von Kant selbst und erst recht von Kierkegaard bereitgestellte hermeneutisch-anthropologische Argumentationspotential machen sich Hopings Analysen zum Begriff der transzendentalen Verweigerung freilich nicht zunutze.[72] Stattdessen nimmt seine Argumentation bereits *unvermittelt* ihren Ausgang beim Begriff der transzendentalen Verweigerung selbst und qualifiziert ihn harmatologisch als „corruptio libertatis“ (267). Sie ist „verderbt“ als Folge des *peccatum originis*, das als „wirklicher Ur-sprung von Geschichte“ den Raum der Geschichte in der Form der Verweigerung transzendental eröffnet. Weil es auf einen Aktus der Freiheit zurückgeht, ist das „(Un-)Wesen transzendentaler Verweigerung“ „schlechthin ursprünglich“. Und weil diese Verweigerung aufgrund ihres „geschichtlichen Wesens“ transzendentaler Ursprung der Geschichte ist, so folgert Hoping, sei die durch das *peccatum originis* verwirklichte Sündhaftigkeit „im strengen Sinne allgemein“ (265f). Damit aber hat Hoping bereits zwei Bestimmungsmomente eingeholt, die für das *peccatum originale* konstitutiv sind. Es bezeichnet, wie er im Anschluss an *Peter Hünermann* formuliert[73], „das allgemeine Wesen der Verweigerung“. Näherhin ist das *peccatum originale* das geschichtliche Wesen transzendentaler Verweigerung „als das ‚allgemein Eigene‘“ (266). Die von Hoping beibehaltene Distinktion von *peccatum originis* und *peccatum originale* erlaubt es ihm, den Ursprung der Sünde als Freiheitsvollzug zu denken und diesen Ursprung ineins als Wurzel der aus ihm hervorgehenden allgemeinen und ursprünglichen Sündhaftigkeit menschlichen Daseins anzusetzen. Folglich ist das *peccatum originale* ein ursprüngliches Freiheitsgeschehen. Darum auch ergibt sich Hoping zufolge in der Perspektive seiner Reformulierung des Erbsündenbegriffs die Möglichkeit, „das peccatum originale nicht nur in seinem Ursprung, sondern auch in seiner Universalität als Freiheitsbestimmung zu denken“ (286).

---

72 Das Denkangebot Kierkegaards, die Angst als „Zwischenbestimmung“, als Disposition zur Sünde einzuführen, schlägt Hoping aus. Unter Bezugnahme auf Pannenberg argumentiert er, dass die Angst auf eine „transzendentale Ursprungssünde zurückgeführt werden [muss], die menschliches Dasein von allem Anfang an bestimmt“. *H. Hoping*, Freiheitsdenken (Anm. 63), 316.

73 Vgl. *P. Hünermann*, Erlöste Freiheit. Dogmatische Reflexionen im Ausgang von den Menschenrechten: ThQ 165 (1984) 1–14, 11; vgl. *ders.*, Peccatum originale – ein komplexer, mehrdimensionaler Sachverhalt. Entwurf eines geschichtlichen Begriffs: ThQ 184 (2004) 92–107.

Es ist – *drittens* – zu fragen, wie Hoping, ausgehend von seinem transzendentalphilosophischen Freiheitsverständnis, den für die Erbsünde konstitutiven Begriff einer Schuldverfallenheit vor aller individuellen Schuld und Sünde einsichtig machen kann. Die These, dass das *peccatum originale* als transzendentale, geschichtseröffnende Verweigerung „das menschliche Selbstverhältnis in seiner Konstitution von allem Anfang an bestimmt"[74], soll die zentrale Aussage der Erbsündentheorie Hopings sichern, dass das *peccatum originale* als Freiheitsbestimmung zu denken ist. Darüber hinaus hält diese These den Schuldcharakter der Erbsünde fest; sie geht aus Freiheit hervor und ist deshalb selbst Sünde. Nun gehört aber, folgen wir Hoping, zum Aussagegehalt der traditionellen kirchlichen Erbsündenlehre, dass sich der Mensch das *peccatum originale* „ohne Zustimmung" zuziehe und es denjenigen, der davon betroffen sei, nicht im individuellen Sinne zu Sündern mache; das *peccatum originale* ist kein *proprium peccatum* (vgl. 282f; 21). Wie aber lässt sich freiheitstheoretisch eine universale Schuldverfallenheit menschlicher Freiheit „vor aller individuellen Schuld und Sünde" denken (266; vgl. 27)? Und wie wäre ein Begriff von Sünde zu bestimmen, wenn die Sündhaftigkeit des *peccatum originale* keine *individuelle* Sünde sein soll? Wird der Sündenbegriff nicht preisgegeben, wenn das Prinzip der individuellen Zurechenbarkeit auf das *peccatum originale* nicht anwendbar sein soll (49)?[75] Ist es, mit anderen Worten, nicht ein Widerspruch, die Erbsünde als Freiheitsgeschehen deuten zu wollen und gleichzeitig den für Kant freiheitstheoretisch so zentralen Begriff der individuellen Imputabilität fallen zu lassen? Es scheint mir in der Tat zweifelhaft, dass Hoping die Bestimmung einer prä-individuellen Schuldverfallenheit mit den Kategorien des transzendentalen Freiheitsverständnisses denkerisch einholen und als These argumentativ und kohärent vertreten kann.

Hopings Schlussfolgerung, dass das menschliche Dasein „schon vor aller individuellen Schuld und Sünde" durch das ‚allgemeine Wesen der Verweigerung' bestimmt" sein soll, kennt keine hinreichende Begründung für

74 *H. Hoping*, Freiheitsdenken (Anm. 63), 315.

75 „Es ist aber sinnlos", heißt es bei Hoping ausdrücklich im Blick auf die Rede von der strukturellen Sünde, „von Sünde zu sprechen, ohne eine Form der Zurechenbarkeit vorauszusetzen", *H. Hoping*, Freiheit (Anm. 5), 269. Die Auseinandersetzung Hopings mit den Denkangeboten Rahners und Schoonenbergs, aber auch mit Konzeptionen, die den Begriff der Erbsünde mit dem der sündigen Struktur identifizieren wollen, deuten darauf hin, dass er der immer wieder erwogenen Ausflucht in eine sogenannte Analogizität des Sündenbegriffs nicht folgt. Vgl. ebd., 267–269.27–49. S. u.

den infragestehenden Begriff einer prä-individuellen Schuldverfallenheit. Eine solche Begründung ist ja nicht bereits mit dem Hinweis gegeben, dass transzendentale Freiheit „schon im Ereignis von Sein und Zeit west" und menschliches Dasein „schon mit und in diesem Ereignis hervorgehend zu denken" sei (266).[76] Das transzendentallogisch primäre Interesse gilt hier der Frage, wie in dieser These dem Begriff der transzendentalen Freiheit der der transzendentalen Subjektivität zugeordnet ist. Was ist, mit anderen Worten, Subjekt jener transzendentalen Freiheit, von dem hier die Rede ist? Sofern sich Freiheit im „Ereignis von Sein und Zeit" vollzieht, handelt es sich in jedem Fall der Form nach um die Selbstvermittlung der Freiheit, die wir ineins als „Selbstbegründung der Individualität" denken müssen[77]. Der Begriff der transzendentalen Freiheit indiziert einen schlechthin ursprünglichen Sachverhalt, den wir exklusiv von einer subjekthaften Freiheit aussagen. Dies gilt auch, wie angedeutet, für den Begriff des Bösen, der, als Verweigerung, die transzendentale Struktur der „absoluten Egoität" hat (Krings). Der Begriff der schuldhaft gewordenen Freiheit impliziert ein Selbstverhältnis, in dem die Ursprünglichkeit und Unbedingtheit menschlicher Subjektivität in ihrer Verfehltheit gedacht wird. Soll, mit anderen Worten, die transzendentale Freiheit auf *unbedingte* Weise böse sein, ist diese Bestimmung von der Individualität freiheitlicher Subjektivität ausgesagt! In der Konsequenz dieser Aussage müsste dann auch für das *peccatum originale* gefolgert werden, dass es, als Sünde gefasst, eine Bestimmung subjekthafter Freiheit ist und im Medium des Selbstvollzugs des Einzelnen aufzusuchen ist. Aber ist dies freiheitstheoretisch denkbar unter Hopings Prämisse, der Schuldcharakter der Erbsünde sei prä-individueller Art?

Auf den ersten Blick scheint auch Hopings Versuch einer freiheitstheoretischen Reformulierung des Erbsündenbegriffs der transzendentallogischen Einsicht zu folgen, dass sich die transzendentale Setzung des Bösen auf einen selbstursprünglichen Akt der subjekthaften Freiheit zurückgeht. Dafür spricht bereits Hopings These, dass das *peccatum originale* als Moment im Vollzug der Konstitution des menschlichen Selbstverhältnisses zu

---

76 Wie immer man, was hier nicht das Thema ist, die Vermittlung des Heideggerschen mit dem Kringschen Denken im Einzelnen beurteilen mag, eine ontologische Reifizierung des Freiheitsbegriffs schließt Hoping ausdrücklich aus. Vgl. *H. Hoping*, Freiheit (Anm. 5), 245–253. Sie liefe ja auch, wie Hoping in der Auseinandersetzung mit den spekulativen Sündenfalltheorien Schellings und Tillichs herausarbeitet, faktisch auf eine Naturalisierung des Erbsündenbegriffs hinaus. Vgl. ebd., 270–276.

77 *H. Krings*, System (Anm. 66), 113; vgl. 113f.

denken sei. Die *corruptio libertatis* des transzendental-geschichtlich verstandenen *peccatum originale* sei, wie es bei Hoping ausdrücklich heißt, „eine corruptio derjenigen transzendentalen Freiheit, durch die menschliches Dasein von allem Anfang *sich selbst* bestimmt"[78]. Doch wenn Hoping das *peccatum originale* als „Moment" im transzendental-geschichtlichen Konstitutionsprozess menschlicher Freiheit bezeichnet, setzt er die Möglichkeit und den Anfang der Sünde in das Selbstverhältnis freier Subjektivität. Ich sehe nicht, wie sich, wie es die Rede von der „Schuldverfallenheit menschlicher Freiheit vor aller individuellen Schuld und Sünde" doch verlangen würde, ein „Ursprung von Geschichte" als subjektloses Geschehen denken lässt. Und desgleichen auch nicht, wie eine „Verweigerung" zu denken wäre, die, wiewohl die Freiheit sich im Widerspruch mit sich selbst befindet, kein verantwortliches Subjekt dieser Selbstverfehlung kennen soll. Der Status des Subjekts des „Wesens der Verweigerung" wird von Hoping nicht eindeutig bestimmt! Die Entschiedenheit, mit der Hoping das transzendentale Freiheitsverständnis eingeführt hat, verlangt den Begriff der subjekthaften Freiheit so zu denken, dass von ihr eigene Ursprünglichkeit und Unbedingtheit ausgesagt wird. Das gleiche hätte meines Erachtens vom Begriff der transzendentalen Verweigerung zu gelten, sofern er Hoping zufolge anzeigen soll, dass das Subjekt vor aller individuellen Schuld gleichwohl als es selbst *unbedingt* böse sei. Eine terminologische Präzisierung, die uns Auskunft über das *subiectum* des „Wesens transzendentaler Verweigerung" geben könnte, findet sich jedoch nicht in der von Hoping jeweils herangezogenen Semantik, mit der er dieses „Wesen" auf den Selbstvollzug von Freiheit bezieht.

Semantische Umschreibungen des Freiheitsvollzugs durch den Rekurs auf „unser Dasein" und „Menschsein" sind begriffstheoretisch unpräzise.[79] Wessen subjekthafter Freiheitsvollzug ist „Ur-sprung von Geschichte"? Und wenn wir das *peccatum originis* als Moment im Konstitutionsprozess „unseres" Daseins verstehen, wie können wir dann – bei gleichzeitiger Abweisung der Monogenismusthese – an der „geschichtlichen Wirklichkeit *eines* Sündenfalls" festhalten[80]? Die Bestimmung wiederum, das *peccatum originis* sei ein „geschichtliches Ereignis kat' exochen", verlangt nach einer Antwort auf die Frage, wer Subjekt und Täter dieses Ereignisses ist? Subjekt-

78 *H. Hoping*, Freiheit (Anm. 5), 267 [Hervorhebung von mir; G. E.].
79 Vgl. beispielsweise und *pars pro toto, H. Hoping*, Freiheit (Anm. 5), 264f.
80 Ebd., 265 [Hervorhebung von mir; G. E.].

theoretisch undeutlich scheint auch die folgende Aussage zu sein, auf der wiederum der Kern der Hopingschen Erbsündentheorie aufruht: „Da transzendentale Freiheit schon im Ereignis von Sein und Zeit west, menschliches Dasein aber mit und in diesem Ereignis hervorgehend zu denken ist, wäre dieses schon vor aller individuellen Schuld und Sünde durch das ‚allgemeine Wesen der Verweigerung' bestimmt" (266). Da das Unbedingte als die primär geltungsbegründende Instanz von Freiheitsvollzügen anzusetzen ist, ist es geboten, den Begriff der transzendentalen Freiheit auf seinen Gebrauch als transzendentallogisches Konstrukt einzuschränken, den formal unbedingten Konstitutionsgrund realer Freiheit zu bezeichnen.

Der zitierte Satz scheint, was einer strikt transzendentalen Konstruktion der Freiheit in ihrem Bezug auf das Unbedingte – das aber ist die transzendentale Freiheit – zuwiderläuft, eine quasi-empirische Geltung für sich in Anspruch zu nehmen. Transzendentalphilosophisch betrachtet geben „Sein und Zeit" bereits eine geschichtlich-materiale Antwort auf die Frage nach der gehaltlich vermittelten Bestimmtheit der Freiheit. Durch diese Bestimmtheit wird dann allerdings die Bestimmtheit dessen begründet, was für die Freiheit real ist: ihre als Sein und Zeit bestimmte Umwelt, der gegenüber sich die Freiheit als Offenheit – gut – oder Verschlossenheit – böse – verhält. Wenn ich recht sehe, vermischen sich in dem zitierten Satz und zwar näherhin in der Verwendung des Begriffs „transzendental-geschichtlich" verschiedene Fragedimensionen. Es ist das eine, nach den realen geschichtlich-gesellschaftlichen Verhältnissen zu fragen, in denen Freiheit faktisch durch geschichtliche Bildungsprozesse real bestimmt wird. Ein anderes wiederum, transzendentallogisch aufzuzeigen, dass sich Freiheit erst im Akt der freien Affirmation ihrer real-geschichtlichen Bedingungen konstituiert.[81]

Hoping scheint sich dieser Spannung in der Zuordnung von Freiheits- und Subjektbegriff auch bewusst zu sein. Zwar scheitere, wie er ausführt, das Prinzip der individuellen Zurechenbarkeit am Begriff des *peccatum originale*. Gleichwohl hält er fest: „Mit ihm darf *nicht jede Form* der Zurechenbarkeit aufgehoben sein, weil er sonst mit dem Begriff der Freiheit unvereinbar und als ein Begriff von Sünde widersprüchlich ist"[82]. Aber weder bestimmt Hoping im Verlaufe seiner Argumentation die hier angedeutete „Form der Zurechenbarkeit" näher noch benennt er ein verantwortliches Subjekt der nun doch angedeuteten, will sagen: zugestande-

---

81 Vgl. *H. Krings*, System (Anm. 66), 69–98.
82 *H. Hoping*, Freiheit (Anm. 5), 48 [Hervorhebung von mir; G.E.].

nen Imputabilität. Zwar bezeichnet Hoping das „geschichtliche Wesen transzendentaler Verweigerung als das „allgemein Eigene" (266). Aber verlangt die Zuschreibung dieses Wesens als das „Eigene" nicht ein Subjekt, das sich dieses Wesen zuschreibt? Verhielte es sich anders, wäre es nicht das im Begriff der formellen Freiheit gedachte „Eigene"! Wäre es jedoch nicht das „Eigene" im Sinne einer subjekthaften Selbstzuschreibung, in der ein Ich sich als verantwortlicher Urheber dieses „Eigenen" begreift, würde das „Wesen transzendentaler Verweigerung" zu den externen Konstitutionsbedingungen freiheitlicher Subjektivität gehören. Es wäre dann, weil es den Selbstvollzug von Freiheit innerlich affiziert, als Disposition zur Sünde in der Konstitution menschlicher Freiheit zu begreifen.

Julia Knop hat vorgeschlagen, ein „Apriori (propagatione) der Konstitution (Selbsttat) der Freiheitsrealität"[83] anzusetzen, um den Verhängnischarakter der „Erbsünde" festzuhalten. Ihren Ausführungen ist zu entnehmen, dass dieses Apriori als ein *faktisches* zu begreifen wäre. Im Gefälle dieser Argumentation ließe sich dann durchaus sagen, dass ich dieses „Apriori meiner Freiheit (meiner selbst)" nicht zu verantworten, es aber gleichwohl „im Entschluss zu mir, also qua Selbstkonstitution setze, ja setzen muss"[84]. Aber, wie in durchaus analoger Weise auch *Knut Wenzel*[85], hält Knop daran fest, dass dieses „Apriori", wiewohl dem Selbstvollzug der Freiheit nicht äußerlich, ein externes Konstitutivum ist, eine „mir objektiv bereits eingeschriebene[...] Wirklichkeit". Knop zufolge haben wir unter dem *peccatum originale* die unter einem schuldhaften Vorzeichen stehende intersubjektive, leibliche und geschichtliche Vermittlung der Selbstkonstitution endlicher Freiheit zu verstehen.[86] Damit hat Knop der Sache nach die von *Thomas Pröpper* her geläufige Unterscheidung von Disposition zur und Faktum der Sünde aufgegriffen. Allerdings zieht Knop aus dieser Interpretation nicht die Konsequenz, für den als „Disposition zur Sünde" bezeichneten Sachverhalt auf den Schuldbegriff zu verzichten. Stattdessen operiert sie schlussendlich doch mit einem „analogen Sündenbegriff", kann aber nicht aufzeigen, worin der Schuldcharakter eines „Verhängnisses" bestehen soll[87].

83 *J. Knop*, Sünde (Anm. 32), 341.

84 Ebd., 343.

85 S. o. Wenzel verwendet an dieser Stelle den Begriff der „fremden Schuld".

86 *J. Knop*, Sünde (Anm. 32), 343; vgl. ebd., 349–351.

87 Vgl. *J. Knop*, Sünde (Anm. 32), 350f; vgl. *dies.*, Die Ursünde – Unheilvolles Erbe der Theologiegeschichte oder der Menschheit?: *H. Hoping/M. Schulz* (Hg.), Erbe (Anm. 32), 25–48, hier: 40–42.

Es verwundert, dass Hoping dem Vorschlag Knops zustimmt, das *peccatum originale* als „‚Apriori' freiheitlicher Subjektivität" zu verstehen[88]. Denn ihm zufolge soll das „geschichtliche Wesen transzendentaler Verweigerung" nicht zu den externen Konstitutionsbedingungen menschlicher Freiheit gehören, weil dies dem Schuldcharakter des *peccatum originale* widerspräche. Doch soll der Schuldcharakter gleichwohl nicht auf den Sinn einer aktuellen persönlichen Schuld festlegt werden. Dieser Vorschlag ist intrikat und nicht ohne Widerspruch zu denken, da Hoping den freiheitstheoretisch prekären Begriff einer vorindividuellen Schuld gleichwohl als intrinsisches Konstitutivum der Selbstvermittlung von Freiheit ansetzen will und nicht als externes „faktisches Apriori".

Das Problem der Erbsündentheorie Hopings besteht meines Erachtens darin, dass der Status des *peccatum originale* in seinem Bezug zum Selbstvollzug von Freiheit epistemologisch unklar bleibt. Es soll das „allgemeine Wesen" der transzendental-geschichtlichen Verweigerung sein, das als inneres ursprüngliches Moment konstitutiv eingeht in die Selbstvermittlung und den Selbstvollzug von Freiheit. Nun soll das *peccatum originale* aber zugleich eine vorindividuelle, damit aber doch wohl externe Bestimmung sein, aus der ursprünglich hervorgehen soll, dass Freiheit im Widerspruch mit sich selbst existiert. Das *peccatum originale*, wie Hoping es versteht, ist gewiss keine transmissible Verbindlichkeit im Sinne Kants. Zwar hält Hoping, wie gezeigt, aus hermeneutischen Gründen an der Unterscheidung von *peccatum originis* und *peccatum originale* fest. Doch da er die Ursünde „Adams" nicht historisch lokalisiert, sondern als „Moment" im subjekthaften Freiheitsvollzug versteht, kann seine Erbsündenlehre auf eine Übertragungstheorie verzichten, die zu klären hätte, wie sich der postadamitische Mensch das *peccatum originale* als strafwürdige Schuld zuzieht. Es konnte ja bereits in Rahmen dieser, in der augustinischen Tradition stehenden Theorie nicht schlüssig aufgezeigt werden, wie ein Mensch für einen Mangel schuldig sein soll, der ihn selbst zwar betrifft, aber den er sich nicht selbst durch eigenes Tun oder Unterlassen zugezogen hat. Nun ist für Hoping wohl die „Tatsünde", nicht jedoch das *peccatum originale* eine, wiederum im Anschluss an Kant formuliert, „allerpersönlichste" Schuld aus ursprünglicher Freiheitstat. Um den Schuldcharakter der Erbsünde aufrechterhalten zu können, hat Hoping in einer neueren Publikation schlussendlich doch die These vertreten, das *peccatum originale* sei in einem analogen Sinn Sün-

88 *H. Hoping*, Leben (Anm. 63), 188f.

de[89]. Diese Auffassung steht aber in deutlicher Spannung zu seinem ursprünglichen Entwurf, in dem er die Erbsündenlehre im Rahmen eines transzendentalen Freiheitsverständnisses zu reformulieren versucht. Von weiterreichenden erkenntnistheoretischen Problemen, die mit dem epistemologischen Status der Begriffsbildung überhaupt zu tun haben, abgesehen, ist die Rede von der „Analogizität" der Schuld *freiheitstheoretisch* ein Unbegriff, da der Grund von „Imputabilität" begrifflich nirgends anders als in der im Begriff der transzendentalen Freiheit gedachten Selbstursprünglichkeit von Freiheit aufzusuchen ist.

Es läge somit nahe, das Moment des „vorindividuellen" in Analogie zu der von *Pröpper* vorgeschlagenen und auch von *Knop* offenbar favorisierten Differenz von Disposition zur Sünde und Faktum der Sünde zu verorten und den externen Konstitutionsbedingungen zuzurechnen, die für die Wirklichkeit menschlicher Freiheit bestimmend sind. Aber Hoping weist die von Pröpper vorgeschlagene Differenz als einen untauglichen Versuch zurück, sich dem Erbsündenbegriff als einem Grenzbegriff ursprünglicher und allgemeiner Sündhaftigkeit anzunähern[90], und hält stattdessen am Schuldcharakter des *peccatum originale* fest. Aber auch er kann in einer kohärenten Argumentation nicht aufzeigen, dass ein Mensch für seine *corruptio libertatis* schuldig sein soll, die ihn zwar selbst betrifft, die er sich aber nicht durch die Tat seiner Freiheit zugezogen hat.

Ein *vierter* und letzter Hinweis gilt dem im Begriff der Erbsünde implizierten Aspekt der *Allgemeinheit* und *Universalität* des *peccatum originale*. Anders als etwa ein naturalistischer Erklärungsansatz, für den mit dem Fall des Menschen im Ursprung der Menschheit die Sünde zur Bestimmung der Natur wird (vgl. 19), kann, so Hoping, ein freiheitstheoretisches Verständnis des *peccatum originale* die Universalität der Schuldverfallenheit letztendlich *nicht* erklären. Dies ist freiheitstheoretisch konsequent, da die Sündhaftigkeit des menschlichen Daseins nicht nur ihrem Ursprung nach, sondern auch in ihrer Allgemeinheit ein „Faktum" ist, das in seiner Kontingenz unableitbar bleibt (284f). Folglich ist auch innerhalb des von Hoping vorgeschlagenen Theorierahmens die „faktische Denknotwendigkeit einer universalen Schuldverfallenheit menschlichen Daseins" freiheitstheoretisch nicht einzuholen. Der Versuch einer solchen Erklärung scheitert daran, dass weder die Einzelsünde noch die Allgemeinheit der Sünde zu

89 Vgl. *H. Hoping*, Leben (Anm. 63), 187.
90 Vgl. *H. Hoping*, Freiheitsdenken (Anm. 63), 316f.

beweisen sind, weil Sünde ursprüngliche Selbstbestimmung der Freiheit ist. Hopings Erklärung des *peccatum originale* als Freiheitsbestimmung muss sich deshalb, wie bereits Kant, auf die „geschichtliche Erfahrung der Menschheit berufen, um die „allgemein verbreitete Realität des Bösen“ plausibilisieren zu können (261). Damit aber ist, will mir scheinen, zugleich eingestanden, dass denkerisch nicht einsichtig gemacht werden kann, was der Begriff der „transzendentalen Verweigerung“ eigentlich doch implizieren soll: dass nämlich ihr geschichtskonstituierendes Wesen „im strengen Sinne allgemein“ sei (266). Es gelingt Hopings Reformulierungsvorschlag somit nicht, im Rahmen seiner Theorie die Allgemeinheit der Sünde durch einen Rekurs auf den Erbschuldcharakter des *peccatum originale* zu begründen.

3. Bisheriger Ertrag und theologischer Ausblick

„Das Fazit im Blick auf unsere Leitfrage“, so eröffnet *Thomas Pröpper* seinen Rückblick auf die tridentinische Erbsündenlehre, „ist ernüchternd“[91]. Weder das Wesen der Erbsünde oder die Art ihrer Sündhaftigkeit noch die Weise ihrer Übertragung hätten vom Konzil einsichtig gemacht werden können. Pröpper führte diesen Befund vor allem darauf zurück, dass das Tridentinum die eigentliche, im Erbe *Augustins* stehende Erbschuldtheorie unangetastet gelassen habe. Die Kritik bezieht sich somit auf die *Denkform* der auf dem Konzil dogmatisierten Erbsündenlehre. Auf sie sei es zurückzuführen, dass die einzelnen Elemente und jeweils hereinspielenden Sachaspekte nicht im Rahmen einer kohärenten Theorie auf schlüssige und widerspruchsfreie Weise aufeinander bezogen und miteinander vermittelt werden konnten. Die These Pröppers, die vom Konzil dogmatisierte Erbsünden*theorie* könne den entscheidenden Widerspruch der augustinischen Tradition, den „Ungedanken einer übertragbaren Schuld“ nicht auflösen, bezog sich zwar zunächst auf die *naturalistische* Rahmung der Erbsündenlehre. Aber die Leitfrage, die die Argumentation des von mir verantworteten Kapitels vorantreibt, lautete, ob sich dieser Widerspruch, „dass ein Erbe keine verantwortliche Schuld erbringen und andererseits eine personale Schuld sich nicht vererben kann“[92], im Rahmen alternativer, nicht auf na-

91 S. o. Kap. 11.2 (Blick zurück und nach vorn).

92 *L. Scheffczyk*, Erbschuld: HthG 1 (1962) 293–303; hier: 299.

turalistische Denkmittel zurückgreifende Erbsündentheorien auflösen lasse. Somit konzentrierten sich meine Ausführungen darauf, in einer Denkformanalyse gegenwärtige Erbsündentheorien auf ihre innere Konsistenz und systematische Kohärenz hin zu befragen. Strukturell leitend in der Darstellung und Kritik war folglich die Frage nach Begriffen und Kategorien, Denkmitteln und Konzepten, mit denen die überlieferte Erbsündenlehre jeweils verstehend angeeignet und vergegenwärtigt, expliziert und interpretiert wird.

Die Einsicht in die Notwendigkeit einer kritischen Vermittlung der traditionellen Erbsündenlehre mit dem Bewusstsein der Neuzeit und der Gegenwart wurde als hermeneutischer Zirkel, der meine Ausführungen orientiert, bereits vorausgesetzt und nicht mehr eigens begründet. Denn *zum einen* gehört die Vergegenwärtigung und Explikation wesentlicher Glaubensaussagen im Rahmen des modernen Freiheitsverständnisses zu den programmatischen Grundüberzeugungen der in dieser Monographie entfalteten theologischen Anthropologie. Meine Ausführungen teilen dieses systematisch-theologische Anliegen, was darin zum Ausdruck kommt, dass *Kants* Lehre vom „radikalen Bösen" und *Kierkegaards* Angstanalysen als Problemexposition vorangestellt werden und zwar als Maßstab, an dem die jeweils diskutierten Entwürfe zu messen waren. Nicht dergestalt freilich, als ob es nicht aus philosophischen und theologischen Gründen geboten wäre, über die mit diesen Namen verbundenen Denkangebote hinausgehen zu müssen. Wohl aber in der Weise, dass ihre Positionen in jedem Falle das Problembewusstsein und Reflexionsniveau markieren, die eine heute zu verantwortende Erbsündentheorie nur um den Preis ihrer eigenen systematisch-theologischen Überzeugungskraft unterbieten könnte. *Zum anderen* aber besteht bei den von mir paradigmatisch herangezogenen Entwürfen ungeachtet ihrer Unterschiede ein Konsens darin, dass das wissenschaftliche Weltbild und insonderheit das moderne Freiheitsverständnis die überlieferte Erbsündenlehre nachhaltig in eine Krise geführt hat.

Als Ausweg aus der Krise favorisieren neuere Erbsündentheologien die hermeneutische Unterscheidung zwischen Aussagemittel und strikter Aussageabsicht. Während diese als der eigentlich intendierte und deshalb als irreformabel vorgestellte Gehalt der Erbsündenlehre festgehalten wird, werden die Aussagemittel als zeitbedingte Vorstellungsweisen qualifiziert und gegebenenfalls fallengelassen. In der neueren Diskussion lässt sich, wie gesehen, diese Argumentation insbesondere bei der Zurückweisung der Monogenismustheorie beobachten, sofern und weil sie mit dem wissenschaftsförmigen Weltbild der Neuzeit nicht kompatibel ist. Dies gilt aber andererseits und vor allem für Theorieelemente wie beispielsweise die Vorstellung einer „Übertragung“ resp. „Vererbung“, mit der die Weitergabe der Adamssünde als ein naturhafter Vorgang gedacht wird und deshalb im Gefälle naturalistischer Denkweisen zu anthropologisch respektive ethisch problematischen Aussagen führen oder aber und theoretisch entscheidender noch inkonsistente und letztlich aporetische Vorstellungweisen nach sich ziehen muss. So wurde beispielsweise der Versuch *Karl Rahners* als dogmenhermeneutischer Befreiungsschlag gewürdigt, den lehramtlich verbindlichen Sinn des in Trient dogmatisierten *„propagatione“* auf das *„non imitatione“* einzuschränken. Aber die methodischen Grenzen dieses Verfahrens sind nun doch überdeutlich und wurden von Pröpper bereits benannt.[93] Denn das Resultat der hier vorgenommenen hermeneutischen Reduktion löst offenbar nicht die Schwierigkeit, mit dem *„propagatione“* einen wenigstens noch als Minimum bestimmbaren Gehalt verbinden zu müssen. Darin aber bestünde doch die Aufgabe einer jeden Erbsündentheorie, den Begriff des *„propagatione“* auf einen positiven Inhalt zu beziehen, um diesen selbst dann denkerisch einzuholen und theologisch zu bestimmen. Denn wie immer auch das infragestehende *propagatione* von den Konzilsvätern im einzelnen verstanden worden ist, es bezeichnet in jedem Fall die Beziehung zwischen dem *peccatum originis* Adams und dem *peccatum originale* seiner Nachkommen. Wie aber diese Beziehung näher zu denken ist, sofern hier von der „Übertragung“ einer strafwürdigen Schuld die Rede ist, macht doch gerade den Kern der überlieferten Erbsündenlehre aus, den es theologisch zu denken und begrifflich zu bestimmen gilt.

Bedenken dieser Art geben Anlass zu der Vermutung, dass sich im überlieferten Begriff des *peccatum originale*, der der traditionellen Erbsündenlehre zugrundeliegt, „Aussage“ und „Aussageabsicht“ nur schwer voneinander trennen lassen. Zur Diskussion steht doch gerade der Verdacht, dass die im *propagatione* festgehaltene „Beziehung“ zwischen der Sünde Adams und der Erbschuld seiner Nachkommen zu den genannten inkonsistenten Vorstellungen führt. Lässt sich der Gehalt der tridentinischen Erbsündenlehre, dass die als strafwürdige Schuld verstandene und von Geburt an zugezogene Sünde aller Menschen eine Folge der Sünde Adams ist, überhaupt einsichtig machen? Pröppers Fazit ist ernüchternd, weil der Tra-

93 Vgl. *Rahner*, Theologisches (Anm. 46), 296f. Zum Folgenden vgl. die hermeneutischen Schlussreflexionen Pröppers in Kap. 11.2. (Blick zurück und nach vorn).

dition, die wesentlich in der Wirkungsgeschichte Augustins steht, dieser Aufweis offenkundig nicht gelungen ist.

Mit dieser These war die Problemvorgabe gegeben, im kritischen Durchgang durch gegenwärtige Theorien paradigmatisch auszuloten, inwiefern es heutigen Reformulierungsversuchen gelingt, den infragestehenden universalen Schuldcharakter des *peccatum originale* einsichtig zu machen. Nun besteht ein gewisser Konsens innerhalb der neueren Erbsündentheologien darin, dass die Aporien, mit denen die traditionelle Lehre behaftet ist, primär auf die naturalistische Fassung der im augustinischen Erbe stehenden Erbsündentheorien zurückzuführen seien. Infolgedessen präsentieren sich die gegenwärtigen Vorschläge zu einer Reformulierung der Erbsündenlehre als Entwürfe zu einer neuen Denkform. Das gilt insonderheit für die beiden derzeit wohl profiliertesten Vorstöße von *Wolfhart Pannenberg* und *Helmut Hoping*. Sie stimmen, trotz deutlicher Differenzen in Ansatz und methodischer Durchführung ihrer Erbsündentheologien, darin überein, dass sie für ihre Theorien jeweils beanspruchen, den „harten Kern" des augustinisch-tridentinischen Erbsündenverständnisses nicht preisgegeben zu haben. Sowohl Pannenberg als auch Hoping grenzen sich dezidiert von Augustins aporetischer Konzeption des *peccatum originale* ab und beanspruchen gleichwohl, die wesentlichen Bestimmungen der klassischen Erbsündenlehre zu wahren und zu reformulieren. Dieser Kern, den es zu durchdenken gilt, besteht Pannenberg zufolge darin, dass der Begriff des *peccatum originale* auf eine Sündigkeit ziele, die jeder persönlichen Stellungnahme vorausgehe und von Anfang an mit jedem werdenden Ich verbunden sei. Nahezu gleichlautend formuliert Hoping, dass das *peccatum originale* die Wirklichkeit einer radikalen und universalen Schuldverfallenheit menschlichen Daseins vor aller individuellen Schuld bezeichne.[94]

Der systematisch-theologische Vorzug der von ihnen vertretenen Erbsündentheorien besteht in der Tat darin, wie Pröpper im Blick auf Hoping hervorgehoben hat, dass sie nicht „unter falscher Flagge firmieren". Pannenberg beispielsweise kritisiert zu Recht, wie ich meine, Konzeptionen als „Ersatzbildungen" oder „Neubegründungen", die den Begriff der Erbsünde auf die strukturelle Verflechtung der Individuen in den Schuldzusammenhang von Welt und Geschichte beziehen wollen. Die ursprünglich von *Schoonenberg* und *Rahner* konzipierten Theorieansätze reflektieren entweder gar nicht mehr auf den im klassischen Erbsündenbegriff fest-

94 Zu den Einzelnachweisen s. o.

gehaltenen Schuldcharakter und bieten keine in sich konsistente Alternative zu dem im Begriff „*propagatione*" angezielten Gedanken einer „übertragbaren Schuld". Oder aber – hier fungiert zumeist die unbesehene Rede von der analogen Sünde als Indiz – der Freiheitsbegriff bleibt unterbestimmt und mit ihm dann auch der Sünden- und Schuldbegriff.

Vor dem Hintergrund dieser Problemanzeige sind, wie bereits angedeutet, die von Pannenberg und Hoping konzipierten Erbsündentheorien ausdrücklich zu würdigen, weil sie der mit der traditionellen Erbsündenlehre gegebenen Problemexposition nicht ausweichen. Sie präsentieren keine, um den von Pannenberg herangezogenen Begriff aufzugreifen, „Ersatzbildungen", sondern verstehen sich dezidiert als verstehende Aneignung und Vergegenwärtigung dieser Lehre im definierten Sinne. Ihre Theorien begreifen sich als das Ergebnis einer Denkformtransformation, die die Kontinuität der kirchlich überlieferten Erbsündenlehre wahren und ihren Kerngehalt unter der Preisgabe der ursprünglich von Augustinus bereitgestellten Denkmittel bestimmen wollen.

Allerdings nötigen die Analyse und Kritik der beiden Entwürfe meines Erachtens zu einer, um die eingangs zitierte Redeweise aufzugreifen, ebenfalls ernüchternden Bilanz. Zwar markieren sie im Durchgang durch die Problemgeschichte der überlieferten Erbsündenlehre und erst recht in der unausweichlich gewordenen Auseinandersetzung mit den Denkvorgaben neuzeitlicher Philosophie exemplarische Weichenstellungen im Blick auf eine etwaige Reformulierung des Erbsündendogmas. Diese Weichenstellung besteht vor allem darin, sich explizit von der auch im *11. Kapitel en detail* nachgewiesenen aporetischen Konzeption vor allem des späten *Augustinus* abzusetzen. Darüber hinaus benennen sie im Fahrwasser der von *Kant* und *Kierkegaard* vorgezeichneten Argumentationslinie sachliche Schlüsselprobleme für die ins Auge gefasste Erneuerung der Erbsündenlehre. Dazu zählt vor allem die Einsicht, den Anfang der Sünde und ihre Allgemeinheit als Ausdruck einer allgemein anzutreffenden anthropologischen Verhaltensstruktur zu begreifen. Die Sündhaftigkeit, so der Vorschlag, soll auf die Strukturbedingungen menschlichen Daseins bezogen werden und zwar näherhin auf die Konstitutionsbedingungen subjekthaften Selbstseins. Dort, wo das *peccatum originale* in das Selbstverhältnis des Menschen gesetzt wird, kann man sich durchaus auf die traditionelle Auffassung berufen, derzufolge die Sünde als jedem Einzelnen innerlich eigen gedacht werden muss. Sofern diese Theorien – unter Preisgabe einer historischen Lesart des „Sündenfalls" und unter Verzicht auf die mit ihr verbundenen Monogenismustheorie –

den Anfang der Sünde in das Selbstverhältnis des Einzelnen setzen, müssen weder Pannenberg noch Hoping auf eine wie immer zu verstehende Vererbungstheorie zurückgreifen, um eine „Übertragung" respektive „Weitergabe" der Adamssünde in die Vorstellungswelt der Erbsündenlehre eintragen zu müssen. Stattdessen benennen sie den Begriff einer universalen Schuldverfallenheit im Voraus zur eigenen personal zu verantwortenden Freiheitstat als den positiv bestimmbaren Gehalt des *propagatione*.

Zwar ließe sich aus dogmenhermeneutischer Sicht gegen diesen Vorschlag vielleicht noch zurückfragen, ob die Einschreibung von *peccatum originis* und *peccatum originale* in die Konstitutionsbedingungen des Subjekts der Intention der tridentinischen Erbsündenlehre entspricht, derzufolge von der „Sünde Adams" gelte, sie sei „ihrem Ursprung nach *eine*". Entsprechend soll ja durch das *propagatione* die „Beziehung" zwischen der Adamssünde und dem *peccatum originale* seiner Nachkommen näher bestimmt werden. Aber es spricht nun doch einiges dafür, die Verklammerung von Monogenismus- und Vererbungstheorie als ein Konstrukt zu begreifen, um im Rückgriff auf die Vorstellung einer Weitergabe der Adamssünde durch einen naturhaften Vorgang festhalten zu wollen, dass die Sünde Adams von Geburt an in jedem Menschen ist und das *peccatum originale* somit allgemein und universal von einem jeden Menschen ausgesagt werden muss. Das naturalistische Konstrukt wollte den Gedanken sichern, dass das *peccatum originale* zugleich in allen und jedem zu Eigen ist. Darauf reduzieren Pannenberg und Hoping denn auch den Kerngehalt der überlieferten Erbsündenlehre und suchen ihm durch die Bestimmung zu entsprechen, dass das *peccatum originale* eine allgemeine, alle Menschen im Voraus zu ihrer Freiheit betreffende Schuld sei. Der programmatische Anspruch der von Pannenberg und Hoping zur Diskussion gestellten Erbsündenlehren besteht darin, diesen Kerngehalt auf in sich konsistente Weise und in der Form einer kohärenten Theorie gedanklich bestimmt und argumentativ einsichtig gemacht zu haben.

Das Ergebnis meiner Rekonstruktionen besteht darin, dass es weder Pannenberg noch Hoping gelungen ist, dieses Programm eingelöst zu haben. Dabei galt, was gewiss auch der methodischen Affinität zu dem von ihm vertretenen transzendentalen Freiheitsansatz geschuldet war, die primäre Aufmerksamkeit der von Hoping vertretenen Erbsündentheorie. Ihr Vorzug gegenüber dem von Pannenberg konzipierten Entwurf dürfte *theologisch* darin bestehen, dass Hoping an einer Einsicht festhält, die der ursprünglich intendierten Aussageabsicht der überlieferten Erbsündenlehre mehr entspricht als der von Pannenberg prätendierten Naturalisierung des *peccatum originale*: der im Erbsündenbegriff festgehaltene Schuldcharakter erzwingt, so Hoping, das *peccatum originale* als Freiheitsbestimmung zu begreifen. Der von ihm vorgetragene Lösungsansatz bleibt jedoch, so meine ich, darin aporetisch, dass das Theorem der „transzendental-geschichtlichen Verweigerung", sofern es auf den Begriff der transzendentalen Freiheit bezogen wird, die Ursprünglichkeit menschlicher Freiheit verfehlt. Da erst diese Freiheit das Tun eines Menschen im eigentlichen Sinne zum eigenen Tun qualifiziert, ist, wie bereits der Begriff einer übertragbaren Schuld, der von Hoping favorisierte Begriff der „transzendental-geschichtlichen Verweigerung" freiheitstheoretisch ein Ungedanke. Es war somit das Fazit zu ziehen, dass es im Rahmen des neuzeitlichen Freiheitsdenkens nicht möglich ist, eine Sündhaftigkeit zu denken, die jeder persönlichen Stellungnahme vorausliege und individuell nicht zurechenbar sein soll. Als Freiheitsbestimmung kann, mit anderen Worten, das *peccatum originale* im überlieferten Sinne im Rahmen einer kohärenten theologischen Theoriebildung nicht gedacht werden.

Der von *Pannenberg* vorgeschlagene Lösungsweg hat deshalb den Schein der höheren Triftigkeit für sich, weil er explizit darauf verzichten will, den Ursprung der Sünde in der subjekthaften Freiheit aufzusuchen. Doch es ist bereits dogmenhermeneutisch problematisch, den Kerngehalt der Erbsündenlehre einerseits zwar darin zu sehen, dass die Sünde einem jeden Einzelnen einerseits als ein „innerlich" Eigenes zugesprochen werden muss, die so bezeichnete Sündhaftigkeit jedoch andererseits dem „Grundbestand naturaler Verfasstheit des verkehrten Lebens beim Individuum" zurechnen zu wollen[95]. Zwar will diese Theorie selbstredend jedweden „Biologismus" vermeiden, sofern Pannenberg die biologische Vorstellung von der Übertragung der individuellen Sünde Adams durch Zeugung im Medium selbstbewusster Subjektivität reformuliert und die infragestehende Sündhaftigkeit des *peccatum originale* im Ausgang von den Strukturbedingungen menschlichen Daseins bestimmt. Gleichwohl rückt Pannenberg den Begriff des *peccatum originale* zumindest dort in eine bedenkliche Nähe zu einem solchen Biologismus, wo er die entscheidende Weichenstellung zu seiner Konzeption folgendermaßen formuliert: Sofern die jeder persönlichen Stellungnahme vorausgehende Sündhaftigkeit den Kern der Erbsündenlehre benenne und man infolgedessen in dem so bestimmten Schuldcharakter eine „naturhaft biologische Gegebenheit" zu er-

95 *W. Pannenberg*, Theologie 2, 295 (s. Anm. 55).

blicken habe, dann, so Pannenbergs Schlussfolgerung, „gehört eine solche Gegebenheit eben wesentlich zum Begriff der Erbsünde"[96].

Es hängt nun jedoch, wie aufgezeigt, mit seiner Fehldeutung eines transzendentalen Freiheitsverständnisses zusammen, dass Pannenberg glaubt, an dieser Stelle das konstitutive Moment der Ursprünglichkeit des menschlichen Freiheitsvollzugs unterlaufen und Differenzierungen im Begriff der Freiheit, die das ihm innewohnende Moment des Unbedingten in seiner konstitutiven Bedeutung für den Selbstvollzug von Freiheit anerkennen würden, ausblenden zu können. Es handelt sich jedenfalls um ein Missverständnis des Begriffs transzendentaler Freiheit, die dem Begriff der formal unbedingten Freiheit innewohnende egologische Perspektive, aus der heraus, transzendentallogisch betrachtet, die Ursprünglichkeit von Freiheit zu denken ist, *unvermittelt* mit der sündhaften Form der Egozentrik zu identifizieren, die von Anfang an mit dem Erwachen des Freiheitsbewusstseins empirisch gegeben sein soll. Das Problem dieser theoretisch nicht zwingenden Weichenstellung Pannenbergs besteht nicht bereits in der phänomenologischen und deskriptiv zugänglichen Annäherung an die Evidenz unserer Freiheitserfahrung, dass „alle Menschen, die in diese Welt kommen, indem sie ihre Freiheit wahrnehmen, an ihrer Freiheit auch scheitern, theologisch gesprochen: schuldig werden"[97]. Es ist vielmehr die theoretisch keineswegs zwingende, methodisch nicht ausgewiesene und obendrein theologisch problematische Verklammerung von Sündenthematik und Subjektverständnis, die es zu kritisieren gilt. Pannenberg ersetzt den Widerspruch der traditionellen Konzeption, den Begriff einer übertragbaren Schuld denken zu sollen, durch die nicht minder problematische theoretische, aber doch wohl auch lebenspraktische Zumutung, eine objektive Schuld ohne subjektive Verschuldung denken zu sollen. Ich sehe nicht, wie Pannenberg die Minimalbedingung des Schuldbegriffs noch wahren kann, wie sie im tridentinischen „omnibus inest unicuique proprium" festgehalten ist. Eher verhält es sich so, dass man *Karl Barth* recht zu geben geneigt ist, demzufolge dort, wo man mit dem Begriff „Erbe" ernst zu machen versuche, der Begriff „Sünde" sich auflöse[98].

---

96 *W. Pannenberg*, Anthropologie, 125 (s. Anm. 55).

97 *P. Eicher*, Gott handelt durch sein Wort: *ders.*, Bürgerliche Religion. Eine theologische Kritik, München 1983, 224.

98 Vgl. *K.* Barth, KD IV/1, 558. Auf dieses Barth-Zitat verweist Pröpper bereits im Blick auf die Interpretationen zum tridentinischen Erbsündendekret. S. o.

Die Geschichte der Erbsündenlehre lässt sich dogmenhermeneutisch als Geschichte von Denkformen begreifen[99], die – im Rahmen der von Augustinus geprägten Tradition – als immanente Entwicklung einer Denkform und – im Übergang zu modernen Entwürfen – als Abfolge verschiedener Denkformen vonstatten ging. Beiden Lösungswegen, die in dieser Geschichte eingeschlagen wurden, ist gemeinsam, dass sie im diskontinuierlichen Gang der Überlieferung an einer Kontinuität hinsichtlich des Lehrgehalts der Erbsündendoktrin interessiert sind. Sowohl die Fortschreibung der augustinisch-tridentinischen Denkform (unter Einschluss ihrer Modifikationen) als auch der Entwurf neuer Denkformen in der jüngeren Theologiegeschichte sind von der Überzeugung getragen, dass sich die jeweils beanspruchte Denkform für das explikative Verstehen der überlieferten Erbsündenlehre als geeignet erweist. In dieser Konsequenz aber lässt sich angesichts der vorstehenden Denkanalysen zu gegenwärtig vertretenen Erbsündentheologien die Frage nicht länger abweisen, ob es dem theologischen Denken überhaupt und ganz prinzipiell möglich ist, eine in sich widerspruchsfreie Erbsündentheorie zu konzipieren.

Vor dem Hintergrund des dogmenhermeneutischen Instrumentariums der Denkformanalyse lässt sich begreiflich machen, dass die Ansätze von Pannenberg und Hoping auf die Herausforderungen reagieren, die der Theologie mit dem neuzeitlichen Subjekt- und Freiheitsverständnis aufgegeben sind. *Kant* und *Kierkegaard* markieren *post et secundum* einschneidende, geradezu revolutionäre Verschiebungen in der Theoriebildung zur Erbsündenproblematik, die sich offenkundig nicht länger im Rahmen der traditionellen augustinisch-tridentinischen Denkform durch eine Steigerung ihrer Integrationsfähigkeit noch bewältigen lassen. Hopings und Pannenbergs Erbsündentheologien wollen somit der fundamentaltheologischen Aufgabe nachkommen, den Erbsündenbegriff im Medium des modernen Subjekt- und Freiheitsverständnisses zu reformulieren und ihn so für ein heutiges Verstehen zugänglich zu machen. Doch über diese Aufgabe hinaus und grundsätzlicher noch werden Pannenbergs und Hopings Entwürfe von der dogmenhermeneutischen Einsicht vorangetrieben, dass sich die Widersprüche, mit denen die traditionelle Erbsündenlehre seit

---

99 Zu dem hier vorausgesetzten Begriff der Denkform und dem dogmengeschichtlichen Instrumentarium der Denkformanalyse vgl. *G. Essen/Th. Pröpper*, Aneignungsprobleme der christologischen Überlieferung. Hermeneutische Vorüberlegungen: *R. Laufen* (Hg.), Gottes ewiger Sohn. Die Präexistenz Christi, Paderborn u. a. 1997, 163–178.

jeher behaftet gewesen ist, *innerhalb* der mit ihr ursprünglich verbundenen augustinisch-tridentinischen Denkform nicht mehr auflösen lassen. Folglich präsentieren sich ihre Ansätze als vollständige Revision, das heißt als Entwurf einer neuen Denkform. Die Integrationskraft ihrer Denkformen bemisst sich folglich an der Frage, ob diese sich nunmehr als geeignet erweisen, Inkonsistenzen und Aporien aufzulösen und den von ihnen als gültig erachteten Kerngehalt der Tradition auf nunmehr widerspruchsfreie Weise begreiflich zu machen und ineins damit für das Denken der Gegenwart zu erschließen. Ihre dogmengeschichtliche Zuspitzung finden die von Pannenberg und Hoping zur Diskussion gestellten Ansätze folglich darin, dass sie als Entwurf einer neuen, näherhin modernitätsaffinen Denkform der alten augustinischen Denkform überlegen sein wollen.

Die in diesem Kapitel vorgetragenen Analysen lassen jedoch, so meine ich, keinen anderen Schluss zu, als dass weder Pannenbergs noch Hopings Erbsündentheologie eine kohärente Theorie entwickeln, der es auf konsistente Weise gelingt, die traditionelle Erbsündendoktrin unter den Bedingungen des gegenwärtigen Verstehens verstehend anzueignen und angemessen zu explizieren. Nun sind Pannenbergs und Hopings Entwürfe als paradigmatische Konstruktionen zu würdigen, die aufgrund ihrer methodisch gegensätzlichen Freiheitstheorien das gesamte systematisch-theologische Spektrum möglicher Erbsündentheologien präsentieren: die Theorie Pannenbergs nimmt vom Aspekt des „Erbes" her ihren Ausgang und nähert sich von ihm her dem Schuldcharakter; die Theorie Hopings wiederum konzipiert gegenläufig vom Aspekt der „Sünde" her den Verhängnischarakter. Ihre repräsentative Bedeutung liegt in dem Theorieanspruch ihrer Konzeptionen, mit denen eine systematische Begründung der überlieferten Erbsündenlehre angestrebt wird. Sie markieren auf ihre je eigene Weise die methodischen Grenzen, innerhalb derer theologisch das mit ihrem Thema aufgegebene Problem gedacht werden kann. Der Nachweis, dass mit diesen Ansätzen keine kohärenten Denkformen konzipiert wurden, die das Versprechen, die aporetische Grundstruktur der überlieferten Erbsündenlehre zu überwinden, einlösen können, legt den Schluss nahe, dass eine systematische Begründung und Explikation der in der augustinischen Tradition stehenden Erbsündenlehre prinzipiell nicht möglich zu sein scheint. Der Grund hierfür dürfte darin liegen, dass das, abgekürzt gesprochen, verhängnisvolle Erbe Augustins in einem Maße als *konstitutives* Element in die Erbsündenlehre eingegangen ist, dass die aus dieser Tradition stammende aporetische Grundstruktur *jedwedes* theologisches Denken bestimmt, das die beiden offenkundig nicht synthetisierbaren Aspekte – „Schuldcharakter" und „Erbcharakter" des *peccatum originale* – im Rahmen einer kohärenten Erbsündentheorie als integrale Bestimmungsmomente dieser Lehre miteinander vermitteln will. Meine Analysen führten zu dem Ergebnis, dass es keiner Erbsündentheorie gelingt, den Widerspruch, der der augustinisch-tridentinischen Theorie bereits immanent war, aufzulösen und zugleich die essentiellen Bestimmungen dieser Tradition zu integrieren.

Dieser Befund, der im Blick auf neuere Erbsündentheologien zu dem gleichen Ergebnis gelangt wie die Analysen Pröppers zu der dogmengeschichtlichen Entwicklung bis zum Tridentinum, legt den Schluss nahe, dass der Widerspruch der traditionellen, in der augustinischen Wirkungsgeschichte stehenden Erbsündentheorie – in welcher Semantik die ihr immanente aporetische Grundstruktur auch immer vorgetragen wird – nicht lösbar ist, weil wir den Schuldcharakter des *peccatum originale* nicht preisgeben dürfen, Schuld aber ursprüngliche Selbstbestimmung der Freiheit ist. Das Urteil *Siegfried Wiedenhofers* über den Diskussionsstand innerhalb der katholischen Theologie von vor nunmehr bereits 30 Jahren hat an Gültigkeit nichts eingebüßt: „Weder in der traditionellen Schuldogmatik noch in der neueren katholischen Theologie ist die Vorstellung einer universalen Erbsünde inhaltlich befriedigend geklärt worden"[100]. Das Scheitern neuerer, seither vorgelegter Interpretationsversuche bestätigt die seinerseits bereits von *Ricœur*, Wiedenhofer und anderen aufgestellte These, dass der Erbsündenbegriff aufgrund seiner ihm immanenten aporetischen Grundstruktur theoretisch nicht länger aufrechterhalten werden kann.[101]

In der Konsequenz dieser Einsichten ist der von *Thomas Pröpper* unterbreitete Vorschlag in der Tat bedenkenswert, die in sich widersprüchlichen Bestimmungen der klassischen Erbschuldtheorie und mit ihnen, eben weil sie sich theologisch nicht denken lassen, die Erbsündenlehre im überlieferten Sinne nicht weiter zu vertreten. Das liegt insofern bereits im Gefälle einer immanenten Selbstkritik der überlieferten Erbsündenlehre der jüngeren Theologiegeschichte, als die angestrebte Überwindung der augustinisch-tridentinischen Denkform entweder die ihr innewohnenden Widersprüche lediglich perpetuierte und also keinen Beitrag bieten kann zu deren Auflösung. Für diese Option stehen, so meine ich, die Ansätze *Pan-*

100 *S. Wiedenhofer*, „Erbsünde" (Anm. 32), 36.
101 Vgl. ebd., 37–44; *P. Ricœur*, „Erbsünde" (Anm. 2).

nenbergs und *Hopings*. Oder aber, so die Alternative, nicht allein die problematischen, im Erbe Augustins stehenden Vorstellungsweisen werden preisgegeben, sondern der intrikate augustinisch-traditionelle Gehalt der Erbsündendoktrin selbst wird fallengelassen. Für diesen Weg stehen meines Erachtens *Schoonenberg* und *Rahner*.

Zwar konnte Pannenberg Ansätze wie die zuletzt genannten nicht ganz zu unrecht als „Ersatzbildungen" kritisieren und zurückweisen. Doch angesichts der Aporie, in der sein Entwurf, aber auch der von Hoping gefangen bleibt, scheint es geboten, aufs Neue an das Theorieangebot des Theologoumenons der „Sünde der Welt" anzuknüpfen. Die anstehende theologische Aufgabe bestünde darin, noch einmal hinter *Augustin* zurückzugehen, um den noch immer nicht ausgeschöpften Erfahrungsreichtum der *paulinischen* Sündentheologie – „da ist keiner, der nicht sündigt, nicht einer (Röm 3, 22f) – theologisch neu zu durchdenken lernen. Inzwischen wurde die von Schoonenberg und Rahner konzeptionell auf den Weg gebrachte Grundidee einer „Sünde der Welt", in der der Einzelne wie die Menschheit als ganze solidarisch vereint sind, breit aufgegriffen. Folgen wir *Wiedenhofer*, repräsentiert dieses Modell so etwas wie die „Mehrheitsmeinung" der neueren katholischen Theologie.[102] Es hat, wie Pröpper hervorgehoben hat, durch den *„Katholischen Erwachsenenkatechismus"* der Deutschen Bischofskonferenz auch eine lehramtliche Anerkennung erfahren. Der „Sinn der kirchlichen Lehre", heißt es im Katechismus, sei gewahrt, „wenn festgehalten wird, dass die Menschheit, welche eine Einheit bildet, bereits an ihrem Anfang das Heilsgebot Gottes ausgeschlagen hat und dass die daraus resultierende heillose Situation eine universale Wirklichkeit ist, aus der sich keiner aus eigener Kraft befreien kann"[103]. Aussagen wie diese wurden in den letzten Jahrzehnten im Rahmen verschiedener, sei es soziologischer, psychologischer, feministischer oder strukturalistischer Referenzhorizonte und Theoriezusammenhänge rezipiert. Die anthropologische Relevanz dieser Ansätze für die Aktualisierung der christlichen Sündenlehre besteht zunächst einmal darin, dass sie korrektivisch auf den latenten Geschichtsverlust der traditionellen Rede von der Sünde reagieren, die intersubjektive Dimension und soziale Verflochtenheit unseres Sünderseins hervorheben und darüber hinaus den

102 Vgl. *S. Wiedenhofer*, „Erbsünde" (Anm. 32), 32.

103 Katholischer Erwachsenenkatechismus. Das Glaubensbekenntnis der Kirche, hrsg. von der Deutschen Bischofskonferenz, Kevelaer 1985, 134. Zum weiteren lehramtlichen Kontext s. o. Kap. 11.2.

Blick schärfen für die strukturellen und systemischen Verstrickungen, die das schuldig gewordene Subjekt unentrinnbar gefangen halten. Eine vertiefende Rezeption dieser Ansätze könnte programmatisch dazu führen, dass sie schärfer noch, als dies bislang geschehen ist, die von *Kant* und *Kierkegaard* umrissenen epistemologischen Grenzen einer jeden Theorie zur christlichen Sündenlehre markieren: Da die Sünde wesentlich Freiheitsgeschehen ist, kann die qualitative Differenz zwischen der Disposition zur Sünde und dem Faktum der Sünde nicht übersprungen werden. Von ihren theoretisch ohnehin nicht einlösbaren Ansprüchen befreit, verlöre somit das semantische Potential nicht an Relevanz, mit dem von jeher versucht wurde, das rätselhafte Geheimnis der Sünde – ihre bereits von Paulus eindringlich beschriebene Zweideutigkeit nämlich, Schuld und Verhängnis der Sünde zu sein – in die Reichweite menschlicher Lebenserfahrungen zu bringen. Es käme also, mit anderen Worten, darauf an, die Theologie einer „Sünde der Welt" im Ausgang von Kants Lehre zum „radikalen Bösen" und Kierkegaards Analysen zum Begriff der Angst als Disposition zur Sünde, aber auch als Folge der Sünde neu zu konzipieren. Unter Hinzuziehung eines empirisch gesättigten und historisch grundierten Wissens heutiger Anthropologien würde der Blick geschärft werden für „wichtige Dimensionen, Einflussgefahren und Herrschaftsgestalten der Sünde".[104]

---

104 S. o. Kap. 10.2. (Schuld und Verhängnis zugleich).

B

DIE GNADE GOTTES UND DER NEUE MENSCH

13. KAPITEL

Die Vorgaben der biblischen und späteren Tradition

Erinnerung an die Geschichte des Gnaden-Denkens

Thema und Ziel dieses Kapitels bedürfen der Erläuterung[1]. Denn natürlich kann es nicht im Interesse einer systematisch orientierten theologischen Anthropologie liegen, die Geschichte der Gnadenlehre – und sei es in noch so geraffter Form – um ihrer selbst willen erzählen und in historischer Absicht nachzeichnen zu wollen. Doch wird sie ebensowenig – will sie den historisch erreichten Problemstand nicht fahrlässig unterbieten – an dieser Geschichte einfach vorbeigehen können, sondern wird ihre gültigen Einsichten aufnehmen und somit nach ihnen fragen und ihren bleibenden Gehalt näher bestimmen müssen, um sie angemessen vergegenwärtigen zu können. Diese Aufgabe gilt umso mehr und läßt relevante Ergebnisse für eine theologische Anthropologie umso eher erwarten, als es – wie wir schon sahen – ja gerade die für die westliche Theologie typische *anthropologische* Reflexionsrichtung war, die überhaupt zur Entwicklung einer eigenen Gnadenlehre geführt und sie bis zur Ausbildung eines speziellen Traktats vorangetrieben hat. Unsere schon in der Einleitung getroffene (und im 7. Kapitel bekräftigte) Entscheidung, den Hauptstoff der traditionellen Gnadenlehre in die theologische Anthropologie einzufügen, entspricht insofern nur der anthropologischen Konzentration, die bei der Behandlung der Gnadenthematik geschichtlich vorherrschend wurde. Mag man den Gesichtspunkt, der sich damit eine fast ausschließliche Geltung verschaffte, im Blick auf die zu bedenkende Gnade selbst auch noch so unzureichend finden, ist sein wenigstens partielles Recht doch jedenfalls insofern nicht zu bestreiten, als die Wirklichkeit des Menschen nun einmal der ausgezeichnete Ort ist, an dem Gottes Gnade ankommen und so ihr gegenwärtiges, durch ihre menschliche Annahme vermitteltes und konkret verwirklichtes Dasein gewinnen will. Für die theologische *Anthropologie* hat dieser Gesichtspunkt sogar als das spezifische Formalobjekt zu gelten, durch das die Gnade überhaupt erst ihr genuines Thema werden kann.

---

1 Vgl. zum folgenden auch die Vorüberlegungen und Weichenstellungen in Kap. 7.1.

Auf der anderen Seite aber liegt nun – gerade auch aus anthropologischem Interesse – alles daran, einen Ansatz zu finden, der die Engführung des überkommenen Traktats „De gratia" überwindet und den mit ihr verbundenen Gefahren von vornherein zu begegnen vermag. Denn auf keinen Fall sollte man die Zwangsläufigkeit übersehen, mit der jede verkürzte Auffassung vom Geschehen der Gnade ein entsprechend verzeichnetes Verständnis auch des begnadeten Menschen zur Folge hat (und natürlich auch umgekehrt). Beim Verlust der Aufmerksamkeit für die „äußere Gnade", der mit der Akzentuierung der „inneren Gnade" in der Theologie des lateinischen Westens einherging, liegt dies deutlich zutage: Er betrifft die Sicht des begnadeten Menschen ebenso wie die Vorstellung von der Mitteilung der Gnade selbst. Doch gilt Ähnliches auch für die Tendenzen, die in der einseitigen Blickrichtung auf den begnadeten Menschen schon als solcher angelegt sind. Denn durch sie droht nicht nur die Wahrnehmung des Verhältnis- und Geschehenscharakters der Gnade verdunkelt zu werden, sondern sie gefährdet zugleich – je weniger nämlich Gott selbst noch als Initiator und beständig-präsenter Ursprung der Gnadenbeziehung im Blick steht – auch das Bewußtsein vom eigentlichen, nämlich primär *theologischen Wesen* der Gnade. Um es sogleich in bewußter Zuspitzung zu sagen: Eine *nur* noch als „geschaffene", wenn auch „übernatürliche" Wirklichkeit betrachtete und somit außerhalb Gottes befindliche, von ihm selber gesonderte Gnade könnte gar nicht mehr *das den Menschen mit Gott selbst Verbindende* sein[2]. Und schon diese schlichte Erkenntnis dürfte genügen, die traditionellen gnadentheologischen Denkmittel, insbesondere diejenigen aristotelischer Provenienz, als problematisch erscheinen zu lassen: als problematisch nicht allein wegen der Schwierigkeit, sie der Gegenwart zu vermitteln, sondern auch als sachlich unzureichend für die Aufgabe, das Begnadetsein des Menschen gedanklich zu fassen.

Indessen habe ich mit dem zuletzt Gesagten schon vorgegriffen. Zunächst einmal sollten die Problemanzeigen nur die Aufgabe erläutern, die dem geschichtlichen Rückblick in diesem Kapitel gestellt ist: Er darf sich nämlich keinesfalls mit der Aufnahme der noch relevanten Einsichten der *westlichen* Gnadenlehre (einschließlich der kirchlichen Lehrentscheidungen) begnügen, sondern wird auch, um ein möglichst umfassendes Verständnis des Gnadengeschehens wie des begnadeten Menschen zurückzugewinnen, die Erinnerung an die wesentlichen Perspektiven und

2 Vgl. *P. Fransen*, Das neue Sein des Menschen in Christus: MySal 4/2, 921–984, 954.

Gesichtspunkte einschließen müssen, die von der *östlichen* Theologie, namentlich in der patristischen Epoche, zur Geltung gebracht worden sind. Aber selbst diese Erweiterung des Blickfelds wäre noch unzureichend, wenn zuvor nicht noch eingehender und wenigstens in den Grundzügen auch das Gnadendenken vergegenwärtigt würde, das sich schon in der *biblischen* Überlieferung ausprägte und das für jede Theologie der Gnade maßgeblich bleibt. Und wenn dann, was die Folgezeit angeht, auch keineswegs alles, was die Theologiegeschichte an Distinktionen und Theoremen anhäufte, noch weiter mitgeschleppt werden muß, ist doch wenigstens bei den wichtigsten von ihnen nach ihren legitimen Intentionen zu fragen und ihre mögliche Relevanz für die Gegenwart zu prüfen. In diesem Sinn also möchte die (in der Überschrift des Kapitels) angezeigte Erinnerung an die „Vorgaben der Tradition" verstanden sein: als Vergewisserung der relevanten Themenaspekte und Denkangebote, der offenen Probleme, unhintergehbaren Einsichten und Entscheidungen, die als wesentliche Erträge der Geschichte des Gnadendenkens dann in die systematischen Reflexionen der folgenden Kapitel miteingehen und mit den Mitteln des Freiheitsdenkens expliziert werden sollen.

Nun können wir freilich, was den Umfang der damit beschriebenen Aufgabe angeht, in diesem Kapitel auf einige Programmpunkte verzichten, weil sie schon an anderen Stellen behandelt wurden oder es noch werden. So haben wir bereits im 11. Kapitel die Entwicklung des *westlichen* Gnadendenkens von den Anfängen bis zur Synode von Orange zugleich mit der Geschichte der Sünden- und Erbsündenlehre verfolgt, da sie einander für ihr jeweiliges Verständnis bedurften. Zudem gab die theologische Charakterisierung des *Pelagius* schon Gelegenheit, wenigstens im Umriß auch die Gnadenauffassung der *griechischen* Patristik zu skizzieren: ihre Konzeption der göttlichen Paideia, ihren Zielgedanken der Vergöttlichung, ihre Einbeziehung der gesamten Heilsökonomie und ihre entsprechende Würdigung der „äußeren Gnade". Den beiden gnadentheologischen Hauptproblemen der *nachtridentinischen* Theologie wiederum ist sogar ein jeweils eigenes Kapitel gewidmet. Im 4. Kapitel haben wir die These von der wesentlichen „Bestimmung des Menschen zur Gemeinschaft mit Gott" aus theologischer Perspektive erörtert und deshalb die bis in die Gegenwart reichende Problematik des Verhältnisses von „Natur und Gnade" diskutiert. Kapitel 15 soll endlich, um der Stellung des menschlichen Partners des gnädigen Gottes gerecht zu werden, die Probleme und Positionen des neuzeitlichen Gnadenstreits, in dem die seit *Augustinus* virulente Frage nach dem Verhältnis von

Gottes wirksamer Gnade zur menschlichen Freiheit erneut und heftiger als je zuvor aufbrach, untersuchen und die Tragweite der ins Spiel gebrachten Lösungen prüfen. Für das gegenwärtige Kapitel bedeutet dies alles, daß sich der eigentliche theologie- und dogmengeschichtliche 4. Abschnitt auf die Epoche der klassischen Gnadenlehre (mit einigen Ausblicken) beschränken darf. Ein höheres Gewicht als vielleicht erwartet werden stattdessen die beiden biblischen Abschnitte erhalten – und dies, wie ich meine, völlig zu recht: zum einen, weil die biblische „Ur-Kunde der Gnade“[3] die ursprünglichste und maßgebliche Vorgabe für die geplante systematische Explikation des Gnadengeschehens mit Hilfe des Freiheitsdenkens bleibt, und zum anderen, weil ich zugleich überzeugt bin, daß Sprache und Inhalt der biblischen Zeugnisse ohnehin eine höhere Affinität zum transzendentalen Subjekt- und Freiheitsdenken als zu den Denkformen früherer Epochen aufweisen, seien sie nun platonischer oder aristotelischer Provenienz.

1. Gnadengeschehen und Gnadenbegriff

Allerdings stößt man, wenn es an die Ausführung der umfassend gestellten Aufgabe gehen soll, sogleich auf die Schwierigkeit, daß dabei der Begriff „Gnade“ allein offenbar als Leitfaden nicht genügt. Wollte man sich nämlich ausschließlich an ihm orientieren, käme etwa der Beitrag der griechischen Patristik zum Thema kaum in den Blick. Nicht einmal bei Jesus – obwohl sein vollmächtiges, Gottes bedingungslose Liebe vergegenwärtigendes Wirken doch das ursprüngliche und durch nichts ersetzbare Paradigma für das Ankommen der Gnade unter den Menschen darstellt – wäre dann viel über sie zu erfahren, da Jesus wohl (wenn auch nur selten begrifflich) von Gottes „Barmherzigkeit“ spricht (Lk 6,36; Mt 18,33), aber die übrigen Äquivalente für das Wort „Gnade“ niemals benutzt, ja überhaupt nicht begrifflich-abstrakt über sie reflektiert, sondern von ihrer Größe in profanen Gleichnisgeschichten erzählt und mit ihnen seinen Umgang mit den Sündern, den Armen und Elenden kommentiert, denen er die entgegenkommende, versöhnende und Zukunft gewährende Gnade Gottes auf dem Weg der eigenen *Praxis* der Liebe vermittelt[4].

3 *G. Greshake*, Geschenkte Freiheit. Einführung in die Gnadenlehre, Freiburg (Neuausgabe) 1992, 28.
4 Vgl. *M. Theobald*, Art. Gnade IV. Neues Testament: LThK^3 4, 766–772, 767.

Die angesprochene Schwierigkeit liegt also darin, daß es sich beim Wort „Gnade" (und jedem seiner Äquivalente) bereits um einen Reflexionsbegriff handelt, der eine Wirklichkeit, die inhaltlich schon bestimmt bzw. noch zu bestimmen ist, in eher formaler Weise qualifiziert: im Falle seiner religiösen Anwendung nämlich zunächst nur insoweit, als er Gottes Heilshandeln, in dessen Sphäre er angesiedelt ist, als personales, auf die Menschen selbst gerichtetes und durch Wohlwollen geprägtes Verhalten kennzeichnet und dabei die unverfügbare Freiheit des handelnden Gottes wie die Ungeschuldetheit, Unverdienbarkeit und Großzügigkeit der gewährten Heilswirklichkeit, eben ihre „Gratuität", akzentuiert. Über die möglichen konkreten *Gehalte* jedoch ist damit erst wenig entschieden. Sie können nach den Zeugnissen des Ersten Testaments so vielfältig sein, daß für die Erhebung seines Verständnisses von Gnade kaum ein anderer Weg bleibt, als sich primär – wie es zumeist auch geschieht – an den Äquivalenten des Gnaden*begriffs* zu orientieren. Erst das Neue Testament und namentlich Paulus haben dem Gnadengeschehen durch seine Konzentration auf Gottes endgültiges Heilshandeln in Jesus Christus die inhaltliche Bestimmung gegeben, die für den christlichen Glauben grundlegend wurde – eben die Bestimmung nun aber auch, die seine Unterscheidung vom jüdischen Glauben markiert. Dies heißt freilich nicht, daß damit die Elemente, die das alttestamentliche Gnadenverständnis kennzeichnen, verabschiedet worden wären. Mit ihrer Bewahrung und weiterhin prägenden Wirkung ist vielmehr umso selbstverständlicher zu rechnen, als es doch die *Gnade des Gottes Israels* bleibt, die das Neue Testament im Blick auf das Christusgeschehen verkündet.[5] Verständlich wird durch diese inhaltliche Festlegung des Gnadenbegriffs allerdings, daß die durch ihn bezeichnete Wirklichkeit, ohne ihre Qualifizierung als Gnadengeschehen einzubüßen, fortan auch mit anderen Begriffen beschrieben, reflektiert und sogar zusammenfassend benannt werden konnte: als Gottes Mitteilung und endgültiges Wort seiner Liebe etwa, wie es schon im Neuen Testament selbst vielfältig geschieht, oder auch – so in der griechischen Patristik – als Gipfel und Zentrum der göttlichen Heilsökonomie.

Für jede Darstellung der Geschichte des Gnadendenkens und erst recht jede Gnadenlehre ergibt sich daraus, daß ihr leitender Gnadenbegriff – um der gemeinten Sache willen – einer inhaltlichen Näherbestimmung bedarf. Eine solche wird denn auch von den meisten Entwürfen, die

5 Vgl. *O. H. Pesch*, Frei sein aus Gnade. Theologische Anthropologie, Freiburg 1983, 77.

sich der Erneuerung des Gnadenverständnisses verpflichtet wissen, ausdrücklich geboten, wobei die sorgfältig angebrachten Nuancen neben dem Bemühen, den Vorgaben der Tradition gerecht zu werden, auch schon unübersehbar und bisweilen sogar programmatisch die jeweils forcierten theologischen Interessen und systematischen Optionen verraten. Ein noch relativ offenes „Vorverständnis", das erst in der Ausführung seine weitere Bestimmung erfährt, stellt etwa *Bernd Jochen Hilberath* seiner Gnadenlehre voran: „Es geht um die heilende Zuwendung Gottes zu den Menschen, denen der beziehungsfähige und beziehungswillige Gott des Lebens seine Bundesgemeinschaft anbietet"[6]. Der „Versuch einer Definition" dagegen, die *Otto Hermann Pesch* in seinem Artikel „Gnade" gleich eingangs entfaltet, akzentuiert neben der Gratuität der als Lebensgemeinschaft mit Gott und als Zuwendung seiner Liebe verstandenen Gnade mit Nachdruck ihre soteriologische Relevanz und Wirksamkeit für den faktisch in der Sünde verschlossenen Menschen: „Gnade ist die unverdiente, unerwartete, unbegreifliche Zuwendung der Liebe Gottes zum Menschen, die diesen zum Heil in der Lebensgemeinschaft mit Gott führt, indem sie den Widerstand gegen Gott als Gefangenschaft des Menschen bei sich selbst aufdeckt und befreiend überwindet"[7]. Die „zusammenfassende These" wiederum, auf die *Alexandre Ganoczys* historische und systematische Ausführungen zulaufen, setzt besondere Sorgfalt daran, die trinitätstheologisch und anthropologisch noch weiter differenzierten Aspekte durch ihre Verbindung in dem einen Geschehen der Gnade zusammenzuschauen: „Gnade ist die freie, ungeschuldete Selbstmitteilung des dreieinigen Gottes in Jesus Christus durch den Heiligen Geist, welche die Selbstwerdung des Menschen als Person und Gemeinschaft, trotz Entfremdung und Sünde, durch geschichtliche Transzendenz ermöglicht, trägt und vollendet"[8]. Bei *Gisbert Greshake* schließlich ist es der das Zentrum seiner Theologie bildende *communio*-Gedanke, der das Verständnis des gnädigen Gottes wie der begnadeten Menschen bestimmt und dementsprechend die menschlich-kommuniale Ausgestaltung der Gnade von Gott her als Einbeziehung in sein trinitarisches Leben zu begreifen erlaubt: „Die Urgnade besteht darin, daß

6 *B. J. Hilberath*, Gnadenlehre: *Th. Schneider* (Hg.), Handbuch der Dogmatik 2, Düsseldorf 1992, 1–46, 5.

7 *O. H. Pesch*, Art. Gnade: NHThG 2, 253–265, 255.

8 *A. Ganoczy*, Aus seiner Fülle haben wir alle empfangen. Grundriß der Gnadenlehre, Düsseldorf 1989, 9.352.

das Leben Gottes selbst sich für uns öffnet, auf daß wir als Gemeinschaft in die Lebensgemeinschaft des dreifaltigen Gottes einbezogen werden, beginnend schon jetzt und einmal endgültig jenseits der Grenzen von Raum und Zeit“[9].

Diese Beispiele mögen genügen, sie ließen sich leicht vermehren. Hervorzuheben ist nur noch, daß alle zitierten Formeln, obwohl sie sich jeweils als Definition des Gnadenbegriffs präsentieren, zugleich nicht weniger als eine Wesensbestimmung der Wahrheit des christlichen Glaubens überhaupt bieten. Diese Feststellung ist jedoch keineswegs kritisch gemeint. Denn sie tragen damit ja nur der Tatsache Rechnung, daß schon das Neue Testament, eben indem es den Inhalt des Gnadenbegriffs auf Gottes Heilshandeln in Jesus Christus konzentrierte, auch den Begriff selbst an dieses Grunddatum des christlichen Glaubens gebunden hat. Von diesem Ereignis reden heißt von der Gnade reden, auch wenn das Wort selbst dabei nicht benutzt wird. Und wo immer sonst sich Gnade ereignet, ist sie als Gnade des Gottes, der sich in Jesus Christus endgültig den Menschen zuwandte, durch eben dieses Geschehen bestimmt (oder doch jedenfalls bestimmbar). Zu Recht schreibt deshalb der Dogmengeschichtler *Piet Fransen* im Rückblick auf seine ausgedehnten Untersuchungen zum Thema, daß die „Botschaft von der Gnade […] im gewissen Sinn der Inbegriff des ganzen Christentums“ sei[10]. Schon *Emil Brunner* hatte betont, daß „Gnade“ als der „Zentralbegriff der christlich-biblischen Gotteserkenntnis“ gelten müsse: nicht als ein „besonderer ‚locus‘ innerhalb der christlichen Lehre“, sondern als „der entscheidende, alles bestimmende Gesichtspunkt für jede christliche Glaubensaussage“[11]. Und *Karl Rahner*, dessen gesamte Theologie im Mysterium der Gnade ihr wesentliches, alles andere umgreifendes Thema fand, konnte deshalb unter seinen „Kurzformeln des Glaubens“ die eigentlich gnadentheologische, nämlich Gottes Selbstmitteilung beschreibende Formel sogar an der ersten Stelle plazieren: „Das unumfaßbare Woraufhin der menschlichen Transzendenz, die existenziell und ursprünglich – nicht nur theoretisch oder bloß begrifflich – vollzogen wird, heißt Gott und teilt sich selbst existenziell und geschichtlich dem Menschen als dessen eigene Vollendung in vergebender Liebe mit. Der eschatologische Höhepunkt der geschichtlichen Selbstmit-

9 *G. Greshake*, Geschenkte Freiheit (Anm. 3), 138.
10 *P. Fransen*, Das neue Sein (Anm. 2), 981.
11 Zitiert nach *W. Joest*, Art. Gnade V. Dogmatisch: RGG^3 II, 1640–1645, 1640f.

teilung Gottes, in dem diese Selbstmitteilung als irreversibel siegreich offenbar wird, heißt Jesus Christus“[12].

Es ist nun keineswegs meine Absicht, die eindrucksvolle Reihe der schon zitierten Gnadendefinitionen durch einen eigenen Vorschlag noch zu verlängern. Oder genauer gesagt: es ist auch gar nicht erforderlich. Denn eine These, durch die das Grunddatum des christlichen Glaubens und mit ihm die Grundwahrheit christlicher Theologie zum Ausdruck gebracht werden sollte, wurde zum Zwecke der systematischen Einfügung der theologischen Anthropologie in das Ganze der Dogmatik ja bereits in der Einleitung formuliert[13]. Diese These besagte, daß es die wesentliche Bedeutung der Verkündigung, Tod und Auferweckung umfassenden Geschichte Jesu ausmacht, der Erweis der unbedingt für die Menschen entschiedenen Liebe Gottes und als solcher Gottes Selbstoffenbarung zu sein. Und obwohl diese Formel die ihr zugedachte systematische Funktion durchaus erfüllt, habe ich vorgreifend noch hinzugefügt, daß sie für einen erschöpfenden Begriff der Selbstoffenbarung Gottes doch insofern noch nicht ausreichen könne, als zur Vollständigkeit dieser Selbstoffenbarung nach christlicher Überzeugung auch die Sendung des Geistes gehört. Meine *Arbeitshypothese* für alles weitere Vorgehen lautet nun in der Tat, daß eben *dieses die Sendung des Sohnes wie des Geistes umfassende Offenbarungsgeschehen, dessen Inhalt der im Geschenk seiner Liebe sich selbst mitteilende Gott ist, mit dem Geschehen der (eschatologischen) Gnade in eins fällt* und insofern die grundlegende Bestimmung des Gnadenbegriffs schon erfolgt ist. Nur aufgrund dieser vorerst noch stillschweigenden Voraussetzung konnte ja die erste Grundaussage der theologischen Anthropologie, die sich aus dem systematischen Ansatz der Dogmatik ergab und inhaltlich das bedingungslose Bejaht- und Angenommensein des Menschen durch Gott selbst betraf, überhaupt mit der Gnadenthematik in Verbindung gebracht und so die theologische Anthropologie für die Aufnahme der Gnadenlehre geöffnet werden. Zu den Aufgaben, die in diesem Kapitel anstehen, gehört deshalb als Nebenziel, die Berechtigung dieser schon in der Einleitung vollzogenen Gleichsetzung des Offenbarungs- mit dem Gnadengeschehen zu erhärten (vor allem in biblischer Hinsicht zu er-

12 *K. Rahner*, Grundkurs des Glaubens. Einführung in den Begriff des Christentums, Freiburg 1976, 435f.

13 Vgl. in Kap. 2 die Ausführungen unter den Zwischenüberschriften „Der systematische Grundansatz der Dogmatik“ und „Grundaussagen und Aufbau der theologischen Anthropologie“.

härten). Hauptziel aber bleibt, im Durchgang durch die Geschichte des Gnadendenkens die Erträge einzusammeln, die dann bei der systematischen Darstellung des Gnadengeschehens wie des begnadeten Menschen zu berücksichtigen sind. Dabei kann die doppelte Abgrenzung, die der Ausdruck „Gnaden*denken*“ signalisiert, den jetzt einzuschlagenden Weg nochmals markieren. Zum einen geht es – wie schon betont wurde – darum, das Blickfeld über die traditionelle, von der westlichen Theologie ausgebildete Lehre von der Gnade hinaus auszuweiten. Zum anderen aber soll dieses Kapitel auch noch nicht der systematischen Darstellung der Gnadenwirklichkeit selbst, sondern nur erst der Vergewisserung der für sie relevanten, biblisch belegten und historisch vorgegebenen Gesichtspunkte dienen und sich deshalb an die Geschichte des Gnaden*denkens* halten, sofern es sich von Anfang an als Reflexion auf das Geschehen der Gnade von diesem selbst unterscheidet[14]. Ob diese (zumindest anhebende) Reflexion sich im jeweiligen Wortgebrauch spiegelt oder in thematischen Lehrstücken niederschlug, kann im Blick auf die zu verstehende „Sache“ ebenso aufschlußreich sein wie die Leitbegriffe und Hinsichten, unter denen sie jeweils erfolgte. Welche näheren Aufgaben sich schließlich den systematischen Ausführungen stellen, kann erst im Verlauf des geschichtlichen Durchgangs selbst Konturen gewinnen.

2. Alttestamentliche Grundlegung des Gnadenverständnisses

Um die Grundzüge des alttestamentlichen Gnadenverständnisses in den Blick zu bekommen, empfiehlt es sich, mit den hebräischen Ausdrücken des Wortfelds „Gnade“ zu beginnen. Es handelt sich durchweg um Begriffe, die im alltäglichen Sprachgebrauch für mitmenschliche Beziehungen und Verhaltensweisen verwendet werden und durch die Übertragung auf die Beziehung Jahwes zu seinem Volk, zum einzelnen Menschen oder auch die Menschheit ihre theologische Bedeutung gewinnen[15].

---

14 Natürlich soll damit nicht bestritten werden, daß auch schon die Erfahrung der Gnade *als* Gnade ein reflexives Moment enthält; doch muß das Bewußtsein von ihr nicht schon thematisch sein.

15 Ausgewertet wurden für diesen Abschnitt u. a.: *J. Haspecker*, Art. Gnade I. Der Begriff der G. im AT: LThK^2 4, 977–980; *F. Diedrich*, Art. Gnade II. Altes Testament: LThK^3 4, 763–765; *H. Reventlow*, Art. Gnade I. Altes Testament: TRE 13, 459–464; *O.H. Pesch*, Frei sein aus Gnade (Anm. 5), 76–81; *ders.*, „Gnade“ – vom „Inbegriff“ zum „Traktat“: *ders.*, *A. Peters*, Einführung in die Lehre von Gnade und Rechtfertigung, Darmstadt 1981,

Semantik der hebräischen Äquivalente für „Gnade“

Dem gewöhnlichen (auch profanen) Wortsinn von „Gnade“ am nächsten steht das Substantiv *chen*, in der Septuaginta mit χάρις und im Deutschen zumeist mit „Huld“ oder „Gunsterweis“ übersetzt. Ursprünglich, von der Wurzel „sich beugen, lagern“ her zu erschließen, ist wohl „ein Sichhinabbeugen im Sinne einer großzügigen Zuwendung“ gemeint[16], wobei neben den aktuellen Gnadenerweisen auch stets die Grundhaltung in den Blick kommt, aus der sie erfolgen: so namentlich in der Wendung „Gunst finden in den Augen von …“, in der *chen* am häufigsten begegnet. Vermutlich aus höfischem Milieu stammend, kann diese Formel auf jeden angewendet werden, der als der Überlegene oder Höhergestellte einem Schwächeren, Niedrigergestellten gegenübersteht. Sein Gunst-erweis kann völlig spontan, aber ebenso auch ein erbetener sein – geschuldet jedoch ist er nie. Einen Anspruch auf ihn gibt es auch dann nicht, wenn er mit Rücksicht auf die Würdigkeit des Empfängers oder auch auf seine elende Lage, Not und Bedürftigkeit gewährt wird. Erst in späten Schriften, namentlich der Weisheitsliteratur, verschiebt sich die Bedeutung insofern, als nun der relational-aktuelle Charakter zurücktritt und *chen* wie eine persönliche Eigenschaft des zum Besitzer gewordenen Empfängers, als die eigene Liebenswürdigkeit („Lieblichkeit, Anmut“) erscheint. Zu beachten ist freilich, daß der *theologische* Gebrauch von *chen* relativ selten ist, aber dann umso größeres Gewicht hat, da er stets „auf die unermeßliche Hoheit und Andersheit Gottes [verweist], aus der heraus er Menschen in souveräner Freiheit beschenkt“[17]. In diesem Sinn heißt es etwa von Noah, daß nur er Gnade fand in den Augen Jahwes (Gen 6,8). Besonders eindrucksvoll und für das Gnadenverständnis bis ins Einzelne illustrativ die Szene der Bundeserneuerung (Ex 33,11–22), wo Jahwe und Mose im Offenbarungszelt „miteinander Auge in Auge“ reden, wie es sonst nur zwischen Freunden geschieht, und Jahwe den Dialog, in dem er dem drängenden Mose seine weitere Begleitung verspricht, mit der Klarstellung schließt, die zum klassischen Topos für die absolute Freiheit und Unverfügbarkeit seiner Gnadenwahl wurde: „Ich gewähre Gnade, wem ich will, und ich schenke Erbarmen, wem ich will“ (33,19).

1–54, 1–5; *H. Gross*, Gnade im Alten Testament: MySal 4/2, 599–609; *E. Schillebeeckx*, Christus und die Christen. Die Geschichte einer neuen Lebenspraxis, Freiburg 1977, 77–92; *A. Ganoczy*, Aus seiner Fülle (Anm. 8), 13–38; *B. J. Hilberath*, Gnadenlehre (Anm. 6), 3–8.

16 *B. J. Hilberath*, Gnadenlehre (Anm. 6), 5.

17 *A. Ganoczy*, Aus seiner Fülle (Anm. 8), 14.

Überwiegend in theologischer Verwendung begegnet die Verbform *chanan* – schon dies ein Hinweis, daß der Vollzug von Gnädigsein eigentlich nur Gott zustehen kann[18]. Betont wird mit *chanan* das „gnädige Entgegenkommen Gottes", sein „Sich-Kümmern um die [...] in Not befindlichen Menschen"[19]. Namentlich der Psalmbeter erwartet, daß sich solche Gnade an ihm ereignet: als rettendes Eingreifen angesichts der konkreten Bedrängnis, aus der er zu Gott schreit, aber auch als Vergebung von bedrückender Sünde und Schuld. Das Adjektiv *channun* endlich wird ausschließlich von Jahwe prädiziert. In liturgischen Formeln sehr häufig mit *rachum* (barmherzig) verbunden, lenkt es den Blick auf das dauernde Gnädigsein Gottes und faßt die Angewiesenheit des Menschen auf die barmherzige Menschenliebe des Schöpfers zusammen.

Weitaus häufiger als *chen* wird im Ersten Testament das Substantiv *chesed* verwendet, das ebenfalls sowohl die Grundhaltung des Subjekts, nämlich eine buchstäblich grund-sätzliche Güte, wie auch die ihr gemäßen Taten bezeichnen kann (wobei der Tatcharakter durch die Verbindung mit Verben des Tuns häufig noch unterstrichen wird[20]). Von der Septuaginta zumeist mit ἔλεος (Mitleid, Erbarmen) übersetzt und im Deutschen, je nach Kontext, mit „Güte, Wohlwollen, Huld, Freundlichkeit, Gnade" wiederzugeben, kommt es dem Sinn des späteren theologischen Gnadenbegriffs wohl am nächsten. Denn wesentlich für *chesed* – schon im profanen, zwischenmenschlichen Gebrauch – ist die *ungeschuldete Überfülle* dieser Güte, die über das gewöhnliche Soll weit hinausgeht, aber mit ihren spontanen Äußerungen und Vorgaben bei den Beschenkten dann auch Vertrauen und Dankbarkeit weckt, ein entsprechendes Antwortverhalten hervorruft und so eine dauernde Gemeinschaft zu stiften vermag[21]. In diesem Sinn wird *chesed*, von Jahwe als Subjekt ausgesagt, zu einer Konstanten der alttestamentlichen Theologie und geht bereits, mit *emet* (Treue) verbunden, in die Selbstbeschreibung Jahwes ein, wie sie Ex 34,6 bezeugt ist und dann – als geradezu wesensbestimmende Gottesprädikation – in der jüdischen Liturgie feste Verankerung findet: „Jahwe – ein barmherziger (*rachum*) und gnädiger (*channun*) Gott, langmütig, reich an Huld (*chesed*) und Treue (*emet*)" (Ps 86,15).

18 Vgl. a. a. O. 15.
19 *E. Schillebeeckx*, Christus (Anm. 15), 91.
20 Vgl. *H. Reventlow*, Art. Gnade (Anm. 15), 462.
21 Vgl. *E. Schillebeeckx*, Christus (Anm. 15), 91f; *A. Ganoczy*, Aus seiner Fülle (Anm. 8), 16f.

Es gehört zur Beständigkeit und dem Übermaß solcher Gnade, daß sie gegenüber dem Menschen, wie er tatsächlich ist, die Bereitschaft einschließt, ihm auch (und immer wieder) Sünde und Schuld zu vergeben. Aber so wenig sie als Reaktion auf die Sünde erst entstand oder erwachte, so wenig erschöpft sie sich im Nachlassen der Schuld. Allerdings bedeutet sie faktisch Vergebung, Heilung, Erlösung, doch will und gewährt sie noch mehr: die Gemeinschaft nämlich des in ihr sich zuwendenden Gottes. Nach Hos 2,21f gehört Gottes *chesed* zu dem Brautpreis, den er Israel entrichtet und der Israel, indem es ihm entspricht, zugute kommen soll: „Ich traue dich mir an auf ewig, ich traue dich mir an um den Brautpreis von Gerechtigkeit und Recht, von Liebe (*chesed*) und Erbarmen; ich traue dich mir an um den Brautpreis meiner Treue: Und du wirst Jahwe erkennen". Als Gott der Liebe also wird der Gott Israels von Hosea (11; 14,5), als Gott „ewiger Liebe" sogar von Jeremia verkündet und damit das tiefste, seit jeher leitende Motiv, aber auch das Ziel seines Verhaltens benannt: „Mit ewiger Liebe habe ich dich geliebt, darum habe ich dir so lange die Treue (*chesed*) bewahrt" (Jer 31,3; vgl. Jes 54,8f). Daß Gottes „unverwüstliches Wohlwollen" dauert[22] und seine Zuwendung zu den Menschen nicht abbricht, sondern in der Abwendung vom eigenen, berechtigten Zorn und in erneuter Hinwendung zu denen, die sich ihrerseits von ihm abgewandt haben, sich durchhält[23], findet erst hier eine hinreichende Erklärung, die freilich keine „Erklärung" mehr ist. Denn es ist ja gerade die Ursprünglichkeit dieser unvordenklichen Liebe, die in Jahwes Freiheit zur jeweils noch größeren Gnade hervorbricht und sich im Übermaß seiner Treue bestätigt: einer Treue zu den Seinen, die mit seiner Treue zu sich selbst (und seinen Entschlüssen) eins ist und in ihr ihren Maßstab und ihren Bestand hat[24].

---

22 *A. Ganoczy*, Aus seiner Fülle (Anm. 8), 19.

23 Vgl. *B. J. Hilberath*, Gnadenlehre (Anm. 6), 6.

24 Vgl. *P. Fiedler*, Jesus und die Sünder, Frankfurt/Bern 1976, 92–94: „Das durch menschliches (Sich-) Versagen stets bedrohte ‚personale' Verhältnis zu Gott kann nur erhalten bzw. wiederhergestellt werden durch Gottes stets neu erwiesene Vergebung. Wenn auch ‚Sündenvergebung' als Thema nicht im Zentrum der religiösen Vorstellungen Alt-Israels stand, bezeugt diesen Glauben die jahwistische ‚Urgeschichte', ist er in der prophetischen Verkündigung [...] impliziert. In einer letzten Vertiefung begegnet er bei Hosea, der das absolute göttliche Erbarmen gerade in der durch Israel verletzten Heiligkeit Jahwes begründet sieht, so von aller anderen ‚Voraussetzung' frei und über jede menschliche Vorstellung – eben auch vom Göttlichen – erhaben [...] Seine als Erweise des Erbarmens aufgefaßten Heilstaten verpflichten die Beschenkten zu entsprechendem Verhalten [...] Das für die Mißachtung angedrohte Unheil wird [jedoch] wiederholt nicht

Von hier aus fällt auch Licht auf die früher kontrovers diskutierte Frage, ob *chesed* die spontane Zuwendung Gottes meine oder eher – analog zur Gegenseitigkeit der Rechte und Pflichten, wie sie vielfältig in den menschlichen Lebensverhältnissen gelten – das Treueverhalten Jahwes bezeichne, das aus seiner Bundesverpflichtung erst folgt[25]. Inzwischen wird jedoch durchweg und zu Recht eine Sichtweise vertreten, die den Bund selbst schon als *Ausdruck* von Jahwes *chesed* betrachtet. Allerdings ist Israel gefordert, der Selbstverpflichtung Jahwes, die den Bund eröffnet und trägt, durch das Tun seines Willens mit ganzem Ernst zu entsprechen (Dtn 26,16ff); überdies finden sich – namentlich im Deuteronomium – Stellen, die das Halten der Gebote und Rechtsvorschriften durch das Volk fast als Bedingung für Jahwes Bewahrung seiner Bundeshuld und -treue erscheinen lassen (7,9.12). Und doch bleibt auch an den Stellen, an denen *chesed* die Bedeutung von Bundesliebe erhält, die „Priorität der Liebesinitiative" Jahwes völlig bewußt und unangetastet[26]. Dies gilt schon in dem grundlegenden Sinn, daß die „durch nichts von seiten der Menschen ausgelöste spontane Erwählungstat Gottes", der sich voll Huld zu Israel herabläßt, dieses „kleinste unter allen Völkern" (Dtn 7,7) doch überhaupt erst in die besondere Gemeinschaft mit ihm erhebt[27]. Es gilt zudem in der schon angedeuteten Hinsicht, daß Jahwe durch die vorausgehenden, vertrauenstiftenden Erweise seiner *chesed* auch die Wirklichkeit dieser Gemeinschaft begründet, d. h. die Erwählten zu dem Antwortverhalten, das er von ihnen erwartet, selbst auch befähigt[28]. Und es bestätigt sich nicht zuletzt im Blick auf die offenkundige Tatsache, daß gerade die Bundestheologie von Beginn an das stets neue, „unverbrauchte" Erbarmen Jahwes voraussetzt und der Gottesbund, wo die Vorstellung aufkommt, „immer schon neuer, erneuer-

---

verwirklicht – sichtbarer Ausdruck göttlicher Vergebungsbereitschaft. Selbst in der Katastrophe der politischen Vernichtung und des Exils geht das erwählte Volk nicht zugrunde [...] Von der erlebten Begnadigung her wurde das Vertrauen in Jahwes fortbestehende Vergebungsbereitschaft genährt [...] Wenn Gott vergibt, tut er es aus der Fülle seines Erbarmens, um seines Namens, seiner Ehre willen. Daß der Umkehrende der Vergebung gewiß sein kann, liegt so nicht an seinem Tun, sondern daran, daß er weiß, zu wem er umkehrt".

25 Vgl. *B. J. Hilberath*, Gnadenlehre (Anm. 6), 7; *A. Ganoczy*, Aus seiner Fülle (Anm. 8), 17ff; *H. Reventlow*, Art. Gnade (Anm. 15), 461; *E. Schillebeeckx*, Christus (Anm. 15), 84ff.

26 *E. Schillebeeckx*, Christus (Anm. 15), 92.

27 *H. Gross*, Gnade im Alten Testament (Anm. 15), 601.

28 Dies geschieht namentlich auch durch das Geschenk der Tora und entspricht der Einordnung der Bundesverpflichtung in Gottes vorausgehendes Heilshandeln.

ter Bund ist": bewußter Wiedervollzug dessen, was seine Selbstverständlichkeit verloren hatte, ja zerbrochen war und daher einzig in Gott sein Bestehen haben kann. Ihren konsequentesten Ausdruck findet diese Perspektive darin, daß die Ankündigung des „neuen Bundes" bei Jeremia (31,31–34) als „reine, apodiktische Verheißung", als konditionsloser „futurischer Indikativ" geschieht und einen „Akt der vergebenden Liebe" zum Gegenstand hat, so wie dieser Bund auch bei Ezechiel (36,16–28) als die an keine Vorbedingung geknüpfte „freie Gabe des sich selber treuen Gottes" erscheint[29]. Gerade in ihrer *Verläßlichkeit* trotz der Untreue seines Volkes erweist sich also Jahwes Gnade als *frei*: eben als die ursprüngliche Freiheit seiner noch größeren, ungeschuldeten Liebe, die sich deshalb auch von Willkür abgrundtief unterscheidet. Die Kehrseite dieser Gnade ist allerdings das Gericht[30]. Aber auch das Gericht (schon der Gerichtsgedanke als solcher) setzt Jahwes Gnade nicht nur voraus, sondern wird auch ertragen im Horizont ihrer Verheißung, die niemals, auch nicht in den Katastrophenerfahrungen des Volkes, völlig untergeht und verstummt, sondern gerade in ihnen die äußersten Hoffnungen wachruft.

Übersehen sollte man freilich nicht, daß *chesed* am häufigsten und in bemerkenswert weitgefaßter Bedeutung in den *Psalmen* begegnet und hier den bevorzugten Ausdruck darstellt, um den Dank für Gottes Tun in seinen unterschiedlichsten Aspekten zusammenfassend zu artikulieren. Dabei steht weniger (wie bei *chanan*) die einzelne konkrete Hilfe als die grenzenlose Güte des immerfort wirkenden Gottes im Blick: Gottes *chesed* erfüllt die Erde (33,5), waltet über den Menschen (33,22), kommt ihnen entgegen (59,11) und folgt ihnen auf allen Wegen (23,6). Zugleich fällt die hypostasierende Redeweise auf: Jahwe sendet die Gnade (57,4), sie kommt auf die Menschen herab (119,41), behütet die, die auf ihn vertrauen (40,12), und umgibt sie wie eine Sphäre (32,10), in der sie sich bewegen und leben. Alles Tun Gottes, sein Handeln im Raum der Schöpfung wie in der heilsgeschichtlichen Führung hat seinen Ursprung in der wesenhaften göttlichen Güte und ist daher insgesamt – noch vor den uns geläufigen Unterscheidungen – als „Gnade" anzusprechen[31], wie es der Refrain der

29 *C. Levin*, Die Verheißung des neuen Bundes in ihrem theologiegeschichtlichen Zusammenhang ausgelegt, Göttingen 1985, 140–142.213. Vgl. zum Thema auch *E. Zenger*, Das Erste Testament. Die jüdische Bibel und die Christen, Düsseldorf 1991, 86–119; *ders.* (Hg.), Der neue Bund im alten. Studien zur Bundestheologie der beiden Testamente, Freiburg 1993.

30 Vgl. *E. Schillebeeckx*, Christus (Anm. 15), 92.

Danklitanei zu wiederholen nicht müde wird: „Danket dem Herrn, denn er ist gütig, denn seine Huld (*chesed*) währt ewig“ (136,1).

Eine stark affektiv-emotionale Tönung gewinnt Jahwes gnädige Zuwendung, wenn sie mit dem Substantiv *rachamim* benannt wird, das sich aus *rechem* (Mutterschoß) herleitet und bis in die einzelnen Konnotationen unserem Wort „Erbarmen“ entspricht. Mit *rachamim* wird sowohl Jahwes innige Verbundenheit mit Israel überhaupt zum Ausdruck gebracht als auch besonders sein Absehen von der Unwürdigkeit der Menschen, mit denen er trotz ihres Versagens „nach seinem reichen Erbarmen“ (Ps 51,3) zu handeln bereit ist[32]. Was damit vor Augen tritt, ist das Moment der Umkehr Gottes selbst vom begründeten Zorn zur Regung seines Erbarmens und dementsprechend die Wende vom Strafgericht zu erneuter Begnadung, deren Unverdientheit und grundlose Güte dann umso stärker empfunden werden: „Einen Augenblick nur verbarg ich vor dir mein Gesicht in aufwallendem Zorn; aber mit ewiger Huld habe ich Erbarmen mit dir, spricht Jahwe, dein Erlöser“ (Jes 54,8). Ohne Scheu hat Israel die Gefühle mütterlichen Erbarmens auf seinen Gott übertragen: „Kann denn eine Frau ihren Säugling vergessen, eine Mutter den Sohn ihres Schoßes? Und selbst wenn sie ihn vergäße: ich vergesse dich nicht“ (Jes 49,15). Aber auch das väterlich-männliche Erbarmen kommt als Analogie in Betracht, auch wenn dann (weniger affektiv) die Aspekte des Schutzes und der getreuen Fürsorge überwiegen: „Wie ein Vater sich seiner Kinder erbarmt, so erbarmt sich der Herr über alle, die ihn fürchten“ (Ps 103,13). Allerdings wäre es des Anthropomorphismus zu viel, wollte man sich Gottes *rachamim* nun etwa derart vorstellen, daß Gott zu ihr erst bewegt, womöglich sogar umgestimmt werden müßte. Obwohl im Bußakt durchaus nach ihr verlangt wird (Ps 51,3), ist als absolute Grundhaltung Jahwes doch die *chesed* anzusehen, sein aktuelles Erbarmen darum eher als „Ausfluß“ seiner „*chesed*-Gesinnung“ aufzufassen[33], zumal diese (wie wir schon sahen) sich ja auch keineswegs in der Sündenvergebung erschöpft, sondern über sie ebenso hinausreicht, wie sie der Sünde schon vorherging und als wahrhaft *ursprüngliche* Güte jeden einzelnen ihrer Gnadenerweise noch zu überbieten vermag.

Von den übrigen Termini im Umfeld von „Gnade“ sollen zwei wenig-

---

31 Vgl. *H. Gross*, Gnade im Alten Testament (Anm. 15), 604.

32 Vgl. *J. Haspecker*, Art. Gnade (Anm. 15), 978.

33 *A. Ganoczy*, Aus seiner Fülle (Anm. 8), 26 (mit Berufung auf H. J. Stoebe).

stens noch erwähnt sein. Das Wort *rason* wird verwendet, wenn Gott aus „Wohlgefallen" oder „Geneigtheit" gütig handelt, womit wiederum der Aspekt der *Freiheit* in seiner Menschenzuwendung betont und der Gedanke der Erwählung konnotiert wird[34]. Das Nomen *sedaqa* schließlich stellt insofern vor Schwierigkeiten, als seine übliche Übersetzung mit „Gerechtigkeit" aufgrund der mit ihr verknüpften Problemgeschichte nicht unumstritten ist (*O. H. Pesch* schlägt sogar vor, wegen der vielen sachlichen und kontroverstheologischen Mißverständnisse auf diese Übersetzung besser zu verzichten[35]). Von der Grundbedeutung her ist bei *sedaqa* jedenfalls an *heilvolle Gemeinschaftstreue* und *gemeinschaftstreues Handeln* zu denken[36], was von seiten Gottes immer ein gnädiges Sichzuwenden impliziert. In der Tat ist primär die „Gottesgerechtigkeit" gemeint, die sich als Jahwes heilbringender Wille zur Gemeinschaft gleichsam hypostasiert, vom Himmel herabsteigt („Gerechtigkeit blickt vom Himmel hernieder", heißt es Ps 85,12), um sich den Erwählten mitzuteilen. Auf seiten der Menschen, denen die göttliche *sedaqa* zugeeignet wird, bewirkt und sucht sie dann ihre Entsprechung: grundlegend im Glauben, der auf Gott setzt und die Existenz in ihm „festmacht", wie es prototypisch an Abraham gezeigt wird, dessen Glaube ihm von Jahwe als *sedaqa* angerechnet wird (Gen 15,6), aber natürlich auch im alltäglich-gemeinschaftstreuen Tun des Guten (Hab 2,4[37]). Namentlich in der Tora besitzt Israel ja die Weisung, die ihm zum Vollbringen der lebenfördernden *sedaqa*-Taten verhilft (Ps 119,142ff). Gleichwohl bleibt die Gottesgerechtigkeit unendlich reichhaltiger als die von ihr ermöglichte Menschen-*sedaqa*. Sie ist eine schon in der Schöpfung wirksame, aber faktisch auch erlösende und erst noch vollendende Größe; ihre volle Verwirklichung wird schließlich als eschatologische Gabe erhofft: von Deuterojesaja schon für die nahe, von Tritojesaja erst wieder für die ferne Zukunft (Jes 51,4f; 59,14). Wo aber Jahwe als der für das Rechtsein seiner Schöpfung zuständige Richter auftritt, geschieht das doch immer in

34 Vgl. *F. Diedrich*, Art. Gnade (Anm. 15), 764.

35 *O. H. Pesch*, Frei sein aus Gnade (Anm. 5), 78.

36 Vgl. zum folgenden *A. Ganoczy*, Aus seiner Fülle (Anm. 8), 27–34.

37 Diesen Vers („Wer nicht rechtschaffen ist, schwindet dahin, der Gerechte aber bleibt wegen seiner Treue am Leben") hat Paulus entsprechend seiner Gnadenlehre verändert zitiert: „Der aus Glauben [an Christus] Gerechte wird leben" (Röm 1,17). Übrigens ist in der späteren Weisheitsliteratur eine Tendenz zu einem Verständnis von Gerechtigkeit, die der Mensch durch sein weises Handeln sich selbst verschafft, wobei Jahwe nur am Rand segnend mitwirkt, kaum zu verkennen: s. etwa Spr 3,33; 10,3.6f; 18,10).

einem auf ihr Heil ausgerichteten, sie buchstäblich aufrichtenden Sinn. „Der Begriff einer strafenden *sedaqa*", so jedenfalls *Gerhard von Rad*, „ist nicht zu belegen; er wäre eine contradictio in adiecto"[38]. Zur Überlegenheit der Gottesgerechtigkeit gehört deshalb auch, daß sie durch menschliche Maßstäbe nicht verengt werden darf: „Ihr soll zwar entsprochen werden [...]; sie ist aber grundsätzlich keine vergeltende, bemessene Iustitia, sondern das den Menschen aufrichtende Sichzuwenden Gottes, der gerade so seiner Schöpfung gerecht werden will"[39].

Phänomenologische Skizze: Wesenszüge des Gnadengeschehens

Statt die Wortuntersuchung zum alttestamentlichen Gnadenverständnis noch weiterzuführen, sei nun der Versuch gemacht, die wichtigsten der sichtbar gewordenen Aspekte (ergänzt um einige weitere Beobachtungen) eingehender zu beschreiben und zu erschließen, sie in systematisierender Weise zu reflektieren und sie zu einem Gesamtbild des Gnadengeschehens zusammenzufügen. Da alle wesentlichen Elemente, die in formaler Hinsicht auch das neutestamentliche Gnadenverständnis prägen, bereits im Ersten Testament gegeben oder doch grundgelegt sind[40] und ihnen somit orientierende Bedeutung für die Konzeption des systematischen Gnadenbegriffs zuerkannt werden muß, hat ihre Feststellung entscheidendes Gewicht. Und wenn dabei, was die Fragehinsichten und die von mir herangezogenen Kategorien und Denkmittel angeht, nun auch schon der Seitenblick auf die spätere Entwicklung des Gnadendenkens sowie die Aufgabe der systematischen Darstellung des Gnadengeschehens ins Spiel kommen, so entspricht dies eben dem Interesse, das die Rückfragen dieses Kapitels leitet und eingangs dargelegt wurde[41]. Wenigstens zehn Aspekte oder Grundzüge sind es, die in den systematischen Gnadenbegriff eingehen müssen.

---

38 *G. von Rad*, Theologie des Alten Testaments I, München ^{5}1966, 389.
39 *B. J. Hilberath*, Gnadenlehre (Anm. 6), 7.
40 Vgl. *O. H. Pesch*, „Gnade" (Anm. 15), 4.
41 Natürlich darf die von mir favorisierte Denkform den biblischen Befund nicht überfremden, sondern ist gerade in ihrer hermeneutischen Leistung für die Erschließung der biblischen Vorgaben zu erproben.

Primäres Subjekt und Freiheit der Gnadenbeziehung

Erstens betreffen alle Begriffe des Wortfelds „Gnade" die *Beziehung Gottes zum Menschen*, die sie als *heilvolle bzw. heilbringende Zuwendung* qualifizieren. Durch den Ausdruck „Zuwendung" soll Gott als Initiator und primäres Subjekt dieser Beziehung, durch den Ausdruck „heilvoll" ihre Bedeutung für den Menschen herausgestellt werden. Natürlich ist die Grundaussage, die wir damit formuliert haben, noch allgemein: allgemein schon insofern, als das Prädikat „heilvoll" eben nur *die* Bedeutung für den Menschen hervorhebt, die Gottes Güte, Huld, Erbarmen usw. *gemeinsam* ist. Allgemein aber auch noch in einer weiteren Hinsicht. Denn obwohl sich in den unterschiedlichen Bedeutungsnuancen der Begriffe, die das Erste Testament jeweils bevorzugt (Huld, Erbarmen usw.), durchaus schon die Verschiedenheit der Situationen spiegelt, in denen Gottes heilvolle Zuwendung erfahren wird, bleibt die nähere Kennzeichnung der Relation Gottes zum Menschen, die sie vornehmen, doch immer noch insofern *formal*, als mit ihr allein noch nichts über die Inhalte und konkreten Gestalten ausgesagt ist, in denen diese Zuwendung sich verwirklicht. Was Gottes Gnade konkret und inhaltlich bedeutet, zeigt sich in der Tat erst in den Situationen, in denen sie die Menschen erreicht[42]. Auf der anderen Seite aber entspricht nun gerade die Allgemeinheit unserer Grundaussage der im Alten Testament durchgängig bezeugten Erfahrung, daß sich Gottes Zuwendung ja auch keineswegs in einem einzelnen aktuellen Verhalten oder wenigen punktuellen Ereignissen erschöpft, sondern sich im Wechsel der Situationen durchhält und dabei die vielfältigen Inhalte, durch die sie sich äußert und als heilvoll erweist, integriert und umgreift. Was in dieser Einheit des göttlichen Verhaltens wahrnehmbar und bewußt wird, weist über die realen Situationen, in denen sie sich bekundet, sogar noch hinaus: es ist die Stetigkeit der Zuneigung Gottes, seine in ihrer Dauer geradezu grundsätzliche Zugewandtheit zum Menschen. Für den Gnadenbegriff aber heißt dies, daß er sich in erweiterter Bedeutung auch für dieses *Grundverhältnis* Gottes zum Menschen verwenden läßt – vorausgesetzt nur, daß es dabei nicht ontologisch fixiert wird, sondern sein Wesen als freies Geschehen im Blick bleibt. Dem würde entsprechen, daß auch die vom Ersten Testament selbst verwendeten Termini (und ihre Ableitungen) nicht nur das jeweils konkretisierte Einzelverhalten Gottes bezeichnen,

42 Vgl. *O.H. Pesch*, „Gnade" (Anm. 15), 3.

sondern zugleich auf seine Gesinnung, auf seine „Grundhaltung" verweisen, bis dahin, daß ihr Gebrauch sogar einer Wesensbestimmung Gottes sich nähert – so wie sie umgekehrt freilich auch für die konkreten Äußerungen seines Gnädigseins, für seine Gaben und „Gnadenerweise", benutzt werden können.

Allen Ausdrücken für „Gnade" ist *zweitens* gemeinsam, daß Jahwe *frei* seine Gnade vergibt, d. h. ohne an irgendwelche Vorbedingungen oder ein schon bestehendes Gemeinschaftsverhältnis gebunden zu sein[43]. Auch wenn er seine Gnade mit Rücksicht auf die Würdigkeit des Empfängers oder dessen Bedürftigkeit schenkt, bleibt ihr Charakter als ungeschuldete Gabe doch bewußt und geachtet. Allerdings ist in Jahwes Menschenzuwendung – schon implizit und häufig sogar ausdrücklich – eine Zusage beschlossen, die Vertrauen findet und sich tatsächlich bewährt – und so ist es ja auch die Gnade selbst, welche die bleibende Gemeinschaft zwischen Geber und Empfänger *begründet*. In diesem Sinn kann der einzelne Beter, wenn er für sich persönlich Jahwes Gnade erfleht, sich sogar auf die Israel als ganzes gewährte Gnade berufen. Gleichwohl: War schon die ursprüngliche Erwählungstat Jahwes schlechterdings unverdienbar, so ist *auch in ihrer Treue seine Gnade noch frei* – genauer gesagt: auch in ihrer Treue Entschluß seiner Freiheit. Es ist gerade die schlechthinnige Ursprünglichkeit seiner Gnade, die sich in ihrer souveränen Unabhängigkeit bekundet, aber auch ihre schöpferische Innovationsmacht begründet[44] und sie zur stets größeren Treue angesichts der menschlichen Untreue befähigt. Ihren letzten Grund und Bestand aber hat diese Treue – dies machen neben den schon genannten Stellen besonders Spitzenaussagen wie Hos 11,9 oder Ez 20,14.44 eindrucksvoll deutlich – in der Selbstbindung und Selbstverpflichtung, in der Jahwe zuerst und zuletzt sich selber entspricht und sich dadurch zugleich von jedem Willkürgott unterscheidet[45]. Dies alles

---

43 Vgl. *H. Reventlow*, Art. Gnade (Anm. 15), 463.

44 Von Deuterojesaja wird die Innovationsmacht der Freiheit Jahwes in ihrem Erwählungs- und Heilshandeln sogar mit Schöpfungstermini beschrieben: so etwa Jes 43, 1.15.19. Zum Thema s. auch *Th. Pröpper*, Art. Freiheit Gottes: $LThK^3$ 4, 108–113, 112f.

45 Das Verhältnis von Gottes Wesen zu seiner Freiheit (einer der Abgründe für die menschliche Vernunft) ist hier nicht zu erörtern. Die zu vermeidenden Extreme sind jedenfalls klar. Würde nämlich die Entsprechung von Gottes Handeln zu seinem Wesen (völlig) gelöst, könnte man Gott nur noch als Willkürgott denken, so wie man es (fälschlich) vom Nominalismus behauptet, die Offenbarung es aber eindeutig verbietet. Würde man dagegen Gottes Handeln als „Ausfluß" seines Wesens betrachten, wäre ihm eben die

heißt jedoch nicht, daß ihm die Menschen letztlich gleichgültig wären – denn wie könnte er dann sich ihrer erbarmen und sich ihr Schicksal so nahegehen lassen? Eher schon heißt es, daß er sie in seiner Entschiedenheit für sie ernster zu nehmen und ihr Heil ernsthafter zu wollen vermag, als sie selbst es vermögen.

Symbolstruktur und Empfänger der Gnadenmitteilung: Gesinnung und Gabe, Erfüllung und Rettung, Annahme und Gericht

Drittens verdient Beachtung, was ich die *Symbolstruktur* des Gnadengeschehens nennen möchte. Gemeint ist die Einheit von Gottes persönlicher Zuwendung und ihrer sich objektivierenden Äußerung, die sich in der Gnade ereignet und *als* solche Einheit auch wahrgenommen wird. Obwohl sprachlich die Übergänge fließend sind, werden die Gaben, so starke Beachtung sie ihrerseits finden, doch stets „als Ausdruck der Gnädigkeit des Gebers erlebt“[46]. Die wichtigste, jederzeit gültige Auskunft des alttestamentlichen Gnadendenkens lautet daher auch ganz personal und dezidiert theologisch: Jahwe – ein gnädiger Gott. Abgesehen von den schon erwähnten marginalen Tendenzen, die beim Gebrauch von *chen* in den späteren Texten begegnen, wendet sich im Ersten Testament der Blick von Gott selbst als dem *Subjekt der Gnade* nicht ab[47]: sei es nun, um ihre konkreten Gaben vom Geber zu isolieren[48], oder auch, um die Begnadung des Menschen selbst aus seiner aktuellen Gottesrelation zu lösen, sie als eine Wirklichkeit in oder *an* ihm (dem Menschen) zu begreifen oder sie womöglich sogar für eine der „glänzenden Eigenschaften“ zu halten[49], deren bescheidener Träger zu sein man bei Gelegenheit gern durchblicken läßt. Ebenso versteht sich, daß im Alten Testament zugleich mit dem personalen Ursprung der Gnadenbeziehung auch ihr *Vollzugs- und Geschehnischarakter*, d. h. ihr Wesen als Gottes *aktuelle* Zugewandtheit und sich zuwendendes

---

Freiheit genommen, die ihm doch – darum ging es dem Nominalismus in Wahrheit – seine eigentliche Dignität gibt und es zur Erfüllung der menschlichen Freiheit allererst qualifiziert. Vgl. auch *Th. Pröpper*, Art. Freiheit Gottes (Anm. 44), 113.

46 *J. Haspecker*, Art. Gnade (Anm. 15), 978.

47 Vgl. *O. H. Pesch*, „Gnade“ (Anm. 15), 3.

48 Eben dies ist ja ein Hauptpunkt der prophetischen Kritik: daß die Beschenkten den Geber der Gaben vergessen.

49 *E. Schillebeeckx*, Christus (Anm. 15), 95.

Verhalten bewußt bleibt. Besonders *chesed* bringt diese Spontaneität *in* der Beständigkeit von Jahwes Menschenzuwendung zum Ausdruck.

Zur Gnade im eigentlichen Sinn gehört *viertens*, daß sich – nun umgekehrt betrachtet – Gottes gnädige Gesinnung auch *im gnädigen Handeln verwirklicht*[50]. Und es ist eben die Symbolstruktur dieses Handelns, durch die es den Menschen als ganzen zu erreichen vermag und sich auf alle Aspekte seines Daseins bezieht. So innig der alttestamentliche Mensch, wie namentlich die Psalmen bezeugen, die Huld seines Gottes als „ihn begleitende, dauernde Nähe und Zuneigung" auch immer erlebt[51] – eine bloß „innere Gnade" wäre ihm fremd, urfremd[52], buchstäblich unfaßbar geblieben. Gemäß dem Realismus und der Ganzheitlichkeit seines Denkens kann das Alte Testament gar nicht anders, als mit dem Vollzug des Gnädigseins Gottes „im Raum der Schöpfung, also primär welthaft" zu rechnen[53] und ihn hier zu erwarten: in den realen Umständen und Geschicken des einzelnen Lebens, der Geschichte vor allem des Gottesvolks, aber zunehmend auch der Menschheit. Nicht nur was „äußere Gnade" bedeuten kann, ist von diesem Glauben zu lernen, sondern auch die Ehrlichkeit, mit der er sich alles, was menschlich ist und Menschen ersehnen und wünschen, von Gott zu versprechen sich traut und tatsächlich bei allem – bis dahin, daß er noch in seinen äußersten Hoffnungen das Irdische nicht verrät – auf Gottes Macht über alle Wirklichkeit setzt.

Fünftens können – entsprechend der Ganzheitlichkeit der Gnadenerfahrung – die Gaben, die aus Gottes Zuwendung erwachsen, so *vielfältig* sein wie die Inhalte des Jahwe verdankten und von ihm erwarteten Heils[54]. Zu ihnen gehören die Werke der Schöpfung wie die Großtaten der Errettung und Konstitution des Volkes Israel und seiner heilsgeschichtlichen Führung; sie umfassen das Geschenk des Landes und das Versprechen zahlreicher Nachkommenschaft wie den Segen, der auf Königshaus und König-

---

50 Vgl. *J. Haspecker*, Art. Gnade (Anm. 15), 979.

51 *F. Diedrich*, Art. Gnade (Anm. 15), 763.

52 Vgl. *S. Ben-Chorin*, Die Antwort des Jona, Hamburg 1956, 99: „Der Jude weiß zutiefst um die Unerlöstheit der Welt, und er erkennt und anerkennt inmitten dieser Unerlöstheit keine Enklaven der Erlösung. Die Konzeption der erlösten Seele inmitten einer unerlösten Welt ist ihm wesensfremd, urfremd, vom Urgrund seiner Existenz her unzugänglich". Ähnlich *G. Scholem*, Über einige Begriffe des Judentums, Frankfurt 1970, 121.

53 *F. Diedrich*, Art. Gnade (Anm. 15), 763.

54 Vgl. *O.H. Pesch*, „Gnade" (Anm. 15), 3; *H. Gross*, Gnade im Alten Testament (Anm. 15), 599f.

reich ruht; sie reichen von der Befreiung des einzelnen aus aktueller Not und Bedrängnis und dem Erlaß verdienter Strafe über jede Art von Hilfe und Erweise besonderer Gunst bis hin zur Gewähr von Weisheit und zum Leben in der Gemeinschaft mit Gott. Die Tendenz zu einer auch *inhaltlichen Zusammenschau* dieser Vielfalt fehlt dabei nicht. Sie dokumentiert sich in der Folge der „Inbegriffe" und Themen, mit denen – entsprechend dem Wechsel der heilsgeschichtlichen Situationen und der jeweils leitenden theologischen Konzeption – die Totalität der Geschenke und Gaben, die den realen Gehalt der Menschenzuwendung Gottes ausmachen, zusammenfassend benannt wird: angefangen beim „jahwistischen"[55] Leitmotiv des „Segens" über den zentralen Begriff der „Erwählung" im Deuteronomium bis hin zur Verkündigung des messianischen Heils in den verschiedenen Teilen des Jesaja-Buches und schließlich der apokalyptischen Erwartung eines „neuen Äons".

Was nun *sechstens* die *Empfänger der Gnade* betrifft, so gilt sie ursprünglich und primär ganz Israel als dem Volk, das schon sein Dasein allein der Erwählungstat Jahwes verdankt. In ihm schafft die Gnade den geschichtlichen und sozialen Lebenszusammenhang, in den der einzelne hineingeboren wird, zunehmend hineinwächst und so Anteil an Jahwes Gnade gewinnt[56]. Erst allmählich zeichnet sich eine *Individualisierung* des Gnadenverständnisses ab – und zwar in eben dem Maße, wie angesichts der Untreue des Volkes und schließlich des Untergangs des Nord- und Südreiches die selbstverständliche Gleichung der Gnade mit Israels nationaler Existenz zunichte wird und es nunmehr die einzelnen sind, in denen der Ansatz für eine neue Heils- und Gnadenzeit liegt[57]. Jetzt lebt der einzelne in der Gnade nicht einfach schon dadurch, daß er zum erwählten Volke gehört, sondern weil er mitten im Abfall des Volkes und seiner Könige Gott treu bleibt oder zu ihm zurückkehrt[58]. Wenn Ezechiel dem Schuldigen, der sich von seinen Sünden abwendet und wieder nach Recht und Gerechtigkeit handelt, das Leben verheißt (18,21), dann ist dieses Wort gezielt an die einzelnen gerichtet, so wie auch der Beter von Ps 51 „ein reines Herz" und einen „neuen, beständigen Geist" für sich persönlich von Gott erbittet (51,12). Exemplarisch vorgelebt erscheint der „individualisierte"

55 Zur Problematik dieser Bezeichnung s. o. Kap. 10.1 Anm. 13.
56 Vgl. *O. H. Pesch*, Frei sein aus Gnade (Anm. 5), 79.
57 Vgl. *H. Gross*, Gnade im Alten Testament (Anm. 15), 603.
58 Vgl. *O. H. Pesch*, Frei sein aus Gnade (Anm. 5), 80.

Gnadenbegriff in der Gestalt des Jeremia, der seine persönliche Erwählung als Zusage der Nähe Gottes für alle noch unabsehbaren Lebensschicksale erfährt, die ihm aus der Erfüllung seines prophetischen Auftrags erwachsen. Jeremia und Ezechiel sind es auch, die entscheidend die (schon öfter herausgestellte) Personalisierung der Verantwortung und Schulderfahrung vorantreiben[59], die mit der „Individualisierung" der Gnadenerfahrung einhergeht und wie diese eine Vertiefung der Gottesbeziehung überhaupt indiziert. Nicht weniger Beachtung verdient schließlich die *Universalisierung* der Segens- und Gnadenverheißung, die sich ebenfalls bei den Propheten vollzieht. Gott selbst, heißt es Jes 25,6f, wird auf dem Zion „für alle Völker ein Festmahl geben mit den feinsten Speisen [...], mit besten erlesenen Weinen. Er zerreißt auf diesem Berg die Hülle, die alle Nationen verhüllt, und die Decke, die alle Völker bedeckt": Sie alle werden sich mit Israel der überreichen Huld Gottes und seiner Gnade erfreuen (vgl. Jes 60; 19,24f).

Der *siebte* Aspekt betrifft die Antwort des Menschen und seine *Annahme der Gnade*. Daß diese in Freiheit geschieht, wird im Ersten Testament selbstverständlich vorausgesetzt. Ebenso leuchtet ein, daß ohne sie die Gnade nicht auf heilvolle Weise im Menschen wirksam werden könnte. Und klar ist auch, daß ohne ein ihr entsprechendes Handeln die empfangene Gnade praktisch folgenlos bleiben würde. Gleichwohl bleibt es dabei, daß es sich bei der Gnadenrelation um eine Beziehung handelt, deren wesentliches Gefälle (von Gott zu den Menschen) nicht umkehrbar ist. Allerdings zielt Gottes Gnade auf den ihr tatsächlich entsprechenden Menschen; sie gibt ihm zu tun und will primär seinen Glauben, in dem er seine Existenz in Gott festmacht, seiner Zusage vertraut und so gerecht wird (Gen 15,6): richtig in Gottes Augen, so wie es seiner umfassenden Angewiesenheit auf den Gott des Lebens entspricht und der Gottheit Gottes gemäß ist. Bereits im Umkreis des sinaitischen Bundesschlusses werden Zusage und Gabe des Segens und Heils von der freiwilligen Annahme durch den Menschen abhängig gemacht: „Alles, was der Herr gesagt hat, wollen wir tun", so lautet die „einstimmige" Antwort des Volkes (Ex 19,8; 24,7). Auf dieser Linie ist das Deuteronomium dann als „großangelegte Explikation des gnadenhaften Bundesverhältnisses" zu verstehen[60]. Gegen die ständige Gefahr eines folgenlosen Gnadenbesitzes und ein entsprechend trügerisches Erwählungsbewußtsein ruft auch die prophetische Kritik unermüdlich den

59 Vgl. o. Kap. 8.1 und 10.1.

60 *H. Gross*, Gnade im Alten Testament (Anm. 15), 601.

ethischen Auftrag ins Gewissen, der als Konsequenz empfangener Gnade vom Empfänger gefordert ist. An der bleibenden *Priorität* der Gnade aber ändert dies alles nichts – sie liegt ja, wie schon betont, in der absoluten Ursprünglichkeit und somit im Wesen der Gnade selber begründet: So wie sie allem ihr entsprechenden Tun des Menschen vorausgeht, bleibt dieses auch angewiesen auf Gottes „unverbrauchtes Erbarmen". Allerdings könnte man, sofern die von Gott empfangene Gnade im Halten seiner Weisungen und Gebote ihre konkrete Ausgestaltung gewinnt, wohl zutreffend von einer menschlichen *Vermittlung* ihrer heilvollen Wirkungen sprechen. Doch so nachdrücklich das menschliche Rechtverhalten und Tun der Gerechtigkeit im Ersten Testament auch immer eingefordert wird – es ist doch stets die „Gnade dem Gebot vorgeordnet, nie umgekehrt"[61].

Indessen darf nun *achtens* auch nicht unterschlagen werden, was die „dunkle Kehrseite" der Gnade ausmacht[62] und sich von ihrer wesenhaften Heilsbedeutung nicht trennen läßt. Denn man kann die Erwählung auch *nicht* ergreifen, der empfangenen Gnade auch *nicht* gemäß handeln – und dann unter den *Fluch* solchen Verhaltens geraten: erfahren als *Zorn und Abwendung Gottes* selbst. Gleichwohl erlaubt diese Erfahrung es nicht, auf die definitive Abwendung Gottes oder gar seine Untreue zu schließen – ist sie doch ihrerseits Folge der menschlichen Verschlossenheit gegenüber der Gnade, ihrer Zurückweisung oder der Abkehr von ihr; ohne die Perspektive auf Jahwes trotz allem nicht aufgekündigte Treue hätte Israel seine historischen Katastrophen ja auch kaum als Strafgericht deuten können. Wohl aber zeigt sich, daß Gottes erneute Hinwendung zum Sünder das *Gericht* impliziert – und sei es auch nur als Zumutung der beschämenden Wahrheit über ihn selbst, deren schmerzhaft-unbeschönigtes Eingeständnis (einschließlich der grundsätzlichen Bereitschaft zur Übernahme der selbstverschuldeten Folgen) zur Wahrhaftigkeit jeder Annahme von Vergebung gehört und als Voraussetzung ernstgemeinter Umkehr unerläßlich ist. Was damit vor Augen tritt und im Ersten Testament auch zunehmend bewußt wird, ist der *Doppelaspekt* von Gottes gnädigem Handeln[63]: So wie es als persönliche Zuwendung Gottes und Gewahr der reichen Gaben des Lebens für den Menschen Heil und Erfüllung bedeutet, begegnet es ihm angesichts

61 *H. Reventlow*, Art. Gnade (Anm. 15), 463.
62 *O.H. Pesch*, „Gnade" (Anm. 15), 4.
63 Vgl. *B.J. Hilberath*, Gnadenlehre (Anm. 6), 8; *O.H. Pesch*, Frei sein aus Gnade (Anm. 5), 80.

seiner Sünde als Vergebung, Heilung und Rettung. Die spätere Distinktion von „heilender“ und „heiligender“ Gnade hat hier ihren biblischen Anhalt. Natürlich kommt, je bedrängender die Tiefe der Sünde und ihre verhängnisvolle Macht über den Menschen erfahren wird, auch seine Angewiesenheit auf diese befreiende, heilende, ja erlösende Wirksamkeit der Gnade zum Ausdruck: sie ist es, die vom quälenden Druck der Schuld (nicht zuletzt der verschwiegenen) befreit (Ps 32,3ff), die Bewegung der Umkehr ermöglicht, die Schwäche des Abfalls zu heilen und in der bleibenden Anfälligkeit zur Untreue zu schützen vermag und so selbst zum tragenden Grund für das Leben mit Gott wird – so tiefreichend und erneuernd, daß der Psalmbeter (wie Jeremia und Ezechiel) von ihr sogar die Einschaffung eines neuen, reinen und beständigen Geistes und Herzens erhofft (Ps 51,12). Verfehlt und abwegig wäre es nun freilich, den genannten Doppelaspekt, unter dem die Gnade – als beschenkend-erfüllende und als rettend-heilende – in Erscheinung tritt, auf isolierte Entschlüsse oder Absichten in Gott zurückzuführen und darüber die Einheit seiner Hinbewegung zum Menschen nicht mehr zu bemerken. Vielmehr handelt es sich um eine Differenzierung, die *quoad nos* aktuell wird und deutlich der doppelten Erlösungsbedürftigkeit des Menschen korreliert, die wir schon eingehend erörtert haben[64]. Für das Verständnis der Gnade aber heißt dies, daß sich in Gottes Bereitschaft, auch den Sünder nicht fallenzulassen, sondern des Verirrten sich anzunehmen und ihm weiterhin seine heilvolle – auch als Gericht heilvolle – Gnade zu schenken, gerade die Beständigkeit seiner Entschiedenheit für den Menschen erweist.

Offene Geschichte der Gnade, Verheißung des universalen Schalom

Ausdrückliche Hervorhebung verdient *neuntens*, was im Bisherigen nur erst mitgesagt war: Man könnte es den *Prozeß*- oder besser noch den *Geschichtscharakter* der Gnade und ihrer Verwirklichung nennen. Gemeint ist zunächst ganz schlicht, daß die Realität der Gnade nicht in einem von Gott bewirkten und dann fertigen Zustand des für sie empfänglichen Menschen besteht, der dann allenfalls noch – wie es später etwa die Redeweise vom „Stand der heiligmachenden Gnade“ insinuierte – bewahrt und sorgsam gehütet werden muß, sondern daß ihre Verwirklichung, d. h. ihre Mitteilung

---

64 S. o. Kap. 7.2.

von Gott her wie ihr Ankommen beim Menschen, ihre Annahme und weitere Ausgestaltung durch ihn, sich wesentlich in der Form einer offenen Geschichte vollzieht, wie es dem Grundverständnis von Gnade als Relation des freien Gottes zu seinem menschlichen Partner entspricht. Gerade weil Gottes Gnade den Menschen nicht ausschalten, sondern seine freiwillige Entsprechung, ja sogar seine Vermittlung bei der Ausgestaltung ihrer eigenen heilvollen Wirkungen will und deshalb seinem Widerstand, also der Gegenbewegung der Sünde, als stets größere, den Widerstand überwindende (ihn richtende und heilende) Güte zu begegnen bereit ist, tritt das Gnädigsein Gottes in Gestalt einer umfassenden und stetigen *Gnadenökonomie* in Erscheinung, in deren Verlauf Gott – wie zunehmend offenbar wird – durch sein fortgesetztes Neuanfangen und Eingreifen darauf zielt, den bzw. die Menschen zu einem heilvollen Zustand – „*schalom*" genannt – zu führen, der in eins *Gemeinschaft mit Gott* und *Fülle des Lebens* bedeutet[65].

Deutlich wird zum einen, daß die Gnade sich nicht bloß in irgendwelchen, wenn auch heilsamen Gaben verwirklicht, sondern sich in ihrem dynamisch heilschaffenden Wirken geradezu ein „Verbindungsuchen Gottes mit den Menschen" vollzieht[66]. Und erst wenn dieser intentionale Richtungssinn des Gnadengeschehens mitbedacht wird, ist auch seine Symbolstruktur vollständig erfaßt. Wie nämlich – das sahen wir schon – in den Gaben, die Gottes Gnade gewährt, die Zuwendung des Gebers selbst, des Subjekts der Gnade, wahrnehmbar wird, so ist – nun in umgekehrter Richtung betrachtet – von der so vermittelten Zuwendung Gottes auch der Empfänger der Gaben als er selber gemeint: Gott sucht die *Gemeinschaft* der Menschen (Mag dieser Gedanke von uns durch Gewöhnung auch längst bis zur Harmlosigkeit heruntergebracht worden sein – die Dramatik der Freiheitsgeschichte Gottes mit den Menschen, die in Israel, diesem „kleinsten der Völker", beginnt, ist dennoch einzigartig und religionsgeschichtlich ein Novum: Gott selbst sucht – mit entschiedenem Ernst und beharrlich werbender Liebe – die Gemeinschaft von Menschen). Und er sucht sie nicht nur durch Gnadenerweise, die im Bereich der Äußerlichkeit verbleiben, sondern auch durch solche, die seine Beziehung zum Menschen zur größten Intensität, ja Intimität steigern. Dabei sollte nun die Tatsache, daß im Alten Testament die Angewiesenheit des Menschen auf eine Gnade, die auch noch sein Innerstes erreicht und umwandelt, erst im Zuge

65 Vgl. *F. Diedrich*, Art. Gnade (Anm. 15), 764f.
66 *H. Gross*, Gnade im Alten Testament (Anm. 15), 604.

der Vertiefung der Sündenerfahrung bewußt wird, doch auf keinen Fall den Blick dafür verstellen, daß es positiv und primär die Stiftung der Gottesgemeinschaft ist, in der solche innere Begnadung ihr Ziel hat (auch wenn sie dabei die Sünde von der Wurzel her überwindet). Und in der Tat läßt sich enger und inniger die Bindung des Volkes an seinen Gott nicht mehr denken als dadurch, daß er ihnen – wie es Jeremia verheißt – sein Gesetz „auf ihr Herz" schreibt, seinen Willen „in sie hinein" legt, so daß sie – ohne noch äußerer Belehrung zu bedürfen – aus eigener Spontaneität ihm entsprechen und ihm, durchdrungen von Gotteserkenntnis, verbunden sind (31,31–34). Nach Ezechiel (36,26f) ist es sogar Gottes *eigener* Geist, den er in sie hineinlegt – so wie ihr umgewandeltes Herz ein Herz nicht mehr aus Stein, sondern ein wahrhaft menschliches Herz sein wird und als solches Gott zugeneigt.

Indessen – und dies ist die andere, nochmals zu würdigende Seite – wird über solcher Intimität der erwarteten Gottesgemeinschaft doch auch die Hoffnung für die äußere Welt niemals preisgegeben noch die Zukunft der menschlichen Verhältnisse verraten – im Gegenteil: Man braucht ja nur die mit Irdischem gesättigten prophetischen Hoffnungsbilder zu lesen[67]. Eine ungekannte Fruchtbarkeit als Ausfluß des göttlichen Segens: „Da triefen die Berge von Wein, und alle Hügel fließen über von Milch" (Joel 4,18; Am 9,13; vgl. Jes 35); Friede mit und in der Natur, zwischen „Wolf und Lamm", und „der Löwe frißt Stroh wie das Rind" (Jes 65,25); umfassende Heilung der Menschen: „Der Lahme springt wie ein Hirsch, die Zunge des Stummen jauchzt auf" (Jes 35,6); und vor allem endlich ein auf Gerechtigkeit basierender Friede unter den Menschen: keine Ausbeutung mehr von Menschen durch Menschen, kein Lohnbetrug, kein vorzeitiges Sterben der kaum erst geborenen Kinder (Jes 65,19–23). Zusammenfassend die Sequenz Jes 32,15–17: „Wenn aber der Geist aus der Höhe ausgegossen wird über uns, dann wird die Wüste zum Garten, und der Garten wird zu einem Wald. In der Wüste wohnt das Recht, die Gerechtigkeit weilt in den Gärten. Das Werk der Gerechtigkeit wird der Friede sein [...] und Sicherheit für immer". Sogar der Tod, diese uralte Sorge des Menschengeschlechts, wird vom bleibenden Leben als Gabe der eschatologischen Gnade verschlungen sein: „Er beseitigt den Tod für immer. Gott der Herr wischt die Tränen ab von jedem Gesicht" (Jes 25,8; vgl. 26,19; Dan 12,2). Wesentlich bei allem aber auch die Präsenz Gottes selbst: „Deine Sonne geht nicht mehr unter,

---

67 Vgl. a. a. O. 608f.

und dein Mond nimmt nicht mehr ab; denn der Herr ist dein ewiges Licht, zu Ende sind deine Tage der Trauer" (Jes 60,20). Auch die „aufblühende Pflanzung" ist „das Werk seiner Hände, durch das er seine Herrlichkeit zeigt" (60,21). Und wie ein *cantus firmus* der Satz: „Denn das Land wird erfüllt sein von der Erkenntnis (der Herrlichkeit) des Herrn, so wie das Meer mit Wasser gefüllt ist" (Jes 11,9; Hab 2,14). Kurz: *Die vollendete Gottesgemeinschaft ist Fülle des Lebens und dabei alles Geschaffene Ort und Medium der Gegenwart Gottes selbst.* Jede Gnadentheologie wäre verkürzt, die dies Versprechen der Gnade, ein noch unabgegoltenes Versprechen, nicht im Gedächtnis behielte.

Zehntens sei im Blick auf spätere Problemstellungen noch angemerkt, daß Unterscheidungen wie die zwischen *Natur- und Gnadenordnung* natürlich im Ersten Testament nicht zu erwarten sind. Das heißt jedoch nicht, daß etwa die Behauptung einer *wesenhaften Ansprechbarkeit* des Menschen für die Zuwendung Gottes keinen alttestamentlichen Anhalt besäße. In der das geschöpfliche Wesen des Menschen betreffenden Gottebenbildlichkeitsaussage von Gen 1,26f hat diese Ansprechbarkeit ja sogar ihren klassischen Ausdruck gefunden[68] und wird der Sache nach im gesamten Ersten Testament als Voraussetzung jeder aktuellen Gottesgemeinschaft ebenso selbstverständlich beansprucht wie die *freie Antwortfähigkeit* des von Gottes Gnade berufenen und in Dienst genommenen Menschen. Präziser wäre es zu sagen, daß das Alte Testament „weder sprachlich noch gedanklich eine Unterscheidung von natürlichen und übernatürlichen *Gaben* des gnädigen Gottes" kennt[69]. Aber auch dies bedeutet nicht, daß etwa zwischen Gottes Wirken in der Schöpfung und seinen heilsgeschichtlichen Taten keinerlei Differenzierung vollzogen oder gar die unableitbare Freiheit seiner Initiativen, namentlich seines Erwählungshandelns, in irgendeiner Weise abgeschwächt würde. Verfehlt (weil anachronistisch) wäre es nur, die Vorstellung von der Gleichförmigkeit und immanenten Gesetzlichkeit des Naturverlaufs, an die uns neuzeitliche Wissenschaft und Welteinstellung gewöhnt haben, auf das biblische Denken zurückzuprojizieren und sie als Folie für die Signifikanz der Gratuität des göttlichen Handelns für unentbehrlich zu halten. Die Erkenntnisstruktur des alttestamentlichen Glaubens folgt einer anderen (und übrigens, wie ich meine, einer auch durchaus vertretbaren) Logik. Gerade weil Israel in der Konsequenz seiner geschicht-

68 Zur ausführlichen Begründung dieser Deutung s. o. Kap. 3.2.
69 *J. Haspecker*, Art. Gnade (Anm. 15), 979.

lichen Gotteserfahrung den Bann des mythischen Denkens durchbrach und zum Glauben an Gottes souveräne Schöpfermacht wie seine wesenhafte Transzendenz gegenüber allem Geschaffenen vordrang, konnte es die Immanenz seines gesamten Waltens im Bereich der Geschichte wie der Natur als freie, durch Selbstbestimmung verfügte Zuwendung wahrnehmen[70]. Und eben weil sein Bewußtsein von der primären *Kontingenz allen Geschehens* bei solcher Wahrnehmung schon grundlegend war, konnte es Gott für sein ordnendes, bestandgebendes und allgegenwärtig-fürsorgendes Wirken mit ebenso dankbarem Erstaunen rühmen wie für die Großtaten seiner besonderen heilsgeschichtlichen Führung (Ps 104f; Jer 5,24; Weish 11,24f). Man braucht Sinn und Recht der späteren Spezifizierung des theologischen Gnadenbegriffs gar nicht in Frage zu stellen und wird es dennoch als menschliche Verarmung ansehen müssen, daß die Empfänglichkeit für das Geschenk unseres Daseins, für die Gnadenhaftigkeit aller guten Gaben des Lebens, wie sie in diesem weiten Gnadenverständnis des Ersten Testaments sich bekundet, uns so gründlich, ja fast vollständig abhanden gekommen ist. Auf der anderen Seite – auch dies verdient noch Erwähnung – hat Israels Bereitschaft, gerade in der kontingenten Folge der göttlichen Taten mit der Kontinuität eines Heilsplans zu rechnen (Jes 14,24–27; 46,10), die Entstehung des geschichtlichen Denkens überhaupt entscheidend gefördert und Israel selbst immer wieder und noch im Äußersten dazu ermutigt, im vollen Wissen um die Verborgenheit Gottes und die Unergründlichkeit seiner Wege (Jes 40,28; 45,15; 55,8f) doch auf die Verläßlichkeit seiner verbürgten Zusage zu setzen: „Du, mein Knecht Israel, du, Jakob, den ich erwählte, Nachkomme meines Freundes Abraham: Ich habe dich von den Enden der Erde geholt, aus ihrem äußersten Winkel habe ich dich gerufen. Ich habe […] dich nicht verschmäht. Fürchte dich nicht, denn ich bin mit dir; hab keine Angst, denn ich bin dein Gott“ (Jes 41,8ff; vgl. Dtn 7,8f; Ez 20,5).

---

70 Vgl. zum folgenden *Th. Pröpper*, Art. Freiheit Gottes (Anm. 44), 108f; *ders.*, Thesen zum Wunderverständnis: *ders.*, Evangelium und freie Vernunft. Konturen einer theologischen Hermeneutik, Freiburg 2001, 225–244, bes. 234ff; *A. M. K. Müller/W. Pannenberg*, Erwägungen zu einer Theologie der Natur, Gütersloh 1970.

3. Neutestamentliche Konzentration des Gnadenbegriffs

Unser Blick auf das Neue Testament darf aus zwei Gründen kürzer ausfallen, als es sachlich eigentlich zulässig wäre[71]. Denn zum einen ist die Zuwendung des bedingungslos gütigen Gottes, wie sie in der Verkündigung Jesu und namentlich seinem Verhalten zu den Sündern aktuelle Wirklichkeit wurde, bereits eingehend dargestellt worden und dabei auch schon der in der Auferweckung des Gekreuzigten begründete Glaube an Jesus Christus als das „Unterpfand der Versöhnung" zur Sprache gekommen[72]; zum anderen soll die systematische Explikation des Gnadengeschehens, sofern es als das die Sendung des Sohnes und des Geistes umfassende Geschehen der Selbstmitteilung Gottes gedacht werden muß, erst Thema des nächsten Kapitels sein. Vorerst geht es nur darum, die Entwicklung des Gnadendenkens als solchen weiterzuverfolgen und nun die inhaltliche Konzentration des Gnadenbegriffs in den Blick zu bekommen, die sich mit seiner primären Anwendung auf Gottes endgültiges Heilshandeln in Jesus Christus vollzieht und für das christliche Gnadenverständnis grundlegend wurde. Allerdings ist zugleich, um die systematischen Aufgaben vorzubereiten, auch schon auf die Begriffe zu achten, mit denen der Inhalt des nun primär als Gnade identifizierten Geschehens seinerseits gekennzeichnet wird. Für die systematische Explikation des Gnadengeschehens würde es jedenfalls eine erfreuliche (wenn auch nicht unabdingbare[73]) Legitimation bedeuten, bei der Wahl ihres inhaltlichen Leitbegriffs, ohne den sie nicht ausführbar wäre, direkt an neutestamentliche Vorgaben anknüpfen zu können. Daß im übrigen bei der inhaltlichen Näherbestimmung des alttestamentlichen Gnadenverständnisses, die das Neue Testament vornimmt, die formalen Merkmale bewahrt und deshalb für die systematischen Überlegungen maß-

---

71 Ausgewertet wurden für diesen Abschnitt v.a.: *F. Mußner*, Art. Gnade II. Der Begriff G. im NT: LThK² 4, 980–984; *M. Theobald*, Art. Gnade IV. Neues Testament: LThK³ 4, 766–772; *E. Ruckstuhl*, Art. Gnade III. Neues Testament: TRE 13, 467–476; *O.H. Pesch*, „Gnade" (Anm. 15), 5–8; *ders.*, Frei sein aus Gnade (Anm. 5), 81–85; *F. Mußner*, Die neutestamentliche Gnadentheologie in Grundzügen: MySal 4/2, 611–629; *E. Schillebeeckx*, Christus (Anm. 15), 103–293.447–497; *A. Ganoczy*, Aus seiner Fülle (Anm. 8), 39–94; *B.J. Hilberath*, Gnadenlehre (Anm. 6), 8–12; *M. Theobald*, Der Römerbrief (WdF 294), Darmstadt 2000, 186–258; *S. Schreiber*, Paulus und die Tradition. Zur Hermeneutik der „Rechtfertigung" in neuer Perspektive: ThRv 105 (2009) 91–102.

72 Vgl. o. Kap. 10.2.

73 Vgl. o. Kap. 2 bei Anm. 20 und 30f sowie u. Kap. 14.1 und 14.2.

geblich bleiben, ist durchweg, wo Veränderungen nicht ausdrücklich zu konstatieren sind[74], vorauszusetzen und versteht sich gerade auch dann, wenn es im folgenden nicht eigens herausgestellt wird.

Gnadentheologische Grundtexte im Römerbrief

Es ist *Paulus*, bei dem das Wort χάρις, das sich im griechischsprechenden Diasporajudentum – abweichend vom Sprachgebrauch der Septuaginta – dem Sinn von *chesed* genähert hatte[75], zu einem Hauptbegriff seiner Theologie wird und zugleich die entschiedenste Konzentration auf Gottes Heilshandeln in Jesus Christus gewinnt. Dies zeigt sich schon in dem stets singularen, der einen Heilstat Gottes in Jesus Christus entsprechenden Gebrauch dieses Worts[76]; desgleichen darin, daß es in Schöpfungsaussagen nicht begegnet und ebenso in den Israel-Kapiteln des Römerbriefs (9–11) zugunsten der Leitworte ἔλεος/ἐλεεῖν zurücktritt[77]. Auch in den Segenswünschen zu Anfang und Ende der Briefe meint die von Gott kommende und durch Christus vermittelte χάρις das Heilsgut schlechthin. Dieses aber erkennt Paulus in der Gerechtigkeit, die aufgrund des Sühnetods Jesu und seiner ihn in Kraft setzenden Auferweckung den Menschen zugeeignet wird[78]. Namentlich im 3. Kapitel des Römerbriefs wird die Gnade in engsten Zusammenhang mit dem Rechtfertigungsvorgang gebracht. Nachdem Paulus 1,18–3,20 die Verfallenheit aller Menschen an die Sünde und den Gerichtszorn Gottes festgestellt hatte, nimmt er das Thema der heilschaffenden Gerechtigkeit Gottes, das er 1,16f intoniert hatte, in 3,21–24 wieder auf: „Jetzt aber ist unabhängig vom Gesetz die Gerechtigkeit Gottes offenbart worden, bezeugt vom Gesetz und von den Propheten: die Gerechtigkeit Gottes aus dem Glauben an Jesus Christus, offenbart für alle, die glauben. Denn es gibt keinen Unterschied: Alle haben gesündigt und die

74 Modifikationen der formalen Merkmale sind natürlich vor allem als Folgen des eschatologischen („endgültigen") Charakters des Gnadengeschehens zu erwarten: so im Blick auf seine Symbolstruktur, seine zeitliche Dimensioniertheit, die Rolle des Geistes u. a. m.

75 Vgl. *B. J. Hilberath*, Gnadenlehre (Anm. 6), 8; *A. Ganoczy*, Aus seiner Fülle (Anm. 8), 54; *E. Schillebeeckx*, Christus (Anm. 15), 104ff.

76 Vgl. *F. Mußner*, Neutestamentliche Gnadentheologie (Anm. 71), 619.

77 Vgl. *M. Theobald*, Art. Gnade (Anm. 71), 768.

78 Vgl. a. a. O. 769.

Herrlichkeit Gottes verloren. Gerechtfertigt werden sie geschenkweise aufgrund seiner Gnade durch die Erlösung in Christus Jesus". Fast alle Elemente, die den Begriff χάρις als Rechtfertigungsgnade kennzeichnen, sind hier versammelt[79]: die *Gnade Gottes* als Grund und Quelle des gesamten Geschehens; seine völlige *Unverdientheit*, durch die formale Kennzeichnung δωρεάν (geschenkweise, gratis, ohne jede menschliche Vorleistung, ohne des Gesetzes Werke: vgl. Röm 11,6) eigens unterstrichen; der als Sühne verstandene *Kreuzestod Jesu als Gottes Vollzug der Versöhnung* und Vergebung der Sünden[80]; das *Geschenk der verlorenen Herrlichkeit Gottes*, die mit seiner Gerechtigkeit identisch ist; ihre Annahme und Ankunft beim Sünder in dem der Gnade einzig gemäßen *Glauben* (vgl. Röm 4,16); der *Universalismus* der Gnade, die allen, Juden und Heiden, ebenso zugedacht ist, wie sie alle ihrer bedürfen; schließlich die mit dem eröffnenden νυνί (jetzt aber) vorgenommene Qualifizierung der durch die Offenbarung der Gottesgerechtigkeit in Jesus Christus begründeten Epoche als einer so vorher noch nicht dagewesenen *Gnadenzeit* für alle, die glauben.

Bevor wir den damit gelegten Spuren nachgehen, noch ein Blick auf das gnadentheologisch ebenfalls zentrale 5. Kapitel, in dessen erstem Abschnitt (1–11) das beschriebene endzeitliche Gnadenhandeln Gottes als Grund des Friedens der Gerechtfertigten mit Gott ausgelegt wird. Überdies aber wird es nun mit der verzeihenden *Liebe* Gottes gleichgesetzt, die sich eben im Tod Jesu für die Sünder, Gottes Feinde, ereignet hat[81]. Gott hat, formuliert nämlich V. 8, „seine Liebe zu uns darin erwiesen, daß Christus für uns gestorben ist, als wir noch Sünder waren". Und dieser in V. 10 nochmals als Gottes Versöhnungstat zu der Zeit, „als wir noch Feinde waren", gekennzeichnete Tod ist es nach demselben und dem folgenden Vers, „durch den wir jetzt schon die Versöhnung empfangen haben" und mit ihr die Hoffnungsgewißheit endgültiger Rettung. Sachlich dasselbe hatte aber auch V. 2 schon gesagt – nur daß er von der *Gnade* sprach, zu der wir durch Jesu Tod „Zugang" erhielten, „in der wir stehen" und zu der ebenfalls die „Hoffnung, mit der wir der Herrlichkeit Gottes entgegengehen", gehört. Und wiederum dasselbe sagt der zentrale V. 5 dann ausdrücklich

79 Vgl. *F. Mußner*, Neutestamentliche Gnadentheologie (Anm. 71), 615f.
80 Wenn die gesamte Soteriologie und Gnadenlehre nicht entstellt werden soll, ist unbedingt zu beachten, daß von Paulus „der Gnadencharakter sowohl des Sühnopfers als auch der Sündenvergebung betont [wird]. In Christus vollzieht Gott, und er allein, die Versöhnung (2 Kor 5, 17–19)": *E. Schillebeeckx*, Christus (Anm. 15), 143.
81 Vgl. *E. Ruckstuhl*, Art. Gnade (Anm. 71), 468.

von Gottes *Liebe*, die durch den Heiligen Geist, der uns gegeben ist, in unsere Herzen ausgegossen ist und die hier als ebenso gegenwärtig, dauernd und hoffnungsbegründend erscheint wie die Gnade in V. 2: also nicht nur (wie in V. 8) als die in Jesu Tod sich erweisende, sondern auch durch diesen Tod uns eröffnete, ja mit dem Geist uns gegebene und uns tragende Liebe. Nimmt man hinzu, daß es (wie wir sahen) in 3,24 die Gnade war, die dort ebenso, wie es in 5,8 von Gottes Liebe gesagt wird, auch als Quelle und *Grund* von Gottes Versöhnungshandeln erkennbar wurde, dann läßt sich angesichts dieser Übereinstimmung in nunmehr allen Aspekten kaum noch der Eindruck abweisen, „daß die Gnade und die Liebe Gottes [...] einander entsprechen und letztlich das gleiche meinen“[82].

Für die systematische Reflexion ist der Abschnitt in mehrfacher Hinsicht bedeutsam. Erstens bietet er eine der wichtigsten Legitimationen für die inhaltliche Bestimmung des Gnadengeschehens als Gottes Erweis und Mitteilung seiner *Liebe*. Zweitens zeichnet sich deutlich der Ansatz für ein *trinitarisches* Verständnis des Gnadengeschehens ab: Es ist Gott, dessen Liebe sich in ihm ereignet und mitgeteilt wird; es ist Jesus Christus, durch den sie vermittelt, d. h. real für und unter uns Menschen vollzogen wird und als Feindesliebe sich tatsächlich erweist; es ist der Geist, durch den sie uns mitgeteilt wird und in uns bleibt. Von hier aus erklärt sich, daß Paulus im 8. Kapitel von der „Liebe Gottes in Christus Jesus“ (V. 39) wie auch von der „Liebe Christi“ (V. 35) in einem Atemzug sprechen kann. Und ebenso gilt von der Mitteilung des Geistes, daß sie – so wenig Gnade und Pneuma in der paulinischen Theologie einfach identisch sind – doch als göttliche Lebensgabe an den Gerechtfertigten, eben als Gottes heiligendes Geschenk seiner Liebe, in den Gesamtvorgang der *iustificatio impii* hineingehört[83]. Drittens wird bekräftigt, was bereits aus 3,21–24 hervorging: daß nämlich *Gottes Gerechtigkeit* als *Heilsbegriff* zu bestimmen ist und bei Paulus so eng mit der Gnade zusammenrückt, daß beide schon fast wie Synonyme erscheinen. Zwischen ihnen ein Konkurrenzverhältnis konstruieren zu wollen, das gar auf gegenläufige Absichten und Regungen in Gott selbst schließen ließe, hätte jedenfalls an Paulus keinerlei Anhalt[84]. „Es ist nicht so“,

---

82 A. a. O. 469.

83 Vgl. *F. Mußner*, Neutestamentliche Gnadentheologie (Anm. 71), 618.

84 Das hätte nicht nur für die Gotteslehre, sondern auch die Soteriologie fatale Folgen: gilt es doch vielmehr, Gottes Barmherzigkeit und Aufrichtung seiner Gerechtigkeit als das eine Geschehen der Zuwendung seiner Liebe zu den (sündigen) Menschen zusammenzudenken.

erläutert *Franz Mußner*, „daß nach Paulus Gott von der Ausübung seiner (Straf-)Gerechtigkeit absehen würde und anstelle der Gerechtigkeit Gnade walten ließe, sondern die Gnade *ist* seine Gerechtigkeit"[85]. Und zwar – so läßt sich mit *Ulrich Wilckens* noch präzisieren – tritt Gottes Gerechtigkeit deshalb als Gnade hervor, „weil sie mit seiner Liebe identisch" ist[86]. Denn diese – so erweist es sich in Jesus Christus endgültig – ist keine bloß passive Güte, sondern wahrhaft aufrichtende und somit wirkmächtige, schöpferische Liebe: „sie schafft ja aus Sündern Gerechte (5,9)"[87].

Damit sind wir beim zweiten Teil des Kapitels (5,12–21), in dem Paulus trotz der noch dauernden Sündenmacht eindringlich die *eschatologische Dignität* von Gottes Gnadenhandeln in Jesus Christus herausstellt. Da wir diesen Abschnitt schon eingehend, aber auch ausschließlich im Blick auf die Sündenproblematik erörtert haben[88], gilt es nun zu betonen, „daß Paulus hier einen Höhepunkt seines Gnadenverständnisses erreicht" und schon sein emphatisch-erregter Stil die Ebene der nüchternen Sachsprache in so ungewöhnlichem Maß übersteigt, daß man geradezu – analog zum „Hohenlied der Liebe" in 1 Kor 13 – von einem „Hohenlied der Gnade" reden könnte[89]. Alles, was dabei antithetisch oder antitypisch über die Sünde Adams und ihre Wirkungen gesagt wird, dient ja einzig dazu, den durch Christus vollzogenen Herrschaftswechsel von der Sünde zur Gnade zu profilieren und der dankbar-erstaunten Erfahrung Ausdruck zu geben, daß dort, „wo die Sünde mächtig wurde, die Gnade übergroß geworden ist" (V. 20). Tatsächlich geht es Paulus darum, daß „die Gnade Gottes und die Gabe, die durch die Gnadentat des einen Menschen Jesus Christus bewirkt worden ist" (V. 15), die Übertretung Adams und ihre Folgen in eigentlich nicht mehr vergleichbarer Weise überragt. Das Ereignis des göttlichen Gnadenhandelns wirkt sich aus im Geschenk der Gerechtigkeit, das die freigesprochenen Sünder in Gerechte verwandelt und sie der Macht des Todes entreißt, durch den die Sünde ebenso ihre Herrschaft ausübte, wie sie selbst zu ihm führte und das Leben ihm unterwarf. Gottes liebende Zuwendung erweist sich jedoch als so überreich und so stark, daß sie als Gnadenmacht zur Übermacht wird, die das im Lauf der Unheilsgeschichte gestiegene

85 *F. Mußner*, Neutestamentliche Gnadentheologie (Anm. 71), 616f.

86 *U. Wilckens*, Der Brief an die Römer. 1. Teilband (EKK VI, 1), Zürich/Einsiedeln/Neukirchen-Vluyn 1978, 203.

87 *A. Ganoczy*, Aus seiner Fülle (Anm. 8), 73.

88 S. o. Kap. 10.2.

89 *E. Ruckstuhl*, Art. Gnade (Anm. 71), 469.

Maß der Sünde mit letzter Gültigkeit, eben end-gültig überwindet[90] und ihre der Todesmacht überlegene Herrschaft vollzieht, indem sie die Glaubenden durch Gerechtigkeit zu unvergänglichem Leben führt (V. 21). Daß die faktisch noch dauernden, gerade von Paulus nicht verschwiegenen oder auch nur verharmlosten Bedrängnisse den eschatologischen Charakter der Gnade Gottes in Christus nicht widerlegen, sondern die reale Bedeutung ihrer Endgültigkeit nur präzisieren, hat Paulus Röm 8,38f in die Aussage gefaßt, daß von Gottes in Christus Jesus verwirklichter Liebe uns schlechterdings nichts mehr zu scheiden vermag. Als Erweis aber für die Unbedingtheit des Für-uns-Seins Gottes, der durch sich selbst spricht und in der Tat geschichtlich nicht mehr überbietbar ist, wird zuvor (V. 32) der Inhalt der eschatologischen Gnadentat selbst namhaft gemacht: daß nämlich Gott „seinen eigenen Sohn nicht verschont, sondern ihn für uns alle hingegeben hat". Wie sollte er, so die unabweisbare Schlußfolgerung, „uns mit ihm nicht alles schenken?"

Gottes eschatologische Gnade: durch Christus erwiesen, gegenwärtig im Geist; der ihrer Gratuität gemäße und ihr universales Ziel bezeugende Glaube

Was für das Gnadenverständnis des Paulus grundlegend ist, dürfte mit den herangezogenen klassischen Römerbriefstellen schon hinreichend sichtbar geworden sein. Gleichwohl sollen – im Blick auf die Bedeutung, die Paulus für die Geschichte des Gnadendenkens zukommt – die angesprochenen Aspekte noch etwas verdeutlicht, systematisch reflektiert, durch weitere Beobachtungen ergänzt und wenigstens umrißhaft zu einem Gesamtbild abgerundet werden[91].

Wie eindeutig – erstens – der Begriff „Gnade" bei Paulus zum *Inbegriff für Gottes eschatologisches Heilshandeln in Jesus Christus* geworden ist, bedarf keiner langen Erläuterung mehr. Dezidiert ist Röm 5,15 von der „Gnadentat des einen Menschen Jesus Christus" die Rede. In ihm hat Gottes entgegenkommende Liebe – und dies ist nun für die Struktur des eschatologischen Gnadengeschehens von höchster Bedeutung – die *Gestalt einer menschlichen Person* angenommen und durch sie den realen Ausdruck ihrer

90 Vgl. ebd.
91 Einige Themen werden auch erst im nächsten Kapitel behandelt: Charismenlehre, Fragen der Pneumatologie u. a. m.

Unbedingtheit und Endgültigkeit gefunden, ja durch sie überhaupt erst – möchte ich hinzufügen – ihn finden *können.* Von daher erklärt es sich, daß χάρις – zumeist syntaktisch auf Gott bezogen – doch auch nicht selten (so etwa 2 Kor 8,9; 12,9; Gal 1,6) ausdrücklich als χάρις des Herrn Jesus Christus bezeichnet wird und diese Verbindung sogar das Grundschema des Segens bildet, mit dem Paulus seine Briefe beschließt: „Die Gnade Jesu, des Herrn, sei mit euch“ (1 Kor 16,23; vgl. Gal 6,18; Phil 4,23). Was mit dem „Stehen in der Gnade“, zu der er uns nach Röm 5,2 den Zugang verschaffte, gemeint ist, kann deshalb ebenso mit der Formel „εἶναι ἐν Χριστῷ“, die Paulus variationsreich verwendet, ausgedrückt werden (2 Kor 5,17 u. ö.). Es ist letztlich die *Endgültigkeit* der durch Jesus Christus vermittelten Menschenzuwendung Gottes, aus der die christologische Konzentration des Gnadenbegriffs resultiert und die wechselnde Rede von der „Gnade Gottes“ und der „gratia Christi“ verständlich wird. Denn diese Endgültigkeit besagt ja, daß Gottes seit jeher für die Menschen entschiedene Liebe, indem sie mit letzter Konsequenz in Jesu Hingabe seines Lebens vollzogen und geschichtliche Wirklichkeit für uns wurde, überhaupt erst in ihrer wahren, rückhaltlos-unwiderruflichen Unbedingtheit offenbar wurde und deshalb jede Rede über Gottes freies Verhältnis zum Menschen von eben dieser definitiven Bestimmtheit, die dieses Verhältnis in jenem Geschehen für uns gewann, nicht mehr absehen kann, sondern ihrerseits durch sie zu bestimmen ist. Im Ausgang von dieser Einsicht wäre nicht zuletzt auch das *solus Christus*-Prinzip zu begründen und in seinem genauen Sinn zu bestimmen[92]. Paulus selbst hat es mit einer „fast eifersüchtigen Exklusivität“ zur Geltung gebracht[93], aber dabei zugleich auch erkennen lassen, wie radikal es seit dem Damaskus-Erlebnis seine eigene reale Existenz geprägt und ihn zur praktischen Christusförmigkeit gedrängt hat. „Alles sehe ich als Verlust an“, schreibt er den Philippern, „um der unüberbietbar großen Erkenntnis Christi Jesu willen, meines Herrn. Seinetwegen habe ich alles aufgegeben und halte es für Kehrricht, um Christus zu gewinnen und in ihm zu sein. Nicht meine eigene Gerechtigkeit suche ich, wie sie aus dem Gesetz stammt, sondern jene, die durch den Glauben an Christus kommt, die Gerechtigkeit, die Gott aufgrund des Glaubens schenkt. Christus will ich erkennen und die Kraft seiner Auferstehung und die Leidensgemein-

92 Daß sich dieses Prinzip auch inklusivistisch verstehen läßt, wird im nächsten Kapitel sich zeigen.
93 *E. Schillebeeckx*, Christus (Anm. 15), 167.

schaft mit ihm, indem ich gleichförmig werde mit seinem Tode, ob ich hingelangen könnte zur Auferstehung der Toten" (3,8–11). Allerdings sollte man trotz des bewegenden Eindrucks, den diese existentielle und theologische Christozentrik hinterläßt, doch auch die Ansätze zu einer *trinitarischen* Reflexion des Gnadengeschehens nicht vergessen, von der ebenfalls schon die Rede war. Als ein weiteres prominentes Beispiel für sie sei deshalb noch der Segenswunsch von 2 Kor 13,13 genannt, bei dem Paulus sein gewohntes christozentrisches Grundschema zu einer triadischen Formel erweitert: „Die Gnade Jesu Christi, des Herrn, die Liebe Gottes und die Gemeinschaft des Heiligen Geistes sei mit euch allen!" Daß die ἀγάπη Gottes hier erst an zweiter Stelle erscheint, mag verwundern; doch kann sich ebenso der Eindruck aufdrängen, sie sei ins Zentrum der Formel gerückt. Gottes ἀγάπη jedenfalls ist es, die sich durch die Gnadentat Jesu verwirklicht, im Geschenk des Geistes mitgeteilt wird und auf diese doppelte Weise die κοινωνία sowohl mit Gott als auch unter den Glaubenden begründet, in der sie ihr geschichtliches Dasein hat.

Eindeutig ist zweitens, daß Paulus durch Gottes Gnadenhandeln in Jesus Christus und die Mitteilung seiner Gnade im Geist eine *neue heilsgeschichtliche Epoche* eröffnet sieht: eine Epoche, die zwar kaum als Abbruch jeglicher Kontinuität mit Gottes bisherigem Heilshandeln charakterisiert werden kann, wohl aber durch eine völlig ungeschuldete und schlechterdings unableitbare göttliche Initiative konstituiert ist, mit der sich zugleich die Struktur der Heilsverwirklichung ändert. „Das Alte ist vergangen, Neues ist geworden", so bringt Paulus selbst die von ihm als umstürzend erlebte Erfahrung zum Ausdruck (2 Kor 5,17). Dank der schon jetzt in der Auferweckung des Gekreuzigten angebrochenen Äonenwende übernimmt die χάρις in der Tat die Rolle einer die Endzeit beherrschenden Größe: Sie regiert ja, wie wir sahen, schon jetzt „durch Gerechtigkeit zum Leben hin" (Röm 5,21) und bildet den Heilsraum, in dem die mit Gott versöhnten Gläubigen „stehen" (5,2): die neue „Heilssphäre Gottes"[94]. Die *Priorität der Gnade* besteht jetzt nicht mehr nur darin, daß Gottes Zuwendung und sein Heilswirken der Forderung seiner Weisungen vorherging und seine Güte jedem ihr entsprechenden Tun wie auch allem Versagen der Menschen verheißungsvoll überlegen bleibt, sondern daß die Gnade, d. h. die nun als unwiderruflich erwiesene und im Geist schon geschenkte

94 Vgl. *F. Mußner*, Neutestamentliche Gnadentheologie (Anm. 71), 618.627; *M. Theobald*, Art. Gnade (Anm. 71), 769.

Liebe Gottes selber es *ist*, die im Zeugnishandeln der Glaubenden als dessen eigentlicher Gehalt zur Darstellung kommt und es als unerschöpfliche Vorgabe trägt. Dabei entspricht der Modus ihrer Gegenwart präzise der Logik der Endgültigkeit: Obwohl ihre alles umfassende Verwirklichung noch bevorsteht, die Macht der Sünde und des Todes noch anhält und namentlich die erwartete Auferstehung der Gläubigen ein noch kommendes Geschehen darstellt, ist die eschatologische Sündenvergebung doch schon jetzt aktuell und auch in jeder Zukunft immer neu gültig, desgleichen die Herrschaft des Todes über das menschliche Leben schon wirkungsvoll durchbrochen und dementsprechend die Heiligung ein Vorgang, der sich innerhalb der Geschichte vollzieht[95]: bereits herkommend und immer schon lebend vom Ereignis der Gnade, die in ihrer offenbar gewordenen eschatologischen Dignität zwar von keiner ihrer menschlichen Ausgestaltungen eingeholt wird, wohl aber – durch den Geist den Glaubenden zugeeignet – in jeder von ihnen wirksam präsent ist.

Neben dieser realen Präsenz der eschatologischen Gnade selbst verdienen nun aber – drittens – noch zwei Folgen Beachtung, die sich unmittelbar aus ihrem Wesen und Inhalt ergeben und ebenfalls zur Signatur der endgültigen Heilszeit gehören. Da ist zum einen das verstärkte Gewicht, das jetzt dem *Glauben*, und zwar dem individuell-persönlichen Glauben, in dem die neue Heilsmacht der Gnade ergriffen wird, zufällt[96] – und dies nicht nur, weil in ihm die Anerkennung der Gottheit Gottes, des Subjekts der Gnade, grundlegend realisiert wird und es somit allein solcher Glaube sein kann, der als primäres, der souveränen Freiheit der Gnade entsprechendes Antwortverhalten gelten kann und als die ihrer faktischen Unverdientheit und wesentlichen Unverdienbarkeit gemäße Weise ihrer Aneignung in Betracht kommt, sondern zugleich auch deshalb, weil er als solcher Zustimmungs- und Annahmeakt eben nur vom einzelnen zu vollziehen, also wesentlich unvertretbar und jeder Einzelne nun umso dringlicher zu ihm aufgerufen ist, als er ja die einzige, aber auch unerläßliche Zutrittsbedingung zur eschatologischen Gnade darstellt und deshalb ohne ihn die Gnade den Menschen gar nicht erreichen, bei ihm *selbst* gar nicht „ankommen" würde. Daß zum Vollzug dieses Glaubens die *Freiheit* gehört, ohne die er als eigener Akt des Menschen nicht gedacht werden könnte, wird auch von Paulus nicht bestritten. Die Versetzung in die Heilssphäre

95 Vgl. *E. Schillebeeckx*, Christus (Anm. 15), 144.
96 Vgl. *O.H. Pesch*, „Gnade" (Anm. 15), 7.

Gottes ist „kein mechanisch-magisches Geschehen; der Mensch wird im Gnadengeschehen zu keiner Marionette in der Hand Gottes“[97]. So eindeutig Paulus den Glauben als Wirkung des Geistes begreift (1 Kor 12,3) und ihn von der Gnade selbst schon getragen sieht, proklamiert er doch ebenso emphatisch die Freiheit, zu der uns Christus befreit hat (Gal 5,1): Gnade also als zuvorkommende Befreiung des Sünders von den ihn versklavenden Mächten – aber als solche gerade nicht Ausschaltung, sondern Freisetzung des Menschen in die Möglichkeit des Glaubens, in dem er auf die entgegenkommende Gnade tatsächlich setzt und seinen Existenzvollzug in ihr gründet: sich selbst wählt als den, der von Gott schon gewählt *ist*. Wäre es anders, also der gnadenhaft ermöglichte Glaube nicht in ursprünglich-eigener Freiheit vollziehbar, verlören nicht zuletzt die unermüdlichen Mahnungen des Paulus, doch fest in Christus und zu ihm zu stehen und aus der Gnade nicht wieder herauszufallen (Gal 5,1.4), jeglichen Sinn …

Die zweite hervorzuhebende Folge ist der ersten komplementär, denn auch sie hängt unmittelbar mit der unverfügbaren Freiheit der Gnade und ihrer essentiellen Unverdienbarkeit zusammen – genauer gesagt: sie ist ebenfalls zwar nicht notwendige Folge (denn dieser Ausdruck wäre hier unangemessen), wohl aber Manifestation der absoluten Ursprünglichkeit der Gnade und ihrer überströmenden Fülle. Wie nämlich ihre Mitteilung von keiner Voraussetzung abhängt außer der einen, daß der einzelne Mensch sich im Annahmeakt seines Glaubens beschenken *läßt*, so ist sie – im Zuge derselben Bedingungslosigkeit, mit der Gott sie zu verschenken beschlossen hat – auch jedem ohne Ausnahme, d. h. *allen* zugedacht und eröffnet. Offenbar wurde diese *Universalität des Gnadenangebots* freilich erst, als Gottes Feindesliebe in Jesu Hingabe seines Lebens wirklich „vollbracht“ war: offenbar also durch die tatsächlich erwiesene (und in Jesu Auferweckung bestätigte) Übermacht der Gnade über Sünde und Tod. Und doch geht Gottes ἀγάπη, deren überlegene Unabhängigkeit von jeder Voraussetzung auf seiten der Menschen in diesem Sieg endgültig in Erscheinung trat, ihrem Inhalt nach noch über die von ihr bewirkte Vergebung und Befreiung hinaus. Alle haben gesündigt und die Herrlichkeit Gottes verloren – so resümiert Paulus die ersten Kapitel des Römerbriefs (1–3), um dann in Röm 11,32 den eigentlichen Skopus dieser Feststellung auszusprechen: „Gott hat alle in den Ungehorsam [der Sünde] eingeschlossen, um sich aller zu erbarmen“. In der Tat kann stärker der Triumph der Gnade kaum ausgedrückt

97 *F. Mußner*, Neutestamentliche Gnadentheologie (Anm. 71), 627.

werden. Und doch ist dieser Triumph – dies sollte man nicht übersehen – gleichsam nur die Außenseite des ursprünglichen Reichtums, der Gottes Gnade von ihr selber her zukommt und der auch den positiven Gehalt ihrer Mitteilung ausmacht. Auch bei Paulus besteht ja kein Zweifel daran, daß mit Gottes eschatologischem Geschenk seiner Liebe, die gegenüber dem universalen Faktum der Sünde allerdings als universales Erbarmen hervortritt, doch auch schon das *neue Leben* beginnt: eben das von Gottes unbedingter Liebe schon eschatologisch erfüllte und deshalb unvergängliche Leben der Gemeinschaft mit Gott (vgl. Röm 6,23). Desgleichen ist festzuhalten, daß auch die Unverdienbarkeit dieses Lebens keineswegs erst aus der Tatsache der Sünde resultiert. Wohl aber kann man sagen, daß die wesenhafte Gratuität der Liebe Gottes sich angesichts der allgemeinen Unheilssituation in nicht mehr überbietbarer Eindeutigkeit *manifestiert* und deshalb die Bedingungslosigkeit, mit der sie gewährt wird, zum Kennzeichen des neuen Heilsweges wird, der damit tatsächlich eröffnet ist.

Im Blick auf die Empfänger bedeutet dies, daß alle Unterscheidungen, durch die Menschen sich voneinander abgrenzen, gegenseitig bewerten und ihre Positionen festschreiben, vor dem Angebot dieser Gnade bedeutungslos werden, durch ihre Gratuität überholt sind; erst recht können sie nach ihrem Empfang nicht mehr zählen. Aber nicht nur Unterschiede wie die zwischen Mann und Frau oder Sklaven und Freien entfallen als irrelevant, sondern auch der zwischen Juden und Griechen bzw. zwischen Juden und Heiden (Gal 3,28; 5,6), da es angesichts der universalen Sünde und der nunmehr erwiesenen „Unbedingtheit" der Gnade keinen privilegierten Heilsweg mehr gibt[98], sondern allein noch der Glaube, eben die Annahme der in Christus für alle eröffneten Gnade entscheidet. „Aus seinem Reichtum beschenkt er alle, die ihn anrufen", formuliert Paulus in Röm 10,12 und benennt damit positiv, worin er den Unterschied zwischen Juden und Heiden aufgehoben sieht. Auf der anderen Seite aber heißt dies: Obwohl Israel Jahwes auserwähltes Volk bleibt (Röm 9–11), bedeutet das Kommen des Sohnes unter das Gesetz doch ebenso wie die Erfüllung auch das Ende des Gesetzes (Gal 4–6): sein Ende nämlich als Heilsprinzip.

Bevor wir das damit berührte Problem „Gnade und Gesetz" noch etwas beleuchten (um einschlägigen Mißverständnissen möglichst entgegenzutreten), ist – viertens – kurz auf eine *Spannung im paulinischen Gnadenbegriff*

98 Vgl. *B. J. Hilberath*, Gnadenlehre (Anm. 6), 10.

einzugehen, die sich bereits aufgrund des vorher Gesagten auftut und aus der sich wiederum bedeutsame Folgen für die Struktur des eschatologischen Gnadengeschehens und der Heilsverwirklichung ergeben. Es geht um die Spannung, die angesichts der inhaltlichen *Konzentration des Gnadenbegriffs auf das Christusgeschehen einerseits* und der in ihm geoffenbarten und von Paulus betonten *Universalität des Gnadenangebots andererseits* unübersehbar hervortritt und weitere Klärungen verlangt[99]. Die Partikularität des Gnadengeschehens, zu der Paulus durch dessen Festlegung auf Gottes endgültiges Heilshandeln in Christus und namentlich im Kreuzestod Jesu gelangt und die er im *solus Christus*-Prinzip geradezu exklusiv festschreibt, scheint in der Tat der universalen Intention des göttlichen Gnadenwillens, die doch gerade in diesem Geschehen offenbar wird, zuwiderzulaufen. Noch bedrängender, wenn nicht gar ärgerlich wird der Gegensatz dadurch, daß auch die Offenbarung der Auferweckung des Gekreuzigten, mit der die Äonenwende in Kraft tritt, nur wenigen bevorzugten Zeugen und Zeuginnen zuteil wird. Natürlich könnte man, um die Spannung zu überbrücken, auf die nun schon öfter erwähnte Sendung und Gabe des Geistes verweisen, durch den Gottes in Christus ereignete Liebe auch den Späteren mitgeteilt, also in jeder Gegenwart präsent wird und der überdies auch außerhalb der ausdrücklichen Christusüberlieferung wirkt und weht, wo er will. Doch so wesentlich dieser Hinweis zählt, wenn ein vollständiges Gnadenverständnis erstellt werden soll, und er insofern auf jeden Fall noch systematisch bedacht werden muß, wäre mit ihm allein das Problem, das im Augenblick ansteht, doch nicht zu lösen, ja noch gar nicht im Blick. Denn ganz abgesehen davon, daß Paulus selbst dem Wirken des Geistes außerhalb der *traditio Christi* nur relativ wenig Aufmerksamkeit schenkt[100] – entscheidender ist noch, daß die Gnade, wo immer und so universal ihre Erfahrung aufgrund der Wirksamkeit des Geistes auch geschehen mag, doch erst dadurch zur eschatologischen wird, daß sie von Jesus Christus herkommt und an ihn gebunden bleibt. Denn ohne diese Bezug müßte Gottes wie auch immer präsente Gnade ja gerade der definitiven Bestimmtheit entbehren, die sie eben zur eschatologischen macht und die sie durch ihre Realisierung in Christus überhaupt erst für uns gewann. Nicht nur – wie noch zu zeigen sein wird – aus systematischen

---

99 Vgl. *E. Schillebeeckx*, Christus (Anm. 15), 167ff.

100 Damit soll die Bedeutung von Stellen wie etwa Röm 8,18ff natürlich nicht übersehen oder abgeschwächt werden.

Erwägungen, sondern gerade auch für Paulus kann es eine Reduktion des Gnadengeschehens auf eine nur „innere Gnade" nicht geben – und zwar erstlich wie letztlich deshalb nicht, weil die bedingungslos eröffnete, unwiderruflich dargebotene und noch im Tod verläßliche Liebe Gottes, hätte sie sich nicht tatsächlich durch Christus als solche erwiesen, uns auch nicht als solche hätte gewiß werden können. Umso dringlicher aber wird dann die Frage (und allein um sie geht es jetzt), wie es möglich wird und geschehen kann, daß diese Liebe in derselben Bestimmtheit, mit der sie sich durch ihre Verwirklichung in diesem Einzelnen offenbarte, der Gesamtheit der Menschen, denen sie gilt, nicht etwa nur „zugedacht" bleibt, sondern sie als Angebot auch wirklich erreicht: zur realen Möglichkeit ihres eigenen Glaubens wird.

Daß nun an dieser Stelle, wo es um die Weitervermittlung der ursprünglich durch Jesus Christus vermittelten endgültigen Menschenzuwendung Gottes zu tun ist, von Paulus durchweg die *apostolische Paradosis und Verkündigung* wie überhaupt das *Zeugnis der schon zum Glauben Gekommenen* genannt wird, bedeutet für unser Ausgangsproblem, daß der Gegensatz zwischen der Partikularität der endzeitlichen Gnadentat Gottes und ihrer umfassenden Intention nicht eigentlich aufgehoben, wohl aber durch seine zeitlich gestreckte Vermittlung entspannt wird: Die reale Universalität des eschatologischen Gnadenangebots ist eben keine von Beginn an fertige Gegebenheit, sondern ein durch Zeugnis, „Sendung und Präsenz [der Gläubigen] allüberall auf der Welt zu realisierender Auftrag"[101]. Daß diese Auskunft schwerwiegende Fragen bezüglich der Verwirklichung von Gottes allgemeinem Heilswillen noch offenläßt oder sogar in voller Schärfe erst aufwirft, soll gar nicht verschwiegen werden (es wird uns noch beschäftigen müssen). Hinzu kommt das außerordentliche, wenn nicht problematische Gewicht, daß mit ihr dem Zeugnis der Gläubigen im Prozeß der Heils- und Gnadenvermittlung zufällt: ein „Schatz in zerbrechlichen Gefäßen" (2 Kor 4,7). In der Tat kann man – ebenso beglückt wie mit Furcht und mit Zittern – nur staunen, daß Gott für die Verwirklichung seines von Ewigkeit her zubereiteten Heilsmysteriums mit uns Menschen gerechnet, ja auf uns gesetzt hat. Und doch – auch diese Einsicht bleibt wesentlich – entspricht dieser von Gott begonnene Weg dem Inhalt der Gnade selbst: Gerade weil Gottes Liebe nur durch die sie realisierende Gestalt eines Menschen als endgültige offenbar werden konnte, bedarf sie auch im weiteren der treuen

101 *E. Schillebeeckx*, Christus (Anm. 15), 168.

Zeugnisbereitschaft von Menschen, um in dieser Bestimmtheit ihrer äußersten Tat nicht vergessen, sondern Angebot für die Menschen jeder Gegenwart zu werden. Für den systematischen Gnadenbegriff aber ergibt sich, daß er differenziert und erweitert werden muß – erweitert jedenfalls dann, wenn zum Gnadengeschehen alle Elemente zählen sollen, durch die Gottes eschatologische Gnade den menschlichen Empfängern vermittelt wird. Dann nämlich umfaßt er nicht nur das Gnadengeschehen im engeren Sinn, also nicht nur das offenbarende Geschehen der Liebe Gottes in Jesus Christus und ihre Mitteilung durch den Geist, sondern auch noch – um der Vergegenwärtigung ihrer eschatologischen Bestimmtheit willen – das Wirken der im Glauben beauftragten menschlichen Zeugen. Wie diese Zeugnispraxis anthropologisch zu explizieren ist und welche Kennzeichen sie aufweisen muß, um die ihrem Inhalt (Gottes in Christus erwiesener Liebe) gemäße und für ihn sprechende Gestalt seiner Vergegenwärtigung sein zu können, wird noch eingehende Überlegungen verlangen[102]. Vorerst kam es nur darauf an, mit Bezug auf die beobachtete Spannung im paulinischen Gnadenbegriff den systematischen Ort auszumachen, an dem die *Integration des Glaubenszeugnisses in das Geschehen der Gnade* einsichtig wird.

Daß Paulus selbst in diese Richtung gedacht hat, belegt schon die auffallend enge terminologische Verbindung, die er zwischen der Gnade und dem eigenen Aposteldienst besonders im zweiten Korintherbrief herstellt. Aber auch sonst nennt er seine Sendung immer χάρις, die „mir gegebene Gnade", nie χάρισμα (Röm 12,3; 15,15; 1 Kor 3,10; Gal 2,9). Durch Christus, heißt es Röm 1,5 grundsätzlich, „haben wir Gnade und Apostelamt empfangen, um in seinem Namen alle Heiden zum Gehorsam des Glaubens zu führen". In 2 Kor 1,12 kann Paulus seinen gesamten Einsatz noch genauer als ein Wirken „nicht in sarkischer Weisheit", sondern „*in* der Gnade Gottes (ἐν χάριτι θεοῦ)" bezeichnen, d. h. „als Wirkung und Entfaltung des Gnadenhandelns Gottes an den Menschen"[103]. Entsprechend schreibt er den Korinthern, er habe erneut zu ihnen kommen wollen, „damit ihr ein zweites Mal Gnade erfahren hättet" (1,15). Sehr aufschlußreich auch die Beschreibung, wie Paulus selbst dabei subjektiv das Wirken der Gnade erfährt: „Die Liebe Christi drängt uns, da wir erkannt haben: Einer ist für alle gestorben" (5,14). *H.-J. Klauck* kommentiert: „Die Liebe, die uns Christus durch seine

---

102 Dabei geht es darum, den Begriff des „darstellenden Handelns" vollständig (auch in seinem theologischen Sinn) zu bestimmen. Vgl. u. Kap. 16.

103 *E. Ruckstuhl*, Art. Gnade (Anm. 71), 470.

Selbsthingabe erwiesen hat (Gal 2,20), wirkt sich im Leben des Paulus aus als handlungsbestimmende Macht"[104]. Ebenso sprechend die Duft-Metapher, die Paulus 2 Kor 2,14ff für seine Missionsreisen verwendet: „Dank sei Gott, der uns stets im Siegeszug Christi mitführt und durch uns den Duft der Erkenntnis Christi an allen Orten verbreitet. Denn wir sind Christi Wohlgeruch für Gott unter denen, die gerettet werden, wie unter denen, die verlorengehen": den einen nämlich „Todesgeruch", den anderen „Lebensduft, der Leben verheißt". Am präzisesten aber, Wort für Wort, bringt 5,18ff die Einbeziehung des Christus verkündenden und zugleich ihn vertretenden Glaubenszeugnisses in das universal-versöhnende Gnadenhandeln Gottes zum Ausdruck: „Gott war in Christus, als er durch ihn die Welt mit sich versöhnte, [...] uns hat er das Wort der Versöhnung anvertraut. Wir sind also Gesandte an Christi Statt, da es ja Gott ist, der durch uns aufruft [mahnt, einlädt]. An Christi Statt bitten wir: Laßt Euch mit Gott versöhnen!" Bemerkenswert ist, daß diese wichtige Stelle als Konsequenz sogleich auch ein Grundgesetz des Glaubenszeugnisses selbst formuliert: Verkündigung als einladende Bitte, in der Autorität des bittenden Christus[105]. Sie würde ja ihre Herkunft von Jesus Christus verraten und ihrem Inhalt, der Liebe Gottes, direkt widersprechen, wenn sie die aufgerufenen Menschen nicht freisetzen und nicht ausschließlich auf ihre eigene inhaltliche und praktische Überzeugungskraft bauen wollte – hat doch genauso Gott selbst in Jesu einladendem Wirken seine Achtung der menschlichen Freiheit, die er gewinnen wollte, erwiesen: bis zur Hingabe des eigenen Sohnes erwiesen!

Gesetzeswerke und Gnade – Glaube und „Dienst der Gerechtigkeit"

Wenden wir uns nun – fünftens – dem schon berührten Thema „Gnade und Gesetz" zu – einem Thema, das hier allerdings unmöglich mit der Ausführlichkeit zur Sprache kommen kann, die seiner brisanten Bedeutung im traditionellen christlich-interkonfessionellen wie besonders im Gespräch zwischen Juden und Christen auch nur annähernd entspräche. We-

104 *H.-J. Klauck*, Zweiter Korintherbrief (NEB 8), Würzburg 1986, 53.

105 Vgl. zum Thema den schönen Aufsatz von *E. Jüngel*, Die Autorität des bittenden Christus. Eine These zur materialen Begründung der Eigenart des Wortes Gottes. Erwägungen zum Problem der Infallibilität in der Theologie: *ders.*, Unterwegs zur Sache. Theologische Bemerkungen, München 1972, 179–188.

nige Bemerkungen, die lediglich die Grundrichtung für die Interpretation der paulinischen Aussagen markieren möchten, müssen genügen. Allerdings ist (zunächst einmal) nicht zu verschweigen, daß die Rede des Paulus von der χάρις im Zusammenhang der Rechtfertigungslehre mit ihrer leitenden Opposition „Gerechtigkeit aufgrund des Glaubens an Christus" versus „Gerechtigkeit aufgrund von Werken des Gesetzes" eine deutlich polemische Zuspitzung erfährt[106]. „Ihr steht nicht unter dem Gesetz, sondern unter der Gnade", heißt es kategorisch Röm 6,14 und ebenso Gal 5,18: „Wenn ihr euch vom Geist führen laßt, dann steht ihr nicht unter dem Gesetz". Daß die Zeit der Tora durch die von der Gnade geprägte Zeit des anbrechenden Heils abgelöst wird, ist für Paulus unmittelbare Folge der Gratuität der Gnade selbst, von der schon die Rede war. Angesichts ihrer absoluten Bedingungslosigkeit, wie sie in der Situation allgemeiner Sündhaftigkeit hervortrat, ist Christus das „Ende des Gesetzes", insofern nun gilt: „Jeder, der an ihn glaubt, wird gerecht" (Röm 10,4).

Und doch ist nun, was die alternativen Zuspitzungen angeht, auch unbedingt auf deren Skopus in ihrem jeweiligen Kontext zu achten, will man nicht voreiligen Fehlschlüssen erliegen. Zu achten näherhin darauf, daß es zum einen, namentlich im Galaterbrief, um die sog. „ekklesiologischen Einlaßbedingungen" geht: „Durch das judenchristliche Ansinnen, den Neubekehrten aus der Heidenwelt die von der Tora gebotene Beschneidung aufzuerlegen, sieht Paulus [nämlich] die Absolutheit der rettenden Gnade Gottes in Christus gefährdet"[107]. Wohlgemerkt: Es sind jüdische *Christen*, gegen die Paulus sich richtet. „Ich bin erstaunt", schreibt er ihnen, „daß ihr euch so schnell von dem abwendet, der euch durch die Gnade Christi berufen hat" (Gal 1,6). Denn den durch ihn eröffneten Heilsweg der geschenkten Rechtfertigung des Sünders, den sie doch schon beschritten und anerkannt hatten, nun wieder zu verlassen und sich erneut dem alten Heilsweg über des Gesetzes Werke zuzuwenden, um ihn den bekehrungswilligen Heiden aufzuerlegen – darin konnte Paulus in der Tat nur einen Abfall von der Gnade, einen kleinmütigen Rückfall auf einen Glaubensstandpunkt erblicken, der nicht mehr auf der „Höhe der Zeit" war, d. h. der Großzügigkeit der neuen und endgültigen *chesed*-Initiative Gottes nicht mehr entsprach[108]: eine tödliche Gefahr für das Glaubensfundament

---

106 *M. Theobald*, Art. Gnade (Anm. 71), 769.
107 Ebd.
108 Vgl. *A. Ganoczy*, Aus seiner Fülle (Anm. 8), 63f.

der jungen, gerade erst entstehenden Kirche wohl auch, doch eben darin und zuvor schon eine „Mißachtung“ Gottes selbst als des Gebers der Gnade (2,21) und in eins Glaubensuntreue und Undank gegenüber Christus, dem sie sich als ihrem Herrn doch schon anvertraut hatten: „Wenn ihr also [tatsächlich] durch das Gesetz gerecht werden wollt, dann habt ihr mit Christus nichts mehr zu tun; ihr seid aus der Gnade herausgefallen“ (5,4). Entsprechend kompromißlos dann auch das Verdikt, mit dem Paulus den Streit zu entscheiden sucht: „Wer euch ein anderes Evangelium verkündigt, als wir euch verkündigt haben, der sei verflucht, auch wenn wir selbst es wären oder ein Engel vom Himmel. Was ich gesagt habe, das sage ich noch einmal: Wer euch ein anderes Evangelium verkündet, als ihr angenommen habt, der sei verflucht“ (1,8f).

Der zweite Zusammenhang, in dem für Paulus – nun ohne Polemik – der Gegensatz von Gnade und Gesetzesgerechtigkeit aufbricht, ist sein Nachdenken über die (im Römerbrief bereits zur Gewißheit gewordene) Verschlossenheit des überwiegenden Teils seines eigenen jüdischen Volkes gegenüber der Christus-Verkündigung. Und wieder konnte ihm – aus der Perspektive seines Glaubens an Gottes universales Gnadenangebot in Jesus Christus – das Festhalten am Gesetz als Heilsweg nur als „Verkennung“ der Gerechtigkeit Gottes, d. h. als der prinzipiell doch überholte Versuch erscheinen, die „eigene Gerechtigkeit aufrichten“ zu wollen (Röm 10,3) und so – gerade in allem (auch von Paulus anerkannten) Eifer für das „Gesetz der Gerechtigkeit“ – die „Gerechtigkeit aus Glauben“ zu verfehlen (9,31f). Aber auch hier verbieten es schon der Ausgangspunkt und thematische Kontext und erst recht die leitenden Motive des Paulus, seine Entgegensetzung des Glaubens und der ungeschuldeten Gnade zum Weg der Gesetzeswerke (4,4f; 11,6 u. ö.) zur vermeintlich christlichen „Definition des jüdischen Gesetzes überhaupt [hochzurechnen], der zufolge dieses dann – wie in der Vergangenheit immer wieder geschehen – als ein System von Leistungs- und Lohnfrömmigkeit diffamiert“ werden könnte[109]. Hinzu kommt (und erst damit erreichen wir den systematisch entscheidenden Gesichtspunkt), daß es in der paulinischen Theologie und namentlich im Römerbrief überhaupt nicht das Gesetz als solches, denn dieses wird ja ausdrücklich als „heilig, gerecht und gut“ und sogar als „geistlich (πνευματικός)“ gewürdigt (7,12.14), sondern die Sünde bzw. die Sündenmacht ist, die als der eigentliche Opponent der Gnade herausgearbeitet wird: Die

109 *M. Theobald*, Art. Gnade (Anm. 71), 770.

Sünde und ihre Macht also, die „schon vor dem Gesetz in der Welt war" (5,13) und von der Menschheit insgesamt, Heiden wie Juden, Besitz ergriffen hat (3,23). *Sie* ist es, aus der die „Ohmacht des Gesetzes" resultiert (8,3), so daß dieses sogar – indem es die wartende Begierde aktualisierte und weckte und überdies Gelegenheit zum Sichselbstrühmen bot – zum Anlaß, Stimulans und Mittel der Sünde werden konnte (7,8), zugleich aber auch Instanz ihrer Erkenntnis, also insgesamt Medium, durch das sie „in ihrem ganzen Ausmaß als Sünde sich erweisen sollte" (7,13.7; 3,20). „Ist denn etwa das Gute [nämlich das Gesetz und sein Gebot] mein Tod geworden?", fragt sich Paulus und antwortet gemäß der beschriebenen Dialektik: „Keineswegs! Sondern die Sünde verursachte, damit sie als Sünde offenbar werde, durch das Gute [das Gesetz] meinen Tod" (7,13). Indem also die durch Adams Übertretung und die Sünde aller Adamiten verursachte Unheils- und Todessituation der Menschheit durch das Dazwischenkommen des Gesetzes nur noch verschärft wurde („Das Gesetz ist hinzugekommen, damit die Übertretung mächtiger werde": 5,20), weil niemand imstande war, die Forderungen des Gesetzes, obwohl es das Leben bringen sollte, infolge der Sündenmacht wirklich zu erfüllen (3,20; 7,14), so vermochte allein noch Gott selbst durch seine in Christus gewährte χάρις den Sünder gerecht zu machen, d. h. ihn mit sich zu versöhnen und ihm die Schuld zu vergeben und zugleich die Situation des unter der Macht der Sünde sich selbst und Gott entfremdeten Menschen von Grund auf zu heilen (7,24f). Desgleichen war es allein noch der Glaube, durch den ihm dieses Heil zuteil werden konnte. „Wo die Sünde mächtig wurde, da ist die Gnade übergroß geworden" (5,20). Obwohl ich – deutlicher, als es bei Paulus auf den ersten Blick sichtbar wird – nochmals hervorheben muß, daß die Unverdienbarkeit der Gnade wie auch die Angewiesenheit des Menschen auf sie nicht erst aus dem Faktum der Sünde resultieren, so bleibt es doch richtig, daß (wie ich ebenfalls schon formuliert habe) angesichts der universalen Unheilssituation und der in ihr erwiesenen Übermacht der Gnade sowohl die wesenhafte Angewiesenheit des Menschen auf sie als auch die essentielle Gratuität der Gnade selbst in gesteigerter, ja nicht mehr überbietbarer Eindeutigkeit sich manifestierten. Ist es nun aber die Sünde, aus der nach Röm 8,3 die Ohnmacht des Gesetzes resultierte, und ist es nach derselben Stelle die Sünde, die in Jesu Kreuzessterben verurteilt worden ist, dann folgt aus dieser Verurteilung keineswegs auch schon die Verurteilung des Gesetzes als solchen. Sie folgt insbesondere dann nicht, wenn das Gesetz selbst schon – seinem ursprünglichen Sinnzusammenhang entsprechend – als Heilsgabe des Bundes betrachtet wird und seine Befolgung als Antwort auf Gottes gnädige Zuwendung geschieht. In welchem genauen Sinn es, auch aus christlicher Sicht, als Heilsweg des gegenwärtigen Judentums anzuerkennen ist, kann auf der Linie von Röm 9–11 wohl einsichtig werden. Aber auch im Wirkraum der von Christus eröffneten eschatologischen Gnade behält es, der freien und vom Geist geleiteten Urteilskraft der Gläubigen anvertraut, seine Funktion. Denn hier nun werden „die Werke" – um es mit *Edward Schillebeeckx* zu formulieren – „zum Ausdruck und zur Konsequenz" der im Glauben empfangenen Gnade, „denn trotz allem übt Paulus [ja] keine Kritik an den Gesetzeswerken [als solchen], sondern an den Gesetzeswerken als Heils*prinzip*"[110].

---

110 *E. Schillebeeckx*, Christus (Anm. 15), 149 (Hervorh. v. mir). – Ich habe versucht, bei meiner Darstellung der Gesetz-Gnade-Problematik bei Paulus die Richtung von *Michael Theobald* einzuhalten, dessen Verständnis des rechtfertigungstheologischen Grundsatzes – „Denn wir sind überzeugt, daß der Mensch gerecht wird durch Glauben, unabhängig von Werken des Gesetzes" (Röm 3,28; ähnlich Gal 2,16a) – mich vor allem deshalb überzeugt hat, weil es die zuspitzende Auslegung dieses Grundsatzes mit ihrer verschärften Opposition von „Gerechtigkeit aufgrund des Glaubens an Jesus Christus" versus „Gerechtigkeit aufgrund von Werken des Gesetzes" aus dem jeweiligen historischen Briefkontext zu erklären vermag, ohne doch den dieser Verschärfung schon vorausliegenden Sinn jenes Satzes und damit auch seine grundlegendere und weiterreichende theologische Relevanz zu übersehen oder zu schmälern. Damit positioniert sich Theobald innerhalb der Diskussion, die schon seit langem über die Bedeutung des rechtfertigungstheologischen Grundsatzes geführt wird, seit dem Aufkommen der (nach einem Aufsatztitel von *James Dunn* von 1983) als „The New Perspektive on Paul" bezeichneten Forschungsrichtung erneuten Auftrieb erhielt und in der Theobald vor allem drei konkurrierende Auslegungstypen sondiert (vgl. zum folgenden *M. Theobald*, Der Römerbrief [Anm. 71], 186–202). Nach der ersten, schon auf *Rudolf Bultmann* zurückgehenden, aber nach wie vor vertretenen „anti-legalistischen" Deutung besagt der Grundsatz nicht nur, daß der Mensch durch Gesetzeswerke sein Heil nicht erlangen *kann*, sondern es auch gar nicht *soll*: weil nämlich sein Bemühen, durch Erfüllung des Gesetzes sein Heil zu gewinnen, ihn nur in die Sünde hineinführt, ja mit seiner Voraussetzung, sich aus eigener Kraft das Heil beschaffen zu können, im Grunde schon selber die Sünde ist. In dieser Sicht repräsentieren die Werke des Gesetzes eigentlich alle Leistungen, die überhaupt einen Anspruch vor Gott begründen sollen, so daß es der Polemik des Paulus auch gar nicht spezifisch um die Mosetora, sondern um Gesetzlichkeit als grundsätzliches anthropologisches Phänomen geht: eben um das sündhafte Streben des Menschen, sich sein Heil vor Gott selbst zu verdienen. Ihre Stütze hat diese Deutung – abgesehen von ihrer hohen anthropologischen Plausibilität – vor allem in Röm 4,1ff. Nach der zweiten, hauptsächlich von *Ulrich Wilckens* vertretenen „harmatiologischen" Deutung taugen die Gesetzeswerke deshalb zur Rechtfertigung nichts, weil alle Menschen ausnahmslos Sünder sind, die Rechtfertigung von Sündern aber nicht Sache des Gesetzes

Und so ist nun – sechstens – auf *das der Gnade entsprechende menschliche Tun* einzugehen. Denn so wenig Gottes Gnade verdient werden kann, ist sie doch nichts weniger als ein folgenloses Ereignis: „billige Gnade", wie

---

ist. Die Polemik des Paulus hat hier konkret die jüdische Auffassung im Blick, die das Mosegesetz als Heilsgarant und dabei die Erfüllung seiner Gebote natürlich als Voraussetzung der tatsächlichen Rechtfertigung betrachtet. Da für Paulus die Juden jedoch wie alle Menschen radikal Sünder sind, verbietet sich ihr Vertrauen auf den Besitz des Mosegesetzes als Zeichen ihrer Erwählung. Nicht nur haben sie es nicht erfüllt, sondern es hat nun auch – wie Paulus aufgrund des einzigartigen Heilswerkes Christi weiß – keine Kraft, daß die Sünde durch Gebotserfüllungen etwa aufgehoben und gleichsam kompensiert werden könnte (vgl. Röm 8,3): kann es doch nur der Rechtfertigung von Gerechten dienen, nicht aber von Sündern. Paulus bestreitet also nicht die jüdische These, daß die Täter des Gesetzes gerechtfertigt werden (Röm 2,13), noch vertritt er gar grundsätzlich werkfeindliche Tendenzen – Faktum ist nur, daß die Rechtfertigung des Gerechten durch Gesetzeswerke angesichts der Sünde aller nicht zum Zuge gekommen ist und nun die Rechtfertigung durch Glauben die Verurteilungssituation aufhebt. Nach der dritten, vor allem von *James Dunn* vorangetriebenen „anti-partikularistischen" Deutung antwortet der rechtfertigungstheologische Grundsatz auf die Frage, ob ein Heide erst Jude, Glied des Bundesvolkes Israel werden muß, ob er insbesondere die „identity markers" jüdischer Existenz (Beschneidung, Sabbatheiligung, Reinheits-Tora) übernehmen muß, um in Christus das Heil zu erlangen. Es ist die Frage, wie das Verhältnis von Juden und Christen angesichts der in Christus zu ihrer Vollendung gelangten Bundesgeschichte Israels zu bestimmen sei. Und darauf eben lautet die Antwort, daß für die Rechtfertigung allein der Glaube an Jesus maßgebend sei. Über Wilckens und Dunn hinaus geht Theobald nun (mit anderen) davon aus, daß der rechtfertigungstheologische Grundsatz schon *vor* dem Konflikt des Paulus mit seinen judenchristlichen Gegnern entstanden ist und sich in ihm wahrscheinlich alte antiochenische Entscheidungen spiegeln, die unter Mitwirkung des Paulus zustande gekommen waren und die beschneidungsfreie Evangeliumsverkündigung unter den Heiden betrafen. Und als Bedeutung dieses ursprünglich selbständigen Grundsatzes eruiert er, daß Toragehorsam nicht der Grund eschatologischer Rechtfertigung des Menschen durch Gott ist, sondern allein der Glaube an Jesus Christus sie vermittelt. Doch soll damit nicht etwa gegen Toragehorsam überhaupt polemisiert und dieser den Judenchristen als für sie legitimer Heilsweg ausgeredet, sondern nur als heilsentscheidend der Glaube an den Messias Jesus herausgestellt werden. Die argumentative Leistung des Römerbriefs sieht Theobald dann darin, daß er nicht nur angesichts des Heilswerks Christi die soteriologische Kraft der Werke des Gesetzes bestreitet, sondern dies auch noch mit einem mehrfach gestuften Nachweis der Sündigkeit der Menschen flankiert und damit versucht, die geradezu zwangsläufige Erfolglosigkeit des Toraweges angesichts der faktischen sündigen Konstitution des Menschen einsichtig zu machen. Was endlich das (für die erste, antilegalistische Deutung so wichtige) Motiv des „Sich-Rühmens" betrifft, so steht es für Theobald außer Frage, daß Paulus dieses Sich-Rühmen als allgemein-menschliche Versuchung begreift. Das heißt jedoch nicht,

Dietrich Bonhoeffer das nannte[111], sondern es ist ebenso wie bei ihrer gläubigen Annahme auch bei ihrer realen Ausgestaltung auf die freie Beteiligung ihrer menschlichen Empfänger gerechnet – dies freilich stets so, daß bei jedem ihr entsprechenden Handeln sie selbst, die Gnade, es ist und auch bleibt, die den menschlichen Akteuren das eigentlich Substantiel-

---

daß er es auch zum spezifischen Kennzeichen jüdischer Torafrömmigkeit hochstilisiert. Ausgeschlossen ist allerdings jede sich rühmende und absondernde Heilsgewißheit des Juden gegenüber dem Heiden, weil die Offenbarung der Gerechtigkeit Gottes alle gleichermaßen betrifft und allen denselben Heilsweg eröffnet. Von großem Interesse ist zudem, daß die Zurückweisung jeglichen Selbstruhms in Röm 3,28 und 4,2f nicht einfach mit einem faktischen Tatbestand (daß eben alle Sünder sind), sondern mit dem *grundsätzlichen* Ausschluß der Gesetzeswerke aus dem Rechtfertigungsvorgang begründet wird. An Abraham – für Paulus ein Gottloser wie alle Heiden – wird klar, daß der Glaube, den Gott ihm, seiner späteren Bewährung voraus, aus lauter Gnade zur Gerechtigkeit anrechnet (Gen 15,6), eben der Glaube an den Gott ist, „der den Gottlosen rechtfertigt" (Röm 4,5). So bestätigt sich, daß es angesichts der radikalen Verlorenheit des Menschen aussichtslos und angesichts der bedingungslosen Gnade sogar verfehlt ist, durch Toragehorsam Anerkennung und Ruhm bei Gott erlangen zu wollen. Und insgesamt ergibt sich, daß der rechtfertigungstheologische Basissatz in seiner Genese auf die Frage nach den wahren Konstituentien des aus Juden und Heiden bestehenden endzeitlichen Gottesvolkes bezogen ist, zugleich aber auch immer schon die formale Opposition von menschlicher Eigenmächtigkeit und Gnade Gottes impliziert und diese von Paulus (z. B. Röm 10,3) auch herausgestellt werden kann, weil sie eben aus der Einsicht in die Bedingungslosigkeit der Gnade, also in das Wesen der Gnade selbst (möchte ich sogar sagen), resultiert – aus einer theologischen Einsicht, deren allgemeine anthropologische Relevanz tatsächlich (ganz im Sinne der ersten Deutung) leicht eingesehen und deshalb auch in anderen Kontexten als denen der paulinischen Briefe expliziert werden kann (vgl. als Beispiel o. Kap. 8.3). – Übrigens kommt auch *Stefan Schreiber* in seinem Literaturbericht „Paulus und die Tradition. Zur Hermeneutik der ‚Rechtfertigung' in neuer Perspektive" (Anm. 71) zu dem Ergebnis, daß es inzwischen wesentlich darauf ankommt, „die hermeneutische Opposition von Theologie versus Soziologie zu überwinden und den Situationsbezug der paulinischen Theologie ernst zu nehmen. Denn es geht bei Paulus zweifellos um grundsätzliche theologische Aussagen – die Beziehung des Gottes Israels zu den Menschen unter dem spezifischen Aspekt seiner eschatologisch-heilvollen Zuwendung in Christus –, die jedoch ganz auf eine konkrete Gesprächssituation hin gedacht und formuliert werden" (101). Und wenn Schreiber schließlich für die gegenwärtige Hermeneutik des Rechtfertigungsglaubens darauf hinweist, „dass bei Paulus die Kategorie der *Beziehung* tragend für das Verständnis des Verhältnisses Mensch/Gott ist" und es sich dabei „nicht in erster Linie um eine Frage der Rechtsprechung, sondern der Beziehung mit Gott [handelt], die dem Menschen neu eröffnet wird" (102), dann kommt dies erst recht meiner These entgegen, daß die eigentlich grundlegende rechtfertigungstheologische Einsicht die *Bedingungslosigkeit* der Zuwendung Gottes, eben die ursprüngliche Gratuität als das innere Wesen der Gnade selber betrifft.

111 *D. Bonhoeffer*, Nachfolge, München 1967, 13–27.

le, das sie tätig bezeugen, darstellen und vermitteln, im buchstäblichen Sinne zu tun und zu vermitteln *gibt*. Wie auch sonst könnte Paulus vom „Stehen in der Gnade" reden (Röm 5,2) oder vom „Leben nach dem Geist" (8,4) und wie sonst als „Mitarbeiter Gottes" (wie er sich ausdrückt) so energisch seine Korinther ermahnen, „daß ihr seine Gnade nicht vergebens empfangt" (2 Kor 6,1). Es ist also keineswegs so, jedenfalls nach Paulus nicht, daß sich Gottes eschatologisches Gnadenhandeln auf die Rechtfertigung des Sünders im engeren Sinne, also den Akt des Freispruchs und der Versöhnung beschränkte, „schon gar nicht im Sinne eines bloß äußerlich bleibenden (‚forensischen') Richteraktes"[112]. Vielmehr schließt es auch den Prozeß der *Heiligung* noch ein und bleibt sein tragender Grund. „Wenn jemand in Christus ist, dann ist er eine neue Schöpfung", betont Paulus 2 Kor 5,17: καινὴ κτίσις. So wenig dieser Ausdruck wie auch das „Sein in Christus" oder umgekehrt das durch den Geist vermittelte „Sein Christi in uns" (Röm 8,9f) und schließlich die mit alledem konstituierte Gotteskindschaft der Glaubenden (8,14f) als eine Veränderung ontologischer Art aufgefaßt werden kann, da es sich anders als bei Jesu Sohnschaft um eine adoptive Sohn- und Tochterschaft handelt und „nicht von Natur, sondern durch Gottes Berufung [...] die Christen ἅγιοι" sind[113]: „Kinder Gottes durch den Glauben in Christus Jesus" (Gal 3,26) – es geht doch mit Sicherheit um eine Erneuerung, die das reale Dasein der Gläubigen und dessen prägende Grundausrichtung betrifft. Dabei verweist die enge Verbindung der genannten Formeln mit Jesus Christus – als „Geheiligte in Christus" kann Paulus 1 Kor 1,2 sogar seine Briefadressaten anreden – nicht nur auf den geschichtlichen Ursprung und Bestimmungsgrund der eschatologisch begnadeten Existenz, sondern zugleich auf ihre maßgebliche Orientierung: Heiligung heißt konkret Gleichgestaltung mit Christus. Als kultischer Terminus ist „Heiligung" freilich zunächst dem christlichen Initiationsritus der *Taufe* zugeordnet, die auf den Namen Jesu Christi geschieht und mit dem Geschenk des Geistes verbunden ist, in der also die Zueignung der eschatologischen Gnade und die Prägung der menschlichen Existenz durch sie als Vorgabe vollzogen wird und das heißt konkret: im Sterben des alten Menschen mit dem von der Sünde und für die Sünder gekreuzigten Christus sowie durch die Eröffnung seines Auferstehungslebens (Röm 6) der Übergang vom todbringenden Herrschaftsbereich der

112 *B.J. Hilberath*, Gnadenlehre (Anm. 6), 11.

113 *F. Mußner*, Neutestamentliche Gnadentheologie (Anm. 71), 618f.

ἁμαρτία in die Sphäre der χάρις grundgelegt wird, die das neue Leben für Gott und seine Gerechtigkeit ermöglicht. In diesem Sinn schreibt Paulus 1 Kor 6,11: „Ihr seid rein gewaschen, seid geheiligt, seid gerecht geworden im Namen Jesu Christi, des Herrn, und im Geist unseres Gottes"; zugleich aber mahnt er 2 Kor 7,1, „in Gottesfurcht nach vollkommener Heiligung" zu streben: Heiligung also als Vorgabe *und* lebenslang aufgegebener Prozeß!

Es ist systematisch deshalb nur konsequent, denn es entspricht der *Priorität des Indikativs* der von Gott durch Christus vollbrachten Versöhnung wie seiner im Geist zugeeigneten Liebe *vor allen Imperativen* des gläubigen Handelns, daß die Ausführungen des Paulus über die Taufe in Röm 6 seinen dogmatisch-soteriologischen Darlegungen über das Gnadenhandeln Gottes in Röm 3–5 erst folgen und zugleich die *paränetischen* Kapitel eröffnen, die nun auf die ernsthafte „Heiligung des immer noch zur Sünde geneigten Christen" drängen und deshalb die „ethischen Konsequenzen des [in der Taufe begründeten] Gnadenlebens" anmahnen[114]. Die Erinnerung an das Taufgeschehen wird selbst schon eingeführt als präventive Abwehr eines unethischen Mißverständnisses, auf das ein Schlaumeier beim Lesen dessen, was Paulus unmittelbar zuvor (5,20) zur „übergroßen Gnade" gesagt hatte, womöglich verfallen könnte[115]. „Heißt das nun", so nimmt Paulus 6,1 den Irrtum vorweg, „daß wir an der Sünde festhalten sollen, damit die Gnade mächtiger werde?" Ein abwegiger Gedanke, denn die Getauften sind mit Christus doch „der Sünde gestorben" und somit frei zum „Leben für Gott" (6,2–13): „Die Sünde soll nicht über euch herrschen; denn ihr steht nicht unter dem Gesetz, sondern unter der Gnade" (V. 14). Daß auch an dieser Stelle der eigentliche Gegensatz der zwischen Gnade und Sünde ist, bestätigen die Argumente, mit denen Paulus sofort ein erneut mögliches Mißverständnis abweist. „Heißt das nun", so der Fehlschluß (V. 15), „daß wir sündigen dürfen, weil wir nicht unter dem Gesetz stehen, sondern unter der Gnade?" Eben nicht, so wieder Paulus: Denn wenn ihr – einst „Sklaven der Sünde", nun aber „aus der Macht der Sünde befreit" – der Herrschaft Gottes und seiner Gnade untersteht, dann könnt und dann sollt ihr euch auch „in den Dienst der Gerechtigkeit" stellen, „so daß ihr heilig werdet" und so – anders als unter der Herrschaft der zum Tod führenden Sünde – auf das Geschenk des „ewigen Lebens" zugeht (6,16–23). Mit anderen Wor-

114 *E. Schillebeeckx*, Christus (Anm. 15), 145; vgl. *A. Ganoczy*, Aus seiner Fülle (Anm. 8), 74ff.
115 *Vgl. E. Ruckstuhl*, Art. Gnade (Anm. 71), 469.

ten: Stündet ihr unter dem Gesetz, dann wäre (dadurch) die Macht der Sünde noch nicht gebrochen, während mit der eschatologischen Gnade ein *neues* Leben in der Gemeinschaft mit Gott beginnt, das selbst den Prozeß der Heiligung trägt und die Verheißung unzerstörbarer Vollendung hat. Röm 6–8 dienen denn auch insgesamt „dem Nachweis, daß im Raum dieser Gnade menschliches Leben, von der Entfremdung durch Sünde und Tod geheilt, auch ethisch gelingen kann“[116]. Maßstab auf diesem Weg bleibt das Gesetz – allerdings das im Liebesgebot zur Erfüllung kommende und deshalb nach ihm beurteilte und angewandte Gesetz (8,4; 13,10): eben das „Gesetz des Geistes und des Lebens in Christus Jesus“ (8,2). Daß nämlich durch die Verurteilung der Sünde und ihrer Macht in Jesu Tod (und Auferwekkung) solches Tun des Gesetzes überhaupt erst wirksam ermöglicht wurde, konstituiert das *Wesen christlicher Ethik*: Sie ist die der durch Christus erwiesenen Liebe Gottes entsprechende, zugleich diese im Geist zugeeignete Liebe für andere vermittelnde und deshalb vom Geist auch geleitete (8,14) *Praxis des Glaubens*. Und weil selbst dann, wie es 13,8 heißt, wenn ihr sonst „niemand etwas schuldig“ bleibt, doch „die Liebe einander immer schuldet“, sind für ihre Realisierung der situativen Phantasie, aber auch der Adaption des *humanen* Ethos (des im Geist Christi *geprüften* Ethos natürlich: 1 Thess 5,21) keine Grenzen gesetzt. Was immer, ermuntert Paulus die Philipper, „was immer wahrhaft, edel, gerecht, was lauter, liebenswert, ansprechend ist, alles, was Tugend heißt und Lob verdient, darauf seid bedacht“ (4,8).

Statt deshalb weiter auf die paulinischen Paränesen unter inhaltlichem Aspekt einzugehen, will ich nur noch ein paar Beispiele anführen, bei denen die Fundierung des ethischen Handelns in der Gnade, aber auch sein Gefordert- oder präziser noch sein „Auf-gegebensein“ durch sie besonders explizit und damit zugleich seine Funktion für die Vermittlung der Gnade, d. h. seine Einbeziehung in das Gnadengeschehen im weiteren Sinn, anschaulich wird: Beispiele also für die Struktur und Logik des Handelns, das ich als „darstellendes“ bezeichne, weil in ihm – wenn auch stets nur auf endlich-symbolische Weise – die unbedingte Liebe bezeugt, menschlich ausgestaltet und so gleichsam weitergegeben wird, die Menschen von Gott her und selbst schon durch menschliche Vermittlung (ursprünglich durch Jesus Christus, danach durch das Zeugnis der Gläubigen) empfangen haben. Schon der Anfangsgruß seiner Briefe (etwa 2 Kor 1,2) läßt ja erkennen, daß sich Paulus als *Übermittler im Dienst der Gnade* ver-

116 *M. Theobald,* Art. Gnade (Anm. 71), 770.

steht, die beim Verlesen der Briefe „von Gott" her aktuell werden möge; und wenn er die Hörenden dann mit dem früher schon zitierten Schlußsegen in den Alltag ihres vom Glauben geprägten Lebens entläßt, dann wünscht er ihnen ganz realistisch, „daß die heilschaffende Gnade des Herrn, dessen Herrschaft sie sich unterstellt haben, mit ihnen sei, d. h. nach biblischem Sprachgebrauch, sie dauernd begleite und ihnen wirksam helfe"[117], damit sie inmitten aller Anfechtungen und Mühsamkeiten die Wahrheit der Heils- und Gnadenbotschaft bezeugen, d. h. die Kraft der Gnade durch ihre Praxis erscheinen lassen und ihre menschliche Bedeutung bewähren. Was dabei die viel (vielleicht zuviel) beachteten „*Gnadengaben*" (χαρίσματα) betrifft, die Paulus (wie wir im nächsten Kapitel noch sehen werden) als „Ausdruck für die Fülle endzeitlichen Geistes" versteht (1 Kor 12,11), aber auch (so 1,4–7) der „einen χάρις Gottes in Christus Jesus" korreliert[118], so scheint es mir – will man sie nicht unnötig mystifizieren – naheliegend, sie primär als die persönlichen „Ausgestaltungen" der empfangenen Gnade zu begreifen, bei denen die von ihr in Dienst genommenen realen Fähigkeiten der einzelnen gleichsam das Individuationsprinzip bilden. In einer ausgeprägt gnadentheologischen Terminologie hat Paulus insbesondere auch in 2 Kor 8f seinen Aufruf zur *Kollekte für die Jerusalemer Urgemeinde* vorgetragen. Hier wird χάρις, sofern sie das Werk und Liebesgeschenk christlicher Gemeinden bezeichnet, eindeutig als „handgreifliche Auswirkung und Zeichen der χάρις Gottes verstanden"[119]. Gleich eingangs (8,1ff) macht Paulus Gottes Gnade dafür namhaft, daß die Gemeinden Mazedoniens „nach Kräften und sogar über ihre Kräfte [...] ganz von sich aus" gespendet haben, und stellt abschließend (9,11–14) ebenso den Korinthern in Aussicht, daß ihre selbstlos-großzügige Gabe bei den Jerusalemern „Dank an Gott hervorrufen" und „weiterwirken" wird: „Vom Zeugnis eines solchen Dienstes bewegt, werden sie Gott dafür preisen, daß ihr euch gehorsam zum Evangelium Christi bekannt" habt, und „sich angesichts der übergroßen Gnade, die Gott euch geschenkt hat, eng mit euch verbunden fühlen". Wenn die Korinther von ihrem reichlichen Eigentum verschenken und so „die Gabe der Geber der Zuwendung Gottes zu ihnen entspricht"[120], gehorchen sie – wie Paulus auch schon 8,9 betont

117 *E. Ruckstuhl*, Art. Gnade (Anm. 71), 471.
118 *M. Theobald*, Art. Gnade (Anm. 71), 770.
119 *E. Ruckstuhl*, Art. Gnade (Anm. 71), 470.
120 Ebd.

hatte – in eins der $\chi\acute{\alpha}\rho\iota\varsigma$ Jesu, da seine gnadeneröffnende Lebenstat, in der „er, der reich war, euretwegen arm wurde, um euch durch seine Armut reich zu machen", zugleich Modell und Kriterium jeden Lebens aus der so eröffneten Gnade bleibt: Solidarität mit den Ärmeren also als Testfall der Zugehörigkeit zu ihm und der durch ihn empfangenen Gnade …

Wie endlich Paulus auch das eigene *Apostelamt* als Dienst im Gesamt des Gnadengeschehens begriffen hat, haben wir schon gesehen. Übrigens hat er dabei auch durchblicken lassen, daß das Bekenntnis zur Gnade, sofern sie „zu erhöhtem menschlichen Einsatz befähigt", sich „durchaus mit missionarischem Erfolgsdenken" verträgt[121]: „Durch Gottes Gnade bin ich, was ich bin, und sein gnädiges Handeln an mir ist nicht ohne Wirkung geblieben. Mehr als sie alle [die übrigen Apostel] habe ich mich abgemüht", erklärt er 1 Kor 15,10 selbstbewußt, um dann freilich sofort, als fühle er sich ertappt, zu ergänzen: „nicht ich, sondern die Gnade Gottes zusammen mit mir". Paulus hat, wo er keinen Grund dafür sah, sich selbst nicht kleingemacht, womöglich gar masochistisch zerquält, damit Gottes Gnade umso größer erscheine; wohl aber hat er – im Licht dieser Gnade – seine tatsächlichen Schwächen wahrgenommen, unter ihnen gelitten, aber sie – kraft derselben Gnade – auch zulassen und aushalten können und auch dies noch bezeugt: „Es genügt dir meine Gnade, denn die Kraft kommt in der Schwachheit zur Vollendung" (2 Kor 12,9). Doch warum eigentlich, möchte man fragen: in der Schwachheit zur Vollendung? Eben deshalb, denke ich, weil dort, wo Menschen am Ende sind und versagen und sich die Übermacht der Gnade manifestiert, vielleicht deutlicher als sonst Gott die Ehre gegeben und damit das Bewußtsein der Differenz von Gott und Mensch aktualisiert wird, das an sich wesenhaft zum Vollzug des Begnadetseins gehört, ihm die Perspektive der größeren Möglichkeiten Gottes offenhält und vor allem die Verdunkelung Gottes durch die ständig sich vordrängenden Menschen verhindert. Und weil das Eingeständnis eigener Grenzen, solange es nicht zur schlechten Beruhigung und billigen Entschuldigung wird, noch selbst eine Gestalt (und zwar durchaus glaubwürdige Gestalt) des Zeugnisses für die Gnade sein kann, die sich ja nicht zuletzt darin erweist, daß sie Menschen wahrhaftig sein läßt. Und so kann denn auch Paulus das Kapitel, in dem er die Dialektik von Kreuz und Auferweckung Jesu konsequent im Blick auf die eigene Existenz mit ihren Niederlagen, Erfolgen und Kämpfen, ihren Bedrängnissen, Schwierigkeiten, Widersprüchen, ihren Nöten und Grenzen bedenkt, in die

---

121 *M. Theobald*, Art. Gnade (Anm. 71), 769.

Aussage münden lassen: „Alles tun wir euretwegen, damit immer mehr Menschen aufgrund der überreich gewordenen Gnade den Dank vervielfachen, Gott zur Ehre“ (2 Kor 4,15).

Um den Schritt, den Paulus in der Geschichte des Gnadendenkens vollzieht, noch etwas zu profilieren, ist nun – siebtens – der Horizont unserer Betrachtung nach rückwärts und nach vorn zu erweitern und zunächst einmal festzustellen, daß trotz der inhaltlichen Konzentration des Gnadenbegriffs auf Gottes eschatologisches Heilshandeln in Christus und trotz der strukturellen Weiterbestimmung des Gnadengeschehens, die seiner eschatologischen Dignität korreliert, doch die Wesensmerkmale des alttestamentlichen Gnadenverständnisses grundlegend bleiben. Verfehlt wäre es schon, die Konzentration auf Gottes Rechtfertigungs- und Versöhnungshandeln im Kreuz Jesu als Reduktion aller möglichen Gnadenmitteilung auf dieses Geschehen aufzufassen, d. h. sie in einem exklusiven statt inklusiven Sinn zu begreifen. Wohl aber besagt sie, daß jedes gnädige Verhalten Gottes zum Menschen, wo und wie immer es auch geschieht, durch sein Handeln in Jesus Christus in einen definitiven Sinnzusammenhang gerückt und nun als Akt und Ausdruck derselben Liebe Gottes versteh- und erfahrbar wird, die in Christus ihre für immer gültige Gestalt fand: Mit ihm, den Gott in seiner Liebe für uns dahingab, wird uns nach Röm 8,32 ja „alles geschenkt“ – und dies heißt freilich nun auch, denn eben dies macht ja ihre unwiderrufliche End-gültigkeit aus, daß selbst in Situationen, in denen ihr alles zu widersprechen scheint und gar nichts von ihr zu spüren ist, uns dennoch nichts mehr von ihr zu trennen vermag (8,38f). Desgleichen ist (mit Blick auf die traditionelle Gnadenlehre) herauszustellen, daß für Paulus Gott selbst als das Subjekt der Gnade und deshalb auch ihr wesenhafter Relations- und Geschehnischarakter immer im Blick steht. „Gnade“ bleibt „im eigentlichen Sinn ein *heilsgeschichtlicher* Begriff“, die χάρις „primär *ein Geschehen*“: eben „das eschatologische Heilsgeschehen in Christus, durch das der Mensch zur *nova creatura* wird“[122]. Bemerkenswert auch (und für unsere systematischen Reflexionen besonders wichtig) die emphatische Offenbarungsterminologie, die Paulus in diesem Zusammenhang verwendet. Wie nämlich in Röm 1,18 der Zorn Gottes, der vom Himmel her über jegliche Gottlosigkeit „geoffenbart wird“, nicht etwa nur Inhalt einer Mitteilung, sondern das an den Gottlosen selbst sich schon erfüllende Gericht

122 *F. Mußner*, Neutestamentliche Gnadentheologie (Anm. 71), 618f.

und ihr selbstzugezogenes reales Verhängnis ist, so meint auch die „Offenbarung" der Gottesgerechtigkeit in 3,21 das *Geschehen* des in ihm Geoffenbarten: als bloße Information über Gottes Liebe hätte sie gerade nicht der wahrhaft offenbarende, gewißmachende „Erweis" dieser Liebe sein können (5,8). Die Symbolstruktur bleibt also auch für Gottes eschatologische Gnadenzuwendung wesentlich, auch wenn es in ihrem Fall allein noch die Existenz eines Menschen sein konnte, die als sie realisierender Ausdruck in Betracht kam. Und wie bei Gottes eschatologischer Gnadentat selbst verliert Paulus auch bei der Beschreibung ihrer Auswirkungen niemals den Geber der Gnade und seine aktuelle Präsenz aus dem Blick. Es ist und bleibt *Gott*, der sich durch den Auferweckten und Erhöhten und durch die Vermittlung von dessen Boten den einzelnen Menschen wie den Gemeinden zuwendet und sie zu einem Leben aus der Erfahrung seiner Gnade und Freundschaft ruft. Es ist seine, die jederzeit aktuell von ihm kommende Liebe, die durch die Verkündigung der Heilsbotschaft und das Zeugnis der Glaubenden vermittelt, durch die Taufe als Vorgabe zugeeignet, im Glauben des Gerechtfertigten angenommen und durch den Geist wirkliche Gegenwart wird: machtvolles Wirken und heilschaffendende Präsenz Gottes in den Herzen der Getauften, aus der sie leben und als nun selbst Liebende, als Glaubende und Hoffende auf das Geschenk der Vollendung zugehen. Auch beim Aufbau der Gemeinde, des Leibes Christi, durch die vielfältigen Charismen bleibt es diese von Gott ständig zugewendete Liebe, die darin – wie überhaupt in der darstellenden Praxis des Glaubens – ihre Antwort findet und durch sie ihre konkrete Ausgestaltung erfährt. Selbst dort, „wo Paulus die Gnade Gottes als Grundbefindlichkeit des christlichen Daseins versteht oder sozusagen als Stand des Glaubenden vorstellt, wo das Amt des Apostels als ihm dauernd verliehene Charis erscheint, wird das andauernde Gnadenwalten Gottes, seine stets tätige liebende Zuwendung nicht ausgeschaltet, sondern vorausgesetzt und mitausgesagt"[123].

Harmatiologische Hermeneutik der Gnade, staurozentrischer Gnadenbegriff

Allerdings können wir nun Paulus nicht verlassen, ohne auch noch die Problempunkte wenigstens anzusprechen, die in der Wirkungsgeschichte der paulinischen Theologie eine höchst ambivalente Bedeutung gewannen. Da-

123 *E. Ruckstuhl*, Art. Gnade (Anm. 71), 475.

bei stelle ich die Problematik der *Prädestination* bzw. Vorherbestimmung vorerst noch zurück und begnüge mich hier mit dem Hinweis, daß die einschlägigen Aussagen des Paulus mit Sicherheit nicht die extremen Schlußfolgerungen erlauben, für die sie später von *Augustinus* oder auch von *Calvin* bzw. dem Calvinismus mit seiner Lehre von der doppelten Prädestination beansprucht worden sind[124]. Namentlich die in Röm 9–11 enthaltene Erwählungs- und Prädestinationslehre wird „schwerlich von der Israel-Frage abstrahiert" und ohne Rücksicht auf die „Klimax dieser Kapitel" ausgelegt werden können: daß nämlich „Gott sein in Christus allen, also auch den Menschen aus der Völkerwelt, geschenktes Erbarmen gleichfalls Israel zuwendet, so daß sich die Macht seiner Gnade zuletzt an der Überwindung menschlichen ‚Ungehorsams' überhaupt erweisen wird (Röm 11,30ff)". Bei der endzeitlichen Errettung „ganz Israels" (11,26) wird sich zeigen, „daß Gottes χαρίσματα an Israel unwiderruflich sind" (vgl. 9,4f) und die Macht seiner Gnade sich keineswegs „nur im Leben der Kirchen Jesu Christi" erweist[125]. Obwohl Paulus in seinen Einzelausführungen zu diesem Thema das rabbinische Lehrmittel der überzogenen Gegensätze (Hyperbole) benutzt und dabei die alttestamentlichen Zitate – namentlich das vom Töpfer und Ton (9,21ff), von der Vorzugserwählung Jakobs vor Esau (9,13) sowie die klassische Stelle Ex 33,19 über die absolute Freiheit der Gnadenwahl Gottes (9,15) – in so riskanter Weise einsetzt, daß er „in die äußerste Gefahr des Widerspruchs zum Evangelium gerät"[126], wird doch auch hier nichts über die ewige Zukunft der Erwählten und Nichterwählten gesagt, geschweige denn über eine diesbezügliche göttliche Vorentscheidung, die unwiderruflich wäre: „Die Erwählungsgeschichte ist nach vorne offen. Sie schreibt kein Schicksal statisch fest, vielmehr läßt sie allen Juden wie allen Heiden reale Chancen, der Gnade zu entsprechen"[127]. Unwiderruflich sind allein „die Gnade und Berufung [selbst], die Gott gewährt" (11,29). Und wenn Gott – wie Paulus 11,32 nicht unmißverständlich formuliert – „alle in den Unge-

---

124 S. dazu Inst III,21 („Von der ewigen Erwählung, kraft derer Gott die einen zum Heil, die anderen zum Verderben vorbestimmt hat").

125 *M. Theobald*, Art. Gnade (Anm. 71), 770. Vgl. auch *ders.*, Kirche und Israel nach Röm 9–11: Kairos. Neue Folge 29 (1987) 1–22; *Th. Pröpper*, Wegmarken zu einer Christologie nach Auschwitz: *ders.*, Evangelium und freie Vernunft. Konturen einer theologischen Hermeneutik, Freiburg 2001, 276–287.

126 *U. Wilckens*, Der Brief an die Römer (EKK VI/1). 2. Teilband, Zürich/Einsiedeln/Neukirchen-Vluyn 1980, 209.

127 *A. Ganoczy*, Aus seiner Fülle (Anm. 8), 81.

horsam eingeschlossen" hat, so doch eindeutig mit dem Ziel, „sich aller zu erbarmen" ... Aber auch bei der zweiten klassischen Stelle Röm 8,28–30 steht Paulus nicht die Erwählung oder gar Verwerfung einzelner Menschen, sondern die positive, in Jesus Christus zentrierte „Heilsordnung und das für alle Menschen offene Heilsziel" vor Augen[128], wobei es Paulus primär darum geht, die Heilszuversicht der Erwählten, d. h. der faktisch zum Glauben Gekommenen[129], zu stärken: „Wir wissen, daß Gott bei denen, die ihn lieben, alles zum Guten führt, bei denen, die nach seinem ewigen Plan berufen sind" – im voraus nämlich „dazu bestimmt, an Wesen und Gestalt seines Sohnes teilzuhaben, damit dieser der Erstgeborene von vielen Brüdern sei". Von hier aus wird man auch den abschließenden V. 30 kaum im Sinn einer partikularistischen Heils- oder gar Prädestinationslehre auslegen können: „Die aber, die er vorausbestimmt hat, hat er auch berufen, und die er berufen hat, hat er auch gerecht gemacht; die er aber gerecht gemacht hat, die hat er auch verherrlicht" ...

Eine andere Frage ist freilich, ob Paulus mit seinen bohrenden Reflexionen über die Tiefe der in uns wohnenden Sünde und ihre verhängnisvolle Macht über uns, insbesondere mit seinen Aussagen in Röm 7, die die Erfahrung der Gespaltenheit des Ich bis an die Grenze des Ichverlusts beschreiben[130], nicht doch zumindest der augustinischen These von der Alleinwirksamkeit der Gnade vorgearbeitet hat. Auch wenn unsere schon öfter unterstrichene Feststellung, daß Paulus seine ausdrückliche Voraussetzung der Verantwortung aller für ihre Sünde nirgends zurücknimmt, zutreffend bleibt und überdies zu beachten ist, daß auch in Röm 7 der eigentliche Skopus seiner zuspitzenden Reflexionen in dem Dank für die befreiende Erlösungstat Jesu liegt, kann die Tatsache, daß Paulus etwa in Röm 6 nicht nur „von Sklaven der Sünde" (V. 17), sondern eben auch von „Sklaven Gottes" (V. 22) und „Sklaven der Gerechtigkeit" (V. 18) spricht, schon irritieren (um nicht zu sagen: befremden), zumal es inhaltlich doch Gottes *Liebe* ist, der hier gehorcht und entsprochen wird. Daß gleichwohl auch mit solchen Ausdrücken nur Dienstbereitschaft und nicht etwa ein knechtliches Jasagen gemeint sein kann, geht schon daraus hervor, daß nach Röm 8,15 der Geist uns gerade nicht zu Sklaven macht, sondern uns Töchter und Söhne sein läßt, die Gott als ihren Vater anreden. Von

---

128 *G. Kraus*, Art. Prädestination: LKDog, 418–420, 418.
129 So interpretiert *E. Schillebeeckx*, Christus (Anm. 15), 168.
130 Vgl. o. Kap. 10.2 bei Anm. 71ff.

diesem Geist wird der Getaufte nicht „getrieben", sondern „geleitet" (8,14) und „geführt" (Gal 5,18)[131]: Er ist unter seiner Wirkung „nicht passiv, sondern antwortet darauf aktiv. Die inneren Rufe des Pneumas sind zwar verbindlich und eindeutig-einladend [...]. Aber sie heben die Eigenverantwortung der Glaubenszustimmung nicht auf"[132]. Immerhin: Mit seinen Reflexionen (namentlich in Röm 7) über die auch noch im Gerechtfertigten dauernde und den Prozeß seiner Heiligung gefährdende Macht der Sünde hatte Paulus die Aufmerksamkeit nun doch eindringlich wie niemand zuvor auf das Subjekt des Gnadenempfangs gelenkt und die Problematik berührt, die dann unter dem Titel „Gnade und Freiheit" zum Stimulans des westlichen Gnadendenkens wurde. Je mehr die Frage, wie die Gnade beim Menschen ankommt, ihn prägt und verändert und was ihm selbst dabei zu tun bleibt, in den Mittelpunkt des Interesses rückt, entsteht die spezifische Gnadenlehre als eigener Traktat der Theologie[133].

Das in systematischer Hinsicht schwerwiegendste Problem der paulinischen Gnadenlehre besteht aber wohl darin, daß sie ihre spezifische Ausprägung *im primären Bezug auf die universale Sünden- und Unheilssituation* gewonnen hat und deshalb – beides hängt ja zusammen – *die christozentrische Orientierung des Gnadenbegriffs vorwiegend als staurozentrische* hervortritt. Der sich schon im Ersten Testament deutlich abzeichnende Doppelaspekt des Gnadengeschehens als Rettung und als Erfüllung des Menschen findet durch Paulus eine wirkungsgeschichtlich nachhaltige Akzentuierung zugunsten des ersten Aspekts[134]. Zwar haben wir gesehen, daß es Gottes in der Hingabe seines Sohnes erwiesene Liebe ist, die zugleich – durch den Geist in die Herzen der Gläubigen ausgegossen – den Prozeß der Heiligung trägt, in dem sie auf das Geschenk der Vollendung zugehen – und somit diese Liebe doch wohl auch als das uns Menschen Erfüllende gedacht werden muß: Auch für Paulus bedeutet Gnade – auf ihren wesentlichen Gehalt hin betrachtet – „Lebensgemeinschaft mit Gott"[135]. Zugleich habe ich mich zu zeigen bemüht, daß die essentielle Gratuität der Gnade wie die wesenhafte Hinordnung des Menschen auf sie nicht erst aus dem Faktum der Sünde resultieren, sondern

131 Vgl. *U. Wilckens*, Der Brief an die Römer. 2. Teilband (Anm. 126), 136.
132 *A. Ganoczy*, Aus seiner Fülle (Anm. 8), 76.
133 Vgl. *O.H. Pesch*, Frei sein aus Gnade (Anm. 5), 84f; *B.J. Hilberath*, Gnadenlehre (Anm. 6), 11f.
134 Vgl. *O.H. Pesch*, Frei sein aus Gnade (Anm. 5), 83f.
135 *E. Schillebeeckx*, Christus (Anm. 15), 169.

sich angesichts des universalen Sündenverhängnisses nur in nicht mehr überbietbarer Eindeutigkeit manifestieren. Doch obwohl sich dieser Gedanke, wie ich hoffe, schon bei der Interpretation durchaus bewähren ließ, hat Paulus ihn doch eher vorausgesetzt als selbst expliziert. Natürlich ist unbestritten, daß angesichts der faktischen Lage der Sünder, von der theologisch nicht abstrahiert werden darf, die überreiche und wesenhaft freie χάρις ihre nächste und gleichsam aktuellste Wirkung als Versöhnung, Vergebung, Erlösung, Rettung, Befreiung erzielt. Doch dominiert dieser Aspekt zumindest den Ansatz der paulinischen Heils- und Gnadenlehre so stark, daß die späteren soteriologischen Entwürfe (gerade in der Theologiegeschichte des Westens), je exklusiver sie harmatiozentrisch konzipiert waren (und so weit sie überhaupt biblisch argumentierten), sich nicht völlig zu Unrecht durch Paulus zu legitimieren versuchten. Wie viel daran liegt, die damit einhergehenden Engführungen im Interesse der zu bedenkenden Sache wie der gegenwärtigen Glaubensvermittlung zugunsten des Rückgangs auf die *wesentliche* Hinordnung des Menschen auf Gottes freie Gnade zu überwinden, habe ich bereits im 7. Kapitel so ausführlich erörtert, daß die Erinnerung daran hier genügen mag. Hinzu kommt, daß sich an dieser Stelle erneut die schon früher erörterte Frage aufdrängt, woher Paulus denn eigentlich so sicher um die Universalität der Sündenmacht und des Sündigens *weiß*[136]. Diese Frage zu stellen heißt keineswegs schon, das universale Faktum der Sünde zu bestreiten, denn sie entspringt primär systematischen Interessen und ist lediglich erkenntnislogisch gemeint. Feststehen soll auch, daß erst angesichts der uns im Kreuz Jesu begegnenden Gnade das eigentliche Wesen der Sünde oder doch ihr volles Ausmaß aufgedeckt und bewußt werden konnte – so wie ja auch Paulus alles, was er zum Thema Sünde ausführt, im Blick auf den auferweckten Gekreuzigten erkannt und zu erhärten versucht hat. Aber eben darum, meine ich, muß es bei dieser Zumutung der je eigenen Sündenerkenntnis, die in der Einladung des Evangeliums und im Angebot der Gnade impliziert ist und sich *ad hominem* richtet, auch bleiben: anders läßt sich die von Paulus behauptete und vom kirchlichen Glaubensbewußtsein bekräftigte Allgemeinheit der Sünde ohnehin nicht gegenüber Menschen vertreten. Denn etwa aus der schon vorausgesetzten soteriologischen Notwendigkeit des Todes Jesu wegen der Sünde aller Menschen auf diese Allgemeinheit der Sünde dann schließen zu wollen, wie es Gal 2,21 mit der Bemerkung, daß Christus sonst „vergeblich gestorben“ wäre, womöglich

136 Vgl. o. Kap. 10.2 Anm. 60 sowie Kap. 11.2 bei Anm. 278–284.

nahelegen könnte – dies würde, argumentationslogisch betrachtet, ja zu offenkundig in einen Zirkelschluß verstricken. Aber selbst dessen Prämisse wäre nicht ganz so plausibel, wie es auf den ersten Blick scheint. Denn – um es noch einmal zu unterstreichen – die zentrale soteriologische Bedeutung des Todes Jesu, verstanden als letztgültiger Erweis von Gottes bedingungslos-vergebungswilliger Liebe, bliebe auch dann voll gewahrt, wenn die Sünde nicht universal geworden wäre und Gott dennoch niemanden, auch nicht einen einzigen Sünder, von seiner Gemeinschaft ausschließen[137] und zugleich auch die übrigen, durch die Sünde doch immerhin gefährdeten Menschen nicht ohne die eröffnete Verheißung seiner unbedingten Vergebungsbereitschaft lassen wollte. (Was aber wäre, wenn die Sünde überhaupt nicht eingetreten und vollzogen worden wäre – diese Frage führt nun allerdings zu einer Possibilientheologie, die bloß noch purer Zeitvertreib und angesichts der Probleme, die uns die Wirklichkeit aufgibt, nicht mehr verantwortbar wäre. Einem solchen Frager würde ich, etwas ungeschützt, nur noch erwidern, daß wir Menschen dann dieses Erweises der Liebe Gottes im Äußersten wohl auch kaum bedürftig gewesen wären.)

Nicht weniger Beachtung verdient die andere Seite der von Paulus hinterlassenen Hauptschwierigkeit: daß nämlich der primär am universalen Faktum der Sünde orientierten Erschließung des Gnadengeschehens dessen inhaltliche Konzentration auf Gottes Rechtfertigungs- und Versöhnungshandeln im Kreuzestod Jesu entspricht. Noch pointierter gesagt: *Der harmatiozentrischen Hermeneutik der Gnade korrelliert die staurozentrische Fassung*

137 Die extremste Möglichkeit hat *H. Verweyen* am Beispiel des „abgründigsten aller Atheismen“, verkörpert durch die Gestalt des Don Camilo in Paul Claudels Drama „Der seidene Schuh“, meditiert. Auf Kosten aller anderen und „in klarer Erkenntnis der abgründigen Liebe Gottes“ verweigert Camilo „sich Gott unendlich in dem Wissen, daß dieser auch nicht das kleinste Stäubchen seiner Schöpfung fallenlassen kann [...] Wenn es leidet, leidet auch er [...] Dieser absolute Eigensinn hätte zwar allen anderen den Triumph voraus, daß die ganze Weltordnung unendlich lange durch ihn allein [...] an ihrer Vollendung gehindert würde. Er selbst aber würde den ‚Fluch des Sisyphos‘ dadurch nicht los [...] Es wäre zudem die Feier eines höchst mühseligen Triumphes [...] Der Akt des unbedingten Für-sich-Bleiben-Wollens müßte ja stets aufs neue gegen die Einladung gesetzt werden, an der universalen Übereinstimmung teilzunehmen. Diese ständige Einladung könnte man sich noch nicht einmal verbitten“ (Gottes letztes Wort. Grundriß der Fundamentaltheologie, Düsseldorf 1991, 237f). In der Tat dürfen wir glauben, daß Gott in seiner (erwiesenen) Feindesliebe seine Vergebungsbereitschaft, während Camilo in der eigenen Hölle verharrt, nicht widerruft. Und wir können nicht anders als hoffen, daß der unbedingte Eigensinn der abstrakten menschlichen Freiheit sich schließlich der stets größeren Geduld Gottes ergibt und diesen Sieg der Gnade als Befreiung erfährt.

des Gnadenbegriffs selbst. Natürlich muß sogleich hinzugefügt werden, daß Paulus dabei immer schon die Auferweckung des Gekreuzigten vor Augen hat, mit der die durch Jesu Tod bewirkte Äonenwende, die Verurteilung der Sünde und ihrer Macht, in Kraft gesetzt wurde. An dieser Stelle liegt also nicht das Problem: Kein neutestamentlicher Zeuge hat ja expliziter als Paulus die glaubenskonstitutive Bedeutung der Auferweckung Jesu und die in ihr uns eröffnete Hoffnung thematisiert. Anders steht es jedoch mit den Voraussetzungen, die Paulus (sachlich) doch ebenfalls für seine Deutung des Kreuzestodes beansprucht: *die Verkündigung und das Wirken des irdischen Jesus vor seinem Tod.* Ohne die aktuelle Vergegenwärtigung von Gottes bedingungslos zuvorkommender Liebe, wie sie im Handeln und der Predigt Jesu geschah, hätte seine Lebenshingabe am Kreuz auch nicht der offenbarende Erweis ihrer Endgültigkeit sein können: eben der von Gott selbst initiierte Vollzug der Versöhnung und Erweis der Unwiderruflichkeit seiner konditionslosen Feindesliebe, als den doch gerade Paulus das Sterben Jesu versteht (Röm 5,8ff). Expliziter, als es Anlaß, Intention und Adressaten der paulinischen Briefe wohl verlangten, wird deshalb die Dogmatik, um der umfassenden und jedenfalls heute indispensablen Begründungspflicht für ihre Aussagen zu genügen, die Verkündigung Jesu als Voraussetzung für die Erkenntnis der Bedeutung seines Todes benennen und das heißt: den Sinnzusammenhang von Jesu Verkündigung, Tod und Auferweckung systematisch zur Geltung bringen müssen. Übrigens wird sie nur dadurch auch die soteriologischen Interpretamente, die Paulus seinerseits für die Deutung des Todes Jesu heranzieht, nachhaltig (und schon vom ausgewiesenen hermeneutischen Ansatz her) vor den Verzerrungen schützen können, denen sie, insbesondere der Sühnegedanke, in ihrer Wirkungsgeschichte ausgesetzt waren. Wir brauchen dies hier nicht im einzelnen zu verfolgen, es wäre eingehend in der Soteriologie zu erörtern[138]. Für den Begriff von Gottes eschatologischem Gnadenhandeln aber ergibt sich, daß in seinen Inhalt ausdrücklicher als bei Paulus auch das vorösterliche Wirken Jesu aufzunehmen ist. Und dies nicht nur aus erkenntnislogischen Gründen, sondern letztlich wegen des Inhalts der eschatologischen Gnade selbst. Denn was Gottes Heils- und Gnadenhandeln in Jesus Christus zur Einheit eines unauflösbaren Geschehens- und Bedeutungszusammenhangs verbindet, ist ja nicht nur die numerische Identität dieses menschlichen Vermittlers, sondern zuvor schon

---

138 S. dazu *Th. Pröpper*, Erlösungsglaube und Freiheitsgeschichte. Eine Skizze zur Soteriologie, München ^{3}1991, 61–69.74–103.238–251.

die Qualität des durch ihn Geoffenbarten und schließlich – was ebenfalls offenbar wurde und so die Wahrheit seines Weges besiegelte – an ihm schon Vollendeten: daß nämlich die Liebe, die Gott durch ihn den Menschen zuwandte, gerade in der *Unbedingtheit* ihrer Entschiedenheit für sie offenbar und zur Vorgabe ihres Lebens werden sollte. Eben in dieser eschatologischen Dignität aber *konnte* sie sich nur offenbaren in der *Differenzeinheit ihrer Verwirklungsgestalten*: durch Jesu Verkündigung in ihrer bedingungslosen Zuvorkommenheit, durch sein Sterben in der absoluten Rückhaltlosigkeit ihrer Vergebungsbereitschaft und durch die Offenbarung seiner Auferweckung in ihrer wahrhaft göttlichen Ursprünglichkeit und ihrer verheißungsvollen, todüberlegenen Treue.

Methodisch folgt aus dem Gesagten, daß die systematische Explikation des Gnadenbegriffs, wenn sie in seinen Inhalt – schon durch erkenntnis- und sachlogische Gründe genötigt – das Geschehen der Verkündigung Jesu miteinbezieht, sich um ihres biblischen Anhalts willen einer breiteren neutestamentlichen Basis vergewissern muß, als sie bei Paulus gegeben ist. Und dies ist nun ohne Schwierigkeiten auch möglich. Es beeinträchtigt die maßgebliche Bedeutung des Paulus für die Gnadentheologie nicht im geringsten, wenn man mit *Edward Schillebeeckx* urteilt, daß die „quasi-exklusive Verbindung von charis mit dem *Kreuzestod* Jesu" jedenfalls insofern eine „Schmälerung des allgemeinen neutestamentlichen Gnadenbegriffs" darstellt, als „diese auf einen Punkt konzentrierte charis [...] im Ganzen des Neuen Testaments in einen umfassenderen Gnadenkontext gestellt" wird, innerhalb dessen jedoch „die paulinische Gnadenkonzeption ihre volle und authentische Bedeutung" behält[139]. Sichtbar wird dieser Kontext allerdings erst (und hier kommen nun die Eingangsbemerkungen des Kapitels zum Tragen), wenn man sich nicht nur an dem Begriff χάρις orientiert, sondern auch die inhaltsvolleren Leitgedanken beachtet, die in den neutestamentlichen Schriften jeweils als „Inbegriff" für Gottes eschatologisches Heilshandeln in Jesus Christus einschließlich seiner Verkündigung (oder sogar im primären Blick auf diese Verkündigung) fungieren. Daß dies bei den Synoptikern, in Übereinstimmung mit Jesu Verkündigung selbst, die in seinem Wirken schon anbrechende βασιλεία τοῦ θεοῦ ist, bedeutet systematisch, daß alles, was in inhaltlicher und struktureller Hinsicht für Jesu Botschaft und Praxis wesentlich ist, auch in den theologischen Gnadenbegriff eingehen muß. Wenn überdies (wie noch deutlicher

139 *E. Schillebeeckx*, Christus (Anm. 15), 144.

gezeigt werden soll) das Wesen der Basileia-Verkündigung Jesu als aktuelle Vergegenwärtigung der bedingungslos zuvorkommenden Güte Gottes gekennzeichnet werden darf, dann wäre vermittels dieser Inhaltsbestimmung auch schon die Verbindung zur paulinischen Deutung des Todes Jesu als Erweis der Feindesliebe Gottes gefunden und damit zugleich die inhaltliche Benennung des gesamten Gnadengeschehens als Gottes endgültiger Zuwendung seiner Liebe legitimiert.

Natürlich können wir jetzt Jesu Verkündigung und Wirken nicht näher betrachten und brauchen es auch nicht, weil das für unsere Fragen Wichtigste schon beim Thema des Verhaltens Jesu zu den Sündern zur Sprache kam[140] und unter dem Gesichtspunkt der Selbstgegenwart bzw. Selbstmitteilung Gottes im Wirken Jesu im nächsten Kapitel nochmals aufzunehmen ist. Erwähnt sei deshalb an dieser Stelle nur *Lukas*, sofern er als einziger der Synoptiker auch das Wort χάρις verwendet, allerdings vorwiegend in der Kindheits- sowie der Apostelgeschichte und dabei häufig in einer dem hellenistischen Kolorit seines Doppelwerks entsprechenden Weise (also im Sinn von Dank, Gunst usw.) oder auch – so beim Engelsgruß an Maria – unter Aufnahme der alttestamentlichen Formel: „Du hast Gnade gefunden bei Gott“ (Lk 1,30). Allerdings heißt es 4,22, daß bei Jesu Auftritt in der Synagoge von Nazareth alle darüber staunten, daß er „Worte der Gnade“ sprach (ἐπὶ τοῖς λόγοις τῆς χάριτος). Daß dies kaum im Sinn einer gefälligen oder auch (umgangssprachlich verstanden) „begnadeten“ Rede (Einheitsübersetzung) gemeint sein kann, belegt die Wiederkehr derselben Ausdrucksweise in Apg 14,3 (Paulus legt im Vertrauen auf den Herrn „Zeugnis ab für das Wort seiner Gnade“: ἐπὶ τῷ λόγῳ τῆς χάριτος αὐτοῦ), desgleichen in 20,24f, wo Paulus von seinem Dienst spricht, „das Evangelium von der Gnade Gottes zu bezeugen“, und unmittelbar darauf die zum Abschied versammelten Ältesten von Milet anredet als die, denen er „die Königsherrschaft (τὴν βασιλείαν) verkündet“ hat. Mit alledem scheint Lukas zu belegen, daß χάρις bereits zum geläufigen Inbegriff für den Inhalt der endzeitlichen Heilsbotschaft überhaupt (einschließlich des Wirkens Jesu) geworden ist[141]. (Von der Wirksamkeit der „Gnade Gottes“ in den Gemeinden wie auch im gesamten Missionswerk, das ihrer Vermittlung dient, sprechen weitere lukanische Stellen: Apg 11,22f; 14,26; 15,40.)

---

140 Vgl. o. Kap. 10.2.

141 Vgl. *E. Ruckstuhl*, Art. Gnade (Anm. 71), 473; *M. Theobald*, Art. Gnade (Anm. 71), 771.

Mitgeteilte Gottesgemeinschaft: Leben in Fülle (Johannes)

Im *Johannesevangelium* begegnet das Wort χάρις nur im Prolog. Wir haben seine (nämlich des fleischgewordenen Logos) Herrlichkeit gesehen, bezeugt Johannes, „die Herrlichkeit des Einziggezeugten des Vaters, voll Gnade und Wahrheit [...] Aus seiner Fülle haben wir alle empfangen, Gnade über Gnade [bzw. Gnade anstelle von Gnade: χάριν ἀντὶ χάριτος]. Denn das Gesetz wurde durch Mose gegeben, die Gnade und die Wahrheit kamen [wurden] durch Jesus Christus" (Joh 1,14.16f). Ob nun, wie *Michael Theobald* urteilt, V. 16 mit der Redewendung „χάριν ἀντὶ χάριτος" und dann vor allem V. 17 tatsächlich „die für Johannes typische christologische Konzentration in einer Intensität [bietet], welche Gefahr läuft, alttestamentliche Wirklichkeit theologisch zu entleeren", da mit ihr, was „nach Ex 34,6 die Offenbarung JHWHs auf dem Sinai auszeichnet, [...] jetzt exklusiv für das Christusgeschehen in Anspruch genommen" sei[142], oder ob hier doch nur, so *Rudolf Schnackenburg*, eine unpolemische „Überbietung der bisherigen Gesetzesordnung durch die Gnadenwirklichkeit Jesu Christi" gemeint ist[143], durch welche – wie *Eugen Ruckstuhl* erläutert – die frühere „Gnadenordnung und Gnadenverfügung, die von Gott in der Form des Gesetzes durch Mose als Mittler ‚geschenkt' wurde", als solche nicht abgewertet, sondern eben nur als „durch die endzeitliche Gnade [...] überboten" betrachtet wird[144], mag hier unentschieden bleiben. Desgleichen die Frage, ob sich die Bedeutung der Formel „voll Gnade und Wahrheit" (V. 14) bzw. „die Gnade und die Wahrheit" (V. 17) in der Aufnahme der alttestamentlichen Verbindung von *chesed* und *emet* erschöpft, wodurch immerhin der Logos nochmals indirekt als Gott bekannt wird, oder ob ἀλήθεια nicht überdies im spezifisch-johanneischen Sinn als „endgültige Offenbarung und Selbstmitteilung Gottes" und ebenso spezifisch χάρις als „liebende Zuwendung (des Logos)" aufgefaßt werden muß[145]. Die Bedeutung der gesamten Stelle ist eindeutig genug: „Der Logos-Sohn trat [...] mit seiner ganzen himmlischen ‚Fülle' in ‚die Sphäre des Irdisch-Menschlichen' ein, um im ‚Fleisch', das heißt in der Seinsweise des sterblichen Menschen, schaubar und erlebbar zu werden"[146].

142 *M. Theobald*, Art. Gnade (Anm. 71), 771.
143 *R. Schnackenburg*, Das Johannesevangelium I (HThK IV, 1), Freiburg 1965, 91.
144 *E. Ruckstuhl*, Art. Gnade (Anm. 71), 474.
145 A. a. O. 473f.
146 *A. Ganoczy*, Aus seiner Fülle (Anm. 8), 90 (mit Bezug auf R. Schnackenburg).

Von der damit vorgezeichneten Struktur bleibt das im vierten Evangelium bezeugte eschatologische Heilshandeln Gottes grundlegend geprägt, auch wenn es im weiteren nicht mehr das Wort χάρις, sondern vor allem die bedeutungsschweren und häufig fast synonym verwendeten Begriffe „Leben" und „Liebe" sind, die den Inhalt des endzeitlichen Heils- und Gnadengeschehens zusammenfassend benennen. Beide zeigen an, daß Gott seine innere Lebens- und Liebesgemeinschaft aus ungeschuldeter Ursprünglichkeit und mit Endgültigkeit in Jesus Christus auf die Welt der Menschen hin geöffnet hat und die Glaubenden durch den Geist in sie einbezieht[147]. Da wir die ausgeprägt trinitarische Explikation dieses Geschehens, soweit sie bei Johannes am Inbegriff „Liebe" orientiert ist, im nächsten Kapitel aufnehmen werden, darf jetzt eine kurze Stellensequenz zum Begriff „Leben" genügen, die unsere bei Paulus erhobenen Befunde teils bestätigt, teils auch – vor allem im Blick auf die Präsenz der eschatologischen Gnade im irdischen Jesus – ergänzt[148]. Wesentlich ist zum einen die Herkunft des durch Christus eröffneten Lebens „von oben", d. h. aus der himmlisch-göttlichen Sphäre, womit sein Gnadencharakter – ebenso wie durch die Verben διδόναι (bezogen auf den Geber) und λαμβάνειν (bezogen auf die Empfänger) – aufs stärkste zur Geltung gebracht wird; wesentlich zum anderen die entschieden christologische Zentrierung seiner Vermittlung, die alle Gnade zur *gratia Christi* werden läßt. Denn Jesus Christus offenbart und verleiht dieses Leben nicht etwa als eine ihm selbst äußerliche Gabe, sondern ist als der präexistente, aus der Welt Gottes stammende Lebenslogos (1,4) das Leben in eigener Person und bekundet dies explizit: „Ich bin die Auferstehung und das Leben" (11,25), „der Weg, die Wahrheit und das Leben" (14,6). Grund und Quelle des Gnadengeschehens ist also die Lebensgemeinschaft von Vater und Sohn: „Denn wie der Vater das Leben in sich hat, so hat er auch dem Sohn gegeben, das Leben in sich zu haben" (5,26). Entsprechend „weiß" der vom Vater Gesandte, „daß sein Auftrag ewiges Leben ist" (12,50): „Ich bin gekommen, damit sie das Leben haben und es in Fülle haben" (10,10). Empfangen wird es im Glauben, der selbst schon von der Gnade getragen ist: „Niemand kann zu mir kommen, wenn nicht der Vater, der mich gesandt hat, ihn zu mir führt" (6,44). Wer aber Jesu „Worte des ewigen Lebens" (6,68) hört und ihm tatsächlich

147 Vgl. a. a. O. 86f.

148 Vgl. zum folgenden auch a. a. O. 86ff; *F. Mußner*, Neutestamentliche Gnadentheologie (Anm. 71), 612–615.

glaubt, der „hat“ dieses Leben durch ihn und „in ihm“ (3,15.36; 5,24; 6,47; 17,2) – und er hat es nicht etwa als noch ausstehende, nur erst versprochene Gabe, sondern als wahrhaft mitgeteiltes in seiner Unvergänglichkeit schon jetzt, so daß auch die Umkehrung gilt: „Das ist das ewige Leben: dich, den einzigen wahren Gott, zu erkennen, und Jesus Christus, den du gesandt hast“ (17,3). Gleichwohl geht in dieser Präsenz des eschatologischen Lebens die futurische Hoffnung nicht unter, als wäre sie mit ihr schon erschöpft; auch Johannes wahrt die Differenz von Endgültigkeit und Vollendung: „Wer an mich glaubt, wird leben, auch wenn er stirbt“ (11,25), und wer „an meinem Wort festhält, auf ewig den Tod nicht schauen“ (8,51); „ich werde ihn auferwecken am Letzten Tag“ (6,44.40). Auch 10,28 wird das „ewige Leben“, das den Offenbarer mit den Seinen, den Geber mit den Beschenkten verbindet, auf die in seiner Unvergänglichkeit beschlossene Verheißung hin expliziert: Denn „niemals werden sie zugrunde gehen, und niemand wird sie meiner Hand entreißen“ …

Statt nun, wie es wohl lohnend wäre, eingehend Jesu Lebenshingabe und Erhöhung als Gestalt der Gnadenvermittlung zu betrachten oder auch die tiefsinnigen Begriffe und Metaphern für die Christusgemeinschaft der Glaubenden und ihre Gotteskindschaft auszudeuten (15,1–15; 1,12f; 3,5f u. a.), sei lediglich noch auf die Struktur und Logik des in der eschatologischen Gnade fundierten menschlichen Handelns hingewiesen. Denn auch Johannes bestimmt es als das der Gnadeninitiative Gottes entsprechende und sie darstellende Handeln: „Wir wollen lieben, weil er uns zuerst geliebt hat“ (1 Joh 4,19); so und *nur* so auch „erkennen wir, daß wir in ihm bleiben und er in uns“ (4,13). Und wie nach Paulus von Gottes Liebe in Christus uns nichts mehr zu trennen vermag, also der Tod seine bestimmende Macht über das Leben verlor, so gilt auch für Johannes (und er formuliert es präzise), daß immer, wenn wir es real und ernsthaft wagen zu lieben, „wir aus dem Tod hinübergegangen sind in das Leben“ (3,14).

Gnadenzeugnisse weiterer neutestamentlicher Briefe

Nicht nur der Vollständigkeit halber, sondern auch aus sachlichen Gründen sollen unsere Beobachtungen zum neutestamentlichen Gnadendenken durch einen kurzen und nunmehr unsystematischen Ausblick auf die bislang unerwähnten Schriften noch etwas abgerundet werden. Denn obwohl bei ihrer Rede von Gottes Gnade, die durchweg – wenn auch in unterschiedlicher inhaltlicher und soteriologischer Beleuchtung – als Inbegriff für das eschatologische Heilsgeschehen in Jesus Christus erscheint, eine gewisse konventionelle Verflachung schon unübersehbar ist, wird man die Authentizität der situativen Vergegenwärtigung ihres Zeugnisses für die Gnade, die sie im Dienst der alltäglichen Bewährung des Glaubens versuchen, doch ebenso würdigen müssen wie die Relevanz einzelner origineller Aspekte, die dabei zutage treten. Gleichwohl müssen jetzt wenige Hinweise genügen.

Am deutlichsten spiegelt sich die Nachwirkung der paulinischen Gnadentheologie im *Epheserbrief*, auch wenn sie hier in ruhig dahinfließende, „abgeklärte Lehrsätze" gefaßt ist[149], die von der Dramatik des paulinischen Denkens nicht allzuviel mehr erkennen lassen. Die zentrale Passage 2,1–11 lautet leicht gekürzt[150]: „Auch euch, die ihr tot waret durch eure Übertretungen und Sünden, in welchen ihr einst wandeltet gemäß dem Äon dieser Welt, gemäß dem Fürsten der Luftmacht, dem Pneuma dessen, der jetzt (noch) wirksam ist unter den Söhnen des Ungehorsams [...] Gott aber, reich an Erbarmen, hat wegen seiner vielen Liebe, mit der er uns geliebt hat, uns, obgleich durch die Übertretungen Tote, mit lebendig gemacht mit Christus – gnadenhaft seid ihr gerettet! – und hat uns mitauferweckt und hat uns mitsitzen lassen im himmlischen Bereich in Christus Jesus, damit er anzeige in den kommenden Äonen den überschwenglichen Reichtum seiner Gnade durch freigebige Güte gegen uns in Christus Jesus. Denn gnadenhaft seid ihr gerettet durch Glauben; und dies nicht aus euch, Gottes Gabe (ist es vielmehr). Nicht aus Werken, damit keiner sich rühme! Sein (Schöpfung-)Werk nämlich sind wir, geschaffen in Christus Jesus zu guten Werken, welche zuvorbereitet hat Gott, damit wir in ihnen wandeln sollen". Mag der Ausdruck „mitsitzen im himmlischen Bereich" auch etwas befremden, so treten die genuin paulinischen Motive hier doch so deutlich hervor, daß sie nicht eigens herausgestellt werden müssen. Neu ist freilich der weitausgedehnte, auch noch die kosmische Dimension miteinbeziehende heilsgeschichtliche Rahmen, in den Gottes endzeitliches Gnadenhandeln gestellt wird; neu auch die breite Ausführung des Gedankens der ewigen Vorbestimmung und Erwählung, als deren Ursprung allein Gottes Liebe benannt wird und als Ziel das „Lob seiner herrlichen Gnade" (1,4ff). In diesem auf Christus, in dem die

149 *M. Theobald*, Art. Gnade (Anm. 71), 771.
150 Übersetzung nach *F. Mußner*, Neutestamentliche Gnadentheologie (Anm. 71), 620.

„Fülle der Zeiten" heraufgeführt wurde (1,10), zentrierten Heilsplan wird nun – rückblickend – auch die heilsgeschichtliche Rolle des Paulus bestimmbar und in einer Weise erläutert, die dessen eigenes Selbstzeugnis (etwa Röm 15,15f) weit überbietet: War nämlich durch Jesu Heilstat am Kreuz die Trennwand zwischen Juden und Heiden niedergerissen (2,11–22), so wurde es der als Gnade geschenkte Auftrag des Paulus, den Heiden „als Evangelium den unergründlichen Reichtum Christi" zu verkünden, ihnen also das von Ewigkeit her in Gott verborgene, nun aber Wirklichkeit gewordene Geheimnis zu enthüllen und so selbst Werkzeug seiner Realisierung zu sein (3,1–12)[151].

Auch in den *Pastoralbriefen* scheint die paulinische Gnadenlehre vielerorts durch. Doch möchte ich aus dem 1. Timotheusbrief nur die Stelle erwähnen, die neben Tit 2,11 zur klassischen Instanz für Gottes universalen Heilswillen wurde: „Das ist recht und gefällt Gott, unserem Retter; er will, daß alle Menschen gerettet werden und zur Erkenntnis der Wahrheit gelangen" (2,3f). Besonders bewegend in 2 Tim ist die Aufforderung an den Adressaten (1,6–10), gegen alle Anflüge von Verzagtheit die empfangene Gnade wieder zu „entfachen": „Gott gibt dazu die Kraft: Er hat uns gerettet; mit einem heiligen Ruf hat er uns gerufen [...] aus eigenem Entschluß und aus Gnade, die uns schon vor ewigen Zeiten in Christus Jesus geschenkt wurde; jetzt aber wurde sie durch das Erscheinen unseres Retters Christus Jesus offenbart. Er hat dem Tod die Macht genommen und uns das Licht des unvergänglichen Lebens gebracht". Beachtung verdient, daß statt der Rechtfertigung aus Gnade nun die „Rettung aus Gnade" im Vordergrund steht und damit die Terminologie der Synoptiker wieder zu Ehren kommt, daß aber zugleich auch die Ankunft der rettenden Gnade Gottes in Jesus Christus als ein Epiphanievorgang aufgefaßt wird[152]. Beides begegnet dann auch im Titusbrief, der zudem ebenso wie vom Erscheinen der Gnade Gottes (2,11) auch in hellenistischer Abwandlung vom Erscheinen seiner „Güte und Menschenfreundlichkeit (φιλανθρωπία)" spricht (3,4). Dieselbe Güte, Nachsicht und Freundlichkeit zu allen Menschen wird namlich auch den Christen empfohlen. Dem ganzen Brief liegt erkennbar daran, inmitten einer von Haß, Bosheit und Neid gezeichneten Welt, in der durch Jesus Gottes Menschenfreundlichkeit aufging, die zu ihm Gehörenden zu einem Leben aus seiner Gnade zu ermuntern, das jen-

151 Vgl. *E. Ruckstuhl*, Art. Gnade (Anm. 71), 472.
152 Vgl. *F. Mußner*, Neutestamentliche Gnadentheologie (Anm. 71), 621f.

seits von Anpassung und Absonderung gerade auch Andersdenkende durch seine Humanität überzeugt. Dabei traut er der Gnade selbst sogar zu, daß sie „uns dazu erzieht“ (2,12): eine Pädagogik der Gnade also, die Patristik hatte hier einen Anknüpfungspunkt.

Vom „Thron der Gnade“, zu dem wir voll Zuversicht hingehen können, damit wir Erbarmen empfangen und Gnade finden zu rechtzeitiger Hilfe, spricht Hebr 4,16. Wir brauchen die Gnadenlehre dieses Briefs im Kontext seiner Soteriologie und eigenwilligen Eschatologie jetzt nicht zu erschließen – die zentrale Aussage spricht auch für sich: Gnade ist der „durch Christus geöffnete Himmel“[153], für immer offenstehende Gnade. Umso dringlicher freilich die Mahnung, daß niemand durch Glaubensabfall, Leichtsinn oder Verführung „die Gnade Gottes verscherzt“ (12,15); für jeden gut ist vielmehr, weiß der Hebräerbrief zu raten, auf dem Weg seines Glaubens „das Herz durch Gnade zu stärken“ (13,9).

Einen nochmaligen Höhepunkt erreicht das neutestamentliche Gnadendenken im *1. Petrusbrief* – und dies gerade wegen der Nüchternheit, mit der er bei seiner prägnanten Applikation der allgemeinchristlichen Rede von der Gnade auf die schwierigen Bedingungen, denen die Gemeinde als gesellschaftliche Minorität ausgesetzt ist[154], die Differenz zwischen Ankunft und Vollendung der endzeitlichen Gnade im Blick hat. Zwar gilt unumstößlich: „Christus ist ein für allemal für die Sünden gestorben, damit er euch Gott zuführe“ (3,18) – Gnade also als endgültig schon eröffnete „Nähe und Gemeinschaft mit Gott“[155]. Im Blick auf die durch Jesu Auferstehung von den Toten bewirkte „lebendige Hoffnung“ wie auch auf Gottes Wort, „das lebt und das bleibt“, kann der Brief sogar formulieren, daß Gott „in seinem großen Erbarmen uns neu geboren hat“ (1,3.23). An der Gegenwart der eschatologischen Gnade, von den Propheten geweissagt (1,10), ist also kein Zweifel, seit Christus „euretwegen am Ende der Zeiten erschienen ist“ (1,20). Zugleich aber heißt es: „Macht euch bereit, seid nüchtern und setzt eure Hoffnung ganz auf die Gnade, die euch bei der Offenbarung Jesu Christi geschenkt wird“ (1,13). Hier ist deutlich an die „Vollendung [...] durch die noch ausstehende Endoffenbarung des Auferstandenen“ gedacht: an die Gnade als „letzte Entfaltung dessen, was Gott in seiner liebenden Zuwendung durch Christus

---

153 A. a. O. 622.

154 Vgl. *M. Theobald*, Art. Gnade (Anm. 71), 771.

155 *F. Mußner*, Neutestamentliche Gnadentheologie (Anm. 71), 623.

[…] bis jetzt schon gewirkt hat“[156]. Doch lenkt diese Aussicht keineswegs von der Gegenwart ab, sondern weist in sie ein. Thema des Briefes bleibt das Zeugnis der Praxis: die „wahre Gnade, in der ihr stehen sollt“ (5,12). Dabei geht es ihm nicht nur darum, daß alle – „jeder mit der Gabe, die er empfangen hat“ – „als gute Verwalter der vielfältigen Gnade Gottes“ einander alltäglich dienen (4,10) und etwa die Männer ihre Frauen, die doch wie sie selbst „Erben der Gnade des Lebens“ sind, rücksichtsvoll behandeln und ehren (3,7), sondern primär um die Treue zur Gnade selbst in der Situation realer Bedrängnis: „Das ist Gnade, wenn jemand in der Bindung an Gott Schweres hinnimmt und ungerecht leidet“ (2,19). Würde er wegen einer Verfehlung Schläge ertragen – was wäre dabei schon Besonderes! Anders jedoch, „wenn ihr recht handelt und trotzdem Leiden erduldet: τοῦτο χάρις παρὰ θεῷ“; Christus selbst hat euch ja dieses „Beispiel“ gegeben, „damit ihr seinen Spuren folgt“ (2,20f). Indessen „ermahnt“ dieser Brief nicht nur, sondern er „bezeugt“ auch die Gnade und rechnet mit dem Erweis ihrer Kraft: Denn der „Gott aller Gnade“, der euch in der Gemeinschaft mit Christus zur Vollendung berufen hat, er „wird euch, die ihr kurze Zeit leiden müßt, wiederaufrichten, stärken […] und auf festen Grund stellen“ (5,10).

Abschließend noch zwei bemerkenswerte Aussagen des *2. Petrusbriefs*. Zum einen mahnt er dazu, „in der Gnade“ Jesu Christi „zu wachsen“ (3,18) und verpflichtet damit auf den Weg, der dem zur Gewohnheit werdenden Glauben als niemals erledigte Aufgabe bleibt. Zum anderen kennzeichnet er das durch die Gnade eröffnete Heil mit der auffallenden Wendung, daß ihr „der göttlichen Natur teilhaftig“ werden sollt: θείας κοινωνοὶ φύσεως (1,4). Auch wenn dabei im gegebenen Kontext (und durchaus noch auf der Linie der entsprechenden Aussagen des Paulus) an die durch die Taufe geschenkte „Teilnahme am *unvergänglichen* Leben Gottes durch die Gnade“ gedacht ist und insofern von einer „akuten Hellenisierung“ kaum schon die Rede sein kann[157] – ein deutlicher Inkulturationsschritt ist die Aussage allemal: eine zumindest terminologische Brücke zur griechischen Patristik und ihrer soteriologischen Leitidee der Vergöttlichung.

156 *E. Ruckstuhl*, Art. Gnade (Anm. 71), 474.
157 *F. Mußner*, Neutestamentliche Gnadentheologie (Anm. 71), 624f.

4. Elemente der klassischen Gnadenlehre

Wenn wir in diesem Abschnitt – wie schon zu Beginn des Kapitels begründet – von den „Vorgaben" der nachbiblischen Tradition nur noch – und auch dies nur im Grundriß – die klassische Gnadenlehre des Hochmittelalters zur Kenntnis nehmen und diskutieren wollen, so ist dabei natürlich in erster Linie an die Gnadenlehre des *Thomas von Aquin* gedacht, wie sie ihre vollendete Gestalt in der *Summa theologiae* fand. Denn in ihr hat Thomas nicht nur alle relevanten Themen, Motive und Fragen des ihm vorausgegangenen Gnadendenkens zusammengefügt, sie mit Hilfe des *Aristoteles* systematisch durchdacht und gerade durch seine konsequent ontologische Interpretation des Gnadengeschehens den absoluten Primat der Gnade zu sichern versucht, sondern mit diesem Entwurf und seinen grundlegenden Elementen auch einen überragenden, zwar erst mit dem 16. Jahrhundert voll einsetzenden, dann aber bis in die Mitte des vorigen Jahrhunderts anhaltenden Einfluß erlangt. Schon bei der Darstellung und erst recht der Erörterung dieses Entwurfs soll das Interesse an der Frage nach seinem möglichen Beitrag für eine heutige Gnadentheologie uns leiten: worin seine gültigen Einsichten bestehen und worauf seine zu bewahrenden Intentionen sich richten, ob und wie weit er die eigenen Ziele erreicht, die damaligen gnadentheologischen Fragen gelöst hat und womöglich für die Lösung der gegenwärtigen noch hilfreich sein könnte; ob ferner die spätere Kritik – die reformatorische, aber auch innerkatholische – allenfalls die thomistische Schultheologie, die Barock- und Neuscholastik oder schon tatsächlich ihn selbst trifft und ob schließlich sein mit aristotelischen Denkmitteln explizierter Augustinismus noch immer ein Modell für das systematische Gnadendenken abgeben kann oder gerade umgekehrt die Suche nach alternativen Vorgaben und Perspektiven verlangt. Also soll nun die klassische Gnadenlehre des Thomas in ihren Grundgedanken und entscheidenden Begriffen skizziert, zuvor aber, um den nötigen Verständniszugang zu gewinnen, die Zeit der Vorbereitung, also die gnadentheologische Entwicklung des Frühmittelalters in den Blick genommen und diese Betrachtung noch auf die beginnende Hochscholastik und Thomas selbst, bis an die Schwelle der *Summa theologiae* nämlich, ausgedehnt werden. Da sich allerdings gerade die Zeit zwischen dem 6. und 13. Jahrhundert einer logisch gefälligen kontinuierlichen Nachzeichnung versperrt und eine auf das Wesentliche konzentrierte und zugleich genügend detaillierte Darstellung wegen der Vielfalt der divergierenden, oft auch sich überschneidenden

Motive und Theoreme nicht zu leisten ist, muß es genügen, die wirklich charakteristischen und für die Entwicklung entscheidenden Elemente in lockerer Anordnung zu benennen[158].

Gnadentheologie im Frühmittelalter: Themen, Richtungen, Einflüsse, Probleme

Nehmen wir also die Beobachtung der gnadentheologischen Entwicklung, die wir bei der Geschichte der Sündenlehre mitverfolgt hatten, an der Stelle wieder auf, wo wir sie unterbrachen. Obwohl die Texte von Orange schon bald nach der Synode in Vergessenheit gerieten, blieb Augustins bestimmender Einfluß bis ins Hochmittelalter wirksam: nicht nur durch die von ihm selbst behandelten oder auch hinterlassenen Probleme, sondern auch die Vorentscheidungen und Weichenstellungen für ihre künftige Lösung. Dies gilt vor allem für Augustins grundlegendes Verständnis der Gnade als einer besonderen, im Inneren des Menschen souverän wirkenden göttlichen Kraft und ihres Verhältnisses zur menschlichen Freiheit. Schon angesichts der wachsenden Bedeutung des Mönchtums und anderer Gruppen, die sich um eine strenge christliche Lebensführung bemühten, war die Doppelfrage „Was tut Gott, was leisten wir?" geradezu unausweichlich und erwies sich tatsächlich als Motor der weiteren Entwicklung. Die anthropologische Ausrichtung des Denkens, wie sie signifikant bei Augustinus aufgebrochen war, wird nun durch das Interesse am praktisch-ethischen Glaubensvollzug und dann nochmals im Zuge der Aristoteles-Rezeption verstärkt: erlaubten die Begriffe der Substanz und der von ihr selbst zu

158 Die darstellenden und interpretierenden Teile dieses Abschnitts basieren hauptsächlich (außer auf S.th. I–II, 109–114) auf: *O. H. Pesch*, „Gnade" (Anm. 15), 42–54; *ders.*, Die „klassische" Gnadenlehre: *ders.*, *A. Peters*, Einführung (Anm. 15), 55–107; *ders.*, Frei sein aus Gnade (Anm. 5), 91–98.256–267; *ders.*, Thomas von Aquin. Grenze und Größe mittelalterlicher Theologie, Mainz 1988, 231–253; *P. Fransen*, Dogmengeschichtliche Entfaltung der Gnadenlehre: MySal 4/2, 631–765, 642–646.663–693; *G. Greshake*, Geschenkte Freiheit (Anm. 3), 56–73; *K.-H. Menke*, Das Kriterium des Christseins. Grundriss der Gnadenlehre, Regensburg 2003, 76–105. Herangezogen wurden außerdem: *A. Ganoczy*, Aus seiner Fülle (Anm. 8), 149–183; *B. J. Hilberath*, Gnadenlehre (Anm. 6), 18–25; *W.-D. Hauschild*, Art. Gnade IV. Dogmengeschichtlich: TRE 13, 476–495, 485–489; *E. Greshake*, *E.-M. Faber*, Art. Gnade V. Theologie- u. dogmengeschichtlich: LThK^3 4, 772–779; *E.-M. Faber*, Art. Gnade VI. Systematisch-theologisch: LThK^3 4, 779–785; *J. Auer*, Art. Gnade III. Zur Geschichte der Gnadenlehre: LThK^2 4, 984–991; *K. Rahner*, Art. Gnade IV. Systematik: LThK^2 4, 991–998; *G. Kraus*, Art. Gnade: LKDog 201–209.

unterscheidenden Vermögen es doch, die relative Selbständigkeit des Menschen und seiner Akte stärker zu beachten und schließlich auch die Struktur seines Handeln präziser zu erfassen[159]. Zwar erfolgt die Rezeption des „ganzen Aristoteles", also seiner Metaphysik, Ethik, Psychologie usw. erst im 13. Jahrhundert, doch waren seine logischen Schriften, namentlich die „Kategorien", auch schon dem Frühmittelalter gut bekannt. Vorerst freilich befolgte man weiter (wie schon Augustinus) ein *psychologisches* Verfahren, das sich erkennbar auf reale menschliche und geistliche Erfahrungen stützte und sich an ihnen bewährte. Mit Hilfe augustinischer Begriffe, für deren Weitergabe vor allem *Gregor I.* gesorgt hatte, wird das Verhältnis der göttlichen Gnadenhilfe zu den einzelnen Phasen des Glaubensprozesses näher bestimmt und dabei – geleitet von der augustinischen Unterscheidung der Gnade des Anfangs von der Gnade der Beharrung – vor allem zwischen wirkender und mitwirkender sowie zwischen zuvorkommender und nachfolgender (begleitender, helfender) Gnade differenziert.

Aufschlußreich, aber zu weit führend wäre es wohl, der jeweiligen *Zuordnung* der Gnadenthematik nachzugehen. Ihre klassischen Orte sind jedenfalls die Lehre von den Tugenden, die Lehre von den Sakramenten, die Christologie und die Lehre von Schöpfung und Urstand des Menschen. Wenigstens erwähnt sei jedoch, daß der Begriff „Rechtfertigung" auffallend hinter dem Gnadenbegriff zurücktritt oder synonym mit ihm verwendet wird[160]. Dies rührt wohl u. a. daher, daß „iustificatio" zwischen seiner forensischen Bedeutung (Gerecht*sprechung*) und dem Modell der Neuschöpfung (Gerecht*machung*) oszilliert. Erst als *Petrus Lombardus* den Ausdruck einmal fast beiläufig im Sinne von „Nachlaß der Sünde" verwendet hatte, entstand ein „tractatus de iustificatione impii" und fand seine Stelle in der Lehre vom Bußsakrament. Je mehr sich dann aber die Gnadenlehre zu einem eigenständigen Traktat ausbildet, wird sie naturgemäß auch der Ort der Rechtfertigungslehre. Denn grundsätzlich wird Gnade als Sündenver-

---

159 Schon hier sei auf die Bemerkung *G. de Lagardes* hingewiesen, an die *P. Fransen*, Dogmengeschichtliche Entfaltung (Anm. 158), 666 erinnert: daß nämlich „der Aristotelismus einen mehrfachen oder vielmehr ambivalenten Einfluß ausübte. Er konnte zweifellos das Bestreben fördern, die Menschennatur an sich, in ihrer eigenen Finalität ins Auge zu fassen und dabei von der übernatürlichen Anziehungskraft der Gnade abzusehen. Gleichzeitig aber konnte auch die theozentrische und hierarchische Wirklichkeitsstruktur der Aristoteliker einfach die herkömmlichen Denkrichtungen verstärken".

160 Vgl. dazu *O. H. Pesch*, „Gnade" (Anm. 15), 52ff; *ders.*, Frei sein aus Gnade (Anm. 5), 97f.

gebung *und* als Heiligung der Aktivität des Menschen verstanden, beides zugleich.

Vornehmlich wurde die Gnade denn auch im Rahmen der Tugendlehre behandelt: ist sie durch ihre Notwendigkeit für jedes heilsbedeutsame Handeln doch geradezu definiert und näherhin als Quelle, Fundament und bald sogar *bleibendes Prinzip aller Tugenden* angesetzt. Seinen entscheidenden Ausdruck findet ihr Wirken in den theologalen, heilsverdienstlichen Tugenden Glaube, Hoffnung und Liebe, wobei der Glaube als „erste Gnade" gilt, mit der die Rechtfertigung verbunden ist. Aber auch die Kardinal- und sonstigen natürlichen Tugenden sind bereits von der Gnade getragen, weshalb man die guten Werke auch als Ausfluß der Gnade versteht und sie entsprechend erwartet. Umso dringlicher aber dann wieder das Problem, wie das unfehlbare Wirken der Gnade mit der Freiheit des Willens zusammengedacht werden kann – ein ständig virulentes Problem, das immer wieder an verschiedenen Stellen hervorbricht und durchaus unterschiedliche Antworten findet.

So etwa kam es noch in karolingischer Zeit zu erneuten Streitigkeiten über die Prädestination[161]. Gegenüber dem unsteten Mönch *Gottschalk von Orbais*, der das Voraus*wissen* Gottes als gleichbedeutend mit Gottes Voraus*bestimmung* der einen zum Heil und der anderen zum Unheil darstellte und deshalb die *praedestinatio gemina* lehrte, vertraten *Hrabanus Maurus* und *Hinkmar von Reims* den universalen Heilswillen Gottes und wiesen die These, daß Gottes Vorauswissen, wer in der von Augustinus beschriebenen *massa perditionis* verbleibe, ihn deshalb auch schon zur Verdammnis *bestimme*, entschieden zurück. Auf drei Synoden wurde Gottschalks Auffassung verurteilt, bis sich eine vierte 855 in Valence dann für die strengen Augustinisten, also *für* die doppelte Vorherbestimmung aussprach, ohne für den Fall der Verdammung doch mehr als ein göttliches Voraus*wissen* klar behaupten zu wollen. Auf eine ebenso pragmatische wie hilflose Weise, nämlich durch den Verzicht beider Seiten auf gegenseitige Verurteilung, fand der akute Streit – ganz ähnlich wie später der Gnadenstreit der Neuzeit – sein Ende, das Problem aber blieb ungelöst und wohl auch, schon wegen der Art und Prämissen der Problem*stellung*, grundsätzlich unlös*bar*. Und hatte nun immerhin auch einmal die menschliche Freiheit gebührende Beachtung gefunden, so schossen die praktischen Folgen des Streits

161 Vgl. dazu *P. Fransen*, Dogmengeschichtliche Entfaltung (Anm. 158), 668f; *K.-H. Menke*, Das Kriterium (Anm. 158), 76–79.

doch noch weit über dieses Anliegen hinaus. Insbesondere die These des Hrabanus, daß die Taufe den Menschen als sittliches Subjekt restituiere und ihm die Fähigkeit wiedergebe, die Gnade Gottes durch gute Werke anzunehmen, führte bei vielen dazu, die guten Taten als Ausweis für den Empfang der Gnade zu betrachten: „Eine Extremposition evoziert die andere. Augustins *sola gratia* [...] begünstigt de facto ein Bewusstsein, das Augustinus selbst pelagianisch genannt hätte. Die Mönche des Mittelalters [...] erklärten ihre guten Werke zum Kriterium für den Empfang und die Annahme der allein seligmachenden Gnade. Wer die Taufgnade empfangen hat, ist apriori befähigt, diesem Kriterium zu entsprechen“[162].

Nach einem Konzept des rechtschaffenden Handelns und der Bedeutung der Gnade in ihm suchten dann im 11./12. Jahrhundert *Anselm von Canterbury* und *Petrus Abaelard.* Denn für Anselm ist es eben die Rechtheit (*rectitudo*) des Willens, nämlich dessen Ausrichtung auf den Schöpfer, die der Christ durch die zuvorkommende Gnade empfängt und durch das Nachfolgen der gleichen Gnade bewahrt, weil diese auch weiterhin und ständig dem von ihr befreiten und für sie aufgeschlossenen Willen die *rectitudo* vermittelt. Gerecht ist demnach, wer die Gnade als Wurzel der *rectitudo* bewahrt, da diese die Ausübung der Tugenden, vor allem des Glaubens, ja trägt. Unter Anselms Einfluß haben viele Theologen des 12. Jahrhunderts denn auch die heiligende Gnade als Bewegung des Willens mit den Tugenden verstanden[163].

Wenigstens ebenso bemerkenswert aber ist, daß Anselm im vollen Bewußtsein des Problems von göttlicher Gnade und selbstverantwortlicher Freiheit des Menschen eigens einen „Dialogus de concordia praescientiae et praedestinationis et gratiae Dei cum libero arbitrio“ verfaßte. Grundlegend für ihn gilt, daß jedes Seiende in dem Maße es selbst ist, wie es dem in sein Innerstes gesenkten Sollen, nämlich seiner Bezogenheit auf den Schöpfer, entspricht – und das heißt für den Menschen, daß er in eben dem Maße, wie er Gott entspricht, zugleich sich selber entspricht. Von hier aus wird nicht nur Anselms Identifizierung des Strebens des Menschen nach Glück mit seinem Wollen des göttlichen Willens verständlich, sondern auch seine Bestimmung des Freiheitsgedankens zugänglich. Da es nämlich kein vom Schöpfer begründetes Sollen geben kann ohne

---

162 *K.-H. Menke,* Das Kriterium (Anm. 158), 78.

163 Vgl. *W.-D. Hauschild,* Art. Gnade (Anm. 158), 485; zum folgenden *K.-H. Menke,* Das Kriterium (Anm. 158), 79–88.

das Geschenk des entsprechenden Könnens, ist eben die Fähigkeit, die eigene *rectitudo* bejahen zu können, identisch mit der Gabe der Freiheit. Doch wohlgemerkt: In deutlicher Abwehr der in der Karolingerzeit aufgekommenen Bestimmung der Willensfreiheit als des Vermögens, entweder zu sündigen oder nicht zu sündigen, wird hier die Selbstursächlichkeit des Willens (*libertas arbitrii*) in dessen Bezogenheit auf die Bedingung seiner selbst, auf Gott also, verankert: Anders als im Bejahen ihres Grundes, im Wollen des Willens Gottes, ist Freiheit überhaupt nicht *wirklich*. Nun aber, infolge des Sündenfalls, erstreben die Menschen allesamt *unabhängig* vom Willen Gottes ihr Glück. Da jedoch andererseits der Schöpfer, was er einmal gegeben, nicht wieder zurücknehmen kann, unterscheidet Anselm umso schärfer zwischen dem der menschlichen Natur eingeschriebenen *Vermögen* zur sittlichen Gutheit und der *tatsächlichen Unfähigkeit* des Sünders zu ihr, seinem faktischen Unvermögen also, aus eigener Kraft sein Glück im Wollen des höchsten Gutes zu suchen. Was aber ist das bloße Vermögen zur *rectitudo* noch wert, wenn es sich selbst überhaupt nicht vollziehen kann? Jedoch für Anselm bleibt es dabei: „Kein Nachkomme Adams kann auf Grund seines Vermögens zur sittlichen Gutheit sittlich gut sein ohne jene ungeschuldete Gnade, die den einen geschenkt und den anderen vorenthalten wird". So löst auch Anselm, konstatiert *Karl-Heinz Menke*, „die entscheidende Frage der augustinischen Gnadenlehre nicht"[164]: „Statt das Konzept des Kirchenvaters grundsätzlich in Frage zu stellen, arbeitet er sich an den Inkonsequenzen der augustinischen Gnaden- und Freiheitslehre ab, ohne deren Aporien wirklich zu überwinden"[165] – es sei denn, möchte ich hinzufügen, man dürfte die Befreiung des Willens durch die Gnade ernsthaft als Freisetzung seiner Freiheit in ihre eigene Ursprünglichkeit verstehen. Gerade diesen Weg jedoch schneidet Anselms metaphysische Konzeption des Freiheitsvermögens leider ab[166].

164 *K.-H. Menke*, Das Kriterium (Anm. 158), 86.

165 A. a. O. 79.

166 Was Anselms Bedeutung für die Gnadenlehre betrifft, sei wenigstens anmerkungsweise auch noch einmal an den weiteren Schub zur Verinnerlichung der Gnade und somit die weitere Lockerung der Verbindung von innerer und äußerer Gnade, von Christologie und Gnadenlehre erinnert, die Anselms Satisfaktionslehre mit ihrer Trennung von objektiver und subjektiver Erlösung, d. h. von den durch Christi Heilswerk erworbenen und in der Gnade den einzelnen Gläubigen nur noch zugeeigneten Verdiensten bewirkte: vgl. o. Kap. 7.1.

Einen anderen, gelegentlich pelagianisch getönten Akzent setzte *Abaelard* in seinem personalistisch-ethizistischen Ansatz[167], insofern hier nämlich die Besonderheit der eigentlichen Heilsgnade hinter der Funktion der allen Menschen erreichbaren *gratia praeveniens* zurücktritt, die dem menschlichen Tun vorausgeht und es zum Heil lenkt. Indem diese Gnade in der Geistseele das Fundament der Tugend des Glaubens legt und dabei Gottes Einwohnung als *gratia inhabitans* sie innerlich bestimmt, werden im Gläubigen die *caritas* als freie Zuwendung zu Gott und prägende Lebenskraft und mit ihr – ohne daß es für jeden Schritt einer erneuten Gnadenmitteilung bedürfte – auch die weiteren Tugenden geweckt. So kommt es primär darauf an, daß der Mensch glaubt, daß er von Gott als gerecht angesehen wird und die *caritas* hat. Wenn dies der Fall ist, wird Gott ihm auch mitteilen, was etwa noch zum Heile notwendig ist. Mit alledem stimmt gut zusammen, daß Abaelard wie sonst kaum jemand die vom Schöpfer gewollte sittliche und religiöse Eigenverantwortung des Individuums herausstellt. Daß er zudem in der Ethik die Bedeutung des subjektiven Moments der Intention und Gesinnung erkannt und in der Lehre vom Gewissen entfaltet hat. Und daß – gewiß nicht zufällig – in *seiner* Schule das schon erwähnte, durchaus ambivalente Axiom aufkam: „Dem, der tut, was in ihm ist, versagt Gott nicht die Gnade“[168].

Eine kaum zu überschätzende Bedeutung für die Übermittlung des augustinischen Gedankenguts an das Mittelalter gewannen die vier um 1150 entstandenen Sentenzenbücher des *Petrus Lombardus*[169], die schnell ihren Platz im scholastischen Studienbetrieb eroberten, seit etwa 1230 bis weit ins 16. Jahrhundert sogar als offizielles Lehrbuch der systematischen Theologie fungierten und deshalb nicht nur Methode, Stil und Inhalt des theologischen Studiums stark prägten, sondern jeden Magister der Theologie auch geradezu nötigten, zu den vorliegenden Thesen mündlich oder – wie die zahlreichen Sentenzenkommentare belegen – sogar schriftlich Stellung zu nehmen. Den Studierenden wurde durch diese Sammlung der Stoff der Theologie in übersichtlicher, auf begriffliche Genauigkeit bedachter und

167 Vgl. dazu *W.-D. Hauschild*, Art. Gnade (Anm. 158), 485; *A. Ganoczy*, Aus seiner Fülle (Anm. 8), 150.

168 „Facienti quod in se est, Deus non denegat gratiam“. Weiteres zu diesem Axiom bei *O. H. Pesch*, Die „klassische“ Gnadenlehre (Anm. 158), 62 u. ö.

169 Vgl. zum folgenden bes. *O. H. Pesch*, „Gnade“ (Anm. 15), 46–48.

doch bekömmlicher Weise geboten, aber ebenso gewissenhaft auch über alle wichtigen Kontroversen berichtet, wobei Lombardus eben Augustinus als beherrschenden Gewährsmann beansprucht, ihm fast immer recht gibt und ihn reichlich – gerade auch in der Gnadenlehre – selbst zu Wort kommen läßt. Obwohl sein Kompendium kaum aus eigener Augustinus-Lektüre erwuchs, sondern Lombardus bereits kursierende Zitatensammlungen benutzte, reichten „die Positionen der ‚Sentenzen' [doch] aus, um Augustinus zum effektiven Lehrer der abendländischen Theologie zu machen"[170], an dem kein namhafter Vertreter der Zunft, gleich welcher Richtung, vorbeikam. Speziell um die Gnadenlehre aber machte sich Lombardus verdient, indem er zum einen die verschiedenen Orte, an denen sie zuvor traktiert wurde, zu synthetisieren versuchte und so ihre stärkere, aber für viele Neuansätze noch offene Systematisierung anbahnte und zum anderen mehrfach durch seine eigenen Voten auch ihre inhaltliche Weiterentwicklung anstieß.

Als fruchtbare Provokation wirkte es bereits, daß Lombardus mit Bezug auf Röm 5,5 den in uns weilenden Heiligen Geist nicht nur als die Liebe zwischen Vater und Sohn, sondern auch selbst als die Liebe, mit der *wir* Gott und die Menschen lieben, auffaßte: als unsere Tugend der *caritas* also[171]. Damit war zum einen der Heilige Geist mit der Gnade, der Geber mit der Gabe identifiziert, obwohl Paulus in Röm 5,5 doch zwischen der Agape, die in uns ausgegossen wird, und dem uns geschenkten Geist, durch den dies geschieht, deutlich unterscheidet. Zum anderen waren Schöpfer und Geschöpf in einer Weise vermengt, die nicht nur das Gegenüber Gottes zum Menschen, sondern auch die Eigenständigkeit der menschlichen Freiheit und ihre Antwort auf Gottes Gnadenruf gefährden mußte. Beides führte dazu, daß man in der Folgezeit die Unterscheidung zwischen *gratia increata*, d. h. Gott selbst in seiner gnädigen Zuwendung, und *gratia creata*, d. h. den innermenschlichen Auswirkungen dieser Zuwendung, forcierte und sich damit natürlich auch die Aufgabe auflud, ihr Verhältnis genauer zu bedenken. Die hochmittelalterlichen Theologen wußten sehr wohl: Wenn es der Geist Gottes selbst ist, der in uns liebt, dann sind *wir* selbst durch Gottes Gnade nicht wirklich befreit. Dies eindeutig abwehren und

---

170 A. a. O. 48.

171 Vgl. I Sent. d.17; zum Thema *P. Fransen*, Dogmengeschichtliche Entfaltung (Anm. 158), 671f; *B. J. Hilberath*, Gnadenlehre (Anm. 6), 19f; *G. Greshake*, Geschenkte Freiheit (Anm. 3), 56ff; *A. Ganoczy*, Aus seiner Fülle (Anm. 8), 150f.

zugleich verdeutlichen zu können, daß die Gnade das menschliche Geschöpf doch wirksam erreicht – das war der eigentliche Gewinn der getroffenen Unterscheidung. Als langfristig negative Folge erwies sich jedoch, daß sich später das spirituelle und pastorale Interesse zunehmend auf die Wirkungen der Gnade im Empfänger konzentrierte und dabei das primäre Subjekt der Gnadenbeziehung in den Hintergrund rückte: eine latente Tendenz zur Entpersonalisierung und Verdinglichung des Gnadengeschehens, der freilich in anderer Hinsicht Lombardus schon vorgearbeitet hatte, sofern er den Geist (gut augustinisch) eben primär als Band der Liebe zwischen Vater und Sohn dachte, seine Personalität entsprechend unterbestimmte und mit ihr zugleich sein Gegenübersein zum Menschen im Inneren des Menschen verfehlte, wenn nicht sogar preisgab.

Geradezu wegweisend wurde es dann, daß Lombardus an anderer Stelle, nämlich in seiner allgemeinen Tugendlehre, überraschend die Frage aufwarf, ob Augustins Lehre über Gnade und Tugend – beide wurden in der Frühscholastik noch kaum hinreichend unterschieden – sich überhaupt durchhalten ließe, wenn man annehmen müßte, sie seien eine Bewegung oder „Affekt“ im freien Willen[172]. Das Problem ergab sich für ihn aus seinem Verständnis von „Tugend“, die Lombardus – wie zu erwarten – mit Augustinus als „eine gute Beschaffenheit des Geistes“ definierte, „die Gott ohne uns in uns bewirkt“[173]. Träfe diese Definition nämlich nicht zu und wären Gnade und Tugend somit eine Bewegung des Willens, dann könnten sie, wie alles Bewegtsein des Willens, nicht *allein* von Gott stammen, sondern kämen wenigstens teilweise aus dem freien Willen des Menschen, womit sich insbesondere das Faktum der Sünde problemlos vereinbaren ließe. Wäre jene Definition dagegen im Recht und deshalb dem Willen eine eigene freie Bewegungsfähigkeit abzusprechen, dann wäre zwar der alleinige Ursprung der Gnade und Tugend in Gott festgeschrieben, aber zugleich eben Gott allein auch die Verantwortung für die Sünde anzulasten. Den Ausweg aus diesem Dilemma suchte Lombardus nun dadurch, daß er Gnade und Tugend als der Bewegung des freien Willens *vorausgehend* dachte – vorausgehend wie der Regen der Fruchtbarkeit der Erde – und deshalb denjenigen Recht gab, die beide als „eine gute Beschaffenheit oder Form“ (*qualitas sive*

172 Vgl. II Sent. d.27,3; zum folgenden *O.H. Pesch*, „Gnade“ (Anm. 15), 49f; *ders.*, Frei sein aus Gnade (Anm. 5), 255f; *ders.*, Thomas von Aquin (Anm. 158), 244f; *P. Fransen*, Dogmengeschichtliche Entfaltung (Anm. 158), 672ff.
173 Vgl. II Sent. d.27,5; Aug. lib. arb. II, 19; Aug. grat. I, 17,33.

forma) verstehen, die allein von Gott „eingegossen“ oder „eingehaucht“ wird[174]. Hier also ist der Punkt, wo die Augustinus verpflichtete Gnadentheologie *Aristoteles* in Dienst nimmt: mit der primären Absicht nämlich, den absoluten Primat der Gnade einsichtig vertreten zu können. Jetzt brauchte es nur noch, daß man – wie um die Wende zum 13. Jahrhundert geschehen – die Kategorie „qualitas“ in Verbindung mit dem Begriff „habitus“ brachte und endlich *habitus* wiederum aristotelisch als *forma* begriffen wurde, um so das klassische Verständnis der Gnade als „Form“ zu etablieren und den Überschritt von der psychologischen zur ontologischen Interpretation des Gnadengeschehens einzuleiten. Durch eine systematische Synthese vollzieht ihn um 1230 *Philipp der Kanzler*: „Indem er die Tugend als Bewegung versteht und die aristotelische Unterscheidung zwischen Lebensprinzip und Fähigkeit zur Betätigung auf die Differenz von Gnade und Tugend anwendet, bestimmt er die Gnade als das der Bewegung des Willens vorausgehende Prinzip, als die übernatürliche *forma*, welche die menschliche *natura* prägt und damit gottgemäßes Handeln ermöglicht“[175].

Es ist hier nun leider nicht möglich, die gnadentheologischen Unterschiede zwischen der Franziskaner- und der Dominikanerschule zu beleuchten oder gar als eigenes Thema die Entfaltung des Gnadendenkens auf der franziskanischen Linie mit ihren bedeutsamen Systematisierungen zu verfolgen: angefangen mit *Alexander von Hales* über *Odo Rigaldi*, *Bonaventura* u. a. bis endlich zu *Johannes Duns Scotus*, mit dem freilich eine neue Epoche des theologisch-philosophischen Denkens beginnt. Generell läßt sich wohl konstatieren, daß die Franziskaner das augustinische Erbe mitsamt seinen neuplatonischen Elementen weiterführen, während die Dominikaner dieses Erbe „von seinen neuplatonischen Elementen zu lösen und in eine konstruktive Begegnung mit der aristotelischen Sicht des Menschen und der Welt zu überführen“ versuchen[176]. Insbesondere bewahrt sich die franziskanische Schule noch lange eine Vorliebe für das psychologische Vorgehen und einen starken Sinn für geschichtliche Entwicklung, nicht zuletzt im Bereich des persönlichen Glaubens. Sie ist weniger metaphysisch ausgerichtet, solange sie der aristotelische Einfluß noch nicht dominiert, aber selbst dann bleibt ihre Metaphysik konkreter, existentieller, auch spiritueller, weil stets

174 Vgl. II Sent. d.27,3.
175 *W.-D. Hauschild*, Art. Gnade (Anm. 158), 486.
176 *O. H. Pesch*, Die „klassische“ Gnadenlehre (Anm. 158), 55f.

erfahrungsbezogen. Bei dem *habitus*-Begriff, den sie zunächst nur zögernd urgiert[177], denkt sie eher und in dichter Nähe zur Mystik an eine Präsenz des Geisteslichtes in uns – so wie sie überhaupt die unmittelbare, erleuchtende und den Menschen zu seiner Vollendung führende Tätigkeit des *Heiligen Geistes* akzentuiert, zugleich aber auch die *christologische* Bestimmtheit der menschlichen Begnadung herausstellt. Namentlich *Bonaventura* entfaltet das Theorem von der *gratia capitis*, demgemäß die durch Christus in die Welt gebrachte Fülle der heiligenden Gnade dann (im Sinne der *causa efficiens*) den Gliedern seines Leibes mitgeteilt wird, so daß auch noch die wesenhaft *ekklesiologische* Dimension der Gnade hervortritt[178]. Um schließlich die gedankliche Hauptdifferenz beider Richtungen zu benennen, darf man typisierend wohl sagen, daß die geschaffene, seit Beginn des Jahrhunderts bereits als „Form" begriffene Gnade „in der Bonaventura-Schule mehr neuplatonisch als eingestrahltes Licht und als caritas, in der Thomas-Schule mehr aristotelisch als von dem Tugendhabitus verschiedener habitus supernaturalis der Seele" gedacht wird[179].

Übergang zu Thomas von Aquin

Damit das Letzte jedoch ganz deutlich werden kann, ist noch eine gute Wegstrecke zu gehen und zunächst ein Problem in den Blick zu nehmen, das für die Hauptdifferenz beider Schulen signifikant ist und zugleich eine wichtige Etappe zu unserem Ziel, der Gnadenlehre des Thomas, markiert[180]. Gemeint ist die Frage nach der „mittleren" Gnade – in der Mitte näherhin zwischen der mit der Ausstattung des „natürlichen" Menschen verbundenen Schöpfungs- oder in diesem Sinn auch „erster" Gnade und der eigentlichen „recht-

---

177 So etwa findet *Bonaventura*, für den *habitus* noch ein ungewohnter und entsprechend bestimmungsfähiger Begriff war, die schöne, den Primat Gottes betonende Formulierung: „Habere Deum est haberi a Deo" (vgl. Brevil. V,1; I,5). Zur Charakterisierung der franziskanischen Theologie s. auch *P. Fransen*, Dogmengeschichtliche Entfaltung (Anm. 158), 677 u. ö.

178 Vgl. Brevil. IV,5; dazu *W.-D. Hauschild*, Art. Gnade (Anm. 158), 487.

179 *J. Auer*, Art. Gnade (Anm. 158), 989.

180 Vgl. zum folgenden bes. *O. H. Pesch*, Die „klassische" Gnadenlehre (Anm. 158), 57–63; zudem *P. Fransen*, Dogmengeschichtliche Entfaltung (Anm. 158), 669f.675; *K.-H. Menke*, Das Kriterium (Anm. 158), 88ff; *G. Greshake*, Geschenkte Freiheit (Anm. 3), 71ff; *W.-D. Hauschild*, Art. Gnade (Anm. 158), 486f.

fertigenden" oder „heiligmachenden" Gnade. Das inzwischen verbreitete aristotelische Verständnis der Gnade als „Form" erlaubte es nämlich nur, ihre „Eingießung" als punktuellen Vorgang zu denken und entsprechend übergangslos den vorhergehenden Zustand der Gnadenlosigkeit vom nachfolgenden des Beschenktseins mit der *gratia sanctificans* zu trennen, obwohl man – durch viele biblische Texte und die ganze alltägliche Erfahrung belehrt – den dazwischenliegenden Prozeß des Unterwegsseins zu Gott und seine Vollzugsmomente sehr wohl kannte: Abkehr, Reue und Hinkehr sowie eine Gottesfurcht, eine Hoffnung und ein Glaube, die alle von der Liebe noch nicht geformt sind, weil eben die volle Gottesgemeinschaft in der *gratia sanctificans* noch aussteht. Nun hätte man für einen Lösungsversuch vielleicht am semipelagianischen Streit über den „Anfang des Glaubens" anknüpfen können – wenn nicht die Kanones von Orange längst vergessen gewesen wären und überdies das augustinische Begriffsinstrumentarium mit seinen Unterscheidungen der einen Gnade in zuvorkommende und nachfolgende, in wirkende und mitwirkende Gnade nicht nur wieder die Vorstellung eines gleitenden Prozesses des göttlichen Gnadenhandelns nahegelegt hätte, die jetzt doch – wegen der punktuellen Mitteilung der Gnadenform – gerade das Problem war. Folgerichtig wird deshalb aus der alten Frage nach dem „Anfang des Glaubens" die neue nach der „Vorbereitung auf die Gnade", d. h. auf die rechtfertigende Gnadenform: setzt doch die Mitteilung einer Form eine „disponierte", also vorbereitete Materie voraus. Dabei ist allerdings zu beachten, daß ebenso, wie jede Materie ihre *endgültige* Disposition erst durch die Mitteilung der Form selber erreicht, so auch die „vollkommene Vorbereitung" (*dispositio ultima*) auf die *Gnade* mit deren „Eingießung" in eins fällt, sich also beide in „reziproker Kausalität" gegenseitig bedingen: „Die Mitteilung der Gnadenform schafft in der ihr gegenüber passiven Freiheit des Menschen die letzte *Disposition* für deren Empfang; zugleich ist diese Disposition dafür die *Bedingung*"[181]. Das war womöglich zwar zirkulär, aber immerhin ein Ausdruck für das, worauf es damals im Sinne Augustins ankam: daß nämlich „die Freiheit des Menschen nicht *von sich aus* einen ‚Beitrag' zu ihrer Begnadung ‚leistet' und doch unter dem Wirken der Gnade zustimmend und einschwingend aktiv wird"[182].

Wie aber steht es dann um die „unvollkommene Vorbereitung", die „entfernteren Dispositionen"? Bedürfen die „erste Hinkehr" und der mit

181 *O. H. Pesch*, Die „klassische" Gnadenlehre (Anm. 158), 60.
182 Ebd.

ihr eröffnete „mittlere“ Zustand, das Unterwegssein bis zur Eingießung der *gratia sanctificans* also, nicht auch einer „mittleren“ *Gnade*? Und an ihr nun scheiden sich die Geister: Die Franziskaner nehmen sie an, nennen sie *gratia gratis data* – ein Ausdruck, den Thomas später für *charisma*, also für eine Gnadengabe reserviert, „welche einzelnen zum Heil anderer verliehen wird“[183] – und bleiben damit dicht bei Augustinus, während die Dominikaner – wohl wegen des endlosen Regresses, der bei der Annahme einer selbst schon durch eine Gnade bewirkten Vorbereitung auf die Gnade drohen müßte – jene „frei geschenkte Gnade“ bestreiten und dagegenhalten, zur entfernten Vorbereitung auf die Gnade genügten durchaus die natürlichen Kräfte und der Gebrauch der Freiheit zum Guten hin[184]. Auch der junge Dominikaner Thomas formuliert unmißverständlich: „Den Akt der Bekehrung hervorzurufen genügt der freie Wille (*liberum arbitrium*), der sich durch diesen Akt darauf vorbereitet, die Gnade zu haben“[185]. Und: „Die heiligmachende Gnade zu haben, kann sich der Mensch allein aus seinem freien Willen vorbereiten“[186]. Zwar geschieht auch nach Thomas die Vorbereitung auf die Gnade nur unter göttlicher Hilfe (*auxilium*), die insofern eine der *gratia gratis data* vergleichbare Funktion auszuüben und auf der Ebene der mit der natürlichen Ausstattung verbundenen Gnade wirksam zu werden scheint, doch weigert sich Thomas beharrlich, sie Gnade zu nennen.

Daß Thomas diese entschiedene Position gleichwohl revidierte, erklärt sich – wie die Forschungen von *Henri Bouillard* und *Max Seckler* herausfanden[187] und *Otto Hermann Pesch* es als wichtige Entdeckung für ein

---

183 *B. J. Hilberath*, Gnadenlehre (Anm. 6), 19.

184 Bezeichnend ist auch die aus den unterschiedlichen Positionen jeweils folgende Auffassung von „Verdienst“. Da nach allgemeiner Voraussetzung ohne Gnade kein Verdienst möglich ist und insbesondere das eigentliche heilsverdienstliche Handeln die *gratia sanctificans* schon voraussetzt, ist die letztere unter dominikanischen Prämissen auch durch die Vorbereitung auf sie nicht zu verdienen und somit jegliches Verdienst zu bestreiten, während die Franziskaner ein „Würdigkeitsverdienst“ (*meritum de condigno*), weil es tatsächlich auf der *gratia sanctificans* schon beruhen müßte, zwar ebenfalls ablehnen, aber mit einem aufgrund einer *gratia gratis data* erworbenen und ihr proportionierten „Angemessenheitsverdienst“ (*meritum de congruo*) durchaus rechnen: nicht als geschuldetem Lohn, sondern weil Gott angemessen zu reagieren bereit ist.

185 In II Sent. d.5 q.2 a.1.

186 In II. Sent. d.28 q.1 a.4. – In Übereinstimmung damit kann Thomas an gleicher Stelle sogar das abaelardsche Axiom zitieren: „Facienti quod in se est, Deus non denegat gratiam“.

187 *H. Bouillard*, Conversion et grâce chez saint Thomas d’Aquin, Paris 1944, 92–122; *M. Seckler*, Instinkt und Glaubenswille nach Thomas von Aquin, Mainz 1961.

stimmiges Gesamtbild des Thomas gewürdigt hat[188] – vor allem daraus, daß Thomas Anfang der 60er Jahre in Italien zwei Spätschriften Augustins gegen die Semipelagianer[189] kennenlernte und sich durch sie sowie die Lektüre des „Indiculus"[190] überzeugen ließ, es als „Irrtum der Pelagianer" zurückweisen zu müssen, „der Mensch könne allein durch den freien Willen Gottes Herrlichkeit erringen"[191], oder auch nur: „der Anfang unserer Rechtfertigung komme aus uns, die Vollendung aber von Gott"[192]. Ging er im Sentenzenkommentar noch davon aus, daß sich jeder Mensch auch nach Adams Sündenfall auf die *gratia sanctificans* vorbereiten könne, so betont er jetzt in der *Summa contra gentiles* ausdrücklich, daß kein Mensch den ersten Schritt hin zum Glauben selbst tun könne wie auch umgekehrt unfähig sei, das Ankommen der Gnade (nach dem Sündenfall) durch seinen Widerstand zu verhindern[193]. Um trotzdem die Freiheit des Menschen zu wahren, erklärt er, daß Gott jedes Geschöpf nach seiner spezifischen Art bewege, den menschlichen Willen also im Sinne des Selberwollens. Auch hält Thomas weiterhin an Gottes universalem Heilswillen fest – und betont dennoch (wie Augustinus), nur einige der Adamiten seien zum Heil erwählt. Mit anderen Worten: Am Ende des dritten Buches (c.161) wird Thomas sogar vom Bann der augustinischen Prädestinationslogik eingeholt. Denn wenn, so argumentiert *Karl-Heinz Menke* völlig zu recht, „die Bewegung zum Selberwollen (*initium fidei*) von Gott ausgeht, muss man zwangsläufig fragen, warum der Allmächtige nicht bei allen Menschen bewirkt, dass sie selber wollen, was er will"[194].

---

188 Vgl. zum folgenden *O. H. Pesch*, Die „klassische" Gnadenlehre (Anm. 158), 64–68; *K.-H. Menke*, Das Kriterium (Anm. 158), 88–90.

189 Es sind dies *De praedestinatione sanctorum* und *De dono perseverantiae*.

190 Es handelt sich im 5. Kapitel um das Zitat aus der „Epistula tractoria", das den „instinctus Dei" erwähnt (DH 243) und zusammen mit Stellen aus der Eudemischen Ethik des Aristoteles, die ebenfalls den Begriff „Instinkt" verwenden, für Thomas zum Anlaß wird, „die universale Bewegung jedes Handelnden durch Gott [...] in einem wahrhaft inneren, geistlichen Sinn zu deuten", „entschiedener auf den Begriff einer inneren, die Rechtfertigung vorbereitenden Gnade" zuzuschreiten (*P. Fransen*, Dogmengeschichtliche Entfaltung [Anm. 158], 670) und dem Begriff *auxilium* tatsächlich durch den des „inneren Instinktes" abzulösen und schließlich auch von Gnade bei der Vorbereitung auf Glaube und Rechtfertigung zu sprechen.

191 S.c.G. III c.147.

192 S.c.G. III c.149. Diese Stelle meint eindeutig die Semipelagianer (Diese Benennung war ja damals noch nicht kreiert).

193 Vgl. S.c.G. III c.160.

194 *K. H. Menke*, Das Kriterium (Anm. 158), 90. – Auch *H. Hoping* konstatiert eine lo-

Doch lassen wir dies vorerst noch auf sich beruhen, halten aber noch fest, daß Thomas das Problem des mittleren Zustandes in der alten Richtung nicht weiter verfolgt – und wenden uns nun der endgültigen Gestalt seines Gnadendenkens zu.

Ort und Ansatz des Gnadentraktats in der Summa theologiae

Zunächst zwei Vorbemerkungen, die den Ort der Gnadenlehre in der Summa theologiae und ihre systematische Funktion im Gesamtentwurf der thomanischen Theologie betreffen und so den Horizont beleuchten, der das Verständnis der anschließend zu skizzierenden Gnadenlehre selbst orientieren kann[195].

Zum ersten: Die Gnadenlehre der Summa bildet das Ende des ersten Teils des zweiten Buches, also den Abschluß der allgemeinen Lehre vom Handeln des Menschen, die ihrerseits die Lehre vom Ziel des Handelns und dann die umfängliche Lehre vom Handeln selbst mit wiederum drei Teilen über die folgenden Themen enthält: 1. *Strukturen* des Handelns, 2. *innere Prinzipien* des Handelns, zu denen Gehaben (*habitus*) und Tugenden (*virtutes*), aber auch Sünde (einschließlich der Erbsünde) und Laster gehören, und 3. *äußere Prinzipien* des Handelns, nämlich Gesetz und Gnade. Daß Gehaben und Tugend „innere" Prinzipien des Handelns sind, leuchtet ein: sind sie doch „dem Menschen innerliche, feste Tätigkeitsvorprägungen, das heißt Neigungen zu einem bestimmten Handeln"[196] – und

---

gische Unvereinbarkeit zwischen dem Heilsuniversalismus, von dem Thomas ausgeht, und seiner Rede von „der Auswahl nur einiger". Letztlich kenne seine Prädestinationslehre „keine Bedingung außerhalb des göttlichen Willens [...] Warum Gott [...] diese und nicht jene Menschen zum ewigen Heil prädestiniert, dafür soll es kein anderes Prinzip (ratio) geben können als Gottes reinen Willen [...] Die Prädestination droht zu einem Willkürakt Gottes zu werden". Ich befürchte, daß es an diesem schlimmen Befund nichts mehr ändert, wenn Hoping gerechterweise noch hinzufügt: „Allerdings vertritt Thomas nicht die Theorie einer doppelten Prädestination [...], selbst wenn die Verwerfung mehr besagt als ein göttliches Vorauswissen. Verwerfung meint den Willen Gottes, die ewige Verdammnis zuzulassen" (Weisheit als Wissen des Ursprungs. Philosophie und Theologie in der „Summa contra gentiles" des Thomas von Aquin, Freiburg 1997, 397f).

195 Bei dieser Skizze werde ich mich (wie O. H. Pesch, A. Ganoczy u. a.) an die Reihenfolge der Quaestiones bei Thomas selbst halten (I–II, 109–114). Zur dabei benutzten Sekundärliteratur s. o. Anm. 158.

196 *O. H. Pesch*, Die „klassische" Gnadenlehre (Anm. 158), 71. Die Übersetzung „Geha-

zwar, jedenfalls die Tugenden, „eingegossene" Neigungen, wie Thomas sagt, da er nicht nur Glaube, Hoffnung und Liebe, sondern auch die Kardinal- und alle übrigen Tugenden als Tugenden des schon *begnadeten* Menschen behandelt, gegenüber denen alle nur eingeübte, „erworbene" sittliche Tugend als nur „unvollkommene" gilt oder gar zur bloßen „Disposition" zur Tugend herabsinkt. Und schon daraus ersieht man, daß Teil I des zweiten Buches keineswegs eine allgemeine natürliche Ethik, sondern allenfalls die Grundlegung einer *theologischen* Ethik oder besser noch eine dogmatische Lehre des von der Gnade getragenen Handelns entwickelt: kann doch die von der Gnade getragene Tugend die Funktion der natürlichen Tugend, die sie als natürliche Disposition dabei aufnimmt, in einer höheren, weil höher begründeten Weise erfüllen und übernehmen.

Daß nun im Vergleich zu den Tugenden das *Gesetz* ein „äußeres" Handlungsprinzip abgibt, ist ebenfalls klar. Aber warum auch die *Gnade*? Offenbar will Thomas sie von einer inneren Realität wie der Tugend, als *habitus* und feste Neigung des *Tätigkeitsvermögens* verstanden, unterscheiden. Zugleich aber grenzt er sie vom Gesetz ab, sofern dieses nur äußere Unterstützung durch Unterweisung zu bieten vermag, während die schöpferische Gnade auf die Wirklichkeit des Menschen bis in sein Innerstes übergreift. Kurz: „Die Gnade ist äußeres Handlungsprinzip, das innerlich wird; die Tugend ist innerliches Prinzip, das der innerlich gewordenen äußerlichen Gnade entspringt. Darum ist die Tugend *nur* innerliches Prinzip, die Gnade dagegen innerliches und äußerliches Prinzip zugleich. Und das Gesetz ist *nur* äußerliches Prinzip"[197] – ausgenommen das „Gesetz des Evangeliums" oder „Neue Gesetz", das Thomas, weil es als Zusammenfall von Unterweisung und Kraft zur inneren Spontaneität des Menschen selbst wird, mit der Gnade identifiziert und damit auch den Übergang der Lehren vom Gesetz allgemein und dem Gesetz des Alten Bundes zur Gnadenlehre gewinnt.

Was Thomas derart im ersten Teil des zweiten Buches der Summa behandelt und mit der Gnadenlehre beschließt, um es dann im zweiten Teil an den zahlreichen Einzeltugenden bis in die Details zu konkretisieren, ist nichts anderes als „der Rückweg, die Heimkehr der rationalen Kreatur zu Gott als Endziel, der als ihr Schöpfer auch der Ausgangspunkt ihres Weges

---

ben" ist eine Wortprägung der Deutschen Thomas-Ausgabe. Pesch wählt dafür in der Regel sachlich zutreffend den Ausdruck „Tätigkeitsvorprägung".

197 A. a. O. 73.

ist"[198]. Es ist der vom Geschenk der Gnade ermöglichte Weg der Verwirklichung der Bestimmung des Menschen zur Lebensgemeinschaft und Freundschaft mit Gott, zu der er als Gottes Ebenbild erschaffen wurde. Und dieses Geschehen – das ist nun die zweite Vorbemerkung – ist eingezeichnet in eine theologische Gesamtkonzeption, die ihren Ausdruck in der Haupteinteilung des großen Spätwerks findet und auf zwei prägenden philosophischen Vorgaben aufbaut, die Thomas adaptiert, aber in seiner typischen Weise auch christlich modifiziert hat. Die erste verdankte er *Aristoteles*, der mit dem Begriff *physis* bzw. *natura* „den jedem Seienden innewohnenden Bauplan bzw. die bestimmende Norm seines Wirkens", ja sogar das „innere Prinzip der Entwicklung" bezeichnet hatte[199], in der es sich zu dem mit seiner Natur ihm eingestifteten *telos* hin bewegt, so daß *natura* immer auch die eigentümliche Art und Weise des Unterwegsseins eines Seienden zu seinem Ziel meint. Thomas gewann mit diesem Begriff nicht nur die Möglichkeit, die endlichen Seienden, die der Platonismus zu bloßen Erscheinungen oder Abbildern herabgesetzt hatte, in ihrer relativen Selbständigkeit und Eigenwirksamkeit zu würdigen, sondern er bot ihm – wenigstens ebenso wichtig! – auch den Anknüpfungspunkt für die Explikation des Gnadengeschehens. Denn das Spezifische des menschlichen Unterwegsseins beruht ja darauf, daß die Natur des Menschen zum einen durch Verstand und Willen bestimmt ist und daß sie zum anderen – hier greift nun die korrigierende Sicht des christlichen Glaubens ein – „als Gerufensein in eine Seinsweise [erscheint], die ihre eigenen Möglichkeiten unendlich übersteigt", eine Seinsweise gleichwohl, „wonach sich die Natur immer schon ausstreckt"[200]. Dies kann freilich nicht die „reine Natur" sein, wie der spätere Thomismus sie konstruierte, sondern nur die stets schon begnadete Natur, deren Bewegung auf ihr Ziel hin auch deshalb nicht erst aus der Kraft der eingegossenen Gnadenform (*gratia sanctificans*) resultiert, sondern auch schon aus der darauf vorbereitenden, bereits mit der Schöpfungsausstattung verliehenen Gnade, die Thomas *auxilium* genannt hatte, jetzt aber als Gnade bezeichnet und von jeder „mittleren Gnade" klar unterscheidet: ist sie doch eben „jene Bewegung Gottes, die dem Menschen die innere Dimension der Rückkehr erstellt"[201].

---

198 A. a. O. 74.

199 *K.-H. Menke*, Das Kriterium (Anm. 158), 95.

200 A. a. O. 97.

201 *M. Seckler*, Instinkt und Glaubenswille (Anm. 187), 178.

Dieses aristotelisch konzipierte, aber schöpfungs- und gnadentheologisch modifizierte und weiterbestimmte Unterwegssein des Menschen vollzieht sich nun für Thomas innerhalb „einer allumfassenden Bewegung, die im ganzen wie im Detail die Struktur des Ausgangs von Gott und der Heimkehr zu ihm hat"; mit Begriffspaaren wie *principium et finis, exitus et reditus, egressus et regressus, processio a Deo et motio in Deum* wird sie von Thomas thematisiert[202]. Aber gerade auch diese von Haus aus neuplatonische Denkvorgabe bedurfte einschneidender Modifikationen – ging es doch um die „Vereinbarkeit dieses Schemas mit dem biblischen Schöpfungs- und Bundesgedanken, also mit wirklicher Freiheit und geschichtlicher Kontingenz"[203]. Dies verlangte u. a., zwischen dem Schöpfer und seiner Schöpfung klar zu unterscheiden, desgleichen *egressus* und *regressus* nicht als simultanes Geschehen, sondern als zwei aufeinander folgende Phasen zu denken, überhaupt die zyklische Denkfigur durch die lineare, eschatologisch orientierte Zeitvorstellung der biblischen Überlieferung aufzubrechen[204] und vor allem die Heilsgeschichte konsequent als einen Prozeß zu verstehen, der – obwohl im Schöpfungsplan schon grundgelegt – doch von Gott nur dadurch zu seinem Ziel geführt wird, daß er jedes endliche Seiende wirklich nur in der seiner Natur jeweils gemäßen Weise, also insbesondere den Menschen nur in der Weise des Selberwollens bewegt[205].

Gleich zu Beginn der Summa exponiert Thomas die Fragen, die ihren Aufbau begründen: liegt doch die „Hauptaufgabe" der darzustellenden Lehre darin, „uns Gott erkennen zu lassen, nicht nur wie er in sich ist, sondern auch soweit er Ursprung und Ziel der Dinge und im besonderen der vernünftigen Geschöpfe ist. Wir handeln also: 1. über Gott; 2. über die Bewegung der vernünftigen Schöpfung zu Gott hin; 3. über Christus, der als Mensch für uns der Weg zu Gott ist"[206]. Die Zuordnung der beiden ersten Bücher, also des ersten mit seiner metaphysischen Frage nach Gott als dem

---

202 *O. H. Pesch*, Die „klassische" Gnadenlehre (Anm. 158), 76.

203 *K.-H. Menke*, Das Kriterium (Anm. 158), 98.

204 Zum wenig beachteten Problem, daß bei Thomas „Zyklik und Linearität beständig interferieren, wobei der Kreis den Primat behält", s. *M. Seckler*, Das Heil in der Geschichte. Geschichtstheologisches Denken bei Thomas von Aquin, München 1964, 29ff.

205 „Mit Leidenschaft hat Thomas dafür gekämpft, daß Gott nicht kleiner, sondern größer wird, wenn die Geschöpfe und in Sonderheit der Mensch ihr *eigenes* Sein und Wirken haben", betont *O. H. Pesch*, Die „klassische" Gnadenlehre (Anm. 158), 76. Als Belege dafür s. S.th. I, 103,6; 105,5.

206 S.th. I, 2, prooem.

Grund alles Seienden und dessen Erhaltung und des zweiten mit seiner ethisch gewendeten Behandlung Gottes als Ziel alles Seienden und dessen Rückkehr zu ihm, dürfte nach dem Gesagten nun ebenso verständlich sein wie die Einordnung der Gnadenlehre ins zweite Buch. Bleibt freilich das viel diskutierte Problem der Stellung der Gnadenlehre schon vor der Christologie. Kann denn die Lehre von der Heimkehr des Menschen zu Gott der Lehre von dem, der doch der *Weg* dieser Rückkehr ist, schon vorausgehen? Immerhin: Festgehalten wird so, daß Gnade „nicht ein Teilthema der Christologie und nicht auf Sündenvergebung zu reduzieren" ist[207]. Doch folgt aus dieser Anordnung nun keineswegs auch schon die Trennung der Gnadenlehre von der Christologie. „Für Thomas ist auch im allgemeinen Gnadentraktat die Gnade immer Gnade Christi", betont *Max Seckler*[208]; und ebenso führt *Pesch* vor Augen, daß alle zentralen Themen des *egressus a Deo* und des *regressus ad Deum* bereits christologisch geprägt sind[209]. Allerdings liegt die Bedeutung der Heilsgeschichte, deren Höhe- und Mittelpunkt der inkarnierte Logos ist, tatsächlich vor allem darin, daß den Menschen der *Weg* zu ihrem Ziele *gezeigt* wird. Aber Christus *ist* auch der Weg, den er zeigt, und sein Heilswerk sogar der *Grund* der Gnade, die er in eigener Person „hat" zugunsten der zu erlösenden Menschen. Also stammt auch ihre *Kraft* der Heimkehr von demselben, der ihnen den Weg zeigt. Aber weil er zwar ihr Weg, doch nicht ihr eigentliches *Ziel* ist[210], deshalb handelt Thomas zuerst von Ausgang und Heimkehr des Menschen überhaupt und sieht dabei zwar nicht von Christus, wohl aber von dem

207 *B.J. Hilberath*, Gnadenlehre (Anm. 6), 21; vgl. *O.H. Pesch*, Frei sein aus Gnade (Anm. 5), 94; zum folgenden auch *ders.*, Die „klassische" Gnadenlehre (Anm. 158), 77ff.
208 *M. Seckler*, Das Heil in der Geschichte (Anm. 204), 39.
209 Vgl. *O.H. Pesch*, Um den Plan der Summa Theologiae des hl. Thomas von Aquin. Zu Max Secklers neuem Deutungsversuch: MThZ 16 (1965) 128–137.
210 *O.H. Pesch*, Plan der Summa (Anm. 209), 134 weist darauf hin, daß Thomas alle Wirkweisen Gottes in der Welt einzeichnet in die Intention des Schöpfungsaktes und dabei die „entscheidende Wirkweise" des Heilswerkes Christi im ganzen wie im einzelnen „die Wirkweise des *instrumentum*, des Werkzeugs der Heilsliebe Gottes ist, der in allem Primat und Initiative zukommen. Auch hier bleibt also der Schöpfergott der eigentliche und letzte Akteur, Christus, der Gottmensch, ist und bleibt auch als *redemptor* der ‚Weg', d. h. die Vermittlungsgestalt der ‚Heimkehr', das Werkzeug, nicht weniger, aber auch nicht mehr!" Vgl. *K.-H. Menke*, Das Kriterium (Anm. 158), 104: „Christus ist weder das geschichtsimmanent *realisierte*, noch das geschichtsimmanent zu *realisierende* Ziel der Geschichte, sondern der *Weg* zum geschichtstranszendenten Ziel, also ‚die Eröffnung der Möglichkeit zu wahrer geschichtlicher Existenz'" (Bezug auf *M. Seckler*, Das Heil in der Geschichte [Anm. 204], 226f).

Gekreuzigten und damit von dem Konkretesten ab, das sich in die Struktur von Auskehr und Rückkehr nicht mehr einrechnen läßt. Erst im dritten Buch tritt vollends „die Signatur des trinitarischen Gottes [hervor], der sich in seinem Sohn als wahrer Mensch dem Nein der Sünde aussetzt und also in der Geschichte [...] das Ereignis der Gnade ist, die [auch] dem Sünder den *regressus ad Deum* ermöglicht“[211]. Und so halten wir fest: „Thomas zeichnet in den beiden ersten Büchern der Summa die alles menschliche Dasein bestimmende grundlegende Struktur von Heilsgeschichte überhaupt, die immer schon eine christusbezogene Struktur ist, aber er zeichnet sie gewissermaßen in ihrer schöpfungsursprünglichen Reinheit, unter Ausklammerung des Faktums der Sünde und der speziell *darauf* bezogenen Details der faktischen Heilsgeschichte. In diesem Entwurf hat die Gnade ihren Platz als letztes, umfassendes Prinzip des Handelns, wodurch der Mensch [...] erst fähig zu jener endgültigen Bestimmung wird, die Gott ihm von Anfang an eingestiftet hat“[212].

Thesen und Argumente der einzelnen Quaestiones

Schon die *quaestio* „über die Notwendigkeit der Gnade“ (I–II, 109), mit der Thomas den Gnadentraktat der Summa eröffnet, läßt den Realismus erkennen, mit dem er den konkreten infralapsarischen Menschen im Blick hat. Denn statt naheliegenderweise wie in der *Summa contra gentiles* die Gnade als erstes deshalb für notwendig zu erklären, weil der Mensch seines übernatürlichen Zieles erst fähig gemacht werden muß[213], ist jetzt „der durchgängige Beweisnerv die Unmöglichkeit, anders als durch Gottes

211 *K.-H. Menke*, Das Kriterium (Anm. 158), 101. – Um auch das dritte Buch voll einzubeziehen, hat *O.H. Pesch* die Formel, mit der *M. Seckler* den Bauplan der Summa bezeichnet – „Von Gott durch die Welt und durch Christus zu Gott“ (Das Heil in der Geschichte [Anm. 204], 29) – umformuliert und ergänzt: „Von Gott durch die Welt zu Gott in Christus – dem Gekreuzigten“ (Die „klassische“ Gnadenlehre [Anm. 158], 78). Indessen sieht auch *Seckler*: In der Summa ist die „Anlage zur Vollendung [...] in der Grammatik des Kreises vorgegeben. Die teleologische Ordnung des zeitlichen Prozesses (*ordo ad finem*) [...] ist in der Schöpfung bereits grundgelegt. Sie spezifiziert sich nach dem Sündenfall in der Weise, daß das *Heil* in der Geschichte zur *Heilung* der Geschichte (*reparatio, restauratio*) wird: zu einer die erste Anlage noch überbietenden ‚Wiederherstellung‘ und Realisation der vorgezeichneten Verknüpfung“ (Das Heil in der Geschichte, 91).

212 *O.H. Pesch*, Die „klassische“ Gnadenlehre (Anm. 158), 79.

213 Vgl. S.c.G. III 150.

Gnade von der Sünde loszukommen. Ohne Gnade ist der Mensch nicht nur unvollendet, sondern verloren"[214]. Dabei steht außer Frage, daß Gott seine Schöpfung nur dadurch ans Ziel bringt, daß seine Gnade den Menschen *zugleich* heilt und vollendet. Doch bevor von der „übernatürlichen" Vollendung der menschlichen Natur, für die sie erschaffen wurde, die Rede sein kann, verlangt die Heilungsfunktion der Gnade Beachtung: ihre Wirkung für die durch die Sünde verwundete oder verdorbene Natur des Menschen als solche. Diesem konkreten Primat der Gnade als Heilung entspricht dann, daß Thomas außer der Unterscheidung zwischen der Natur und ihrer übernatürlichen Vollendung auch ständig die zwischen der „unversehrten" und „verderbten" Natur des Menschen heranzieht und dessen ursprüngliche Integrität als Maßstab benutzt, um die Aspekte der Notwendigkeit der Gnade, die er in den *articuli* diskutiert, differenziert zu bestimmen. Im Urstand bedurfte der Mensch ja der Gnade zu allem, was seine natürliche Kraft und Verfassung überschreitet, nicht aber zu dem, was innerhalb ihrer Grenzen liegt. Allerdings war doch auch die ursprüngliche Unversehrtheit schon insofern von der Urstandsgnade erwirkt und getragen, als diese – indem sie die Seele erhebt – auch deren Unterordnung unter Gott und dadurch die Unterordnung des Leibes unter die Seele sowie der niederen Kräfte unter die Herrschaft des Geistes ermöglicht[215]. Und eben deshalb ging mit der Urstandsgnade auch die Grundlage für das unversehrte Tätigsein der Natur des Menschen verloren.

Behält man diese Prämissen im Gedächtnis, erschließt sich das Wesentliche der Antworten auf die in den zehn Artikeln gestellten Fragen ohne besondere Mühe. So etwa bedarf der Mensch zwar „zur Erkenntnis jeder beliebigen Wahrheit der göttlichen Hilfe [...], damit der Verstand von Gott zu seinem Akt geführt werde"; einer „hinzugefügten neuen übernatürlichen Erleuchtung" bedarf er jedoch „nur in einigen Bereichen, die die natürliche Erkenntnis überschreiten" (obwohl Gottes Gnade bisweilen auch zu natürlichen Erkenntnissen anregt). Während also in allen anderen Fällen „das der Seele eingeschaffene natürliche Licht" durchaus genügt, sind die eigentlich heilsbedeutsamen Erkenntnisse dem Menschen nur möglich, indem der Hl. Geist ihm „durch die heiligmachende Gnade einwohnt oder eine der Natur hinzugefügte zustandhafte Gabe (*habituale donum*) schenkt" (a.1). Weit mehr als den Verstand freilich sieht Thomas den menschlichen

214 *O. H. Pesch*, Die „klassische" Gnadenlehre (Anm. 158), 80.
215 Näheres dazu s. o. Kap. 11.2 bei Anm. 180.

Willen als durch die Sünde verdorben an: kann er doch nicht nur nichts Heilsbedeutsames wollen und tun, sondern auch das natürlich Gute nicht ohne Versagen. Im Urstand zwar „konnte der Mensch durch seine Naturanlage das Gute wollen und wirken, das seiner Natur angemessen ist, wie z. B. das Gut der erworbenen Tugend; jedoch nicht [...] etwa das Gut der eingegossenen Tugend. Im Stande der verdorbenen Natur hingegen versagt der Mensch auch vor dem, wozu er seiner Natur nach befähigt ist [...] Weil aber die menschliche Natur durch die Sünde nicht vollständig verdorben wurde [...], darum kann er auch, trotz der verdorbenen Natur, [...] irgendein einzelnes Gutes wirken, wie Häuser bauen, Weinberge anpflanzen und anderes dergleichen[216]; jedoch nicht das ganze ihm entsprechende Gute, so nämlich, daß er in nichts versagte" (a.2). Auf jeden Fall aber, „um Gott über alles zu lieben", bedarf der Mensch, obwohl er auch dies an sich (wenn auch nicht ohne Gottes bewegende Hilfe) von Natur aus vermöchte, der „über die Naturgüter hinaus" geschenkten und „die Natur heilenden Gnade" – und zwar eben deshalb, weil der durch die Sünde desintegrierte Mensch die Liebe zu sich selbst und den Dingen nicht mehr „auf die Gottesliebe als auf das Ziel" zu beziehen vermag (a.3). Und dem wiederum entspricht es, daß der Mensch „im Stande der versehrten Natur [...] ohne die heilende Gnade" auch Gottes Gebote nicht vollständig und ihrem Sinn nach überhaupt nicht, weil nämlich nicht „aus Liebe", erfüllen kann (a.4).

Da ferner kein Seiendes „eine Wirkung hervorbringen kann, die über die wirkmächtige Kraft hinausgeht", das Ziel des ewigen Lebens aber „das Verhältnis der menschlichen Natur übersteigt", ist die „höhere Kraft der Gnade" natürlich auch dazu nötig, die dem „ewigen Leben" angemessenen „verdienstvollen Werke" (*opera meritoria proportionata vitae aeternae*) zu vollbringen (a.5). Desgleichen bedarf der Mensch der Gnade – wenn auch nur in Gestalt der innerlich bewegenden „ungeschuldeten Hilfe", nicht der eingegossenen Gnadenform, denn dies ergäbe einen unendlichen Regreß oder Zirkel –, um sich auf die *gratia sanctificans*, den Empfang der Gnadenform also, vorzubereiten – so gleichsam, daß er durch Gott „zu Gott bekehrt wird", indem „er seine Augen zur Sonne hinwendet" (a.6). Um

216 Gegen die übliche Abwertung solcher Beispiele als ethisch belanglos sei doch erinnert, daß Thomas dem natürlichen (infralapsarischen) Willensvermögen durchaus deutlich auch sittlich Gutes („vera virtus, sed imperfecta") zutraut wie etwa das Erhalten des Staates oder die Unterstützung der Eltern: S.th. II–II, 23,7 resp. und ad 1. Vgl. auch o. Kap. 11.2 bei Anm. 204–212.

aber wirklich „von der Sünde aufstehen" zu können, braucht der Mensch neben einer bewegenden Hilfe unbedingt auch die eingegossene, die „Unordnung" seiner Natur heilende, Vergebung gewährende und den „Schmuck der Gnade" von neuem schenkende Gnadenform (a.7)[217]. Umgekehrt ist er auch nach dem Empfang der Gnadenform wegen der nur unvollständigen Wiederherstellung des (niederen) Strebevermögens und anderer Schwächen noch auf die Gnade in Gestalt von Hilfen, Führung und Schutz angewiesen, um „läßliche Sünden" zu meiden, „zum rechten Wirken bewegt zu werden" und im „Guten bis zum Ende des Lebens" gegen alle Anfechtung zu beharren (a.8–10).

Den Zugang zum „Wesen der Gnade" (I–II, 110) gewinnt Thomas zunächst über die Frage, „ob die Gnade etwas in der Seele setzt". Dabei geht es nicht um Gottes geschaffene Gaben, wie sie auch Menschen einander schenken, sondern tieferliegend darum, „ob Gottes Liebe selbst, durch ihr eigenes Wesen, einen korrespondierenden Effekt im Menschen hat und haben muß, sobald sie sich überhaupt dem Menschen zuwendet"[218]. Thomas findet die Antwort, indem er zwei Unterscheidungen auswertet. Als erstes die zwischen göttlicher und menschlicher Liebe (bzw. Gnade). Während nämlich der Wille des Menschen bewegt wird „durch ein Gut, das schon in den Dingen vorher besteht", und somit seine Liebe „die Güte des Dinges nicht vollständig verursacht", „strömt aus der Liebe Gottes, mit der Er das Gut des Geschöpfes will, ein Gut in das Geschöpf ein", so daß „auf jede Liebe von seiten Gottes irgendein Gut folgt, das im Geschöpf irgendeinmal verursacht wurde, das jedoch nicht mit der ewigen Liebe gleich ewig ist". Gottes Liebe antwortet also nicht schon auf Vorzüge im geliebten Geschöpf, sondern *schafft* sie allererst. Nun wird freilich – zweite Unterscheidung – nicht Gottes „allgemeine Liebe", in der „Er alles liebt, was da ist" (Weish 11,25) und „den geschaffenen Dingen das natürliche Sein" verleiht, als Gnade bezeichnet, sondern nur seine „besondere Liebe (*dilectio specialis*), der zufolge Er das vernunftbegabte Geschöpf über die Lage der Natur hinaus zur Teilhabe am göttlichen Gut erhebt". In ihr liebt Gott die Menschen „schlechthin": eben weil er ihnen gemäß dieser Liebe „das ewige Gut verleihen [will], das Er Selbst ist". Und somit ist klar, daß „durch den Ausdruck ‚der Mensch besitzt die Gnade Gottes' ein übernatürlicher Sachverhalt im Menschen bedeutet [wird], der von Gott stammt" (a.1).

217 Näheres zum „Aufstehen von der Sünde" s. o. Kap. 11.2 bei Anm. 203.
218 *O.H. Pesch*, Die „klassische" Gnadenlehre (Anm. 158), 84.

Beim Verständnis dieses *quiddam supernaturale in homine* hat man sich vor dessen Entwirklichung ebenso wie vor seiner Verdinglichung zu hüten. Einerseits gilt: „Die Liebe Gottes bleibt nicht gleichsam ein äußerliches Dekret, eine freundliche Gesinnung *über* den Menschen, sondern sie geht in die menschliche Wirklichkeit ein"; und eben weil sie wirklich und schöpferisch „bei uns ankommt [...], darum ist mit der ungeschaffenen Gnade eine ‚geschaffene Wirkung' mitgegeben, d. h. eine Wirklichkeit am und im Menschen, auf Grund derer der Mensch fähig wird, Gottes Liebe anzunehmen, aus ihr heraus zu leben und die radikale Selbstmitteilung des Schöpfers mit der eigenen Hingabe zu beantworten"[219]. Ebenso deutlich ist andererseits, daß diese „geschaffene Gnade" weder ein Geschöpf ist, das wie die anderen Seienden in relativer Selbständigkeit existiert, noch eine Eigenschaft im „Besitz" eines Subjekts, sondern daß sie unablösbar an Gottes Liebe gebunden bleibt und sich von ihr nur unterscheiden läßt, sofern diese eben „eine geschöpfliche Erstreckung, gewissermaßen eine geschöpfliche Außenseite im Menschen hat"[220]. Von ungeschaffener und geschaffener Gnade reden kann also nur heißen, „die beiden Seiten einer Beziehung [zu] benennen"[221]. Und wenn Thomas diese Gnadenwirkung im Menschen auch ein „Akzidens" nennt, so doch nur in dem Sinn, daß sie den Status einer über die Natur des schon konstituierten Menschen hinausreichenden Hinzufügung hat.

Welcher Art aber ist nun diese Gnade im Menschen, wie ergreift sie seine geschöpfliche Realität? Auch Thomas geht davon aus, daß sie sowohl als „Bewegung der Seele" wie auch als „zustandhaftes Geschenk" (*habituale donum*) im Menschen wirkt. Warum aber auch das Zweite? Eben darum, so Thomas' bezeichnende Antwort, „weil es nicht sinnvoll ist, daß Gott denen, die Er liebt, im Hinblick auf ein übernatürliches Gut weniger Sorge angedeihen lasse als den Geschöpfen, die Er liebt, im Hinblick auf ein natürliches Gut. Nun aber sorgt Er für die Geschöpfe der natürlichen Ordnung in der Weise, daß Er sie nicht nur zu ihren natürlichen Akten bewegt, sondern ihnen auch Formen und Kräfte (*formas et virtutes*) verleiht, welche Ursprungsgründe von Akten sind, damit sie durch sich selbst zu solchen Bewegungen veranlaßt werden. Und so werden die Bewegungen, wodurch die Geschöpfe von Gott bewegt werden, diesen natürlich und leicht". Um wieviel eher dann aber „gießt Er denen, die Er zur Erlangung eines über-

219 *G. Greshake*, Geschenkte Freiheit (Anm. 3), 57f.
220 *O.H. Pesch*, Frei sein aus Gnade (Anm. 5), 257.
221 *B.J. Hilberath*, Gnadenlehre (Anm. 6), 22.

natürlichen Gutes bewegt, gewisse übernatürliche Formen oder Beschaffenheiten (*aliquas formas seu qualitates supernaturales*) ein, auf Grund deren sie mild und leicht von Ihm zur Erlangung des ewigen Gutes bewegt werden. Und so ist das Geschenk der Gnade eine gewisse Beschaffenheit" (a.2). Wäre es anders und somit ein Leben aus der Gnade nicht ebenso bereitwillig, leicht, gleichsam konnatural und vollkommen möglich wie das natürliche Leben der Geschöpfe, dann wäre dies unangemessen (*non conveniens*), absurd und für das Verständnis Gottes, der doch „alles in Milde ordnet" (Weish 8,1), geradezu ruinös: würde Gott dann doch „im gleichen Augenblick geizig, wo er die höchste Freigebigkeit entfaltet"[222].

Es fällt auf, daß diese Argumentation sich die Chancen des *habitus*-Gedankens voll zunutze macht, aber dann im Ergebnis die Gnade als „Beschaffenheit" bezeichnet, wenn auch – womit das Modellhafte der ganzen Überlegung aufscheint – als *qualitas quaedam*. Aber auch schon vorher wird die Gnade nicht einfach *habitus*, sondern *habituale donum* oder *gratia habitualis* genannt und zudem der aristotelische Begriff erheblich modifiziert[223]. Hatte *habitus* nämlich ursprünglich die besondere Zurüstung eines Tätigkeitsvermögens zu einem bestimmten und möglichst vollkommenen Handeln bezeichnet, die – wie etwa im Falle eines Pianisten oder Sportlers – durch Übung erworben oder auch – wie etwa Prinzipien des Denkens oder Handelns – angeboren sein kann und näherhin im ethischen Bereich „Tugend" genannt wird, so begreift Thomas die der Gnade im Menschen entsprechende Tugend weder als erworben noch als angeboren, weil beides ihrer Übernatürlichkeit und Gratuität und das erste überdies ihrer Festigkeit widerspräche, sondern wählt für sie (wie für die Gnade) den Ausdruck „eingegossen", weil er den intendierten Erfordernissen besser genügt. Zugleich ordnet er dieses *habitus*-Verständnis der Kategorie *qualitas* als (auch die Gnade umfassendem) Oberbegriff zu – und dies offenbar deshalb, um den Begriff *habitus* für die (eingegossenen) theologalen Tugenden zu reservieren und von ihnen die Gnade ebenso unterscheiden zu können wie von den Tätigkeitsvermögen der Seele die Seele selbst.

Vollends klar wird dies in den beiden folgenden Artikeln, wo Thomas zunächst ausdrücklich die Gnade von den eingegossenen Tugenden ab-

---

222 *O. H. Pesch*, Frei sein aus Gnade (Anm. 5), 260.

223 Zur Rezeption und Modifikation des *habitus*-Begriffs durch Thomas s. ausführlich *O. H. Pesch*, Thomas von Aquin (Anm. 158), 231–244; außerdem *K.-H. Menke*, Das Kriterium (Anm. 158), 91–95.

grenzt. Da Tugend nämlich stets Ausrichtung ihres Trägers in Entsprechung zu seiner „bereits daseienden Natur“ (ihrem Tätigkeitsvermögen, dessen Zielbezug usw.) bedeutet, die eingegossenen Tugenden jedoch den Menschen auf ein „die Natur, kraft deren er Mensch ist“, übersteigendes Ziel hin ausrichten, so müssen sie auch notwendig „einer höheren Natur“ entsprechen – so wie es tatsächlich der Fall ist, wenn die Gläubigen gemäß 2 Petr 1,4 „der göttlichen Natur teilhaftig“ werden: „Wie also das natürliche Licht der Vernunft etwas ist neben den erworbenen Tugenden [...], so ist auch das Licht der Gnade, das eine Teilhabe an der göttlichen Natur darstellt, etwas neben den eingegossenen Tugenden, die aus jenem Licht abgeleitet werden und auf jenes Licht hingeordnet sind“ (a.3). Die darauf folgende und die Wesensuntersuchung der Gnade abschließende These, daß „die Gnade ihren Sitz in der Wesenheit der Seele wie in ihrem Träger“ und nicht „in irgendeinem Vermögen“ hat, ergibt sich dann fast von selbst. Denn wäre es umgekehrt, dann wären eben Gnade und eingegossene Tugend identisch, was doch schon ausgeschlossen wurde (a.4). Vielmehr gilt für ihr Verhältnis: „Wie die Vermögen der Seele, welche Ausgangsgründe der Werke sind, aus ihrer Wesenheit ausfließen, so fließen auch von der Gnade die Tugenden in die Vermögen der Seele, durch welche die Vermögen zu den Akten veranlaßt werden. In diesem Sinne steht die Gnade im Verhältnis zum Willen wie das Bewegende zum Bewegten“; sie ist „Ausgangsgrund des verdienstlichen Werkes durch Vermittlung der Tugenden, wie die Wesenheit der Seele Ausgangsgrund der Werke des Lebens ist durch Vermittlung der Vermögen“ (a.4 ad 1 und 2). Auf diese Weise verstanden ist die als *qualitas* bezeichnete Gnade die Basis, von der aus ihre Ausbreitung in Verstand und Wille als qualitative, weil gnadenhaft bestimmte Tätigkeitszurüstung, eben als eingegossener *habitus*, sich begreifen läßt[224]. Und eben weil diese Gnade „den eingegossenen Tugenden als deren Ausgangsgrund und Wurzel vorausliegt“ (a.3 ad 3), hätte ihre Gleichsetzung nicht zuletzt auch die existentiell wohl verheerendste Folge, daß Gottes vorbehaltlose Liebe den Menschen nur in seinem Handeln erreichen und ihr wirkliches Ankommen bei ihm *selbst*, worauf Thomas schon zu Beginn

224 Vgl. *B. J. Hilberath*, Gnadenlehre (Anm. 6), 22: „In diesem Sinn ist Gnade Teilhabe an der göttlichen Natur und das Fundament der göttlichen Tugenden, in diesem Sinn also gegenüber der Tugend als handlungsmäßigem Habitus (habitus operativus) ein seinsmäßiger Habitus (habitus entitivus) – dies freilich nicht als ‚dingliche Realität‘, sondern als Teilhabe, als Beziehungsgeschehen“.

seiner Wesensbestimmung der Gnade doch alles ankam, gar nicht stattfinden würde. Und so darf man mit *Pesch* resümieren: „Gnade ist das schöpferische Ankommen der ewigen Liebe Gottes in der Ich-Mitte des Menschen. Der Mensch wird dadurch aus der Begrenzung auf seine Natur [...] emporgerissen zur Lebensgemeinschaft [und Freundschaft] mit Gott und zugleich mit den Fähigkeiten ausgestattet, die ihm das überhaupt möglich und [...] sogar leicht und selbstverständlich machen: aus der Gnade ‚fließen' Glaube, Hoffnung und Liebe. Dies Ganze aber ist das Werk eines Gottes, der [...] den Weg seiner Geschöpfe zu ihm ‚suaviter', auf sanfte Art beherrscht"[225].

Wenn Thomas in der nächsten *quaestio* eine „Einteilung der Gnade" vornimmt und dabei die damals gängigen Unterscheidungen aufgreift, sie in seinem Sinn festlegt oder präzisiert (I–II, 111), dann kann dies natürlich nur bedeuten, daß die *eine* Gnade im Blick auf ihre Wirkungen im Menschen differenziert wird. Unter dem Gesichtspunkt, daß die Rückführung des Menschen zu Gott „in einer gewissen Reihenfolge" geschieht, gewinnt Thomas zunächst die grundlegende Unterscheidung zwischen der „heiligmachenden Gnade" (*gratia gratum faciens*) als der „Art von Gnade, durch die der Mensch selbst mit Gott verbunden wird", und einer anderen Art, durch die „der Mensch mit einem anderen mitwirkt, damit er zu Gott zurückgeführt werde", und die Thomas, da sie einem Menschen zwar nicht zur eigenen Rechtfertigung, aber doch über sein Verdienst und die Fähigkeit seiner Natur hinaus gewährt wird, als „frei gewährte Gnade" (*gratia gratis data*) bezeichnet, bei ihr vor allem an die Gnadengaben im Sinne von 1 Kor 12 denkt und sich damit (wie schon früher erwähnt) vom franziskanischen Sprachgebrauch trennt (a.1). Immerhin sind Thomas diese gnadenhaft bewirkten Kompetenzen des mitmenschlichen Heilsdienstes wichtig genug, um in einem eigenen Artikel der Frage nachzugehen, ob „die freigewährte Gnade vom Apostel zutreffend eingeteilt" wird (a.4). Zugleich jedoch stellt er fest, daß die heiligmachende Gnade, sofern sie „den Menschen unmittelbar auf die Verbindung mit dem letzten Ziele" hinordnet, „um vieles erhabener" sei als die freigewährten Gnaden, die „den Menschen [nur] auf Vorbereitungen zum letzten Ziele" hinordnen (a.5).

In den Bereich der *heiligmachenden Gnade* gehören sodann die Unterscheidungen zwischen „wirkender" und „mitwirkender Gnade" sowie zwi-

225 *O. H. Pesch*, Die „klassische" Gnadenlehre (Anm. 158), 89.

schen „zuvorkommender" und „nachfolgender Gnade". Dabei kann sich die erste Unterscheidung wiederum auf die beiden Grundgestalten der Gnade als bewegender „göttlicher Hilfe" oder als „zustandhaftem Geschenk" Gottes beziehen. Im *ersten* Fall spricht Thomas von *gratia operans*, wenn sie den menschlichen „Geistgrund bewegt" und den „inneren Willensakt" selbst erwirkt, wie insbesondere dann, „wenn der Wille, der vorher Böses wollte, anfängt, Gutes zu wollen"; von *gratia cooperans* aber spricht er, wenn sie *durch* den und *mit* dem bereits von ihr selbst angestoßenen Willen auch die von ihm gewollten Akte der anderen Tätigkeitsvermögen bewirkt. Im *zweiten* Fall heißt die zustandhafte heiligmachende Gnade *gratia operans*, wenn „sie die Seele heilt oder rechtfertigt oder Gott genehm macht" und somit ein neues „Sein" schenkt; *gratia cooperans* aber wird sie genannt, wenn sie durch dieses neue Sein der „Ausgangsgrund des verdienstlichen Werkes ist", das somit zugleich „aus der freien Selbstbestimmung hervorgeht" (a.2). Die traditionelle Differenzierung zwischen *gratia praeveniens* und *gratia subsequens* schließlich nimmt Thomas modifizierend auf, um die bleibende Abhängigkeit des Christen von der Gnade als dem umfassenden Prinzip seines Handelns zu erläutern. Je nach Blickrichtung kann nämlich dieselbe Gnadenwirkung eine zuvorkommende oder nachfolgende sein, so daß alle – fünf an der Zahl – wie Glieder einer Kette ineinander greifen: Die Seele wird geheilt; sie wird zum Guten motiviert; sie tut „das Gute, das sie will, wirksam"; sie „verharrt im Guten" und sie „gelangt zur Herrlichkeit" (a.3).

Thematisch wird das Verhältnis von Gottes Gnade und menschlicher Freiheit in der Untersuchung „Über die Ursache der Gnade" (I–II, 112). Zunächst und grundsätzlich stellt Thomas heraus, daß als diese Ursache *allein Gott* in Betracht kommt: übersteigt doch „das Geschenk der Gnade jede Fähigkeit der geschaffenen Natur, da es nichts anderes ist als eine Art Teilhabe an der göttlichen Natur [...] Wie es nämlich unmöglich ist, daß etwas feurig mache, es sei denn das Feuer allein, so ist es notwendig, daß Gott allein vergöttliche, indem Er die Gemeinschaft mit der göttlichen Natur auf Grund einer gewissen Teilhabe an Seiner Ähnlichkeit verleiht" (a.1). Im Blick auf Christi Menschheit fügt Thomas hinzu, daß sie „gleichsam ein Werkzeug Seiner Gottheit" sei und darum „die Gnade nicht in eigener Kraft [verursacht], sondern in der Kraft der mit ihr verbundenen Gottheit, aus der die Tätigkeiten der Menschheit Christi heilswirksam werden" (a.1 ad 1). Umso energischer stellt sich nun freilich die Frage, ob von seiten des Menschen nicht wenigstens eine *Vorbereitung* auf die Gnade aufgrund eines Aktes der freien Selbstbestimmung erforderlich sei. Thomas‘ Antwort stimmt mit seiner früheren Auffassung der Sache weitgehend überein – nur daß er jetzt (wie schon oben erwähnt) statt von „göttlicher Hilfe“ (*auxilium*) von Gnade spricht und damit deren andere Grundgestalt neben der Gnaden*form* meint. Die Antwort lautet: Wird Gnade als „zustandhaftes Geschenk Gottes“ aufgefaßt, so ist allerdings „irgendeine Vorbereitung der Gnade im voraus zur Gnade erforderlich, weil keine Form bestehen kann außer in einem ausgerichteten Stoff“; wird sie dagegen als „die Hilfe Gottes“ betrachtet, „der zum Guten bewegt, so ist keine Vorbereitung von seiten des Menschen erforderlich, die der göttlichen Hilfe gleichsam zuvorkäme“, weil doch die „gute Bewegung der freien Selbstbestimmung“ zur Vorbereitung auf den Empfang der Gnade schon selbst einen „Akt der von Gott bewegten freien Selbstbestimmung“ darstellt (a.2). Welche weitreichenden Konsequenzen Thomas mit dieser Auskunft verbindet, kommt dann bei der Antwort auf die Anschlußfrage heraus, ob durch diese Vorbereitung auf die Gnade auch ihre Verleihung notwendig werde. Unter dem Gesichtspunkt nämlich, so Thomas, daß die Vorbereitung „von der freien Selbstbestimmung herrührt“, besteht „keinerlei Notwendigkeit zur Erlangung der Gnade, weil das Geschenk der Gnade jede Vorbereitung durch menschliche Kraft übersteigt“. Unter dem Gesichtspunkt dagegen, daß sie „vom bewegenden Gott herrührt“, besteht durchaus „eine Notwendigkeit zu dem, was von Gott angeordnet wird; zwar nicht in Form des Zwanges, wohl aber in Form der Unfehlbarkeit (*infallibilitatis*), weil die Absicht Gottes nicht versagen kann [...] Wenn es also in der Absicht Gottes liegt, daß ein Mensch, dessen Herz Er bewegt, die Gnade erlangt, so erlangt dieser sie unfehlbar“ (a.3).

Es ist deutlich, daß Thomas trotz seiner geradezu wörtlichen Übereinstimmung mit Augustinus der Freiheit des Willens unter der Gnade gerecht werden möchte. Gleichwohl sehe ich nicht, wie der Gedanke der alleinwirksamen Gnade und mit ihm die Konsequenzen der augustinischen Prädestinationslehre noch vermeidbar sein könnten. Ebensowenig leuchtet ein, wenn die Vorbereitung auf die Gnade entscheidend doch allein von Gottes Gnadenhilfe abhängt, wieso die „erste Ursache des Versagens der Gnade [...] von uns“ stammen soll[226] – es sei denn, man setzt eben auch die augustinische Erbschuldtheorie voraus. Doch stellen wir dies noch etwas zurück ...

226 So S.th. I–II, 112,3 ad 2. Vgl. 109,8 ad 1, wo es heißt, der Mensch werde „dadurch, daß es an seinem Versagen liegt, wenn er sich zur Erlangung der Gnade nicht vorbereitet, nicht entschuldigt von der Sünde, die er ohne Gnade nicht vermeiden kann“.

Weniger problematisch ist die Beantwortung der beiden noch folgenden Fragen. Denn daß Thomas damit rechnet, daß „die Gnade in dem einen größer als in dem anderen“ ist, war nach dem Vorausgegangenen zu erwarten: ist es letztlich doch „Gott Selbst [...], der die Gaben Seiner Gnade in verschiedener Weise austeilt, auf daß die Schönheit und Vollkommenheit der Kirche aus verschiedenen Stufengraden emporwachse“ – letzteres ein Zusatzargument, das Thomas ähnlich für die Schöpfung verwendet (a.4). Und was endlich die Frage betrifft, ob ein Mensch, daß er begnadet sei, wissen könne, so überrascht die negative Antwort ebenfalls nicht. Denn etwas wissen bedeutet laut *Aristoteles*: etwas aus seinen Gründen erkennen. Gott aber, der Ursprung (und Gegenstand) der Gnade, bleibt „uns wegen Seiner Übererhabenheit unbekannt“. Wie also „Seine An- oder Abwesenheit in uns nicht durch Gewißheit erkannt“ werden kann, so kann auch kein Mensch „beurteilen, ob er selbst Gnade besitze“. Allerdings hält es Thomas – neben besonderen Offenbarungen – für möglich, daß der Besitz der Gnade „auf Grund einiger Zeichen vermutungsweise (*conjecturaliter*) erkannt“ werden kann: wenn etwa ein Mensch „spürt, daß er sich an Gott erfreut“, sich „keiner Todsünde bewußt“ ist usw. – Gewißheiten in der Regel, die sich im Zuge des Handelns einstellen und Probleme berühren, die man heute unter dem Titel „Erfahrung der Gnade“ erörtert (a.5).

Mit der Abhandlung „Über die Wirkungen der Gnade und über die Rechtfertigung des Sünders“ (I–II, 113) wird das allgemeine Schema der Auskehr von Gott und der Rückkehr zu ihm erneut (wie schon in den einleitenden Überlegungen zur Notwendigkeit der Gnade) auf die Wirklichkeit des infralapsarischen Menschen hin geöffnet und dabei bewußt, daß die Rechtfertigungslehre des Thomas ihren Ort zwar in der Gnadenlehre hat, aber von dieser keineswegs absorbiert wird, sondern die heiligmachende, vollendende Gnade in der konkreten Situation nach dem Sündenfall faktisch zuerst in ihrer Heilungsfunktion wirksam wird und dies eingehend zu bedenken ist. Wir müssen uns hier jedoch mit einigen Schwerpunkten und besonderen Akzenten dieses gehalt- und aspektreichen Lehrstücks begnügen.

Als erstes unternimmt es Thomas, seine Gleichsetzung der „Rechtfertigung (*iustificatio*) des Sünders“ mit der „Vergebung der Sünden“ zu begründen, indem er einen Hinweis des *Aristoteles*, der die „Rechtheit der Ordnung [...] in der inneren Verfassung des Menschen“ als „Gerechtigkeit in übertragenem Sinne“ bezeichnet hatte, aufnimmt und diese Vorstellung durch den Begriff der „unversehrten Natur", in der „das Höchste im Menschen Gott unterworfen" ist und dann auch „die niederen Kräfte der Seele [...] der Vernunft" gehorchen, inhaltlich auffüllt. Da nun, wie wir schon sahen, dieser Gerechtigkeitsbegriff der Urstandslehre eine geradezu kriteriologische Funktion für die Sünden- und Gnadenlehre des Thomas ausübt, angesichts der verderbten Natur des Menschen im postlapsarischen Zustand aber nur in „einer Bewegung, die von einem Gegensatz zum anderen geht", noch realisiert werden kann, „besagt Rechtfertigung eine Umwandlung (*transmutatio*) aus dem Stande der Ungerechtigkeit in den Stand der eben genannten Gerechtigkeit", die eben durch die „Nachlassung der Sünde" geschieht, so daß diese von ihrem Ziel her auch Rechtfertigung heißen darf (a.1). Als zweites macht Thomas klar, daß „zur Nachlassung der Schuld, die des Sünders Rechtfertigung ist, die Eingießung der Gnade erforderlich" ist. Denn die Vergebung der Beleidigung durch die Sünde kann ja allein dadurch erfolgen, „daß Gott mit uns Frieden schließt. Dieser Friede besteht in der Liebe, in der Gott uns liebt" – einer Liebe, die hinsichtlich des göttlichen Aktes unwandelbar, hinsichtlich ihrer Wirkung in uns jedoch bisweilen von uns unterbrochen ist. Weil nun aber diese durch die Sünde aufgehobene Wirkung eben die *gratia sanctificans* ist, ist die Vergebung der Schuld ohne die „Eingießung der Gnade" nicht denkbar, so daß sich die rechtfertigende und die heiligmachende Gnade als das Ankommen der einen, beständigen Liebe Gottes in uns erweisen (a.2).

Als drittes bringt Thomas erneut das Verhältnis von Gottes Gnade und menschlicher Freiheit zur Sprache – und zwar unter verschiedenen Aspekten in einer Reihe von sechs Artikeln, die weitere Erfordernisse der Rechtfertigung klären. Grundlegend ist die These, daß die Rechtfertigung des Sünders schon wegen dessen unverzichtbarer Zustimmung „eine Bewegung der freien Selbstbestimmung" verlangt, wobei es aber Gott selbst, der den Menschen rechtfertigt, auch bleibt, der ihn zur Rechtfertigung bewegt – so nämlich, daß Gott ebenso, wie er „alle Dinge nach ihrer besonderen Weise bewegt", auch den Menschen nicht „ohne eine Regung der freien Selbstbestimmung" zur Gerechtigkeit bewegt; „vielmehr gießt Er die Gabe der rechtfertigenden Gnade in der Weise ein, daß Er zugleich mit ihr die freie Selbstbestimmung zur Annahme der Gnadengabe [...] bewegt" (a.3). Von hier aus erschließt sich auch, wie Thomas mit der Rechtfertigung die Notwendigkeit des *Glaubens* verbindet: besteht jene „Regung der freien Selbstbestimmung" des Sünders doch darin, daß Gott ihn „zu sich selbst hinwendet". „Die erste Hinwendung (*prima conversio*) zu Gott aber erfolgt nach Hebr 11,6 durch den Glauben: ‚Wer sich Gott naht, muß glauben, daß Er ist'. Und darum ist eine Regung des Glaubens zur Rechtfertigung des Sünders erforderlich" (a.4) – eine Regung des Glaubens jedoch, fügt Thomas hinzu, die „nur vollkommen [ist], wenn sie von der Liebe beformt ist" und alle Tugenden in sich befaßt, die sonst noch zu einem gerechtfertigten Leben gehören (a.4 ad 1). Die nächste Einsicht folgt unmittelbar und logisch stringent: Wie nämlich im „Bereich der örtlichen Bewegung" jede Hinwendung eine Abkehr impliziert, so muß sich auch „bei der Rechtfertigung des Sünders eine zweifache Regung der freien Selbstbestimmung ereignen: eine Regung, wodurch der Mensch in Sehnsucht nach der Gerechtigkeit Gottes strebt, und eine andere, worin er die Sünde verabscheut" (a.5). Nimmt man die beiden allein dem bewegenden Gott zuzuschreibenden Bewegungen – nämlich die Eingießung der Gnade als Ausgangspunkt und die Vergebung der Sünde als Vollendung des Rechtfertigungsvorgangs – noch hinzu, lassen sich die vier wesentlichen Elemente des Rechtfertigungsgeschehens in ihrer sachlichen Reihenfolge festhalten: „die Eingießung der Gnade, die Regung der freien Selbstbestimmung auf Gott hin durch den Glauben, die Regung der freien Selbstbestimmung gegen die Sünde und die Nachlassung der Schuld" (a.6). Wichtig aber ist Thomas zugleich, daß die Rechtfertigung nun nicht „in einer Aufeinanderfolge (*successive*)", sondern „im Nu (*in instanti*)" geschieht. Und dies deshalb, weil Gott, der ja selber die Vorbereitung des Menschen zur Eingießung der Gnadenform bewirkt, dies mit solcher „göttlicher Kraft" vermag, daß diese Eingießung, wie es bei der Einprägung einer Form in ihren Träger ja sein soll, tatsächlich „im Nu" geschehen kann und deshalb auch die Eingießung der Gnade und die Vergebung der Sünde real nicht mehr getrennt werden können, sondern beide eigentlich nur das *eine* Ankommen der Liebe Gottes im Menschen bezeichnen (a.7). Wo aber – so die sich aufdrängende Frage – läßt sich dann noch die freie Selbstbestimmung des Menschen verorten?

Die zu erwartende Antwort bestätigt der folgende Artikel, der die Folge der Rechtfertigungselemente als zeitliches Nacheinander darstellt, obwohl dies doch nur in der Sachordnung gilt, und zudem zwischen gegensätzlichen Perspektiven – von Gott und vom Menschen aus – wechselt. Vom rechtfertigenden Gott her ausgesagt, so Thomas, „erfolgt in der Naturordnung die Eingießung der Gnade früher als die Nachlassung der Schuld", während von der Seite des gerechtfertigten Menschen aus betrachtet der Naturordnung nach „die Befreiung von der Schuld früher als die Erlangung der rechtfertigenden Gnade" erfolgt (a.8). Indessen: Auch dieser

Perspektivenwechsel macht nicht ersichtlich, wie die Eingießung (bzw. Erlangung) der Gnade und der Nachlaß der Schuld real unterscheidbar und zwischen ihnen Zeit für wirkliche Freiheit sein könnte. Am verwirrendsten wird das unbewältigte Paradox festgeschrieben in einer Spitzenaussage, die das Verhältnis der (schon von der Gnade erwirkten) Vorbereitung auf die Gnade zu ihrem Empfang betrifft und nun die Unterscheidung von Eingießung und Erlangung der Gnade verwendet und die lautet: „Die Ausrichtung des Trägers (*dispositio subjecti*) geht dem Empfang der Form in der Naturordnung voraus; doch folgt sie der Tätigkeit des Wirkenden, durch die auch der Träger selbst ausgerichtet wird. Und darum geht die Regung der freien Selbstbestimmung in der Naturordnung der Erlangung der Gnade voraus, folgt jedoch der Eingießung der Gnade" (a.8 ad 2). Erkennbar kehrt hier das schon früher berührte Problem der „reziproken Kausalität" wieder, die jedenfalls die Einordnung eines menschlichen Freiheitsaktes zwischen Eingießung und Erlangung der Gnade nicht zuläßt. Bedenkt man zudem, was wir über das unfehlbare Wirken der Gnade, die *gratia operans* und die von der Gnade erwirkte Regung der freien Selbstbestimmung schon hörten, so dürfte es die Sachlage bei Thomas wohl treffen, wenn *Otto Hermann Pesch* interpretiert: Eine Formel, die den freien Akt des Menschen zwischen Eingießung und Erlangung der Gnade verlegt, kann „sachlich keinen anderen Sinn haben als festzuhalten: Nichts anderes als *mein* freier, entschiedener und verantworteter Akt der Hingabe an Gott und der Abkehr von der Sünde ist in absoluter Identität zugleich ganz und gar von *Gott* erwirkt als Gestalt sich vollziehender und vollzogener Rechtfertigung"[227].

Es beeindruckt und wirkt doch ganz stimmig, daß Thomas abschließend die Rechtfertigung des Sünders als „das größte Werk Gottes" rühmt. Unter dem Aspekt der „Wirkungsweise" zwar „ist das Werk der Schöpfung, wobei aus Nichts etwas entsteht, das größte", im Blick auf die „Größe des Ereignisses" jedoch „ist die Rechtfertigung des Sünders, die ihren Gipfel in

227 *O. H. Pesch*, Die „klassische" Gnadenlehre (Anm. 158), 102. So sehr ich übrigens Peschs Interpretation zustimme, so wenig teile ich (wie noch deutlicher werden soll) seine affirmative Einschätzung des erhobenen Befunds. Neben vielen anderen hebt auch *W.-D. Hauschild* – offenbar ebenfalls zustimmend – hervor, daß Thomas „die Gnadenlehre konsequent ontologisch interpretiert und damit den absoluten Primat der Gnade (das *sola gratia*) hinsichtlich des Heils herausstellen kann [...] Geschenkte Freiheit und Alleinwirksamkeit der Gnade gehören im Sinne Augustins zusammen, denn diese ist im Rechtfertigungsvorgang ebenso *gratia operans* wie *gratia cooperans*" (Art. Gnade [Anm. 158], 487f).

dem ewigen Gut der göttlichen Teilhabe findet, ein größeres Werk als die Erschaffung des Himmels und der Erde, die [nur] in einem Gut der veränderlichen Natur ihren Höhepunkt hat". Ja, sie ist sogar noch größer als das „Geschenk der Herrlichkeit", dem sie „im Sinne der Ausdehnungsgröße" zwar nachsteht, es aber im Blick auf die Größe des durch Gottes Barmherzigkeit überwundenen Gegensatzes weit überragt: „weil nämlich das Geschenk der Gnade die Würde des Sünders, der einer Strafe würdig war, viel mehr übersteigt als das Geschenk der Herrlichkeit die Würde des Gerechten, der schon durch seine Rechtfertigung der Herrlichkeit würdig ist" (a.9).

Bei der noch folgenden Lehre vom „Verdienst" (I–II, 114) will ich mich kurz fassen, zumal ein wichtiger Punkt schon zur Sprache kam[228] und die Einzeluntersuchungen im wesentlichen nur die Grundgedanken auf besondere Aspekte des Glaubensweges applizieren. Daß Thomas schon im ersten Satz das Verdienst als „effectus gratiae cooperantis" bezeichnet, rückt alles Weitere in die entscheidende Perspektive. Grundlegend gilt, daß es ein menschliches Verdienst bei Gott im Sinne eines Anspruchs nicht geben kann, da zwischen Gott und Mensch „ein unendlicher Abstand" und somit die „denkbar größte Ungleichheit" waltet und überdies „der Mensch alles, was er Gutes hat, von Gott" hat. Also kann es „ein Verdienst des Menschen bei Gott nur geben unter Voraussetzung einer göttlichen Anordnung, in dem Sinne, daß der Mensch durch seine Tätigkeit das von Gott gleichsam als Lohn empfängt, wozu Gott ihm die Wirkkraft bestimmt" und sein „freies Wahlvermögen" bewegt (a.1). Desgleichen ist klar, daß kein Mensch „ohne Gnade das ewige Leben verdienen" kann, also ohne die *gratia cooperans* überhaupt nicht heilsverdienstlich zu handeln vermag: ist doch das ewige Leben „ein die Verhältnisse der geschaffenen Natur überragendes Gut" und überdies der todverfallene Sünder der Gnade zuvor noch zur Versöhnung mit Gott bedürftig (a.2). Wie und mit welchem Anspruch aber kann der Mensch durch sein von der mitwirkenden Gnade bewegtes Handeln das ewige Leben verdienen? Sofern – so die wie immer differenzierende Antwort des Thomas – das verdienstliche Werk „vom freien Wahlvermögen ausgeht, kann es in ihm keinen Rechtstitel geben wegen der großen Ungleichheit zum Lohn"; immerhin läßt es dann aber die „Billigkeit" erhoffen, „daß Gott dem Menschen, der nach *seiner* Kraft wirkt, nach der Höhe *Seiner* Kraft vergelte". Spricht man indessen „vom verdienstlichen Werk, sofern es aus der Gnade des Heiligen Geistes hervorgeht, so verdient es das ewige Le-

228 Vgl. o. Anm. 184.

ben auf Grund eines strengen Rechtstitels", weil dann „der Wert des Verdienstes bemessen [wird] nach der Kraft des Heiligen Geistes, der uns auf das ewige Leben zu bewegt", und endlich die zu Gottes Söhnen (und Töchtern) adoptierten Menschen auch Erben sein werden (Röm 8,17). Thomas kennt also jetzt ein *meritum de congruo*, doch ist dieses nun auch untrennbar an das der Gnade verdankte *meritum de condigno* gebunden (a.3). Dabei „gebührt das Verdienst des ewigen Lebens zuerst der Liebe, und erst in zweiter Linie den anderen Tugenden, sofern ihre Akte von der Liebe gesteuert sind" (a.4). Verdienbar sind aber auch „die Mehrung der Gnade und Liebe" und das Wachsen in ihnen – geht es dabei doch gleichsam nur um Etappen auf dem Weg zum ewigen Leben, der als *ganzer* von der Gnade getragen und bewegt wird und insofern (*ex condigno*) verdienstvoll ist (a.8). Sogar die „zeitlichen Güter" können verdient und verdienstvoll sein, sofern und soweit sie nur zu den (von der Gnade getragenen) „Werken der Tugend, durch die wir zum ewigen Leben gelangen, nützlich sind" (a.10). Insgesamt verstärkt sich der Eindruck, daß Thomas in seiner Verdienstlehre überhaupt nicht von Verdiensten im üblichen Sinn, sondern weit mehr von der Zuversicht spricht, daß Gottes Gnade, was sie am Menschen und mit ihm begonnen hat, auch in Treue vollendet.

Umso verständlicher wird dann auch, was *un*verdienbar bleibt: alles nämlich, was allein von Gott her geschehen kann, also Wirkung der *gratia operans* ist. Das Gegenteil würde in einen Zirkel verstricken: eben weil alles verdienstliche Tun schon die Gnade voraussetzt. Vor allem kann kein Mensch sich die „erste", also die Rechtfertigungsgnade verdienen: und dies nicht nur, „weil sie jedes Verhältnis der Natur übersteigt", sondern auch, „weil der Mensch vor der Gnade, im Zustande der Sünde, gehindert ist, die Gnade zu verdienen" (a.5). Desgleichen kann keiner einem *anderen* die erste Gnade verdienen „denn Christus allein" – es sei denn gemäß der Billigkeit aufgrund „des Freundschaftsverhältnisses mit Gott", der „den Willen des Menschen durch die Rettung des anderen erfüllt" (a.6). Nicht einmal nach dem „Grundsatz der Billigkeit" ist jedoch die „Wiederaufrichtung nach einem [möglichen] späteren Fall" zu verdienen, weil dieser die Bewegung der mitwirkenden Gnade ja unterbricht und so jede Verdienstmöglichkeit abreißt (a.7). Schließlich ist für den Weg zur Vollendung auch das „Ausharren unterwegs" unverdienbar, da solche Beharrlichkeit den „Ursprung jedes Verdienstes" betrifft und darum der stets neuen Hilfe des Geistes bedarf, die wesentlich „umsonst" ist (a.9). Indessen, so fügt Thomas noch hinzu und öffnet damit alles Reden von Verdienst endgültig auf die größeren Möglichkeiten der barmherzigen Gnade: „Auch das, was wir nicht verdienen, erlangen wir durch Bitten" – erhört Gott doch auch die Bitten der Sünder (a.9 ad 1).

Rezeption oder Suche nach Alternativen?

Eine angemessene Antwort auf die vorangestellte Frage dürfte ohne weitere Differenzierung wohl kaum gelingen. Zu schnell wird die Skala der Möglichkeiten zwischen der einfachen Übernahme einer Lehre und der Bevorzugung einer Alternative durch das exkludierende „oder" übersprungen. Schon jede Rezeption, auch die scheinbar bedingungslose, schließt ja Interpretation ein, die faktisch von mehr oder minder bewußten hermeneutischen Aprioris abhängt. Immerhin kann der Rezipient sich bemühen, durch die Herausarbeitung der historischen Differenz zwischen dem eigenen Verstehenshorizont und dem nächstzugehörigen Bedeutungskontext der zu verstehenden Lehre ihrer „ursprünglichen" Bedeutung so nahe wie möglich zu kommen. Kann er das Ergebnis der Rekonstruktion, ohne weitere Bedingungen zu stellen oder Veränderungen anzubringen, dann affirmativ übernehmen, hätte er eine *restaurierende* Rezeption vorgenommen[229]. Meint er hingegen, sinngemäß „dasselbe" wie die fragliche Lehre oder doch wenigstens, was sie „meint", sagen zu können, es aber „anders", insbesondere mit sachlich angemesseneren und zugleich gegenwärtig mitvollziehbaren Denk- und Sprachmitteln sagen zu müssen, so wird er eine *prospektive* Rezeption unternehmen, die bereits unter Bedingungen steht und entsprechende Änderungen verlangt. Betrifft seine Kritik schließlich auch *Inhalte* der Lehre, womöglich so wesentliche, daß sein Widerspruch zu ihnen auf das Ganze der kritisierten Lehre durchschlagen müßte, so würde allerdings die Notwendigkeit eintreten, nach einem alternativen Ansatz und vielleicht auch einer richtigeren Problemstellung zu suchen. Gleichwohl bliebe die angestrebte Alternative schon durch ihr Thema mit der zurückgelassenen Lehre verbunden. Zudem müßte sie fähig sein, deren „gültige" Einsichten in sich selbst zu bewahren, so daß sie auch *performative Rezeption* heißen könnte. Sehen wir also zu, auf welchen dieser Wege der nun anstehende Rückblick uns führen wird.

229 Zur Unterscheidung der möglichen Rezeptionsarten s. auch *J. Heinrichs*, Ideologie oder Freiheitslehre? Zur Rezipierbarkeit der thomanischen Gnadenlehre von einem transzendentaldialogischen Standpunkt: ThPh 49 (1974), 395–436, bes. 416ff.

Ohne so etwas wie eine Gesamtwürdigung der thomanischen Gnadenlehre versuchen zu wollen, sei doch wenigstens hervorgehoben, daß Thomas so ernsthaft und umfassend wie bis dahin noch niemand die gnadentheologischen Vorgaben der Tradition, namentlich der augustinischen, mit Hilfe der aristotelischen Philosophie durchdacht, sie kreativ weiterentwickelt und so – obwohl er natürlich kein Systemdenker im nachkantischen Sinne sein konnte und wollte, umso mehr aber durch die geniale Urteilskraft imponiert, mit der er verschiedene Einflüsse und Thesen ausbalancierte – die zahlreichen Einzeltheoreme zu einem kohärenten Gefüge vereint hat. Den unbedingten Primat der Gnade hat er dabei in allem (und sogar bis zum Gedanken ihrer Alleinwirksamkeit) durchzuhalten versucht. Sein Wille etwa, die einzige „Ursache“ der Gnade im dreieinigen Gott zu sehen und stets eng mit dem Wirken des Heiligen Geistes zu verbinden, bewahrt seiner Lehre mitten in ihrer anthropologischen und ethischen Ausrichtung ihren theozentrischen Charakter. Anders jedoch und jedenfalls deutlicher als *Augustinus* hat er – letztlich aus schöpfungstheologischen Motiven, die ihm die unter neuplatonisch-augustinischem Einfluß fast vergessene ontologische Positivität und theologische Bedeutsamkeit des Geschaffenseins durch Gott wie auch der Welteingebundenheit des Menschen wieder geltend zu machen erlaubten – die menschliche Natur in ihrer relativen Eigenständigkeit gewürdigt, ohne sie doch aus ihrer Hinordnung auf Gott zu entlassen, hat vielmehr mit Bezug schon auf *sie* (und nicht nur auf die Sünde) die „Notwendigkeit“ der freien Gnade begründet, durch die begriffliche Fassung dieser Natur und ihrer Vermögen das Wirken der Gnade im Menschen so genau wie möglich bestimmt und nicht zuletzt doch wenigstens den *Versuch* unternommen, der menschlichen Freiheit gebührend Rechnung zu tragen. Aber auch umgekehrt war Thomas die Aufnahme des *aristotelischen* Denkens, dem er nicht nur seine theologisch-philosophische Begriffsapparatur, sondern auch den spezifischen Ansatz seiner natürlichen Theologie, die reiche Auswertung des Teleologieprinzips und zahlreiche, auch für die Gnadenlehre relevante anthropologische Einsichten und Kategorien verdankte, nur möglich, indem er sich einschneidende Modifikationen erlaubte, um seine Grundorientierung an der menschlichen Heilsfrage und sein entsprechendes Verständnis der Theologie als offenbarungsbegründeter Glaubenswissenschaft aufrechterhalten zu können. Zugleich mußte er seinen Entwurf, da er *sub ratione Dei* auf die gesamte Wirklichkeit ausgriff und deshalb eine Beziehungslosigkeit von Theologie und Philosophie nicht in Betracht kam, in ein differenziertes Verhältnis zur philosophischen Vernunft setzen und erreichte dies, indem er ihr die begrenzte, aber unverzichtbare Aufgabe zuwies, die *praeambula fidei* zu sichern, den Glaubensinhalt als Sinnganzes zu erschließen, ihn durch Wahrscheinlichkeitsgründe zu stützen und Einwände gegen ihn zu entkräften. Aus Gründen der biblisch bestimmten Hoffnung wird die teleologische Betrachtung der menschlichen Natur auf ein neues, ihr eigenes Vermögen übersteigendes Endziel bezogen. Aufgrund wiederum des Schöpfungsglaubens ist auch schon bei Thomas das Bewußtsein der Kontingenz der Welt sowie der Freiheit und Transzendenz Gottes in einer Weise entwikkelt, die bei Aristoteles nicht zu finden ist. Und weit stärker, als es dem griechischen Denken mit seiner Dominanz des Allgemeinen gegenüber dem Besonderen je möglich war, betont Thomas die Würde des Menschen – und zwar jedes einzelnen, von Gott berufenen und in der Erlösung und Gnade tatsächlich zur Gemeinschaft mit ihm erhobenen Menschen.

Es ist ein besonderes Verdienst von *Otto Hermann Pesch*, daß er ebenso gründlich wie breitenwirksam die Erschließung und gerechte Beurteilung der thomanischen Gnadenlehre gerade auch in ihren Einzelheiten vorangebracht hat. Nicht als hätte der Ausbruch aus der erstarrten, sterilen Neuscholastik zu Thomas selbst hin nicht schon lange zuvor stattgefunden. Erinnert sei nur an *Karl Rahner*, der – neben den anderen „Großen" seiner Generation – den Wiederanschluß an die klassische Tradition der Gnadenlehre, um ihr Potential zu vergegenwärtigen, gesucht hat, das Verständnis der Gnade als Selbstmitteilung Gottes sogar in das Zentrum seiner gesamten Theologie rückte und deshalb gegenüber den schultheologischen Fehlentwicklungen immer wieder betonte, „daß ‚*die* Gnade' schlechthin und als streng übernatürliche primär der sich mit seinem eigenen Wesen mitteilende Gott selbst ist: ungeschaffene Gnade", und von da aus „eine dingund sachhafte Auffassung der Gnade, die die Gnade in die autonome Verfügung des Menschen gäbe, schon a limine ausgeschlossen" sei. Auch Begriffe wie „inhärierend", „akzidentell" usw. könnten „durchaus unabhängig von der Frage der Unterscheidung von ‚geschaffener' und ‚ungeschaffener' Gnade verstanden werden". Allerdings besage gerade der Begriff der ungeschaffenen Gnade, „daß der *Mensch selber in sich* wahrhaft umgeschaffen ist durch diese Selbstmitteilung Gottes". Auf jeden Fall aber sei „die ungeschaffene Gnade als erste und die ganze Begnadigung des Menschen wesentlich tragende Gnade anzusehen, die allein auch die […] Übernatürlichkeit der Gnade verständlich macht"[230].

230 *K. Rahner*, Art. Gnade IV (Anm. 158), 994f. Grundlegend schon *ders.*, Zur schola-

Den besonderen Beitrag *Peschs* sehe ich nun darin, daß er – im Gespräch mit der neueren Thomas-Forschung und ausgewiesen an den Texten – die Positionen und Argumente der thomanischen Gnadenlehre klar profiliert, zugleich ihre Intentionen hervortreten läßt und mit beidem nicht nur einladende Zugänge zu ihr erschließt, sondern auch die Kritik, die seit *Luthers* pauschalen Verdikten gegen die Scholastik vor allem evangelischer-, aber auch katholischerseits an ihr geübt wird, in vielen Punkten entschärft, sie oft auch ganz unterläuft und manchmal sogar sachliche Affinitäten zwischen gnadentheologischen Motiven des Thomas und Auffassungen Luthers aufdecken kann. Ich will dafür, da ich beim Durchgang durch den Gnadentraktat der Summa die Arbeiten Peschs schon möglichst berücksichtigt habe, nur noch wenige wichtige Beispiele nennen. So etwa, daß er den Terminus „geschaffene Gnade" überzeugend als für Thomas inadäquat zurückweist, da nach diesem die „Gnade ‚im' Menschen und die Gnade ‚in' Gott […] nie scharf unterschieden werden wie Geschöpf und Schöpfer", sondern als „die zwei Seiten ein und derselben Realität" zu begreifen sind: eben des „Verhaltens Gottes zum Menschen"[231]. Daß er ähnlich gegen das böse Wort von der katholischen Kirche als „Kirche der mancherlei Gnaden" den Skopus der ganzen Quaestio über die „Einteilung der Gnade" darin erkennen läßt, „daß der Mensch von der Gnade Gottes auf jegliche Weise im voraus umgriffen ist", wenn ihm denn „etwas Gutes zugetraut und zuerkannt werden soll"[232]. Daß er ferner eine „überraschende Nähe" der „Zeichen" der „konjekturalen" Gnadenerfahrung bei Thomas zu jenen „Werken" ausmacht, „die, aus dem Glauben getan, auch nach Luther so etwas wie eine indirekte Heilsgewißheit begründen", während die „eigentliche Begründung der Heilsgewißheit bei Luther" jedoch ihre „Vorform" in dem hat, was scholastisch „Gewißheit der Hoffnung" heißt und sich niemals „auf die menschlichen Verdienste gründet, sondern *ausschließlich* auf Gottes Barmherzigkeit"[233]. Daß er außerdem das eigene, in der allgemeinen Gnadenlehre nicht aufgehende Gewicht der Rechtfertigungslehre auch bei Thomas herausstellt[234]. Und daß er schließlich den „tiefsten Sinn"

---

stischen Begrifflichkeit der ungeschaffenen Gnade: S 1, 347–375. Natürlich bedeutet meine Würdigung Rahners nicht, daß ich seiner Ausführung der Gnadentheologie ohne wichtige Einschränkungen folge.

231 *O. H. Pesch*, Die „klassische" Gnadenlehre (Anm. 158), 85.

232 A. a. O. 92.

233 A. a. O. 95.104.

234 Vgl. a. a. O. 77ff.96ff.

der ganzen Verdienstlehre darin erkennt, daß sie „die innere Teleologie der Gnade auf ihre Entfaltung zur ewigen Gemeinschaft mit Gott hin zur Sprache bringen“ und klarmachen will, daß der Mensch das „Ganze aus Vorform und Vollwirklichkeit“ der Gemeinschaft mit Gott „in keiner Weise verdienen, sondern von der ‚anordnenden‘ Liebe Gottes nur empfangen“ kann[235].

Peschs interpretatives Glanzstück aber ist m. E. sein eingehend entwickelter Gedanke, daß in den wohl am meisten kritisierten, nämlich wegen ihrer Ethisierung, Verdinglichung und Inbesitznahme der Gnade kritisierten Thesen des Thomas von der Tugend als *habitus infusus* und der ihr zugrundeliegenden *gratia habitualis* als *qualitas* in der menschlichen Seele nicht nur das „Ankommen der ewigen Liebe Gottes […] in der Ich-Mitte des Menschen“, in *essentia animae*, ausgedrückt werde, sondern in ihnen sich auch „nichts Geringeres als der uns heute in Denken und Praxis nahezu völlig abhanden gekommene Mut [kristallisiert], Christsein und gläubige Existenz als vollendetes Menschsein für möglich zu halten und theoretisch durchzudenken“[236]: ein Menschsein, das sich leicht und spontan, fast selbstverständlich und freudig vollzieht und dadurch an die „für den theologischen Charakter einer Ethik“ entscheidende „Frage nach der anthropologischen *Vollzugsweise* christlichen Handelns“ erinnert[237]. Zudem gehe es mit den „aristotelischen Mitteln“ gerade um eine „antipelagianische Gnadenlehre“: Da nämlich die Konzeption des „eingegossenen *habitus*“ die Vorstellung, „Glaube, Hoffnung und Liebe seien eine Möglichkeit menschlicher Einübung und [diese] bedürfe der Gnade Gottes lediglich zur Unterstützung“, vollständig ausschließt, habe man – auch schon *vor* Thomas – „die Habitus- und Tugendlehre aus demselben Grunde [rezipiert], aus dem Luther sie später ablehnt“[238].

Indessen: Ist denn dadurch, daß der thomanischen Gnadenlehre derart Gerechtigkeit widerfährt und sie vielleicht sogar ökumenisches Interesse verdient, auch schon über ihre sachliche Zustimmungswürdigkeit entschieden? Zumindest zwei Fragen wären zuvor noch zu prüfen. Ist es denn – so die *erste* – eigentlich wahrscheinlich, daß die spätere, vielfach und zu Recht

235 A. a. O. 206.
236 *O. H. Pesch*, Frei sein aus Gnade (Anm. 5), 261.259.
237 *O. H. Pesch*, Thomas von Aquin (Anm. 158), 250.
238 A. a. O. 245.

kritisierte gnadentheologische Entwicklung und die ihr entsprechende praktische Frömmigkeit – man denke nur an die moralistisch angestrengte, den Gnadenglauben verkehrende Sorge um den „Stand der heiligmachenden Gnade“[239] – allein auf Mißverständnissen beruhten? Wäre es nicht ebenso denkbar, daß schon der klassischen Lehre selbst aufgrund ihrer Denkmittel ein gewisses Gefälle zu diesen Fehlentwicklungen immanent war? Und die *zweite* Frage: Gibt es in der Lehre des Thomas nicht auch Thesen, die klaren Widerspruch verlangen? Und was würde das für die Rezeption bedeuten?

Gehen wir also, im Blick auf die *erste Frage*, die meistkritisierten Thesen und Begriffe noch einmal durch[240]. Wenn Thomas formuliert, „daß auf jede Liebe von Seiten Gottes irgendein Gut folgt, das im Geschöpf irgendeinmal verursacht wurde, das jedoch nicht mit der ewigen Liebe gleich ewig ist“: „ein übernatürlicher Sachverhalt im Menschen […], der von Gott stammt“[241] – dann ist darin, so sollte man doch meinen, der Gedanke der *gratia creata* bereits impliziert. Gleichwohl schränkt Thomas, wo er den Begriff einmal streift, sofort ein, man könne, „daß Gnade geschaffen werde“, nur sagen, „sofern Menschen in ihr geschaffen, d. h. in einem neuen Sein begründet werden aus nichts heraus, d. h. nicht aus den Verdiensten“[242]. Es trifft also zu, wenn *Pesch* „die Redeweise von der *gratia creata* eine Vergröberung der Thomaslehre“ nennt: „Die Gnade wird nicht geschaffen wie ein Ding, das irgendwie um seiner selbst willen Sein haben soll. Gott selbst, der sich dem Menschen schenkt, ist das Heil und die Gnade“. Dies habe zwar „eine Veränderung im geschaffenen Bestand zur ‚unvermeidlichen‘ *Folge*“; Tatsache sei jedoch, „daß erst in der nachtridentinischen Theologie aus der Transformation des Menschen *durch* die Gnade die ‚Hervorbringung‘ der Gnade *im* Menschen wird“[243]. Aber hatte diese Entwicklung, so könnte man wohl insistieren, denn wirklich keinerlei Anhalt an der Denk- und Sprechweise der Summa? Doch wie auch immer – auf jeden Fall wäre, wie zu Beginn dieses Kapitels schon angedeutet, dem

239 Vgl. dazu *G. Greshake*, Geschenkte Freiheit (Anm. 3), 60f.

240 Im folgenden werde ich direkte oder indirekte Zitate, die schon in der Darstellung vorkamen, nicht (immer) nochmals belegen.

241 S.th. I–II, 110,1; vgl. auch schon die Leitfrage dieses Artikels: „Setzt die Gnade in der Seele etwas?“

242 110,2 ad 3.

243 *O. H. Pesch*, Theologie der Rechtfertigung bei Martin Luther und Thomas von Aquin. Versuch eines systematisch-theologischen Dialogs, Mainz 1967, 633 mit Anm. 74.

Begriff der geschaffenen Gnade wie auch den Tendenzen des Denkens, die auf ihn lenken, endgültig der Abschied zu geben: eben weil er – den Blick vom Geschehens- und Verhältnischarakter der Gnade und so auch von Gott als dem Subjekt und ständig präsenten, jederzeit freien Ursprung der Gnade ablenkend – das eigentlich *theologische* Wesen der Gnade verfehlt und eine womöglich *nur* noch als „geschaffene", wenn auch übernatürliche Wirklichkeit betrachtete Gnade noch unmöglich das mit Gott selbst Verbindende, ihn *selbst* Vergegenwärtigende sein könnte. Denn als „geschaffene Wirklichkeit" bliebe sie, argumentiert ebenso *Piet Fransen*, „außerhalb Gottes"[244]. Sehr scharf, aber genau auch das Urteil *Eberhard Jüngels*, der die Unterscheidung von ungeschaffener und geschaffener Gnade rundweg als „inakzeptabel" verwirft: ist sie doch klar als „kategorialer Fehlgriff" zu erkennen, „der sich am Wesen der Gnade vergreift [...] Schon die Richtung auf diese Unterscheidung [...] hätte niemals eingeschlagen werden dürfen. Sie widerspricht dem Begriff des gnädigen Gottes, zu dem Gnade als Selbstbestimmung des eigenes Seins gehört, so daß sie nicht auch noch von ihm als seine Kreatur [...] unterschieden werden kann": „Kann Gnade jemals etwas anderes als ein göttliches Verhalten, etwas anderes als *der gnädige Gott selbst* sein?"[245] Sie kann es, denke ich, tatsächlich nicht, denn der Mensch vermag nur *in* ihr und ihrer Gegenwart zu leben, so sehr sie ihn auch verändern mag. Und gerade auch deshalb scheint mir der Ausdruck „kategorialer Fehlgriff" besonders gelungen, weil die Bestimmtheit des im Gnadenverhältnis veränderten Menschen zwar die Schöpfungsdifferenz von Gott und Mensch voraussetzt, aber selbst schöpfungsterminologisch nicht angemessen erfaßbar ist.

Bei der als *habitus infusus* verstandenen Tugend sowie der als *habituale donum, gratia habitualis* und *qualitas* bezeichneten „zuständlichen Gnade" scheint das Gefälle zur Verdinglichung als *gratia creata* schon fast unaufhaltsam. Denn warum sonst keine Interpretation ohne die Mahnung, diese Gnade nur als „geschöpfliche Außenseite" der Liebe Gottes im Menschen zu begreifen (Pesch), den *habitus infusus* stets „entschieden in seiner unmittelbaren, dynamischen Abhängigkeit von der Gegenwart Gottes in

244 *P. Fransen*, Das neue Sein des Menschen (Anm. 2), 954. Ähnlich *J. Heinrichs*, Ideologie oder Freiheitslehre (Anm. 229), 419: „Nicht [...] ist die Gnade selbst als etwas Geschaffenes zu verstehen. Dann wäre sie eben nicht Selbstmitteilung Gottes".

245 *E. Jüngel*, Das Evangelium von der Rechtfertigung des Gottlosen als Zentrum des christlichen Glaubens, Tübingen 1998, 165.164.

uns“ zu sehen[246] und ähnliches mehr? Und wieder ist es mit besonderer Entschiedenheit *Jüngel*, der nicht mehr nur interpretiert. Zwar sei, biblisch geurteilt, die „Rede vom In-Sein der Gnade Gottes im Menschen [...] nicht prinzipiell falsch“, doch seien der Geist, die Liebe Gottes und seine Gnade „ganz und gar nicht als ein uns eingegossener und einwohnender Zustand (*habitus infusus* und *inhaerens*) zu begreifen, sondern vielmehr als Kräfte und Ereignisse, die in uns so wirken, daß sie uns aus uns heraussetzen“. Als eingegossene hingegen werde „die Gnade im Modell des *Gehabtwerdens* begriffen [...] Doch gehabte, besessene Gnade hört auf, Gnade zu sein [...] Denn sie wäre dann nicht mehr der *gnädige Gott selbst*“[247].

In der Tat scheint mir das Kernproblem darin zu liegen, daß Tugend und Gnade als *habitus infusus* und *qualitas* stets von einem Träger bzw. Subjekt prädiziert werden müssen, das bei Thomas aber nur erst als *Substanz* erfaßt ist, wenn auch mit einer teleologischen, sogar über die eigene Natur noch hinausweisenden Prägung. Dies bot ihm zwar die Möglichkeit, die geschöpfliche Eigenständigkeit des Menschen zu denken und einen Anknüpfungspunkt für die Gnade aufzudecken, nicht aber auch schon die Möglichkeit, das von der Gnade eröffnete und getragene Verhältnis von Gott und Mensch als Geschehen der Liebe zu begreifen, die – wenn sie in der Annahme durch den Menschen zum Ziel kommt – die Differenz von göttlicher und menschlicher Freiheit voraussetzt, aber von beiden gemeinsam generiert und gegenläufig vollzogen wird. Natürlich wäre es anachronistisch, es Thomas ankreiden zu wollen, daß dies mit seinen sachontologisch-aristotelischen Kategorien nicht zu erreichen war. Klar sollte nur sein, daß eine Rezeption seiner gleichwohl erkennbaren Intentionen ohne *prospektive* Interpretation nicht zu haben ist.

Des weiteren scheint mir bereits die Konzeption der Gnade als „Form“ in ein Dilemma zu münden, da die *forma* von dem Seienden, das sie formt und soweit sie es formt, nicht ablösbar ist. Begreift man in diesem Sinn also die Gnadenform als dem Begnadeten angehörend und für ihn konstitutiv, gerät man unausweichlich auf den Weg zur *gratia creata*. Oder man denkt – etwa auf der Linie *Karl Rahners* – die Begnadigung so, daß sie von der *gratia increata*, also Gott selbst, in „quasiformaler Ursächlichkeit“ bewirkt wird[248], wobei „Gott in seiner eigensten Wirklichkeit sich

246 *P. Fransen*, Das neue Sein des Menschen (Anm. 2), 954.
247 *E. Jüngel*, Das Evangelium (Anm. 245), 163f.
248 *K. Rahner*, Art. Gnade IV (Anm. 158), 994.

zum innersten Konstitutivum des Menschen selber macht", was für diesen eine „entitative Vergöttlichung" bedeutet, ja Gott selbst auch „das apriorische Prinzip des Glaubens" ist und wir seine Selbstmitteilung „durch sie selbst annehmen" können[249]. Wie dabei das Gegenüber von Gott und Mensch, die erwähnte Differenz von göttlicher und menschlicher Freiheit, noch Bestand haben könnte, sehe ich freilich nicht.

Mit dem zuletzt Gesagten stoßen wir auf ein Problem, mit dem wohl auch die Schwelle zur zweiten Frage erreicht wird. Gegenüber der Art nämlich, wie Thomas die Unterscheidung „natürlich-übernatürlich" in der Gnadenlehre verwendet, sind zumindest Bedenken zu erheben. Wir sahen bereits im 4. Kapitel, wie der Bibel und auch den Vätern das mit der späteren Unterscheidung von Natur und Gnade Gemeinte durchaus schon vertraut war, aber ihnen noch keine Probleme machte, da sie mit Selbstverständlichkeit von der tatsächlichen Verbindung der Schöpfungs- und Heilsordnung ausgingen, wie sie in Gott seit jeher grundgelegt und in Christus offenbar war. Wir sahen ebenso, wie auch das Mittelalter, obwohl jetzt Schöpfungs- und Heilsordnung, Philosophie und Theologie sich deutlicher differenzieren, doch weiterhin in der biblisch-patristischen Perspektive dachte und deshalb Thomas, der den Ausdruck „supernaturalis" nun klar darauf festlegte, den über alles erhabenen Gott selbst wie auch das Verhältnis Gottes und der ihm eigenen Gaben zum geschöpflichen Wesen des Menschen zu bezeichnen, noch unbefangen von einem natürlichen Verlangen nach der übernatürlichen Vollendung sprechen konnte und damit die aristotelisch-teleologische Betrachtung des Menschen auf ein ihn übersteigendes Ziel hin aufbrach. Wir bemerkten aber auch die Spannung, die im Paradox des *desiderium naturale ad visionem Dei* beschlossen lag, zumal Thomas die *visio beatifica* zugleich als *secundum* und *supra naturam* beschrieb und eine „natürliche Glückseligkeit" nicht grundsätzlich als unmöglich ausschloß, wenn auch niemals als das tatsächliche Endziel des Menschen ansah. Und wir verfolgten dann weiter, wie Thomas dieses Paradox, eben weil er die Natur allein als *für* die Gnade geschaffene betrachtete, noch auszuhalten vermochte, ohne es freilich gedanklich zu klären, so daß zu Beginn der Neuzeit, als der aristotelische Naturbegriff ungebremst seine Wirkung zu entfalten begann, die spannungsvolle Synthese des Thomas in zwei Extreme zerbrach und auf

249 Zum Ausweis der Zitate sowie zur Kritik an Rahners Position s. o. Kap. 5.2 bei Anm. 99 und 100.

ein nicht mehr lösbares Dilemma zulief: auf die Alternative nämlich zwischen einer zur Naturalisierung der Gnade führenden Interpretation der natürlichen Finalität einerseits und einer bis zur ursprünglichen Beziehungslosigkeit trennenden Unterscheidung von Natur und Übernatur andererseits. Während *Bajus* die Angewiesenheit des Menschen auf die Gnade so stark forcierte, daß diese zu etwas der Integrität des menschlichen Wesens Geschuldetem werden mußte, hat die Barock- und spätere Scholastik aus Sorge um die Freiheit der Gnade die Möglichkeit einer „reinen", auch ohne die tatsächliche Begnadung als sinnvoll denkbaren Natur konzipiert, mit all den bekannten extrinsezistischen Folgen. Die Auflösung dieser Aporie fanden wir dann dadurch, daß wir die Freiheit des Menschen als Ansatz wählten, um seine wesenhafte Hinordnung auf Gott und seine Gnade erklären und zugleich ihre Gratuität einsehen zu können: kann der freie Mensch doch erfahren und begreifen, daß sein Wesen auf eine Erfüllung sich ausstreckt, die wahrhaft seine Erfüllung doch nur als frei gewährte sein kann. Für die wirkliche und stets freie Begnadung aber heißt dies nun umgekehrt, daß der Grund für die Möglichkeit, daß Gott sich selbst *in* seiner Gnade dem Menschen mitteilen, verbinden, ihn unbedingt angehen und erreichen kann, schon in dessen geschöpflicher Freiheit liegt. In der Gnadenlehre des Thomas hingegen scheint es, gewiß nicht zufällig und nicht ohne weitreichende Folgen, daß die Gnade selbst auch noch für jene *Möglichkeit* der Verbindung aufkommen muß – oder mit den (offenbar zustimmenden) Worten *Peschs* formuliert: daß die Gnade „als letztes, umfassendes Prinzip des Handelns" fungiert, „wodurch der Mensch [...] *ontologisch* auf das Niveau göttlichen Lebens gebracht und dadurch erst fähig zu jener endgültigen Bestimmung wird, die Gott ihm von Anfang an eingestiftet hat"[250]. Dies sei an vier Themen noch etwas erläutert.

Wie ist eigentlich (erstens) die Argumentation des Thomas einzuschätzen, daß es einer dem *lumen naturale* „hinzugefügten neuen übernatürlichen Erleuchtung" bedürfe und die heiligmachende Gnade als „eine der Natur hinzugefügte zustandhafte Gabe" notwendig sei, damit der Mensch die „Wahrheiten [...], die zum Glauben gehören", erkenne (109,1)? Natürlich ist es unbestreitbar, daß uns die Glaubenswahrheit nur zugänglich wird, indem und weil Gottes Liebe wirklich und von ihm selbst her geschieht, unser Inneres berührt und unsere Hinwendung zu ihr stärkt. Doch erkennen, daß dieses Geschehen (und die ihm immanente Verhei-

250 *O. H. Pesch*, Die „klassische" Gnadenlehre (Anm. 158), 79 (Hervorh. von mir).

ßung) seine unbedingte Sinnerfüllung bedeutet – das kann der Mensch dann allein aufgrund der geschöpflichen Freiheit, sofern sie nur erst durch die begegnende Gnade in ihre ursprüngliche Aktualität freigesetzt ist[251]. Nicht anders wird ja die Glaubenswahrheit erreicht als eben durch die Entfaltung der diesem Geschehen selbst eigenen Bedeutung und ist keineswegs ein Bestand geoffenbarter Informationen, der als weiteres Stockwerk dem natürlichen Wissen aufgesetzt würde – schon die Einheit der Wahrheit erlaubt solche Beziehungslosigkeit nicht. Allerdings können wir weder – auch als Begnadete nicht – die wirklichen Geheimnisse, vor die das Nachdenken des Glaubens gelangt, positiv begreifen noch vermögen und brauchen wir im einzelnen zu wissen, wie Gott unsere wesentlichste Hoffnung erfüllt, noch werden wir – auch im Eschaton nicht – das innere Wesen Gottes erfassen. Und dennoch: Schon als Geistwesen ist der Mensch *capax infiniti* – heißt doch geistig und frei sein: „nur durch Gott vollendbar"[252]. Kann der unendliche Horizont, der schon das geschöpfliche Wesen des Menschen auszeichnet, denn etwa noch unendlicher werden? Unbegründet scheint mir deshalb auch die Befürchtung noch *Karl Rahners* und anderer, daß die Selbstmitteilung Gottes „durch die Annahme von seiten des endlichen Menschen [...] zu einem im Bereich des bloß Endlichen bleibenden Ereignis depotenziert werde" und „unter den kreatürlich-endlichen apriorischen Verstehenshorizont" gerate, wenn nicht „in der Glaubens*gnade* (dem Glaubenslicht) Gott selbst mitkonstitutives Prinzip des Hörens der Offenbarung" sei und ihre Annahme sogar „bewirke"[253]. Indessen: Doch nicht der „übernatürliche" Inhalt, zu dem wir durch die Gnade erst „proportioniert" werden müßten, verbürgt die irreduzible Würde der Wahrheit des Glaubens, sondern die *Freiheit* Gottes, dessen von ihm her geschehende Liebe sie zugänglich macht.

Bezeichnend ist zweitens, daß Thomas zur Begründung der völlig einleuchtenden und eigentlich selbstverständlichen These, daß allein Gott als „Ursache der Gnade", wenn sie geschieht, in Betracht kommt, nicht etwa Gottes Freiheit beansprucht, die für seine Gnade wesentlich ist, da sie inneres Moment der Gnade selbst ist, sondern daß er wiederum auf den (ontologischen) Abstand der menschlichen Natur von der sie unendlich über-

---

251 Auch muß er es natürlich vertreten und verantworten können, warum er das Christusgeschehen überhaupt als Selbstoffenbarung Gottes wahrnimmt.

252 *J. Heinrichs*, Ideologie oder Freiheitslehre (Anm. 229), 411.

253 *K. Rahner*, Art. Gnade III. Zur Theologie der Gnade: SM II, 450–465, 454.

steigenden göttlichen Natur rekurriert, der folglich allein durch die Erhebung des Menschen durch Gott noch überwindbar ist. Und so ergibt sich folgerichtig das Dritte. Wenn nämlich Gott in seiner *dilectio specialis* den Menschen „schlechthin" lieben, d. h. ihm „das ewige Gut, das Er selbst ist", verleihen will, dann verlangt dies, daß „Er das vernunftbegabte Geschöpf über die Lage der Natur hinaus zur Teilhabe am göttlichen Gut erhebt" (110,1). Besonders sprechend dafür die Feuer-Metapher: daß nämlich ebenso, wie allein das Feuer etwas feurig machen kann, so auch einzig Gott „vergöttlichen" kann (112,1). Das also ist die heiligmachende Gnade, „durch die der Mensch selbst mit Gott verbunden wird" (111,1): „Gemeinschaft mit der göttlichen Natur auf Grund einer gewissen Teilhabe" an ihr (112,1). Natürlich kann man sich freuen, daß Thomas auf diese Weise eine Verbindung zur Theologie des Ostens bewahrt, doch ändert das leider nichts daran, daß sein Theorem der Vergöttlichung uns mehr Probleme bereitet als Denkhilfen bietet. Denn wie nur soll man die Teilgabe und Teilhabe an der göttlichen Natur näher verstehen: partizipations-ontologisch etwa oder gar identitäts-philosophisch? Beides würde das Geschehen der Liebe zwischen Gott und Mensch zumindest verzeichnen, wenn nicht völlig verfehlen. Deshalb hängt Entscheidendes davon ab, ob der (nicht nur für die Gnadentheologie) zentrale Begriff der *Selbstmitteilung Gottes* auf dem Weg eines *anderen* Denkens erreicht und bestimmt werden kann.

Sehr stark tritt das gemeinte Problem schließlich (viertens) in der Verdienstlehre hervor. Der Grundthese zunächst, daß es ein menschliches Verdienst vor Gott nicht geben könne, möchte man wieder volle Zustimmung geben, wenn auch weniger wegen des „unendlichen Abstands" und der „denkbar größten Ungleichheit" zwischen Gott und Mensch, die Thomas von neuem geltend macht (114,1), als vielmehr wegen der Unverdienbarkeit der wesentlich freien Liebe Gottes als solcher. Ja, man sollte sogar erwägen, statt von Verdiensten überhaupt besser von dem Gottes Gnade entsprechenden Handeln zu reden, das ja, solange der Mensch nicht von der Gnade sich trennt, zu deren „Vollgestalt" unterwegs ist und in diese Vollendung einbringen darf, was ihm mit Hilfe der Gnade gelang. Daß Thomas dann doch die Verdienste behandelt, mag man hinnehmen, da er ihre Möglichkeit nachdrücklich an eine „göttliche Anordnung" bindet, deren Geltung Gott nicht den Menschen, sondern allenfalls sich selbst schuldig ist. Indessen sollen es nun auch Verdienste im strengen Sinn sein, wobei sogleich klar ist, daß niemals die Gnade, sondern im wesentlichen stets nur deren Vollendungsgestalt, das ewige Leben, verdient werden kann. Dies aber ist, wie die Weichen nun einmal gestellt sind, wegen des unendlichen Abstands des Ziels (des ewigen Lebens) zur geschöpflichen Natur des Menschen nur durch Handlungen möglich, die ihrerseits einer „höheren Natur“ angehören, um wirklich *opera meritoria proportionata vitae aeternae* sein zu können (109,5; 110,3). Thomas hält also daran fest, daß „jedes Verdienst auf einer gewissen Konnaturalität gründen“[254], also *meritum de condigno* sein muß. Dies wiederum setzt voraus, daß die „höhere Natur“, der die verdienstlichen Werke angehören, bereits von der Gnade, d. h. der Teilhabe an der göttlichen Natur, konstituiert ist und somit Handlung und Handlungsziel derselben Seinsebene angehören. Deshalb also können nur die eingegossenen Tugenden (und die durch sie bestimmten) heilsverdienstlich sein. Und eben deshalb auch die Spitzenaussage, daß Verdienste die Wirkungen der *gratia cooperans* sind. Und ich denke, man könnte über all das noch reden und es vielleicht gar im angedeuteten Sinn des „der Gnade entsprechenden Handelns“ auslegen, wenn am Ende nicht die Begnadung samt dem verdienstlichen Handeln wie ein Kreisen Gottes und seiner Gnade in sich selber erschiene – als ein Geschehen jedenfalls, aus dem der geschöpfliche Mensch gleichsam herausfällt und bedeutungslos wird.

Damit haben wir nun die angekündigte *zweite Frage* erreicht. Es trifft nämlich nicht zu, daß Thomas – wie immer wieder behauptet wird – eine überzeugende Lösung des Problems von göttlicher Allwirksamkeit und menschlicher Freiheit gelungen sei, die nur dem Unverständnis der späteren Scholastiker zum Opfer gefallen sei. Zum Beleg dieses Urteils sollte es eigentlich genügen, daß Thomas die unfehlbare Wirksamkeit der Gnade und sogar noch ihr unfehlbares Erwirken der menschlichen Zustimmung zu ihr explizit behauptet hat (112,3; 113,3) – eine Behauptung, die nun – aus denselben Gründen wie die entsprechenden Thesen *Augustins*[255] – klaren Widerspruch verlangt. Nicht weniger ist jedoch zu beachten, daß diese Behauptung keine versprengt-isolierte These darstellt, sondern für Thomas offenbar – eben wegen des Gnadenprimats in allem – so wichtig war, daß er sie konsistent in die Gnadenlehre eingefügt bzw. die Gnadenlehre im einzelnen wie im ganzen auf die Kohärenz mit ihr angelegt hat. Erinnert sei nur daran, daß Thomas zwar immer wieder betont, Gott bewege jedes Geschöpf auf spezifische, seinem Wesen gemäße Weise, dann aber im Falle des

254 *P. Fransen*, Dogmengeschichtliche Entfaltung (Anm. 158), 680.
255 Vgl. o. Kap. 11.1.

Menschen von der ihm gemäßen Weise des ursprünglichen Selberwollens keine Rede mehr sein kann. Daß er ebenso etwa wegen der auch für ihn unverzichtbaren Zustimmung des Menschen zu seiner Rechtfertigung eine „Regung der freien Selbstbestimmung" supponiert, die dann aber doch wieder von der Gnade erwirkt ist. Daß ferner im engen Zirkel der „reziproken Kausalität", die zunächst zwischen der „vollkommenen" Disposition auf die Gnade und ihrer Eingießung und später überhaupt zwischen der selber gnadenbewirkten Vorbereitung auf die Gnade und ihrem Empfang herrschen soll, die menschliche Entscheidungsfreiheit verschwindet. Daß endlich auch die Analyse der Elemente des Rechtfertigungsvorgangs, die der Sachordnung nach zwar aufeinander folgen, realiter jedoch simultan vollzogen werden sollen, zwischen Eingießung und Erlangung der Gnade (bzw. der Vergebung der Sünde) keinen Platz für die (doch zeitlich verfaßte) Freiheit mehr läßt. Dies alles läuft unaufhaltsam auf die (offenbar zustimmend gemeinte) Feststellung *Otto Hermann Peschs* zu, daß nach Thomas „*mein* freier, entschiedener und verantworteter Akt der Hingabe an Gott und der Abkehr von der Sünde [...] in absoluter Identität zugleich ganz und gar von *Gott* erwirkt"[256] sei.

Eine zutreffende Interpretationsthese – ganz gewiß! Aber wie soll man diese Identität, die keine Differenz von Freiheiten mehr erkennen läßt, ohne Aufhebung der einen in die andere Seite (oder umgekehrt) verstehen? Wäre eine Lösung womöglich von der oft bemühten thomanischen Unterscheidung zwischen *causa prima* und *causa secunda* zu erwarten? Ein Versuch mit diesem ontologischen Begriffspaar indessen, so scheint mir, müßte unvermeidbar vor eine Alternative geraten, die dann eine ehrliche Entscheidung verlangt. Denn *entweder* denkt man das Wirken Gottes als der Erstursache in derselben Weise, wie *Kierkegaard* die Allmacht Gottes beschrieb: nämlich als das Wunder seiner Sein und Bestand gewährenden und (im Falle des Menschen) zugleich freisetzenden Güte[257]. Dies aber schlösse ein, daß Gott sich selber dazu bestimmt hat, sich von seinem freigelassenen Geschöpf bestimmen zu *lassen* – ein Gedanke, der zwar der menschlichen Freiheit gerecht wird, der aber Thomas noch nicht im Blick stand und den er auch – nach allem Gesagten – wohl kaum akzeptiert haben würde[258]. *Oder* aber man läßt es zu, daß Gott bzw. die Gnade die

---

256 *O. H. Pesch*, Die „klassische" Gnadenlehre (Anm. 158), 102.

257 Vgl. o. Kap. 10.1 Anm. 33.

258 Auch *Pesch* ist der Gedanke eines auf den Menschen wartenden Gottes schwer er-

menschliche Entscheidung auch noch in ihrer *Bestimmtheit* bewirkt. Dann hätte man das Modell der Instrumentalursächlichkeit – ein Gedanke, den Thomas tatsächlich im Blick auf die Menschheit Christi im Verhältnis zu seiner wirksamen Gottheit einmal verwendet (112,1 ad 1), der aber ebenso für den menschlichen Willen unter der Wirksamkeit der *gratia operans* und sogar der *gratia cooperans* zutrifft, wie wir sahen. Eben dies aber: daß Gott ohne uns selbst unsere Entscheidung bewirkt – eben dies ist, was nicht nochmals ausgeführt werden muß, aus philosophischen und theologischen Gründen nicht vertretbar und nicht nur des Menschen, sondern auch des Gottes der Offenbarung nicht würdig[259].

Aber hat Thomas, anders als *Augustinus*, sein gnadentheologisches Freiheitsverständnis nicht durch eine Metaphysik der endlichen Freiheit gesichert? Durch eine Metaphysik näherhin, die deutlich macht, daß die Freiheit „sich selbst nur wesensgemäß und ohne Selbstverlust vollzieht in der transzendentalen Bindung an Gott als ihre Quelle"[260]? Doch wäre dies gerade zu prüfen: ob sie solche Sicherung bieten kann[261]. Denn ebenso, wie es schon im teleologischen Denken des *Aristoteles* eigentlich nur eine Seins- und Handlungsfreiheit im Sinne der Freiheit von äußerer Nötigung gibt und die Wahlfreiheit nur die Mittel zum festliegenden Wesensziele betrifft,

---

träglich. Offenbar bereit, das thomanische Freiheitsverständnis zu übernehmen, weist er jedenfalls jeden vorgefaßten, von außen an Thomas herangetragenen Freiheitsbegriff zurück und formuliert: „Ein Freiheitsverständnis, demzufolge der Mensch allererst und autonom im strengen Sinne des Wortes sich für oder gegen Gott zu entscheiden hätte, so daß Gott dabei zum abwartenden Zuschauer menschlichen Wollens würde – ein solches Freiheitsverständnis ist allerdings ausgeschlossen. Die Phänomene menschlichen freien Handelns, die dem entgegenzustehen scheinen, sind unter dieser Vorgabe zu interpretieren, nicht als Gegenargument ins Treffen zu führen": *O.H. Pesch*, Frei sein aus Gnade (Anm. 5), 262; *ders.*, Die „klassische" Gnadenlehre (Anm. 158), 100f.

259 Vgl. *J. Heinrichs*, Ideologie oder Freiheitslehre (Anm. 229), 430: „Den menschlichen Willen als Instrument des göttlichen aufzufassen, bedeutet gerade, ihn zu versachlichen und von seiner spezifischen Freiheitsnatur abzusehen. Das Werkzeug hat keine Freiheit, sondern höchstens Eigengesetzlichkeit, die aber vom Wirken dessen, der das Werkzeug gebraucht, so in den Dienst genommen wird, daß Aktivität und Passivität einseitig auf den Wirkenden (die ‚Hauptursache') und die Instrumentalursache verteilt sind".

260 *O.H. Pesch*, Die „klassische" Gnadenlehre (Anm. 158), 101; vgl. *ders.*, Frei sein aus Gnade (Anm. 5), 263.

261 Vgl. zum folgenden *H. Krämer*, Die Grundlegung des Freiheitsbegriffs in der Antike: *J. Simon* (Hg.), Freiheit. Theoretische und praktische Aspekte des Problems, Freiburg/München 1977, 239–270; *L. Oeing-Hanhoff*, Zur thomistischen Freiheitslehre: Schol 31 (1956) 161–181; *O.H. Pesch*, Art. Freiheit III: HWP 2, 1083–1088.

die sich in konkreter Situation der Überlegung anbieten und insofern in unserer Macht sind, so ist auch in der metaphysischen Deutung der Freiheit, die Thomas – beeinflußt von der aristotelischen Psychologie der Wahl und der neuplatonischen Metaphysik des Guten – entwirft, die Wahlfreiheit ganz in der Natur des Geistwillens und seines Objektes begründet. Thomas geht aus vom naturhaften Streben, das aus dem substantialen Wesen jedes endlichen Seienden erfolgt und sein Wirken ermöglicht. Da es nun die Wesensform des geistigen Willens ausmacht, in allen besonderen Akten auf das *bonum universale* (und darin auf die Glückseligkeit und implizit auf den wirklichen Gott) gerichtet zu sein, eignen ihm nicht nur Freiheit von Zwang und spontane Eigentätigkeit kraft naturhafter Neigung, sondern auch – wegen der Inkommensurabilität des Endlichen und Unendlichen, die jede zwingende Zuordnung ausschließt – eine Indifferenz gegenüber allem Konkreten, die Bedingung der Wahlfreiheit ist. Und weil der Mensch in der Helle unmittelbarer Selbstgegebenheit (*reditio completa*) um diese ursprüngliche Gewilltheit zum Guten überhaupt weiß, besitzt er im Inneren seines Selbstvollzugs einen Meßgrund, durch den er jeder Einzelhandlung vorweg ist und sie beurteilen, selbstursächlich setzen und sich zueignen kann. Da somit die Vernunft, wenn sie Möglichkeiten der Spezifikation präsentiert, zu einer bestimmten Selbstdetermination doch nicht nötigt, bleibt der Vollzug der Wahl tatsächlich Sache des Willens – aber dies doch gerade deshalb, weil Gott, der ihn als originäre Selbstbewegung erschafft, ihn zugleich notwendig zu seinem transzendentalen Objekt hin bewegt. Der Mensch kann gar nicht anders, als (in allem) das Gute und implizit das höchste Gut zu wollen, selbst wenn er sich bei der Beurteilung der einzelnen endlichen Güter oft irrt und solcher Irrtum durchaus schuldhaft sein kann ... In der Tat: Die Affinität zwischen der augustinisch-gnadentheologischen und der aristotelisch-metaphysischen Freiheitsauffassung des Thomas ist zumindest in einem Punkt unübersehbar: in der Defizienz des Freiheitsbegriffs selbst nämlich, der – wie sich spätestens bei der Unmöglichkeit einer freien Entscheidung gegenüber Gott zeigt – die formale Unbedingtheit der Freiheit nicht kennt.

Die im Blick auf unsere zweite Leitfrage erörterten Probleme dürften so schwerwiegend und durchgreifend sein, daß sie nicht nur Widersprüche im einzelnen, sondern einen alternativen Ansatz verlangen, der freilich auch – um eine performative Rezeption zu erreichen – die gültigen Einsichten des Thomas bewahren muß. Die systematische Explikation des Gnadengeschehens, die damit ansteht, wollen die vier noch folgenden Kapitel versuchen und dabei weiter das Freiheitsdenken erproben. Zuvor sei jedoch noch auf drei Konzeptionen verwiesen, die uns für die einzuschlagende Richtung vorbereiten können.

Blick auf Duns Scotus und neuere Ansätze

Eingehendere Aufmerksamkeit, als er sie meistens findet, wäre – auch in der Gnadenlehre – auf *Duns Scotus* zu richten, der in den historischen Darstellungen der Gnadenlehre fast nur als Durchgangsstation zwischen *Thomas* und *Luther* fungiert. Daß seine Akzeptationslehre vor allem das (mögliche) Einfallstor für die spätmittelalterlichen Entwicklungen geboten habe, die Luthers Widerspruch provozierten – dieses zwar nicht falsche, aber völlig äußerlich-einseitige Urteil wird weder der Akzeptationstheorie noch dem Rang seiner Gnadenlehre gerecht. Deshalb habe ich dies wenigstens durch die Herausstellung des positiven Sinns seiner Unterscheidung von *potentia Dei absoluta* und *potentia Dei ordinata* schon etwas auszugleichen versucht[262]. Auch jetzt müssen ein paar Stichworte genügen[263]. Interesse verdient vor allem, daß in seiner Gnadenlehre an die Stelle der Verbindung von Natur und Übernatur die *Begegnung zwischen Gott und Mensch* tritt und deshalb an die Stelle der gnadenhaften Wesensveränderung des Menschen die göttliche Akzeptation. Kern der Gnadenlehre ist die Korrespondenz von menschlicher und göttlicher Freiheit. Allerdings wird damit der ontologische Rahmen einer einheitlichen, Gott und Mensch verbindenden Seinsordnung aufgegeben – so wie Scotus ja überhaupt den Abstand zwischen Glauben und natürlichem Wissen durch dessen weitgehende Einschränkung vergrößert und leider auch noch nicht das hermeneutische und fundamentaltheologische Potential seiner epochal neuartigen Freiheitserfahrung entfaltet hat. Dafür aber hat Scotus den Bann der antiken Metaphysik durchbrochen und genuin biblische Motive wieder zur Geltung gebracht: die Impulse des Bundesdenkens vor allem und das Motiv der Gottespartnerschaft des gottebenbildlichen Menschen. Entscheidend

262 Vgl. o. Kap. 11.2 bei Anm. 219 und 220.

263 Die folgenden Bemerkungen basieren vor allem auf *A. Ganoczy*, Aus seiner Fülle (Anm. 8), 170–179, der seinerseits auswertet *W. Dettloff*, Die Lehre von der acceptatio divina bei Johannes Duns Scotus mit besonderer Berücksichtigung der Rechtfertigungslehre, Werl 1954; *W.-D. Hauschild*, Art. Gnade IV (Anm. 158), 488f; *W. Dettloff*, Johannes Duns Scotus: *H. Fries/G. Kretschmar* (Hg.), Klassiker der Theologie I, München 1981, 226–237.

war dabei das radikalisierte Bewußtsein der Freiheit Gottes wie auch des Menschen, das mit einem verschärften Bewußtsein der göttlichen Allmacht und zugleich der Kontingenz der Welt und ihrer Ordnung einherging. Daß der Wille nun ernsthaft als ursprüngliche Selbstbewegung, als selbstursächliche Freiheit und diese als irreduzible Selbstbestimmung auch im Sinne der Zielwahl erfaßt wird, konnte ebensowenig folgenlos bleiben wie die Einsicht, daß der Selbstand der menschlichen Person Gegenüberstand ist, d. h. sich *ab ovo* als Relation zu anderer Freiheit vollzieht.

Hervorstechend ist die Theozentrik dieser Gnadenlehre, die ihren Ort in der Gotteslehre und ihr Zentrum in Gott selbst hat, der in sich selber vollkommene Liebe und deshalb absolut frei ist, jedoch sich selbst entsprechend von jeher (in der Prädestination) entschieden war, noch andere Mitliebende zu wollen, worin der Grund nicht nur der Schöpfung, sondern – eben um der Selbstmitteilung willen – auch der Inkarnation liegt. Wie nun der sich Mitteilende ebenso *caritas* wie *gratia* genannt wird, so sind diese beiden auch im Geschöpf dieselbe Wirklichkeit, ja sogar ein und derselbe *habitus*. Dabei ist es der Geist, der diese bleibende Gabe bringt, als *assistens gratiae* die menschliche Liebesfähigkeit zu gnadengerechter Höhe emporhebt, aber auch den Willen des Begnadeten beansprucht. Der Mensch seinerseits besitzt eine *natura beatificabilis*, die durch die Erbsünde zwar mit Schuld schwer beladen, aber nicht zerstört ist, so daß er – freilich durch eine gnadenhafte Naturausstattung dazu befähigt – aus natürlicher Kraft die Gebote erfüllen, die Sünde meiden und Gott lieben kann. Die Gnade der Rechtfertigung, für die er sich dadurch disponiert, vollzieht sich dann in Gottes Begegnung selbst mit dem Sünder und befähigt ihn zu Handlungen, die vor ihr nicht möglich waren – und eben der so sich aktualisierende Habitus ist der *habitus gratum faciens*, aus dem die heilsverdienstlichen Leistungen erwachsen. Dabei ist der eigentliche Grund für ihre Verdienstlichkeit die unbedingt freie göttliche Akzeptation, Grund für die Akzeptation in der gegenwärtigen Heilsordnung (*de potentia ordinata*) jedoch in erster Linie die Gnade. Umgekehrt verliert auch der Mensch im eingegebenen Habitus und sogar ihm gegenüber nicht seine Freiheit: würde er sonst doch Gott nicht wahrhaft entsprechend antworten können und von ihm nicht selbst mehr in den Heilsvorgang einbezogen sein.

Erinnert sei zweitens an Anregungen des Dogmengeschichtlers *Piet Fransen*[264]. In seinem Bemühen nämlich, die überfällige „semantische ‚Be-

264 Vgl. *P. Fransen*, Das neue Sein des Menschen (Anm. 2). Die folgenden Zitate finden sich auf den Seiten 927–930.

kehrung‘ in der Gnadentheologie voranzutreiben“, hat er im Blick auf die Vorstellungsmodelle, die auch für das Gnadengeschehen ebenso unvermeidlich wie unverzichtbar sind, als leitendes Vorstellungsparadigma das „Präsenz-Modell“ in Vorschlag gebracht – als ein Modell wohlverstanden, „das eine theologische Erneuerung ohne Bruch mit der Vergangenheit ermöglicht“ und deshalb die traditionellen Vorstellungen der „Einwohnung“ der „Vergöttlichung“, der „Annahme an Kindes Statt“ oder auch der „Bewegung durch Gott“ nicht eliminieren, wohl aber eine Interpretationsperspektive vorgeben will, in die sie gerückt werden und selbst ihr Spezifisches einfügen können. Tatsächlich ist es nicht wenig, was für das vorgeschlagene Modell spricht. Zunächst einmal bringt es „die Reflexion endgültig in eine personalistische Richtung“. Schwierigkeiten, wie sie jede ontologische Auffassung der Gnade – etwa als Teilhabe an der göttlichen Natur oder auch als Gnadenform – aufwirft, können auf diesem Weg erst gar nicht entstehen[265]. Sodann „läßt [es] die Möglichkeit, verschiedene Raumschemata zu verwenden, offen. Wir können ja ebensogut von Präsenz reden in der Begegnung mit dem lebendigen Gott wie in seiner Immanenz zutiefst in uns“ – und dem Versuch, ein unverkürztes Verständnis der Selbstmitteilung Gottes zu erreichen, kommt eine solche Differenzierung deutlich entgegen[266]. Wegen der Aktualität, die mit „Präsenz“ und „Begegnung“ konnotiert wird, ist das Präsenz-Modell namentlich auch „dem statischeren Modell der Einwohnung“ überlegen. Nicht zuletzt ist es „ein höchst religiöses Modell, das den Geist für das Gebet, den lebendigen Ausdruck unseres Glaubens, aufschließt“ und die Rede von der Gnade der Spiritualität und Praxis zugänglich macht. Offenkundig ist überdies sein Potential wenn nicht für Problemlösungen, so doch für Lösungsperspektiven. Den Primat des lebendigen Gottes als der „ungeschaffenen Gnade“ so hervorzuheben, „daß alles, was als ‚geschaffene Gnade‘ bezeichnet werden kann, ihm unterstellt wird“, ist eben dann möglich, „wenn wir die lebendige, liebende,

265 Allerdings ist es mit dem personalistischen Denken, das in der Gnadentheologie inzwischen allgemein wurde, allein noch nicht getan. Es bedarf noch der transzendentalen Reflexion auf die eigene Konstitution wie auch die Möglichkeit der von ihm intendierten Gehalte, wenn beides nicht unterbestimmt bleiben soll.

266 Im nächsten Kapitel werde ich versuchen, über den Glauben an das Ankommen Gottes bei uns *in* seiner uns bedingungslos in seine Gemeinschaft aufnehmenden Liebe den Gedanken seiner Selbstmitteilung zu erreichen: als Implikat nämlich der im hörenden Glauben vergegenwärtigten Selbstbestimmung Gottes für uns in Jesus Christus und *zugleich* seiner wirksamen Selbstgegenwart in uns durch den Geist.

schöpferische Gegenwart als Vorstellungsmodell verwenden". Denn allein innerhalb dieser Sicht bringt der Terminus „geschaffene Gnade" zum Ausdruck, „daß diese göttliche Wirklichkeit wirklich an unser Innerstes rührt". Auch Primat und „dialogale Struktur" der Gnade werden – in eins mit der Freiheit ihrer Annahme – in dem Präsenz-Modell evident: „Die Liebe Gottes erheischt unsere persönliche Antwort, die unsere eigene Antwort ist, aber durch und durch von der Anziehungskraft der Präsenz Gottes inspiriert und getragen ist [...] Dem Tun Gottes ist ja gerade eigen, daß es die Kreatur zu dem befreit, wozu sie geschaffen wurde". Also gilt: „Jede Gnade, gleich auf welcher Ebene, ist vor allem ‚vorgegebene Gnade', und diese selbst (nicht eine andere) wird in der Annahme von seiten des Menschen ‚angenommene Gnade' [...] Alles kommt uns von Gott her zu in Christus [...], und doch sind unsere verdienstlichen [= der Gnade entsprechenden] Akte wirklich unsere Akte und besitzen vor Gott einen wahren Wert".

Besonderes Interesse verdient es neben anderem[267], wie Fransen, um die Theoreme des *habitus infusus* und des „Gnadenstands" prospektiv zu interpretieren, den Begriff „Grundoption" heranzieht, die ja darauf beruht, daß der Mensch im „tiefsten Personkern" und so auch der Wirklichkeit seiner Freiheit bereits „qualitativ" bestimmt ist. Doch entsteht und realisiert sich die Grundoption frei, „indem sie aus der Totalität unseres Seins in seiner Konfrontation mit der Totalität der Wirklichkeit ersteht" – und dies „vor allem in unserer Begegnung mit den andern". Und sie tritt in Erscheinung als „eine radikale dynamische Ausrichtung unseres Lebens, die *durch und in* den einzelnen Akten, in denen sie sich realisiert, frei bejaht wird [...] Je mehr sie wächst, desto mehr werden unsere Kräfte integriert und desto mehr wird die Vielfalt unseres Tuns von innen her vereinfacht" und beseelt. Auch macht sie erfahrbar „unsere einzelnen Taten leichter, spontaner, menschlicher und persönlicher", indem sie ihnen Stabilität und eine „ordnende Sinnmitte" gibt und als ein „Tätigkeitsprinzip" für sie fungiert. Wesentliche Elemente der „eingegossenen Gnade" und des *habitus infusus* sind somit erkennbar im Begriff „Grundoption" bewahrt – und doch deutlich auch korrigiert. Denn „eingegossen" kann die heiligmachende Gnade allein im Sinne ihrer „Vorgegebenheit" heißen, „während der Begriff ‚Grundoption' dieselbe Gnade formell als ‚angenommene Gnade' bezeichnet", die freilich ihrerseits beständig, gerade auch in ihrem Wachstum, aus der „schöp-

267 Vgl. zum folgenden *P. Fransen*, Das neue Sein des Menschen (Anm. 2), 954–963. Die Zitate finden sich auf S. 954–956.

ferischen und liebenden Gegenwart Gottes“ als ihrem „Ursprung und Daseinsgrund“ lebt. Natürlich sind Fransens Ausführungen nur erst phänomenologisch und deskriptiv. Doch bieten sie sich mit ihrer Affinität zu Themen wie Identitätsbildung, Selbstwahl und Selbstwerdung, Interaktion, symbolische Praxis, Sozialität usw. geradezu an, durch Freiheitskategorien weiter geklärt und auch philosophisch ausgewiesen zu werden.

Einen nicht nur das Vorstellungsmodell, sondern auch die Denkform betreffenden Paradigmenwechsel in der Gnadentheologie hat *Johannes Heinrichs* mit seiner „transzendentalen Dialogik“ vollzogen, die am Ende des 4. Kapitels bereits vorgestellt wurde. Dort ging es um ihren möglichen Beitrag für das Natur-Gnade-Problem, das freilich auch im gegenwärtigen Kapitel virulent war. Jetzt sei nur noch erwähnt, daß dieser – mit dem Freiheitsdenken weitgehend sich berührende – Ansatz[268], der das von der Gnade eröffnete und getragene Geschehen der Liebe zwischen Gott und Mensch als Verhältnis gegenseitig-freilassender Anerkennung und gemeinsamen Sinnerwirkens begreift, auch in den anderen gnadentheologischen Fragen weiterzuführen vermag. Da sich etwa die „Zuständlichkeit der Gnade als Habitus [...] höchstens als *Folge* freier Akte [...], nicht aber als ihre Voraussetzung“ denken läßt, liegt die eigentliche diesbezügliche Schwierigkeit „in der von Thomas vertretenen vorausgehenden, nicht erst erworbenen, sondern eingegossenen habituellen Gnade“. Achtet man indessen auf die wesentliche „Vermittlung unseres Gottesverhältnisses *durch* den Einen Mittler sowie die Vermittlung *mit* ihm durch das Leben der Kirche“, so wäre der Gedanke der geschaffenen oder eingegossenen habituellen Gnade auch im Sinne der „geschichtlichen Vorgegebenheit“ jener Vermittlungen für unsere Freiheit interpretierbar: Er zielt auf die „Gnade gerade als ‚gratia Christi‘“[269]. Könnte man diese Rezeption nun immerhin noch

---

268 Zu den Hauptverdiensten dieses Ansatzes gehört es, daß er die eher phänomenologischen Einsichten des dialogischen Personalismus transzendentallogisch klärt und durch die Entwicklung gesellschaftstheoretischer Kategorien ergänzt. Sein Unterschied zum transzendentalen Freiheitsdenken liegt im wesentlichen darin, daß die transzendentale Dialogik sogleich bei den Phänomenen des Dialogischen und der Sinnbeziehung zwischen Subjekten einsetzt und auf ihre Möglichkeit und Konstitution reflektiert, während der Freiheitsansatz auch von anderen (im Prinzip: allen) Freiheitsphänomenen ausgeht und bei ihrer transzendentalen Reduktion eingehender beim „Prinzip“ Freiheit verweilt, um durch dessen Analyse nicht nur Kategorien der Rekonstruktion, sondern auch ausgewiesene Kriterien für Geltungsfragen zu gewinnen.

269 *J. Heinrichs*, Ideologie oder Freiheitslehre (Anm. 229), 419–424 (Zitate dort). – Auf dieselbe Weise hat auch *G. Greshake*, Geschenkte Freiheit (Anm. 3), 59f das Theorem der

als „prospektive“ einschätzen, so scheut Heinrichs in anderen Punkten auch den nötigen Widerspruch nicht. So etwa, wenn er die „Gnade streng als von Gott geschenkte dialogische Freiheit des Menschen“ definiert, so daß sie als „ein Zwischen von göttlicher und menschlicher Freiheit“ und somit – unbeschadet der gnädigen Initiative Gottes – auch nicht „ohne eine aktive Aufnahme von seiten des Menschen“ zu verstehen ist …[270]

Dies mag an Hinweisen genügen[271]. Alle genannten Konzeptionen, so bedeutend ihre Unterschiede sonst sein mögen, weisen jedenfalls in die Richtung, in die auch die systematische Explikation des Gnadengeschehens tendiert, die nun auszuführen ist. Das nächste Kapitel wird das Nachdenken zunächst auf Gott als das primäre Subjekt der Gnadenbeziehung lenken und der Frage nachgehen, wie Gott selbst und die Wirklichkeit der eschatologischen Gnade gedacht werden müssen, wenn er zu Recht als ihr freier, unerschöpflicher Ursprung und eigentlicher Inhalt geglaubt wird. Die drei letzten Kapitel werden – nun wieder in anthropologischer Blickrichtung – die Existenz des Menschen in der Gnade und seine von ihr bestimmten Vollzüge betrachten und sich bemühen, deren Wesen genau zu erfassen und ihre Bedeutung möglichst konkret zu erschließen.

---

gratia habitualis infusa transformiert: „Wir müssen vielmehr davon ausgehen, daß der Prototyp der geschaffenen Gnade Jesus Christus selbst in seiner Menschlichkeit ist. In ihm wird Gottes ungeschaffene Gnade […] auf der Ebene des Geschöpflichen konkret, zeichenhaft, wirksam […] Von Jesus Christus her gibt es die in ihm gründende und ihn ‚fortsetzende‘ Vermittlung der Liebe Gottes in der Kirche, durch die Gemeinschaft der Christen und schließlich […] sogar durch jedes gelungene menschliche Leben in der Welt. Indem die Liebe Gottes also den Menschen erreicht durch geschöpfliche Vermittlungen […], und zwar konkret durch Wort und Zeugnis […], durch Erziehung und Sozialisation, durch persönliche Begegnungen und gesellschaftliche Strukturen, wird die menschliche Freiheit zuinnerst geprägt“.

270 *J. Heinrichs*, Ideologie oder Freiheitslehre (Anm. 229), 427f (Zitate dort).

271 Wenigstens anmerkungsweise sei noch der ausgezeichnete Artikel „Gnade VI. Systematisch-theologisch“ (Anm. 158) von *Eva-Maria Faber* hervorgehoben, der auch wesentliche freiheitstheoretische Aspekte aufnimmt, zu entsprechenden traditionskritischen Konsequenzen bereit ist und sich nicht zuletzt in einer Sprachgestalt präsentiert, die Ergebnis einer ebenso sachkundigen wie gegenwartssensiblen Vermittlungsarbeit ist.

14. KAPITEL

Gottes Selbstmitteilung durch den Sohn und im Geist

Trinitarische Explikation des Gnadengeschehens

Mit diesem Kapitel beginnt die systematische Entfaltung des Gnadenbegriffs, die vier Kapitel umfassen wird: zunächst die Darstellung des Gnadengeschehens als Handeln Gottes und dann der Existenz des Menschen in ihm. Um den grundlegenden Aufbau für alles noch Folgende zu begründen und besonders die Zielsetzung des gegenwärtigen Kapitels zu erläutern, sind einige weichenstellende Vorbemerkungen nötig[1].

---

1 Da mich die konstruktiven Überlegungen, die den Hauptinhalt dieses Kapitels bilden, schon seit langem begleiten, kann ich viele Informationen, Beobachtungen oder auch Anregungen, die ich anderen verdanke, nicht mehr im einzelnen identifizieren. Ebenso ist es unmöglich, das weite Feld der Themen, Probleme und Diskussionen, die im folgenden berührt werden oder im Hintergrund stehen, ausdrücklich zu durchschreiten, ohne vom entschiedenen Kurs auf die Ziele des Kapitels zu stark abgelenkt zu werden. Ich begnüge mich deshalb damit, die Titel zu nennen, die ich zur Abfassung dieses Kapitels nochmals herangezogen und vor allem für die Daten- und Materialbasis der anschließenden systematischen Reflexionen ausgewertet habe. Auch werde ich in der Folge der Abschnitte noch genauere Zuordnungen vornehmen, aber dann nur noch wörtliche Zitate ausweisen. In alphabetischer Reihe seien genannt: *J. Blank/B. J. Hilberath/Th. Schneider*, Art. Jesus Christus/Christologie: NHThG 3, 7–37; *Y. Congar*, Der Heilige Geist, Freiburg 1982; *G. Ebeling*, Dogmatik des christlichen Glaubens II, 363–547; *G. Essen*, Historische Vernunft und Auferweckung Jesu. Theologie und Historik im Streit um den Begriff geschichtlicher Wirklichkeit, Mainz 1995; *A. Grillmeier*, Jesus Christus im Glauben der Kirche. Bd. 1: Von der apostolischen Zeit bis zum Konzil von Chalcedon (451), Freiburg ²1982; *B. J. Hilberath*, Pneumatologie: *Th. Schneider* (Hg.), Handbuch der Dogmatik 1, Düsseldorf 1992, 445–552; *P. Hoffmann*, Studien zur Frühgeschichte der Jesus-Bewegung, Stuttgart 1994; *P. Hünermann*, Jesus Christus – Gottes Wort in der Zeit. Eine systematische Christologie, Münster 1994; *E. Jüngel*, Gott als Geheimnis der Welt. Zur Begründung der Theologie des Gekreuzigten im Streit zwischen Theismus und Atheismus, Tübingen 1977; *W. Kasper*, Jesus der Christus, Mainz 1974; *ders.*, Der Gott Jesu Christi, Mainz 1982; *H. Kessler*, Sucht den Lebenden nicht bei den Toten. Die Auferstehung Jesu Christi in biblischer, fundamentaltheologischer und systematischer Sicht, Würzburg (Neuausgabe) 1995; *ders.*, Christologie: *Th. Schneider* (Hg.), Handbuch der Dogmatik 1, Düsseldorf 1992, 241–442; *H. Merklein*, Jesus, Künder des Reiches Gottes: HFTh 2, 145–174; *L. Oberlinner* (Hg.), Auferstehung Jesu – Auferstehung der Christen. Deutungen des Oberglaubens, Freiburg 1986; *W. Pannenberg*, Grundzüge der Christologie, Gütersloh ³1969; *ders.*, Systematische Theologie 1, Göttingen 1988, 283–483; *ders.*, Syste-

1. Absicht und Weg der systematischen Explikation des Gnadenbegriffs

1. Thema dieses Kapitels ist das eschatologische Gnadengeschehen im *engeren* Sinn[2], d. h. das eschatologische Gnadenhandeln Gottes, das den endgültigen Erweis seiner Liebe in Jesus Christus und ihre Mitteilung durch den Geist umfaßt. Noch nicht aufgenommen wird die Vermittlung dieser Liebe bzw. Gnade durch das Zeugnis der Glaubenden in ihrem darstellenden Handeln. Denn bevor Menschen als Vermittler der Gnade in Betracht kommen können, müssen sie zuvor ja Empfänger der Gnade sein. Deshalb soll beides, der Mensch als Empfänger der Gnade wie auch ihre Ausgestaltung und Vermittlung im darstellenden Handeln der menschlichen Zeugen, zusammenhängend erst in den nächsten Kapiteln behandelt werden.

2. Wenn nun aber alles, was über den begnadeten *Menschen* zu sagen ist, erst in den nächsten Kapiteln zur Sprache kommt – warum dann überhaupt dieses vorhergehende Kapitel über das eschatologische Gnadenhandeln Gottes? In der Tat gehört dieses Thema – streng genommen – nicht in die theologische Anthropologie, sondern in die theologische *Gotteslehre*. Und so hat denn auch die traditionelle thomistische Schultheologie, nachdem der grundlegende Unterschied zwischen der ungeschaffenen Gnade (d. h. Gott selbst in seiner gnädigen Zuwendung) und der geschaffenen Gnade (d. h. ihren Wirkungen im Menschen) erst einmal befestigt war, ihre Aufmerksamkeit fast ausschließlich der geschaffenen Gnade (also dem begnadeten Menschen) zugewandt, also faktisch die Gnadenlehre als theologische Anthropologie durchgeführt, aber sich dabei auch der Gefahr ausgesetzt, mit ihrer Blickrichtung auf den begnadeten Menschen Gott selbst als das Subjekt der Gnade und das heißt zugleich: den Verhältnis- und Ge-

---

matische Theologie 2, Gütersloh 1991, 315–440; *E. Schillebeeckx*, Jesus. Die Geschichte von einem Lebenden, Freiburg 1975; *A. Vögtle*, Der verkündigende und verkündigte Jesus „Christus“: *J. Sauer* (Hg.), Wer ist Jesus Christus?, Freiburg 1977, 27–91; *J. Werbick*, Trinitätslehre: *Th. Schneider* (Hg.), Handbuch der Dogmatik 2, Düsseldorf 1992, 481–576. – Übrigens habe ich ein paar wichtige Passagen dieses Kapitels stark gekürzt in schon früher publizierte Aufsätze aufgenommen: *Th. Pröpper*, „Daß nichts uns scheiden kann von Gottes Liebe …“ Ein Beitrag zum Verständnis der „Endgültigkeit“ der Erlösung: *ders.*, Evangelium und freie Vernunft. Konturen einer theologischen Hermeneutik, Freiburg 2001, 40–56; *ders.*, Zur vielfältigen Rede von der Gegenwart Gottes und Jesu Christi: a. a. O. 245–265, 250–257.

2 Zum Verständnis dieser Bezeichnung s. o. Kap. 13.3 bei Anm. 101 und 102.

schehnischarakter der Gnade aus den Augen zu verlieren. Und sie erlag dieser Gefahr umso leichter, als die immanente Logik der übernommenen aristotelischen Denkmittel dazu drängte, die geschaffene Gnade als „etwas Seinsmäßiges in der menschlichen Seele, nämlich als eine dauernde, akzidentell hinzugefügte Qualität“[3], als Eigenschaft, Habitus usw. erscheinen zu lassen. Meinen grundsätzlichen Einwand habe ich schon in der Einleitung des vorigen Kapitels formuliert: Eine *nur* noch als „geschaffene“, wenn auch „übernatürliche“ Wirklichkeit betrachtete und somit außerhalb Gottes befindliche, von ihm selber gesonderte Gnade könnte gar nicht mehr das den Menschen mit Gott selbst Verbindende sein. Bereits die Richtung auf diese Betrachtung ist problematisch. Hier also liegt der entscheidende Schnitt, durch den ich mich bei der systematischen Explikation des Gnadenbegriffs schon im Ansatz von der überkommenen Gnadenlehre trenne: So wenig Gnade eine Eigenschaft Gottes allein für sich betrachtet, sondern primär sein freies und noch in seiner Treue frei bleibendes Verhalten zum Menschen bezeichnet, so wenig kann sie jemals als eine Eigenschaft im oder am Menschen aufgefaßt und mit Kategorien beschrieben werden, deren Herkunft aus einem ursprünglich substanz- und sachontologisch orientierten Denken unübersehbar ist (Gnade ist eben nicht eine Eigenschaft, die den Menschen ebenso inhäriert wie etwa die weiße Farbe den Kleidern der Mädchen am Tag ihrer Erstkommunion – es sei denn, man würde dieses Weiß in seinem Bezug auf die strahlende Sonne betrachten und sich dabei auch die Sonne nicht als einen lichtproduzierenden physikalischen Körper, sondern als die aktuelle Nähe des den Kindern zugewandten und sie anblikkenden menschenfreundlichen Gottes vorstellen ...). Noch weniger freilich als eine inhärierende Eigenschaft kann Gnade eine Wirklichkeit sein, die gleichsam für sich selber bestünde: als ein Drittes sozusagen zwischen Gott und Mensch und unabhängig von beiden, als deren Beziehung sie doch allein zu ihrem Ziel kommt und insofern auch erst ihre Wirklichkeit hat; ja, Gnade *ist* in diesem Sinne, der über Gottes Gesinnung und sein zuvorkommendes, aber zunächst noch einseitiges Handeln hinausreicht, nichts anderes als eben diese Beziehung und deshalb beschreibbar auch nur im Ausgang von den Subjekten, die für das Zustandekommen ihrer faktischen Relation als deren wirkliche Relata schon logisch vorausgesetzt werden müssen: der freie Gott als primäres Subjekt und ständiger Ursprung der Gnade einerseits und der zum möglichen Partner Gottes geschaffene Mensch als ihr Empfän-

3 *G. Kraus*, Art. Gnade: LKDog, 201–209, 203.

ger andererseits. Vom „begnadeten Menschen" zu reden heißt also nichts anderes, als vom Menschen *in* seinem Gottesverhältnis zu reden: in eben dem Verhältnis also, das ihm von Gott selbst her nicht nur eröffnet wurde, sondern in der dauernden Aktualität seiner Zuwendung auch weiterhin seinen Grund hat und von ihr abhängig bleibt. Hier also liegt der Grund, den Ausführungen über den begnadeten Menschen, an denen die theologische Anthropologie allerdings primär interessiert ist, doch ein Kapitel über das Gnadenhandeln Gottes voranschicken zu müssen. Wie auch sollte man des Menschen Existenz *in* der Gnade, d. h. in seinem aktuellen Gottesverhältnis angemessen verstehen können, wenn nicht zuvor die Wirklichkeit dieser Beziehung, sofern sie von Gott selbst her konstituiert wird, in den Blick gefaßt würde! In der Tat werden wir sehen, daß der begnadete, also der von Gottes Zuwendung betroffene und in seinem realen Dasein durch sie bestimmte Mensch nur in präziser Entsprechung zur Gestalt und Struktur des Geschehens gedacht werden kann, in dem Gottes gnädige Gesinnung für den Menschen sich zuvorkommend realisiert. Auf die Zwangsläufigkeit, mit der jede verkürzte oder verzerrte Auffassung von diesem Geschehen der Gnade ein entsprechend verzeichnetes Verständnis vom begnadeten Menschen zur Folge hat, habe ich schon zu Beginn des vorigen Kapitels verwiesen – und die historische Entwicklung noch bis weit in das letzte Jahrhundert hat es, nicht zuletzt durch die spirituellen und praktischen Folgen, bestätigt. Eine gründliche Revision der traditionellen Gnadenlehre ist deshalb nur möglich, wenn die Wirklichkeit der Gnadenbeziehung, bevor die Existenz des Menschen in ihr thematisiert wird, als Handeln Gottes expliziert worden ist.

3. Ein sofort (wie ich vermute) sich anschließender Einwand dürfte wohl lauten: Aber warum denn das eschatologische Gnadenhandeln Gottes nochmals betrachten – wir haben es doch im vorigen Kapitel, namentlich im grundlegenden neutestamentlichen Abschnitt, schon ausführlich getan. Ginge es jetzt wirklich bloß darum, das Gesagte zu wiederholen und allenfalls noch ein bißchen systematisch zu ordnen, dann könnten wir uns allerdings die Mühe ersparen. Die Absicht dieses Kapitels zielt jedoch weiter. Denn bisher haben wir das neutestamentliche Zeugnis ja nur insoweit betrachtet (wenn dabei auch durchaus schon systematisch und gedanklich zu durchdringen versucht), als es den Gnadenbegriff auf Gottes eschatologisches Heilshandeln in Jesus Christus zentriert, das Christusgeschehen als endgültigen Erweis der Liebe Gottes versteht und die vergegenwärtigende Mitteilung dieser Liebe mit dem Geschenk des Geistes verbindet. Aber schon was die *Endgültigkeit* dieser liebenden Zuwendung Gottes betrifft,

stellt sich die Frage, ob die Dogmatik, um sie einsichtig zu machen, sich mit der bloßen Aufnahme der neutestamentlichen Zeugnisse begnügen kann. Hinzu kommt, daß spätestens die Patristik (und ansatzweise auch schon das Neue Testament) unter Gnade die *Selbstmitteilung* Gottes versteht und diesen Gedanken in ihrer (wie wir sahen) keineswegs unproblematischen Idee der gnadenhaften Vergöttlichung des Menschen wie auch mit der Vorstellung von der Einwohnung Gottes in ihm eindeutig zum Ausdruck gebracht hat. Desgleichen bestand der wichtigste Schritt bei der Erneuerung der Gnadenlehre im vergangenen Jahrhundert darin, daß Theologen wie *Karl Rahner* (aber auch *Henri de Lubac*, *Hans Urs von Balthasar* u. a.) die schultheologische Fixierung auf die geschaffene Gnade durchbrachen und einen Neuansatz durch die Hinwendung zu eben der Selbstmitteilung Gottes zu gewinnen versuchten, die von der Scholastik unter dem Titel der „ungeschaffenen Gnade" zwar angedacht, aber später zugunsten der anthropologischen Detailhuberei fast vergessen worden war. Ob namentlich Karl Rahner eine kategorial angemessene Erfassung dieser Selbstmitteilung tatsächlich gelungen ist, kann man, wie schon öfter gezeigt[4], wohl bezweifeln: Denn auch Rahner hat, indem er für die Einwohnung Gottes im Menschen bzw. die „entitative Vergöttlichung" des menschlichen Geistes die Kategorie der „quasi-formalen Ursächlichkeit" benutzte, das aristotelische Denken zwar modifiziert, aber seinen Bann nicht wirklich durchbrochen, weil die Formalursache nun einmal zur Konstitution eines Seienden, in diesem Fall also des Menschen gehört, der in seinem geschöpflichen Seinsbestand von der Gnade vorausgesetzt wird und darin von ihr auch nicht verändert oder gar ersetzt werden kann, wenn der Mensch ernsthaft Partner Gottes sein soll. Fundamentaler und deshalb als erstes zu klären ist jedoch die Frage, mit welchem Recht und in welchem Sinn das eschatologische Gnadengeschehen überhaupt als Gottes *Selbst*mitteilung aufgefaßt werden darf. Denn Selbstmitteilung im strengen Sinn kann Gottes Mitteilung seiner Liebe nur sein, wenn Jesus Christus, durch dessen Vermittlung sie sich realisierte, und ebenso der Geist, in dem sie zugeeignet wird, die *Gegenwart Gottes selbst* sind, d. h. von Gottes eigenem Sein und Wesen nicht getrennt werden können. Nun lassen sich Zeugnisse zumindest für die Gottheit Jesu Christi zwar durchaus schon im Neuen Testament finden, doch waren sie noch so klärungsbedürftig, daß es Jahrhunderte brauchte, bis 325 in Nikaia die Gottheit Jesu und dann 381 in Konstantinopel auch die

4 Vgl. o. Kap. 5.2 bei Anm. 99–100 sowie Kap. 13.4 bei Anm. 230, 248 und 249.

Gottheit des Geistes im Sinne der *Wesenseinheit* mit Gott definiert werden konnten. Und erst wenn dieser Sinn vorausgesetzt werden darf, wäre die Überschrift unseres gegenwärtigen Kapitels berechtigt: „Gottes Selbstmitteilung durch den Sohn und im Geist". Aber läßt sich und *wie* läßt sich diese Voraussetzung auch einsichtig machen?

4. Ausgangspunkt für die Aufgabe, die uns damit bevorsteht, kann nur das Geschehen sein, um dessen volle Bedeutung es geht: eben Gottes Erweis seiner Liebe durch die Vermittlung Jesu Christi und ihre Zueignung durch den Geist. Dabei können wir dieses Geschehen nicht nur als *Heils-* und *Gnaden*handeln Gottes, sondern auch als sein *Offenbarungs*handeln bezeichnen und diese Begriffe fortan auf synonyme Weise verwenden. Es ist eben die inhaltliche Bestimmung dieses Geschehens als Gottes Mitteilung seiner Liebe, die zu dieser Gleichsetzung berechtigt. Denn zum einen konnten wir Gottes endgültige Zuwendung seiner Liebe als Inbegriff des eschatologischen Gnadengeschehens (zumindest im Blick auf Paulus und Johannes) bereits neutestamentlich legitimieren; zum anderen ist es ja dieselbe seit jeher unbedingt für die Menschen entschiedene Liebe Gottes, die als der (wie sich noch bestätigen wird) wesentliche Inhalt seiner Offenbarung in Christus eben nur dadurch, daß sie wirklich *geschah*, für uns auch offenbar wurde und offenbar werden konnte. Falls es nun gelingt, die Geschichte Jesu als realen Ausdruck für ihre Unbedingtheit wirklich einsichtig werden zu lassen und dann als Implikate dieser Unbedingtheit nicht nur ihre Endgültigkeit, sondern auch Gottes eigene Gegenwart in ihr aufzuzeigen und sie als Selbstmitteilung zu begreifen, dann wäre damit – zunächst im Blick auf das Christusgeschehen – nicht nur die gnadentheologische Spitzenthese von der Selbstmitteilung Gottes erreicht, sondern zugleich auch noch nachträglich die These begründet, die ich als Grundwahrheit der christlichen Theologie bezeichnet und am Anfang der theologischen Anthropologie (bei ihrer systematischen Grundlegung im 2. Kapitel) nur erst vorausgesetzt habe: die These nämlich von der Geschichte Jesu als Gottes *Selbstoffenbarung*. Falls es außerdem gelingt, Gottes eigene Präsenz und Selbstmitteilung als sachliche Implikate auch der biblisch bezeugten Zueignung seiner Liebe durch den *Geist* zu erheben und überdies noch zu zeigen, daß die Einsicht in Gottes Selbstmitteilung durch den Sohn und im Geist auch das Bekenntnis zur *Gottheit* des Sohnes wie des Geistes erfordert, dann wäre damit sowohl die nähere Bestimmung des vollständigen Begriffs der Selbstoffenbarung wie auch dessen Verwendung als Inbegriff für das eschatologische Gnadengeschehen bestätigt, die ich im 1. Abschnitt des vo-

rigen Kapitels vorgenommen habe, aber zunächst nur als Arbeitshypothese ausgeben konnte. Denn diese These besagte ja, daß eben das die Sendung des Sohnes wie des Geistes umfassende Offenbarungsgeschehen, dessen Inhalt der im Geschenk seiner Liebe sich selbst mitteilende Gott ist, mit dem Geschehen der (eschatologischen) Gnade in eins fällt und deshalb die Näherbestimmung des Offenbarungsbegriffs zugleich als grundlegende Bestimmung des Gnadenbegriffs gelten darf.

Es sind also mehrere Ziele, die ich in diesem Kapitel verfolge: zum einen (und gleichsam als Nebeneffekt) die Begründung der bisher nur vorausgesetzten These von Jesu Geschichte als Gottes Selbstoffenbarung, die nachgeholte Rechenschaft also über die im 2. Kapitel exponierte Grundwahrheit der christlichen Theologie überhaupt; zum anderen (als ein zweiter und für das weitere Verfahren sehr nützlicher Nebeneffekt) die Legitimation der Ineinssetzung der (vollständig bestimmten, d. h. auch die Sendung des Geistes umfassenden) Selbstoffenbarung Gottes mit seinem eschatologischen Gnadenhandeln aufgrund ihres identischen Inhalts; drittens schließlich (und dies ist das Hauptziel) die Entwicklung der inhaltlichen Bestimmung des eschatologischen Gnadengeschehens als Gottes Mitteilung seiner selbst in der endgültigen, durch die Sendung des Sohnes und des Geistes verwirklichten Zuwendung seiner Liebe.

5. Ziel dieses Kapitels ist also die Einsicht, daß Gott selbst durch den Sohn und im Geist zum Heil der Menschen gehandelt hat und daß er in diesem Handeln *als* er selbst, d. h. als der, der er *ist*, für uns da ist und offenbar wurde: sich selbst mitgeteilt hat. Bevor Gottes Gnade uns Menschen zugute kommen und bei uns ankommen kann, ist sie das von Gott initiierte und vollzogene Geschehen, in dem er selbst und als er selbst gegenwärtig ist. Zugleich zeigt sich, daß wir – falls diese Präsenz Gottes in seinem eschatologischen Handeln tatsächlich nicht ohne das Bekenntnis zur Gottheit des Sohnes wie des Geistes gedacht werden kann – auf das Gebiet der *Trinitätslehre* vorstoßen. Und es stellt sich die Frage, wieweit wir unsere Reflexionen in diese Richtung vorantreiben müssen, um unsere Aufgabe, das eschatologische Gnadengeschehen und seine Implikationen zu bedenken, hinreichend zu erfüllen.

Um nun auch noch diesen Punkt (wiederum vorgreifend) zu markieren, sei zunächst daran erinnert, daß die Theologie Gottes geschichtliches, in der Sendung des Sohnes und des Geistes kulminierendes Offenbarungs- und Heilshandeln seit jeher als „oikonomia“ bezeichnet und dementsprechend Gott selber, sofern er in diesem Handeln wirklich als Vater durch den Sohn und im Geist für uns da ist, als *„ökonomische Trinität*". Dabei ist nun allerdings (und dies führt uns noch einen Schritt weiter) wohl zu beachten: In diesem Geschehen ist Gott *selbst* für uns da und ebenso, da er in der unbedingten Zuwendung seiner Liebe sich selber nicht vorenthält, auch *als* er selbst für uns da und offenbar, obwohl dieses Geschehen doch *frei* ist und also Gott auch ohne es und vor ihm denkbar sein muß – und eben dieses sein Selbstsein, sofern es von seinem Offenbarsein für uns unterschieden und bereits vor seinem geschichtlichen Handeln gedacht werden muß, also sein ihm selber zukommendes und für sich betrachtetes ewiges Dasein und Wesen ist nun das, was man theologisch als *„immanente Trinität*" bezeichnet. Gleichwohl bleibt gültig: Gott handelt und offenbart sich als er selbst, d. h. als der, der er ist. Und genau dies meinte *Karl Rahner*, als er den berühmt gewordenen Satz formulierte: „Die ‚ökonomische' Trinität *ist* die immanente Trinität und umgekehrt"[5]. Allerdings ist diese These in ihrem Wortlaut doch auch nicht ganz unmißverständlich und wäre jedenfalls dann falsch interpretiert, wenn das Wörtchen „ist" im Sinne einer unterschiedslosen Identität aufgefaßt würde: so also, daß immanente und ökonomische Trinität einfach gleichgesetzt würden. Wäre nämlich Gott mit seinem Offenbarungs- und Gnadenhandeln einfach identisch und also Gott in der realen Vollkommenheit seines Wesens nicht auch ohne dieses Geschehen und schon vor ihm zu denken, dann wäre er seiner um des eigenen Selbstseins willen bedürftig. Es wäre dann nicht mehr möglich, Gottes Gnadenzuwendung als die freie Tat seiner Liebe zu denken, und es würde dann letzten Endes auch sinnlos, überhaupt noch von Gottes Offenbarung zu sprechen: eben weil Gott dann nicht mehr als ihr Inhalt und Grund, sondern allenfalls erst als ihr Resultat gedacht werden könnte. Weil nun aber, um es frei nach *Ernst Bloch* auszudrücken: weil aber, wenn am Anfang kein Gott vorausgesetzt wird, am Ende auch keiner herauskommen kann, wäre schließlich – diese Konsequenz wäre dann in der Tat unausweichlich – der Gottesgedanke überhaupt aufzugeben. Kurz: Obwohl – auf der Erkenntnisebene betrachtet – die immanente Trinität von der ökonomischen her erst zugänglich wird, ist sie dieser – wenn man auf die Sachordnung achtet – doch als ihr Grund vorauszusetzen und insofern von ihr als Gottes faktischem Dasein für uns unterschieden. Und eben die Einsicht in die Notwendigkeit dieser Unterscheidung, sofern sie um der *Freiheit* des eschatologischen Gnadengeschehens willen erforderlich ist,

5 *K. Rahner*, Bemerkungen zum dogmatischen Traktat „De Trinitate": S 4, 103–133, 115.

markiert nun den Punkt, bis zu dem wir vordringen müssen: bis zur Einsicht also der Zugehörigkeit des Sohnes und Geistes zum inneren Wesen Gottes, das wir dann jedoch für sich selbst nicht mehr weiter spekulativ zu erörtern brauchen (Denn damit würden wir uns auch noch die Aufgaben einer ausgeführten Trinitätslehre aufladen und so vom eschatologischen Gnadengeschehen, um dessen in Gott selbst begründete Freiheit es ja im letzten Schritt nur noch ging, wohl doch zu weit entfernen).

Vom eschatologischen Gnadengeschehen ausgehend, versuchen wir also Gott selbst so zu denken, wie er sich in diesem Geschehen für uns erschlossen und mitgeteilt hat – und zwar in Freiheit mitgeteilt hat, versuchen also letztlich nichts anderes, als die Möglichkeit und die Freiheit dieses Geschehens in Gott selbst zu begründen, um die wahre und volle Bedeutung seines eschatologischen Offenbarungs- und Gnadenhandelns unverkürzt wahren und aus überzeugter, ehrlicher Einsicht vertreten zu können. Aufgrund der Bestimmtheit, in der Gott selbst sich geschichtlich manifestierte, versuchen wir bis zu der Einsicht zu gelangen, daß er als der in sich selber lebendige und beziehungsreiche, eben dreipersönliche Gott gedacht werden muß: als die ursprüngliche und schöpferische Liebe, die in sich selbst schon erfüllt ist und eben deshalb auch *frei* war, Geschöpfe als ihre Partner zu wollen und sie mit sich selbst zu erfüllen, ihnen also Dasein zu schenken, mit ihnen eine Geschichte zu haben und sich bis zur geschichtlichen Entäußerung für sie einzusetzen, damit sie ihrerseits frei würden, auf ihn, den Gott der Liebe, zu setzen und durch seine Gegenwart ihr eigenes Tun bestimmen zu lassen.

6. Ist mit dem Gesagten das Ziel unserer Überlegungen deutlich markiert, so sind nun auch noch der Ausgangspunkt und die Methode zu präzisieren. Denn der Aufgabe, über die Begründung der Behauptungen, die sie aufstellt, soweit wie eben möglich Rechenschaft zu geben, kann sich die Dogmatik heute nicht mehr entziehen. Und zwar Rechenschaft in mehrfacher Hinsicht. Zunächst einmal muß es überhaupt *möglich* sein, was sie behauptet: Gottes Selbstmitteilung in seiner Liebe. Entscheidend in dieser Hinsicht sind also die (nur philosophisch zu klärenden) Fragen, ob die Existenz Gottes als möglich gedacht, also der Gedanke eines von Welt und Mensch unterschiedenen Gottes vernünftig erreicht und überdies so bestimmt werden kann, daß auch seine freie Selbstoffenbarung als möglich erscheint – ja, nicht nur als möglich, sondern auch als sinnvoll und sogar unbedingt bedeutsam müßte sie sich ausweisen lassen, denn wie sonst sollte sie den Menschen, alle Menschen, unbedingt angehen können!

An diese erste, die philosophische Aufgabe, brauche ich freilich jetzt nur noch zu erinnern, da wir den Weg ihrer Ausführung im Ersten Hauptteil dieser Anthropologie schon gegangen sind. Dabei ging es zum einen – im „Möglichkeitsaufweis" – darum, durch eine Reflexion auf die endliche Freiheit ihr Wesen als irreduzible Synthesis von unbedingter Spontaneität und Angewiesenheit auf Gegebenes zu erfassen, sodann über die Einsicht, daß diese vorfindliche Wesensverfassung weder aus der menschlichen Freiheit selbst noch aus der Welt zu erklären ist, die Möglichkeit und zugleich die Minimalbestimmung Gottes als von Welt und Mensch unterschiedener Wirklichkeit zu erreichen und überdies das dabei zumindest für den Fall der menschlichen Freiheit (und freien Vernunft) selbst gesicherte Kontingenzbewußtsein als Indiz auch für die Freiheit des möglichen Gottes in Anspruch zu nehmen. Zum anderen galt es – im „Relevanzaufweis" – anhand der Leitfrage nach der sinngerechten Realisierung der endlichen Freiheit zu zeigen, daß der Mensch wesentlich – eben aufgrund seiner Freiheit – zur Gemeinschaft mit Gott bestimmt und für seine Selbstoffenbarung ansprechbar ist, ohne doch über sie verfügen zu können. Und auch diese Einschränkung ist wichtig. Denn *ob* Gott ist – auf diese für unsere Erkenntnis unentscheidbare Frage kann die Antwort nur Gottes Selbsterweis sein. Und ebenso: Ob Gott, wenn er ist, ein Gott der Liebe und in dieser Liebe unbedingt für den Menschen entschieden ist – diese Wahrheit konnte erst recht nur Gott selber uns sagen, eben weil sie sein freies Verhältnis zu den Menschen betrifft. Der Inhalt der Offenbarung und die Form seiner Zugänglichkeit entsprechen einander: Gottes Liebe ist für uns nur als *gegebene* wahr, wir können sie uns nur schenken lassen. Und hinzugefügt werden muß sogleich: sie kann auch weiterhin, *nach* ergangener Offenbarung, unsere Wahrheit nur sein, wenn sie in ihrem Gegebensein anerkannt *bleibt.* Auch nach geschehener Offenbarung läßt sie sich in kein Wissen überführen, das den Menschen von sich aus verfügbar und zugänglich wäre.

Umso dringlicher stellt sich dann freilich die *quaestio facti*, über die ebenfalls Rechenschaft zu geben ist: Wie läßt sich die Behauptung von der Selbstmitteilung Gottes, sofern es um ihre Tatsächlichkeit geht, in ihrem Anspruch auf Wahrheit vertreten? Können wir hinter die neutestamentlichen Zeugnisse denn überhaupt noch zurück? Sofern es der *Geist* ist, in dem diese Selbstmitteilung geschehen soll, allerdings *nicht.* Hier bleibt uns in der Tat nur der Weg (wir werden das noch deutlicher sehen), bei den neutestamentlichen Zeugnissen selbst einzusetzen und sie auf ihre sachlogischen Implikationen hin zu bedenken. Anders jedoch, wenn nach der

Selbstoffenbarung Gottes in der *Geschichte Jesu* gefragt ist. Denn hier wird die Zuständigkeit der historischen Vernunft doch zumindest berührt. Nicht als ließe sich die Selbstoffenbarung Gottes historisch beweisen! Eine solche Erwartung wäre schon deshalb absurd, weil es sich bei dieser Behauptung (methodisch gesehen) um einen Verstehensentwurf von Ereignissen und Ereignisfolgen handelt, der als solcher nie eigentlich bewiesen, sondern nur (aber dies immerhin) bewährt werden kann. Und zwar dadurch bewährt werden kann, daß er ein integratives Verständnis dessen ermöglicht, was sich über die Geschichte Jesu, um deren Bedeutung es geht, historisch noch ausmachen läßt. Eben hier liegt der unverzichtbare Beitrag der historisch-kritischen Arbeit für die Dogmatik: Indem sie jeden Verstehensentwurf der Geschichte Jesu dazu zwingt, sich an dem methodisch erreichten und überprüfbaren Einzelwissen über diese Geschichte zu bewähren, erreicht das Verstehen den uns möglichen Grad von Objektivität und erfüllt damit den wissenschaftlichen Standard, der heute für die Theologie unerläßlich ist.

Für die Überlegungen dieses Kapitels ergibt sich folgender Aufbau. Im 2. Abschnitt werde ich versuchen, die Einsicht in die „Geschichte Jesu als Selbstoffenbarung Gottes“ in zwei Teiletappen zu erreichen. Bei der ersten geht es darum, im Blick auf den Ereigniszusammenhang von Verkündigung, Tod und Auferweckung Jesu die Aussage zu erhärten, daß es die wesentliche Bedeutung der Geschichte Jesu ausmacht, der Erweis der unbedingt für die Menschen entschiedenen Liebe Gottes zu sein. Im zweiten Schritt werde ich diese Aussage einer weiteren Reflexion unterziehen und zu zeigen versuchen, daß sie die Aussage von der Endgültigkeit dieses Erweises wie auch von Gottes Selbstoffenbarung bereits impliziert und diese wiederum, wenn sie ernsthaft durchdacht wird, zur Einsicht der Wesenseinheit Jesu mit Gott führt. Und erst mit dieser Einsicht wäre die gnadentheologische Spitzenaussage der Selbstmitteilung Gottes in Jesus Christus hinreichend geklärt und begründet. Im 3. Abschnitt werde ich eine entsprechende Reflexion bezüglich des Geistes versuchen. Allerdings werde ich dabei die neutestamentlichen Zeugnisse nicht mehr historisch-kritisch hinterfragen können, sondern zum Ausgangspunkt nehmen. Die Einsicht, die auf ihrer Basis zu vollziehen ist, besteht dann darin, daß die Wirkungen, die das Neue Testament dem Geist Gottes und Jesu Christi zuschreibt, in ihrer Eigenart unbegründet und unverständlich sein würden, wenn nicht die Gottheit auch des Geistes vorausgesetzt würde. Und wiederum wird es erst diese Einsicht sein, mit der die gnadentheologische Behauptung der „Selbstmitteilung Gottes im Geist" als hinreichend bestimmt und gesichert gelten kann. Im 4. Abschnitt sollen dann unter dem Titel „Die eschatologische Gnade ist die ökonomische Trinität" die christologische und die pneumatologische Dimension des Gnadengeschehens in ihrer Verwiesenheit aufeinander bedacht, die Bedeutung ihrer Zusammengehörigkeit im Blick auf den Menschen, das Ziel von Gottes Gnadenhandeln, grundsätzlich erörtert und einige naheliegende Schlußfolgerungen (u. a. für eine „Theologie der Religionen") gezogen werden. Nicht zuletzt wird sich dabei auch die Grundstruktur für den Empfang der Gnade abzeichnen, an der sich die Ausführungen der noch folgenden Kapitel, sofern sie den Menschen im Geschehen der Gnade betreffen, dann ausrichten müssen.

2. Die Geschichte Jesu als Selbstoffenbarung Gottes

Als erstes muß es in diesem Abschnitt, wie angekündigt, um die Rechenschaft über die Aussage gehen, daß es die wesentliche Bedeutung der Geschichte Jesu ausmacht, der Erweis der unbedingt für die Menschen entschiedenen Liebe Gottes zu sein. Erst in einer weiteren Reflexion über diese Aussage werden wir dann sehen, daß sie die These von der Selbstoffenbarung Gottes und ihrer Endgültigkeit bereits impliziert und in ihrem vollen Sinn erst bestimmt ist, wenn sie trinitätstheologisch verankert und verstanden wird[6].

6 Als Basisliteratur zum gesamten 2. Abschnitt s. bes.: *G. Essen*, Historische Vernunft (Anm. 1), 295–457, bes. 426–449; *P. Hoffmann*, Studien (Anm. 1), 15–40.172–256; *W. Kasper*, Der Gott Jesu Christi (Anm. 1), 205–222.291–303; *H. Kessler*, Sucht den Lebenden (Anm. 1), 79–108.136–236; *ders.*, Art. Auferstehung: NHThG 1, 121–138; *H. Merklein*, Jesus, Künder des Reiches Gottes (Anm. 1); *L. Oberlinner*, Zwischen Kreuz und Parusie: *ders.* (Hg.), Auferstehung Jesu (Anm. 1), 63–95; *W. Pannenberg*, Grundzüge (Anm. 1), 47–160; *ders.*, Systematische Theologie 2 (Anm. 1), 365–433; *A. Vögtle*, Der verkündigende und verkündigte Jesus „Christus" (Anm. 1). Außerdem: *J. Blank* u. a., Art. Jesus Christus/Christologie (Anm. 1); *G. Ebeling*, Dogmatik II (Anm. 1), 363–476; *A. Grillmeier*, Jesus Christus Bd. 1 (Anm. 1), 3–413; *P. Hünermann*, Jesus Christus (Anm. 1), 66–112; *E. Jüngel*, Gott (Anm. 1), 470–511; *W. Kasper*, Jesus der Christus (Anm. 1), 75–230; *H. Kessler*, Christologie (Anm. 1), 261–324; *E. Schillebeeckx*, Jesus (Anm. 1), 95–351.

Das grundlegende Verständnis der Geschichte Jesu als Erweis von Gottes unbedingt für die Menschen entschiedener Liebe

Die Rechenschaft über die genannte Basisaussage soll nun dadurch geschehen, daß sie sich an der Geschichte Jesu bewährt. Und als bewährt gelten kann sie in dem Maße, wie sie ein zusammenhängendes Verstehen alles dessen ermöglicht, was wir über diese Geschichte im einzelnen historisch noch ausmachen können. Dabei setze ich voraus, daß Jesu Geschichte einen Ereigniszusammenhang bildet (eben den Ereigniszusammenhang von Verkündigung und Wirken, Tod und Auferweckung Jesu), der als Bedeutungszusammenhang wahrzunehmen ist. Und dies wiederum heißt, daß die einzelnen Ereignisse dieser Geschichte sich in ihrer Bedeutung gegenseitig bestimmen und deshalb auch ihre bestimmte eigene Bedeutung nur im ganzen dieser Geschichte besitzen. Und meine Arbeitshypothese lautet, daß eben diese Ganzheit der Geschichte Jesu (ihre wesentliche Bedeutung) am angemessensten verstanden wird, wenn sie als Erweis der unbedingt für die Menschen entschiedenen Liebe Gottes verstanden wird. Genau dies ist an den Einzelheiten zu bewähren.

Die Ausführung dieser Aufgabe muß ich nun freilich in einer extremen Kurzfassung bieten, die eher eine Konkretisierung der Aufgabenstellung als ihre Bearbeitung darstellt. Methodisch jedenfalls ist entscheidend, daß ich mich dem durch die „neuere", in der Bultmann-Schule wieder aufgenommene und seitdem ständig weiterentwickelte Jesus-Forschung ermöglichten Verfahren der „impliziten Christologie" anschließe, das Wesen der Vollmacht Jesu aber primär vom Inhalt seiner zentralen Verkündigung her zu bestimmen versuche, dabei der Neuheit seiner Botschaft wie ihrer Kontinuität zum Glauben Israels gerecht werden möchte und als Leitfaden der Untersuchung das von Jesus selbst beanspruchte besondere Gottesverhältnis wähle, das sich u. a. in seiner vertrauten Anrede Gottes als „Abba" spiegelt und an dem sich die Frage nach dem theologischen Charakter seiner Geschichte als Handeln Gottes ja letztlich entscheiden muß.

In der Ausführung wäre nun *erstens* Jesu Basileia-Verkündigung ins Auge zu fassen, wie sie in seinen Worten, aber auch durch sein praktisches Verhalten geschieht und als deren charakteristische Eigenart sich zeigt, daß Jesus trotz des futurischen Ansatzes seiner Botschaft (Mt 6,10: Dein Reich komme …) die schon nahegekommene, ja bereits anbrechende Gottesherrschaft verkündet und sie inhaltlich als die zuvorkommende und bedingungslos gütige Menschenzuwendung Gottes bestimmt. Besonders einzugehen wäre dabei auf die Worte, die auf den Eintritt der verheißenen Zeitenwende und die Gegenwart der Basileia hinweisen (Lk 10,18: Ich sah den Satan wie einen Blitz vom Himmel fallen; 17,21: Das Reich Gottes ist schon mitten unter euch) und die Jesu Taten als Zeichen ihrer Ankunft, als Teil des eschatologischen Geschehens qualifizieren (Lk 11,20: Wenn ich durch den Finger Gottes die Dämonen austreibe, dann ist doch das Reich Gottes schon zu euch gekommen; 10,23: Selig die, deren Augen sehen, was ihr seht; 7,22f: Geht und berichtet Johannes ...). Desgleichen auf die Seligpreisungen, die das eschatologisch gültige Erwählungshandeln Gottes schon jetzt proklamieren (Mt 5,3ff). Und ebenso auf die Gleichnisse wie die vom Sämann und der wachsenden Saat, vom Senfkorn und Sauerteig, vom Unkraut unter dem Weizen oder auch vom Schatz im Acker und der kostbaren Perle, mit denen die Unscheinbarkeit des Anfangs der Gottesherrschaft thematisiert, aber auch die Dringlichkeit vor Augen gerückt wird, die mit ihr gebotene Chance zu ergreifen (Mk 4; Mt 13). Zugleich wäre inhaltlich darauf zu achten, daß im Geschehen der Gottesherrschaft und der Annahme ihres Heils alles von Gott Trennende verschwindet und Gott seine Güte ohne Vorbedingung den Menschen zuwendet: sichtbar vor allem in Jesu eigener schrankenüberwindender Hinwendung zu den Verlorenen und seinem Zuspruch der Sündenvergebung (Mk 2,5ff; Lk 7,48f), in seinen Mahlgemeinschaften mit den Sündern und in den Gleichnissen, namentlich denen vom Verlorenen, die solches Tun als Gottes eigenes Handeln auslegen (Lk 15); sichtbar aber auch in der Interpretation des überlieferten Gottesrechts, in der sich Jesu unmittelbare Gewißheit des Gotteswillens bekundet und deren eigentlicher Sinn wiederum darin liegt, daß sie das dem Geschenk der Gottesherrschaft entsprechende Handeln einfordert und deshalb ihre weitgehenden Weisungen – vorrangiges und sorgloses Trachten nach dem Reich Gottes, grenzenlose Vergebungsbereitschaft, positive Liebe zum Feind – wie auch die Möglichkeit ihrer Befolgung in der Güte des eschatologisch handelnden Gottes, dessen Sonne aufgeht über Bösen und Guten, begründet und an seine Barmherzigkeit, ja sogar Vollkommenheit bindet und an ihr bemißt (Mt 6,33f; 18,21–34; 5,43–48).

Wesentlich bei alledem ist, daß Jesus die unbedingt entschiedene Güte Gottes als gegenwärtig schon wirksame setzt und sie für sein eigenes Handeln in Anspruch nimmt, ja mit ihm identifiziert. Daß er sich Gottes bedingungsloser Liebe gewiß ist, sie als Gegenwart behauptet und praktisch erfahrbar macht. Daß diese Liebe also nicht nur erhofft werden darf, sondern schon gilt und vollmächtig zugesagt wird, so daß sie allem, was Menschen tun und von sich aus erwarten können, zuvorkommt: als unverdientes, unverdienbares Evangelium und als Anfang, von dem sie schon ausgehen dürfen und mit dem sie dann ihrerseits anfangen können. Also knüpft Jesus den aktuellen Herrschaftsantritt Gottes an sein eigenes vollmächtiges Wirken. Er handelt, als stünde er selbst an Gottes Stelle; und er tut dies, als sei es selbstverständlich, daß er das könne und dürfe. Zwar tritt er selbst hinter der theozentrischen Ausrichtung seiner Botschaft zurück, ja er geht geradezu darin auf, der Ankunft Gottes bei den Menschen zu dienen. Aber eben deshalb entscheidet sich an ihrer gegenwärtigen Stellung zu ihm auch ihre Stellung zu Gott und ihrem künftigen Heil (Lk 12,8). Gerade indem er ganz seiner Sendung sich hingibt, gehört er selber in seine Botschaft, in das Geschehen der Zuwendung Gottes zu den Menschen hinein. In dieser unlösbaren Verbindung seiner Sache mit seiner Person liegt Jesu einzigartiger Anspruch, auch wenn er als solcher nur indirekt thematisiert wird und mit den damals bereitliegenden messianischen oder eschatologischen Prädikaten auch kaum hätte thematisiert werden können, ohne zu Mißverständnissen seiner Sendung zu führen.

Zweitens muß man sich klarmachen, daß Jesu Verkündigung schon grundsätzlich, nämlich aufgrund ihres Inhalts der Rechtfertigung bedurfte: eben weil sie Gottes freies Verhalten zum Menschen betraf und eine Wahrheit zusagte, die nur als tatsächlich von Gott selbst her begegnende auch tatsächlich legitimiert war. Hier ging es ja nicht nur um eine weitere Gesetzesauslegung oder prophetische Zukunftsaussagen, sondern um die aktuelle Realität von Gottes eigener Menschenzuwendung in Jesu menschlichem Handeln. Durfte sich denn ein Mensch als Ort der Gegenwart Gottes ausgeben? Natürlich ist Jesu Verkündigung auf ihre Annahme aus, sie drängt auf Glaube und Umkehr, auf sofortige Umkehr. Dabei will sie durchaus überzeugen und zur Einstimmung bewegen, noch seine Gegner versucht Jesus für sie zu gewinnen. Deshalb ja macht er Gottes ursprünglichen Schöpfungswillen für seine Weisungen geltend, erzählt er Gleichnisse und Geschichten, die einen Prozeß des Umdenkens anstoßen und eine menschlich-zustimmungswürdige Evidenz für den Gott wecken wollen, der in ihnen hervortritt: betroffener und suchender Hirte, großzügiger Gastgeber, barmherziger Vater, gnädiger Richter. Aber wer denn garantierte, daß Gott wirklich so ist? Jesu Verkündigung hatte ja letztlich nichts anderes als nur sich selbst, um für sich zu sprechen: keine anerkannte Autorität, die sein Verhalten deckte, keine Instanz oder Institution, die ihn legitimierte. Hier liegt der sachliche Grund der Konflikte, die Jesus hervorrief und die keineswegs auf bloßen Mißverständnissen oder der Böswilligkeit seiner Gegner beruhten. Der Vorwurf der Gotteslästerung, der schon Mk 2,7 erwähnt und endlich beim Verhör vor dem jüdischen Rat wohl zum Grund der Verurteilung wird (Mk 14,62–64), und ebenso der angemaßten Gottgleichheit (Joh 5,18) lag durchaus nahe, desgleichen der Verdacht gegen ihn, ein „Volksverführer“ zu sein (Joh 7,12): wurde doch durch ihn und sein Wirken, so mußten es seine Gegner empfinden, nicht nur der Sinn ihrer eigenen frommen Bemühungen fraglich, sondern überdies ihr Ziel der Heiligung des Volkes untergraben und ihnen selbst, den in treuer Gesetzeserfüllung Bewährten, das Recht abgesprochen, die von ihnen gehorsam beachtete Grenze zwischen Gerechten und Sündern als auch Gott selbst verpflichtende in Anspruch zu nehmen. Aber selbst wenn er faktisch kein Ärgernis erregt und keine Ablehnung gefunden hätte, wäre das Problem seines Anspruchs noch offen gewesen. Auch scheint es, daß sich Jesus der Zweideutigkeit, in der er selbst und sein Wirken erscheinen mußten, sehr wohl bewußt war. Seine machtvollen Taten jedenfalls konnten die Bestätigung seiner Sendung nicht unzweideutig erbringen, und so blieb ihm denn auch nichts anderes, als diejenigen selig zu preisen, die an ihm sich nicht ärgern (Mt 11,6). Letztlich konnte er nur, wie das Johannesevangelium es wohl zutreffend sieht, an das Zeugnis des Vaters für ihn appellieren (8,16ff) oder sich auch auf das künftige Gericht des Menschensohnes berufen (Lk 12,8), was freilich den Verdacht angemaßter Gottgleichheit nur noch bekräftigte (Mk 14,62ff).

Die religiösen und politischen Gründe, die zur Gefangennahme Jesu und seiner schließlichen Hinrichtung führten, müssen wir hier übergehen[7].

---

7 S. dazu jedoch Kap. 10.2 Anm. 48. – In soteriologischer und auch gnadentheologischer Hinsicht gewinnt übrigens auch die Frage nach Jesu eigenem Verständnis seines Todes erhebliches Gewicht: die Frage also, ob vorausgesetzt werden darf, daß er auch noch sein Märtyrerschicksal mit seiner dem Ankommen Gottes dienenden Sendung verbunden und es in Treue zu ihr auf sich genommen hat. Denn hätte er dieses Schicksal *nur* als äußeres Widerfahrnis, nur als zusammenhanglosen Abbruch seines Wirkens erlitten, dann wäre sein Tod zwar immer noch als Anlaß für einen neuen Offenbarungsakt und Machterweis Gottes, nicht aber mehr selbst als Heilsereignis, als Ausdruck und Vollzugsmoment seiner Menschenzuwendung verstehbar, sondern die Kontinuität dieser durch Jesu einstimmende Freiheit vermittelten Bewegung unterbrochen worden. Vgl. *Th. Pröpper*, Erlösungsglaube und Freiheitsgeschichte. Eine Skizze zur Soteriologie, München [3]1991, 50–56; *H. Schürmann*, Jesu ureigener Tod. Exegetische Besinnungen und Ausblick, Freiburg 1975; *ders.*, Gottes Reich – Jesu Geschick. Jesu ureigener Tod im Licht seiner Basileia-Verkündigung, Freiburg 1983.

Daß aber der ohnehin legitimationsbedürftige Anspruch seiner Verkündigung durch die Umstände dieser Hinrichtung nun radikal in Frage gestellt war, wenn nicht sogar als widerlegt gelten mußte, dürfte sich kaum bestreiten oder abschwächen lassen. Dieser Tod war ja nicht nur das schmähliche Ende eines gesetzestreuen Gerechten oder das bekannte gewaltsame Jerusalemer Geschick der Propheten. Und daß der als Messiasanwärter von den Römern Gekreuzigte und zum Ärger der jüdischen Führer als „König der Juden“ Titulierte womöglich doch der Erwartete sein könne, kam schon deshalb nicht in Betracht, weil ein leidender und gekreuzigter Messias damals schlechthin nicht vorstellbar war und überdies – gemäß der zeitgenössischen Deutung von Dtn 21,23 – ein Gekreuzigter als von Gott verflucht gelten mußte. Aber nicht nur für die jüdische Obrigkeit und Öffentlichkeit war Jesu Gottesbotschaft erledigt, auch für die Jünger, die auf Jesus gesetzt und an seine Person sich gebunden hatten, mußte sein Tod eine kaum zu überschätzende Katastrophe bedeuten. Es gibt keinerlei Anzeichen dafür, daß sie im Vertrauen auf die Verheißung der Gottesherrschaft, die Jesus angesichts seines zur Gewißheit gewordenen Todes im „eschatologischen Ausblick“ nochmals bekräftigt hatte (Mk 14,25), nun auch selbst auf diesen Tod zugegangen wären. Und wie immer man ihre Möglichkeiten, die Krise zu „bewältigen“, einschätzen mag – auf keinen Fall ist ersichtlich, mit welchem Recht sie unter den gegebenen Bedingungen seines Todes seine vollmächtige Verkündigung hätten fortsetzen können und wie der Glaube, den er eröffnet hatte, überhaupt noch begründet und möglich sein sollte[8]. Kurz: Durch Jesu schmählichen Tod am Kreuz wird die prinzipielle Legitimationsproblematik seines Wirkens so unausweichlich akut, daß sie positiv nur von Gott selbst noch beantwortet werden konnte.

---

8 Vgl. *L. Oberlinner*, Zwischen Kreuz und Parusie. Die eschatologische Qualität des Osterglaubens (Anm. 6), 83: „Ein missionarisches Wirken aus der Autorität eines Gekreuzigten, noch dazu mit dem Anspruch, daß in dessen Botschaft und Wirken Gottes Heilswille sich anfanghaft und doch schon eschatologisch bedeutsam offenbart hat, war für die Jünger unter den gegebenen Bedingungen des Todes Jesu undenkbar. Dies gilt auch für den Fall, daß man eine weitgehende Integration des von Jesus vorausgewußten Todes in seine Verkündigung von der Gottesherrschaft oder gar eine heilsvermittelnde Deutung dieses Todes anzunehmen bereit ist. Jesus konnte die Berechtigung dieses Anspruches nach seinem Tod nicht mehr verbürgen. Also hätten die Jünger sich direkt auf Gott und seine Autorität berufen müssen. Aber auf welchen Gott? Auf den, der Jesus dem Fluchtod des Kreuzes ausgeliefert hatte?“

Deshalb sind *drittens* die historischen, hermeneutischen und geschichtstheoretischen Probleme zu erörtern, die das neutestamentliche Auferweckungszeugnis aufwirft. Dabei dürfte es kaum genügen, den jeweils intendierten Gehalt und historischen Aussagewert der einzelnen Bekenntnisformeln, Erscheinungsberichte usw. zu klären. Grundsätzlich und eigentlich zuvor schon wäre auch der anthropologische *Sinn* des Auferstehungsglaubens zu erschließen. Im Blick auf die systematische Funktion der neutestamentlich bezeugten Offenbarung des auferweckten Gekreuzigten ist vor allem das Dilemma zu diskutieren, im Falle ihrer Bestreitung die Legitimationsproblematik der Verkündigung Jesu nur dadurch umgehen zu können, daß man entweder den Inhalt dieser Verkündigung auf ihre auch schon menschlich evidenten, also nicht weiter mehr begründungsbedürftigen ethischen und utopischen Motive reduziert und dann den neutestamentlichen Osterglauben zur bloßen Chiffre für die Gültigkeit der so verstandenen Sache Jesu oder auch zur hypothetisch-offenen Auferstehungs*hoffnung* erklärt *oder* aber den Glauben an Jesu Verkündigung und Auferweckung zwar unverkürzt festhält, aber bloß dezisionistisch behauptet oder auch bewußt als Postulat deklariert. Desgleichen sind die variationsreichen Ansätze, die den nachösterlichen Glauben (d. h. den Glauben an Jesu Verkündigung wie seine Auferweckung) bereits im Wirken des vorösterlichen Jesus vollständig zu verankern versuchen, u. a. daraufhin zu prüfen, ob sie den Offenbarungs-, Vollmachts- und Ärgernischarakter der Verkündigung Jesu und entsprechend die erkenntnistheoretische Kluft des „Ostergrabens" nicht abschwächen, die mögliche Absurdität des Todes Jesu nicht ernsthaft zulassen, die Leistungsfähigkeit der damals bereitstehenden Interpretationsmuster (des leidenden Gerechten, Prophetenschicksals u. a.) für die Bewältigung der Krise des Karfreitag und die Rechtfertigung des Vollmachtsanspruchs Jesu nicht überschätzen und insgesamt nicht die Schärfe der Begründungsprobleme des Glaubens verschleiern. Angesichts der Beobachtung zudem, daß häufig das jeweils leitende Wirklichkeitsverständnis die historisch-kritische Urteilsbildung zur neutestamentlichen Osterüberlieferung präjudiziert und lebensweltliche Plausibilitäten den kriteriologischen Rang eines faktischen Apriori gewinnen, weil die Wirklichkeitsbehauptung, mit der sich die Annahme der Offenbarung des Auferweckten belastet, dem neuzeitlich-historischen Bewußtsein nicht mehr zumutbar erscheint, ist mit den entsprechenden historisch-genetischen Erklärungsversuchen des Osterglaubens die prinzipielle Auseinandersetzung über das, was als *historisch möglich* gelten darf, zu führen, aber zugleich auch weiter über den Status der „Selbstbekundung" des Auferweckten nachzudenken. Entscheidend für das Urteil über *jede* Deutung der Entstehung des Osterglaubens muß schließlich sein, ob ihrer Erklärungskraft für alle Aspekte des österlichen Neuanfangs ausreicht.

Läßt sich nun die Offenbarung der Auferweckung des Gekreuzigten, die das neutestamentliche Zeugnis behauptet, als glaubwürdig dartun, dann leuchtet ihre Bedeutung unmittelbar ein: Durch sie wird der Glaube der Jünger endgültig begründet und legitimiert – dies aber so, daß er sich nun auch noch auf ein dem Wirken Jesu gegenüber *neues* Handeln Gottes bezogen weiß. Indem Gott *an* Jesus schon vollendet, was er *durch* ihn für die Menschen begann, wird auch Jesu vollmächtige Verkündigung in Geltung gesetzt: Jesu Wirken identifiziert Gott als den Gott der schon gegenwärtigen und bedingungslos zuvorkommenden Liebe, während durch Jesu offenbare Auferweckung Gott sich selbst (für die Menschen) identifiziert als der Gott, der aus dem Tode errettet, und sich zugleich mit dem Gekreuzigten und also mit dem Gott identifiziert, den Jesus verkündet hatte. Für den Inhalt des Glaubens aber heißt das, daß die *Liebe*, aus der Jesus lebte, für die er einstand und die er als Liebe *Gottes* identifizierte, sich tatsächlich als Gottes Liebe *erwies*. Durch Jesu Tod aber, im Licht seiner Auferweckung betrachtet, wurde die Unwiderruflichkeit ihrer Entschiedenheit für uns sichtbar: daß sie nämlich trotz der tödlichen Ablehnung, die sie fand, gültiges Angebot bleibt. Und insofern meine ich nun tatsächlich, daß der Geschichte Jesu, als Einheit der beschriebenen Momente betrachtet, die wesentliche Bedeutung zukommt, der *Erweis der unbedingt für die Menschen entschiedenen Liebe Gottes* zu sein.

Selbstoffenbarung Gottes als Implikat der Basisaussage

Mit der gerade formulierten These haben wir unser erstes Etappenziel erreicht. Falls sie – wie ich hoffe und im weiteren voraussetzen muß – als bewährt gelten kann, darf sie nun auch als Basis für die Reflexionen dienen, mit denen wir ihre sachlichen Implikationen erheben und ihre volle Bedeutung ausloten wollen. Daß zunächst einmal der beschriebene Erweis ein *Offenbarungs*geschehen darstellt, bedarf sicher keiner eigenen Erklärung, denn beide Begriffe sind auswechselbar: Mit dem Ausdruck „Erweis" habe ich ja nur unterstreichen wollen, daß in dieser Offenbarung das Offenbarte (eben die Liebe Gottes) tatsächlich geschieht und nur dadurch überhaupt offenbar werden konnte. Wohl aber ist nun zu fragen, ob damit auch schon der Gedanke der *Selbst*offenbarung Gottes im streng formellen Sinne erreicht ist. Denn dies ist keineswegs so selbstverständlich, wie man es weithin vorauszusetzen scheint. Einer der wenigen, die sich überhaupt um eine strenge Begründung bemüht haben, ist *Wolfhart Pannenberg* mit seinem Versuch (schon in seiner frühen Christologie), die Selbstoffenbarung Gottes als die wahre Bedeutung von Leben und Geschick Jesu zu erweisen[9]. Dabei nimmt er zum einen (und natürlich modifizierend) Anregungen des Deutschen Idealismus auf, in dem der Gedanke der Selbstoffenbarung, der dann nach verschiedenen Zwischenstationen von *Karl Barth* der Theologie des 20. Jahrhunderts vermittelt wurde und zu einem ihrer Schlüsselbegriffe avancierte, überhaupt erst geistesgeschichtlich hervortrat; zum anderen (nämlich in biblischer Hinsicht) beruft er sich darauf, daß schon dem Ersten Testament zumindest der Sache nach die Vorstellung einer „indirekten Selbstoffenbarung Gottes im Spiegel seines Geschichtshandelns" durchaus vertraut ist – eine Sichtweise, die im Verlauf der alttestamentlichen Glaubensüberlieferung auf immer größere Ereigniszusammenhänge ausgedehnt wird und deren letzte Konsequenz schließlich in der Erwartung der Apokalyptik Ausdruck findet, daß die *volle* Erkenntnis Jahwes mit dem *Ende* der Geschichte in eins fallen muß. Unter dieser Voraussetzung aber – und hier lag nun die entscheidende Schwierigkeit – scheint die Selbstoffenbarung Gottes *innerhalb* der Geschichte nicht möglich, jedenfalls als endgültige nicht möglich und somit natürlich auch die besondere Geschichte Jesu nicht als eigentliche Selbstoffenbarung Gottes denkbar zu sein – es sei denn, so Pannenbergs genialer Einfall, sie ließe sich (wie er sich ausdrückt) als „Vorausereignung" des Endes der Geschichte *in* der Geschichte verstehen. Wenn nämlich, so der entscheidende Gedanke, der Gekreuzigte von Gott auferweckt und als solcher offenbar wurde, dann war damit nicht nur Jesu einzigartiger Anspruch bestätigt, sondern zugleich auch – da die Erwartung der Totenauferweckung nach damaliger Vorstellung ebenfalls an das Ende der Geschichte geknüpft war – eben dieses Ende schon angebro-

9 Vgl. zum folgenden *W. Pannenberg*, Grundzüge (Anm. 1), 47–156 sowie zuvor und programmatisch schon *ders.*, Einführung: *ders.* (Hg.), Offenbarung als Geschichte, Göttingen [4]1970, 7–20; *ders.*, Dogmatische Thesen zur Lehre von der Offenbarung: a. a. O. 91–114 (In Pannenbergs „Systematischer Theologie" haben sich die Akzente in den entsprechenden christologischen Abschnitten deutlich zugunsten inhaltlich ansetzender Überlegungen verlagert).

chen: zwar nicht das Ende der Geschichte überhaupt, wohl aber das Ziel der Geschichte und der Bestimmung des Menschen *an* diesem *einzelnen* Menschen. Also ist Jesu Auferweckung die Vorausereignung des Endes der Geschichte und somit auch, eben weil Gottes Selbstoffenbarung mit diesem Ende in eins fällt, die Berechtigung gegeben, Jesu besondere (nun auch als ganze eschatologisch qualifizierte) Geschichte als Gottes endgültige *Selbst*offenbarung zu verstehen.

Die Gründe, aus denen ich mich von diesem Entwurf, der mich zunächst stark fasziniert hat, doch mit zunehmender Entschiedenheit getrennt habe, brauche ich jetzt nicht eingehend zu erörtern. Seine entscheidende Grenze liegt – abgesehen von der auffällig formalen, dem Offenbarungsgeschehen äußerlich bleibenden Argumentation – in seiner offensichtlichen Abhängigkeit von der spezifisch apokalyptischen Verknüpfung der Selbstoffenbarung Gottes mit dem Ende der Geschichte, die wegen ihrer Zeitbedingtheit in ihrer Gültigkeit jedoch relativ ist und heute erst selbst noch der Begründung bedürfte[10]. Mein Gegenvorschlag lautet jedenfalls, das Verständnis der Geschichte Jesu als Selbstoffenbarung Gottes von ihrem *Inhalt* aus zu erschließen und es damit auch ohne die Voraussetzungen, die Pannenberg benötigt, zugänglich zu machen.

Was aber, zunächst einmal, heißt denn nun eigentlich „Selbstoffenbarung“? Im streng formellen Sinn, so erklärt auch Pannenberg, erfüllt eine Offenbarung dann den Begriff der Selbstoffenbarung, wenn ihr Subjekt und ihr Inhalt, also der Offenbarer und das Geoffenbarte identisch sind und deshalb dann auch das Medium der Offenbarung von beiden (dem Subjekt und Inhalt der Offenbarung) nicht mehr getrennt werden kann. Subjekt und Inhalt sind identisch: der Offenbarer offenbart sich ja selbst; und das Medium ist von ihm nicht mehr zu trennen, weil es ja sonst etwas ihm Fremdes bleiben würde und dann eben nicht (wie noch deutlicher werden soll) ihn selbst offenbaren könnte. Genau diese Bedingungen also müßten erfüllt sein, um von Selbstoffenbarung sprechen zu können. Eben dies aber, meine ich nun, ist ja tatsächlich (aber auch nur) in jedem Geschehen der *Liebe* der Fall – vorausgesetzt nur, daß es ernsthaft den Namen

10 Zur Unterstützung seiner Prämisse hat Pannenberg denn auch eigens „die Erwartung einer Auferstehung von den Toten [...] als philosophisch sachgemäßen Ausdruck der menschlichen Bestimmung zu begründen“ versucht, worauf hier nicht einzugehen ist. Vgl. *ders.*, Grundzüge (Anm. 1), 78–85. Zu Pannenbergs gesamtem theologischen Ansatz s. o. Kap. 5.2.

Liebe verdient: Es ist im eigentlichen Sinn Selbstoffenbarung, weil in ihm nicht irgendetwas mitgeteilt wird (auch nicht nur irgendetwas über den Liebenden mitgeteilt wird), sondern weil in ihm – es wäre sonst nicht das *Geschehen* der Liebe – der Liebende *selbst* anwesend ist (*er* offenbart sich) und zugleich *als er selbst* anwesend, eben das Geoffenbarte ist – und das heißt: weil der Liebende im Vollzug seiner Freiheit, die sich für eine andere Freiheit ent-schließt und sie ohne Bedingung bejaht, eben in diesem unbedingten Entschluß für sie sich selbst nicht mehr vorenthält und für sich bewahren will, sondern sich selbst – ganz wörtlich und ernsthaft – ihr *mitteilt*. Dabei läßt sich der stets endliche Ausdruck, den seine Freiheit für ihre Zuwendung findet, zwar noch formal von ihr differenzieren, aber real um so weniger von ihr trennen, je mehr er der Unbedingtheit ihrer Entschiedenheit gemäß und somit die konkrete Gestalt ist, in der der Liebende als er selbst für den anderen *da ist*: eben die Realität seiner für ihn entschiedenen Freiheit selbst.

Bis hierhin freilich ist unsere Überlegung noch allgemein, sie trifft auch für jede zwischenmenschliche Liebe zu. Wenn sich nun aber – und soweit waren wir ja schon – das Verständnis der Geschichte Jesu als Erweis der unbedingt für die Menschen entschiedenen Liebe *Gottes* rechtfertigen läßt und also diese Liebe in Jesus, durch den sie vermittelt wird, wirklich präsent ist, dann ist darin – so können wir jetzt folgern – auch der Gedanke der *Selbst*offenbarung Gottes schon impliziert: eben weil in dieser Liebe, sofern sie unbedingt ist, die Identität von Subjekt und Inhalt der Offenbarung gegeben, d. h. Gott selbst und als er selbst anwesend ist, sich selbst in ihr mitteilt. Jesus ist die reale Präsenz der Liebe Gottes zu den Menschen, also im streng formellen Sinn Selbstoffenbarung, Selbstmitteilung und Selbstgegenwart Gottes: das geschichtliche Dasein des unbedingt für die Menschen entschiedenen Gottes selbst.

Mit dieser kurzen, aber schwerwiegenden Überlegung haben wir die Hauptthese dieses Abschnitts im Grunde schon erreicht. Und doch bedarf sie, damit sie in ihrer vollen Bedeutung erfaßt wird, noch in mehrfacher Hinsicht der Entfaltung: zum einen im Blick auf die Tatsache, daß es die bestimmte Existenz und Geschichte eines *Menschen* ist, in denen Gottes Liebe und in ihr er selbst reale Gegenwart für uns wurde; zum anderen im Blick auf *Gott*, der in diesem Geschehen sich mitteilt.

Symbolizität, Endgültigkeit und noch ausstehende Vollendung der eschatologischen Gnade

Was nämlich in der ersten Hinsicht noch dringend der Klärung bedarf, ist die *Endgültigkeit* der Selbstoffenbarung Gottes – dringend schon deshalb, weil sie, wenn sie nicht endgültig wäre, auch nicht Gottes Selbstoffenbarung sein würde, sondern Mitteilung nur auf Vorbehalt und Distanz: grundsätzlich noch überholbar. Dem von Pannenberg in aller Schärfe gesehenen Problem, wie denn innerhalb der Geschichte ein Geschehen von endgültiger Bedeutung behauptet werden könne, kann auch ich mich nicht entziehen. Und doch meine ich nun, daß es gerade im Anschluß an das Gesagte zu lösen, ja mit ihm schon gelöst ist. Denn die Selbstoffenbarung Gottes, wie ich sie gekennzeichnet habe, schließt in der Tat auch ihre *Endgültigkeit* ein – vorausgesetzt eben nur, daß Gott in ihr seine Liebe mitteilt und diese nur dann ihren Namen verdient, wenn sie *unbedingt* ist. An dieser Voraussetzung hängt freilich alles. Gilt sie, ist nämlich der weitere Gedanke unmittelbar einleuchtend und (wie ich hoffe) leicht mitzuvollziehen. Er lautet: Gerade weil in jedem Geschehen unbedingter Liebe der Liebende selbst und in seiner Entschlossenheit für den anderen *als* er selbst anwesend ist, zugleich aber seiner eigentlichen Intention, nämlich der unbedingten Bejahung des anderen, doch immer nur einen „symbolischen", d. h. endlichen und zeitlich begrenzten Ausdruck zu geben vermag, *verspricht* er in diesem Geschehen zugleich seine *Treue*: eben die Endgültigkeit seiner Liebe. Treue ist ja nichts anderes als die Unbedingtheit der Liebe, sofern man sie unter dem Zeitindex betrachtet. Das also ist die grundlegende Einsicht: Endgültigkeit ist Implikat der Unbedingtheit der Liebe.

Wie aber, diese Frage drängt sich dann schärfer, als wir sie bisher gestellt haben, noch einmal auf: Wie aber läßt sich in der Geschichte Jesu dieser unbedingte Charakter der Liebe Gottes *erkennen*? Nicht anders allerdings, ist zu antworten, als auch sonst die unbedingte Intention einer Freiheit erkannt werden kann: nämlich immer nur als die Bedeutung des realen Geschehens, in dem sie ihren Ausdruck findet. Sie ist also niemals objektiv beweisbar, wohl aber wahrnehmbar und diese Wahrnehmung dann in künftigen Erfahrungen auch durchaus zu bewähren. In Jesu Wirken (ich brauche das jetzt nur noch zu erinnern) kommt diese Unbedingtheit in der Zuvorkommenheit zum Ausdruck, mit der er Gottes Liebe ohne jede Vorbedingung den Menschen zuwendet. Sie zeigt sich weiter in der entschiedenen Treue, mit der er an seiner Sendung festhält und sich dabei bis in sein Sterben allein auf den Weg und die Mittel der Liebe verläßt. Dieser Tod ist das Äußerste, was ein Mensch im unbedingten Ernst seiner Liebe zu vollbringen vermag – hat doch (nach Johannes) niemand eine größere Liebe als der, der sein Leben hingibt für seine Freunde (15,13), oder besser noch (mit Paulus): für seine Feinde, damit sie Freunde sein können (Röm 5,8.10). Und doch hätte dieses Sterben, für sich genommen, auch nur ein weiterer Erweis für die faktische Ohnmacht der Liebe sein können, für die tödliche Verwundbarkeit dessen jedenfalls, der es zu lieben wagt: der Tod des Gerechten, wie ihn *Platon* beschreibt, und Jesu wortloser Schrei womöglich nur (wie *Camus* es verstand) der absurde Aufschrei nach einem Gott, der nicht antwortet, weil er nicht existiert. Jesu Anspruch jedoch reichte weiter: In seinem Wirken wird die Zuwendung Gottes, als die es sich ausgibt, doch zugleich auch verheißen. Schenkt man ihm also den Glauben, daß es den Anfang der unbedingten Menschenzuwendung *Gottes* darstellt, dann ist das eben durch das Zeugnis begründet, Gott selber habe das Versprechen seiner Liebe, für die Jesus als schon gegenwärtige einstand, an ihm als ihrem ursprünglich vollmächtigen, doch getöteten Zeugen selbst schon bewährt und somit nicht nur Jesu Gleichsetzung seiner menschlichen mit Gottes eigener Liebe legitimiert, sondern zugleich in der denkbar äußersten Situation auch schon ihre Treue *erwiesen*. Dieser Erweis ist *geschichtlich unüberbietbar*, denn er ist – als Erweis ihrer Macht auch noch über den Tod – durch kein geschichtliches Ereignis mehr widerlegbar und *insofern* Erweis ihrer Unbedingtheit, also auch ihrer Endgültigkeit. Doch wohlgemerkt: Es ist nur die geschichtliche Unüberbietbarkeit ihres Ausdrucks, die ihre Endgültigkeit indiziert – einen objektiven Beweis seiner unbedingten Gesinnung konnte auch Gott nicht erbringen. An ihr nun aber tatsächlich zu zweifeln, hieße einen nominalistischen Argwohn auf Gott projizieren, der dieses Gottes nicht würdig ist. Allerdings bleibt theoretisch immer noch die bange Möglichkeit offen, daß Gott auch ganz anders könnte: daß er sich in der Ursprünglichkeit seiner Freiheit womöglich von seiner Entschiedenheit für den Menschen noch distanziert. Doch um dies wirklich von ihm annehmen zu können, müßten wir geringer, ja schäbiger von ihm denken, als wir es Menschen gegenüber tun würden: Wir müßten ihm dann jedenfalls das Vertrauen aufkündigen, zu dem er uns durch sein Handeln in und an Jesus Christus doch gerade ermutigen wollte.

Es ist nun von größter Bedeutung, daß Gottes gnädige Zuwendung zum Menschen auch noch dort, wo sie in ihrer Unbedingtheit offenbar werden wollte, dies doch nur durch ihre symbolische Verwirklichung vermochte. Aber so verhält es sich nun einmal: Jede Liebe kann für den, den sie meint, zur eigenen Gewißheit und bestimmten Wahrheit nur werden, indem sie aus Freiheit *geschieht*; und dies heißt nun zugleich, sofern es Menschen sind, denen sie gilt: indem sie *auf reale Weise sich äußert*. Also konnte auch *Gottes* für uns Menschen entschiedene Liebe zur Wahrheit für uns nur werden, indem sie in unsere irdische Wirklichkeit eintrat und hier eine Gestalt fand, die ihrer Unbedingtheit entsprach und sie als Liebe Gottes erkennen ließ. Daß sie, gerade um ihrer bedingungslosen Zuvorkommenheit und Unwiderruflichkeit Ausdruck zu geben und dabei als Liebe *Gottes* identifiziert werden zu können, der Vermittlung durch die Existenz eines *Menschen* bedurfte, habe ich nun schon öfter so deutlich wie möglich zu machen versucht[11]: der Vermittlung durch einen Menschen, der ihrer ursprünglich gewiß war, sich von ihr bestimmen ließ und sie *als* Gottes eigenes Tun in seinem Dasein darstellte und bis ins äußerste realisierte. Doch eben diese Unentbehrlichkeit ihrer menschlichen Vermittlung ist es nun auch, die sie gerade auch dann noch, als Gott sie in ihrer Unbedingtheit uns zu erschließen gedachte, dem Gesetz unterwarf, das innerhalb der Geschichte nicht aufhebbar ist: daß nämlich das Unbedingte nur auf bedingte Weise real werden kann. Ebenso wie der unbedingte Entschluß einer Freiheit sich in keiner seiner Äußerungen erschöpft, so bleibt auch seine Intention nur endlich realisierbar: Niemals können wir einlösen und vollenden, was wir anderen wünschen und auch durchaus schon beginnen, wenn wir sie unbedingt bejahen und lieben. Für Menschen ist diese Differenz sogar prinzipiell unaufhebbar. Aber auch *Gottes* Liebe bleibt – noch in der geschichtlichen Unüberbietbarkeit ihres Ausdrucks, der ihre Endgültigkeit manifestierte – der Symbolstruktur ihrer Mitteilung unterworfen: sie verspricht noch, was in Jesus beginnt – verbürgt durch ihre offenbare Endgültigkeit, was gleichwohl noch aussteht. Denn so eindeutig dieser Mensch der Unbedingtheit der Menschenzuwendung Gottes, der er gewiß war, durch die Unbedingtheit der eigenen Einstimmung in sie entsprach, konnte er sie seinerseits doch nur in der Begrenztheit seines endlichen Daseins darstellen und für andere realisieren. Auch Jesus überwindet nicht alles, was das volle Kommen der Basileia noch hindert, auch sein Wirken bleibt Tun eines einzelnen Menschen – endlich und bedingt also und aufs Ganze gesehen fragmentarisch und partiell: bedingungsloser Anfang der Zuwendung Gottes, deren Zukunft es doch noch verspricht;

11 Vgl. o. Kap. 2 bei Anm. 48 sowie Kap. 7.2.

durchaus schon wirkliche Gegenwart Gottes selbst in seiner Liebe, deren volle Realisierung gleichwohl noch aussteht.

Es ist somit die wesenhafte Symbolizität des eschatologischen Gnadengeschehens selbst, die zur *Unterscheidung zwischen Endgültigkeit und Vollendung* nicht nur nötigt, sondern sie auch präzise ermöglicht. Und deshalb blendet der Glaube an Gottes eigene Präsenz in der Mitteilung seiner Liebe das uneingelöste Versprechen ihrer Vollendung nicht ab, sondern treibt das Bewußtsein dieser Differenz gerade hervor und hält es wach, solange Israels Verheißungen noch unerfüllt sind. Vollendet kann Gottes Mitteilung seiner Liebe erst sein, wenn sie in allen Verhältnissen ihre reale Gestalt gefunden hat und es niemanden mehr gibt, den sie nicht versöhnt und heil gemacht hat. Daß ihre End-gültigkeit gleichwohl schon offenbar wurde, ist dennoch relevant und bedeutsam – es begründet die geschichtliche Möglichkeit des Heils, die Gott der menschlichen Freiheit zugedacht hat: daß ihr nämlich gesagt ist, was ihr nur von Gott gesagt werden konnte, damit sie, aus der Endgültigkeit dieser Zusage, schon jetzt ihre neuen Möglichkeiten als geschichtliche Freiheit ergreift. Einen anderen Weg aber, einen Weg an der menschlichen Freiheit vorbei und ohne sie an seiner Heilsabsicht zu beteiligen – wie hätte Gott ihn wählen können, ohne die Freiheit des Menschen, die er gewinnen wollte, zu mißachten? Allerdings ist dies ein sehr weitgehender Gedanke, und ich kann ihn auch nur mit Zögern aussprechen. Wem hätte sich angesichts des Bösen, zu dem Menschen fähig sind, und des tatsächlichen Leidens, das daraus entstand, angesichts der schon so langwierigen, zynisch voranschreitenden Geschichte aber auch und der schon zur Schöpfung gehörenden Qualen, die jedes Maß menschlicher Schuld übersteigen – wem hätte nicht schon die Frage sich aufgedrängt, ob dieser Preis denn doch nicht zu hoch war? Ob Gottes Heilsabsicht ihn wert war? Aber wer (andererseits) möchte es wagen, diese Frage definitiv zu bejahen? Was bleibt uns denn, wenn wir nicht die absolute Heil- und Trostlosigkeit des Leidens einfach konstatieren wollen und dann vielleicht, um diesem schlechthin Unerträglichen nicht ständig ausgesetzt zu werden, auch von den Leidenden selber wegblicken müssen und schließlich die Opfer allen Unrechts und Leidens vergessen – was bleibt denn anderes, als das Dasein abstrichslos zu übernehmen und uns dabei an den Gott zu erinnern, der sich aus dem menschlichen Leid nicht heraushielt, sondern in der Hingabe seines Sohnes sich selber ihm ausgesetzt hat? Und was anders, als für seine unerschöpfliche Liebe, die ihre Treue an Jesus bewährte, dann auch die Möglichkeit wenigstens offenzuhalten, daß sie die Leiden der Geschichte doch noch zu versöhnen, die Zustimmung aller noch zu gewinnen und Gott sich selber zu rechtfertigen vermag? Denn auf diese Frage *an uns* läuft ja die Frage der Theodizee (nach dem Scheitern jeder philosophischen Antwort auf sie) am Ende hinaus: ob wir Gottes Liebe diese Möglichkeit noch zutrauen wollen oder aber – mit Berufung auf die definitive Unaufwiegbarkeit des schon geschehenen Leidens und die Unversöhnbarkeit des irreversiblen Unrechts – schon jetzt ihr absagen wollen …[12]

Übrigens läßt sich, nimmt man die Symbolstruktur der eschatologischen Menschenzuwendung Gottes ernst, dann auch die eigentümliche *Verschränkung von Ankunft und Zukunft der Basileia* verstehen, die als formales Grundmerkmal der Verkündigung Jesu zwar immer wieder und zu Recht herausgestellt, aber nur selten wirklich einsichtig wird. Denn m. E. wird ein eschatologisches Jetzt bei noch ausstehendem Dann überhaupt erst ohne Widerspruch denkbar, wenn auf den Inhalt der Basileia als Gegenwart der Liebe Gottes geachtet und zugleich auf die symbolische Struktur wirklicher Liebe reflektiert wird: daß nämlich in jeder geschichtlichen Gestalt unbedingter Liebe der Liebende durchaus schon als er selbst für den anderen anwesend ist und doch auch noch seine künftige Treue verspricht …

Natürlich gilt diese Spannung von Schon und Nochnicht, jedenfalls für uns, auch noch dann, wenn man die Auferweckung Jesu in Betracht zieht. Denn was sich an ihm schon erfüllte, ist ja für uns noch, immer noch Verheißung, auch wenn man im Unterschied zur apokalyptischen Hoffnung durchaus von der schon angebrochenen Verheißung sprechen darf. Gleichwohl: Die Spannung bleibt – und es hängt nicht wenig daran, sie angemessen zu begreifen: so also, daß der Grund unserer Hoffnung nicht verschwiegen, zugleich aber jede Spielart des soteriologischen Triumphalismus unmöglich wird, der nicht nur für das Verhältnis zu den Juden so verhängnisvoll wurde, sondern sich historisch auch nur um den Preis einer Verinnerlichung der Erlösung durchhalten ließ, deren Scheinhaftigkeit sie zum Opfer der Religionskritik machte. Es wäre tatsächlich Verrat an den Verheißungen des jüdischen Glaubens, die ja gültiges Kriterium auch für den christlichen Heilsglauben bleiben, sich in Enklaven des Heils einrichten zu wollen, solange unsere reale Welt unerlöst ist und die Erwartung Israels, seine Hoffnung auf universale Gerechtigkeit und eschatologi-

12 Vgl. *Th. Pröpper*, Fragende und Gefragte zugleich. Notizen zur Theodizee: *ders.*, Evangelium (Anm. 1), 266–275.

schen Frieden, noch unerfüllt, nicht wahrgemacht und strittig. Es gibt keine Enklaven des Heils und darf sie nicht geben (schon wegen des Unrechts, das zum Himmel schreit, darf es sie nicht geben), es gibt nur Zeichen, symbolische Anfänge des Heils – die letztlich angemessene, weil alle Wirklichkeit umfassende und erneuernde, auch das Verlorene noch rettende Manifestation der Liebe Gottes steht weiterhin aus. Daß sie aber dennoch in dem Sinn, der nun deutlich geworden sein dürfte und für den christliche Theologie dann auch eintreten muß – daß sie dennoch als „endgültige" schon offenbar wurde, qualifiziert die Geschichte Jesu nun doch und jedenfalls insofern zur eschatologischen und durchaus auch wirksamen Wende der Geschichte, als unser menschliches Dasein dadurch seine definitive Bestimmung erfuhr und nun die Verkündigung Jesu, in Einheit mit ihrer äußersten Bewährung in seinem Tod und der in seiner Auferwekkung schon angebrochenen Verheißung, als Gottes zuverlässiges, eben endgültiges Wort für uns gelten kann: als die *Vorgabe*, die wir bei allem, was wir beginnen, praktisch versuchen und hoffen, schon voraussetzen dürfen, weil uns nichts, aber auch gar nichts von ihr mehr zu scheiden vermag (Röm 8,39). Und eben in dieser uns zugewiesenen, doch auszuhaltenden Spannung von Vorgabe und Aufgabe, von Angefangenhaben und Ausständigsein, Erinnern und Hoffen, Erfüllung und Vermissen, Dank und Bitte besteht die Signatur christlicher Existenz und das Wesen gläubiger Praxis.

Jesu Wesenseinheit mit Gott und seine Unterschiedenheit vom Vater

Soviel also zur Endgültigkeit der Selbstoffenbarung Gottes als Implikat ihrer Unbedingtheit. Bleibt noch die Aufgabe, unsere Hauptthese, um ihre volle Bedeutung zu klären, in der zweiten angekündigten Reflexionsrichtung zu entfalten: im Blick nämlich auf den in seiner Liebe sich selbst mitteilenden *Gott* und Jesu Verhältnis zu ihm. Doch soll es jetzt nicht etwa darum gehen, im einzelnen zu verfolgen, wie der Gedanke der Einheit Jesu mit Gott sich vorstellungsmäßig ausgeprägt und entwickelt hat: angefangen bei der neutestamentlichen Überlieferung, die den Anfang der Gottessohnschaft Jesu auf immer frühere Ereignisse datiert (zunächst auf Jesu Auferweckung: Röm 1,4; dann seine Taufe: Mk 11,1; schließlich den Beginn seines Lebens: Lk 1,32.35), aber zugleich auch schon früh (und in sachlicher Spannung dazu) die Präexistenz des Sohnes bekennt und damit weiteren Klärungsbedarf hinterläßt, bis endlich im dramatischen Streit um Arius die latente Krise offen ausbricht und in Nikaia mit der Formel von der Wesenseinheit die volle Gottheit des präexistenten Sohnes festgestellt wird, wobei das Konzil natürlich die hellenistischen Denkmöglichkeiten aufnimmt, sie aber auch, namentlich den Gottesgedanken, einschneidend modifiziert[13]. Die Frage, die uns hier interessiert, ist vielmehr sachlogisch gemeint und kann deshalb nur lauten, ob der Glaube an die Selbstoffenbarung Gottes, um durchgehalten zu werden, tatsächlich die Antwort von Nikaia verlangte. Läßt sich also einsichtig machen, daß in der These von der Selbstoffenbarung Gottes in Jesus auch Jesu Wesenseinheit mit Gott impliziert ist?

Die Antwort ist wiederum ebenso schwerwiegend wie kurz und eigentlich nur eine weitere Beleuchtung und andere Akzentuierung des Arguments, mit dem ich schon die These der Selbstoffenbarung begründet habe. Der Ausgangspunkt war: Jesus ist die reale Gegenwart der unbedingt für die Menschen entschiedenen Liebe Gottes. Dann folgte der entscheidende Zwischengedanke: Sofern in jedem Geschehen unbedingter Liebe der Liebende selbst und als er selbst anwesend ist und sich selbst mitteilt, erfüllt dieses Geschehen den Begriff der Selbstoffenbarung, da Subjekt und Inhalt der Mitteilung hier identisch sind. Die Schlußfolgerung lautete: Also ist Jesus, sofern er die Gegenwart der Liebe Gottes ist, im strengen Sinn Gottes Selbstoffenbarung: das geschichtliche Dasein des für die Menschen entschiedenen Gottes selbst. Bis hierhin also waren wir schon gekommen. Nun wäre es sicher naheliegend und zunächst auch ganz richtig, diese Verbindung der Liebe Gottes mit Jesu Person und Wirken als Offenbarungs- oder Ereigniseinheit, als Funktions-, Aktions- oder Geschehenseinheit zu bezeichnen. Jedoch genügen diese Begriffe nicht mehr, sobald nach dem *Sein und Wesen Gottes in diesem Geschehen* gefragt wird und eben nach *Jesu Verhältnis zu ihm.*

Auf diese Fragen aber, so denke ich, wäre dann zunächst zu wiederholen: Im Geschehen seiner Liebe in Jesus ist Gott selber da und eben deshalb, weil sie unbedingt ist, auch *als* er selbst da: *er selbst* offenbart sich, ist Subjekt dieses Geschehens und insofern das Selbst in „Selbstoffenbarung“ als *genetivus subjectivus* zu lesen; und *sich selbst* offenbart er, ist auch Inhalt der Selbstoffenbarung und das „Selbst“ dieses Wortes nun als *genetivus objectivus* zu nehmen. Und wer hier vielleicht zögert, weil er dies alles womöglich doch als zu weitgehend empfindet, der bedenke noch einmal: Im unbedingt-vorbehaltlosen Entschluß zur Liebe hält der Liebende ja nicht

13 Vgl. *A. Grillmeier*, Jesus Christus im Glauben der Kirche (Anm. 1), 403–412.

sich selber heraus, teilt nicht irgendetwas, auch nicht irgendetwas von sich (*über* sich) mit, sondern eben sich selbst: Der Mitteilende ist mit dem Inhalt, dem Mitgeteilten, identisch, so identisch, wie es nur im Vollzug unbedingter Liebe geschehen kann, die deshalb zu Recht Selbstmitteilung heißt – Selbstmitteilung aber nicht primär als Information über Verborgenes oder noch nicht Gewußtes, aber auch nicht als ontologische Teilgabe oder gar seinshafte Verschmelzung, sondern streng freiheitstheoretisch gedacht: als Entschlossenheit des Liebenden und rückhaltlose Identifizierung mit der Ausführung seines Entschlusses, nicht mehr er selbst ohne den anderen sein zu wollen. Derart teilt also ein freies Wesen sich selbst einem anderen mit, daß es sein Selbst nicht für sich bewahrt, es vom Geschehen und Inhalt der Mitteilung distanziert und in sich verschließt, sondern gerade *im Vollzug* der Bejahung des anderen es *selbst ist*. Dies heißt im Falle des Menschen, daß seine Freiheit, die in jeder verbindlichen Wahl auch sich als die wählende wählt[14], das so konstituierte formale Selbst in ihren Entschluß für den anderen hineingibt, es mit dessen Freiheit zur Differenzeinheit verbindet und es damit zum eigentlichen Inhalt der Mitteilung macht, so wie sie umgekehrt in der affirmierten Freiheit des anderen ihren adäquaten Gehalt gewinnt und so das Selbst ein wahrhaft wirkliches wird. Von Gott, der des Menschen nicht bedarf, um ein wahrhaft reales Selbst und erfüllte, vollkommene Freiheit zu sein, darf man nun freilich dies Letzte nicht sagen. Aber zutreffen dürfte gleichwohl, daß er das Selbst, das er immer schon ist, doch faktisch nicht ohne die Menschen sein wollte, es deshalb mit ihnen, seinen Geschöpfen, verband, indem er es in seinen Entschluß für sie, obwohl dieser von Gottes Ja zu sich selber real zu unterscheiden ist und auch bleibt, gleichsam hineingab und es dadurch rückhaltlos gegenwärtig und zum Inhalt seiner Mitteilung für sie machte.

Wenn dies nun aber feststehen darf, dann kann, so jetzt die nächste, weiterführende Einsicht: Es kann Jesus, das *Medium* also, durch das diese Selbstoffenbarung Gottes geschieht, von ihrem Subjekt und auch Inhalt nicht mehr getrennt sein, da er dann gerade nicht Gottes eigenes, ihn selbst offenbarendes geschichtliches Dasein sein könnte. Jesu Existenz ist ja keineswegs nur Hinweis auf eine ihr äußere Wahrheit oder von ihr verschiedene Begebenheit, nicht nur Manifestation einer (möglicherweise noch vorübergehenden) Wohlgesonnenheit Gottes oder ein ihm äußerlich blei-

14 Zur Konstitution des Selbst in der „absoluten Wahl" nach *Kierkegaard* s. o. Kap. 8.1 Anm. 17.

bendes (wenn auch beauftragtes und zustimmendes) Instrument seiner jeweiligen Absichten und Pläne, sondern die ursprünglich offenbarende Realgestalt des in seiner unbedingt entschiedenen Liebe präsenten Gottes selbst. Also gehört Jesus, nun aus der umgekehrten Perspektive seines Verhältnisses zu Gott betrachtet: er gehört, eben als der Sohn, zum Sein des offenbarenden Gottes hinzu und ins Wesen des offenbaren Gottes hinein[15]. Durch sein Sohnesverhältnis zu Gott, durch das dieser sich selbst offenbart, ist Gottes eigenes Sein und Wesen bestimmt. Wer und was Gott ist, ist deshalb durch Jesus nicht nur zugänglich geworden, sondern es ist so zugänglich geworden, daß es sich ohne ihn, eben weil er Gottes Selbstoffenbarung ist, jetzt nicht einmal mehr denken läßt. Ja, wir müssen sogar noch einen Schritt weitergehen und beachten: Es ist ja der *ewige* Gott, der in Jesus offenbar ist, zwar nicht unter dem Aspekt der Ewigkeit als solcher, aber doch der ewige Gott (es ist ja kein anderer Gott) – und offenbar ist er in eben der Bestimmtheit seines ewigen Wesens, durch die er selbst für uns zugänglich werden konnte und die dabei ihrerseits zugänglich wurde. Ist nämlich Gott in Ewigkeit der, als der er im Verhältnis zu Jesus und durch Jesu Verhältnis zu ihm offenbar wurde, dann gehört auch umgekehrt Jesus als der Sohn zum Wesen des ewigen Gottes selbst, so daß Gott in keiner Weise mehr ohne ihn gedacht werden kann. Der Gedanke der Präexistenz des Sohnes und der Gottheit des Präexistenten wird damit allerdings unausweichlich. Denn wenn es ernst damit sein soll, daß Jesus als der, in dem Gott selbst offenbar ist, zum Wesen Gottes gehört, dann muß er nach dieser Seite hin, also nach der Seite seiner Einheit mit Gott, eben als Sohn, schon gewesen sein, bevor er als Mensch war, und dementsprechend das geschichtliche Dasein Jesu als Ereignis der Inkarnation des präexistenten Sohnes aufgefaßt werden. Die Gegenprobe kann das vielleicht noch deutlicher machen: Hätte Gott nämlich Jesus nur zum Sohn adoptiert, dann wäre die Verbindung eine nachträgliche und äußere geblieben; dann hätte Jesus zwar ein Beauftragter Gottes, nicht aber die reale Anwesenheit seiner Liebe und in ihr seiner selbst sein können. Und ebenso: Wäre der Präexistente nicht eines Wesens mit Gott und also Gott auch ohne ihn denkbar, dann wäre wiederum in Jesus nicht Gott selbst und als er selbst uns begegnet. Kurz: Der

15 Ab hier berühren sich meine Überlegungen wieder mehrfach mit dem Argumentationsgang *W. Pannenbergs*: Vgl. *ders.*, Grundzüge (Anm. 1), 124–131.150–160; *ders.*, Systematische Theologie 2 (Anm. 1), 406–422; *ders.*, Das Glaubensbekenntnis (Siebenstern-TB 165), Hamburg 1972, 68–77.

Gedanke der Wesenseinheit Jesu mit Gott, der Präexistenz des Sohnes und der Gottheit des Präexistenten ist insofern notwendiges Implikat der Offenbarungseinheit Jesu mit Gott, als sich ohne ihn der Glaube an Gottes Selbstoffenbarung in Jesus gedanklich nicht hätte durchhalten lassen.

Indessen – und dies ist nun der letzte Schritt – können wir die Wesenseinheit Jesu mit Gott nicht behaupten, ohne sofort auch die *Unterschiedenheit des Sohnes vom Vater* zu betonen. Wie aber soll man sich die Gottheit des Sohnes dann denken? Jedenfalls nicht in der Weise, wie etwa verschiedene Individuen teilhaben am selben Wesen des Menschen, denn dann existierte das Wesen Gottes in einer Pluralität von Exemplaren – und das wäre eindeutig Vielgötterei: ein Greuel für Juden, Muslime und Christen und ein Skandal auch für die Vernunft. Andererseits aber: Wäre der Sohn unterschiedslos mit dem Vater identisch, dann wäre Jesus (vorausgesetzt, daß er der Sohn ist) ohne göttliches Gegenüber. Tatsächlich aber hat er sich bei aller Vollmacht doch von Gott als dem Vater unterschieden, hat sich ihm untergeordnet und dem Kommen seiner Herrschaft gedient. Also gehört auch diese Unterschiedenheit in das Wesen des einzigen Gottes hinein: nicht als seine Verdoppelung, sondern als seine innere Bestimmung – wohlgemerkt, denn diese Aussage hat weitreichende Folgen: als *interne Bestimmung des nur im Singular existierenden göttlichen Wesens*. Für das Verständnis der heilsökonomischen Trinität, aus der Perspektive der immanenten betrachtet, aber ergibt sich: In Jesu Hingabe an seine Sendung, die auf seiner Übereinstimmung mit dem Vater beruht, wird das Verhältnis des ewigen Sohnes zum Vater faktisch-geschichtlich vollzogen und so für die Menschen, die sich dem Sohne gleichgestalten lassen, geöffnet: Gott selber, der ewige Gott, ist wesentlich schon als Liebe, als in sich beziehungsreich, zu denken und teilte als solcher durch Jesus sich mit. Und gerade dies, daß er ursprünglich selber schon Liebe ist, verbürgt nun auch die *Freiheit* seiner Selbstoffenbarung …

Mit dieser Einsicht sind wir am Ziel: In Jesu Wesenseinheit mit Gott ist begründet, daß Gott in der durch Jesus vermittelten Gegenwart seiner Liebe sich wahrhaft *selbst mitgeteilt* hat; zugleich verbürgt es die Differenzeinheit von Vater und Sohn in der Einzigkeit des göttlichen Wesens und die dadurch ermöglichte Unterschiedenheit der ökonomischen Trinität von der immanenten, daß Gott um seiner selbst willen, d. h. um Liebe zu sein, seiner Selbstmitteilung an die Menschen in keiner Weise bedurfte, sondern diese als unbedingt *freie* und wahrhaft *zugunsten der Menschen* geschah und deshalb *Gnade* genannt werden kann. Trinitätslehre ist somit nichts anderes als die Begründung der Möglichkeit wie auch der Freiheit der geschichtlichen Selbstmitteilung Gottes im Wesen des Gottes der Liebe selbst[16].

3. Gottes Selbstmitteilung im Geschenk seines Geistes

Vom Heiligen Geist zu reden, ist nicht gerade leicht[17]. Die Schwierigkeiten, die dem Glauben an seine Wirklichkeit entgegenstehen, gründen wohl im wesentlichen darin, daß der Geist Gottes, obwohl (oder gerade weil) er uns innerlich ist, doch gleichsam (anders als der Vater und der Sohn) „ohne Antlitz" für uns ist[18]. Schon *Thomas von Aquin* bekannte seine Sprachnot bezüglich des Heiligen Geistes[19]; *Yves Congar* hat ihn als den unbekannten Gott apostrophiert, *Hans Urs von Balthasar* nannte ihn den „Unbekannten jenseits des Wortes"[20]. Über all diese Fragen kann ich jetzt leider nicht sprechen – und muß mich auch, was die heutige reale Erfahrbarkeit und Wirksamkeit dieses Geistes angeht, die von manchen zwar unbekümmert behauptet wird, aber für die Mehrzahl der Christen doch eher ein Problem darstellen dürfte, mit dem spröden Hinweis auf die wichtigsten neutestamentlichen Aussagen begnügen, um von ihnen aus sogleich die Frage

---

16 Noch einmal sei betont, daß Gott im Entschluß zur Schöpfung und Heilsökonomie sich selbst (seinem Wesen als Liebe) entspricht und dieser Entschluß doch kontingent, von Gottes Ja zu sich selber verschieden ist, da sein Wesen sonst vom Dasein der Welt (als Realität der Idee oder Korrelat seiner Liebe) abhängig wäre und als Resultat ihres Prozesses nicht unerschöpflicher Anfang und nicht Grund unserer Hoffnung sein könnte. Nur wenn Gott in sich ursprünglich-vollkommene Liebe ist, ist die Schöpfung „umsonst" und der Mensch selbst von Gottes Mitteilung seiner Liebe „gemeint". Insofern thematisiert die Trinitätslehre die Bedingung für die Gratuität der Schöpfung wie die Freiheit ihrer Einbeziehung in Gottes Leben durch seine Selbstoffenbarung. Vgl. zum Thema auch die schönen und genauen Ausführungen bei *K. Barth*, KD II/1, 314f.

17 Basisliteratur zum 3. und 4. Abschnitt: *Y. Congar*, Der Heilige Geist (Anm. 1), 17–99. 213–270.321–438; *B.J. Hilberath*, Pneumatologie (Anm. 1), bes. 452–489.528–539; *E. Jüngel*, Gott (Anm. 1), 430–470.512–543; *W. Kasper*, Der Gott Jesu Christi (Anm. 1), 246–282.291–303; *W. Pannenberg*, Grundzüge (Anm. 1), 170–185; *ders.*, Systematische Theologie 1 (Anm. 1), 283–355.456–466; *J. Werbick*, Trinitätslehre (Anm. 1), bes. 481–490.521–575.

18 *W. Kasper*, Der Gott Jesu Christi (Anm. 1), 273f.

19 S.th. I, 37,1.

20 *H. U. von Balthasar*, Der Unbekannte jenseits des Wortes: *ders.*, Spiritus Creator. Skizzen zur Theologie III, Einsiedeln 1967, 95–105.

nach der Gottheit des Geistes anzusteuern, an der es sich ja wiederum entscheiden muß, ob und in welchem Sinn von Gottes wahrhafter *Selbstmitteilung* auch im *Geist* die Rede sein kann.

Die biblischen Zeugnisse vom Wirken des Geistes

Die Schwierigkeit ist nun aber, daß es sich bei unserem Ausgangspunkt, den neutestamentlich bezeugten Wirkungen des Geistes, eben um Wirkungen handelt, die zwar an Menschen in Erscheinung treten und die sich insofern, nach ihrer menschlichen Seite, durchaus (wenigstens annäherungsweise) auch beschreiben lassen, die aber in ihrer spezifischen Dignität, daß sie nämlich Wirkungen des *Geistes* sein sollen, sich jeder äußerlichen, objektivierenden Betrachtung entziehen, und daß deshalb die neutestamentlichen Zeugnisse, die eben diese Geistgewirktheit behaupten, auch nicht mehr historisch-kritisch hinterfragt, sondern als Erfahrungen und Deutungen des Glaubens nur akzeptiert werden können (oder eben abgelehnt werden müssen). Wollte man nämlich das, *was* sie beschreiben, von der deutenden Beschreibung selbst nochmals lösen, müßte man den Inhalt des Beschriebenen auf unzulässige Weise verkürzen. Für unser methodisches Vorgehen folgt daraus, daß eine vergleichbare Begründung und Rechenschaft, wie ich sie für das Bekenntnis zur Gottheit Jesu versucht habe, bezüglich der Gottheit des Geistes nicht möglich ist. Obwohl man natürlich (wie philosophisch zu bekräftigen wäre) das Wirken des Geistes nicht grundsätzlich ausschließen kann, entzieht es sich doch *als* solches dem historischen Zugriff: Der Heilige Geist ist nun einmal kein Objekt der Geschichtswissenschaft. Was gleichwohl möglich und m. E. auch erforderlich ist, ist die systematische Rechenschaft über die These, daß im Inhalt und der Eigenart dessen, was das Neue Testament als Wirkung des Geistes bezeugt, die Voraussetzung seiner Gottheit schon beschlossen liegt. Wir werden sehen, daß das Wirken des Geistes die Selbstoffenbarung und Selbstmitteilung Gottes in einer Weise zum Ziel bringt, die beim Verzicht auf die Gottheit des Geistes nicht mehr als begründet und möglich gedacht werden könnte. Zugleich gilt es zu beachten, daß die neutestamentlichen Zeugnisse selbst schon in der Glaubenstradition Israels stehen, die somit von ihnen aufgenommen und bestätigt, aber zugleich auch in einer Weise weitergebildet wird, die schließlich die für den jüdischen Glauben selbst gültige Grenze überschreitet.

Was nun zunächst diese überlieferungsgeschichtlichen Vorgaben betrifft, so müssen die allerwichtigsten Hinweise genügen. Bekanntlich hatten die Wirkungen des Geistes, der in der Frühzeit Israels ganz archaisch als numinose Macht erfahren wurde, im Verlauf der israelitischen Glaubensgeschichte Kontur angenommen und die *ruah* eindeutig als *ruah Jahwes* profiliert. Dem ursprünglichen Wortsinn von Wind, Hauch und Atem entsprechend gilt diese *ruah* als die schöpferische, dann auch neuschaffende und insbesondere als lebenschenkende Kraft, die unmittelbar von Gott ausgeht und auch jederzeit wieder genommen werden kann (Gen 2,7; Ps 104,29f). Zugleich ist es der Geist, durch den Jahwe geschichtsmächtig handelt; durch ihn erweckt und leitet er Israels charismatische Retter- und Führergestalten. Von David an kommt der Geist Gottes auch nicht mehr nur unerwartet und plötzlich, sondern er bleibt nun über David und ruht auf ihm (1 Sam 16,13). Seine innovative Macht jedoch ist damit nicht erschöpft; niemals wird seine Präsenz zum verfügbaren Besitz. Vielmehr wirkt er weiter in den Propheten, treibt sie zu ihrem kritisch richtenden, aber auch aufrichtenden Wort. Überdies tritt, mit den großen Schriftpropheten, auch das eschatologische Ziel seiner Wirksamkeit in den Blick. Als der Geistträger schlechthin, erfüllt mit allen Gaben des Geistes, wird der künftige Messias verheißen (Jes 11,2ff); vom Gottesknecht heißt es, daß Jahwe seinen Geist auf ihn gelegt hat, damit er den Völkern das Recht bringt (Jes 42,1). Ja, nicht mehr nur einzelnen, dem ganzen Volk wird das Geschenk des Geistes verheißen. Er wird, so die große Vision des Ezechiel von den Totengebeinen, das erstorbene Volk zu neuem Leben erwecken (37,1–4) und ein neues Herz in ihnen erschaffen, so daß sie Gottes Willen aus eigenem Antrieb erfüllen und unmittelbar, als sein heiliges Volk, Gemeinschaft mit ihm haben (11,19f; 36,26f). Und endlich, so Joel 3,1, wird für die Endzeit die Ausgießung des Geistes sogar „über alles Fleisch", also über alle Menschen verheißen, wobei alle Unterschiede und Grenzen als bedeutungslos entfallen.

Bemerkenswert ist die unübersehbare Tendenz, vom Geist in einer personifizierenden Weise zu sprechen und ihn so in einer gewissen Eigenständigkeit erscheinen zu lassen. Dies gilt auch von anderen Medien und Vermittlungsgestalten, durch die Gott aus seiner Weltüberlegenheit in die Welt hinein wirkt. Es gilt schon vom Wort, das nicht zu Jahwe zurückkehrt, ohne gewirkt zu haben, was er beschlossen hat (Jes 55,10f). Auf weitere Hypostasierungen, vor allem der präexistenten Weisheit, später auch der Tora, des „Namens" Jahwes und seiner *kabod*, brauche ich jetzt nicht einzugehen. Wesentlich ist stets die Tendenz, die Formen des Erscheinens und Wirkens Gottes in der Welt und Geschichte von ihm selbst zu unterscheiden. Gerade die zunehmende Betonung der Transzendenz Gottes hatte zur Folge, daß die Weisen seiner Gegenwart in der Welt sich zu selbständigen Hypostasen verdichteten. Im Unterschied zur Entwicklung der christlichen Gotteslehre, die hier vielfache Anknüpfungsmöglichkeit fand, gilt es jedoch zu beachten, daß die Vergöttlichung oder Verselbständigung des Geistes wie auch des Wortes und der Weisheit im Ersten Testament und im Frühjudentum doch nirgends so weit geht, daß sie für Israels Monotheismus hätte zum Problem werden können: Wort, Geist und Weisheit bleiben subordinierte Vermittlungsgestalten, durch die Gott den Menschen nahekommt, aber sich zugleich in seiner Transzendenz auch entzieht und seine Verborgenheit wahrt. In der Tat konnte die Frage eines Unterschieds in Gott selbst sich dem Nachdenken erst stellen, nachdem sein geschichtliches Erscheinen als Anwesenheit *seiner selbst*, also als Selbstoffenbarung im strengen Sinn wahrgenommen und deshalb die Annahme seiner Identität mit seinen Offenbarungsgestalten als unausweichlich erkannt worden war.

Schon beim ersten flüchtigen Blick auf die *neutestamentlichen* Zeugnisse vom Wirken des Geistes fällt auf, daß sie Jesus (natürlich aus nachösterlicher Perspektive) als den eschatologischen Geistträger darstellen und daß sie zudem, nämlich in den Gläubigen, auch die Verheißung der endzeitlich-universalen Geistbegabung schon angebrochen sehen. Zugleich stimmen alle Evangelien darin überein, daß ihnen für die vorösterliche Zeit ausschließlich Jesus selbst als Träger des Geistes gilt. In diesem Sinn kann Joh 7,39 sogar formulieren: „Der Geist war noch nicht gegeben [nämlich den Gläubigen noch nicht], weil Jesus noch nicht verherrlicht war". Den synoptischen Evangelien ist gemeinsam, daß sie Jesu Taufe am Jordan mit der Herabkunft des Geistes zur Schlüsselszene gestalten und so das gesamte Wirken Jesu von seiner Wurzel her prospektiv interpretieren. Bei Matthäus und Lukas kommt hinzu, daß sie Jesus nicht nur als Geistträger, sondern auch als Geistgeschöpf auffassen, wobei Lk 1,35 mit diesem Ursprung auch deutlich den Gedanken der Gottessohnschaft verbindet. Überhaupt ist Lukas unter den Synoptikern derjenige, der Jesu Verkündigung am konsequentesten pneumatologisch begreift: angefangen bei der Antrittspredigt in Nazareth (4,16ff), mit der Jesus die Erfüllung von Jes 61,1 für sich in Anspruch nimmt (Der Geist des Herrn ruht auf mir ...), bis hin zum Ende des Evangeliums, wo Jesus, auf seinem irdischen Weg der Geistträger schlechthin, dann als der Erhöhte selber zum Geist*spender* wird: „Und ich werde die Gabe, die mein Vater verheißen hat, zu euch herabsenden" (24,49). So ist die Verbindung zur Apostelgeschichte geschaffen, in der Lukas die Pneumatologie seines Evangeliums fortführt und für die Zeit der Kirche entfaltet, wobei dem Pfingstgeschehen, stilisiert als Erfüllung der Joel-Verheißung, grundlegende Bedeutung zukommt.

Paulus und *Johannes*, die eigentlichen Pneumatologen des Neuen Testamentes, erinnern ihre Gemeinden bereits an die im Geist geschenkte Neuschöpfung und Wiedergeburt. Um zunächst die zahlreichen Aussagen des Paulus etwas systematisch zu ordnen, gehe ich von zwei Grundmotiven aus. Denn Paulus beschreibt die neue Existenz der Gläubigen zum einen als schon gegenwärtige *Teilhabe an der Auferstehungswirklichkeit Jesu Christi* und zum anderen als *Teilhabe an Jesu Sohnesverhältnis zum Vater* – und zwar beides als Wirkung des Geistes. Dabei ist zu beachten, daß Paulus auch schon die Auferweckung und Sohnschaft Jesu selbst mit dem Wirken des Geistes in Zusammenhang bringt: so vor allem in dem alten Traditionsstück Röm 1,3f, das von Jesus Christus bekennt: „dem Fleisch nach geboren als Nachkomme Davids, dem Geist der Heiligkeit nach eingesetzt als Sohn Gottes in Macht seit der Auferstehung von den Toten". Ja, der Auferweckte ist so sehr vom göttlichen Lebensgeist durchdrungen, daß er sogar selbst „lebendigmachender Geist" heißen kann (1 Kor 15,45) und dementsprechend das „Sein in Christus" und das Leben „im Geist" im Grunde dasselbe bedeuten (Röm 8,1–11). Gleichwohl werden Kyrios und Pneuma durch die Aussagen, die vom „Geist Jesu Christi" sprechen (Phil 1,19), doch auch deutlich genug unterschieden, zumal die Funktion des Pneuma gerade darin besteht, auf Jesus als den Kyrios zu verweisen (1 Kor 12,3). Der Kyrios ist der auferstandene und erhöhte Jesus, dessen Wiederkunft die Gemeinde erwartet; der Geist ist die Form und die Kraft seiner Gegenwart und der Verbindung der Glaubenden mit ihm.

Was der Geist also ursprünglich in Jesus wirkt, das wirkt er – durch ihn vermittelt – auch in den Gläubigen. Sehr konsequent formuliert deshalb 1 Kor 6,17: „Wer sich an den Herrn bindet, ist *ein* Geist mit ihm". So wie nach Röm 1,4 Jesus durch die Kraft des Geistes auferweckt und in die Gottessohnschaft eingesetzt worden ist, so wird der, heißt es 8,11, „der Christus Jesus von den Toten auferweckt hat, durch seinen Geist, der in euch wohnt, auch euren sterblichen Leib lebendig machen". Zugleich ist es der von Gott in unsere Herzen gesandte Geist seines Sohnes, der auch uns „Abba, Vater" rufen läßt, also die Glaubenden in die aktuelle Gemeinschaft mit Gott bringt und sie zu Kindern Gottes macht (Gal 4,6; Röm

8,14f) – zu Töchtern und Söhnen Gottes durch freie Adoption allerdings: eben durch Teilhabe an Jesu Gottesverhältnis und durch Vermittlung der Botschaft von ihm. Durch Christus erfahren sie im Geist die lebendige Gegenwart Gottes.

Wir brauchen jetzt nicht im einzelnen zu verfolgen, wie Paulus diese Grundaussagen entfaltet und so die pneumatologische Seite von Gottes Gnadenhandeln verdeutlicht. Vor allem wird der Geist als Gabe des Glaubens beschrieben, dezidiert auch als die freie, von den Propheten verheißene eschatologische Gabe der realen Verbundenheit mit Gott (2 Kor 3,3). Zugleich aber tritt Paulus, namentlich bei seinen störrischen Korinthern, jedem Geistenthusiasmus und Heilseskapismus entgegen, der aus den realen Verhältnissen aussteigt und sich vor der konkreten Nachfolge drückt. Die durchaus gegenwärtige Gabe des Geistes ist doch erst Angeld – besonders Röm 8 rückt das eschatologische Ausgespanntsein auch noch des pneumatischen Daseins vor Augen: „Wir sind gerettet, doch in der Hoffnung“ (8,23f). Röm 5,5 wird damit nicht widerrufen: „Die Liebe Gottes ist ausgegossen in unsere Herzen durch den Geist, der uns gegeben ist“. Er ist es so grundlegend und wirklich, daß er geradezu als Prinzip des gläubigen Lebens erscheint und von Gottes im Geist schon gegenwärtiger Liebe uns nichts mehr zu trennen vermag (8,38f). Doch einen Rückzug auf ihre innere Gewißheit bedeutet das nicht, denn sie selbst drängt auf ihre reale Gestaltung: „Wenn wir aus dem Geist leben, dann wollen wir dem Geist auch folgen“ (Gal 5,25). Vor allem soll, wer durch ihn die Freiheit der Sohnschaft erlangt hat, nun darauf achten, daß er sich nicht von neuem an die todbringenden Mächte versklavt. Von hier aus erschließt sich die Gegenüberstellung von fleischlicher und geistlicher Existenz, die Paulus unermüdlich (manchmal fast drastisch) beschwört. Der Absage an die Sarx, der Befreiung vom Auf-sich-selber-fixiert-Sein, entsprechen dann auch die keineswegs als „lahme“, sondern als durchaus realistisch-aktive Tugenden zu verstehenden „Früchte des Geistes“ (Gal 5,22f), wobei Paulus – vor Freude, Friede, Langmut, Freundlichkeit, Güte, Treue, Sanftmut und Selbstbeherrschung – an erster Stelle die Liebe nennt, in der die Freiheit des Geistes sich schöpferisch konkretisiert. Bemerkenswert nüchtern auch seine Einstellung zu den Charismen, die das Leben und die Lebendigkeit der Gemeinde, des „Leibes Christi“, ausmachen, zu dem der Geist die Gläubigen verbindet. So sehr Paulus auf ihre Entfaltung bedacht ist und die außergewöhnlichen Gaben (verzücktes Zungenreden und dergleichen) durchaus nicht verachtet, betont er doch viel nachdrücklicher die elementaren Grundhaltungen des Glaubens und die eher unauffälligen Dienste: Trösten, Ermahnen, diakonische Hilfe, sogar Verwaltungsaufgaben. Kriterium ihrer Echtheit ist immer die Bereitschaft, sich in den Dienst für den Aufbau der Gemeinde zu stellen und sich zu Jesus Christus als dem Herrn zu bekennen. Ohne Liebe, die höchste der Geistesgaben, wären alle anderen nicht mehr als ein vielleicht glänzendes, aber hohles und schepperndes Blech (1 Kor 13,1); durch sie und in ihr jedoch kann noch das Unauffälligste zum Ausdruck der Geistbegabung werden – auch noch das alltägliche Sichabmühen mit dem Christsein, das im Ringen mit der eigenen Schwachheit auf der Stelle tritt und doch das Vertrauen auf die Kraft Gottes nicht aufgibt.

Noch weiter entwickelt als die Pneumatologie des Paulus ist die des Johannes. Seine Aussagen über Jesus als den eschatologischen Offenbarer und Geistträger kann ich jetzt übergehen; desgleichen seine Auffassung, daß die Mitteilung des Geistes erst nach der Verherrlichung Jesu geschieht: nach 20,22 durch den Auferstandenen, nach 19,30 bereits am Kreuz, das ja Hinrichtung und Erhöhung in einem bedeutet: Jesu Sterben ist (ganz wörtlich) Hingabe seines Geistes. Damit ist nun auch schon die Situation angesprochen, auf die sich die Abschiedsreden mit ihren wichtigen pneumatologischen Aussagen beziehen. Für die Zeit nach seinem Weggang sichert Jesus den Seinen einen „anderen Parakleten" zu, den der Vater geben wird (14,16.26) – und zwar auf seine (Jesu) Bitte hin geben, in seinem Namen senden wird; 15,26 heißt es sogar, daß Jesus selbst den Geist, „der vom Vater herkommt", „vom Vater senden" wird. Dieser andere Paraklet soll Beistand und Zeuge der Wahrheit in dem Prozeß sein, der zwischen dem Offenbarer Jesus und der Welt weitergeht, weil sie im Unglauben verharrt. Entsprechend dezidiert wird er als „Geist der Wahrheit" bezeichnet. Als solcher übernimmt er durchaus die Funktion des Nachfolgers und des Stellvertreters für den zum Vater Erhöhten – dies aber nicht so, daß er die Bedeutung Jesu als des eschatologischen Offenbarers überholt und ersetzt, sondern sie gerade dadurch wirksam zur Geltung bringt, daß er die Jünger alles lehrt und sie an alles erinnert, was Jesus zu ihnen gesagt hat (14,26); so soll er Zeugnis für Jesus ablegen (15,26), soll die Welt der Sünde ihres Unglaubens überführen und die Gläubigen „in die volle Wahrheit einführen" – und dies wiederum so, daß er nicht von sich aus redet, sondern von dem nimmt, was Jesu ist und was dieser vom Vater hat (16,13ff). Der Geist der Wahrheit bringt also keine neue Lehre, sondern vergegenwärtigt die Lehre Jesu, doch tut er es nicht als bloßer Repetitor, sondern indem er ihre gegenwärtige Bedeutung erschließt, das Erkennen des Glaubens vertieft und so in die Fülle seiner Wahrheit tatsächlich erst einführt. Und eben dadurch bewahrheitet er Jesus als den eschatologischen Offenbarer und verherrlicht ihn (wie es immer wieder heißt) als den Sohn, so wie dieser den Vater verherrlicht.

Was die Mitteilung des Geistes der Wahrheit bei Johannes bedeutet, erschließt sich freilich erst vollends, wenn man hinzunimmt, daß auch Johannes (wie Paulus) den pneumatischen Christus als „lebendigmachenden Geist" (6,63) und dementsprechend den Geist auch als Geist der Wiedergeburt bezeichnet. Dieses Wiedergeborenwerden „aus dem Geist" geschieht nun aber „von oben", d. h. aus Gott selbst (3,6f; 1,13). Und dies natürlich nicht auf automatische Weise oder als ein mysteriöser, magischer Vorgang, sondern als ein Freiheitsgeschehen von Geistgeschenk und gläubigem Antwortgeben. Auf jeden Fall wirkt der Geist, ja er ist die aktuelle Verbundenheit mit Gott selbst ... Dieses Ergebnis wird noch bekräftigt, wenn man auch den Inhalt der Wahrheit beachtet, die der Geist der Wahrheit bezeugt. Gerade Johannes beschreibt ja (fast unermüdlich) das Verhältnis von Vater und Sohn als Gemeinschaft gegenseitigen Kennens und Liebens (beide Ausdrücke sind fast synonym). Und eben diese Liebe, die den Vater im Sohn und den Sohn im Vater sein läßt, ist die Wahrheit, die durch die Offenbarung Jesu, des Sohnes, die Glaubenden erreichen soll, damit sie in ihr das Leben haben und „die Welt erkennt, daß du mich gesandt hast und die Meinen ebenso geliebt hast wie mich" (17,23). Und keine andere Wahrheit ist es dann auch, die der Geist bezeugen, vergegenwärtigen und in die er die Glaubenden einführen soll. Obwohl die johanneische Tradition vom Geist der Liebe nicht ausdrücklich spricht, ist es somit sachlich doch völlig berechtigt, in der aktuellen Mitteilung der Vater und Sohn verbindenden Liebe und der Einbeziehung der Gläubigen in sie das spezifische Werk des Geistes zu erkennen und die von ihm gewirkte Wiedergeburt aus Gott selbst als die reale Gegenwart und Selbstmitteilung des Gottes zu verstehen, der nach der Spitzendefinition des 1. Johannesbriefs selbst „Liebe ist". Und einleuchtend ist dann auch, daß die vom Geist bewirkte Erkenntnis dieser Wahrheit, eben das Wiedergeborenwerden aus Gottes Liebe, nicht mit spektakulären Geisterfahrungen einhergeht, sondern in der nüchtern-alltäglichen Nächstenliebe konkret wird, die derselbe Brief so nachdrücklich einfordert, denn: „Wer nicht liebt, hat Gott nicht erkannt" (4,8).

Gottheit und hypostatische Eigenständigkeit des Geistes

Wir können den (ohnehin äußerst knappen) biblischen Durchgang an dieser Stelle beenden, um das Gesagte nun im Blick auf unser Ziel, das volle Verständnis des eschatologischen Gnadengeschehens, zu überdenken. Was ergibt sich aus den neutestamentlichen Zeugnissen über das Wirken des Geistes für die Frage nach seiner *Gottheit*? In der Tat könnten diese Wirkungen nicht das sein, als was sie beschrieben werden, wenn der Geist, in dem oder durch den sie geschehen, als von Gott getrennt gedacht würde. Dies gilt zunächst für sein Wirken in *Jesus*. Wenn alle Evangelien Jesus als den endzeitlichen Träger des Gottesgeistes darstellen, der um seiner Sendung willen vom Vater in unvergleichbarer Weise mit dem Heiligen Geist ausgestattet ist, so daß seine ganze Existenz von ihm durchdrungen und er selbst so eng mit dem Vater verbunden ist, daß er seiner Liebe ursprünglich gewiß und mit ihr einig ist und sein rückhaltlos ihr entsprechendes menschliches Wirken Gottes eigene unbedingte Menschenzuwendung vollzieht, dann kann der Geist, in dessen Kraft dies geschieht, von Gott selbst nicht getrennt sein. Und wenn sogar Jesu Sohnschaft, mit der seine einzigartige Einheit mit dem Vater ihre durchaus sachgemäße Bezeichnung schon im Neuen Testament findet, ausdrücklich (sei es nun bei der Taufe oder am Beginn seines Lebens) mit dem Wirken des Geistes in Zusammenhang gebracht wird, so daß der Geist als das Medium der Gemeinschaft Jesu als des Sohnes mit dem Vater erscheint, dann muß der Geist erst recht als göttlich: als Gottes eigener Geist verstanden werden.

Dasselbe ergibt sich, wenn man von seinem Wirken in den *Gläubigen* ausgeht. Wenn es nach Paulus der Geist ist, dessen Mitteilung ihre reale Teilhabe an Jesu todüberwindendem Leben wie an seinem Sohnesverhältnis zum Vater bewirkt, so daß sie „eines Geistes mit ihm" sind, dann kann dies nur derselbe göttliche Geist sein, der auch Jesus erfüllt: nämlich als „Geist Gottes" und „Geist Jesu Christi" der mit Gott selbst verbindende Geist. Nichts anderes wiederum sagt Johannes, wenn er das neue Geborenwerden aus Gott als die wirkliche Einbeziehung der Glaubenden in die Gemeinschaft der Liebe beschreibt, die Vater und Sohn miteinander verbindet. Und wenn schließlich alles, was Paulus und Johannes sonst noch dem Geist zuschreiben, in der einen Aussage von Röm 5,5 (dem Kernsatz der Pneumatologie) zusammengefaßt werden kann: „Die Liebe Gottes ist ausgegossen in unsere Herzen durch den Heiligen Geist, der uns gegeben ist", und wenn eben diese im Geist präsente Liebe nach Paulus ja keine andere ist als die, die sich in Christus als *unbedingte* erwies – dann gilt auch hier (wie in analoger Weise bei Jesus), daß in der aktuellen Gegenwart seiner Liebe durch das Geschenk des Geistes der Liebende selbst und als er selbst anwesend ist und sich mitteilt. Dann präsentiert diese Gabe zugleich auch den Geber: also mit und in seiner Liebe Gott selbst.

An der Unabtrennbarkeit des Geistes von Gott selbst kann also kein Zweifel bestehen. Und trotzdem kann ich an dieser Stelle eine Schwierigkeit nicht verschweigen. Sie betrifft (um es im Fachjargon auszudrücken) die hypostatische Eigenständigkeit des Geistes *in* seiner Zugehörigkeit zum Wesen Gottes, d. h. seine Unterschiedenheit nicht nur vom Sohn, sondern auch vom Vater, kurz: seine eigene Personalität. Diese Schwierigkeit ist insofern von sachlicher Bedeutung, als ohne die Eigenständigkeit des Geistes (auch gegenüber dem Vater) die Frage nach seiner Gottheit keinen Sinn machen würde bzw. diese Gottheit nur noch die Zugehörigkeit des Geistes zu Gott im Sinne eines ihm selbst eigenen Vermögens bedeuten könnte. Lassen sich, so könnte man doch überlegen, die beschriebenen Wirkungen des Geistes nicht genau so gut und durchaus hinreichend verstehen, wenn man den Geist nur als unpersönlich-dynamische Kraft Gottes, eben als sein wirksames Handeln auffaßt, durch das er den Menschen nahekommt, ihr Inneres verwandelt und das deshalb unmittelbar ihm selbst (näherhin dem Vater) auch zugeschrieben werden muß? Immerhin ist ja bei den Synoptikern, auch bei Lukas, eine hypostatische Eigenständigkeit des Geistes noch kaum zu erkennen. Gegen diese Auffassung könnte man nun freilich auf die zahlreichen neutestamentlichen Aussagen (namentlich bei Paulus) hinweisen, die vom Geist in einer auffallend personalisierenden Weise sprechen. Der Geist, so heißt es ja etwa, „schafft Leben" (Röm 8,11), wo er „wirkt, da ist Freiheit" (2 Kor 3,17), er „bezeugt sich unserem Geist" (Röm 8,16), „teilt die Gaben zu, wie er will" (1 Kor 12,11); er spricht in Israels heiligen Schriften (Hebr 3,7; 1 Petr 1,11), spricht ebenso in der Kirche (1 Tim 4,1) und „er lehrt" Einzelne wie die Gemeinde (1 Kor 2,13; Offb 2,7), fungiert als Inspirator der Verkündigung (2 Kor 3,6) und als Führer der Gläubigen (Röm 8,14). Die Beispiele ließen sich vermehren.

Aber, so könnte man immer noch insistieren: Erliegen solche Redeweisen nicht bloß einfach der alltäglichen Verführung der Sprache, bestimmte Vermögen zu hypostasieren und dann von ihnen statt vom wirklichen Täter die Handlungen zu prädizieren (so etwa, wenn man sagt: Dein sonniges Gemüt hat die Runde in Stimmung gebracht, statt einfach: Du hast mit deiner sonnigen Art usw.)? Warum also die neutestamentlich bezeugten Wirkungen des Geistes nicht unmittelbar Gott selbst (dem Vater) zuschreiben? Ein bedenkenswerter Einwand, in der Tat, und dennoch kaum durchzuhalten. Insbesondere an den Stellen nur schwer durchzuhalten, wo vom Seufzen und sogar vom Beten des Geistes in uns die Rede ist: daß er bei Gott für uns eintritt (Röm 8,26), in unseren Herzen „Abba" ruft (Gal 4,6) oder auch daß er alles, sogar die Tiefen Gottes ergründet (1 Kor 2,10) … Auf jeden Fall eindeutig ist der Sachverhalt bei Johannes, denn der johanneische Christus unterscheidet sich selbst sowohl vom Vater als auch vom Geist als dem „anderen Parakleten", den der Vater in seinem Namen senden wird. Schon die Parallelität der Sendungen von Sohn und Geist verbietet es, die Hypostasierung des Geistes als bloß literarisches Stilmittel zu erklären. Vor allem aber wird ihm eine Funktion zugeschrieben, die eine klare Selbstunterscheidung auch des Geistes nicht nur vom Sohn, sondern indirekt auch vom Vater impliziert. Denn seine Aufgabe ist ja, Jesus als den Offenbarer des Vaters zu bezeugen, d. h. ihn selbst als den Sohn zu offenbaren und so die Offenbarung des Vaters durch den Sohn zu vollenden (denn auch nach Johannes wird der Vater nur durch den Sohn erkannt). Noch markanter läßt sich dasselbe mit dem Terminus „Verherrlichung" beschreiben, mit dem Johannes zunächst das Wirken Jesu, dann aber auch des Geistes zusammenfassend benennt. Indem nämlich der Geist Jesus als den Offenbarer und Sohn des Vaters verherrlicht, verherrlicht er ja auch den Vater und die unauflösliche Gemeinschaft beider und gehört so gerade als von Vater und Sohn Unterschiedener zugleich mit beiden zusammen. Kurz: Die doppelte Selbstunterscheidung des Sohnes vom Vater einerseits, vom Geist andererseits und die in der besonderen Rolle des Parakleten (Verherrlichung des Sohnes und der Gemeinschaft von Vater und Sohn) implizierte doppelte Selbstunterscheidung des Geistes vom Sohn und vom Vater sind die ausdrücklichste neutestamentliche Basis, die eine dreifache Unterschiedenheit in Gott selbst anzunehmen unausweichlich macht.

Hinzu kommt aber nun auch noch ein systematisches Argument. Ich habe schon erwähnt, daß in der Glaubensüberlieferung Israels die Vermittlungsgestalten (Wort, Weisheit, Geist), durch die Gott geschichtlich handelt und in die Welt hinein wirkt, sich in eben dem Maße zu selbständigen Hypostasen verdichteten, wie sich das Bewußtsein von der Transzendenz Gottes ausbildete und verschärfte. Gleichwohl blieben sie subordinierte Vermittlungsgestalten, die Israels monotheistischen Glauben in keiner Weise tangierten. Probleme entstehen erst, wenn die Identität Gottes mit den Medien seines geschichtlichen Handelns gedacht wird und gedacht werden muß, weil in ihnen Gottes *Selbst*offenbarung geschieht. Denn dann bleibt, eben weil sie als Medien dieser Selbstoffenbarung von Gottes Sein und Wesen nicht mehr getrennt werden können, allein die Konsequenz, entsprechende Unterschiede auch im Wesen Gottes selbst vorauszusetzen. Eben darum ging es ja bei unseren Überlegungen über Jesu Wesenseinheit mit Gott und seine Unterschiedenheit als des Sohnes vom Vater. Aber dasselbe gilt nun auch bezüglich des Geistes, wenn anders der pneumatologische Spitzensatz von Röm 5,5 gelten soll, daß durch den Geist Gottes *Liebe* in unsere Herzen ausgegossen ist – dieselbe Liebe, wohlgemerkt, die in Christus ihre Unbedingtheit erwies – und deshalb hier wie dort gesagt werden muß, daß in der aktuellen Gegenwart seiner Liebe der Liebende selbst anwesend ist und sich mitteilt. Natürlich könnte nun jemand protestieren, das sei doch kaum zu erfahren und überhaupt viel zu groß, um geglaubt werden zu können. Aber dieser Einwand wäre nicht nur unfair angesichts unserer Aufgabenstellung (sofern sie ja nur darauf zielte, die Implikationen der neutestamentlichen Zeugnisse zu entfalten), sondern es sollte auch jeder, bevor er das zitierte Zeugnis zurückweist, sich klargemacht haben, was er damit verlöre. Es gäbe dann nämlich keine Möglichkeit mehr, überhaupt noch mit der wirklichen Präsenz Gottes *selbst* in uns Menschen zu rechnen. Wohlgemerkt: Ich rede jetzt nicht von Gottes allgegenwärtiger Wirksamkeit in Welt und Geschichte, nicht von den Weisen seines erschaffenden, allerhaltenden und vielleicht auch besonderen Handelns in den Ereignissen der Geschichte. Denn mögen wir in ihnen auch Zeichen seiner Güte, vielleicht sogar Andeutungen seiner Liebe zu uns erkennen – Weisen seiner Selbstgegenwart und Selbstmitteilung sind sie nicht, eben weil die Medien seines Handelns ihm äußerlich bleiben. Nimmt man dagegen das Zeugnis des Römerbriefs an, rechnet also mit Gottes Selbstgegenwart im Geist seiner Liebe, dann stellt sich freilich sofort ein weiteres Problem – eben das Problem, auf das es jetzt ankommt. Wäre nämlich Gott mit dem Geist, durch den er unserem Innersten nahe ist und sich selbst mitteilt, einfach ohne jeden Unterschied identisch – wie sollte man dann noch an seiner gleichzeitigen realen Transzendenz festhalten können? Verzichtet man aber auf sie (wie es etwa in patristischer Zeit der sogenannte Modalismus getan hat und es später in der Neuzeit immer wieder geschah) – wie sollte der Geist dann noch als Gottes freies und vor allem freibleibendes Geschenk seiner Selbstgegenwart gedacht werden können? Die Konsequenz läge dann in der Tat nicht mehr fern (und sie wurde ja auch nicht selten gezogen), diesen Geist zuletzt mit unserem, dem Menschengeist, gleichzusetzen oder ihn (und somit, laut Voraussetzung, Gott überhaupt) als immanentes Prinzip der Natur- und Menschheitsentwicklung zu begreifen, die als solche, bei Licht besehen, dann aber auch sich selbst überlassen und letztlich verheißungslos wäre … Kurz: Das Zeugnis von Röm 5,5 (hier als Inbegriff aller neutestamentlichen Zeugnisse vom Wirken des Geistes genommen) stellt uns vor die Alternative, ihm entweder keinen Glauben zu schenken und mit Gottes Selbstmitteilung und eigener Präsenz in uns Menschen nicht ernsthaft zu rechnen *oder* aber den Geist, durch den er uns seine Liebe und in ihr sich selbst schenkt, als *wesenseins mit Gott* zu begreifen, ihn zugleich aber nicht nur vom Sohn, sondern – wie die Freiheit dieses Geschenks und die Transzendenz Gottes es fordern – auch *von Gott dem Vater zu unterscheiden.*

„Condilectus" und „donum donabile"

Es ist klar, daß auch diese Einsicht sich nicht durchhalten läßt, ohne sie in der Lehre von der immanenten Trinität zu verankern. Denn was über die Wesenseinheit Jesu mit Gott und die Unterschiedenheit des Sohnes vom Vater zu sagen war, das gilt in analoger Weise nun auch vom Geist: Als das Medium der Selbstgegenwart Gottes in uns kann er Gott nicht äußerlich sein, sondern gehört zum Sein des sich mitteilenden Gottes hinzu und in sein Wesen hinein – und zwar ins Wesen des *ewigen* Gottes hinein, denn kein anderer ist es ja, der im Geist sich selbst mitteilt. Und wenn zugleich dieser Geist nicht nur vom Sohn, sondern auch vom Vater zu unterscheiden ist, weil sonst die Transzendenz Gottes durch seine Selbstgegenwart in uns aufgehoben und gleichsam in ihr untergehen würde (mit all den angedeuteten ruinösen theologischen Folgen), dann gehört auch die Unterschiedenheit des Geistes von Vater und Sohn ins ewige Wesen des einzigen Gottes hinein – und zwar (dies ist auch hier zu betonen) als interne Bestimmung des nur im Singular existierenden göttlichen Wesen (denn alles andere führte zum Tritheismus, zur Vielgötterei).

Eine weitere Frage, die sich hier aufdrängt und sich kaum abweisen läßt, ist dann freilich, wie dieses trinitarisch bestimmte Wesen des ewigen Gottes inhaltlich sinnvoll verstanden werden kann – so also, daß die trinitarischen Unterschiede nicht bloß additiv aufgezählt werden (und womöglich zu einer Quaternität, Fünffaltigkeit usw. noch vermehrt werden könnten), sondern verstehbar wird, inwiefern das in den Beziehungen von Vater, Sohn und Geist existierende Wesen des einzigen Gottes als in sich vollendet gelten, also ein ganzes und überhaupt eines sein kann. Läßt sich (mit anderen Worten) das über die heilsökonomische Rolle des Geistes Gesagte mit einem sinnvollen Wesensverständnis des trinitarischen Gottes verbinden – und das heißt: Läßt es sich überhaupt auf überzeugende Weise als freie Möglichkeit Gottes in seinem trinitarischen Leben begründen?

Natürlich kann ich eine Antwort auf diese Frage jetzt nicht mehr versuchen, sondern nur die Frage selbst noch verdeutlichen und die Richtung des weiteren Nachdenkens andeuten. Dabei gehe ich von einer Bezeichnung des Heiligen Geistes aus, die sich für die Aufschlüsselung des systematischen Sachverhalts besonders gut eignet. Von den vielen Metaphern, mit denen die Schrift die Wirklichkeit des Geistes beschreibt (Wind, Atem, lebendiges Wasser, Feuer, Taube, Finger Gottes, Salböl, Siegel, Freude, Gemeinschaft, Friede usw.), ist nämlich theologiegeschichtlich die Bezeichnung des Heiligen Geistes als *Gabe* (und damit zusammenhängend als *Liebe*) am wirkmächtigsten geworden. Schon im Ersten Testament erscheint ja der Geist als eschatologische Gabe, im Neuen Testament gilt er als die Gabe schlechthin (Apg 2,38; 10,45; 11,17 u. ö.) – ein Befund, dem die Häufigkeit der Verben „geben" und „empfangen" entspricht. Auch die Inhaltsbestimmung dieser Gabe ist uns schon einsichtig geworden: Mit der Gabe des Geistes schenkt Gott seine Liebe und in ihr sich selbst. Natürlich wird der Geist durch sein Gabesein nicht etwa zu einer Sache – gemeint ist ja die lebendige Selbstgegenwart Gottes in uns, die wesentlich nur als freies und frei bleibendes Geschehen gedacht werden kann. Wie aber ist das nun überhaupt möglich, daß Gott – unbeschadet seiner bleibenden Transzendenz – sich selber uns schenkt? Genau dies war die Frage, die unser Nachdenken über das heilsökonomische Faktum auf Gottes immanentes Wesen zurückgelenkt und uns zur Behauptung der Wesenseinheit des Geistes mit Gott wie seiner gleichzeitigen Unterschiedenheit von Vater und Sohn geführt hat.

Die aufgeworfene Frage ging aber nun weiter noch darauf, was dies für ein inhaltlich sinnvolles Verständnis des göttlichen Wesens selbst und seiner Einheit bedeutet. Und auf diese Frage kann die erste und nächstliegende Antwort nur lauten: Gott kann tatsächlich sich selber uns schenken, weil er selbst immer schon, eben seinem Wesen nach, *schenkbar* ist – schenkbar eben aufgrund der Unterschiedenheit des Geistes von Vater und Sohn, mit denen er wesenseins ist. Diese Wesenseinheit verbürgt es, daß Gott sich *selbst* im Geist schenken kann, während die Unterschiedenheit des Geistes von Vater und Sohn im gemeinsamen Vollzug des göttlichen Wesens es ist, was unbeschadet der Transzendenz Gottes dessen

Schenkbarkeit *nach außen*, die Möglichkeit seiner Selbstmitteilung an das Nichtgöttliche begründet: an den geschöpflichten Menschen. Schon *Augustinus* hat deshalb den Geist nicht nur als *donum*, als tatsächliche Gabe, sondern noch grundlegender auch als *donabile* (als gebbar) bezeichnet[21]: Im Geist ist Gott selbst von Ewigkeit her schenkbar. Allerdings ist dabei wieder streng zu beachten, daß aus der Möglichkeit dieser Selbstgabe keineswegs auch schon (gleichsam „von selbst“) ihre Wirklichkeit folgt, sondern umgekehrt durch die Begründung ihrer bloßen Möglichkeit in Gottes trinitarischem Wesen gerade auch Gottes Freiheit zu ihrer Verwirklichung verbürgt wird. Einen notwendigen Übergang (von der Schenkbarkeit zum Schenken des Geistes, also von der immanenten zur ökonomischen Trinität) kann es nicht geben – wird doch die Freiheit dieses Übergangs durch die absolute Unabhängigkeit des Selbstseins Gottes als Liebe gerade verbürgt. Nur wenn Gott in sich selbst schon Liebe ist (und nicht etwa durch sein Verhältnis zum Menschen erst Liebe wird), ist seine Selbstgabe als freie Teilgabe seiner Liebe und diese selbst als wahrhaft ursprüngliche und schöpferische Liebe verstehbar: als freier Grund der Schöpfung und ihrer Vollendung und als unerschöpfliche Verheißung für alle menschliche Liebe.

Für das Verständnis des Geistes innerhalb der immanenten Trinität aber folgt daraus, daß unsere erste Antwort durch eine zweite ergänzt und noch vertieft werden muß, und dies heißt nun: daß der Geist nicht nur als Grund für die Schenkbarkeit Gottes nach außen, sondern zuvor und gerade deshalb, weil diese Gottes freie Möglichkeit ist, auch als derjenige verstanden werden muß, mit dem die Liebe, die – wie wir eigentlich noch vorgreifend sagen und aufgrund des Offenbarungsinhalts auch schon gesagt haben – Gottes Wesen ausmacht, schon *in sich vollendet* ist. Es gilt also zu verstehen, inwiefern gerade durch die Zugehörigkeit des Geistes zur Gemeinschaft der Liebe, die Gottes Wesen ist, diese Liebe als wahrhaft vollkommene gelten kann; in eins damit dürfte einsichtig werden, warum diese vollkommene Liebe, die Vater und Sohn miteinander und den Geist mit beiden verbindet, in der Person des Geistes noch eine dritte hypostatische Gestalt hat. Und weil nun eben diese hypostatische Bestimmtheit, die dem Geist im erfüllten Leben des dreieinigen Gottes eignet, ja zugleich auch – wie wir schon sahen – der Grund dafür ist, daß die alle göttlichen Personen verbindende Liebe im *Geist* an andere (eben die geschöpflichen Menschen) mitteilbar ist, wäre die Verankerung der Selbstmitteilung durch den Geist

21 Aug. trin. V, 15.

als freier Möglichkeit Gottes in dessen eigenem Wesen dann tatsächlich mit einem inhaltlich sinnvollen Verständnis dieses Wesens und seiner Einheit verbunden.

Für die Ausführung dieser Aufgabe dürfte es aussichtsreich sein, an den Versuch des *Richard von St. Viktor* anzuknüpfen, das Wesen Gottes als die im höchsten Maße vollkommene Liebe zu denken, die als solche die Dreipersönlichkeit Gottes verlangt. Denn Richard sah zutreffend und klar, daß diese Vollkommenheit durch die Selbstliebe, die *Augustins* „psychologische Trinitätslehre" als wesentliches Element dem Selbstvollzug Gottes einbeschrieben und dem Hl. Geist zugeordnet hatte, der demgemäß dann mit zunehmender Strenge als subsistierende, die *processio per modum intellectus* voraussetzende liebende Rückwendung Gottes auf sich selbst begriffen werden konnte[22], doch keineswegs schon verbürgt war – eine zutreffende Kritik schon deshalb, weil in keiner Weise absehbar ist, wie in einem Verstehensmodell der göttlichen Trinität, das in der Tradition Augustins von den konstitutiven Elementen und Vollzügen des einzelnen selbstbewußten Subjekts ausgeht und an seiner internen Struktur und Selbstdifferenzierung orientiert bleibt, ein „monologisches" Gottesverständnis vermieden und überhaupt ein realer Unterschied von Personen erreicht werden könnte. Aber auch die Benennung des Geistes als das Vater und Sohn verbindende *vinculum amoris*, die Augustinus ebenfalls wie ähnlich zuvor schon *Marius Victorinus* verwendet hatte, konnte Richard nicht genügen, weil die wechselseitige Liebe von Vater und Sohn doch als solche nicht selber Person ist. Vollkommen vielmehr ist nach Richard – und auf seiner Linie weitergedacht – die als Wesen Gottes angesetzte Liebe zunächst einmal nur, wenn in Gott der (jeweils) Liebende sich selbst auf ein geliebtes Du hin überschreiten kann, um mit ihm die Fülle der Gottheit zu teilen. Zudem aber erfordert die höchste Stufe der Liebe (als *caritas*) noch darüberhinaus, daß der Liebende und Geliebte sich nicht gleichsam in einem „Egoismus zu zweit" verschließen, sondern noch einen Dritten als „Mitgeliebten" (*condilectus*) wollen, um auch mit ihm, der deshalb ebenfalls

22 Die eigentliche und wirkmächtig gewordene Systematisierung der augustinischen Trinitätslehre unternahm *Anselm von Canterbury*. Sie entfaltet und gipfelt in dem Gedanken: Der Denkende und sein Gedanke sowie die beide verbindende Liebe sind, obwohl unterschieden, *ein* Geist. Vgl. Monologion 29; 53. Ein gravierender Mangel dieses Verständnismodells liegt natürlich auch im Verlust des genuin theologischen Ansatzes der Trinitätslehre und der mit ihm einhergehenden Isolation der immanenten von der ökonomischen Trinität.

göttliche Person sein muß, die Fülle der Gottheit und überdies noch die Seligkeit ihres Miteinanderteilens zu teilen: ist doch „in der gegenseitigen Liebe [...] nichts großartiger als der Wille, daß der, den du zuhöchst liebst und der dich zuhöchst liebt, einen anderen ebenso sehr liebe. Die Probe für die vollkommene Liebe ist somit der Wunsch, daß die einem zuteil gewordene Liebe weitervermittelt werde“[23].

Natürlich können wir Richards Konzeption nicht einfach übernehmen. Zwar spricht für seinen Entwurf, daß er die neutestamentliche Wesensbestimmung Gottes als Liebe aufnehmen kann, doch wäre auf der Basis dieser johanneischen Aussage allein die Dreipersönlichkeit Gottes wohl nicht eindeutig erreichbar, geschweige denn *rationibus necessariis* demonstrierbar. Erst recht ist uns verwehrt, wie Richard vom Begriff Gottes als *summum bonum*, der den Gedanken der vollkommenen Liebe (*caritas*) einschließen soll, bereits auszugehen[24], um dann als deren Implikat die Dreipersönlichkeit Gottes auszuweisen. Denn philosophisch können wir – wie es im Ersten Teil geschehen ist – nur die Möglichkeit und mit ihr die Minimalbestimmung Gottes als von Welt und Mensch verschiedener und überdies zur Schöpfung und ihr gegenüber freier Wirklichkeit aufzeigen. Was wir aber tatsächlich von Gott wissen können, beruht dann darauf, daß wir das, was Gott selbst uns durch sein Handeln von sich zu erkennen gibt, mit jener Minimalbestimmung, die dabei aussagenlogisch als Gegenstand der durch geschichtliche Erfahrung begründeten Prädikationen fungiert, verbinden und dadurch näher bestimmen. Berechtigt ist dieses Verfahren, weil Gott seine Liebe zu uns geoffenbart hat und wir deshalb auf die Wirksamkeit seines so entschiedenen Willens in all seinem Tun vertrauen dürfen. Und vollends bestätigt wird dieses Vertrauen, wenn wir auf diesem Weg sogar bis zur Einsicht der vollkommenen Liebe als des *Wesens* Gottes gelangen und wir deshalb voraussetzen dürfen, daß Gott in seinem Handeln *ad extra* sich selber entspricht und in diesem Sinn „sein [...] Wesen bethätigt“[25].

Dies ist nun freilich ein anderer Weg als der von Richard gewählte. Denn nur, weil unser Nachdenken über Gottes heilsökonomisches Handeln bis zur Einsicht in die interne Bestimmtheit seines Wesens durch die Bezie-

---

23 *Richard von St. Viktor*, De Trin. III, 11.

24 Vgl. a. a. O. III, 2.

25 *H. Cremer*, Die christliche Lehre von den Eigenschaften Gottes (1897), Gütersloh (unveränderter Nachdruck) 1983, 19.

hungen von Vater, Sohn und Geist bereits gelangt ist, können wir auf mitvollziehbar-überzeugende Weise den neutestamentlich ohnehin nahegelegten Begriff „Liebe“ dann als inhaltlich gefüllten Inbegriff dieser Beziehungen aufnehmen und als Begriff für das (zuvor nur formal und strukturell gekennzeichnete) göttliche Wesen in seiner Einheit und inhaltlichen Bestimmtheit verwenden. Mit den Überlegungen Richards aber ließe sich dann einsichtig oder doch wenigstens plausibel machen, warum Gottes Dreipersönlichkeit und sein konkretes Wesen als vollkommene Liebe tatsächlich einander entsprechen und fordern. Allerdings ist dabei streng darauf zu achten, daß Gottes Wesen nicht als sukzessiv generiertes erscheint, sondern Gott ebenso ursprünglich als dreipersonal wie wesentlich als Liebe gedacht wird[26] – auch wenn unsere Vernunft mit der Frage, wie die Liebe Gottes Wesen *und* durch die Freiheit der göttlichen Personen vermittelt sein könne, an die Schwelle des Geheimnisses Gottes und den Abgrund der eigenen Möglichkeiten gelangt.

Indessen sollten dies doch nur Andeutungen sein, eine ausgeführte Trinitätslehre war ja nicht unsere Absicht. Wenn der skizzierte Verstehensversuch jedoch tatsächlich gelänge, wäre auf überzeugend sinnvolle und inhaltlich befriedigende Weise in Gottes immanentem Wesen begründet, was wir über das ökonomische Wirken des Geistes festgestellt haben: daß nämlich seine spezifische Aufgabe letztlich darin besteht, die Gläubigen dem Sohnesverhältnis Jesu zum Vater gleich zu gestalten und das heißt doch: sie in die Gemeinschaft der Liebe einzubeziehen, die alle göttlichen Personen miteinander verbindet. Und erst dann wäre diese Einbeziehung, die mit Gottes Selbstmitteilung an uns in eins fällt, auch als wahrhaft *freies* Geschehen verständlich, das zu Recht *Gnade* genannt werden kann.

26 Als ursprünglich dreipersonal, weil sonst – wie etwa in der Auffassung der Kappadokier vom Vater als Quelle der Gottheit – ein latenter Subordinatianismus nicht überwindbar wäre; und als wesenhaft Liebe, weil diese sonst als nachträgliche Verbindung der schon konstituierten Personen erschiene und der Tritheismus kaum noch vermeidbar wäre. Übrigens ließe sich auch noch, wenn man auf die Ursprungsrelationen für die Bestimmung der Eigentümlichkeiten der trinitarischen Personen verzichtet, die an ihren verschiedenen heilsökonomischen „Rollen“ erkennbare jeweilige Stellung in Gottes innerem Leben begründen. Die Monarchie des Vaters wäre dann nicht die Voraussetzung, sondern das Ergebnis des freien Zusammenwirkens der drei Personen und als solches das „Siegel ihrer Einheit“. Vgl. *W. Pannenberg*, Systematische Theologie 1 (Anm. 1), 352ff.

4. Die eschatologische Gnade ist die ökonomische Trinität

Die Hauptabsicht dieses Kapitels ist mit den beiden vorigen Abschnitten eigentlich schon erreicht: Wir haben mit der Einsicht in die Gottheit Jesu wie des Geistes den Inhalt des eschatologischen Gnadengeschehens im Sinne der Selbstmitteilung Gottes vollständig bestimmt und zugleich mit der Begründung seiner Möglichkeit in der immanenten Trinität auch seine Freiheit, seine Gnadenhaftigkeit verbürgt gefunden. Bleibt freilich noch die Aufgabe, das Verhältnis der christologischen und der pneumatologischen Dimension der Selbstmitteilung Gottes genauer zu beleuchten. Zwei Fragen können uns dabei leiten. Die erste lautet: Inwiefern bringt (wie ich vorgreifend behauptet habe) das Wirken des Geistes die Selbstoffenbarung Gottes in der Geschichte Jesu in einer Weise zum Ziel, die ohne die Gottheit des Geistes nicht als möglich gedacht werden könnte? Daran schließt sich die zweite Frage: Inwiefern sind der christologische und der pneumatologische Aspekt der Selbstmitteilung Gottes aufeinander verwiesen und was ergibt sich daraus für den vollständigen Begriff der eschatologischen Gnade? Bei unseren Überlegungen wird sich zugleich mit der Struktur des eschatologischen Gnadenhandelns Gottes auch schon die Struktur für den Empfang der Gnade abzeichnen und damit der Übergang zu den noch folgenden Kapiteln geschaffen, die dem *Menschen* im Geschehen der Gnade gewidmet sein sollen.

Gottes eschatologische Gnade als Zusammenkunft seiner definitiven Selbstbestimmung für uns in Jesus Christus und seiner wirksamen Selbstgegenwart im Geist

Ich denke, daß die Antwort auf die erste Frage, sofern sie Bisheriges nur zusammenfaßt, unmittelbar einleuchten wird: Im Heiligen Geist wird das durch und an Jesus Christus zum Heil der Menschen Geschehene in den Glaubenden vergegenwärtigt und ihnen zugeeignet. Dies ist zunächst einmal in dem Sinn zu verstehen, daß der Geist uns befähigt, Gottes Selbstoffenbarung in der Geschichte Jesu zu erkennen und anzuerkennen, daß er (mit genaueren Worten) in uns die subjektive Möglichkeit dafür weckt, aufruft oder auch freisetzt, daß diese Offenbarung tatsächlich bei uns ankommen, von uns selbst angeeignet werden kann. Allerdings würde dieser Aspekt seines Wirkens überdehnt und unerträglich verzeichnet, wenn man dem Geist auch noch das Moment der Zustimmung zuschreiben wollte, das wesentlich zum Glauben gehört und das doch der ursprüngliche und deshalb unvertretbare Akt unserer Freiheit ist. Das Ja des Glaubens, durch das er zum je eigenen wird, ist das einzige, was kein anderer für uns zu leisten vermag: weder Gott noch ein Mensch. Würde auch noch dieser ureigenste menschliche Akt durch das Wirken des Geistes ersetzt, dann verlöre der Gedanke der Offenbarung selbst jeden Sinn – eben weil dann der Mensch als freier Partner Gottes und Adressat seiner Offenbarung buchstäblich ausgeschaltet wäre. Nicht weniger entschieden ist daran festzuhalten, daß schon in der geschöpflichen Freiheit des Menschen auch der letzte Grund seiner Empfänglichkeit und Ansprechbarkeit für Gottes Liebe und Selbstoffenbarung gesucht werden muß – eben weil sonst nicht einsehbar wäre, warum diese Offenbarung uns überhaupt etwas angehen, geschweige denn, warum sie uns unbedingt angehen, uns letztgültigen Sinn eröffnen sollte. Beide Klarstellungen schließen indessen nicht aus, daß diese Empfänglichkeit unserer Freiheit sehr wohl durch das, was sie erfüllen kann und ihr als solches nahekommt, erst aktualisiert wird, vielleicht sogar aktualisiert werden muß und daß ihre tatsächliche Zustimmung (unbeschadet ihrer eigenen Ursprünglichkeit und formalen Unbedingtheit) von Vorgaben lebt, die aus ihr selber oder auch allein von anderen Menschen nicht stammen. Beides gilt noch weit stärker, wenn man in Betracht zieht, wie sehr wir ständig in unserer Freiheit Gefährdete sind, wenn nicht faktisch sogar in sündiger Selbstverschlossenheit existieren und ihre Macht uns gefangenhält. Und in diesem Sinn ist nun in der Tat einzusehen und mit Nachdruck zu unterstreichen, was in Schrift und Tradition über die Rolle des Geistes für die Konstitution des Glaubens gesagt wird: daß er nämlich unsere Verschlossenheit öffnet, aus der Dunkelheit uns herausholt, uns für Gottes in Jesus gesagte Wahrheit zugänglich und bereit macht, ihre Wahrnehmung leitet, uns ihrer gewiß werden läßt und ihre Annahme trägt. Er ist, so möchte ich erläutern, gleichsam die unverfügbare Vorgabe für das Vertrauen an der Wurzel unserer Glaubensentscheidung, die Ermutigung zum Wagnis der Bejahung, die Bekräftigung auch der entschiedenen Treue, unser Halt über Zweifel und Abgründe hin und dann auch die Helle, in der wir Jesu Christi von Gott her begegnende Wahrheit als Erfüllung unserer wesentlichen Bestimmung erblicken und in eins mit ihr zu uns selbst finden können. Ja, wir müssen sogar noch weitergehen und genauer formulieren. Denn der Geist ist dies ja alles und kann die reale subjektive Möglichkeit zur Aneignung der Selbstoffenbarung Gottes in Jesus Christus nur deshalb in uns erwirken und ihre Annahme tragen, weil er seinerseits Gottes wirksame Selbstpräsenz in uns ist: aktuelle Gegenwart Gottes also in derselben göttlichen Liebe, die in der Geschichte Jesu ihre reale Gestalt und ihren sprechenden Ausdruck für uns fand, aber nun im Geist uns zugeeignet und in ihr Gott selbst unserem Innersten nahe, uns zwar nicht innerlicher als wir uns selbst – bleibt er *in* uns doch uns *gegenüber* und wirkt nicht anders, als eben Liebe es tut! –, aber doch innerlicher als alles andere, was uns innerlich und nahe sein kann. Und dabei so wirksam, vielleicht auch so spürbar, so stärkend, erfreuend und tröstend uns nahe, daß er selbst uns seiner gewiß macht, uns auf sich hin zieht und für sich gewinnt, die Befangenheit in uns löst, unser Zögern und Sträuben überwindet, die Grundrichtung unseres Wollens verändert, unser Sinnen verwandelt und deshalb seine Gnade bei Paulus und Johannes geradezu als das Prinzip erscheinen kann, aus dem die Äußerungen des neuen Lebens hervorgehen und ihre Kraft gewinnen: Gottes in unser Herz geschriebener Wille, so daß aus eigenem Antrieb wir selber ihn wollen, und als Wille seiner Liebe zugleich Befreiung aus dem Bann endlicher Mächte und Ermächtigung zu einem Handeln, das in der Bindung an das „Gesetz der Freiheit" (wie *Thomas von Aquin* diesen Gehorsam gegen den Geist der Liebe nannte) seine schöpferischen Möglichkeiten entfaltet. Natürlich wird bei alledem die Zustimmung der Freiheit nicht entbehrlich, aber das Entscheidende, was sie zu tun hat, besteht zuerst und letztlich doch darin, daß sie Gottes im Geist gegenwärtige Liebe annimmt, sich selbst in ihr gründet und sie durch sich zur Wirkung kommen läßt.

Inwiefern das Wirken des Geistes die geschichtliche Selbstoffenbarung Gottes zum Ziel bringt, dürfte durch das Gesagte, hoffe ich, deutlich geworden sein. Doch haben wir damit auch die Stelle erreicht, an der ich zwei naheliegende Bedenken nicht mehr verschweigen kann – Bedenken, die von entgegengesetzten Enden her auf denselben Punkt zielen und deren Beachtung uns nun zur Klärung der zweiten Leitfrage führen kann. Auf der einen Seite nämlich könnte, wer die emphatische Rede von Gottes wirksamer Selbstgegenwart in uns durch seinen Geist als zu weitgehend empfindet, für seine skeptische Reserve durchaus auch theologische Argumente anführen. Reicht es denn, könnte er einwenden, für den vollen Begriff der Selbstoffenbarung und auch Selbstmitteilung Gottes nicht aus, daß seine unbedingt für die Menschen entschiedene Liebe in Jesu Geschichte sich realisierte und so in eins wirklich und wahr für uns wurde? Gilt denn nicht (wie wir herausgearbeitet haben), daß Gott schon in ihr sich selbst offenbarte? Wozu also noch seine Selbstmitteilung im Geist? Läuft sie nicht auf eine entbehrliche Zutat, eine überflüssige Verdoppelung hinaus, zumal sie, inhaltlich betrachtet, auch gar nichts Neues mehr bringt? Und muß es außerdem nicht zu denken geben, daß die Evangelien für die Zeit vor Ostern allein Jesus als Geistträger darstellen? Wie aber steht es dann mit dem Glauben bei denen, die sich schon damals (vor Ostern) auf Jesu Verkündigung einließen? Geht es also auch ohne den Geist?

Ich will es, um mit dem letzten Argument zu beginnen, jetzt einmal dahingestellt sein lassen, ob der zumindest anfängliche Glaube, den Jesus bei einigen seiner unmittelbaren Augen- und Ohrenzeugen fand, tatsächlich vollziehbar gewesen wäre *ohne* das Wirken des Geistes, der sie zur Wahrnehmung der Nähe Gottes in Jesus befähigte und ihre Zustimmung zu ihm trug. Denn unberührt von dieser Frage bleibt ja, daß zumindest im Verhältnis zu denen, die mit ihm gleichzeitig waren und ihm direkt (gleichsam „face to face“) gegenüberstanden und von denen einige überdies zu unmittelbaren Zeugen der ihnen begegnenden Offenbarung des auferweckten Gekreuzigten wurden, Jesus selbst die aktuelle Gegenwart Gottes war. Insofern ließe sich durchaus die Auffassung vertreten, daß es, wenn überhaupt, so doch nur für die Wahrnehmung und Bejahung des in Jesus anwesenden Gottes der Wirksamkeit des Geistes bedurfte. Wie aber nun, wenn man – entgegen dem einhelligen neutestamentlichen Zeugnis – auch für die *Späteren* mit der Mitteilung des Geistes nicht rechnet? Die Antwort ist klar und sie hat weitreichende Folgen. Denn abgesehen wiederum von der Frage, wie es dann mit der subjektiven Möglichkeit zu glauben bestellt sei – noch schwerwiegender wäre die auf jeden Fall unabweisbare Konsequenz, daß Gottes Mitteilung seiner Liebe und in ihr seiner selbst für sie, die später Geborenen und zum Glauben Gekommenen, nur noch als ein Ereignis der Vergangenheit gelten, nur noch als vorübergegangenes, vorerst beendetes Geschehen verstanden und angenommen werden könnte: als ein Ereignis der Vergangenheit, das zwar erinnert und insofern auch vergegenwärtigt werden könnte, vergegenwärtigt durchaus auch als ein Ereignis mit Gegenwartsrelevanz, einer zukunftseröffnenden Perspektive und einem noch unausgeschöpften Hoffnungspotential, sofern ja auch die Endgültigkeit von Gottes Liebe, ihre an Jesus erwiesene Treue und ihre in seiner Auferweckung schon angebrochene und allen zugedachte Verheißung erinnert werden dürften. Mag auch sein, daß die Überlieferung und Praxis des Glaubens daraus Mut schöpfen und ihrerseits hoffnungstiftend sein könnten – es wäre dennoch so, daß dieser Überlieferungsprozeß in der langen Zeit zwischen Gottes Selbstvergegenwärtigung in Jesu Geschichte und der Wiederkunft Jesu Christi ein *nur* menschliches Geschehen sein würde. Von einer wirklich aktuellen Präsenz der endgültigen Liebe Gottes und in ihr seiner selbst könnte auf diesem Wege jedenfalls nicht die Rede sein. Für zentrale Themen der Theologie hätte dies schwerwiegende Folgen. Gottes Gnade wäre nicht mehr als Aktualität seiner Selbstmitteilung verstehbar, die Sakramentenlehre verlöre ihre sachliche Basis, das Verständnis des gläubigen Handelns überhaupt würde ausgehöhlt und entleert. Denn es wäre dann nicht mehr im vollen, d. h. auch im theologischen Sinne als „darstellendes Handeln" verstehbar, also nicht mehr als das Handeln, in dem die empfangene, im Geist gegenwärtige und darum stets von neuem empfangene Liebe Gottes *selbst* den realen tragenden Grund und deshalb auch den eigentlich intendierten Gehalt des Zeugnisses bilden würde, das der Mensch durch sein frei in sie einstimmendes, ihr entsprechendes und aus ihr lebendes Tun seiner eigenen, symbolisch sich realisierenden und dabei auf ihren Grund verweisenden Liebe abgeben könnte, so daß dies derart praktisch Bezeugte von Menschen für Menschen vermittelt und „weitergegeben" würde. Sondern verstehbar wäre gläubiges Handeln bestenfalls noch als ein zwar durch Erinnerung geleitetes und durch Erwartung stimuliertes, aber letztlich doch *nur menschliches* Handeln. Denn es entbehrte, um *Lessing* zu zitieren und abzuwandeln, eben der Geist*gegenwart* Gottes und ihrer Kraft. Die „Schüler zweiter Hand", wie *Kierkegaard* sie nannte[27], wären zumindest insofern gegenüber den unmittelbaren Zeitgenossen Jesu im Nachteil, als sie von Gottes bloß noch berichteter Selbstzuwendung leben und ohne die Präsenz seiner Liebe auskommen müßten. Ich kann und will nicht entscheiden, wie weit solche Praxis zu tragen vermöchte und ihrem geschichtlichen Urbild gemäß sich durchhalten ließe; auf jeden Fall liegt es mir fern, geringschätzig von ihr zu sprechen. Aber eindeutig dürfte doch sein, daß sie etwas anderes wäre als das, was die christliche Überlieferung (seit Paulus und Johannes) als gläubiges Handeln beschreibt.

Nachdem dies nun festgestellt ist und je nachdrücklicher es festgestellt wird, desto stärker kann sich dann freilich das angekündigte zweite, umgekehrt ansetzende Bedenken aufdrängen. Wird denn, so könnte man jetzt

---

27 *S. Kierkegaard*, Philosophische Brocken (GTB 607), Gütersloh ^{2}1985, 85–107. *Emanuel Hirsch* übersetzt zwar „Jünger zweiter Hand", doch ist die zitierte Fassung geläufiger.

argumentieren, wenn doch auch im Geist Gottes Liebe und mit ihr Gott selbst in uns gegenwärtig und wirksam ist, dadurch im Grunde nicht seine Selbstoffenbarung in der Geschichte Jesu entbehrlich? Daß dieser Einwand mehr als eine theoretische Spielerei ist, wird hinreichend genug durch die periodisch in der Kirchengeschichte wiederkehrenden, aber auch noch in den säkularen Geschichtsphilosophien der Neuzeit nachwirkenden Versuche illustriert, die noch andauerende Epoche der Geschichte, sofern sie durch die verbindliche Orientierung an Jesus Christus bestimmt ist, durch die Proklamation eines dritten Zeitalters, eben das Zeitalter des Geistes, abzulösen, das durch freie Gottunmittelbarkeit der Menschen geprägt sein soll und so die Geschichte vollendet. Gegen derartige Tendenzen wäre natürlich geltend zu machen, daß nach Paulus die im Geist vollzogene Gottunmittelbarkeit der Glaubenden nicht nur faktisch durch das Christusgeschehen vermittelt ist, sondern wesentlich auf Gottes Handeln in ihm auch bezogen *bleibt*, ja durch diese Erinnerung geradezu konstituiert ist. Daß der Glaube vom Hören kommt, vom Hören der Botschaft, die im Christusgeschehen gründet, steht für ihn außer Frage (Röm 10,17). Und wie entschieden Johannes das Wirken des Geistes an Jesus als den eschatologischen Offenbarer gebunden sieht, in dessen volle Wahrheit er, an sie erinnernd und sie vergegenwärtigend, einführt – das brauche ich ebenfalls nicht zu wiederholen.

Aber warum eigentlich, könnte man insistieren, *bedarf* es denn dieser Erinnerung? Ich denke, die Antwort auf diese, die eigentlich systematische Frage wird schlagartig klar, wenn wir ein kurzes Gedankenexperiment anstellen. Nehmen wir einmal an, Gott selbst sei durch seinen Geist in uns Menschen zwar unmittelbar gegenwärtig, aber sein Handeln in der Geschichte Israels und Jesu Christi entfiele, wäre niemals geschehen. Ich bezweifle (und damit nehme ich jetzt das in der Paulus-Darstellung schon Angesprochene auf[28]), ich bezweifle, daß in diesem Fall Gottes Liebe in derselben Bestimmtheit und Endgültigkeit offenbar werden könnte, die sie durch ihre Realisierung in der Geschichte Jesu für uns gewann. Und dies nicht nur deshalb, weil allen bloß inneren Gotteserfahrungen eine letzte Zweideutigkeit anhaftet, ob es sich nun tatsächlich um ein Ergriffensein durch die Wirklichkeit Gottes oder doch nur um die Erfahrung des menschlichen Geistes von seiner eigenen Unendlichkeit oder auch Abgründigkeit und womöglich sogar nur um die selbstsuggestive Projektion seiner

---

28 S. o. Kap. 13.3 bei Anm. 99–102.

letzten Sinnbedürftigkeit handelt, sondern vor allem auch deshalb, weil selbst dann, wenn es sich um eine authentische Gotteserfahrung handelt, ihrer Gewißheit doch immer noch die bestimmte äußere Bewahrheitung mangelt und es deshalb auf diesem Weg auch niemals – jedenfalls für uns nicht – zur Entscheidung über Gottes definitives Verhältnis zum Menschen kommen kann. Wie auch sollte uns denn auf nur innere Weise gewiß werden können, daß Gott in seiner Freiheit uns tatsächlich liebt – nicht nur so irgendwie, sondern entschieden, unbedingt, endgültig liebt, eben definitiv? Reicht dazu schon ein noch so intensives, aber doch stets auch unbestimmtes Gefühl? Was eigentlich meine und weiß ich denn in solchen Gefühlen? Und sind sie, auf sich allein gestellt, nicht ungeheuer flüchtig und ihre Gewißheit nur gültig, solange sie eben dauern? Und danach die Reflexion wieder sich selbst überlassen, vom Absturz ins Leere bedroht?

Also bleibe ich dabei, was ich im 2. Abschnitt ausgeführt habe: Jede Liebe, da sie wesentlich frei ist, kann für den, dem sie gilt, zur deutlichen und gewissen Wahrheit nur werden, indem sie (aus Freiheit) *geschieht* – und eben dies hieß ja auch, sofern es Menschen sind, denen sie gilt: indem sie auf reale Weise *sich äußert*. Anders kann ihre Intention nicht Bestimmtheit gewinnen als dadurch, daß sie – der symbolischen Konstitution der menschlichen Freiheit und ihrer Wahrnehmung entsprechend – symbolisch sich realisiert. Daß auch Gott, um seine tiefste Gesinnung für uns zu erschließen, an dieses Gesetz der Symbolizität jeder sich offenbarenden Liebe gebunden war, habe ich genügend deutlich gemacht, aber zugleich auch zu begründen versucht, daß Jesu Geschichte – d. h. seine aktuelle und explizite Inanspruchnahme von Gottes zuvorkommender Liebe für sein eigenes, ihr bis zum Äußersten entsprechendes Handeln und dann der Treueerweis dieser Liebe selbst an ihm, ihrem ursprünglichen und getöteten Zeugen – tatsächlich als sprechende Realgestalt für Gottes endgültigen Willen, d. h. als angemessener, weil innergeschichtlich nicht mehr überbietbarer Ausdruck für die Unbedingtheit seiner Liebe gelten darf: als *id quo nil majus fieri potest*, wie *Schelling* im Blick auf dieses Geschehen formulierte[29]. In der Tat war es nicht mehr oder weniger beliebig, daß Gott diesen Weg wählte, sondern seiner Absicht, seine Entschiedenheit für uns zu erkennen zu geben, vielmehr so gemäß, daß wir uns einen anderen, der zum selben Ziel führte, nicht einmal ausdenken können. Allerdings wird die in Jesu Geschichte ereignete Liebe uns zugeeignet im Geist, aber

29 *F. W. J. Schelling*, Philosophie der Offenbarung II, Darmstadt 1966, 169.

es wird dadurch die reale Gestalt, durch die sie sich für uns bestimmte, doch keineswegs überholt und entbehrlich. Denn ohne sie bliebe Gottes Selbstgegenwart durch den Geist (sofern sie denn überhaupt geschähe) für uns anonym, die Nähe seiner Liebe vieldeutig, ihre Intention dunkel, das von ihr gewirkte Vertrauen ohne reale, endgültige Verheißung und ihre Gewißheit, angesichts der widersprechenden Realität, vorübergehend, anhaltlos und zerbrechlich.

Der vollständige Begriff der eschatologischen Gnade (Selbstoffenbarung Gottes) und sich anschließende Perspektiven

Mit der Einsicht, daß beide Weisen der geschichtlichen Selbstgegenwart Gottes, nämlich seine bestimmte Selbstoffenbarung in der Geschichte Jesu und seine Selbstmitteilung im Geist, nicht gegeneinander ausgespielt werden können, sondern aufeinander verweisen und unlösbar einander bedürfen, ist nun unsere Leitfrage nach dem vollen Verständnis des eschatologischen Gnadengeschehens geklärt: Gottes geschichtliche Selbstmitteilung, die Gegenwart seiner Liebe und in ihr seiner selbst, umfaßt sowohl die Sendung des Sohnes als auch das Geschenk seines Geistes – und zwar so, daß sie tatsächlich erst durch beide vollständig ist und ihr Ziel, die geschichtlich existierenden Menschen, Gottes ebenbildlichen Geschöpfe und seit jeher Erwählten, erkennbar und wirksam erreicht. Denn in Jesu Geschichte gewinnt sie ihre reale, endgültige Bestimmtheit, durch den Geist ihre bleibende Gegenwart. In Jesus Christus begegnet Gott selbst uns Menschen als Mitmensch, durch den Geist kommt er selbst, der Vater in der Gemeinschaft des Sohnes, in steter Aktualität bei uns an und nimmt Wohnung in uns. Dieselbe Liebe, die durch Gottes Handeln in und an Jesus im Raum unserer konkreten Geschichte so realistisch und rückhaltlos wie nur denkbar vollzogen und deshalb als gültig ein für allemal vollbracht ist, eignet er im Geschenk seines Geistes uns zu und verschafft ihr universale Präsenz, so wie umgekehrt ihre Gegenwart, wo immer sie sich ereignet, allein durch die Erinnerung an das Christusgeschehen als eschatologisch gültige erfahren und bewußt werden kann. Gottes Gegenwart in seiner Liebe geschieht somit im Modus *vermittelter Unmittelbarkeit* – jedenfalls hat und behält sie für uns nur so ihre eschatologische Dignität. Die eschatologische Gnade, Gottes geschichtliche Selbstmitteilung im Geschenk seiner Liebe, geschieht als *äußere* und *innere* Gnade zugleich. Entsprechend gilt für den Glauben und den Menschen als Empfänger der Gnade: Dieselbe Liebe, die er aufgrund ihrer realen Äußerung in Jesu Geschichte als bestimmte und für ihn gültige Wahrheit erkennt, wird durch ihre Zueignung im Geist zum tragenden Grund seiner Vollzüge und aufgrund ihrer aktuellen Präsenz zum eigentlichen Gehalt des Zeugnisses in seinem sie darstellenden Handeln. Und so wie er im Geist die *Freiheit* der Liebe gewinnt, behält diese doch an Jesus ihre verbindliche *Orientierung* und bewahrt in der Erinnerung an ihn zugleich den Horizont ihrer *Verheißung* (Denn auch Gottes in unsere Herzen ausgegossene Liebe, auch wenn uns nichts mehr von ihr zu trennen vermag, ist doch noch nicht ihre Vollendung, sondern erst „Angeld", nur erst Versprechen ihrer Vollendung). Kurz: Gottes geschichtliche Selbstmitteilung in seiner Liebe, auf die sein heilsökonomisches Wirken zentriert ist und mit der es in sein eschatologisches Stadium eintritt, hat eine wesentlich *trinitarische* Struktur – ja: Gottes eschatologische Gnade *ist* die ökonomische Trinität. Denn als freie Mitteilung seiner selbst in seiner Liebe impliziert sie die Gottheit des Sohnes wie des Geistes (als der Medien seiner Selbstvermittlung in die Geschichte) und hat deshalb in Gottes eigenem trinitarischen Leben nicht nur ihre Ermöglichung und Begründung, sondern in der freien Teilgabe dieses Lebens an die geschöpflichen Menschen auch ihren eigentlichen Gehalt und ihr Ziel: in ihrer Gleichgestaltung mit Jesu Sohnesverhältnis zum Vater und ihrer Einbeziehung in die Gemeinschaft der ursprünglichen Liebe, als die der einzige Gott selbst von Ewigkeit her existiert.

Nimmt man die beschriebene Zuordnung der christologisch und der pneumatologisch explizierten Dimension des eschatologischen Gnadengeschehens ernst, dann ergeben sich überaus fruchtbare Perspektiven für weitere theologische Themen und Diskussionen, von denen ich zwei exemplarisch noch ansprechen möchte. Eine solche Perspektive eröffnet sich insbesondere dann, wenn man – in Übereinstimmung mit dem Johannes-Wort, daß „der Wind weht, wo er will" (3,8), oder auch mit der Annahme des Paulus im Römerbrief von einer ursprünglichen Selbstkundgabe Gottes an alle Menschen (1,9) – mit der Selbstgegenwart Gottes durch seinen Geist auch bei den Menschen außerhalb der biblisch-christlichen Überlieferung rechnet. Für seine universale Präsenz sprechen zwingende theologische Gründe, allen voran der biblisch bezeugte allgemeine Heilswille Gottes (1 Tim 2,4). Philosophisch dagegen wäre eine solche Annahme natürlich nicht zu beweisen, allerdings auch nicht auszuschließen, sondern in einem gewissen Maß sogar plausibel zu machen. Denn warum sollte der Mensch, so wie schon sein aktueller Freiheitsvollzug unbeschadet seiner Ursprünglichkeit durch die Begegnung anderer Menschen und das Angesprochenwerden durch sie bedingt und vermittelt (wenn auch keineswegs verursacht) ist, nicht ebenso anfänglich (wenn auch noch in unbestimmt-anonymer Weise) durch den Anruf der Nähe *Gottes* berührt und von ihr auch getragen sein?[30] Wie eigentlich will man sich sonst erklären, daß immer wieder Menschen in den Erfahrungen und Begegnungen ihres Lebens nicht nur und offenbar aus eigenem inneren Antrieb von der Suche nach Gott oder, wenn sie diesen Namen nicht verwenden, doch nach dem, was sie unbedingt und mit Endgültigkeit angeht, bewegt sind, sondern daß sie vor allem auch und oft mit einer Selbstverständlichkeit, über die man im Grunde nur staunen kann, in ihrer Alltagspraxis tatsächlich von einem Sinnvertrauen zehren und manchmal in ihrem Selbsteinsatz sogar eine Sinnhoffnung riskieren, die sie selbst, wenn man sie fragen würde, nicht einmal zu benennen, geschweige denn zu begründen wüßten und die von Menschen auch nicht zu begründen wäre, da sie die Reichweite ihrer eigenen Möglichkeiten eindeutig übersteigt.

Vor allem aber könnte durch die Annahme, daß Gott selbst durch seinen Geist auch zu sich selbst hin bewegt, die *Religionsgeschichte* der Menschheit theologisch gewürdigt, allerdings zugleich in ihrer Gefährdung und Zweideutigkeit verstanden werden; denn sie wäre dann nicht nur das Werk des von sich aus nach Gott ausgreifenden Menschen, sondern immer auch schon menschliche Antwort auf das Wirken des göttlichen Geistes, auf Gottes unmittelbare Selbstbekundung in ihnen. Überdies würde verständlich, daß Menschen aller Zeiten, um realen Anhalt und bestimmte Orientierung für ihr religiöses Vertrauen zu finden, in den Ereignissen der Welt und Geschichte auch nach äußeren Bekundungen der göttlichen Wirklichkeit Ausschau halten und bereit sind, sie in signifikanten Geschehnissen auch tatsächlich wahrzunehmen. Den Offenbarungscharakter solcher Geschehnisse prinzipiell zu bestreiten, besteht theologisch und übrigens auch philosophisch – sofern man die Möglichkeit eines geschichtlichen Handelns Gottes nicht a priori ausschließt[31] – kein Grund. Im Gegenteil: Nicht nur pneumatologisch, sondern wenigstens zum Teil auch als reale Offenba-

---

30 Ich nehme hier die Vermutung wieder auf, die ich schon am Ende des 4. Kapitels im Anschluß an *J. Heinrichs* erwogen habe.

31 Vgl. dazu *Th. Pröpper*, Thesen zum Wunderverständnis: *ders.*, Evangelium (Anm. 1), 225–244.

rungsgeschichte (Unterscheidungen sind im einzelnen natürlich nötig) könnte die Religionsgeschichte gewürdigt werden. Was die Christen jedoch, ohne die authentischen Erfahrungen der Religionen zu diskreditieren, ihnen schulden, ist das Zeugnis für den Gott Israels, dessen für alle Menschen entschiedene Liebe in der Geschichte Jesu ihre unüberbietbare Gestalt fand – und dies bedeutet eben: daß der durch seinen Geist allen Menschen schon gegenwärtige Gott sich selbst in diesem besonderen Geschehen auch definitiv für *sie* bestimmt hat und eben dadurch nun auch alle gültige Wahrheit der Religionen endgültig *zu bestimmen* ist[32], wobei der Geist, der Gott schon vergegenwärtigte und zu ihm bewegte, dann fortan zugleich als der Geist wirkt, der an Jesus Christus erinnert und in die Fülle seiner Wahrheit dadurch einführt, daß er sie mit aller menschlichen und religiösen Wahrheit vermittelt und sie so dem Reichtum ihrer Bedeutung zuführt …

Natürlich, ich gestehe das ohne Zögern, wäre eine solche pneumatologisch fundierte Theologie der Religionen immer noch inklusivistisch. Aber ich sehe nicht, wie Christen den Inklusivismus zugunsten eines religionstheologischen Pluralismus aufgeben könnten, ohne die Substanz ihres Glaubens zu verraten. Sie würden dann auch das Evangelium verraten, das ihnen für alle anvertraut ist, und mit ihm die Verheißung, die allen zugedacht ist. Der interreligiösen Begegnung wird m. E. nicht damit gedient, daß man die Wahrheits-, Geltungs- und Bedeutungsfragen eliminiert. Entscheidend ist vielmehr, daß der Dialog vom universal gültigen ethischen Prinzip der unbedingten Anerkennung jedes Menschen geleitet ist – so wie es m. E. auch inhaltlich weiterführen könnte, wenn anthropologisch-philosophische Argumente überhaupt eine größere Rolle spielen würden, als dies – so weit ich sehe – bisher noch der Fall ist. Entscheidend für die Dialogfähigkeit der Christen ist überdies, daß sie allein auf die menschliche Überzeugungskraft ihrer Wahrheit setzen und ihren Anspruch auf Geltung ausschließlich mit Mitteln vertreten, die dem Inhalt dieser Wahrheit gemäß sind und sie nicht diskreditieren: auf dem Weg und mit den Mitteln der Liebe also, die als erstes die unbedingte Achtung der anderen Freiheit verlangt und sie als letzte Urteilsinstanz über die für sie gültige Wahrheit nicht nur freiläßt und respektiert, sondern auch fördert und stärkt. Allerdings – dies füge ich etwas böse hinzu – wird für die Mühen solcher Glaubensvermittlung natürlich nur bereit sein, wer den christlichen Glauben wenig-

32 Zum Verständnis der Verbindung der offenbarungsbegründeten Wahrheit mit aller sonst zugänglichen Wahrheit als Bestimmungsverhältnis s. o. Kap. 2 bei Anm. 28–29.

stens für wert hält, überhaupt noch vertreten zu werden. Und dies wiederum setzt voraus, daß er sich von seiner menschlichen Bedeutung überzeugt, sie also bedacht und in den Erfahrungen des Lebens durchbuchstabiert und dann und in eben dem Maß, wie er dies versucht hat, sie auch, da bin ich zuversichtlich, bewährt gefunden hat.

Übrigens legt es sich an der Stelle, die wir erreicht haben, auch nahe, einen Brückenschlag zum Offenbarungsverständnis *Karl Rahners* zu versuchen. Doch muß ich mich jetzt auf den springenden Punkt konzentrieren. Was ich unter dem Titel „Selbstgegenwart Gottes im Geist" ausgeführt habe, entspricht ja fast deckungsgleich dem, was von Rahner als „übernatürliches Existential" und „transzendentale Offenbarung" bezeichnet, als die allen Menschen schon „immer eingestiftete Selbstmitteilung Gottes übernatürlicher Art" näher beschrieben wird (B 14) und zum thematischen Zentrum seiner gesamten Theologie geworden ist[33]. Und natürlich ist mir auch sympathisch, daß Rahner die Angewiesenheit dieser transzendentalen Offenbarung, damit sie nämlich in der für die volle Glaubensentscheidung erforderlichen Weise thematisch werden könne, auf die Geschichte der sogenannten „kategorialen Offenbarung" (also der durch gegenständliche Inhalte bestimmten Offenbarung) herausstellt und auf dieser Linie sogar betont, daß in Leben und Geschick Jesu die „Irreversibilität" und „Sieghaftigkeit" der Liebe Gottes erschienen sei (G 194f). Die Schwierigkeit ist nur, daß nach Rahner auch die „transzendentale Selbstmitteilung Gottes" (und zwar schon unabhängig von ihrer Thematisierung) „bewußt" (B 14) und insofern „eigentliche Offenbarung" sein soll (G 154), daß sie inhaltlich bereits als das „Ereignis der freien, vergebenden Selbstmitteilung Gottes" bestimmt wird (G 122) und daß sie eben als solche auch bewußt werden können und dafür sogar „jedwede kategoriale Wirklichkeit" geeignet sein soll (G 155). Denn damit gerät das gesamte Offenbarungskonzept in eine Spannung, die mir trotz zahlreicher Modifikationen zumindest insofern nicht gelöst scheint, als das transzendentale und das kategoriale Moment der Offenbarung von Rahner nicht wirklich konsistent einander zugeordnet,

---

33 Ich zitiere *K. Rahners* „Schriften zur Theologie" mit Band- und Seitenangabe im Text. Außerdem: *ders.*, Bemerkungen zum Begriff der Offenbarung: *ders. / J. Ratzinger*, Offenbarung und Überlieferung, Freiburg 1965, 11–24 (= B); *ders.*, Art. Offenbarung: KThW 265–269 (= O); *ders.*, Grundkurs des Glaubens. Einführung in den Begriff des Christentums, Freiburg 1976 (= G).

sondern – je nach leitender Fragestellung – nur abwechselnd akzentuiert und gewichtet werden. Natürlich ist Rahner zuzugestehen, daß der Gott, der in Jesu Wirken und Geschick seine seit jeher und unbedingt für die Menschen entschiedene Liebe geoffenbart hat, kein anderer ist als der Gott, der durch den Geist allen Menschen schon selbst gegenwärtig ist. Aber daraus folgt doch noch nicht, daß diese erfahrbare Gegenwart schon inhaltlich als entschiedene Liebe, sogar als „vergebende Nähe" (O 266) bestimmt, als solche bewußt und sogar an „jedweder kategorialen Wirklichkeit" (G 155) thematisch werden kann. Vielmehr ist darauf zu insistieren, daß erst durch Gottes reale Selbstbestimmung in Jesu Geschichte sein Verhältnis zu den Menschen (und auch seine Selbstgegenwart *in* allen Menschen) diese endgültige Bestimmtheit gewann und sie anders für uns nicht wahr und gewiß werden konnte. Gern würde ich Rahner so interpretieren … Aber nicht nur die zitierten Aussagen sprechen dagegen, sondern etwa auch solche, die von einer gnadenhaften „wirklichen Gegebenheit Jesu Christi" als Implikat schon jeden menschlichen Daseinsvollzugs sprechen (XII, 274). Und vor allem die vielen, nach denen die Christusoffenbarung „nur die Ausdrücklichkeit dessen [ist], was wir immer schon aus Gnade sind" (VI, 549), und ebenso die Verkündigung der Kirche nur „ein Anruf, der dasjenige zur reflexen […] Gegebenheit bringt, was schon in der Unausdrücklichkeit, aber wirklichen Gegebenheit der […]Gnade da war" (IV, 228f). Insofern scheint mir nach wie vor die Frage berechtigt, ob Rahners Offenbarungskonzeption nicht von einer evolutiven, wenn auch gnadentheologisch modifizierten Denkform dominiert ist, die den für das Offenbarungsgeschehen konstitutiven Anteil der kategorialen Offenbarungsgeschichte als Geschichte der realen und tätigen Selbstbestimmung Gottes für uns nicht mehr angemessen zur Geltung kommen läßt.

Halten wir hier inne und kehren zum Hauptgedankengang zurück. Wir haben in diesem Kapitel die systematische Explikation des Gnadengeschehens mit Hilfe des Freiheitsdenkens begonnen und dabei die eschatologische Gnade, gerade um ihre Gratuität und ihren Geschehens- und Beziehungscharakter nicht schon im Ansatz zu verfehlen, vor allem anderen als Handeln *Gottes* betrachtet. Zentral war die Frage, wie Gott selbst und die Wirklichkeit seiner eschatologischen Gnade gedacht werden müssen, wenn er zu Recht als ihr freier, unerschöpflicher Ursprung und ihr eigentlicher Inhalt geglaubt werden soll. Zugleich wurden Einsichten gewonnen, die als Vorentscheidungen für die noch folgenden Kapitel fungieren, welche nun die

Existenz des *Menschen* in der Gnade und seine von ihr bestimmten Vollzüge behandeln. Nimmt man nämlich die beschriebene Zuordnung der christologisch und pneumatologisch explizierten Dimension des eschatologischen Gnadengeschehens ernst, dann ist damit auch die Struktur vorgezeichnet, an der sich die Darstellung der begnadeten Menschen ausrichten muß. Einsichtig ist vor allem, daß die Gnade – wenn sie in ihrer eschatologischen Dignität offenbar und zugleich aktuelle Selbstgegenwart Gottes sein soll – den Menschen als *äußere* und *innere* Gnade begegnen muß. Was dies für den Empfang und die Erfahrung der Gnade, aber auch ihre menschliche Vermittlung, Ausgestaltung und „Weitergabe", d. h. für das ihr entsprechende, sie bezeugende und praktisch darstellende Handeln bedeutet, das wird – neben anderen, noch hinzukommenden Aspekten – das 16. Kapitel genau zu bedenken und konkret zu verdeutlichen versuchen.

Eine weitere, ebenfalls grundlegende Differenz resultiert aus der wesenhaften Symbolizität des eschatologischen Gnaden- und Offenbarungsgeschehens: die Unterscheidung seiner Endgültigkeit von seiner Vollendung. Sie ist es ja, die seinen Versprechenscharakter konstituiert, die Spannung von Schon und Noch-nicht zur Signatur der christlichen Existenz werden läßt und als die ihr gemäße Vollzugsform die Hoffnung sowohl fordert als auch ermöglicht. Was also, fragt deshalb das letzte Kapitel, dürfen wir – vielleicht sogar: müssen wir – hoffen? Was ist Inhalt dieser Hoffnung, wie wird er bestimmbar? Was berechtigt, ermutigt zu ihr, was irritiert sie und steht ihr entgegen? Und wie bestimmt ihre Zukunftsausrichtung schon die Gegenwart des Glaubens?

Zuvor jedoch wird das 15. Kapitel noch einmal das gnadentheologische Hauptproblem aufnehmen, das uns schon ständig – vor allem im 11. und 13. Kapitel – begleitet hat: die Frage nach dem Verhältnis von Gottes wirksamer Gnade zur menschlichen Freiheit, wie sie im größten Streit der katholischen Theologie in der Neuzeit von neuem aufbrach, aber – trotz des immensen theologischen Aufwands – ergebnislos blieb und fortan in der Schultheologie zwar, immerhin bis Anfang des vorigen Jahrhunderts, noch mitgeschleppt wurde, dann aber gründlich vergessen, ja verdrängt worden ist. Welche Gründe, Schwierigkeiten, Voraussetzungen haben eine Lösung verhindert? Sind sie tatsächlich unüberwindbar? Kann man denn wirklich so tun, als sei dieses Thema erledigt oder doch überholt? Sich einfach abfinden mit der verfahrenen Situation? Und was hängt daran, daß man es *nicht* tut?

15. KAPITEL

Gottes wirksame Gnade und menschliche Freiheit

Wiederaufnahme eines verdrängten Schlüsselproblems

VON MICHAEL GREINER

1. Der thomistisch-molinistische Gnadenstreit: Eine problemgeschichtliche Skizze

Wir beginnen erneut mit einem problemgeschichtlichen Durchgang: nicht nur, weil allein so die anstehende Sachdiskussion die erforderliche Tiefenschärfe erhalten dürfte, sondern zunächst einmal schon deshalb, weil die „größte dogmatische Kontroverse, die jemals innerhalb der katholischen Theologie […] ausgebrochen“[1] ist und die zumal als „das spannendste und schicksalreichste Ereignis der neueren Geschichte der katholischen Theologie“[2] gelten darf, ganz ohne Zweifel weit mehr historische wie vor allem auch systematische Aufmerksamkeit verdient und erfordert, als ihr gegenwärtig in der theologischen Diskussion weithin noch zugestanden wird. Und wenn vor Jahrzehnten festgestellt wurde, daß die großen Fragen dieser alten Debatte „auch heute noch ungelöst und antwortheischend vor der Theologie und vor dem Lehramt der Kirche“ stehen,[3] so hat sich daran (wie im folgenden noch deutlich werden soll) in der Sache selbst wohl gar nicht viel geändert – nur hat man es sich seitdem, beruhigt mit letztlich sicher *vorschnellen* Antwortversuchen, weithin abgewöhnt, das Sachproblem als solches überhaupt noch wahrzunehmen. Doch davon später mehr …[4]

---

1 *H. Jedin*, Religiöse Triebkräfte und geistiger Gehalt der katholischen Erneuerung: *ders.* (Hg.), HKG 4, 561–604, 572.

2 *F. Stegmüller*, Geschichte des Molinismus 1: Neue Molinaschriften, Münster 1935, VII.

3 *F. Stegmüller*, ebd.

4 Dieses Kapitel ist zu lesen als ein erster, einstweilen schon einmal in die Öffentlichkeit tretender Ertrag einer Dissertation, die ich in Kürze fertigzustellen und vorzulegen hoffe: *M. Greiner*, Unerledigter Gnadenstreit. Die thomistisch-molinistische Kontroverse als verdrängte Herausforderung gegenwärtiger Theologie. – Wenn im Rahmen des vorliegenden Kapitels manches, was eigentlich der näheren Ausführung bedürfte, doch nur grob umrissen und mit breitem Strich skizziert werden kann, so mag der etwa noch wei-

Altes Problemerbe in neuer Zuspitzung: Zur theologiegeschichtlichen Kontextualisierung der nachtridentinischen Gnade-Freiheits-Debatte

Die Rede ist von jener gewaltigen Auseinandersetzung der führenden frühneuzeitlichen Schulen katholischer Theologie – der Dominikaner um *Domingo Bañez* auf der einen Seite und der Jesuiten um *Luis de Molina* und *Francisco Suarez* auf der anderen –, die als *Controversia de auxiliis divinae gratiae* firmierte und bis heute als thomistisch-molinistischer *Gnadenstreit* geläufig geblieben ist. Halb mit Recht und halb mit Unrecht übrigens, möchte man sagen. *Halb mit Recht*: denn, in der Tat, erst deshalb wurde der Streit faktisch so akut und rückte in seiner ganzen Dramatik in den Fokus des römischen Lehramtes, weil er eben zentral einen neuralgischen Punkt der (bekanntlich stets häresiegefährdeten) *Gnadenlehre* betraf. Wirklich neu war der fragliche Punkt freilich nicht, vielmehr eigentlich eine Erblast gnadentheologischer Theoriebildung schon seit *Augustinus,* doch war er inzwischen in ganz neuer Weise zur drängenden Aufgabe systematischer Arbeit geworden, seit nämlich das *Konzil von Trient*, dem reformatorischen *mere passive* das katholische Korrektiv entgegensetzend,[5] in dogmengeschichtlich singulärer Deutlichkeit die echte *soteriologische Alternativenmächtigkeit* des Menschen profiliert hatte: die angesichts des einladenden Gnadenrufs immer noch zu Ja und Nein offene menschliche Freiheit, die, *wenn* sie der Gnade Gottes zustimmt, ihr doch *so* zustimmt, daß sie sich auch *widersetzen* könnte, sofern sie denn vielmehr *dies* wollte.[6] Die drängende Frage also, die hier entstehen und in den Jahrzehnten nach dem Tridentinum zwangsläufig irgendwann einmal auf die theologische Tages-

---

tergehend interessierte Leser schon einmal auf diese Arbeit verwiesen werden, die dann die weitere systematische Ausarbeitung und Absicherung und insbesondere auch – im historisch-rekonstruktiven Hauptteil – eine umfassende Auswertung einschlägiger barockscholastischer Literatur bieten wird; vor diesem Hintergrund verzichte ich an *dieser* Stelle darauf, die *problemgeschichtliche* Skizze durchgängig schon durch die Zitation von Primärquellen abzusichern, beschränke die genauen Nachweise hier vielmehr auf einige Spitzensätze und referiere ansonsten eher summarisch.

5 Vgl. Can. 4 des Rechtfertigungsdekrets (DH 1554).

6 DH 1525: „Wenn also Gott durch die Erleuchtung des Heiligen Geistes das Herz des Menschen berührt, tut der Mensch selbst, wenn er diese Einhauchung aufnimmt, weder überhaupt nichts – er könnte sie ja auch verschmähen (*quippe qui illam et abicere potest*) –, noch kann er sich andererseits ohne die Gnade Gottes durch seinen freien Willen auf die Gerechtigkeit vor ihm zubewegen.“ Vgl. insgesamt zu diesem zentralen Punkt der Trienter Gnadenlehre schon oben Kap. 11 (bei Anm. 251ff).

ordnung gebracht werden mußte, war schlicht die, wie sich eigentlich diese eindrückliche Akzentsetzung zu jener ehrwürdigen gnadentheologischen Tradition verhalte, die, gestützt durch die *auctoritas* namentlich Augustins und des Aquinaten, doch gerade die *unfehlbare Wirkmacht* der Gnade und (in weiterer Konsequenz) die gleichermaßen *unfehlbar souveräne soteriologische Weltplanung* Gottes bis in alle individuellen Schicksale hinein zum Kriterium rechtgläubiger – antipelagianischer – Gnadenlehre erhoben hatte,[7] weil man sich schon vom Schriftzeugnis her (man denke an die einschlägigen, für Augustinus so zentralen Paulus-Stellen) und dann auch aus systematischen Gründen zu gar keiner anderen Positionierung *berechtigt* glaubte, selbst wenn dann in letzter, ehrlicher Explikation aller Konsequenzen die Abgründe der *Prädestination und Reprobation* auszuhalten waren, der ja auch *Thomas von Aquin* noch die entsprechenden Quästionen gewidmet hatte, ohne darin Augustins Spuren prinzipiell zu verlassen oder der gemeinsamen Grundüberzeugung von der Infallibilität göttlichen Gnadenwirkens irgendwie untreu zu werden.[8] Im Namen dieser Gnadenwirksamkeit die alternativenoffene menschliche Freiheit (das *liberum arbitrium*) nun einfach zu *bestreiten* – das freilich hatte die *mittelalterliche Scholastik* in ihrer übergroßen Mehrheit *nicht* gewagt, indes eben auch keine systematisch völlig konsistente und hinreichend klar nachvollziehbare Verhältnisbestimmung beider Größen mehr auszuarbeiten vermocht, die dann etwa als allgemein konsensfähiges Lehrstück schon bereitgelegen hätte, als das Problem nun, in der frühen Neuzeit, verschärft akut wurde. Die *Reformatoren* hatten das alte Spannungsverhältnis ja – durchaus, wenn man so will, in einem radikal zugespitzten *Augustinismus – exklusiv* zugunsten der Gnadenmacht aufgelöst und die soteriologische Relevanz alternativenoffener menschlicher Freiheit schlicht *negiert*; das Tridentinum hatte im Gegenzug, was reformatorische Theologie solchermaßen bestritten hatte, dogmatisch festgeschrieben und damit zum unverrückbaren Normpunkt für künftige katholische Theologie gemacht. Zur *anderen* Seite des spannungsvollen Gefüges hingegen hatte Trient sich *nicht* mehr gleichermaßen deutlich erklärt – eben zu jenem von den Reformatoren verabsolu-

7 Zum Theorem der unfehlbaren Gnadenwirksamkeit bei Augustinus und zu den dort wirksamen Begründungszusammenhängen vgl. ausführlich oben Kap. 11 (v.a. bei Anm. 102ff).

8 Vgl. hierzu oben Kap. 13 (bei Anm. 255ff); hingewiesen sei insbesondere noch auf STh I q.23 (dazu etwa *O. H. Pesch*, Thomas von Aquin. Größe und Grenze mittelalterlicher Theologie, Mainz 1988, 145–165).

tierten, aber doch auch bei Augustinus und Thomas gnadentheologisch so zentralen Theorem von der *Unfehlbarkeit göttlichen Gnadenwirkens* und der Souveränität der ewigen soteriologischen Weltplanung. Deutlich hervortreten mußte vielmehr zunächst einmal nur die verschärfte Problemstellung: *Kann* Gnade eigentlich *unfehlbar sicher* menschliche Zustimmung *erwirken*, wenn doch diese Zustimmung – wie dogmatisch nunmehr gesichert war – aus einer menschlichen Freiheit hervorgeht, die sich auch *gegenüber dem Gnadenruf* noch einmal *zu Ja oder Nein alternativoffen verhalten* kann? Oder hieße das gleichzeitige Festhalten an der traditionellen Infallibilitätsaxiomatik vor *solchem* Hintergrund nicht schlicht, logisch Unvereinbares zusammenzuzwingen? Hätte das Konzil also mit seiner entschiedenen Positionierung zugunsten der Freiheitsmacht das traditionelle gnadentheologische Unfehlbarkeitstheorem – unausgesprochen, doch eben als Implikat des tatsächlich schon Ausgesprochenen logisch unausweichlich – der Sache nach revoziert? Wie gesagt: *hierzu* war man auf dem Tridentinum selbst nicht mehr recht deutlich geworden; geklärt den Abschied gegeben indes hatte man der fraglichen Traditionslinie eben auch nicht.[9] Andererseits war die Frage theologisch doch zu zentral, um sie einfach auf sich beruhen zu lassen – und so war der *nachtridentinischen* katholischen Theologie zwangsläufig eine denkbar große Aufgabe zugefallen: die Verhältnisbestimmung zwischen tridentinischer Neuakzentuierung der Freiheit und gnadentheologischer Infallibilitätstradition. Einige Jahrzehnte noch schlummerte die Fragestellung im Untergrund der theologischen Diskurse; dann aber – gegen Ende des 16. Jahrhunderts – brach sie mit aller Macht an die Oberfläche und führte so zum Ausbruch eben jener Kontroverse, die man mit den eingangs zitierten Superlativen wohl nicht zu Unrecht bedacht hat.

Prinzipiell, so möchte man meinen, hätte es nun drei Möglichkeiten gegeben, mit der aufgebrochenen Schwierigkeit umzugehen. *Zum einen* hätte man gewiß, strukturell dem reformatorischen Vorstoß dann nicht ganz unähnlich, das unmögliche Spannungsverhältnis durch entschlossene *Preisgabe* eines der beiden Spannungspole auflösen können – durch Preis-

---

9 Symptomatisch hierfür dürfte etwa Kapitel 12 des Rechtfertigungsdekrets sein (DH 1540), das zwar die Möglichkeit verneint, vom eigenen *Prädestiniert-Sein* schon in diesem Leben *individuelle Gewißheit* zu haben, doch damit ja zugleich das *Faktum* ewiger Individualprädestination selbst offenbar noch einmal voraussetzt und völlig unproblematisiert bestätigt, ohne dabei irgendwie anzudeuten, wie solches Prädestinationsdenken auf den Spuren der Tradition mit der neuen soteriologischen Aufwertung alternativenmächtiger Freiheit eigentlich noch zusammenbestehen könne.

gabe diesmal allerdings eben der überkommenen gnaden- und prädestinationstheoretischen *Unfehlbarkeitsaxiomatik* zugunsten der dogmatisch nun ja *nicht* mehr aufgebbaren Freiheit, was dann freilich *in diesem Punkt* zugleich den geklärten Abschied von Augustinus und Thomas von Aquin erfordert hätte. Man hätte *zum zweiten* das Spannungsverhältnis in seiner nunmehr verschärften Gestalt einfach stehenlassen, darin die unaufhebbaren Grenzen theologischer Theoriebildung diagnostizieren und sich mit diesem Eingeständnis menschlicher Ratlosigkeit bescheiden können. Und *zum dritten* ließ sich natürlich der Versuch wagen, aus gründlicher Kenntnis der gesamten bisherigen Diskursgeschichte heraus und unter Aufbietung aller nur verfügbaren systematischen Energie die theoretische Arbeit noch einmal aufzunehmen – in der Hoffnung, durch äußerste gedankliche Präzision und Ausarbeitung hinreichend komplexer Theoriestücke doch noch einen Weg zu finden, der die scheinbare Quadratur des Kreises ermöglicht und die begrifflich stimmige Versöhnung von Gnadenunfehlbarkeit und alternativenoffener Freiheit unverkürzt einsichtig macht.

Dabei hätte die *erste* Alternative, so mag es aus *heutiger* Perspektive wohl scheinen, gar nicht so fern gelegen. Hatte sich denn nicht – bei allem Respekt gegenüber den alten *auctoritates* – deren Weg *in genau diesem Punkt* nun doch als Sackgasse erwiesen, nachdem die Reformatoren die Konsequenzen endlich einmal in radikaler Ehrlichkeit ausgezogen hatten und dabei eben *Luthers De servo arbitrio* sowie *Calvins* doppelte Prädestinationssystematik die prekären Endprodukte gewesen waren? Und konnte man sich denn nicht darauf berufen, daß Trient dogmatisch eine entschiedene Kurskorrektur vorgenommen hatte, die den Abschied von der ihrerseits ja niemals ebenso klar dogmatisierten gnadentheologischen Unfehlbarkeitsaxiomatik eines Augustinus doch wohl legitimieren konnte? Ganz entschlossen (und übrigens auf *beiden* Seiten der künftigen Streitfront!) lautete die Antwort hierauf nun allerdings – *nein!* Wir werden an späterer Stelle noch deutlicher sehen, daß es letztlich wohl ein umfassendes systematisches Begründungsgeflecht war, das eine solche Revision zu verwehren schien, weil eine zu starke Bewegung an dieser Zentralstelle sehr wohl geeignet war, ein ganzes Systemgebäude (bis tief in die Gotteslehre hinein) ins Wanken zu bringen, *eine* Revision mithin noch manch andere nach sich gezogen hätte ... An dieser Stelle dagegen sei vorerst nur ein anderer Punkt benannt: eben, noch einmal, die ungebrochene Wirkmacht Augustins. Er galt ja doch als der *Doctor gratiae* schlechthin, der quasikanonische Lehrer der Gnade, und wenn es später im bañezianischen Thomismus heißt, Augustins *doctrina circa praedestinationem et gratiam* dürfe nicht etwa als Privatmeinung irgendeines einzelnen Lehrers, sondern müsse vielmehr als der feste Glaube der gesamten katholischen Kirche gelten,[10] so wird *diese* Grundüberzeugung auch im jesuitisch-molinistischen Lager gar nicht erst in Frage gestellt: „Was immer Augustinus“ – so formuliert es etwa Francisco Suarez gleichermaßen entschieden – „im Bereich der Gnade als sicher und zur Glaubenslehre gehörig behauptet, das muß von jedem verständigen und gebildeten Theologen festgehalten und verteidigt werden, auch wo nicht sicher feststeht, daß es von der Kirche dogmatisiert worden ist“.[11] Nun waren Gnadenunfehlbarkeit und Prädestination aber bekanntlich Punkte, in denen Augustinus sich *sehr* sicher gewesen war – also standen seine entsprechenden Lehren von vornherein nicht zur Disposition, waren vielmehr für einen rechtgläubigen katholischen Theologen unaufgebbares Quasidogma. Gleiches galt für den – wie man ihn inzwischen weithin zu nennen pflegte – *Divus Thomas*, den man in alledem getreu auf Augustins Spuren wandeln und dessen Ansatz zu noch größerer begrifflicher Klarheit bringen sah: Ein Bruch mit diesen *auctoritates* kam prinzipiell nicht in Frage, ebensowenig wie freilich auch mit der Trienter Konzilslehre. Sollte man also doch – entsprechend dem *zweiten* Weg – Trient und Tradition in spannungsvollem Nebeneinander stehen lassen und auf weiteres Verstehen verzichten? Auch dies erschien kaum möglich: Es waren wohl schon die Bedürfnisse der *Kontroverstheologie*, die erzwangen, daß die katholische Position, sollte sie den häretischen Verirrungen lichtvoll genug gegenübergestellt werden, nicht einfach genau dort im Unklaren verschwamm, wo die zu bekämpfenden Gegenentwürfe ihrerseits ja durchaus sehr deutlich wurden … Und nicht zuletzt war es wohl auch ein Zug der Zeit: das charakteristische Streben der frühen Neuzeit nach durchgeklärter, schlüssiger Systembildung und begrifflich stimmiger Gesamteinordnung. Anders gesagt: Die *reductio in mysterium* war nicht sonderlich in Mode, und wo man den späten Augustinus etwa noch seine *Ratlosigkeit* in Sachen Gnadenwirksamkeit und Freiheit eingestehen sah,[12] da hatte man durchaus – insgeheim oder auch einmal, wie bei Molina, ganz offen ausgesprochen – die Zuversicht, inzwischen durch fortgesetzte spekulative Arbeit

10 *ut […] non unius particularis Doctoris opinio, sed fides Ecclesiae Catholicae dici debeat: D. Alvarez*, Operis de auxiliis divinae gratiae […] Summa, lib. 1, cap. 5.

11 *F. Suarez*, De divina gratia Pars I, proleg. 6, cap. 6, n. 17.

12 Vgl. De gratia Christi et de peccato originali 47 (52).

weit klarer sehen zu können, ja (wie Molina meint) gar zu einer Lösung gelangt zu sein, von der nicht zu bezweifeln sei, daß Augustinus und überhaupt alle theologischen Autoritäten der Vorzeit sie in einmütigem Konsens gebilligt hätten, hätte sie ihnen nur schon vorgelegen.[13] Und so wählte man (auch wenn freilich Molinas spezieller Lösungsvorschlag sogleich wieder hochkontrovers aufgenommen wurde) eben doch allgemein den *dritten* Weg: die Versöhnung der verschärft zutage getretenen Gegensätze durch systematische Arbeit. Daß Trient im fraglichen Punkt *keinen* Bruch mit der Tradition markiere, das eben galt es nachzuweisen, und zwar *einerseits* auf dem Weg der harmonisierenden *Interpretation*, *andererseits* (und vor allem) durch die Suche nach entsprechend präzise elaborierten Theoriestücken, die den begrifflichen Ausgleich der gegenläufigen Anliegen doch noch erlaubten und dabei zugleich dem verstärkten Systembedürfnis Rechnung trugen – noch über die hochmittelalterlichen Summen und Synthesen hinaus, die sich als so bruchlos gefügt denn doch nicht erwiesen, jedenfalls an den entscheidenden Stellen genug offene Fragen hinterließen. Molinas berühmter Buchtitel[14] von 1588 steht programmatisch für dieses Unterfangen: Gesucht ist die spekulative *Concordia* des *liberum arbitrium*, der alternativenmächtigen menschlichen Freiheit, mit dem Wirken der göttlichen Gnadengaben (*dona gratiae*), sodann – weiter – mit Gottes unfehlbarem Vorherwissen des Weltlaufs (*praescientia*) und seiner souveränen Weltplanung (*providentia*), die sich im Bereich des übernatürlich eröffneten Heils dann als *praedestinatio* (und auf ihrer Schattenseite als *reprobatio*) erweist. Dieses *Programm* also war konsensfähig; strittig war nur, inwieweit nun gerade Molinas spekulative Vorstöße diese *Concordia* schon theologisch gültig explizierten oder nicht vielmehr den Gegenentwurf einer *vera et legitima concordia* notwendig machten – so jedenfalls der programmatische Titel und Anspruch einer einschlägigen Streitschrift von Bañez.[15]

13 *L. de Molina*, Concordia (Anm. 14), Pars VII (*de praedestinatione*), ad q.23 a.4/5 disp. 1, membr. 14, n. 11: *Neque vero dubito, quin ab Augustino et ceteris Patribus unanimi consensu comprobata fuisset haec nostra de praedestinatione sententia ratioque conciliandi libertatem arbitrii cum divina gratia, praescientia et praedestinatione, si eis proposita fuisset.*

14 *L. de Molina*, Liberi arbitrii cum gratiae donis, divina praescientia, providentia, praedestinatione et reprobatione Concordia. – Eine quellenkritische Edition wurde vorgelegt von *J. Rabeneck*, Oña/Madrid 1953.

15 *D. Bañez*, Tractatus de vera et legitima concordia liberi arbitrii creati cum auxiliis gratiae Dei efficaciter moventis humanam voluntatem, ed. *V. Beltrán de Heredia*, Comentarios inéditos III, Salamanca 1948.

Halb zu Recht, so sagten wir eingangs, werde die an dieser Stelle entstandene Kontroverse üblicherweise als „Gnadenstreit" klassifiziert – doch damit eben wohl auch *halb zu Unrecht*, und auch dazu bedarf es nun noch einer kurzen Vorbemerkung, bevor wir uns den spekulativen Weg der konkurrierenden Systeme dann im einzelnen vor Augen führen. Denn der *systematische Gesamtrahmen*, in dem all diese Bemühungen von vornherein standen, war letztlich ja doch viel weiter gespannt. Gewiß ist die Kontroverse in der Gnadenlehre *faktisch akut* und auch kirchenpolitisch brisant geworden, aber *sachlogisch* war diese mitnichten ihr letzter Wurzelgrund, vielmehr – bei genauerer Betrachtung – eigentlich nur ihr *spezieller Anwendungsfall*, nachdem die systematisch entscheidenden Weichenstellungen bereits an ganz anderer Stelle vorgenommen worden waren. Hier zeigt sich deutlich, daß die thomistisch-molinistische Kontroverse eben nicht *nur* Wirkungsgeschichte der *augustinischen Gnadenlehre* ist, sondern (und vor allem) eben auch hochkomplexe Fortschreibung jahrhundertealter *scholastischer* Diskurse. Mit ihnen war das umfassende Systemgebäude vorgezeichnet, über dessen mögliche Vollendung unter den gegebenen Vorzeichen man nun so heftig stritt – und dabei zwangsläufig auch die Frage erreichen mußte, ob etwa bestimmte Baufehler der jüngeren Vergangenheit diese Vollendung hier und da erschwerten, also doch behutsame Korrekturen erforderlich machten, oder ob es vielleicht im Gegenteil gerade galt, die begonnenen Linien nur einmal mit letzter, unbeirrter Konsequenz zu Ende zu führen, die Spitzenkonklusionen mit der nötigen Deutlichkeit auszusprechen und gerade *so* die ersehnte Lösung zu erhalten. Jedenfalls war man sich – und das war zunächst einmal sicher nicht das schlechteste Erbe dieser Traditionslinie – darüber im Klaren, daß die hier anstehenden Letztfragen der Dogmatik nicht im Binnenraum eines einzelnen dogmatischen Traktates einer Klärung zugeführt werden können, daß vielmehr in die dogmatische Theoriebildung konstitutiv viel weiter gespannte Zusammenhänge eingehen, die denn auch mit gleicher begrifflicher Gründlichkeit vorab schon zu klären sind. Die Klärung muß, genauer gesagt, bereits im *Philosophischen* ansetzen, um schließlich auch (gnaden-)theologisch noch hinreichend tragfähig sein zu können. Konkret ging es dann um das, was man die *Metaphysik des operativen Verhältnisses von Gott und Welt* nennen könnte: um die Frage, inwiefern und in welchem Umfang endliches Sein, wenn es wirkend tätig und für seine Akte kausal ist, dazu einer *absoluten*, göttlichen Kausalität in seinem eigenen Wirkgrund je schon bedürfe und wie sich – vorausgesetzt, diese letztere erwiese sich in der Tat als metaphysisch denknotwendig – gleichwohl das Spezifikum *beider* Ursächlichkeitsebenen unverkürzt wahren und ihre harmonische Koexistenz und Kooperation philosophisch adäquat explizieren ließe. Konkreter gefragt: Wie kann ein umfassendes göttliches Primärwirken so gefaßt werden, daß in solchem Rahmen gleichwohl noch zu Recht von einem *Eigen*wirken des Geschöpfs die Rede sein kann? Wie stellt sich dieses Verhältnis insbesondere dar, wo das kreatürliche Eigenwirken ein *freies* sein soll? Worin genau besteht eigentlich Gottes operativer Part, wenn geschöpfliche Freiheit ihre Akte realisiert? Inwiefern bedarf das Funktionieren freier menschlicher Aktvollzüge einer philosophischen Erklärung, die Gottes Primärursächlichkeit als Konstituens eben dieser Aktvollzüge namhaft macht? Welcher Begriff von Gott, welcher Begriff von endlicher Freiheit ist überhaupt vorausgesetzt, damit bei der Beschreibung ihres operativen Miteinander Gott wahrhaft Gott bleibt und endliche Freiheit wahrhaft endliche Freiheit? *Das* waren, *sachlogisch* betrachtet, die *eigentlichen* Letztfragen der thomistisch-molinistischen Kontroverse. Die *generellen* Antworten aber, die man in den entsprechenden *metaphysischen* Rahmendiskussionen beiderseits entwickelte, ließen sich, *sachlogisch* nachfolgend, dann auf alle *speziellen* Klassen kreatürlicher bzw. freier Akte applizieren – so vor allem eben auch auf die theologisch besonders interessante Klasse derjenigen freien Aktsetzungen, die man als *heilsrelevante* durch *seinshafte Übernatürlichkeit* innerlich ausgezeichnet und dadurch von den bloß natürlichen Freiheitsakten geschieden sah, bei denen man also wohl noch (über den allgemeinen Theorierahmen hinaus) zusätzlich angeben mußte, wie denn speziell diese *übernatürliche Qualität* in sie hineinkomme, ohne doch hinsichtlich ihrer *freien Realisierung als solcher* den allgemeinen Theorierahmen prinzipiell verlassen oder die Verhältnisbestimmung von göttlicher und menschlicher Wirksamkeit diesbezüglich noch einmal ganz neu fassen zu müssen.

Gottes allumfassende praemotio: Der sachlogische Kern der bañezianisch-thomistischen Systematik

Von hier aus nun kann uns der Einstieg in eine knappe, rekonstruktive Skizze der historischen Positionen wohl gelingen. Denn die sachlogisch basale Grundidee, die zunächst einmal *Domingo Bañez* und seine Gefolgsleute in der Ausführung ihrer Systematik leitete, war mitnichten primär eine gnadentheologische, sondern vielmehr ein allgemein-metaphysisches

Axiom. Gefunden hatte Bañez es an systematisch zentraler Stelle im Denkgebäude desjenigen Mannes, dem er getreu „durch alles und in allem" zu folgen und dabei, anders als eine große Schar älterer Kommentatoren, auch nicht „einen Finger breit" von seiner Lehre abzuweichen sich zum exklusiven Programm gemacht hatte: *Thomas von Aquin.*[16] *Omne, quod movetur, ab alio movetur*; alles, was in Bewegung ist, wird von einem anderen bewegt – so lautet der betreffende Grundsatz thomanischen Denkens, wie er an prominenter Stelle etwa in der berühmten *prima via* begegnet,[17] und ihn galt es in den Augen der Bañezianer einmal mit aller systematischen Strenge und Konsequenz durchzuführen.[18] Der Begriff der *Bewegung* steht dabei – im metaphysisch-universalen Sinn – generell für jegliche Art von *Veränderung*, die sich ja stets bestimmen läßt als Überführung eines zunächst nur *möglichen* Seins in das *Wirklich*-Sein, als Übergang aus der *Potenz* in den *Akt* also. Weil nun aber die Potentialität, gemessen an der entsprechenden Aktualität, stets als ein „Weniger" an Sein und damit als ontologisches Defizit betrachtet werden muß, bedarf es, wo immer eine Potenz in den Akt übergehen soll, einer Quelle, die der zu aktualisierenden Potenz das entscheidende ontologische „Mehr" tatsächlich zufließen läßt

---

16 Vgl. *D. Bañez*, Scholastica commentaria in II–II, q. 24, a. 6. – Bañez' Anspruch als Thomaskommentator konnte darum nicht eigentlich darauf abzielen, systematische Klärungen herbeizuführen, die bei Thomas selbst etwa noch nicht erreicht worden wären; einzig dessen ursprüngliche Lehre in ihrer ganzen Klarheit und Strenge den vermeintlichen zeitgenössischen Verzeichnungen und illegitimen Neuerungen konsequent gegenüberzustellen war sein Programm, was dann allenfalls noch die Notwendigkeit einschließen konnte, hier und da etwas begrifflich zu verdeutlichen und zuzuspitzen. Die Nachwelt wird dann freilich, je nach Standpunkt, zu der Auffassung kommen, an genau diesen Verdeutlichungen und Zuspitzungen beginne sich der „Bañezianismus" eben doch von Thomas zu trennen und unreflektiert fremde Systemelemente (bzw. auch Prämissen und Denkformen) in dessen Denken einzuzeichnen, während sich die entsprechende Schultradition selbst bis in die Neuscholastik aufs strikteste dagegen verwahrte, mit dem Ausdruck „Bañezianismus" überhaupt angemessen bezeichnet zu werden (vgl. etwa *N. del Prado*, De gratia et libero arbitrio, Fribourg 1907, III 427–437): es sei eben mitnichten originär Bañez, der in diesem System spreche, sondern schlicht Thomas in Reinform. Dies dürfte zwar bei hinreichender Problemwahrnehmung schwerlich haltbar sein; die im Hintergrund stehenden Fragen der Thomasinterpretation sind allerdings so komplex, daß wir sie an dieser Stelle nicht diskutieren können; verwiesen sei darum hier nur noch einmal auf die in Anm. 4 genannte Arbeit, wo die fraglichen Zusammenhänge ausführlich erörtert sind.

17 Vgl. STh I q.2 a.3 c.

18 Für das Folgende sei hier nur summarisch und exemplarisch verwiesen auf *D. Bañez*, Tractatus (Anm. 15), Pars II, cap. 1, n. 5–7.

und den fraglichen Seinszuwachs metaphysisch *begründet.* Diese Quelle kann nun nicht in der Potenz selbst liegen, denn andernfalls müßte diese ja ihren Akt bzw. das entsprechende „Mehr“ an Sein bereits in sich selbst gehabt haben (und *wäre* mithin gar nicht *Potenz*) oder aber paradoxerweise sich selbst etwas geben, was sie doch schlechthin nicht hätte – ein evidenter Bruch mit dem metaphysischen Kausalitätsprinzip: *Nemo dat, quod non habet*; niemand gibt, was er nicht hat. Also kann die Quelle (da es sie ja gleichwohl geben *muß*: *ex nihilo nihil fit*) nur *außerhalb* der Potenz liegen; sie kann dieser dann ihre eigene Aktualität kausal übertragen, ihr sekundär daran Anteil geben und auch sie so in den entsprechenden Akt überführen – *ab alio* eben. Thomas pflegte diesen bewegungsmetaphysischen Grundsatz durch Beispiele aus der *Physik* zu illustrieren (einstweilen Kaltes wird, wie es in der *prima via* heißt, nur durch bereits Warmes erwärmt), aber freilich müßte das Axiom, seiner eigenen inneren Logik gemäß, wohl für *alle* Bereiche des Seienden gelten, in denen es unrealisierte Potentialität gibt – also für alles Seiende außer Gott selbst (dessen Begriff als *actus purus* und *actualitas omnium actuum* eben dies definitionsgemäß ausschließt) und damit doch eben auch (*diesen* Punkt hatte Thomas nun nie sonderlich betont, während Bañez den Gedanken jetzt entschlossen in gerade diese Richtung vorantreibt) für *endliche Freiheit*: Solange sie im Blick auf eine bestimmte Handlungsmöglichkeit noch nicht entschieden ist, ist sie ja – so läßt es sich doch betrachten – wohl *potentiell*, nicht aber schon *aktuell* entschieden; entscheidet sie sich aber *wirklich* für eine der möglichen Alternativen, so muß ihr diese Potenz-Aktualisierung, die ja wiederum weder aus ihr selbst noch einfach grundlos *ex nihilo* auftauchen konnte, in Konsequenz des allgemeinen Bewegungssatzes *ab alio* verliehen worden sein. In diesem speziellen Fall kann sie nun allerdings auch nicht aus determinierenden Kausalketten im Bereich der endlichen Weltdinge kommen – sonst wäre die Freiheit ja bereits wieder im naturalen Determinismus untergegangen. Bleibt also nur, daß *Gott* es ist, der, als *actualitas omnium actuum* über alle denkbare Aktualität je schon verfügend, der geschöpflichen Freiheitspotenz durch direkte, punktuelle Einwirkung jeweils genau denjenigen Aktualisierungsschub *ab alio* gibt, der sie in jedem einzelnen Moment ihres konkreten Sichverhaltens in ihren jeweiligen Akt bringt. Gottes bewegende Wirksamkeit kann sich dabei nicht etwa darin erschöpfen, der endlichen Freiheit lediglich einen bestimmten Handlungs*rahmen* zur Verfügung zu stellen, der dann zu ihrem *Spielraum* würde, oder ihre Bewegung nur *allgemein* und *durch sie selbst fortbestimmbar* mitzutragen, da dann ja bereits wieder einzelne Bestimmtheitsaspekte der geschöpflichen Handlung *ohne* metaphysisch hinreichende Begründung *ab alio* in die Aktualität treten müßten, was eben undenkbar ist. Gottes primärursächliches Bewegungshandeln geht darum vielmehr so weit, daß es tatsächlich jeden freien geschöpflichen Akt in all seiner Durchbestimmtheit hier und jetzt aus der Potentialität in die Aktualität führt; das freie Geschöpf aber wird, solchermaßen angestoßen, dieser göttlichen Vorausbewegung (*praemotio*) in allem folgen und lückenlos realisieren, was der Erstbeweger souverän initiiert hat, weil ja auch ein etwa denkbarer *Widerstand* gegen dieses Bewegtwerden seinerseits aus der Potenz heraus aktualisiert werden müßte und darum der gleichen Regel selbst noch einmal unterfiele. Die göttliche *praemotio* (oder auch *praedeterminatio*) ist dabei für sich genommen kein Gegenstand bewußter Erfahrung; sie ist also nicht etwa eine über Gehalte vermittelte *Einladung* zur Aktsetzung oder ein bloßer *Appell* an die Freiheit; sie gehört überhaupt nicht auf die Ebene einer solchen – nach scholastischem Sprachgebrauch – „*moralischen*" Bewegung (*ex parte objecti*), sondern setzt vielmehr (gänzlich unerfahrbar) innerlich im Wirkzentrum der Geschöpfe selbst an und gibt ihnen dort mit metaphysischer Gewißheit, was sie sich nicht ursprünglich selbst geben können: eben die freie Aktsetzung selbst, die letzte *Applikation* ihres freien *Vermögens* zum *Akt*. Wird diese Prämotion aber von den Thomisten näherhin als „*physische*" bezeichnet (*praemotio* bzw. *praedeterminatio physica*), so ist damit zunächst einmal nichts weiter als ihre deutlichere prinzipientheoretische Abhebung von eben jener bloß „moralischen", objektvermittelten Bewegung intendiert; es geht jedenfalls – thomistischer Intention gemäß – *nicht* darum, die göttliche Prädetermination nun doch wieder einer bloßen Determination durch physische Kausalketten im Bereich der sekundären Natururursachen gleichzustellen, unter denen ja die *Freiheit* sogleich verschwinden müßte. Daß diese mißliche Folge nun allerdings *nicht* eintrete, wenn *Gott* es ist, der die geschöpflichen Freiheitsakte „physisch" prädeterminiert, das freilich bleibt dann in diesem Konzept immer noch *vorausgesetzt* – und natürlich zuhöchst *erläuterungsbedürftig*, doch dazu gleich mehr.

Denn zunächst einmal läßt sich ja der Überschritt in die *Gnadenlehre* von hier aus unschwer vollziehen:[19] Wenn für *jeden* unserer freien Akte gilt, daß er nur auf entsprechende göttliche Prädetermination hin aus unserer

19 Vgl. zu den einschlägigen Grundbestimmungen etwa *D. Bañez*, Tractatus (Anm. 15), Pars II, cap. 3.

Freiheitspotenz in die Aktualität tritt, dann gilt dies eben ganz gleichermaßen auch für solche Akte, die (als Akte von Glauben, Hoffnung, Liebe und Reue) für uns *heilsrelevant* sind – Gott hat hier wie da die absolute Initiative und die souveräne Kontrolle über alle Resultate. Freilich, die Prämotion muß jetzt – so wie sie ja generell für *alle* ontologischen Bestimmtheitsmomente kausal ist, die sich an einem bestimmten Akt finden sollen – eben speziell auch dafür aufkommen, daß an diesem besonderen Akt dasjenige seinshaft aktualisiert wird, was sein Spezifikum ist: eben die übernatürliche Qualität, der supernaturale Modus. Eine Prämotion also, die zusätzlich zu den sonstigen substantialen Bestimmtheitsaspekten des Aktes auch noch für das Aktualwerden speziell dieses Moments unfehlbar Sorge trägt, ist eben dadurch als *übernatürliche* Prämotion gekennzeichnet und von der allgemeinen (als der bloß *natürlichen*) unterschieden; sie ist, anders gesagt, *Gnaden*-Prämotion oder einfach *wirksame Gnade, gratia efficax*; der übernatürlich-heilsrelevante menschliche Akt aber ist exakt ihr kausales Resultat. Darum ist solche wirksame Gnade, wie verdeutlichend hinzugesagt wird, *efficax ex se et ab intrinseco*, wirksam von sich selbst her und kraft der ihr innerlichen Wirkmacht;[20] sie ist – anders gesagt – auf nichts angewiesen als auf ihre ureigene *efficacia*, um in entsprechender menschlicher Aktsetzung zur tatsächlichen Wirksamkeit zu kommen. Und so hatte ein konsequentes Ausziehen der *thomanischen Bewegungsmetaphysik* offenbar – in letzter, gnadentheologischer Applikation – gerade wieder auf das geführt, was von *Augustins Gnadenlehre* her aus ganz anderen (diesmal nun allerdings genuin theologischen und exegetischen) Gründen ohnehin einzufordern war: eben die unfehlbare Wirksamkeit der Gnade. Welch glückliche Konvergenz – war sie nicht bestens geeignet, die Wahrheit *beider* Zugänge wechselseitig noch einmal zu untermauern? Das gnadentheologisch Entscheidende aber war damit dann auch schon gesagt; das Weitere betrifft jetzt zunächst einmal die nähere begriffssystematische Ausgestaltung des Gnadentraktats. Denn wenn der göttlich prädeterminierte übernatürliche Akt *als der Akt meines freien Vermögens* in die Wirklichkeit treten soll, dann muß – logisch zuvor – schon dieses Vermögen selbst gnadenhaft zum *übernatürlichen Sein* eleviert worden sein, um überhaupt *unmittelbar* zu *übernatürlicher* Aktsetzung *applizierbar* zu sein. Beim *schon Gerechtfertigten* ist es die mit der Rechtfertigung eingegossene *habituelle Gnade*, die

20 Vgl. etwa *Johannes a Sancto Thoma*, Cursus theologicus, ad I–II q.111, disp. 24, art. 2 passim.

diese übernatürlich erhobene Potenz dauerhaft (bis zu ihrer eventuellen Zerstörung durch schwere Sünde) konstituiert, doch gilt auch hier wieder, was eben gemäß der allgemeinen Logik der Prämotionen und Applikationen generell gelten muß: daß nämlich auch aus der solchermaßen ausgestatteten *Potenz* doch nie ein *Akt* hervorgeht ohne entsprechenden, momenthaften Prämotionsimpuls, so daß auch derjenige, der die *habituelle* Gnade hat, doch stets wieder neu einer *aktuellen* (eben in Gestalt punktueller physischer Prämotionen) bedarf, um sie in entsprechenden Aktsetzungen tatsächlich fruchtbar zu machen. Wo aber die Rechtfertigung noch gar nicht zustande gekommen ist, statt dessen vielmehr jene ersten übernatürlichen Akte in den Blick kommen, die den Sünder anfänglich auf den Weg des Heils bringen und so der vollen Rechtfertigung allererst zuführen, da kann es noch nicht die habituelle Gnade selbst sein, die für die Konstitution der übernatürlich applizierbaren Potenz aufkommt; an ihre Stelle tritt einstweilen subsidiär die *hinreichende Gnade* (*gratia sufficiens*)[21] als die Gesamtheit jener *aktuellen* Gnadenwirklichkeiten, die den Menschen im *Vorfeld* seines ersten soteriologischen Konsenses schon übernatürlich berühren und so auf sein *mögliches* freies Ja hin „in-formieren" – die gehaltliche Begegnung mit Glaubensinhalten und ihrer Bezeugung etwa oder die unwillkürlichen vitalen Seelenregungen, die aus solcher Begegnung resultieren und die *Möglichkeit* freier Zustimmung dem Menschen innerlich nahebringen … Solche Aktualgnade im Vorfeld konstituiert schließlich (darum eben kann sie *hinreichende* heißen) das *volle Vermögen*, hier und jetzt einen (ersten) übernatürlichen Akt zu setzen und den Weg des Heils zu beschreiten; doch gilt natürlich auch hier wieder, was bewegungsmetaphysisch gar nicht anders sein *kann*: daß nämlich auch dieses *Vermögen* oder „*Können*" ohne aktverleihende Prämotion nie in seine *Verwirklichung* kommen *wird*, die *gratia sufficiens* also auf die *gratia efficax* strikt verwiesen bleibt, soll sie tatsächlich heilsrelevant werden. Nun *kann* Gott es freilich in seiner Souveränität auch bei der bloßen Verleihung der *gratia sufficiens* belassen und *keine* wirksame Gnadenprämotion mehr folgen lassen: In diesem Fall war der Mensch dann eben zum Heil *berufen* und auch (im Sinne der vollen metaphysischen *Potenzkonstitution*) gnadenhaft zur Antwort *befähigt*, ohne indes wirklich geantwortet zu *haben*; er *konnte* glauben und *hat* es doch nicht getan – und so sehen die Thomisten einge-

21 Vgl. zum thomistischen Verständnis der aktuellen hinreichenden Gnade etwa *Johannes a Sancto Thoma*, a. a. O. disp. 24, art. 1.

holt, wovon schon die biblisch bezeugte Geschichte doch so vielfach Kunde gibt: daß Gottes Einladung nämlich bei vielen Menschen *ohne* zustimmende Antwort geblieben ist und bleibt. *Wirkschwäche der Gnade* angesichts menschlicher Freiheit ist das indes mitnichten: Es ist vielmehr Gottes souveräne Entscheidung, wenn er – was er in *jedem* Fall tun *könnte* – *nicht* weitergehen und so der Berufung (mittels unfehlbar wirksamer Gnadenprämotion) die tatsächliche Zustimmung folgen lassen *will*. *Menschliche Schuld* hingegen ist es durchaus: Der Mensch *konnte* ja glauben (denn die applizierbare *Potenz* war ihm durch die hinreichende Gnade vollständig geschenkt), er *sollte* selbstverständlich auch glauben und *hat* doch nicht geglaubt; wer aber nicht tut, was er kann und soll, der wird nun einmal schuldig.[22] Und deshalb kann Gott, der souveräne Herr allen Geschehens, sich durchaus – wie die Schrift es ja oftmals bezeugt – mit vollem Recht über menschlichen Unglauben *beklagen* und diesen schließlich auch gerechterweise *bestrafen*.

Das unerbittliche Konsequenzengefüge

Und spätestens hier *mußte* sich dann natürlich Widerspruch regen – doch gehen wir der Reihe nach vor! War denn nicht schon die Grundannahme, es könne unter einer vollständig durchbestimmten und durchbestimmenden göttlichen Prädetermination noch geschöpfliche *Freiheit* geben, die – als wahrhaft alternativenmächtige – diesen Namen auch verdient, bereits vollauf geeignet, entschiedenen Widerspruch herauszufordern? Wenden wir es sogleich einmal gnadentheologisch (denn auf diesem verminten Gelände zeigte sich die Brisanz bestimmter Grundsatzentscheidungen ja für gewöhnlich zuerst): *Augustins Gnadenunfehlbarkeit* mochte unzweifelhaft einleuchtend expliziert sein – aber war die *tridentinische Lehre* von der soteriologisch alternativenmächtigen menschlichen Freiheit dabei denn nun ganz vergessen? War – so setzten die Vertreter der Gegenseite dann gerne nach – die Behauptung einer allmächtigen Prädetermination allen Gesche-

22 Vgl. *D. Bañez*, Tractatus (Anm. 15), Pars II, cap. 4, n. 1: „*Et haec est benignitas Dei, quae hominem excitat et invitat aliqua illuminatione intellectus et aliqua inspiratione voluntatis sufficienti, ad obligandum illum ad credendum, sperandum et diligendum. Quod si respuerit, imputabitur illi ad culpam, quam potest committere ex propriis viribus, non Deo auctore.*“

hens durch Gott nicht geradezu *Lutheranismus* oder *Calvinismus*, jedenfalls deterministische Häresie außerhalb der legitimen Möglichkeiten katholischer Theologie? Keineswegs, so *Bañez* und seine Gefolgsleute – denn der solchermaßen unfehlbar und vollständig prädeterminierte Akt des Geschöpfs sei ja, thomistischer Lehre zufolge, *gleichwohl* ein *wahrhaft freier*, während *Luther* und *Calvin* (von zugegebenermaßen nicht *gänzlich* verschiedenem Ausgangspunkt aus) eben die *häretische* Konsequenz gezogen hätten, diese Freiheit im Namen der allbestimmenden Allmacht Gottes einfach zu *leugnen* – und davon sei der katholische Thomismus doch himmelweit geschieden.[23] Oder wäre er vielleicht nur weniger ehrlich mit seinen Begriffen umgegangen? Wird hier nicht zur Prädeterminationstheorie die (alternativenoffene) Freiheit einfach noch *dazubehauptet*, um den Erfordernissen tridentinischer Rechtgläubigkeit wenigstens *verbal* zu entsprechen, ohne indes noch zu einer begrifflich einsehbaren Vermittlung zu gelangen? Mitnichten, so die Bañezianer – schließlich *behaupte* man die Freiheit unter der Prädetermination nicht nur, sondern könne sie sehr wohl *argumentativ ausweisen*. Und damit gelangen wir an das Herzstück der thomistischen *Concordia*. Das letztlich zentrale Argument lautet so:[24] Wenn *kein* ontologisches Bestimmtheitsmoment an der geschöpflichen Aktsetzung ohne göttliche Prämotion aus der Potenz in den Akt treten kann, wenn also jeder *modus entis*, der sich am Akt finden soll, entsprechend vollständig prädeterminiert sein muß oder aber schlicht nicht ins Dasein kommt, dann gilt dies eben auch noch einmal für das *Frei-Sein* des betreffenden Aktes als solches – denn auch *Frei*-Sein ist nun einmal ein *Sein*, dessen Aktualwerden folglich den gleichen Regeln unterstehen muß wie jedes andere. Wenn die allmächtige Prädetermination also im prädeterminierten Akt zugleich den ontologischen *modus libertatis* kausal erwirkt, dann *ist* der prädeterminierte Akt eben ein *freier*; wäre es im Resultat anders, dann hätte sie ja, ihrer *Unfehlbarkeit* zuwider, nicht exakt realisiert, was sie sollte. Luthers Irrtum aber, so ist man sich sicher, sei damit weit auf Abstand gehalten: Eben jene Freiheit, auf der das Tridentinum gegen diesen insistiere, sei ja auch begrifflich einwandfrei ausgewiesenes Element der thomistischen Systematik. Indes, was heißt hier – so repliziert

23 *toto coelo a Calvini errore distamus*: *J. B. Gonet*, Clypeus theologiae thomisticae contra novos eius impugnatores, II, tract. 5 (*de praedestinatione*), disp. 5, art. 2, § 3.
24 Vgl. dazu *Johannes a Sancto Thoma*, Cursus Philosophicus, nat. phil. Pars IV, q. 12, art. 3.

die Gegenseite natürlich sogleich – eigentlich noch „Freiheit“? Ist die „Freiheit“, die hier noch übrig bleibt, nicht das bloße, leere Resultat einer abstrakten ontologischen Deduktion, das indes jeden Bezug zum *Freiheitsphänomen* selbst verloren hat und darum auch diesen Namen überhaupt nicht mehr verdient? Keineswegs, so halten die Bañezianer dagegen, ignoriere man die Phänomenologie der freien Aktsetzung; es komme nur darauf an, deren Spezifikum recht zu fassen. Dieses aber liege doch wohl darin, im Moment des Handelns zu *wissen*, dieses Handeln sei nicht alternativlos notwendig, sondern eben die freikontingente Realisierung *einer* von mehreren, prinzipiell gleichermaßen zur Realisierung offenen Alternativen. Wo aber im Handeln solche *Indifferenz des praktischen Urteils* gewahrt bleibe, sei der Akt mithin auch *frei*, mag er dann auch anderweitig unter lückenloser Prädetermination stehen.[25] Und Gottes Prädetermination sei, wenn der Allmächtige sie denn auf diese Weise einsetzen *will*, eben von solcher Art, daß sie die Urteilsindifferenz in uns unangetastet lasse, ja geradezu selbst aktuiere – also prädeterminiere sie uns eben zum *freien* Akt. Die Kritik setzt sogleich nach: Heißt solch reduktive, intellektiv enggeführte Phänomenologie des Freiheitsaktes nicht letztlich, freies Handeln und die *Illusion* freien Handelns unterschiedslos zu vermengen? Verlangt nicht vielmehr ein phänomenologisch angemessener Zugang zum Freiheitsbegriff, konstitutiv bei der Einsicht anzusetzen, daß *man selbst* es ist, der bestimmte seiner Möglichkeiten in *ureigener Kausalität* realisiert, andere verwirft und *eben darum* für das eine wie für das andere verantwortlich ist? Aber – so replizieren die Bañezianer – das hieße ja doch, eine *metaphyische Unmöglichkeit* zum Kriterium von Freiheit zu erheben und damit doch wohl auch diese selbst, in dem Maße jedenfalls, wie man sie mit jenem Kriterium stehen und fallen sieht, gleichermaßen zur metaphysischen Unmöglichkeit zu erklären! Das aber wäre doch wohl schwerlich im Sinne des Trienter Konzils – und auf der anderen Seite hätte man sich ja mit einem *solchen* Freiheitsbegriff gnadentheologisch bereits in höchste Gefahr begeben, weil eine vollständig souveräne Wirkunfehlbarkeit der Gnade damit gleichfalls

25 *D. Bañez* u. a., Apologia Fratrum Praedicatorum (ed. V. Beltrán de Heredia: Domingo Bañez y las controversias sobre la gracia, Madrid 1968), Pars I, cap. 14, n. 1: *nunquam destruetur libertas humanae actionis, nisi destruatur vel auferatur iudicium illud actuale vel virtuale indifferentiae mediorum ad finem, etiamsi plurima accedant ad exercitium actionis liberae, quibus stantibus necessitate consequentiae sit necessarium talem actionem exerceri.*

nicht mehr auszuweisen wäre; man stände also zugleich bereits *nolens volens* im Lager der *Gegner* Augustins, und das waren bekanntlich die Pelagianer und Semipelagianer – eine doch wohl fatale Gesellschaft.

Freilich, man kann sich des Eindrucks trotz allem nicht erwehren, der solchermaßen im Namen thomanischer Metaphysik wie augustinischer Gnadenorthodoxie gleichermaßen legitimierte thomistische Begriff geschöpflicher Freiheit sei eben doch nur noch ein *Restbegriff*, eine zuhöchst *reduktive Umdeutung* dessen, was Freiheit ihrem vollen Begriff nach besagen müßte. Daß er auf diesen beiden Fundamenten konsistent aufruhen mag, muß dabei gar nicht einmal bestritten werden – aber könnte das Unbehagen an ihm dann nicht doch zur Triebfeder werden, eben diese Fundamente selbst noch einmal kritisch zu befragen? Wir werden noch darauf zurückkommen, doch sei vorerst – da man an diesem Punkt ja einstweilen nicht recht weiterzukommen schien – eine andere Problemfront des thomistischen Systems in den Blick genommen, die sich nun allerdings wahrlich zu dessen Pferdefuß auszuwachsen droht (und die Revision der Fundamente dann möglicherweise beschleunigt erzwingt). Wenn nämlich *alles* Weltgeschehen nur durch vollständige göttliche Prädetermination in den Akt gelangt, was ist dann eigentlich mit jenem allzu großen Teil dieses Weltgeschehens, der – durch Unterlassungen oder positive Taten freier Geschöpfe – *böse* ist? Verlangen nicht wenigstens die elementaren Erfordernisse der *Theodizee*, die ehernen Regeln der Akt-Potenz-Lehre zumindest im Blick auf das *malum* einmal zu durchbrechen und dem freien Geschöpf hier nun doch *ureigene* Handlungskausalität und damit Verantwortlichkeit zuzuschreiben?

Auch an dieser Stelle bleiben die Bañezianer allerdings bemerkenswert unbeirrt – und *müssen* es freilich um der Konsistenz ihrer Systematik willen auch bleiben. Die *Unterlassungssünde* scheint zunächst der einfachere Fall zu sein; beginnen wir also hier und knüpfen dazu noch einmal an einen früher schon erreichten Punkt an. Wenn ein zu Glauben und Umkehr berufener Mensch, dieser Berufung zum Trotz, dennoch nicht glaubt und umkehrt, dann hat Gott ihm – so hörten wir – die *hinreichende* Gnade gegeben und damit seine Freiheits*potenz* zu einer unmittelbar übernatürlich applizier*baren* gemacht; einzig die *tatsächliche* Akt-Applikation ist nachfolgend ausgeblieben – zu ihr hätte es ja der *wirksamen* Gnade (bzw. der übernatürlichen *praemotio physica*) bedurft, die Gott aber in diesem Fall einmal *nicht* verleihen wollte; und wer wollte ihm das anlasten, wenn Gnade doch ungeschuldet und Gottes Heilsratschlüsse souverän frei sind? Das Problem wird allerdings (spätestens) dort evident, wo der betreffende Mensch nun für sein untätiges Verharren angesichts der Berufung *verantwortlich* gemacht wird. Die thomistische Einschätzung nämlich, er habe doch (qua vollständig konstituierter *Potenz* zum übernatürlichen Akt) antworten *können*, es nur eben, dem Sollen zuwider, nicht *getan*, vermengt ja ganz offensichtlich einen abstrakten metaphysischen Potenzbegriff mit einem (qua *ursprünglicher, prämotionsunbedürftiger* Alternativenmächtigkeit) allererst wirklich *moralisch* konnotierbaren Begriff menschlichen Könnens und erschleicht sich so, diese Äquivokation ausnutzend, die Leistungen eines Konzepts, mit dem man (als mit einer metaphysischen Unmöglichkeit) ansonsten nichts zu tun haben will. Diese begriffliche Unsauberkeit aufzulösen, hätte nun freilich eine Revision der metaphysischen Rahmenannahmen selbst erfordert – eine in den Augen der Thomisten schlechthin unmögliche Forderung, weshalb man sich lieber – dem gegnerischen Einwand zum Trotz, die thomistische *gratia sufficiens* sei ja unter solchen Voraussetzungen überhaupt nicht *wahrhaft hinreichend* und schenke gar kein volles Können – mit der gegebenen Auskunft einfach bescheidet.

Noch prekärer indes scheint die Lage zu werden, wo das *malum* nicht mehr in einer bloßen Unterlassung, sondern in der positiven Setzung eines *actus malus* besteht.[26] Wenn nämlich die generelle Metaphysik der Prämotionen, den Grunderfordernissen der strengen Akt-Potenz-Lehre entsprechend, wirklich konsistent durchgehalten werden soll, dann präjudiziert sie ja auch hier schon die entsprechende Auskunft: Auch schlechte Akte können nicht ohne erstursächliche Prädetermination aus der geschöpflichen Freiheitspotenz hervorgehen, und diese Prädetermination muß sich tatsächlich auf *alle* Seins- und Bestimmtheitsmomente des Aktes erstrekken, die als ein ontologisches „Mehr" gegenüber der bloßen Potenz betrachtet werden müssen: also die gesamte substantiale Aktwirklichkeit in all ihrer konkreten Bestimmtheit hier und jetzt. Göttliche Prädetermination erwirkt in *Judas* unfehlbar den Entschluß, seinen Herrn zu verraten, göttliche Prädetermination führt unfehlbar jeden seiner Schritte, göttliche Prädetermination ist es schließlich, die aus seiner Freiheitspotenz heraus unfehlbar die Möglichkeit aktualisiert, sich zu erhängen … Und genau damit scheinen die Thomisten nun, so das Urteil ihrer Gegner, vollends in die *Häresiefalle* gelaufen zu sein – hatte doch das Konzil von Trient über all jene das Anathema verhängt, die Gott zur Ursache der Sünde (*causa pecca-*

26 Vgl. zum Folgenden etwa *J. B. Gonet*, Clypeus (Anm. 23), II, disp. 8, art. 5.

ti) erklärten und darin mit der letzten möglichen Zuspitzung *reformatorischer* Freiheitsbestreitung einig gingen.[27] Indes, auch hier sehen die Thomisten sich wiederum in argumentativ durchaus komfortabler Lage, denn sie können, so ihre eigene Einschätzung, eben etwas, was jene Häretiker offenbar nicht vermochten, als sie so prekäre Konsequenzen insinuierten: nämlich ontologisch hinreichend sauber denken. Zu unterscheiden ist ja zwischen dem sündigen Akt hinsichtlich seines bloßen Materialbestands, seiner „Substanz" und konkreten raumzeitlichen Bestimmtheit einerseits (also allem, was der Akt tatsächlich *hat*: das *materiale peccati*) und andererseits eben seiner formalen Eigentümlichkeit, der Übereinstimmung mit der göttlichen Regel zu *ermangeln* – und erst dieses (also etwas, was der Akt gerade *nicht* hat) konstituiert das *formale peccati*, die Formalbestimmung des Aktsubstrats, ein sollenswidriger *Sünden*-Akt zu sein. Während nun ersteres – als ontologisches *Mehr* – freilich in seinem konkreten Auftreten lückenlos göttlich prädeterminiert sein muß, gilt dies für letzteres – als ontologisches *Weniger*, als *Nicht*-Sein – nun gerade nicht: Nicht-Sein entfließt in seinem Aktualwerden nicht der Quelle des göttlichen *actus purus*, ja *kann* es nicht einmal; Nicht-Sein kann (ontologisch) nur *ureigenes* Wirk- (oder besser: Defektiv-)Resultat des *Geschöpfs* sein, das in sich zwar keine autarke Quelle für ein *Mehr* an Sein hat, wohl aber für ein *Weniger* (mit Tendenz zum *Nichts*): eben jenes *nihil* nämlich, das auf seinem kreatürlichen Grund liegt, weil es ja *ex nihilo* genommen ist … Wenn Judas also – wie es metaphysisch freilich unausweichlich ist – der Prädetermination *ad materiale peccati* getreulich folgt, so ist doch er selbst es, der in ureigener Defektiv-Kausalität dem ontologischen Positivum dieser Akt-Substanz den abgründigen Defekt des *peccatum formale* hinzufügt, jenes schreckliche *Nicht-*(Konform-)*Sein* (mit der Sollensregel), ohne das der Akt überhaupt keine Sünde wäre und das eben (weil es dem Kausalitätsbereich Gottes ja ontologisch nicht unterfallen *kann*) streng auf ihn allein zurückfällt, mithin seine ureigene Verantwortlichkeit begründet, sodann zum Gegenstand gerechten göttlichen Zornes wird und seinem Urheber schließlich verdientermaßen die ewige Höllenstrafe zuzieht … Mit dieser Überlegung sehen sich die Thomisten allen hier möglichen Schwierigkeiten entronnen: Keineswegs verursacht Gott selbst die Sünde, die er anschließend bestraft (das freilich wäre unmoralisch und Gottes unwürdig) – er bestraft vielmehr eine Sünde, die *streng als solche* exklusiv auf fremde Kausalität zurückgeht,

27 Vgl. DH 1556.

und das kann doch wohl nicht ungerecht sein. Gegen den Einwand aber, das zum *materialen* Sündenakt prädeterminierte Geschöpf *könne* doch gar nicht anders, als jenem Material eben die unter den gegebenen Umständen untrennbar damit verbundene *formale* Sünde hinzuzufügen, sehen sich die Thomisten hinreichend immunisiert: Nicht so sehr *diese* Trennbarkeit sei erforderlich, um die ureigene geschöpfliche Verantwortlichkeit zu wahren, sondern vielmehr die Vermeidbarkeit des ganzen Aktes – und diese war ja gegeben, denn die göttliche Prädetermination hat auch den materialen Sündenakt doch *als einen freien* erwirkt, also (wie schon erläutert) versehen mit dem ontologischen *modus libertatis* und phänomenologisch vom praktischen Indifferenzurteil begleitet, der fragliche Akt sei nicht in sich notwendig, sondern werde – vor dem Hintergrund anderer gleichberechtigter Möglichkeiten – streng kontingenterweise realisiert. Doch ist damit ja nur noch einmal selbstbewußt beansprucht, was bereits zuvor prekär blieb: eben jener streng reduktive Begriff endlicher Freiheit, der den Bañezianern freilich als der metaphysisch einzig vertretbare erschien und hinsichtlich dessen sie darum auch zu keinerlei Kompromissen bereit waren – an diesem Punkt also kam man wohl wirklich nicht mehr weiter.

Und so sei der Fokus abschließend doch noch einmal auf einen schon kurz berührten Aspekt gerichtet: auf die dramatische Zuspitzung der *Theodizeeproblematik* nämlich, die im thomistischen Konzept ja, allen Absicherungen zum Trotz, unausweichlich wird. Die strenge Logik der Prämotionen erzwingt es in der Tat: Gott führt jedem Folterer und Mörder dieser Weltgeschichte souverän und bis in alle operative Bestimmtheit hinein die Hand – nur streng *quoad materiale*, versteht sich, indes: es ist ja doch wohl eben dieses *materiale*, das die Opfer *leiden* läßt. Mag also die *formale* Sünde der Täter als solche auch der göttlichen Kausalität spekulativ noch einmal entzogen werden, das Leid der Opfer wird es nicht und kann es nicht. Aber ihre *eigentliche* Zuspitzung findet die bañezianische Theodizeeproblematik vielleicht doch erst an anderer Stelle – nämlich dort, wo das in den Blick kommt, was man die *soteriologische Theodizee* nennen könnte: die Frage, wie sich Gottes Kausalität eigentlich verhält zum nicht *zeitlichen*, sondern *ewigen* Leid – zur Höllenqual derer, die im *Leben* soteriologisch gescheitert sind und *eschatologisch* dafür büßen müssen. Das Problem wird deshalb so dramatisch, weil ja voraussetzungsgemäß auch hier schlechthin alles einer souveränen göttlichen Prädefinition und Prädetermination unterstehen mußte. Wer also rechtzeitig im Leben die unfehlbar wirksamen Gnadenprämotionen erhält, die ihn auf den Heilsweg und zur Rechtfertigung führen, wer darüber hinaus die fortgesetzte Reihe weiterer Prämotionen zu Heilsakten erhält (hier haben die Thomisten Augustins „Gabe der Beharrlichkeit“, das *donum perseverantiae*, begrifflich eingeholt), wird schließlich, nach seinem Tod im Stand der Gnade, mit der Himmelsherrlichkeit belohnt – wiederum gut augustinisch: Gott krönt seine eigenen Gaben, wenn er unsere Verdienste krönt.[28] Anders ist es freilich, wo der Heilsweg mangels Gnadenprämotion nie beschritten wird oder, auf solche Prämotion hin einmal begonnen, doch vorzeitig wieder endet, weil es Gott in unergründlichem Ratschluß gefallen hat, ihn mit gegenläufigen Prämotionen zum *materiale* schwerer Sünden zu durchkreuzen und vor dem Tod auch nicht wieder herzustellen: Der Mensch stirbt *extra statum salutis*, die Hölle ist seine Bestimmung und auch (weil er ja für die *formalen* Sünden in ureigener Defizienz-Kausalität alleinursächlich und -verantwortlich war) seine wohlverdiente Strafe. Aber muß das nun nicht die Güte eines Gottes unerträglich verschatten, der doch nach biblischem Zeugnis „die Liebe ist“ (1 Joh 4,8) und der „will, daß alle Menschen gerettet werden“ (1 Tim 2,4)? Anders gefragt: Wenn Gott einen solchen *allgemeinen Heilswillen* hat, wenn er überdies mittels unfehlbarer Gnadenprämotionen alle Menschen zum ewigen Heil führen *kann* – warum *tut* er es dann eigentlich nicht? Warum führt der thomistische Gott in Konsequenz seines Heilswillens und seiner Gnadenallmacht nicht die Apokatastasis herbei? Warum gilt seine unfehlbare Heilssorge – daran jedenfalls ließen die Thomisten keinen Zweifel aufkommen – *realiter* doch nur wenigen, ja gar nur einem verschwindend kleinen Teil der Gesamtmenschheit?

Und damit steht man unweigerlich wieder vor den Abgründen der *Prädestinationslehre* – wie schon Augustinus.[29] Allerdings: schaut man genauer hin, dann ist diese an systematisch entscheidender Stelle zwangsläufig sogar noch einmal verschärft worden![30] Was nämlich unter thomistisch-bañezianischen Vorzeichen (bei aller programmatischen Treue auch zum *Doctor gratiae*) eben *nicht* mehr konsistent zu halten ist, das ist – im Gesamtrahmen der Prädestinationstheorie – die begründende (und unter Theodizeegesichtspunkten ja auch irgendwie noch *entlastende*) Funktion der *Erbsünde.* Von *ihr* war in unserem bisherigen Rekonstruktionsgang bezeichnenderweise noch

28 Vgl. *Augustinus*, De gratia et libero arbitrio 6,15.

29 Vgl. dazu oben Kap. 11 (ab Anm. 124).

30 Vgl. zum Folgenden etwa *Johannes a Sancto Thoma*, Cursus theologicus, ad I q. 24, disp. 10, art. 2.

gar nicht die Rede, und das war auch nicht erforderlich: Daß nämlich *für die Bañezianer* Gnade *unfehlbar prädeterminierend wirksam* sein muß, hat mit postlapsarischer menschlicher Ohnmacht zum Guten begründungslogisch überhaupt nichts zu tun; schließlich erlangte die Akt-Potenz-Metaphysik nicht erst nach Adams Fall Gültigkeit. Nun hat dies freilich auch noch eine abgründige Kehrseite, und sie zeigt sich deutlich bei der Frage, wie es denn überhaupt zu *Adams Ursünde* kommen konnte. Augustinus vermochte hier noch schlicht auf dessen *Freiheit* zu verweisen – auf jene Freiheit ursprünglich-aktiver Alternativenentscheidung wohlgemerkt, jene soteriologisch relevante Freiheit zu Ja und Nein gegenüber Gott und seiner Gnade, die Adam im Urstand demnach sehr wohl noch hatte, die er *dann* aber durch seinen Fall für sich und alle seine Nachkommen unwiederbringlich verloren hat. *Diese* Auskunft nun freilich ist der konsequent durchgeklärten thomistischen Systematik prinzipiell versperrt: wiederum eben, weil die Gesetze der Bewegungsmetaphysik mit ontologischer Notwendigkeit und darum unabhängig von historischen Phasen menschlicher Sünden- und Heilsgeschichte gelten. Auch Adam also mußte – wie zu *jedem* seiner freien Akte – zum *materiale* seiner verhängnisvollen Tat vollständig von Gott prädeterminiert gewesen sein, andernfalls wäre sie ja nie aktualisiert worden. Wenn aber die Erbsünde deren zwangsläufige Folge ist, dann kann man letztlich wohl auch nicht mehr sagen, diese trete schlechthin gegen Gottes Willen auf den Plan, um dann von ihm mit Entrüstung konstatiert und nunmehr zum Ausgangspunkt einer geänderten soteriologischen Planung gemacht zu werden, die *jetzt* auch die (infralapsarisch so gerechtfertigte, jedenfalls *menschlich* doch wohl *verdiente*) Verwerfung vieler Individuen aus der erbsündlichen *massa peccati* einschlösse. Nein, dieser Zusammenhang *muß* in der thomistischen Systematik zwangsläufig anders gefaßt werden: Schon das Auftreten der Erbsünde selbst unterfällt noch einmal auf unergründliche Weise der souveränen göttlichen Planung und – natürlich nur *quoad materiale* – eben auch Gottes Kausalität. Der thomistische Gott reagiert *niemals* auf menschlich gesetzte Voraussetzungen; diesbezüglich *schlechthin voraussetzungslos* ist darum sein doppelter ewiger Ratschluß, einigen wenigen *unbedingt* die Glorie des Himmels zu schenken (die *electio absoluta ad gloriam ante praevisa merita*, der dann die prämovierende *gratia efficax* als unfehlbares Realisierungsmittel dient), den großen Rest aber ebenso *unbedingt* auszuschließen – und *hierzu* dann freilich, einem *nachfolgenden* freien Entschluß sekundärer Ordnung entsprechend, auch die Möglichkeit einer „Erbsünde“ als *sekundär* legitimierendes Motiv in der *Realisierung* dieses Ausschlusses zu nutzen, sie so in seine ewigen Planungen einzufügen und im Gefolge jener fatalen Material-Prädetermination, die er Adam zu geben gedachte, „zulassend" ins Wirklichsein treten zu lassen. Läßt sich also – wenn mithin die Erbsünde und überhaupt alle menschheitsgeschichtliche Faktizität hierfür ausfällt – *überhaupt* kein Grund mehr denken, der Gott uranfänglich geleitet haben mag, seine wirksame Gnade so restriktiv auszuteilen und andererseits den soteriologischen Ausschluß der vielen anderen je schon zu wollen? Doch, durchaus – so die Thomisten –, nur sei es eben ein zu allem Menschlichen *absolut vorgängiger* Motivgrund gewesen: nämlich schlicht die Sorge um die *größtmögliche Schönheit* des zu erschaffenden Weltganzen (*pulchritudo universi*) und (in eins damit) seine eigene größere Herrlichkeit, die Gott von allem Anfang an gerade zu solch partikulärer Planung motiviert habe: werde doch sein *Gut*-Sein (*bonitas*) strahlender verherrlicht, wenn es sich in *all* seinen möglichen Aspekten manifestieren dürfe, also – konkret angewandt – eben nicht nur als *misericordia*, als Barmherzigkeit, sondern auch als *iustitia punitiva*, als strafende Gerechtigkeit; fiele nämlich letzteres einfach aus, dann wäre ja doch weniger *Gut* in der Welt, die *bonum*-Bilanz der Weltordnung insgesamt (und auch ihre *Schönheit*) wäre gemindert – das aber könne doch niemand ernsthaft wünschen, der um den Primat des *bonum commune* vor allen Partikularinteressen weiß. Diesem großen Zweck dienen sie alle, die grundlos Erwählten wie die grundlos Ausgeschlossenen; letztere werden diesem Zweck zum Opfer gebracht, erstere dürfen sich um so mehr an der dadurch erst vollendeten *pulchritudo universi* erfreuen ... Freilich, *diese* Überlegungen waren nicht gänzlich originell; man kennt sie ähnlich schon von Augustinus her. Doch waren sie bei ihm eben noch rein *infralapsarisch* angesetzt (und hatten lediglich zu begründen, warum der gnädige Gott eigentlich nicht die ganze *massa damnata* vor dem doch allemal *verdienten* Untergang rettet), während thomistische Systemlogik sie – sofern sie sich denn selbst treu bleiben will – konsequent an den *Uranfang* göttlichen Weltwollens stellen und darum auch streng *supralapsarisch* lozieren muß. Doch was wird dann noch aus dem biblischen Zeugnis vom *allgemeinen Heilswillen* Gottes? Hier greift die thomistische Mehrheitsmeinung nicht so sehr Augustins gewundene Lösungsvorschläge als vielmehr die thomanische (und auf *Johannes von Damaskus* zurückgehende) Distinktion eines vorgängigen und eines nachfolgenden Willens (*voluntas antecedens et consequens*) in Gott auf,[31] interpretiert sie freilich erneut unter strikt prädeterministischen Prämissen: *Vorgängig* hat Gott

31 Vgl. hierzu *Thomas von Aquin*, STh I q. 19 a. 6 ad 1.

durchaus den Willen, daß alle Menschen gerettet werden, doch ist dies lediglich ein *konditionierter* Wille, der unter einer bestimmten Bedingung steht: natürlich *nicht* unter der, daß die Menschen auch ihrerseits in *ursprünglicher* Freiheit zustimmen (das wäre metaphysisch unmöglich), und natürlich *auch nicht* unter der, daß nicht etwa aus *ursprünglicher* menschlicher Freiheitstat die *Erbsünde* in die Menschheit eingehe (da stände es diesbezüglich letztlich nicht besser); also *überhaupt nicht* unter einer *ursprünglich vom Menschen abhängigen* Bedingung, sondern einfach unter *der*, daß nicht etwa das große Ziel der *pulchritudo universi* und der größeren *gloria Dei* von sich her Anderes erfordere; weil es nun aber eben doch gerade so *ist*, ist das vorgängige und bedingte Wollen je schon überholt vom nachfolgenden, wirklichen und unbedingten: nämlich vom Willen, im Interesse eben dieses großen Zieles nur einige wenige zur Herrlichkeit des ewigen Heils zu bestimmen, weil eine Welt, in der es sich so verhält, insgesamt schöner und damit besser ist als eine, in der etwa alle gerettet würden.[32] Das bleibt das letzte Wort zu dieser Frage, das ist der Schlußstein der bañezianischen Systematik und zugleich auch die äußerste Zuspitzung augustinischen Prädestinationsdenkens im katholischen Raum – und natürlich noch einmal eine Positionierung, die nun erst recht entschiedenen theologischen Protest provozieren *mußte.*

Der molinistische Einspruch und sein systematisches Fundament: Ursprüngliche Selbstbestimmung geschöpflicher Freiheit

Es war die damals sich formierende *Jesuitenscholastik*, die, von *Luis de Molina* diesbezüglich auf die Spur gebracht und nach anfänglichem Schwanken dann doch auch bemerkenswert einmütig hinter dessen kühnem Vorstoß positioniert,[33] diesem Protest eine weithin vernehmliche Stimme und eine systematisch höchst respektable Ausarbeitung gegeben hat. Ohne Zweifel, die letzten, zugespitzten Konsequenzen der bañezianisch-thomistischen Systematik führten zu einer entsetzlichen, unbegreiflichen Verzeich-

32 *J.B. Gonet*, Clypeus (Anm. 23) II, disp. 4, art. 4, § 1: *Dico igitur voluntatem antecedentem salvandi omnes homines non dici conditionatam ex eo, quod pendet a consensu voluntatis humanae tamquam a conditione, quam supponat vel expectet a libero arbitrio, sed quia importat actum conditionatum, quo Deus vellet salutem omnium hominum, nisi hoc repugnaret ordini suae providentiae, et nisi ex hoc impediretur bonum universale suae iustitiae et manifestatio suorum attributorum.*

33 Vgl. hierzu ausführlich *F. Stegmüller*, Molinismus (Anm. 2), 22–63.

nung des christlichen Gottesbildes und schienen, so Molina, allemal „eher einem harten, wilden und grausamen Fürsten" zu entsprechen „als dem allergütigsten Herrn, dem Urheber allen Trostes, aller Güte und Sanftmut".[34] Und doch waren eben diese Konsequenzen ja in durchaus beeindruckender systematischer Folgerichtigkeit erreicht worden – es mußte also offenkundig bereits etwas sehr Grundlegendes in die falsche Richtung gegangen sein, es mußte ein *proton pseudos* im Systemkern gelegen haben. Die Jesuiten sahen im übrigen auch sehr klar, worum es sich dabei wohl handelte und wo darum der *cardo controversiae*, der systematische Dreh- und Angelpunkt der hier ohne Zweifel anstehenden großen Kontroverse, loziert werden müßte: eben beim angemessenen *Begriff endlicher Freiheit* selbst.[35]

Was also meint Freiheit? Frei ist, so definiert Molina zu Beginn seiner *Concordia*, dasjenige, „was bei Gegebensein aller Vorbedingungen zum Handeln tätig oder nicht tätig sein kann beziehungsweise so handeln kann, daß es jeweils auch das Gegenteil seiner Handlung tun könnte".[36] Es ist mithin ureigene Sache der Freiheit, sich zum *gesamten* Ermöglichungsraum ihrer Aktsetzungen, zu *allen* Objekten und vorgängigen Bedingungsfaktoren, seien sie welthaft oder auch seelen-intern, noch einmal in (*formaler*) Indifferenz verhalten und von hier aus über das Ob und das Wie ihres jeweiligen Aktes entscheiden zu können – und dies nun gerade auch angesichts einer möglichen (und gleich noch näher zu bestimmenden) Wirkpräsenz *Gottes* selbst. Gleichwohl, der *eigentlich entscheidende Differenzpunkt* zum *thomistischen* Denken ist in Molinas Formel doch eher erst *vorausgesetzt* als schon explizit benannt: nämlich der genaue Sinn, der dem mehrfach darin benutzten Wort „*können*" beizulegen ist. In *thomistischer* Sicht – wir erinnern uns – eignet einem Geschöpf genau dann ein *Können*, wenn in ihm eine *aktualisierbare Potenz* liegt; daß deren tatsächliche Aktualisierung dann nicht von innen erfolgen kann, sondern nur streng *ab alio*, gilt hier als metaphysische Selbstverständlichkeit. Weil aber genau aus *dieser* Wurzel, wie die Jesuiten nun klar sehen, alle weiteren Systemkonsequenzen mit logischer Folgerichtigkeit hervorgetrieben worden sind, muß, wer *diese* für theologisch inakzeptabel hält, eben notwendig an

34 *L. de Molina*, Concordia (Anm. 14), Pars VII, ad q.23,4/5 disp. 1, membr. 6, n. 24.

35 Vgl. *F. Suarez*, Opusculum I de concursu et efficaci auxilio Dei, lib. 1, cap. 1, n. 2 (*cardo, in quo praesentis controversiae punctus versatur*).

36 [...] *illud agens liberum dicitur, quod positis omnibus requisitis ad agendum potest agere et non agere aut ita agere unum, ut contrarium etiam agere possit*: *L. de Molina*, Concordia (Anm. 14), Pars I, disp. 2, n.3.

jene Wurzel selbst heran. Und so betont man es denn auch in aller Deutlichkeit: *Echtes* Können erstreckt sich *unmittelbar bis in die Realisierung* des Gekonnten hinein und darf hier nicht auf halbem Wege steckenbleiben. Das in Molinas Formel gemeinte „Können" bezeichnet darum, wie *Francisco Suarez* näher ausführt, nicht nur das *bloße* Vermögen, die *facultas* streng als solche, sondern auch noch deren *real möglichen* Gebrauch, den freien *usus* also oder eben den *ursprünglich selbstbestimmten Übergang in den Akt*. Nur dasjenige Vermögen kann frei heißen, welches eine solche unmittelbare Verfügungsmacht über den eigenen Akt (die *potentia proxima*) tatsächlich besitzt (anders gesagt: welches nicht einfach bestimm*bar* ist, sondern *durch sich selbst* bestimmbar und vor allem eben auch *sich selbst bestimmend* ist) – diese Einsicht, so Suarez, „muß man sich in dieser ganzen Kontroverse vor Augen halten, weil das wahre Urteil darin zuhöchst von diesem Ausgangsprinzip abhängt".[37] Und damit wären wir wohl, folgt man dieser Diagnose eines unmittelbar Beteiligten, tatsächlich am sachlogischen Zentrum des „Gnadenstreits" angelangt.

Aber heißt nun solche freiheitstheoretische Selbstpositionierung nicht lediglich – so ließe sich der hier sofort anstehende *thomistische* Einwand formulieren –, in bedauerlicher metaphysischer Naivität die wahren Begründungsnotwendigkeiten zu verkennen und eben (ob nun geleitet von simpler Insistenz auf bloßen *Phänomenen* oder auch vom kurzsichtigen Bemühen, letztlich unumgänglichen theologischen Härten doch noch irgendwie auszuweichen) eine längst durchschaute *metaphysische Unmöglichkeit* zum Systemkern zu erheben? Nun ließ sich freilich aus jesuitischer Sicht wohl zurückfragen, was denn solche metaphysische Stimmigkeit überhaupt noch wert sei, wenn sie doch im Gegenzug eine *echte Verantwortlichkeit* des Geschöpfs vor Gott – eine Verantwortlichkeit, die den Anforderungen ihres eigenen Begriffs wie auch denen der biblisch bezeugten gott-menschlichen Geschichte *wirklich* genügen könnte – ihrerseits zur *gedanklichen Unmöglichkeit* werden ließ ... Aber *vollständig* gestellt hatte man sich der hier anstehenden Aufgabe eben doch nur, wenn es tatsächlich gelang, der alten Metaphysik im Namen der von ihr nicht mehr adäquat erreichten Phänomene eine begrifflich gleichermaßen reflektierte und ausgewiesene Alternative an die Seite zu stellen. Es mußte näherhin genau um die Systemstelle gehen, an der die Thomisten aus *begründungslogischer* Notwendigkeit heraus ihr Theorem von der *praemotio physica* positionieren zu *müssen* ge-

37 *F. Suarez*, Opusculum I (Anm. 35), lib. 1, cap. 1, n. 9.

glaubt hatten: aus der verspürten Notwendigkeit heraus, dem Überschritt vom ontologischen Weniger zum ontologischen Mehr einen hinreichend füllehaften Grund zu geben. Vorausgesetzt (und nie weiter diskutiert) war dabei ja, daß das freie Vermögen selbst, insofern es seinem bestimmten Einzelakt begrifflich vorausliegt, tatsächlich als ursprünglicher *Mangel* an Aktualität und Seinsfülle zu verstehen sei, als ursprüngliche *Unvollkommenheit* also, die allein von außen zu ihrer Vervollkommnung zu erheben sei. Wie nun, wenn gerade dies schon anders wäre? Wenn man sich eben dieses freie Vermögen, im begriffslogischen Voraus zu all seinen bestimmten Einzelakten, vielmehr als *ursprüngliche Fülle an Aktualität* dächte, die zunächst noch nicht auf bestimmte Einzelakte hin limitiert ist, aber sie doch alle je schon „virtuell" umfaßt und darum dann auch, aus eigener Fülle schöpfend, realiter aus sich heraus setzen kann, ohne darin einen *ab alio* begründungsbedürftigen eigentlichen ontologischen *Zuwachs* zu erfahren? In der Tat, nur indem man auf dem Grund des freien Vermögens einen solchen *actus virtualis* ansetzt,[38] läßt sich, das ist die Überzeugung der Jesuitenscholastik, das (an sich ja legitime) begründungslogische Anliegen der Bañezianer aufgreifen und doch eine fundamentale Antwortalternative ausweisen, die *Freiheit* (nach unserer Terminologie: in ihrer formalen Unbedingtheit) in Wahrheit wohl allererst denkbar werden läßt, freilich dann auch die Reichweite des metaphysischen Bewegungsaxioms von vornherein begrenzt: Daß das Aktualwerden des konkreten Freiheitsaktes eines hinreichend füllehaltigen Aktuierungsgrundes bedarf, bleibt durchaus zugestanden, doch ist dieser nunmehr dem endlichen Freiheitssubjekt selbst internalisiert, was den Rekurs auf ständige äußere Prämotions-Interventionen eines göttlichen *motor extrinsecus* prinzipiell überflüssig macht. Hier liegt wohl die systematische Grundalternative der gesamten thomistisch-molinistischen Kontroverse; was darin freilich noch *nicht* explizit gesehen und diskutiert wurde, wäre der hier etwa noch denkbare „dritte Weg": nämlich die *Identifikation* des *actus virtualis* auf dem Grund der endlichen Freiheit mit der Seins- und Aktfülle *Gottes selbst* – eine wohl allerdings *nur auf den ersten Blick* verlockende Synthese zwischen thomistischem und molinistischem Kernanliegen, die dann zwar ein *Totalwirken Gottes* im innersten

38 Vgl. *F. Suarez*, Disputationes metaphysicae, disp. 29, sect. 1, n. 7. – Das Konzept hat ältere Wurzeln in der franziskanischen Scholastik und namentlich bei Duns Scotus, doch hat wohl erst die Jesuitenscholastik einen wirklich konsequent durchgeführten systematischen Gesamtentwurf auf diesem Fundament aufgebaut.

Grund einer gleichwohl *prämotionsunbedürftig in sich selbst stehenden endlichen Freiheit* denkbar werden ließe, doch eben – wir werden später aus gegebenem Anlaß ausführlicher auf diesen Punkt zurückkommen müssen – wohl nur um den Preis einer letztlich *monistischen* Verhältnisbestimmung von Gott und endlichem Sein, die das realdifferente *Gegenüber* göttlicher und geschöpflicher Freiheit zugunsten einer letzten *Identität* preisgäbe. Nein, der *actus virtualis*, aus dem heraus sich das freie Geschöpf ursprünglich selbst bestimmt, ist nicht Gott; wohl aber ist er für die Jesuitenscholastik dasjenige, was den freien Menschen in besonderem Maße zum geschaffenen *Ebenbild* des freien Gottes macht. Denn gerade auch der Versuch, eine *Freiheit Gottes* zu denken, die mehr ist als nur die Realisierung unvordenklicher, fatalistischer Notwendigkeiten der eigenen Wesensnatur, sondern die vielmehr (im Schöpfungs- und Gnadenhandeln) die freikontingente Wahl zwischen verschiedenen Möglichkeiten einschließt, kommt ja – wie übrigens auch die *Thomisten* durchaus zugeben mußten – nicht um den Gedanken einer ursprünglich freien Selbstbestimmung aus der (logisch vorgängig) noch unbestimmten Aktualitätsfülle eines *actus virtualis* herum, einer Selbstbestimmung im übrigen, an der dann auch jedes weitere *metaphysische Begründungsbedürfnis* endlich einmal seine prinzipielle Grenze finden *mußte*: *Warum* Gott gerade dieses wolle und nicht jenes, warum sich also sein *actus virtualis* gerade auf diese und keine anderen Einzelakte hin limitiere – diese Frage konnte auch aus *thomistischer* Sicht keine weitere metaphysische Begründung mehr finden als einzig den Hinweis, daß Gott *ursprünglich frei ist …* Wenn das *jesuitische* Konzept eben dies nun für *jede* Freiheit – die göttliche wie auch die endliche – beansprucht, dann ließ sich dies also nicht einfach schon im Namen eines unabgegoltenen metaphysischen Begründungsbedürfnisses zurückweisen: *So* durchgängig konnte man dieses theologisch legitimerweise ohnehin nicht aufrechterhalten. Folglich hat man auf thomistischer Seite denn auch lediglich bestritten, daß, was für *Gottes* Freiheit fraglos gelte, auf die *endliche* Freiheit übertragen werden dürfe; gegen solche angemaßte Gottgleichheit, die dem göttlichen *primum liberum* ein weiteres, gleichermaßen durch ursprüngliche Selbstbestimmung ausgezeichnetes an die Seite stelle und damit die exklusive Würde des ersteren unerträglich herabsetze, gelte es unter dem Banner des heiligen Michael (*sub Michaelis clypeo et labaro*) zu streiten: *Quis ut Deus?*[39] Indes, warum es für den freien und allmächtigen Gott ei-

39 *J. B. Gonet*, Clypeus (Anm. 23), II, tract. 5 (*de praedestinatione*), disp. 6, art. 1, n. 20.

gentlich nicht möglich sein sollte, ein Wesen erschaffen zu wollen und dann auch tatsächlich zu erschaffen, das trotz seiner radikalen *seinshaften* Abhängigkeit von Gott gleichwohl sein wahres Bild und Gleichnis *im freien Selbstvollzug* wäre, in seinem tiefsten Grund also eben ein geschaffener *actus virtualis* neben dem ungeschaffenen *actus virtualis* Gottes und damit dann auch dessen *ursprünglich freies Gegenüber* – warum das also unmöglich sein sollte, vermochte die Jesuitenscholastik (wohl doch mit gutem Recht) nie einzusehen. Nein, *eben dazu* hat Gott sich in ursprünglicher Schöpferfreiheit tatsächlich entschieden – und dann freilich, so die Molinisten weiter, auch die Konsequenzen bejaht, die nun die konkrete Ausübung seiner *Primärursächlichkeit* betreffen. Denn daß ein Gott, der solchermaßen ursprüngliche geschöpfliche Freiheit will, nicht zugleich als allbestimmender Prädeterminator aller Aktvollzüge auftreten will, ist doch klar – mehr noch, er *könnte* es nicht einmal, weil die Koexistenz von ursprünglicher Freiheit und lückenloser göttlicher Prädetermination auf einen logischen Widerspruch hinausliefe, an dem selbst göttliche Allmacht ihre prinzipielle Grenze fände (und der sich im *thomistischen* Modell nur dadurch noch einmal verschleiern ließ, daß der Freiheit eben, ihrem einzig zureichenden Begriff zuwider, ihre *Ursprünglichkeit* reduktiv aberkannt wurde). Gottes Freiheit ist, so Molina ausdrücklich, eben vor allem auch Freiheit zur *Selbstbeschränkung*: Nur ein freier Gott vermag seine Wirksamkeit „so anzupassen und zu mäßigen", daß für *freie* Geschöpfe ein Spielraum entsteht, woraus diesen die ihnen eigene, gottgewollte *Würde* erwächst (*quod in creaturarum dignitatem redundabat*).[40]

Reduziert sich also Gottes Primärursächlichkeit für die Welt endlicher Freiheiten darauf, diese *erschaffen* zu haben und fortan verläßlich in ihrem geschaffenen Sein zu *erhalten*? Nun, *das* wiederum war allerdings auch den Molinisten zu *minimalistisch*, und hier erreichen wir die Systemstelle, an der sie ihr eigenes Theoriestück vom *concursus Dei*, von der göttlichen Mitwirkung an jeder geschöpflichen Aktion, ins Spiel zu bringen pflegten.[41] Daß nämlich, wo durch geschöpfliches Handeln *neues Sein* entsteht, es eben doch nur *Gott* sein kann, der als die *Quelle* dieses Seins *streng als solchen* fungiert, erschien auch ihnen durchaus plausibel und gar zwingend – wohlgemerkt, nur als die Quelle des *Seins streng als solchen*, des bloßen Eintritts in die Existenz, *nicht aber* des *Bestimmtseins* in all seinen Aspekten:

40 *L. de Molina*, Concordia (Anm. 14), Pars II, disp. 26, n. 14.
41 Vgl. hierzu *L. de Molina*, Concordia (Anm. 14), Pars II (*de concursu Dei generali*).

Alles, was in *diesen* Bereich fällt, ja bereits die Entscheidung, *ob* hier und jetzt überhaupt neues Sein realisiert werden soll, und nachfolgend dessen gesamte materiale Spezifikation, überläßt Gott vielmehr *exklusiv* dem freien Geschöpf. Endliche Freiheit kann kein neues Sein setzen, wo nicht der Herr des Seins wirkend beteiligt ist, aber er will daran doch nur so beteiligt sein, daß er über die Bestimmtheit des zu setzenden neuen Seins selbst nicht mehr verfügt – eben um der Möglichkeit der von ihm gewollten geschöpflichen Freiheit willen. Das ließ sich nun durchaus zugespitzt formulieren: Gott appliziert seine seinssetzende Allmacht dazu, dem Geschöpf unmittelbar zur freien Verfügung bereitzustehen, wann und wie immer dieses aus sich heraus tätig werden will – oder, noch kühner (und schließlich dann auch lehramtlich als allzu verwegene Neuerung moniert): „Dadurch, daß wir die göttliche Allmacht unmittelbar determinieren können, haben wir sozusagen die Allmacht in der Hand unseres freien Willens."[42] Gewiß ließ sich über die theologische Sinnhaftigkeit solcher Spitzensätze noch einmal streiten; ihr Hintergrund ist aber wohl doch deutlich spürbar: eben der denkbar tiefe Eindruck, den die Entdeckung der Ursprünglichkeit menschlicher Freiheit in ihrer theologischen Reichweite bis tief in die Gotteslehre hinein bei jenen hinterlassen hat, die sich solchem philosophisch-theologischen Paradigmenwechsel zu öffnen bereit waren. Und es spricht sicher nicht gegen die barocke Jesuitenscholastik, *daß* sie diese Bereitschaft in hohem Maße hatte.

Freiheit gegenüber der Gnade

Wenn wir nun von hier aus erneut den Raum der *Gnadenlehre* betreten,[43] dann gilt – zunächst einmal – wiederum, was sich schon im Abschreiten der thomistischen Systematik gezeigt hatte: daß nämlich alle wesentlichen Vorentscheidungen bereits an sachlogisch fundamentalerer Stelle gefallen sind und die Ergebnisse im wesentlichen nur noch auf den Spezialfall über-

42 *S. Mauro*, Quaestionum theologicarum de Deo trino et uno lib. 2, tract. 6, q. 85: „*per hoc ipsum, quod proxime possimus determinare Divinam Omnipotentiam, habemus quodammodo Omnipotentiam in manu liberi arbitrii; ergo eo ipso, quod Deus dat nobis potentiam proximam faciendi hunc vel illum actum liberum, dat quodammodo suam Omnipotentiam in manu liberi arbitrii*"; auf Sätze wie diese bezieht sich DH 2170f.

43 Zum Folgenden insgesamt *L. de Molina*, Concordia (Anm. 14), Pars III (*de auxiliis gratiae*).

natürlicher Aktsetzungen zu *applizieren* waren; was über die allgemeine Theorie geschöpflichen Tätigseins hinaus noch zu leisten war, war vorerst einzig noch dies, eine Quelle für die *übernatürliche Seinsqualität* der betreffenden Akte anzugeben – das konnte natürlich nur ein direktes, supernaturalisierendes Einwirken Gottes selbst sein. Damit aber läßt sich bereits vollständig explizieren, was geschieht, wo ein Mensch zu Glauben, Rechtfertigung und Heil findet: Aus der Begegnung mit welthafter Vermittlung entsteht in seinem Intellekt eine erste Kenntnis der Glaubensgehalte, die ihr Echo in einer unwillkürlichen ersten Neigung des Willens auf jene Gehalte hin finden mag; ein übernatürlicher *influxus* Gottes ist es dann, der diese ersten (noch unfreien) vitalen Akte und Regungen der Seele verläßlich zum *übernatürlichen Sein* erhebt, sie dabei vielleicht (aber nicht zwangsläufig) auch in ihrer psychologischen Eindrücklichkeit noch einmal anschärft und sie so in jedem Fall zur Begegnungsform der *gratia excitans*, der erweckenden und berufenden Gnade, macht. Damit ist das Feld der *praerequisita*, der Vorbedingungen für mögliche *freie* Aktsetzungen, nunmehr *übernatürlich erweitert*; jetzt also tritt die Freiheit selbst auf den Plan und *verhält* sich zu diesem Gnadenanruf: Sie kann nun aus ureigener Entscheidung in der gewiesenen Richtung weiterschreiten, untätig verharren oder etwa auch gegenläufige Akte des Widerstands setzen; sie kann Gottes indifferent angebotenen *concursus* (der hier ebenso beteiligt ist wie in jeder anderen freien Aktsetzung) zu diesem oder zu jenem benutzen; sie kann dem supernaturalisierenden Gnaden-*influxus* Gottes (der exklusiv hier auftritt) die Gelegenheit geben, über die bloße Einladung hinaus auch den freien Antwortakt selbst zur inneren Übernatürlichkeit zu erheben, oder aber seinen realen Wirkbereich auf die Einladung selbst beschränkt halten, die dann eben ihre intendierte Wirkung – die freie Zustimmung – verfehlt. Die Berufungsgnade ist, das betonen die Jesuiten in Abgrenzung vom thomistischen Konzept sehr deutlich, *wahrhaft hinreichende Gnade, gratia vere sufficiens*; von ihr berührt, gelangt die menschliche Freiheit, sofern sie es denn aus unvertretbar-ureigener Entscheidung will, als *potentia proxima* unmittelbar in den Akt der heilsrelevanten Glaubenszustimmung – und *macht* damit diese entitativ eine, berufende und hinreichende Gnade auch zur faktisch *wirksamen*, eben zur *gratia efficax*;[44] einer *neuen* Gnade (wie bei den Thomisten) bedarf es an dieser

---

44 *L. de Molina*, Concordia (Anm. 14), Pars III, disp. 40, n. 12: *„asserimus auxilia praevenientis atque adiuvantis gratiae […], quod efficacia aut inefficacia […] sint, pendere a libero consensu et cooperatione arbitrii nostri cum illis, atque adeo in libera potestate nostra*

Stelle also nicht, und allein das sichert die *wahre Suffizienz* schon der ersten. Umgekehrt ist es natürlich auch nicht ausgeschlossen, daß die hinreichende Berufungsgnade durch freie menschliche Entscheidung *wirkungslos* bleibt. Nur hat das dann nichts damit zu tun, daß (wie im thomistischen Konzept) *Gott* in seinem Gnadenhandeln etwas eigentlich noch Erforderliches zurückgehalten hätte: Nicht *ex parte Dei* ist das menschliche Ja oder Nein präjudiziert; es geht allein aus der unableitbar freien Entscheidung des Menschen hervor, wie die Molinisten nun mit einem zugespitzten Gedankenexperiment zu unterstreichen pflegten:[45] Angenommen, zwei Menschen in völlig gleichen Umständen und mit ganz gleicher psychischer und charakterlicher Struktur bekämen von Gott exakt die gleiche Art gnadenhafter Berufung – es könnte gleichwohl immer noch sein, daß der eine von ihnen dieser Berufung zustimmte und der andere nicht, und zwar einfach kraft unableitbar-ursprünglicher eigener Freiheitsentscheidung; ja, es bleibt sogar denkbar, daß ein Mensch mit der soteriologisch *ungünstigeren* Ausstattung an *praerequisita* (der also etwa den Gnadenruf weniger deutlich spüren darf oder durch seine psychische Verfaßtheit von sich her weniger zur Zustimmung inkliniert sein mag) kraft freier Entscheidung dennoch zustimmt, wo ein anderer (bei dem dies angesichts günstigerer Voraussetzungen viel eher zu erwarten gewesen wäre) sich gleichwohl verweigert – so weit also reicht die ursprüngliche Entscheidungsmacht menschlicher Indifferenzfreiheit angesichts der angebotenen Gnade Gottes.

Und spätestens hier haken die *Thomisten* erneut ein. Von der Notwendigkeit oder auch nur Legitimität des zugrundeliegenden *freiheitstheoretischen* Paradigmenwechsels haben sie sich ohnehin, gefangen in der Plausibilität der althergebrachten Akt-Potenz-Metaphysik, nie überzeugen lassen; also sei dieser Punkt hier nun einmal eingeklammert und nur die eigentliche *gnadentheologische* Problematik in den Fokus genommen: Was hat diese *molinistische* Gnade eigentlich noch mit der Gnade Augustins zu tun? Was ist hier aus der *Unfehlbarkeit* der Gnade geworden, wenn geschöpfliche Freiheit es so einfach in der Hand hat, Gnade wirksam zu machen oder unwirksam zu belassen? Ist das nicht denkbar unaugustinisch, ja wohl gar *pelagianisch* oder wenigstens *semipelagianisch* – und ist nicht schon von daher ausgeschlossen, daß etwa das *Tridentinum* (wie immer es

esse vel illa efficacia reddere consentiendo et cooperando [...] vel inefficacia illa reddere continendo consensum [...] aut etiam eliciendo contrarium dissensum".

45 Vgl. *L. de Molina*, Concordia (Anm. 14), Pars I, disp. 12.

ansonsten um den Sinn seiner entsprechenden antireformatorischen Sätze genau stehen mag) für *so* weitreichende Folgerungen legitimerweise beansprucht werden dürfte? Nun, gegen den Pelagianismus- oder Semipelagianismusvorwurf konnten die Jesuiten wohl noch argumentieren, daß sie ja mitnichten (wie Pelagius) einem Erreichen des ewigen Heils *ganz ohne Gnade* und rein durch *natürliches* gutes Handeln das Wort redeten, daß sie auch nicht (wie die Semipelagianer) die Verleihung des ersten übernatürlichen Gnaden-Influxes an verdienstliche Vorbedingungen seitens des noch rein *natürlich* agierenden Menschen knüpften, sondern vielmehr die soteriologische Unabdingbarkeit der Gnade wie auch ihre prinzipielle Gratuität und Prävenienz durchaus wahrten, nur eben mit guten Gründen darauf bestanden, die solchermaßen frei angebotene Gnade dürfe, der sonst drohenden Konsequenzen wegen, die ureigene Freiheitsentscheidung ihres Adressaten nicht von vornherein ausschalten. Indes, die Thomisten legten nach:[46] Offenbar zeichne man da auf der Gegenseite – mit durchschaubarer Absicht – ein sehr *minimalistisches* Bild von Umfang und Reichweite der alten gnadentheologischen Häresien; sehr wohl nämlich habe Pelagius auf augustinischen Druck hin in seiner *späteren* Phase die Unentbehrlichkeit der supernaturalen Dimension durchaus zugestanden, sehr wohl auch hätten die Semipelagianer – auf gleichen augustinischen Druck hin – schließlich der göttlichen Gnade doch noch die Initiative eingeräumt; einzig die *voraussetzungslos unfehlbare Wirksamkeit* dieser Gnade *in* der menschlichen Freiheit zuzugeben hätten beide sich im Namen eben dieser Freiheit bis zuletzt geweigert, und genau *das* habe der späte Augustinus immer noch als *error in fide* gebrandmarkt; wer es also gnadentheologisch mit Augustinus halte (und das sei nun einmal rechtgläubige *Pflicht*), *müsse* in eins mit den alten Häresien auch deren moderne Neuauflage entschieden zurückweisen. So aber verfing man sich an dieser Stelle letztlich in einem langwierigen, doch fruchtlosen Streit der Interpretationen: Ob die minimalistische (Semi-)Pelagianismus-Lesart der Molinisten oder vielmehr die maximalistische der Thomisten die zutreffende sei (und was daran überhaupt als amtlich verurteilte Häresie anzusehen sei), ließ sich schlechthin nicht mehr konsensfähig klären – schon deshalb nicht, weil natürlich beiderseits die jeweilige Interpretation bereits wieder von systematischen Interessen geleitet war, dann auch wegen der prekären Quellenlage,

46 Vgl. zum Folgenden etwa *Johannes a Sancto Thoma*, Cursus theologicus, ad I q.19, disp. 23, art. 2–4.

die die fraglichen Positionen großenteils überhaupt nur im Spiegel von Augustins Polemik noch greifbar sein ließ, und schließlich sicher auch deshalb, weil zentrale Kategorien und Denkformen der frühneuzeitlichen Gnadendebatte (etwa der präzise Begriff des „Übernatürlichen") eben noch nicht die der alten Streitigkeiten gewesen waren. Wir wollen diesen Interpretationsstreit darum hier nicht in seine Einzelheiten hinein verfolgen; immerhin unbestreitbar wahr bleibt eines: Es war vom molinistischen Grundansatz her *zunächst einmal* nicht mehr erkennbar, wie eine solchermaßen in menschliche Hände gelegte Gnadenwirksamkeit eigentlich noch in jenen Rahmen *unfehlbarer göttlicher Planung* der soteriologischen Geschichte passe, den Augustins Gnaden- und Prädestinationslehre ja doch unbestreitbar vorzeichnete. Also nun tatsächlich ein Abschied von Augustinus in *diesem* Punkt, gut legitimiert im Namen der Trienter Konzilslehre?

Unfehlbare göttliche Weltplanung trotz ursprünglicher geschöpflicher Freiheit? Das Scientia-media-Konzept im Widerstreit

Wir sahen es schon eingangs: *das* nun wollten auch die Jesuiten, trotz allem, ganz entschieden *nicht. Suarez* hatte, wie vernommen, gleich *allen* gnadentheologischen Kernpositionen *Augustins* dogmatisch verbindlichen Rang zugesprochen,[47] aber auch *Molina* betrachtete zumindest die Existenz einer Prädestination, die (wie eben in ihrer augustinischen Explikation) ihre *certitudo ex parte Dei* in sich schließt, als unbezweifelbare Schrift- und Kirchenlehre[48] – dieses Element also war wieder in die Gesamtsystematik einzubauen. Doch wie eigentlich, wenn zugleich nichts mehr von alledem zurückgenommen werden sollte, was zuvor schon über die Reichweite menschlicher Freiheit, auch noch angesichts der Gnade Gottes, gesagt worden war? An dieser Stelle nun fand Molina eine Lösung, die ihn berühmt machen sollte – und zwar, indem er noch ein *weiteres* Teilstück der Gotteslehre in den Blick nahm, systematisch mit dem angesprochenen Fragefeld verband und nun sogar zu dessen explikativem Fundament machte. Augustinische Gnadenorthodoxie erzwang es speziell für den Be-

47 S. o. bei Anm. 11.

48 Vgl. *L. de Molina*, Concordia (Anm. 14), Pars VII, ad q.23 a.1/2 disp. 1, n. 2: „*Praedestinationem esse, qua ii, qui vitam aeternam consequentur, ad id ipsum ex aeternitate ad Deo sunt destinati, ex Sacris Scripturis notissimum est*".

reich des Übernatürlichen, die Implikate souveräner Allmacht darüber hinaus aber, so Molina im Konsens mit der gesamten Theologie seiner Zeit, durchaus auch ganz allgemein: *Gottes Weltplanung* müßte, unerachtet all der weitreichenden Zugeständnisse an die menschliche Freiheit in der Concursus- und Gnadenlehre, eben doch und trotz allem die *unfehlbare Kontrolle über den Weltlauf* behalten. Nun sollte die Rolle der endlichen Freiheit dabei keinesfalls mehr beschnitten werden – also galt es, eine *vollständig freiheitsverträgliche* Möglichkeit *unfehlbarer* Planung auszuweisen: wiederum in Gestalt zunächst einer generellen Rahmentheorie, dann auch (und theologisch besonders dringlich) in spezieller gnadentheologischer Applikation. Um also, so Molinas Überlegung, wirksam sicherzustellen, daß seine Planung auch tatsächlich realisiert wird, müßte Gott *entweder* alles nachfolgende Realgeschehen in der Tat durch Prädetermination selbst *bestimmen* (der Weg des *Bañez*, der aber für Molina mit Rücksicht auf die Freiheit natürlich sofort ausscheidet) *oder* aber zumindest – das ist nun Molinas weiterführende Idee – im Voraus zum realen Geschehen ein lückenloses und zugleich unfehlbar sicheres *Wissen* um alle zukünftigen Handlungen der freien Geschöpfe haben, ein Wissen, das die Umsetzung der Planung gewährleisten kann, weil es die Unwägbarkeiten der geschöpflichen Freiheitsgeschichte doch noch handhabbar macht, und zwar von Anfang an. Damit also kommt die göttliche *Präszienz* ins Spiel. Nun war Molina freilich mit der komplexen scholastischen Vorgeschichte dieses Diskurses aufs gründlichste vertraut, ja, über weite Strecken ist seine berühmte *Concordia* (einschließlich ihrer freiheits-, concursus- und gnadentheoretischen Teile) in ihrer formalen Anlage nichts anderes als ein sehr ausgreifender Kommentar zu jenem einen Artikel der *Summa Theologiae*,[49] in dem der Aquinate sein Modell für die göttliche Erkenntnis der *futura contingentia*, speziell der zukünftigen freien Handlungen der Geschöpfe, entwickelt und die Unfehlbarkeit dieses Vorherwissens mit der Kontingenz seiner Objekte zu vereinbaren versucht hatte. Freilich, auf den Spuren des Thomas allein kam Molina seinem Ziel noch nicht entscheidend näher, denn, einmal ganz abgesehen von den dort ohnehin noch verbliebenen systematischen Überhangproblemen, die schon der nachthomanischen Scholastik Anlaß geworden waren, alternative Präszienzmodelle zu entwickeln: diejenige Art göttlichen Vorherwissens, die Thomas als einzige in den Blick genommen hatte, war schlicht nicht die, die Molina für seine systematischen

49 STh I q.14 a.13.

Zwecke überhaupt einen Nutzen hätte bringen können. Es genügt für unfehlbare Planung gewiß nicht, wenn Gott lediglich weiß, was aus Freiheit geschehen *kann* (das war klar, und auch Thomas war ja nicht hierbei stehengeblieben); es genügt aber eben auch nicht, wenn Gott (wodurch auch immer) unfehlbar weiß, was aus Freiheit geschehen *wird* – sobald *dies* nämlich erst einmal für ihn *feststeht*, ist es ja zum *planenden Gestalten* der solchermaßen vorhergewußten Ereignisse in Wahrheit schon zu spät.[50] Nein, Gott müßte vielmehr – und an dieser Stelle sieht Molina sich gezwungen, mit einem originellen Neuansatz über die gesamte präszienztheoretische Tradition noch einmal hinauszugehen[51] – im logischen Voraus zu seinem Wirklichkeitswissen, also in einem logischen Moment seiner Geistigkeit, in dem über die *wirkliche* Gestalt der zu erschaffenden Welt und ihrer Freiheitsgeschichte auch für ihn selbst noch nichts feststand – doch schon gewußt haben, was angesichts einer jeden von ihm *hypothetisch* aktualisierbaren Konstellation von Anfangsbedingungen und sonstigen Vorgaben durch geschöpfliche Freiheitsreaktion geschehen *würde* – hypothetische Welt- und Heilsgeschichten also, „mögliche Welten" in genau diesem Sinne. Hätte Gott nämlich ein solches *Konditionalienwissen*, dann könnte er mit dessen Hilfe den *wirklichen* freien Weltlauf tatsächlich durchgängig souverän arrangieren, ohne an irgendeiner Stelle innerlich determinierend in die geschöpfliche Freiheit einzugreifen: Er müßte lediglich die ohnehin ihm selbst zufallenden Parameter in Schöpfung und Gnade so setzen, daß die freien Geschöpfe faktisch in einer seinen providentiellen Plänen gemäßen Weise (re-)agieren und so den intendierten Geschichtsverlauf entfalten *würden*. Ein solches göttliches Planungs-Wissen – im Blick auf seine Mittelstellung zwischen dem abstrakten Möglichkeitswissen und dem fixierten Tatsachenwissen heißt es seit Molina „mittleres Wissen", *scientia media* – war bislang noch nie systematisch in den Blick genommen worden, wird aber nun in Molinas Augen zum Schlüssel des Erfolgs, wenn es darum geht, nachtridentinisch eine theologische Systematik zu entwik-

---

50 Es sei denn, man wollte dieses göttliche Wirklichkeits-Wissen nun geradezu wieder zum Epiphänomen seiner eigenen, von Ewigkeit her schon gefaßten und dann in der geschöpflichen Zeit und Welt unfehlbar allkausalen *Prädeterminations*-Beschlüsse erklären, was *Bañez* nun in der Tat getan (und in gewundenen Exegesen in die thomanischen Texte selbst einzuschreiben versucht) hatte, was aber für Molina selbstredend strikt ausgeschlossen blieb.

51 Vgl. hierzu und zum Folgenden insgesamt *L. de Molina*, Concordia (Anm. 14), Pars IV, disp. 52.

keln, die den unverkürzten Begriff menschlicher Freiheit zu integrieren vermag, ohne die traditionellen Ansprüche der Gottes- und Gnadenlehre preiszugeben. Von hier aus nämlich scheint in der Tat nicht weniger zu gelingen als die spekulative Versöhnung – eben die *concordia* – des scheinbar Unvereinbaren: Geschöpfliche Freiheit bleibt wahrhaft Freiheit, auch noch etwa im Ja und Nein zur angebotenen Gnade Gottes, die nur durch freie Zustimmung wirksam wird – und doch ist Gott, wo er den Entschluß faßt, die individuellen Gnadenrufe gerade in der faktisch verwirklichten Weise ergehen zu lassen, je schon von dem *unfehlbaren Wissen* geleitet, daß genau diese Gestalt der Gnadenordnung (im Unterschied zu ihren unendlich zahlreichen, gleichermaßen sicher vorwegerkannten möglichen Alternativen) im hypothetischen Fall ihrer Realisierung präzise diejenigen freiheitsgeschichtlichen Resultate zeitigen *würde*, die ihr faktisch zugehören; in eins mit seiner *tatsächlichen Entscheidung* für genau diese Ordnung aber hat er folglich auch diese freiheitsabhängigen Resultate je schon wissentlich planend mit-gewählt und affirmiert – und zwar einschließlich der soteriologisch relevanten Tatsache, daß in der fraglichen Ordnung bestimmte Menschen mit der *ihnen* zugedachten Weise gnadenhafter Einladung durch freie Zustimmung faktisch das ewige Heil fänden, während die anderen – gleichermaßen durch freies Verhalten zu *ihrer* Gestalt übernatürlicher Berufung – es faktisch verfehlten. Somit aber schien nicht allein die allgemeine Möglichkeit unfehlbarer göttlicher Weltplanung unter gleichwohl klar nicht-deterministischen Rahmenannahmen systematisch reformuliert; vielmehr ließ sich, weil sich diese Planung ja bis auf das ewige Heil der geschöpflichen Individuen erstrecken sollte, gerade auch der augustinischen Idee unfehlbarer *Prädestination* auf diesem Wege durchaus noch einmal die Treue halten – gleichermaßen nicht-deterministisch wohlgemerkt, weil nunmehr spekulativ gegründet auf einem alles unterfassenden göttlichen *Planungswissen*, das gleichwohl jedem einzelnen *Realisierungsmittel* des göttlichen Planes, also jeder Einzelgnade, isoliert in ihrer seinsgemäßen Wirkweise und in ihrer unmittelbaren Relation zum geschöpflichen Willen betrachtet, jene grundsätzliche Fehlbarkeit zu belassen versprach, die vom Tridentinum her offenkundig erfordert war.

War also endlich der rettende Ausweg aus allen spekulativen Nöten gefunden? Nun, daß es sicher *nicht* so war, zeigt schon die Tatsache, daß die *scientia-media*-Konzeption wohl doch mehr neue Problemdiskussionen auslöste, als sie alte zu beruhigen vermochte. Da waren also zunächst einmal die *Thomisten*, die durch Molinas Vorschlag natürlich alles andere als zufriedengestellt waren.[52] Denn an dem konzeptionellen Grundübel, daß Gnade nur durch menschliche Zustimmung wirksam wird, also ihre Wirksamkeit nicht kraft eigener Vollkommenheit je schon in sich führt, sondern sie von außen (*ab extrinseco*) empfangen, ja unwürdigerweise geradezu vom Geschöpf „erbetteln"[53] muß, ändert sich ja durch die *scientia media* überhaupt nichts. Gewiß, Gott mag durch sie in die Lage versetzt zu werden, heilsgeschichtlich nicht einfach im Ungewissen zu tappen, sondern von vornherein überraschungsfrei planen zu können. Aber in solcher Planung bleibt er doch verwiesen auf Daten, die er nicht selbst gesetzt hat, die er vielmehr einfach hinnehmen muß und auch nicht ändern kann: eben die Fülle der Informationen darüber, wie ein jedes mögliche Geschöpf unter gegebenen Umständen (re-)agieren *würde*. Kurz gesagt: das freie Geschöpf macht Gott Vorgaben, und Gott muß seine Welt- und Gnadenplanung um diese Vorgaben herum konstruieren – welch unerträgliche, unwürdige Abhängigkeit, welch gewaltige Divergenz zu Augustinus!

Freilich, auch wer sich vom theologischen Recht *dieses* Einspruchs nun *nicht* unbedingt überzeugen lassen mag, muß gleichwohl zugeben, daß mit dem zuletzt Gesagten zugleich ein *zweites* Problemfeld berührt ist, das möglicherweise zu einer viel schwereren Belastung für die molinistische Theorie zu werden droht, weil es schlicht ihre gedankliche Möglichkeit in Frage stellt. „Das freie Geschöpf macht Gott Vorgaben", so sagten wir, die Stoßrichtung der thomistischen Kritik reformulierend – und müßten doch zugleich noch einmal nachfragen, ob die *scientia media* bei genauerer Betrachtung überhaupt auf diesen Nenner zu bringen wäre. Das entscheidende Problem ist ja der logische Status ihrer behaupteten Gehalte: freiheitsabhängige hypothetische Konditionalaussagen nämlich. Der Satz, daß ich in der Situation A die Handlung X ausführe, wird, so möchte man meinen, in seiner Wahrheit schlicht dadurch konstituiert, daß ich es realiter eben tue; was aber könnte dann die Wahrheit des Satzes konstituieren, daß ich in einer *hypothetischen* Situation B (in die ich mit höchster Wahrscheinlichkeit nie gerate) die Handlung Y ausführen *würde*? Die für Gott postulierte *scientia media* soll ja für jedes erschaffbare Freiheitswesen

52 Vgl. zur thomistischen Kritik an der *scientia media* etwa *D. Bañez u. a.*, Apologia Fratrum Praedicatorum (Anm. 25), Pars I, cap. 15–17 (a. a. O. S. 178–191).
53 Vgl. *J. B. Gonet*, Clypeus (Anm. 23), III, tract. 4 (*de actibus humanis*), disp. 6, art. 2 prol.: *„consensum et determinationem […] a voluntate petit et expectat illumque, ut ita dicam, ab ea emendicat et veluti precario obtinet*".

die Gesamtmenge genau dieser Aussagen enthalten, und zwar nicht als mehr oder minder gut begründete *Vermutungen* (*das* kann man sich, in dem Maße eben, wie man jemanden gut genug kennt, auch unter Menschen durchaus noch vorstellen, muß dann freilich prinzipiell auch auf Überraschungen gefaßt sein ...), sondern mit dem Anspruch auf unbedingt verläßliche Wahrheit, weil sich ja sonst auf solches Wissen keine *unfehlbare* Weltplanung aufbauen ließe – aber, noch einmal nachgefragt, *wodurch* könnten solche Freiheitskonditionalien eigentlich in diesem Sinne *absolut wahr* sein? Sie *könnten* es zunächst einmal natürlich dann, wenn schon aus der vollständigen Kenntnis der individuellen Freiheits*natur* mit absoluter Sicherheit *deduzierbar* wäre, wie sie auf ein jedes denkbare Gefüge von *praerequisita* reagieren würde – nur wäre mit solcher Betrachtung die Freiheit ja letztlich, ihrer molinistischen Definition gründlich zuwider, einem mechanistischen Determinismus unterworfen, mithin aber als Freiheit bereits zerstört. Die gehaltliche Begründung der *scientia media* kann also auf keinen Fall darauf beruhen, daß mit ihrer Hilfe im jeweiligen Freiheitswesen etwas erkannt würde, was tatsächlich schon erkennbar darin angelegt wäre und nur noch mit hinreichend scharfer (vielleicht eben exklusiv göttlicher) Erkenntniskraft ans Licht gebracht werden müßte. Molinas eigener Lösungsvorschlag greift denn auch genau diesen Faden auf und führt ihn in kühnem Ausgriff bis an seine äußerste Grenze oder vielmehr noch darüber hinaus: Es sei eben das Spezifikum *unendlicher* Erkenntniskraft, nicht allein *vieles* oder *alles* sicher zu erkennen, was am Objekt *erkennbar* ist, sondern sogar noch das, was daran gerade *nicht mehr erkennbar* ist; Gott könne also, so Molina, aufgrund der Vollkommenheit seines Wissens die Dinge gleichsam sicherer durchschauen, als sie in sich selbst sind, anders gesagt: die (endlichen) Objekte seines Wissens nicht einfach nur *adäquat* erfassen, sondern sozusagen (in unendlichem Überstieg) *über-adäquat*.[54] Freilich, selbst unter den übrigen jesuitischen Theoretikern der *scientia media* vermochte kaum einer *dieser* Überlegung Molinas noch recht zu folgen: Zu einleuchtend war doch der etwa von Suarez formulierte Einwand, auch noch so große Erkenntniskraft könne niemals dazu führen, im erkannten Objekt Daten zu finden, die gar nicht darin sind.[55] Soweit

54 Vgl. *L. de Molina*, Concordia (Anm. 14), Pars IV, disp. 52, n. 35: *At vero scientia divina ex acumine ac altitudine cognoscentis, qui in obiecto secundum se incerto perspicit certo, quid futurum sit, habet maiorem certitudinem secundum se quam sit certitudo obiectorum.*
55 *F. Suarez*, Opusculum II de scientia, quam Deus habet de futuris contingentibus, lib.

blieb der theoretische Möglichkeitsaufweis der *scientia media* also immer noch prekär – eine mißliche Lage, da mit ihr ja doch die Möglichkeit stehen und fallen mußte, dem bañezianischen Determinismus überhaupt noch eine ernsthafte Alternative entgegenzusetzen, wenn denn der augustinische Gesamtrahmen als unverrückbar zu gelten hatte. Darum ließ man an diesem Punkt auch nicht locker und trieb den *scientia-media*-Diskurs jetzt vollends in seine letzte spekulative Komplexität.[56] Suarez insbesondere war es, der das Begründungsproblem der *scientia media* auf das Feld der *Aussagenlogik* zu verlagern suchte:[57] Eine Aussage über ein bestimmtes freies Verhalten eines bestimmten freien Wesens, so der Grundgedanke, werde zwar *für uns* genau dann als wahr *erkennbar*, wenn das Wesen realiter entsprechend handelt, doch sei die *Aussage an sich selbst* auch vorher schon (und eigentlich von Ewigkeit her) *wahr gewesen* (hier knüpft Suarez an entsprechende Positionen nominalistischer Logik an); war sie aber schon *wahr*, dann doch wohl auch ein Erkenntnisobjekt göttlicher *Allwissenheit*, die ja dadurch definiert sein muß, alles Wahre auch tatsächlich zu wissen. Suarez mußte dann nur noch explizit hinzufügen, daß auch *Konditionalaussagen* derselben Logik unterstehen – und hatte (zunächst einmal) das gesamte Begründungsproblem der *scientia media* umgangen: Gott erkennt schlicht die in sich selbst ruhende ewige Wahrheit aller Aussagesätze, darunter auch der fraglichen Sätze über freies Eventualverhalten; einer wahrheitskonstituierenden Gegenstandskorrespondenz bedarf es nicht zwingend, weil diese Geltungen auch ohne solche reale Korrespondenz schon in sich selbst und zeitunabhängig Bestand haben. Indes – die Frage, *warum* denn nun eine bestimmte Aussage als wahr zu gelten habe und die gegenteilige als falsch, ließ sich auf Dauer doch nicht wirksam sistieren: Ein Reich freischwebender logischer Geltungen mag es ja etwa geben, wo mathematische Zusammenhänge im Blick sind, aber doch wohl nicht gleichermaßen im Fall freikontingenter Sachverhalte von unableitbarer Faktizität. Also ging die Suche nach dem Grund dafür, daß den fraglichen Aussagen je schon mit Recht *Wahrheit* zugesprochen werden könne, zwangsläufig weiter: Wo liegt der *ontologische Ort* ihrer Wahrheit, wenn schon nicht in

1, cap. 8, n. 5: *quia, sicut divina potentia non potest facere id, quod de se non est factibile, ita nec scientia divina scire id, quod ex se scibile non est, neque certum iudicium ferre de eo, quod in se omnino incertum est.*

56 Vgl. hierzu *S. K. Knebel*, Scientia media. Ein diskursarchäologischer Leitfaden durch das 17. Jahrhundert: Archiv für Begriffsgeschichte 34 (1991), 262–294.

57 Vgl. zum Folgenden etwa *F. Suarez*, Opusculum II (Anm. 55), lib. 2, cap. 7, n. 15f.

den ihnen entsprechenden Realitäten? Sofern die Antwort nun nicht doch wieder auf eine deterministische Ableitbarkeit der Handlung aus dem Wesensbegriff ihres Subjekts und der Wirkbilanz der situativen Determinanten hinauslaufen sollte, blieb jetzt eigentlich nur noch der spekulative Rückgang in die Tiefen der *Gotteslehre*: Ausgehen konnte man dabei von dem (scholastisch durchweg konsensfähigen) Satz, daß Gott zur gehaltlichen Begründung seines Wissens ohnehin nicht auf eigentliche Rezeption von Äußerem angewiesen sei (das wäre schon seinem Begriff als *actus purus* zuwider, der eben keine Fortbestimmung *ab alio* duldet); Gott muß darum – so ließ sich jetzt mit Blick auf die *scientia media* weiter folgern – auch mitnichten erst in der geschöpflichen Welt nach einem Sein Ausschau halten, das deren freikonditionalen Gehalten allererst den sachlichen Geltungsgrund gäbe; nein: in strenger Introspektion schaut und erkennt Gott ohnehin nie etwas anderes als sein eigenes ewiges Wesen – und findet eben darin, partiellen Bestimmtheitsaspekten dieses Wesens gleich, all jene Gehalte seines Wissens, für die er nicht selbst freikausal aufkommt, sondern die ihm unbeliebige Vorgabe sind, also namentlich nun auch alle Inhalte der *scientia media*. Damit freilich drohen alle Sätze über geschöpfliche Freiheitsakte in ihrer zeitenthobenen, aller Weltrealität je schon vorausliegenden Wahrheit faktisch zu grundlos vorfindlichen, unvordenklichen Bestimmtheitsmomenten der göttlichen Wesenheit zu werden – das letzte Wort müßte also wohl, wollte man diese Spur wirklich konsequent verfolgen, einem *fatalistischen Nezessitarismus* gehören. Das war nun ganz sicher nicht das, was die Jesuitenscholastik mit der großen Idee der *scientia media* anfänglich einmal intendiert hatte; es zeigt aber noch einmal in aller Deutlichkeit deren prinzipielles Dilemma: Sie ließ sich, verfolgte man die unabweisbare Frage nach ihrer *gehaltlichen Begründung*, wohl mechanistisch-deterministisch oder aber fatalistisch-nezessitaristisch auflösen, doch eben nicht mehr systematisch konsistent als *freiheitsverträgliche* Denkmöglichkeit ausweisen.

Und dann war da noch das *dritte* Problemfeld – brisant genug, um die molinistische Jesuitenscholastik selbst noch einmal in eine *interne* Kontroverse hineinzutreiben, die dem „großen" Gnadenstreit in der Heftigkeit der Auseinandersetzung kaum nachstand, ja dessen Zentraloptionen auf analoge Weise molinismus-*intern* noch einmal wiederkehren ließ.[58] Gehen wir

58 Vgl. zum Verlauf dieser Kontroverse *H. Lange*, Der Streit um die wirksame Gnade innerhalb der Gesellschaft Jesu: Scholastik 8 (1933), 400–411.

also noch einmal einen Schritt zurück und unterstellen ohne weitere Problematisierung, die *scientia media* sei tatsächlich eine konsistente Denkmöglichkeit: Wie dürfte man sich dann eigentlich näherhin den *Gebrauch* vorstellen, den Gott von ihr macht, wenn er die Gnaden- und Heilsordnung und darin insbesondere die Verteilung der Gnadenrufe an die einzelnen freien Geschöpfe disponiert? Immer vorauszusetzen wäre dabei wohl, daß Gott, ausweislich des realen Weltlaufs, einige Menschen offenkundig mit Berufungen bedenkt, denen sie dann (wie er schon im Planungsstadium sicher gewußt haben muß) tatsächlich folgen, andere hingegen nur mit solchen, die faktisch (aber wiederum gemäß unfehlbarem göttlichem Wissen von jeher) an ihrer ureigenen Freiheit scheitern. *Warum aber tut er das?* Warum sucht er im Rahmen seiner Weltplanung nicht für *alle* Menschen gerade solche Anrufsituationen aus, von denen er weiß, daß sie durch freie Zustimmung zum Beginn eines individuellen Heilswegs auf das ewige Ziel hin würden? Warum macht er seine immense Erkenntnisleistung nicht auf solch menschenfreundliche und seinem allgemeinen Heilswillen doch überaus gemäße Weise fruchtbar?

Die Antwort des *einen* Flügels der Jesuitenscholastik, vertreten von Suarez und seinen Anhängern, lautete hierzu: weil er eben in einem absolut uranfänglichen Willensakt je schon festgelegt hat, welche bestimmten, nachfolgend zu erschaffenden Individuen er durch welche genau prädefinierten Heilsakte unfehlbar zur ewigen Herrlichkeit führen will; streng im Dienst dieses komplexen prädestinatorischen Urentschlusses habe er dann seine *scientia media* gezielt dazu eingesetzt, die zur Realisierung des solchermaßen schon absolut Prädefinierten unter Berücksichtigung des jeweiligen freien Verhaltens faktisch passenden, „kongruenten" Gnadenhilfen konkret zu identifizieren und somit die unfehlbare Umsetzung der prädefinitorischen Planung zu erreichen.[59] Aber hieße solcher „Kongruismus" – so der Einwand der innerjesuitischen Gegenfraktion um *Leonard Lessius*[60] – nicht zwangsläufig, die eben erst gegen die Bañezianer profilierte menschliche Freiheit im Gnadengeschehen sogleich einer neuen Art von Prädeterminismus preiszugeben, worin ihr, gefangen im Netz der ewigen Prädefini-

59 Vgl. dazu etwa *F. Suarez*, Opusculum I (Anm. 35), lib. 3, cap. 16f. (Prädestinationsexplikation und Prädefinitionslehre), dazu cap. 19 (argumentative Auseinandersetzung mit der Gegenposition).

60 Vgl. hierzu insgesamt *L. Lessius*, De praedestinatione et reprobatione angelorum et hominum.

tionen, letzlich ebensowenig wirklicher Spielraum verbleibt wie im „physischen" Prädeterminismus der Thomisten? Und vor allem: Tun sich hier nicht letztlich die gleichen *Abgründe soteriologischer Theodizee* auf wie schon dort, sobald man nämlich hinzunimmt, daß es außer den solchermaßen absolut Ersterwählten auch noch andere Menschen gibt und geben soll – solche, denen Gott zwar wohl auch (wegen seines allgemeinen Heilswillens) durch „hinreichende Gnade" soteriologische Chancen *eröffnen*, die er aber gleichwohl von vornherein nicht in seiner ewigen Herrlichkeit *ankommen* sehen will (vielleicht wiederum deshalb, weil das die *pulchritudo universi* vermindern würde)? Wie aber könnte er sie eigentlich wirksam von dort fernhalten, wenn es doch prinzipiell, auch *ohne* uranfänglich erwählt zu sein, in der bloßen Macht ihrer *Freiheit* liegen müßte, ihrer realen Gnadenberufung tatsächlich zu folgen – wie anders als eben dadurch, daß er seine *scientia media*, mittels derer er die *Erwählten* unfehlbar zum prädefinierten Ziel bringt, auf der *Gegenseite* nun gezielt dazu benutzt, für all jene Unglückseligen gerade die *inkongruenten*, „unpassenden" Gnaden ausfindig zu machen, denen sie zwar folgen *könnten*, aber in der unableitbaren Faktizität ihrer freien Entscheidung eben nicht folgen *würden*? Doch was wäre das für ein Gott, der solchermaßen vorsätzlich das Heil seiner Geschöpfe *hintertreibt* und sie anschließend für ihre freie Verweigerung mit der Hölle bestraft, was wäre das für ein *Mißbrauch* der *scientia media* zum Zweck letzten Unheils?[61] Und was wäre bei alledem von dem anfänglichen jesuitischen Protest gegen die Abgründe der *thomistischen* Prädestinationssystematik überhaupt noch geblieben?

Nein, schon die Lehre vom *allgemeinen göttlichen Heilswillen* verlangt hier einen gänzlich anderen Gang der Explikation – so die anti-kongruistische Gegenfraktion um Lessius, die damit eigentlich wohl nur die ur-molinistische Position festhielt, hatte doch schon Molina selbst (der bei Ausbruch jener großen ordensinternen Kontroverse bereits verstorben war) klar in diese Richtung tendiert.[62] Abschied zu geben war also zunächst einmal der Idee, in der sich Thomismus und jesuitischer Kongruismus in so

61 Vgl. *L. Lessius*, De praedestinatione (Anm. 61), n. 11: *Unde ulterius sequi videtur Deum quasi insidiari illorum saluti [...] atqui hoc non consistit cum sincero desiderio salutis, et nefas est ita de fonte illo bonitatis sentire*; mit dem antikongruistischen Vorwurf des *abusus scientiae conditionatae* setzt sich Suarez auseinander in Opusculum I (Anm. 35), lib. 3, cap. 19, n. 19.
62 Vgl. *L. de Molina*, Concordia (Anm. 14), Pars VII, ad q.23 a. 4/5 disp. 1, membr. 13, n. 8–11, sowie speziell auch die nachträglich eingefügte disp. 3 desselben Teils.

bemerkenswerter Einmütigkeit trafen: daß es nämlich eine uranfängliche, absolute Ersterwählung bestimmter Menschen gebe, auf die hin die gesamte unfehlbare Welt- und Heilsplanung dann arrangiert und in deren Dienst die *scientia media* ebenso eingesetzt werde wie im Thomismus die *praedeterminatio physica.* Nein, es muß sich anders verhalten mit der theologischen Funktion der *scientia media* – wesentlich *bescheidener* muß ihre Rolle sein, will man sich nicht sogleich wieder solch unerträgliche Konsequenzen einhandeln. Nämlich einfach so: Gott wählt eine bestimmte Welt- und Gnadenordnung, eine bestimmte „mögliche Welt", zur Realisierung aus, und zwar nicht etwa deshalb, *weil* nun gerade in *dieser* Ordnung bestimmte, *zuvor* schon absolut zum Heil prädestinierte Menschen das Heil auch tatsächlich fänden, sondern zunächst einmal schlicht aus der Erwägung heraus, daß diese Weltordnung *in Konsequenz seines allgemeinen Heilswillens wählbar* sei (da kein Mensch darin schlechthin ohne soteriologische Chance bleiben würde), ansonsten aber ohne weiteren, hinreichenden Grund, der nun gerade *ihre* Auswahl, ihre Bevorzugung vor jenen unzähligen anderen Welt- und Gnadenordungen, die *diesem* Kriterium gleichfalls noch genügt hätten, plausibel machen könnte; die *scientia media* aber dient in dieser Sicht allein noch dazu, Gott von Beginn seiner Planungen an über die faktischen, freiheitsabhängigen Konsequenzen dieser Weltenwahl (wie auch jeder möglichen anderen) unfehlbar in Kenntnis zu setzen, ihm also namentlich auch zu zeigen, für welche bestimmten Menschen die göttliche Realisierung genau dieser Ordnung, und zwar einzig infolge ihres ureigenen guten Umgangs mit der darin angebotenen Gnade, faktisch *Prädestination* bedeuten würde. Im Licht dieses Wissens also trifft Gott seine Entscheidung für die fragliche Ordnung, *prädestiniert* eo ipso die betreffenden Menschen – und akzeptiert damit freilich zugleich vollwissentlich auch eine Weltordnung, in der eine beträchtliche Zahl von Menschen die eröffneten soteriologischen Chancen durch eigenen schlechten Freiheitsgebrauch *ungenutzt* lassen und in letzter Konsequenz das ewige Heil *verfehlen* wird. Gewiß, nicht etwa *präzise deshalb* hat Gott diese Ordnung gewählt, doch war ihm eben das Wissen um jenes Faktum wohl auch kein Grund mehr, seine Wahl daraufhin wieder zu verwerfen (oder vielmehr erst gar nicht in dieser Weise zu treffen). Aber kann das denn nun, angesichts seiner aufrichtigen Güte und allgemeinen Heilswilligkeit, wirklich das letzte Wort sein? Hätte Gott nicht doch, geleitet von seiner *scientia media*, dann wenigstens diejenige hypothetische Welt- und Gnadenordnung zur Realisierung auswählen können, in der eben *möglichst viele* Menschen, wenn nicht (kraft allgemeiner Überfülle großer Gnadenberufungen) sogar *alle*, Heil und Erlösung gefunden hätten? Selbst hier also meldet sich erneut ein Problem für die Aufrichtigkeit des allgemeinen göttlichen Heilswillens und folglich für die soteriologische Theodizee: Warum wählt Gott vollwissentlich gerade *nicht* jene Ordnung aus, in der das ewige Leid soteriologischen Scheiterns minimiert oder gar ganz eliminiert wäre? Hat er mit *solcher* Wahl wirklich schon *alles* getan, was in seinen Möglichkeiten steht, um das Heil seiner Geschöpfe zu maximieren? An dieser Stelle nun findet man schon bei Molina selbst eine recht bezeichnende Überlegung: Unbedingt möge man Gott in seiner (*scientia-media*-geleiteten) Weltenwahl und Gnadenverteilung gleichwohl einen *ganz und gar aufrichtigen* allgemeinen Heilswillen zuerkennen – und zwar *gerade so aufrichtig, als hätte Gott überhaupt keine scientia media*, als wüßte er also schlicht gar nicht mit letzter Sicherheit, was menschliche Freiheit aus seinen Heilsangeboten jeweils machen werde, anders gesagt: als würde er im Moment der freien Weltenwahl sein diesbezügliches Wissen vorübergehend *vergessen*.[63] Was hieran so bezeichnend ist, ist ja eben dies: daß offenbar geradezu die methodische Fiktion eines Gottes *ohne scientia media* erforderlich wird, um dessen soteriologische *Aufrichtigkeit* noch einmal retten zu können. Anders gesagt: die einstmals so vielversprechende *scientia media*, die verheißungsvolle Alternative zu den Schrecknissen thomistischer Prädestinationssystematik, ist ihrerseits, selbst noch in ihrer „gemäßigten", nicht-kongruistischen Beanspruchung, zur spürbaren Belastung für die Lehre vom göttlichen Heilswillen und für die soteriologische Theodizee insgesamt geworden – um *dieses* Problem zu sehen, mußte man den *anderen* großen Problemüberhang, das Scheitern ihres freiheitsverträglichen Möglichkeitsaufweises, gar nicht einmal berühren. Und doch: einfach *aufgeben* konnte man sie eben auch nicht; immerhin hatte sich der antikongruistische Molinismus auch so schon des massiven Vorwurfs zu erwehren, er zerstöre mit seiner relativierenden Sicht der ewigen Prädestination geradwegs deren Mysterium und damit diese selbst. Aber *das* wäre nun in der Tat gänzlich inakzeptabel gewesen – da galt es eben, wie gesagt, Augustinus die Treue zu halten, und so waren weitere, noch konsequentere Vorstöße in dieser Richtung, die

63 *L. de Molina*, Concordia (Anm. 14), Pars VII, ad q.23 a.4/5 disp. 1, membr. 13, n. 9: Gott habe die konkrete Gnadenordnung so aufrichtig (*ex animo*) statuiert, *ac si non existente in eo praescientia [...] elegisset*; ebenso disp. 3, n. 7: Gott wähle hier *tam sincere tamque ex animo, quam si ignoraret eventum futurum.*

dann etwa gar den Gedanken einer wirklich *offenen* soteriologischen Geschichte zwischen Gott und den Menschen noch erreicht und ausgesprochen hätten, einstweilen ganz gewiß ausgeschlossen.

Unaufhebbare Aporie? Der faktische Ausgang der thomistisch-molinistischen Kontroverse

Im übrigen zeigt ja schon der *ereignisgeschichtliche Verlauf* der thomistisch-molinistischen Gesamtkontroverse,[64] welch enge Grenzen allen spekulativen Bemühungen einstweilen historisch-faktisch gesteckt waren – und wie sehr diese Grenzen zentral mit der ebenso ungebrochenen wie unhinterfragten Wirkmacht *Augustins* zu tun hatten. Als beide Seiten nach dem Erscheinen von Molinas *Concordia* auf dem Feld der Gnadenlehre so heftig aneinandergeraten waren, daß man namentlich in der spanischen Kirche (hier wirkten ja die meisten der Hauptprotagonisten) schon eine schismatische Situation befürchtete und das römische Lehramt sich darum genötigt sah, die Streitfrage in eigener Instanz einer verbindlichen Klärung zuzuführen, da war es in dem langwierigen römischen Verfahren nämlich nicht etwa die in ihren Konsequenzen doch so erschreckende thomistisch-bañezianische, sondern im Gegenteil praktisch ausschließlich die molinistische Position gewesen, die stets am Rand der dogmatischen Verurteilung geschwebt hatte: zu freiheitsfreundlich, zu sehr der göttlichen Souveränität abträglich, zu wenig streng in der Prädestinationsexplikation, *zu wenig augustinisch eben.* Wenn allerdings am Ende dieser heißen Phase des Gnadenstreits gleichwohl nicht die weithin erwartete (und durch die offizielle römische Theologenkommission auch längst wohlausgearbeitete) Verurteilung des Molinismus stand, sondern, doch recht überraschend, die einstweilige Freigabe *beider* Positionen, verbunden mit der Mahnung *Pauls V.*, sich nicht gegenseitig zu verketzern, sondern Frieden zu halten und die endgültige dogmatische Entscheidung, die Rom „zu geeigneter Zeit" ein-

64 Zur Ereignisgeschichte des Gnadenstreits sei (in Ermangelung gründlicher neuerer Darstellungen) an dieser Stelle nur verwiesen auf *F. Stegmüller*, Art. Gnadenstreit: $LThK^2$ 4, 1002–1010; *G. Schneemann*, Die Entstehung der thomistisch-molinistischen Controverse, Freiburg 1879; *ders.*, Weitere Entwickelung der thomistisch-molinistischen Controverse, Freiburg 1880; *F. Morgott*, Art. Congregatio de auxiliis: Wetzer-Welte 3, 897–920; *H. Jedin*, Katholische Erneuerung (Anm. 1), 570–573.

mal veröffentlichen werde, geduldig abzuwarten,[65] so waren es wohl nicht zuletzt die eindringlichen Warnungen der beiden theologisch gebildeten Kardinäle *Bellarmin* und *Duperron* gewesen, die den Papst doch noch zu solcher Zurückhaltung gestimmt hatten:[66] Schließlich würde ja – so hatten sie unter anderem argumentiert und damit einen Punkt ins Spiel gebracht, der in dem vorangegangenen römischen Verfahren eine erstaunlich marginale Rolle gespielt hatte – eine dogmatische Entscheidung zugunsten des thomistischen Prädeterminismus den Häretikern jenseits der Alpen begründeten Anlaß zum Triumph geben, man habe es ja schon immer gewußt ... Wie es nun damit auch stehen mag – man muß Paul V. aus heutiger Sicht für sein eher überraschendes Schlußwort zum Gnadenstreit wohl doch dankbar sein. Es war sein ehrliches Eingeständnis, angesichts einer hochkomplexen theologischen Problemkonstellation einstweilen keinen klaren Weg mehr zu sehen, es also offenbar mit einer theologischen *Aporie* zu tun zu haben. Und, in der Tat, *unter dem Druck der beiden großen, alles normierenden Prämissen*, der augustinisch gedachten Gnadenunfehlbarkeit einerseits und der tridentinisch akzentuierten Entscheidungsfreiheit andererseits, wurde der rechtgläubige Mittelweg zwischen den angenommenen häretischen Extremen (der reformatorischen Freiheitsbestreitung und der pelagianischen Unterschätzung der Gnadenwirksamkeit) ja zwangsläufig schmal bis zur Unbestimmbarkeit, so daß sich über seinen genauen Verlauf und seine konkrete Gestalt schlechthin kein katholischer Konsens mehr erzielen ließ: Jedem Versuch, ihn begrifflich auszuweisen, haftete von vornherein der Makel an, aus der – argumentativ ja jeweils durchaus bedenkenswert untermauerten – Sicht der Gegenseite die orthodoxe Mitte in Wahrheit schon wieder verlassen zu haben und in den häretischen Abgrund gekippt zu sein. Im klaren Bewußtsein der Größe und Reichweite dieser Problematik also hat Paul V. die Gesamtfrage einstweilen offengehalten und an die Nachwelt weitergegeben – das ist aller Anerkennung wert. *Dieser* fiele dann freilich noch die Klärung zu, welche *bleibende Lehre* sie aus diesem faktischen Scheitern gnadentheologischer Theoriebildung im frühen 17. Jahrhundert nun eigentlich ziehen will. Ob nämlich, was sich unter den Diskursbedingungen des Jahres 1607 tatsächlich als unaufheb-

65 Vgl. DH 1997. – Die „geeignete Zeit" ist freilich bis heute nicht angebrochen.

66 Den Verlauf der entscheidenden letzten Kardinalsversammlung und die Voten aller Beteiligten hat Paul V. in einem eigenhändigen Protokoll festgehalten, das *G. Schneemann* wiederentdeckt und publiziert hat: Weitere Entwickelung (Anm. 64), 90–96.

bare Aporie präsentieren konnte, auch grundsätzlich und historisch nicht mehr relativierbar als solche zu gelten habe, wäre durchaus noch einmal eine ganz eigene Frage. Denn was eben – es ist immer wieder zu betonen – *unter dem Druck der unbefragt festgehaltenen Prämissen* im historischen Gnadenstreit schließlich nur noch im Nebulösen enden konnte, mag vielleicht doch ganz neue Auswege eröffnet bekommen, wenn sich zeigen sollte, daß diese Prämissen selbst, den notwendigen historischen Abstand zu den damaligen Diskursen vorausgesetzt, keineswegs schlechthin unrevidierbar sind. In diesem Fall könnte eine veränderte theologiegeschichtliche Situation sehr wohl noch einmal eine neue, weitergehende Arbeit am Gesamtproblem möglich werden lassen. Paul V. selbst hat einer künftigen Zeit genau diese Möglichkeit offengehalten, indem er den Gnadenstreit mitnichten etwa mit einer erneut prinzipiell ansetzenden lehramtlichen Aussage über die unaufhebbaren Grenzen gnadentheologischer Theoriebildung angesichts eines undurchschaubaren Mysteriums beendet hat, sondern vielmehr mit der schlichten, pragmatischen Entscheidung, „die Angelegenheit [zu] vertagen, damit die Zeit uns rate".[67] Insofern aber eine grundlegende Revision der Diskursprämissen einstweilen in der Tat noch außerhalb des historisch-situativ Möglichen lag, war diese weise Nicht-Entscheidung Pauls V. wohl wirklich das Beste, was vorerst getan werden konnte.

Die konflikthaft überreizte Atmosphäre des Gnadenstreits beruhigte sich daraufhin merklich; indes: *das Problem selbst* wurde mitnichten einfach ad acta gelegt, sondern begleitete die katholische Theologie von da ab gute dreihundert Jahre, wurde (wenn auch nicht immer in gleicher Stärke) nach wie vor als eine zentrale systematische Herausforderung wahrgenommen und brachte noch eine Fülle umfang- und inhaltsreicher Publikationen hervor, einzig anfangs zeitweise eingeschränkt durch ein restriktives Inquisitionsdekret von 1611, das freilich nur die Veröffentlichungen zur Gnade-Freiheits-Problematik im engeren Sinne, kaum die entscheidenden metaphysischen Rahmendiskussionen betraf und ab der Jahrhundertmitte ohnehin wieder praktisch allgemein ignoriert wurde. Mit den großen Systemalternativen – dem bañezianischen Thomismus und dem Molinismus in seinen Spielarten – waren freilich fortan die Spuren grundsätzlich vorgezeichnet, auf denen man nun in zunehmender spekulativer Verfeinerung voranschritt; das 18. Jahrhundert versuchte sich dann, der komplexen und immer noch ergebnislosen Debatte nun doch allmählich müde wer-

67 Bei *G. Schneemann*, Weitere Entwickelung (Anm. 64), 95.

dend, im kompromißhaften Ausgleich der Positionen (was wegen seiner systematischen Inkonsistenz allerdings ein eher unbefriedigendes Unterfangen blieb),[68] bis schließlich die katholische Aufklärung das Interesse an den alten scholastischen Fragestellungen insgesamt weithin zurücktreten ließ. Immerhin, man wußte durchaus noch um die historischen Positionen und tradierte sie auch schulmäßig weiter, bis sie dann ab der Mitte des 19. Jahrhunderts – im Kontext neuscholastischer Restauration – sogar noch einmal zu ganz neuem Leben erwachten: Man positionierte sich jetzt systematisch wieder mit Überzeugung thomistisch oder molinistisch, ja, der frühneuzeitliche Gnadenstreit lebte in einer kaum noch erwartbaren Heftigkeit von neuem auf – freilich nun unter einem Vorzeichen, das diese Neuauflage letztlich wohl doch weithin fruchtlos machen mußte: Vollends war ja nun Thomas von Aquin zum normativen Zentrum katholischer Theologie geworden, und so drehte sich der *neuscholastische* „Gnadenstreit" allzuoft weniger um die Sache selbst als um Detailfragen der Thomasexegese: ob dieser denn tatsächlich selbst schon die *praemotio physica* (mit all ihren Konsequenzen) gelehrt habe (was ihr in solcher Perspektive wohl sofort die theologisch-philosophische Rechtfertigung gegeben hätte, was also folglich von der einen Seite mit zahlreichen Textpassagen nachgewiesen, von der anderen mit ebenso zahlreichen Textpassagen bestritten wurde) – oder andererseits eben: ob er denn selbst schon, wenigstens sachlogisch implizit und in heimlicher Konsequenz seiner Systematik, die *scientia media* angezielt habe (hier wiederholte sich dann das gleiche Spiel). Man kann es der Theologie der Folgezeit – ab den ersten Jahrzehnten des 20. Jahrhunderts – also wohl nicht gänzlich verdenken, daß sie *solcher* Diskussionen dann doch zunehmend überdrüssig geworden ist, zumal man nun die Inkompatibilität des genuin thomanischen Denkens mit bestimmten Kategorien und Denkformen der neuzeitlichen Scholastik immer deutlicher zu sehen lernte. Und doch ist daraufhin etwas geschehen, was eben nicht hätte geschehen *dürfen*, weil es wohl nur um den Preis eines gravierenden theologischen Niveauverlustes geschehen konnte: Man gewöhnte es sich allmählich ab, das *Kernproblem* des thomistisch-molinistischen Streites überhaupt noch als eine Frage wahrzunehmen, die ernsthafter theologischer Bemühung um ausgewiesene Antworten würdig sei; man trug damit eine zentrale Schwierigkeit, die die katholische Theologie doch (und das

68 Vgl. zum „synkretistischen Gnadensystem" der Sorbonne etwa *G. Schneemann*, Weitere Entwickelung (Anm. 64), 122–130.

allemal mit gutem Recht!) jahrhundertelang umgetrieben hatte, weithin unter allgemeinem Stillschweigen zu Grabe, und wenn man betrachtet, wie marginalisiert die gesamte Fragestellung in heutigen theologischen Publikationen tatsächlich ist und wie knapp die Bemerkungen zumeist ausfallen, die man dem alten Streit und seinem Sachgehalt noch widmet, dann scheint die Grabesruhe hier doch sehr tief zu sein.

2. Gelöst, begründet verabschiedet oder doch nur verdrängt? Die unabgegoltene Aktualität der alten Problematik und die Insuffizienz einiger neuerer Antwortstrategien

Überwundenes „Begriffsgeklapper"? Beobachtungen zur Marginalisierung der Fragestellung in der neueren katholischen Theologie

Es hätte durchaus nicht so kommen müssen: *Friedrich Stegmüller*, einer der letzten profunden Kenner der Thematik, hatte der künftigen Theologie noch 1960 sehr Bedenkenswertes auf die Agenda gesetzt,[69] wenn er, die Schwierigkeiten der alten Systematiken rekapitulierend, „das Ringen um das vollgültige Gnadensystem weiterhin der Theologie als Aufgabe gestellt" sah, dabei „noch lange, stetige Arbeit in Behutsamkeit und Geduld" für erforderlich hielt, doch freilich zugleich auch noch einmal die Hoffnung auf echten theologischen Fortschritt in dieser Sache äußerte, gespeist etwa aus der gewachsenen Präzision in der „Erkenntnis der biblischen Aussagen", aus dem Potential neu gewonnener „Denkmethoden und Ausdrucksmittel" und nicht zuletzt aus einer gewissenhaft rekapitulierenden Aneignung der „Erfahrungen der bisherigen Systeme", die „den kritischen und synthetischen Blick" schärfen und zugleich doch wohl – bei allem Wissen um deren Begrenztheiten – auch das gedankliche Niveau markieren könnte, unterhalb dessen eine künftige Weiterarbeit am Problem eigentlich nicht ernsthaft stattfinden dürfte. Indes, es kam doch ganz anders, und Stegmüllers Aufruf verhallte in den folgenden Jahren und Jahrzehnten so gut wie ungehört. Man befreite sich vollends von der Last der alten Schultheologie und legte den thomistisch-molinistischen Streit als schultheologisches Problem par excellence ebenso beiseite wie die dogmatischen Handbücher, in denen er

69 *F. Stegmüller*, Art. Gnadensysteme: $LThK^2$ 4, 1007–1010, hier 1010.

zuletzt noch sein Schattendasein gefristet hatte. Wo man sich seiner aber seitdem noch knapp erinnert hat, da ist die Bewertung doch einhellig und eindeutig: Wenngleich in der Wortwahl recht zugespitzt, dürfte *Otto Hermann Pesch* nur einen breiten sachlichen Konsens der neueren Theologie artikulieren, wenn er sich mehrfach spürbar verächtlich über das „Begriffsgeklapper des Gnadenstreites“[70] äußert und dementsprechend sein kategorisches Urteil fällt: „Es ist heutzutage nicht mehr nötig, zu diesen Theorien noch Stellung zu nehmen“.[71] Sie seien bloße Geschichte, äußerst unrühmliche zumal – habe doch die nachtridentinische katholische Gnadenlehre insgesamt nur als „ein Trauerspiel“[72] zu gelten, der thomistisch-molinistische Gnadenstreit selbst aber als „[s]achlicher Höhepunkt und zugleich menschlicher, wissenschaftlicher und kirchlicher Tiefpunkt“[73] all jener begriffsklappernden innerscholastischen Ausdifferenzierungen. Man könnte diesen Urteilen mit Leichtigkeit zahlreiche gleichsinnige, wenn auch zumeist nicht ganz so scharf formulierte Äußerungen anderer Autoren an die Seite stellen; sie alle stehen exemplarisch für den in der neueren katholischen Theologie kaum noch einmal bestrittenen Konsens, daß „die jammervolle Kontroverse De Auxiliis“[74] „sich heute […] von selbst erledigt“[75] habe.

Wahrhaft vernichtende Urteile, fürwahr – und man möchte vielleicht, von solcher Vehemenz beeindruckt, auf den ersten Blick tatsächlich geneigt sein, es in der Tat bei diesem Schlußwort zu belassen und das ganze „Begriffsgeklapper“ der doch offenbar so verdienten Vergessenheit zu überantworten, meldeten sich da nicht sogleich doch auch einige irritierende Rückfragen. Etwa die, warum *philosophiegeschichtliche* Forschung heute, aufmerksam geworden auf die weitreichende und prägende Ausstrahlung der thomistisch-molinistischen Kontroverse auf zentrale Entwicklungslinien frühneuzeitlicher Philosophie bis hin zu *Descartes* und *Leibniz*, mitten im Kern dieses theologisch diagnostizierten „wissenschaftlichen Tief-

70 *O. H. Pesch*, Das Konzil von Trient und die Folgen, in: *ders./A. Peters*, Einführung in die Lehre von Gnade und Rechtfertigung, Darmstadt 1981, 169–221, hier 217.

71 *O. H. Pesch*, Das Konzil von Trient (Anm. 70), 216.

72 *O. H. Pesch*, Katholische Dogmatik aus ökumenischer Erfahrung, Bd. 1, Teilband I/2, Ostfildern 2008, 119.

73 *O. H. Pesch*, Thomas von Aquin (Anm. 8), 29.

74 *H. U. v. Balthasar*, Herrlichkeit. Eine theologische Ästhetik, Band III,1/2, Einsiedeln 1965, 386.

75 *H. Mühlen*, Gnadenlehre, in: *H. Vorgrimler/R. v. d. Gucht* (Hg.), Bilanz der Theologie im 20. Jahrhundert, Freiburg 1970, III, 148–192, hier 152.

punkt[s]“ scholastischer Diskursgeschichte immerhin nicht weniger zu erblicken vermag als „die unbestreitbar dichteste Diskursformation der frühen Neuzeit“, deren gründliche Aufarbeitung als Desiderat angemahnt wird, weil ansonsten „gigantische Diskursformationen im historischen Bewußtsein veröden.“[76] Wäre das so, dann wäre die thomistisch-molinistische Kontroverse schon von daher wohl gewiß nicht das schlechteste Erbe katholischer Theologie – und diese täte allemal gut daran, dessen Andenken auch zu pflegen und in Ehren zu halten. Nun *könnte* es wohl freilich sein, daß höchste begrifflich-diskursive Qualität (die solchem „Begriffsgeklapper“ dann wohl doch zuzugestehen wäre) gleichwohl verhängnisvoll zusammengegangen sei mit einem *theologisch* gänzlich inadäquaten Zugang *zur Sache selbst*; es *könnte* also sein, daß die neuere *Theologie* dies mit klarem Blick durchschaut hätte, die alte Problemdiskussion *von daher* als „erledigt“ verbuchen und eben auch, unerachtet der hohen immanenten Systemqualität, die alten Denkbemühungen *in diesem Sinn* tatsächlich als – *theologisch* – unangemessenes „Begriffsgeklapper“ einstufen dürfte. Wie gesagt, es *könnte* sein – es wäre aber wohl doch noch einmal zu *prüfen*. Denn wie sich eigentlich eine Problemlage, die sich offenbar einmal als wahrhaft epochales Menschheitsproblem erwiesen hat, heute einfach so „erledigen“ ließe, ja ganz „von selbst“ sich erledigen könnte – *so* unmittelbar evident ist das, wenn man ehrlich ist, eigentlich noch nicht. Ist sie vielleicht erledigt, weil sie mit Hilfe neuer theologischer Einsichten *gelöst* ist? Dann verdienten diese Einsichten wohl doch allemal eine eingehende Betrachtung, Prüfung und Würdigung. Oder ist sie etwa, wenn schon nicht gelöst, so doch *begründet verabschiedet*? Dann wären die betreffenden Gründe allerdings auch einmal daraufhin zu befragen, ob es denn wirklich *gute* Gründe gewesen sind. *Sollte* nun aber *beides* letztlich *nicht* der Fall sein, dann wäre die alte Problemfrage ja *ohne gute Gründe verabschiedet* – also eben *nur verdrängt*. Bloße Verdrängung aber wäre theologisch ohne Frage niveaulos – die neuere Theologie *muß* sich also schon um ihrer eigenen Niveausicherung willen vergewissern, daß sie den alten Gnadenstreit nicht etwa nur *verdrängt*, sondern eben doch *gelöst* oder aber *begründet verabschiedet* hat. Sehen wir also zu! Wie gesagt – man hat sich heute abgewöhnt, um den Gnadenstreit noch viele Worte zu machen; versuchen wir also, wenigstens die knappen Hinweise, die immerhin noch gegeben werden, einmal systematisch zu sichten.

76 *S. K. Knebel*, Scientia media (Anm. 56), 262.

Die bleibende Bedeutsamkeit der Frage und die unabwälzbare Zuständigkeit der theologischen Rationalität

Daß der Gnadenstreit theologisch inadäquates „Begriffsgeklapper" gewesen sei – dieser Vorwurf kann prinzipiell in eine dreifache Richtung zielen. Er könnte (*erstens*) meinen, daß es – in *theologischer* Betrachtung – tatsächlich um nichts gegangen sei oder daß die Bedeutung des Gegenstands die Mühe der vielen Worte einfach nicht gerechtfertigt habe. Nun wird man *das* wohl am wenigsten behaupten wollen: Die Frage, wie Gottes Handeln und Wirksamkeit sich eigentlich genau zur Rolle menschlicher Freiheit im Weltgeschehen verhalte und wo sich hier jeweils letzte *Verantwortlichkeit* lozieren lasse, ist doch wohl weder theologisch marginal noch aus spekulativem Übermut künstlich erzeugt; sie kehrt ja nicht zuletzt mitten im Kern jeder gedanklich angemessenen Bemühung um die *Theodizeeproblematik* wieder und führt dort in letzter Konsequenz genau wieder auf jene heißen Punkte der *Gotteslehre*, die eben auch schon im thomistisch-molinistischen Streit berührt worden waren, ja dort eine hoch beachtliche begriffliche Vorstrukturierung erfahren hatten, die gründlich zu rezipieren für jeden, der sich heute mit solchen Fragen theologisch beschäftigt, von beträchtlichem Gewinn sein dürfte. Es mag dann gleichwohl sein, daß die alten Antwortversuche (die ja gleichfalls, wie wir sahen, in der Problematik der *soteriologischen Theodizee* durchweg ihre Zuspitzung fanden) aus *ganz anderen* Gründen an bestimmten Stellen unzureichend erscheinen mögen, aber die Problemfrage selbst steht schlicht im Zentrum jeglicher Theologie: „Die frühere Kontroverse ist Exponent einer Frage, die in jedem theistischen Denken lebt; einer Frage, die sogar in manchem Atheismus weiterwirkt, der ja aus einer bestimmten Antwort auf diese Frage geboren wurde" – so, ganz zu Recht, *Piet Schoonenberg.*[77] Nein, es ging wahrlich nicht um nichts, und „von selbst erledigt" hat sich hier auch nichts. Sofern aber die *alten* Lösungsvorschläge insuffizient sind, gilt es doch wohl gerade, das Ringen um bessere, dabei *auf gleichem begrifflichem Niveau ausgewiesene* Lösungen *entschieden fortzusetzen.* Mit dem eigentümlichen Vorwurf des „Begriffsgeklappers" könnte man *insoweit* tatsächlich ganz gut leben.

Freilich, es mag sein, daß dieser Vorwurf (*zweitens*) noch in eine ganz andere Richtung zielt. Sollte das faktisch aporetische Ende der alten Kontroverse nicht doch gezeigt haben, daß es in ihr um eine Sache ging, die an

77 *P. Schoonenberg*, Ein Gott der Menschen, Zürich – Einsiedeln – Köln 1969, 13.

sich zwar theologisch hoch bedeutsam und zentral sein mag, doch sich eben – vielleicht sogar als notwendige Kehrseite der Größe ihres Gegenstands – dem begrifflichen Denken, zumindest wo es eine gedanklich befriedigende Auflösung sucht, *prinzipiell entzieht*? Würde es also genau *dadurch* dann zum letztlich leeren „Geklapper" – eben weil zu viel geredet wurde, wo man schlicht hätte verstummen müssen? Und wäre die Verabschiedung der alten Kontroverse als „erledigt" vielleicht gerade das menschlich und theologisch höchst angemessene Sichbescheiden der Vernunft angesichts eines Mysteriums, an dem sie zwangsläufig zerbrechen muß? Der Gnadenstreit – so urteilt etwa, seine aporetisch auslaufende Historie rekapitulierend und auswertend, *Hubert Jedin* – „blieb lehramtlich unentschieden und mußte es wohl bleiben, weil das Mysterium des Zusammenwirkens der göttlichen Gnade mit dem freien Willen des Menschen der letzten Aufhellung durch die Vernunft trotzt."[78] Auch *Gisbert Greshake* geht in die gleiche Richtung: „Um das Problem, um das es im Gnadenstreit ging, ist es in den letzten Jahrzehnten still geworden, und zwar weil heute deutlich ist, daß in der angesprochenen Frage ein Grundgeheimnis waltet, das vom Menschen nicht zu durchschauen ist".[79] Diese Geheimnishaftigkeit läßt man dann mitunter ausdrücklich so weit gehen, daß auch der logische Grundsatz von der ausgeschlossenen Koexistenz des direkt Widersprüchlichen letzlich noch fallen muß: Weil „unsere menschliche Einsicht in das Glaubensgeheimnis stets Stückwerk" bleibe, so *Johann Auer*, könnten zugleich „verschiedene, einander sehr widersprechende Systeme gültig sein" – eben das sei die „theologisch großartige Lösung" des Gnadenstreits, aus der man möglicherweise bis heute viel lernen könne.[80] Ähnlich schließlich auch *Karl Rahner*: „Zwei sicher gegebene Tatsachen dürfen nicht bestritten werden, weil wir sie nicht auseinander oder aus einem dritten ableiten können oder ein drittes Wie und Warum ihrer Koexistenz nicht aufzuweisen vermögen. Totale Herkünftigkeit von Gott in allem und eigenständige Freiheit sind solche Tatsachen."[81] Nimmt man dies beim Wort, dann soll also offenbar *sowohl* die – bañezianische – Grundoption einer „totale[n] Herkünftigkeit von Gott *in allem*" (also doch wohl einschließlich

78 *H. Jedin*, Katholische Erneuerung (Anm. 1), 572f.

79 *G. Greshake*, Geschenkte Freiheit. Einführung in die Gnadenlehre, Freiburg/Basel/Wien 1992, 87.

80 *J. Auer*, Das Evangelium der Gnade (KKD 5), Regensburg ^{3}1980, 252.

81 *K. Rahner*, Art. Gnade und Freiheit: SM 2 (1968), 469–476, hier 475.

aller Bestimmtheitsaspekte unserer Aktvollzüge?) *als auch* die – molinistische – Grundoption einer (doch wohl auch gegenüber Gott?) „eigenständige[n] Freiheit" theologisch gleichermaßen gültig sein – *das* gibt nun ohne Zweifel logische Rätsel auf. Ein echtes Geheimnis also? Was hier immerhin zur Vorsicht stimmen muß, ist, daß der theologische Geheimnisbegriff ein hochgradig mißbrauchsanfälliges Instrument ist. Es mag eben auch Pseudogeheimnisse geben, die schlicht dadurch entstehen, daß auf der Ebene der vorausliegenden Axiome und Prämissen bereits entsprechend „geheimnisträchtige" Probleme angelegt werden: Man zwingt Voraussetzungen zusammen, die für sich genommen nicht mehr hinreichend kritisch diskutiert werden (etwa weil man sie allzu schnell schon für „sicher gegebene Tatsachen" hält oder gar nicht in ihrem ganzen Konsequenzengeflecht wahrnimmt) und die anschließend in ihrer wechselseitigen logischen Inkompatibilität ein Scheinmysterium erzeugen. Gewiß, das Gnade-Freiheits-Problem führt *in seiner traditionellen Exposition und Bearbeitung*, näherhin unter dem Druck der unbefragt in seine Problemstellung eingegangenen Prämissen, unbestreitbar in eine Aporie, doch ist diese Feststellung eben nicht ohne weiteres identisch mit der Einschätzung, es lasse uns eines wahren Glaubensgeheimnisses ansichtig werden. Identisch wäre beides nur dann, wenn diese seine traditionelle Exposition und Bearbeitung in der Tat theologisch alternativlos wäre, und zwar auch und gerade im Blick auf die darin eingegangenen Prämissen und Denkmittel selbst. Wer freilich *nicht* dieser Auffassung ist, vermag das „Geheimnis" an diesem Punkt tatsächlich nicht mehr zu erkennen: „Es ist zu leugnen, daß die Gnadenstreite des 16. und 17. Jahrhunderts die grundsätzliche Unauflösbarkeit des Problems von göttlicher Allwirksamkeit und menschlicher Freiheit erweisen. Man sollte dagegen protestieren, daß dort von ‚Geheimnis' gesprochen wird, wo es sich um ein bloßes Rätsel als Folge unzureichender Denkmittel handelt, und daß man das Wort ‚Geheimnis' zum Asyl ungelöster Probleme macht" – so *Johannes Heinrichs* mit aller wünschenswerten Deutlichkeit.[82] Freilich: *wer* nun etwa *auch heute noch* der Meinung sein sollte, daß die Grundsätze der Metaphysik und der Wesensbegriff Gottes selbst eine allumfassende göttliche Wirksamkeit bis in alle Bestimmheitsaspekte jeder geschöpflichen Tätigkeit hinein erforderten und den Gedanken einer

82 *J. Heinrichs*, Ideologie oder Freiheitslehre? Zur Rezipierbarkeit der thomanischen Gnadenlehre von einem transzendentaldialogischen Standpunkt: ThPh 49 (1974), 395–436, hier 431.

ursprünglich sich selbst bestimmenden geschöpflichen Freiheit *neben* Gott und im realdifferenten *Gegenüber* zu ihm prinzipiell ausschlössen, *wer* ferner *immer noch* der Meinung sein sollte, daß Augustins Lehre von der Gnadenunfehlbarkeit (mit allen zwangsläufigen Konsequenzen bis hin zur Prädestination) strikt die Treue zu halten sei, wer aber nun *zugleich* und trotz allem eine unverkürzte, eigenständige und ursprüngliche Freiheit des Menschen *gegenüber* Gott behaupten wollte – *der* mag dann wohl mit gutem Grund für sich ein „Geheimnis" konstatieren; *besser* freilich wäre es, er würde über einige seiner eigenen Prämissen (und in eins damit eben auch über bestimmte Prämissen der Tradition selbst) doch noch einmal nachdenken …

Die hier in Rede stehende Strategie, das aporetisch scheinende Gnade-Freiheits-Problem dem Zugriff begrifflichen Denkens einfach zu entziehen, hat – neben solcher reinen *reductio in mysterium* – mitunter noch eine andere Spielart, und auch ihr mögen an dieser Stelle einige Bemerkungen gelten. Auf ein ganz anderes Feld, so hört man da, sei die Thematik angemessenerweise zu verschieben – nämlich von der theologischen Theoriebildung hin zur *Spiritualität*, wo sich dann allererst die (theoretisch unzugängliche) Antwort durch gläubige *Erfahrung* jenseits des Begriffs eröffne. „Die Kernfrage des Problems Gnade – Freiheit", so etwa *Ludwig Weimer*, „wie nämlich der einzelne das Daß ihrer Einheit für sich begreifen könne […], ist als praktisches Problem dogmatisch nicht lösbar, außer durch den grundsätzlichen Hinweis, das Problem sei eben nur im Vollzug verstehbar"; einzig die ‚Heiligen' seien es, die durch ihre Glaubenspraxis zu einem völligen Verstehen dessen gelangt seien, was alles theologische Bemühen doch nie ganz ausdrücken könne.[83] Von hier aus läßt sich freilich, wenn man will, zumal der thomistisch-molinistische Gnadenstreit trefflich kritisieren: Genau diese Wendung ließ man der Sache dort ja nicht angedeihen, sondern trieb die begriffliche Arbeit eben doch bis zum letzten und zerstritt sich folglich unnötigerweise, wie es scheint, wo religiöse Erfahrung doch je schon weiter gewesen sei – mit dem fatalen Ergebnis eben, daß die „Begriffe nur so klapperten, […] mit echter geistlicher Erfahrung aber nichts zu tun hatten".[84] Hier also sieht man sich in der neueren Theologie einen entscheidenden Schritt weitergekommen: „Um das Problem ‚Gnade – Freiheit' wirklich zu ‚verstehen', es stehen zu lassen und es anzunehmen, muß man

---

83 *L. Weimer*, Die Lust an Gott und seiner Sache, Freiburg 1981, 75f.
84 *O. H. Pesch*, Das Konzil von Trient (Anm. 70), 210.

in die Gestimmtheit des Beters zurückkehren: Er empfängt sich, ist und gibt sich Gott zurück, indem er die Empfängnis annimmt, als Moment an der Gabe selbst. Bezieht man diese Position des Beters, [..., dann] hat man dadurch schon die ‚Lösung' des Problems angenommen [...]" – so Karl Rahner.[85] Nun soll überhaupt nicht bestritten werden, daß der Erfahrungsdimension im angemessenen theologischen Nachdenken über die Gnade unbedingt der ihr gebührende Platz einzuräumen sei: Der Bezug zur lebendigen Glaubenspraxis ist hier in der Tat geradezu konstitutiv. *Unbehagen* entsteht angesichts der zitierten Positionen gleichwohl in genau dem Maße, wie hier etwa versucht werden sollte, religiöse Erfahrung gegen systematische Reflexionsarbeit *auszuspielen*. Denn, bei aller *Bedeutung* solcher Erfahrung *auch* für die theologisch-begriffliche Arbeit: Sie *dispensiert* doch nicht von ihr. Es ist auch durchaus keine Hybris, wenn menschliche Vernunft auch angesichts noch so tiefer Erfahrungen durchgängig noch einmal nach begrifflicher Synthese strebt: Nur durch begriffliche Durchdringung kann Erfahrenes menschlich wirklich angeeignet und auch kommunizierbar werden, ja, die fraglichen Erfahrungen selbst sind überhaupt nur in dem Maße *identifizierbar*, wie sie bereits anfanghaft *interpretiert* und damit zugleich auch schon in einen gedanklichen (und wenigstens implizit *systematischen*) Kontext eingeordnet worden sind. Wenn sich der „begriffsklappernde" Gnadenstreit allein deshalb erübrigen sollte, weil religiöse Gnadenerfahrung je schon weiter gewesen sei, dann bliebe ja doch immer noch die Frage offen, *was* genau es denn sei, was in solcher Erfahrung, die notwendige spirituelle Sammlung und Offenheit vorausgesetzt, überhaupt erfahren werde: Daß Gott allein es ist, der mein Ja in mir wirkt, weil meine absolute Ohnmacht zum wahrhaft Guten es prinzipiell nicht kann – also die zweifellos tiefe Erfahrung Augustins und Luthers? Oder etwa doch die so ganz anders geartete ignatianisch-jesuitische Grunderfahrung, als freier Mensch vor dem Gott zu stehen, der die wahlfreie Entscheidung gegenüber seinem Willen will? Beide Erfahrungen wurden im Kontext der Gnade-Freiheit-Zuordnung theologisch geltend gemacht – und mußten dann freilich, so gegensätzlich, wie sie in sich selbst je schon waren, zwangsläufig auch als Ausgangspunkt für ganz entgegengesetzte theoretische Folgerungen fungieren. Aber dann trägt der Erfahrungsrekurs offenkundig *überhaupt noch nichts* zur „Lösung" der Gnade-Freiheits-Diskussion bei, solange nicht zugleich Stellung bezogen wird, *welche* dieser Erfahrungen

---

85 *K. Rahner*, Art. Gnade und Freiheit (Anm. 81), 475.

nun eigentlich „stimmt", also dem Verhältnis von Gott und Mensch in der Sache selbst gerecht wird – oder (sofern die Wahrheit sich hier als vielschichtiger erweisen sollte) *in welcher Hinsicht* die jeweilige Erfahrung „stimmt" und wie sie von hier aus *als Teilaspekt* in ein konsistentes Gesamtverständnis zu integrieren, in ihrem *Totalanspruch* jedoch zugleich zu relativieren wäre. Doch führte *solche* Stellungnahme dann ja notwendig schon wieder zurück auf das Feld eben jener theoretischen Auseinandersetzungen, deren vermeintlichem „Begriffsgeklapper" man durch den Erfahrungsrekurs gerade entgehen wollte. Einmal an Rahners zuletzt zitierter Äußerung exemplifiziert: Der Beter wisse, daß er die Empfängnis annehme *als Moment an der Gabe selbst* – ist es nicht vielleicht doch so, daß man von einer (metaphysischen) Allkausalität Gottes für alle Akte (wie sie zwischen den begrifflichen Konzepten des Gnadenstreits ja gerade *strittig* war) erst schon einmal (aus anderen, durchaus wohl viel „theoretischeren" Gründen) *überzeugt* sein müßte, um seine eigene Gebetserfahrung nun gerade *so* zu deuten und die letzte Kausalität für die Annahme gerade *so* zu lozieren? In der Tat dürfte ja in alle religiöse Erfahrung – *spätestens* (!) in dem Moment, da sie reflektiert und versprachlicht wird – konstitutiv und unausweichlich all das mit eingehen, was der Erfahrende in seinem Selbst- und Weltverständnis, in seiner (impliziten oder expliziten) Metaphysik und Theologie, denkend *schon zuvor* für richtig gehalten und was darum auch *zumindest* (!) seine *Interpretation* des Erfahrenen von vornherein geleitet hat. Dann aber darf und muß über all dies auch gesprochen und gestritten werden – auf der Ebene *begrifflicher* Auseinandersetzung natürlich. Ja, der alte Gnadenstreit war durchaus auf dem *richtigen* Feld loziert; ihn präzise *deswegen* als überholtes „Begriffsgeklapper" abzutun und der theologischen Rationalität hier die Zuständigkeit aufzukündigen, *könnte* schlicht ein Indiz dafür sein, daß man sich einer notwendigen reflektierenden Weiterarbeit künftig durch bequeme Flucht in irrationalen Mystizismus zu *verweigern* gedenkt – und *das* wäre dann nicht etwa spirituell tiefgründig, sondern theologisch unverantwortlich: *Verdrängung* eben. Der Erfahrungsrekurs *bereichert* die begriffliche Arbeit, führt aber eben auch zu ihr zurück – schon deshalb, weil im Kern jeder gedeuteten und kommunizierten Erfahrung viel zu viel Begriff steckt, um in ihrem Namen dem Begriff das theologische Recht streitig machen zu können.

Kontroverse unter falschem Vorzeichen? Die Kritik am Kausalitätsschema im Namen des personalen Denkens und die bleibende Notwendigkeit weitergehender Klärungen

Aber mit welchem Recht könnte dann der alte Gnadenstreit überhaupt noch als „Begriffsgeklapper“ abgetan werden? Eigentlich allenfalls noch (*drittens*) vor dem Hintergrund, daß inzwischen eine – dann wohl durchaus *begrifflich* ausgewiesene – *Lösung* des alten Problems gefunden wäre, die indes ungleich *einfacher* wäre und *eben darum* den ganzen „klappernden“ Begriffsapparat der tausendseitigen Traktate schlicht entbehrlich machte.[86] Bliebe die Frage, worin diese Lösung denn nun zu suchen sei – denn um ein weiteres spekulatives Einzeltheorem, das etwas der *praemotio physica* oder der *scientia media* auf gleicher Ebene an die Seite zu stellen wäre, wird es sich dabei ja kaum handeln können: *Darauf* wäre man, so gründlich, wie man einst doch alle Denkmöglichkeiten ausgelotet hat, gewiß schon früher einmal gekommen; der über Jahrhunderte stagnierende Scholastikerstreit dürfte also klar indizieren, daß *hier* wirklich nichts mehr zu gewinnen war und ist … Also kann einzig dasjenige in Betracht kommen, was dem direkten thematischen Zugriff der alten Diskussionen noch *entzogen*, weil allseits selbstverständlich und unbefragt *vorausgesetzt* war: die grundlegenden Kategorien, Denkformen und Prämissen also, die den Gnadenstreit in seiner klassischen Gestalt von vornherein leiteten. In genau dem Maße, wie ein falsches Vorzeichen der *gesamten* traditionellen Problemexposition und -diskussion aufgewiesen werden könnte, mag es dann vielleicht in der Tat möglich werden, an entscheidender Stelle doch noch über die alte Aporetik hinauszukommen. Doch wo genau wäre hier eigentlich anzusetzen? Was präzise wäre der Grundfehler des alten Streits gewesen?

Eine Antwort darauf wird in der systematischen Theologie heute so weithin verbreitet gegeben, daß wir nicht umhin können, sie einmal genauer in den Blick zu nehmen. Beispielhaft formuliert hat sie etwa *Gisbert*

86 Ob man freilich in diesem Fall tatsächlich über die Bemühungen der Vorzeit einfach solchermaßen verächtlich hinweggehen sollte, wäre immer noch eine andere Frage; wir meinen: *allenfalls* dann, wenn die alten Debatten mit ihren aporetischen Theoriegeflechten nicht einmal mehr einen heuristischen Wert zur neuen Lösungsfindung gehabt hätten, ferner auch, wenn aus ihnen für die systematische Durcharbeitung der neuen Ideen überhaupt nichts weiter zu lernen wäre – andernfalls gebührte ihnen doch wohl eher *hoher Respekt*, auch wenn man heute, Zwerg auf den Schultern des Riesen eben, etwas weiter zu sehen meint …

Greshake, wenn er den Grundfehler aller traditionellen Bemühungen um das Gnade-Freiheits-Problem darin loziert, daß darin „göttliche und geschöpfliche Kausalität nur nach dem Modus konkurrierender dinglicher Ursächlichkeiten gedacht“ worden seien.[87] Freilich, bei näherer Betrachtung kann dieser Einwand zwei durchaus sehr verschiedene Stoßrichtungen haben – je nachdem, ob man den Problemakzent nun auf das *dingliche Ursächlichkeitsmodell* als solches oder aber speziell auf den *Konkurrenzgedanken* legt. Es lohnt sich, beidem einmal nachzugehen und dabei, der Einfachheit halber, mit dem ersten anzufangen: Allzu sehr also habe man sich im alten Gnadenstreit bei der begrifflichen Analyse der gott-menschlichen Interaktion von einem allgemeinen Kausalitätsschema leiten lassen, wie es im Prinzip auf jeden Vorgang anwendbar wäre, in dem Bestimmtheiten entstehen oder übertragen werden; wie in jeder Kausalkette habe man den beteiligten Entitäten die Rollen des Bestimmtheitsgebers und des Bestimmtheitsempfängers zugewiesen, dann wohl noch jeweils über die genaue Abfolge gestritten, jedoch – all diesem Streit vorausliegend – mit solchem Kausalitätsdenken von vornherein eine rein *sachontologische* Denkform beansprucht, die nicht allein die Beziehung von Gott und Mensch, sondern überhaupt jede *personale* Beziehung schon im Ansatz verfehle und unterbiete. Nun hat die Erneuerung der Gnadenlehre ja – und mit Recht – gerade die *personale* Dimension ins Zentrum gerückt; sie hat Gnade nicht mehr primär als eine dem Menschen durch göttliche Wirkkausalität übertragene supernaturale Entität oder Qualität (und damit als „geschaffene Gnade“) in den Blick genommen, sondern die liebende Selbstgegenwart Gottes für den Menschen als („ungeschaffene“) Grundwirklichkeit der Gnade akzentuiert und ihr Interesse von hier aus dem personal-dialogischen Miteinander von Gott und Mensch zugewandt, dem lebendigen Beziehungsgeschehen also zwischen Gott, der sich zuvorkommend als Gnade erschlossen hat, und dem Menschen, der zu wieder-liebender Antwort eingeladen ist. Dieser gnadentheologische Paradigmenwechsel wird nun – und hier allerdings müssen wir doch noch einmal näher hinsehen – nicht selten als Grund dafür namhaft gemacht, daß wir heute über die Mühen der thomistisch-molinistischen Problemdiskussionen prinzipiell hinausgelangt seien: Deren größter Mangel habe eben „in einer allzu mechanistisch-dinglichen Interpretation der Kausalkategorien“

87 *G. Greshake,* Geschenkte Freiheit (Anm. 79), 92 (eine Hervorhebung wurde hier weggelassen).

bestanden; in heutiger, „personal-dialogischer Denkform" sei die alte Aporetik hingegen überholt.[88] Das wäre nun in der Tat, erwiese es sich als tragfähig, eine frappierend einfache Lösung des epochalen Problems – und ist es darum wohl allemal wert, näher geprüft zu werden. Hat sich der alte Gnadenstreit also heute präzise deshalb „erledigt", weil man darin eben noch „sachontologisch" gedacht, inzwischen hingegen gelernt hat, Gnadentheologie „personal" und „dialogisch" zu betreiben?

Es sei hier zur Vorsicht gemahnt: Eine *systematisch nicht weiter ausgeführte bloße Verabschiedung* der alten Streitfragen im Namen der „personalen Wende" dürfte doch wohl recht kurzschlüssig und letztlich auch nicht nachvollziehbar sein. Denn sieht man näher hin, so führt die personale Neuorientierung der Gnadenlehre *zunächst einmal* mitnichten aus der Grundfrage des Gnadenstreits *heraus*, sondern sogar verschärft zu ihr *zurück* – allerdings (und darin liegt ihr mögliches Lösungspotential) nun nicht mehr unter ganz gleichen Bedingungen, vermag sie doch *einer bestimmten* hier möglichen Grundoption nunmehr ein argumentatives Übergewicht zu verleihen, das diese im historischen Streit so noch nicht haben konnte. Der entscheidende Punkt ist ja schlicht der, daß die so leicht und gerne eröffnete Alternative zwischen „Kausalitätsdenken" und „personalem Denken" bedenklich schief angesetzt, ja einfach unzutreffend sein dürfte. Auch personale Interaktion basiert darauf, daß – in den beteiligten Partnern – *Bestimmtheiten* auftreten, *die* kommuniziert werden (sonst hätte die Kommunikation keinen bestimmten Inhalt); doch bleibt damit auch die Frage legitim, *aus welchem Grund* nun eigentlich gerade *diese* Bestimmtheiten auftreten und keine anderen. Gnadentheologisch appliziert: Gott ist im Gnadengeschehen „bestimmt", sich im zuvorkommenden Angebot seiner Gnade selbst mitzuteilen; der Mensch ist – gesetzt den Fall, die solchermaßen eröffnete Gnadenrelation kommt daraufhin tatsächlich zustande – gleichfalls nicht mehr indifferent, sondern eben nunmehr „bestimmt", Ja zu sagen und sich dem sich schenkenden Gott personal zurückzuschenken; *woher aber dieses jeweilige Bestimmt-Sein*? Das ist sehr wohl eine Frage nach *Kausalitäten* – und wenn von „personaler Relation" ernsthaft die Rede sein soll, verlangt diese Frage auch eine völlig klare Antwort: Es muß auf *beiden* Seiten Kausalität *aus ureigener Freiheit* sein – nicht aus Natur, nicht aus übertragener Determination. Damit aber ist der Kernpunkt der alten Kontroversen mitnichten obsolet geworden, vielmehr in

88 Vgl. *G. L. Müller*, Katholische Dogmatik, Freiburg/Basel/Wien 1995, 807.

ganz neuer Weise ins Zentrum gerückt: Die personale Wende dispensiert nicht von einer Entscheidung in der Kernfrage des Gnadenstreits; im Gegenteil hängt die *Konsistenz* dieser Wende daran, hier *in bestimmter Weise* zu entscheiden – jedenfalls wenn es ehrliche Reflexion sein soll, die nicht einfach die bloße *Phänomenologie* der personalen Beziehung lyrisch umkreist (und *dann* freilich einwenden mag, da gehe es doch gewiß um ganz Anderes als um „Kausalitäten für Bestimmtheiten" ...), sondern die vielmehr, in die Abstraktion vordringend, auch nach den *Möglichkeitsbedingungen* der Phänomene fragt, und zwar schon deshalb, um Mißdeutungen abzuwehren, die letztlich auch das Phänomen selbst wieder angreifen würden. Personale Interaktion setzt Kausalität aus *ursprünglicher* Freiheit *beiderseits* zwingend voraus, und das gilt ganz gleichermaßen auch für eine personal orientierte Rede über das Gnadenverhältnis. Ob es solche Freiheit seitens des Geschöpfs gegenüber Gott und seiner Gnade jedoch geben könne, war ja im Gnadenstreit vor allem strittig geblieben; *daß* es sie gebe und aus theologisch wie philosophisch zwingenden Gründen geben *müsse*, war damals die Überzeugung *Molinas* gewesen. Und genau dahin – jedenfalls zu dieser molinistischen *Ur-Intuition* als solcher, wohl nicht schon zum *Gesamtsystem* – scheint uns die personale Wende der neueren Gnadenlehre mit Macht zurückzuführen. Ist der Gnadenstreit durch sie also *erledigt*? Er *mag* es wohl sein – *in genau dem Maße nämlich*, wie man nun etwa allgemein bereit wäre, diese Option mitzutragen, *allerdings dann auch mitsamt allen an ihr haftenden Konsequenzen*. Bleibt *diesbezüglich* dann freilich theologisch noch etwas strittig, dann bleibt eben auch der Gnadenstreit einstweilen *unerledigt* und harrt (freilich unter neuen Vorzeichen) seiner Fortsetzung ...

Um welche Konsequenzen es dabei aber vor allem gehen müßte, offenbart nicht zuletzt eine Reflexion auf die notwendigen Implikate einer personalen Relation, die in ihre Vollgestalt gelangt wäre.[89] Was in ihr natürlich *keinen* Platz hätte, wäre zunächst einmal die Frage, welches der Relata sich darin als bestimmungsgebende Ursache gegen das andere durchsetze – das wäre in der Tat ein schlichter Kategorienfehler, der Rückfall in vorpersonale (sachontologische) Kategorien. Defizitär wäre aber gleichfalls noch eine Sicht freier Interaktion, die sich zentral von der Frage leiten ließe, wie die eine Freiheit darin den Einfluß der anderen begrenzen und sich mit ih-

89 Die folgende Überlegung ist mit angeregt durch entsprechende Gedanken von *J. Heinrichs*, Ideologie oder Freiheitslehre (Anm. 82), 431f.

rem Sachanspruch gegen sie behaupten könne, weil alles andere etwa als Schwäche gelten müßte: Dies wäre eine noch rein negativ – als bloßes *Rechtsverhältnis* – gefaßte Freiheitsrelation, in der die Ebene vollpersonaler Kommunikation mitnichten schon erreicht wäre, weil es den Freiheiten vorerst nur um je eigene Sachinteressen, jedoch noch nicht im eigentlichen Sinne um *einander* ginge. Erst wo *dies* dann der Fall ist, in der *Liebe* also letztlich, ist die personale Relation endlich als „ursprünglich positives" Verhältnis realisiert: Daß man *nicht übereinander verfügt*, ist *hier* nun gerade (anders als in den beiden vorausliegenden Modellen) kein Negativum mehr, kein Mangel an Wirkkraft und auch kein Zeichen von Schwäche, sondern im Gegenteil jenes Positivum, das der Liebe allererst ihre Dignität gibt und ohne das sie auch überhaupt nicht zustande kommen könnte. Denn es ist für sie ja konstitutiv, daß keiner der Partner die Reaktion des anderen aus eigener Kausalität oder Anspruchsmacht erzwingen, erwirken oder unfehlbar durchsetzen kann, sondern daß beide Seiten aufeinander – auf die gegenseitige Selbstgabe – warten müssen, auch dann, wenn es einer der beiden Seiten nun obliegen sollte, den zuvorkommenden Anfang zu machen, einzuladen und um Zustimmung zu werben. Gnadentheologie aber unter diesem Vorzeichen zu entfalten, treibt für unsere Frage eine enorm wichtige Konsequenz hervor: Der alte, unter seinen angestammten Prämissen schlicht unlösbare Gnadenstreit läßt sich *sehr wohl* lösen, ja, die überkommene *Problemgestalt* als solche *zerfällt* schlicht. Die dornenvolle Frage nämlich, wie Gottes Anspruch souverän sich durchsetzen und unfehlbar realisiert werden könne, wenn der Mensch doch wahrhaft frei sei, ist *in ihrem ersten Teil überholt*, weil diese Anforderung, so altvertraut sie dem theologischen Denken auch erscheinen mag, doch einem für das dialogische Verhältnis unangemessenen Denkmodell entstammte: einem sachontologischen Modell kausaler Determination oder vielleicht auch noch einem bloß negativ-abgrenzenden Modell personaler Interaktion, jedenfalls aber keinem Modell, das einem Gott theologisch angemessen wäre, der Liebe ist und unsere Liebe sucht – ein solcher Gott bedient sich nicht der Mittel souveränen, unfehlbar verbürgten Sich-Durchsetzens. Und *hier* trennt sich ein konsequent personal entfaltetes Gnadendenken dann endlich doch auch vom alten *Molinismus*: Zwar war dieser den Grenzen eines bloßen sachontologischen Modells kausaler Determination insoweit durchaus schon entwachsen, als er mit der Insistenz auf der ursprünglichen menschlichen Freiheit die Dialogizität des Gnadengeschehens im Ansatz durchaus noch erreicht hatte, doch hatte er dann ja durch entsprechende

Zusatztheoreme (namentlich die *scientia media* und das darauf aufgebaute Prädestinationskonzept) noch einmal den Gedanken abzusichern versucht, daß Gott gleichwohl mit unfehlbarer Souveränität seine Pläne für die menschliche Freiheitsgeschichte durchsetzen könne: Hier hat das molinistische *System* die dialogische Ausrichtung der molinistischen *Ur-Intuition* dann wieder durchkreuzt. Freilich hätte Gott ja, so natürlich die Befürchtung auch im historischen Molinismus, andernfalls die Freiheitsgeschichte der Geschöpfe aus der Hand gegeben; *das kann er doch nicht.* Doch, eben das kann er – personal-dialogisch gefaßte Gnadenlehre erreicht durchaus noch die Spitzenthese, daß gerade dies seinem Wesen als Liebe *zuhöchst adäquat* ist. Was bleibt, ist dann der weitreichende Gedanke einer *offenen* Freiheitsgeschichte zwischen Gott und Menschen: Der „Einwand, Gott würde der Willkür der menschlichen Freiheit unterworfen, [...] verwechselt dialektische Verklammerung mit der offenen Geschichte von Freiheiten, die durch Anruf und frei schenkendes Antworten [...] gekennzeichnet ist."[90]

Ein kurzes Zwischenfazit! Ausgangspunkt der Überlegung war die gnadentheologische Inadäquatheit des sachontologisch gefaßten Ursachenmodells; von hier aus ließ sich der alte Streit in genau dem Maße, wie dieses tatsächlich als Prämisse in ihm steckte, systematisch aufbrechen und und die personale Alternative profilieren. Doch führte die Überlegung in ihrem konsequenten Fortgang noch auf eine weitere, letztlich viel zentralere und prägendere Prämisse des historischen Gnadenstreits: eben auf die von der *Unfehlbarkeit* des Gnadenwirkens Gottes und seiner soteriologischen Weltplanung. Wer nämlich das Gnadengeschehen als „offene Geschichte von Freiheiten" betrachtet, hat dieser Art von Unfehlbarkeitsvorstellung ja *eo ipso* bereits den Abschied gegeben. Und so betrifft dieser Ansatz zu einer Fundamentalrevision der alten Kontroverse letztlich gleich *zwei* ihrer primären Prämissen: Wird die *Ursachen*-Prämisse im personal-dialogischen Sinne *neu gefaßt*, dann muß die *Unfehlbarkeits*-Prämisse in notwendiger Konsequenz *entfallen*. Anschließen würde sich die weitergehende Aufgabe, die damit umrissene Intuition in genauerer Durcharbeitung systematisch zu explizieren: Ist erst einmal der Spitzengedanke erreicht, daß Gott mit der *offenen* Gnaden- und Freiheitsgeschichte letztlich wohl auch ein *Wagnis* eingeht, dann wäre nachfolgend zu prüfen, welche Revisionen der überkommenen *Gotteslehre* dies näherhin erfordert, wobei

90 *J. Heinrichs*, Ideologie oder Freiheitslehre (Anm. 82), 433.

sich die Frage nach dem Verhältnis Gottes zur *Zeit* als das spekulative Zentrum erweisen könnte. Zu prüfen wäre freilich auch die theologische Berechtigung, in den betroffenen Feldern der Gnaden- und Gotteslehre so klar über die Festlegungen der Tradition hinauszugehen, was freilich umgekehrt auch die Aufgabe in sich schließen dürfte, über die theologische Notwendigkeit (oder gar auch nur: Berechtigung) der gegenteiligen traditionellen Festlegungen ihrerseits noch einmal genauer nachzudenken. Wenn sich dabei möglichst überzeugend dartun ließe, *daß* man alle gegenläufigen Optionen tatsächlich auch theologisch legitim hinter sich lassen *dürfe* (oder vielleicht sogar *müsse* – das aufmerksame Abschreiten der thomistisch-molinistischen Kontroverse bis in ihre allseitig drohenden ruinösen Schlußgedanken hinein mag solcher Einschätzung jedenfalls wohl nicht das schlechteste Argument an die Hand geben ...), *dann wäre der Gnadenstreit von hier aus in der Tat wohl gelöst*, weil in einem entscheidenden Prämissenbereich prinzipiell *überholt*; er wäre gleichwohl *gelöst* und nicht nur *verdrängt*, weil an seinem Kernpunkt aufgenommen und hier in einer historisch noch nicht möglichen Eindeutigkeit beantwortet.

Indes, ob hierüber heute schon ganz ohne Schwierigkeiten ein theologischer Konsens zu erzielen wäre, ist noch einmal eine andere Frage. Jedenfalls fällt doch auf, daß längst nicht alle, die die personale Wende in der Gnadenlehre ansonsten überzeugend propagieren und namentlich auch die Positionen des Gnadenstreits von hier aus als überholt kritisieren, nun auch bereit zu sein scheinen, die notwendigen Konsequenzen dieser Wende mitzutragen. Wenn etwa *Gerhard Ludwig Müller*[91] die alte Kontroverse explizit „in personal-dialogischer Denkform" über ihre kausalen Engführungen hinaus- und so einer tragfähigeren Lösung zugeführt sieht, dann aber, im konkreteren Eingehen auf die klassischen Gnadensysteme, den entscheidenden Mangel des *Molinismus* nun in der „Gefahr" verortet, (nicht etwa durch ein Zuviel an spekulativer Rahmung die „dialogische" Grundintuition wieder unterlaufen zu haben, sondern vielmehr) „die in der Offenbarung bezeugte Allwirksamkeit der Gnade nicht voll zum Zuge zu bringen", so scheint das durchaus inkonsistent. Und auch Gisbert Greshake scheint sich, in spannungsvoller Verzahnung mit seinen begrüßenswert deutlichen Aussagen über die wahre schöpferische Freilassung des freien Geschöpfs durch Gottes allmächtige Freiheit, nicht *ganz* vom Gedanken der unfehlbaren göttlichen Allwirksamkeit lösen zu wollen, wenn, seinen Worten zu-

91 *G. L. Müller*, Katholische Dogmatik (Anm. 88), 807.

folge, „alles Geschehen in der Welt, so sehr Gott selbst dessen letzter Verursacher ist, zugleich auch vom Geschöpf ab[hängt], ohne daß [...] der Weltlauf und das einzelne Geschick Gott aus den Händen fällt".[92] Damit freilich bleibt auch ihm nur noch übrig, an dieser Stelle erneut das „unreduzierbare Geheimnis des Verhältnisses zwischen Gott und Mensch" zu konstatieren – und es drängt sich die Frage auf, ob dieser Geheimnisrekurs nicht schlicht dazu dienen muß, mit möglichst wenigen Worten über eine unbequeme Stelle theologischer Systembildung hinwegzukommen, an der eben eine Grundentscheidung zu fallen hätte: nämlich *entweder* einen zunächst vielversprechenden Paradigmenwechsel (hin zum „Personalen") nun doch wieder als theologisch unmöglich aufzugeben *oder aber* die aus ihm folgenden Konsequenzen dann auch entschlossen zuzulassen, sich also nötigenfalls auch von einer anders gearteten Normierung durch die Tradition in *diesem* Punkt zu befreien. Oder vielleicht doch nur – weil einem radikalen Bruch mit dem Kern der Glaubensüberlieferung hier ganz bestimmt nicht das Wort geredet werden soll – noch einmal gründlich *hinzuschauen*, ob die Dinge überhaupt so unumstößlich fest gefügt sind, wie oft unterstellt wird: Wie eigentlich steht es in dieser Hinsicht mit der „in der Offenbarung bezeugte[n] Allwirksamkeit der Gnade" wirklich? Worauf kann sich berufen, wer sie für theologisch unabdingbar hält? Auf jene einzelnen Paulusstellen, wonach Gott in uns „das Wollen und das Vollbringen bewirkt" (Phil 2,13) – Stellen, die natürlich auch in allen historischen Gnadenstreitigkeiten schon von zentraler Bedeutung waren und denen man doch, beim gleichen Autor schöpfend, immer schon genug Gegenteiliges an die Seite stellen konnte? Oder einfach auf den Gesamtduktus biblisch bezeugter Gottesoffenbarung? Da freilich dürfte es, ganz im Gegenteil, um eine dramatische Freiheitsgeschichte zwischen Gott und seinem Volk gehen, nicht um souveränes kausales Erwirken von menschlicher Zustimmung und Bundestreue, was ja immer auch die Frage aufwerfen würde, wie Gottes Part eigentlich überall da sich gestaltet habe, wo vielmehr Abwendung und Bundesbruch eingetreten ist. Oder sollte man die „Allwirksamkeit" der Gnade einfach deshalb für unverzichtbar erklären, weil sie zentrales Überlieferungsstück der augustinisch-scholastischen Tradition ist? Dann muß man sich allerdings nicht nur fragen lassen, wie ernst man es mit der personal erneuerten Gnadenlehre meint, sondern auch, welche Kriterien für theologische Verbindlichkeit man eigentlich in Anspruch neh-

92 *G. Greshake*, Geschenkte Freiheit (Anm. 79), 94f.

men möchte. Oder wären es gar ökumenische Gründe, die einen hier zur Vorsicht stimmen müßten, weil die in Frage stehende Gnadenallwirksamkeit ja insbesondere auch zentrales reformatorisches Erbe ist und ökumenisch orientierte katholische Theologie es sich nicht leisten dürfe, sich mit der Distanzierung von eigenen Traditionsstücken auch vom ökumenischen Gesprächspartner hier noch weiter zu entfernen? Wie auch immer es damit nun genau stehen mag – wir meinen doch in jedem Fall, daß auch hierher wohl *keine* hinreichende Legitimation käme, die immensen Schwierigkeiten und ruinösen Konsequenzen des gnadentheologischen Infallibilitätsdenkens (mit denen sich übrigens durchaus *beide* Seiten auseinandersetzen müßten) noch weiter mitzuschleppen.

„Konkurrenz-Denken" – der Grundfehler der alten Kontroverse? Eine geläufige Auskunft mit einigem Klärungsbedarf

Indes, es bleibt an dieser Stelle wohl doch noch mit einem Einwand ganz anderer Art zu rechnen. Denn *noch* könnte der Verdacht im Raum stehen, daß *diese* Auflösung des Gnadenstreits mit der alten Kontroverse in einem *ganz anderen* Prämissenfehler nach wie vor *einig* ginge; *diesen* Fehler aber gelte es eben *vor allem* zu überwinden, um dann tatsächlich noch einmal einer *alternativen* „Erledigung" des alten Gnadenstreits ansichtig zu werden, die den Überstieg über die traditionelle Aporie gleichermaßen erlaube, die zuletzt gezogene Konsequenz aber nun doch vermeide, und zwar nicht aus bloßer dogmatischer Scheu heraus, sondern eben geleitet von der *prinzipiellen* Einsicht, daß sich der in Rede stehende Denkfehler der alten Systeme darin ansonsten nur noch einmal (und gar zugespitzt) wiederholen müßte. Es wäre näherhin wohl erneut die Kritik am Schema der „konkurrierenden dinglichen Ursachen", die den Hintergrund dieses Einwands bilden könnte, nur eben diesmal in Konsequenz jenes *anderen* Aspekts, den wir oben einstweilen noch liegengelassen haben, als wir zunächst der Kritik am allgemeinen Ursachenschema nachgegangen sind und die „personale" Alternative sodann in ihre letzten Konsequenzen getrieben haben. Der anstehende Einwand würde nun also darauf abzielen, daß auch diese ganze Überlegung immer noch, wie schon die überkommenen Systematiken selbst, auf problematische Weise dem *Konkurrenzgedanken* verhaftet bleibe – und träfe freilich *zunächst* sofort auf den Gegeneinwand, dieser sei in unserem Lösungsvorschlag doch wohl im Gegenteil prinzipiell *über-*

wunden: geleitet eben von der Einsicht, daß vollpersonale Kommunikation die Interaktionspartner ja gerade *nicht* zu Konkurrenten um Bestimmungssetzungen macht, die dann auf Kosten des je anderen möglichst viel eigenmächtig zu bestimmen und, den „Konkurrenten" verdrängend, auf seinen Bereich überzugreifen bestrebt wären, sondern im Gegenteil die wechselseitige Anerkennung und Freigabe unter Aufgabe aller eigenmächtigen Verfügungsversuche erfordert, weil nur unter solcher Voraussetzung Liebe überhaupt real werden kann. Und *insoweit* könnte man den inkriminierten „Konkurrenzgedanken" ja ohne weiteres als gnadentheologisch inadäquat einstufen und ihm, soweit die Tradition sich gleichwohl von ihm hat leiten lassen, auch entschlossen den Abschied geben – nur ist eben, geht man die einschlägigen Äußerungen aus der Theologie der letzten Jahrzehnte einmal genauer durch, der Eindruck doch unabweisbar, es werde mit der Kritik am „Konkurrenzmodell" nicht selten noch bedeutend *mehr* als *nur das* angezielt, und zwar mit weitreichenden und letztlich auch höchst problematischen Konsequenzen, die man sich freilich selten einmal klar bewußt zu machen und noch seltener ehrlich zu akzeptieren scheint. „Konkurrenzhaft" über Gott und den Menschen denke nämlich bereits – so die theologisch seit einiger Zeit recht verbreitete Auskunft –, wer sich überhaupt *auf die Grundfrage einlasse*, die die alten Kontroversen um Gnadenwirken und Freiheit so dornenvoll gemacht habe: „was tut Gott und was der Mensch im Heilsprozeß?"[93]; „konkurrenzhaft" in diesem Sinne denke also schon, wer nach einer *spezifischen Zuschreibbarkeit* göttlicher und menschlicher Wirkmomente in ihrer Interaktion frage und damit das alte „Dilemma Gott *oder* Mensch"[94] doch nur immer wieder neu befestige. „Konkurrenzhaft" hätte demnach der Bañezianismus gedacht, wenn er der Würde *Gottes* nur dadurch gerecht zu werden meinte, daß er dem *Menschen* die *ursprüngliche* Kausalität für sein Handeln zugunsten göttlicher Erstdetermination *entzog*; „konkurrenzhaft" hätte aber auch der Molinismus gedacht, wenn er darauf insistierte, daß die menschliche Antwort auf die Gnade streng als solche (nicht im Sinne ihrer materialen Ermöglichung, wohl aber im Sinne ihres formalen Zustandekommens) eben auch *dem Menschen allein* zugeordnet werden müsse und *nicht* einer *göttlichen* Bestimmungskausalität: Immer lief es unbestreitbar auf ein letztes „Entweder – oder" zwischen Gott und Geschöpf hinaus. Doch auch unser

93 *G. Greshake*, Geschenkte Freiheit (Anm. 79), 89.
94 *G. Greshake*, a. a. O., 93.

Versuch, über die alte Aporie hinauszudenken, ist ja offenkundig unter diesem Vorzeichen verblieben: ganz im Einklang mit der molinistischen Grundintuition, nur diesmal in konsequentem Verzicht auf die gnadentheologische Unfehlbarkeitsthese. Grundlegend geblieben ist in der Tat auch dabei noch die Entscheidungsalternative: *Gott – oder Mensch?* Wir meinten bislang, daß es theologisch mitnichten ruinös sei, an entsprechender Stelle auf *den Menschen allein* zu verweisen: *Präzise für jenen Moment*, in dem der Mensch sein Ja zur zuvorkommend angebotenen Gnade spricht, kann es nur *streng eine* Kausalität geben, und zwar die des *Menschen in ursprünglicher Freiheit Gott gegenüber.*

Aber gerade hier wird nun entschieden nachgefaßt: „Gott oder Mensch – eine falsche Alternative"[95], so heißt es in neuerer Zeit immer wieder dezidiert; eine falsche Alternative, weil sie, eben in der „irrigen Annahme, daß das Tun Gottes das Tun des Menschen konkurrenziere", „Gott und den Menschen im Grund auf die gleiche Ebene" stelle und sich damit als „eine höchst anthropomorphe Vorstellung" erweise,[96] mithin doch „eigentlich ein theologisch unmöglicher Gedanke"[97] sei. Bliebe freilich zu fragen, was dann eigentlich noch die *Alternative* zu *solchem* „Konkurrenz-Denken" (nennen wir es also einmal so) sein soll. Hier wird nun gerne ein Modell ins Feld geführt, in dem, wie Otto Hermann Pesch schreibt, „jeder einzelne freie Akt zugleich von Gott und vom Menschen" sein soll[98] – ganz ohne jegliche „Konkurrenz", zugleich aber, wie es scheint, mit größtem systematischem Gewinn: Die Frage nach der präzisen Kausalität hinter unserem Zustimmungsakt führt dann ja nicht mehr in das Dilemma, *entweder* angesichts göttlicher Allwirksamkeit die geschöpfliche Freiheit opfern zu müssen *oder* angesichts geschöpflicher Freiheit die Allwirksamkeit Gottes; man bejaht vielmehr einfach vorbehaltlos und vollumfänglich *beides* und läßt, wie überhaupt „jede[n] einzelne[n] freie[n] Akt", so gerade auch den Akt der soteriologischen Einstimmung gleichermaßen vollständig in der freien Kausalität Gottes *und* des Menschen *zugleich* verankert sein. Eine überraschende Lösung – wäre *sie* also wohl die Einsicht, mit der man das alte Problem des Gnadenstreits inzwischen definitiv überholt hätte, ja mit der es sich wohl gar „von selbst erledigt" hätte?

---

95 *P. Schoonenberg*, Ein Gott der Menschen (Anm. 77), 9.
96 *P. Fransen*, Das neue Sein des Menschen in Christus: MySal 4/2, 921–984, hier 934.
97 *O. H. Pesch*, Katholische Dogmatik (Anm. 72), 140.
98 Ebd.

Nun, es bleiben da bei näherer Betrachtung durchaus noch Fragen zurück. Was mag mit der These, es sei „jeder einzelne freie Akt zugleich von Gott und vom Menschen", eigentlich genau gemeint sein? Sollte sie denn tatsächlich besagen, jeglicher menschliche Freiheitsakt gehe *in all seinen Momenten streng zugleich* aus göttlicher wie menschlicher Kausalität hervor? Wie aber wäre solch eine Behauptung überhaupt noch denkend einzuholen und theoretisch zu legitimieren? Freilich, Otto Hermann Pesch wenigstens scheint eine *so weitgehende* Sicht der Dinge nun doch nicht zu intendieren: Es sei, so fährt er fort, „jeder einzelne freie Akt zugleich von Gott und vom Menschen – ohne ‚Konkurrenz', vielmehr im Verhältnis schöpferischer Ermöglichung und geschöpflicher Verwirklichung".[99] Das ist nun gewiß wieder eine gut verständliche Explikation des zunächst so steil anmutenden Grundgedankens, bei der sich indes sogleich die Frage aufdrängt, ob dieser selbst damit nicht eigentlich schon wieder aufgegeben sei: Wenn Gott die menschliche Antwort nur *ermöglicht* (als Schöpfer und Erhalter der Freiheit und dann auch als Subjekt der zuvorkommend angebotenen Gnade), der Mensch hingegen es ist, der sie *realisiert*, dann ist man ja der „konkurrenzhaften" Abgrenzung der Wirkbereiche (wie die referierte Kritik sie monieren zu müssen meinte) mitnichten schon ganz entkommen, hat sie im Gegenteil nur noch einmal neu befestigt: Wenn die Ermöglichung wirklich *nur* Ermöglichung war und nicht eben doch heimliche Prädetermination, dann bleibt dem Menschen hier ja wieder ein Spielraum, wie er mit dieser Vorgabe umgehen will: *ob* er die eröffnete Möglichkeit realisiert, *wie* er sie realisiert, *wie entschieden* er sie realisiert ... Wer kommt kausal für diese spezifizierenden Entscheidungen auf? *Gott oder der Mensch?* Wenn Gott wirklich nur *ermöglicht*, dann doch wohl – in *diesem* formal isolierbaren Teilmoment des Gnadengeschehens – *der Mensch allein*: die molinistische Grundoption eben.

Freilich, anderswo scheint der fragliche Grundgedanke nun durchaus entschlossener in seine letzte mögliche Zuspitzung getrieben zu werden. So schreibt etwa *Johann Auer* zum Gnade-Freiheits-Problem: „Gott und Mensch, Gnade und Freiheit wirken im Heilswerk des Menschen so zusammen, daß nicht etwa die Handlung oder das Werk zu einem angebbaren Teil von Gott und ebenso zu einem angebbaren Teil vom Menschen gewirkt werden. *Jede Heilshandlung wird vielmehr ganz von Gott und ganz vom Menschen gesetzt*, jedes Heilswerk ist in seinem ganzen Umfang und in sei-

99 Ebd.

nem ganzen Sein Werk Gottes sowie Werk des Menschen".[100] Das ist nun tatsächlich unmißverständlich deutlich – jedenfalls was die *Intention als solche* betrifft: Absolute Allkausalität Gottes und unverkürzte Freiheit des Menschen sollen in solchem „Je-ganz"-Denken[101] ohne jede wechselseitige Beeinträchtigung (man ist ja dem Konkurrenz-Denken entwachsen) so koexistieren, daß *nichts mehr* wie auf zwei *voneinander zu scheidende* Seiten aufteilbar ist, etwa wie auf zwei einander *gegenüberstehende* Dialogpartner, die das *„Je-Ihre"* in die Interaktion einbringen; hier gibt es vielmehr nur ein *„Je-ganz"*, in dem offenbar *alles* von vornherein unmittelbar und vollständig deckungsgleich *ineinander* liegen soll – anders kann es ja eigentlich nicht mehr gemeint sein. Wie gesagt – die *Intention* ist wohl deutlich; *weniger deutlich* hingegen ist, wie solch eine These nun überhaupt noch *denkend nachvollziehbar* wäre. Denn wodurch könnte eine derartig totale Wirkübereinstimmung der beiden beteiligten Freiheitssubjekte eigentlich so sicher *verbürgt* sein, daß sie in die Form einer solchermaßen allgemeinen, von vornherein für jede Handlung gültigen Regel gebracht werden dürfte? Man könnte sogar noch weiter fragen: Wozu bedürfte es bei solch völliger Deckungsgleichheit der Wirkbeiträge überhaupt noch *zweier* Subjekte? Wenn es *schlechthin gar kein Handlungsmoment* mehr gibt, das *nicht* schon im Wirkbereich des einen läge und also *darum* ursprünglich-dialogisch vom anderen einzubringen wäre – warum dann überhaupt noch diese Verdoppelung? Ja, *sind* es angesichts solchermaßen unvordenklich verbürgter operativer Kongruenz überhaupt noch im eigentlichen Sinne *zwei* Subjekte in real-dialogischem Gegenüber? Doch was wäre andernfalls die Alternative? Und eine ganz andere Frage, die sich angesichts solch weitreichender Sätze ebenfalls aufdrängt: Was geschieht eigentlich dort, wo die angebotene Gnade *keine* positive Antwort findet, sondern im Gegenteil sündigen Widerstand hervorruft? Aus welcher Kausalität geht dann dieser Akt des Widerstandes „in seinem ganzen Umfang und in seinem ganzen Sein" hervor? Etwa wiederum aus *beiden zugleich*?

Klärungsbedarf also gibt es an dieser Stelle, soll das „Je-ganz" oder totale „Zugleich" nicht sogleich zur rätselhaften Behauptung verkümmern,

100 *J. Auer*, Evangelium der Gnade (Anm. 80), 247.

101 Diese Formel ist vor allem von *L. Weimer* (Die Lust an Gott: Anm. 83) stark beansprucht worden (vgl. ebd. 22–24 u. passim); sie faßt das Eigentümliche des hier in Rede stehenden theologischen Ansatzes gut zusammen und wird darum im folgenden immer wieder einmal benutzt.

sondern noch einmal *begrifflich ausgewiesen* und auf seine systematischen Konsequenzen hin geprüft werden, jedenfalls mehr als genug. Indes ist die These nun doch so weitreichend, daß die jetzt noch notwendigen, fundamentalen Klärungen schwerlich im Binnenraum der Gnadenlehre oder überhaupt auch nur dogmatikintern erreicht werden können. Man gerät vielmehr auf der Spur solcher Gedanken zwangsläufig vor die grundlegendere Frage, wie eigentlich das Verhältnis von göttlichem und geschöpflichem, von absolutem und endlichem Sein und Wirksamsein insgesamt zu denken sei – die (religions-)*philosophischen* (oder metaphysischen) Basisimplikationen explizit eingeschlossen: Solche Rückverfolgung gnadentheologischer Letztprobleme bis in ihren philosophischen Wurzelgrund hinein erweist sich zumindest hier wohl als ebenso unerläßlich, wie sie es auch für die frühneuzeitlichen Systematiken an ihren entscheidenden Systemstellen schon einmal gewesen ist. Ihnen macht man gleichwohl den Vorwurf, zu „konkurrenzhaft" gedacht und so die Wahrheit des „Je-ganz" verkannt, also doch wohl das Gott-Welt-Verhältnis nicht recht erfaßt zu haben. Wie aber *muß* es nun eigentlich beschrieben werden, wenn es gerade *kein* Konkurrenzverhältnis im Sinne der aufteilenden Zuschreibbarkeit von Wirkmomenten sein soll? Das ist die Spur, die es zu verfolgen gilt. Freilich, auch wo man solche Punkte in der neueren Gnadendiskussion noch berührt hat, dürfen wir eine streng und ausführlich durchgearbeitete Systematik auf dem Niveau der Vorzeit nicht mehr erwarten – dafür ist das Gesamtproblem in den letzten Jahrzehnten einfach zu sehr marginalisiert und zu oft mit vagen Floskeln verabschiedet worden; das ist für systematische Arbeit in der gebotenen Gründlichkeit kein guter Nährboden. Einzelne Ideen und Intuitionen wurden immerhin noch formuliert; sehen wir also zu, ob sich der alte Gnadenstreit im Licht der hier noch zu erwartenden Einsichten dann endgültig als *erledigt*, weil schon im Ansatz *einsehbar überwunden*, abhaken läßt.

Ein zu hoher Preis: Monistische Konsequenzen

Wir folgen hier exemplarisch den einschlägigen Ausführungen *Piet Schoonenbergs.*[102] Auch er gehört zu denen, die im Blick auf den historischen Gnadenstreit die Einschätzung geäußert haben, „daß das Unrecht beider Parteien nicht zunächst darin lag, was jede verteidigte […], sondern mehr

102 *P. Schoonenberg*, Ein Gott der Menschen (Anm. 77). – Solange nichts anderes ange-

in einer stillschweigenden Voraussetzung, in der sie sich einig waren [...]: Daß [...] Schöpfer und Geschöpf Konkurrenten seien, daß Gottes Tätigkeit auf Kosten der Tätigkeit des Menschen und des Menschen Freiheit und Ursprünglichkeit auf Kosten von Gottes Ursächlichkeit gingen; daß Gott weniger tätig sei, wo des Menschen Aktivität größer wird, und umgekehrt." Doch gebe es inzwischen Hoffnung auf echten theologischen Fortschritt: „Es scheint, daß diese Voraussetzung überwunden werden kann [...]." (12) Bei der anschließenden Frage, wie der hier anstehende Revisionsschritt systematisch genauer auszuweisen wäre, geht Schoonenbergs Blick dann zunächst einmal mit Recht über die eigentliche Gnadenlehre hinaus: Die gedankliche Arbeit muß fundamental am Gott-Welt-Verhältnis selbst ansetzen und schließt notwendig philosophische Aspekte ein. Für die nähere begriffliche Bestimmung dieses Verhältnisses aber rekurriert Schoonenberg nun auf ein *partizipationstheoretisches* Modell („Philosophisch kann das ganze Verhältnis zwischen Gott und Welt [...] als Teilhabe, Teilnahme ausgedrückt werden" [18]), das er freilich in einem bestimmten Punkt sogleich charakteristisch zuspitzt: „Unsere metaphysische Reflexion sieht die Welt *und ihr ganzes Geschehen* als Teilhabe an Ihm." (28)[103] Die Teilhabe der Welt an Gott soll sich also nicht in einer statisch aufzufassenden Seinsteilhabe erschöpfen, sondern von vornherein einen dynamischen Aspekt einschließen, der Sein und Tätigsein untrennbar zusammenrückt und es erlauben soll, auch den Geschehensverlauf der Welt ebenso als Partizipation am (All-)Wirksamsein Gottes zu deuten wie schon ihr bloßes Dasein als Partizipation an dem seinen. Weltgeschehen und Weltgeschichte sind in dieser Sicht darum durchaus – im Sinne des hier diskutierten Modells: *je ganz* – Entfaltung des Wirkens Gottes (der *jegliches* Selbstsein in all seinen Momenten partizipativ in sich faßt) wie auch Eigenwirken des Endlichen (das einzig in solch restloser Partizipation den ontologischen Ort seines eigenen Seins und Tätigseins hat): Gott ist qua Teilhaberelation im innersten Wirkgrund seiner Geschöpfe wirkend ganz gegenwärtig, und diese wirken ganz *in ihm.* Doch drängt sich die entscheidende Frage von da aus ja mit Notwendigkeit auf: Sind Gott und Geschöpf (im Wirken und dann auch überhaupt im Sein) hier überhaupt noch adäquat scheidbar? Wäre Gott nicht unter solchen Voraussetzungen, konsequent gedacht,

---

geben wird, entstammen alle folgenden Zitate dieser Quelle; der Nachweis erfolgt darum nur durch Seitenzahlen im Text.

103 Hervorhebung: M. G.

geradezu mit dem eigentlichen „Selbst“ oder dem letzten Wesens- und Aktionsgrund des endlichen Freiheitswesens zu *identifizieren?* Schoonenberg wagt darauf nun tatsächlich eine vorsichtig *bejahende* Antwort, allerdings nicht ohne sich dabei noch einmal des Rückhalts in einer großen Tradition theologischen Partizipationsdenkens zu versichern und die nachfolgend beanspruchte Metaphorik von hier aus zu legitimieren: „Der Schöpfer kann auch Seele oder tragende Person, Substanz oder ‚Selbst‘ der Welt genannt werden, so daß die Welt als Gottes Verkörperung gesehen wird. Nicht nur außerhalb des katholischen Denkens sind solche Bilder entstanden. Sogar Thomas von Aquin wagt manchmal denselben Vergleich“ (27). In *diesem einen* Punkt also war man im frühneuzeitlichen Gnadenstreit, aller normativen Ausrichtung an den alten *auctoritates* zum Trotz, demnach wohl schlicht traditionsvergessen, und zwar auf beiden Seiten gleichermaßen. Das war der gemeinsame Grundfehler, der zur Konstruktion falscher systematischer Alternativen führen mußte, weil man sich jetzt an der Frage abmühte, ob es *gegenüber* Gott und seiner Gnade ursprüngliche menschliche Freiheit geben könne oder ob Gott vielmehr, um Gott zu sein, durch *äußere* Determination von Anfang an über diese Freiheit herrschen müsse. Die Neubesinnung auf die rechte Bestimmung des Gott-Welt-Verhältnisses weist für Schoonenberg den Ausweg: „Die gemeinsame Voraussetzung beider Lehren, nämlich daß Gott und Welt, Gott und Mensch Konkurrenten sind, daß sich ihr Wirken nebeneinander abspielt, muß überwunden werden durch die Erkenntnis, daß der Schöpfer seinem Geschöpf gerade das eigene Sein und Wirken immer zu eigen schenkt.“ (30) Darum hat sich zunächst einmal der historische Molinismus systematisch ins Unrecht gesetzt, wenn er darauf insistiert hat, es müsse einen ursprünglich eigenen Wirkbereich menschlicher Freiheit geben, der der direkten Verfügung durch göttliches Kausalwirken entzogen bleibt, nachdem jedenfalls Gott solche geschöpfliche Freiheit schöpferisch frei gewollt hat. Im Gegenteil, sein Schöpferhandeln muß fortgesetzt alle Wirklichkeit in all ihren Momenten einschließen und kann darum auch unsere ureigenen Freiheitsakte nicht ausklammern: Die Einsicht, daß „Gott unsern freien Willen verwirklicht, auch als unsre eigene freie Tat, kann kaum geleugnet werden, wenn man das Bekenntnis zu Gott als Schöpfer ernstnimmt. In diesem Punkt hatten die Gegner des Molina recht.“ (24) Gleichwohl kann diese Kritik unter den neuen Vorzeichen nun nicht mehr dazu führen, die damalige Alternative, also das System der Bañezianer, einfach zu affirmieren: Zwar waren sie, insoweit sie die göttliche Kausalität auf die Verwirklichung all unserer freien

Willensakte ausdehnten, Schoonenberg zufolge im Recht, doch wußten sie solche Kausalität ja nicht anders mehr zu explizieren als mit Hilfe der Vorstellung äußerer Prädeterminationsstöße, die dem schon bestehenden, ruhenden Sein der Geschöpfe vom himmlischen Weltlenker nachträglich hinzugefügt werden, um es nach seinem Willen in die jeweilige Aktion zu versetzen. *Hier* nun wären die Bañezianer zu fragen, „ob sie [...] ihre richtige Vorstellung nicht dadurch verpfuschten, indem sie Gott unserm freien Willen und Willensakt noch etwas anderes hinzufügen lassen. Gott springt nicht selbst zwischen uns und unsere Entscheidung. Er tut das durch keine einzige Hinzufügung von außen her. Er konkurriert nicht mit unserm Akt, sondern verwirklicht ihn gerade auf jene Weise, wie er *unser* Akt ist; er realisiert ihn als freien Akt." (24) Also ist nicht allein Molinas Versuch verfehlt, unseren Akt gerade dadurch als *unseren* auszuweisen, daß er eben nicht *Gottes* Akt ist; ebenso verfehlt ist letztlich doch, dem richtigen Grundanliegen zum Trotz, auch Bañez' Alternative, *unseren* Akt *so* auf *Gottes* Akt zurückzuführen, daß er eben doch nicht mehr in vollem Sinne *unser* Akt sein kann, weil *Gottes* Akt eben in einer vermittelten, fremddeterminierenden Kausaleinwirkung von außen her besteht. Schoonenbergs bemerkenswerte Lösungsformel, die wir soeben vernommen haben, will nun offenkundig über beides gleichermaßen prinzipiell hinausführen: Gott verwirklicht unseren Akt „gerade auf jene Weise, wie er *unser* Akt ist". Die Explikation des Gott-Welt-Verhältnisses als dynamische, bis zum Tätigsein hin ausgedehnte Partizipation des Geschöpfs an Gott hat diesen Ausweg offenbar möglich gemacht, weil sie ein schlechthin konkurrenzfreies Wirken Gottes *im* Wirken des Geschöpfs (das nirgend anders seinen ureigenen ontologischen Ort hat als eben *in* Gott und seiner Wirkdynamik) zu denken erlaubt.

Und doch zeigen sich gerade hier zugleich noch einmal sehr deutlich die spekulativen Folgekosten des ganzen Ansatzes: Wenn Gott (als Subjekt der Aktsetzung) unseren Akt „gerade auf jene Weise" verwirklicht, „wie er *unser* Akt ist" (und wie er folglich *uns* als Subjekt der Aktsetzung zuzuordnen ist), wenn *Gott* also „gerade auf jene Weise" Subjekt der Aktsetzung ist, wie *wir* es sind, dann ist das eben nur noch denkbar, wenn es sich in Wahrheit gar nicht mehr um *zwei realdifferente* Subjekte handelt, sondern diese Subjekte vielmehr im letzten *identisch sind* und ihr *Plural* sich als vordergründig erweist. Und so hätte sich bestätigt, was wir schon geargwöhnt haben: Das partizipationstheoretisch bestimmte Verhältnis müßte tatsächlich bis zur *Identität* fortbestimmt werden, um die zuletzt gezogenen Konsequenzen wirklich zu tragen. Dann also wäre – im Kern, unerachtet vielleicht noch möglicher Differenzierungen im Sekundären – Gott eben doch mit der Welt identifiziert und die Welt als göttlich erkannt; dann müßte der Weltlauf als Selbstvollzug Gottes im Endlichen und (was dann in eins fällt) als Selbstvollzug des Endlichen in Gott gedeutet werden; dann wäre Gott wirklich – wie es im oben angeführten Zitat ja tatsächlich schon hieß – das „Selbst" der Welt. Und so hätten wir, in letzter Konsequenz des oft so unproblematisiert ins Feld geführten „Je-ganz"-Modells, nichts anderes erreicht als eine *monistische* Auflösung des Gesamtproblems. „Ganz Gottes Tat und zugleich ganz Tat des Menschen" – wir fragten uns, wie so etwas überhaupt denkbar sein sollte: daß zwei Subjektivitäten aus ihrer Realdifferenz heraus streng zugleich und in allen Aspekten ein und denselben Akt je ganz erwirken und in der genauen Spezifikation ihrer Aktsetzung dabei stets einig sein könnten, ohne einander „konkurrenzhaft" fremddeterminieren zu müssen. Weniger rätselhaft wird das alles in der Tat dann (und wohl *erst* dann), wenn man ihre *Zweiheit* und *Realdifferenz* als solche zur Disposition stellt: *Dann* mag es eben der göttliche Grund selbst sein, der *ganz erwirkt*, was sein restlos von ihm durchdrungenes Teilmoment als Fortwirken dieses Grundes, der sein eigener innerster ist, *auch selbst ganz erwirkt – entsprechend der Seinsweise eben, die es in solchem Rahmen überhaupt noch hat*. Das Rätsel ist gelöst, freilich *aus theologischer Sicht* nun doch etwas überraschend: Man opfert mit dem (als „konkurrenzhaft" abgewiesenen) *Gegenüber* von Gott und Mensch ihre *Realdifferenz* und *Zweiheit* zugunsten einer Spekulation über Grund und Entfaltungsmomente in letzter *Einheit*. Keine Frage, *denkmöglich* ist das (und ein anregender Gegenstand für philosophische Diskussion gewiß auch) – doch *kann die Theologie denn wirklich diesen Weg beschreiten?* Die Schwierigkeit ist evident, denn ein Monismus, der die Realdifferenz von Gott und Welt überspringt, ist für eine Theologie, die sich als offenbarungsverpflichtete versteht, schwerlich eine legitime Denkmöglichkeit – fundamental schon deshalb, weil das *Gegenüber* von Gott und Mensch nun einmal in dem Maße theologisch konstitutiv ist, wie dies von der Offenbarung der gottmenschlichen Bundesgeschichte insgesamt gilt, deren notwendiges Implikat es ist. Die biblisch bezeugte Offenbarung kreist zentral um jenes Gegenüber in seiner ganzen Dramatik, worin die Differenz wachsen kann bis zur Kluft der Sünde, wie menschliche Abkehr sie aus ursprünglicher Freiheit gegen Gott erwirkt, oder aber einmünden kann in die Einheit der Freundschaft und Liebe zwischen Gott und Geschöpf, die aber doch immer nur

Resultat ihrer Freiheitsgeschichte und nicht schon Urdatum ihrer ontologischen Relation sein kann, darum also auch die Distanz und das Gegenüber formal voraussetzen muß, um überhaupt aus ursprünglicher Freiheit dialogisch hervorgehen zu können. Dies alles muß, so theologisch zentral, wie es nun einmal ist, irgendwie in den Ansatz reintegriert werden – mit seiner zentralen Voraussetzung eben: der dialogermöglichenden Distanz zwischen Gott und Mensch, der wahren Andersheit. Doch wie wäre das möglich, nachdem diese Voraussetzung nunmehr im Ansatz selbst revoziert scheint? Oder wäre der gesamte Ansatz, so verheißungsvoll er zunächst auch den Ausweg aus der thomistisch-molinistischen Aporie zu weisen schien, angesichts solchen Problemüberhangs nun doch wieder aufzugeben? Schoonenberg, der die Schwierigkeit durchaus sieht, ist dezidiert *nicht* dieser Meinung: Die pantheistische Gefahr, „daß Gott für unser Auge hinter dem Innerweltlichen verschwindet; daß er darin aufzugehen scheint, als Seele oder Selbst oder All der Welt“ (26) – sie läßt sich, so seine Überzeugung, durch entsprechend absichernde Zusatzbestimmungen durchaus auf Distanz halten. Gewiß, wir werden „von der Schrift aufgefordert, die radikale Transzendenz und personale Souveränität des Schöpfers zu bekennen“ (ebd.), aber das, so Schoonenberg, „heißt […] nicht, daß ich bisher auf einem falschen Weg war; denn diese Transzendenz und Souveränität liegen schon im Verwirklichen der innerweltlichen Realität durch Gott beschlossen. […] Gerade durch seine Transzendenz steht Gott nicht neben einer weltlichen Ursache, sondern ist er dieser ganzen Ursache und aller Wirklichkeit der Welt immanent.“ (26) Allein, so sehr die *Absicht* klar ist, *verstehbar* ist das eigentlich nicht mehr, und von einer gedanklich überzeugenden *Vermittlung* zwischen monistischer Intuition und *hinzubehauptetem* (weil theologisch erfordertem) Differenzgedanken kann hier schwerlich schon die Rede sein. Schoonenberg stellt die Gegensätze vielmehr schroff nebeneinander: Gott lenkt die Welt unmittelbar von innen, wie seinen ‚Leib‘, in letzter Seins- und Wirkeinheit, „aber nun ganz und gar transzendent und zugleich mehr immanent als ich selbst in meinem Leibe“ (23). Das Paradox wird erneut zur letzten Zuflucht, und wo das Denken die selbst gesetzten Voraussetzungen nicht mehr synthetisieren kann, wird wieder das Geheimnis bemüht: „Nicht neben, sondern vor und sogar über den Geschöpfen ist [Gott] gegenwärtig; doch dieses ‚vor‘ und ‚über‘ darf ihn wiederum nicht außer und neben sie stellen. Mysterien pflegen in zwei Thesen ausgedrückt zu werden, die wir beide akzeptieren müssen, deren Einheit aber für uns immer eine Frage ist.“ (30)

Man könnte an dieser Stelle gewiß noch manchen Einzelaspekt weiter verfolgen – nicht zuletzt auch die Frage, was eigentlich in einem solchen Ansatz, der ja immerhin den bañezianischen Gedanken göttlicher *Allursächlichkeit* unter neuen Vorzeichen klar reaffirmiert, zur Frage der *Theodizee* (in ihrer allgemeinen Gestalt wie in ihrer soteriologischen Spezialform) zu sagen wäre ... Und es wäre gewiß auch nicht ohne Interesse, mit nunmehr geschärftem Problembewußtsein sich noch einmal den einschlägigen Texten desjenigen zuzuwenden, auf dessen Theorie der transzendentalen göttlichen Ursächlichkeit Schoonenberg sich ausdrücklich beruft (16): Karl Rahner, dessen berühmtes (und im Gnade-Freiheits-Problemkomplex als Kernalternative zu den traditionellen Ansätzen von ihm selbst stets zentral beanspruchtes) Axiom, wonach im Verhältnis von Gott und Geschöpf Abhängigkeit und echter Selbstand singulärerweise nicht in umgekehrtem, sondern in gleichem Maße wüchsen,[104] wohl doch genau so lange eine eher rätselhafte Behauptung bleiben muß, wie man es nicht gleichfalls – und dann erneut mit kryptomonistischer Tendenz[105] – vor dem Hintergrund eines ontologischen Partizipationsmodells liest, das seinen Höhepunkt (über die Statik bloßer Seinsteilhabe hinaus) in der dynamischen Partizipation endlicher Freiheit an Gottes eigenem Tätigsein bis in alle Bestimmtheitsmomente ihres Aktvollzugs hinein findet. Doch muß das einstweilen Gesagte an dieser Stelle genügen. Wir haben versucht, Reichweite und Berechtigung des in jüngerer Zeit viel beanspruchten gnadentheologischen „Je-ganz"-Modells auszuloten. Man kann mit dieser Formel ohne Zweifel die fixierten Alternativen der alten Gnade-Freiheits-Kontroversen hinter sich lassen, ohne doch einerseits das Theorem von der un-

104 „Das Verhältnis zwischen Gott und der Kreatur ist gerade im Unterschied zu jeder sonstigen innerweltlichen kausalen Abhängigkeit dadurch gekennzeichnet, daß Eigenstand (Eigensein) und Abhängigkeit im selben Maße, nicht im umgekehrten, wachsen [...] Dieses Verhältnis transzendentaler, *nicht*-kategorialer Art erreicht, ohne daß ein völlig anderes Verhältnis gegeben würde, seinen Höhepunkt im Verhältnis zwischen Gott und dem freien Subjekt samt dessen freiem Akt: Die transzendentale Herkünftigkeit des freien Aktes von Gott ist gerade seine Setzung als eines freien, seine Überantwortung an die Selbstverantwortung der Kreatur." *K. Rahner*, Art. Gnade und Freiheit (Anm. 81), 470f.

105 Vgl. die zutreffende Diagnose von *K. Müller*, Über den monistischen Tiefenstrom der christlichen Gottrede, in: *ders./M. Striet* (Hg.), Dogma und Denkform (ratio fidei; 25), Regensburg 2005, 47–84, hier 80f: „Schon seit langem frage ich mich, wie denn ohne Einbezug einer monistischen Dimension Rahners These verstehbar sei, dass Gottes Selbstmitteilung und Eigenstand der Geschöpfe im gleichen und nicht im umgekehrten Maße wüchsen".

fehlbaren Wirksamkeit göttlicher Gnade preisgeben zu müssen (da Gott explizit allursächlich bleibt) und ohne andererseits die menschliche Freiheit einer bloßen Fremddetermination opfern zu müssen (da sie ja aus ihrem tiefsten Seins- und Wirkgrund heraus selbsttätig bleibt). Man kann diese Formel aber eben, hinreichend gründliche Reflexion vorausgesetzt, schwerlich so explizieren, daß sie nicht ein deutliches monistisches Gefälle bekäme – die vermeintliche Lösung hat mithin einen Preis, der aus theologischer Sicht wohl doch *deutlich zu hoch* sein dürfte. Wenn es aber Ideen und Intuitionen wie die hier referierte gewesen sein sollten, die etwa maßgeblich zu der heute weithin unproblematisierten Einschätzung beigetragen haben mögen, der alte Gnadenstreit habe sich inzwischen „von selbst erledigt", dann wäre doch wohl klar zu widersprechen: Angesichts *solcher* Folgekosten bleibt er vielmehr, gerade auch *von hier aus* betrachtet, durchaus *unerledigt*; zufriedenstellend beantwortet oder überwunden wäre seine Kernfrage auf *diesem* Wege jedenfalls noch nicht. Wo man künftig aber um eine solche Antwort ringt, wird man gleichwohl gut daran tun, das Streitfeld auszudehnen: Auch über Positionen auf der hier vorgestellten Linie wird man fortan zu streiten haben. *Unstrittig* jedenfalls ist hier noch nicht viel – nicht einmal der Ausgangspunkt, die kategorische Abweisung der Alternative „Gott oder Mensch" im hier umrissenen Sinne. Es *kann*, hat man sich die systematischen Konsequenzen erst einmal hinreichend deutlich gemacht, durchaus sein, daß man es doch noch für theologisch angemessener erachten wird, den *Kernpunkt* des diffamierten „Konkurrenzgedankens" an *dieser* Stelle sehr bewußt zu *rehabilitieren* und gar für unverzichtbar zu erklären – daß man sich also gerne darauf einlassen mag, dieser „Vorwurf" treffe die alten Systeme ebenso wie etwa auch die eigenen, weitergehenden Bemühungen, nur daß man eben zurückweisen wird, es sei überhaupt ein *Vorwurf*.

Abschied von der unfehlbaren Gnadenwirksamkeit – ein systematisches Fazit

Es ist Zeit, diese Überlegungen zum Abschluß zu führen. Der thomistisch-molinistische Streit, die „größte dogmatische Kontroverse" der katholischen Theologie, ist – das wenigstens dürfte sich gezeigt haben – auch heute noch aller Aufmerksamkeit wert: nicht nur aus historischem Interesse, sondern weil seine Kernproblematik bei genauem Hinsehen nach wie vor unabgegolten ist – eine theologische Herausforderung, die weitaus bedrängender ist, als die heute weithin vorherrschende Einschätzung, der alte Streit habe sich einfach „erledigt", nahezulegen scheint. Wie man sich selbst in dieser Frage eigentlich genau positionieren solle, ist dabei durchaus nicht von vornherein klar vorgezeichnet. Unser historisch-systematischer Durchgang mag es aber ermöglicht haben, zumindest das Feld der möglichen Alternativen klarer zu strukturieren; darüber hinaus dürfte er vielleicht doch auch konkretere Entscheidungshilfen geboten haben, wenn es darum geht, *welche* dieser Alternativen nun eigentlich den theologischen Vorzug verdient. Natürlich *könnte* man (*erstens*) auf der Spur der alten Bañezianer verbleiben: Ihre Systematik ist ja durchaus konsistent gefügt; mit einer Ausnahme freilich: Was keine Freiheit mehr *ist*, sollte man auch nicht mehr so *nennen* – hier wäre endlich einmal jene begriffliche Ehrlichkeit herzustellen, die die *Jesuitenscholastik* an diesem Punkt immer schon mit Recht angemahnt hat. Wie *das* dann freilich für *katholische* Theologie noch vertretbar wäre, ist eine andere Frage – jedenfalls läge *darin* der Preis für die hier fraglos gelungene Rettung der Gnadenunfehlbarkeit, die sich dabei (bei hinreichend konsequenter Beachtung des philosophischen Gesamtrahmens) als Spezialfall durchgängiger göttlicher Allkausalität erwiese. Wer dann der Meinung ist, mit den allgemeinen wie soteriologischen *Theodizeekonsequenzen* leben zu können, wer ferner der Meinung ist, das neuzeitliche Subjekt- und Freiheitsdenken sei ohnehin nur eine bedauerliche Abirrung von jener normativen Metaphysik, wie sie von *Bañez* in ihre letzten Konsequenzen geführt wurde, der mag diesen Weg des strengen *theologischen Determinismus* beschreiten und sich damit zufriedengeben. Alle anderen werden (*zweitens*) mit kritischer Aufmerksamkeit zu prüfen haben, wie tragfähig eigentlich jener Weg ist, der jeden menschlichen Freiheitsakt „zugleich", „je ganz" und in all seinen Momenten aus göttlicher *und* menschlicher Freiheitskausalität hervorgehen lassen will, um damit die „konkurrenzhafte" Entscheidung zwischen göttlicher und menschlicher Bestimmungssetzung schon im Ansatz zu unterlaufen und der alten Kontroverse somit einen *prinzipiellen* Ausweg jenseits der alten Aporien zu weisen, einen Ausweg, der von den damaligen Kontrahenten – allseits verhaftet geblieben in der unbefragten Denkform des „Konkurrenzprinzips" – demnach offenbar noch nicht gesehen werden konnte. Der Ansatz verspricht nicht wenig; er verspricht, die Allkausalität Gottes ebenso streng zu wahren wie das deterministische Modell, ohne dabei doch die geschöpfliche Freiheit erneut unter äußerer Fremddetermination zu erdrücken, da ja *Gottes* bestimmungssetzender Freiheitsakt gerade *im* tiefsten Grund *ihrer* ureigenen *Selbst*bestimmung ablaufen soll und nirgends sonst. Indes, wir konnten uns einstweilen nicht davon überzeugen, daß dies anders denkbar sei als um einen wahrlich hohen Preis: Dringt man vor bis zur redlichen begrifflichen Durcharbeitung dieser Intuition (und das ist theologisch ja doch *unerläßlich*, weil es *unredlich* wäre, unangenehme Konsequenzen durch bloßen *Geheimnisrekurs* zu verschleiern), dann muß alledem eben eine Explikation des Gott-Welt-Verhältnisses zugrundegelegt werden, die man wohl nur als *Monismus* bestimmen kann: ein Identitätsdenken, das von vornherein um das metaphysisch verbürgte *Ineinander* von Gott und Geschöpf kreist und damit keinen Raum mehr bietet für jenes *Gegenüber* in der Realdifferenz freier Subjekte, das dann allererst einen wahren *Dialog* ursprünglicher Freiheiten ermöglichte – ein Identitätsdenken, das eben aufgrund dieser Folgen jedenfalls schon keine geeignete Denkform mehr für die reflektierende Aneignung der biblisch bezeugten Glaubensüberlieferung von der Geschichte Gottes mit den Menschen sein dürfte, wobei die weiteren konzeptionellen Überhangprobleme (genannt sei auch hier nur noch wieder, exemplarisch, die Frage der Theodizee) jetzt gar nicht mehr thematisiert werden sollen.

Wenn nun aber die *deterministische* und die *monistische* Option für die eigene systematische Positionierung doch wohl mit guten Gründen ausfallen – was bleibt dann überhaupt noch? Offenbar einzig die entschlossene Aufnahme jenes *Freiheitsdenkens*, das in der *molinistischen Ur-Intuition* schon einmal theologisch leitend gewesen ist: die systematische Akzeptanz einer formal ursprünglich sich selbst bestimmenden geschöpflichen Freiheit vor und gegenüber Gott und seinem Gnadenwirken, die von diesem als solchermaßen ursprünglich freie in eigener souveräner Schöpferfreiheit (und in freiem Verzicht auf seine *mögliche* Eigenschaft, Alldeterminator zu sein) gewollt ist. Ob man nun allerdings gut daran täte, sich von hier aus geradewegs als *Molinist* zu bekennen, wäre noch einmal eine ganz andere Frage: die Frage nämlich, ob man sich nicht nur der molinistischen *Kernoption*, sondern darüber hinaus auch dem *Gesamtsystem* anschließen möchte. Und das liefe eben – wegen der Zentralität dieses Theorems – auf die Frage hinaus, ob die *scientia media* nur ein interessantes geistesgeschichtliches Kuriosum oder aber doch eine ernsthaft zu erwägende theoretische Option aktueller Gnaden- und Gotteslehre darstellt. Diese Frage hat ihren höchst realen Hintergrund in einer hierzulande überraschend wenig wahrgenommenen, dabei doch seit gut drei Jahrzehnten auf hohem Niveau geführten Debatte innerhalb der analytischen Religionsphilosophie des angelsächsischen Sprachraums:[106] *Alvin Plantinga* hatte, von Theodizeeüberlegungen ausgehend, zunächst noch ganz ohne Kenntnis historischer Vorläufermodelle die systematische Relevanz eines möglichen göttlichen Wissens um Freiheitskonditionalien ins Spiel gebracht, woraufhin schnell deutlich geworden war, daß ein solches „*middle knowledge*" (so hieß es dann, seit man auf Molina als ersten Vater des Gedankens wieder aufmerksam geworden war) *unter Freiheitsprämissen* in der Tat der einzig noch verbleibende Weg wäre, die klassisch-theistischen Theoreme von Gottes Präszienz, unfehlbarer Providenz und unwandelbarer Überzeitlichkeit überhaupt noch festhalten zu können. Es entfaltete sich eine frisch zupackende Diskussion jenseits der ausgetretenen Bahnen europäischer Schultheologie, angereichert mit neuen Denkmitteln und Darstellungsformen analytischer Philosophie und zudem diesmal auch ganz konfessionsübergreifend: *Neo-Molinism* und *middle knowledge* haben überzeugte Anhänger unter katholischen wie auch protestantischen Theologen und Religionsphilosophen gefunden, unter all jenen näherhin, die die Bewahrung der fraglichen theistischen Prädikate für theologisch essentiell halten, die Rolle der menschlichen Freiheit indes, nunmehr namentlich eben aus Gründen der (allgemeinen wie soteriologischen) *Theodizee*, nicht noch einmal beschnitten sehen wollen. Ihnen gegenüber stehen freilich in *dieser* „Neuauflage" der alten Kontroverse weniger die „Neo-Bañezianer" oder sonst eine Spielart des theologischen Determinismus (diese Position ist hier kaum noch greifbar) als vielmehr all jene, die *in eins* mit *middle knowledge* eben auch die klassisch-theistischen Theoreme von Gottes weltplanender Infallibilität und geschichtsenthobener Immutabilität *insgesamt gescheitert* sehen und stattdessen nun entschlossen auf einen *open theism* hindenken, der die Gotteslehre neu auszuformulieren unternimmt im Ausgang von der *offenen* Freiheitsgeschichte zwischen Gott und seinen Geschöpfen als der einzig noch konsistent verbleibenden, wenngleich eben Fundamentalrevisionen erzwingenden Denkmöglichkeit. Die beiden großen konzeptionellen Überhangprobleme nämlich, die schon die barocke

106 Rezipiert ist die Debatte in der deutschsprachigen Literatur v.a. bei *A. Kreiner*, Gott im Leid (QD 168), Freiburg/Basel/Wien 1997, 305–313; *ders.*, Das wahre Antlitz Gottes, Freiburg 2006, 350–355. Wenigstens ein zentraler Text der Debatte liegt in deutscher Übersetzung vor: *R. M. Adams*, Mittleres Wissen und das Problem des Übels, in: *Ch. Jäger* (Hg.), Analytische Religionsphilosophie, Paderborn 1998, 253–272; im übrigen sind die Haupttexte gesammelt zugänglich in: *W. Hasker/D. Basinger/E. Dekker* (Hg.), Middle Knowledge. Theory and Applications, Frankfurt 2000.

Jesuitenscholastik an der *scientia media*-Idee fast haben irrewerden lassen, konnten auch mit den neuen Mitteln der *neo-Molinists* letztlich, allen hier noch einmal unternommenen und auch durchaus interessanten Einzelüberlegungen zum Trotz, *nicht* mehr behoben werden: die höchst theodizeerelevante Frage nämlich zum einen, warum Gott aus seiner souveränen Überschau heraus eigentlich keine (generell wie namentlich auch soteriologisch) *bessere* Weltgeschichte zur Realisierung ausgewählt hat – und zum anderen eben wiederum die alte, notvolle Frage, woher eigentlich *counterfactuals of freedom* Wahrheit und Wißbarkeit haben könnten: Auch der analytischen Religionsphilosophie ist es letztlich nicht gelungen, dem *middle knowledge* einen befriedigend nachvollziehbaren *Geltungsgrund* zuzuweisen.

Was läßt sich aus dieser durchaus bemerkenswerten Debatte lernen? Bei aller Notwendigkeit, sich der molinistischen *Kernoption* für die menschliche Freiheit anzuschließen – die *scientia media* bleibt eben doch (und wohl unaufhebbar) das entscheidende Problem. Natürlich *könnte* man sie jetzt noch, wie in der Neuscholastik mitunter schon geschehen, *unter Anerkennung ihrer Undenkbarkeit* gleichwohl einfach *postulieren*,[107] um die ansonsten tatsächlich unausweichlichen Revisionen zu umgehen – aber das wäre ja wiederum der bloße Versuch, durch Geheimnisrekurs Nebel über eine systematisch mißliche Stelle zu breiten: gewiß kein guter theologischer Stil. Also kann unser Anschluß an die molinistische Kernoption doch nur zu einem *Molinismus ohne scientia media* führen. Man mag diesen dann, die entsprechenden Weiterbestimmungen einmal vorausgesetzt, durchaus mit dem von uns vertretenen *Freiheitsdenken* konvergieren sehen: Der philosophische Freiheitsbegriff der molinistischen Jesuitenscholastik ist ja immerhin so weit profiliert, daß man darin die formale Unbedingtheit und Ursprünglichkeit der Freiheit der Sache nach durchaus schon zur Sprache gebracht finden kann; er müßte dann nur, ohne seine Spur prinzipiell zu verlassen, subjekttheoretisch weiter vertieft werden (namentlich auch insofern, als eben die Entdeckung der *ethischen Autonomie* – die Einsicht, daß die Freiheit in ihrer formalen Unbedingtheit sich selbst zugleich der *Maßstab* ihres Sichverhaltens ist – einstweilen noch außerhalb

---

107 Vgl. schon die bei *Pohle-Gummersbach*, Lehrbuch der Dogmatik I, Paderborn [10]1952, 303 angeführten Stimmen, denen zufolge „man trotz des feststehenden ‚Daß' auf die nähere Erklärung des ‚Wie' und ‚Woher' der scientia media Verzicht leisten müsse", weil eben auch hier „das unergründliche Geheimnis anzufangen scheint".

der Perspektive der Jesuitenscholastik lag). Klar ist freilich die unabwendbare theologische Konsequenz eines solchen „Molinismus ohne *scientia media*“: Eine schlechthin *unfehlbare* Zielsicherheit göttlichen Weltplanens und eben auch Gnadenwirkens ist nicht mehr zu halten. *Deterministisch* sichern läßt sich diese unfehlbare Wirksamkeit theologisch verantwortbar ohnehin nicht, *monistisch* aber letztlich auch nicht – und der dritte Weg, der *scientia-media*-theoretische, erweist sich als systematisch gleichfalls nicht gangbar.

Natürlich mögen sich hier noch einmal die Bedenken regen, die wir oben schon einmal berührt haben: Die gnadentheologische (hierauf beschränken wir uns jetzt einmal) Unfehlbarkeitsthese einfach preisgeben – *darf man das denn?* Aber, bei all ihrer Verankerung in der großen und wirkmächtigen Tradition Augustins: sie ist kein Dogma und kein essentieller Bestand christlicher Lehre; sie *kann* es überhaupt nicht sein, weil sie mit dem Gesamtduktus der biblisch bezeugten gott-menschlichen Geschichte (der ja doch immer auch der Interpretationsrahmen für die Auslegung vereinzelter, Anderes insinuierender „Belegstellen“ sein muß) inkompatibel ist. Wer aber trotzdem meint, vom gnadentheologischen Unfehlbarkeitsgedanken nicht lassen zu dürfen, möge sich einmal angesichts des folgenden *systematischen* Arguments auf einer der beiden möglichen Seiten positionieren: Wenn Gott die Menschen durch sein Gnadenwirken *unfehlbar* zum ewigen Heilsziel führt, dann führt er entweder nach unergründlichem Ratschluß nur *einige* dorthin (und andere nicht) oder eben in seiner Güte und Heilswilligkeit *alle*; wer *ersteres*, eines Besseren belehrt angesichts der erschreckenden prädestinatorischen Abgründe der alten Systematiken und *nicht mehr* zur willkürlichen Relativierung des allgemeinen göttlichen Heilswillens bereit, ablehnt (und sich damit ohnehin schon einmal gegen die Tradition stellt, der die nur *partikuläre* Heilsprädestination ein unbefragbarer Lehrsatz war), der *muß* ja nun zwangsläufig die Gnadenunfehlbarkeit in den Dienst einer *Apokatastasis* stellen, die unter solchen Prämissen mitnichten eine bloße letzte *Hoffnung*, sondern zwingende systematische Konklusion wäre. Wie aber *das* nun mit Schrift und dogmatischer Tradition vereinbar wäre – *das* hätte jeder für sich zu klären, der die Gnadenunfehlbarkeit jenseits partikulär-prädestinatorischer Restriktionen noch aufrechterhalten wollte, ganz unabhängig davon, ob er sie nun näherhin *deterministisch*, *monistisch* oder *molinistisch* explizieren wollte.

Dieses Ergebnis muß für uns an dieser Stelle genügen. Wir meinen, unsere Option hinreichend ausgewiesen und angesichts des eröffneten Alternativenfeldes auch legitimiert zu haben: Systematische Folgekosten fallen bei ihr gewiß ebenso an wie bei allen anderen möglichen Wegen, doch scheinen sie uns hier bei näherer Betrachtung deutlich erträglicher zu sein, auch wenn der Gedanke einer souveränen göttlichen Verfügung über die letzten Resultate der Geschichte in seiner herkömmlichen Form entfallen muß. Ob man aber vielleicht, wenn der Abschied vom traditionellen gnadentheologischen Infallibilitätsdenken solchermaßen vollzogen ist, einen gleichwohl darin ruhenden *legitimen Kern* in ganz neuer Gestalt dadurch zurückgewinnen könnte, daß man Gottes *unendlich geduldiger Gewinnungsmacht* die (nicht nur abstrakte, sondern durchaus reale) *Möglichkeit* zuspräche, *eschatologisch* (und dann freilich notwendig durch das *Gericht* hindurch) schließlich doch noch die *freie Zustimmung aller freien Geschöpfe* zu gewinnen, ob man es also tatsächlich für möglich halten, ja etwa gar mit begründeter Festigkeit erhoffen dürfte, daß Gottes *allgemeiner* Heilswille sich eschatologisch als gleichermaßen *aufrichtig* wie nun eben doch auch *souverän sieghaft* erwiese, *ohne* dabei indes die ursprünglich freie Zustimmung auch nur eines einzigen Geschöpfs zu übergehen – *darüber* freilich lohnte es sich dann wohl durchaus noch einmal nachzudenken.

16. KAPITEL

Gottes Liebe als Vorzeichen christlicher Existenz

Aspekte der Erfahrung und Bezeugung der Gnade

Von Michael Bongardt

Christliche Theologie versteht sich als Reflexion auf einen lebendigen, das heißt gelebten Glauben. Sie bedenkt die Voraussetzungen und Gehalte, die Forderungen und Hoffnungen einer vom Glauben geprägten Erfahrung und Praxis. Die biblisch bezeugten Erfahrungen Israels und der jungen Kirche sind ihr dabei Grundlage und in mancher Hinsicht auch bleibende Norm;[1] die Bewährung und Gefährdung des Glaubens in Geschichte und Gegenwart sind der Anlass für die klärende und orientierende Arbeit der Theologie. Sie sucht das menschliche Leben als Existenz vor und mit Gott zu verstehen.

Die Theologie tut ihre Pflicht, wenn sie Antworten nicht nur auf die Fragen zu geben sucht, die sich aus Erfahrung und Praxis stellen, sondern auch auf die Fragen, die sich aus den zunächst gegebenen Antworten ergeben. Theologie kann und darf nicht anders, als dieser ihr eigenen Logik zu folgen. Zwangsläufig wird sie dabei abstrakter, wird die Relevanz ihrer Argumentationen den Gläubigen, die nach Klärung und Orientierung suchen, nicht mehr ohne weiteres einleuchten.[2] Doch anders kann der Glaube sich rational nicht verantworten, kann Theologie keine verbindliche Orientierung geben. So unverzichtbar deshalb ihre präzise und nicht nachlassende Reflexion ist, so wenig darf die Theologie sich vor der Aufgabe scheuen, ihre so gewonnenen Einsichten nochmals rückzubinden an das konkrete Erfahren und Handeln.

---

1 Darin liegt der Grund, dass im Folgenden nahezu ausschließlich biblische Texte als Beispiele für die Erfahrung göttlicher Gnade herangezogen werden. Damit soll die Möglichkeit und Wirklichkeit solcher Erfahrungen in der Kirchengeschichte nicht bestritten werden. Vielmehr wird so der Tatsache Rechnung getragen, dass die biblischen Erzählungen, in deren Horizont spätere Widerfahrnisse eingeschrieben werden, in einer noch zu erläuternden Weise die Bedingung der Möglichkeit späterer Gnadenerfahrung sind.

2 Auf diese Logik fortschreitender Reflexion hat Kant in seiner Einführung in die Kritik der reinen Vernunft aufmerksam gemacht: *I. Kant*, KrV.: WW 3 (hrsg. v. *W. Weischedel*), Darmstadt 1968, 11–21 (A VII–XXII, B VII–IX).

Um diese Rückbindung soll es im folgenden Kapitel gehen. Deutlich wurde, dass ein recht verstandener Begriff der Gnade im Zentrum einer christlichen Anthropologie steht. Gottes Selbstmitteilung als grenzenlose, unbedingte Liebe eröffnet, begleitet und vollendet das Leben der Menschen, die ohne die schöpferische Liebe Gottes gar nicht wären. Daraus entstehen die für dieses Kapitel leitenden Fragen: Ist die Gnade Gottes für Menschen erfahrbar? Ermöglicht diese Erfahrung den Glauben? Oder verhält es sich umgekehrt: Ermöglicht der Glaube die Erfahrung von Gnade? Wie kann erfahrene Gnade menschliches Leben prägen? Wozu befreit, wozu verpflichtet sie?

Ein erster, bewusst weit schweifender Blick auf verschiedene Ereignisse und Gegebenheiten, angesichts derer Menschen davon sprechen, Gnade erfahren zu haben, macht deutlich, wie problematisch ein solcher Sprachgebrauch sein kann. Soll er weder in eine kriterienlose Beliebigkeit noch in fragwürdige Widersprüche münden, müssen sowohl die Bedingungen der Möglichkeit von Erfahrung überhaupt als auch die ethischen wie theologischen Grenzen, innerhalb derer der Begriff Gnade verwendet werden kann, geklärt werden (1.). Vor diesem Hintergrund wird erkennbar, dass das christliche Gnadenverständnis keineswegs selbstverständlich ist. Es stellt in seiner Eindeutigkeit an die Glaubenden Ansprüche, die nicht selten als Zumutung erscheinen können (2.). Nach der Klärung dieser Voraussetzungen, unter denen in christlich-theologischer Perspektive von Gnadenerfahrungen gesprochen werden kann, wird es darum gehen, die wechselseitige Bedingtheit von Glaubens- und Gnadenerfahrung in einer Vielzahl von Facetten aufzuzeigen (3.). Sodann gilt es, Grundlinien eines von der Gnade Gottes eröffneten und begleiteten Lebens zu zeichnen (4.). Aus der inneren Logik christlicher Gnadenerfahrung weitet sich am Ende des Kapitels der Blick über die Grenzen des Christentums hinaus, fragt nach der Erfahrbarkeit der alles und alle umfassenden Gnade Gottes (5.).

1. Umstrittene Erfahrung: Was ist Gnade?

Die Verwendung des Wortes Gnade war und ist nicht auf den religiösen oder gar christlichen Sprachgebrauch beschränkt. Als Gnade erfahren und bezeichnet wird eine Gabe, deren besonderes Merkmal – im Gegensatz zum Lohn oder zum erworbenen Gegenstand – darin liegt, dass sie in keiner Weise verdient, sondern umsonst gegeben wird. Die von ihr erhoffte und einzig ihr angemessene Haltung ist die dankbare Empfänglichkeit. Darin ist schon angezeigt, dass das in Gnade Gewährte dem Begnadeten als ein Gut erscheint – nicht aber als Übel, das ihm, verdient oder unverdient, widerfährt.

Jede dem Begriff angemessene Rede von Gnade impliziert diese Merkmale. Doch es ist keineswegs festgelegt, von wem diese Gabe kommt. Mag es auch im religiösen Kontext als selbstverständlich gelten, dass, was gut ist, allein von Gott kommt, so verweist der Sprachgebrauch nicht nur auch auf andere Geber – auf Mächtige, die gnädig Freiräume gewähren, auf Richter, die „Gnade vor Recht ergehen lassen", auf das Schicksal, das einem gnädig ist. Nicht selten bleibt die Frage nach dem Gebenden sogar gänzlich unbeantwortet, wenn dankbar von einer erfahrenen Gnade gesprochen wird.

Ein weiterer Aspekt, der in der weiteren Auseinandersetzung noch an Bedeutung gewinnen wird, sei schon in dieser ersten, sehr offenen Annäherung erwähnt: Dass Gnade nicht verdient werden kann, schließt nicht aus, dass Menschen immer wieder und sehr grundlegend auf Gnade angewiesen sind.

In dem durch die – hier noch nicht theologisch erarbeiteten – Begriffsbestimmungen gesetzten Rahmen soll im Folgenden an einer Reihe von Beispielen bezeugter Gnadenerfahrung gezeigt werden, in welche Schwierigkeiten die Rede von der Gnade führen kann.

Im Leben findet jeder Mensch sich vor, sein Anfang war und bleibt ihm unverfügbar. Das Leben unter dieser Voraussetzung als „Gabe und Aufgabe", als Geschenk und Gnade, als Grund zu Freude und Dankbarkeit zu bezeichnen, gilt weithin als selbstverständlich. So fraglos auch zugestanden wird, dass vermutlich kein Mensch in jedem Augenblick sein Leben als gute Gabe anzusehen vermag, weil ein solcher Blick durch Leid und Überlast verstellt sein kann, so verbreitet scheint doch die Annahme, dass „ein Übergewicht des Übels über den angenehmen Genuß des Lebens fälschlich angenommen werde". „Allein", so die nüchterne Entgegnung *Immanuel Kants* in seiner Theodizeeschrift, „man kann die Beantwortung dieser Sophisterei sicher dem Ausspruche eines jeden Menschen von gesundem Verstande, der lange genug gelebt und über den Wert des Lebens nachgedacht hat […], überlassen, wenn man ihn fragt: ob er wohl […] das Spiel des Lebens noch einmal durchzuspielen Lust hätte."[3] Der Zusammenhang lässt kaum einen Zweifel zu, dass Kant auf diese Frage eine negative Antwort

3 *I. Kant*, Über das Mißlingen aller philosophischen Versuche in der Theodizee: WW 11 (hrsg. v. *W. Weischedel*), Darmstadt 1968, 110 (A 203).

erwartet – und so die angebliche Evidenz zerstört, dass das Leben eine Gnade sei.

Mit ähnlicher Vorsicht ist der Aussage zu begegnen, ihre Freiheit sei für Menschen ein dankenswertes, unverdientes Geschenk. Zwar eröffnen sich kraft seiner Freiheit dem Menschen Handlungs- und Gestaltungsmöglichkeiten, die jedem nicht bewussten oder fatalistisch hingenommenen Leben fremd sind; zwar spricht nicht zuletzt der Mut, mit dem Menschen ihre Freiheit zum Widerstand nutzen, um politische und persönliche Handlungsspielräume zu erkämpfen dafür, die Freiheit als Möglichkeit, einen solchen Kampf überhaupt zu führen, dankbar anzunehmen. Doch was ist mit all denen, die an der Last zerbrechen, über ihr Leben entscheiden zu müssen, weil sie darüber entscheiden können?[4] Ganz zu schweigen von der bedrängenden Frage, ob der Preis für die menschliche Freiheit nicht zu hoch ist: Er wird sichtbar in all dem Bösen, das Menschen kraft ihrer Freiheit tun.

Nicht nur im Blick auf den Anfang und die Eigenart menschlichen Lebens wird von Gnade gesprochen, sondern auch im Blick auf dessen En-

---

4 Mit dem Bewusstsein von Freiheit ist notwendig eine Steigerung von Komplexität verbunden. Denn es eröffnet einen Raum von Möglichkeiten, zwischen denen zu entscheiden für die Freiheit notwendig ist. Sobald der Blick auf die möglichen Konsequenzen jeder einzelnen Entscheidung fällt, potenziert sich die Komplexität nochmals. Um handlungsfähig zu bleiben, bedürfen die sich ihrer Freiheit bewussten Menschen der Fähigkeit, diese Komplexität wiederum zu reduzieren. Niklas Luhmann benennt in systemtheoretischer Perspektive das Vertrauen als einen „Mechanismus der Reduktion sozialer Komplexität“: „Komplexität ist ein nichthintergehbares Risiko. Angesichts der Unvermeidlichkeit des Risikos wird die Form, die es annimmt, entscheidend. Als Risiko des Vertrauens können Systeme es in den meisten Fällen leichter tragen. Aber es bleibt zu fragen, unter welchen Bedingungen und mit welchen weiteren Folgeproblemen“ (*N. Luhmann*, Vertrauen. Ein Mechanismus der Reduktion sozialer Komplexität, Stuttgart ^{2}1973, 32). Einen ganz anderen Weg geht der – nicht nur in Religionen anzutreffende – Fundamentalismus, der die Vielzahl der Handlungs- und Deutungsmöglichkeiten apodiktisch, nicht selten auch gewaltsam auf die als allein richtige und als solche weder hinterfragbare noch begründungsbedürftige Wahrheit reduziert (vgl. *T. Meyer*, Fundamentalismus. Die andere Dialektik der Aufklärung: *ders.* [Hg.], Fundamentalismus in der modernen Welt. Die Internationale der Unvernunft, Frankfurt 1989, 13–22). In psychologischer bzw. psychopathologischer Perspektive wird die Neurose als ein seelischer Mechanismus der Komplexitätsreduktion beschrieben: Die neurotische Angst führt zur Verdrängung gerade der Handlungsalternativen, die die heilsame Veränderung von Haltung und Verhalten ermöglichen würde (vgl. z. B. *F. Perls*, Grundlagen der Gestalttherapie, München ^{8}1992, 62–81; *J. Zirker*, Gestalttherapie als kreativer Prozeß, Paderborn ^{5}1993, 101–126).

de. Die Rede von einem „gnädigen Tod“ hat sich allerdings in jüngerer Zeit bemerkenswert gewandelt. Als gnädiger Tod gilt heute weithin der plötzliche Tod, der einem Menschen ein langes oder zumindest ein noch längeres Leiden an Krankheit und Alter erspart. In früheren Zeiten aber galt der plötzliche Tod keineswegs als Gnade, sondern als Strafe. Verhinderte er es doch, sich in der angemessenen Weise auf den Tod vorbereiten zu können.[5]

Nicht an den Grenzen, sondern im Laufe des menschlichen Lebens sind es vor allem drei Situationen, die als Erfahrung von Gnade gelten: der unverhoffte Erfolg, die Vergebung von Schuld und das Geschenk, geliebt zu werden.

Freude über einen Erfolg – sei er beruflich, politisch oder in ganz anderen Bereichen erreicht worden – ist naheliegend. Bei ausreichend selbstkritischer Reflexion wird diese Freude verbunden sein mit dem Wissen, dass das eigene Bemühen um ihn zwar eine notwendige, aber keineswegs hinreichende Bedingung für den Erfolg war. Die Anstrengung erzwingt nicht den Erfolg, er wird ihr „beschieden“. Diese Unverfügbarkeit ist Grund zum Dank. Doch es sind nicht nur die Neider, denen es schwerfällt, den Erfolg anderer als Gnade anzuerkennen. Darf überhaupt von „Gnade“ gesprochen werden, wo immer Erfolg auf Kosten anderer erstrebt wurde? Am eindringlichsten stellt sich diese Frage angesichts militärischer Erfolge. Kann es ein Grund zur Dankbarkeit – gar zur Dankbarkeit gegenüber Gott – sein, dass es gelang, die Feinde zu töten, zu vernichten?[6]

---

5 Die auf altkirchliche Vorlagen zurückgehende Allerheiligenlitanei enthält in ihrer ausführlichen Fassung bis heute die Bitte: „Von einem plötzlichen Tode, Herr, befreie uns“ (Gotteslob. Katholisches Gebet- und Gesangbuch, hg. von den Bischöfen Deutschlands u. a., Köln 1975, Nr. 762,6). Sie steht im deutlichen Gegensatz zur heute verbreiteten Hoffnung, schnell zu sterben (vgl. *E. Garhammer*, Editorial: Lebendige Seelsorge 56 (5/2005) 247.

6 Häufig werden in der Bibel militärische Siege direkt auf das Handeln Gottes, der sein Volk schützt und rettet, zurückgeführt. So in besonderer Eindringlichkeit das Siegeslied des Mose nach dem Durchzug durch das Rote Meer (Ex 15). Die Problematik eines solchen Verständnisses wird bereits von einem Midrasch zur Vernichtung der Streitmacht der Ägypter im Roten Meer deutlich erkannt. Ihm zufolge verbietet Gott den Jubel der Engel über das Ende der Ägypter, weil diese doch ungeachtet ihrer Bosheit Geschöpfe Gottes sind (vgl. *J. Mattern*, Ist der Dialog des Teufels? Überlegungen zu Toleranz und Pluralismus im Blick auf den jüdischen Schöpfungsgedanken: *C. Augustin* u. a. [Hg.], Religiöser Pluralismus und Toleranz in Europa, Wiesbaden 2006, 206–234, hier 223f unter Verweis auf Bab. Talmud, Megilla 10B; Sanhedrin 39B).

„Gnade vor Recht ergehen" zu lassen heißt, einen Schuldigen der Straflogik des positiven Rechts oder übergeordneter Gerechtigkeitskonzeptionen zu entziehen.[7] Der Täter wird nicht länger auf seine schuldhafte Tat und ihre Folgen behaftet. Im Akt der Vergebung wird er wieder aufgenommen in den sozialen Zusammenhang, den er durch seine Tat verletzte. Zweifellos wird ein solcher Akt von vielen Betroffenen dankbar als Befreiung erlebt und angenommen. Doch auch der Akt gnädiger Vergebung ist keineswegs unumstritten, kann gegensätzlich erlebt werden. Vergebung anzunehmen heißt, die eigene Vergebungsbedürftigkeit einzugestehen.[8] Wer sich entweder gegen den konkreten Schuldvorwurf oder generell gegen die Vorstellung von Moralität und Schuld wehrt,[9] wird ein Vergebungsangebot deshalb als Zumutung, nicht als Gnade erfahren. Gleiches gilt für Menschen mit einer entgegensetzten Haltung. Wer das Beharren auf der eigenen Schuld als angemessene und notwendige Strafe für das von ihm verursachte Übel ansieht, wird sich der Vergebung entschieden verweigern.[10] Den wichtigsten Einwand aber können die Geschädigten erheben: Einer Vergebung für die Täter, der sie nicht zustimmen,

---

7 Die Möglichkeit, „Gnade vor Recht ergehen" zu lassen, setzt in ihrem klassischen Verständnis einen Souverän voraus, der kraft eigener Macht das Recht setzt und es deshalb im Gnadenakt auch für einen konkreten Fall außer Kraft setzen kann. Das Rechtsverständnis einer freiheitlich demokratischen Verfassung kennt einen solchen Souverän nicht mehr. Folgerichtig schließt es solche Gnadenakte aus und legt stattdessen gesetzlich die Bedingungen fest, unter denen eine Aussetzung oder Verringerung von Strafen möglich ist (vgl. dazu *K. Pflieger*, Gnade vor Recht?: ZRP 41 [2008] 84–87).

8 Vgl. *S. Kierkegaard*, Einübung im Christentum: GW 26, Düsseldorf 1951, 60f.

9 So in besonderer Radikalität Nietzsche, der die Kategorien einer „Sklavenmoral", die man durch die Anerkenntnis nicht nur eines Schuldspruchs, sondern auch einer Vergebungszusage als gültig akzeptieren würde, durch die Aufdeckung ihrer Genese zu überwinden sucht: *F. Nietzsche*, Zur Genealogie der Moral: KSA 5, 283–288.

10 Immer wieder stellt Kierkegaard in seinen pseudonymen Schriften Menschen vor, die Liebesbeziehungen abbrechen, weil sie ihre Schuld oder ihr Wesen nicht zu offenbaren wagen: erstmals in der Legende vom so genannten Wassermann: *ders.*, Furcht und Zittern: GW 4, Düsseldorf 1954, 106–118; dann im „jungen Mann": *ders.*, Die Wiederholung: GW 5/6, Düsseldorf 1955 – zur Explikation des Problems vgl. dort: 57–59; schließlich Quidam: *ders.*, Stadien auf des Lebens Weg: GW 15, Düsseldorf 1958. In: *ders.*, Die Krankheit zum Tode: GW 24/25, Düsseldorf 1954, 113–126, stellt Kierkegaard diese Haltung im Blick auf die christliche Botschaft von einem vergebungsbereiten Gott als „Die Sünde, an der Vergebung der Sünden zu verzweifeln" dar. Psychoanalytisch ist dieses Phänomen durch die Dynamik erklärbar, dass das Leiden an einem schlechten Gewissen als angemessene Strafe und damit als notwendig erlebt wird (vgl. *S. Freud*, Das Unbehagen in der Kultur: GW XIV, Frankfurt [5]1972,

kann ihnen nicht als Gnade erscheinen, sondern nur als erneute Verhöhnung ihres Leidens.[11]

Auf eine ähnliche Verschlossenheit, die nicht lassen will von ihrer allein auf sich bezogenen Selbstmächtigkeit, kann Liebe stoßen. Nicht jeder, dem das Geschenk in Freiheit gewährter, umfassender Anerkennung angeboten wird, will und kann es annehmen. Die Angst vor dem Selbstverlust, die Weigerung, sich zu öffnen, die Gebundenheit an ein Lebenskonzept, das andere Ziele hat – die faktische Unfähigkeit, geschenkte Liebe als Gnade zu erfahren, kann viele Gründe haben.[12]

Zwei Problemkreise sind sichtbar geworden bei diesem Blick auf Zusammenhänge, in denen Menschen von Gnade sprechen: Zum einen stellt sich die Frage, unter welchen Voraussetzungen Menschen etwas – eine Situation, ein Geschehen, eine Gegebenheit – als Gnade erfahren. Denn, das wurde rasch deutlich, der Verweis auf den jeweiligen Gegenstand der Erfahrung reicht dafür nicht aus. Denn er selbst ist offenbar vieldeutig, wird nicht von jedem als ein dankenswertes Geschenk erfahren. Diese Frage ist epistemologisch zu beantworten, indem die grundlegenden Bedingungen der Möglichkeit, Gnade zu erfahren, erhoben werden. Daneben erhebt sich ein normativ-ethisches Problem: Welches Geschehen darf als Gnade bezeichnet werden, welcher Begriff von Gnade ist ethisch verantwortbar –

419–506, bes. 488–491; dazu die Beiträge in: *J. Körner/B. Müller* (Hg.), Schuldbewusstsein und reale Schuld, Gießen 2010.

11 Vgl. *F. Dostojewskij*, Die Brüder Karamasow, München 1978, 33f, aufgenommen bei: *Th. Pröpper*, Evangelium und freie Vernunft. Konturen einer theologischen Hermeneutik, Freiburg 2001, 274.

12 *M. Frisch*, Homo Faber. Ein Bericht, Frankfurt 1957, bleibt eine besonders eindrückliche literarische Darstellung eines solchen Menschen. Philosophisch hat *J.-P. Sartre*, Das Sein und das Nichts. Versuch einer phänomenologischen Ontologie, Reinbek bei Hamburg 1987, 464–548, den Machtkampf als das Gegenstück zur wechselseitigen Anerkennung eindrucklich beschrieben (dazu *P. Kampits*, Sartre und die Frage nach dem Anderen. Eine sozialontologische Untersuchung, Wien-München 1975; *M. Theunissen*, Der Andere. Studien zur Sozialontologie der Gegenwart, Berlin/New York ²1977, 187–249). Psychologisch werden die Facetten der Unfähigkeit zu Öffnung und Hingabe z. B. analysiert von *F. Riemann*, Grundformen der Angst. Eine tiefenpsychologische Studie, München/Basel ³²2002; die unmittelbare Anwendung der Typologie Riemanns auf Liebesbeziehungen findet sich bei *J. Willi*, Die Zweierbeziehung, Reinbek bei Hamburg, 1975, 61–161.

also mehr als eine subjektive und willkürliche Bekundung eines Glückserlebnisses? Dieses Problem lässt sich nur in einer ethischen und – wo es um den Begriff göttlicher Gnade geht – theologischen Reflexion lösen. Doch wie sich zeigen wird, hängen die beiden Probleme und ihre Lösungen eng miteinander zusammen.

Alle Erfahrungen, also auch Gnadenerfahrungen, sind gedeutete Wahrnehmungen. Während aber Erfahrungen per definitionem denen, die sie machen, bewusst sind, vollzieht sich der sie prägende Deutungsprozess in den meisten Fällen unbewusst. Aus der Vielzahl möglicher Deutungen, die an einen Gegenstand innerer oder äußerer Wahrnehmung herangetragen werden könnten, wird eine bestimmte ausgewählt, wobei diese Wahl in der Regel keine bewusste Entscheidung ist.

Umso wichtiger ist es, die Struktur dieser Deutungsprozesse zu analysieren:[13] Die je konkrete Wahrnehmung ereignet sich für die Wahrnehmenden immer schon im Horizont früherer Erfahrungen. Dieser ist aufgebaut nicht nur aus der Vielzahl zurückliegender eigener Deutungen, sondern wesentlich mitbestimmt durch den kulturellen Kontext, die Deutungs-

13 Die folgende Entfaltung der Bedingungen der Möglichkeit von Erfahrung stützt sich wesentlich auf Immanuel Kants „Kritik der reinen Vernunft" und deren wiederum kritische Aufnahme durch Ernst Cassirer. „Daß die Vernunft nur das einsieht, was sie selbst nach ihrem Entwurfe hervorbringt, dass sie mit Prinzipien ihrer Urteile nach beständigen Gesetzen vorangehen und die Natur nötigen müsse, auf ihre Fragen zu antworten, nicht aber sich von ihr allein gleichsam am Leitbande gängeln lassen müsse", hat Kant herausgestellt (*I. Kant*, KrV. [Anm. 2], 23 [B XIII]). Cassirer hat in einer kulturphilosophischen Erweiterung von Kants Erkenntnistheorie deutlich gemacht, dass jene vom Menschen an seine Wahrnehmungen herangetragene Ordnung zwar in ihrer Struktur einheitlich ist, indem sie stets die Kategorien der Kausalität, der Einheit etc. zur Anwendung bringt; dass aber die konkreten „symbolischen Formen" menschlicher Erfahrung und Erkenntnis sehr unterschiedliche „Modalitäten" dieser Anwendung erkennen lassen (vgl. *E. Cassirer*, Philosophie der symbolischen Formen, Teil I: Die Sprache [ECW 11], Hamburg 2001, 27–30; zur Einführung in das Konzept der symbolischen Formen vgl. a. a. O., 1–50; dann auch: *ders.*, Der Begriff der symbolischen Form im Aufbau der Geisteswissenschaften [1923]: *ders.*, Aufsätze und kleine Schriften 1922–1926 [ECW 16], Hamburg 2003, 75–104). So konstruiert z. B. das mythische Denken kausale Zusammenhänge ganz anders als die Naturwissenschaft, die sich wiederum von künstlerischer Erfahrung deutlich unterscheidet. Cassirer gelingt es auf diese Weise, der faktischen Pluralität, in der Menschen ihre Wahrnehmungen deuten, gerecht zu werden, ohne in einen kriterienlosen Relativismus zu verfallen. Zum Verhältnis von Cassirer und Kant vgl. *E. W. Orth,* Von der Erkenntnistheorie zur Kulturphilosophie. Studien zu Ernst Cassirers Philosophie der symbolischen Formen, Würzburg 1996, bes. 68–99.

gemeinschaft, in der sich der Einzelne konkret bewegt. Zu berücksichtigen ist dabei stets, dass sich die Deutungshorizonte verschiedener Gruppen und Gesellschaften nicht nur voneinander unterscheiden können, sondern auch je intern vielfältig differenziert sind. So steht jeder Mensch in einer Mehrzahl von Horizonten, in denen er sich auf je andere Weise mehr oder weniger sicher zu bewegen vermag.[14] Wo immer sie bewusst sind und kommuniziert werden, sind diese Horizonte wesentlich sprachlich verfasst. Sie stellen zur Deutung der je aktuellen Wahrnehmung Begriffe zur Verfügung, mit denen diese in den betreffenden Horizont eingebunden und so begriffen wird. Die jeweilige Einbindung ist aber nicht als vollständige Absorption zu verstehen, sondern als Bereicherung, die diesen Horizont um eine weitere Facette erweitert. Erfahrung bedarf also nicht allein eines Gegenstands, der wahrgenommen wird, sondern auch eines sie ermöglichenden Horizontes. Daraus ergeben sich Konsequenzen, die im Folgenden direkt am Beispiel der Gnadenerfahrung aufgezeigt und für deren Verständnis fruchtbar gemacht werden sollen.

Zunächst ist davon auszugehen, dass nur einem Verständnishorizont, in dem ein Begriff von Gnade entwickelt ist, eine Erfahrung von Gnade möglich ist. Es greift zu kurz, Begriffen lediglich eine der Erfahrung nachgeordnete Funktion der Bezeichnung zuzuschreiben – sie ermöglichen und eröffnen Erfahrungen auch. Religionen halten Begrifflichkeiten und Verstehenshorizonte bereit, ohne die bestimmte Erfahrungen gar nicht erst möglich wären.[15] Dabei greift es zu kurz, als religiöse Erfahrungen nur außerge-

---

14 Vgl. *E. Cassirer*, Das Symbolproblem und seine Stellung im System der Philosophie (1927): *ders.*, Aufsätze und kleine Schriften 1927–1931 (ECW 17), Hamburg 2004, 253–282, bes. 256–262.

15 „Die Bedingungen der *Möglichkeit der Erfahrung* überhaupt sind zugleich Bedingungen der *Möglichkeit der Gegenstände der Erfahrung*" (*I. Kant*, KrV. [Anm. 2], 201 [B197]). Verbindet man diese sehr abstrakte und damit allgemeingültige These Kants mit der Einsicht, dass sich konkrete Erfahrung immer in einem spezifischen, durch Begriffe und ihre jeweils festgelegten Bedeutungsgehalte gekennzeichneten Horizont bewegt, wird die – dort ganz anders hergeleitete – These von Hans Joas verständlich, dass religiöse Erfahrung als Bedingung ihrer Möglichkeit die Vertrautheit mit einer entsprechenden Begrifflichkeit voraussetzt (vgl. *H. Joas*, Braucht der Mensch Religion? Über Erfahrungen der Selbsttranszendenz, Freiburg 2004, 24, ausf. 50–62). Die von *Jürgen Habermas* eingeforderte „Übersetzung" (*ders.*, Glauben und Wissen. Friedenspreis des Deutschen Buchhandels 2001, Frankfurt 2001, 20–25) „religiös verkapselter Bedeutungsgehalte" (*ders.*, Zwischen Naturalismus und Religion. Philosophische Aufsätze, Frankfurt 2005, 116) muss vor diesem Hintergrund zugleich als unverzichtbar und als problematisch erscheinen: als unverzichtbar, wenn Gehalte und Konsequenzen

wöhnliche, grundstürzende Schlüsselerlebnisse zu bezeichnen. Menschen, denen der Deutungshorizont ihrer Religion vertraut ist, können als „religiös erfahren“ bezeichnet werden.[16] Gnade erfährt, wer Erfahrung darin hat Begegnendes als Gnade zu erkennen.

Zu betonen ist des weiteren, dass es unzulässig wäre, Gnadenerfahrung nur im Horizont des christlichen Glaubens für möglich zu halten. Die genannten Beispiele haben zeigen können, dass auch andere Verstehenshorizonte – vom Recht über die politische Organisation der Gesellschaft bis hin zu einem Agnostizismus, der nach dem Subjekt, das Gnade gewährt, nicht mehr fragt – Möglichkeiten bereithalten, unverdiente Gaben zu benennen und damit auch als solche zu erfahren. Ob und wie solche Erfahrungen von einer christlichen Gnadenlehre aufgenommen werden können, wird noch eigens zu erörtern sein.

Schließlich bleibt zu fragen, was diese Analyse der Möglichkeitsbedingungen von Gnadenerfahrung für Menschen bedeutet, denen die entsprechenden Horizonte nicht zu Verfügung stehen – sei es der homo faber, dem allein technische Kategorien zum Verständnis seiner Welt zugänglich sind, sei es der Moralkritiker, der mit der Realität von Schuld auch die Möglichkeit von Vergebung ausschließt. Es steht außer Frage, dass die von anderen als Gnade erfahrenen Widerfahrnisse von solchen Menschen ganz anders gedeutet werden können und werden. Die Neurophysiologie, die Psychoanalyse und nicht zuletzt eine Religionskritik etwa im Anschluss an *Friedrich Nietzsche* bieten dafür zahlreiche Belege. Auszuschließen ist gleichwohl nicht, dass Menschen in Situationen kommen, mit Wahrnehmungen konfrontiert werden, die in ihren üblichen Versehenshorizonten nicht befriedigend gedeutet werden können. Dann stehen sie vor der Entscheidung, sich mit dem Unerklärlichen zu arrangieren – oder zu Deutungen zu greifen, die es ihnen ermöglichen, von Gnade zu sprechen.[17] Sie würden damit in

---

religiöser Erfahrung auch nicht religiösen Menschen überhaupt verständlich gemacht werden sollen; als problematisch, weil etwa die religiöse Erfahrung von Gnade nur sinnvoll ist innerhalb des Glaubens an einen Gott, der solche Gnade erweisen könnte (vgl. die Beiträge in: *R. Langthaler/H. Nagl-Docekal* [Hg.], Glauben und Wissen. Ein Symposium mit Jürgen Habermas, Wien 2007).

16 Vgl. zur Einführung dieses Begriffs *G. Haeffner*, Erfahrung – Lebenserfahrung – religiöse Erfahrung. Versuch einer Begriffsklärung: *F. Ricken* (Hg.), Religiöse Erfahrung, Stuttgart 2004, 15–39, hier 38f.

17 *Niklas Luhmann* (*ders.*, Funktion der Religion, Frankfurt ^{3}1992) spricht in systemtheoretischer Perspektive der Religion die Funktion zu, „die unbestimmbare, weil nach

einen Horizont eintreten, der ihnen neue Erfahrungen möglich macht. Konversionserzählungen lassen deutlich erkennen, dass und wie ein solcher Horizontwechsel motiviert werden kann und eingeübt werden muss. Wer damit rechnet, dass Wahrnehmungen die bisherigen Erfahrungen und Verstehensweisen grundlegend in Frage stellen können, muss selbstverständlich auch in Betracht ziehen, dass aufgrund entsprechender Ereignisse eine Rede von der Gnade, die jemandem lange selbstverständlich war, plötzlich unmöglich werden kann.

Aus der Reflexion auf die Möglichkeitsbedingungen einer Erfahrung von Gnade wird die zentrale Bedeutung ersichtlich, die der verantworteten Bestimmung des Begriffs „Gnade" zukommt. Dazu hilft, wie sich ebenfalls bereits zeigte, eine reine Untersuchung der faktischen Verwendungen des Begriffs nicht weiter. Es geht vielmehr um die normativ zu setzenden Grenzen eines angemessenen Gebrauchs. Sofern dabei das christliche Gnadenverständnis geklärt werden soll, geht es um die theologische Reflexion, die in den vorangegangenen Kapiteln dieses Buches ausführlich geleistet wurde. Doch diese können sich – wie geschehen – nur innerhalb der Grenzen eines ethisch geklärten Gnadenbegriffs bewegen. Denn diese Grenzen gelten für jede Verwendung des Begriffs. Bei deren Bestimmung kann es nicht in erster Linie darum gehen, den oder die Gnade Gewährenden ethisch zur Verantwortung zu ziehen, denn dieses Gegenüber ist ja oft gar nicht explizit benannt. Genauso wenig kann, wem das vermeintlich gnadenhaft zugekommene Ereignis widerfährt, für dieses verantwortlich gemacht werden – denn es ist ihm ja per definitionem unverfügbar. Zur Prüfung steht deshalb einzig die ethische Berechtigung, ein Ereignis als Gnade, das heißt als dankenswertes Geschenk zu benennen. Diese aber ist nur gegeben, wenn durch das fragliche Ereignis niemand „*bloß als Mittel*, sondern jederzeit *zugleich als Zweck an sich selbst*"[18] behandelt wurde. Das Gelingen eines verbrecherischen Plans darf genauso wenig als Gnade bezeichnet werden wie die Vergebung einer Schuld, der das Opfer dieser Schuld mit guten Gründen wi-

außen (Umwelt) und nach innen (System) hin unabschließbare Welt in eine bestimmbare zu transformieren, in der System und Umwelt in Beziehungen stehen können, die auf beiden Seiten Beliebigkeit der Veränderung ausschließen" (26). Religion enthebt somit anderweitig nicht beschreibbare Erfahrungen ihrer Unverständlichkeit und Unverfügbarkeit.

18 *I. Kant*, Grundlegung zur Metaphysik der Sitten: WW 7 (hrsg. v. *W. Weischedel*), Darmstadt 1968, 66f (BA 74f).

derspricht. Die Frage, ob ein militärischer Sieg als Gnadengeschenk gefeiert werden darf, ist genauso umstritten, wie die ethische Legitimation militärischer Gewalt überhaupt. Ein Ereignis, dessen Urheber man ethisch verurteilen würde, darf nicht als Gnade bezeichnet werden – auch wenn dieser Urheber weder bekannt noch benannt ist.

Damit ist der Rahmen abgesteckt, innerhalb dessen nun genauer nach den Möglichkeiten und Formen gefragt werden kann, die Gnade Gottes, von der der christliche Glaube spricht, zu erfahren.

2. Die befreiende Zumutung des christlichen Gnadenverständnisses

Um Gnade erfahren zu können, bedarf es eines hinreichend bestimmten Begriffs von Gnade. Er liegt als Ergebnis der theologiegeschichtlichen und systematischen Reflexionen der vorangegangenen Kapitel dieses Buches vor. Auf ihn werden die folgenden Überlegungen zurückgreifen.

Der Begriff Gnade führt ins Zentrum des christlichen Gottesverständnisses. Gott wird geglaubt als unbedingte Liebe. Deren Wesen ist es, sich zu zeigen, sich dem Anderen ihrer selbst in Freiheit zu schenken: Gnade zu sein. Gottes Gnade bringt nicht nur in ihrer schöpferischen Kraft die Welt als Gegenüber Gottes hervor. Sie begleitet auch die Geschichte dieser Welt. Sie findet das ihr überhaupt erst angemessenes Gegenüber in der Freiheit der Menschen, die diese sich schenkende Liebe erkennen und erwidern können. Die menschliche Freiheit selbst hat in der Perspektive christlichen Glaubens ihren Ursprung in der Gnade, in der Gott sie gewollt hat.[19] In der theologischen Reflexion auf dieses Gegenüber von Gott und Menschen wurde erkannt, wie facettenreich die Wirklichkeit der Gnade ihren Ausdruck findet: In der Zuwendung Gottes zum Menschen ebenso wie in den vielfältigen Möglichkeiten der Menschen, ihr Leben zu gestalten, das – ganz unabhängig von seinem konkreten Vollzug – immer ein Leben vor Gott ist. Dieses Verständnis von Gnade nimmt zwei grundlegende Einsichten auf, zu denen die Theologie des 20. Jahrhunderts gelangte: Zum einen die Erkenntnis, dass die seit der Scholastik immer weiter differenzierte Begrifflichkeit in der Rede von Gnade sich keineswegs auf unterschiedliche, gar gegensätzliche Wirklichkeiten bezieht, sondern dass es in der Vielzahl der Begriffe, soweit sie sinnvoll und berechtigt sind, um nichts anderes geht

19 Vgl. dazu *Th. Pröpper*, Evangelium und freie Vernunft (Anm. 11), 300–321.

als um die vielfältigen Aspekte des von der Gnade Gottes ermöglichten und getragenen Verhältnisses zwischen Gott und der von ihm geschaffenen Wirklichkeit.[20] Aus dieser ersten Erkenntnis erwuchs eine weitere, für eine theologische Anthropologie noch wichtigere: Gottes Gnade und die Freiheit der Menschen dürfen nicht in einer Konkurrenz gedacht werden, in dem die eine nur auf Kosten der anderen zunehmen könnte.[21] Die Gnade Gottes begrenzt nicht die menschliche Freiheit, sondern eröffnet sie. Dass aber Gott, indem er die Freiheit der Menschen will, sich selbst auf die Anerkennung dieser Freiheit verpflichtet, stellt keine Begrenzung seiner Gnade dar. Ganz im Gegenteil: Gottes Verzicht, in Missachtung menschlicher Freiheit zu handeln, ist Ausdruck seiner umfassenden Gnade.[22] Menschliches Handeln seinerseits beschränkt deshalb nicht Gottes Gnade, sondern setzt sie voraus und bleibt auf sie angewiesen, auch und gerade da, wo es sich als freies, selbstursprüngliches Handeln versteht und die Grenzen jeder Freiheit endlicher Wesen anerkennt.

„Dass überhaupt etwas ist und nicht vielmehr nichts"; dass die Welt sich immer weiter ausdehnt, sich das Leben auf der Erde immer weiter differenziert; dass Menschen sich vorfinden und ihrer selbst bewusst werden als entscheidungs- und handlungsfähige Wesen; dass die Geschichte der Welt und der Menschen auf das Ziel der umfassenden Gemeinschaft mit Gott ausgerichtet ist: all das versteht christlicher Glaube als von Gott eröffnete Wirklichkeit. Seine Gnade ist die Grundsignatur allen Seins. Ohne sie wäre nichts – nicht einmal er, denn er ist Gnade. „Gott sah alles an, was er

20 Vgl. dazu Kapitel 7 in der vorliegenden Anthropologie; *O. H. Pesch/A. Peters*, Einführung in die Lehre von Gnade und Rechtfertigung, Darmstadt ^{2}1989, 55–118; *G. Greshake*, Geschenkte Freiheit. Einführung in die Gnadenlehre, Freiburg 1992, 39–90.

21 Die Überwindung der dichotomischen Gegenüberstellung von Natur und Gnade, wie sie vor allem in der neuscholastischen Theologie betont wurde, ist im deutschsprachigen Raum von Karl Rahner angestoßen und vorangetrieben worden. Vgl. dazu vor allem *K. Rahner*, Natur und Gnade: Schriften zur Theologie 4, Einsiedeln 1960, 209–236; *ders.*, Über das Verhältnis von Natur und Gnade: Schriften zur Theologie 1, Einsiedeln 1954, 323–345. Zu Verdienst und Schwächen von Rahners dort entwickeltem Konzept eines „übernatürlichen Existenzials" vgl. auch *Th. Pröpper*, Erlösungsglaube und Freiheitsgeschichte. Eine Skizze zur Soteriologie, München ^{3}1991, 269–273.

22 Kierkegaard hat wesentlich zur Neuformulierung des Begriffs der Allmacht Gottes beigetragen, indem er die Allmacht nicht als die Potenzierung endlicher Macht verstand, sondern als das in der Fähigkeit zur Freisetzung anderer Freiheit spezifisch Andere gegenüber jeder endlichen Macht (vgl. *S. Kierkegaard*, Reflexionen über Christentum und Naturwissenschaft: GW 17, Düsseldorf 1954, 123–140, 124). Vgl. zum Verständnis der Allmacht Gottes auch *Th. Pröpper*, Evangelium und freie Vernunft (Anm. 11), 288–293.

gemacht hatte: Es war sehr gut" (Gen 1,31). Was Gott aus Gnade geschaffen hat, ist gut. Deshalb ist es gut, dass er es geschaffen hat.

Dass sich dieses Gnadenverständnis der Reflexion auf die Erfahrungen und Glaubenszeugnisse der Bibel wie der kirchlichen Tradition verdankt, steht außer Frage; dass es über die Jahrhunderte gleichermaßen an Differenzierung und Konsistenz gewonnen hat, kann auch nicht bestritten werden. Ein weiterer Ertrag der gnadentheologischen Bemühungen des 20. Jahrhunderts ist hervorzuheben: In der genannten Überwindung von Vorstellungen, die die göttliche Gnade in Konkurrenz zur menschlichen Freiheit sahen, liegt die Chance, das Verhältnis zwischen dem christlichen Glauben und dem sich in der europäischen Neuzeit entwickelnden Autonomiebewusstsein der Menschen neu zu bestimmen. Lange stand auf der einen Seite eine kirchliche Tradition, die im Namen der Souveränität und Gnade Gottes gegen das in der Neuzeit sich entwickelnde Autonomiebewusstsein kämpfte. Auf der anderen Seite fanden sich viele, die sich gezwungen glaubten, um ihres Freiheitsverständnisses willen nicht nur bestimmten theologischen Entwürfen, sondern dem christlichen Glauben grundsätzlich den Rücken kehren zu müssen. Für letztere ist nun die Möglichkeit erwiesen, die Entdeckung der eigenen Freiheit als eine Gnadenerfahrung zu verstehen – als von Gott eröffnete Möglichkeit. Der theologischen Tradition aber zeigen sich Wege, zentrale Gehalte des neuzeitlichen Denkens, allen voran das Freiheitsbewusstsein, als höchst angemessene Formen christlicher Existenz und Reflexion anzuerkennen.[23] Dass eine solche wechselseitige Öffnung es nicht verbietet, sondern geradezu fordert, die Anerkennung der je Anderen mit kritischen und selbstkritischen Rückfragen zu verbinden, wird im folgenden noch näher ausgeführt werden.

Es ist, wie schon angedeutet, keineswegs selbstverständlich, die eigene Freiheit als Gnade zu erfahren. Doch selbst wenn ein solcher Blick auf die eigene Existenz gelingt – der umfassende Anspruch des hier entwickelten Verständnisses, die Gnade Gottes als Signatur der gesamten Wirklichkeit zu glauben, ist damit noch längst nicht eingelöst. Kann eine Gnade, die einem solch weit reichenden Begriff entspricht, überhaupt erfahren werden?

---

23 Vgl. den Nachweis, dass gerade die neuzeitliche Freiheitsphilosophie eine dem christlichen Glauben in besonderer Weise angemessene Denkform ist, bei *G. Essen/Th. Pröpper*, Aneignungsprobleme der christlichen Überlieferung. Hermeneutische Vorüberlegungen: *R. Laufen* (Hg.), Gottes ewiger Sohn. Die Präexistenz Christi, Paderborn 1997, 163–178.

Kann dieses Gnadenverständnis durch konkrete Erfahrungen von Menschen bewahrheitet, bewährt oder auch nur gestützt werden?

Nicht nur das Freiheitsbewusstsein ist in der jüngeren Vergangenheit gewachsen. Mit ihm gewann auch die Einsicht in die aporetische Struktur endlicher Freiheit, ihre Unfähigkeit, das in ihr liegende Ziel zu erreichen, an Gewicht.[24] Dabei ist nicht nur an unverständliches Leiden und das Böse, das Menschen einander antun, zu denken. Nahezu alltäglich sind die Erfahrungen der Zerrissenheit des eigenen Lebens; der Unfähigkeit, auch nur dem eigenen Willen zu folgen; der Widerständigkeit der Wirklichkeit gegenüber allen Ideen gelingenden Lebens. Sie lassen jedes Glück von kurzer Dauer sein.

Gegenüber dem christlichen Verständnis einer von Gnade getragenen Wirklichkeit erscheinen dualistische Weltverständnisse als ein Deutungshorizont, in denen sich die so widersprüchlichen Wahrnehmungen weit leichter einordnen lassen: Es ist einfacher, im erlebten Glück das Geschenk eines wohlwollenden Gottes oder die Auswirkung eines guten Prinzips zu sehen, wenn die Schattenseiten der Wirklichkeit einer anderen Macht zur Last gelegt werden können. Die Möglichkeit, Unglück und Böses dem Zorn oder einem Widersacher des guten Gottes zuzuschreiben, befreit von der Mühe, auch diese Wirklichkeiten im Licht der geglaubten Güte und Macht Gottes sehen zu sollen. Doch der christliche Glaube verbietet diesen Ausweg.[25] Gerade deshalb stellt er angesichts vieler Geschehnisse, in denen ein gnädiger Gott nicht zu erkennen ist, eine erhebliche Zumutung dar.

---

24 Vgl. die einleitenden Kapitel der vorliegenden Anthropologie.

25 Bemerkenswerterweise wies eine der frühesten theologischen Auseinandersetzungen, die zum Kirchenausschluss eines Theologen führten, die Versuchung zurück, die Zwiespältigkeit menschlicher Welterfahrung auf einen Dualismus in der göttlichen Wirklichkeit zurückzuführen. Marcions Unterscheidung zwischen dem Schöpfer und dem Erlöser wurde als unvereinbar mit dem christlichen Glauben erkannt (vgl. *B. Aland*, Art. Marcion: TRE 22, 89–101). Versuche einer partiell affirmativen Rezeption Marcions finden sich bei *A. v. Harnack*, Das Evangelium vom Fremden Gott. Neue Studien zu Marcion, Leipzig ^{2}1924, und in jüngerer Zeit bei *Th. Ruster*, Der verwechselbare Gott. Theologie nach der Entflechtung von Christentum und Religion, Freiburg u. a. 2000, 86–104. Beide Autoren heben das Anliegen Marcions hervor, den christlichen Glauben von jeder anderen Form von Religion zu unterscheiden. Diese Abgrenzung geht einher mit der deutlichen Trennung von „Gesetz“ und „Evangelium“, „Schöpfung“ und „Erlösung“, „Welt“ und „Kirche“. So verständlich dieses Anliegen ist, so sehr überrascht es doch, dass weder Harnack noch Ruster sehen, dass Marcions Rede von zwei Göttern nicht nur eine Übertreibung eines biblisch angelegten Motivs – so Ruster (a. a. O., 102) –, sondern ein folgenreicher Bruch mit dem biblischen Gottesverständnis ist.
Gut zweihundert Jahre nach Marcion weist auch Augustinus erst nach anfänglicher Fas-

3. Gnade als Erfahrung des Glaubens

Christlicher Glaube ist in seinem Kern das Vertrauen auf den Gott, dessen schöpferischer Kraft sich alle Wirklichkeit verdankt und der sich in Leben und Geschick Jesu von Nazareth als unbedingt für Welt und Menschen entschiedene Liebe geoffenbart hat. Dieser Glaube ist die Bedingung der Möglichkeit dafür, das Wirken dieser Gnade Gottes zu erfahren. Solche Erfahrungen von Gnade sollen im Folgenden näher bedacht werden.

Zuvor allerdings ist zu nach dem Glauben selbst zu fragen: Was ist die Bedingung seiner Möglichkeit? Wie steht es um die Erfahrung, glauben zu können, gar faktisch ein Glaubender zu sein? Ist der Glaube Ergebnis der Entscheidung eines Menschen, glauben zu wollen? Oder ist der Glaube in seiner Möglichkeit und in seinem Vollzug schon ein Geschenk der Gnade – die Erfahrung, glauben zu können, also selbst schon eine Gnadenerfahrung?

Die Gnade des Glaubens

Beim Blick auf die biblischen Zeugnisse fällt zunächst auf, in welcher Häufigkeit dort Einladungen, Aufforderungen und Mahnungen zu finden sind, an Gott zu glauben, seinen Geboten zu folgen, in Vertrauen und Treue den je eigenen Lebensweg vor Gott zu gehen.[26] Diese Aufforderung setzt implizit – mitunter auch explizit – voraus, dass sie Adressaten hat, die ihr folgen oder sich ihr verweigern können. Sie appelliert an den Menschen, Gott verbunden zu bleiben, an den sündigen Menschen, sich ihm wieder zuzuwenden. All diese Texte – einschließlich der Berichte von Menschen, die dem göttlichen Ruf gefolgt sind – sprechen also Menschen an, die über die Freiheit verfügen, sich für den Glauben an Gott zu entscheiden.

---

zination das dualistische Gottesbild des Manichäismus zurück, weil es für ihn das Problem des Bösen nicht hinreichend ernst zu nehmen vermochte (vgl. *Augustinus*, Die Bekenntnisse [hrsg. v. *H. U. v. Balthasar*], Einsiedeln ^{3}1994, 3. und 5. Buch; dazu *H. Häring*, Die Macht des Bösen. Das Erbe Augustins, Zürich/Köln 1979, 23–34.269f; *K.-H. Menke*, Das Kriterium des Christseins. Grundriss der Gnadenlehre, Regensburg 2003, 32–37).

26 Als zentrale Stelle des Alten Testaments sei die Rede des Mose Dt 30,15–20 genannt, in der er Israel im Namen Gottes die Wahl zwischen Segen und Fluch, Leben und Tod vor Augen stellt. Im Neuen Testament wird die Aufforderung, sich für die Nachfolge Jesu zu entscheiden, besonders eindringlich in Joh 6,66–71 geschildert.

Diesem Verständnis stehen andere Erfahrungen gegenüber: Erfahrungen von Menschen, die darum ringen, glauben zu können – und sich immer wieder mit ihrer Unfähigkeit konfrontiert sehen, auf Gott zu bauen, gar seine Gnade zu erkennen; von Menschen, die die Entscheidung zum Glauben längst getroffen haben, doch keinerlei Änderung ihres Lebens erfahren oder in die Wege leiten; Erfahrungen von Menschen aber auch, die sich mit einem Mal von Gott getragen und der Sorge um sich selbst enthoben wissen, ohne dass sie diese Erfahrung als Frucht ihres Mühens deuten könnten oder sie überhaupt nur angestrebt hätten. Auch solche Erfahrungen geschenkten Glaubens sind vielfach bezeugt.[27]

In der westkirchlichen Tradition rückt vor allem *Augustinus* diesen zweiten Aspekt in den Vordergrund. Er bestreitet jede aktive und eigenständige Beteiligung des Menschen nicht nur an seinem Glauben, sondern sogar an seinem Wunsch, glauben zu können.[28] *Martin Luther* spricht in Anknüpfung an Augustinus prägnant vom Glauben als einem „göttlich Werk"[29] im Menschen. Der Schritt von der bohrenden Angst um das eigene Heil in das glaubende Vertrauen auf Gottes rechtfertigende Gnade ist für Luther deshalb nicht nur im umfassenden Sinn eine Erfahrung von Gnade. Da er sie allein auf Gott zurückführt, ist sie ihm zugleich Gewähr dafür, dass Gott sich ihm zugewandt und ihn so gerechtfertigt hat. Die ihm in dieser Erfahrung geschenkte Freiheit ist für Luther die Freiheit von jeder Möglichkeit und Pflicht, Gottes Wohlwollen durch eigenes Handeln verdienen zu müssen. Der Glaube kann deshalb für ihn nur ein befreiendes Handeln Gottes am Menschen, nicht aber freie Handlung des Menschen sein.[30]

---

27 Auch diese Deutung menschlichen Glaubens findet sich in biblischen Texten, etwa Jes 6, 10–12 (die „Verstockung" durch Gott, aufgegriffen in Mk 4,12, von Paulus in Röm 11,8); Ez 36,26–28; neutestamentlich ist vor allem Joh 17 zu berücksichtigen.

28 „Durch Mitwirken vollendet Gott in uns das, was er durch Wirken begonnen hat: denn er selbst wirkt im Anfang, damit wir wollen, und er vollendet in uns [sein Werk], indem er mitwirkt, während wir wollen" (*Augustinus*, De gratia et libero arbitrio 17); noch deutlicher zum Verhältnis von Gnade und Freiheit: „Zur Lösung dieser Frage habe ich mich zwar *für* die Freiheit des menschlichen Willens abgemüht, *gesiegt* aber hat die Gnade Gottes" (*Augustinus*, Retractationes II,1), beides Zitate nach (*O.H. Pesch/A. Peters*, Einführung in die Lehre von Gnade und Rechtfertigung [Anm. 20], 21.23).

29 *M. Luther*, Vorrede zum Brief des Paulus an die Römer: *ders.*, Luther Deutsch 5 (hrsg. v. *K. Aland*), Stuttgart 1963, 50.

30 Am ausführlichsten begründet Luther diese These in seiner Auseinandersetzung mit

Widerstand gegen diese entschieden einseitige Deutung der Erfahrung, ein Glaubender zu sein, kam nicht nur von katholischer Seite.[31] Die Kontroverse zwischen *Emil Brunner* und *Karl Barth* um den „Anknüpfungspunkt", dessen die Gnade Gottes selbst im Sünder bedarf, ist ein Hinweis darauf, dass die Erfahrung des Glaubens offensichtlich facettenreicher, vielleicht sogar widersprüchlicher ist, als es die Rede vom Glauben als Gottes Werk im Menschen erkennen lässt.[32]

Die unzähligen Selbstzeugnisse von Menschen, die von ihrem Glauben oder auch von ihrem Weg zum Glauben berichten, bezeugen, dass der Glauben einen spezifisch doppelten Charakter hat: Einerseits wissen sich Glaubende mit ihrem eigenen Willen und Können involviert – nicht nur in ihr Leben als Glaubende, sondern auch in die Entscheidung, den Glauben anzunehmen und ihn durchzuhalten; andererseits sind sie von dem Bewusstsein getragen, dass nicht nur die Möglichkeit, sondern auch die Faktizität ihres Glaubens sich aus diesen Kräften allein nicht erklären lassen. Sie erfahren ihren Glauben auch als Geschenk, als Gnade. Selten begegnen in den genannten Zeugnissen diese beiden Seiten des Glaubens in einem Gleichgewicht. In der Einmaligkeit jeder Biographie steht bei den Einen das eigene Ringen und Entscheiden, bei den Anderen die erlebte Kraft – wenn nicht gar Übermacht – der Gnade im Vordergrund. Die konfessionellen Unterschiede in der Deutung des Glaubens können vor dem Hintergrund dieser Erfahrungen als der Versuch verstanden werden, je einem der beiden Aspekte besonderes Gewicht zu geben. Ein solches Ver-

---

Erasmus. Vgl. *M. Luther*, Vom unfreien Willen: *ders.*, Luther Deutsch 3 (hrsg. v. *K. Aland*), Stuttgart 1961, 151–334.

31 In direkter Auseinandersetzung mit Luther *Erasmus von Rotterdam*, Erstes Buch der Unterredung „Hyperaspistes" gegen den „Unfreien Willen" Martin Luthers: *ders.*, Ausgewählte Schriften (hrsg. v. *W. Welzig*, Sonderausgabe), Bd. IV, Darmstadt 1995, 197–675. Lehramtlich sucht das Rechtfertigungsdekret des Konzils von Trient das Verhältnis von menschlicher Freiheit und Glaube zu bestimmen und verwendet dazu den Begriff der „Mitwirkung" (cooperatio), der allerdings, wie die an ihn anknüpfenden Diskussionen zeigen, nicht hinreichend geklärt ist. Vgl. DH 1520–1583, bes. 1525.1554. Ausführlich dazu *O. H. Pesch*, Frei sein aus Gnade. Theologische Anthropologie, Freiburg u. a. 1983, 219–249.

32 Emil Brunner insistierte darauf, dass die gnädige Zuwendung Gottes im Menschen eine Ansprechbarkeit und Antwortfähigkeit, also zumindest eine zu evozierende Freiheit voraussetze (Vgl. *E. Brunner*, Natur und Gnade. Zum Gespräch mit Karl Barth, Tübingen 1934, z. B. 19); Karl Barth reagierte mit entschiedenem Widerspruch (Vgl. *K. Barth*, Nein! Antwort an Emil Brunner, München 1934).

ständnis ermöglicht, ja fordert die Bereitschaft, auch die Bedeutung der je anderen konfessionellen Deutung des Glaubens anzuerkennen.

Die hier erkennbar gewordene Notwendigkeit, die Wirklichkeit des Glaubens in einer spannungsvollen Einheit von Aktivität und Passivität des Menschen zu beschreiben, wird auch aus einer anderen theologischen Perspektive sichtbar. Die pneumatologische Reflexion sieht die bereits biblisch bezeugte Rede vom Heiligen Geist als die Artikulation der Gegenwart und Wirksamkeit Gottes im Menschen. Auch hier sind zwei Versuche, genauer zu bestimmen, wie dieses Wirken im Verhältnis zur Freiheit des Menschen steht, zu unterscheiden. Betonen die einen, dass der Geist Gottes Menschen befähigt und motiviert, ihre Freiheit zum Guten zu nutzen, sehen andere den Geist selbst als die im Menschen handelnde Instanz.[33]

Die Deutung des eigenen Glaubens lässt also in herausgehobener Weise erkennen, wie unangemessen es ist, göttliche Gnade und menschliche Freiheit in einem Konkurrenzverhältnis zu denken. Die in Freiheit Glaubenden wissen darum, dass in der Freiheit zum Glauben wie im befreienden Glauben das dankbar angenommene Geschenk und das eigene Tun zusammenfallen. In diesem von Freiheit geprägten Verhältnis steht die Priorität des Willens und Handelns Gottes nicht in Frage: Ihm verdankt sich die menschliche Freiheit und sein Wort ist die Initiative, durch die eine Antwort allererst möglich wird.

Solcher Glaube ist aber nicht nur der Gegenstand, sondern auch die Möglichkeitsbedingung der spezifisch christlichen Erfahrung von Gnade. Er bezieht im Streit darüber, was als Gnade erfahren werden kann, dezidiert Stellung. Dies soll im Folgenden in der Wiederaufnahme der eingangs geschilderten Erfahrungsbereiche verdeutlicht werden.

---

33 Schon bei Paulus finden sich beide Deutungen nebeneinander. Im Blick auf das christliche Beten spricht er einmal vom Heiligen Geist, „der in uns ruft: Abba, Vater“ (Gal 4,6), an anderer Stelle aber vom Heiligen Geist „in dem wir rufen: Abba, Vater“ (Röm 8,15). So ähnlich sich die beiden Sätze sind, so eindeutig unterscheiden sie sich im je genannten Subjekt des Betens (vgl. *U. Wilckens*, Der Brief an die Römer: EKK VI/2, Vluyn 1982, 135–137).

Erfahrung aus Glauben

Das Verhältnis zwischen Gott und Menschen als in Gnade eröffnetes Freiheitsverhältnis zu verstehen, ist das Grundanliegen der vorliegenden Anthropologie. Damit aber wählt sie einen durchaus problematischen Anknüpfungs- und Ausgangspunkt. Denn Freiheit kann nicht wahrgenommen werden. Wahrgenommen wird zunächst nur ein komplexer Geschehensablauf, in den Menschen eingebunden sind. Soll die Reflexion auf diese Ereigniskette zu einem Begriff und Bewusstsein von menschlicher Freiheit führen, muss sie mindestens eine keineswegs selbstverständliche Voraussetzungen machen: Sie muss davon ausgehen, dass menschliches Handeln zwar als Ursache Wirkungen hervorbringen kann, die mit naturwissenschaftlichen Kausalitätsbegriffen beschreibbar und prognostizierbar sind; dass es aber selbst nicht durchgängig determiniert sein darf, sich also nicht vollständig oder zumindest nicht notwendig selbst als Wirkung einer Ursache beschreiben lässt. Sollen Menschen sinnvoll als frei bezeichnet werden können, muss sich ihr konkretes Handeln einer freien, nicht restlos determinierten Entscheidung verdanken.[34]

Die transzendentalphilosophische Reflexion auf die Bedingungen der Möglichkeit menschlichen Urteilens, Entscheidens und Handelns führt unter diesen Voraussetzungen zur Idee der Freiheit.[35] Sie wird gedacht als die grundlegende Möglichkeit, sich zu allem Begegnenden zu verhalten. Dabei

---

34 Den Widerspruch zwischen dem Anspruch der Naturwissenschaften, die beobachtbaren Geschehnisse als lückenloses Geflecht von Ursachen und Wirkungen, in dem es keine Ursache geben kann, die nicht ihrerseits als Wirkung begriffen werden muss, hat Kant in der 3. Antinomie der reinen Vernunft beschrieben (*I. Kant*, KrV.: WW 4 [hrsg. v. *W. Weischedel*], Darmstadt 1968, 426–433 [B 472–479, A 444–451]). Er löst sie, indem er die Freiheit als eine „transzendentale Idee" bestimmt, die durch Erfahrungsgesetze niemals erfasst – aber gerade deshalb auch niemals bestritten werden kann (a. a. O., 505f [B 586, A 558]). Die aktuelle Hirnforschung bestreitet es, dass eine solche doppelte Perspektive auf Geschehensabläufe sinnvoll möglich sei: Nach ihrer Auffassung ist jedes menschliche Handeln durchgängig determiniert. Die im menschlichen Gehirn ablaufenden Abwägungs- und Entscheidungsprozesse werden allein durch die physiologischen Zusammenhänge bestimmt (vgl. *M. Pauen/G. Roth*, Freiheit, Schuld und Verantwortung. Grundzüge einer naturalistischen Theorie der Willensfreiheit, Frankfurt 2008, bes. 58–112).

35 Die folgende transzendentalphilosophische Klärung menschlicher Freiheit stützt sich vor allem auf die zahlreichen Arbeiten Thomas Pröppers. Herangezogen werden auch die entsprechenden Analysen von *H. Krings*, System und Freiheit. Gesammelte Aufsätze, Freiburg/München 1980.

lässt sich Freiheit in zweierlei Hinsicht als unbedingt denken: formal, insofern sie sich als Verhalten auf jeden möglichen Gehalt richtet; material, insofern sie auf die Bedingungen und Folgen ihres Handelns unbegrenzten Einfluss hat.

Diese Idee von Freiheit ist deutlich zu unterscheiden von einem Freiheitsbewusstsein. Dieses gewinnt ein Mensch erst, wenn und indem er die Idee der Freiheit auf sich selbst bezieht, sich selbst als frei versteht. Der Schritt in dieses Verständnis aber ist, wie *Johann Gottlieb Fichte* und *Søren Kierkegaard* in unterschiedlichen Perspektiven deutlich gemacht haben, selbst bereits ein Akt der Freiheit. Die Wahl der Freiheit setzt die Freiheit voraus, die sich in der Wahl selbst ergreift und so erst real wird. Die Freiheit als „Möglichkeit für die Möglichkeit"[36] zu wählen, das eigene Wählen zu wählen, ist nach der Analyse Kierkegaards nicht mehr ein rein abstrakt-spekulatives, sondern ein existentielles Geschehen.[37] Es führt in die grundlegende Erfahrung der Menschen, die vor der Wahl ihres Selbst stehen, mit ihrer Freiheit. Mit dem Wagnis, diese Freiheit zu wählen, verbindet sich für Glaubende das dankbare Bewusstsein, sich selbst und ihre Freiheit nicht geschaffen, sondern als Geschöpfe bereits vorgefunden zu haben.

Die Möglichkeit dieser Wahl erlebt ein Mensch allerdings, so Kierkegaard, als ängstigend. Dabei ist zu berücksichtigen, dass Angst ein ambivalentes Gefühl ist – abschreckend und lockend, eine „sympathetische Antipathie und eine antipathetische Sympathie"[38]. Kierkegaards Versuch, ausgehend von dieser Analyse die Erbsündenlehre neu zu formulieren, wurde schon dargestellt.[39] Im hier gegebenen Zusammenhang ist die Zwiespältigkeit der Freiheitserfahrung in anderer Hinsicht von Bedeutung: Es muss deutlich gemacht werden, ob und wie trotz der Abgründigkeit menschlicher Freiheitserfahrung von der Freiheit als Gnade gesprochen werden kann.

---

36 *S. Kierkegaard*, Der Begriff Angst: GW 11/12, Düsseldorf 1952, 40.

37 Die Logik der Selbstwahl wird ausführlich beschrieben in: *S. Kierkegaard*, Entweder/Oder II: GW 2/3, Düsseldorf 1957, 227–231. Zum Verhältnis von Kierkegaards Verständnis der Wahl zur Freiheitsanalyse von Krings vgl. *M. Bongardt*, Der Widerstand der Freiheit. Eine transzendentaldialogische Aneignung der Angstanalysen Kierkegaards, Frankfurt 1995, 91–98.

38 *S. Kierkegaard*, Der Begriff Angst (Anm. 36), 40, im Original hervorgehoben.

39 Vgl. dazu Kapitel 12 der vorliegenden Anthropologie.

Eröffnete Freiheit

Wer im Bewusstsein, ein freier Mensch zu sein, auf die ihn umgebende Wirklichkeit blickt, wird sie als eine Welt von Möglichkeiten entdecken. Wer seine Freiheit als Geschenk Gottes versteht, wird auch die Welt als den Raum sehen, den Gott ihm eröffnet hat. Dankbar, wenn auch nicht ohne Mühe, werden Menschen diese Möglichkeiten nutzen, um ihr Leben zu sichern, um ihre Umgebung zu gestalten, um sich in diese Welt einzufügen. Sicher wird man sich vor einer romantischen Verklärung der Natur hüten müssen. Zu viele Menschen mussten und müssen ihr mit äußerster Anstrengung und nur begrenztem Erfolg das eigene Überleben abringen. Wer „im Schweiße seines Angesichts" sein Brot isst (Gen 3,19), wird die Natur kaum als gütig und frei gestaltbar erleben. Doch gerade unter solchen Bedingungen entstanden die Texte der Bibel, die die von Gott geordnete Natur dankbar rühmen. In solcher Perspektive wird die Widerständigkeit der natürlichen Umgebung zum Anlass und Motiv für Menschen, ihre Fähigkeiten zu Experiment, Forschung und Werkzeuggebrauch zu steigern – und damit ihre Freiräume zur Weltgestaltung zu erweitern.[40]

Doch in all dem bleibt die Welt Ding und Sache. Die Menschen leben zwar in ihr, mit ihr und von ihr – und doch findet der Mensch in der ihn umgebenden Natur niemanden, „der ihm entspricht" (Gen 2,18). Die transzendentalphilosophische Freiheitsanalyse vermag diese Erfahrung des Ungenügens zu begründen. Freiheit, so das Ergebnis der bisher dargestellten Reflexion, ist das Geöffnetsein für jeden möglichen Gehalt, das heißt für jedes mögliche Gegenüber, zu dem sich Menschen kraft ihrer Freiheit verhalten können. Aus dieser noch undifferenzierten Offenheit ergibt sich die Frage, ob es für die Freiheit einen Maßstab gibt, an dem sich die Angemessenheit sowohl ihres je konkreten Gegenstandes wie ihres je aktuellen Handelns messen lässt. Ein von außen an sie herangetragener Maßstab könnte die Freiheit, die als unbedingte zu denken ist, nicht binden – läge es doch in der Logik der Freiheit selbst, die Gültigkeit einer solchen heteronomen Vorgabe in Frage zu stellen. Deshalb kann allein die unbedingte Freiheit

---

40 Zum Verhältnis von Freiheit und Technik vgl. *E. Cassirer*, Form und Technik (1930) (Anm. 14), 139–183; und dazu *E. W. Orth*, Von der Erkenntnistheorie zur Kulturphilosophie. Studien zu Ernst Cassirers Philosophie der symbolischen Formen, Würzburg 1996, 278–300.

selbst ihr eigener Maßstab sein. An ihr lässt sich erkennen, welcher Gehalt ihr allein vollständig angemessen ist: die Freiheit. Sie begegnet dem Menschen konkret im Du, im anderen Menschen: Dessen Freiheit ist das der eigenen Freiheit ebenbürtige Gegenüber. Die der Freiheit entsprechende und deshalb höchst angemessene Möglichkeit ist die Anerkennung anderer Freiheit. Will ein Mensch hinter den Möglichkeiten seiner Freiheit nicht zurückbleiben, hat er sie im Leben mit anderen Menschen zu nutzen und zu realisieren. Die Anerkennung fremder Freiheit ist deshalb nicht nur die herausgehobene Möglichkeit menschlichen Lebens und Handelns. Sie ist zugleich oberste ethische Norm. Die Freiheit ist sich selbst Gesetz, wie *Kant* es im Begriff der Autonomiefreiheit ausgedrückt hat. Die Unbedingtheit der Freiheit jedes Menschen begründet den Anspruch jedes Menschen auf die unbedingte Achtung seiner Freiheit, die seine Würde ist.[41]

Adams erleichterter Ausruf „Das endlich ist Fleisch von meinem Fleisch“ (Gen 2,23) findet seine Entsprechung in der Freude jedes Menschen, nicht allein zu sein. Anderen Menschen, die mich als „Du“ ansprechen, verdanke ich es, dass ich mich überhaupt als ein ansprechbares „Ich“ entdecke.[42] In Antwort auf deren Aufforderung und Einladung werden die Möglichkeit und die Notwendigkeit selbstverantworteten Handelns erst bewusst.

Die Möglichkeiten, in Freiheit das gemeinsame Leben zu gestalten, erschöpfen sich nicht in der Liebesbeziehung von Paaren – auch wenn sie darin in mancher Hinsicht umfassender realisiert werden als in anderen sozialen Zusammenhängen. Unter dem Gebot, dass Freiheit sein soll, und in den Möglichkeiten von Menschen steht auch die Gestaltung poli-

---

41 Zu dieser zentralen Stelle der transzendentallogischen Freiheitsanalyse vgl. *Th. Pröpper*, Evangelium und freie Vernunft (Anm. 11), 60–64; *H. Krings*, System und Freiheit (Anm. 35), 121–125. Die dort ausführlich begründeten Bestimmungen knüpfen inhaltlich und methodisch an Kant an, führen aber insofern über ihn hinaus, als sie durch die von Anfang an konsequent intersubjektive Perspektive den Übergang vom kategorischen Imperativ zu dessen praktischer Fassung (*I. Kant*, Grundlegung zur Metaphysik der Sitten [Anm. 18], 61 [BA 67]) besser zu begründen vermögen als Kant selbst.

42 Die Genese menschlichen Selbst- und Freiheitsbewusstseins aus dem sozialen Zusammenhang, in dem Menschen von Menschen angesprochen und damit allererst zur Antwort befähigt werden, ist vor allem entwicklungspsychologisch aufzuweisen. Vgl. dazu z. B. *E. H. Erikson*, Identität und Lebenszyklus, Frankfurt ^{7}1981. Ausführlich dazu *W. Pannenberg*, Anthropologie in theologischer Perspektive, Göttingen 1983, 151–235. Strikt von solchen Fragen der Genese des Freiheitsbewusstseins zu trennen sind die Geltungsansprüche, die allein in einer transzendentalen Reflexion zu klären sind.

tischer, gesellschaftlicher, nicht zuletzt ökonomischer Regelsysteme, in denen die wechselseitige Anerkennung von Freiheit konkret wird.[43]

Im menschlichen „Grundwort"[44], mit dem wir den anderen „Du" nennen, wird bereits eine besondere Eigenschaft jedes Freiheitsverhältnisses sichtbar. Eine Begegnung in Freiheit, die Anerkennung von Freiheit ist nie in Unmittelbarkeit möglich. Sie bedarf eines Mediums, einer symbolischen Vermittlung.[45] Die Sprache ist für Menschen das wohl differenzierteste Mittel zu Verständigung – aber keineswegs das einzige. Von der körperlichen Geste über das zeichenhafte Geschenk bis zum konkreten Einsatz für die Anderen reichen die Möglichkeiten, in denen Menschen einander Wertschätzung und Anerkennung zu zeigen vermögen. Die Wahl des jeweiligen Zeichens ist eine erste Realisierung der Freiheit des je Gebenden. Sodann erkennt die Gabe die Freiheit der je Anderen schon darin an, dass es sie fordert und freisetzt: Es liegt in der Freiheit der Beschenkten, das gegebene Zeichen zu deuten. Denn dieses ist vieldeutig, selbst wenn viele Worte des Schenkenden es zu bestimmen versuchen: Es als Symbol der Anerkennung zu verstehen und anzunehmen, liegt deshalb ganz auf der Seite und in der Freiheit des Empfangenden.

Zu den besonderen Erfahrungen der eigenen Freiheit gehören jene Situationen, in denen ich mich anderen verpflichtet weiß, ohne mich ihnen zuvor verpflichtet zu haben: Es gibt die Not, die Hilfe fordert, der ich mich nicht entziehen kann, weil der Anspruch auf Hilfe der in meiner Freiheit liegenden Pflicht zur Hilfe entspricht und mir vor ihr bewusst wird. *Emanuel Lévinas* hat diese Dimension menschlichen Lebens im mich angehen-

---

43 Vgl. dazu *Th. Pröpper*, Evangelium und freie Vernunft (Anm. 11), 57–71; *H. Krings*, System und Freiheit (Anm. 35), 185–208. Diese Ansätze zur Verhältnisbestimmung zwischen individueller Freiheit und sozialen Systemen stehen in spannungsvoller Nähe zu den Arbeiten von Jürgen Habermas (vor allem: *ders.*, Theorie des kommunikativen Handelns, Frankfurt 1981; *ders.*, Faktizität und Geltung. Beiträge zur Diskurstheorie des Rechts und des demokratischen Rechtsstaats, Frankfurt ^{2}1992) und Karl-Otto Apel (*ders.*, Diskurs und Verantwortung. Das Problem des Übergangs zur postkonventionellen Moral, Frankfurt 1988). Zu dieser Auseinandersetzung vgl. auch *H. Verweyen*, Gottes letztes Wort. Grundriss der Fundamentaltheologie, Düsseldorf 1991, 182–190. Im Hintergrund dieser Debatten steht immer die Auseinandersetzung mit Hegels Verständnis der Institution als objektiver Freiheit (vgl. *G. W. F. Hegel*, Grundlinien der Philosophie des Rechts [Theorie-Werkausgabe 7], Frankfurt 1970, 29–91).

44 *M. Buber*, Ich und Du: *ders.*, Das dialogische Prinzip, Darmstadt ^{5}1984, 5–173, hier 7.

45 Vgl. *Th. Pröpper*, Erlösungsglaube (Anm. 21),188–190.

den Angesicht des Anderen nachdrücklich herausgestellt.[46] Im umfassenden Sinne menschlich, human aber ist diese Hilfe gerade in dem Maße, in dem die jeder Entscheidung vorausliegende Pflicht in Freiheit als Verpflichtung übernommen wird. In empörend häufigen Extremfällen kann dabei gar die Bereitschaft gefragt sein, zugunsten des Lebens Anderer das eigene Leben zu gefährden, zu verlieren. Weiter kann der Einsatz eines Menschen für Andere nicht gehen.[47]

In ganz spezifischer Weise geht die Not derer, die sich schuldig gemacht haben, die Freiheit der Geschädigten an. Einer von Schuld gezeichneten Beziehung eignet eine wesentliche Asymmetrie: Der Schuldige vermag sich von seiner Schuld nicht aus eigener Kraft zu befreien. Er kann die zerstörte Verbindung nicht wiederherstellen ohne dass der, den er schädigte, seine Zustimmung gibt, ihm Vergebung schenkt. Die Fähigkeit zu vergeben liegt in den Möglichkeiten menschlicher Freiheit. Sie verlangt einen Verzicht auf die Macht, die der Geschädigte über den Schuldigen hat.[48] Die Möglichkeit der Vergebung steht unter dem Anspruch, die Freiheit des Anderen, auch des schuldig gewordenen Anderen, anzuerkennen – ohne dass der Schuldige diesen Anspruch erheben oder gar einklagen könnte.[49] Auch im nur frei zu gewährenden Geschenk der Vergebung, das über jede einklagbare Pflicht hinausgeht, erweist menschliche Freiheit in herausgehobener Weise ihre Größe.

Für Glaubende reichen Aufgabe und Möglichkeit ihrer Freiheit noch hinaus über das Mühen um ein von dieser Freiheit geprägtes Leben und Zusammenleben der Menschen. Für sie kommt es ebenso darauf an, ihrem

---

46 Vgl. z. B. *E. Lévinas*, Die Spur des Anderen. Untersuchungen zur Phänomenologie und Sozialphilosophie, Freiburg/München ^{3}1992, bes. 108–119.

47 Vgl. Joh 15,13: „Es gibt keine größere Liebe, als wenn einer sein Leben hingibt für seine Freunde".

48 Ex negativo bestätigt Nietzsches Moralkritik diese Asymmetrie. Denn Nietzsche sieht im „Sklavenaufstand der Moral" das Mittel der körperlich Schwachen, durch deren moralische Diskreditierung Macht über die Starken zu gewinnen. Folgerichtig ist für die Mächtigen, die sich diesem System nicht unterwerfen, die Macht dieser Moral, indem sie sie nicht anerkennen, nichtig. Vgl. *F. Nietzsche*, Zur Genealogie der Moral (Anm. 9), 270–281. Ganz ähnlich auch E. Canetti (*ders.*, Masse und Macht, Neuausgabe, Hildesheim 1992, 342f), der dort in kritischer Perspektive von der „Macht der Verzeihung" spricht.

49 Vgl. *M. Striet*, Versuch über die Auflehnung. Philosophisch-theologische Überlegungen zur Theodizeefrage: *H. Wagner* (Hg.), Mit Gott streiten. Neue Zugänge zum Theodizeeproblem, Freiburg 1998, 48–89, hier 74f.

Gottesverhältnis Gestalt zu geben. Ein unverzichtbarer Ausdruck der Gottesliebe ist die Liebe zu den Nächsten, die Gottes Geschöpfe sind und von seiner Gnade getragen sind, um ihrer selbst willen. Wo Glaubende ihr Handeln ausrichten an der ihnen geschenkten Freiheit als oberster Norm, dürfen sie gewiss sein, den Willen Gottes zu tun – denn die von dieser Norm geforderte unbedingte Anerkennung jedes Menschen ist mit der Nächsten- und Feindesliebe, von der die Bibel spricht, in Inhalt und Reichweite dekkungsgleich.[50] Zur glaubenden Gestaltung des Gottesverhältnisses gehört aber mehr: der Versuch, der Liebe zu Gott einen angemessenen Ausdruck zu geben in Gebet und Liturgie; das Nachsinnen über Gott mit dem Ziel, Sprache und Denkformen zu finden, die seinem Geheimnis angemessen sind; die Auslegung der Heiligen Schrift, bei der es immer wieder auch um das rechte, ethisch verantwortbare Verständnis der biblischen Weisungen geht. All das vollzieht sich als und in der Kirche als Gemeinschaft der Gläubigen, die ihrerseits unter dem Anspruch der Freiheit steht.[51]

Angesichts des von Gott eröffneten Raums, in dem Menschen ihre Freiheit erkennen und nutzen können, sind vielfältige Formen der Erfahrung von Gnade möglich. Zu leben und in dieser Welt leben zu können ist weder selbstverständlich noch Frucht eines eigenen Entschlusses und Mühens – ist für Glaubende Geschenk Gottes. Gleiches gilt nicht nur für die Freiheit als „Möglichkeit für die Möglichkeit", sondern auch für die Kraft, von ihr Gebrauch zu machen, ein Leben in gegenseitiger Achtung und Anerkennung zu gestalten, Not zu lindern, Unterdrückung zu überwinden. Die genannten Beispiele lassen erkennen, dass nicht nur müheloses Glück als Gnade erfahren werden kann. Es widerspricht nicht der dankbaren Annahme der Freiheit und des Lebens, dass es immer wieder Widerstände zu überwinden, schwierige Entscheidungen zu treffen, tragische Konsequenzen des eigenen Handelns zu tragen gilt. Als dankbares Zeugnis einer solchen Erfahrung von Freiheit als Gnade kann der Psalm 8 gelesen werden: „Was ist der Mensch, dass du an ihn denkst? – Du hast ihn nur wenig geringer gemacht als Gott, hast ihn mit Herrlichkeit und Ehre gekrönt" (Ps 8,5f).

---

50 Vgl. dazu *K. Rahner*, Über die Einheit von Nächsten- und Gottesliebe: Schriften zur Theologie 6, Einsiedeln 1965, 277–298.

51 Vgl. *Th. Pröpper*, „Erst in autonomer Zustimmung kommt Gottes Liebe zum Ziel". Ein Gespräch mit Professor Thomas Pröpper über das christliche Freiheitsverständnis: HerKorr 45 (1991), 411–418, hier 417f.

Beschränkte Freiheit

Doch vor diesem hellen Hintergrund eines gern übernommenen Lebens, hebt sich umso dunkler die leidvolle Wirklichkeit ab, in der sich Menschen so häufig wiederfinden.

Am 2. Weihnachtstag 2004 kamen bei einem Tsunami in Südasien weit über 200.000 Menschen ums Leben. Ganz offensichtlich ohne jedes Ansehen der Person vernichten Beben, Stürme, Überschwemmungen, Dürren und Krankheiten Menschenleben. Andere sehen sich der grenzenlosen Bosheit von Menschen ausgesetzt, die gnadenlos ihre Interessen durchsetzen, ohne dass jemand ihnen in den Arm fiele. Längst haben die Menschen mit ihrer Technik und durch ihre pure Zahl das ökologische System der Erde nachhaltig, vermutlich irreparabel gestört und sehen sich immer häufiger den vernichtenden Folgen ihres Tuns ausgesetzt. Ganz gleich, auf welchem Weg er ihn ereilt: dem Tod entgeht kein Mensch.

Von Gnade keine Spur. Dankbarkeit zu erwarten, kann angesichts solcher Ereignisse nur als Hohn erscheinen.

Wille und Gestaltungskraft von Menschen scheinen kaum in der Lage, dieser erlebten Gnadenlosigkeit Einhalt zu gebieten. Formal ist menschliche, also endliche Freiheit zwar zu denken als die unbedingte Möglichkeit, sich zu allem Begegnenden zu verhalten. In ihrer konkreten Materialität aber steht sie unter einer Vielzahl von eingrenzenden, freiheitswidrigen Bedingungen. Sie machen das Erkennen, Wollen und Tun des Guten für den Einzelnen bis zur Grenze der Unmöglichkeit schwer. Schon in ihrem Entscheiden sind Menschen weit weniger unabhängig, als sie in der Regel vermuten. Die Gründe, die sie abwägen, und deren Gewicht sind wesentlich von all dem bestimmt, was sie im Lauf ihrer Biographie erlitten, an Prägung erfahren, getan und an Lohn oder Strafe erhalten haben. In dieser Diagnose sind sich so unterschiedliche Perspektiven wie das theologische Nachdenken von *Augustinus* und *Luther, Sigmund Freuds* Psychoanalyse, die Verhaltensforschung und die aktuelle Hirnphysiologie einig.[52] Nur

---

52 Dass Menschen immer wieder unfähig sind, das Gute zu erkennen, zu wollen und zu tun, wird in sehr unterschiedlichen Weisen beschrieben. Psychoanalytisch erklärt Freud unter anderem durch die Unterscheidung von Bewusstsein und Unbewusstem sowie von den Instanzen des Es, Ich und Über-Ich den geringen Einfluss, den das Bewusstsein des Menschen auf sein Denken, Wollen und Handeln hat (vgl. z. B. *S. Freud*, Vorlesungen zur Einführung in die Psychoanalyse: GW 11, Frankfurt ^{5}1969, bes. 7–78). Gesellschaftspolitische Ansätze machen die vielfachen sozialen Rahmenbedingungen und Einflüsse deut-

sehr begrenzt lassen sich diese Faktoren, die das aktuelle Entscheiden bestimmen, bewusst machen. Das schränkt die Möglichkeiten ein, sich zu ihnen nochmals zu verhalten. Dass zudem zwischen der bewusst getroffenen Entscheidung und der schließlich vollzogenen Handlung häufig ein unerklärlicher Widerspruch liegt, nährt weitere Zweifel, ob der Mensch „Herr im eigenen Haus" ist.[53] Der letzte, mindestens ebenso schwer zu überwindende Widerstand gegen den menschlichen Gestaltungswillen begegnet in der Wirklichkeit, auf die das Handeln Einfluss nehmen will: die naturale Umgebung, die anderen Menschen und nicht zuletzt der eigene Körper sind nur sehr begrenzt beeinfluss- und gestaltbar.[54]

---

lich, unter denen individuelles Lebens steht: Das (gesellschaftliche) Sein bestimmt das Bewusstsein (vgl. *K. Marx*, Zur Kritik der Politischen Ökonomie: MEW 13, Berlin 1961, 7–11). Hirnphysiologen fügen mit ihren Erkenntnissen über die Determiniertheit des Menschen diesen Analysen inhaltlich nichts Neues hinzu, können aber in ihren Modellen verständlich machen, dass und wie die verschiedenen Einflüsse einen Menschen prägen: Indem die verschiedenartigsten Erfahrungen im Gehirn, das seinerseits genetisch und aufgrund seiner organischen Entwicklung vorgeprägt ist, gespeichert und im Entscheidungsfall abgerufen werden (vgl. *M. Pauen/G. Roth*, Freiheit, Schuld und Verantwortung [Anm. 34], 99–112). Die theologischen Reflexionen auf die Begrenztheit menschlicher Freiheit beschreiben exakt die gleichen Phänomene wie die gerade genannten Wissenschaften – ordnen sie aber in einen gänzlich anderen Verstehensrahmen ein: In Anknüpfung vor allem an Paulus und Augustinus deuten sie die Phänomene als Folgen der Sünde. Wenn und weil Menschen nicht mehr auf Gott ausgerichtet, sondern auf sich selbst zurückgewandt sind, verlieren sie ihre Freiheit zum Guten (vgl. *K.-H. Menke*, Das Kriterium des Christseins [Anm. 25], 24–53; *K. Flasch*, Das philosophische Denken im Mittelalter von Augustin zu Machiavelli, Stuttgart 1986, 27–43). So sehr die noch näher zu erläuternde Vorstellung einer Sünde, die im menschlichen Leben Folgen zeitigt, theologisch erhellend und naheliegend ist, führt die durchgängige Moralisierung der Grenzen menschlicher Freiheit zu einer problematischen Identifizierung von Endlichkeit und Sünde.

53 Vgl. Röm 7,15–24.

54 Kant zieht für seine praktische Philosophie aus dem Bewusstsein dieser Grenzen zwei weitreichende und umstrittene Konsequenzen: Zum einen hält er es für das moralische Urteil über eine menschliche Haltung für irrelevant, welche faktischen Folgen diese Handlung hat – denn diese liegen nicht in der Macht, also auch nicht in der Verantwortung des Handelnden: „Es ist überall nichts in der Welt, ja überhaupt auch außer derselben zu denken möglich, was ohne Einschränkung für gut könnte gehalten werden, als allein ein *guter Wille*" (*I. Kant*, Grundlegung zur Metaphysik der Sitten [Anm. 18]], 11 [BA III, vgl. zur weiteren Argumentation BA III–V]). Zum anderen führt ihn die Einsicht, dass der Mensch die Umstände seines Lebens oder gar der Welt als ganzer nicht selbst bestimmen kann, in seiner Kritik der praktischen Vernunft zum Postulat des Daseins Gottes, weil nur Gott die notwendig zu fordernde „genaue Übereinstimmung der

Diese Grenzen sind fester Bestandteil der alltäglichen Erfahrung. Es bleibt bedrückend, wie wenig menschliche Prävention und Hilfe gegen die zerstörerischen Kräfte der Natur auszurichten vermögen. Es bleibt beschämend, wie wenig man selbst den Anderen, ihrem Recht auf Leben, Freiheit und Anerkennung, gerecht wird; wie begrenzt die eigene Kraft ist und wie oft man selbst die vorhandene Kraft nicht einsetzt; wie oft die schlechten Gewohnheiten die Oberhand behalten; wie häufig man selbst Schuld auf sich lädt, indem man von Schuld geprägte Verhältnisse durch eigenes Handeln bestätigt und verfestigt. Es bleibt traurig, dass Menschen oft so in sich selbst gefangen bleiben, dass Sie Vergebung weder schenken noch annehmen können. Es bleibt empörend, den Tod auch nur eines, nur des am meisten geliebten Menschen nicht verhindern zu können.

Die Erfahrung solcher Begrenztheit der realen, material vielfältig bedingten Freiheit von Menschen wird umso schmerzhafter, je lebendiger die Idee einer nicht nur formal, sondern auch material unbedingten Freiheit ist.

Diese Widersprüchlichkeit menschlicher Freiheitserfahrungen lässt sich nicht leugnen. Einseitige Auflösungen des Widerspruchs sind nicht nur in ihren Konsequenzen verhängnisvoll, sondern auch falsch, weil selbstwidersprüchlich. So wird im Blick auf die Bedingtheit jedes menschlichen Handelns nicht selten die Forderung erhoben, die Vorstellung, Menschen seien frei, als Illusion zu verabschieden und auch auf die Idee einer vollkommenen Freiheit zu verzichten. Eine solche Forderung missachtet nicht nur all das, was Menschen im Bewusstsein ihrer Freiheit positiv zur Gestaltung ihres Lebens und Zusammenlebens beigetragen haben. Im Verzicht auf die Idee einer zur Selbstbestimmung fähigen Freiheit wird zudem die Grundlage zerstört, auf der allein sich eine ethische Selbstbindung der Freiheit denken und Normativität voraussetzungslos begründen lässt. Damit aber steht das Fundament menschlichen Zusammenlebens zur Disposition. Logisch steht diese Position in der Gefahr des Selbstwiderspruchs, denn es ist nicht zu sehen, wie sie überzeugend auf sich selbst anwendbar wäre: Da sie eine unter mehreren Deutungen menschlichen Lebens ist, verdankt sie sich einer Entscheidung – sei es für einen durchgängig zwingenden Determinismus, sei es für eine undurchschaubare Zufälligkeit allen Ge-

Glückseligkeit mit der Sittlichkeit" bewirken könne (*I. Kant*, KpV.: WW 7 [hrsg. v. *W. Weischedel*], Darmstadt 1968, 255f [A 225], vgl. zur gesamten Argumentation: 254–263 [A 223–237]).

schehens. In keinem dieser beiden Modelle lässt sich die Entscheidung selbst erklären, ohne in einen *regressus ad infinitum* einzutreten.

Die entgegengesetzte Position leugnet nicht die aktuell faktische, aber die prinzipielle Begrenztheit menschlicher Freiheit. Wo sich solche Grenzen zeigen, werden sie als überwindbar behauptet. Es sei eine Frage der Zeit, bis die Grenzen technischer Fertigkeiten, die noch bestehenden gesellschaftlichen Ungerechtigkeiten, die mangelnde Moralität der Menschen besiegt sind. Es gelte allein, an dieser Überwindung mit Nachdruck zu arbeiten. Politische und religiöse Ideologien sind in der Regel von solchen Ideen geleitet, wobei nicht ausgeschlossen ist, dass sie sich in paradoxer Weise mit einem materialistischen bzw. naturalistischen Determinismus verbinden. Jedes auf die eigenmächtige Vollendung menschlicher Freiheit gerichtete Fortschrittsprojekt hat mindestens einen blinden Fleck: Es missachtet das Leiden und den Tod derer, die auf dem Weg zum angestrebten Ziel zu Schaden oder gar ums Leben kamen. Diese Opfer als notwendigen Preis für das schließlich erreichte Glück, an dem sie nicht mehr teilhaben werden, zu erklären, instrumentalisiert sie in unzulässiger, weil ihre Würde verletzender Weise. Dies gilt zumindest für alle, die nicht aus freiem Willen ihr Leben für das angestrebte Ideal gefährdet und eingesetzt haben.[55] Doch nicht nur dieser Blick auf die Vergangenheit diskreditiert die Projekte einer Befreiung von allen Grenzen, die Vision einer material unbedingten endlichen Freiheit: Da sie die prinzipielle Begrenztheit menschlicher Freiheit kontrafaktisch leugnen, sind sie potentiell gewalttätig – gegenüber den natürlichen Rahmenbedingungen des menschlichen Lebens, vor allem aber gegenüber den Menschen, die ihre Freiheit zum Widerstand gegen solch vermeintliche Befreiungen nutzen. Wo immer die Gegner des vermeintlichen Freiheitskampfes sich nicht durch Argumente überzeugen lassen und die entsprechenden Machtmittel zur Verfügung stehen, werden sie gegen diese Gegner eingesetzt. Spätestens in solcher Missachtung fremder Freiheit diskreditiert sich der Versuch, die Begrenztheit menschlicher Freiheit zu leugnen.

Es gibt, wo die Idee und das Bewusstsein von Freiheit aufgekommen sind, keine Alternative zu der schwierigen Aufgabe, die für eine endliche Freiheit nicht zu schließende Kluft zwischen der Idee einer in jeder Hin-

55 Vgl. die Rede vom „Paradox der anamnetischen Solidarität", die *H. Peukert* (Wissenschaftstheorie – Handlungstheorie – Fundamentale Theologie. Analysen zu Ansatz und Status theologischer Theoriebildung, Frankfurt ^{2}1998, 300–310) eingeführt hat – nicht zuletzt in Anlehnung an Walter Benjamin.

sicht unbedingten Freiheit und der Realität menschlicher, material bedingter Freiheit anzuerkennen. Die jeweilige Form dieser Anerkennung wird Konsequenzen haben für die Orientierungen und Weisungen, die menschlichem Handeln angeboten werden.

Es ist hier nicht der Ort, verschiedene Modelle dieser Anerkennung aufzuzeigen: Sie reichen von *Jean-Paul Sartre*s bitterer Analyse des Menschen als einer „nutzlose[n] Leidenschaft“[56] bis zu *Albert Camus*' Sisyphos, der im Bewusstsein der Absurdität seines Tuns mit denkbar größtem Ernst seine Aufgabe erfüllt[57]; von den antiken bis zu den modernen Anweisungen, die Kunst des Lebens einzuüben[58]; vom angeratenen „Handwerk der Freiheit“[59] bis zu einer „naturalistischen Theorie der Willensfreiheit“[60]. Vielmehr gilt es, die Frage wieder aufzunehmen, ob es auch nach dem Blick auf die Grenzen menschlichen Lebens und Handelns noch möglich ist, die Erfahrungen, die Menschen im Bewusstsein ihrer Freiheit machen, als Gnadenerfahrung zu bezeichnen.

---

56 *J.-P. Sartre*, Das Sein und das Nichts (Anm. 12), 770.

57 *A. Camus*, Der Mythos von Sisyphos. Ein Versuch über das Absurde, Hamburg 1990. Den ethischen Ernst einer solchen Existenz angesichts des Absurden hat Camus vor allem in seinen Romanen deutlich gemacht, vor allem in der Gestalt des Arztes Rieux: *ders.*, Die Pest. Roman, Hamburg 1992.

58 Vgl. *P. Hadot*, Philosophie als Lebensform. Geistige Übungen in der Antike, Berlin 1991; *M. de Montaigne*, Essais (Ausw. u. dt. Übers. v. *H. Lüthy*), Zürich 1953; *F. Nietzsche*, Also sprach Zarathustra: KSA 4; *M. Foucault*, Freiheit und Selbstsorge. Interview 1984 und Vorlesung 1982 (hrsg. v. *H. Becker u. a.*), Frankfurt 1993; *W. Schmid*, Philosophie der Lebenskunst. Eine Grundlegung, Frankfurt 2006. Zur aktuellen Auseinandersetzung mit dieser philosophischen Tradition, der vor allem an der Verbindung von philosophischer Theorie und Lebensführung liegt, vgl. *W. Kersting/C. Langbehn* (Hg.), Kritik der Lebenskunst, Frankfurt 2007.

59 *P. Bieri*, Das Handwerk der Freiheit. Über die Entdeckung des eigenen Willens, München/Wien 2001. Bieris Analyse zielt auf eine kritische Verhältnisbestimmung zwischen der bedingten Realität und unbedingten Idee der Freiheit.

60 Bisher wurde mehrfach auf den Naturalismus von *M. Pauen/G. Roth* (Freiheit, Schuld und Verantwortung [Anm. 34 und 52]) verwiesen. Das zitierte Werk hebt sich aber von den verbreiteten Infragestellungen der Freiheit durch die Hirnforschung dadurch ab, dass es sich ungeachtet des vertretenen Determinismus als eine positive Theorie der Willensfreiheit versteht. Dies gelingt den Autoren, indem sie Freiheit strikt als Selbstbestimmung auffassen (28f) – und das Selbst, das selbst und sich selbst bestimmt, als jene Instanz auffassen, die in der je aktuellen Situation durch ihr Gewordensein bestimmt ist. Eine selbstbestimmte, also freie Handlung, zeichnet sich nach Auffassung der Autoren dadurch aus, dass sie weder zufällig noch durch Zwang zustande kommt (26f), sondern die dem aktuellen Selbst nächstliegende Aktivität ist (127–133).

Begründete Hoffnung

An biblisch bezeugten Erfahrungen lässt sich das Spektrum der hier in Frage stehenden Möglichkeiten erkennen.

Jesu Aufruf, von falscher Sorge zu lassen (Mt 6,25–34), erscheint näherem Nachdenken keineswegs so leicht und selbstverständlich wie dem ersten Hören. Aus der Beobachtung gesättigter Vögel und prachtvoller Blumen auf die Fürsorge Gottes zu schließen, muss jedem als Zumutung erscheinen, der die Natur als den Kreislauf des Fressens und Gefressenwerdens ansieht, als der sich die natürliche Welt umfassend beschreiben – und als die sich auch die Menschheitsgeschichte erzählen lässt. Die Aufforderung Jesu kann vor diesem Hintergrund gelesen werden als Aufforderung, den Blick auf Ereignisse zu konzentrieren, die als Zeichen der gnädigen Fürsorge Gottes gedeutet werden können. Doch solange eine solche Gewichtung gegensätzlicher Erfahrungen willkürlich geschieht, bleibt sie ebenso beliebig wie unverantwortlich gegenüber denen, die dabei übersehen werden. Es muss ein Grund für diese Entscheidung angegeben werden können.

Hiob erwidert seiner Frau, die ihm im Blick auf sein Unglück den leichten Weg der Gotteslästerung, also die Leugnung der göttlichen Güte und Macht empfiehlt: „Wie eine Törin redet, so redest du. Nehmen wir das Gute an von Gott, sollen wir dann nicht auch das Böse annehmen?" (Hi 2,10). Hiob wagt es, auch das Leid, das ihm zugefügt wird, auf Gott zurückzuführen. Dabei widersteht er der Versuchung, das Böse selbst in Gott zu sehen, sondern appelliert beharrlich an dessen Güte. Seine Hoffnung, dass Gott sich als gerecht und mächtig erweisen wird, geht nicht ins Leere. Sie erfüllt sich – ohne dass Hiob eine Antwort auf seine Frage nach dem „Warum" seines Leidens erhält.[61]

Was sich in Hiobs Bekenntnis zu Gott konzentriert ausdrückt, wird auch in den Berichten des Neuen Testaments bestätigt und entfaltet: Jesu Predigt und Wirken wird von vielen als befreiend erfahren. In der heilenden

---

61 Vgl. dazu die religionsgeschichtlichen Hinweise von *O. Keel*, Jahwes Entgegnung an Ijob, Göttingen 1978, 85f: Indem Gott in seiner Antwort an Hiob die Tiere benennt, die klassische Symbole der Chaosmächte sind, lässt er seine Macht über diese erkennen. Noch wichtiger an der Logik des Buches Hiob ist die Tatsache, dass Hiob einer Antwort gewürdigt und damit seine Frage als legitim erwiesen wird. So *S. Kierkegaard*, Die Wiederholung (Anm. 10), 77–82.

Begegnung mit ihm gewinnen sie nicht nur ihre zuvor vielfältig eingeschränkte Freiheit wieder, ihr Leben vor Gott zu gestalten. Sie finden auch den Mut, von dieser Freiheit Gebrauch zu machen, indem sie Umkehr und Nachfolge wagen, und können das ihnen Widerfahrene als Gnade bezeugen. In denkbar großem Kontrast dazu stehen die Macht und Gewalt, die Jesus ans Kreuz bringen und töten. Zwar bestätigt sich darin Gottes unbedingte Achtung menschlicher Freiheit, die er selbst dann nicht widerruft, wenn Menschen zum äußersten Bösen entschlossen sind. Doch in der Ermordung Jesu, mit dem nach Überzeugung seiner Jünger das Reich Gottes anbrach, ein Geschenk der Gnade Gottes zu sehen, ist im Augenblick der Kreuzigung kaum möglich: einhellig berichten die Evangelien von der Verzweiflung der Zurückbleibenden. Seine Gnade und Macht aber erweist Gott in der Auferweckung des Gekreuzigten.[62] In ihr bestätigt er nicht nur den mit Autorität vertretenen Anspruch Jesu, das Reich Gottes nahezubringen. Er erweist sich auch als die den Menschen zugewandte Freiheit, der selbst der Tod keine Grenze setzt: als die auch material unbedingte Freiheit.

Im Glauben an die Auferweckung Jesu finden Christinnen und Christen den Grund, ihr Leben und ihre Freiheit als ein Geschenk der Gnade Gottes zu verstehen. Denn sie bauen auf dessen Willen und Macht, Welt und Menschen zu dem Ziel zu bringen, auf das sie ausgerichtet sind: auf die umfassende Gemeinschaft mit Gott und untereinander. Diese Hoffnung erlaubt es ihnen, die schon jetzt als Gnade erfahrbaren Möglichkeiten und Handlungen der Freiheit als Bestärkung ihrer Hoffnung zu deuten – und das, was der endgültigen Erfüllung der Freiheit noch empörend und schmerzvoll entgegensteht, als einen Abgrund zu sehen, angesichts dessen es gilt, die Hoffnung nicht aufzugeben. Dazu gehört es, von denen, die in

62 Umstritten in der theologischen Deutung von Kreuzestod und Auferweckung Jesu ist vor allem die Frage, ob es für die Jünger eines von außen kommenden Ereignisses bedurfte, um die Verzweiflung über den Tod Jesu zu überwinden. *H. Kessler* (Sucht den Lebenden nicht bei den Toten. Die Auferstehung Jesu Christi in biblischer, fundamentaltheologischer und systematischer Sicht, Neuausgabe Würzburg 1995, 209) erteilt allen Versuchen, von einer Kontinuität des vorösterlichen zum nachösterlichen Glauben zu sprechen, im Blick auf die neutestamentlichen Zeugnisse ein Absage. Er verweist auf den „epistemologischen Bruch des Karfreitags". Ähnlich argumentiert *Th. Pröpper* (Erlösungsglaube [Anm. 21], 194f). Hansjürgen Verweyen dagegen sucht den Todesschrei Jesu am Kreuz als „Gottes letztes Wort" zu erweisen, das als Ausdruck unbedingter Liebe keiner weiteren Bestätigung bedurfte. Vgl. *H. Verweyen*, Gottes letztes Wort (Anm. 43), 441–480; *ders.*, Botschaft eines Toten? Den Glauben rational verantworten, Regensburg 1977.

diesen Abgrund gestürzt sind, gerade nicht die Augen abzuwenden, sondern im Blick auf sie die Hoffnung zu wagen.[63]

Die eschatologische Hoffnung ist in der christlichen Tradition verbunden mit der Vorstellung eines endgültigen Gerichts. Diese steht in Spannung, aber nicht notwendig im Gegensatz zu der Hoffnung einer umfassenden Versöhnung. Allerdings darf und kann das von Gott erhoffte Geschenk der Vergebung nicht Gerechtigkeit und Gericht außer Kraft setzen, indem sie Gutes böse und Böses gut nennt.[64] Vergebung als Verzicht auf Strafe und als Befreiung aus der Asymmetrie des Schuldzusammenhangs kann nur geschehen angesichts benannter und eingestandener Schuld. Zudem ist der Vergebung Gottes, selbst wenn seine Bereitschaft dazu als unbegrenzte erhofft wird, eine doppelte Grenze gesetzt: Gott wird in Achtung der Geschädigten Vergebung nur schenken, wenn diese in seinen Vergebungswillen einstimmen;[65] und sie wird die sündigen Menschen nur erreichen, wenn sie bereit sind, sie anzunehmen.[66] Dass Gott selbst zu Vergebung bereit ist, auch und wenn er selbst zum Opfer menschlicher Bosheit wird, wird für den christlichen Glauben gerade durch das Kreuz Jesu bezeugt: von der Bosheit, die den Unschuldigen ermordete, ist Gott selbst betroffen. Umso bedeutsamer ist, dass das Lukasevangelium dem gekreuzigten Jesus die Bitte an den Vater in den Mund legt, seinen Peinigern zu vergeben.[67]

Im Horizont des Auferstehungsglaubens wagt es die christliche Theologie sogar, den Tod Jesu – dieses scheinbare Ende aller Hoffnung – als ein von Gottes Gnade unterfangenes Geschehen zu deuten: als das Ereignis, in dem der Ernst und die Bedingungslosigkeit von Gottes Liebe sich heilbringend erwiesen hat.[68] In der Auferweckung Jesu erweist sich Gott als jene

63 Vgl. dazu *Th. Pröpper* (Evangelium und freie Vernunft [Anm. 11], 266–275) in Auseinandersetzung mit Johann Baptist Metz.

64 Vgl. Jes 5,20.

65 So schon *S. Kierkegaard*, Stadien auf des Lebens Weg (Anm. 10), 405.

66 Diese Grenze markiert, wie schon erwähnt, Dostojewskij in der Gestalt des Iwan Karamasow (vgl. Anm. 11).

67 Vgl. Lk 24,34 und dazu die gründliche Untersuchung von *M. Blum*, „… denn sie wissen nicht, was sie tun." Zur Rezeption der Fürbitte Jesu am Kreuz (Lk 23,34a) in der antiken jüdisch-christlichen Kontroverse, Münster 2004.

68 Für die Frage nach der Erfahrung von Gnade ist es interessant, dass eine besondere bildliche Darstellung der Trinität in der Frömmigkeitsgeschichte den Titel „*Gnadenstuhl*" zugeschrieben bekam: Auf ihr ist Gott Vater – meist thronend – zu sehen, der ein Kruzifix oder – in Anlehnung an das Pieta-Motiv – den toten, vom Kreuz abgenommenen Jesus in Händen hält. Zwischen den Gesichtern von Vater und Sohn symbolisiert

Freiheit, die menschliches Denken nur entwerfen, für deren Wirklichkeit es aber nicht einstehen kann: als formal und material unbedingte Freiheit, die endlicher Freiheit jene unbedingte Anerkennung schenken kann, die zu geben endliche Freiheit prinzipiell nicht in der Lage ist.[69]

„Was ergibt sich nun, wenn wir das alles bedenken? Ist Gott für uns, wer ist dann gegen uns? Er hat seinen eigenen Sohn nicht verschont, sondern ihn für uns alle hingegeben – wie sollte er uns mit ihm nicht alles schenken? Wer kann die Auserwählten Gottes anklagen? Gott ist es, der gerecht macht. Wer kann sie verurteilen? Christus Jesus, der gestorben ist, mehr noch: der auferweckt worden ist, sitzt zur Rechten Gottes und tritt für uns ein. Was kann uns scheiden von der Liebe Christi? Bedrängnis oder Not oder Verfolgung, Hunger oder Kälte, Gefahr oder Schwert? In der Schrift steht: Um deinetwillen sind wir den ganzen Tag dem Tod ausgesetzt; wir werden behandelt wie Schafe, die man zum Schlachten bestimmt hat. Doch all das überwinden wir durch den, der uns geliebt hat. Denn ich bin gewiss: Weder Tod noch Leben, weder Engel noch Mächte, weder Gegenwärtiges noch Zukünftiges, weder Gewalten der Höhe oder Tiefe noch irgendeine andere Kreatur können uns scheiden von der Liebe Gottes, die in Christus Jesus ist, unserem Herrn“ (Röm 8,31–39).

Prägnanter kann man im christlichen Glauben begründete Möglichkeit, Leben und Freiheit als Gnade zu erfahren, kaum in Worte fassen.

4. Befreites Leben

Wo immer Menschen, weil sie glauben, die Gnade Gottes erfahren können, und wo immer sie, weil sie Gnade erfahren, am Glauben festhalten können, kann und wird dies für ihr Leben Konsequenzen haben. Gelebter Glaube sucht seinen Ausdruck, erfahrene Gnade bleibt nicht folgenlos. Im Folgenden soll es darum gehen, die zentralen Aspekte eines Lebens zu benennen und zu bedenken, das durch die Erfahrung der Zuwendung Gottes geprägt ist.

---

eine Taube den Heiligen Geist. Vgl. *G. Neumann*, Die Ikonographie des Gnadenstuhls, Berlin 1953.

69 „Ohne Jesu bestimmtes Menschsein wäre Gott nicht als Liebe, ohne seine Bereitschaft zum Tod nicht der unbedingte Ernst dieser Liebe und ohne seine Auferweckung nicht Gott als ihr wahrer Ursprung offenbar geworden“ (*Th. Pröpper*, Erlösungsglaube [Anm. 21], 197).

Befähigung

„Ein Christenmensch ist ein freier Herr über alle Dinge und niemand untertan. Ein Christenmensch ist ein dienstbarer Knecht aller Dinge und jedermann untertan."[70] Diese „zwei Leitsätze" stellt *Martin Luther* an den Anfang seiner Abhandlung „Von der Freiheit eines Christenmenschen". Damit deckt er die innere Logik eines vom Glauben getragenen Handelns auf. Wer an Gottes rechtfertigende Liebe glaubt und, nach der schon erwähnten Ansicht Luthers, schon im Gegebensein dieses Glaubens Gottes Gnade erfährt, wird durch diesen Glauben von jeder Sorge um sich und sein Heil befreit. Er muss sich nicht mehr durch die Befolgung der göttlichen Gebote Gottes Zuwendung verdienen wollen; ebenso wenig bedarf es des Gehorsams und der Dienstbereitschaft gegenüber der Kirche und ihren Amtsträgern – so Luthers Vorwurf gegen eine Kirche, die mit ihrem Anspruch, Gnade vermitteln zu können, seines Erachtens die Souveränität Gottes wie die Freiheit der Glaubenden antastet. Niemandem haben untertan zu sein, die Gottes Gnade geschenkt bekamen. Diese Befreiung von „Gesetz" und Werkgerechtigkeit führt nun nach Luther aber gerade nicht in einen Libertinismus.[71] Indem sie die Menschen aus ihrer Selbstbefangenheit, ihrer „incurvatio in se ipsum" befreit, macht die rechtfertigende Gnade Gottes sie überhaupt erst fähig, sich liebend den Anderen zuzuwenden. Ohne ängstliche Rücksicht auf sich selbst können sie tun, was nötig ist – für die anderen Menschen, für das Gemeinwesen. Doch die erfahrene Befreiung ist noch mehr als nur die Befähigung, für andere zu leben. Sie wird den Willen zu einem solchen Leben hervorbringen, es dem Menschen als innere Konsequenz des Glaubens nahelegen, den „äußeren Menschen" dem „inneren Menschen" gleichförmig zu machen im ständigen Ringen mit den selbstsüchtigen Wünschen[72] und im bedingungslosen Einsatz für die Nächsten.[73] Vorbild für ein solches Leben ist, so Luther im Anschluss an *Paulus,* Christus selbst – ihm gleichförmig werden können und wollen die Glaubenden, weil sie glauben.[74] Die Selbstverständlichkeit, mit der dieser Wille für Luther aus der Gnadenerfahrung erwächst, besagt nicht, dass

---

70 *M. Luther*, Von der Freiheit eines Christenmenschen: *ders.*, Luther Deutsch 2 (hrsg. v. *K. Aland*), Stuttgart 1962, 251–274, hier 251.

71 A. a. O. 263.

72 A. a. O. 263.

73 A. a. O. 269.

74 A. a. O. 269f.

es den Menschen leicht fiele, zu tun, was sie als Glaubende zu tun haben. Ein solches Leben aus dem Glauben bleibt im konkreten Leben ein Kampf gegen Selbstliebe und die Versuchung zur Werkgerechtigkeit, obwohl der Glaube diesen Kampf bereits überwunden hat.

Auffällig an Luthers kurzer Schrift ist sein hier noch einmal fokussiert deutlich werdendes Freiheitsverständnis. Freiheit erscheint hier ausschließlich als Befreiung von Gesetz und Rechtfertigungszwang. Deshalb ist es notwendig, Luthers Verständnis von der „Freiheit eines Christenmenschen" in den Rahmen eines anders geprägten Freiheitsverständnisses zu transformieren, um die grundlegenden Einsichten des Reformators in das Verhältnis von göttlicher Gnade und menschlichem Handeln aufnehmen zu können.

Der philosophische Aufweis einer Ansprechbarkeit der freien Menschen von Seiten Gottes steht der für Luther so wichtigen Rede von Gottes Handeln, das jedem menschlichen Wollen und Handeln vorgängig ist, keineswegs entgegen. In einer theologischen Perspektive, die das neuzeitliche Freiheitsverständnis kritisch aufnimmt, ist es vielmehr selbstverständlich, die Freiheit, derer sich Menschen selbstreflexiv bewusst werden, als von Gott im Akt der Schöpfung allererst eröffnete zu verstehen. Darüber hinaus bleibt Gottes Zuwendung zu den Menschen die Bedingung der Möglichkeit dafür, dass Menschen auf sein Wort antworten können. Nicht zuletzt durch die Geschichte des christlichen Sündenbewusstseins sensibilisiert, wird eine theologische Anthropologie auch jene „Freiheit in der Unfreiheit Dienst"[75], in die sich Menschen schuldhaft verstricken, benennen und philosophisch aufnehmen. Erst Gottes erlösendes Handeln kann diese Fesseln sprengen, erst die im Glauben angenommene Vergebung befreit den Menschen aus seiner Verschlossenheit in sich selbst.[76] Und erst der Glaube an die von Gott verheißene Vollendung schenkt die Hoffnung, dass der in ihrer materialen Bedingtheit so aporetischen menschlichen Freiheit die ihr entsprechende Erfüllung geschenkt werden wird. Erst ein solcher von Hoffnung geprägter Glaube kann menschliches Leben und menschliche Freiheit trotz all ihrer Abgründe als Gnade erfahren, die ihrerseits Anlass zur Hoffnung ist.

Einer solchen Erfahrung aber eignet genau die von Luther beschriebene Dynamik des Glaubens: Wer glaubend Gottes Zuwendung zu den Menschen erkennt, wird befreit von jener Angst um sich selbst, die ihn hin-

75 *S. Kierkegaard*, Philosophische Brocken: GW 10, Düsseldorf-Köln 1952, 15.
76 A. a. O. 11–19.

dert, mit Anderen und für Andere zu leben. Er gewinnt jene Freiheit, in der er sich seinerseits Gott und den Menschen zuwenden, deren Freiheit achten und fördern kann. Auf nichts anderes richten sich Gottes Weisungen, von denen die Bibel spricht, nichts anderes meint die christliche Tradition, wenn sie von Christusnachfolge spricht.

Ein von der Gnadenerfahrung geprägtes Handeln ist die angemessene und verständlichste Antwort auf die Frage an die Christen, „welche Hoffnung [sie] erfüllt" (1 Petr 3,15). Solches Handeln wird für andere Freiräume schaffen, wo immer es möglich ist; es wird für jenes Maß an Gerechtigkeit eintreten, das Menschen gewährleisten können; es wird bereit sein, eigene Interessen zurückzustellen; es wird von Vergebung sprechen gegenüber denen, die ihrer bedürfen, und denen, in deren Händen sie liegt; und es wird, wo es seine Grenzen erreicht, mit denen und für die, denen Menschen nicht mehr helfen können, die Hoffnung auf Gottes rettendes Handeln wach halten.[77]

Luthers ganze Sorge galt der Gefahr, den Blick auf Gottes Gnade zu verstellen, indem man sie als Lohn für menschliche Leistungen missversteht. Glaubende, die um ihre Angewiesenheit auf Gottes zuvorkommendes Handeln wissen, werden einem solchen Missverständnis nicht erliegen; gerade deshalb aber wissen sie sich durch die ihnen geschenkte Freiheit verpflichtet, von der erfahrenen Gnade ihr Leben prägen zu lassen und sie anderen zu bezeugen.

Darstellendes Handeln

Noch in einer anderen Hinsicht ist zu klären, welche Bedeutung jenem Handeln unter dem Anspruch der Gnadenerfahrung zukommt. Geht es doch, wo von Gott und Welt die Rede ist, immer auch um mehr als um das Gottesverhältnis der je Einzelnen. Die Bibel spricht im Blick auf die erhoffte Vollendung von Welt und Geschichte vom „Reich Gottes", das in Jesus von Nazareth nahegekommen, in bestimmter Hinsicht gar bereits angebrochen ist.

---

77 Der nicht zuletzt durch die Pastoralkonstitution des II. Vaticanums (GS, DH 4301–4345) inspirierte Beschluss „Unsere Hoffnung. Ein Bekenntnis zum Glauben in dieser Zeit" der Synode der Bistümer in der Bundesrepublik Deutschland bringt diese Logik eines vom christlichen Glauben geprägten Handelns in besonderer Weise zum Ausdruck: *L. Bertsch u. a.* (Hg.), Gemeinsame Synode der Bistümer der Bundesrepublik Deutschland. Beschlüsse der Vollversammlung, Offizielle Gesamtausgabe I, Freiburg u. a. 1976, 84–111.

Ungeachtet der eigentümlichen Zeitstruktur der biblischen Rede vom Reich Gottes steht für das Neue Testament fest, dass sich das Kommen des Reiches Gottes einzig und allein der Initiative und dem Handeln Gottes verdankt.[78] Menschen werden zwar aufgefordert, sich zu der nahenden Herrschaft Gottes zu verhalten, ihr Leben im Blick auf die Zukunft zu verändern, doch diese Zukunft ist nicht von ihrem Verhalten abhängig.[79] Nun zielt aber das gerade beschriebene Handeln von Glaubenden, das von ihrer Gnadenerfahrung geprägt ist, darauf, dass auch Anderen Gnade erfahrbar wird – als eröffnete Freiheit, gelinderte Not, geschenkte Vergebung, ermöglichte Hoffnung. Wer ihnen begegnet, soll zumindest Ähnliches erfahren, wie jenen, die Jesus von Nazareth trafen: Sie sollen Zeichen des nahen Reiches Gottes sehen.[80] Ist aber damit nicht genau jene Souveränität Gottes in Frage gestellt, an der das biblische Zeugnis so nachdrücklich festhält?

Hier bleibt, ungeachtet der Tatsache, dass das Handeln der Glaubenden durch Gott ermöglicht ist, festzuhalten: Das Handeln der Glaubenden ist menschliches Handeln. Damit bleibt es an jene Grenzen gebunden, die endlicher Freiheit gesetzt sind. Das erhoffte Reich Gottes aber zeichnet sich dadurch aus, dass diese Grenzen von Gott überwunden wurden. Gerade im Gegensatz zur ideologischen Selbstüberschätzung menschlicher Macht, von der oben die Rede war, wird sich das Handeln Glaubender seiner Grenzen bewusst bleiben und auf deren Überwindung durch Gott hoffen. Es wird seine Grenzen auch nach außen stets deutlich machen. Nur solange es betont, dass es das Reich Gottes zwar darstellt, aber nicht herstellt,[81] bleibt es ein angemessenes und verantwortliches Handeln, das die Gnade erfahrbar werden lässt, ohne die „Grenze zwischen Gott und Mensch“[82] zu verletzen.

---

78 Die freiheitsphilosophisch erhellte Logik eines Handelns, das sich als Antwort auf die geglaubte Zuwendung Gottes versteht, ist in den neutestamentlichen Zeugnissen über die anbrechende Gottesherrschaft zu erkennen. Der „Indikativ“ von Gottes rettendem Handeln führt zum Imperativ eines entsprechenden Handelns. Vgl. *H. Merklein*, Die Gottesherrschaft als Handlungsprinzip, Würzburg ^{2}1981, bes. 212–293; *R. Schnackenburg*, Die sittliche Botschaft des Neuen Testaments, Bd. 1: Von Jesus zur Urkirche (HthNTSuppl 1), Freiburg 1986, bes. 31–67.

79 Vgl. Mk 1,14.

80 Vgl. Joh 14,12; Apg 3,1–10.

81 Zu dieser Unterscheidung vgl. *Th. Pröpper*, Evangelium und freie Vernunft (Anm. 11), 245–265, bes. 258–261.

82 Diesen Titel gibt *Anja Middelbeck-Varwick* ihrem Werk: „Die Grenze zwischen Gott und Mensch. Erkundungen zur Theodizee in Islam und Christentum“ (Münster 2009).

Gottes Handeln

Im Horizont des Glaubens an Gottes freilassende Liebe können Menschen auf vielfältige Weise Gnade erfahren. Nicht nur für die Bibel ist es weitestgehend selbstverständlich, die Anlässe solcher Gnadenerfahrung unmittelbar auf Gott zurückzuführen. Dies gilt nicht nur, wenn die vorfindliche Wirlichkeit als Frucht der Schöpfung und des Erhaltungswillen Gottes verstanden wird. Der Gang der Geschichte als ganzer, aber auch einzelne Ereignisse werden der Leitung Gottes, seinem Willen und seiner Veranlassung zugeschrieben.[83] Auch alltägliche Ereignisse wie etwa Zeugung und Geburt,[84] selbst das Handeln anderer Menschen werden beschrieben als willentliches und zielgerichtetes Handeln Gottes, für das er sich der Natur und der Menschen bedient.[85] Für viele Christinnen und Christen steht ein solches Verständnis im Zentrum ihres Glaubens. Die Rede von einem ihnen sichtbar gewordenen Handeln Gottes ist die ihnen gewohnte Form, ihre Erfahrung von Gnade, aber auch ihre Hoffnung auf Gott zum Ausdruck zu bringen. Ein Verzicht darauf würde nach verbreiteter Überzeugung jedes Bittgebet sinnlos und Dankgebete überflüssig machen.

Doch gerade weil die Rede von Gottes Ratschluss und Taten so fundamental für den christlichen Glauben ist, darf sich die theologische Reflexion den ernsthaften und schwerwiegenden Einwänden nicht verschließen, die sich gegen diese Rede erheben. Sie muss in Auseinandersetzung mit ihnen zu einem verantworteten Verständnis der Zeugnisse von Gottes Handeln gelangen. Im hier gegebenen Zusammenhang können sich die Überlegungen auf die Frage konzentrieren, ob und inwieweit die Bezeugung einer Gnadenerfahrung impliziert und voraussetzt, das sie sich auf ein Ereignis bezieht, das ohne Gottes unmittelbares Eingreifen in den Geschehenszusammenhang nicht zustande gekommen wäre.

In diesem Werk geht sie den Möglichkeiten und Grenzen menschlichen Wissens und Handelns nach, die in Islam und Christentum stets ausgelotet werden.

83 So, um nur die biblisch zentralen Ereignisse zu nennen, die Befreiung aus Ägypten und die Gabe des Gesetzes in der Geschichte Israels (prägnant zusammengefasst in Ex 20,1f); sowie die Sendung, Geistbegabung und Auferweckung Jesu als vom Neuen Testament bezeugtes göttliches Handeln (vgl. Hebr 1 und 2).

84 Vgl. z. B. Ps 139, 13–16.

85 Das Handeln Gottes durch Menschen, die er als Werkzeuge nutzt, ist ausdrücklich benannt im Blick auf den Perserkönig Kyros (Jes 44,28–45,8) und von Paulus (Apg 9,15).

Von der subatomaren Ebene bis in die weitesten Ausgriffe der Astronomie entdeckt schon der Blick der Laien, erst recht die naturwissenschaftliche Forschung systemische Ordnungen und Zusammenhänge, die staunen lassen. Dieses Staunen kann in den Glauben münden, dass dieser Ordnung ein Wille zugrunde liegt. Ein solcher Glaube muss nicht in Konkurrenz und Widerspruch führen zu den naturwissenschaftlichen Versuchen, die Entstehung des Universums zu verstehen. Zu einer solchen Konfrontation würde es nur kommen, wenn Gottes Wirken gedacht würde als jene Ursache einer Wirkungskette, die die Naturwissenschaft (noch) nicht benennen kann. Mit einem solchen Verständnis würde sich der Schöpfungsglaube nicht nur der Gefahr aussetzen, dass er durch die naturwissenschaftliche Schließung noch bestehender Erklärungslücken überflüssig würde. Vor allem würde er verkennen, dass die Glaubensaussage über Gottes die Welt tragenden Willen auf die Frage nicht nach der Funktionsweise, sondern nach dem Sinn antwortet, die die Naturwissenschaft weder kennt noch beantworten kann.[86] Für diesen Sinn steht der christliche Glaube ein mit seinem Bekenntnis zu Gottes Gnade, für die ihm die als Schöpfung geglaubte Welt in ihrer Geordnetheit ein Symbol ist.[87] Naturwissenschaft kann ein solches Verständnis weder als falsch noch als richtig erweisen, da es nicht in den Bereich der ihr möglichen Aussagen fällt.

Gleiches gilt, wenn es um die glaubende Deutung geschichtlich kontingenter Ereignisse geht. Vor allem bezüglich der so genannten Wunder herrschte in der christlichen Tradition über lange Zeit die Überzeugung, das entscheidende Merkmal eines Wunders bestünde darin, dass man es nur damit erklären kann, dass Gott unmittelbar in die Kausalkette allen Geschehens eingegriffen habe.[88] Gegen dieses Verständnis ist nicht nur ein-

---

86 Zur grundlegenden Unterscheidung zwischen Sinnfragen und der naturwissenschaftlichen Erkundung von Ursache-Wirkungszusammenhängen vgl. *E. Cassirer*, Zur Logik der Kulturwissenschaften. Fünf Studien (1942): *ders.*, Aufsätze und kleine Schriften 1941–1946 (ECW 24), Hamburg 2007, 357–486, bes. 391–413. Die aktuelle Debatte um das Verhältnis von Evolutionstheorie und Schöpfungstheologie verkennt diesen Unterschied – auf Seiten des Kreationismus wie einer evolutionstheoretischen Religionskritik. Eine systematisch-theologische Darstellung und Bewertung der Debatte bietet *H. Kessler*, Evolution und Schöpfung in neuer Sicht, Kevelaer ^{3}2010.

87 Der Ordnungsgedanke ist – ähnlich wie in anderen antiken Schöpfungsmythen – das zentrale Motiv vor allem des ersten biblischen Schöpfungsberichts. Der Gedanke der creatio ex nihilo ist eine erst später daraus entwickelte Vorstellung. Vgl. *J. Schreiner*, Theologie des Alten Testaments, Würzburg 1995, 160–163.

88 Vgl. zum Folgenden vor allem *Th. Pröpper*, Evangelium und freie Vernunft

zuwenden, dass die naturwissenschaftliche Erklärbarkeit niemals mit Sicherheit ausgeschlossen werden und damit ein Wunder niemals sicher als solches erwiesen werden kann.[89] Vor allem ist ein theologisches Argument anzuführen, das im frühneuzeitlichen Theismus entwickelt wurde, aber keineswegs auf dieses Denken beschränkt blieb: Steht ein Gott, der sich selbst nicht an die von ihm geschaffene und gewollte Ordnung hält, nicht im Widerspruch zu sich selbst und damit in der Gefahr, als willkürlicher Herrscher verstanden werden zu müssen, der den Menschen jede Möglichkeit nimmt, sich auf die von ihm gewollte Ordnung zu verlassen?[90]

Dieses Argument gewinnt an Gewicht, wenn es nicht um naturale Zusammenhänge geht, sondern um die den Menschen von Gott geschenkte Freiheit. Wenn Gott aus Liebe die Freiheit seiner Geschöpfe gewollt hat und wirklich werden ließ, kann er diese Freiheit nicht handelnd übergehen, ohne seinen Geschöpfen – und damit seinem eigenen Versprechen – untreu zu werden. Insofern bleibt menschliches Handeln im strikten Sinne von Gott ermöglichtes und gefordertes Handeln in Selbstverantwortung – im Guten wie im Bösen.

Der schwerstwiegende Einwand gegen die Vorstellung, Gott greife unmittelbar in Naturzusammenhänge oder geschichtliche Geschehensabläufe ein, aber entsteht aus der Theodizeefrage: Wer einer schweren Not entkommen ist und voll Dankbarkeit und Freude davon spricht, Gott habe ihn auf wundervolle Weise gerettet, wird sich früher oder später der Frage stellen

---

(Anm. 11), 245–265. Einen guten Überblick über die neuere, nach wie vor hoch kontroverse Diskussion zum Handeln Gottes gibt *K. v. Stosch*, Gottes Handeln denken. Ein Literaturbericht zur Debatte der letzten 15 Jahre: ThRv 101 (2005) 89–108.

89 Darauf verweist besonders *D. Hume*, Eine Untersuchung über den menschlichen Verstand (übers. u. hrsg. v. *J. Kulenkampf*), Hamburg 1984, 128–155. Er geht in seiner Kritik noch einen Schritt weiter: Es ist nicht nur nie mit Sicherheit zu beweisen, dass ein bestimmtes Ereignis ein Wunder im Sinne der Durchbrechung des üblichen Naturablaufs ist. Dass ein solches Wunder geschehen ist, sei grundsätzlich unwahrscheinlicher als das Gegenteil.

90 *Wilhelm von Ockham* hat bekanntlich die These von der doppelten Macht Gottes vertreten: Neben der „potentia ordinata", die Gott innerhalb der von ihm geschaffenen Ordnung ausübt, postuliert Ockham um der Freiheit Gottes willen – und im Interesse an der möglichen Rettung der Sünder, gegenüber denen Gott „Gnade vor Recht" walten lassen kann – Gottes „potentia absoluta" (*W. von Ockham*, Quodlibet VI.1: Quodlibeta septem [ed. *J. C. Wey*], St. Bonaventura 1980). Blumenberg sieht durch diese These von Gottes unbegrenzter Macht die Notwendigkeit gegeben, das Recht des Menschen gegen Gott zu stärken und in diesem Anliegen die Neuzeit legitimiert (vgl. *H. Blumenberg*, Die Legitimität der Neuzeit, Frankfurt ^{2}1988, 214–223).

müssen, warum Gott in so vielen anderen Notsituationen nicht rettend eingegriffen hat. Wenn Gott handelt, wo Menschen Gutes tun oder erleben, handelt er dann auch, wenn sie Böses tun oder erleiden? Anders, weniger deterministisch gefragt: Wenn er Menschen dazu bewegen kann, seine Gnade erfahrbar zu machen, warum hindert er sie dann nicht, Böses zu tun?

Das Ringen um die Theodizeefrage, das viel älter ist als der Name, den *Gotfried Wilhelm Leibniz* ihr gegeben hat, führte zu der schmerzhaften Einsicht, dass Menschen sie nicht beantworten können.[91] Für viele Menschen zerbricht an ihr die Möglichkeit des Glaubens und damit auch jeder Rede von einer ihnen zuteil gewordenen Gnade. Für die, die ihren Glauben durchhalten wollen, bleiben nur zwei Wege: Auf dem einen halten die Glaubenden voll Hoffnung daran fest, dass Gott jene freilassende und zuvorkommende Liebe ist, für die sie in der ihnen begegnenden Wirklichkeit immer wieder Zeichen entdecken. Angesichts der so oft aufkommenden Zweifel und bohrenden Fragen nach Gottes Gerechtigkeit angesichts des Leidens in der Welt hoffen sie darauf, dass er einst die Antwort darauf gibt, die nur er geben kann. Den anderen Weg hat in besonderer Prägnanz *Hans Jonas* aufgewiesen:[92] In einer bemerkenswerten Modifikation der klassischen Theodizeefrage definiert er das unlösbare Problem des Glaubens angesichts des Leidens und des Bösen, das in Auschwitz ein bis dahin ungekanntes Ausmaß angenommen hat. Unmöglich sei es, so Jonas, die Liebe, die Allmacht und die Verständlichkeit – also nicht die Allwissenheit – Gottes miteinander in Einklang zu bringen. Anders als all jene Glaubenden, die bereit sind, mit Hiob die Unverständlichkeit von Gottes Handeln in der Hoffnung auf seine noch ausstehende Antwort zu ertragen,[93] plädiert Jonas radikal für den Verzicht auf die Vorstellung von Gottes Allmacht. Damit bestreitet er Gott jede Möglichkeit, in den Lauf der von ihm freigelassenen Welt noch einmal einzugreifen. Gott, so Jonas, setzt mit dem Verzicht auf seine Allmacht im Akt der Schöpfung all seine Hoffnung auf die Menschen, die allein in ihrer Freiheit sich und die Welt Gott zuwenden und so zu ihrem Ziel bringen können.[94]

---

91 Vgl. *I. Kant*, Über das Mißlingen aller philosophischen Versuche in der Theodizee (Anm. 3), 114 (A 210).

92 Vgl. *H. Jonas*, Der Gottesbegriff nach Auschwitz. Eine jüdische Stimme, Frankfurt 1987.

93 A. a. O., 36–40.

94 Die Möglichkeit, auf Gott und seine Beantwortung der Theodizeefrage zu hoffen, stellt Kant nicht in Abrede: solch eine „authentische Theodizee“ widerspricht nicht der

Diese beiden Wege sind nicht so weit voneinander entfernt, wie es zunächst scheinen mag. Sie sind sich zuerst und vor allem darin einig, dass Gott in unbedingter Liebe die Welt geschaffen hat und ihr zugewandt bleibt. Sie betonen beide, dass die Treue Gottes zu seiner Schöpfung sich darin erweist, dass er ihre eigenständige Evolution zulässt und die Freiheit der Menschen achtet. Auch wenn Jonas expliziter als die erstgenannte Glaubenshaltung ein unmittelbares Handeln Gottes in der Welt ausschließt, rechnen doch beide mit der Möglichkeit, Gottes Gnade zu erfahren. Vieles, was in der Welt – nicht zuletzt durch Menschen – konkret und wahrnehmbar geschieht, wird ihnen zum Symbol für Gottes liebevolle Sorge um die Welt. Für beide gibt es Ereignisse, die dem Willen Gottes entsprechen, die das Ziel, das er selbst dieser Welt gesetzt hat und das er mit ihr erreichen will, erkennen lassen. Deshalb können sie mit Recht sagen, dass in dieser Welt Gottes Wille geschieht: in natürlichen Ursache-Wirkungs-Zusammenhängen, die den Menschen Leben ermöglichen; in geschichtlichen Konstellationen, die unerwartet neue Räume menschlichen Zusammenlebens eröffnen; in besonderer Weise durch Menschen, die bewusst und entschieden Gottes Willen tun, die ihr Handeln von der Gnade, die sie erfahren haben, bestimmen lassen.[95] Die Berechtigung, angesichts all

---

Vernunft und übersteigt sie auch nicht, sondern begrenzt sie durch die Markierung ihres Unwissens (vgl. *I. Kant*, Über das Mißlingen aller philosophischen Versuche in der Theodizee (Anm. 3), 116–118 [213–216]). Wenn Jonas dagegen auf der Verständlichkeit Gottes insistiert, erinnert diese Position nicht nur an Hegels Anspruch, die Geschichte begreifen zu können, sondern auch an Luhmanns Forderung, Religion solle das Unbestimmbare bestimmen (s. Anm. 17).

95 Die Selbstbeschränkung Gottes erläutert Jonas mit Verweis auf die Lehre des Zimzum aus der jüdischen Kabbala (a. a. O. 45f). Nicht vollständig klärt Jonas, wie die Sorge Gottes gedacht werden soll, die er als Attribut eines sich selbst zurücknehmenden Gottes benennt (a. a. O. 31): ist damit lediglich ein passives „Verwickeltsein" gemeint – oder eine aktive, wenn auch nicht physische Einwirkung (43) durch Wort und Inspiration. Denkbar wäre hier die Aufnahme einer anderen jüdischen Tradition, die Gott durch die Menschen präsent und wirksam sein lässt, die ihn bekennen. Vgl. dazu ausführlicher: *M. Bongardt*, Immanente Religion oder idealistische Spekulation? Zum Verhältnis von Gott und Mensch im „Gottesbegriff nach Auschwitz" von Hans Jonas: *D. Böhler* (Hg.), Mensch – Gott – Welt. Philosophie des Lebens, Religionsphilosophie und Metaphysik im Werk von Hans Jonas, Freiburg u. a. 2008, 173–189. *J. Werbick (Soteriologie, Düsseldorf 1990,* 119–128) formuliert: „Gott handelt, wo sein Wille geschieht" (125). Wenn Werbick damit die Möglichkeit in den Blick rückt, dass sich Gottes Wille auch durchsetzt, ohne dass Gott selbst der Akteur in solchem Geschehen ist, steht sein Ansatz auch dem Entwurf von *R. Bernhardt* (Was heißt „Handeln Gottes"? Eine Rekonstruktion der Lehre von der Vor-

dessen von Gottes Wirken zu sprechen, entsteht nicht aus der – ohnehin nie nachweisbaren – Unmöglichkeit, das Geschehen nicht anders als durch Gottes unmittelbares Wirken zu erklären. Entscheidend dafür ist allein, dass es mit dem in Übereinstimmung zu bringen ist, was aufgrund des biblischen Zeugnisses und dessen theologischer Auslegung als Wille Gottes gelten kann. Der entschiedene Widerspruch gegen alles Böse, das geschieht, gehört deshalb untrennbar zu solch einem glaubenden Blick auf die Welt. Er wiederum wird verbunden sein mit der Hoffnung, dass selbst die oft fürchterlichen Folgen des Bösen noch einmal ins Gute gewendet werden können – eine Hoffnung, die beide Glaubenshaltungen ungeachtet ihrer Unterschiedlichkeiten teilen.

Sakramentales Handeln

Für die kirchliche Tradition gibt es seit jeher einen hervorgehobenen Ort der Erfahrung von Gottes Gnade: die Feier und den Empfang der Sakramente.[96] Die traditionelle Definition spricht von der Verbundenheit der „äußeren Zeichen" mit der von den Sakramenten vermittelten „inneren Gnade".[97] Die theologische und konfessionell oft umstrittene Deutung dieses kirchlichen Handelns kann den Hintergrund bilden, vor dem die hier vorgelegte Verhältnisbestimmung zwischen göttlichem und menschlichem Handeln nochmals bestätigt und konkretisiert werden kann.

Die sakramententheologischen Auseinandersetzungen waren und sind von dem Bemühen geprägt, zwei unverzichtbare Gehalte der sakramentalen Handlung spannungsvoll zusammenzuhalten: Auf der einen Seite galt es, die Souveränität Gottes im sakramentalen Handeln bewusst

---

sehung, Gütersloh 1999, bes. 443–466) nahe, der die Metapher des „Kraftfeldes" nutzt, um von einem Wirken Gottes zu sprechen. Vgl. auch *M. Bongardt*, Gottes Macht neu denken. Versuch über den mündigen Glauben: *Th. Pröpper* u. a. (Hg.), Mystik – Herausforderung und Inspiration. Gotthard Fuchs zum 70. Geburtstag, Mainz 2008, 232–249. *Th. Pröpper* (Evangelium und freie Vernunft [Anm. 11], 256–261) stellt in seinem Nachdenken über Gottes Gegenwart in freiheitstheologischer Absicht die menschliche Antwort, die das Wort Gottes gegenwärtig setzt, deutlicher in den Mittelpunkt und sieht diese durch das Wirken des Geistes Gottes ermöglicht.

96 Vgl. zum Folgenden die sakramententheologischen Entwürfe von *Th. Schneider*, Zeichen der Nähe Gottes. Grundriß der Sakramententheologie, Mainz [3]1982; *E.-M. Faber*, Einführung in die katholische Sakramentenlehre, Darmstadt 2002.

97 Vgl. Katechismus der Katholischen Kirche, München 1993, Nr. 1131.

zu halten. Es ist Gottes frei geschenkte Gnade, die im Sakrament wirksam wird – eine Gnade, die von den Menschen weder erzeugt noch verdient, gar durch den Ritus erzwungen werden kann. Das Sakrament ist Sakrament, weil Gott selbst sein Wirken an diese symbolische Vermittlung gebunden hat. An dieser Vermittlung aber wirken die Menschen mit. Zunächst auf der materialen Ebene: Es sind Menschen, die in eigener Verantwortung und Handlungsfähigkeit die Riten formen und vollziehen. Doch darin erschöpft sich ihr Anteil am sakramentalen Geschehen nicht: Als Empfänger der Sakramente sind sie angesprochen und gefordert. Ihr Glaube ist gefordert, ohne den sie die Sakramente gar nicht als solche erkennen würden. Selbst die zu jedem Sakrament gehörenden deutenden Worte bleiben denen, die ihnen keinen Glauben schenken, in ihrer Bedeutung verschlossen. Die Erschließung dieser Bedeutung aber ist die Bedingung der Möglichkeit dafür, dass das Sakrament im Selbstverständnis und der Lebenshaltung derer, die es empfangen, Konsequenzen zeitigt, wirksam werden kann.

Das sakramentale Geschehen ist deshalb als symbolisch vermittelte Begegnung von Freiheiten zu verstehen: Gottes Gnade bleibt unverfügbares Geschenk seiner Liebe. Die Treue, die Gott durch das Sakrament zusagt, hat ihren Grund und damit ihren Bestand allein in Gott selbst und gilt unabhängig von der Reaktion der Empfänger des Sakraments. Das Zeichen aber hat einen Adressaten: die Menschen, an deren Freiheit es sich richtet, von denen es verstanden und angenommen werden will. Erst wo diese Antwort gegeben wird, wandelt sich Gottes Initiative in eine frei geschenkte, gegenseitige Anerkennung; erst da wird die geschenkte Gnade zu einer erfahrenen Gnade.[98]

Die Besonderheit der Sakramente im engeren Sinne des Wortes besteht nach kirchlichem Verständnis darin, dass Gott sich an diese – nach traditionellem Verständnis „von Christus eingesetzten“ Zeichen – gebunden hat: Wo sie vollzogen werden, dürfen die Feiernden und Empfangenden sicher sein, dass ihnen Gottes Gnade begegnet.

Doch so sehr diese Bindung als unbedingt verlässlich geglaubt wird, so wenig gilt sie als exklusiv. Selbst in Zeiten, in denen die Bedeutung der Sakramente für das Heil der Menschen besonders betont wurde, blieb das Bewusstsein wach, dass Gott auch außerhalb dieser besonderen Zeichen Menschen seine Gnade erfahrbar machen kann – in heilvollen Ereignissen,

98 Vgl. *Th. Pröpper*, Evangelium und freie Vernunft (Anm. 11), 261–265.

im Gottes Liebe darstellenden Handeln von Menschen.[99] Wo immer solche Erfahrungen ermöglicht und gemacht werden, wird sich in ihnen die Grundstruktur sakramentalen Handelns wiederfinden: die symbolische Vermittlung sich begegnender Freiheiten.

Wird die Möglichkeit, Gnade zu erfahren, in dieser Weise geöffnet und geweitet, drängt sich eine letzte Frage auf, die im Blick auf die Erfahrbarkeit von Gnade zu stellen ist: bleibt sie beschränkt auf Christinnen und Christen? Oder ist es denkbar, dass Menschen, die in ganz anderen Horizonten als dem des christlichen Glaubens leben, Gottes Gnade begegnen? Auch diese Frage gilt es sowohl epistemologisch wie theologisch zu bedenken.

5. Umfassende Gnade

Eine christliche Gnadenerfahrung ohne Kenntnis des Christentums ist schlechthin undenkbar. Keine Wahrnehmung kann den Horizont vermitteln, der die notwendige Bedingung ihrer Deutung ist, sich selbst aber der Wahrnehmbarkeit entzieht. Wer nicht zumindest die biblischen Erzählungen kennt, kann eine erlebte Rettung nicht als Gnade des Gottes erfahren, der Israel aus Ägypten führte. Eine Erfahrung der Gegenwart Christi ist nicht möglich, wenn nicht wenigstens dessen Name und Geschick bekannt sind.

Unter einer vergleichbaren Bedingung steht auch jede Erfahrung von Gnade außerhalb des christlichen, selbst außerhalb jeden religiösen Verständnisses. Menschen werden beglückende, befreiende, tragende Erlebnisse, werden ihre Existenz nicht als Gnade erfahren können, wenn sie von ihr und für sie keinen Begriff haben. Wer ein Geschenk jenseits jeder Tauschabsicht, eine selbstlose Hilfe, eine in Freiheit geschenkte Anerkennung nicht für möglich hält, wird in jeder Form, in der Menschen ihm begegnen,

99 Vgl. Apg 10,34f: Petrus bezeugt im Haus des Heiden Kornelius, dass Gott „in jedem Volk willkommen ist, wer ihn fürchtet und tut, was recht ist." Das Wirken des Geistes ist nach Apg nicht an Kirche gebunden. Ein nicht genau datierbarer päpstlicher Brief (vermutlich 11. Jhdt.) beruft sich für die Heilsmöglichkeit von nicht Getauften auf Augustinus: „Die Taufe wird unsichtbar gespendet, welche nicht die Verachtung der Religion, sondern die Schranke der Not ausschließt" (DH 741). Diese so genannte „Begierdetaufe" wird in der Folge lehramtlich für jeden Menschen vorausgesetzt, der „das Evangelium Christi und seine Kirche ohne Schuld nicht kennt", Gott sucht und kraft seines Gewissens dessen Willen tut (II. Vat., LG 16, DH 4140).

anderes sehen: sei es das taktische Kalkül des Anderen, sei es ein weiteres Ereignis in einer durchgängig determinierten Handlungskette.

Wo dagegen Menschen in einem Bewusstsein ihrer Freiheit handeln und einander begegnen, werden sie auch von frei geschenkter Anerkennung, also von Gnade sprechen können. Vom ermunternden Blick über die konkrete Hilfe in Not bis zur lebenslang durchgehaltenen Treue zu einem Menschen reichen die Formen, in denen Menschen sich gegenseitig ein menschliches Leben ermöglichen können. All diese Handlungen und Haltungen bleiben das von der Freiheit und für sie zwar Gebotene, aber keineswegs Selbstverständliche – denn sie können nur in Freiheit gewählt und realisiert werden. Gelingende menschliche Freiheit bleibt deshalb Geschenk, Gnade, die Menschen einander geben.

> Und daß dich einer liebt,
> daß man dich anders lieben kann
> als im Vorübergehn,
> das nimmt dich wunder.
> (*Hilde Domin*)[100]

Solche Erfahrungen sind auch möglich, wo Menschen den Raum von Freiheit und Sinn als eng begrenzt ansehen. Selbst im Horizont einer postulierten und akzeptierten Absurdität, einer nutzlosen Leidenschaft, sind Menschen zu Geschenk und Gnade fähig – sei es als Zeichen der Revolte gegen die unüberwindlichen Aporien endlicher Freiheit, sei es in der bewussten Begrenzung der Hoffnung auf Transzendenz.[101]

---

100 Aus: *H. Domin*, Unterwegs: *dies.*, Rückkehr der Schiffe. Gedichte, Frankfurt ^{4}2000, 47.

101 *Th. Nagel* (Was bedeutet das alles? Eine ganz kurze Einführung in die Philosophie, Stuttgart 1990, 80–84) bestreitet, dass die Sinnfrage jemals zu einem Abschluss kommen kann und sieht auch in der Religion keinen solchen: „Der Gott als letzte Rechtfertigung ist womöglich wie der Gott als endgültige Erklärung eine unverständliche Antwort auf eine Frage, die wir nicht loswerden können" (83). Er schließt daraus: „Wenn etwas von dem, was wir tun, überhaupt einen Sinn haben soll, dann haben wir ihn in unserem eigenen Leben zu suchen" (80). Zu dem uns Möglichen gehören auch für Nagel Geschenk und Anerkennung. *Th. Luckmann* (Über die Funktion von Religion: *P. Koslowski* [Hg.], Die religiöse Dimension der Gesellschaft, Tübingen 1985, 26–41.29) unterscheidet aufgrund religionssoziologischer Untersuchungen zwischen „kleinen", „mittleren" und „großen Transzendenzen" und konstatiert, dass in säkularen Gesellschaften eine immer größere Zahl von Menschen ihre Hoffnungen allein auf die beiden Erstgenannten, also auf das erwartbar Erfahrbare richtet.

Von solchen Grenzen des Weltverständnisses und der Hoffnung müssen, ja können sich Christinnen und Christen nicht einschränken lassen. Für sie geschieht Gottes Wille in besonderer Weise dort, wo Menschen sich in Freiheit anerkennen und dieser Anerkennung Ausdruck verleihen. Für sie wird in solchen Taten Gottes Gnade sichtbar. Sie wirkt in denen, die andere beschenken, und will auch von den Beschenkten als Gnade erkannt werden. So wenig Glaubende ihre Deutung des Geschehens anderen aufzwingen oder auch nur als die einzig schlüssige Deutung erweisen können, so wenig kann ihnen umgekehrt ihr Blick auf die Wirklichkeit verwehrt werden. Geht es diesem Verständnis doch weder darum, die Handelnden ohne oder gar gegen deren Absicht zu Christen zu ernennen, noch um die Missachtung derer, die das Geschehen nicht als Geschenk zu sehen vermögen.[102] Eine solche Deutung von Augenblicken gelingenden menschlichen Lebens ist vielmehr ein dankbares Bekenntnis zu Gott, der solches Gelingen ermöglicht und offenbar eine Fülle von Wegen zu diesem Ziel eröffnet hat.

Noch einmal anders und in doppelter Hinsicht stellt sich die Frage nach dem erfahrbaren Wirken Gottes angesichts der Menschen, die anderen Religionen angehören. Welche Horizonte, in denen göttliche Gnade erfahrbar wird, werden durch andere Religionen eröffnet? Und welche Bedeutung kann christlicher Glaube diesen Horizonten geben?[103]

Es ist ein zum Scheitern verurteiltes Unterfangen, in anderen Religionen ein spezifisch christliches Gnadenverständnis wiederfinden zu wollen. Wie sollte dies möglich sein, wenn zentrale Inhalte des christlichen Glaubensbekenntnisses dort nicht geteilt oder gar explizit abgelehnt werden? Darüber hinaus ist nicht einmal vorauszusetzen, dass andere Religionen in

102 *K. Rahner* (Das Christentum und die nichtchristlichen Religionen: *ders.*, Schriften zur Theologie 5, Zürich 1962, 136–158) hat den Begriff des „anonymen Christen" eingeführt, der sein Leben auf Gott ausrichtet, ohne sich als Christ zu verstehen. Dieser Begriff bleibt problematisch, weil er in Gefahr steht, entweder das Christsein vom Bekenntnis zu Christus zu lösen oder einem Menschen ohne dessen Wissen und Willen dieses Bekenntnis zuzusprechen. Dieser Gefahr entgeht der hier vorgelegte Vorschlag, indem er explizit zwischen der Selbstdeutung von Menschen, die ohne Bezug auf eine göttliche Wirklichkeit von Gnade sprechen, und der christlichen Deutung dieser Erfahrungen unterscheidet.

103 Die Religionstheologie ist in den letzten Jahrzehnten zu einem Kernthema christlicher Theologie geworden und in ihren vielfältigen Positionen und Entwürfen längst unüberschaubar geworden. Als hilfreicher Versuch einer systematisierenden Zusammenschau kann gelten: *R. Bernhardt/P. Schmidt-Leukel* (Hg.), Kriterien interreligiöser Urteilsbildung, Zürich 2005.

der Entfaltung ihrer Glaubensvorstellungen einen dem christlichen Begriff der Gnade analogen Terminus entwickelt haben.

Da die Erfahrung und die Vorstellung von Gnade einen sehr unmittelbaren praktischen Bezug haben, indem sie Glaubende zu einem bestimmten Verhalten fordern und befähigen, legt es sich bei der Suche nach Gnadenerfahrungen in anderen Religionen nahe, den Blick auf die Lebenshaltungen und die Handlungen zu richten, die von den Mitgliedern dieser Religionen erwartet und eingeübt werden. Diese Methode geht wesentlich auf *William James* zurück, der, dem philosophischen Konzept des Pragmatismus folgend, der „Vielfalt religiöser Erfahrungen" auf die Spur zu kommen suchte. Zu diesem Zweck suchte er solche Erfahrungen aus ihren Wirkungen auf die Glaubenden zu erschließen, statt sie – wie die Religionen selbst – auf göttliches Wirken zurückzuführen.[104]

In vielen Religionen fällt schon bei oberflächlicher Betrachtung auf, dass sie die Menschen dazu anleiten, ihr Leben verantwortlich zu gestalten. Die Zuwendung zu anderen Menschen, die Achtsamkeit gegenüber allem Leben und der Ordnung der Welt, die Nutzung der den Menschen gegebenen Handlungsmöglichkeiten und die Anerkennung von deren Grenzen finden sich in beeindruckender Regelmäßigkeit. Die Religionen, zumindest die meisten und am weitesten verbreiteten, sind Einweisungen in ein im ethischen Sinne gutes Leben. Doch dazu allein bedarf es, wie schon betont wurde, keiner Religion. Religiöse Weltverständnisse und Lebensentwürfe reichen weiter: sie geben Antworten auf Ursprung und Ziel der Wirklichkeit menschlichen Lebens, malen Bilder der Hoffnung aus. Viele Religionen bekennen die göttliche Wirklichkeit als den Urgrund des Daseins von Welt und Menschen und leiten die Menschen an, dieses Geschenk dankbar anzunehmen. Sie entwickeln – wie das Christentum – eine Fülle von Vorstellungen, wie Gott menschliches Leben und Handeln begleitet, um es zu einem Ziel zu führen, das über den individuellen Tod hinausreicht, das von Gnade und Gerechtigkeit geprägt ist. Die so entfalteten Horizonte ermöglichen es den Gläubigen, zu „religiös erfahrenen" Menschen zu werden, die in vielen Ereignissen und Begegnungen ein göttliches Wirken erkennen[105] – und auf den göttlichen Beistand auch da hoffen, wo er ihnen aktuell nicht erfahrbar ist.

---

104 Vgl. *W. James*, Die Vielfalt religiöser Erfahrung (Anm. 27), 63f. *James* (a. a. O., 47) betont ausdrücklich, dass die von ihm untersuchten Phänomene auch ganz anders denn als von Gott gewirkte Erfahrungen gedeutet werden können.

105 Vgl. die oben eingeführte Definition von *G. Haeffner* (Anm. 16).

Es sind diese Erfahrungen, die zur „Transformation des menschlichen Daseins aus der Selbstzentriertheit zur *Wirklichkeitszentriertheit*"[106] führt. Es fällt schwer, solche Erfahrungen nicht als Gnadenerfahrungen, solche Lebensformen nicht als Konsequenz und Weitergabe erfahrener Gnade anzuerkennen.[107]

Damit aber ist die Frage nach dem christlichen Verständnis der anderen Religionen noch keineswegs beantwortet, sondern gerade erst in ihrer Dringlichkeit gestellt. Denn es ist zwar recht leicht, das im emphatischen Sinne menschliche Leben von Angehörigen anderer Religionen als ein gottgefälliges Leben zu bezeichnen, ihr Handeln als ein Handeln, in dem Gottes Wirken erfahrbar wird. Eine solche Anerkennung der Lebensgestalt von Menschen, die sich selbst nicht als Christen verstehen, war in der Geschichte der Kirche in der Regel, wie schon angedeutet, unumstritten. Doch damit ist noch nicht notwendig ein ähnlich positives Urteil über die Religionen verbunden, der sie angehören. Denn in deren Glaubensbekenntnissen, Gottesvorstellungen und Hoffnungsgestalten finden sich zahlreiche Gehalte, die nicht ohne weiteres mit dem christlichen Glauben vereinbar sind, gelegentlich sogar explizit gegen ihn gerichtet sind. Es widerspricht dem Ernst und der Verbindlichkeit des eigenen Glaubens, diese Unterschiede und Gegensätze zu leugnen oder auch nur zu marginalisieren.[108] Will man den anderen Religionen gleichwohl ihre Bedeutung und ihren Wahrheitsgehalt nicht absprechen, sondern sie ungeachtet ihrer für falsch gehaltenen Überzeugungen tolerieren oder gar positiv akzeptieren,

---

106 So beschreibt *J. Hick* (Religion. Die menschlichen Antworten auf die Frage nach Leben und Tod, München 1996, 49f) den in den nachaxialen Religionen ausgebildeten Begriff von religiöser Erlösung bzw. Befreiung.

107 „Es gibt einen Bewußtseinszustand, den ausschließlich religiöse Menschen kennen, in dem an die Stelle unseres Selbstbestätigungs- und Selbstbehauptungswillens die Bereitschaft tritt, zu verstummen und zu einem Nichts zu werden in den Fluten und Orkanen Gottes. In diesem Bewußtseinszustand wird das, was wir am meisten gefürchtet haben, zum sicheren Hort, und die Todesstunde unserer Moral wird zur Geburtsstunde unserer Spiritualität" (*W. James*, Die Vielfalt religiöser Erfahrung [Anm. 27], 79). James' Beschreibung lässt erkennen, dass die religiöse Erfahrung für ihn eine Gnadenerfahrung ist, die den Menschen aus seinem Selbstbehauptungswillen befreit und zur Ausrichtung auf andere, sogar zum „Opfer" (a. a. O. 82) für andere, zum unverstellten Blick auf eine auch von Leiden gezeichnete Wirklichkeit befähigt.

108 Vgl. dazu ausführlich *M. Bongardt*, Die Fraglichkeit der Offenbarung. Ernst Cassirers Philosophie als Orientierung im Dialog der Religionen, Regensburg 2000, 17–29.

müssen für eine solche Toleranz oder Anerkennung gewichtige, im eigenen Glauben gründende Argumente sprechen.[109]

Ein erstes Argument knüpft an die überzeugende und anerkennungswürdige Lebensgestalt der Menschen an, die sich offensichtlich dem von anderen Religionen eröffneten Horizont verdankt. Es sind die Gottesvorstellungen und Hoffnungen jener Religionen, aus denen diese Menschen die Motivation und Kraft finden, ihr Leben zu führen. Der ihnen dort eröffnete Sinn ist ihnen Orientierung für ein Leben, das auch in christlicher Perspektive als Zeichen der Gnade Gottes gedeutet werden kann. Um dieses Lebens und der Menschen willen, die es führen, erscheint es geboten, ihre Glaubensvorstellungen zumindest zu tolerieren – wenn dieses Leben nicht gar als Indiz für deren Wahrheit gelten kann.[110]

Ein zweites Argument kommt aus der eigenen, christlichen Glaubensgeschichte hinzu: Nicht nur die kirchliche Theologiegeschichte, auch die eigene, immer wieder von Zweifeln, Reflexionen und Wandlungen gezeichnete Glaubensgeschichte mahnt zur Bescheidenheit. In der eigenen Tradition und der persönlichen Geschichte haben sich Gottesbilder, theologische Definitionsversuche, Gebets- und Andachtsformen immer wieder als zu begrenzt erwiesen. Die auch kirchlich fortschreitende „Erfahrung im Glauben" machte deutlich, dass die Wirklichkeit Gottes jedes menschliche Denken und Begreifen übersteigt – und deshalb die ständige Überprüfung und Erweiterung menschlicher Vorstellungen provoziert. Ein letztes Urteil über die Angemessenheit oder Unangemessenheit menschlicher Rede von Gott werden Menschen auch und gerade dann nicht fällen, wenn sie sich der in ihrer Religion überlieferten Offenbarung unbedingt verpflichtet wissen.

---

109 Der Begriff der Toleranz verlangt, dass von denen, die Toleranz üben, die von ihnen tolerierten Handlungen und Haltungen aus guten Gründen für falsch gehalten werden. Von Toleranz ist nur zu sprechen, wenn die Akzeptanzgründe die Ablehnungsgründe überwiegen, aber nicht aufheben. Fallen die Ablehnungsgründe vollständig aus, ist umfassende Anerkennung möglich. Vgl. dazu *R. Forst*, Toleranz im Konflikt. Geschichte, Gehalt und Gegenwart eines umstrittenen Begriffs, Frankfurt 2003, 30–41.
Angesichts der Differenzen in ihren jeweiligen Überzeugungen und Glaubensinhalten steht für das Verhältnis der Religionen eine umfassende wechselseitige Anerkennung nicht zu erwarten. Gesucht sind also Gründe zur Toleranz. So auch *J. Hick*, Religion (Anm. 106), 397.

110 Die pluralistische Religionstheologie sieht in der Erfüllung solcher „ethischen Kriterien" das entscheidende Argument für die Toleranz gegenüber anderen Religionen. Vgl. z. B. *J. Hick*, Religion (Anm. 106), 340–367.

Auch solche entschiedene Bescheidenheit ist zumindest für die Toleranz gegenüber anderen Religionen ein gewichtiges Motiv.[111]

Beide genannten Argumente aber wären für eine Anerkennung anderer Religionen zu schwach, wenn sie nicht im Gehalt des christlichen Glaubens ein tragfähiges Fundament fänden. In dessen Zentrum steht die in Christus offenbar gewordene Gnade Gottes, die er zuvorkommend und unbedingt den Menschen schenkt; sein Wort, in dem er sich selbst den Menschen zuspricht – auf ihre ihm entsprechende Antwort hoffend. Es ist dieser Glaube, der über die eigenen Grenzen hinausführt: in die Hoffnung, dass die Gnade Gottes allen Menschen gilt – wie sein schöpferischer Wille auch jeden Menschen hervorgebracht hat. Je tiefer das Vertrauen in diese Liebe reicht, desto größer wird die Zuversicht, dass die Vielstimmigkeit der Religionen eine vielstimmige Antwort auf Gottes Zuwendung ist. Eine Antwort, die er selbst ermöglicht, hervorruft und annimmt.[112]

Gnadenerfahrung ist – nicht nur – in christlicher Perspektive eine Freiheitserfahrung. Diese Freiheit nutzen Menschen nicht zuletzt, um ihrer Gottesbeziehung Gestalt zu geben. Nicht jede – innerhalb wie außerhalb des Christentums – entstandene und entstehende Gestalt kann als angemessene Antwort auf Gottes Wort gelten. Deshalb ist ein ebenso kritischer wie selbstkritischer Dialog vonnöten, zwischen Christinnen und Christen, aber auch mit Menschen anderer Religionen. So kann eine verantwortete Verschiedenheit wachsen, die trotz mancher unlösbarer Widersprüche als erfahrbares und wirksames Zeichen der Gnade Gottes geglaubt werden kann.

---

111 Zu dieser „epistemischen Demut" aus Perspektive verschiedener Religionen vgl. *M. Fisch*, Ein bescheidener Vorschlag: Auf dem Weg zu einer religiösen Politik der epistemischen Demut: *C. Schwöbel/D. v. Tippelskirch* (Hg.), Die religiösen Wurzeln der Toleranz, Freiburg u. a. 2002, 131–156; darin besonders *R. Kampling*, Intoleranz in der Bibel – Toleranz aus der Bibel. Zur biblischen Begründung der Toleranzpraxis – ein Versuch: a. a. O., 212–222, bes. 217f; *R. Mahmutehaji*, Hochmut der Toleranz und Toleranz aus Demut: a. a. O., 173–182.

112 Vgl. dazu *W. Härle*, Wahrheitsgewissheit als Bedingung von Toleranz: *C. Schwöbel/D. v. Tippelskirch* (Hg.), Die religiösen Wurzeln der Toleranz (Anm. 111), 77–97, bes. 90–92.

17. KAPITEL

Das Versprechen der Gnade

Rechenschaft über die eschatologische Hoffnung

VON MAGNUS STRIET

Bist fort: ich schneide
Das Brot mir nicht mehr.
Alles ist Kreide
Was ich berühr.

... Warst, duftend heiß,
Mein Brot. Warst mein Schnee.
Und der Schnee ist nicht weiß,
Und das Brot tut weh.
Marina Zwetajewa

So ist der Mensch das trostbedürftige Wesen,
weil er auch das tröstungsfähige Wesen ist.
Hans Blumenberg

Es kann im Rahmen dieser Ausführungen nicht darum gehen, einen umfassenden Traktat Eschatologie vorzulegen. Zu stark müsste dann nicht nur die Geschichte dieses Traktats rekonstruiert werden, es wären auch zu viele Einzelfragen zu berücksichtigen. Intendiert ist mit den folgenden Überlegungen lediglich, den systematischen Anspruch dieser Anthropologie unter dem eschatologischen Aspekt zu ergänzen. Es wird damit lediglich ausgearbeitet, was die vorangegangenen Kapitel längst vorbereitet haben. Um dieses leisten zu können, ist es dennoch gut, an einige bereits vorgenommene gedankliche Weichenstellungen zu erinnern.

Die folgenden eschatologischen Erwägungen (1) bleiben selbstverständlich einem Denken verhaftet, das sich dem Phänomen endlicher Freiheit verpflichtet weiß. Das reflexive Denken wird als grundlegende Voraussetzung und in eins damit als elementarer Vollzug eines sich in Freiheit selbst bestimmenden Lebens begriffen.[1] Als dieser Selbstvollzug endlicher

1 Zwar hat *G. Steiner* in seinen faszinierenden Studien, *ders.*, Warum Denken traurig macht. Zehn (mögliche) Gründe (übersetzt v. *N. Bornhorn*), Frankfurt 2006, heraus-

Freiheit zerstört das Denken zugleich die symbiotische Einheit des menschlichen Lebens mit der organischen Natur, hebt es jede Unmittelbarkeit des Lebens auf. Es schafft eine Distanz zur Welt und ihrer Geschichte. In dieser Fähigkeit der Distanznahme zur Welt und zu sich selbst, die damit auch eine, wenn auch immer relativ bleibende, Distanzierungsmöglichkeit zu den immer bereits wirksamen kulturellen, gesellschaftlichen und biographischen Prägungen einschließt[2], ruht die Möglichkeit der moralischen Selbstbestimmung des Menschen – einer Autonomiefähigkeit, die gerade aufgrund dieser Prägungen stets als relative zu reflektieren ist.

Doch die Reflexivität, die dem Menschen eine Distanznahme zur Welt und damit Autonomie ermöglicht, hat eine Kehrseite. Sie macht den Menschen auch zu einem Wesen, das mit der Wirklichkeit zu hadern beginnt und dem eine Trostbedürftigkeit eigen ist, die durch keine endliche Wirklichkeit gestillt werden kann. Denn wenn sich die endliche Freiheit erst einmal als moralisch sensibel *will* und sie ihre formale Unbedingtheit als Maßstab ihrer Selbstrealisierung setzt, so kann sie nicht mehr in ein ungebrochenes Akzeptanzverhältnis zur Wirklichkeit zurückfinden. Der biologische Tod wird ihr unanständig, und unsäglich erscheint ihr das Elend, das die Menschen (und auch alles andere Lebendige) im Zuge der evolutionsbiologisch beschreibbaren Prozesse erleiden. Erst recht erschaudert sie vor der abgründigen Gewalt, welche die menschliche Freiheitsgeschichte durchzieht. Eine Rückkehr in die zweite Unschuld, wie *Friedrich Nietzsche* sie im Bild des sorglos in sich versunken spielenden Kindes vor Augen gestellt hat, bleibt dem moralischen Bewusstsein, sobald es sich auf den Maßstab der Unbedingtheit verpflichtet hat, verwehrt. Denn das Programm einer Affirmation der Welt, „wie sie ist, ohne Abzug"[3] bewegt sich jenseits

---

gestellt, dass der Prozess des Denkens immer auch etwas Ungesteuertes hat. Gedanken tauchen auf und sie vergehen auch wieder. Aber selbst wenn es Grenzen gibt, den Strom der Gedanken steuern zu können und dies melancholisch macht, weil es dem Denken Grenzen seiner Autonomie vor Augen führt, so ist dies kein prinzipieller Einwand gegen die vorgetragene These, dass das Denken Selbstvollzug von Freiheit und zugleich grundlegende Bedingung ihrer Möglichkeit ist. Denn diese Grenzen reflexiv ins Bewusstsein heben zu können, bedeutet zugleich die Möglichkeit, sich in ein selbstbestimmtes Verhältnis zu den Grenzen der Reflexivität zu setzen.

2 Als das zum Bewusstsein erwachende Selbst ist das Selbst als ein immer bereits sozial konstruiertes zu begreifen. Allerdings ist dieses Konstruiertsein transzendentallogisch als die Bedingung der Möglichkeit von Freiheit zu reflektieren. Vgl. hierzu *J. Butler*, Kritik der ethischen Gewalt (stw 1792), Frankfurt (erw. Ausgabe) 2007.

3 *F. Nietzsche*, Nachgelassene Fragmente: *ders.*, Sämtliche Werke. Kritische Studienaus-

von Gut und Böse. Das moralische Bewusstsein will nicht vergessen. Das Kind in Nietzsches Zarathustra[4] steht hingegen für eine Erlösung, die dem Menschen das Leiden am Leiden abgewöhnt hat; diese Erlösung löscht sein Gedächtnis aus und versetzt ihn in eine paradiesische Welt jenseits von Gut und Böse. Und so kann es auch nicht verwundern, dass Nietzsche nicht in einer ursprünglichen Sünde, sondern im Glauben an die Vernunft den eigentlichen Sündenfall der Menschheit identifiziert hat. „Man geht zu Grunde, wenn man immer zu den Gründen geht“[5], hat Nietzsche notiert und deshalb den Glauben an die Grammatik der Sprache mit ihrem Sog, zu jedem Prädikat ein Subjekt setzen zu wollen und so schließlich Gott als den letzten Grund aller Wirklichkeit zu denken[6], als das eigentliche Unglück des Menschen bezeichnet. Denn nur weil Gott zweifelhaft geworden ist, hören die Fragen noch nicht auf und ist die Sehnsucht nach ihm noch nicht erloschen. Deshalb muss vielleicht der Gedanke riskiert werden, dass Nietzsches Pathos für eine amoralische Weltbetrachtung auch als eine Reaktion auf das Scheitern der philosophischen Theodizee[7] einerseits und die Erosion dogmatischer Überlieferungsbestände, die ihre Rationalisierbarkeit längst eingebüßt hatten, andererseits gelesen werden kann. Eine Welt ohne Gott wird insofern trostlos, als die Ahnung, dass schließlich alles vergeblich sein wird, das Gegenwartsbewusstsein nicht unberührt lässt. Denn wenn der Mensch sich erst einmal nicht mehr anders als moralisch sensibel will, so treibt ihn das gleichzeitige Wissen um seinen radikal begrenzten Möglichkeitshorizont in den Abgrund der eigenen Ohnmacht. Dass das reflexive Bewusstsein um seine eigene geschichtliche Kontingenz und es sich in seiner Bestimmtheit aus kontingenten Prozessen generiert weiß, ist hier nicht entscheidend, weil dieses Wissen eine als noch so kontingent erkannte Sehnsucht nicht zu stillen vermag. Auch noch die Überzeugung,

---

gabe in 15 Einzelbänden (hrsg. v. *G. Colli/M. Montinari*), München ^{2}1988, hier: KSA 13, 492.

4 *F. Nietzsche*, Also sprach Zarathustra: KSA 4, 31: „Unschuld ist das Kind und Vergessen, ein Neubeginnen, ein Spiel, ein aus sich rollendes Rad, eine erste Bewegung, ein heiliges Ja-sagen.“

5 *F. Nietzsche*, Nachgelassene Fragmente: KSA 13, 10.

6 *F. Nietzsche*, Götzen-Dämmerung: KSA 6, 77f.

7 Vgl. hierzu *M. Striet*, Nietzsches Anti-Theodizee. Oder: Wie hielte ich's aus, ein Ich zu sein?: *U. Willers* (Hg.), Theodizee im Zeichen des Dionysos. Nietzsches Fragen jenseits von Moral und Religion (Religion – Geschichte – Gesellschaft. Fundamentaltheologische Studien 25), Münster u. a. 2003, 191–208.

dass einem jeden Menschen eine unendliche Würde zukomme, ist geschichtlich geworden. Aber *als* einmal geschichtlich gewordene Überzeugung stellt sie das menschliche Bewusstsein vor die Entscheidung, sich zu ihr verhalten zu müssen. Affirmiert es sie, so wird es angesichts der antinomischen Struktur des menschlichen Wollens zu einem unglücklichen Bewusstsein. Es kann nicht mehr absehen vom beschädigten und geschundenen Leben. Auch kann es nicht davon absehen, dass es im Wissen um seine Endlichkeit und sein mögliches Scheitern bei all seinen Versprechungen dennoch Unbedingtes intendiert hat („Wer anfängt zu geben, verurteilt sich dazu, nicht genug zu geben, auch wenn man alles gibt“[8]) oder dieses doch zumindest hätte intendieren können – seine intersubjektiven Vollzüge waren jedenfalls von dieser Möglichkeit geprägt, wenn sie sich tatsächlich von der formalen Unbedingtheit als dem Prinzip der Selbstbestimmung der Freiheit bestimmen ließen. Somit jedoch wird das Paradies des in sich versunken spielenden, von keiner Erinnerung getrübten und vom Schrekken des kommenden Todes unberührten Kindes zu einer Horrorvision. In diesem Sinn bleibt das Wort *Theodor W. Adornos*, dass es „kein richtiges Leben im falschen“[9] gebe, im Recht, ohne dass man seinen totalisierenden Anspruch teilen müsste.

Wenn aber das endliche Bewusstsein, das sich so als vernünftig will, sich mit dem Geschehenen weder abfinden kann noch darf, es sich angesichts der dann unvermeidlich aufbrechenden Melancholie[10] im Hinblick auf das Leben auch nicht pathologisieren lassen will, sondern seine melan-

---

8 *A. Camus*, Tagebuch. März 1951 – Dezember 1959 (übersetzt v. *G. Meister*), Hamburg 1997, 30.

9 *Th. W. Adorno*, Minima moralia. Reflexionen aus dem beschädigten Leben (hrsg. v. *R. Tiedemann*. stw 1704) (Gesammelte Schriften, Bd. 4), Frankfurt 2003, 43.

10 Auch wenn es Phänomene eines Entzogenseins gibt, die so zu beschreiben sind, dass es keinen Handlungsraum gibt, so ist zwischen diesen als Depression zu bestimmenden Phänomenen und einer das menschliche Leben begleitenden Grundmelancholie zu unterscheiden. Es gibt eine Melancholie, die spezifisch verbunden zu sein scheint mit der *conditio humana*; sie entspringt der Erfahrung des Nicht-Identischen, der Weigerung, sich einverstanden geben zu wollen mit der natürlichen Tödlichkeit des Daseins oder gar der geschichtlichen Negativität. Von daher sind die Melancholiediskurse sorgsam zu beobachten, da die vollständige Pathologisierung des Phänomens der *tristesse* auf nichts anderes als auf eine Bestimmung des Menschen hinausläuft, die ihrerseits begründungspflichtig wäre. Vgl. die Studien von *L. Heidbrink*, Melancholie und Moderne. Zur Kritik der historischen Verzweiflung, München 1994; *J. Kristeva*, Schwarze Sonne. Depression und Melancholie (übersetzt v. *B. Schwibs/A. Russer*), Frankfurt 2007.

cholische Struktur als den Antagonismen des Lebens geschuldet sieht, so drängt sich ihm (2) unweigerlich die Frage nach einer moralisch akzeptablen Hoffnung auf, das heißt nach einer Hoffnung, die sich dagegen sträubt, sich mit dem Leben einfachhin abzufinden und in eine Haltung des Stoizismus überzugehen. Die Welt und ihre Geschichte im Modus der Hoffnung auf den Begriff bringen zu wollen, ist mithin als Konsequenz des praktischen Selbstvollzugs dieser Freiheit zu verstehen. Damit bringt das endliche Bewusstsein sich dann, wenn es sich in ein es selbst normierendes Selbst-Verhältnis zu den geschichtlich generierten Möglichkeiten einer Hoffnung auch noch für das Vergangene setzt, in einer an Radikalität nicht mehr zu steigernden Weise auf den Begriff. Es greift dann aber auch unvermeidlich über alle menschlich konkreten Handlungsmöglichkeiten auf einen anderen Möglichkeitshorizont aus, der in der Tradition der monotheistischen Religionen Gott genannt wird.

Wenn es freilich für die Vernunft – wie hier vorausgesetzt – die unbedingte Würde eines jeden Menschen ist, die das Kriterium ihres Selbstnormierungswillens darstellen soll, dann gilt dieses Kriterium auch als Maßgabe für den Versuch, der Hoffnung, die die Vernunft bestimmen soll, einen Begriff zu geben. Nicht nur wird sie dann von dem erhofften Gott erwarten, dass er wenigstens moralisch sei; die menschliche Sehnsucht *darf* sich dann auf keinen anderen als auf einen moralischen Gott mehr beziehen. Sondern sie wird dann auch die konkrete Hoffnungsgestalt wie etwa die Vorstellung von einem letzten ‚Gericht', wenn diese gerechtfertigt werden können soll, den in eigener Autonomie gesetzten moralischen Standards unterwerfen. Zusammengefasst: Die sich als Vollzug der endlichen Freiheit begreifende Vernunft lässt sich von einem durch sie selbst entworfenen ‚System' der Freiheit bestimmen; sie denkt alles, was ist und sein soll, unter der Perspektive des *Freiheit soll sein*. Zugleich und deshalb verweigert sie sich einem Systemdenken, das keine Offenheit der Zukunft mehr kennt und die geschichtlich gewordenen Identitäten nicht mehr in der Unvertretbarkeit ihrer Freiheit würdigt. Es wird noch auszuloten sein, was dies für den Begriff einer Hoffnung bedeutet, der sich nicht „mit dem Rücken zu den Opfern der Geschichte" (*Johann Baptist Metz*) und an den am Leben melancholisch Gewordenen vorbei vollzieht. Und es geht – auch dies darf in Überlegungen zur Eschatologie nicht ausgeblendet werden – darum, einen Begriff von Hoffnung zu denken, der das menschliche Leben zu würdigen vermag, auch wenn alle konkreten Freiheitsäußerungen notwendig immer nur symbolisch, häufig fragmentarisch bleiben und der

Mensch immer wieder gemessen an den eigenen Ansprüchen an der antinomischen Grundstruktur seiner Existenz scheitert. Aber es wird darauf hinzuweisen sein, wie ein solcher Begriff der Hoffnung zurückwirkt auf das gelebte Leben. Denn gibt es das Versprechen eines Gottes, nichts unversucht sein zu lassen, die Tränen abzuwischen und am Ende der Tage zu vermitteln, so durchdringt dies als geglaubtes Versprechen und damit als Glaube an die Gerechtigkeit suchende Macht Gottes bereits das gegenwärtige Bewusstsein.

Bevor ich eine weitere Vorentscheidung benenne, die diese Überlegungen leitet, sei noch eine kurze Zwischenbemerkung gemacht. Konstatiert wurde, dass sich die Rede von einer unbedingten Würde eines jeden Menschen einer normativen Setzung verdankt, die ihre Geltung daher bezieht, dass sie in der Instanz der Freiheit selbst vollzogen wird. Wenn ich dies betone, so soll damit nicht ausgesagt werden, dass die Würde einer jeden menschlichen Person nun von dem konkreten menschlichen Anerkennungsakt abhinge. Denn es lässt sich rein philosophisch die denkerische Möglichkeit eines Gottes erreichen, dem der Name eines jeden Menschen ins Gedächtnis eingeschrieben ist. Allerdings ist auch immer wieder darauf hinzuweisen, dass angesichts der bleibenden philosophischen Strittigkeit, was das notwendig zu denkende notwendig Existierende und damit das Absolute an sich selbst sei[11], ein solcher die Würde des Menschen bewahrender Gott ein gedankliches Konstrukt innerhalb eines in kulturgeschichtlichen Prozessen generierten Systems der Freiheit bleibt. Wichtiger für unseren Zusammenhang ist aber, dass selbst diese Grenzüberlegung aus der Evidenz der Würde der Freiheit unter Bedingungen einer vollständig reflexiven Moderne[12] hervorgebracht wird – einer Evidenz, die die Erfahrung und die Affirmation von Freiheit voraussetzt, und daraus folgt auch: Eine

11 Vgl. hierzu mein Nachwort zur Neuausgabe von *W. Kasper*, Das Absolute in der Geschichte. Philosophie und Theologie der Geschichte in der Spätphilosophie Schellings (WKGS 2), Freiburg u. a. 2010, 607–621.

12 Vgl. *H. Schnädelbach*, Religion in der modernen Welt. Vorträge, Abhandlungen, Streitschriften, Frankfurt ^{2}2009, 28: „Vollständig reflexiv sind Kulturen, wenn sie sich bei ihrer Selbstinterpretation nicht länger auf etwas zu beziehen vermögen, was nicht Kultur und damit menschlicher Verfügung entzogen wäre – seien es Dämonen, Götter und selbst ‚die' Natur. Das ist die Signatur moderner Kulturen. In der Moderne ist die Kultur in allen Dingen ganz auf sich selbst verwiesen; sie ist ihr eigenes Subjekt, denn es gibt hier keine höhere Instanz als das kulturelle ‚Wir'." Aus der theoretisch vollständigen Rekonstruierbarkeit aller kulturell wirksamen Muster folgt freilich nicht, dass vollständig reflexive Kulturen relativistisch würden. Aber, so ist mit Schnädelbach festzuhalten: Sie

Eschatologie, die sich das Seinsollen der Freiheit zu ihrem unhintergehbaren Maßstab macht und deshalb auch noch an einer Hoffnung über den Tod hinaus festhält, wird nur diejenigen überzeugen, die sich bereits auf diesen Maßstab verpflichtet haben.

Zudem ist (3) darauf aufmerksam zu machen, dass es sich bei dem Folgenden um eschatologische Projektionen handelt, die – dies liegt in der Natur der Sache – falsch sein können. Dies lässt sich in zweierlei Hinsicht erhellen: Zwar stellen diese Projektionen einen Glauben dar, der sich in seinem Wahrheitsanspruch als philosophisch denkmöglich ausweisen lässt[13]; insofern ist er vernünftig. Nichtsdestotrotz handelt es sich a) bei dem epistemischen Ausgangspunkt aller material-dogmatischen Überlegungen des christlichen Glaubens um eine interpretierte Erfahrung: dass nämlich Gott selbst sich in seiner Wirklichkeit und Menschenzugewandtheit als glaubwürdig erwiesen hat, indem er sich in der Dimension der Geschichte als dieser Gott offenbart, das heißt zur Erfahrung gebracht hat.[14] Weil damit der Ausgangspunkt auch meiner Überlegungen geschichtlich tradiertes, aber eben interpretiertes Erleben ist, Erfahrungen folglich, die selbst bereits von der Hoffnung getragen sind, dass Gott sich in die Geschichte hinein ausgesprochen hat als der, der er selbst ist, kann nicht ausgeschlossen werden, dass die projektierte eschatologische Hoffnung sich als falsch erweist. Denn weder im Rahmen einer theologischen Ästhetik noch im Rahmen einer transzendentallogischen Begründungsfigur lässt sich mit objektiv-evidenter Gewissheit begründen, dass der Gekreuzigte wahrhaft Gottes Sohn war. Und b) kommt hinzu, dass auf der Linie der strikten Freiheitshermeneutik dieser Hoffnung auch der Gedanke riskiert werden muss, dass Gott sich in der Unverfügbarkeit seiner Freiheit abwendet. Es wird sich jedoch auch zeigen, dass dieser Gedanke in der Logik des Glaubens

---

müssen – wegen der prinzipiellen Rekonstruierbarkeit selbst von Normativitätsmustern aus kulturellen Vorgängen – diese in ihrer Normativität immer wieder neu grundlegen.

13 Vgl. hierzu *H. Krings*, Freiheit. Ein Versuch Gott zu denken: *ders.*, System und Freiheit. Gesammelte Aufsätze (Praktische Philosophie 12), Freiburg/München 1980, 161–184. Zwar ist die Existenz des freien Gottes nicht beweisbar. Notwendig zu denken ist lediglich ein notwendig Existierendes. Solange aber philosophisch seine Denkmöglichkeit offengehalten werden kann, darf er geglaubt werden.

14 Vgl. dazu den sehr instruktiven Beitrag von *J. Reikerstorfer*, Gottes Zeitlichkeit. Ein Versuch im Anschluss an Schellings „Spätphilosophie“: *ders.*, Weltfähiger Glaube. Theologisch-politische Schriften (Religion – Geschichte – Gesellschaft. Fundamentaltheologische Studien 35), Münster-Wien 2008, 289–314, bes. 294f.

jegliche Plausibilität entbehrt. Zwar wird man die Möglichkeit, dass Gott sein Versprechen der Treue bricht, nicht prinzipiell ausschließen können. Dies ist der gewählten freiheitshermeneutischen Perspektive geschuldet. Bereits beim Propheten Hosea wird diese Möglichkeit erwogen, aber: Sie wird dann doch zugunsten des Glaubens an die gegenüber seinem Zorn über Ungerechtigkeit und Unbarmherzigkeit immer noch größere Barmherzigkeit Gottes ausgeblendet. In der christlichen Glaubenslogik ist es die Gestalt der Offenbarung, der bis ins Äußerste hinein durchgehaltene Glaube Jesu an den Willen Gottes, auch nicht einen Menschen verloren zu geben, die das Vertrauen nahelegt, nicht noch einmal mit einem durch nichts mehr zu beruhigenden Zorn Gottes rechnen zu müssen. Dass es Gott entspricht, nicht nur den „Tod (zu) töten“[15], sondern alles in der Macht seiner Liebe Mögliche zu versuchen, um tröstend und versöhnend wirksam zu werden, um die Täter zur Reue zu bewegen, ist als Konsequenz des Glaubens an die Auferweckung des Gekreuzigten zu explizieren. Die Rede von der Gnade Gottes bedeutet im Kontext einer solchen Eschatologie, Gottes offenbar gewordene Gnade als das geschichtliche Versprechen zu verstehen, nichts und niemanden verloren gehen lassen zu wollen. Es ist dieses Versprechen, das ihn bereits in seinem Entschluss zur Schöpfung bestimmt hat. Es wird aber auch deutlich zu machen sein, dass die Anklage gegen Gott bzw. die von ihr bestimmte negative Theologie[16] darüber kei-

---

15 *H. Krings*, Von der Freiheit Gottes: *O. Höffe/A. Pieper* (Hg.), F. W. J. Schelling, Über das Wesen der menschlichen Freiheit (Klassiker auslegen 3), Berlin 1995, 173–187, 187: „Das Böse richtet sich gegen den Menschen selbst und besteht in der Vernichtung der ‚Existenz‘. Es begründet das Todesschicksal der Schöpfung und die Selbstvernichtung der Freiheit. Gott ist dem fern – es sei denn, er handelt abermals, als der, der den Tod töten kann. Gott offenbart sich als der, der die freie Tat des Geschöpfs rückgängig macht oder gar verhindert. Gott offenbart sich als der, der den Tod tötet.“

16 Zwar gehört die negative Gottrede zum Selbstverständlichen in der Theologie, gerade deshalb sollte aber auch kontrolliert werden, was mit dem Begriff der negativen Theologie gemeint ist. Auch wenn die Differenzierung kontrovers diskutiert wird, so meine ich auch weiterhin zwischen einer negativen Theologie, die auf der Linie des biblischen Gottdenkens in diesem Begriff vor allem sein geschichtliches Vermissen angesichts der Erfahrung von Negativität zu fassen versucht, ohne freilich ihm zentrale Bestimmungen wie eine in seiner Freiheit gründende Barmherzigkeit absprechen zu wollen, einerseits und einer negativen Theologie, die die Überzeugung einer prinzipiellen epistemischen Unzugänglichkeit des Absoluten als Ausgangspunkt hat, andererseits unterscheiden zu müssen. Wenn man die Frage *Wo bleibt Gott?* als die Mystik biblischer Gottrede begreift und damit das Theodizeeproblem zu der Frage der Theologie überhaupt erklärt, wird die Differenz zwischen den unterschiedlichen Konzepten nega-

neswegs ihr Recht verliert. Denn wenn Gott in diesem emphatischen Sinn als Gnade geglaubt werden darf, so wird die Frage, warum er sich immer wieder in Situationen elendigster Not und eines zum Himmel schreienden Unrechts vorenthält, umso bedrückender. In der biblischen Logik der Gottesrede beschreibt die negative Theologie deshalb eine Verdunkelung Gottes, die angesichts des tatsächlichen Zustandes seiner Schöpfung immer wieder neu eintritt und die auch nicht durch den Glauben an das Offenbargewordensein seiner restlosen Entschiedenheit für den Menschen in seiner Inkarnation aufgehoben wird.

Die bisher aufgeworfenen Fragen werden mich in einem ersten Teil beschäftigen, während in einem zweiten Teil das so abgründige Problem der Theodizee zur Sprache kommen muss. In der Logik des christlichen Glaubens hat Gott das Versprechen, seinen Geschöpfen unbedingt treu bleiben zu wollen, in einer unter den Bedingungen der Geschichte an Radikalität nicht mehr überbietbaren Weise erfahrbar werden lassen. Es ist die Gestalt seines Offenbarwerdens, welche die spezifische Signatur dieser Hoffnung auf Gottes unbedingte Treue ausmacht. Dieser Glaube ist der epistemische Ausgangspunkt meiner Überlegungen und wird deshalb den Begriff der Hoffnung bestimmen.

An der Möglichkeit der Existenz Gottes festhalten? Auch noch im Äußersten?

Bis in die Gegenwart hinein gibt immer wieder eine Äußerung Anlass heftiger Debatten, die *Fjodor Dostojewski* in seinem Roman *Die Brüder Karamasow* der Figur des Iwan in den Mund legt.[17] In einem Gespräch mit sei-

---

tiver Theologie unübersehbar. Die Klage, gar der Schrei nach Gott richten sich nicht auf einen notwendig dunkel bleibenden Grund aller Wirklichkeit. Sondern sie verlangen nach einem Gott, der zu retten vermag, sie *bestimmen* sich dazu, einen solchen Gott zu wollen. Zur gegenwärtigen Diskussion um die negative Theologie vgl. *A. Halbmayr/G. M. Hoff* (Hg.), Negative Theologie heute? Zum aktuellen Stellenwert einer umstrittenen Tradition (QD 226), Freiburg u. a. 2008. Darin mein Beitrag: Grenzen des Nicht-Sprechens. Annäherungen an die negative Gottesrede, 20–33.

17 Vgl. *M. Striet*, Versuch über die Auflehnung. Philosophisch-theologische Überlegungen zur Theodizeefrage: *H. Wagner* (Hg.), Mit Gott streiten. Neue Zugänge zum Theodizee-Problem (QD 169), Freiburg u. a. ²1998, 48–89; *ders.*, Streitfall Apokatastasis. Dogmatische Anmerkungen mit einem ökumenischen Seitenblick: ThQ 184 (2004) 184–201; *K. von Stosch*, Gott – Macht – Geschichte. Versuch einer theodizeesensiblen

nem Bruder Aljoscha erzählt Iwan die Geschichte von einem Gutsbesitzer, dessen Lieblingshund durch den Steinwurf des Kindes eines seiner Leibeigenen leicht verletzt wird. Daraufhin lässt der Gutsbesitzer seine Schergen Hunde auf das Kind hetzen, das vor den Augen seiner Mutter zu Tode gequält wird. Im Anschluss an die Erzählung erklärt Iwan, dass er, „wenn die Leiden der Kinder dazu verwendet wurden, jene Summen von Leiden vollzumachen, die für den Kauf der Wahrheit notwendig war"[18], die Eintrittskarte in den Himmel schon jetzt zurückgebe – und zwar definitiv.[19] Das von Iwan beanspruchte Argument geht insofern an die Substanz eschatologischer Reflexionen, als es sich aus einer moralischen Überzeugung herleitet, für die die ontologische Frage der Existenz beziehungsweise der Nicht-Existenz Gottes keine Rolle spielt. Zwar wird immer wieder behauptet, dass bereits das Faktum, dass gelitten werde, die Existenz Gottes widerlege.[20] Dies setzte dann aber voraus, rein rational die Möglichkeit der Existenz eines Gottes ausschließen zu können, der sich nicht durch vollkommenes Gutsein auszeichnet. Ist dem aber nicht so, dann beunruhigt das von Iwan vorgetragene Argument auch die, die die Existenz Gottes im Glauben setzen. Denn es könnte dann Gründe geben, die Gottes Gutsein so in Frage

---

Rede vom Handeln Gottes in der Welt, Freiburg u. a. 2006. Zu ebd., 207, Anm. 112 vgl. meine klarstellende Erwiderung in: Trinitätstheologische Annäherungen an eine leidsensible Gottesrede: *G. Augustin/K. Krämer* (Hg.), Gott denken und bezeugen. FS Walter Kasper, Freiburg ²2008, 43–55, 53f; *J.-H. Tück*, Versöhnung zwischen Opfern und Tätern? Ein soteriologischer Versuch angesichts der Shoah: ThGl 89 (1999) 364–381; *ders.*, Das Unverzeihbare verzeihen? Jankélévitch, Derrida und die Hoffnung wider alle Hoffnung: IkaZ 33 (2004) 174–188; *ders.*, In die Wahrheit kommen. Das Gericht Jesu Christi: Annäherungen an ein eschatologisches Motiv: *Th. Herkert/M. Remenyi* (Hg.), Zu den letzten Dingen. Neue Perspektiven der Eschatologie, Darmstadt 2009, 99–122.

18 *F. Dostojewski*, Die Brüder Karamasow (übersetzt v. *K. Nösel*). Bd. 1, Frankfurt 1981 (1921), 416–423.

19 Vgl. auch *V. Jankélévitch*, Verzeihen?: *ders.*, Das Verzeihen. Essays zur Moral und Kulturphilosophie (hrsg. v. *R. Konersmann*, übersetzt v. *C. Brede-Konersmann*. stw 1731), Frankfurt 2004, 275f: „Nein, es steht uns nicht zu, für kleine Kinder zu verzeihen, an deren Todesmarter die Bestien sich vergnügten."; *J. Semprun/E. Wiesel*, Schweigen ist unmöglich (übersetzt v. *W. Bayer*), Frankfurt 1997, 35: „[I]ch hoffe, daß ihren Mördern niemals verziehen wird. Ich will nicht, daß Gott ihnen verzeiht, was sie den Kindern angetan haben. Niemals."

20 Immer wieder zitiert *G. Büchner*, Dantons Tod. 3. Akt. 1. Szene: *ders.*, Werke und Briefe, München ¹¹1976, 5–63, 40: „Warum leide ich? Das ist der Fels des Atheismus. Das leiseste Zucken des Schmerzes, und rege es sich auch nur in einem einzigen Atom, macht einen Riß in die Schöpfung von oben bis unten."

stellen, dass ihm auch noch von Angesicht zu Angesicht zu widerstehen wäre. Für Iwan gibt es diesen Grund. Es darf keine nachträgliche Wiedergutmachung geben, weil nichts, auch gar nichts das Geschehene wieder gutmachen kann. Weder darf den Peinigern nochmals verziehen werden, noch kann Gottes Nichteingreifen angesichts der entsetzlichen Qual gerechtfertigt werden. Kein Gericht kann dann mehr die Gerechtigkeit verschaffen, derer es bedürfte, um doch noch Versöhnung Wirklichkeit werden zu lassen. Die Schuld soll auf ewig festgeschrieben werden.

In seiner Empörung gegen Gott lässt sich Iwan auch nicht durch das theologiegeschichtlich eingeübte Argument eines allgemeinen Schuld- und Sündenzusammenhangs beschwichtigen. Nein, so Iwan, es gibt unschuldiges Leiden. Nicht zufällig geschieht die Auflehnung gegen Gott deshalb auch angesichts eines grausam zu Tode gefolterten Kindes.[21] Ich werde nochmals darauf zurückkommen und deute hier nur an, dass sich auch eschatologisch ein alle Menschen in einen individuell-schuldhaften Erbsündenzusammenhang einbindendes Denken fatal auswirkt. Es kann nicht erstaunen, dass man sich unter den Bedingungen eines neuzeitlich reflexiven Moralitätsbewusstseins gegen ein solches Denken empört. In diesem Punkt ist Dostojewskis Iwan Recht zu geben. Allerdings gibt zu denken, mit welcher Entschiedenheit Iwan jede mögliche Wiedergutmachung zurückweist. Denn was würde es in letzter Konsequenz bedeuten, wenn es, wie Iwan fordert, keine Vergebung geben darf? Es könnte dann zumindest keine Rettung aller geben. Dies gilt jedenfalls solange, wie das eschatologische Denken darauf insistiert, dass sich Gott und Mensch in derselben moralischen Ordnung bewegen. Denn dann ist nicht anzunehmen, dass Gott sich im erwarteten eschatologischen Gericht über die Köpfe und damit über die Würde der Opfer hinwegsetzt. Im Gegenteil. Unter den Bedingungen einer Moralität, die sich dazu verpflichtet, die Würde des Menschen als unantastbar zu achten, wird Gott auch noch in einem letzten Gericht die Freiheit des Menschen radikal achten. Das könnte dann zur Konsequenz haben, dass die erbetene Verzeihung verweigert wird. Ob es dann jedoch – und es ist dies der

21 Kaum eines Hinweises sollte es eigentlich bedürfen, dass eine Erörterung des Gerechtigkeitsbegriffs auch dann, wenn sie sich notwendig auf der Abstraktionsebene des Begriffs bewegt, die konkrete Geschichte und damit die Individuen im Blick zu behalten hat. Deshalb kann sie letztlich, weil der Begriff immer verallgemeinert, den konkreten Opfern auch nie gerecht werden. Und erst recht unterscheidet sich ein Gerechtigkeitsbegriff, der sich an dem Unglaublichen abarbeitet, das Menschen anderen zugefügt haben und zufügen, vom Begriff einer Gerechtigkeit, wie er im positiven Recht wirksam ist.

vielleicht sensibelste Punkt in den eschatologischen Debatten über die möglichen intersubjektiven Dimensionen des erhofften Gerichts – für die Gequälten und Gedemütigten das geben kann, was in der theologischen Bildsprache als Himmel bezeichnet wird, ist eine bedrückende Frage. Bleibt dann nicht die negative Fixierung der Opfer auf ihre Täter? Was heißt dann eigentlich Erlösung? Gehört es nicht zum getrösteten Menschsein, selbst verzeihen und so versöhnend handeln zu können? Und gesetzt, die Täter bereuen wirklich, sie gestehen ihre Schuld ein und setzen sich dem aus, was sie anderen angetan haben, gesetzt also, sie setzen sich tatsächlich ihren Opfern aus und erfahren keine Vergebung, wäre das auszuhalten? Selbstverständlich kann es kein Recht der Täter darauf geben, dass ihnen vergeben wird. Zu vergeben ist die freieste aller Möglichkeiten, und soll die Vergebung eine menschliche Dignität haben, so kann sie niemals geschuldet oder gar einklagbar sein. Aber wenn Kants Wort „Ich bin ein Mensch. Alles, was Menschen widerfährt, das trifft auch mich“[22] stimmt, so kann zumindest denen, die versöhnt sind, nicht gleichgültig bleiben, dass die ehrlich um Vergebung ringenden Täter an der Verweigerung der in ihrem Schmerz gefangenen Opfer leiden, die Vergebung zu gewähren. Und diese Fragen betreffen nicht nur den Menschen, sondern auch Gott selbst. Denn darf Gott die Opfer bitten, Vergebung zu gewähren? Was aber würde es für Gott bedeuten, wenn es ihm nicht gelänge, die Opfer dazu zu bewegen, ihren Peinigern zu verzeihen? Muss man nicht den Gedanken wagen, dass Gott mit dem Schöpfungsrisiko auch seine eigene Glückseligkeit auf das Spiel gesetzt hat, wenn es am Ende der Zeiten Unversöhntes geben sollte?

Bevor ich diesen Fragen nachgehe, will ich darauf hinweisen, dass *Albert Camus* in *Die Pest* in Bezug auf das physische Übel ähnlich argumentiert wie Dostojewskis Iwan bezogen auf das moralisch Böse.[23] Hier ist es die Figur des Arztes Rieux, die sich gegen einen Gott empört, der als „Schöpfer Himmels und aller Verderbnis“, wie *Ernst Jandl* in seinem *Credo* dichtet[24], erscheint, wenn man Ernst macht mit dem Glauben, alle Wirk-

22 Zit. nach *R. Langthaler*, „Ich bin ein Mensch. Alles, was Menschen betrifft, das trifft auch mich“ (Terenz – Kant – Peukert): *O. John/M. Striet* (Hg.), „… und nichts Menschliches ist mir fremd“. Theologische Grenzgänge (ratio fidei 41), Regensburg 2010, 76–111.

23 Zur Beeinflussung Camus’ durch die Figur des Iwan Karamasow vgl. *S. Neiman*, Das Böse denken. Eine andere Geschichte der Philosophie (übersetzt v. *Ch. Goldmann*), Frankfurt 2004, 431–435.

24 *E. Jandl*, Letzte Gedichte (hrsg. v. *K. Siblewski*), München 2001, 65.

lichkeit existiere nur, weil sie *ex nihilo* von Gott ausschließlich deshalb erschaffen worden sei, weil er es wollte. Nichts hat nach dieser Schöpfungstheologie Gott genötigt, eine Welt und damit eine Welt des Kommens und Gehens, eine Welt von Geburt und Tod zu schaffen.[25] Und somit ist auch einzig und allein Gott verantwortlich für die Naturübel. Camus insistiert in *Die Pest* hartnäckig darauf.[26] Weder darf die Seuche Strafe oder pädagogische Maßnahme Gottes sein, die die Menschen zur Umkehr bewegen soll, noch darf sie auf eine ursprüngliche Schuld des Menschen zurückgeführt werden. Zwar wird auch nicht definitiv ausgeschlossen, dass es noch einen Trost für die Leidenden geben könnte. Und wie schon Iwan, so weigert sich auch der Arzt Rieux, von Gott etwa auf der Grundlage einer Strategie wie die der *reductio in mysterium*[27] nicht mehr unter den Vorzeichen des einen, Gott und Menschen verbindenden moralischen Universums zu reden. Aber als die Pest ihren Höhepunkt bereits erreicht hat und ein Kind, an dem ein Serum ausprobiert wird, umso elendiger stirbt, heißt es: „Und ich werde mich bis in den Tod hinein weigern, die Schöpfung zu lieben, in der Kinder gemartert werden."[28] Diese Weigerung schlägt nicht um in eine vorbehaltlose Affirmation der Welt, in Nietzsches großes Ja zu allem „ohne Abzug, Ausnahme und Auswahl"[29]. Es kann keine Sinngebung im Sinnlosen geben, sondern höchstens seine Akzeptanz um eines anderen, größeren Wertes willen.[30] Daraus würde folgen, dass es auch schöpfungstheologisch keine reine Affirmation der Welt geben kann, sondern nur eine Affirmation, die den Preis des Seindürfens nicht verschweigt.

---

25 Zum Aufkommen des *creatio ex nihilo*-Denkens vgl. *H. Hoping*, Creatio ex nihilo. Von der Bedeutung einer schwierigen Unterscheidung für den Begriff des Monotheismus: Jahrbuch für biblische Theologie 12 (1997) 291–307.

26 Zu Camus vgl. Kap. 1 bei Anm. 80–86.

27 Zu diesen Strategien und ihrer notwendigen Kritik siehe *A. Kreiner*, Gott im Leid. Zur Stichhaltigkeit der Theodizee-Argumente. Erweiterte Neuausgabe, Freiburg u. a. 2005, 49–78. Vgl. auch *Th. Macho*, Das Leben ist ungerecht. Unruhe bewahren, St. Pölten 2010, 61f, der mit Pascal fragt, „ob denn die Ruinen einer zerstörten Welt zu Kultstätten eines abwesenden Gottes verklärt werden dürfen und ob nicht das Problem der Theodizee hier bloß durch einen logischen Vorzeichenwechsel gelöst werde, der neuerlich Gefahr laufe, den wählenden, freien, souveränen Gott … als bloßes Prinzip, als ‚Gott der Philosophen', zu verraten." Für Pascal sei „klar, dass Gott ‚sich verbergen wollte'". Eingeschlossenes Zitat *B. Pascal*, Über die Religion und einige andere Gegenstände (hrsg. u. übersetzt v. *E. Wasmuth*), Frankfurt 1987, 265 (§ 585).

28 *A. Camus*, Die Pest (1947) (übersetzt v. *G. Meister*), Hamburg 1990.

29 *F. Nietzsche*, Nachgelassene Fragmente: KSA 13, 492.

30 Dies wird weiter unten noch mit Kant zu zeigen sein.

Bevor ich diese mögliche Normativitätsansprüche auf den Menschen erhebenden Überlegungen weitertreibe, ist ein kurzer Einschub vonnöten. In den Tagebüchern Camus' findet sich eine Notiz, die ohne in den Heroismus Nietzsches zu verfallen, die Not der Moderne beschreibt, mit der erodierenden Hoffnung auf einen rettenden Gott umgehen zu müssen. Es heißt dort: „Empörender Tod. Die Geschichte der Menschen ist die Geschichte der Mythen, mit denen sie diese Wirklichkeit verdeckt haben. Seit zwei Jahrhunderten hat das Verschwinden der überlieferten Mythen eine Umwälzung der Geschichte bewirkt, weil der Tod hoffnungslos geworden ist. Und doch gibt es keine menschliche Wahrheit, wenn es nicht endlich zu einer Akzeptierung des Todes kommt. Es ist die Akzeptierung der Grenze, ohne blinde Resignation, in einer Anspannung des ganzen Wesens, die sich mit dem Gleichgewicht deckt."[31] Aber dieses Sich-Abfinden mit dem Tod, dass alles aus sein und verloschen, eines Tages vergessen sein wird, geht nicht spurlos an den Individuen und auch nicht am kulturellen Bewusstsein vorbei. *Jürgen Habermas* hat hierfür die Formulierung gefunden, dass „etwas verloren" ging, „als sich Sünde in Schuld, das Vergehen gegen göttliche Gebote in den Verstoß gegen menschliche Gesetze verwandelte". Denn, so Habermas, „mit dem Wunsch nach Verzeihung verbindet sich immer noch der unsentimentale Wunsch, das anderen zugefügte Leid ungeschehen zu machen." Und erst recht beunruhige „uns die Irreversibilität vergangenen Leidens – jenes Unrecht an den unschuldig Misshandelten, Entwürdigten und Ermordeten, das über jedes Maß menschenmöglicher Wiedergutmachung" hinausgehe. Und Habermas schließt: „Die verlorene Hoffnung auf Ressurektion hinterlässt eine spürbare Leere."[32] Es

31 *A. Camus*, Tagebuch (Anm. 8), 18f.

32 *J. Habermas*, Glauben und Wissen. Friedenspreisrede des Deutschen Buchhandels 2001. Laudatio: Jan Philipp Reemstma, Frankfurt 2001, 24f. Wenn Habermas in „Ein Bewußtsein von dem, was fehlt" (*M. Reder/J. Schmidt* [Hg.], Ein Bewußtsein von dem, was fehlt. Eine Diskussion mit Jürgen Habermas [es 2537], Frankfurt 2008, 26–36, 30f) schreibt, dass „die praktische Vernunft ihre eigene Bestimmung" verfehlt, „wenn sie nicht mehr die Kraft hat, in profanen Gemütern ein Bewußtsein für die weltweit verletzte Solidarität, ein Bewußtsein von dem, was fehlt, von dem, was zum Himmel schreit, zu wekken und wachzuhalten", so lässt sich in Bezug auf die Theologie schlussfolgern: Gelingt es dieser nicht, in gläubigen Gemütern ein Bewusstsein von dem, was fehlt, von dem, was zum Himmel schreit, zu wecken und wachzuhalten, so verfehlt sie ihre eigene Bestimmung. Sie verrät nicht nur den Verlassenheitsschrei Jesu, sondern auch das Schreien unendlich vieler Menschen nach dem Gott, von dem sie Rettung erhoffen und der schweigt – der zumindest nicht so handelt, wie Menschen dies erflehen. *Axel Honneth*

mag in der Gegenwart auch Phänomene einer Begrenzung auf die Lust des Diesseits geben, eines Sich-Begnügens mit der Lust des Augenblicks, und eine gnadenlose Ignoranz dem beschädigten Leben gegenüber. Aber ob die Gegenwart hierauf zu reduzieren ist, darf heftig angezweifelt werden. Mehr ist es eine ungeheure Leere, die sich breitmacht. Darf man jedenfalls die Gegenwartsliteratur als Indikator nehmen, so spricht vieles dafür, dass sich die Möglichkeit, sich in den geschichtlich generierten religiösen Hoffnungshorizonten existentiell zu verankern, immer mehr Menschen verweigert.[33] Für diese Vermutung sprechen auch noch religiöse Phänomene der Gegenwart, in denen an die Stelle einer vormals personalen Gottesvorstellung eine Gelassenheitsspiritualität als Lebensbewältigungsstrategie angesichts der Erfahrung andrängender Wirklichkeit tritt.[34]

Von der Frage der Übersetzbarkeit der Hoffnung in die eigene Existenz zu unterscheiden ist freilich die Frage nach dem normativ Gesollten.

(Entmächtigungen der Realität. Säkulare Formen des Trostes: *ders.*, Das Ich im Wir. Studien zur Anerkennungstheorie [stw 1959], Berlin 2010, 298–306, 298) konstatiert, dass es – bezogen auf das physische Elend und den biologischen Tod – „zu einer naturalistischen Erklärung der Ursachen unseres Leidens auf Erden“ keine „Alternative ... mehr zu geben“ scheine. Dies gelte unabhängig davon, „ob wir gläubig“ seien „oder überzeugte Atheisten.“ Die von Honneth vermutete strikt naturalistische Erklärung des Leidens ist unter den Vorzeichen eines allmächtigen, sich auf die Geschichte beziehenden Gottes als Konsequenz seiner strikten Verweigerung, in die biologisch-evolutiven Prozesse einzugreifen, zu interpretieren. Die Verweigerung eines punktuellen Eingreifens ist dann insofern Handeln aus Freiheit, als die gegenteilige Möglichkeit einer rettenden Intervention nicht realisiert wird. Allerdings ist auch zuzugestehen, dass ein solches punktuelles Eingreifen Gottes nicht prinzipiell ausgeschlossen werden kann: dass Erfahrungen unerwarteter Rettung als wundersame Rettung durch Gott interpretiert werden. Doch muss, wer ein Geschehen so deutet, womöglich sogar eigene Widerfahrnisse auf ein Handeln Gottes zurückführt, sich die Frage stellen, warum er, nicht jedoch der andere notleidende Mensch dieses erfahren darf. Vgl. hierzu und zu der damit zusammenhängenden Problematik des Bittgebets *M. Striet*, Bittgebet – Selbstverständlich? Nein und Ja: *ders.* (Hg.), Hilft beten? Schwierigkeiten mit dem Bittgebet, Freiburg u. a. 2010, 107–124.

33 In beeindruckender literarischer Inszenierung findet sich dieser Wegfall jeglicher Hoffnung bei *J. Hermann*, Alice, Frankfurt 2009.

34 Aus der Vielzahl literarischer Beispiele, die hier anzugeben wären, verweise ich nur auf die hohe Auflagen erreichenden Romane von *Ph. Roth*. Zuletzt: Nemesis (übersetzt v. *D. van Gunsteren*), München 2011, 42f: „‚So sinnlos. Eine schreckliche Krankheit fällt vom Himmel, und ein Mensch stirbt über Nacht. Ein Kind!‘ Mr. Cantor wünschte, er wüsste ein einziges Wort zu sagen, das das furchtbare Leid dieses Vaters lindern konnte, und sei es nur für den Augenblick, doch er konnte nur anteilnehmend nicken.“ Vgl. insgesamt *J.-H. Tück*, Hintergrundgeräusche. Liebe, Tod und Trauer in der Gegenwartsliteratur, Ostfildern 2010.

In seinem unvollendet gebliebenen Passagen-Werk hat *Walter Benjamin* formuliert, dass es angesichts von Erfahrungen, die im „Eingedenken des irreparablen Unrechts und der Schmerzen der Vergangenheit" gemacht werden, dem Menschen verboten sei, die Geschichte „grundsätzlich atheologisch zu begreifen"[35]. Benjamin findet hier zu einer Überlegung, die er, zumindest faktisch im Anschluss an Kants Antinomienlehre und die Postulatenlehre in der Kritik der praktischen Vernunft, ausführlicher in seinen Thesen zum Begriff der Geschichte[36] entwickelt. Benjamin begründet seine Überzeugung, Geschichte nicht prinzipiell atheologisch interpretieren zu dürfen, mit dem Anspruch, den vergangene Generationen an die in der Gegenwart Lebenden stellten. Bezogen auf die Frage, ob nicht unabhängig von einer möglichen Rechtfertigung Gottes angesichts der Faktizität des Leidens jede nachträgliche Erlösung und damit eine jede nachträgliche Gerechtigkeit schaffende Wiedergutmachung zu spät komme, wird das Problem auf der Linie Benjamins in die Anthropodizee gewendet. Nicht mehr ist es moralisch verboten, auf eine jede nachträgliche tröstende Versöhnung der Misshandelten und Gemordeten sowie der durch Krankheit und Naturgewalt Dahingerafften mit ihrem Schicksal zu hoffen. Vielmehr erklärt es Benjamin im Gegenteil zu einer moralischen Forderung, nicht mit der möglichen Hoffnung zu brechen – und diese Forderung verschreibt sich strikt der Perspektive der Anderen, auch noch der namenlos Gewordenen.[37] Es ist stellvertretend für die zu hoffen, die selbst keiner Hoffnung mehr fähig sind. Für Benjamin realisiert sich so das Messianische inmitten

35 *W. Benjamin*, Das Passagen-Werk: Gesammelte Schriften V/1 (hrsg. v. *R. Tiedemann*), Frankfurt 1982, 589. Ebd. findet sich der Satz: „Was die Wissenschaft ‚festgestellt' hat, kann das Eingedenken modifizieren." Benjamin sieht damit genau, dass es des praktischen Willens bedarf, Geschichte so und nicht anders betrachten zu wollen, die in die Haltung des Eingedenkens führt und das solcherweise eingedenkende Subjekt an die Schwelle der Theologie führt. Zu den übereinstimmenden Motiven und Figuren geschichtsphilosophischer Reflexionen von Kant und Benjamin vgl. *R. Langthaler*, Kants Programm einer „Kritik der Vernunft, der Geschichte und historischen Schriften" im Kontext einer geschichtsphilosophischen Ausmessung des „Vernunfthorizontes": *H.-D. Klein/ders.* (Hg.), Transzendentale Konzepte in aktuellen Bezügen, Würzburg 2010, 57–79.

36 *W. Benjamin*, Über den Begriff der Geschichte: *ders.*, Gesammelte Schriften. Bd. I/2 (hrsg. v. *R. Tiedemann/H. Schweppenhäuser*), Frankfurt ^{2}1978, 691–704.

37 Vgl. *W. Benjamin*, Anmerkungen: *ders.*, Gesammelte Schriften. Bd. I/3 (hrsg. v. *R. Tiedemann/H. Schweppenhäuser*), Frankfurt ^{2}1978, 1241: „Schwerer ist es, das Gedächtnis der Namenlosen zu ehren als das der Berühmten … Dem Gedächtnis der Namenlosen ist die historische Konstruktion geweiht."

der Geschichte, besser: Die „*schwache* messianische Kraft“, die dem Menschen mitgegeben ist und an „welche[r] die Vergangenheit Anspruch hat“[38], zeigt sich, indem sie gegen das Vergessen hofft. Benjamin sieht genau, dass die eingedenkende Erinnerung selbst noch keine Erlösung ist. Das Eingedenken ist zutiefst human, aber es rettet nicht. Soll Rettung sein, so muss ein Gott sein. Und das bedeutet zugleich auch: Soll die Rede von Rettung und Trost sich auf die Einzelnen beziehen, auf deren geschichtlich gewordene und verwundete Identität, so muss der erhoffte Gott der differenzwürdigenden Anerkennung fähig und damit selbst Freiheit sein. Selbstverständlich setzt dieses Postulat das ontologische Problem nicht außer Kraft. Die Existenz dieses Gottes bleibt fraglich. „Das ontologische Bedürfnis allein garantiert so wenig, was es will, wie die Qual der Verhungernden die Speise“, hat Adorno formuliert.[39] Aber solange die Möglichkeit eines sich durch vollkommene Freiheit auszeichnenden Gottes, der die Freiheit von Opfern und Tätern uneingeschränkt achtet und die ihre ‚Identität‘ konstituierende Differenz auch noch im eschatologischen Geschehen wahrt, denkbar bleibt, ist es dieser Gott, der um der Würde der Freiheit des Menschen willen zu erhoffen ist.[40] Dann aber stellt sich die Frage, ob die Theodizeefrage zumindest offengehalten werden kann.

Bevor ich auf diese Frage eingehe, muss ich noch eine weitere Überlegung anstellen. Man kann angesichts einer Welt, in der die Lebensressourcen immer bereits knapp waren, einer Versuchbarkeit der Freiheit zum Bösen, die nochmals verschärft wird durch den von den evolutiven Prozessen evozierten Selbsterhaltungswillen, und schließlich der bedrückenden Last des kommenden Todes fragen, ob Gott seine Schöpfung jemals hätte wollen dürfen.

---

38 *W. Benjamin*, Über den Begriff der Geschichte (Anm. 36), 694.

39 *Th. Adorno*, Negative Dialektik, Frankfurt ^{3}1982, 73.

40 In der Logik einer solchen, geschichtsphilosophische mit religionsphilosophischen Motiven verbindenden Reflexionsfigur ergibt sich meines Erachtens auch ein für die religionstheologische Diskussion unhintergehbares Kriterium. Denn wenn rein philosophisch zu zeigen ist, dass es aufgrund der antinomischen Struktur endlicher Freiheit ihr angemessen ist, auf einen Gott zu hoffen, der als Schöpfer der Welt Möglichkeit hat, Gerechtigkeit zu schaffen und das menschlich Begonnene zu vollenden, so wird der postulierte Gott auch zum Unterscheidungskriterium angesichts der Erfahrung religiöser Pluralität und damit unterschiedlicher Religionssysteme. Vgl. hierzu meine Überlegungen: Christologie und Buddhologie. Ein Einwurf: *B. Nitsche* (Hg.), Gottesdenken in interreligiöser Perspektive. Raimon Panikkars Trinitätstheologie in der Diskussion, Frankfurt/Paderborn 2005, 220–229.

Denn dass er um die ganze Ambivalenz seiner Schöpfung nicht hätte wissen können, verbietet sich als Gedanke. Auch noch, dass sich in dem Moment, da es in der evolutiven Werdewelt zur Ausbildung der freien Selbstbestimmung fähiger Wesen kommen und sich so der Abgrund der Möglichkeit des radikal Bösen auftun würde, war ein kalkulierbares Risiko. Allerdings sieht sich, wer die abgründige Frage nach der ursprünglichen Legitimität der Schöpfung stellt, weil diese vom Tod durchzeichnet und vom Risiko einer in der menschlichen Freiheit wurzelnden Gewalt bestimmt sein würde, mit dem Problem der Selbstrechtfertigung angesichts der eigenen Existenz konfrontiert. Denn die Möglichkeit zu erwägen, dass es besser gewesen wäre, Gott hätte nie eine Welt gewollt, liefe darauf hinaus, die mögliche Nicht-Existenz nicht nur der eigenen Existenz, sondern auch die eines jeden anderen Menschen dem Faktum seiner Existenz vorzuziehen. Aber kann das je erlaubt sein? Ist dies ein Gedanke, der von Antlitz zu Antlitz auszuhalten ist? Umgekehrt aber muss selbstredend auch bewusst bleiben, dass solche Erwägungen in einer Welt angestellt werden, die vom Schmerz bestimmt sind. Was bedeutet: Wenn man sich weigert, die mögliche Nicht-Existenz der Welt als die bessere Alternative zu betrachten, also die Geburt und nicht den Tod als das eigentliche Unglück des Menschen zu bestimmen, so beinhaltet dies auch, einem anderen Menschen sein Schicksal zuzumuten. Nicht dass man ihm dieses Schicksal wünschte. Aber man würde ihm immer noch, trotz seines Schicksals, sagen: Es ist gut, dass Du geboren bist.

Selbstredend werden solche Fragen nicht in der Situation des Leidens gestellt. Und gewiss gibt es Situationen, in denen sich das Leben von Menschen so verdunkelt, dass sich der Gedanke, es wäre besser, nicht geboren worden zu sein, zu der dunkelsten Möglichkeit des Menschen überhaupt auswächst, zu der des Suizids. Auch dies gehört zur conditio humana: Als das Wesen geboren worden zu sein, welches nicht nur ins Dasein geworfen ist, sondern welches sich als das um sich selbst und in eins damit um die ganze Abgründigkeit des Weltgeschehens wissende Wesen in einer letzten verdichtenden Weise zu allem verhalten kann und muss. In die absolute Verzweiflung abstürzen zu können ist deshalb die Kehrseite seiner Weise des Daseins.[41]

41 Allerdings ist der Wesensbegriff mit Vorsicht zu verwenden. Dem „nicht festgestellten Tier" (Friedrich Nietzsche) ist nichts selbstverständlich, am wenigsten es selbst und damit sein „Wesen". Von daher sind alle Wesensbestimmungen Ergebnisse reflexiv-normativer Setzungen und daher der historischen Kontingenz unterworfen.

Es ist deshalb anthropologisch erklärbar, warum von der Antike an bis in die Gegenwart hinein immer wieder die Frage aufgeworfen wurde, ob das eigentliche Unglück des Menschen womöglich nicht der Tod, sondern das Faktum der Geburt sei – was unter modernen Lebensbedingungen bedeutet: Das kontingente Faktum des Gezeugtwordenseins wird zum intersubjektiv unausweichlichen Drama. *Thomas Bernhard* hat der Kontingenz der Existenz eine ethische Reflexionsrichtung gegeben. „Das Geborenwerdenverbrechen ist nicht zu verzeihen", heißt es in einem seiner Stücke.[42] Nicht Nietzsches spielendes Kind bildet die Kulisse solcher Zuspitzungen. Bestimmend ist vielmehr der Gedanke, ungetröstet leben zu müssen, weil der Glaube an Gott verdunstet und eine unendliche Kälte hinterlässt. *Samuel Beckett* hat in seinem *Endspiel* in einem Dialog zwischen Hamm und Nagg die Erfahrung des verdunstenden Gottglaubens („Der Lump! Er existiert nicht!"[43]) mit der ethischen Problematik der Zeugung neuen Lebens zusammengebunden: „Du Schweinehund! Warum hast Du mich gemacht? – Ich konnte nicht wissen … – Was? Was konntest Du nicht wissen? – Daß du es würdest."[44] Es sind erhebliche Zweifel angebracht, ob es hedonistische Züge sind, die die Moderne beherrschen. Vielleicht sind diese Züge auch als Verzweiflungsphänomene auszudeuten, in einer Welt ohne Gott existieren zu müssen, keine Hoffnung auf einen Trost mehr hegen zu können, auf einen Gott, der sein „Siehe, und es war alles sehr gut" wahr werden lässt …

Indes muss auch gefragt werden, ob der Mensch das Faktum seiner eigenen Existenz und mit ihr die Existenz aller anderen Menschen und der Welt überhaupt ablehnen darf. In moralphilosophischer Hinsicht kommt Kant zu dem Schluss, dass der Mensch nicht wollen dürfe, dass keine Welt sei. Zwar hat Kant die Zumutungen, die die faktisch existierende Welt dem

---

42 *Th. Bernhard*, Einfach kompliziert, Frankfurt 1986, 41. Bemerkenswert ist, dass Bernhard die Frage nach einer möglichen Rechtfertigung der Zumutung der Geburt verknüpft mit dem Thema Verzeihung und – wie Dostojewskis Iwan – zu dem Schluss kommt, dass es kein Recht geben könnte, zu verzeihen: „Wir verzeihen ihnen [den Eltern, M. S.] nicht/dazu sind wir nicht berechtigt/den Eltern ist nicht zu verzeihen." Vgl. auch *H. Blumenberg*, Beschreibung des Menschen (aus dem Nachlaß hrsg. v. *M. Sommer*), Frankfurt 2006, 643–651. Das dem Kapitel vorangestellte Zitat findet sich ebd., 631. Siehe auch *G. Steiner*, Grammatik der Schöpfung (übersetzt v. *M. Pfeiffer*), München/Wien 2001, 43–45.

43 *S. Beckett*, Endspiel, Frankfurt ^{2}1976, 89.

44 *S. Beckett*, Endspiel (Anm. 43), 71.

Menschen auferlegt, in seinen Reflexionen keineswegs ausgespart. Aber „dass eine Welt überhaupt existiere, weil das moralische Gesetz will, dass das höchste uns mögliche Gut bewirkt werde“[45], darf nicht nicht gewollt sein, weil das Moralgesetz unbedingter Natur ist, es mithin eine unbedingte Forderung an die Freiheit darstellt. Damit müssen auch die Bedingungen affirmiert werden, die erlauben, dass sich die praktische Vernunft als praktische Vernunft vollziehen kann, um das höchste uns mögliche Gut realisieren zu können. Kants Argument läuft nicht auf eine Revitalisierung der Physikotheologie hinaus, auch wenn er von ihr im Kontext der möglichen Gottesbeweisversuche mit der größten Hochachtung gesprochen hat. Es argumentiert lediglich, dass *dann*, wenn das Moralgesetz in seinem unbedingten Forderungscharakter in Hinblick auf den Menschen anerkannt ist, die Ermöglichungsbedingungen des Vollzugs von Freiheit, die er transzendentalphilosophisch als den Grund des Vernunftgebrauchs überhaupt analysiert hat, nicht einfach negiert werden dürfen. Dass es aber „Zweckwidrige(s) in der Welt“ gibt, in dem, „was die Erfahrung an dieser Welt zu erkennen gibt“[46], eine abgründige Negativität, die nicht sein sollte und die nur um den Preis des Zynismus in einem affirmativen Begriff versöhnbar würde, wird von Kant nicht bestritten. Von daher nimmt das Gottespostulat Kants auch die „letztendlich … opfer-orientierte Frage ‚Wo bleibt Gott?‘“ in sich auf, „ohne jedoch die in dieser Frage in ‚gebrochener Gestalt‘ durchaus aufbewahrte ‚Hoffnung‘ einfachhin preiszugeben“[47]. Bezogen auf den Menschen freilich bleibt indessen die Frage virulent, ob nicht das Faktum der Freiheit nach einer Affirmation verlangt, die auch nochmals auf das Ganze

45 *I. Kant*, Die Religion innerhalb der Grenzen der blossen Vernunft: *ders.*, Werke in sechs Bänden (hrsg. v. *W. Weischedel*), Darmstadt 1983, hier: Bd. IV, 652. Vgl. *R. Langthaler*, „Gott ist doch kein Wahn“ (Kant). Perspektiven einer „natürlichen Theologie“ in erweitertem ethikotheologischen Kontext: *M. Wasmaier-Sailer/B. P. Göcke* (Hg.), Idealismus und natürliche Theologie (scientia & religio 10), Freiburg 2011, 49–80, 58f.

46 *I. Kant*, Über das Misslingen aller philosophischen Versuche in der Theodizee (Anm. 45): VI, 106 (A 195.A 209)

47 *R. Langthaler*, „Gott ist doch kein Wahn“ (Kant) (Anm. 45), 73. Vgl. auch *E. Lévinas*, Die Thora mehr lieben als Gott: *ders.*, Schwierige Freiheit. Versuch über das Judentum (übersetzt v. *E. Moldenhauer*), Frankfurt 1992, 109–113, 113: „Durch einen aus der Thora hervorgegangenen Glauben gereift, wirft er Gott seine maßlose Größe vor. Er wird ihn lieben – trotz allem, was Gott versucht haben wird, um seine Liebe zu entmutigen. … Die Thora noch mehr lieben als Gott, eben das bedeutet, zu einem persönlichen Gott zu gelangen, gegen den man sich empören kann, das heißt für den man sterben kann.“

der sie ermöglichenden Bedingungen zielt. Sie mag bedrückend sein zumal bezogen auf die, denen das Leben aus welchen Gründen auch immer zur Qual geworden ist. In der Logik eines sich in interpretierter Erfahrung festmachenden Glaubens ist es der freie Gott, der dies Ganze der den Menschen ermöglichenden Bedingungen setzt. Dann ist Gottes eigentliche „Schuld" aber „seine Liebe, die Endliches erschuf und in die Freiheit entließ. Damit Liebe sein könne, nahm er das Risiko auf sich, dass Menschen sich abwenden und verweigern, mehr als Menschen sein wollen und gegenseitig zu Unmenschen werden. Wer aber Gott deshalb anklagen möchte, widerruft … die eigene Freiheit."[48]

Eine mögliche Rechtfertigung Gottes?

Genauso wenig wie es hier möglich ist, einen Traktat Eschatologie zu verfassen, lässt sich die Frage der Theodizee in ihrer historischen Genese und systematischer Vollständigkeit im Rahmen der folgenden Überlegungen aufarbeiten. Ich beschränke mich daher auf wenige zentrale Reflexionen.[49]

Es war *Immanuel Kant*, der dem Problem der Theodizee seine klassische Formulierung gegeben hat. Unter Theodizee sei „die Verteidigung der höchsten Weisheit des Welturhebers gegen die Anklage, welche die Vernunft aus dem Zweckwidrigen in der Welt gegen jene erhebt"[50], zu verstehen. Kant hat auf der Basis seiner Vernunftkritik in einer bis heute gültigen Weise gezeigt, dass „alle bisherige (philosophische, M.S.) Theodizee das nicht leiste was sie verspricht, nämlich die moralische Weisheit in der Weltregierung gegen die Zweifel, die dagegen aus dem, was die Erfahrung an dieser Welt zu erkennen gibt, gemacht werden, zu rechtfertigen". Und zwar deshalb nicht, weil „unsre Vernunft zur Einsicht des Verhältnisses, in welchem eine Welt, so wie wir sie durch Erfahrung immer kennen mögen, zu der höchsten Weisheit stehe, schlechterdings unvermögend" ist.[51] Dies gilt jedenfalls solange, wie die Welt unter theistischen Vorzeichen als in

48 *Th. Pröpper*, Erlösungsglaube und Freiheitsgeschichte. Eine Skizze zur Soteriologie, München (2., wesentl. erw. Aufl.) 1988, 179.

49 Vgl. zum Folgenden *Th. Pröpper/M. Striet*, Art. Theodizee: $LThK^3$ 9, 1396–1398.

50 *I. Kant*, Über das Misslingen aller philosophischen Versuche in der Theodizee (Anm. 45): VI, 105 (A 194f).

51 *I Kant*, Über das Misslingen aller philosophischen Versuche in der Theodizee (Anm. 45): VI, 114 (A 209f).

der Allmacht Gottes gründende kontingente Schöpfung des freien, gegensatzunabhängig und damit nur auf sich selbst bezogen handeln könnenden Gottes begriffen wird. Dieses Verständnis steht dem Konzept eines „Panentheismus“[52] als einer Weltkenose Gottes entgegen, demzufolge angenommen wird, dass Gott sich auf sich selbst zurückzieht, sich unendlich „klein“ macht, um so der Welt ihren Eigenraum zu gewähren. Gott ist in diesem kenotischen Denken alles in allem; deshalb ist der Logos dieses Gottes auch ablesbar an der Welt, so dass dieses Denken nicht nur eine Erneuerung der Metaphysik darstellt, sondern in eins mit ihr auf eine Revitalisierung der Physikotheologie hinausläuft.

Mindestens zwei Rückfragen ergeben sich aber in Hinblick auf dieses panentheistisch-monistische Denken. Erstens ist zu fragen, ob diese radikale Selbstzurücknahme Gottes zugunsten der Welt als ein ewiger oder aber als ein ursprünglicher Akt gedacht wird. Ist letzteres der Fall, so stellt sich diesem Denken das gleiche Problem wie einer Schöpfungstheologie, die um der radikalen Freiheit Gottes willen an der *ex nihilo*-Figur festhält: Es bleibt theodizeeanfällig. Durfte sich Gott überhaupt so zurücknehmen? Schließlich muss er gewusst haben, dass in jedem Fall die evolutiven Werdeprozesse unsägliches Elend erzeugen würden. Zudem war es auch für Gott unkalkulierbar, wie im Fall des Aufkommens von freien, der Selbstbestimmbarkeit durch sich selbst fähiger Subjekte diese sich gegen die unbelebte, aber eben auch gegenüber der anderen belebten Natur und dann gegen die eigene Gattung verhalten würden. Gott konnte bezogen auf mögliche aufkommende andere Freiheit nicht allwissend sein; was er wissen konnte, war, dass diese sich gewalttätig gegen andere, selbst gegen andere Freiheit wenden könnte.[53] Wenn ich es recht sehe, so verschiebt sich das Problem der Rechtfertigung Gottes nur in den Ursprung des Schöpfungs-

52 Vgl. *K. Müller*, Allmacht Gottes – Freiheit des Menschen. Der monotheistische Gottesgedanke im Kreuzfeuer kritischer Vernunft: *A. Franz/S. Maass* (Hg.), Diesseits des Schweigens. Heute von Gott sprechen (QD 240), Freiburg u. a. 2011, 139–158, 153.

53 Bei allem Respekt bezogen auf den beeindruckenden Versuch von *H. Jonas*, Der Gottesbegriff nach Auschwitz. Eine jüdische Stimme, Frankfurt 1987, mit der Katastrophe von Auschwitz umgehen zu können, scheint mir bei ihm das Problem ungelöst zu bleiben, ob Gott – wenn sie sich denn ursprünglich einem freien Setzungsakt verdankt – eine Schöpfung überhaupt riskieren durfte. Zwar vermag Jonas durch die Annahme einer vollkommenen Selbstücknahme die Frage zu klären, warum er nicht eingreift. Für Jonas hat Gott keine Macht mehr, die es ihm erlaubte, eingreifen zu können. Aber die Frage, ob angesichts des Vorhersehbaren eine solche völlige Selbstzurücknahme nicht moralisch fraglich war, ist nicht zu unterdrücken.

aktes. Ist die Selbstzurücknahme Gottes hingegen als ein ewiger Akt ohne Anfang in der Zeit gedacht, so ist die Geschichte in der Logik *Georg Wilhelm Friedrich Hegels* als Selbstentfaltung des Absoluten zu begreifen. Dann aber stellt sich die Frage, ob das Absolute überhaupt noch unterschieden ist von der Welt und ihrer Dynamik und ob von diesem Absoluten – so dessen Unterschiedenheit von der Welt aufgegeben wird – eschatologisch noch etwas zu erwarten ist. Denn nur wenn ein Gott existiert, der in bleibender Differenz zu seiner Schöpfung, unterscheidbar von ihr und deshalb eine Eigenwirklichkeit ist, kann in einer ausstehenden Zukunft etwas von ihm erhofft werden. Realisiert sich die Gnade rein immanent, weil alles eins und deshalb von Gott erfüllt ist, ja geradezu Gott ist, so wird man zwar sagen können, dass der Schmerz selbst in Gott ist. Aber dann bleibt auch die Rede von der Erlösung rein immanent und es kann keine Erwartung einer Zukunft gehegt werden, die das Vergangene dem Tod entreißt. Denn ein solcher Gott hat keine andere Möglichkeit als die, die sich ununterscheidbar vom Weltgeschehen realisiert, da er eins mit diesem ist.[54]

Allerdings ist, wie bereits angedeutet, einzuräumen, dass unter der Voraussetzung einer auch nach dem Schöpfungsakt bleibenden Welt- und Geschichtsmächtigkeit Gottes das Problem der Theodizee eine unerbittliche Härte annimmt. Es stellt sich dann nicht nur die Frage, ob diese Welt tatsächlich die beste aller möglichen Welten ist. Vielmehr ist vor allem zu fragen, warum Gott weder in den immer wieder katastrophischen Verlauf der Natur noch aber in die durch die Menschen ausgelöste Unheilsgeschichte eingreift. Freilich kann ein punktuelles Eingreifen Gottes theoretisch nicht ausgeschlossen werden; dies widerspräche der Voraussetzung, ihn als einen freien Gott zu denken. Es lassen sich jedoch unzählige Situationen benennen, in denen Gott sich in seiner ihm unterstellten Allmacht offenbar vorenthalten hat. Zumindest hat er sich nicht so gegenwärtig gemacht, wie Menschen dies immer wieder inständig erbeten haben. Zwar ist zu erwägen, ob Gott womöglich grundsätzlich nicht eingreift, weil jedes punktuelle Eingreifen ihn dem Verdacht der Willkür aussetzte: Wenn er einmal eingegriffen und die Bitte eines Menschen erhört hat, warum nicht an anderer, an jeder anderen Stelle ebenso? Der Gedanke, dass Menschen es in irgendeiner Weise gegenüber anderen in höherem Maß verdienten, dass

54 Vgl. in polemischer Angrenzung zu Erlösungskonzepten, die das apokalyptische Erbe biblischer Traditionen aufheben, *J. Taubes*, Die Politische Theologie des Paulus (hrsg. v. *A. Assmann/J. Assmann*), München (3., verb. Aufl.) 2003, 105f.

Gott ihnen durch seine eingreifende Hand zu Hilfe käme, widerspräche der Annahme, dass Gott seine Liebe allen Menschen gleichermaßen ohne Vorbedingung schenkt. Selektives Eingreifen verschärfte also die mit der Geburt gegebenen Ungerechtigkeiten nochmals. Es gibt mithin gute Gründe, den Gedanken zu wagen, dass Gott sich seines Eingreifens im Sinne einer punktuellen Manipulation des Geschichts- oder Naturverlaufs konsequent enthält – das Gegenteil bedeutete die im Vergleich höhere Hypothek für den Glauben. Aber eine solche radikale Selbstzurücknahme Gottes bleibt problematisch. Denn es lassen sich leicht Situationen beschreiben, in denen die Not oder das Unrecht so zum Himmel schreit, dass das Verstehen auf eine harte Probe gestellt wird.

Allein angesichts dieser bleibenden Ambivalenzen Gottes wird man nicht anders können, als das Theodizeeproblem für unlösbar zu erklären. Wenn aber jeder menschliche Theodizeeversuch zum Scheitern verurteilt ist, so ist angesichts der Erfahrung des Leidens danach zu fragen, ob der Gottes Wesen umschreibende Satz „Gott ist Liebe“ (1 Joh 4,16) nicht zumindest hoffen lässt, dass sich der Gott, der sich selbst seinem Schöpfungswerk ausgesetzt und sich deshalb durch seinen Entschluss zur Schöpfung auch nicht moralisch suspendiert hat, im eschatologisch erwarteten Gericht erklären wird. Zumal die Wesensbestimmung Gottes als Liebe die Leidenswahrnehmung gerade nicht unterläuft, sondern geradezu verschärft und zur an ihn gerichteten Klage ermutigt.[55] Denn wenn erst einmal der Glaube gefasst ist, dass Gott diese freilassende und in ihrer Treue grenzenlose Liebe ist, so wird die Frage umso bedrückender, warum überhaupt gelitten wird.

Doch lässt sich christologisch noch Folgendes sagen: Selbst wenn die Fraglichkeit Gottes mit diesem Hinweis nicht aufgehoben wird, so hat Gott in der christlichen Glaubenslogik alles getan, um ein Zeichen für die unverbrüchliche Treue zu seiner Schöpfung und zumal zu den Leidenden zu setzen, indem er selbst Mensch wurde. Denn in seiner Menschwerdung macht Gott nicht nur in endgültiger Weise offenbar, dass er tatsächlich die Liebe ist, als die Menschen ihn als ihre Hoffnung projiziert und geglaubt haben. In der Logik des Glaubens beendet Gott somit seine Fraglichkeit, die er in der Instanz der philosophisch spekulativen Vernunft notwendig behält. Er setzt sich in seiner Menschwerdung darüber hinaus der Welt aus, die von Anfang an von Elend und Tod durchzogen war und die von einer unvorstellbaren Gewaltgeschichte gezeichnet ist. Wenn man christologisch und

55 Vgl. *Th. Pröpper/M. Striet*, Art. Theodizee (Anm. 49), 1397.

am Ende trinitätstheologisch argumentiert, wird man zwar sofort betonen müssen, dass deshalb, weil Gott selbst sich seiner Welt durch seine Menschwerdung aussetzt und Jesus deshalb, weil er Gott so entschieden als Liebe auslegte und damit einen Konflikt um seine Person auslöste, einen brutalen Foltertod starb, noch kein anderes Leiden gerechtfertigt ist. Bezogen auf christologisch-trinitätstheologische Entwürfe, die über das Leiden des Sohnes das Leiden der Menschen so in Gott hineinnehmen, dass dieses dadurch bereits versöhnt ist, ist deshalb auch der trinitarische Begriff von Gott so auszuarbeiten, dass er die ursprünglich im Schöpfungsakt gesetzte freiheitstheoretische Differenz strikt wahrt.[56] Aber weil Gott im Geschehen der Inkarnation sich selbst der Geschichte mit ihrem Elend ausgesetzt hat, er in der Person Jesu in den von Marginalisierung und Gewalt gezeichneten Verhältnissen zum Glauben an die je größere Barmherzigkeit Gottes aufgerufen und sich den Leidenden zugewandt hat, sie gefragt hat, ob sie nicht doch zu glauben vermögen, und Jesus schließlich wegen dieser Gottespraxis einen elenden Tod starb und in die Gottesverfinsterung geführt wurde, darf er vielleicht doch uns Fragende in die Alternative „involvieren", die sich angesichts des Leidens stellt, und uns so zu Gefragten machen: „Ob wir nämlich Gottes Liebe die Möglichkeit, sich selbst zu rechtfertigen und aller Zustimmung zu gewinnen, noch zutrauen oder aber diese Möglichkeit, mit Berufung auf die Unaufwiegbarkeit des Leidens und die Unversöhnbarkeit der Schuld, für bereits definitiv und zwar negativ entschieden anschauen wollen."[57]

Wenn man diesen Gedanken riskiert, so bedeutet er keine Rechtfertigung oder gar Sinngebung des Leidens.[58] Und wenn angedeutet wird,

56 Vgl. hierzu meine Überlegungen in: *M. Striet*, Konkreter Monotheismus als trinitarische Fortbestimmung des Gottes Israels: *ders.* (Hg.), Monotheismus Israels und christlicher Trinitätsglaube (QD 210), Freiburg u. a. 2004, 155–198.

57 *Th. Pröpper*, Fragende und Gefragte zugleich. Notizen zur Theodizee: *ders.*, Evangelium und freie Vernunft. Konturen einer theologischen Hermeneutik, Freiburg 2001, 266–275, 275. Vgl. auch *ders.*, Erlösungsglaube und Freiheitsgeschichte (Anm. 48), 179: „Vor ihm (Jesus, M.S.) werden *wir* die Gefragten: ob wir, jenseits der Alternative von unmündiger Abhängigkeit und revoltierender Empörung, unsere Freiheit und ihren Preis übernehmen und in Gottes Tun einstimmen wollen."

58 Wenn ich dies betone, so schließe ich damit nicht aus, dass Menschen eigene Leiderfahrungen akzeptieren lernen, vielleicht sogar für sich sagen können, sie hätten in ihrem Leid etwas erfahren, das sie retrospektiv nicht missen möchten oder aus dem etwas Positives erwachsen ist. Aber weder wäre damit das Leiden als solches für sinnvoll erklärt, noch – und dies erscheint mir noch wichtiger – dürfte dies aus der eigenen Erfahrung

dass es um eine Hoffnung auch noch für die Täter geht, so muss gewahrt bleiben, dass die Opfer sowohl moralisch als auch religiös die sind, die zuletzt entscheiden werden. Wäre das nicht gewährleistet, so müsste sich Gott die Frage gefallen lassen, ob er nicht die Würde der Opfer verletzt und Ungerechtigkeit stiftet. Aber der Gedanke zeigt, dass nicht allein Gott im Gericht der Gefragte sein wird, sondern auch der Mensch. Und dies ist die eigentliche Brisanz eines eschatologischen Denkens, das darauf insistiert, auch im Gericht noch werde die Freiheit des Menschen gewahrt bleiben, weil der offenbar gewordene Gott nicht anders als unter strikter Rücksichtnahme auf die Freiheit seines Ebenbildes sein Gerechtigkeit suchendes und tröstendes Handeln wirksam werden lassen will. Abgründig ist dies nicht nur für die Täter, sondern eben auch für die Opfer. Obzwar es keine Pflicht geben kann zu verzeihen, Vergebung zu gewähren, sie zu gewähren aber als die größere Möglichkeit der Freiheit ausgewiesen werden kann und zugleich die Rettung aller als die größte Hoffnung gelten darf, die ausdenkbar ist, so werden auch die Opfer gefragt sein. Aber kann man das denken? Will man sich wirklich die Vorstellung aufbürden, dass von denen, denen Unvorstellbares geschah, am Ende alles abhängen wird? Wenn überhaupt, dann nur in der Hoffnung auf einen Gott, den man als unendliche Liebe glaubt – als die Allmacht einer Liebe, über die hinaus deshalb keine größere denkbar ist, weil sie nicht nur „die andere Freiheit will", sondern weil sie selbst Mensch wird und sich, „zu ihren Gunsten, ohne vernichtet zu sein, auf ihre tötende Negation" einlässt.[59] Die philosophische Grenzidee eines Gottes, der den Tod zu töten vermag, kehrt hier nicht nur wieder, sondern modifiziert sich in einer die Vernunft an ihre Grenze führenden Weise: Nicht nur, dass der als allmächtig geglaubte Gott den Tod zu töten vermag, sondern dieser Gott lässt sich in der Person des Sohnes selbst töten, um sich zu einem Fragenden machen zu dürfen.

heraus in Bezug auf das Leiden anderer geschehen. Was ich hinsichtlich meines Erlebens sagen kann, muss nicht in gleicher Weise von anderen empfunden werden. Und schließlich gibt es auch die Erfahrungen, dass Menschen so unter ihr Leiden gebeugt werden, dass sie daran zerbrechen.

59 *Th. Pröpper*, Allmacht Gottes: *ders.*, Evangelium und freie Vernunft (Anm. 57), 288–292, 292.

Gottes Wartenkönnen – oder: Das Versprechen der Gnade

Im Rahmen einer theologischen Denkform, die sich strikt vom Freiheitsprinzip bestimmen lässt, sind auch eschatologische Erwartungsaussagen entsprechend zu fassen. Dies ist dem Konsistenzanspruch der gesuchten Denkform geschuldet. Die erste Einführung des Allmachtsbegriffs in der Logik der Postulatenlehre ließ diese freiheitstheoretischen Grundbestimmungen auch bereits erkennen, wobei natürlich zu betonen ist, dass Allmacht eine strikt theologische Prädikation ist.[60]

Dass in dieser theologischen Anthropologie Gott als vollkommene Freiheit gedacht wird, muss hier nicht noch einmal begründet werden. Stattdessen darf auf die vorangegangenen Kapitel verwiesen werden. Da nun zudem damit gerechnet wird, dass der Gott, der im kommenden Gericht erwartet wird, die offenbar gewordene Gnade ist und dieser Gott sich treu bleiben wird, so wird sich dieser Gott dadurch auszeichnen, dass er warten kann. Und es ist damit zu rechnen, dass er notfalls unendlich warten wird.[61] Die Gerichtssemantik ist theologie- und frömmigkeitsgeschichtlich extrem belastet worden, weil das Gericht primär als ein Geschehen inszeniert wurde, in dem abgeurteilt werden würde. Entsprechend gestaltete sich die aufgebaute Drohkulisse. Die Ikonographie spricht hier eine allzu beredte Sprache. Bei aller Vorsicht gegenüber der semantisch belasteten Rede vom Gericht muss jedoch daran festgehalten werden, dass auf sie auch nicht einfach verzichtet werden kann, weil Erlösung sowohl aus moral- bzw. geschichtsphilosophischen wie auch aus Gründen des überlieferten Glaubens an den Gott, der auf die Geschichte bezogen sein will, die Geschichte und damit die Menschen in ihrer unvertretbaren, sich durch Freiheit auszeichnenden Existenz unendlich würdigt, nicht als Gnosis gedacht werden darf. Entweder das erwartete Gericht bezieht sich auf die reale Geschichte und arbeitet diese auf. Oder aber die Hoffnung auf eine versöhnte Gemeinschaft

---

60 Vgl. *Th. Pröpper*, Allmacht Gottes (Anm. 59), 292.

61 Vgl. *H. Verweyen*, Gottes letztes Wort. Grundriß der Fundamentaltheologie, Regensburg ^{4}2002, 205, der Gottes Allmacht mit seiner Fähigkeit identifiziert, warten zu können: „Seine Allmacht fiele also völlig mit einer durch absolut nichts bedingten Liebe zusammen. Nur diese kann unendlich lange auf die ihr gemäße Antwort warten, so viel Leiden ihr das auch abverlangt." Eine solche Hermeneutik der Allmacht Gottes verlangt freilich danach, Gott strikt in Kategorien der Freiheit zu denken, so dass Gottes Wartenwollen Ausdruck seiner *potentia ordinata* ist. Vgl. auch *M. Müller*, Christliche Theologie im Angesicht des Judentums. Bausteine einer Phänomenologie des Wartens, Stuttgart 2009.

wird zynisch. Deshalb wäre aber auch der endgültige kulturelle Wegfall der geschichtlich ausgeprägten Hoffnung auf das Gericht gleichzusetzen mit dem Beginn definitiver Trostlosigkeit.[62] Zugleich darf aber gehofft werden, dass das kommende Gericht keinen Menschen bereits verloren gegangen sein lässt. Denn es ist der Gekreuzigte, der in diesem Gericht erwartet wird, damit der, der sich bis ins Äußerste hinein zum Exegeten des Gottes gemacht hat, der einem jeden Menschen in seiner Biographie nachgeht und alles in den Möglichkeiten der Liebe stehende unternimmt, um ihn zu gewinnen. In einer sich so entfaltenden eschatologischen Logik ist deshalb an der sich bis ins Gericht durchhaltenden Treue Gottes nicht zu zweifeln. Warten zu können als Eigenschaft Gottes kann als Ausdruck dieser Treue interpretiert werden. Nicht auf diese Treue zu vertrauen, stattdessen an ihr zu zweifeln, wäre dann als Rückfall in den Kleinglauben zu beschreiben. Ein anderes Wort dafür ist Sünde. Wobei zu betonen ist: Ob jemand glauben kann oder nicht, ob jemand vielleicht nicht mehr glauben kann, hängt von vielen Faktoren ab, die sich größtenteils ins Dunkel der Erfahrungen der eigenen Biographie verlieren. Hier eine zu große Eindeutigkeit zu fordern verkennt, wie prägend gerade Erfahrungen und Brüche werden können. Von daher ist auch nur sehr begrenzt von außen zu beurteilen, ob ein Zurückfallen auf die eigenen Möglichkeiten wirklich Ausdruck der Sünde ist oder aber ob dies die Form der Verzweiflung ist, nicht mehr glauben zu können, obwohl man doch wohl möchte.

Entscheidend ist und bleibt aber, dass die sich unter den Vorzeichen des Glaubens an Gottes absolute Treue entfaltenden eschatologischen Aussagen strikt geschichtsbezogen verstanden bleiben. Der im Gericht wartende Gott wartet nicht mit dem Rücken zu den Opfern der Geschichte, sondern – um es eine Bildinterpretation Walter Benjamins aufnehmend zu sagen – wie der *angelus novus* mit weit aufgerissenen Augen angesichts des Sturms, der auch ihm aus der Geschichte entgegenweht.[63] Zwar hofft

62 *H. Blumenberg*, Die Sorge geht über den Fluß, Frankfurt 1987, 65: „Vielleicht ist von allen Verlusten, die mit der Entkräftung des Christentums einhergegangen sind, der des Credostücks von Jesu Wiederkehr zum Gericht über die Toten und Lebenden der unersetzlichste. Die Theologen geniert es als Drohung, da sie doch Verheißungen für ‚werbewirksamer' halten. Sie haben es, sofern sie davon noch sprechen, allegorisiert zur inneren Bewältigung von Schuld oder zur äußeren ‚Umverteilung' von Schulden. Dabei war das Gericht ursprünglich alles andere als Drohung. Indem es die Schuldigen verwerfen sollte, gab es erst recht denen, die Unrecht erfahren hatten, ihr Teil zurück und drauf."
63 In Anlehnung an *W. Benjamin*, Über den Begriff der Geschichte (Anm. 36), 697.

der Glaube, eben weil Gottes Nominaldefinition nicht einfach die der Allmacht ist, sondern die einer „Allmacht der Liebe“[64], die sich des Risikos der Schöpfung bewusst war und sich diesem aussetzte im Vertrauen auf die eigenen Möglichkeiten. Und so hofft der Glaube, dass dieser Gott dem Sturm der Geschichte Einhalt gebieten kann und dass deshalb auch die eschatologisch erwartete Zukunft nicht einfach die Fortsetzung der Jetztzeit darstellt. Allerdings gilt es immer wieder zu betonen, dass das Gericht einen auch für Gott selbst offenen Ausgang hat. Denn selbst wenn Gottes Heilswille als allumfassend geglaubt werden darf, er sich im Gericht allen Menschen zuwenden wird, so wird die Differenz zwischen Opfern und Tätern in der Begegnung mit ihm nicht verwischt sein. Ganz im Gegenteil wird diese Differenz aufgedeckt werden, weil es im Gericht um die realen menschlichen Biographien in ihren intersubjektiven Bezügen gehen wird. Deshalb ist auch der in der Eschatologie zu beobachtende Hinweis auf eine alle einschließende Erbsünde hochgradig ideologieverdächtig, weil er die Unterschiede zwischen den geschichtlichen Subjekten, den Opfern und Tätern, aufhebt. Nein, wenn das erhoffte Gericht human ist, dann deckt es die geschichtlich sich konstituierenden Differenzen zwischen den Menschen nicht zu, sondern markiert sie. Und selbst wenn zugestanden werden muss, dass die Rede von *den* Opfern und *den* Tätern verkürzend sein kann, dass es Anteile von Täter- und Opfersein bei vielen Menschen gibt und man sich deshalb auch noch bezogen auf die zu Tätern gewordenen Menschen vor einem moralischen Rigorismus hüten sollte, der nicht auch nochmals die Gründe in den Blick nimmt, warum Menschen zu Tätern werden konnten und können, so darf die Differenz nicht verwischt werden. Und dies gilt zumal deshalb, weil es das Leiden unschuldiger Kinder gibt.

Ganz grundsätzlich gilt ja, dass auch noch die unterscheiden wollende Rede von Opfern und Tätern sich notwendig eines abstrahierenden Begriffs bedient, der zu den konkreten Individuen mit ihren je eigenen, unvertretbaren Geschichten eine Distanz schafft. Sie muss sich auch eines solchen Begriffs bedienen, aber: Sie muss darum wissen und immer wieder neu einschärfen, dass eine sich unter dem Primat praktischer Vernunft vollzie-

64 *S. Kierkegaard*, Tagebücher, München 1946, 46f. Vgl. auch *J. B. Brantschen*, Gott – die Macht der freien Gewinnung. Eine Fußnote zur Hölle: *ders.*, Gott ist anders. Theologische Versuche und Besinnungen, Luzern 2005, 143–160.

hende Rede ihren normativen Kern in der unveräußerbaren Würde der Einzelnen hat. Gleichermaßen müssen zwar auch anthropologische Reflexionen überhaupt notwendig von den konkreten Individuen abstrahieren, jedoch haben sie sich im Bewusstsein dessen zu vollziehen, dass sie dies zwangsläufig tun, ohne es zu dürfen. Stimmen aber die bisher vorgetragenen Überlegungen, so darf als ausgemacht gelten, dass der im erhofften Gericht kommende Gott weder die bleibende Würde und damit die Freiheit der Opfer noch die der Täter übergehen wird. In seinem Warten bezieht der geglaubte Gott sich vielmehr entschieden auf deren Freiheit, und zwar in einer differenzierten Weise. Weil es aber die konkreten Individuen sind, von denen erhofft wird, dass sie im Gericht in ihre Wahrheit gesetzt werden, ihre Biographie aufgedeckt wird, so lässt sich nicht mehr denken, dass dies unabhängig von ihren intersubjektiven Bezügen geschehen soll. Denn so wie die endliche Freiheit in historisch geprägten Räumen in intersubjektiven Prozessen zu sich vermittelt wird, so weist die biographische Identität eines Menschen unablösbar von ihr solche Vermittlungssignaturen auf. Soll es im Gericht um den konkreten Menschen gehen, so kann der Vorgang des Gerichts nicht mehr als ein abstrakt auf die Individuen konzentrierter gedacht werden. Als ein Vorgang, der die Individuen insofern radikal betrifft, als er sie als Geschichtssubjekte würdigt, ist er vielmehr als ein sozial-intersubjektiver zu denken. Und deshalb wird für das Gericht auch erhofft, dass es zunächst denen Gehör verleiht, denen die Würde, Subjekte ihrer eigenen Geschichte sein zu dürfen, vorenthalten wurde.[65]

Was bedeutet es dann aber, angesichts eines in dieser Weise erhofften Gerichts von einem Versprechen der Gnade zu reden? Zunächst sei nochmals darauf hingewiesen, dass alle bisher angestellten Überlegungen sich in ein

65 So auch *J. B. Brantschen*, Verzeihen. Einbruch des Neuen: *ders.*, Gott ist anders (Anm. 64), 208–210, 208: „Verzeihen muss … *konkret* sein. Nur das Opfer kann seinem Peiniger verzeihen. Die beliebte Redewendung ‚Gott, der Barmherzige, verzeiht' bleibt abstrakt, solange wir nicht bereit sind zu verzeihen." Brantschen kommt allerdings auch auf die abgründige Frage zu sprechen, was passiert, wenn das Verzeihen(können) nicht gelingt: „Der Mensch, der im Hass gefangen ist, will seinen Gegner in den Tod schicken, das heißt, ihn aus jeder Beziehung und Kommunikation schicken." Und an anderer Stelle notiert *Brantschen*, Gott – die Macht der freien Gewinnung (Anm. 64), 160: „Weil Gott sich – Torheit der göttlichen Liebe! – an uns gebunden, von uns abhängig gemacht hat, ist die Versöhnung seiner Söhne und Töchter auch seine Freude. Ob nicht gerade die Opfer, Gottes Lieblinge, Gottes Freude voll machen möchten?"

prinzipiell Ungewisses vorwagen. Aber es darf auch konstatiert werden, dass das Denken und damit das, was der Mensch für sich und andere will, sich erst in der Antwort auf die Frage *Was darf ich hoffen?* zusammenfasst. Deshalb lautet die präzisere Formulierung *Was will ich hoffen?* – in einem Denken der Freiheit, das sich bis ins Äußerste und damit auch noch in das vorwagt, was human gerechtfertigt und theologisch als das Geschehen eines Gerichts vorgestellt wird.

Die Antwort auf die Frage *Was will ich hoffen?* ist denkbar einfach. Dass Gott es tatsächlich gelingen wird, allumfassend tröstend und versöhnend wirksam zu werden. Als versprochen gelten darf dies in der Logik des Glaubens, der sich in dem im Leben Jesu offenbar gewordenen Gott festmacht. Denn es ist als dieses Versprechen bis ins Äußerste hinein durch Jesus bewährt und durch Gott in seinem rettenden Handeln am getöteten Zeugen seiner Liebe bestätigt worden. Immer wieder vergegenwärtigt wird dieses Versprechen Gottes in der Welt, wenn Menschen sich in diesem Geist, dem Geist dieses Gottes, begegnen und so auf ihre Weise Zeugnis ablegen für diesen Gott. Und es wird im Geschehen der Eucharistie real präsent, durch Christus und damit durch Gott selbst. Das hier empfangene Brot macht zwar auch noch nicht satt, weil die Welt ihren Gang geht und auch weiterhin gelitten wird. Und dennoch tröstet das Brot bereits jetzt, ohne sich freilich von der Wirklichkeit zu distanzieren. Vielmehr wird die Welt mit in dieses Geschehen der Eucharistie hineingenommen. Doch im Empfang der Gaben sagt der Mensch sein Ja zu dem Gott, der der Welt ein Versprechen gegeben hat. Es wird ein Trost antizipiert, der als zugesagter Trost bereits jetzt wirksam ist – „mitten in Staub und Asche", wie der biblische Hiob insistierte. Und in eins damit wird – in aller bleibenden Gebrochenheit – gedankt: für das Daseindürfen und damit für die Welt und ihre Schönheit, die den Glaubenden freie Schöpfung des freien Gottes ist. Wer dies vermag, der lebt aus der Gnade, die Gott selbst ist und als der er dem Menschen immer bereits zuvorgekommen ist, schon jetzt.

Namenregister